文献中的重庆大学

1929—1949（上）

主编 彭晓东 杨新涯 王彦力

重庆大学出版社

图书在版编目（CIP）数据

文献中的重庆大学：1929—1949.上册 / 彭晓东，杨新涯，王彦力主编. -- 重庆：重庆大学出版社，2019.9
ISBN 978-7-5689-1808-4

Ⅰ.①文… Ⅱ.①彭… ②杨… ③王… Ⅲ.①重庆大学—校史—史料—1929—1949 Ⅳ.①G649.287.19

中国版本图书馆CIP数据核字（2019）第200523号

文献中的重庆大学 1929—1949（上）

WENXIAN ZHONG DE CHONGQING DAXUE 1929—1949 (SHANG)

主编 彭晓东 杨新涯 王彦力

策划编辑：贾　曼 林佳木
责任编辑：林佳木　　　版式设计：尹　恒
责任校对：张红梅　　　责任印制：张　策

重庆大学出版社出版发行
出版人：饶帮华
社址：重庆市沙坪坝区大学城西路21号
邮编：401331
电话：（023）88617190　88617185（中小学）
传真：（023）88617186　88617166
网址：http://www.cqup.com.cn
邮箱：fxk@cqup.com.cn（营销中心）
全国新华书店经销
重庆共创印务有限公司印刷

开本：787mm×1092mm　1/16　印张：31　字数：625千
2019年9月第1版　　2019年9月第1次印刷
ISBN 978-7-5689-1808-4　　定价：520.00元（上、下）

出版说明

　　重庆大学图书馆的特藏阅览室"重庆大学文库"（以下简称"重大文库"）于2007年设立，现位于重庆大学A区图书馆逸夫楼一楼的正厅。重大文库全面系统地收集、整理、汇编、保存、展示、传播重庆大学自建校以来的学术成果。"重庆大学文库丛书"是重大文库工作的重要成果，旨在汇聚重大学术成果，传承重大学术精神，宣传重大学术文化。《文献中的重庆大学：1929—1949》是该丛书第一部正式出版物，本书对近代史中涉关重庆大学的报刊文献进行整理和汇总，是一部关于重庆大学的近代史文献资料集。

　　本书选取1925年至1949年出版的报刊资料中与重庆大学有关的文献记录，这些新闻、报道、评论、文章、图片、数据、论文、诗词，从各个侧面见证了重庆大学的筹备、创立、发展、壮大，以及所经历的转折与苦难。

凡 例

一、收录原则

1. 内容原则

·所有收录文献符合中华人民共和国相关法律法规及政策要求。

·凡题名、内容与重庆大学相关的文献，原则上均全文收录；无关内容过长者，酌情节选，并标注"节选"；内容有重复者，不收录全文，仅将文献题名收入附录"文献编号索引"中。

·部分文献的图片因清晰度不够、像素低等技术问题，仅列其文献内容，不引用原图片。

·因识别度差、原文件纸张无法精确扫描等问题导致无法准确辨认的文献，截取原图片中标题部分。

2. 时间范围

·由于重庆大学筹备会成立时间为 1925 年，且筹备活动于同年正式开展，因此本书收录文献的时间界限从 1925 年开始。

·重庆大学正式建立于 1929 年，校史研究中历来以 1929 年为重庆大学的"起点"，"1929"的时间起点深入人心，且本书收集到的重庆大学相关文献主要集中在 1929 年至 1949 年期间，故将书名定为《文献中的重庆大学：1929—1949》。

3. 文献来源刊物范围

· 1925 年至 1949 年所有刊载与重庆大学相关信息的报纸、刊物，以国内报刊为主，有少数英文报纸。

· 全书文献涉及 101 份报刊，其中，98 份为中文，3 份为英文。

二、收录规模与主题

全书正文文献 591 条，其中 580 条中文文献，11 条英文文献。附录为文献编号索引。

全书分为三编。

第一编《风雨历程　重要事件》，选取 1925 年至 1949 年期间六个重要事件。

    ① 重庆大学筹备成立

    ② 重庆大学成立　刘湘出任第一任校长

    ③ 胡庶华出任第二任校长

    ④ 成为四川省立重庆大学

    ⑤ 叶元龙出任第三任校长

    ⑥ 成为国立重庆大学　张洪沅出任第四任校长

本部分六个重要事件的相关文献，重点反映这些大事对重庆大学早期二十年发展的推动与促进。

第二编《研究学术　造就人才》，覆盖 1929 年至 1949 年期间七个重要主题。

    ① 建设与校务

    ② 学院与系科

    ③ 师资建设

    ④ 学生培养

    ⑤ 学术研究

    ⑥ 图书馆建设

    ⑦ 嘉陵江畔度青春

本部分反映了重庆大学在办学概况、校务会议、人才培养、招生毕业、系科设置、系科调整、课程设置、科学研究、文体活动、教师概况、教育部政策等多方面的情况。

第三编《佑启乡邦　振导社会》，覆盖 1929 年至 1949 年期间另外七个重要主题。

⑧政策与文件

⑨校友活动

⑩战火中办学

⑪积极抗战

⑫校内校外交流

⑬师生运动

⑭文艺专栏

本部分的文献主要反映重庆大学参与社会活动的情况，包括师生、校友在社会各界的活动与发展，其中有马寅初离校北上、各高校共御外辱、为伤兵捐赠、学生游行等重大事件。

三、收录体例

1.正文部分

·收录体例为"文献（图片）＋文献信息＋简体全文"。

·"文献（图片）"全部来自重庆大学图书馆馆藏资源，包括馆藏纸本及馆藏数字资源。

·"文献信息"表明该文献的来源刊物、时间，文献图片的编号。

·"简体全文"为以简体字呈现的图片中文献的内容。部分原始文献因源图片中字迹模糊，文献图片以节选方式呈现，原始文献对应的简体文本酌情选录。

·英文文献，无文献"简体全文"，改为"全文及译文"。

·全书的每一编、每一主题均有专门文章对该部分内容进行整体介绍，说明相关研究范围中发生的大事及各种关键点。

·本书中原始文献多采用民国纪年，为引述方便，在行文中，也采用"二十五年度""廿五"等的纪年表述。

2.简体文本转换原则

·尽可能尊重文献所处时代的语言风格、用词用字习惯及标点符号用法，如"执长""澈底""部份""声请"等，均保留当时用字。

·标点符号用法与现代不同者，如不影响阅读，则保持不变。

·原始文献未断句的，加标点符号断句，所加标点加"[ ]"。

·原始文献中顿号与现代汉语语法中逗号功能相似的，改为逗号，不加"[ ]"；原始文献中顿号、逗号与现代汉语语法中句号功能相似的，改为句号，不加"[ ]"。

· 原始文献中有些统计数字有误，因资料不足无法勘误，故保留原文。

· 竖体排版、文字从右往左读的原始文献中，出现"见左""如左"等表述，在横排的"简体全文"中，"左"字未加改动，原始文献中的左方内容，在简体文本中相应的下方。

3. 附录索引原则

· 文献编号：整体以文献时间为准；年、月、日均精确的文献依时间排序；仅能确定年份而无法精确到月、日的文献，以年份及来源刊物首字母为序进行排序，列于有精确时间的文献之后。

· 文献目录号：以文献出现在本书中的先后顺序编号，即目录中的顺序。

· 在附录索引中，文献篇目及详细信息，与文献编号、文献目录号一一对应，方便检索。

四、其他需要说明的事宜

· 本书中原始文献均为繁体字，以图片形式呈现。

· 部分文献原文篇幅较长，有多张图片，书中只选择一张作为代表，并注明"节选"。

· 部分文献由于源图片辨认度较差，且因年代久远有不同程度的损坏，故存在某些部分无法辨识的情况，编者通过阅读上下文及其他文献，推测出可能为某字，则对该字加"[ ]"；编者无法推测出的字，以"□"表示。

· 原始文献中存在的人名前后不一致，以及根据语义推断误用的错字、别字，对读者阅读和理解产生了阻碍，编者采取以下方式处理：①错字、别字，保留原错别字，但在后面以"[ ]"注明编者认为正确的字，包括标点符号的更改；②少字、漏字处加上编者认为需要补上的字，并对所补字加"[ ]"，包括标点符号的更改；③多余的字和标点符号，加"〔〕"标注。

· 全书极少量文献由于源图片清晰度太差，且有内容相似度百分之百的其他文献。相似文献合并处理，即"多个文献 + 一篇简体全文"，全书总计有 8 条文献为合并处理。

· 未尽事宜，由《文献中的重庆大学：1929—1949》编者解释。

《文献中的重庆大学：1929—1949》编者
2019 年 5 月 5 日

研究学术，大学之本（代序）

杨　丹

"研究学术，造就人才，佑启乡邦，振导社会"是重庆大学九十年前建校时提出的办学宗旨，得到了众多专家学者的高度认可，我本人也推崇备至。这十六个字精准地概括了大学的使命。

"研究学术"是创办一所大学之根本。大学作为学术机构必须发现新知，产生促进人类社会进步的新思想，追踪学术研究前沿，犹如愚公移山一般不断取得学术创新和突破。"造就人才"是大学的基本任务，就是在学术研究的基础上以更高的学科视野培养高层次的、促进社会发展的卓越人才。"佑启乡邦，振导社会"阐释了大学的根本目的就是担负国家使命，成为人类进步和社会发展的引领者。

对现代大学如此精准的认识，得益于重庆大学那些学养不凡的创办者，如日本东京帝国大学毕业的沈懋德，英国利兹大学毕业的吕子方，德国慕尼黑大学毕业的彭用仪，清华大学毕业的吴芳吉等。在倡导科学与民主的五四运动大背景下，根据国内已创办的一些现代大学的办学经验，这些有识之士让重庆大学自建校伊始就具有了高远的鸿鹄之志。在这样的基础上，重庆大学从省立大学、国立大学、全国重点大学、"211 工程"建设高校、"985 工程"建设高校，到"双一流"A类建设高校一路走来。

这样一所以"研究学术"为本的有着九十年办学历史的知名高等学府，建校以来产生了大量优秀的科学研究成果。早有冯简教授作为第一个对北极进行科学考察的中国学者，成功地在北极进行了多项实地实验；丁道衡教授发现了白云鄂博大铁矿，为包头钢铁基地建设和大西北开发做出了巨大的贡献；徐僖教授的五棓子塑料开启了中国塑料工业的发展之路；乐森璕教授发现"乐氏江油鱼"古化石，载入了中华人民共和国大事记。近有 ICT 研发中心检测了数万件多种型号的运载火箭所使用的产品，对有缺陷的产品及时剔除，保证了火箭产品的质量和可靠性，为成功发射"风云""实践""北斗""资源"等卫星以及"神舟"一号至六号飞船做出了积极贡献；嫦娥四号上搭载由重庆大学主持的生物科普试验，试验中的棉花种子长出嫩芽，成为月球表面上长出的第一抹"绿色"……

遗憾的是，这些学术成果的相关文献较为散乱，大多数收藏于个人手中，图书馆收藏的也分散在海量的图书、期刊和报纸中，因此，重庆大学有必要建设一个集中展现一代代重大人学术成果的平台。

2007 年 6 月 19 日，学校 2007 年第 14 次校长办公会专题研究了"重庆大学文库"的筹建，同意由图书馆牵头，宣传部、离退休处、校友总会办公室等单位共同参与，启动"重庆大学文库"的筹建工作。2007 年 7 月 18 日学校下发了《关于筹建"重庆大学文库"的通知》（重大校〔2007〕327 号），对重大文库筹建工作的机构设置、任务分工、时间安排等作了明确规定，决定设置"重庆大学文库"（以下简称"重大文库"）建设办公室，办公室挂靠图书馆。重大文库秉承"研究学术"的办学宗旨，以打造"重庆大学学术校史馆"为目标，汇聚重大学术成果并传承重大学术精神，宣传重大学术文化。重大文库的建设过程就是重庆大学学术成果汇总和整理的过程，所有重大人的学术著作、各类正式出版物以及其他具有学术价值和保存价值的非正式出版物都将在此汇聚。重大文库用文献见证和记录重庆大学的学术成果，不仅是一个宣传重大的阵地，也能激励重大人的学术热情，让师生们从一辈辈重大人的优秀学术成果和著作中汲取营养，从重庆大学的学术发展历史中汲取奋进的力量。经过十多年的努力，重大文库的文献建设和服务工作已经粗具规模。通过多种方式征集和采购，并广泛联系师生和校友捐赠，目前入藏重庆大学相关的各类型学术文献已近万件。

2012 年，时任重庆大学校长林建华教授接受了北京大学图书馆朱强馆长的建议——一个高水平的综合性大学必须持续加强文科的文献资源建设，从此，重庆大学每年给图书馆增拨 500 万元的文科资源经费，让图书馆的人文社科资源日益丰富。图书馆新增了《文津阁四库全书》《申报》《中国方志丛书》《中华再造善本》等重要文献，新增了"大成老旧刊全文数据库""中国基本古籍库""民国时期期刊全文数据库"等数据库，这不仅为重庆大学人文社科的学术研究奠定了基础，也为进一步建设重大文库提供了更为丰富的文献资源来源。

2015 年，图书馆的逸夫楼重新装修，增添了厚重的历史感与浓郁的传统文化氛围，深受师生喜爱。多家知名媒体纷纷报道，重庆大学图书馆很快就成了"网红"图书馆。在这次装修改造中，我认为最值得称道的就是图书馆将进入大厅正对面的位置和最好的装修给了特藏阅览室"重庆大学文库"，颇有一种"学术宗祠"的意味。在装修结束重新开馆的那一天，时任校长周绪红院士到现场指导工作，观看了逸夫楼展厅以重庆大学 1929 年至 1949 年学科发展与知名教授为主题的第一期展览。展览展示了重庆大学"成立、发展、壮大、辉煌"的全过程，工、商、文、理、法、医六学院详细的系科发展，知名教授及其主要成果和影响。周绪红院士对首期展览内容高度赞扬并鼓励图书馆坚持将"学术史展览"继续办下去，要通过学术成果的展示传播正确的大学价值观，更进一步建议继续深挖重庆大学学术与科研成果，拓宽学术成果体系的范畴以进一步丰富"学术校史馆"的内涵体系。

我曾长期分管图书馆工作，这十多年来，图书馆开拓创新和勇于担当的精神给我留下了深刻的印象。为迎接九十周年校庆，图书馆提出在重大文库建设和文科文献资源日益丰富的基础上启动"重庆大学文库丛书"的编撰工作，第一本就是对众多新闻报道、文章、图片、数据进行整理汇编，结集成册的《文献中的重庆大学：1929—1949》。书中这些第一手文献，见证了重庆大学的筹备、创立、发展、壮大以及所经历的转折与苦难。这对诠释大学的"研究学术"之本大有裨益，因此我乐意担任"重庆大学文库丛书"的编委会主任。

目前，关于重庆大学创办的相对集中的文字记录主要见于《重庆大学校史》（1984 年版），以及重庆大学图书馆收藏的本校第一本年鉴《重庆大学一览》（1935 年版）。图书馆曾在 2004 年影印后者一千册赠予参加 75 周年校庆的校友。关于重庆大学校史民国阶段的研究在三十余年前已开始，随着文献资料的丰富，现在又逐渐发现更多民国时期有关重庆大学筹建、办学和发展的第一手文献资料，因此汇集这些一手资料而成的《文献中的重庆大学：1929—1949》必将成为重庆大学校史、重庆民国教育史和地方志等研究方向的重要参考书。为了完成这本书，图书馆组织了目录学、文献学等领域的专业团队参与整理和编撰，并选拔多位学生协助工作，我代表学校对他们的艰辛付出表示诚挚的感谢！

"重庆大学文库丛书"的第一部图书即将出版，成为九十周年校庆的一份厚重的贺礼，在祝贺的同时，我也十分期待计划中的《孙才新院士重要学术成果选集》《黄尚廉院士重要学术成果选集》《同声相应——重庆大学第一届本科毕业生研究》《重庆大学学术评价与趋势报告》，以及重庆大学校友的重要学术成就、重大工程汇编等系列图书早日面世，充分展现重庆大学这个以学术为本的"双一流"大学的风采。

2019 年 6 月 9 日于重庆大学

总目录

出版说明···i

凡例···iii

研究学术，大学之本（代序）·················vii

上　册

第一编　风雨历程　重要事件·························001

　　重要事件一：重庆大学筹备成立·····················005

　　重要事件二：重庆大学成立　刘湘出任第一任校长··········014

　　重要事件三：胡庶华出任第二任校长·················023

　　重要事件四：成为四川省立重庆大学···············035

　　重要事件五：叶元龙出任第三任校长·················058

　　重要事件六：成为国立重庆大学　张洪沅出任第四任校长···080

第二编　研究学术　造就人才·························131

　　专题一：建设与校务·····························134

　　专题二：学院与系科·····························255

　　专题三：师资建设·······························333

　　专题四：学生培养·······························375

下　册

专题五：学术研究 …………………………………… 469

专题六：图书馆建设 ………………………………… 531

专题七：嘉陵江畔度青春 …………………………… 569

第三编　佑启乡邦　振导社会 ………………………… 649

专题八：政策与文件 ………………………………… 652

专题九：校友活动 …………………………………… 706

专题十：战火中办学 ………………………………… 734

专题十一：积极抗战 ………………………………… 765

专题十二：校内校外交流 …………………………… 810

专题十三：师生运动 ………………………………… 841

专题十四：文艺专栏 ………………………………… 873

后记：九十年的记忆 ………………………………… 890

附录：文献编号索引 ………………………………… 893

第一编 风雨历程 重要事件 ·······001

重要事件一：
重庆大学筹备成立 ·······005

    001 李揆安等建议创设重庆大学 / 008

    002 创兴重庆大学意见书 / 009

    003 筹备中之重庆大学 / 011

重要事件二：
重庆大学成立 刘湘出任第一任校长 ·······014

    004 重庆大学年内可成立 / 020

    005 重庆大学今年可成立 刘湘任筹备委员长 / 020

    006 CHUNGKING UNIVERSITY / 021

    007 重庆大学开始修建 / 021

    008 刘湘筹办重庆大学 / 022

    009 重庆大学筹备就绪 / 022

重要事件三：
胡庶华出任第二任校长 ·······023

    010 刘湘电促胡庶华入川 / 025

    011 胡庶华被聘为重庆大学校长 / 025

    012 胡庶华抵渝 日内就任重大校长 / 026

    013 DR.Hu Shu-hua Named Chungking College Prexy / 026

    014 胡庶华就重大校长职 / 027

    015 胡庶华由渝抵汉 / 028

016 胡庶华专长重庆大学 / 028

017 重庆大学自胡庶华接办后 亦渐有进步 / 029

018 行政院决议 任命胡庶华为重庆大学校长 / 030

019 国民政府令 任命胡庶华为四川省立重庆大学校长 / 033

重要事件四：
成为四川省立重庆大学 035

020 计划改组重庆大学为川大分校 / 038

021 四川教育概况之高等教育 / 039

022 重庆大学反对与川大合并 / 040

023 重庆大学学生声述须维持理由 / 040

024 重庆大学学生反对与川大合并 / 041

025 教育部视察员离渝东返 / 041

026 教育部视察川教人员回京复命 重庆大学增加办学经费 / 042

027 教育部整理川各大学之重庆大学 / 043

028 重庆大学学生代表团反对合并文理学院入四川大学 / 044

029 四川公私立大学改进之重庆大学文学院、农学院学生甄别核定 / 045

030 重大准定为省立 / 046

031 教育部令川教厅 注意重庆大学改进 / 047

032 重庆大学忽起暗潮 / 048

033 重庆大学学生甄别试验委员会榜示理学院各系学生名单 / 048

034 重庆大学学生甄别考试委员会榜示文农院各系学生名单 / 050

035 四川省立重庆大学学生之甄别 / 053

036 重庆大学改为省立大学 / 054

037 重庆大学准定为省立 / 056

038 文学院及农化学系并入四川大学之近况 / 057

重要事件五：

叶元龙出任第三任校长 ································· *058*

　　039　刘主席挽留胡校长函 / 061

　　040　重庆大学校长胡庶华辞职 / 062

　　041　The President of Chungking University has Tendered His Resignation / 063

　　042　重庆大学师生挽留胡庶华 / 064

　　043　重庆大学全体挽留胡庶华 / 064

　　044　挽胡特刊　编者献词 / 065

　　045　校座辞职电 / 066

　　046　为校长辞职事发起商讨一切挽胡事宜之启事 / 067

　　047　重大教职员学生派代表赴蓉请愿 / 068

　　048　教育部赞同曹四勿长重庆大学电 / 071

　　049　重大挽胡事件真相 / 072

　　050　重大学潮即可平息　胡庶华辞意坚决 / 073

　　051　Chungking University President Gives Up Post / 074

　　052　重庆大学校长叶元龙视事 / 075

　　053　叶元龙已接收重庆大学 / 076

　　054　重庆大学的校长问题 / 076

　　055　川省立重庆大学校长胡庶华另任免职 / 078

　　056　国府任命叶元龙为重庆大学校长 / 079

重要事件六：

成为国立重庆大学　张洪沅出任第四任校长 ············· *080*

　　057　梁颖文为重庆大学校长 / 084

　　058　重庆大学校长叶元龙呈请辞职 / 085

　　059　重庆大学发生拒长风潮　教育部下令解散 / 087

　　060　教育部下令解散重庆大学 / 088

　　061　重大发生学潮　教育部勒令解散 / 088

　　062　教育部下令解散重庆大学 / 090

　　063　教育部下令解散重庆大学 / 091

064　教育部解散重庆大学　/ 092

065　Chungking University Closed　/ 092

066　重庆大学殴逐校长风潮　教育部下令解散　/ 093

067　川张兼主席纪念周席上论列重庆大学风潮　/ 095

068　张群报告处理重庆大学风潮　/ 096

069　The Chungking University which was Dissolved by Order of the Ministry of Education　/ 097

070　论重庆大学的解散　/ 098

071　梁颖文继任重庆大学校长　/ 101

072　重庆大学传将恢复　/ 101

073　重庆大学解散前后　/ 102

074　重庆大学解散　/ 106

075　整理重庆大学　将成立整委会办理　/ 107

076　重庆大学因风潮被解散　/ 108

077　梁颖文接任重大校长　/ 109

078　重庆大学恢复成立　/ 109

079　教育部解散重庆大学　/ 110

080　教育部解散重庆大学　/ 112

081　重庆大学整理中　/ 113

082　重庆大学的解散　/ 114

083　由解散重庆大学想起　/ 116

084　重庆大学梁颖文校长辞职　/ 118

085　行政院昨决议恢复重庆大学　任张洪沅为该校校长　/ 119

086　行政院昨日例会　四川重庆大学准予复校　/ 120

087　行政院昨日会议　通过重庆大学复校等案　/ 122

088　行政院昨例会　任命张洪沅为重庆大学校长　/ 123

089　行政院会议决案　张洪沅为重庆大学校长　/ 125

090　行政院会议决案　重庆大学等三大学改国立　/ 126

091　重大等改为国立　四川大学校长易人　/ 127

092　张洪沅被任为重庆大学校长　/ 128

093　行政院昨举行例会　决议重庆大学等校改为国立　/ 129

第二编　研究学术　造就人才 ————— 131

专题一：
建设与校务 ————— 134

094　重庆大学是重庆惟一的最高学府 / 139

095　四川省立重庆大学二十五年度第一次校务会议记录 / 140

096　四川省立重庆大学免费暨公费学额委员会二十五年度上期第一次会议记录 / 142

097　四川省立重庆大学二十五年度上期第一次建筑委员会会议记录 / 143

098　重庆大学设备委员会规程 / 145

099　重庆大学廿五年度第二次校务会议记录 / 147

100　重庆大学免费及公费学额委员会二十五年上期第二次会议记录 / 148

101　重庆大学二十五年度上期第一次设备委员会会议记录 / 150

102　重庆大学二十五年度上期第二次建筑委员会开会记录 / 151

103　重庆大学廿五年度上期第三次校务会议记录 / 152

104　重庆大学免费暨公费学额委员会廿五年度上期第三次会议记录 / 154

105　重庆大学校务会议议事规程 / 155

106　重庆大学招生考试委员会规程 / 157

107　第四次校务会议记录 / 158

108　第三次建筑委员会记录 / 159

109　第五次校务会议记录 / 161

110　编辑委员会第一次会议记录 / 162

111　重庆大学近讯三则 / 163

112　重庆大学概况 / 165

113　重庆大学近况 / 169

114　一年来之重庆大学 / 170

115　第六次校务会议记录 / 176

116　廿五年度上期第四次建筑委员会会议记录 / 177

117　训育委员会规程修正通过　附训育委员会规程 / 179

118　四川省立重庆大学二十五年度上期第七次校务会议记录　/ 181

119　四川省立重庆大学二十五年度上期第六次建筑委员会记录　/ 184

120　四川省立重庆大学二十五年度下期第一次校务会议记录　/ 185

121　四川省立重庆大学二十五年度下期第二次校务会议（一）　/ 187

122　四川省立重庆大学二十五年度下学期第一次训育会议（二）　/ 189

123　四川省立重庆大学廿五年度下期第三次校务会议记录　附教务会议
　　　规程　/ 190

124　四川省立重庆大学廿五年度下期第四次校务会议记录　/ 193

125　本校扩充校址　/ 194

126　四川省立重庆大学二十五年度下期第五次校务会议记录　/ 195

127　四川省省立重庆大学二十五年度下期第六次校务会议记录　/ 197

128　四川省立重庆大学二十五年度下期第七次校务会议　/ 199

129　廿六年度上期第一次校务会议记录　/ 200

130　二十六年度第二次校务会议记录　/ 203

131　二十六年度免费暨公费学额委员会记录　/ 205

132　二十六年度上学期训育委员会第一次会议记录　/ 208

133　二十六年度第一次建筑委员会记录　/ 210

134　四川省立重庆大学二十六年度第三次校务会议记录　/ 211

135　四川省立重庆大学二十六年度第二次建筑委员会记录　/ 213

136　四川省立重庆大学建筑委员会第三次会议记录　/ 214

137　四川省立重庆大学廿六年度第五次校务会议记录　/ 216

138　四川省立重庆大学廿六年度免费暨公费学额委员会记录　/ 218

139　四川省立重庆大学二十六年度第六次校务会议记录　/ 220

140　四川省立重庆大学特种训练委员会第一次会议记录　/ 222

141　四川省立重庆大学廿六年度第七次校务会议记录　/ 224

142　四川省立重庆大学廿六年度第八次校务会议记录　/ 227

143　四川省立重庆大学二十六年度下期第一次校务会议记录　/ 228

144　四川省立重庆大学二十六年度下期第二次校务会议记录　/ 229

145　四川省立重庆大学廿六年度下学期第一次训育委员会会议记录　/ 231

146　四川省立重庆大学二十六年度下期第三次校务会议记录　/ 233

147　四川省立重庆大学廿六年度下期第四次校务会议记录　/ 234

148 重庆大学校景之理学院（图） / 236

149 中英庚款 教育文化事业本届补助费之重庆大学 / 237

150 活跃着的重庆大学 / 238

151 重大在发展中 / 241

152 重庆大学教务处之注册组概况 / 242

153 本校三十五年度岁出款决算总表 / 244

154 训育委员会成立 / 246

155 重庆大学校园（图） / 247

156 重庆写生 重庆大学理学院（图） / 248

157 国立重庆大学三十六年度第八次教务会议记录 / 249

158 国立重庆大学概况 / 251

专题二：

学院与系科 *255*

159 重庆大学添设地质学系 / 258

160 四川省立重庆大学增设应化系 / 259

161 重庆大学定户 16306 号某君疑问数则 / 259

162 重庆大学调查川矿之发现 / 261

163 四川重庆大学新任校长胡庶华对体育甚为重视 / 262

164 商学院之开办 / 263

165 重庆大学体育科的鸟瞰 / 264

166 重庆大学地质系来函 / 267

167 重庆大学医学院计划书 / 272

168 教育部特设工农商医专修科之重庆大学 / 277

169 重庆教育发展概况 / 278

170 川省政府议决重大增商学院 / 279

171 四川省务会议决议 重庆大学增加经费并增设商学院 / 280

172 在重庆大学商学院 / 281

173 重庆大学商学院现已正式成立 / 284

174 教育部二十九年度特设各种专修科之重庆大学 / 285

175　体育人员讲习班将在重庆大学举行考试 / 286

176　教育部指定各大学增工科班级之重庆大学 / 287

177　重庆大学地质系消息 / 288

178　重庆大学招收理工商学院新生 / 289

179　重庆大学体育科招生 / 290

180　重庆大学地质系消息 / 291

181　重庆大学增设文医两院 / 293

182　国立重庆大学体育科素描 / 294

183　重大增设农医学院　沙磁医院改为附设 / 297

184　国立重庆大学秋季增设医学院 / 298

185　教育部拨款补助体育科系之重庆大学 / 299

186　重庆大学扩充院系 / 300

187　国内各地体育通讯之重庆大学体育科 / 301

188　重光体育季刊之重光花絮 / 302

189　国立重庆大学体育专修科概况 / 304

190　成都理学院部分学生并入重庆大学 / 312

191　重大增设二研究所 / 313

192　重大各院系总计廿单位 / 314

193　重庆大学增设外国语文学系 / 315

194　重庆大学体育科改为体育学系 / 316

195　文理学院近况 / 316

196　机械系又增飞机 / 318

197　医学院增加设备 / 319

198　工学院人事动态 / 320

199　重大将增设国际贸易系 / 321

200　商学院概述 / 322

201　法学院近况 / 323

202　医学院概况 / 326

203　重大呈准分设数理两系 / 328

204　沙磁医院报告 / 329

205　重大增设三研究所 / 332

专题三：

师资建设 *333*

206　重庆大学嘱本校物色机械系助教一人 / 337

207　校工黄春茂义不拾金 / 338

208　程登科婉辞胡庶华邀请　拒任重大体育科主任 / 339

209　行政上人事之变动　新聘教授讲师陆续来校 / 340

210　刘前校长追悼大会记略 / 342

211　人事变更之各学院系科教师 / 343

212　补助边省及内地各大学教授 / 344

213　教育部加紧训练中级技术人员概况之重庆大学 / 345

214　重大商学院院长马寅初赴华北调查经济 / 346

215　重庆大学校长叶元龙揖盗记 / 347

216　国立重庆大学地质系全体师生悼故教授葛利普之祭文 / 349

217　Dr Feng-i Chien will soon go on a survey trip to the Arctic / 350

218　三十六年度各院系新聘教员一览 / 351

219　教授会改选职员 / 353

220　冯院长北极归来 / 354

221　重大教授聚餐会 / 355

222　三十六年度中央公教人员久任奖金给与办法 / 356

223　重大助教会的盛况 / 358

224　张校长提名教员团体国大代表候选人 / 359

225　工学院院长冯君策先生赴北极考察 / 360

226　悼杜长明先生 / 361

227　工学院院长冯君策教授返校第一次公开讲演忆记录 / 362

228　教授聚餐欢送张校长出席第一届国民大会 / 365

229　重大教职员组成足球队 / 366

230　国立重庆大学卅七年度新聘教员录 / 367

231　教授会改选竣事 / 370

232　本年度休假教授名单 / 371

233　助教会消息数则 / 372

234　我们的系主任张洪沅先生 / 373

专题四：

学生培养 ……………………………………………………………………… *375*

235　国防工业与国防教育 / 380

236　重庆大学第一届学生毕业 / 381

237　重庆大学举行第一届学生毕业式 / 381

238　廿五年度校历 / 382

239　毕业证书遗失后呈请证明毕业资格限制办法 / 383

240　全国学术工作咨询处公函 / 384

241　二十六年一月寒假放假通知及下期开学通知 / 385

242　一年级学生补缴高中毕业证书的通知 / 386

243　二月十七日举行开学仪式布告 / 387

244　二十六年四川省立重庆大学学生受军事集训的通知 / 388

245　令省立重庆大学　查二十五年度复学休学、转院系降级生概况 / 389

246　本校已开始毕业试验 / 390

247　重庆大学昨举行二届毕业典礼 / 392

248　二十六年度新旧生及借读生统计表 / 393

249　出版课启事　领取讲义办法 / 395

250　重庆大学本届毕业人数统计 / 396

251　四川省立重庆大学战区学生贷金委员会暨甫澄奖学基金委员会第一
　　　次开会记录 / 397

252　二十六年度下期正式生及借读生在校人数统计表 / 398

253　重庆大学举行毕业典礼 / 401

254　重庆大学毕业生昨行毕业礼 / 401

255　四川省立重庆大学二十六日举行毕业典礼 / 402

256　The University of Chungking held its third graduation exercises on
　　　Sunday morning / 403

257　The University of Chungking held its third graduation exercises on
　　　June 26 / 403

258　国立各院校统一招生之重庆大学 / 404

259　留英公费生在重大考试 / 405

260 二十七年度国立各院校统一招生概况之重庆大学（上） / 406

261 二十七年度国立各院校统一招生概况之重庆大学（中） / 407

262 本届统一招生今日考试之重庆大学 / 408

263 本届统一招生增加院系之重庆大学 / 409

264 教育部办理本届统一招生情形 / 410

265 专科以上学校招转学生之重庆大学 / 411

266 本届大学统一招生考试概况之省立大学全部加入统考 / 412

267 本届统一招生考试概况之重庆大学录取人数 / 414

268 本届大学统一招生考试概况之重庆大学总录取数 / 415

269 中正奖学金名额之重庆大学 / 416

270 申报主办大中学生暑期征文之重大学子获奖 / 417

271 统一招生之四川省立重庆大学 / 418

272 举行秋季联合招生之重庆大学考点 / 419

273 全国学业竞试部令嘉奖院校之重庆大学 / 420

274 浙大重大定期上课 / 421

275 建校十八周年校庆致辞 / 422

276 三十六年度各中等学校投考学生录取百分率 / 424

277 陪都学校新闻之重庆大学 / 425

278 历年度毕业生统计 / 428

279 三十六年度上学期学生人数 / 431

280 体育专修科第十届毕业生就业情况 / 432

281 广播工程教育 / 434

282 重庆大学注册证遗失启事 / 435

283 重大七学子获大学化工奖金 / 436

284 重庆大学七级校友调查 / 437

285 土木系一九四七级毕业生就业情况 / 438

286 国立重庆大学三十六年度第一学期学生年龄统计表 / 439

287 三十六年度第二学期开学注册日程 / 441

288 重庆大学开学 / 442

289 卅五年度毕业生成绩优秀一览表 / 443

290 三十六年度第二学期学生注册人数 / 445

291 国立重庆大学三十六年度理工商三院暨体育师范专修科毕业考试委
员名单 / 446

292 三十七年度招生委员会委员名单、博物馆筹备委员会委员名单 / 448

293 国立重庆大学三十七年度招考新生简章 / 449

294 重大各系招新生 / 451

295 第十三届毕业典礼上的校长训词 / 452

296 国立重庆大学三十六年度第二学期应届毕业生统计表 / 454

297 三十七年度新生入学典礼校长训词 / 455

298 卅七年度取录新生名单 / 458

299 卅六年度预备班免试升学学生名录 / 464

300 国立重庆大学三十八年度重庆考区录取各院系新生通告 / 465

第一编

风雨历程　重要事件

1929 年至 1949 年期间，重庆大学完成了一系列飞跃式发展，历经正式开课、设置预科、开办本科、迁入沙坪坝、扩建校园、文农学院并入四川大学、开办工学院、成为省立大学、抗战爆发、战火中办学、与西迁入渝的学校合作办学、遭遇大轰炸、成为国立大学、战后重整、解放战争等多项重大事件，由文、理两个预科发展到"6 院、20 系、1 专修科、1 附属医院"，成为全国高校中颇有知名度的综合性大学。

本编选取重庆大学在 1925 年至 1949 年期间的六个里程碑式事件，这六个事件在重庆大学历史中均有非常重要的地位，基本串联起重庆大学在这 24 年间的发展历程。

一、重庆大学成立

重庆大学的历史以 1929 年 10 月 12 日开学典礼作为正式起点，不过早在 1925 年就有以李揆安为首的"五老四学士"以及大批乡绅耆宿、仁人志士为筹备创立重庆大学而奔走呼吁。历经舆论多次质疑反对、办学经费困难、办学地址多次更改、教授教师难寻、招生人数不足、开课困难等多重艰难坎坷之后，才于 1929 年 10 月 12 日正式开课。相关文献集中于专题"重庆大学筹备成立"及"重庆大学正式成立"中。

特别需要说明的是，本书编者查阅多册历史文件及多个数据库，均未找到 1929 年 10 月至 12 月与重庆大学相关的新闻记录，1929 年重庆大学相关文献均为 8 月份的新闻报道，中英文皆有。此为本书编撰过程中最大的遗憾，编者将进一步对此进行追踪研究。

二、四川省立重庆大学

1934 年 3 月四川省政府教育厅首次提出改组四川大学与重庆大学的建议，要求

将重复院系进行合并处理。听闻消息后的重大师生采取了多项行动表示抗议和反对，反对合校的风潮于 1935 年中期演至最烈。最终结果是重庆大学文学院与农学院并入四川大学，省立工学院并入重庆大学组建重庆大学工学院。

彼时重庆大学虽已开办五年之久且自称"国立"，但实际上并未在国民政府正式立案。反对将文、农两学院并入四川大学的交涉过程中，南京政府派专员到渝调查重庆大学情况，随后立案问题得以解决。1935 年 5 月 21 日，国民党四川省政府宣布批准重庆大学为省立大学并呈文教育部。1935 年 9 月，南京政府教育部宣布重庆大学为"四川省立重庆大学"。相关文献在主题"成为四川省立重庆大学"中。

三、国立重庆大学

1939 年 1 月，重大学生组建"重庆大学国立促进会"，负责开展改国立的活动。自 1942 年开始，张洪沅校长和全校师生为将重庆大学升为国立进行了不懈努力，他们多次上书重庆国民政府教育部，陈情详述。1942 年秋，张洪沅亲自前往成都会见当时的四川省政府兼主席张群，进一步阐明改重庆大学为国立的理由，敦促省政府致函教育部。1942 年 12 月 29 日南京政府发布会议决案，任命张洪沅为"国立重庆大学校长"，该文件正式将重庆大学命为"国立重庆大学"。1943 年 1 月，行政院正式发布文件，宣布四川省立重庆大学改为国立重庆大学，实现了重庆大学师生多年来的愿望，使重庆大学步入了国立高等学府的行列。相关文献在主题"成为国立重庆大学"中。

四、四位校长

刘湘作为重庆大学第一任校长，1929 年 10 月至 1935 年 8 月在任。刘湘在川渝两地积极支持办学育人。在筹办重庆大学期间及重庆大学成立之后，刘湘先后解决了永久校址的选择、校园建设、寻聘教授、解决办学经费等多个重要问题，为重庆大学最初的发展奠定了基础。

胡庶华为重庆大学第二任校长，1935 年 8 月至 1938 年 6 月在任。他是中国近代教育史上的重要人物，也是中国近代教育领域里一位极富成就的开拓者。他不仅在学校教育思想方面颇多建树，而且躬行实践、经验丰富，为我国近代教育事业的发展做出了贡献。

叶元龙为重庆大学第三任校长，1938 年 10 月至 1941 年 7 月在任。他在教学与管理工作方面都有不俗的成绩，接任后整顿巩固校务，师生情绪日趋稳定，教学活动步入正轨，学校规模得以继续发展，学校发展出现新的气象。他在任期间广邀全国学者来重庆大学任教，名师荟萃的重大得以在短时间内飞速进步。

张洪沅为重庆大学第四任校长，1941 年 9 月上任，任职至 1952 年。他是我国化学工程教育的奠基人之一，担任校长期间兼任化工系主任，参与和主持创办了南开大学、四川大学和重庆大学的 3 个应用化学研究所，主编出版了我国第一本《化工原理》教材，培养了几代学子，同时还是中国化工学会和中国化学会的创办者之一。

四位校长带领重庆大学由初生走向了迅速发展、蓬勃壮大。1929 年至 1949 年这二十年，重大由两个预科逐步发展成为多学科综合性大学，校园内深厚的文化学术成就不断积淀并惠益至今。永久校址的建设、沙磁文化区的创建、省立与国立身份的确定、挽胡拒曹的运动、反对解散重大的斗争……这些是重大的历史、重庆的历史，也是整个中国高等教育发展史的一个缩影。

四位校长肩负使命，克服重庆大学成长初期的重重困难，让重大顺利地走上了独立发展的道路。相关文献集中于"刘湘出任第一任校长""胡庶华出任第二任校长""叶元龙出任第三任校长""张洪沅出任第四任校长"四个专题中。

重要事件一：重庆大学筹备成立

一、巴渝"五老四学士"之李揆安 [1]

重庆大学的建校筹备活动早在 1925 年就已开始进行，这一年，以巴县知名人士李揆安为首的"五老四学士"以及众多地方名流、乡绅名宿为筹备创立重庆大学奔走呼吁。

李揆安（1879—1947），名光文，又名昌垣，别号葵庵居士，其姓名在一些文献中亦称为"李奎安"，清光绪五年（1879）生于巴县人和乡（今华岩镇），曾任重庆府中学堂教师、县察学员，民国十一年（1922）任巴县议事会副议长，为巴县文教、工商界的知名人士。

以李揆安为首的"五老四学士"是重庆大学筹备创立的中流砥柱和绝对领导人物。这"五老四学士"中的"五老"即李揆安、李公度、朱之洪（朱叔痴）、温少鹤、汪云松，"四学士"是指沈懋德、吴芳吉、吕子芳、彭用仪四人。

民国十四年（1925）冬，李揆安在议事会上率先提出创立重庆大学的议案。民国十八年（1929），他与潘文华、甘典夔、汪云松、李公度、温少鹤等 13 人被推为筹备委员会常务委员，并与杨芳龄、温少鹤等负责经办校舍、校具等事宜。

李揆安一生以经商办学为要务，因此他周围多是饱学之士，他与名士赵熙、高僧能海法师往来，常有诗词唱和，但未发现诗集传世。民国三十六年（1947），李揆安因病去世，终年 68 岁。重庆市参议会为李揆安树立纪念碑于中央公园（现人

---

[1] 九龙坡网.巴渝"五老四学士"之李揆安 [OL]http://www.cqjlp.com.cn/2018/0727/179693.shtml,2018−07−27

民公园丹凤亭处）。2019 年初，位于重庆南岸区黄桷垭正街 126–132 号的李揆安故居，经过数月紧张的修复工作后完成修缮，开始向市民开放。

二、《创兴重庆大学意见书》

时任巴县议事会长李揆安在这一份文件中，阐述了创办重庆大学的经费、校址、组织、筹备四项重要问题。1925 年 8 月 31 日的《申报》（文献编号：1925–001）对这份文件进行了相关报道。这份文件主要涉及以下内容。

1. 办学经费的来源。李揆安作为重庆商会的重要领导人，对重庆地区的财政颇为了解，由此提议"以十二年房捐及本年公债半数为开办费、附加渝关税为经常费"，并将此意见呈报政府审核，期望由政府出面解决办学经费问题，以得到长期办学的经费支持。

2. 校址的选择。建议选择佛图关营房及附近区域改设为办学地点，或租或借，均具操作性。

3. 组织的设置。学校需设置董事会及校长，以"川中富有学识及声望之绅耆"为董事，以"吾川富有学识及声望"且"董事会推定、省长延聘"者为校长。

4. 筹备人员的组建。争取最大可能成立"重庆大学筹备会"，让一批有志于发展重庆高等教育的乡绅耆宿共同为重庆大学的成立而努力。"同日由发起人及各法团首领名流为筹备员，合组创兴重庆大学筹备会"。由此可见，"重庆大学筹备会"的成员都是重庆地区各行业的重要人物，他们的参与是重庆大学得以顺利成立的重要保障。

三、关于"重庆大学的第一篇文献"的说明

本专题所摘选的《创兴重庆大学意见书》（文献编号：1925–002）发表于《渝声季刊》1925 年 9 月（以刊物封面时间为准）。而 1925–001 号文献则是针对《创兴重庆大学意见书》进行的报道，这表明 1925–002 号文献的发表时间应当早于 1925–001 号文献。

1925–002 号文献开篇声明"此文曾在重庆商务日报刊载"，据理推测，刊载该文的这期报纸应在 1925–001 号文献之前出版。但编者多方寻找，至本书出版之时

仍未寻到刊载该文的《重庆商务日报》原件或影印件。因此，根据现有文献的记载时间，本书编写组将1925-001号文献定为"重庆大学的第一篇文献"。同时，编者将继续进行相关文献的追踪、搜寻与研究。

四、漫长的筹备期

根据1925-001号文献记载，李揆安等在1925年8月29日"善后讨论会"上提出了筹备成立重庆大学的提案。1926年秋"全川善后会议"上，成渝两地设立大学的提案正式通过，时任四川省省长刘湘正式同意筹办重庆大学。在创办重庆大学的过程中，各种反对新设重庆大学的言论层出不穷。有人认为重庆开埠已久、繁华喧嚣，不宜办大学；有人认为办学经费不足；有人认为四川已有大学、重庆不宜再开设，如此种种，目的在于反对在渝开设一所新大学。

《筹备中之重庆大学》（文献编号：1925-003）中说，"特以公民资格提议创办重庆大学，盖用意实欲借此收回政府欠款也"，意指李揆安积极提议筹备重庆大学，是为收回政府欠款而编造的理由，而非以办学育人来造福桑梓。这样的言论公开发表并广泛流传，重庆大学筹备创立过程中遭遇的阻碍由此可见一斑。重庆大学筹备会成员在《重庆大学筹备会宣言》和《重庆大学宣言》中针对各种质疑和反对声音进行了有力驳斥，深刻论证了创办重庆大学的可能性与紧迫性。详情请查看第一编重要事件二《重庆大学成立 刘湘出任第一任校长》相关内容。

001 李揆安等建议创设重庆大学

■ 文献信息

报纸《申报》，1925年8月31日，期号18859号（上海版）

文献编号：1925-001

■ 简体全文

【重庆】李揆安等建议创设重庆大学，以十二年房捐及本年公债半数为开办费，附加渝关税为经常费，俭（二十八）善后讨论会决议，咨省督两署核办，同日由发起人及各法团首领名流为筹备员，合组创兴重庆大学筹备会。（二十九日下午八钟）

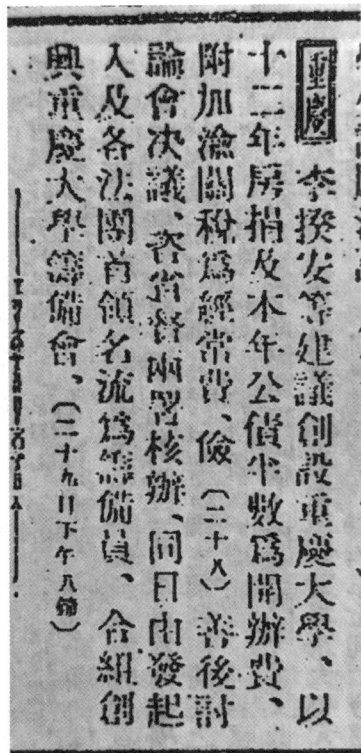

文献编号 1925-001-01 李揆安等建议创设重庆大学

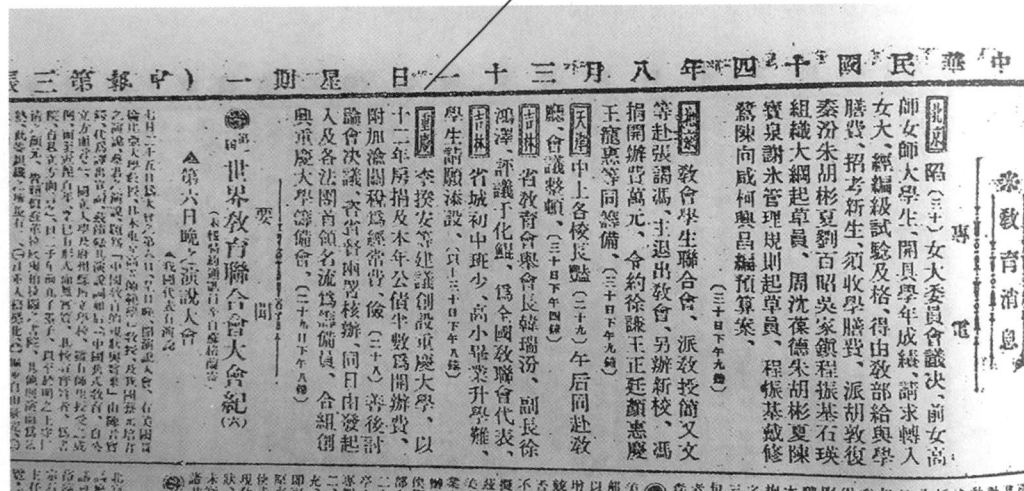

文献编号 1925-001-02

創興重慶大學意見書

此文曾在重慶商務日報載似勿再行刊登惟本社對於故鄉教育事業素所注意故歷來各期出版常有關於此項問題之討論今奎安先生本其樹人宏願擬出具體大學計畫本社為廣播計對於此種百年大計關乎吾川之文化事業自應大聲急呼使我全川民眾不特知之而已更能進而共同促成之則將來吾川前途其庶有豸乎

百芳附識

創興重慶大學宣言書

創辦重慶大學之計書

（一）創辦重慶大學之理由

創辦重慶大學之理由約有四端分述於后

諸公之詳察焉

一 經費

（甲）開辦費 民國十二年前四川東防督辦劉但在渝籌措房租

（乙）常年經費

二 校址

三 組織

（甲）董事會

（乙）校長

（丙）教務主任及各學系主任

責任

二十七

二十八

文献编号 1925-002 创兴重庆大学意见书

文献信息

期刊《渝声季刊》，1925 年第 6 期，27-28 页

文献编号：1925-002

简体全文

创兴重庆大学意见书

此文曾在重庆商务日报登载，似勿再行刊登。惟本社对于故乡教育事业素所注意，故历来各期出版常有关于此项问题之讨论，今奎 [揆] 安先生本其树人宏愿，拟出具体大学计划，本社为广播计，对于此种百年大计关乎吾川之文化事业，自应大声急呼，使我全川民众不特知之而已，更能进而共同促成之，则将来吾川前途其庶有豸乎。

百芳附识

事有似缓而实急者，兴学之议是也。以今日百孔千疮之川局，诸务纷乘 [呈]，万端待理，兴学之议似可从缓。特一推究祸乱相寻之源与吾川教育之需要，则就交通便利地点创设大学，以灌输世界之文化，树立学术之重心，实为刻不容缓之举，又况开办经费有所自来，及时筹备事半功倍。值此相当机会，正宜积极进行，未

可视为不急之务，坐失事机，致令后人笑我拙矣。奎[揆]安不敏，爰本斯恉，谨将创兴重庆大学之理由及计划拟具于左，以待大会诸公之详察焉。

[(一)]创办重庆大学之理由

创办重庆大学之理由约有四端分述于后

创办重庆大学之计画[划]

一、经费

(一)四川僻处西陲，文化闭塞，人民思想进步较迟，故政治上社会上，每与交通便利各省份发生歧异之纠纷，为今之计，自应速设大学，提高学术，俾与交通便利各省份作平均之发展，化除歧异之纠纷于无形。

(二)吾蜀古称天府，重庆为通商巨埠，交通视全川各地为最便，人口百余万，且天产丰富，各地原料骈集于此，为全川冠。惜因人材缺乏，以致弃货于地。若能速设大学，造就人才，实地考究，开发富源，将为中国产业界开一新纪元。

(三)吾川因交通关系，风气闭塞，自昔常有蜀不易治之叹。盖由于人民思想褊狭，目光短浅，遂致内讧不休，几难自解。若能速设大学，提高学术，启发思想，转移心理，当可减除无谓之政争。

(四)吾川近来学子日多，其家中裕饶能出省外求高深学识者，仅十之二三，而因经济困难不能远求高深学识遂致中途辍学者，十之七八，机会不均，诚属缺憾。故为青年学业前途计，为适应社会需要计，不能不速设大学。

(甲)开办费　民国十二年前，四川东防督办但在渝筹借房租两月，计收洋二十五万元。当经渝埠各法团呈准前川军总司令刘禹公允由盐税项下逐次拨还，曾分令警厅巴县会衔[衔]布告在案查是年十月前督理杨复在渝募集公债五十余万元，现由刘甫公督办，允拨盐款归还，兹拟以十二年公债之半数，及前四川东防督办筹借房租之全数，共约五十万元，拨作重庆大学开办费。此种款项在人为，已出之财在政府，为应还之债，以之开办大学，玉成盛举，于收款之中寓兴学之意，政府人民永垂纪念，一举数善，莫宜于此。现已征得出款人民大多数之同情，一俟办法决定，便可实行。

(乙)常年经费　常年经费可由政府于税款下斟酌附加，但须确实可靠，如能仿广东大学，于关税上附加大学费则更妥善(按广东此项附加年可收三十余万元)。

二、校址

校地宜择交通便利，地面宏敞者，查有浮图关营房最为适宜，该地昔为练兵之所，以之改设大学，足为偃武修文之表示。此外如寄宿舍学校园等等，均可于附近觅得相当地点，或借或租，不难应用。

三、组织

（a）董事会　以吾川军民首长，如刘甫公、赖德公、邓晋公等，及川中富有学识及声望之绅者，如施鹤笙、邵明叔、李伯中、陈幼孜诸先生等为董事，负维持学校进行及督促发展之责任。

（b）校长　以吾川富有学识及声望者充任，由董事会推定，请省长延聘之。

四、筹备　筹备之产生分两种

（甲）以吾川富有声誉之学者充任之，其选格有二：（一）富于旧学识者，如赵尧生、宋芸子、骆公骕、向仙樵、梅黍雨、龚春崖、文伯鲁、陶开士诸先生；（二）富于新知识者，如任叔永、陈启修、温少鹤、沈懋德、周建候、刘应筹、韩文畦、吕子芳诸先生。

（乙）以渝中各法团之首领充任之

以上两种筹备员会同一处专从事于大学之筹备，务期于半年中实行开办。

上述计划仅及于筹备事宜，各学校成立后，内部计划自有主持校务者通盘筹划，兹不赘述。

以上各节纯系个人管见，所及拉杂陈述思虑未周在所难免，且兹事体大，非群策群力不易成功，尚望各界人士切实指正，鼎力主张，使理想中之重庆大学早日实现。不特奎[揆]安个人之幸，亦全川文化前之大幸也。

巴县议事会副议长李揆安提

003　筹备中之重庆大学

■ 文献信息

期刊《益世报》，1925年

文献编号：1925-003

重慶愛國團嚴查仇貨（重慶特派員美佛）

▲籌備中之重慶大學

▲籌議創辦重慶大學　重慶紳士李奎安乘川康督辦署組設之川事討論會，徵集各方意見，特以公民資格提議創辦重慶大學，蓋用意實欲藉此收回政府欠款也。其籌辦基金，即以十三年政府應籌還之房租數十萬，作爲開辦費。此外擬定在海關稅內附加助之，此倡彼和，一時間風起而贊助者甚夥，及昨二十六號復集各法團共加討論，屆時如沈與白，朱叔癡，黃美涵，文伯魯，劉翊叔，汪雲松，曾吉芝等均次第出席演說，表示贊成，其對於經費問題，汪雲松並主張增加歷年籌墊軍餉。如商會未能收回者，有二百數十萬之多，巴縣三里未能收回者，亦有二十萬元，均擬撥案撥作大學經費，結果，決議暫成立籌備機關，定名曰創辦重慶大學籌備會，當又推定籌備員十八人，擔任籌備一切，至計劃書近亦由籌後會提出討論，僉以經費出自政府籌還，殊恐難於期諸實行，現正呈商自井劉顧軍民兩長請示辦法云。

▲成立中法大學分校　中法教育運動，計先後卓著成效者，於法則有里昂之中法大學，於比則有沙洛旺之勞動大學，於國內則有北京西山之中法大學、孔德學校。昨返川吳玉章君因見西南半壁，獨付闕如，特就重慶創立中法大學四川分校，並決定本年因屬草創，擬暫招收高級初級中學各一班，以作預備。現已租定大溪溝懋園側爲校址云。

▲愛國團大檢查仇貨　本埠商業共進會組設愛國團各隊，近來檢查仇貨，頗著熱誠，於昨曾查有日輪德陽丸由宜運抵渝城，實運來該國仇貨數百件，同時並查得奸商晉豐恆，購有白理洋行大批英貨，與晉豐恆獨在抵制仇貨期間背約購買，咸認爲有意破壞該團公約，決擬處以相當懲治，爲効尤者戒云。

▲川西初選所長一覽　川中各縣初選事務所長名錄，除川東川北永寧建昌四道，已詳前次通信外，惟川西一道，尚未述及，茲特補誌如下。金堂賴國銘，平武張從庚，江油胡鴻貞，廣漢許觀光，彭明蘇繼祖，綿竹張志，崇慶周銘，安縣蕭伯垣，梓潼張安愚，綿陽王鑄，德陽曾芬，溫江袁弼臣，北川李茂先，什邡劉作霖，灌縣衛錫勛，松潘陳毓嵩，懋功謝伯彰，彭縣程守龍，成都袁元熙，華陽潘斯盛，簡陽李廷柱，郫縣朱德源，崇寧蕭廷健，新津呂潤濱，新繁徐永泉，雙流蔣少參，茂縣王振綱，汶川葉樹芳，理番楊家序，羅江蕭有芬。（九月三十日）

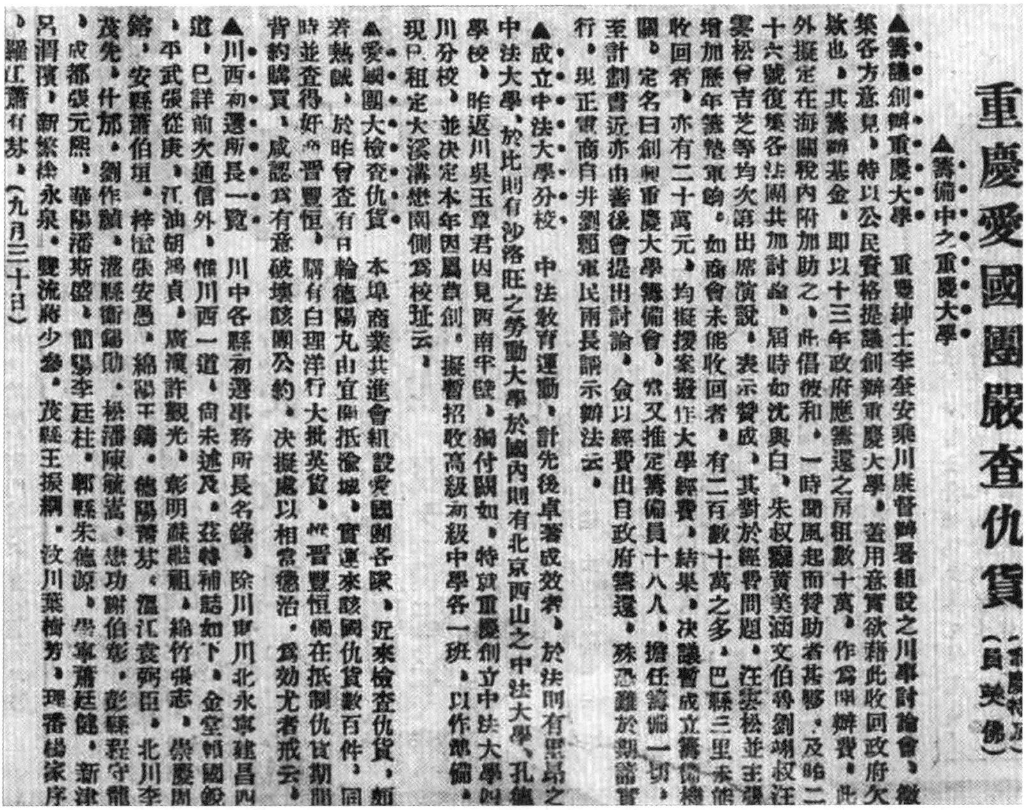

文献编号 1925-003　筹备中之重庆大学

■ 简体全文[1]

重庆爱国团严查仇货

重庆特派员美佛

▲筹备中之重庆大学

▲筹议创办重庆大学　重庆绅士李奎[揆]安乘川康督办署组设之川事讨论会，征集各方意见，特以公民资格提议创办重庆大学，盖用意实欲借此收回政府欠款也。其筹办基金，即以十三年政府应筹还之房租数十万，作为开办费。此外拟定在海关税内附加助之，此倡彼和，一时间风起而赞助者甚夥。及昨二十六号复集各法团共加讨论，届时如沈与白、朱叔痴、黄美涵、文伯鲁、刘翊叔、汪云松、曾吉芝等均次第出席演说，表示赞成，其对于经费问题，汪云松并主张增加历年筹垫军饷。如商会未能收回者，有二百数十万之多，巴县三里未能收回者，亦有二十万元，均拟

[1]　原文内容篇幅较长，仅节选其中与重庆大学有关内容。

援案拨作大学经费。结果，决议暂成立筹备机关，定名曰创兴重庆大学筹备会，当又推定筹备员十八人，担任筹备一切。至计划书近亦由善后会提出讨论，金以经费出自政府筹还，殊恐难于期诸实行，现正电商自[井]刘赖军民两长请示办法云。

　　▲成立中法大学分校　中法教育运动，计先后卓著成效者，于法则有里昂之中法大学，于比则有沙洛旺之劳动大学[，]于国内则有北京西山之中法大学、孔德学校，昨返川吴玉章君因见西南半壁，独付阙如，特就重庆创立中法大学四川分校，并决定本年因属草创，拟暂招收高级初级中学各一班，以作准备，现已租定大溪沟憇园侧为校址云。

　　[……]

重要事件二：重庆大学成立　刘湘出任第一任校长[1]

　　1929 年 8 月，重庆大学筹备会成立大会顺利召开，会上通过了著名的《重庆大学筹备会成立宣言》，并对开课过程中若干事宜进行部署。在召开了数次筹备会，解决办学经费捉襟见肘、招生仓促且规模小、校址没有着落等难题后，1929 年 10 月 12 日，重庆大学正式开课教学，这是重庆地区第一所现代高等教育学府，从诞生之初就有创办"完备宏深之大学"的宏伟蓝图，肩负"研究学术、造就人才、佑启乡邦、振导社会"的历史使命。1929 年对重庆大学意义非凡，这一年重庆大学正式完成"从无到有"的突破。

一、1929 年 8 月，重庆大学筹备会成立大会

　　1926 年秋的"全川善后会议"上，成渝两大学方案正式通过。之后国立成都大学（现四川大学的前身之一）很快创办起来，而重庆大学并没有像期望的那样顺利诞生。当时任国民革命军二十一军军长、四川省省长的刘湘，对办学活动非常支持，此时寓居重庆，于是沈懋德、吴芳吉、朱叔痴、汪云松、温少鹤、李揆安等筹备人员积极游说，刘湘表示"刻以从速筹备重庆大学为己任，而嘱同仁协助其成"。

　　筹备工作在刘湘的主持下进展迅速。1929 年 8 月 2 日，重庆大学筹备会正式成立，8 月 4 日在二十一军部大礼堂举行成立大会。会议在刘湘的主持下就重庆大学筹备会组织大纲、学校经费以及学校临时校舍和永久校址等问题进行了讨论。

---

[1]　重庆大学校史编写组 . 重庆大学校史 1929—1949[M]. 重庆：重庆大学出版社，1984:1-13.

二、《重庆大学筹备会成立宣言》

《重庆大学筹备会成立宣言》是筹备重庆大学办学事宜过程中的纲领性文件，由吴芳吉执笔。

《重庆大学筹备会成立宣言》对各种阻碍重庆大学办学的言论和思想，进行了针锋相对的驳斥，论证创办重庆大学的现实可能性，并得出结论："总之，重庆大学之应成立，已届时机，非属梦想。"详见《重庆大学筹备会成立宣言》全文。

《重庆大学筹备会成立宣言》（全文）

筹设重庆大学之提议，早在民国十五年间，同人念兹在兹，所以一日未尝忘者，以西南交通最便之域，文化输入首当之冲，货殖素号殷邦，冠盖夸于列郡，当有完备宏深之大学一所，以研究学术、造就人才、佑启乡邦、振导社会。此盖全川教育发展应有之进程，与吾七千万人最低之需要，不仅一时一隅之计而已。

乃有以城市繁华为言者，则上海、广州固文明之先进，伦敦、纽约，亦庠序之中枢，宁舍通都大邑而不居，适穷乡僻壤而有当？此不足为吾重庆大学病也。

有以人才寥落为言者，则人才之聚，聚于事业，必事业愈兴而人才愈至。未有事业不举而坐待人才者。渝中素无大学教育，故大学人才不聚于此。成都所以较胜，即以大学滋多，有以安置人才之故。今使大学竟成，何患无师，有师何患无士？此又不足为吾重庆大学病也。

有以经费无着为言者，则今之百政所费，谁为有着？诚欲先有巨款而后兴学，则实现之期，河清莫俟，徵之全国大学成例，何独不然，不闻款绌遂废之者，有人斯有财也。夫重庆富力，远过成都，开源取用，不止一途。或就国、省税款酌情划拨，或就地方捐税移转接济，按年递进，由少增多，数微则始易兴，时长则后易继。此亦不足为吾重庆大学病也。

有以数量影响为言者，谓重庆创办大学必有损于成都，实则即此数量，仍患不足。以视英、日小岛，多寡何如？况大学成立，基于社会自然之需，不徒借以润色鸿业。成渝俱有大学，正可相观而善，携手偕行，谋所以成德达才移风易俗之事。讵同业之相忌，实同枯而失荣，此尤不足为吾重庆大学病也。

总之，重庆大学之应成立，有其需要，有其可能，已届时机，非属梦想。其款项之如何筹划，地点之如何测量，学制之如何取舍，黉宇之如何兴修，凡兹大任，所贵分肩，明知困难滋多，相期黾勉勿替。至于乡里先达、当代名贤，不忍蜀才之销声匿迹，事事求人；不思蜀学之落伍后时，长此荒秽；不忍蜀中万千失学青年，问津无路；不忍蜀之工商百业，无以长进。决疑必予惠助其始，乐观其成，加以教督而不我弃也。

　　谨此宣言，维希明鉴。

重庆大学筹备会启

中华民国十八年七月二十九日

三、开学时间、专业设置、广征教授

　　1929 年 8 月 21 日至 9 月 11 日，重庆大学开课筹备活动正式展开。在这期间，刘湘先后四次召开重庆大学筹备会常务委员会，具体讨论常委分工、开学日期、学校经费、校址、招生及聘请教授等事项。

　　讨论中的焦点有几个。第一，重庆大学开学的时期，当下已属八月，若要九月开学非常困难；第二，专业如何设置；第三，教授从何而来；第四，经费和图书、仪器等实物配置；第五，校址问题。

　　激烈的讨论之后，众人决定在当年开学，时间初步定在十月初；专业方面，设立文理两个预科班，分别进行招生，预科为三年；教授需严格聘请，实行主任教员聘请制；学校的经费先由政府拨专款；由于开学在即，临时校址选在了菜园坝的杨家花园——当时国民革命军二十一军的骑兵驻地，即今日的菜园坝火车站所在地。

四、1929 年 9 月，第一次校务会及招生考试

　　1929 年 9 月 14 日，刘湘在二十一军书报室召开了重庆大学第一次校务会议，讨论成立招生考试委员会。

　　招生考试前后举行三次。第一次是 9 月 16、17 两日，第二次是 9 月 28 日。文、理两个预科班，共计招生四十五人，但是在 10 月 12 日开学报到时只来了二十余人，于是于 10 月 19 日进行了第三次招生考试。第一批学子的名单，如今档案仍存，名字全部有记录。

五、1929 年 10 月 12 日，重庆大学正式开课

　　这一天，重庆大学在菜园坝杨家花园开学，宣告重庆大学正式成立。重庆大学筹备委员会发表的《重庆大学宣言》成为重庆大学历史上第二个重要的文献。具体

内容详见《重庆大学宣言》。

10月23日，筹备会常务委员会讨论通过，推选刘湘为重庆大学校长。

《重庆大学宣言》（节选）

重庆议办大学于今数年矣。属以军事迭兴，未遑切实筹备。今民国十八年，值北伐完成之后，国家力谋建设。刘甫澄军长驻节重庆滋久。于商埠之建筑、市政之设置、市场之新辟、监狱之改造，固既次第兴作，规模宏远矣。顾常自视歉然曰：是诸所作，皆枝节也。根本建设，厥在人才。人才之深造，端资最高学府。因于今年夏，徵请省内外大学教授，为重庆大学之设计，先办文理两预科，次办工商理医诸正科。分年递进，视可推行，乃延致同人等数十百人，聚集会议，成立重庆大学筹备委员会。举凡经费之筹措、教授之延聘、校址学舍之建筑、图书器具之设备，皆既集思广益，议得大体，然后指定同人，分股负责。限于一定期内筹备完成。经始夏至，迄于秋中，分别部居，牺就条理，而吾重庆大学，于以实见有日。谨用宣言，略陈意旨。

吾川由师大分化而有成都大学，其确定在民十五年。当时聚商各军，主持成立者，仍即今甫澄军长。顾全川百四十六县，几于县有中学，县岁毕业，至少以十数人计，即一年内当有二千以上须升学之中学生。成都可升之校，每苦不能悉纳。且川东各县，距成都远者二千里而遥，水陆间阻，往返艰难，东下宁沪，北上平津，则省外生活奇昂，资斧更不容易。以是中学毕业，东西顾望，怆然辍学者，不知凡几。故自川东言，如只主持设立成大，而不筹设重庆大学，则是当局之偏也。自全川言，如谓成都设有大学已足，不必再设重庆大学，则是川人之陋也。

重庆外受江汉委输，内作川康绾毂，北通关陕，南达黔中，商货殷阗，华洋萃集。又两江滨带，蒸汽易施，大小工厂，岁月兴立。如使工商两业缺乏专门人才，则操奇计赢，不足与外人竞进。技师工匠，亦必向远方徵求，财贿外流，大利坐丧。如于重庆大学设置工商理科，数年之后，阛阓必多通才，制作必臻美利。盖商场工厂触目即是，实地练习功倍可期。而一埠之中，忽有此最高学府，增多数十大学教授，聚集数百专科学生，大足供工商业之参稽，资其借镜，备厥顾问，于以增进本埠之繁荣，拓殖西南之福利，其为关系又至重钜也。

抑有进者，人类之文野，国家之理乱，悉以人才为其主要之因。必人才日出，然后事业日新，必事业日新，然后生机永畅。世界所以进化无疆，国家所以长存不敝，胥赖于此。使世无须才，则虽洪荒草昧，终古不开可也。使国无须才，则虽保国羽民，逮今不灭可也。故昔之言国者曰：乌合之众不足当技击之士，技击之士不足当节制之师。今之言国者曰：野蛮之民不足当半开化之邦，半开化之邦不足当文

明全盛之国。今察欧美各邦，疆域或小于我，人民或少于我，而入其国境，大学林立。即以吾川论，广土众民，西驾德意，东媲日本，而惟省会始有大学，其他各省尚有并一大学而无之者，以此而求国际平等，抗拒侵略，我实不竞，于人何尤。且中学毕业，难言成才，如遂听其废阁，则沉珠于水，埋玉于璞，弃宝实乡。若国家地方之事，尽以此未成熟之才为之，复无多数智术高深德性坚定之士为之指导，则直贼夫人之子，兼害于尔家，凶于尔国。今日现象已呈如此，凡具深识，能无隐忧。友邦人士，既告我矣，曰：今日中国所最缺乏者，为领导人才，苟不河汉斯言，则筹设重庆大学，以树西南风声者，尤为不可以已也。

六、关于重庆大学永久校址的问题

"王家河"是永久校址备选项中出现较多的地名。1929-004号文献记载"重庆大学建筑地点在王家河"；《重庆大学校史：1929—1949》第一章第二节记载"永久校址开始选定在王家沱"；重庆大学筹备会成立大会所通过的决议文件中亦有"借友邻火柴公司房舍为临时校舍，而以王家沱为永久校址"。重庆方言中"王家沱"和"王家河"基本为相同含义，不过最终王家河并未成为永久校址。

永久校址的选择并非易事，临时校址敲定后刘湘迅速派人沿嘉陵江溯游而上，最后选择沙坪坝为永久校址。当时这片土地属于刘、王、饶、窦四位地主，共计900余亩。据说该地是历史上宋朝吴玠、吴璘大破金兵的古战场。其勘定过程如下。

刘湘允在辖区内精心挑选一个山青水秀、风景宜人、交通便利、适于建校的地点，建筑重大永久校址。开始选定在王家沱，委员们并不十分中意。筹委温少鹤自备汽艇，约集李公度、朱叔痴、沈懋德、吕子方、彭用仪等上溯两江，沿途查勘，最后选中了沙坪坝。该地一望平川沃野，阡陌交错，松柏掩映，头依浮屠，面临嘉陵，景色宜人，还听说是历史上宋吴玠、吴璘大破金兵的古战场，于是众口同声，一致赞成可作重大永久校址。在第二次常委会上由李揆安正式提出讨论，会上多数委员认为，沙坪坝虽然不是市中心区，相隔也仅二十华里，水陆交通尚称便利。该地环山带水，风景极佳，正是读书胜地，可作重大永久校址。[1]

关于永久校址问题，勘定了沙坪坝校舍地基，初步绘出图式，东西约长二千五百英尺，南北约长三千英尺，面积九百余亩，五万余方丈。该处以刘、饶

---

[1] 重庆大学校史编写组.重庆大学校史1929—1949[M].重庆：重庆大学出版社，1984:13.

两姓地主拥有田地最多，另外尚有窦、王等小业主数家。其中刘姓地主拥有地合田租为九十石，饶姓地主拥有地合田租六十石。决定采取两种处置办法：(一)劝其乐捐，在勘定区域内，凡有愿意捐出地皮作重大校基者，对其界内坟地予以保存；(二)出资购买，刘饶两姓愿意售其地皮，按当时田租市价，每石约值银百两，两姓共有一百五十石，值银一万五千两，以后即全部购买，作为建筑新校舍之用。[1]

此后校园各项教学楼、图书馆、宿舍等建筑迅速开工。逐渐呈现今日重庆大学A区校园的雏形。

---

[1]　重庆大学校史编写组 . 重庆大学校史 1929—1949[M]. 重庆：重庆大学出版社，1984:16.

004 重庆大学年内可成立

■ 文献信息

报纸《申报》，1929年8月8日，期号20251号（上海版）

文献编号：1929-001

■ 简体全文

重庆大学年内可成立

【重庆】重庆大学今年可望成立，刘湘任筹备委员长[。](五日中央社电)

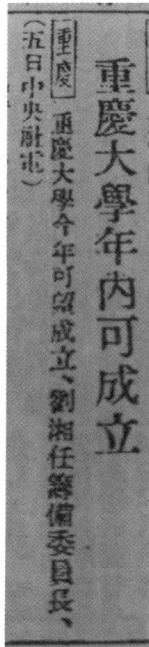

文献编号 1929-001　重庆大学年内可成立

005 重庆大学今年可成立　刘湘任筹备委员长

■ 文献信息

报纸《京报》，1929年8月9日

文献编号：1929-002

■ 简体全文

重庆大学今年可成立

筹备委员长刘湘

【南京七日中央电】重庆电，重庆大学今年可望成立，刘湘任筹备委员长。又电，广东中大教授地质学专家哈安姆博士抵渝，六日赴江津考察油矿。

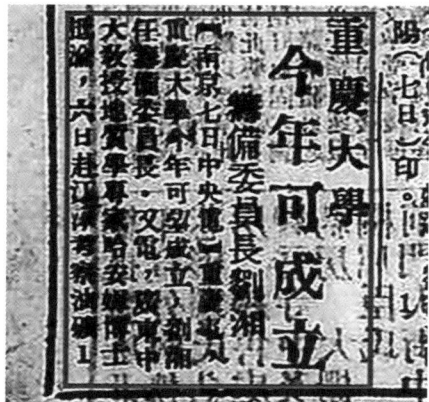

文献编号 1929-002　重庆大学今年可成立

CHUNGKING UNIVERSITY
Arrangements are now being made
by General Liu Shiang, a high
military leader in Szechuen, for the
inauguration of a new university
in Chungking within this year.

文献编号 1929-003 CHUNGKING UNIVERSITY

■ 文献信息

报纸 *The China Press*，1929年8月12日

文献编号：1929-003

■ 全文及译文

CHUNGKING UNIVERSITY

Arrangements are now being made by General Liu Shiang, a high military leader in Szechuen,for the inauguration of a new university in Chungking within this year.

重庆大学

四川高级军事领导人刘湘将军，计划在今年之内，举行重庆一所新大学的开学典礼。

007 重庆大学开始修建

■ 文献信息

报纸《申报》，1929年8月15日，期号20258号(上海版)

文献编号：1929-004

■ 简体全文

重庆大学开始建筑

【重庆】刘湘筹备之重庆大学，已开始建筑，地点在王家河。(十七日专电)

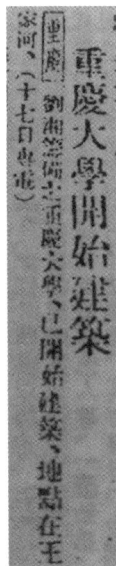

文献编号 1929-004 重庆大学开始修建

008　刘湘筹办重庆大学

■ 文献信息

报纸《申报》，1929年8月18日，期号20261号（上海版）

文献编号：1929-005

■ 简体全文

刘湘筹办重庆大学

【重庆】刘湘筹办重庆大学，四日成立委员会，开办费六万元，先办文理两预科。第一年六万元，第二年九万元，第三年十二万元，第四年扩充文理商工四正科，年支二十万元。（八日专电）

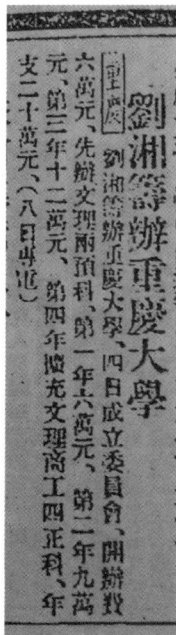

文献编号 1929-005　刘湘筹办重庆大学

009　重庆大学筹备就绪

■ 文献信息

报纸《申报》，1929年8月27日，期号20270号（上海版）

文献编号：1929-006

■ 简体全文

重庆大学筹备就绪

【重庆】刘湘创办重庆大学，业筹备就绪，决定期开学。（二十四日专电）

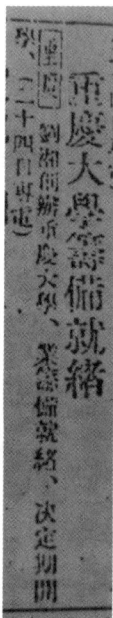

文献编号 1929-006　重庆大学筹备就绪

重要事件三：胡庶华出任第二任校长

胡庶华（1886—1968），号春藻，知名学者、教育家，湖南攸县人。1935年3月至1938年7月任重庆大学校长。

一、胡庶华入川

1934年7月，时任湖南大学校长胡庶华受国民政府委派，率中国工程师工业考察团到四川考察，对四川的工业资源和生产建设作了考察后，完成了《四川工业资源考察报告》。时任四川省善后督办公署督办刘湘对胡庶华"印象极佳"，因自己"无暇兼顾重大工作"，故而"拟聘请胡庶华担任重大校长"。

1934-004号文献记载是年9月"刘湘电促胡庶华入川主持重庆大学"。10月，胡庶华抵达重庆大学并参加校务会议，对这座初具规模的新生大学，提出了四点改进意见：

①重大虽分文理农三院，但因经费困难，仅有理学院大楼一座，文农学院学生只能依附于理学院上课，望在本年度动工建筑文学院；

②学校经费原系从肉税附加税中拨给，每年仅有十几万元收入，不敷甚巨，今后应在原有经费外，再从盐税中每年拨给补助；

③学校设备除原设备外，再增加四个网球场，一个足球场及田径赛道和游泳池；

④今后应多聘专任教授，常川住校。[1]

---

[1] 重庆大学校史编写组.重庆大学校史 1929—1949[M].重庆：重庆大学出版社，1984:32.

二、胡庶华任职

1935 年 3 月，刘湘正式聘请胡庶华为重庆大学校长，兼任川西矿业调查团团长。1935-002、1935-003、1935-004 号文献对此均有记载。

是年 4 月，胡庶华自湘莅渝就职。由于交接湖南大学相关事宜，1935 年 3 月至 5 月，胡庶华多次往返重庆与长沙，完成湖南大学的交接工作后，才完全接手重庆大学新工作，同期还需兼任处理川西矿业调查团相关事宜。1935-005、1935-008 号文献对此有记载。8 月 1 日，四川省政府正式任命胡庶华为重庆大学校长。

对于这所建校不过六年、从菜园坝刚迁到沙坪坝不到两年、办学条件还不完善的新设大学，胡庶华迅速采取了行动。延聘一批著名学者、教授，充实师资力量；调整组织机构；增设院系；修订各规章制度。一系列措施之下，据 1936-001 号文献记载，"重庆大学自胡庶华接办后，亦渐有进步"。

三、就任期间的曲折

1935 年中期，即胡庶华接任重庆大学校长后，学校发生了"反裁并事件"，并在此期间正式成为"四川省立重庆大学"。详情请查看第一编重要事件四《成为四川省立重庆大学》相关内容。

四、提出创建重庆沙磁文化新区

1936 年 12 月，胡庶华写下《理想中的文化区》一文，详细论述了重庆文化现状和建立新型文化区之必要。在此文的倡导影响之下，"沙磁文化"成为战时首都抗战文化中的重要组成部分。详情请查看第三编专题十一"积极抗战"相关内容。

010　刘湘电促胡庶华入川

■ 文献信息

报纸《申报》，1934年第9月20期，期号22063号（上海版）

文献编号：1934-004

■ 简体全文

刘湘电促胡庶华入川

【长沙】刘湘电促胡庶华入川，主持重庆大学，与矿产调查团。（十九日专电）

文献编号 1934-004　刘湘电促胡庶华入川

011　胡庶华被聘为重庆大学校长

■ 文献信息

报纸《南宁民国日报》，1935年3月20日

文献编号：1935-002

■ 简体全文

胡庶华被聘为重庆大学校长

重庆十九日电：刘湘征聘胡庶华为重庆大学校长，兼川西实业调查团团长，胡十八日自湘乘轮抵渝，日内往重庆大学视事。

文献编号 1935-002　胡庶华被聘为重庆大学校长

012　胡庶华抵渝　日内就任重大校长

■ 文献信息

报纸《申报》，1935年3月20日，期号22234号（上海版）

文献编号：1935-003

■ 简体全文

胡庶华抵渝　日内就任渝［重］大校长

【重庆十九日电】刘湘敦聘胡庶华为重庆大学校长，兼川西实业团团长，胡十八日自湘乘轮抵渝，日内往重庆大学视事。

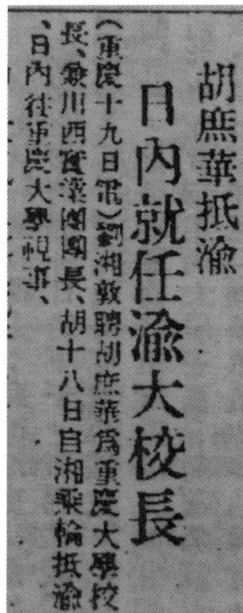

文献编号 1935-003　胡庶华抵渝 日内就任重大校长

013　DR.Hu Shu-hua Named Chungking College Prexy

Dr. Hu Shu-hua Named Chungking College Prexy

CHUNGKING. Mar. 20.—(Kuomin)—Dr. Hu Shu-hua, who has been invited by General Liu Hsiang, chairman of the Szechwan Provincial Government, to be president of Chungking University and head of the Industrial Mission to Western Szechwan, arrived here from Hunan yesterday to take up his new duties.

Dr. Hu was until recently president of Hunan Provincial University at Changsha.

文献编号 1935-004　DR.Hu Shu-hua Named Chungking College Prexy

- 文献信息

  报纸 *The China Press*，1935 年 3 月 21 日

  文献编号：1935-004

- 全文及译文

DR.Hu Shu-hua Named Chungking College Prexy

CHUNGKING .Mar. 20.—（Kuo-min）—Dr. Hu Shu-hua, who has been invited by General Liu Hsiang, chairman of the Szechwan Provincial Government, to be president of Chungking University and head of the Industrial Mission to Western Szechwan.[.] arrived here from Hunan yesterday to take up his new duties.

Dr. Hu was until recently president of Hunan Provincial University at Changsha.

胡庶华博士被任命为重庆大学校长

重庆 3 月 20 日电—（国民）—应四川省政府主席刘湘邀请，胡庶华昨日从湖南抵达重庆开始履行自己的新职务，其出任重庆大学校长一职，并兼任川西实业调查团团长。

此前胡庶华博士一直担任位于长沙的湖南大学校长。

014　胡庶华就重大校长职

- 文献信息

  报纸《申报》，1935 年 4 月 18 日，期号 22263 号（上海版）

  文献编号：1935-005

- 简体全文

胡庶华就重大校长职

【重庆十七日电】重庆大学校长胡庶华，自湘莅渝就职。

文献编号 1935-005　胡庶华就重大校长职

015　胡庶华由渝抵汉

■ 文献信息

报纸《申报》，1935年5月28日，期号22302号（上海版）

文献编号：1935-008

■ 简体全文

胡庶华由渝抵汉

【汉口二十六日电】湖南大学校长代理重庆大学校长胡庶华，二十六日午后六时，由渝乘航机到汉，定二十八日搭车返湘，处理湖大校务，据胡氏谈，重大校长，固辞不获返湖月余，再行赴川。

文献编号 1935-008　胡庶华由渝抵汉

016　胡庶华专长重庆大学

■ 文献信息

报纸《申报》，1935年8月4日，期号22369号（上海版）

文献编号：1935-016

■ 简体全文

胡庶华专长重庆大学

▲辞湖南大学校长

【长沙三日电】胡庶华电何，被刘湘留川，办重庆大学及炼钢事，请遴员继任湖南大学校长。

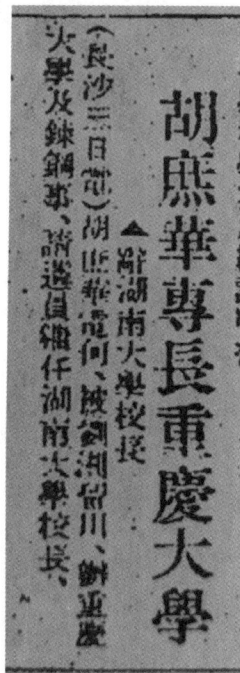

文献编号 1935-016　胡庶华专长重庆大学

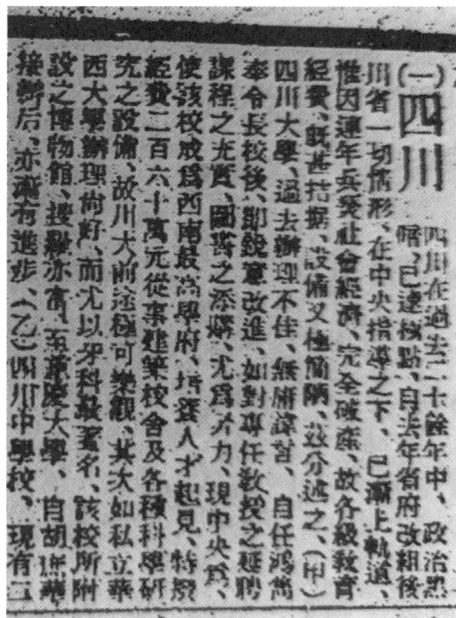

文献编号 1936-001　重庆大学自胡庶华接办后 亦渐有进步

■ 文献信息

报纸《申报》，1936 年 1 月 6 日，期号 22520 号（上海版）

文献编号：1936-001

■ 简体全文

（一）四川

四川在过去二十余年中，政治黑暗，已达极点，自去年省府改组后[,]川省一切情形，在中央指导之下，已渐上轨道。惟因连年兵燹[,]社会经济，完全破产。故各级教育经费，既甚拮据，设备又极简陋，兹分述之：(甲)四川大学，过去办理不佳，无庸讳言，自任鸿隽奉令长校后，即锐意改进，如对专任教授之延聘[,]课程之充实、图书之添购，尤为努力。现中央为使该校成为西南最高学府，培养人才起见，特拨经费二百六十万元从事建筑校舍及各种科学研究之设备，故川大前途极可乐观。其次如私立华西大学办理尚好，而尤以牙科最著名，该校所附设之博物馆，搜罗亦富。至重庆大学，自胡庶华接办后，亦渐有进步。

018 行政院决议 任命胡庶华为重庆大学校长

施行程序要點三項請公決案、決議、修正通過、咨立法院、㊂財政部孔部長・鐵道部張部長・呈請將滬浦鐵路英德借款基金保管委員會組織規程第二項・持券人代表名額增加一人・請鑒核予以修正案、決議通過、送中央政治委員會、㊃中國學術團體聯合會所籌備委員會呈請補助建築經費案、決議、交教育部酌予補助、㊄內政・軍政・財政・實業・教育・交通・鐵道・七部衛生署・振務委員會・報告審查廿省廿九年度歲入歲出概算書一案意見、請鑒核案、決議、照審查意見通過・㊅國府交議冀省廿三年度地方普通歲入歲出總預算各案、決議、通過、咨立法院、㊆國府交議寧夏省廿四年度地方普通歲入歲出總預算各案、決議、通過、咨立法院、㊇鐵道部張部長提議、冀察華北私運、日益充斥、近日波及南方、京滬路綫爲預防路員有挾同夾私情弊、以便援照嚴禁販運烈性毒品辦法、特訂專條嚴定罰則、以懲貪汚而防私運案、決議通過、由政務處會同鐵部迅擬罰則呈核、

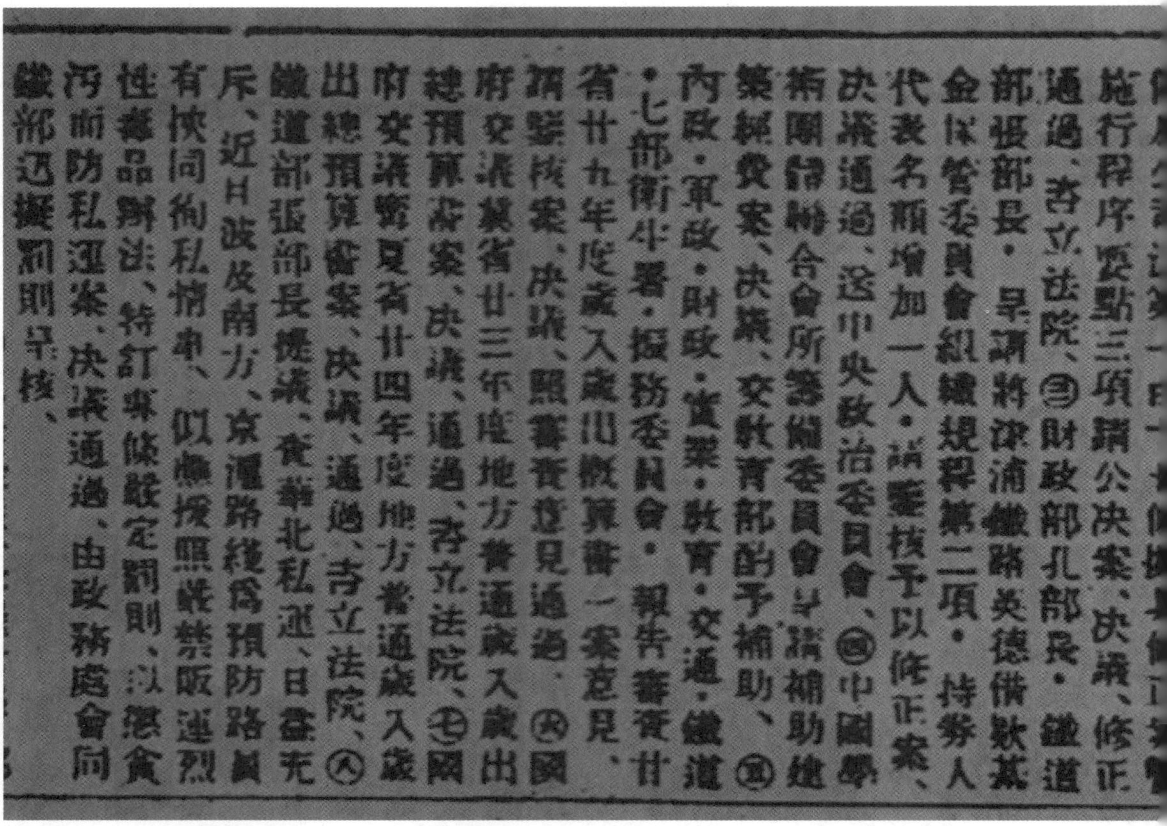

文献编号 1936-004 行政院决议 任命胡庶华为重庆大学校长

■ 文献信息

报纸《华北日报》, 1936年5月20日

文献编号：1936-003

报纸《申报》, 1936年5月20日，期号22648号(上海版)

文献编号：1936-004

■ 简体全文 [1]

行政院决议案

预防京沪路私运 严定罚则

任胡嘉绍为黔建设厅长

【南京】行政院十九日晨开第二六三次例会，出席蒋中正、蒋作宾、黄慕松、陈树人、陈绍宽、刘瑞恒、孔祥熙、王世杰、张嘉璈、吴鼎昌、张群，列席彭学沛、蒋廷黻、秦汾、翁文灏，主席蒋院长。

▲报告事项：一、院长报告，查国民大会组织法暨国民大会代表选举法，业奉

---

[1] 依据 1936-004 号文献原文内容篇幅较长，仅节选其中与重庆大学有关内容。

行政院議決

嚴定罰則而防私運

為防止路員徇私

任胡庶華為重慶大學校長
劉哲泰德純為故博院理事

【南京九日中央社電】行政院十九日晨開第二六三次例會，出席者孔祥熙，張羣，王世杰，陳紹寬，彭學沛，張嘉璈，劉珹恒，吳鼎昌，翁文灝，蔣作賓等，主席蔣院長，報告事項……

報告事項：……

討論事項：……

任免事項：……

文献编号 1936-003　行政院决议　任命胡庶华为重庆大学校长

国府明令公布，所有国民大会选举事宜[,]已由院令行内政部迅速筹办案。

▲讨论事项：一、外交部张部长、铁道部张部长、[,]会同呈报中法修正滇越铁路合同章程会议情形，并抄呈签换各件，请鉴核示遵案，决议通过，送中央政治委员会。

[……]

▲任免事项：一、院长提议，任罗君强、郑道儒为本院简任秘书案，决议，通过。

二、决议，贵州省政府委员兼建设部长谌湛溪另有任用，应予免职，任胡嘉诏为贵州省政府委员兼建设厅长。

三、教育部长王世杰呈请，任命胡庶华为四川省立重庆大学校长案，决议，通过。

[……]

019 国民政府令　任命胡庶华为四川省立重庆大学校长

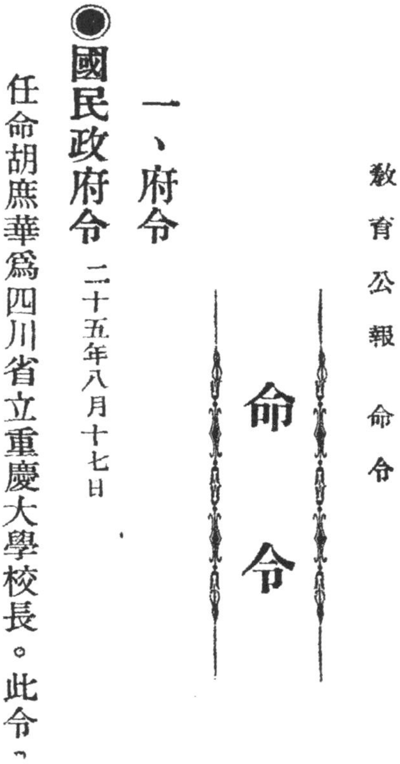

教育公报　命令

命令

一、府令

◉國民政府令 二十五年八月十七日

任命胡庶華爲四川省立重慶大學校長。此令。

文献编号 1936-049　国民政府令　任命胡庶华为四川省立重庆大学校长

■ 文献信息

期刊《教育部公报》，第 8 卷 33-34 期，1936 年，第 22 页

文献编号：1936-049

■ 简体全文

教育公报　命令

命　令

一、府令

国民政府令　二十五年八月十七日

任命胡庶华为四川省立重庆大学校长。此令。

重要事件四：成为四川省立重庆大学

一、正式成为四川省立重庆大学

1935-007 号文献反映当时四川省高等教育概况，该文献表明重庆大学此时尚未立案。1935 年 5 月上旬，重大师生为解决重大立案及经费问题，特撰专文报告于四川省政府；5 月 21 日，国民党四川省政府宣布批准重庆大学为省立大学。6 月 17 日，四川省政府正式颁发四川省立重庆大学关防、铜质小章"四川省立重庆大学校长章"各一枚[1]。

二、"反裁并事件"

早在 1934 年，四川省教育厅长杨全宇在四川生产建设会议上，即提出高等院校应调整重复院系，拟将重大文学院并入四川大学，而将四川省立工学院并入重庆大学，还决定裁并重复院系。该会议决定刊报之后，引起重庆大学师生的强烈反对。1934-001 号文献引用了该次讲话中涉及重庆大学的部分。

1935-025 号文献中明确表示"四川省立重庆大学"因"院系重复""招生困难""经费实太拮据"等问题，四川省高等教育需改革调整，故重庆大学文、农两院学生并入四川大学。

根据 1935-009、1935-010、1935-011 号文献，1935 年 5 月，重庆大学学生赴蓉代表团与四川省教育厅多次交涉，未果。在约请新闻记者采访报道的现场，重大代表团详陈"维持重大现状及反对重大与川大合并之理由"，并"声诉学生方面之

[1] 重庆大学校史编写组. 重庆大学校史 1929—1949[M]. 重庆：重庆大学出版社，1984:42.

希望"。

鉴于事态不断扩大，6 月，国民政府教育部派出专员对重庆大学进行视察。根据 1935-012、1935-013 号文献，教育部专员针对重庆大学立案、办学经费以及四川教育改革等问题进行考察。根据考察结果提出的整理办法，详见 1935-014、1935-025 号文献。其中重庆大学需"数理两系合并""文农两院学生并入川大""重大原有学生未经备案，一律由厅举行甄别呈部核定"。

文、农两院并入四川大学的学生与重大原有的学生均需要接受甄别考试，根据考试结果呈报教育部进行备案，重大师生闻讯后集体反对。1935-016 号文献对此有所提及。

理学院甄别考试于 1935 年 8 月在重庆大学举行，文、农学院甄别考试于同年 10 月在四川大学举行。1935-017、1935-022、1935-023、1935-024、1935-027 等多篇文献对此进行报道，并详细记录了学生名单，著名文献学家杨明照亦在其间。

1935 年 10 月，文、农学院甄别考试结束后，理学院有少数学生继续反对甄别考试，胡庶华决定除一年级正常行课外，其余考生在事件未妥善解决之前暂停行课，由此引起部分学生及理学院院长何鲁等大批教员不满，何鲁提出辞职（1935-020 号文献对此进行报道[1]）。彼时办学经费捉襟见肘，胡庶华面对"内忧外困"的局面，亦提出辞职。经四川省政府出面协商以及承诺解决办学经费问题，胡庶华及何鲁均返校行课。

这一场声势浩大的"反裁并事件"，以南京政府教育部正式发布文件确定"省立工学院学生并入该院"且"文、农两院学生，并入国立四川大学"宣告结束。很快，四川省立工学院并入四川省立重庆大学，成立新的工学院，同时文学院和农学院并入国立四川大学。

三、国民政府"四点意见"

1935 年 9 月 5 日，南京政府教育部认为"该校办理尚具相当规模，应准定为省立"。随后，重庆大学立案手续终于全部完成，经费问题亦解决。重庆大学正式成

[1] 重庆大学校史编写组. 重庆大学校史 1929—1949[M]. 重庆：重庆大学出版社，1984:46.

为"四川省立重庆大学"。

对于四川省立重庆大学的办学，教育部提出了四点意见，涉及学院设置、学生甄别与核定、校长专任制、录取标准的修订。详见 1935-019 号文献，1935-018、1935-026 号文献亦有记载。

020 计划改组重庆大学为川大分校

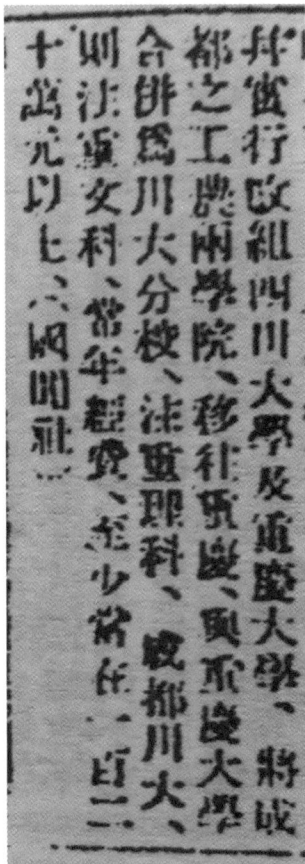

文献编号 1934-001 计划改组重庆大学为川大分校

■ **文献信息**

报纸《申报》，1934年3月14日，期号21875号（上海版）

文献编号：1934-001

■ **简体全文**

[⋯⋯]实行改组四川大学及重庆大学，将成都之工农两学院，移往重庆，与重庆大学合并为川大分校，注重理科，成都川大，则注重文科，当年经费，至少当在一百二十万元以上。（国闻社）

文献编号 1935-007　四川教育概况之高等教育

■ **文献信息**

报纸《申报》,1935年5月21日,期号22295号(上海版)

文献编号:1935-007

■ **简体全文**

四川教育概况

四川省各级教育情形,经该省厅详细调查,最近已有精确之统计,□将该省各级教育概况摘要录下。

▲高等教育 川省高等教育,大学方面,有国立四川大学,私立华西协合[和]大学,又重庆大学(未立案),(川大设文理法三院,华大设文理医三院,重大设文理农三院。)学院方面有省立农科学院[+](设农林两系)[,],工科学院[+](设机械、应用化学、采冶三系)[,]此外尚有未立案专科以上学校八校,[:](一)四川乡村建设学院,(二)四川省立陶业专科,(三)重庆法政专校,(四)西南美术专校,(五)四川医学专校,(六)四川艺术专校,(七)东方美术专校,(八)重庆艺术专校。

022 重庆大学反对与川大合并

■ 文献信息

报纸《西北文化日报》，1935年5月31日

文献编号：1935-009

■ 简体全文

重庆大学反对与川大合并

重庆三十日电：重庆大学学生代表团，今午招待新闻界，报告维持重大现状，及反对重大与川大合并之理由，到十余人，由各代表相继声述学生方面之希望，及向教厅请愿经过，至下午二时许散会。

文献编号 1935-009 重庆大学反对与川大合并

023 重庆大学学生声述须维持理由

■ 文献信息

报纸《西京日报》，1935年5月31日

文献编号：1935-010

■ 简体全文

重庆大学学生声述须维持理由

【重庆三十日电】重庆大学学生代表团，今午招待新闻界，报告维持重大现状及反对重大与四川大合并之理由，到十余人，由各代表相继声述学生方面之希望及向教厅请愿经过，至下午二时许散会。（中央社）

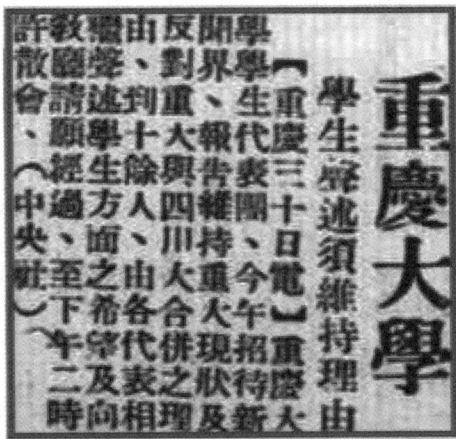

文献编号 1935-010 重庆大学学生声述须维持理由

024　重庆大学学生反对与川大合并

■ 文献信息

报纸《新天津》，1935年5月31日

文献编号：1935-011

■ 简体全文

重庆大学学生反对与川大合并

【重庆三十日专电】重庆大学学生代表团，今日招待新闻界，报告维持重大现状及反对重大与川大合并之理由，到十余人，由各代表声述学生方面之希望，及向教厅请愿经过，至午[午]二时许散会。（中央社）

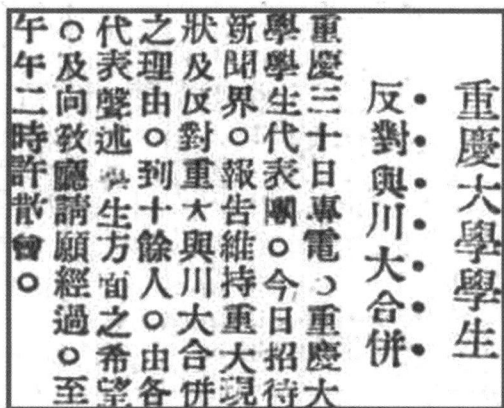

文献编号 1935-011　重庆大学学生反对与川大合并

025　教育部视察员离渝东返

■ 文献信息

报纸《申报》，1935年6月27日，期号22331号（上海版）

文献编号：1935-012

■ 简体全文

教部视察员离渝东返

【重庆二十六日电】教部视察川教专员郭有守、督学顾兆麟，在川视察事毕，二十六日晨乘民□轮离渝赴汉转京[。]关于重庆大学立案问题及改革川教办法，教部将根据郭顾报告详加决定。

文献编号 1935-012　教育部视察员离渝东返

026 教育部视察川教人员回京复命　重庆大学增加办学经费

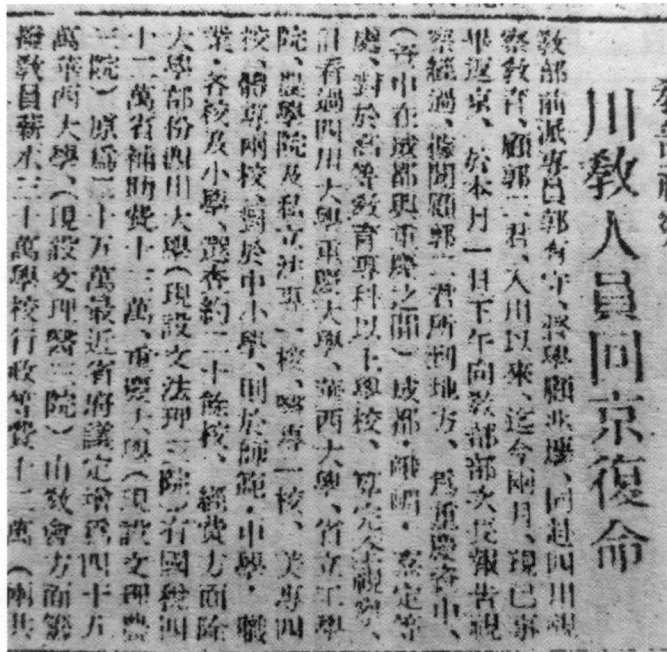

文献编号 1935-013　教育部视察川教人员回京复命　重庆大学增加办学经费（节选）

■ **文献信息**

报纸《申报》，1935年7月3日，期号22337号（上海版）

文献编号：1935-013

■ **简体全文**

川教人员回京复命

教部前派专员郭有守、督学顾兆麟，同赴四川视察教育。顾郭二君，入川以来，迄今两月，现已事毕返京，于本月一日下午向教部[部]次长报告视察经过。据闻郭顾二君所到地方，为重庆[,]资中（资中在成都与重庆之间）[,]成都、峨眉、嘉定等处，对于高等教育专科以上学校，算完全视察。计看过四川大学[,]重庆大学、华西大学、省立工学院、农学院及私立法专一校、医专一校、美专四校、体专两校，对于中小学，则于师范、中学、职业、各校及小学，选查约二十余校，经费方面除大学部份[,]四川大学（现设文法理三院）有国税四十二万[,]省补助费十三万，重庆大学（现设文理农学三院）原为二十五万[,]最近省府议定增为四十五万[,]华西大学（现设文理医三院）由教会方面筹拨教员薪水三十万[,]学校行政等费十二万（两共四十二万）。

文献编号 1935-014　教育部整理川各大学之重庆大学

■ 文献信息

报纸《申报》，1935年7月5日，期号22339号（上海版）

文献编号：1935-014

■ 简体全文

教部整理川各大学

▲决定办法六项电令遵办

【南京四日电】教部根据派员视察川省教育结果，对该省各大学校院特决定整理办法六项，电令川大及川教厅遵办。(一)国立川大理教及政经各两系均合并文院各系，仍旧增设农院。(二)重庆大学定为省立，先设理工两院，原有数理两系合并，工院设土木、采冶、电机三系，经费充足时，得添设医科，原有文农两院学生，并入川大。(三)省立农院，并入川大，由省教育厅先行接收。(四)省工院并入重大，原址及设备由厅改办职校。(五)重大原有学生未经备案，一律由厅举行甄别呈部核定。(六)省农工两院原有经费分别拨归川大重大支配，川大及各该校院附中附小，统划归川教厅办理，经费由厅另行筹措。

028 重庆大学学生代表团反对合并文理学院入四川大学

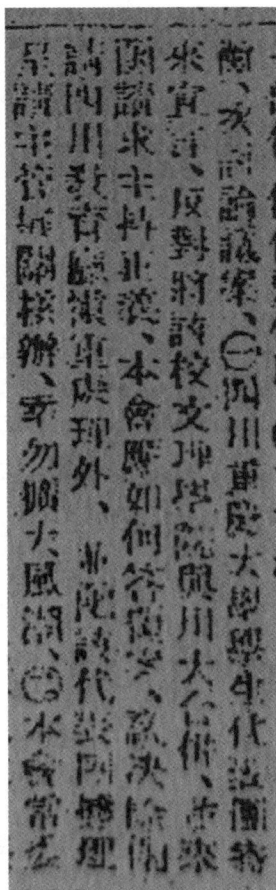

文献编号 1935-015　重庆大学学生代表团反对合并文理学院入四川大学

■ 文献信息

报纸《申报》，1935年7月16日，期号22350号（上海版）

文献编号：1935-015

■ 简体全文

[……](一)四川重庆大学学生代表团寄来宣言，反对将该校文理学院与川大合并，并来函请求主持正义，本会应如何答复案，议决除酌请四川教育厅慎重处理外，并函该代表团据理呈请主管机关核办，幸勿扩大风潮。

文献编号 1935-017　四川公私立大学改进之重庆大学文学院、农学院学生甄别核定

■ **文献信息**

报纸《申报》，1935 年 8 月 31 日，期号 22396 号（上海版）

文献编号：1935-017

■ **简体全文**[1]

教育部训令

四川公私立大学改进

教育部三十日训令四川公私立大学切实改进，令文如下：

（一）令国立四川大学：

[……]

（一）文学院各系，仍照现状办理，重庆大学文学院学生甄别核定后，分别并入该院，惟查教育系二年级仅学生一人，应令改入他系或设法予以转学。

[……]

---

[1] 原文内容篇幅较长，仅节选其中与重庆大学有关内容。

（四）添设农学院暂设一系或两系[，]其详由该校酌定报部备核，省立农学院学生及重庆大学农艺化系学生甄别核定后，均并入该院，其暂无班可入者，得酌采借读或其他适当之办法。

030 重大准定为省立

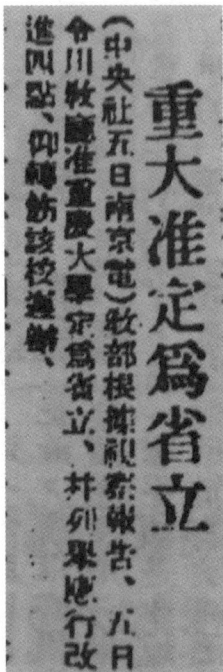

文献编号 1935-018　重大准定为省立

■ 文献信息

报纸《申报》，1935年9月6日，期号22402号（上海版）

文献编号：1935-018

■ 简体全文

重大准定为省立

【中央社五日南京电】教部根据视察报告，五日令川教厅准重庆大学定为省立。并列举应行改进四点，仰转饬该校遵办。

文献编号 1935-019　教育部令川教厅　注意重庆大学改进

■ **文献信息**

报纸《申报》，1935年9月7日，期号22403号（上海版）

文献编号：1935-019

■ **简体全文**

教部令川教厅　注意重庆大学改进

教育部日昨根据视察报告，训令四川教育厅，原令略谓："查重庆大学会经本部派员视察，据近报告，经加审核，该校办理尚具相当规模，应准定为省立，惟下列各点，亟须遵照改进。一，该校先设理工两学院，俟经费充足时，得再添设医学院，理学院数学物理两系学生太少，应即并为数理系，化学系仍旧，工学院设土木[、]采冶[、]电机三系，省立工学院学生并入该院，经费亦拨归该校通盘支配，理工两院设备师资，均应亟谋充实，以利教学，再该校体育场所，尚称完备，必要时，得添设体育专修科。二，该校原有学生，未曾报部备案，应一律由教厅举行甄别，呈部核定，文农两院学生并入国立四川大学，余仍留校，按照核定年级，妥为编配。三，该校设有副校长一职，与现行法令不合，应即裁撤。以后该校校长，应改为专任职。四，该校现有学生入学资格，颇多不合部章，取录亦嫌宽滥，嗣后招考新生，应认真审查资格，并提高标准，从严取录，合行令仰该厅转饬切实遵照办理具报"云云。

032 重庆大学忽起暗潮

■ 文献信息

报纸《新闻报》，1935年11月13日

文献编号：1935-020

■ 简体全文

重庆大学忽起暗潮

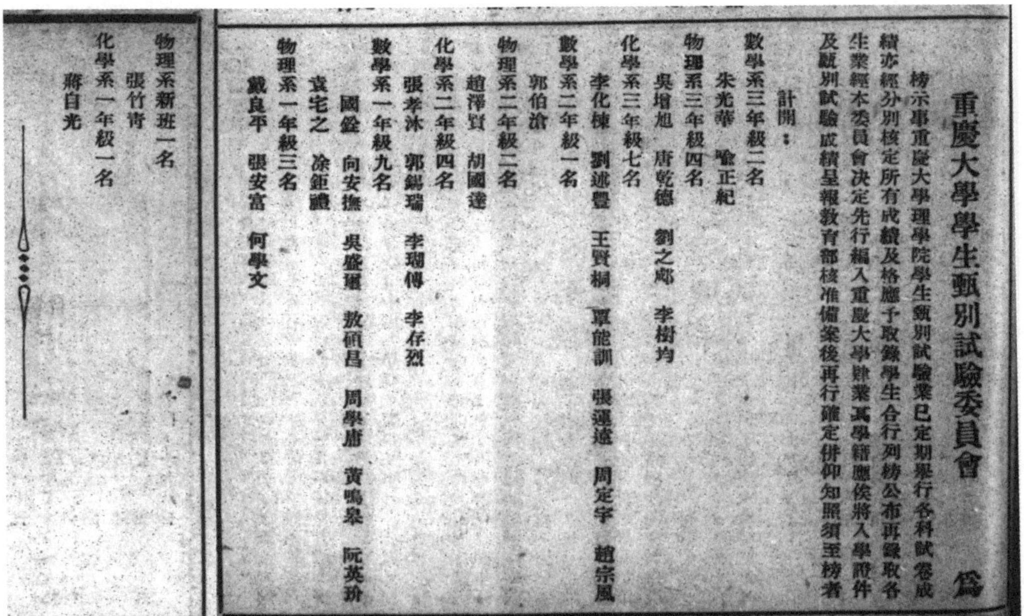

▲巴县　重庆大学近起暗潮，理院长何鲁辞职，多数教授亦将引退。

重慶大學忽起暗潮

▲巴縣　重慶大學近起暗潮、理院長何魯辭職、多數教授亦將引退、

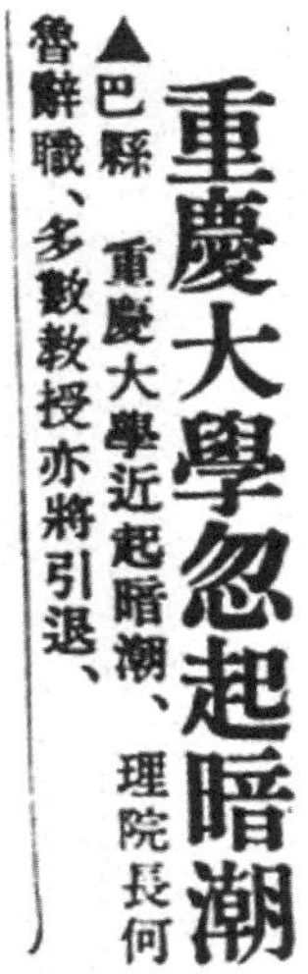

文献编号 1935-020　重庆大学忽起暗潮

033 重庆大学学生甄别试验委员会榜示理学院各系学生名单

重慶大學學生甄別試驗委員會　爲

榜示事重慶大學理學院學生甄別試驗業已定期舉行各科試卷成績亦經分別核定所有成績及格應予取錄學生合行列榜公布再錄取各生業經本委員會決定先行編入重慶大學肄業其學籍應俟將入學證件及甄別試驗成績呈報教育部核准備案後再行確定併仰知照須至榜者

計開：

數學系三年級二名

朱光華　喻正紀

物理系三年級四名

吳增旭　唐乾德　劉之郕　李樹均

化學系三年級七名

李化棟　劉述豐　王賢桐　覃能訓　張運達　周定宇　趙宗鳳

數學系二年級一名

郭伯滄

物理系二年級二名

趙澤賢　胡國達

化學系二年級四名

張孝沐　郭錫瑞　李瑚傳　李存烈

數學系一年級九名

國銓　向安撫　吳盛璽　敖碩昌　周學庸　黃鳴皋　阮英玠

袁宅之　涂鉅禮

物理系一年級三名

戴良平　張安富　何學文

物理系新班一名

張竹青

化學系一年級一名

蔣自光

文献编号 1935-022　重庆大学学生甄别试验委员会榜示理学院各系学生名单

■ 文献信息

期刊《川大周刊》，1935年第4卷第9期，7-8页

文献编号：1935-022

■ 简体全文

重庆大学学生甄别试验委员会

榜示事[：]重庆大学理学院学生甄别试验业已定期举行[，]各科试卷成绩亦经分别核定[，]所有成绩及格应予取录学生[，]合行列榜公布[，]再录取各生业经本委员会决定[，]先行编入重庆大学肄业[，]其学籍应俟将入学证件及甄别试验成绩呈报教育部核准备案后[，]再行确定[，]并仰知照须至榜者[。]

计开：

数学系三年级二名

　　朱光华　　喻正纪

物理系三年级四名

　　吴增旭　　唐乾德　　刘之郕　　李树均

化学系三年级七名

　　李化栋　　刘述丰　　王贤桐　　覃能训　　张运远　　周定宇　　赵宗凤

数学系二年级一名

　　郭伯沧

物理系二年级二名

　　赵泽贤　　胡国达

化学系二年级四名

　　张孝沐　　郭锡瑞　李瑚传　李存烈

数学系一年级九名

　　国铨　　向安抚　　吴盛玺　　敖硕昌　　周学庸　　黄鸣皋　　阮英玠　　袁宅之　　涂钜礼

物理系一年级三名

　　戴良平　　张安富　　何学文

物理系新班一名

　　张竹青

化学系一年级一名

　　蒋自光

034 重庆大学学生甄别考试委员会榜示文农院各系学生名单

■ 文献信息

期刊《川大周刊》，1935 第 4 卷第 8 期，4-5 页

文献编号：1935-023

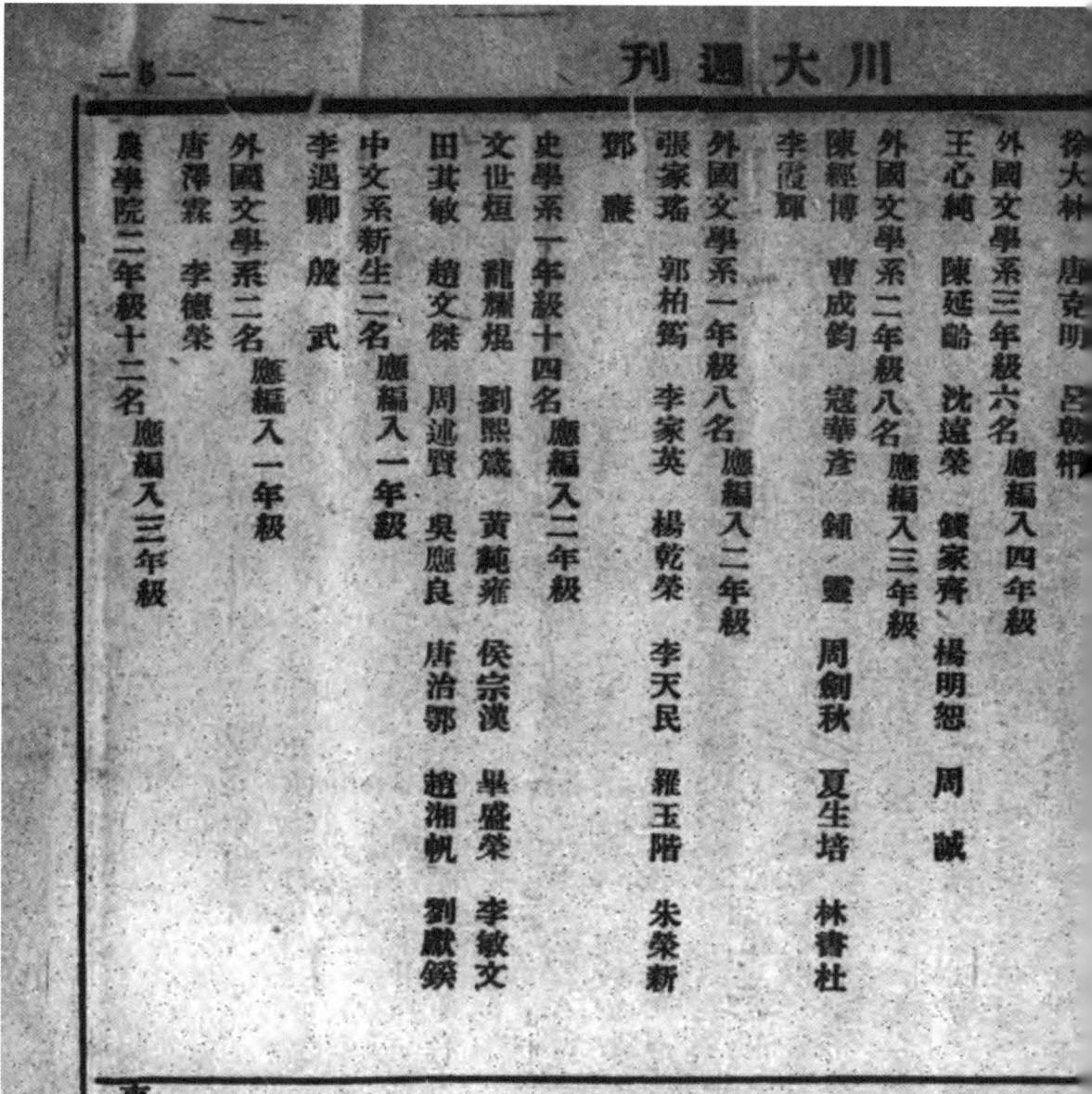

文献编号 1935-023 重庆大学学生甄别考试委员会榜示文农院各系学生名单（节选）

重庆大学学生甄别考试委员会

榜示事：查重庆大学文农两院学生，在四川大学报名受试者，业已考试完毕，各科试卷成绩亦经分别核定，所有成绩及格应予取录学生，合行列榜公布周知，再录取各生业经本委员会造册函送四川大学，暂行编级肄业，其学籍应候呈报教育部核准备案后，再行确定，并仰知照须至榜者。

重慶大學學生甄別考試委員會 爲

榜示事查重慶大學文農兩院學生在四川大學報名受試者業巳考試完
畢各科試卷成績亦經分別核定所有成績及格應予取錄學生合行列榜
公布周知再錄取各生業經本委員會造冊函送四川大學暫行編級肄業
其學籍應候呈報教育部核准備案後再行確定併仰知照須至榜者
計開：

中文系三年級十八名　應編入四年級
朱熙華　唐獻之　沈士轄　羅元輝　黃言釗　李標　胡坤
略其暉　程繼靖　趙漣舫　吳埭　楊明照　余錫光　梁間
屈沛仁　黃有容　陳松齡　楊濟民

中文系二年級三十六名　應編入三年級
周宅鎬　張鑫齡　陳正　陳為楷　陳驪慶　黎勳　李聲素
袁通　陳永福　陳先佐　何及錄　王礪剛　何積戌　劉成國
李治沿　朧魍　曾肇　陳敏全　姚良駒　劉師竹　何震華
成善楷　彭鋼嘏　樊獻嵐　祝雨亭　王存揩　張鑾振　羅龍驤

中文系一年級十七名　應編入二年級
王文煥
蕭顯千　余仲舒　張家政　馬世闓　豐維翰　伍典籥　陳智昂
詞傳彬　言永爾　梁築塋　楊惠容　沈文英　譜克明　歃瑒聲

（同卷第八期）

计开：

中文系三年级十八名　应编入四年级

朱煦群　唐献之　沈士骅　罗元辉　黄言钊　李　标　胡　坤
骆其晖　程继靖　赵涟舫　吴　垓　杨明照　余锡光　梁　问
屈沛仁　黄有容　陈松龄　杨济民

中文系二年级三十六名　应编入三年级

周宅镐　张益龄　陈　正　陈均楷　陈盛农　黎　勋　李尊素
袁　通　陈永福　陈先佐　何及锋　王德刚　何绩咸　刘成国
李治沿　龚　鹝　曾　肇　陈敏全　姚良驹　刘师竹　何震华
成善楷　彭锡嘏　樊献虞　祝雨亭　王存拙　张声振　罗龙骧
苏骥千　余仲舒　张家政　马世闹　费维翰　伍典诰　陈智昂
王文焕

中文系一年级十七名　应编入二年级

周传彬　官泳涵　梁荣璧　杨德容　沈文英　诸克明　欧阳濬
张骏基　苏灿荣　彭德芳　刘连璞　陈照藜　郑世荣　魏　永
徐大林　唐克明　吕朝枬

外国文学系三年级六名　应编入四年级

王心纯　陈延龄　沈远荣　钱家齐　杨明恕　周　诚

外国文学系二年级八名　应编入三年级

陈经博　曹成钧　寇华彦　钟　灵　周剑秋　夏生培　林书杜
李霞辉

外国文学系一年级八名　应编入二年级

张家瑶　郭柏筠　李家英　杨乾荣　李天民　罗玉阶　朱荣新
邓　寿

史学系一年级十四名　应编入二年级

文世炟　龙耀焜　刘熙箴　黄纯雍　侯宗汉　毕盛荣　李敏文
田其敏　赵文杰　周述贤　吴应良　唐治鄂　赵湘帆　刘献鋑

中文系新生二名　应编入一年级

李遇卿　殷　武

外国文学系二名　应编入一年级

唐泽霖　李德荣

农学院二年级十二名　应编入三年级

方维桢　蒋君湜　艾长岑　胡世昌　陈开学　罗朝觐　曹　纬
周伯琼　李树□　谭炳杰　丁永乐　刘绍邦

农学院一年级四名　应编入二年级

童登厚　何高侃　廖祖金　甘代璞

农学院新生一名 应改入其他院系一年级

黄世简

035　四川省立重庆大学学生之甄别

教育

高等教育

公私立專科以上學校之整理——四川省立重慶大學學生之甄別

重慶大學經教育部核准定爲省立，該校原有學生，在前未經報部備案，應一律由教廳舉行甄別，文農兩院學生併入國立四川大學，餘則按照核定年級，仍留原校肄業，經令四川省教育廳遵辦，嗣爲便利進行起見，復電令該廳會同川大，重大兩校校長，組織甄別委員會，妥速辦理。旋經該廳及川大，重大會同擬具甄別辦法及委員名單，考試科目，呈部核准施行。甄別結果，重大文農兩院學生錄取一百二十六人，當即到校上課，理院學生，亦已甄別竣事。

文献编号 1935-024　四川省立重庆大学学生之甄别

■ 文献信息

期刊《教育部二十四年十月份工作报告》，1935年10月，7页

文献编号：1935-024

期刊《中国国民党指导下之政治成绩统计》，第10期，1935年，第85页

文献编号：1935-027

■ 简体全文

公私立专科以上学校之整理——四川省立重庆大学学生之甄别

重庆大学经教育部核准定为省立，该校原有学生，在前未经报部备案，应一律由教厅举行甄别，文农两院学生并入国立四川大学，余则按照核定年级，仍留原校肄业，经令四川省教育厅遵办，嗣为便利进行起见，复电令该厅会同川大，重大两校校长，组织甄别委员会，妥速办理。旋经该厅及川大，重大会同拟具甄别办法及委员名单，考试科目，呈部核准施行。甄别结果，重大文农两院学生录取一百二十六人，当即到校上课，理院学生，亦已甄别竣事。

036 重庆大学改为省立大学

■ 文献信息

期刊《四川月报》，第6卷第5期，1935年，第184-186页

文献编号：1935-025

■ 简体全文

重庆大学改为省立大学

私立重庆大学办理迄今，将届三年，设有文理农三院，该校近经省府会议议决改为省立，并拟将该校与川大等重复院系酌量裁并后，再从事增设工医等院。惟该校学生，则一致反对裁并院系，政府现尚未正式解决。兹将教育厅发言人谈话录次，借以明了政府改组该校之理由。

重庆大学问题，近日引起各方面之注意，相关文件，计有甘副校长之报告，十教授之意见书，重大当局向省府之建议，及此间绅耆请愿意见，综其内容可分三点：(一)确定其为省立,(二)在川东南各县肉税上附加重大经费；同样附加于川西北各县,

使全川一律,(三)维持现有院系,徐图扩充,办理工医两院。对于重大之继续存在,教厅向极赞成,唯全川大学教育,亟应通盘筹划,力避院系之重复,始能于事有济。并充分发挥其功能理由:第一,院系重复罗致教授不易。第二,以四川现有之三大两院言,共有三十六系,教部规定每班至少须有二十五人,就令每系每年只招一班学生,至少亦须招九百新生;然四川去年上期会考及格高中毕业生,仅百余人,下期二百余人,再加补考及格者,总共不出五六百人,纵令每生均在四川升学,尚不足以应三十六系之需要。故若以目前现状言,实感招生困难。第三,再总计吾川高等教育之经费,川大年约十六万,重大之肉税附加,假使能施行全川,年约卅八万,农学院四万余,工学院六万余,每年总计得一百零数万。照部章规定,于工医理各院[,](此为四川急切需要之学院),每年经费约各占廿万。此外各学院经费,只余廿余万,故办到分工合作,经费亦属勉强敷用,若各自为政,其院系重复,则经费实太拮据,川省大学教育,必难臻于健全。基于以上理由,教厅对于川中大学教育之主张,即于环境需要。[,]事实许可之范围内,谋各大学之互相沟通,避免院系重复,以达到健全之境地。至于重大立案问题,则系教育部职权范围内之事,省府及教厅所能为者,只备案与转呈而已,实无法加以确定。现教部所派视察专员,不日即到,一切自不难解决。此外关于增加肉税一事,则应由省府决定,且征收之权既已转移财厅,教厅尤难越俎代庖云云。

▲重慶大學改爲省立大學

私立重慶大學辦理迄今,將屆三年,設有文理農三院,該校近經省府會議議決改爲省立,並擬將該校與川大等重複院系酌量裁併後,再從事增設工醫等院。惟該校學生,則一致反對裁併院系,政府現尚未正式解決。茲將教育廳發言人談話錄次,藉以明瞭政府改組該校之理由。

文献编号 1935-025　重庆大学改为省立大学(节选)

——— 學校生活 ———

第一一六期

各校情報

天津各校員生共起救災

天津水災救濟聯合會於日昨在東馬路青年會，招待全市專科以上學校代表，會商救濟水災募款事，出席者有南開大學校長張伯苓，亡棠縣院魏明初，水產專校張崧冠，女師學院齊璧亭，工商學院薩南圭，北洋工學院李書田，法商學院楊亦周等，由該會常委陳錫三等招待，席間討論救濟水災募款事甚詳，決定各校教職員學生全體勤員，盡力捐助，其詳細辦法另訂，又定期召集津市各中等學校開會討論云。

祕魯大學球隊來華

祕魯大學籃球隊擬來我國賽球，係以遊歷及考察體育為目的，教部特令中華體育協進會及國立專科以上學校，於該隊到達時予以招待。

蘇農校添辦糖果課程

江蘇省立蘇州農科職藝學校，以原有學程不敷應用，於二十四年度秋季始業起添辦糖果課程，唐校長特就商冠生園總經理洗冠生，請其指導合作，並於今春就農校隙地，新建且宇，並水汀烘間等用作實習製造之用。

三五

中央大學實行新學曆

南京國立中央大學，自本年度實行新學曆，寒假廢止，暑假提早一晕期：棄巳於九月一日開學，六日正式上課奕。

重慶大學准定爲省立

教育部根據視察報告，日昨令四川教育廳准重慶大學定爲省立，並列舉應行改進四點，仰轉飭該校遵辦。

中央史語所調查民族方言

中央研究歷史語言研究所，派專家凌純聲，孟憲民鄂址雲南調查民族地質，李方桂等赴廣西調查方言。

二六五

文献编号 1935-026　重庆大学准定为省立

- ■ 文献信息

　　期刊《学校生活》，第116期，1935年，第35页

　　文献编号：1935-026

- ■ 简体全文

重庆大学准定为省立

　　教育部根据视察报告，日昨令四川教育厅准重庆大学定为省立，并列举应行改进四点，仰转饬该校遵办。

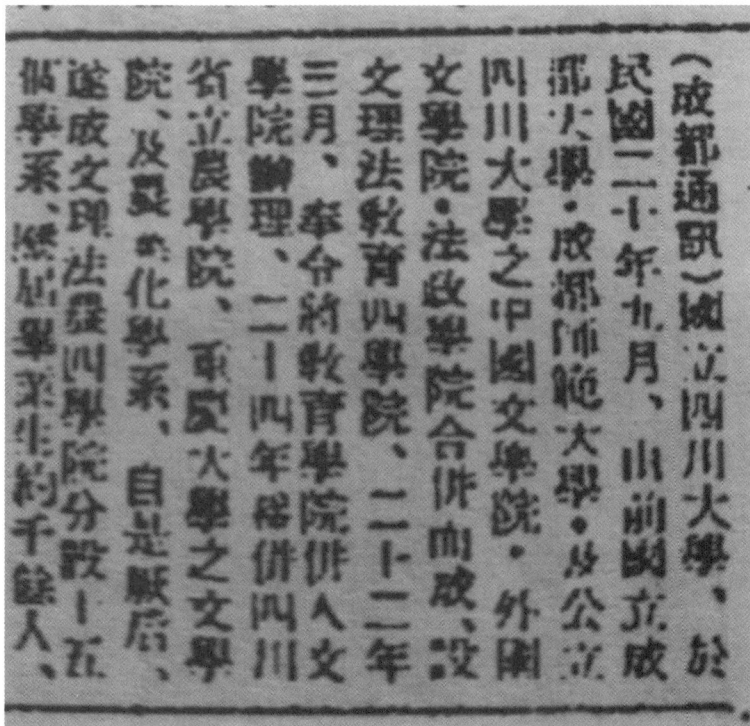

文献编号 1939-019　文学院及农化学系并入四川大学之近况

■ 文献信息

　　报纸《申报》，1939年10月1日，期号23560号（上海版）

　　文献编号：1939-019

■ 简体全文

　　【成都通讯】国立四川大学，于民国二十年九月，由前国立成都大学、成都师范大学，及公立四川大学之中国文学院、外国文学院、法政学院合并而成，设文理法教育四学院。二十二年三月，奉令将教育学院并入文学院办理，二十四年接并四川省立农学院，重庆大学之文学院，及农化学系，自是厥后，遂成文理法农四学院分设十五个学系，历届毕业生约千余人。

重要事件五：叶元龙出任第三任校长

一、胡庶华提出辞呈

胡庶华任职重庆大学期间，提出辞呈并非一次。1937 年胡庶华曾向刘湘提交一份"垦殖救灾计划"，并附上辞呈，第三编专题十一中 1937-045 号文献对此有所提及。刘湘对此发出挽留函，恳请胡庶华继续主持重庆大学，胡庶华于是继续出任重庆大学校长。详情见 1937-052 号文献。

1938 年 6 月下旬，胡庶华以"三年为期"作辞职理由，正式向四川省政府提出辞职。胡庶华辞呈详见 1938-044 号文献。

二、"挽胡会"

全校师生听闻胡校长辞职，迅速成立"挽留胡庶华大会"，简称"挽胡会"，并立刻开始进行"挽胡行动"。1938-045 号文献对此有详细记载。

1938 年 6 月 30 日，重大师生举行集会，成立挽留胡庶华大会。挽胡会决定向国民党教育部和四川省政府发出电文，要求挽留胡庶华继续担任校长。1938-038、1938-039 号文献对此有详细记载。本处需要说明，《重庆大学校史 1929—1949》第 53 页中记载"挽胡会"成立于 7 月 1 日，而根据《重大校刊》第 27 期《挽胡特刊》第 6 页"四川省立重庆大学全体学生挽胡大会纪录"，"挽胡会"成立于 6 月 30 日上午，本书采用后者。

7 月 2 日，重大师生代表向教育部请愿，由教育部次长顾毓琇接见，代表要求教育部挽留胡庶华。1938-040、1938-041 号文献对此有详细记载。

7月3日、4日、5日，重大教职员学生代表抵达成都，赴省府请愿，要求挽留胡校长。1938-046号文献详细记载了代表们这三天在成都的活动经过。

四川省政府却很快批准胡庶华辞职，另选曹四勿继任重大校长。详情可见1938-047号文献，曹四勿时任四川大学化学系主任，教育部文件盛赞其"本党贤俊，早已倾折，用以继长重大，亦极适宜"。7月6日，曹四勿到校准备接任。

三、矛盾激化

重大师生一直坚持挽留胡庶华继续执掌重庆大学，因此拒绝曹四勿接任重庆大学校长一职。"挽胡拒曹"的趋势愈演愈烈。7月10日，《重大校刊》增发《挽胡特刊》。《重大校刊·挽胡特刊》先后刊行两期，为第27期及28期，记录了从6月下旬胡庶华辞职到7月20日期间学校的各种挽留活动。由于本书篇幅有限，仅选取其中部分文献。第27期发刊辞详见1938-043号文献。

随着挽胡拒曹矛盾的激化，重大师生中开始出现不同意见。"挽胡会"再三通电四川省政府，强烈要求"挽胡拒曹"。另一部分持反对意见的学生在7月12日集会，正式成立重大学生护校善后团（简称"护校团"），他们认为"早日恢复正常教学秩序，而利抗战教育之推行"。双方矛盾更显尖锐，产生多种纠纷，在此不做详述[1]。1938-055号文献对此有相关记载。

四、重庆市政府接管重大

矛盾持续激化，1938年7月中旬胡庶华致信重大，表明"复职不可能，不必勉强"，并"劝告学生勿再挽留""以学校前途为重，即日结束挽胡会，取消护校团"。[2] 1938-050、1938-051号文献均对此有记载。

曹四勿随后多次前往重庆大学，但均未能接收相关工作。1938年9月1日，重庆市政府正式在重大办理移交接收手续，接管重庆大学。9月2日，重大学生护校善后团自动解散，发表解散声明，重庆市府"已奉省教电令暂时接管本校，从即日起学校理应恢复常态，并深信最近期内政府自当另有法令，以善其后，本规定宗旨

---

[1][2]　重庆大学校史编写组.重庆大学校史1929—1949[M].重庆：重庆大学出版社，1984:52-55.

表示竭诚欢迎，同时自动宣布解散"[1]。

五、叶元龙出任第三任校长

1938 年 10 月 21 日，四川省政府最后确定并报经国民政府教育部批准，由叶元龙教授担任重庆大学校长，曹四勿另有任用。"挽胡拒曹"事件正式平息。

叶元龙，经济学家，著有《中国财政》等多本经济学著作，安徽省歙县人，1938 年 11 月至 1941 年 8 月任重庆大学校长。1938-052、1938-053 号文献对叶元龙接任重庆大学校长有详细报道。国民政府对胡庶华的正式免职及对叶元龙的正式任职文件分别见 1939-005、1939-007 号文献。

任职重大校长之前，叶元龙于 1937 年担任重庆行营第二厅厅长，任职期间在重庆大学所发表的《国民经济建设》演讲的详细内容，见第三编专题十一中 1936-034 号文献。

叶元龙接任后，整顿巩固校务，师生情绪日趋稳定，教学活动步入正轨，学校规模逐步又有发展，工作出现新的气象。叶元龙校长对沙磁文化区的扩大发展亦有重要贡献，更多内容在第三编专题十一中进行阐述。

---

[1] 重庆大学校史编写组 . 重庆大学校史 1929—1949[M]. 重庆：重庆大学出版社，1984:55-57.

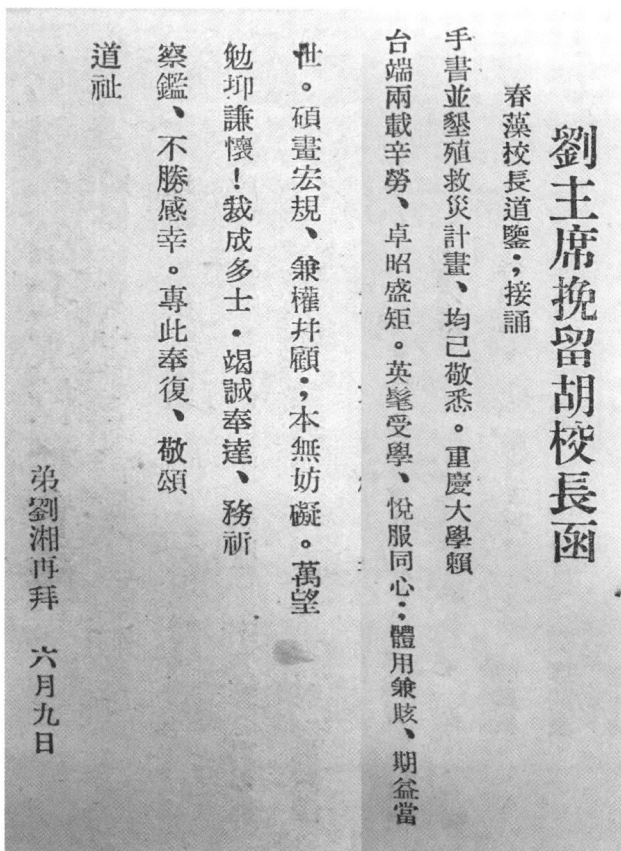

文献编号 1937-052　刘主席挽留胡校长函

■ 文献信息

期刊《重大校刊》，第14期，1937年6月16日，第16-17页

文献编号：1937-052

■ 简体全文

刘主席挽留胡校长函

春藻校长道鉴；[:]接诵

手书并垦殖救灾计划，均已敬悉。重庆大学赖台端两载辛劳，卓昭盛矩。英髦受学，悦服同心；体用兼赅，期益当世。硕画宏规，兼权并顾；本无妨碍。万望勉坤[仰]谦怀！裁成多士、竭诚奉达，务祈察鉴，不胜感幸。专此奉复，敬颂道祉。

弟刘湘再拜　六月九日

040 重庆大学校长胡庶华辞职

重慶大學校長
胡庶華辭職

▲重慶二十日電　四川重慶大學校長胡庶華、日前電省府辭職、該校教職員畢業生在校學生以胡氏長校三年、成績斐然、卅日分別集會、籌商挽留、並電呈省府、請勿批准胡氏辭呈云、

文献编号 1938-038　重庆大学校长胡庶华辞职

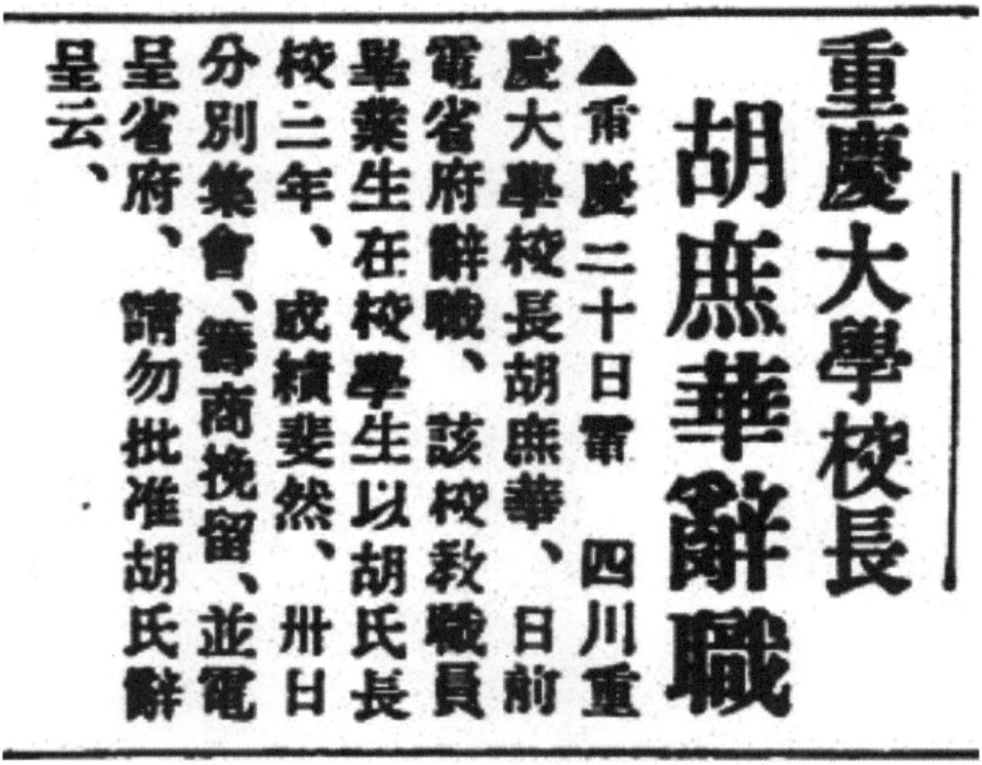

■ 文献信息

报纸《新闻报》，1938年7月1日

文献编号：1938-038

■ 简体全文

重庆大学校长　胡庶华辞职

▲重庆二十电　四川重庆大学校长胡庶华，日前电省府辞职，该校教职员毕业生在校学生以胡氏长校三年，成绩斐然，卅日分别集会，筹商挽留，并电呈省府，请勿批准胡氏辞呈云。

THE President of Chungking University, Dr. Hu Shu-hua, has tendered his resignation to the Szechuen Provincial Government, states a dispatch to the "Life Daily News." The administrative and teaching staffs, graduates and the students of the university, at separate meetings held on Thursday, decided to urge Dr. Hu, whom they consider a most capable educator, to withdraw his resignation and to petition the provincial authorities not to accept it.

文献编号 1938-039　The president of Chungking University has Tendered His Resignation

■ 文献信息

报纸 *The North-China Daily News*，1938 年 7 月 2 日

文献编号：1938-039

■ 全文及译文

The President of Chungking University. Dr Hu Shu-hua, has tendered his resignation to the Szechuen Provincial Government, states a dispatch to the "Life Daily News." The administrative and teaching staffs, graduates and the students of the university, at separate meetings held on Thursday, decided to urge Dr.Hu, whom they consider a most capable educator, to withdraw his resignation and to petition the provincial authorities not to accept it.

重庆大学校长胡庶华向四川省教育部呈交了他的辞职信，据报道，重庆大学师生拟在星期四举行送别会，来请求这位卓越的教育家撤回辞职申请，并请愿当局机关不要接受胡校长的辞职。

042 重庆大学师生挽留胡庶华

■ 文献信息

报纸《申报》，1938年7月4日，期号23379号（汉口版）

文献编号：1938-040

■ 简体全文

重庆大学师生挽留胡庶华

【重庆三日中央社电】重大全体教职员学生，为挽留校长胡庶华事，二日曾派代表赴教部请愿，三日又开会决定推派代表，定五日赴蓉，竭[谒]王代主席，面诣挽留。

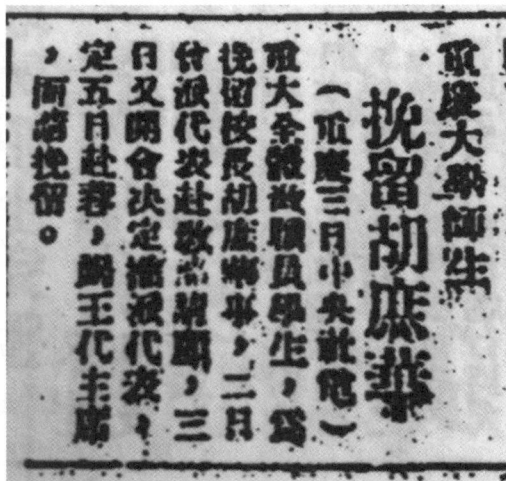

文献编号 1938-040　重庆大学师生挽留胡庶华

043 重庆大学全体挽留胡庶华

■ 文献信息

报纸《新闻报》，1938年7月4日

文献编号：1938-041

■ 简体全文

重庆大学全体挽留胡庶华

▲重庆三日电　重大全体教职员学生为挽留校长胡庶华事，二日曾派代表赴教部请愿，三日又开会决定推派代表，定五日赴蓉，谒王代主席，面陈挽胡之意。

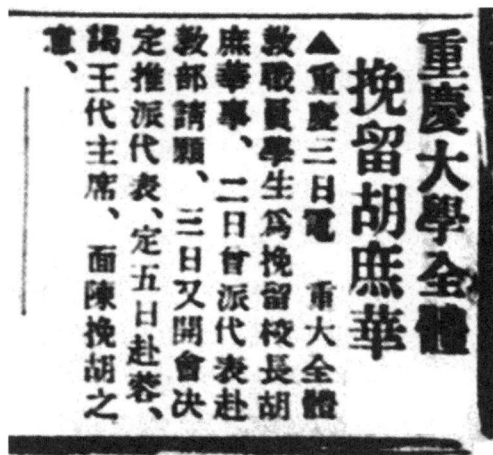

文献编号 1938-041　重庆大学全体挽留胡庶华

中華郵政特准掛號認爲新聞紙類

重大校刊

第二十七期

挽胡特刊

庶華

獻辭

編者

中華民國現在正在非常時期中掙扎，希望抗戰必勝，建國必成。

本校現在亦隨人吉海中，我經營擘劃，煞費苦心，蓋舉國內之胡校長，突以辭職聞。全校師生，同深驚駭。省府學業德行，惟深國內之胡校長，突以辭職聞。省府悼恐之餘，乃各成立挽胡大會，數日來向各方呼籲之擬另委人接辦之消息傳來後，全校師生，同深驚駭。省府交電和消息，有如雪片。緣將是項文件整理，發行本刊。

孤舟失舵，浪遏狂濤，同人等爲本身學業計，爲國家高等教育計，不惜力竭聲嘶，奮本校前途計，爲國家高等教育計，不惜力竭聲嘶，奮鬥到底。希冀挽回保姆，看護嬰孩。以便在此抗戰建國的堅苦工作之下，爲國家多造就一批幹部，爲國家多貢獻一分能力。人盡其才，才得其用；人盡其力，力得其所。衷心耿耿，足有日月之昭；受教諄諄，豈無自知之明。惟以同人等能力有限，見聞未周，本相應相求之義，特請名流宿學，社會人士，一致援助和指教是幸。

（中華民國二十七年七月十日出版）

編輯者 挽胡大會出版組

出版兼發行者 四川省立重慶大學

重慶國民公報社承印

文献编号 1938-043　挽胡特刊　编者献词

■ 文献信息

期刊《重大校刊》，第 27 期，封面，1938 年 7 月 10 日

文献编号：1938-043

■ 简体全文

献 辞

编 者

　　中华民国现在正在非常时期中挣扎，希望抗战必胜，建国必成。

　　本校现在亦堕入苦海中。我经营擘划，煞费苦心，学业德行，蜚声国内之胡校长，突以辞职闻。省府拟另委人按办之消息传来后，全校师生，同深惊骇，惶恐之余，乃各成立挽胡大会，数日来向各方呼吁之文电和消息，有如雪片。缘将是项文件整理，发行本刊。

　　孤舟失舵，浪荡狂涛，同人等为本身学业计，为本校前途计，为国家高等教育计，不惜力竭声嘶，奋斗到底。希冀挽回保姆，看护婴孩。以便在此抗战建国的坚苦工作之下，为国家多造就一批干部，为国家多贡献一分能力。人尽其才，才得其用；人尽其力，力得其所。衷心耿耿，足有日月之昭；受教谆谆，岂无自知之明。惟以同人等能力有限，见闻未周，本相应相求之义，特请名流宿学，社会人士，一致援助和指教是幸。

045　校座辞职电

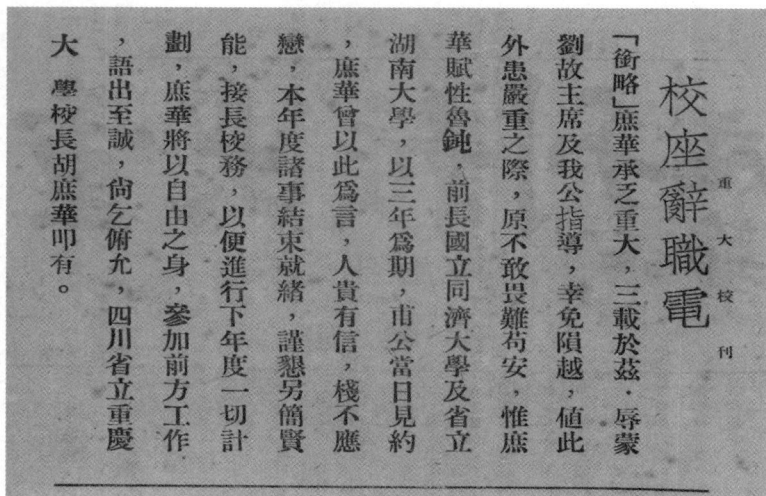

文献编号 1938-044　校座辞职电

■ 文献信息

　　期刊《重大校刊》，第 27 期，第 1 页，1938 年 7 月 10 日

　　文献编号：1938-044

校座辞职电

「衔略」庶华承乏重大，三载于兹，辱蒙刘故主席及我公指导，幸免陨越，值此外患严重之际，原不敢畏难苟安，惟庶华赋性鲁钝，前长国立同济大学及省立湖南大学，以三年为期，甫公当日见约，庶华曾以此为言，人贵有信，栈不应恋，本年度诸事结束就绪，谨恳另简贤能，接长校务，以便进行下年度一切计划，庶华将以自由之身，参加前方工作，语出至诚，尚乞俯允，四川省立重庆大学校长胡庶华叩有。

046 为校长辞职事发起商讨一切挽胡事宜之启事

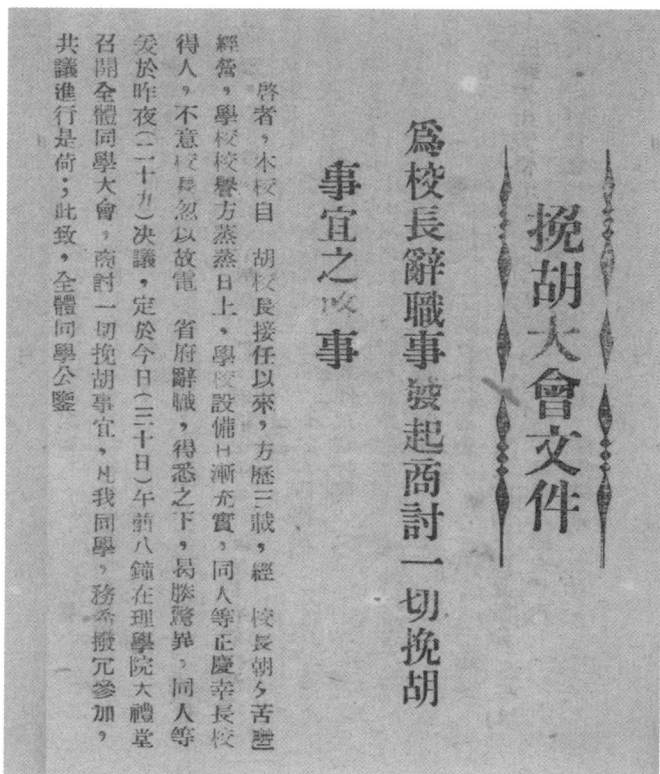

挽胡大會文件

為校長辭職事發起商討一切挽胡事宜之啟事

啟者，本校自胡校長接任以來，方歷三載，經校長朝夕苦辿經營，學校校譽方蒸蒸日上，學校設備日漸充實，同人等正慶幸長校得人，不意忽以故電省府辭職，得悉之下，曷勝駭異，同人等愛於昨夜（二十九）決議，定於今日（三十日）午前八鐘在理學院大禮堂召開全體同學大會，商討一切挽胡事宜，凡我同學，務希撥冗參加，共議進行是荷；此致，全體同學公鑒

文献编号 1938-045　为校长辞职事发起商讨一切挽胡事宜之启事

■ 文献信息

期刊《重大校刊》，第27期，第6页，1938年7月10日

文献编号：1938-045

■ 简体全文

为校长辞职事发起商讨一切挽胡事宜之启事

启者，本校自胡校长接任以来，方历三载，经校长朝夕苦划经营，学校校誉方蒸蒸日上，学校设备日渐充实，同人等正庆幸长校得人，不意校长忽以故电，省府辞职，得悉之下，曷胜惊异，同人等爰于昨夜(二十九)决议，定于今日(三十日)午前八钟在理学院大礼堂召开全体同学大会，商讨一切挽胡事宜，凡我同学，务希拨冗参加，共议进行是荷；此致，全体同学公鉴

047 重大教职员学生派代表赴蓉请愿

本市訊，重慶大學全體教職員，於昨（三日）上午十時，開緊急會議，當場決定推選代表稅西恆，陳紹武，梅遠謀，雛冠英四人，於五日首途到蓉謁王代主席，商挽胡事宜，並推代表劉泰琛，李充國，熊正倫，梅遠謀，段子美等五人，於今（四）日拜謁行營賈主任，又該校學生挽胡代表團，亦於昨日（三日）開代表會議，推選鄧灼，江宜渡，劉仲明，張軍實，郭民永五君，於五日陪同該校教職員代表，到蓉晉謁王代主席，面陳挽胡決心，又向教部請願之學生代表，現因尚未圓滿結果，仍未返校云，

四日

文献编号 1938-046-01　重大教职员学生派代表赴蓉请愿

今晨離渝赴蓉
重大挽胡代表

昨到行營謁賀主任
賀對胡辭亦表惋惜

重大師生派代表赴省府請願，教職員代表有稅西恆，陳紹武，梅遠謀，羅冠英四人歷屆畢業學生代表有熊光義，朱煦霖，陳德宣，王哲惠四人，全體學生代表有鄧灼，江宜渡，劉仲明，張軍實，郭民永五人，定今晨八時專車赴蓉。該團幷計劃抵省後卽聯絡重大在蓉同學，一致請願。昨日下午四時該校學生代表王茂鑫等四人，及畢業生代表王哲鳳熊光義二人，赴行營請謁賀主任，請求援助慰留胡氏，經賀主任親自接見，謂。「胡校長學識豐富，廉潔熱心，人所欽佩，喪重大三年，成績卓著，本人親目所見，今聞辭職，實甚惋惜，諸生誠懇態度，省府必將受護，本人願將諸生意見轉達省府，在未得正式解決之前，深望諸生安心學業」云云。

文献编号 1938-046-02　重大教职员学生派代表赴蓉请愿

重大挽胡代表團
昨冒雨赴省請願

挽胡會在城內設辦處
挽胡必勝護校必成

【本市消息】重慶大學全體學生與歷屆畢業學生挽胡代表稅西恆等十三人於昨（五日）午前九鐘冒雨赴蓉，該代表赴蓉之使命極爲重大，除呈文省府面謁王代主席請願外，並分發快郵代電，招待新聞界，且請成都市大中學校及社會人士一致援助。

又訊，該會校內工作甚爲緊張，於昨日下午七時呈文國民政府設挽胡大會住城辦事處推定王茂鑫張松葉等爲負責人加強城內工作，以利進行，並聞該會發起編輯挽胡特刊，收集所有關於胡挽一切稿件，俾各界明瞭該會挽胡之決心，以達挽胡必勝，護校必成之目的。

文献编号 1938-046-03　重大教职员学生派代表赴蓉请愿

■ 文献信息

期刊《重大校刊》，第 27 期，第 12-13 页，1938 年 7 月 10 日

文献编号：1938-046

■ 简体全文

重大教职员学生　派代表赴蓉请愿

本市讯，重庆大学全体教职员，于昨（三日）上午十时，开紧急会议，当场决定推选代表税西恒、陈绍武、梅远谋、罗冠英四人，于五日首途到蓉谒王代主席，商挽胡事宜，并推代表刘泰琛、李充国、熊正伦、梅远谋、段子美等五人，于今（四）日拜谒行营贸[贺]主任。又该校学生挽胡代表团，亦于昨日（三日）开代表会议，推选邓灼、江宜渡、刘仲明、张军实、郭民永五君，于五日陪同该校教职员代表，到蓉晋谒王代主席，面陈挽胡决心，又向教部请愿之学生代表，现因尚未圆满结果，仍未返校云，[○]

四日

今晨离渝赴蓉　重大挽胡代表

昨到行营谒贺主任　贺对胡辞亦表惋惜

重大师生派代表赴省府请愿，教职员代表有税西恒、陈绍武、梅远谋、罗冠英四人[，]历届毕业学生代表有熊光义、朱煦群、陈德萱、王哲惠四人，全体学生代表有邓灼、江宜渡、刘仲明、张军实、郭民永五人，定今晨八时专车赴蓉。该团并计划抵省后即联络重大在蓉同学，一致请愿。昨日下午四时该校学生代表王茂鑫等四人，及毕业生代表王哲惠[、]熊光义二人，赴行营请谒贺主任，请求援助慰留胡氏，经贺主任亲自接见，谓："胡校长学识丰富，廉洁热心，人所钦佩，长重大三年，成绩卓著，本人亲目所见，今闻辞职，实甚惋惜，诸生诚恳态度，省府必将爱护，本人愿将诸生意见转达省府，在未得正式解决前，深望诸生安心学业"云云。

重大挽胡代表团　昨冒雨赴省请愿

挽胡会在城内设办事处　挽胡必胜护校必成

【本市消息】重庆大学全体学生与历届毕业学生挽胡代表税西恒等十三人于昨（五日）午前九钟冒雨赴蓉，该代表在蓉之使命极为重大，除呈文省府面谒王代主席请愿外，并分发快邮代电，招待新闻界，且请成都市大中学校及社会人士一致援助。

又讯，该会校内工作甚为紧张，于昨日午后七时呈文国民政府设挽胡大会住城办事处[，]推定王茂鑫[、]张松华等为负责人加强城内工作，以利进行，并闻该会发起

编辑挽胡特刊，收集所有关于胡挽[挽胡]一切稿件，俾各界明了该会挽胡之决心，以达挽胡必胜，护校必成之目的。

048　教育部赞同曹四勿长重庆大学电

■ 文献信息

期刊《四川省政府公报》，第122期，第34页，1938年7月10日

文献编号：1938-047

■ 简体全文

教部赞同曹四勿长重庆大学电

成都省政府王主席治易兄勋鉴，江支两电均奉悉，重大自胡校长奉令主持以来，筹划经营，成绩昭著，中途辞职，深用惋惜，曹四勿同志本党贤俊，早已倾折，用以继长重大，亦极适宜，请令先行处理校务，容再依法[，]呈请简派可也。弟陈立夫叩灰印。

夫叩灰印。
適宜，請令先行處理校務，容再依法，呈請簡派可也。弟陳立
惋惜，曹四勿同志本黨賢俊，早已傾折，用以繼長重大，亦極
胡校長奉令主持以來，籌劃經營，成績昭著，中途辭職，深用
成都省政府王主席治易兄勛鑒，江支兩電均奉悉，重大自

教部贊同曹四勿長重慶大學電

文献编号 1938-047　教育部赞同曹四勿长重庆大学电

049　重大挽胡事件真相

重大挽胡事件真相　王君

重慶大學創立已有七年的歷史，前幾年處處落後，劉甫澄主席關懷教育，非常着急，特地敦請胡庶華先生擔任校長，胡先生是科學專家，海內碩宿，道德文章，士林同欽，在重大三年來的成績人所共見，社會上早有定評，用不着我們來表揚。

這次胡校長的高蹈，省府不能懇切慰留，實在使我們很抱遺憾，我們爲着良心的驅使，我們爲着未來的光明我們爲着重大前途，我們爲着國家的命脈，纔毅然的發起了挽胡運動，兩週以來荷蒙社會各界給予我們極大的同情，請願機關賜予我們極大的安慰，由此可見社會的正義未泯，國家的前途可期。

文献编号 1938-049　重大挽胡事件真相（节选）

■ 文献信息

期刊《重大校刊》，第 28 期，第 7–8 页，1938 年 7 月 20 日

文献编号：1938-049

■ 简体全文 [1]

重大挽胡事件真相

王　君

重庆大学创立已有七年的历史，前几年处处落后，刘甫澄主席关怀教育，非常着急，特地敦请胡庶华先生担任校长，胡先生是科学专家，海内硕宿，道德文章，

---

[1]　原文内容篇幅较长，仅节选部分内容。

士林同钦，在重大三年来的成绩人所共见，社会上早有定评，用不着我们来表扬。

这次胡校长的高蹈，省府不能恳切慰留，实在使我们很抱遗憾，我们为着良心的驱使，我们为着未来的光明[，]我们为着重大前途，我们为着国家的命脉，才毅然的发起了挽胡运动，两周以来荷蒙社会各界给予我们极大的同情，请愿机关赐予我们极大的安慰，由此可见社会的正义未泯，国家的前途可期。

050 　重大学潮即可平息　　胡庶华辞意坚决

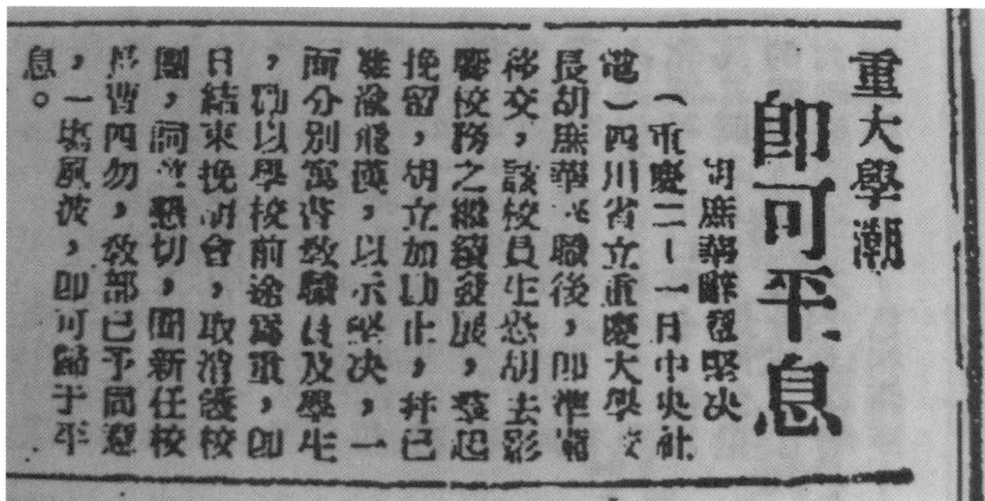

文献编号 1938-050　重大学潮即可平息　　胡庶华辞意坚决

■ 文献信息

　　报纸《申报》，1938年7月22日，期号23397号（汉口版）

　　文献编号：1938-050

■ 简体全文

重大学潮即可平息

胡庶华辞意坚决

【重庆二十一日中央社电】四川省立重庆大学校长胡庶华辞职后，即准备移交，该校员生恐胡去影响校务之继续发展，群起挽留，胡立加劝止，并已离渝飞汉，以示坚决，一而分别寓书教职员及学生，劝以学校前途为重，即日结束挽胡会，取消护校团，词意恳切，闻新任校长曹四勿，教部已予同意，一场风波，即可归于平息。

051 Chungking University President Gives Up Post

文献编号 1938-051　Chungking University President Gives Up Post

■ 文献信息

报纸 *The China Press*，1938年7月23日

文献编号：1938-051

■ 全文及译文

Chungking University President Gives up Post

CHUNGKING, July 22.—(Kuo-min).—It is learnt that the resignation of Dr.Hu shu-hua from his post as President of Chungking University.[,] has been accepted by the Ministry of Education. Dr.Hu has already left Chungking for Hankow.

It is understood that Mr.Tsao Szu-fu will be appointed Dr. Hu's successor.

重庆大学校长辞职

重庆7月22日（国民）电——据悉，重庆大学校长胡庶华先生递交辞职信，已经被教育部所批准，胡先生已经离开重庆抵达汉口。

据闻，曹四勿先生将接任胡校长的职务。

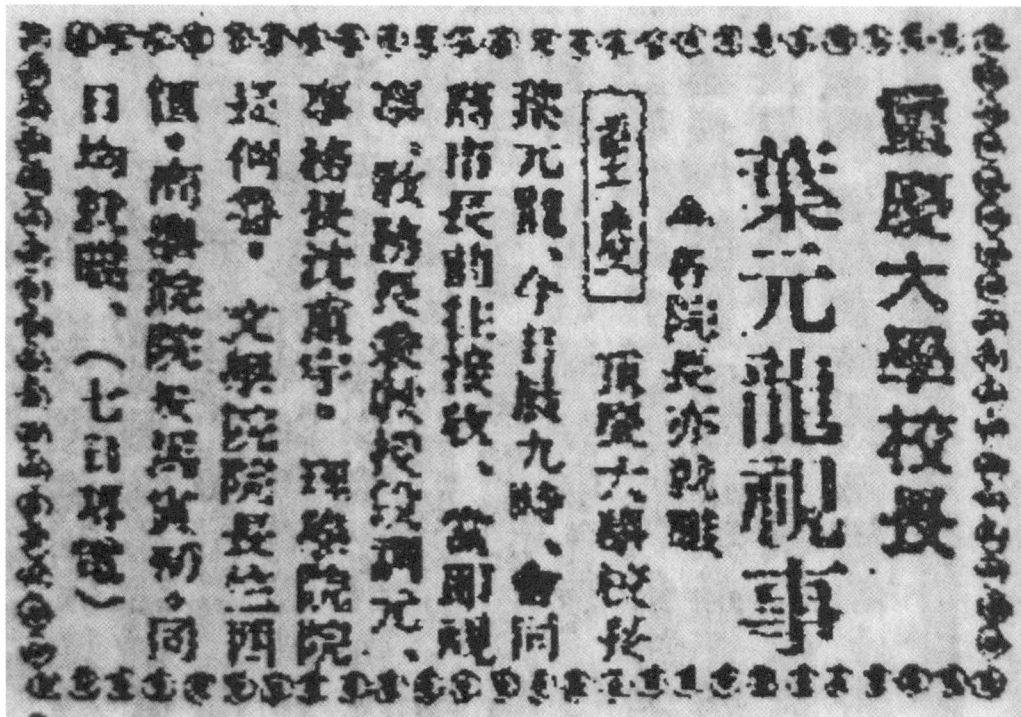

文献编号 1938-052　重庆大学校长叶元龙视事

■ 文献信息

报纸《申报》，1938年11月8日，期号23237号（上海版）

文献编号：1938-052

■ 简体全文

重庆大学校长叶元龙视事

▲各院长亦就职

【重庆】重庆大学校长叶元龙，今日晨九时，会同蒋市长前往接收，当即视事，教务长兼教授段调元，事务长沈重宇，理学院院长何鲁，文[工]学院院长税西恒，商学院院长马寅初，同日均就职。（七日专电）

053 叶元龙已接收重庆大学

■ 文献信息

报纸《西京日报》，1938年11月8日
文献编号：1938-053

■ 简体全文

叶元龙已接收重庆大学

【中央社重庆七日电】重庆大学校长叶元龙，今晨九时会同蒋市长前往接收，当即视事，教务长兼教授段调元、事务长沈重宇、理学院院长何鲁、工学院院长税西恒、商学院院长马寅初，同日均已就职云[!]！

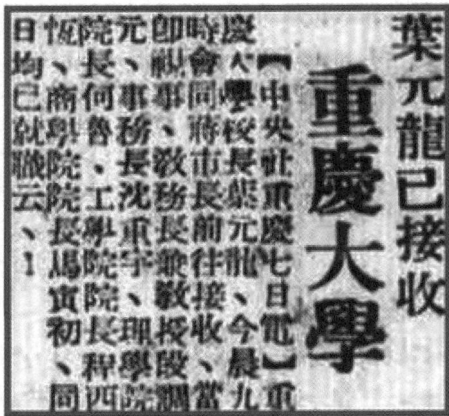

文献编号 1938-053　叶元龙已接收重庆大学

054 重庆大学的校长问题

■ 文献信息

期刊《抗敌评论》，第1卷第4-5期，第1页，1938年
文献编号：1938-055

■ 简体全文

重庆大学的校长问题

毅

据最近报载，重庆大学因为校长更换的关系，校内发生纷扰，师生间反胡的挽胡的各种组织，正在用新式的战术，演习着最激烈的斗争。在这抗战军事最紧张的时期，后方还有这种现象发生，我们认为是一件重大的恨事。

不论重大反胡的与挽胡的师生各据有何种理由，就常理说来，学生在校应当努力研究学问，锻炼体魄，充实本身的能力，以便将来为国家社会服务。对于学校行政，不应过问。教师应以专心研究学术，教导学生为职责，不应沾染社会恶习。教师是公务人员，对于学校行政，应有遵守政令的态度。此次重大校长变更，系先由胡先生坚决辞职，以后政府才发表曹先生继任。我们认为胡先生辞意既然坚决，那么师生挽之也不会回校。而反胡者也是多事，因胡先生既自愿去职，不反对也是要离校的。

在这种情形之下，最好师生能遵守政府法令，不要过问学校行政，以免彼此发生内哄[讧]。胡曹二先生均为国内有名学者，胡先生在重大的良好规划，后任自应萧规曹随；而曹先生办学有年，学识经验俱丰，今后继长重大，亦必能给与重大师生及社会以满意的供[贡]献。

中国南北各大学，每每因校长人选而发生风潮，演出种种丑态。此风不可长，教育当局应设法矫正！

国难正严重，青年们不要把宝贵的时间与精力消耗在内争中，抗战才是我们急切的工作！

重慶大學的校長問題

毅

據最近報載，重慶大學因為校長更換的關係，校內發生紛擾，師生間反胡的挽胡的各種組織，正在用新式的戰術，演習著最激烈的鬥爭。在這抗戰軍事最緊張的時期，後方還有這種現象發生，我們認為是一件大的恨事。

不論重大反胡的與挽胡的師生據有何種理由，就常理說來，學生在校應當努力研究學問，鍛鍊體魄，充實本身的能力，以便將來為國家社會服務。對於學校行政，不應過問。教師應以專心研究學術，教導學生為職責；不應沾染社會惡習。教師是公務人員，對於學校行政，應有遵守政令的態度。此次重大校長變更，係由胡先生堅決辭職，以後政府纔發表曹先生繼任。而反胡者也是多事，因胡先生既自願去職，那麼師生挽之也不會回校。而反胡者也

在這種情形之下，最好師生能遵守政府法令，不要過問學校行政，以免彼此發生內閧。胡曹二先生均為國內有名學者，胡先生在重大的良好規劃，後任自應蕭規曹隨；而曹先生辦學有年，學識經驗俱豐，今後繼長重大，亦必能給與重大師生及社會以滿意的供獻。

中國南北各大學，每每因校長人選而發生風潮，演出種種醜態。此風不可長，教育當局應設法矯正！

國難正嚴重，青年們不要把寶貴的時間與精力消耗在內爭中，抗戰才是我們急切的工作！

文献编号 1938-055　重庆大学的校长问题

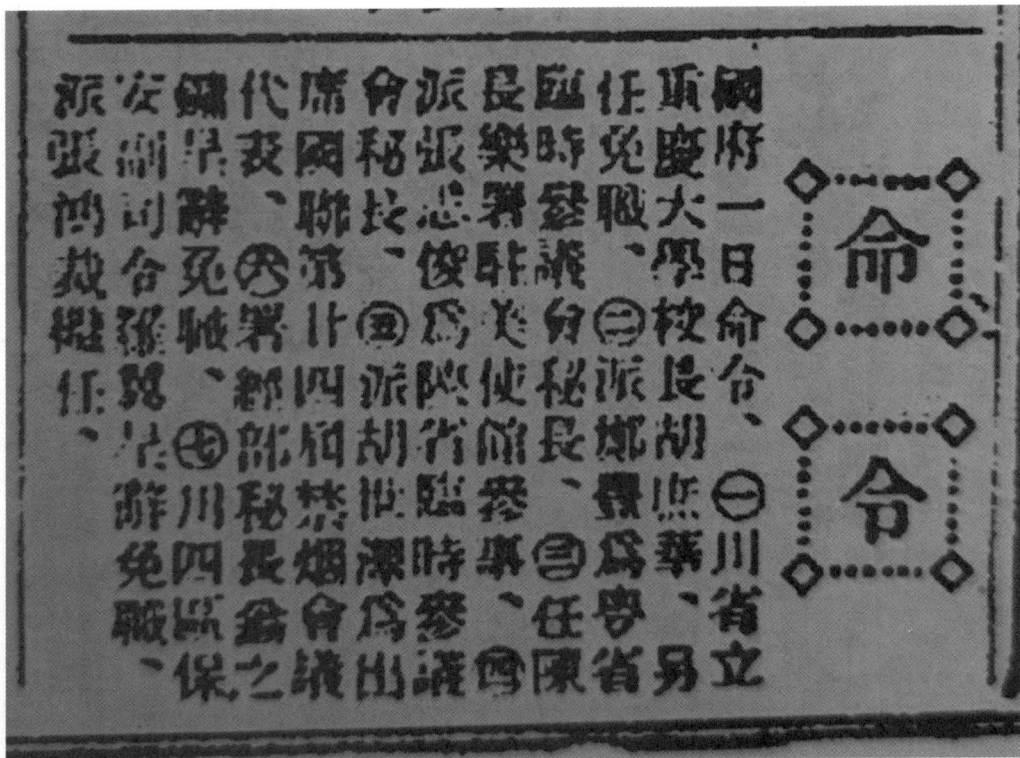

文献编号 1939-005 川省立重庆大学校长胡庶华另任免职

■ 文献信息

报纸《申报》，1939年4月2日，期号388号（香港版）

文献编号：1939-005

■ 简体全文

命 令

国府一日命令，（一）川省立重庆大学校长胡庶华，另任免职。（二）派郑丰为粤省临时参议会秘长。（三）任陈长乐署驻美使馆参事。（四）派张志俊为陕省临时参议会秘长。（五）派胡世泽为出席国联第廿四届禁烟会议代表。（六）署经部秘长翁之镛呈辞免职。（七）川四区保安副司令罗冀呈辞免职，派张鸿裁继任。

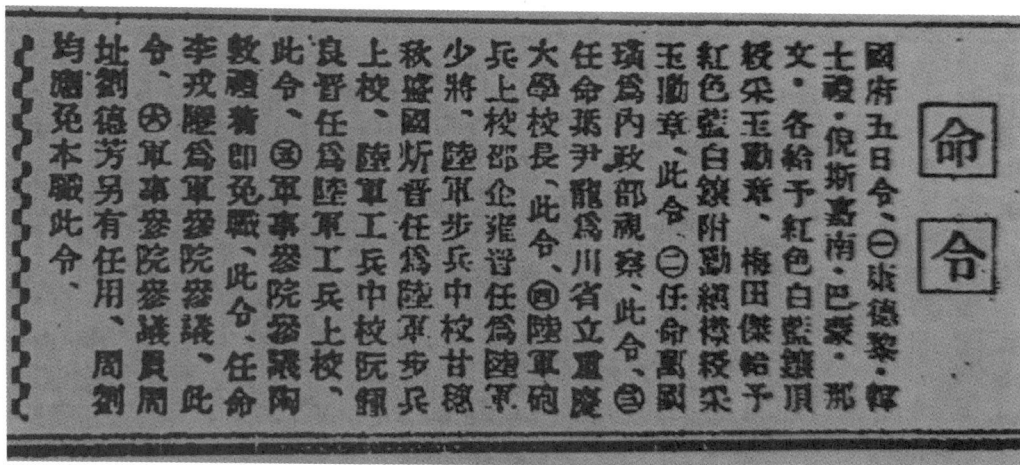

文献编号 1939-007　国府任命叶元龙为重庆大学校长

■ **文献信息**

报纸《申报》，1939年5月7日，期号23413号（上海版）

文献编号：1939-007

■ **简体全文**

命　令

国府五日令，㈠康德黎，韩士礼，倪斯嘉南，巴蒙，那文，各给予红色白蓝镶顶绶采玉勋章，梅田杰给予红色蓝白镶附勋缜襟绶采玉勋章，此令。㈡任命万国璜为内政部视察，此令。㈢任命叶尹[元]龙为川省立重庆大学校长，此令。㈣陆军炮兵上校邵企雍晋任为陆军少将，陆军步兵中校甘穗秋[、]盛国炘晋任为陆军步兵上校，陆军工兵中校阮钟良晋任为陆军工兵上校，此令。㈤军事参院参议陶敦礼着即免职，此令，任命李戎隣为军参院参议，此令。㈥军事参院参议员周址[、]刘德芳另有任用，周刘均应免本职[，]，此令。

重要事件六：成为国立重庆大学
张洪沅出任第四任校长

一、叶元龙辞职

1940 年 12 月，叶元龙提出辞职，理由是"迩来孱躯多病，丛脞堪虞，再四思维，合当引退"。其实这并非唯一的原因，辞职的原因是多方面的。

首先是困扰学校多年的经费问题。抗战爆发之后，作为战时首都的重庆大量涌入西迁人员，教职员生均急剧增加。而随着战事推移，财政吃紧，四川省教育厅所拨经费有限，且战争中物价难免"一日三价"，重大本来紧张的经费进一步捉襟见肘。

再者，抗战烽火愈燃愈烈，重庆自 1938 年起就开始遭受多次日机轰炸，且学校深受时局影响，难免动荡。1940 年 12 月马寅初被捕入狱之后，学校教学秩序一度失控，社会舆论也有相当大的压力，叶元龙感到十分为难，故而提出辞职[1]。

自 1940 年 12 月至 1941 年 7 月，长达半年的时间里，叶元龙四次提出辞职，表明自己辞职之心已定。1941 年 8 月行政院通过叶元龙辞呈一案，并任命梁颖文接任重大校长。1941-006、1941-007、1941-023、1941-035 号文献对此有相关记录。

二、挽叶拒梁

叶元龙辞职、梁颖文继任重大校长的消息传出，全校师生大哗，学生立即组织"挽叶大会"，挽叶大会组成后，立即开展宣传活动，于 1941 年 7 月 14 日发出挽叶

---

[1]　重庆大学校史编写组 . 重庆大学校史 1929—1949[M]. 重庆：重庆大学出版社，1984:68.

呈文，并在全校以及沙坪坝各处贴满反对梁颖文来校的标语。同时，挽叶会向四川省政府及国民政府教育部呈文提请另派贤能接任校长。

为了阻止梁颖文前来接事，学生组成了护校队。整个八月份，梁颖文数次来校商谈办理交接手续，均无结果。事态持续扩大，九月初，蒋介石"手谕"陈立夫于9月5日发布解散重庆大学的命令[1]。

三、解散重庆大学

1941年9月5日凌晨二时，卫戍总司令部宪兵营将重庆大学包围，禁止出入。宪兵营先到学生宿舍搜查，然后将学生押进食堂待命。

当天，国民政府教育部正式颁布解散重庆大学的命令。全体同学被赶出校门，许多学生家在外地，且不少学生来自沦陷区，举目无亲，两手空空，境遇异常窘迫。

四川省立重庆大学被解散一时间成为社会热点，自1941年9月6日起，大量新闻报道、评论雨后春笋般迅速刊发出来。详情可见1941-009、1941-010、1941-011、1941-012、1941-013、1941-014、1941-015、1941-016、1941-018、1941-020、1941-037、1941-038等文献。

四、恢复重庆大学

重庆大学被解散后如何处置，政府各方意见出现分歧。教育部陈立夫等主张将被解散的重大并入中央大学，这样等同于完全取缔重庆大学。四川省政府对此极力反对，四川省参政会极力主张恢复重庆大学。1941-017、1941-019、1941-034号文献对此有详细记录。

9月10日，重大监理委员会在国民政府战区指导处的协同下对学生进行登记，凡登记合格的学生，不准随意出校，否则将被开除学籍。

9月30日，梁颖文正式提出辞职，并立即得到批准。1941-042号文献对此有所记载。

10月1日，四川省政府兼主席张群任命张洪沅教授为重庆大学整理委员会主任委员，其他委员有原重大教务长段调元、电机系主任冯简和南开大学前商学院院

---

[1] 重庆大学校史编写组．重庆大学校史 1929—1949[M].重庆：重庆大学出版社，1984:69-70.

长何廉（彼时何未到职，荐刘大钧教授代）等，由整理委员会彻底整顿重大。文献1941-024、1941-033、1941-036对此均有记录。

10月7日，张洪沅主任委员到校接事，由前监理委员会代表吴泽湘负责移交。1941-039号文献对此有详细记载。

五、事件影响

"解散重庆大学"这一事件在彼时的战时首都重庆轰动一时，从新闻报道的数量即可窥见一斑。一所省立高校直接被就地解散，成为震惊教育界的大事。各新闻机构的评论文章层出不穷，本书中的1941-022、1941-030、1941-032、1941-040、1941-041等文献均评论该事件。从这些角度不同、描述不同的文献中可以获取不同的信息，对该事件进行更为全面、客观的了解。

特别值得一提的是1941-038号文献。在"教育部解散重庆大学"的众多新闻中，1941-038号文献最有特色，以重庆方言行文，简单明了地记录了这一事件的全过程：叶元龙校长辞职——梁颖文继任重庆大学校长——学生反对梁颖文出任重庆大学校长——学生与当局发生激烈冲突——教育部整顿学风——教育部解散重庆大学。该事件波及面广、延续时间长，如想迅速对事件整体有所了解，可直接参考本条文献。

六、张洪沅出任第四任校长

张洪沅，字佛宁，化学工程学家，教育家，1941年10月至1952年为重庆大学校长。1941年10月他担任重庆大学整理委员会主任委员后，即着手进行档案整编、资产清理、教员设置、地产造表、学生整编等大量整理工作。由于日本无差别大轰炸造成的巨大损失，整理工作长达半年之久。

1942年2月，国民政府行政院通过恢复重庆大学的决议，正式任命张洪沅为四川省立重庆大学校长。1942-001、1942-002、1942-003、1942-004、1942-005等文献对此有详细报道。

七、成为国立重庆大学 [1]

抗战爆发以后，举国西迁之势使得重庆大学得到迅速发展，学校规模扩张速度远高于战前。1939年1月，重大学生组成"重庆大学国立促进会"，负责开展改国立的活动。1940年2月，促进会正式向国民政府补交要求书，详细论述了改为国立的理由，3月14日，国府回应，请改国立事宜应暂缓议。

到1941年春，重庆大学已有理、工、商三院十二系（理学院数理系、化学系、地质系，工学院机械系、电机系、土木系、建筑系、采冶系、化工系，商学院银行保险系、工商管理系、会计统计系）二个专修科（体育、统计）一个师资班（体育）。鉴于如此规模，学校若仍然只是"省立"级别势必会极大地限制继续发展，为此全校师生坚定地走上了"国立"之路。

1942年秋，张洪沅校长赴蓉谒见四川省政府兼主席张群，请求增加办学经费。张校长以相临近的国立中央大学与四川省立重庆大学为例，谈到省立大学与国立大学在待遇上的差异，致使重大在聘请教授以及多项办学举措中，遭遇重重困难，并指出只有将重大改为国立才能解决这个矛盾。张群决定由四川省政府去函教育部，详陈重大所处之困难，请求教育部"代管"。

教育部于12月据此呈报行政院，行政院于12月29日通过决议，将四川省立重庆大学改为国立，并任命张洪沅为国立重庆大学校长。1942-006、1942-007、1943-002、1943-003等文献对此有详细记录。

张洪沅任重庆大学校长期间，学校办学规模持续发展，到1949年，国立重庆大学已成为西南地区院系比较齐全的有名望的高等学府。

---

[1]　重庆大学校史编写组.重庆大学校史 1929—1949[M].重庆：重庆大学出版社，1984:80-86.

057　梁颖文为重庆大学校长

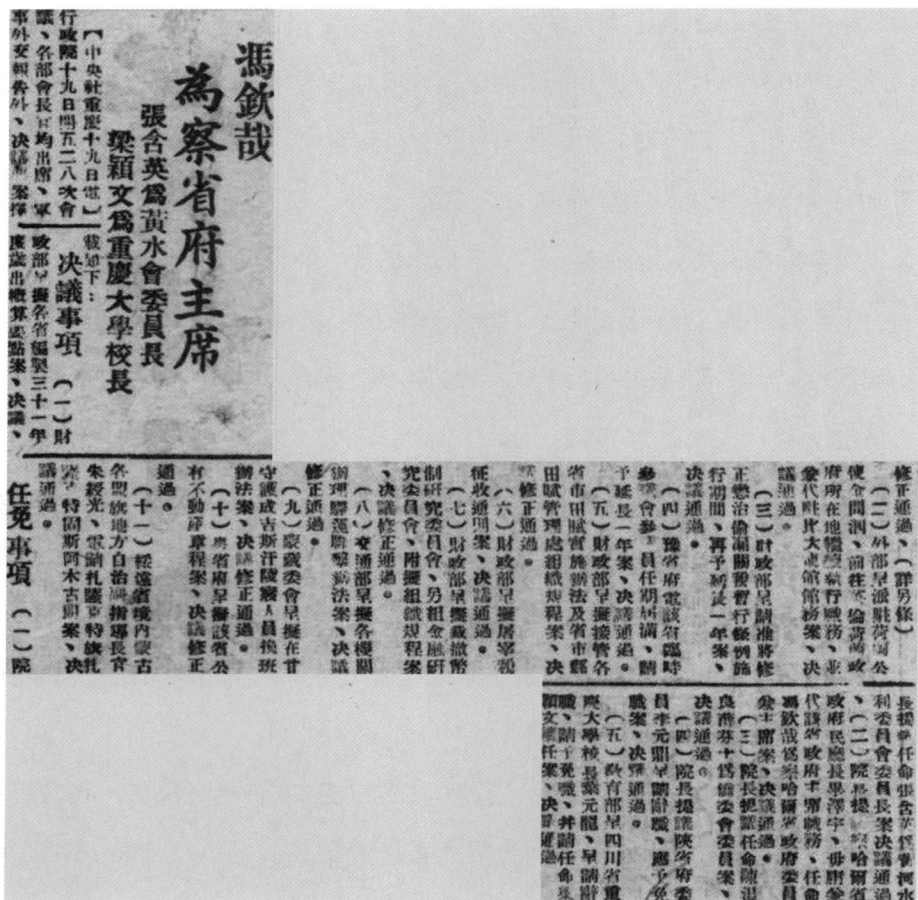

文献编号 1941-006　梁颖文为重庆大学校长

■ 文献信息

报纸《革命日报》，1941年8月20日

文献编号：1941-006

■ 简体全文[1]

冯钦哉为察省府主席

张含英为黄水会委员长　梁颖文为重庆大学校长

【中央社重庆十九日电】行政院十九日开五二八次会议，各部会长官均出席，军

---

[1]　原文内容篇幅较长，仅节选其中与重庆大学有关内容。

事外交报告外，决议各案择载如下：

决议事项

[……]

任免事项

[……]

（五）教育部呈四川省重庆大学校长叶元龙，呈请辞职，请予免职，并请任命梁颖文继任案，决议通过。

058 重庆大学校长叶元龙呈请辞职

各省編製卅一年度歲出概算要點案

經行政院會議通過

金問泗繼續執行荷蘭公使職

馮欽哉任察哈爾省政府主席

僑日三載 幾忘肉味

日本食物奇缺

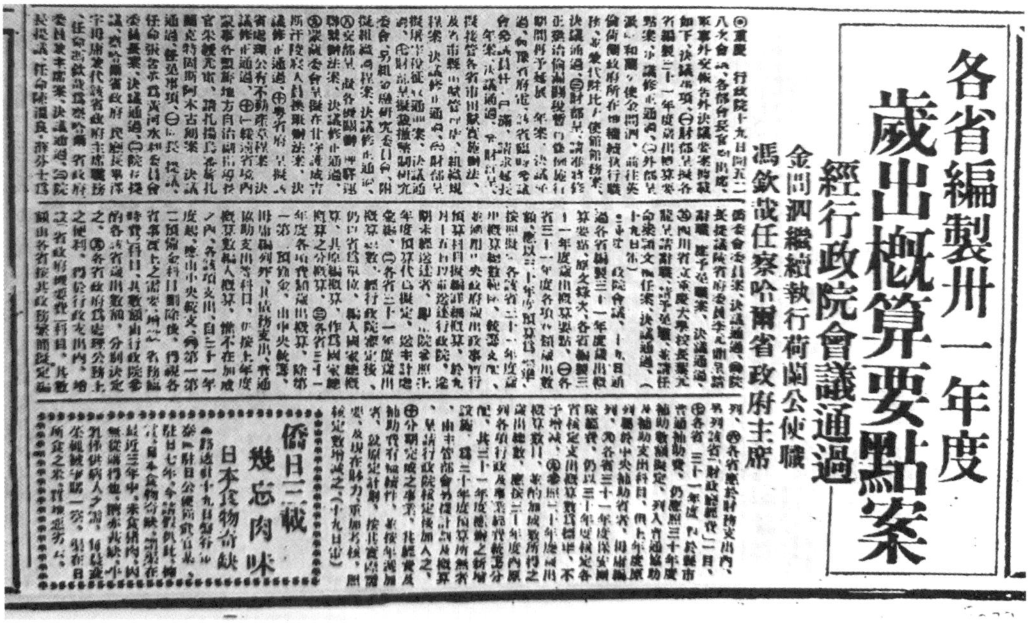

文献编号 1941-007　重庆大学校长叶元龙呈请辞职

■ 文献信息

报纸《申报》，1941年8月20日，期号24228号（上海版）

文献编号：1941-007

各省编制卅一年度　岁出概算要点案

经行政院会议通过

金问泗继续执行荷兰公使职　冯钦哉任察哈尔省政府主席

⊙重庆　　行政院十九日开五二八次会议，各部会长官均出席，军事外交报告外[,]决议要案择载如下：

决议事项

（一）财部呈拟各省编制三十一年度岁出概算要点案，决议修正通过。

（二）外部呈派驻和[荷]兰公使金问泗，前往英伦荷兰政府所在地继续执行职务，并兼代驻比大使馆馆务案，决议通过。

（三）财部呈请准将修正惩治偷漏关税暂行条例施行期间[,]再予延长一年案，决议通过。

（四）豫省府电，该省临时参议会参议员任期届满，请予延长一年案，决议通过。

（五）财部呈拟接管各省市田赋实施办法，及省市县田赋管理处，组织规程案，决议修正通过。

（六）财部呈拟屠宰税征收通则案，决议通过。

（七）财部呈拟裁撤币制研究委会，另组金融研究委员会，附拟组织规程案，决议修正通过。

（八）交部呈拟各机关办理驿运联系办法案，决议修正通过。

（九）蒙藏委会呈拟在甘守护成吉思汗陵寝人员换班办法案，决议修正通过。

（十）粤省府呈拟该省处理公有不动产章程案，决议修正通过。

（十一）绥远省境内蒙专[古]各盟旗地方自治副指导长官朱绶光电，请扎扬□□□扎□克特固斯阿木古朗案，决议通过。

任免事项

（一）院长提议，任命张含英为黄河水利委员会委员长案，决议通过。

（二）院长提议，察哈尔省政府民厅长毕泽宇毋庸兼代该省政府主席职务，任命冯钦哉为察哈尔省政府委员兼主席案，决议通过。

（三）院长提议，任命陈温良，薛芬士为侨委会委员案，决议通过。

（四）院长提议陕省府委员李元鼎呈请辞职，应予免职案，决议通过。

（五）四川省立重庆大学校长叶元龙呈请辞职，请予免职，并请任命梁颖文继任案，决议通过。（十九日电）

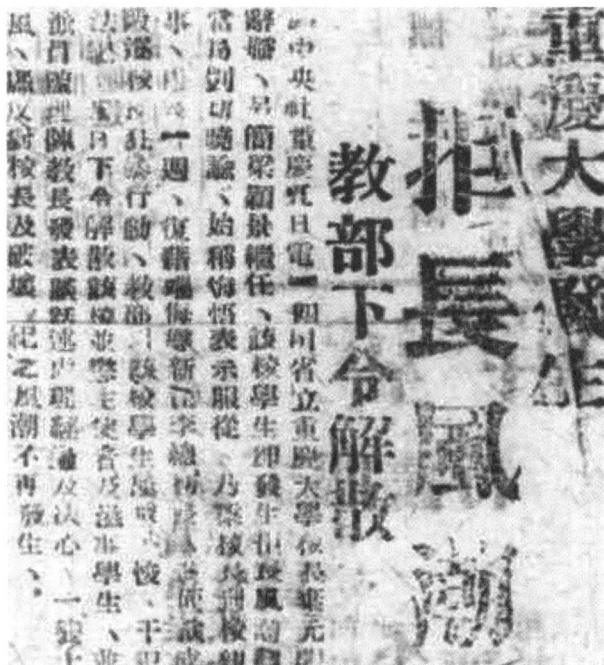

文献编号 1941-009　重庆大学发生拒长风潮　教育部下令解散

■ 文献信息

报纸《甘肃民国日报》，1941年9月6日

文献编号：1941-009

■ 简体全文

重庆大学发生拒长风潮　教部下令解散

【中央社重庆五日电】四川省立重庆大学校长叶元龙辞职，另简梁颖景 [文] 继任，该校学生即发生拒长风潮 [，] 经当局剀切晓谕，始称悔悟 [，] 表示服从，乃梁校长到校视事，甫及一周，复藉端侮辱新任李总务长，进而演成殴逐校长狂暴行动，教部以该校学生屡戒不悛，干犯法纪，五日下令解散该校并惩主使者及滋事学生，并派员监理 [，] 陈教长发表谈话 [，] 述处理经过及决心，丕变士风，庶反对校长及破坏校纪之风潮不再发生。

060 教育部下令解散重庆大学

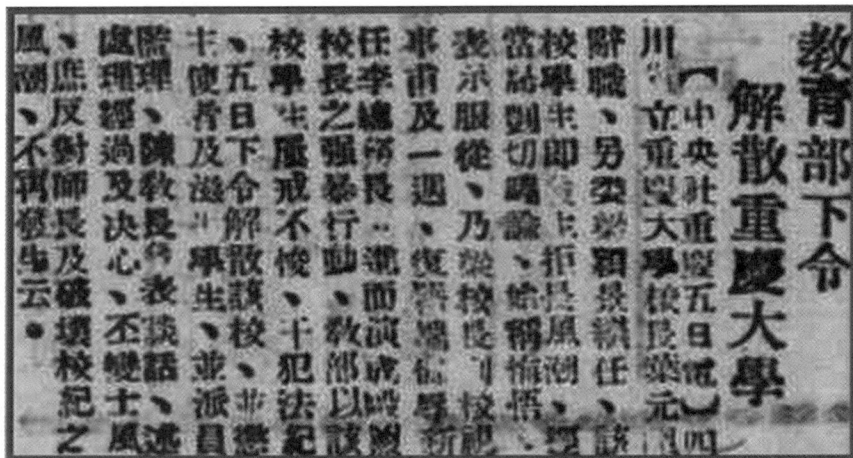

文献编号 1941-010 教育部下令解散重庆大学

■ 文献信息

报纸《革命日报》，1941年9月6日

文献编号：1941-010

■ 简体全文

教育部下令解散重庆大学

【中央社重庆五日电】四川省立重庆大学校长叶元龙辞职，另委梁颖景[文]继任，该校学生即发生拒长风潮，经当局剀切晓谕，始称悔悟，表示服从，乃梁校长到校视事甫及一周，复藉端侮辱新任李总务长，进而演成殴逐校长之强暴行动，教部以该校学生屡戒不悛，干犯法纪，五日下令解散该校，并惩主使者及滋事学生，并派员监理，陈教长发表谈话，述处理经过及决心，丕变士风，庶反对师长及破坏校纪之风潮此后不再发生云。

061 重大发生学潮 教育部勒令解散

■ 文献信息

报纸《解放日报》，1941年9月6日

文献编号：1941-011

重大发生学潮　教部勒令解散

【重庆三日电】四川省重庆大学近日因不满校长人选发生学潮，竟被教部勒令解散。据中央社公布消息：重大叶校长元龙辞职后，教部另委梁颖文继任，该校学生即提出人选意见，教部未予采纳，及梁氏到校视事，甫及一周，即发生学潮。教部于五日勒令解散重大，捕去学生多人，并派员由宪兵协同处理解散事宜，教长陈立夫并发表谈话，表示处理决心，理由为学生"侮辱李总务长，殴逐校长"等等。抗战以来此为第一次解散大学，派遣军警，如临大敌，学府尊严为之扫地，各界人士对于教部此种处理办法，皆甚为愤慨云。

文献编号 1941-011　重大发生学潮　教育部勒令解散

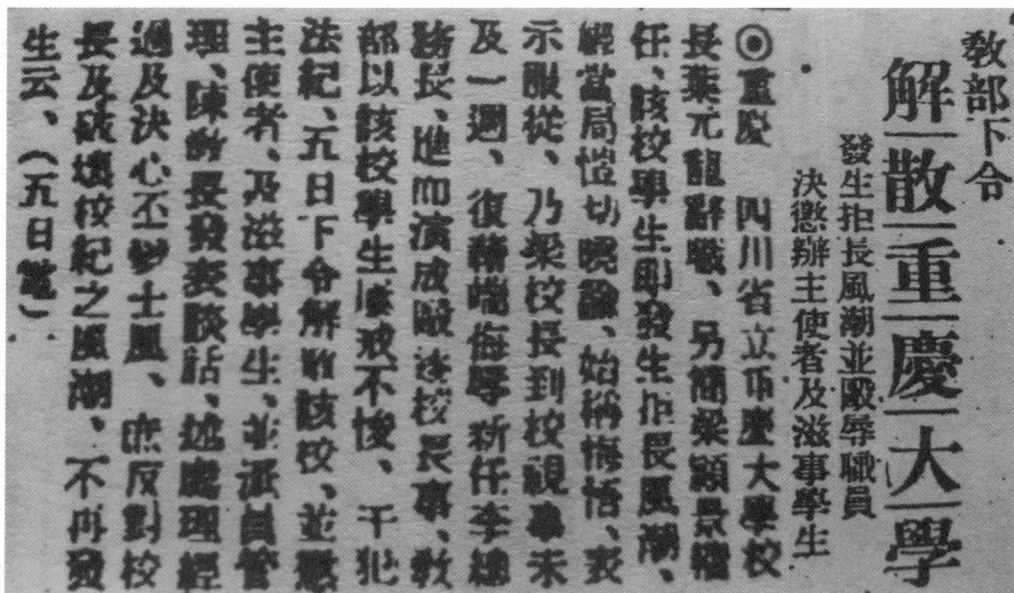

文献编号 1941-012　教育部下令解散重庆大学

■ **文献信息**

报纸《申报》，1941年9月6日，期号24245号（上海版）

文献编号：1941-012

■ **简体全文**

教部下令解散重庆大学

发生拒长风潮并殴辱职员　决惩办主使者及滋事学生

⊙重庆　四川省立重庆大学校长叶元龙辞职，另简梁颖景[文]继任，该校学生即发生拒长风潮，经当局恺[剀]切晓谕，始称悔悟，表示服从，乃梁校长到校视事未及一周，复藉端侮辱新任李总务长，进而演成殴逐校长事，教部以该校学生屡戒不悛，干犯法纪，五日下令解散该校，并惩主使者，及滋事学生，并派员管理，陈教长发表谈话，述处理经过及决心丕变士风，庶反对校长及破坏校纪之风潮，不再发生云。（五日电）

■ 文献信息

报纸《新闻报》，1941年9月6日，第九版

文献编号：1941-013

■ 简体全文

教部下令解散重庆大学

因发生驱逐校长风潮

▲重庆五日电 四川省立重庆大学校长叶元龙辞职，另简梁颖景[文]继任，该校学生即发生驱长风潮，经当局剀切晓谕，始稍悔悟，表示服从，乃梁校长到校视事甫及一周，复藉端侮辱新任李总务长，进而演成驱逐校长之狂暴行动，教部以该校学生屡戒不悛，干犯法纪，五日下令解散该校，并惩主使者及滋事学生，并派员监理，陈教长发表谈话，述处理经过及决心改变士风，庶反对师长及破坏校纪之风潮，不再发生云。

文献编号 1941-013 教育部下令解散重庆大学

064 教育部解散重庆大学

文献编号 1941-014 教育部解散重庆大学

■ 文献信息

报纸《阵中日报－桂林》，1941年9月6日

文献编号：1941-014

■ 简体全文

教部解散重庆大学

【中央社重庆五日电】四川省立重庆大学校长叶元龙辞职，另简梁颖景[文]继任，该校学生即发生拒长风潮，经当局剀切晓谕始称悔悟，表示服从，乃梁校长到校视事甫及一周，复藉端侮辱新任李总务长，进而演成殴逐校长之狂暴行动，教部以该校学生屡戒不悛，干犯法纪，五日下令解散该校，并惩主使者及滋事学生，并派员监理，陈教长发表谈话，述处理经过，及决心丕变士风，庶反对师长及破坏校纪之风潮，不再发生云。

065 Chungking University Closed

■ 文献信息

报纸 *The North-China Daily News*，1941年9月7日

文献编号：1941-015

报纸 *The North China Hearld*，1941年9月10日

文献编号：1941-018

■ 全文及译文

Chungking University Closed

Chungking, Sept. 6.

Dissolution of Chungking University is announced by the Ministry of Education.[,] as a result of students' attempts to oust the newly appointed Chancellor of the University. — Reuter.

重庆大学关闭

重庆9月6日电　教育部宣布解散重庆大学，以此作为重庆大学学生联名抗议新校长的结果，记者报道。

文献编号 1941-015　Chungking University Closed

066　重庆大学殴逐校长风潮　教育部下令解散

■ 文献信息

报纸《南宁民国日报》，1941年9月9日

文献编号：1941-016

■ 简体全文

重庆大学殴逐校长风潮　教部下令解散

【重庆电】四川省立重庆大学校长叶元龙辞职，另简梁颖[文]继任，该校学生即发生拒长风潮，经当局剀切晓谕，始称悔悟，表示服从。乃梁校长到校视事甫及一周，复藉端辱新任李总务长，进而演成殴逐校长之狂暴行动。教育部以该校学生屡戒不悔、干犯法纪[，]五日下令解散该校，并惩主使者及滋事学生，并派员监理，陈教长发表谈话，述处理经过及决心丕变士风，使反对师长及破坏校纪之风潮，不再发生。

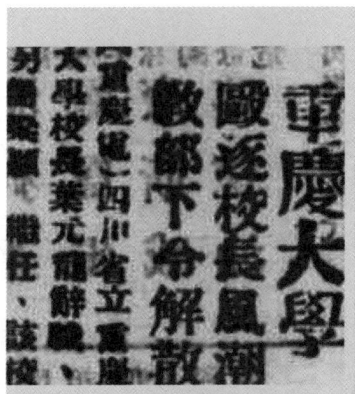

文献编号 1941-016　重庆大学殴逐校长风潮　教育部下令解散

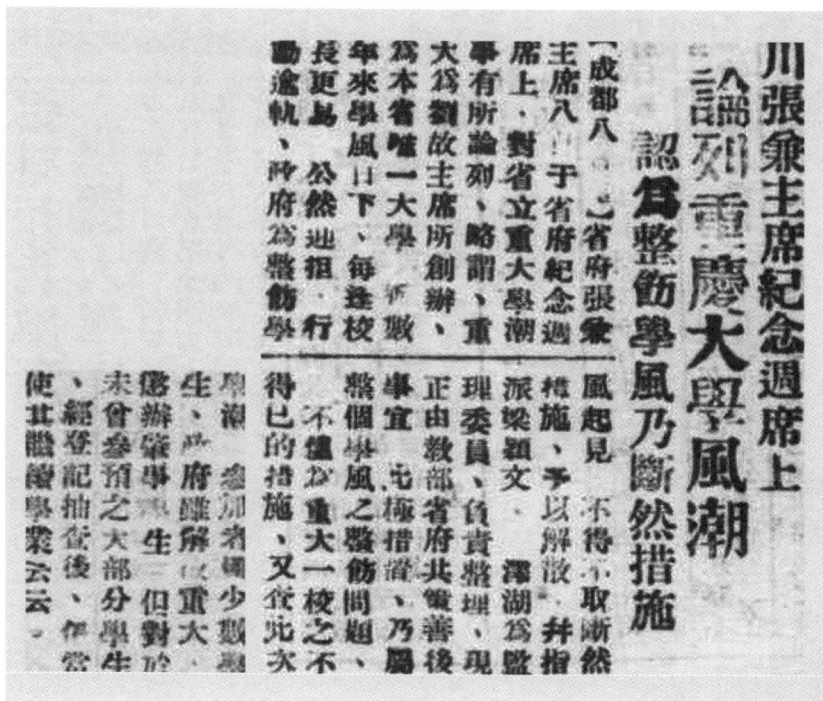

文献编号 1941-017　川张兼主席纪念周席上论列重庆大学风潮

■ 文献信息

> 报纸《南宁民国日报》，1941年9月10日
>
> 文献编号：1941-017

■ 简体全文

川张兼主席纪念周席上

论列重庆大学风潮　认为整饬学风乃断然措施

【成都八日电】省府张兼主席八日于省府纪念周席上，对省立重大学潮事有所论列，略谓，重大为刘故主席所创办，为本省唯一大学，近数年来学风日下，每逢校长更易，公然迎拒，行动逾轨，政府为整饬学风起见，不得不取断然措施，予以解散，并指派梁颖文,[吴]泽湘[湘]为监理委员，负责整理，现正由教部省府共策善后事宜，此极措置，乃属整个学风之整饬问题，不尽为重大一校之不得已的措施，又查此次学潮，参加者仅少数学生，政府虽解散重大，惩办肇事学生，但对于未曾参预之大部分学生，经登记抽查后，仍当使其继续学业云云。

文献编号 1941-019　张群报告处理重庆大学风潮

■ 文献信息

报纸《新闻报》，1941年9月10日，第七版

文献编号：1941-019

■ 简体全文

张群报告处理重庆大学风潮

▲成都八日电　省府张兼主席八日于省府纪念周席上，对省立重庆大学风潮事有所论列，略谓重大为刘故主席所创办，为本省惟一大学，近数年来，学风日下，每逢校长更易，公然迎拒，行动逾轨，政府为整饬学风起见，不得不断然措施，予以解散，并指派梁颖文[、]相菊谭[、]吴泽湘，为监理委员，负责整理，现正由教部省府共策善后事宜，此次措置，乃属整个学风之整饬问题，不仅为重大一校之不得已的措施，又查此次学潮参加者仅少数学生，政府虽解散重大，惩办肇事学生，但对于未曾参预之大部分学生，经登记抽查后，仍当使其继续学业云云。

The Chungking University which was Dissolved by Order of the Ministry of Education

... Shimpo" reported. Members of the branch offices will compose of Japanese technical experts resident in each city.

THE Chungking University, established by the late General Liu Hsiang some years ago, which was dissolved by order of the Ministry of Education, following a student boycott of their new chancellor, will shortly resume operation, said General Chang Chun, Chairman of the Szechuen Provincial Government in Chungking on Tuesday, the "Shun Pao" reports.

THE tenth anniversary of the Manchurian Incident, which falls on September 18, will be appropriately observed by the Japanese Community ...

文献编号 1941-020　The Chungking University which was Dissolved by Order of the Ministry of Education

■ 文献信息

报纸 *The North-China Daily News*，1941 年 9 月 11 日

文献编号：1941-020

■ 全文及译文

The Chungking University, established by the late General Liu Hsiang some years ago, which was dissolved by order of the Ministry of Education, following a student boycott of their new chancellor, will shortly resume operation, said General Chang Chun, Chairman of the Szechuen Provincial Government in Chungking on Tuesday, the "Shun pao" reports.

重庆大学在几年前由刘湘创立，因学生们联名抵制他们的校长，教育部命令解散该校。四川省主席张群于星期四宣布学校将会暂时关闭，经整理后重新开始办学。记者报道。

論重慶大學的解散

據中央社公佈消息：據中央大學校長兀龍蔚聘後，教育部另派葉顏文燦任，該校教部未予採納，及葉氏辭去親事，前一週，發生學潮，教部於五日勒令所學生即提出人選意見，並派委員由憲氏協同處理解散事宜，教授陳立夫並發表談話，淡示實現決心。

「大學者，非有大樓之謂也，有大師之謂也」。這是我國教育界中所一向傳誦的一句名言。教育部既派葉顏文氏代重慶大學新任校長，葉氏是應該先有公正態度對……

文献编号 1941-022　论重庆大学的解散

■ 文献信息

报纸《解放日报》，1941年9月27日

文献编号：1941-022

■ 简体全文

论重庆大学的解散

重庆九月五日电："据中央社公布消息：重大叶校长元龙辞职后，教育部另委梁颖文继任，该校学生即提出人选意见，教部未予采纳；及梁氏到校视事，甫及一周，即发生学潮。教部于五日勒令解散重大，捕去学生多人，并派员由宪兵协同处理解散事宜，教长陈立夫并发表谈话，表示处理决心……"

将一个国内最高学府突然加以"解散"，此不独抗战以来为第一次，抑且竟可说是我国教育史上没有前例的"奇闻"；显然这不能看做仅仅是一个重庆大学的问题——而应看做是有关全国教育界前途的问题。对于这样一件大事，我们不能无感，敢略抒所见，以就正于国内教育界贤达，及对作育青年后代怀抱真正热忱的全国父老兄弟之前。

抗战以后，我国绝大多数的大学，均于受了无情的炮火底洗礼之余，仓惶迁徙，流转万里。或则抱残守缺，仅能勉强支持门面；或则一蹶难起，只得暂时宣告合并(如西南联大及西北大学等)。在抗战期间而未曾直接受到战争的危害，在各方面均尤能保持战前完整面目的我国大学，已属屈指可数；此次重庆大学的解散，则使战后仅存的几个较为完整稳定的大学，又弱一个。我国大学教育的景况，真是愈益显得凄凉了。

在战争的危害之下，我全国各大学所受损失之惨重，每一念及，未尝不令人为之万分痛心。然而这是日寇存心投掷给我们全民族的毒辣打击，我们无处可以作有效申诉，除了诉诸全民族的团结力量，以牙还牙，打倒日本强盗，以清算这笔血[债]以外。至于此次重庆大学的解散呢，则我们就不能不于痛心之外更感到无可言说的愤慨，因为给我们已经破碎不堪的大学教育再加上一记重重的打击的，不是别人，正是我们掌管教育事业的全国最高教育当局！

学校发生"学生殴逐校长"的"学潮"，诚然不是经常也是不值得提倡的现象；但在我国各大学的具体历史中，这却又并不是绝没有发生和绝不应发生的事情。譬如北平国立清华大学，就曾于民国十八年至二十年的两年中间，接连发生驱逐校长的学潮，先后驱逐了乔万选、吴南轩、罗家伦等三个校长。大家知道：清华大学发生了驱逐校长的学潮以后，并没有证明清华大学的学风从此败坏，清华大学的学生从此不堪造就；相反是使得清华优良的民主传统得以保存，清华的学术研究空气更为浓厚，以后在中英庚款的留英考试及清华留美公费生的历届公开考试中，清华学

生录取的百分比，几乎没有一次不是超过录取总额的三分之一（在留美公费生的考试中甚至曾超过二分之一），而为全国各大学之冠。这说明：把"学生发动学潮"和"学生不堪造就"混为一谈，乃是极不健全的逻辑结论；倘根据此种不健全的结论而解散学校，而逮捕学生，乃是对于神圣的教育事业和纯洁的青年后代底不负责的践踏！

"大学者，非有大楼之谓也，有大师之谓也"。这是我国教育界中所[所]一向传诵的一句名言。教育部委派梁颖文氏为重庆大学新任校长，梁氏在学术上的创造及其在教育界的声望，是否足以为最高学府的表率，此在教育当局是应该先有公正客观而不徇[徇]私情的慎重考虑的。假使教育部对师道缺乏应有的尊重，随便委派太不像样的人物而为最高学府之长，则学生为其本身学业前途及整个教育前途着想，为什么不可以有其正当的发言权？其实此种感想，不但为有关自己切身利益的重大学生所独有，即大公报亦在八月十九日的社评中这样写道："尊师道，是我们认为医治教育界时弊的有效药。怎样尊师道？政府宜为青年国民慎重择师。我们曾主张过政府必须慎择校长，择得学问道德俱足为人师表的校长，则信任之，一切委权与校长，而不加以干涉与阻碍。必如此，校长才能安心办学，并责学生以尊师。这议论，同样可适用于目前的重大问题"。

可惜教育部不愿意重视这些意见，而是以解散重庆大学之方法来"整顿学风"了。

提到"整顿学风"，我们真是百感交集。慨自陈立夫氏就任教育部长以来，我国各学校的学风确乎是日益衰微，有待整顿。但，凡是稍为熟悉国内今昔教育界状况的人士都会清楚知道：追本溯源，这绝不是由于近年来的学生突然变得嚣张，爱闹学潮；而倒是由于政府所施行的教育方针日益变得乖谬，引教育入于歧途。关于这[，]九月十日的重庆大公报社论亦曾略有论列："最好整顿学风应善择师长，统一校权，目前在教育行政上，军训与党务使人头痛，军训教育自成系统，割裂学校行政；学校党务亦宜改善，尤其不可特务化，制造纠纷———。"

正是这样使人"头痛"的军训教育与党化教育的结果，于是在所谓一个主义一个党的思想统制下，侦骑四出，特务横行，钉[盯]梢告密，无所不至；欺骗教员，恬不为异；本是砥砺学行进德修业之学府，从而一变成为威逼利诱，败人心术之场所。如此教育，有心人谁不为之□冷？前四川大学朱光潜等八十七位教授联名要求学术自由的文化宣言，西南联大教务长潘光旦先生的累次为文反对党化教育，也正就是一切教育界有心人士的真实呼声，是值得真正有志整顿学风的教育家重视的。

孟子对梁惠王曰："王无罪岁，斯天下之民至焉"！我们亦愿对政府当局进一言曰："诸公无□行扼杀学术研究之党化教育（即所谓思想统训），无传播腐蚀青年人格之特务作风，斯全国之学风尚矣"！

071　梁颖文继任重庆大学校长

■ 文献信息

报纸《申报》，1941年10月4日，期号24273号（上海版）

文献编号：1941-023

■ 简体全文

教育简讯

▲四川省立重庆大学校长叶元龙，辞职后，现由梁颖文继任校长。

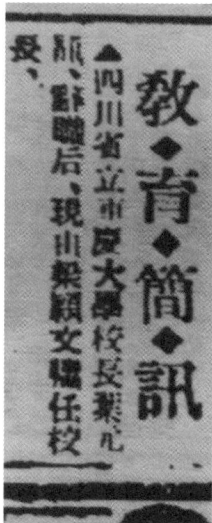

文献编号 1941-023　梁颖文继任重庆大学校长

072　重庆大学传将恢复

文献编号 1941-024　重庆大学传将恢复

■ 文献信息

报纸《解放日报》，1941年10月19日

文献编号：1941-024

■ 简体全文

重庆大学传将恢复　复旦大学筹改国立

【本报重庆讯】自教部下令解散重庆大学后，舆论界对于学风问题甚为注意。教部复通令各校整饬学风。重大校长梁颖文亦因故辞职，而恢复重大消息，亦于同时发表。并闻省府于决定恢复之前，先成立一整理委员会，负责办理一切事宜。该会设委员五人，由川省府派张洪沅等担任。整理期限定为半年。

又讯：复旦大学有改国立讯。现正积极酝酿中，校长吴南轩，自北培[碚]来渝，谒见陈教长面陈一切。闻将由教部呈请政院会议决定后，即可明令公布。

073　重庆大学解散前后

■ 文献信息

报纸《解放日报》，1941年12月28日

文献编号：1941-030

■ 简体全文

重庆大学解散前后

黎　智

叶元龙校长的辞职被批准了，于是同学们碰在一起就议论纷纷。关心地讨论着继任校长的问题。

不久以后，行政院的任命发表了，委任梁颖文氏为重庆大学的继任校长。从消息灵通的同学处知道：梁是中央设计局的主任秘书，在德国学政治经济，过去从来没有办过一天学，此次继任校长，系由四川省政府主席张群的直接推荐。事先连教育部都没有知情。

"非拒绝不可，怎么能当我们的校长呢？"一位平日最推崇陈部长，重大独立运动促进会的主要负责同学，显得很激动。

平日唯学校之命是听的学生自治会的干事们也同样变得很"激烈"，主张立即行

动起来，拒绝梁颖文来校。据他们说："叶校长和杨训导长，都曾摇头，重大前途，不堪设想……"

于是自治会开会的结果，一方面张贴标语，一方面则派代表往教部"请示"，并决定在新运总会招待新闻界！

就在这几天，像临到什么纪念节日似的，沙坪坝街上贴满了标语，公共汽车也被这种纸条装饰着。

"坚决拒绝梁颖文继长重大"

"拒梁是重大全体师生共同的要求"

"拒绝不学无术的梁颖文"

……

重大校门，则挂上了"重庆大学学生拒绝梁颖文继长本校"的黑字白布的横匾。

同时，自治会还印发了"宣言"申述拒梁的理由："第一，梁氏资望不足；第二，梁氏不学无术；第三，无办学经验；第四，开官僚任大学校长之先例；第五……"并呼吁社会人士，对学生之谅解和援助。

社会人士，对学生也多表示同情，新运总会允许借地址，教育部某司长接见代表时，言外之意，似有还嫌闹得不够起劲之意，就是新闻界如大公报，也曾表示愿意尽力支持。

于是重大拒绝校长的风潮就惊震了战时首都的重庆。

几天后，张群主席及甘绩镛财政厅长，亲自来校找学生代表谈话，在质问拒梁风潮之后，接着来了一个最后通启式的训诫："梁先生留学德国十余年，学识丰富，回国后在政府中历任要职，且为本省人，……至于过去虽未办过学校，亦无关系，我从前办学校就办得很好……你们一定要觉悟，否则，政府将采断然措施……"但另一方面教部又同时找学生代表谈话，起初并非调解，后来又通行"调解"了。向代表提出了条件，希望同学们让步。代表们的意思是："我们要求陈部长合理解决，陈部长是了解我们的。"拒梁风潮仍然继续着。

八月廿五日下午，学校门口出现了一队宪兵保护的汽车，一个陌生面孔的人进来了，即刻之间，号声召集了全体同学，也请来了那位生客和宪兵兄弟们，空气顿然紧张起来，原来这位生客就是我们的新校长"梁颖文先生"，并且知道他还带有最高当局的手谕。至于那些武装同志，是"保护新校长的。"

一场式□接任典礼，便如此过去了。

新校长搬进校长室里办公，宪兵兄弟们雄赳赳的驻在近侧，学校里确实"平静"多了，这不但使新校长胆壮，连那庸碌不堪而新被提拔为总务长[的]李某，也耀武扬威起来了，报纸上也这样记载着"梁颖文氏已于月底接任，学生无任何表示！"但是当宪兵逐日递减直到九月一日宪兵完全撤尽的时候，不幸的事情，就在这一天发生了。

文献编号 1941-030　重庆大学解散前后

　　为了伙食问题，同学与新总务长间有了冲突，以致于斗殴动武起来，同学们在气愤之余更蜂起将李梁两人之行李卷起，并当时川白布作成旗帜，写上"欢送梁颖文"五个大字，在爆竹声中，推推挤挤把两人拥上了公共汽车。

　　闷气是发泄了，但事态势将更扩大。自治会又派代表往教育部再度"请示"。但回答是不同了。支持的语气减少了，据说：教育部已□当局之手谕，严办此次有碍四方观瞻的肇事祸首，代表们悻悻而返，那位国立运动促进会的健将，见势不佳趁空溜走了，他说：

　　"算了吧，陈部长都不理了，……"

　　九月五日上午二时，(半夜)，青木关(距重大三十里)宪兵营接到命令，限两小时内，全副武装跑步至重大，将学校包围，同学们在梦中被叫醒，每人在两枝[支]手枪的威胁下受到一顿任意的搜摸，经过这种个别检查之后，才被押进食堂，而且不准交谈。

　　天明的时候，教部解散命令也颁布了，即刻全体同学被赶出门外，并且宣布不准搬行李，行李尚待检查。

　　像无管监的羊群，依依的向这熟稔的一切投视了一眼，低着头去了。可是，到那儿去呢？走的问题不简单，肚皮得解决，流亡的学生全靠贷金吃饭哪！有熟人的，硬着头皮去歇一脚再说，举目无亲的大部同学，只得在桥头的屋檐下再度为家了！

　　几天之后，教部提出"善后"办法，主张教部只登记学生，分发其他各校，而行政之事务交四川省府办理。

　　九月九日，报纸上又揭[露]了张主席的"善后"意见，对于未参与学潮之大部学生，登记调查后仍可以继续学业。

　　登记开始了，同学们为了肚皮和学习，一个个含羞的回来报上自己的名字，在不准随意出校，否则开除学籍的条件下，幸喜着自己没有被淘汰，还[能]够在光亮刺目的枪刀下，度着比过去吃得更坏，睡得更挤的生活！

　　每人含着泪拾回自己的行李时，贵重一点的东的[西]均已不翼而飞了。女同学有的悲伤到哭号，但有什么办法呢？

重慶大學解散

據中央社本月五日重慶電訊，略謂四川省立重慶大學校長葉元龍辭職，另派梁穎景繼任，發生拒長風潮，經當局剴切曉諭，表示服從，後梁校長到校視事甫及一週，復藉端侮辱新任李總務長，進而演成毆逐校長的狂暴行動，敎部於五日下令解散該校，並懲主使者及滋事學生。陳敎長發表談話，表示決心改變士風，使反對師長，及破壞校紀之風潮，不再發生。

學校風潮妨礙學生的學業，我們向來認爲應該避免，但是怎樣才能避免，卻是很值得研究的一個問題。講到這次重慶大學學潮，電文簡略，「藉端」含糊，即就電文所述，倘若只是出於少數學生的「主使」及「滋事」，那末只須對付少數學生已夠解決，不應解散全體。如今解散全體，可見是全體對於學校當局不滿，便應研究其癥結所在。相當賢明的學校當局，必能使學生心悅誠服，絕對不致引起全體學生的不滿。況且梁某到校，學生原相拒，可見已不孚人望，後經敎育當局「剴切曉諭」，「表示服從」，更可見學生是講理的，一週後又引起風潮，甚至造成解散全體的不幸事件，可見學校當局在事實上必有使全體學生無法再忍的實際情形。

「反對師長」，「破壞校紀」，固不足爲訓，但怎樣的「師長」，怎樣的「校紀」，也是應該考慮的問題，因爲敎育究竟是敎育，學生固須講理，學校當局及敎育當局也須講理，在講理的空氣中改變士風，才有可能，用高壓手段雖可在表面上一時鎮壓下去，根本問題還是沒有解決。（育英）

文献编号 1941-032　重庆大学解散

■ **文献信息**

期刊《大众生活》，新第18期，第423页，1941年

文献编号：1941-032

■ **简体全文**

重庆大学解散

据中央社本月五日重庆电讯，略谓四川省立重庆大学校长叶元龙辞职，另派梁颖景[文]继任，发生拒长风潮，经当局剀切晓谕，表示服从，后梁校长到校视事甫及一周，复藉端侮辱新任李总务长，进而演成殴逐校长的狂暴行动，教部于五日下令解散该校，并惩主使者及滋事学生。陈教长发表谈话，表示决心改变士风，使反对师长，及破坏校纪之风潮，不再发生。

学校风潮妨碍学生的学业，我们向来认为应该避免，但是怎样才能避免，却是很值得研究的一个问题。讲到这次重庆大学学潮，电文简略，"藉端"含糊，即就电文所述，倘若只是出于少数学生的"主使"及"滋事"，那末只须对付少数学生已够解决，不应解散全体。如今解散全体，可见是全体对于学校当局不满，便应研究其症结所在。相当贤明的学校当局，必能使学生心悦诚服，绝对不致引起全体学生的不满。况且梁某到校，学生原相拒，可见已不孚人望，后经教育当局"剀切晓谕"，"表

示服从"，更可见学生是讲理的，一周后又引起风潮，甚至造成解散全体的不幸事件，可见学校当局在事实上必有使全体学生无法再忍的实际情形。

"反对师长"，"破坏校纪"，固不足为训，但怎样的"师长"，怎样的"校纪"，也是应该考虑的问题，因为教育究竟是教育，学生固须讲理，学校当局及教育当局也须讲理，在讲理的空气中"改变士风"才有可能，用高压手段虽可在表面上一时镇压下去，根本问题还是没有解决。（育英）

075 整理重庆大学　将成立整委会办理

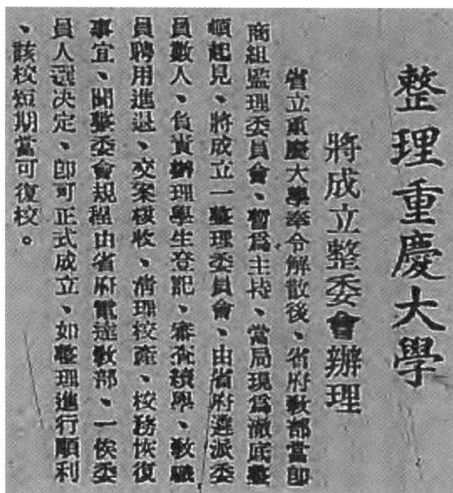

文献编号 1941-033　整理重庆大学　将成立整委会办理

■ 文献信息

期刊《广东教育战时通讯》，第49期，第7页，1941年

文献编号：1941-033

■ 简体全文

整理重庆大学　将成立整委会办理

省立重庆大学奉令解散后，省府教部当即商组监理委员会，暂为主持，当局现为澈底整顿起见，将成立一整理委员会，由省府遴派委员数人，负责办理学生登记，审查续学，教职员聘用进退，交案核收，清理校产，校务恢复事宜，闻整委会规程由省府电达教部，一俟委员人选决定，即可正式成立，如整理进行顺利，该校短期当可复校。

076 重庆大学因风潮被解散

文献编号 1941-034 重庆大学因风潮被解散

■ 文献信息

期刊《国民教育指导月刊》，第1卷第3期，第53页，1941年

文献编号：1941-034

■ 简体全文

重庆大学因风潮被解散

四川省立重庆大学校长叶元龙辞职，另简梁颖景[文]继任，该校学生即发生拒长风潮，经当局剀切晓谕，始称悔悟，表示服从。乃梁校长到校视事甫一周，复藉端侮辱新任李总务长，进而演成殴逐校长之狂暴行动。教部以该校学生屡戒不悛，干犯法纪，五日下令解散该校，并惩主使者及滋事学生，并派员监理。陈部长发表谈话，述处理经过及决心丕变士风，庶反对师长及破坏校纪之风潮，不再发生云。关于此事，四川省府张兼主席，八日于省府纪念周席上，对省立重大学潮事，有所论列，略谓重大为刘故主席所创办，为本省惟一大学，近数年来学风日下，每逢校长更易，公然迎拒，行动逾轨，政府为整饬学风起见，不得不取断然措施，予以解散，并指派梁颖景[文]、吴泽湘等为监理委员，负责整理，现正由教部省府共策善后事宜。此次措置，乃属整个学风之整饬问题，不仅为重大一校之不得已的措施。又查此次学潮，参加者仅少数学生，政府虽解散重大，惩罚肇事学生，但对于未曾参预之大部分学生，经登记抽查后，仍当使其继续学业云。

077　梁颖文接任重大校长

- 文献信息

  期刊《国讯旬刊》，第280期，第11页，1941年
  文献编号：1941–035

- 简体全文

  ### 陪都一旬

  重庆大学校长叶元龙氏辞职后，新任校长梁颖文氏已于八月底正式接任，闻"经过情形良好，学生已无其他表示"。

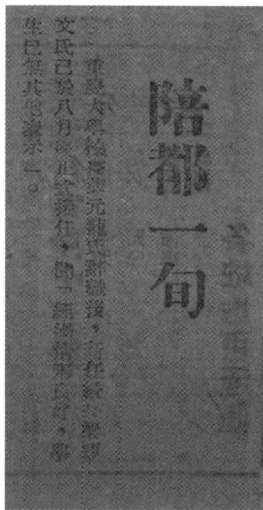

文献编号 1941-035　梁颖文接任重大校长

078　重庆大学恢复成立

- 文献信息

  期刊《国讯旬刊》，第284/285期，第12页，1941年

  文献编号：1941–036

- 简体全文

  ### 陪都一旬

  四川省立最高学府重庆大学，前经教部下令解散，现即将恢复，四川省政府特组织整理委员会，积极进行校务整顿、恢复之设计筹划等工作，闻旧有学生完全可恢复学籍，并预定十一月内复课。

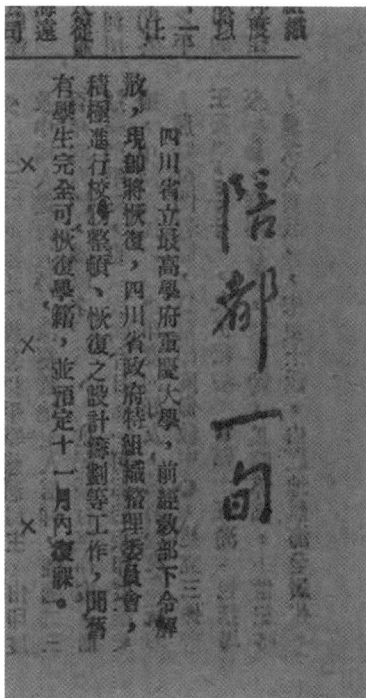

文献编号 1941-036　重庆大学恢复成立

教育消息

中央部份……

一 關於高等教育者

教育部解散重慶大學

四川省立重慶大學迭起風潮，教育部以該校學生屢戒不悛，爲整飭學風起見，於本月五日予以解散，教育部匯部長爲處理該校學潮事，發表談話如下：

近年來，學風之壞，其危及國族前途者，彭之。需至罪△立國之要，首重紀綱，而其維繫，則在於人人有明禮義知廉恥，負責任，守紀律之精神，見諸言行。青年爲國家命脈，如在求學時期，不能養成崇禮守法之精神，則學成之日，即危害國家，故中△立之教，乃成兜四之行爲，無所不至。以此，曾至屢次訓示，特以四維之教，爲全國學校共同校訓，教部亦三令五申，並嚴格實施軍訓及推行導師制，法重訓育，期能共信共行，以納青年於正軌。重慶大學雖屬有省立，設在陪都，實爲四方觀瞻所繫，乃塵屬更易校長，均起風潮，學生干涉教育行事，特以四維之教，沙坪壩居民商舉之，法紀蕩然，平時言行，尤多越軌，教部曾一再督促該校當局，予以整飭，嘩有頌言。

此次四川省政府甄動校長，事前自經慎重考慮，本部特呈行政院明令簡派後，該校學生即有拒長風潮之醞釀，本人曾囑藥前後挽及重要職員，負責開導學生，限余命令，並派員前往到切勸諭，護校學生始稍稍悟，表示服從，乃於某校長到校視事前及一星期後，復藉增每屆新任之禮孫長，此而演成殿遂校長之狂墨行動，悖禮嚴法，蘇可痛心。敎部參於該校學生之屢戒不悛，且進而干犯法紀，已非尋常懲戒所可制裁，爰於本月五日，予以徹底解散，嚴懲主使者及滋事學生，並派員監理，護校四川省立之唯一大學，人材之作育，與川康建設前途所關匪細，偏士風不正，實無以達成此項重大使命。本部之所以採取此種措置，實非得已。良以學潮自由之說，學生鋼蔽已深，因之各校管理放任，敎師有以容悒求安，不加糾正，茍且蓄謀利用，滋生事端，馴至學生在校不知守體，出校不知守法，師道陵夷，士習聖張，對於國家，莫知所屆。本部用本不變之整頓，更顯社會人氣不良之學校，悉將予以澈底之整頓。更顯社會人士，明其苦衷，於師嚴而後道尊之義，同聲倡導，臨今後更不容有學生反射師長及破壞校紀之學潮發生，俾優秀青年，得有安心求得之機會，教育前途，實利賴之。

■ 文献信息

期刊《教育通讯》，第4卷第35期，第2-3页，1941年

文献编号：1941-037

■ 简体全文

教育消息

中央部分

一 关于高等教育者

教育部解散重庆大学

四川省立重庆大学迭起风潮，教育部以该校学生屡戒不悛，为整饬学风起见，于本月五日予以解散，教育部陈部长为处理该校学潮事，发表谈话如下：

近念[廿]年来，学风之坏，其危及国族前途者，影响至巨。立国之要，首重纪纲，而其维系，则在于人人有明礼义知廉耻，负责任，守纪律之精神，见诸言行。青年为国家命脉，如在求学时期，不能养成崇礼守法之精神，则学成之日，即危害国家，放恣自利之行为，无所不至。以此，总裁迭次训示，特以四维之教，为全国学校共同校训，教部亦三令五申，并严格实施军训及推行导师制，注重训育，期能共信共行，以纳青年于正轨。重庆大学虽属省立，设在陪都，学风良窳，实为四方观瞻所系，乃历届更易校长，均起风潮，学生干涉教育行□，法纪荡然，平时言行，尤多越轨，沙坪区居民商肆，啧有烦言。教部曾一再督促该校当局，予以整饬。此次四川省政府更动校长，事前自经慎重考虑，本部转呈行政院明令简派后，该校学生即有拒长风潮之酝酿，本人曾嘱叶前校长及重要职员，负责开导学生，服从命令，并派员前往剀切晓谕，该校学生始称悔悟，表示服从，乃于梁校长到校视事甫及一星期后，复藉端侮辱新任李总务长，进而演成殴逐校长之狂暴行动，悖礼蔑法，殊可痛心。教部鉴于该校学生之屡戒不悛，且进而干犯法纪，已非专以教导力量所可制裁，爰于本月五日，予以澈底解散，严惩主使者及滋事学生，并派员监理。该校为四川省立之唯一大学，人材之作育，与川康建设前途所关匪细，倘士风不正，实无以达成此项重大使命。本部之所以采取此种措置，实非得已。良以误解自由之说，学生锢蔽已深，因之各校管理，多从放任，故风潮之起，教师有以容悦求安，不加纠正，甚且蓄谋利用，滋生事端，驯至学生在校不知守礼，出校不知守法，师道陵夷，士习嚣张，贻害国家，莫知所届。本部用本丕变士风之决心，对于风气不良之学校，悉将予以澈底之整顿。更愿社会人士，明其苦衷，于师严而后道尊之义，同声倡导，庶今后更不容有学生反对师长及破坏校纪之学潮发生，俾优秀青年，得有安心求学之机会，教育前途，实利赖之。

080 教育部解散重庆大学

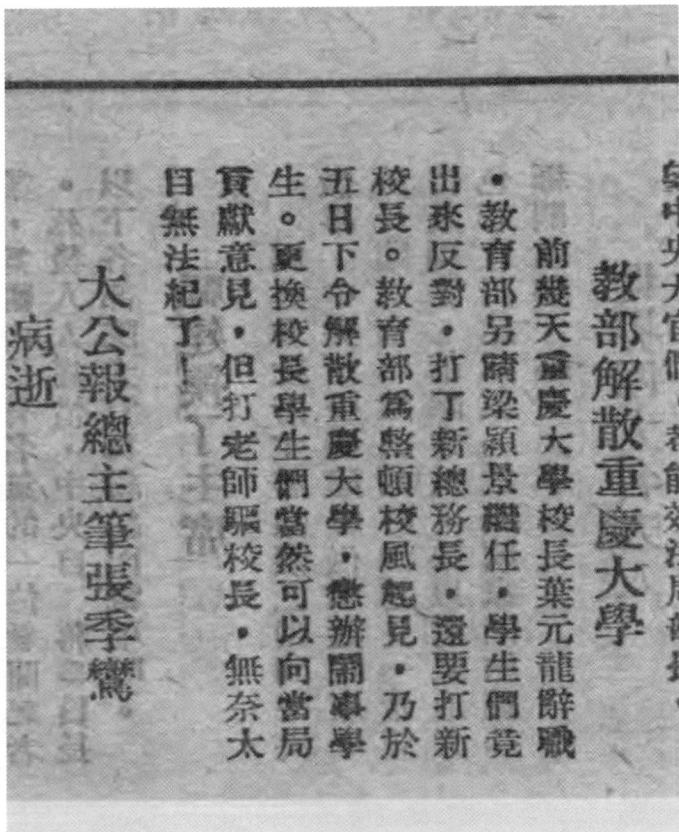

文献编号 1941-038　教育部解散重庆大学

■ 文献信息

期刊《田家半月报》，第8卷第18期，第3页，1941年

文献编号：1941-038

■ 简体全文

教部解散重庆大学

前几天重庆大学校长叶元龙辞职，教育部另请梁颖景[文]继任，学生们竟出来反对，打了新总务长，还要打新校长。教育部为整顿校风起见，乃于五日下令解散重庆大学，惩办闹事学生。更换校长学生们当然可以向当局贡献意见，但打老师驱校长，无奈太目无法纪了！

文献编号 1941-039　重庆大学整理中

■ **文献信息**

期刊《新湖北教育》，第1卷第2期，第100页，1941年

文献编号：1941-039

■ **简体全文**

重庆大学整理中

重大校舍，在八月间迭遭敌机狂炸，主要房屋大部尽毁，经该校监委会迭电省府，请拨款修复，兹闻已经四川省府第五一九次会议决议，拨款十万元，以资修建。又梁校长自到校视事月余以来，处理校方一切善后事宜，倍极辛劳，近因其太夫人在籍患病，急须离渝返里省视，迭电省府请辞，经张主席坚留未获，已予照准。四川省政府为澈底整理重庆大学起见，特组织整理委员会，并派定张洪沅为主任委员。张氏已偕委员何廉，冯简，段调元等，到校视事，由前监理委员会代表吴泽湘负责交代，教育部派参事相菊潭参加，查该会之职权为：(一)关于学生之登记审查及续学事项；(二)关于教职员之聘用，进退事项；(三)关于校产之接收，管理及整理事项；(四)关于经费之支配，及预算之编拟事项；(五)关于校务整顿，恢复之设计筹备事项，张氏表示[坚]决努力遵行，以期达到建设新重大之目的云。

082　重庆大学的解散

■ 文献信息

期刊《学习》，第4卷第12期，第290-291页，1941年

文献编号：1941-040

■ 简体全文

笔谈　重庆大学的解散

本月六日报载重庆大学发生拒长风潮，"教部以该校学生屡戒不悛，干犯法纪，五日下令解散该校，并惩主使者及滋事学生，"陈教长为此事的处置发表谈话，表示"决心丕变士风，"使这类"破坏校纪"的风潮，不再发生。又八日成都电讯：四川省主席张群在省府纪念周报告"此次措置，乃属整个学风之整饰[饬]问题，不仅为重大一校之不得已的措施"。

不久以前，我们曾在报上见到，广西大学亦因更换校长发生风潮，僵持未决，又据香港大众生活消息中山大学亦以校长问题发生风潮，虽已解决，但问题甚严重。由各校学潮先后爆发以及陈教长与张主席对重大事件的谈话，看来最近大后方学潮其范围与性质均似相当严重，并已为当局特加注意的问题。则是已可概见的。

关于学潮发生的原因及实在经过因电讯太简，我们无法知道，但由当局对重大学潮，所探[采]"断然措施，"乃因该校学生"屡戒不悛"，可知重大风潮，并非骤然发生。这里使人最易联想起来的，是该校商学院长马寅初博士的被放逐，曾引起该校学生一致的不满，如其远因果种于此，那么教部的断然措拖[施]，是不是认为学生同情马博士之类的"士风"应该"丕变"呢？那却是每一个爱护民族国家的人所不能不表示关心的。

有一种事实[，]已被历史所证明，而[那]就是学生青年，在中国革命中，常是最坚强也是最英勇的先锋队伍，这种精神在亢占[抗战]中，其表现得十分显著，学生青年为什么要"干犯法纪？"难道事实是欺人的吗？知道綦江干训团故事和其他类似的事件人当可知道：究竟青年们"干犯"的是怎样的"法纪？"又是怎么样"干犯"着"法纪"的。"一个思想，""一个主义，"青年们只要稍稍朴实不华，即有被说为是"异党份子"的危险，在这种教育标准之下，"整饬，"云者，能不叫人意味着一种怨哀吗？

"在中国放弃了大学教育，是一件牺牲很大的事，因为一万人中只有一人可受大学教育。"（《中国见闻录》）重大已经解散了，虽据表示，参加学潮者只是少数学生，政府须加惩办，未参预之大部份学生经探查后，仍当使其继续学业。但所谓少数，究竟少至如何程度？果真大部份均未参预，则学潮也便不至发生，纵被牺牲的

筆談

重慶大學的解散

本月六日報載重慶大學發生拒長風潮，「敎部以該校學生屢戒不悛干犯法紀五日下令解散該校並懲主使者及滋事學生」陳敎長爲此事的處置發表談話表示「決心不變士風」使遺類「破壞校紀」的風潮不再發生又八日成都電訊四川省主席張羣在省府紀念周報告「此次措置乃屬整飭學風之整飭問題，不僅爲重大一校之不得已的措施。」

不久以前，我們曾在報上見到廣西大學亦因更換校長發生風潮僵持未決又據香港大衆生活消息中山大學亦以校長問題發生風潮雖已解決但問題甚嚴重。由各校學潮先後爆發以及陳敎長與張主席對重大事件的談話看來最近大後方學潮其範圍與性質均似相當嚴重並已爲當局特加注意的問題即是已可概見的。

關於學潮發生的原因及實在經過因電訊太簡，我們無法知道但由當局對重大學潮所探「斷然措施」乃凶這裏使人最易聯想起乎的是該校商學院長馬寅初博士的被放逐曾引起該校學生一致的不滿如其遠因果種于此那麼敎部的斷然措拖是不是認爲學生同情馬博士之類的「士風」應該「歪變」呢？那卻是每一個愛護民族國家的人所不能不表示關心的，

有一種事實已被歷史所證明而就是學生青年在中國革命中常是最堅強也是最英勇的先鋒隊伍這種精神在尤占中其表現得十分顯著學生青年爲什麼要「干犯法紀」難道事實是欺人的嗎？知道蔡江幹訓團故事和其他類似的事件人當可知道究竟青年們「干犯」的是怎樣的「法紀」又是怎樣「干犯」着「法紀」的。「一個思想」一個主義」青年們只要稍稍朴實不華，即有被說爲是「異黨份子」的危險，在這種敎育標準之下「整飭」云者能不叫人意味着一種怨哀嗎？

「在中國放棄了大學敎育。」（中國見聞錄）重大已經解散了。雖據表示參加學潮者只是少數因爲一萬人中只有一人可受大學敎育是一件犧牲很大的事學生政府須加懲辦未參預之大部份學生經探查後仍當使其繼續學業，但所謂少數究竟少至如何程度果實大部份均未參預則學潮也便不至發生縱被犧牲的只是一人，對于國家也是一種損失。

因此我們希望政府愼重處理這一事件，尤其是對被懲的學生最少使他們能作一個普通凶犯不致自已裁贓，不然學生們雖領受了「法紀」的敎訓校風卻不見得眞能「整飭」的。（亦寒）

只是一人，对于国家也是一种损失。

因此我们希望政府慎重处理这一事件，尤其是对被惩的学生，最少使他们能作一个普通囚犯，不致自己裁[栽]赃，不然，学生们虽领受了"法纪"的教训，校风却不见得真能"整饬"的。 　　　　　　　　　　　　　　　　　　　　　　　　　　（亦寒）

083　由解散重庆大学想起

■ 文献信息

期刊《学习》，第5卷第1期，第2—3页，1941年

文献编号：1941-041

■ 简体全文

由解散重庆大学想起

四川省立重庆大学，于九月五日被教部下令解散。

为什么要解散？不外乎风潮。风潮由何而生？起因于更换校长。至新校长为什么会被学生拒绝长校，则电报中未曾提及，或许连发这电报的记者先生自己也全不知道。

拍电报要"简单扼要，"尤其此类电文，尤不宜追根求底，风潮起因，乃属另外一件事情，与消息无关，消息照例是只报告学生怎样肇事，当局怎样处理。

然而我们就根据极简短的消息中，虽未能窥得解散重庆大学的全貌，也应探求个一知半解，如此，则原电也并非全无价值。

近年来后方学潮迭起，是不必掩饰此事实，教育当局似乎对人事"调整"颇为关心，全力以赴，成为中心工作之一，不单校长常有更动，有时教委辞退也直接过问。但其结果，常常是调而未整，愈调愈不整，就像重庆大学，近年"每逢校长更易，公然迎拒。"终至不可收拾，以解散了之，其去"调整"原意，何止十万八千里？

易长内幕，不得而知，令人疑怀的是；[1]学生对当局委派的校长为什么常表反对？而教育当局为什么老是委派不为学生所欢迎的校长？此其中一定夹杂着有莫名其妙的道理。因为依理讲，教育当局果纯粹为教育事业[、]为国家栽培人才着想，学生果为本身学业着想，对于校长的去留物色，(非指权限)意见应该完全一致，决不至背道而驰。

去年冬天，重庆大学商学院院长马寅初，因"故"被迫中途去职，"派赴华北考察"，学生与之含泪而别，那次事情与此次风潮或无关系，但学生余痛犹在，此种

筆談

由解散重慶大學想起

及，或許連發這電報的記者先生自己也全不知道。

敎部下令解散。

何而生起因於更換校長，至新校長爲什麼會被學生拒絕長校則電報中未曾提

爲什麼要解散？不外乎風潮，風潮由

四川省立重慶大學於九月五日被

拍電報要『簡單扼要』尤其此類電文尤不宜追根究底風潮起因乃屬另外一件事情與消息無關照例是只報告學生怎樣鬧事當局怎樣處理

然而我們就根據極簡短的消息中，雖未能窺得解散重慶大學的全貌也應探求個一知半解如此則原電

近年來校方學潮迭起是不必掩飾此事實敎育當局似乎對人事『調整』頗爲關心全力以赴成功爲中心工作之一不單校長常有更動有時敎委辭退也直接過問但其結果常常是調而未整愈調愈不像像重慶大學近年『每逢校長更易』其去『調整』原意何止十萬八千里解散了其之『每逢校長更易』『調整』終至不可收拾以至背道而馳。

易長內幕不得而知會有人疑惑的是學生對當局派的校長爲什麼常表反對而敎育當局爲什麼老是委派不爲學生所歡迎的校長此其中一定夾雜着有莫明其妙的道理因爲依理講敎育當局果純粹爲敎育事業爲國家栽培人才着想學生果爲本身學業着想對於校長的去留物色（非指權限）意見應該完全一致決不

去年多天重慶大學商學院院長馬寅初因『故』被迫中途去職『派赴華北考察』學生與之含淚而別那次事情與此次風潮之無關係但學生餘痛猶在此種寬屈是不堪一再忍受的。

據消息風潮起於梁某被委爲校長之時起初風潮不是給鎮壓下去而是『經當局愷切曉諭始稱悔悟』但『悔悟』未及一週又發生『侮辱新任李總務長進而演成毆逐校長事』更換校長本極平常去的只要去之成因來的也來之有理則去一百個來一百個無用

五日的消息稱敎部除下令解散該校並懲主使者及滋事學生又張榥於八日川省府紀念週報告『此次學潮參加者僅少數學生』『學生果爲禍首既屬小戲大做不像那樣嚴重則解散令未免輕罪重刑小戲大做並旣懲辦主使者及滋事學生則解散令似乎僅僅爲了對付無辜的多數。

或者如張榥所說『此次措置乃屬整個學風之整飭問題不僅爲重大一校之不得已的措施』則解散令也表示解決重大是『決心不變學風庶反對校長及破壞校紀之風潮不再發生』『整飭個學風是不是有了重大作前車之鑒解決了問題旣未必滇緬路上終使有許多覆車但並不能防止以後覆車慘劇的繼續發生難道司機不知道覆車的慘禍顯然不是要使令後滇緬路減少覆車不是預先翻一部汽車做做犧牲品所能演事而必需着手於整個路面的修補身居內地觸目於險峻公路如敎育部長陳立夫等不信寬無此經驗。

現在後方的敎育上的暗礁正多許人事問題爲其中之一直到目前整個敎育還沒有走上戰時敎育的正當道路諉其名曰戰時如平時實則爲『無事敎育』誰要是看到此種敎育定會覺得天下太平無事一切敎材敎程不變學生會沒有連組織個學術性的團體也不允許看戰時晝報雜誌也能攝成罪名有的學校把瓦片作爲課外活動也有學校每逢重要紀念日舉行考

編輯前記

似孩子一般地『學習』在讀者監護與支持下滿了它的兩周歲了我們的心情與讀者們是同樣喜悅的。

爲了紀念『學習』的兩周年，我們特約了多位文名宿寫下了各人學習的經驗，中間雖沒有什麼奇特的處所，但我們却可從這些文章中看出每一個爲我們所敬佩的文壇先進其學習精神沒有個是專憑天才或倖致的，特別值得提起的是范文瀾先生的從苦悶到快樂和黃日新先生的雜談學習經驗。前者告訴了我們，由苦悶走向快樂的途徑尤其是一點也不舖張的，之後將予人們的是一種真實感，我想讀者讀了這篇文章一定會深深地受到感動。後者指示了我們許多學習的方法其體細密可說是一篇絕出的讀書指導，高封先生的我學植物學的經驗爲靑年們樹立了一個良好的楷模其餘如景宋、劍谷、麥園、洪亮等先生諸篇亦都是値得一讀的。

文獻編號 1941-041　由解散重慶大學想起（節選）

冤屈是不堪一再忍受的。

据消息，风潮起于梁某被委为校长之时，起初风潮不是给镇压下去。而是"经当局恺[剀]切晓谕，始称悔悟。"但"悔悟"未及一周，又发生"侮辱新任李总务长，进而演成殴逐校长事。"更换校长，本极平常，去的只要去之成因，来的也来之有理，则去一百个，来一百个，无用学生杞忧，于去留之间有所争执。换一个方向说，假如用官僚作风，把学校当做饭碗逐鹿场所，或为植党营私的舞台，以此而掀起风潮者，其责任较殴辱校长之学生远为重大。

五日的消息，称教部除下令解散该校，并惩主使者，及滋事学生。又张群于八日川省府纪念周报告；[:]"此次学潮参加者，仅少数学生，"学生果为祸首，既属少数，并不像多数那样严重，则解散令未免轻罪重刑，小戏大做。既惩办主使者及滋事学生，则解散令似乎仅仅为了对付无关的多数。

或者如张群所说："此次措置，乃属整个学风之整饬问题，不仅为重大一校之不得已的措施。"则解散令的意义，有如杀只鸡给猴子看看那么一回事。陈校长也表示解决重大，是"决心丕变学风，庶反对校长及破坏校纪之风潮，不再发生。"整饬整个学风，是不是有了重大作前车之鉴就解决了问题呢？未必。滇缅路上终[纵]使有许多覆车，但并不能防止以后覆车惨剧的继续发生，难道司机不知道覆车亡身的惨祸么？显然不是，要使今后滇缅路减少覆车，不是预先翻一部汽车做牺牲品所能济事，而必需着乎于整个路面的修补。身居内地触目于险峻公路如教育部长陈立夫等，不信竟无此经验。

现在后方的教育上的暗礁，正多着，人事问题为其中之一，直到目前，整个教育还没有走上战时教育的正当道路。诡其名曰战时如平时，实则为"无事教育"，谁要是看到此种教育，定会觉得天下太平无事。一切教材教程不变，学生会没有，连组织个学术性的团体也不允许。看战时书报杂志也能构成罪名，有的学校以搬砖头瓦片作为课外活动，也有学校每逢重要纪念日举行考试，……这类奇事举不胜举，不从这许多方面洗心革首，无事教育永远要多事，再解散几个"重大"也惘然。

（望蜀）

084　重庆大学梁颖文校长辞职

■ 文献信息

报纸《阵中日报　桂林》，1941年10月1日

文献编号：1941-042

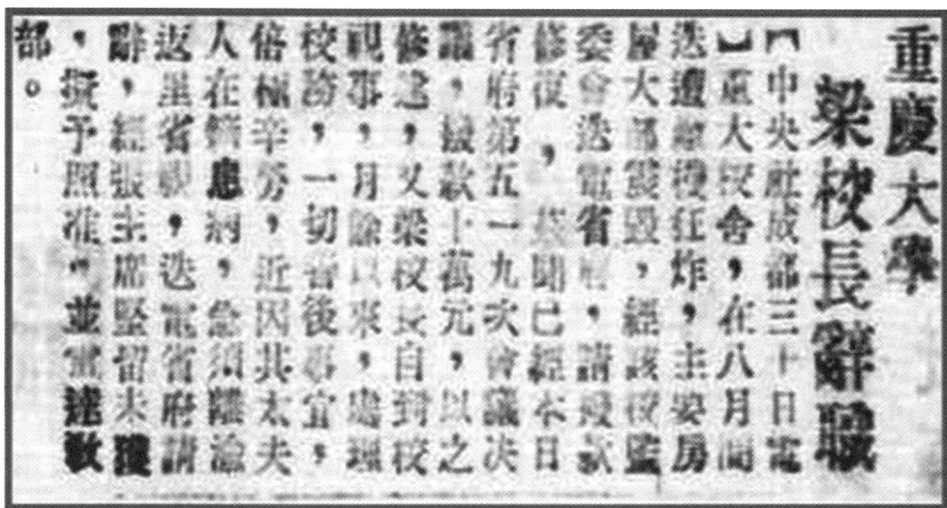

文献编号 1941-042　重庆大学梁颖文校长辞职

■ 简体全文

重庆大学梁校长辞职

【中央社成都三十日电】重大校舍，在八月间迭遭日机狂炸，主要房屋大部震毁，经该校监委会迭电省府，请拨款修复，兹闻已经本日省府第五一九次会议决议，拨款十万元，以之修建，又梁校长自到校视事，月余以来，处理校务，一切善后事宜，倍极辛劳，近因其太夫人在籍患病，急须离渝返里省亲，迭电省府请辞，经张主席坚留未获，拟予照准，并电达教部。

085　行政院昨决议恢复重庆大学　任张洪沅为该校校长

■ 文献信息

报纸《革命日报》，1942年2月18日

文献编号：1942-001

■ 简体全文

行政院昨决议

恢复重庆大学　任张洪沅为该校校长

【中央社重庆十七日电】政院十七日开第五五一次会议，各部会长官均出席，军事外交报告外，决议及通过各案择载如下：

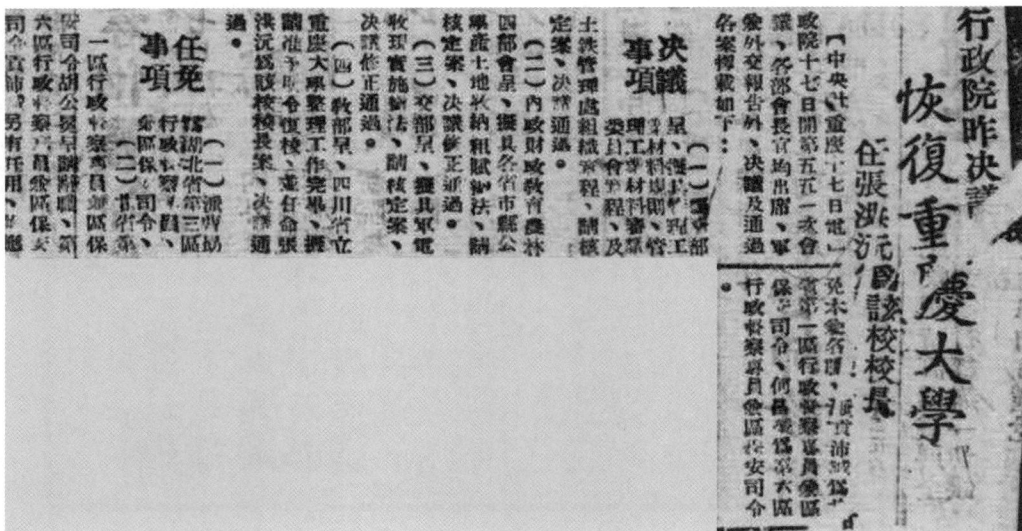

文献编号 1942-001　行政院昨决议恢复重庆大学　任张洪沅为该校校长

决议事项：

（一）经济部呈，拟具管理工业材料现则，管理工业材料审议委员会章程，及土铁管理处组织章程，请核定案，决议通过。

（二）内政[、]财政[、]教育[、]农林四部会呈，拟具各省市县公学产土地收纳租赋办法，请核定案，决议修正通过。

（三）交部呈，拟具军电收现实施办法，请核定案，决议修正通过。

（四）教部呈，四川省立重庆大学整理工作完毕，拟请准予明令复校，并任命张洪沅为该校校长案，决议通过。

任免事项：

（一）派曹勖为湖北省第三区行政督察专员，兼区保安司令。

（二）甘省第一区行政督察专员兼区保安司令胡公冕呈请辞职，第六区行政督察专员兼区保安司令贡沛诚另有任用，均应免本兼各职，派贡沛诚为甘省第一区行政督察专员兼区保安司令，何昌荣为第六区行政督察专员兼区保安司令。

086　行政院昨日例会　四川重庆大学准予复校

■ 文献信息

报纸《西北文化日报》，1942 年 2 月 18 日

文献编号：1942-002

文献编号 1942-002　行政院昨日例会　四川重庆大学准予复校

■ 简体全文

政院昨日例会

通过军电收现实施办法

四川重庆大学准予复校

【重庆十七日电】政院十七日开五次会议，各部会长官均出席，军事外交报告外，决决[议]各案，择载如下，

（一）经济部呈拟管理工业材料规则，管理工业材料审议委员会章程，及土铁管理处组织章程谨(请)核定案，通过。

（二）内政﹑财政﹑教育﹑农林四部会呈，拟具各省市县公官产土地收纳租赋办法，请核各案，决议修正，通过。

（三）交通部呈，拟具军电收现实施办法，请核定案，决议修正通过。

（四）教部呈，四川省立重庆大学整理工作完毕，拟请准予明令复校，并任命张洪沅为该校校长案，决议通过。

任免事项决议案：

（一）任曹东[勋]为湖北省第三区行政督察专员，兼区保安司令。

（二）甘肃第十一行政督察专员兼区保安司令胡公冕呈请辞职，第六区行政督察专员兼区保安司令贡沛诚另有任用，均应免本兼各职，派贡沛诚为甘肃省第一行政区督察专员兼区保安司令，何昌荣为第六区行政督察专员兼区保安司令。（中央社）

087　行政院昨日会议　通过重庆大学复校等案

文献编号 1942-003　行政院昨日会议　通过重庆大学复校等案

■ 文献信息

报纸《西京日报》，1942年2月18日

文献编号：1942-003

政院昨日会议　通过重庆大学复校等案

【重庆十七日电】政院十七日开第五五一次会议，各部会长官均出席，军事外交报告外，决议各案择载如下：

决议事项：

（一）经济部呈拟管理工业材料现则，管理工业材料审议委员会章程，及土铁管理处组织章程，请核定案，决议通过。

（二）内政、财政、教育、农林四部会呈，拟具各省市县公官产土地收纳租赋办法，请核定案，决议修正通过。

（三）交部呈，拟具军电收现实施办法，请核定案，决议修正通过。

（四）教部呈，四川省立重庆大学整理工作完毕，拟请准予明令复校，并任命张洪沅为该校校长案，决议通过。

任免事项、决议案：

（一）任曹东[勋]为湖北省第三区行政督察专员兼区保安司令。

（二）甘肃第一行政督察专员兼区保安司令胡公冕，呈请辞职，第六区行政督察专员兼区保安司令贡沛诚，另有任用，均应免本兼各职，派贡沛诚为甘肃省第一区行政督察专员兼区保安司令，何昌荣为第六区行政督察专员兼区保安司令。（中央社）

088　行政院昨例会　任命张洪沅为重庆大学校长

■ 文献信息

报纸《甘肃民国日报》，1942年8月5日

文献编号：1942-004

■ 简体全文

政院昨例会

嘉奖赣浙闽粤黔各粮政局长

任命张洪沅为重庆大学校长

【中央社重庆四日电】行政院四日开五百七十五次会议，各部会长官均出席，军事外交报告外，决议各案，择载如下：

一、财政部社会部四行联合办事总处会呈，遵令会拟中央金库筹备委员会组织章程草案，请核定案，决议修正通过。

文献编号 1942-004　行政院昨例会　任命张洪沅为重庆大学校长

二、财部呈请，于火柴专卖暂行条例中，增加处罚私自改变或伪造各项凭证单据，及旧照重开者之规定，请核定案，决议通过。

三、地政署呈，拟修正省地政局组织大纲草案，请核定案，决议修正通过。

四、粮食部呈，请嘉奖赣浙闽粤黔等五省粮政局局长案，决议通过。

任免事项：

一、任命张洪沅，为四川省立重大校长。

二、任命马鹤年，为宁夏省粮政局副局长。

三、任命张明远，为西康省田赋管理处副处长。

四、任命顾毓玲，为中央工业试验所简任技正，并免去该员原任该所荐任技正。

五、派徐谟嘉，为江苏省第四区行政督察专员兼区保安司令。

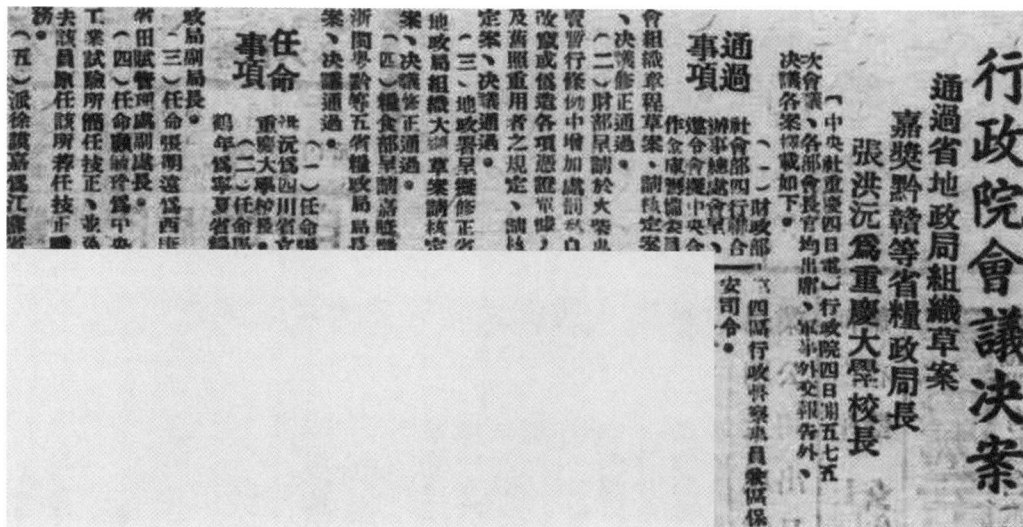

文献编号 1942-005　行政院会议决案　张洪沅为重庆大学校长

■ 文献信息

报纸《革命日报》，1942年8月5日

文献编号：1942-005

■ 简体全文

行政院会议决案

通过省地政局组织草案

嘉奖黔赣等省粮政局长

张洪沅为重庆大学校长

【中央社重庆四日电】行政院四日开五七五次会议，各部会长官均出席，军事外交报告外，决议各案择载如下：

通过事项：

（一）财政部社会部四行联合办事总处会呈，遵令会拟中央合作金库筹备委员会组织章程草案，请核定案，决议修正通过。

（二）财部呈请于火柴专卖暂行条例中增加处罚私自改变或伪造各项凭证单据，及旧照重用者之规定，请核定案，决议通过。

（三）地政署呈拟修正省地政局组织大纲草案请核定案，决议修正通过。

（四）粮食部呈请嘉奖赣浙闽粤黔等五省粮政局局长案，决议通过。

任命事项：

（一）任命张洪沅为四川省立重庆大学校长。

（二）任命马鹤年为宁夏省粮政局副局长。

（三）任命张明远为西康省田赋管理处副处长。

（四）任命顾毓玲为中央工业试验所简任技正，并免去该员原任该所荐任技正职务。

（五）派徐谟嘉为江苏省第四区行政督察专员兼区保安司令。

090　行政院会议决案　重庆大学等三大学改国立

文献编号 1942-006　行政院会议决案　重庆大学等三大学改国立

■ 文献信息

报纸《革命日报》，1942年12月30日

文献编号：1942-006

行政院会议决案

重庆大学等三大学改国立

黄季陆继任四川大学校长

【中央社重庆二十九日电】行政院二十九日开五九四次会议，决议各案择载如下：

通过事项：

（一）教育部呈拟将四川省立重庆大学、浙江省立英士大学、山西省立山西大学改为国立，并将国立东南联合大学、归并国立英士大学合办，请核定案，决议通过。

（二）关于重庆以外各地中央机关公务员战时生活补助费基本数目按薪俸加成成数表请核定案，决议通过。

（三）教育部呈送国立中央民众教育馆组织条例请核定案，决议修正通过。

（四）教育部呈请嘉奖缅甸华侨中学校董会及校长吴铁民案，决议通过。

（五）经济部呈报取消物资局经过请鉴核案，决议通过。

任免事项：

（一）国立四川大学校长程天放另有任用，应免本职，遗缺任命黄季陆继任。

（二）任命张洪沅为国立重庆大学校长。

（三）本院简任秘书钱宗起，参事夏肃声，均另有任用，应免本职。

（四）任命范实为本院简任秘书，管欧为参事。

（五）任命詹菊似为财政部广东区税务局长。

（六）桂图书杂志审查处长杨智呈请辞职，应予免职，遗缺简派李支继任。

（七）浙图书杂志审查处兼处长许绍棣请辞兼职，应免兼职，遗缺简派陈贻苏继任。

091 重大等改为国立　四川大学校长易人

■ 文献信息

报纸《解放日报》，1942年12月31日

文献编号：1942-007

■ 简体全文

重大等改为国立　四川大学校长易人

【中央社重庆廿九日电】政院廿九日开五百九十四次会议，决议各案，择载如下：教部呈拟将四川省立重庆大学、浙江省立英士大学、山西省立山西大学，改为国立，

并将国立东南联合大学，归并国立英士大学办理，请核定案，决议通过。任免事项决议：(一)国立四川大学校长程天放另任，应免原职，遗缺任命黄季陆继任。(二)任命张洪沅为国立重庆大学校长。

文献编号 1942-007　重大等改为国立　四川大学校长易人

092　张洪沅被任为重庆大学校长

■ 文献信息

报纸《革命日报》，1943年1月27日

文献编号：1943-002

■ 简体全文

张洪沅被任为重庆大学校长

【中央社重庆二十六日电】国府二十六日令，任命张洪沅为国立重庆大学校长，此令。

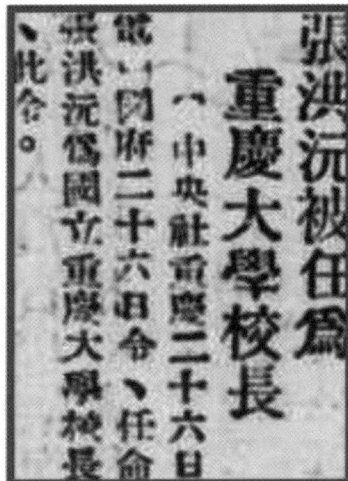

文献编号 1943-002　张洪沅被任为重庆大学校长

文献编号 1943-003　行政院昨举行例会　决议重庆大学等校改为国立

■ 文献信息

报纸《甘肃民国日报》，1943年3月24日

文献编号：1943-003

■ 简体全文

行政院昨举行例会

通过保障出征军人婚姻办法

决议重庆大学等校改为国立

【中央社重庆二十三日电】行政院二十三日开第六〇六次会议，各部会长官均出席，军事外交报告外，决议各案择载如下：

一、军政部呈拟，保障出征抗敌军人婚姻暂行办法，请决定案，决议修正通过。

二、财政部呈拟，□鄂粤桂区食粮专卖局及其所属分局办□□组织暂行规程请核定案，决议修正通过。

三、教部呈拟，省立重庆大学、英士大学、山西大学，改为国立办法，及恢复国立北洋工学院办法请核定案，决议通过。

四、内政部呈，转川省水上警察局组织规程请核定案，决议修正通过。

任免事项：

一、任命武汉三为振委会委员。

二、任命□□钧为外交部总务司员。

三、对外易货委会主任秘书凌冰呈请辞职，照准。

第二编

研究学术　造就人才

《重庆大学筹备会成立宣言》中明确提出"当有完备弘深之大学一所，以研究学术、造就人才、佑启乡邦、振导社会"。这十六字作为重庆大学的办学理念，是九十年来办学过程中的"灵魂"。

本编以"研究学术、造就人才"为主旨，从建设与校务、院系发展、人才培养、学术研究、师资队伍、图书馆建设、校园生活七个专题讲述了重庆大学校园内的日常。这些文献与已有的校史研究侧重不同，或可从不同角度还原此阶段的校园生活。

1933年学校迁入沙坪坝永久校址，校园亟待开发，校园建设大有可为；1935年"四川省立重庆大学"的确定，保障了学校发展在政策、经费、人员方面的持续与稳定；1937年抗日战争全面爆发，举国西迁之势造成"国事蜩螗渝城兴盛"的时代特色，大量流亡师生入渝，重庆大学凭借"地利"优势迅速发展；1942年"国立重庆大学"的确定，进一步保障了学校发展所需的各种条件；1945年抗战结束之后，回迁故土的趋势对重庆大学影响并不算大，相反因为各回迁高校均属"百废待兴"，国立重庆大学在全国高校中更显实力雄厚；至1949年时，学校已有齐全而丰富的院系设置，庞大而精锐的师资队伍，稳定而优质的学生生源，前景一片大好。

重庆大学从创立开始，院系发展、师资建设、学生培养、学术研究、校园建设一直是重点。

"院系发展"最能体现学校的发展，从最初的文理两预科发展到"6院、20系、1专修科、1附属医院"，变化可称巨大。发展并非单一的"由少变多"，而有着合并、拆分、复建等多种形式：合并如1935年文农学院调入四川大学，拆分如1940年电机系分为机械系及电机系，复建如四十年代后期陆续恢复中文系、外文系，等等。每一次院系科调整都有着大量事务和困难需要应对，重庆大学的学术研究和行政管理能力因此不断提升。

"师资建设"是"大学之大乃大师之谓也"的直接体现，师资力量直接影响到学生培养、学术研究、校园建设等方方面面。重庆大学几位校长多次亲自到全国各地广邀名师来校执教，抗战中大量流亡教师及科研机构人员亦登台授课，在这二十年期间仅工资册上即有792个确定的名字。此外据卢作孚先生亲属回忆，卢作孚先生亦曾义务在重庆大学执教而不领薪水，而与卢作孚先生类似的贤者或有更多，因此实际登台授业者应超过792位。

"学生培养"作为高等教育最重要的任务，历来是各项工作的核心，在本书中该专题是最为翔实的部分。从招生、录取、报道、开课、考试到实习、毕业、就业均有相应文献，战时借读生与学生投笔从戎等"战时特有培养方式"亦有文献反映。从1936年第一届四十余名本科生毕业，到1948年录取新生近五百名，学生人数增长了近十倍，"造就人才"的办学理念得到良好的践行。

"学术研究"方面，重庆大学学术研究起步较晚，抗战爆发后才有所进展，因此重庆大学的科研与教学多与"抗战"相关。电机系无线电实验室研究远距离电波传送；矿冶系实验室对兵工厂生产的各种钢材进行成分解析；商学院结合抗日战争的实际，对当时的多项经济问题深入剖析，等等。这些都表明各院系都尽其所长为抗战的军事需要服务，"服务战事"是此阶段学校教学、科研的一个重大特点，科研方面尤为突出。

校园建设是一个笼统的说法，许多杂务均可包罗其中。本编将校园建设中的机构设置、建章立制、建筑规划、设施设备、后勤保障等多方面文献分列入"建设与校务""图书馆建设"等专题，从官方会议记录、社会新闻报道、学生文章等多个角度体现或印证校园建设的概况。这些记录较之档案更具趣味性和可读性，同时也提供多种视角来还原当时的状况，让现在的读者能接触到更多真实的"重庆大学1929—1949"。

专题一：建设与校务

本专题选择 1936 年至 1948 年的 65 篇文献，内容涵盖校务会议、招生委员会会议、建筑委员会会议、训育委员会会议等多项学校各层级会议记录，不同时期多家报刊对重庆大学整体或部分情况的报道，学校各部门工作情况，以及彼时的学校风景图片等。

一、机构沿革

重庆大学成立之初即对校内工作进行分工，成立了多个部门以保证学校正常运行。后来亦有多次调整变迁。

1.1929 年《重庆大学组织大纲草案》规定了全校机构设置[1]。除教学单位之外，另设：

（1）教务处，专司全校教务；

（2）总务处，协助校长办理全校事务；

（3）秘书处，专司起草缮写收发保管各种文件；

（4）图书馆，专司购置保管全校图书。

同时，校内会议按层级分"校务会议、董事会议、教务会议、科系教授会及系主任会等"，根据事务需要召开。

2. 根据民国 24 年《重庆大学一览》记录，1935 年重庆大学机构设置除文学院、理学院、农学院三个教学单位之外，另设：

---

[1] 重庆大学校史编写组.重庆大学校史 1929—1949[M].重庆：重庆大学出版社，1984：22-23.

（1）秘书处，下设文书部、注册部、事务部、庶务部、体育部；

（2）校务会议，下设招考委员会、稽核委员会、校景委员会、训导委员会、体育委员会、出版委员会、法规委员会、建筑委员会。

3.1935 年 12 月，胡庶华对重庆大学组织机构进行调整[1]，调整如下：

（1）取消原秘书处，成立校长办公室，校长通过校务会议领导全校工作；

（2）校长具体领导各专门委员会，即稽核委员会、训育委员会、设备委员会、卫生委员会、免费公费学额委员会等；

（3）将教务与事务分开；

（4）教务会议领导教务部，教务部下设注册课、出版课、军训处、图书馆，同时领导理学院、工学院、体育专修科；

（5）事务会议领导事务部。事务部下设会计课、庶务课、校医、校警等。

二、《重大校刊》

本专题选取会议记录类文献达 45 篇，其中校务会议记录 25 篇，建筑委员会会议记录 8 篇，免费暨公费学额委员会会议记录 5 篇，训育委员会会议记录 3 篇，另有设备委员会、编辑委员会、特种训练委员会、教务会议记录各 1 篇。根据时间先后排列的前 44 篇出自《重大校刊》，最后 1 篇出自《重庆大学校刊》。另有多个委员会的会议规程亦出自《重大校刊》。

1936 年 10 月校务会议决议出版《重大校刊》，10 月 16 日《重大校刊》创刊号正式出版发行。1936 年 10 月至 1938 年 6 月，除寒暑假之外每半月发行一期，持续发行 26 期。1938 年 7 月学校发生"挽胡事件"，《重大校刊》分别于 7 月 10 日和 7 月 20 日增加出版两期《挽胡特刊》。此后停刊，故而《重大校刊》总计 28 期。这 28 期《重大校刊》除创刊号外，在重庆大学图书馆均有原件馆藏。

1947 年学校决定复发校刊，取名《重庆大学校刊》，由于我校仅藏有少量文件，资料很不完整，故而在此不做详细分析。编者将对此进行持续跟踪。

存续近两年的《重大校刊》，其中发表的委员会规程和会议记录记载了 1935 年

[1] 重庆大学校史编写组.重庆大学校史 1929—1949[M].重庆：重庆大学出版社，1984：33.

12 月胡庶华调整确定后的机构管理体系。

三、建章立制

本专题选择 4 个委员会的规程文献。各委员会通过各自的议事规程得以建章立制，职能与职责、管理范围与条例、下设机构、定期会议时间及要求、决议标准等均有详细的记录。其中设备委员会规程详见 1936—018 号文献；校务会议议事规程详见 1936—036 号文献；招生考试委员会规程详见 1936—037 号文献；训育委员会规程详见 1937—022 号文献。

四、重要会议

1. 校务会议

根据《重庆大学校务会议议事规程》记载，校务会议在行课期间每两周举行一次，由校长主持，以"总委员人数过半出席"为开会标准，以"出席委员赞成人数过半"为议决通过标准。

二十五年度上期召开校务会议 7 次，相关记录分别是：1936—014、1936—019、1936—030、1936—038、1936—043、1937—006、1937—023 号文献。

二十五年度下期召开校务会议 7 次，相关记录分别是：1937—025、1937—027、1937—031、1937—037、1937—042、1937—046、1937—051 号文献。

二十六年度上期召开校务会议 8 次（第 4 次会议记录未收录），相关记录分别是：1937—061、1937—062、1937—076、1937—082、1937—086、1937—090、1937—091 号文献。

二十六年度下期召开校务会议 4 次，相关记录分别是：1938—004、1938—014、1938—019、1938—031 号文献。

这些会议记录提供了很多重要信息，如各组织委员会的成立与正式工作、办学经费来源及开支、系科设置与学生借读、学生考试学籍、仪器设备图书资产采购等。校长通过各大会议决定校内重要事项，落实管理。

2. 建筑委员会会议

1933 年学校迁入沙坪坝永久校址之后，校园设施并未全部完工，大量的工程还在进行中，因此建筑委员会事务繁忙。建筑委员会会议定期召开。会议记录分别为二十五年度 6 次（第 5 次会议记录未收录），详见 1936-016、1936-022、1936-039、1937-010、1937-024 号文献；二十六年度 3 次，详见 1937-065、1937-077、1937-078 号文献。

建筑委员会会议记录中的内容，今天读来仍不陌生，比如决定于"大操场以西"修建风雨操场，勘测校园并绘制校园平面图，建筑环校马路，修建学生实习工厂，在校园内开挖避难室与防空洞，于"文字斋与理学院之间"建筑一条"前通操场后通江岸"的通道等。

3. 其余会议记录

除校务会议及建筑委员会会议之外，本专题另选取了其他多个委员会会议记录。

训育委员会主旨为训育学生"耐劳苦、尚俭朴、勤学业、爱国家"，根据规程，训育委员会每个月召开一次。本专题仅选取二十五年度下期、二十六年度上期、二十六年度下期的首次会议记录。这些会议对学校升旗、学生乘校车、学生着装、禁止异性互串寝室、禁止赌博等日常行为进行了规范。详见 1937-028、1937-064、1938-015 号文献。

免费暨公费学额委员会主要管理学生奖助学金设置，全校学生数"百分之五免费学额及百分之二公费学额"，由持有"家境清贫证书"且"成绩优异"者获得。详见 1936-015、1936-020、1936-031、1937-063、1937-083 号文献。

1936-021 号文献是设备委员会会议记录，对当时的设备采购进行了经费分配。1936-044 号文献是编辑委员会会议记录，确定了《重大校刊》"采用横写方式"，"以通常中国文字为原则"，并面向全校师生征集稿件。1937-087 号文献是特种训练委员会会议记录，对如何应对战争以及避免战争伤害进行工作分配。1948-057 号文献是教务会议记录，其内容是对系科调整、招生工作、毕业生管理等进行的讨论。

另有教务处注册组概况介绍，课程、学籍、成绩、统计、考试等小组各司其职，详见 1947-040 号文献。

五、学校概况

1936-002 号文献节选自《申报》一篇文章，表明"重庆大学是重庆惟一的最高学府"。1936-054、1936-058 号文献从经费状况、学科设置、教授增聘等方面记录

重庆大学当时的发展概况。

1936-055 号文献是第一篇全方位多角度记录重庆大学自 1928 年全川善后会议刘湘主持筹建重庆大学到 1935 年期间的办学史实的评述，从简史、组织、经费、设备、学生五个方面分别予以详细描述，是重庆大学前期办学记录的重要文献。

1937 年元旦，胡庶华发表署名文章《一年来之重庆大学》，详细记录其就任重庆大学校长职务一年来的全部工作。历史沿革、系科设置、办学经费、设施设备、将来计划等均有详细记录，是非常重要的工作总结与办学历史记录文献。详情见1937-001 号文献。

1937 年暑假学校决定添设商学院，计划收购"与学校毗连之汤姓田地一段"，扩大校区，详见 1937-039 号文献。"汤姓田地"今址位于何处，尚待进一步考察。

1941-043 号文献以学生视角对处于战火中的重庆大学进行了详细描述。校园环境、校舍建筑、学术氛围、课外活动、体育运动、战后变化及学生普遍贫穷窘迫等都在文中一一呈现，是一篇独具特色的战时重大校园生活的记录。

1947-042 号文献记载了重庆大学三十五年度的岁出款项，这样的公开财务信息的史料并不多见。1939-018 号文献、1937-058 号文献（第三编专题十一）还记录了重庆大学获得补助费的情况。1947-004 号文献以简短文字记录"重大在发展中"，其中提到"胜利后接收中大的校址"。1947 年 12 月训育委员会复立，详见 1947-055 号文献。

1948 年教育部组织对国内教育机关进行第二次全国性质普查，因此有了国立重庆大学办学概况的全面记录，历史沿革、行政组织、院系科数、教职员数、学生人数、办学经费、图书馆设备等均有详细记载，详见 1948-090 号文献。

此外，重庆大学校园校景的相片也在多条文献中出现。详见 1938-056、1947-081、1947-082 号文献。

六、抗战西迁对重庆大学的影响

抗战时期中央政府西迁对重庆大学办学的影响重大而深远，具体影响在院系发展、师资建设、学生培养、学术研究等多个专题内均有所阐述，本专题不再专门阐述。

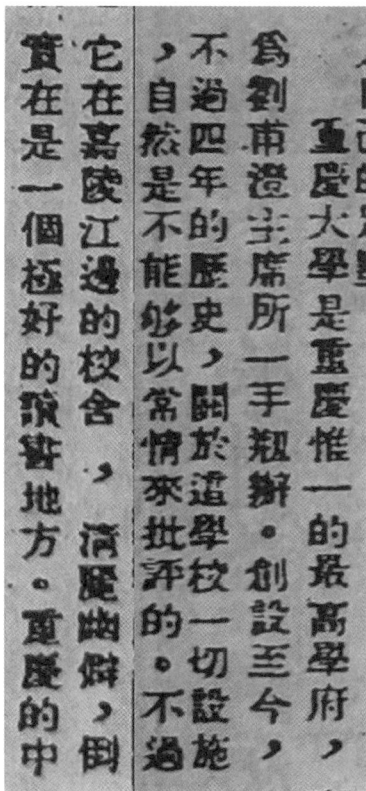

文献编号 1936-002　重庆大学是重庆惟一的最高学府

■ 文献信息

报纸《申报》，1936 年 3 月 16 日，期号 22584 号（上海版）

文献信息：1936-002

■ 简体全文[1]

川行散记之二 · 重庆巡礼

[……]重庆大学是重庆惟一的最高学府，为刘甫澄主席所一手创办。创设至今，不过四年的历史，关于这学校一切设施，自然是不能够以常情来批评的。不过它在嘉陵江边的校舍，清丽幽僻，倒实在是一个极好的读书地方。

[……]

---

[1]　原文内容篇幅较长，仅节选其中与重庆大学有关内容。

095 四川省立重庆大学二十五年度第一次校务会议记录

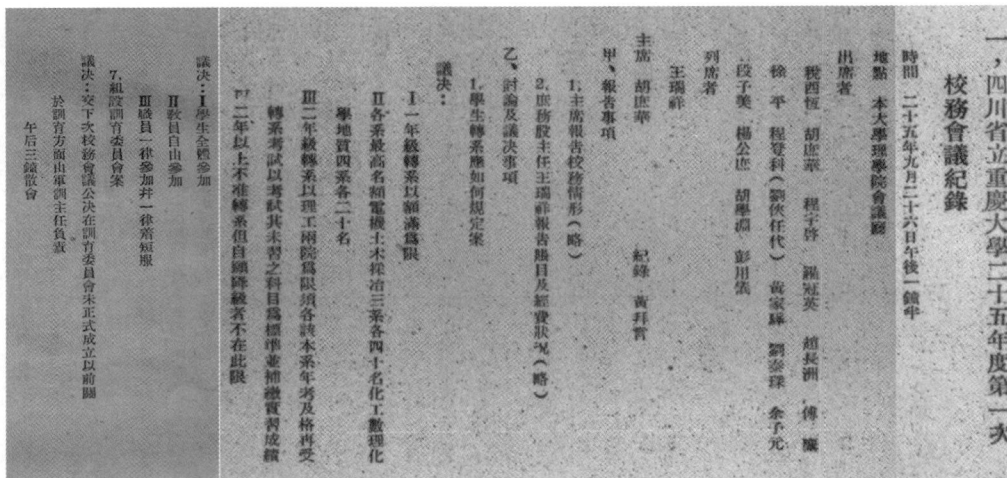

文献编号 1936-014 四川省立重庆大学二十五年度第一次校务会议记录

■ 文献信息

期刊《重大校刊》，创刊号，第 11–13 页，1936 年 10 月 16 日

文献编号：1936–014

■ 简体全文

一，四川省立重庆大学二十五年度第一次校务会议纪[记]录

时间　二十五年九月二十六日午后一钟半

地点　本大学理学院会议厅

出席者　税西恒　胡庶华　程宇启　罗冠英　赵长洲　傅　鹰

　　　　徐　平　程登科(刘侠任代)黄家骅　刘泰琛　余子元

　　　　段子美　杨公庶　胡学渊　彭用仪

列席者　王瑞祥

主席　胡庶华　　纪[记]录　黄拜言

甲、报告事项

　1，主席报告校务情形(略)

　2，庶务股主任王瑞祥报告账目及经费状况(略)

乙、讨论及议决事项

　1，学生转系应如何规定案

议决：

    Ⅰ一年级转系以额满为限

    Ⅱ各系最高名额，电机、土木、采冶三系各四十名，化工、数理、化学、地质四系各二十名

    Ⅲ二年级转系以理工两院为限，须各该本系年考及格再受转系考试，以考试其未习之科目为标准并补缴实习成绩

    Ⅳ二年以上不准转系但自愿降级者不在此限

    Ⅴ新生转系以其所请转入之系主要科目为标准科目，由转入之系主任规定之

    Ⅵ转系须得院长系主任同意并经校长教务长核定

    Ⅶ转系以行课日起两星期内为限

2，出版股组织问题及创办校刊及科学季刊或期刊之具体办法应如何规画[划]案

议决：由教务部拟具办法交下次会议公决

3，河南大学转学生张振华拟入土木二年级，现考入数理一年级，是否准予补受转学考试

议决：准转土木系一年级

4，组设稽核委员会案

议决：

    Ⅰ公推段调元、税西恒、程宇启三先生为委员

    Ⅱ其余员额由校长就校内外酌聘之

    Ⅲ由事务部另拟稽核委员会章则

5，组设设备委员会案

议决：Ⅰ额设委员十三人

    Ⅱ以两院长、七系主任及体育专修科主任、教务长、事务长、图书馆长、军训主任为委员

    Ⅲ常务委员由委员十三人开会推选

6，参加升降国旗典礼案

议决：Ⅰ学生全体参加

    Ⅱ教员自由参加

    Ⅲ职员一律参加并一律着短服

7，组设训育委员会案

议决：交下次校务会议公决，在训育委员会未正式成立以前，关于训育方面由军训主任负责

午后三钟散会

096 四川省立重庆大学免费暨公费学额委员会二十五年度上期第一次会议记录

二，四川省立重慶大學免費暨公費學額委員會二十五年度上期第一次會議紀錄

時間　二十五年九月廿六日午後三鐘

地點　本大學理學院會議廳

出席者

胡庶華　吳大暐　傅　鷹　趙長洲　徐　平　余子元

劉泰琛　稅西恆　程宇啓　楊公庶　程登科（劉俠任代）

主席　胡庶華　　紀錄　黃拜言

甲、報告事項

主席報告設置免費及公費學額照　部頒法規成立委員會共同審定（略）

乙、討論及議決事項

1,本校免費學額及公費學額之分別規定設置案

議決：依照法規本年度應設置全校學生數百分之五之免費學額及百分之二之公費學額本校本年度全校學生概數爲三百應設置免費學額十五名公費學額六名

2,凡具有原籍縣政府家境清貧證明書學生及呈明確係家貧而證明書尚未寄到學生其免費學額及公費學額應如何審定給予案

議決：I公費學額依照法規應給予家境清貧而入學考試成績或在校成績較優之學生查數碩昌馬國銓董永陰李繼

文献编号 1936-015　四川省立重庆大学免费暨公费学额委员会二十五年度上期第一次会议记录（节选）

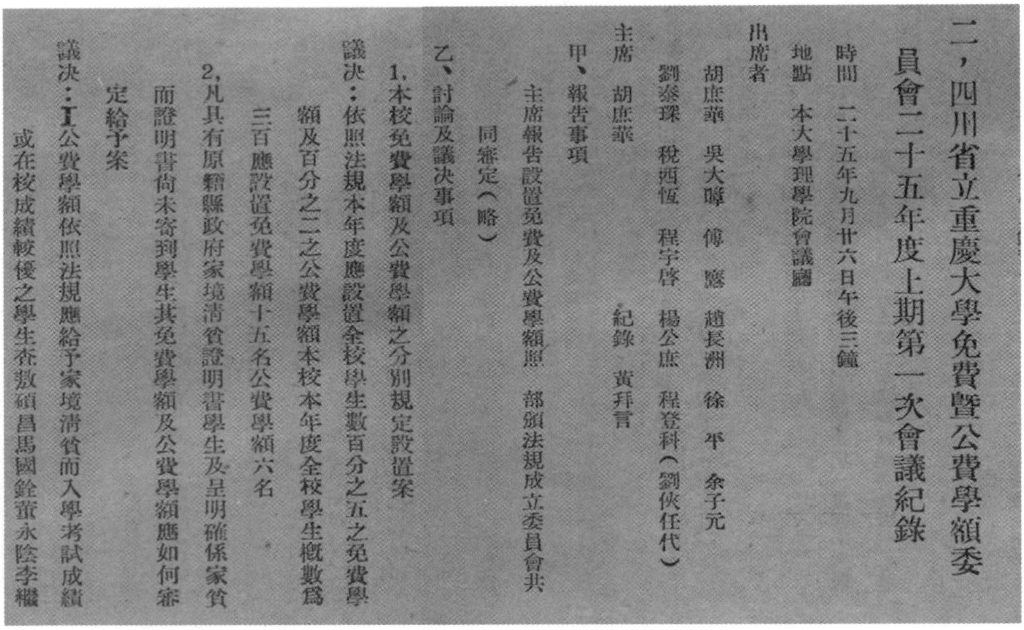

■ 文献信息

期刊《重大校刊》，创刊号，第13页，1936年10月16日

文献编号：1936-015

■ 简体全文

四川省立重庆大学免费暨公费学额委员会二十五年度上期第一次会议纪[记]录

时间　二十五年九月廿六日午后三钟

地点　本大学理学院会议厅

出席者　胡庶华　吴大暐　傅　鹰　赵长洲　徐　平　余子元

刘泰琛　税西恒　程宇启　杨公庶　程登科(刘侠任代)

主席　胡庶华　　纪[记]录　黄拜言

甲、报告事项

主席报告设置免费及公费学额照 部颁法规成立委员会共同审定(略)

乙、讨论及议决事项

1，本校免费学额及公费学额之分别规定设置案

议决：依照法规，，本年度应设置全校学生数百分之五之免费学额及百分之二之公费学额，，本校本年度全校学生概数为三百，，应设置免费学额十五名，，公费学额六名

2，凡具有原籍县政府家境清贫证明书学生及呈明确系家贫而证明书尚未寄到学生，，其免费学额及公费学额应如何审定给予案

议决：Ⅰ 公费学额依照法规，，应给予家境清贫而入学考试成绩或在校成绩较优之学生，，查：敖硕昌、、马国铨、、董永阴、、李继华、、黄鸣皋、、何大经六名适符此项规定，，应作为公费生

Ⅱ 熊朝钰、、张松华、、程光煜、、李希忠、、李裕高、、谢道五皆具有家境清贫证明书，，其入学或在校成绩亦均及格，，一律作为免费生

Ⅲ 戴良平、、左蕙君、、何纯鹗三名因家境清贫证书尚未寄到，，应予保留，，一俟证书寄到，，下次开会再予审核

Ⅳ 各生家境清贫证书统限于注册期满一星期内送校

午后四时半散会

097 四川省立重庆大学二十五年度上期第一次建筑委员会会议记录

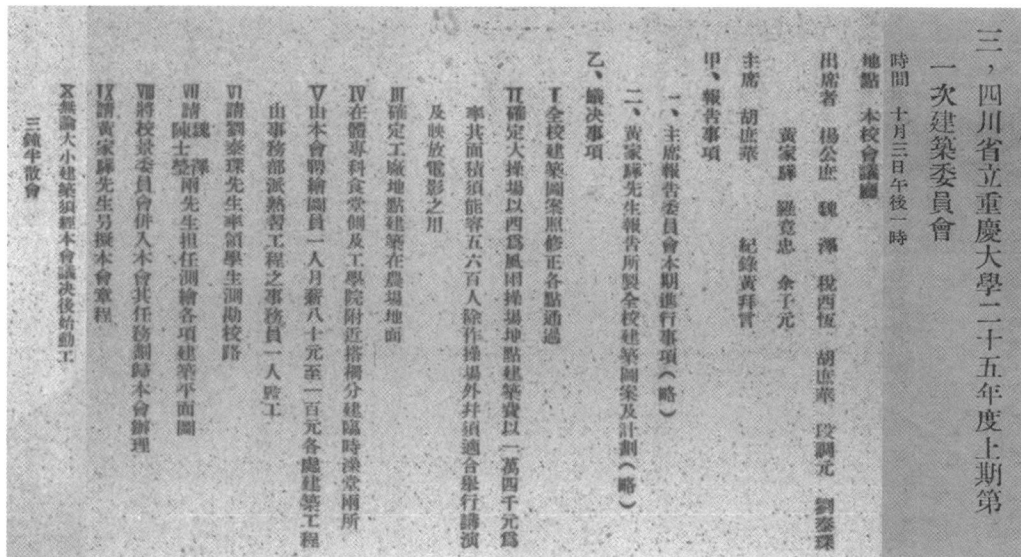

文献编号 1936-016 四川省立重庆大学二十五年度上期第一次建筑委员会会议记录

■ 文献信息

期刊《重大校刊》，创刊号，第13—14页，1936年10月16日

文献编号：1936-016

■ 简体全文

四川省立重庆大学二十五年度上期第一次建筑委员会

时间　　十月三日午后一时

地点　　本校会议厅

出席者　杨公庶　魏　泽　税西恒　胡庶华　段调元　刘泰琛

　　　　黄家骅　罗竟忠　余子元

主席　胡庶华　　纪[记]录　黄拜言

甲、报告事项

一、主席报告委员会本期进行事项（略）

二、黄家骅先生报告所制全校建筑图案及计划（略）

乙、解决事项

Ⅰ全校建筑图案照修正各点通过

Ⅱ确定大操场以西为风雨操场地点[，]建筑费以一万四千元为率[准][，]其面积须能容五六百人[，]除作操场外并须适合举行讲演及映放电影之用

Ⅲ确定工厂地点建筑在农场地面

Ⅳ在体专科食堂侧及工学院附近搭栅分建临时澡堂两所

Ⅴ由本会聘绘图员一人[，]月薪八十元至一百元[，]各处建筑工程由事务部派熟习工程之事务员一人监工

Ⅵ请刘泰琛先生率领学生测勘校路

Ⅶ请魏泽、陈士莹两先生担任测绘各项建筑平面图

Ⅷ将校景委员会并入本会[，]其任务划归本会办理

Ⅸ请黄家骅先生另拟本会章程

Ⅹ无论大小建筑须经本会议诀后始动工

三钟半散会

■ 文献信息

期刊《重大校刊》，第2期，第8-9页，1936年11月1日

文献编号：1936-018

■ 简体全文

本大学设备委员会规程

第一条　本会定名为重庆大学设备委员会

第二条　本会任务为办理本校左列各项设备事宜

甲、决定设备场所种类

乙、决定需要设备经费

丙、分配各项设备经费额数

丁、设计需要之机器仪器、图书标本、药品材料及[其]场所房舍之大概部位图案

戊、设计场所房舍之大概部位图案

己、审查及选择各机器仪器及场所建筑物之品质价格

庚、装置各项机器仪器

辛、保管设备基金

第三条　本会委员以校长、教务长、事务长、各院长、图书馆长、各系及体育军训主任为委员，如有必要时亦得在各教授中选聘，并以校长、教务长、事务长、各院长为常务委员，以校长为主席

第四条　本会除右列委员外，并设左列常务职员分担左列事项，均在本校讲师、助教、助理员、事务员中指定兼任为无给职

甲、文书股收发员一人，负收发保管一切文件、图案、样本、图记之责，外国文书记二人，负翻译及缮写外国文件之责

乙、技术股技术员若干人，负测绘及装置责任，人数视事务繁简酌定

丙、统计股统计员一人，负统计设备经费之责

第五条　各项设备计划以系为出发点，凡专科教授或各场所主任有提议创设或添设备者，先在各本系内商定，交各本院院长统筹计划后，送本会议决，再送校长决定施行

第六条　凡设备其价值在五百元以上者，须经会议通过

第七条　本会开会得视事务繁简，由主席随时召集之

本大學設備委員會規程

第一條　本會定名爲重慶大學設備委員會

第二條　本會任務爲辦理本校左列各項設備事宜

甲、決定設備場所種類

乙、決定需要設備經費

丙、分配各項設備經費額數

丁、設計需要之機器儀器圖書標本藥品材料及場所房舍之大概部位圖案

戊、設計場所房舍之大概部位圖案

已、審查及選擇各機器儀器及場所建築物之品質價格

庚、裝置各項機器儀器

辛、保管設備基金

第三條　本會委員以校長教務長事務長各院長圖書館長各系及體育軍訓主任爲委員如有必要時亦得在各教授中選聘並以校長教務長事務長各院長爲常務委員以校長爲主席

第四條　本會除右列委員外並設左列常務職員分擔左列事項均在本校講師助教助理員事務員中指定兼任爲無給職

甲、文書股　收發員一人負收發保管一切文件圖案樣本圖記之責外國文書記二人負翻譯及繕寫外國文件之責

乙、技術股　技術員若干人負測繪及裝置責任人數視事務繁簡酌定

丙、統計股　統計員一人負統計設備經費之責

第五條　各項設備計劃以系爲出發點凡專科教授或各場所主任有提議創設或添設備者先在各本系內商定交各本院院長統籌計劃後送本會議決再送校長決定施行

第六條　凡設備其價值在五百元以上者須經會議通過

第七條　本會開會視事務繁簡由主席隨時召集之

第八條　各常務委員及常務職員辦公時間定爲每星期一日上午八至十二時

第九條　本規程經校務會議通過後施行

第十條　本規程經委員三人以上之提議及出席大會委員人數三分之二以上之通過得修改之但修改後仍須經校務會議議決方生效力

文獻編號 1936-018　重慶大學設備委員會規程

第八条　各常务委员及常务职员,办公时间定为每星期一日上午八至十二时

第九条　本规程经校务会议通过后施行

第十条　本规程经委员三人以上之提议,及出席大会委员人数三分之二以上之通过得修改之,但修改后仍须经校务会议议决方生效力

099　重庆大学廿五年度第二次校务会议记录

（一）本大學廿五年度第二次校務會議記錄

時間　二十五年十月七日午後一鐘

地點　本大學理學院會議廳

出席者　胡學淵　程宇啟　劉俟任
傅膺　繼冠英　余子元　彭用儀　段子美
李為燊　林斯澄　黃家驊　趙長洲　段子嶽
稅西恆　賀泰琛　郭堅白（段子嶽代）胡庶華
楊公匠

主席　胡庶華　記錄　黃拜言

甲　報告事項

主席報告上次校務會議議決學生轉系其他議決執行各案

乙　討論及議決事項

一、設立學生生活指導委員會案

議決：改設訓育委員會并通過訓育委員會規程

二、設備委員會辦事原則案

議決：（一）以校長為主席（二）原則內須增加裝置設計附項（三）推網院院長教務長事務長圖書館長另行起草

三、設置編輯委員會案

議決：照修正案通過

四、討論建築委員會章程案

議決：設置編輯委員會委員由校長聘定

五、圖書館請增加購書經費案

議決：除黑債按月撥付一千元外從十月份起每月增加二百元

六、圖書館以本年度學生人數減增委託代辦書籍日益增多請由事務部撥付準備金五百元期終原數歸還案

議決：由事務部照撥準備金五百元期終照數歸還（三時半散會）

文献编号 1936-019　重庆大学廿五年度第二次校务会议记录

■ 文献信息

期刊《重大校刊》，第 2 期，第 9—10 页，1936 年 11 月 1 日

文献编号：1936-019

■ 简体全文

（一）本大学廿五年度第二次校务会议记录

时　间　二十五年十月七日午后一钟

地　点　本大学理学院会议厅

出席者　胡学渊　程宇启　刘侠任　余子元　彭用仪　段子美
　　　　傅　鹰　罗冠英　林斯澄　黄家骅　赵长洲　段子燮
　　　　李乃尧　税西恒　刘泰琛　郭坚白(段子燮代)　胡庶华
　　　　杨公庶

主　席　胡庶华　　记录　黄拜言

甲　报告事项

主席报告上次校务会议议决学生转系，其他议决执行各案

乙　讨论及议决事项

一、设立学生生活指导委员会案

议决：改设训育委员会并通过训育委员会规程

二、设备委员会办事原则案

议决：(一)以校长为主席

(二)原则内须增加装置设计两项

(三)推两院院长、教务长、事务长、图书馆长，另行起草

三、设置编辑委员会案

议决：设置编辑委员会委员，由校长聘定

四、讨论建设委员会章程案

议决：照修正案通过

五、图书馆请增加购书经费案

议决：除照旧按月拨付一千元外，从十月份起每月增加二百元

六、图书馆以本年度学生人数激增，委托代办书籍日益增多，请由事务部拨付准备金五百元期终原数归还案

议决：由事务部照拨准备金五百元期终原数归还(三时半散会)

100　重庆大学免费及公费学额委员会二十五年上期第二次会议记录

■ 文献信息

期刊《重大校刊》，第2期，第10页，1936年11月1日

文献编号：1936-020

文献编号 1936-020　重庆大学免费及公费学额委员会二十五年上期第二次会议记录

■ 简体全文

（二）本大学免费及公费学额委员会二十五年上期第二次会议记录

时间　二十五年十月七日午后四时

地点　本大学理学院会议厅

出席者　胡庶华　税西恒　傅　鹰　吴大暲　程宇启　刘泰琛

段子燮　余子元　刘侠任　赵长洲　杨公庶

主　席　胡庶华　　纪[记]录　黄拜言

甲　报告事项

主席报[报]告[,]，除上次会议审定公费生六人[、]、免费生五人外[,]，照全校学生实数统计算已达三百五十人[,]，尚应增公费生一人[、]、免费生十一人[,]，始符法定名额

乙　议决事项

一、上次会议审定之免费生李裕高[,]，现有家境清贫之正式证书到校[,]，且在校成绩亦优，应予改补公费学额

二、上次会议保留之戴良平正式证书已到[,]，应予作为免费[;]；新缴正式证书徐光华、郑德□、杨昌华、陈如银四名入学或在校成绩均属及格[,]，一律列入免费

三、左蕙君[、]、赖传绰[、]、许第钟[、]、熊光义四名只缴原校或原籍县政府公函[,]，殊与部章规定不合[,]，暂予一律保留[,]，俟短期内将原籍县府所出家境清贫正式证书缴

到[，]始能正式作为免费

　　四、声请免费待遇现已逾期[，]从十月九日起[，]无论持任何理由[，]凡具文声请免费者[，]概不讨论

　　五、朱子君[、]司明修[、]何纯鹉三名籍隶匪区[，]照省府通令办理[，]均免本期学费（事关匪区免费[，]应予另案办理[，]不在免费学额之内）

　　六、刘宗惠一名据各方来函[，]证明确系孤贫[，]与典夔奖学基金原则相符[，]应在该奖学金项下给予本期学膳各费（四时半散会）

101　重庆大学二十五年度上期第一次设备委员会会议记录

本大學二十五年度上期第一次設備委員會會
議記錄

時間　十月十七日午後二鐘
地點　本大學會議廳

出席者　胡庶華　林斯澄　彭用儀　程登科（劉俠任代）　道長洲
　　　段子燮　劉秦琛　何竑　余子元　羅冠英　胡學淵　楊

公匭　稅西恆

主席胡庶華　紀錄黃拜言

甲　報告事項

主席報告（略）

乙　討論反議決事項

　一、本委員會規程案

議決：修正通過

　二、各院系依照預算經費設備案

議決：1，各院系先就基本計劃所需要酌酌緩急開單途會經審查決定後照購

　　2，本年度各院系設備除已經訂購約三萬元外再依預算分配

左列數目

　　理學院　理學系一萬一千元化學系一萬四千元地質系一萬五千元

　　工學院　電機系四萬元探冶系一萬五千元化工系八千元土木系五千元

　　3，各系所需價值甚微之零星物品其購置手續由事務部另撥

議決：請稅院長將材料試驗及水工試驗等各項需要估計開單呈請省府撥款

文献编号 1936-021　重庆大学二十五年度上期第一次设备委员会会议记录

■ 文献信息

期刊《重大校刊》，第2期，第10-11页，1936年11月1日

文献编号：1936-021

■ 简体全文

本大学二十五年度上期第一次设备委员会会议记录

时间　十月十七日午后二钟

地点　本大学会议厅

出席者　胡庶华　林斯澄　彭用仪　程登科（刘侠任代）　赵长洲

段[叚]子燮　刘泰琛　傅　鹰　余子元　罗冠英　胡学渊

杨公庶　税西恒

主　席　胡庶华　　纪[记]录　黄拜言

甲　报告事项

主席报告（略）

乙　讨论及议决事项

一、本委员会规程案

议决：修正通过

二、各院系依照预算经费设备案

议决：1，各院系先就基本计划所需要斟酌缓急，开单送会，经审查决定后照购

2，本年度各院系设备除已经订购约三万元外，再依预算分配左列数目

理学院　理学系一万一千元、化学系一万四千元、地质系一万五千元

工学院　电机系四万元、采冶系一万五千元、化工系八千元、土木系五千元

3，各系所需价值甚微之零星物品，其购置手续由事务部另拟

议决：请税院长将材料试验及水工试验等各项需要估计开单，呈请省府拨款

102　重庆大学二十五年度上期第二次建筑委员会开会记录

文献编号 1936-022　重庆大学二十五年度上期第二次建筑委员会开会记录

■ 文献信息

期刊《重大校刊》，第2期，第11-12页，1936年11月1日

文献编号：1936-022

■ 简体全文

本大学二十五年度上期第二次建筑委员会开会记录

时间 十月十六日午后一钟

地点 本校会议厅

出席者 胡庶华 刘泰琛 魏 泽 黄家骅 杨公庶 罗竟忠（刘泰琛代）

主席 胡庶华 纪[记]录 黄拜言

甲 报告事项

一、主席报告委员会目前应当进行事项（略）

二、刘泰琛先生报告前次建筑经过情形（略）

乙 讨论及议决事项

一、通过教员院建筑之草创图案

二、每一座教员院建筑费估计为二千五百元，建筑八座共计为两万元

三、向银行借款一万六千元、本校备款四千元为教员院建筑费，其银行借款利息以一分或一分二为率分三期支领以便算息

四、请刘泰琛先生绘图加具详细说明及估价单[，]以便持向银行订立合同

五、推选黄家骅先生为专任设计委员[，]刘泰琛先生为专任工料委员[，]魏泽先生为专任校景委员[，]工料理管员由事务部分派

六、专任委员会议推选黄家骅先生为召集人

七、由各专任委员另拟办事细则并刊用图记以昭信守

八、准于本年度完成风雨操场及工厂马路

九、储料厂及工人住宿处请由黄家骅先生指定

（四钟散会）

---

103 重庆大学廿五年度上期第三次校务会议记录

■ 文献信息

期刊《重大校刊》，第3期，第18-19页，1936年11月16日

文献编号：1936-030

（一）本大學廿五年度上期第三次校務會議

紀錄

時間　十一月六日午後一時

地點　本校理學院會議廳

出席者　林斯澄　胡學淵　劉俠任　劉泰琛　段子美　段調元
　　　　彭用儀　程宇啓　傅　鷹　李乃堯　羅冠英　胡庶華
　　　　稅西恆　楊公庶

主席　胡庶華　　紀錄　黃拜言

甲、報告事項

主席報告校務情形暨最近經費狀況（略）

乙、討論暨議決事項

一、擬於第七八兩週內舉行平時試驗一次試驗科目及日期請公決案

議決：1,定八九兩週內舉行試驗一次

　　　2,試驗科目由各教授酌定

　　　3,由註冊課公布上課時舉行

二、本校理科學會呈請劃撥專款辦理期刊案

議決：可將內容材料送由本校編輯委員會審查轉交出版課彙登學校
期刊不必另出刊物

三、學校與城市交通之改進案

議決：1,從下星期一起教職員學生乘坐校車照價一律改為二角（預
先購用之軍票每張應補費洋五分方能有效）

　　　2,與公共汽車接洽將行車路線延長至渝磁段並增開班次其票
價與學校同

四、本校學生發起組織同樂會擬具簡章呈請備案簡章內經費項下丙
丁兩款足否合法請公決案

議決：提交本校校務會議

五、決定本校校曆案

議決：照案通過

六、電機系學生葛樹芳因患神經衰弱呈請于本學期中目由聽課一俟
明年秋季始肄業案

議決：准其休學一年得自由瞌庭聽講

（三時半散會）

文献编号 1936-030　重庆大学廿五年度上期第三次校务会议记录

■ 简体全文

（一）本大学廿五年度上期第三次校务会议纪［记］录

时间　十一月六日午后一时

地点　本校理学院会议厅

出席者　林斯澄　胡学渊　刘侠任　刘泰琛　段子美　段调元
　　　　彭用仪　程宇启　傅　鹰　李乃尧　罗冠英　胡庶华
　　　　税西恒　杨公庶

主席　胡庶华　　纪［记］录　黄拜言

甲、报告事项

主席报告校务情形暨最近经费状况(略)

乙、讨论暨议决事项

一、拟于第七八周内举行平时试验一次[，]试验科目及日期请公决案

议决：1，定八九两周内举行试验一次

　　　2，试验科目由各教授酌定

　　　3，由注册课公布[，]上课时举行

二、本校理科学会呈请划拨专款办理期刊案

议决：可将内容材料送由本校编辑委员会[，]审查转交出版课[，]汇登学校期刊[，]
不必另出刊物

第二编　研究学术　造就人才　　153

三、学校与城市交通之改进案

议决：1，从下星期一起教职员学生乘坐校车票价一律改为二角（预先购用之车票每张应补费洋五分方能有效）

2，与公共汽车接洽[,]将行车路线延长至渝磁段并增开班次[,]其票价与学校同

四、本校学生发起组织同乐会[,]拟具简章[,]呈请备案[,]简章内经费项下丙丁两款是否合法请公决案

议决：提交训育委员会审核

五、决定本校校历案

议决：照案通过

六、电机系学生万树芳因患神经衰弱[,]呈请于本学期中目[自]由听课[,]一俟明年秋季始业案

议决：准其休学一年[,]得自由随班听讲

（三时半散会）

104　重庆大学免费暨公费学额委员会廿五年度上期第三次会议记录

（二）本大學免費暨公費學額委員會廿五年度上期第三次會議紀錄

時間　十月三十日午後一鐘

地點　本大學會議廳

出席者　稅西恆　程宇啓　程登科　劉俠任代段調元　徐平

　　胡庶華　楊公庶

主席　胡庶華　　紀錄　黄拜言

甲、報告事項

主席報告：本校設置免費暨公費學額、業經開會兩次、除審定公費主生名及免費生九名外、尚須待補免費生六名、始符法定名額、現奉部令轉飭呀應結束呈報（略）

乙、議決事項

一、上次會議保留之左慧君賴傳綽家境清貧之正式證書已到應予作為免費生

二、新繳正式證書學生梁德用龍濟圓賈仲康范克明四名共成績均屬及格、應予一律列入免費

三、凡已受免費或公費待遇之學生、如其操行與學績欠佳時得停止其免費或公費待遇

四、免費暨公費現已足額、應予卽日報部爲仍有聲請免費或補繳正式證書到校者、旣經結束、槪不討論

（三時散會）

文献编号 1936-031　重庆大学免费暨公费学额委员会廿五年度上期第三次会议记录

期刊《重大校刊》，第3期，第19-20页，1936年11月16日

文献编号：1936-031

■ 简体全文

（二）本大学免费暨公费学额委员会廿五年度上期第三次会议纪[记]录

时间　十月三十日午后一钟

地点　本大学会议厅

出席者　税西恒　程宇启　程登科（刘侠任代）　段调元　徐　平

　　　　胡庶华　杨公庶

主席　胡庶华　　纪[记]录　黄拜言

甲、报告事项

主席报告：本校设置免费暨公费学额，业经开会两次，除审定公费[主]生[名]及免费生九名外，尚须待补免费生六名，始符法定名额，现奉部令转催亟应结束呈报（略）

乙、议决事项

一、上次会议保留之左蕙君[、]赖传绰家境清贫之正式证书已到[，]应予作为免费生

二、新缴正式证书学生梁德用[、]熊济国[、]贾仲康[、]范克明四名其成绩均属及格[，]应予一律列入免费

三、凡已受免费或公费待遇之学生，如其操行与学绩欠佳时得停止其免费或公费待遇

四、免费暨公费现已足额，应予即日报部[，]为仍有声请免费或补缴正式证书到校者，既经结束，概不讨论

（三时散会）

105　重庆大学校务会议议事规程

■ 文献信息

期刊《重大校刊》，第4期，第12-13页，1936年12月1日

文献编号：1936-036

（一）本大學校務會議議事規程

第一條　本會議依本大學組織大綱第二十一條之規定組織之

第二條　本會議以校長為主席如校長因事缺席時由教務長代理

第三條　本會議為本校最高議事機關依本大學組織大綱二十二條之規定審議各種事項

第四條　本會議以會員總數過半數出席為法定人數以出席會員過半數之同意表決一切事項

第五條　本會議會員因事不能出席者得用書面正式委託代表人須為本大學教授講師及主任以上職員

第六條　凡提交本會議議案須於開會之前三日送交校長辦公室同時須於開會之前兩日將所有提案彙集印送各委員

第七條　本會議每兩星期開會一次如遇必要時得召集臨時會議

第八條　本規程經校務會議通過後由校長公佈施行

第九條　本規程如有未盡事宜得由本會議五人以上之提議經出席委員三分之二之同意修改之

文献编号 1936-036　重庆大学校务会议议事规程

■ 简体全文

（一）本大学校务会议议事规程

第一条　本会议依本大学组织大纲第二十一条之规定组织之

第二条　本会议以校长为主席[,]如校长因事缺席时[,]由教务长代理

第三条　本会议为本校最高议事机关[,]依本大学组织大纲二十二条之规定[,]审议各种事项

第四条　本会议以会员总数过半数出席为法定人数[,]以出席会员过半数之同意表决一切事项

第五条　本会议会员因事不能出席者[,]得用书面正式委托代表人[,]须为本大学教授[、]讲师及主任以上职员

第六条　凡提交本会议议案[,]须于开会之前三日送交校长办公室[,]同时须于开会之前两日[,]将所有提案汇集印送各委员

第七条　本会议每两星期开会一次[,]如遇必要时得召集临时会议

第八条　本规程经校务会议通过后[,]由校长公布施行

第九条　本规程如有未尽事宜[,]得由本会议五人以上之提议[,]经出席委员三分之二之同意修改之

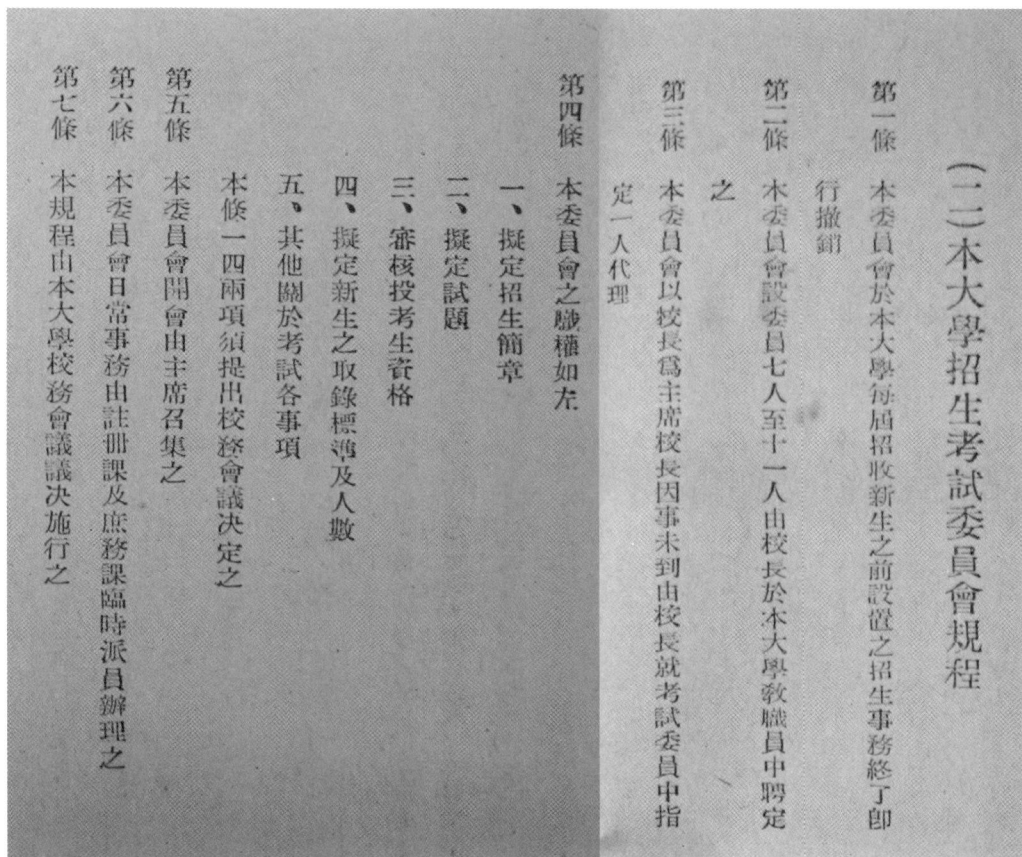

文献编号 1936-037 重庆大学招生考试委员会规程

■ 文献信息

期刊《重大校刊》，第4期，第13页，1936年12月1日

文献编号：1936-037

■ 简体全文

（二）本大学招生考试委员会规程

第一条　本委员会于本大学每届招收新生之前设置之，招生事务终了即行撤销

第二条　本委员会设委员七人至十一人，由校长于本大学教职员中聘定之

第三条　本委员会以校长为主席，校长因事未到，由校长就考试委员中指定一人代理

第四条　本委员会之职权如左

一、拟定招生简章

二、拟定试题

三、审核投考生资格

四、拟定新生之取录标准及人数

五、其他关于考试各事项

　　本条一四两项须提出[，]校务会议决定之

第五条　本委员会开会由主席召集之

第六条　本委员会日常事务由注册课及庶务课临时派员办理之

第七条　本规程由本大学校务会议议决施行之

107　第四次校务会议记录

校 聞

（一）第四次校務會議紀錄

時間　十一月十日午后三鐘

地點　本校會議廳

出席者　傅鸎　胡學淵（傅代）　彭用儀　程宇啓　黃家驊　林

清之（黃家驊代）　余子元　段調元　段子美　劉俠任

楊懋實　劉泰琛　羅冠英　楊公庶　稅西恆　李乃堯

胡庶華　趙長洲

主席胡庶華　　紀錄黃拜言

甲、報告事項

　一主席報告　（略）

乙、討論及議決事項

　1.（略）

　2. 前議同銀行借款一萬六千元本校備款四千元作敎員院建築費

現值銀根吃緊借款不易似應另行籌備以便興工案

議決：由校備款四千元、建築敎職員宿舍

（五鐘半散會）

文献编号 1936-038　第四次校务会议记录

■ 文献信息

期刊《重大校刊》，第4期，第13-14页，1936年12月1日

文献编号：1936-038

■ 简体全文

（一）第四次校务会议纪[记]录

时间　十一月十日午后三钟

地点　本校会议厅

出席者　傅　鹰　胡学渊(傅代)　彭用仪　程宇启

　　　　黄家骅　林清之(黄家骅代)　余子元　段调元

　　　　段子美　刘侠任　杨懋实　刘泰琛　罗冠英

　　　　杨公庶　税西恒　李乃尧　胡庶华　赵长洲

主席　胡庶华　　纪[记]录　黄拜言

甲、报告事项

一　主席报告(略)

乙、讨论及决议事项

1.(略)

2.前议向银行借款一万六千元、本校备款四千元，作教员院建筑费，现值银行吃紧借款不易，似应另行筹备以便兴工案

议决：由校备款四千元，建筑教职员宿舍

（五钟半散会）

108　第三次建筑委员会记录

■ 文献信息

期刊《重大校刊》，第4期，第14页，1936年12月1日

文献编号：1936-039

■ 简体全文

（二）第三次建筑委员会纪[记]录

时间　十一月十三日午后一钟

地点　本校会议厅

出席者　刘侠任　黄家骅　段子燮　税西恒　胡庶华　刘泰琛

主席　胡庶华　　纪[记]录　黄拜言

甲、报告事项

1.主席报告(略)

乙、讨论暨议决事项

1.关于教职员住宅及风雨操场与工厂案

议决：赶将图案绘好，即行开工，并须招工人承包，俾能竞争，而免垄断，款由建筑委员三位签名领取，平土工作，限下周开始。

2.校务会议决定教职员住宅建筑费为四千元应请酌量增加案

议决：修两座教职员住宅[，]共由校备款五千元[，]赳日兴工

3.临时提议由教职员自行备款建筑住宅案

议决：1.由教职员自备建筑费[，]以二千至三千元为限

　　　　2.每宅由学校指定二亩宽的地面为建筑基址

　　　　3.三年以内不收租

　　　　4.三年满后由学校退还建筑本金

　　　　5.如住不满三年亦由校退还本金或承佃

　　　　6.如住满十五年[，]房屋应归学校所有[、]本金则不退还

　　　　7.通知各教职员如愿备款建筑者[，]请向学校接洽以便划地兴工

　　　　　　　　(三钟散会)

文献编号 1936-039　第三次建筑委员会记录

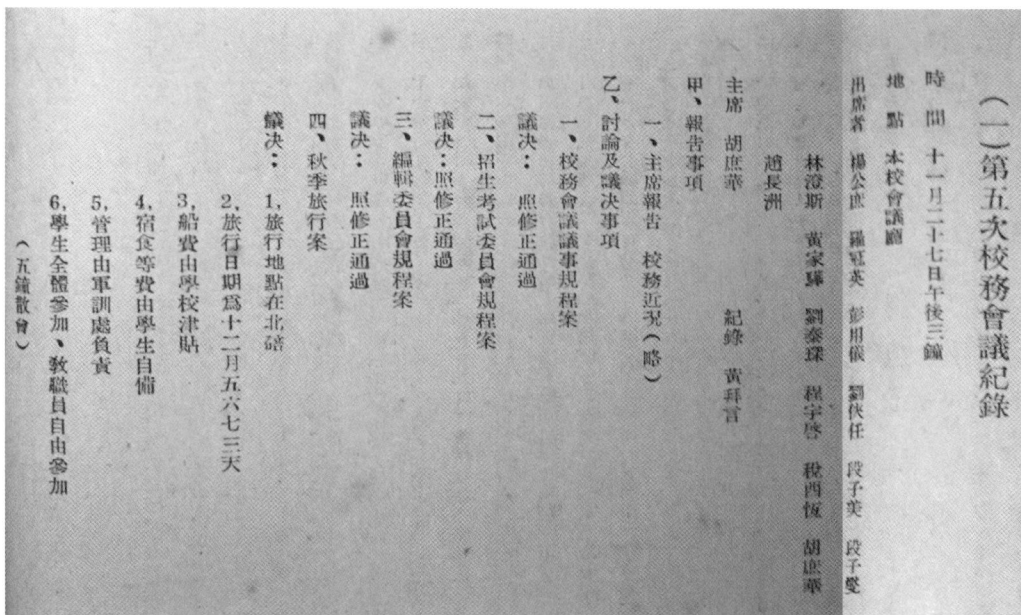

文献编号 1936-043　第五次校务会议记录

■ 文献信息

期刊《重大校刊》，第 5 期，第 33 页，1936 年 12 月 16 日

文献编号：1936-043

■ 简体全文

（一）第五次校务会议纪［记］录

时间　十一月二十七日午后三钟

地点　本校会议厅

出席者　杨公庶　罗冠英　彭用仪　刘侠任　段子美

　　　　段子燮　林澄斯［斯澄］　　黄家骅　刘泰琛　程宇启

　　　　税西恒　胡庶华　赵长洲

主席　胡庶华　　纪［记］录　黄拜言

甲、报告事项

一、主席报告校务近况（略）

乙、讨论及议决事项

一、校务会议议事规程案

议决：照修正通过

二、招生考试委员会规程案

议决：照修正通过

三、编辑委员会规程案

议决：照修正通过

四、秋季旅行案

决议：1，旅行地点在北碚

2，旅行日期为十二月五六七三天

3，船费由学校津贴

4，宿食等费由学生自备

5，管理由军训处负责

6，学生全体参加，教职员自由参加

（五钟散会）

110　编辑委员会第一次会议记录

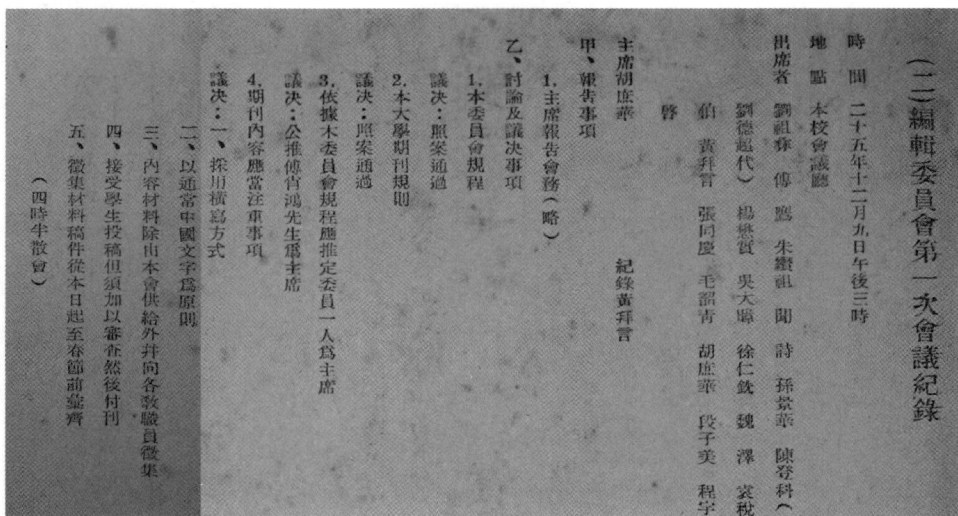

文献编号 1936-044　编辑委员会第一次会议记录

■ 文献信息

期刊《重大校刊》，第 5 期，第 34 页，1936 年 12 月 16 日

文献编号：1936-044

（二）编辑委员会第一次会议纪［记］录

时间　二十五年十二月九日午后三时

地点　本校会议厅

出席者　刘祖彝　傅　鹰　朱缵祖　闻　诗　孙景华　陈[程]登科（刘德超代）

杨懋实　吴大暲　徐仁铣　魏　泽　袁税伯　黄拜言

张同庆　毛韶青　胡庶华　段子美　程宇启

主席　胡庶华　　纪［记］录　黄拜言

甲、报告事项

1，主席报告会务（略）

乙、讨论及议决事项

1，本委员会规程

议决：照案通过

2，本大学期刊规则

议决：照案通过

3，依据本委员会规程应推定委员一人为主席

议决：公推傅肖鸿先生为主席

4，期刊内容应当注重事项

议决：一、采用横写方式

二、以通常中国文字为原则

三、内容材料除由本会供给外并向各教职员征集

四、接受学生投稿但须加以审查然后付刊

五、征集材料稿件从本日起至春节前汇齐

（四时半散会）

111　重庆大学近讯三则

■ 文献信息

期刊《四川月报》，第 8 卷第 3 期，第 230-231 页，1936 年

文献编号：1936-054

四川月報

▲重慶大學近訊（三則）

【經費狀況】該校自去年七月改爲省立後，經費由全省肉稅附加撥充，計每年可得六七十萬元，由各縣代收繳解各區財政視察員，由財政視察員彙解財廳，再由財廳發交學校，輾轉稽延，以致未能按時領款，斯爲校務進行之最大障礙。去年因邊遠縣份，及匪區未能徵收肉稅，故省政府規定重大經費二十四年度爲三十六萬元，維持現狀，勉可敷用，無如舊債，（即未成省立以前之債）尚須清還，每月利息，亦需二千餘元，同時工學院設備毫無，完全新創，在在需款，故每月三萬元，縱然按月領到，亦覺提襟見肘，何況拖延至再。現正與財廳交涉統籌統支，該校不問經費之來源。每月向財廳領款，如能辦到，則減輕困難不少。

【添設二科】該校現有學生約二百人，本年數理系，化學系，應化系，機械系，採冶系，及體育專修科，擬招新生約五十餘人。二十五年度原有各系，擬招新生一百人，並添辦地質系，現正計劃添建學生宿舍一棟，形式材料，均以簡單樸素爲原則。從前擬作學生宿舍之人字房，建築宏壯，現已改爲工學院，月內可以落成，內有講堂，圖書室，陳列室，試驗室等，計七十餘間，物理儀器，亦已達到，圖書雜誌，陸續添購，自本年起。每月規定的款爲圖書雜誌費。

【新聘教授】本學期新聘之教授，有林淸文，（美國明尼蘇達大學鑛冶工程師，工大學建築工程及建築學學士，前滬江大學建築系主任）程楚潤，（法國加恩大學理工大學建築工程及建築學學士，前滬江大學建築系主任兼教授）黃家驊，（美國麻省理工大學博士，南京國立編譯館編譯，馬孟強，（日本東京帝國大學畢業，前暨南大學物理教授）講師有魏澤。（國立同濟大學工學士，河南整理水道委員會工程師）。

（　231　）　　　　　　（　230　）

文献编号 1936-054　重庆大学近讯三则

■ 简体全文

重庆大学近讯（三则）

【经费状况】该校自去年七月改为省立后，经费由全省肉税附加拨充，计每年可得六七十万元，由各县代收缴解各区财政视察员，由财政视察员汇解财厅，再由财厅发交学校，辗转稽延，以致未能按时领款，斯为校务进行之最大障碍。去年因边远县份，及匪区未能征收肉税，故省政府规定重大经费二十四年度为三十六万元，维持现状，勉可敷用，无如旧债，(即未成省立以前之债)尚须清还，每月利息，亦需二千余元，同时工学院设备毫无，完全新创，在在需款，故每月三万元，纵然按月领到，亦觉提襟见肘，何况拖延至再。现正与财厅交涉统筹统支，该校不问经费之来源。每月向财厅领款，如能办到，则减轻困难不少。

【添设二科】该校现有学生约二百人，本年数理系，化学系，应化系，机械系，采冶系，毕业学生约五十余人。二十五年度原有各系，拟招新生一百人，并添办地质系，及体育专修科，拟招新生约五十余人，故原有宿舍，颇不敷用，现正计划添建学生宿舍一栋，形式材料，均以简单朴素为原则。从前拟作学生宿舍之人字房，建筑宏壮，现已改为工学院，月内可以落成，内有讲堂，图书室，陈列室，试验室等，计七十余间，物理仪器，亦已达到，图书杂志，陆续添购，自本年起，每月规定的款为图书杂志费。

【新聘教授】本学期新聘之教授，有林清文[之]，(美国明尼苏达大学矿冶工程师，地质学兼铁路工程学硕士，前交通大学采冶系主任兼教授)，黄家骅，(美国麻省理工大学建筑工程及建筑学学士，前沪江大学建筑系主任)，，程楚润，(法国加恩大学理学博士，南京国立编译馆编译)，马孟强，(日本东京帝国大学毕业，前暨南大学物理教授)，，讲师有魏泽。，，(国立同济大学工学士，河南整理水道委员会工程师)。

112　重庆大学概况

■ 文献信息

期刊《四川月报》，第9卷第2期，第378–385页，1936年

文献编号：1936–055

■ 简体全文

重庆大学概况

－据国民公报－

一，简史

民十七年秋，今省政府主席湘，适任川军总司令职，于成都召开四川善后会议时鉴于吾川地域辽阔，人口繁殷，就业学子，日益发达，川东各县，去省会既远，千里负笈，经济交通均感困难，爰有在重庆创立大学之议，当经一致通过，载诸议册，昭示蜀人。群情鹄望，旋以时局变化，遂尔搁置，十八年夏，刘氏驻节重庆，旧事重提，召开筹备会，推定筹备员五十五人，刘自兼主席，又推定常委十三人，分总务，财务，设计，教务四组，分头进行，由[又]自兼校长。拨公款为开办费，其常年经费，则由肉税附加项下开支，暂于重庆南区菜园坝房屋数十间为临时校舍，招收文理预科生各一班，二十一年夏，开办本科，并于距市区二十余里之沙坪坝，另建新屋，分期完成，理文农各院，截至廿三年度末为止，计开办正科三年，理学

重慶大學概況

—據國民公報—

一，簡史

民十七年秋，今省政府主席湘，適任川軍總司令職，於成都召開四川善後會議時，鑒於吾川地域遼闊，人口繁殷，就業學子，日益發達，川東各縣，去省會既遠，千里負笈，經濟交通均感困難，爰有在重慶創立大學之議，當經一致通過，載諸議冊，昭示蜀人。羣情鵠望，旋以時局變化，遂爾擱置，十八年夏，劉氏駐節重慶，舊事重提，召開籌備會，推定籌備員五十五人，劉自兼主席，又推定常委十三人，分總務，財務，設計，教務四組，分如進行，由自兼校長。撥公款爲開辦費，其常年經費，則山肉稅附加項下開支，暫於重慶南區荣園場房屋數十間爲臨時校舍，招收文理預科生各一班，二十一年夏，開辦本科，並於距市區二十餘里之沙坪壩，另建新屋，分期完成，理文農各院，截至廿三年度末爲止，計開辦正科三年，理學院共三系九班，文學院共三系七班，農學院一系兩班，此外如圖書館，農場，實驗室，體育場諸設備，亦均粗具規模，視其他省立諸大學，固不稍讓焉，旋奉教部整理明令，所有該校文農兩院學生，併入國立四川大學，而川大原有之工科學院學生，則併入重大，同時並確定該校爲四川省立大學，准許立案，該校根基，從茲奠定，惟劉及甘副校長績鑪均已政務繁鉅，兼理困難，乃禮聘湖南大學校長胡庶華氏，繼長該校，以迄於今，此該校年來改進之大概情形也。

文献编号 1936-055　重庆大学概况（节选）

院共三系九班，文学院共三系七班，农学院一系两班，此外如图书馆，农场，实验室，体育场诸设备，亦均粗具规模，视其他省立诸大学，固不稍让焉，旋奉教部整理明令，所有该校文农两院学生，并入国立四川大学，而川大原有之工科学院学生，则并入重大，同时并确定该校为四川省立大学，准许立案，该校根基，从兹奠定，惟刘及甘副校长绩鑪均已政务繁巨，兼理困难，乃礼聘湖南大学校长胡庶华氏，继长该校，以迄于今，此该校年来改进之大概情形也。

二，组织

该校组织约可分为三期述之：

（一）整理以前时期　本时期计自二十一年夏至二十四年夏三年间，全校设校长一人，副校长一人，总揽全校校务，校长以下设文理农三院，及秘书处，图书馆，文相[学]院分中国文学系，外国文学系，史学系三系，理学院分算学系，物理系，化学系，农学院分农艺系，园艺系，农业化学系三系，各院设院长一[人]，系置系主任一人，由院长商请校长聘任之，秘书处设秘书长一人，商承校长办理全校行政事宜，并设文书，注册，事务，斋务，体育各部，每部设主任一人，图书馆设馆长一人，书记，办事员若干人，分掌总务编目阅览诸事宜，校务会议为全校最高议事机关，由校长[，]副校长[，]各院院长，各系主任，秘书长，各部主任，图书馆长等组织之，校长为当然主席，此外更有训导委员会，建筑委员会，体育委员会之组织司设计建议咨询诸种事宜。

（二）整理以后时期　本期为从二十四年秋季至廿五年夏季一年间，该校自奉教部整理明令后，原有之文农两院并入国立四川大学，而前省立川大工学院，则并入重大，因有院系之合并，该校组织不得不加以变更，即前之为文理农三院者今变而为理工两院矣，同时该为[为该]校适应当地环境，造就专门人才起见，业经呈准教部，从廿五年度起，分期创设医学院，商学院及体育专修科，廿四年度以前校长之外，更有副校长一职，廿四年度起副校长一职裁去，理学院原设三系，本期内则仅设数理化学二系[，]工学院则有采冶系电机系，应化系土木系四系，其他组织则与廿四年度前无甚出入。

（三）目前更新时期　所谓更新时期者，即自二十五年度开始后之时是也，据该校负责人宣称，该校当局为增进办事效率运用敏活起见，拟将秘书处裁撤，仿武汉大学组织，采教务长制，设一人，下设文书，注册，训育，事务诸课，每课设主任一人，分掌各课事宜，并根据原定计划，本期添办体育专修科，理学院并添设地质系，共为三院。

三，经费

经费之充裕与否，事业之隆替系焉，该校经费来源，系全川猪厘项下，每只附加二角拨充，在二十三年度以前，防区制度尚未打破，其时经费来源仅二十一军军区肉厘可供提拨，二十三年度以后，全川虽告统一，然剿匪诸费支出甚巨，经临各费仍未确定，迨至二十四年夏方经省务会议决议二十四年度经常费为三十六万元，二十五年度为四十二万元，二十六年度以后年拨五十万元，临时费及设备费，则随时造具预算呈准省府划拨，未计入经常费中，此外校产收入、[，]房租一千七百八十元，田租二千二百四十元，地租七十八元，合计为四千零九十八元，学杂各费收入共为六千二百余元，至历年经费实收入数目，计二十一年度为十九万三千八百一十六元六角一分正，二十二年度收入为五十一万三千三百九十元零三角九仙正(本年度建筑设备费估去十六万以上)[，]二十三年收入确数不详，惟就该校本年度收支预算书所列，计经常收入为二十五万六千七百六十四元，临时收入为一十二万八千四百三十九元四角八仙，合计为三十八万五千二百零三元四角八仙，该校当局为完成预定计划充实内容起见，现正向省府呈请增加预算，期达到年拨六十万元之定额，亦即要求将全部肉税附加拨充该校常年经费也。

四，设备

一事业之与其设备经费有密切之关系，该校历年经费收入虽不甚拮据，然亦未尝充裕，以是设备方面比诸国内完整之大学不免相形见拙，兹无使读者明了起见，特分两方面述之。

(一)建筑[，]该校位于嘉陵江畔[，]占[有]地一千四百余亩，全部校舍与嘉陵江适成平行线，已落成者计有理工学院洋楼各一幢，均系两楼一底，工字形宿舍二坐[座]，十字形图书馆食堂各一坐[座]，及旧式坐宅一院，现充该校教职员及女生宿舍，本年度正计划建筑者，计有健身房及工学院，电机系实验工厂，闻均将于开学时先后完成。此外如体育场[、]气象台[、]自来水[、]电灯等设备均已完成，惜限于经费，自来水尚不能立即应用，为遗憾耳，就现有建筑而论，实属不供敷用，该校当局为完成全部建筑计，特在省外聘请工程专家到校，拟就建筑校舍五年计划，自廿四年度起实施该计划中预拟完成者，计有大礼堂一幢，医学院一幢，商学院一幢，图书馆一幢，健身房一幢，宿舍一幢，实习工厂则在体育场之南与原有建筑又成平行线，而体育场适居其中，此为该校建筑之大略轮廓也。廿四年度，计完成工学院一幢，廿五年度拟完成健身房及实习工厂，廿六年度拟完成医学院及宿舍，廿七年度拟完成商学院，廿八年度即拟将全部建筑完成，惟此项计划是否能如期见诸实现，则视省府是否能按时拨付该项建筑费以为断也。

(二)图书仪器，该校图书馆创始于预科时代，其时图书甚少，民二十一年，成立图书委员会，逐渐扩充，分向海内外订购图书杂志，截至民国二十四年二月止，馆中藏书，计共三万二千九百一十四册，计旧时图书五百三十种，二万三千一百三十三册，近时图书九千七百六十一册，内中文六千一百册，西文书籍以外文，自然科学为最多[，]中外杂志三百三十七种，四千四百二十二册，此外尚有碑帖七百二十六种，中外报纸二十二种，民十九年李君存烈捐赠其先德友遗书德文一百余册，民二十年刘校长湘捐赠万有文库一部，英人文又[幼]章讲师捐赠大英百科全书一部，民二十一年上海兵工厂处理委员会，捐赠前江南制造局译印理化兵工各书一百五十余种，凡六百二十四册，民国二十三年，涪陵施君孟怀昆仲，复以庋藏图书三千余册见遗，均属至可宝贵，前年教育部，更以四库全书珍本全部见遗，且自二十四年度起，该馆每月固定常经四千元，专供添购图书之用，截至今日为止，共庋藏图书四万零八册，值洋五万七千九百七一元，旧时图书未有增加，近时图书七千八百四十九册，杂志方面，中文二百二十四种，五千八百五十八册，西文八十二种，二千二百六十四册，报纸方面，中文二十二种，西文二种，碑帖八百七十件，分类方法有二种，属于线装者，依四库分类法分类，西式装订者，依王云五著中外图书统一分类法，除薄式外，尚有分类卡片一种，备阅者检查，馆内组织，馆长负擘划全责，下分总务，编目，杂志，出纳四股，办理日常事务，另成立代办股，专办教员学生订购杂志图书事宜。

（三）体育　体育设备，计有周四百米之田径场一，看台可容二三万人，规模宏大，建筑亦佳，余如篮球，排球，棒球，足球场之设备，均甚完善，学生每周有体育必修学程二小时，并规定标准运动数种，须修习及格，方能毕业，并于每年春季公开举行运动会一次，以示提倡体育之意。

五，学生

该校原有学生二百余人，自文农两院并入川大后，人数激减，现有计理学院数理系十三人，化学系一十三人，工学院采冶系三十二人，电机系四十人，应化系十七人，土木系二十五人，共百五十人，内女生九人，旁听一人，计化学系四人，电机系二人，应化系四人，该校年耗经费三十余万，培植此少数人才，平均每人年耗二千余元，可见树人之不易矣，本年下期预计招收新生一百八十至二百人，招生区域扩大为贵阳、[ ]武汉，成都，重庆四处，每一学生每期缴费五六十元，每年只需费百余元，较国内大学，尚属便宜。

113　重庆大学近况

■ 文献信息

期刊《正风杂志》，第 2 卷第 5 期，第 366 页，1936 年

文献编号：1936-058

■ 简体全文

重庆大学近况

重庆大学，为四川之学府，其所负之使命至重且巨，自去岁改为省立后，内容设备，益加扩充，兹将该校梗概列下。

【经费状况】该高校自去年七岁改组以来，经费即由全省肉税附加拨充，计每年可得六七十万元，惜由各县代收，缴解各区财政视察员，再由视察员，汇解财厅，复再由财厅发交学校，辗转稽延，以致未能按时领款，斯为校务进行之最大障碍，去年因边远县份，及匪区，未能征收肉税，故省政府规定重大经费，二十四年为三十六万元，维持现状，勉可敷用，无如旧债，(即未改省立以前之债)尚须清还，每月利息，亦需二千余元，新添学院，设备毫无，在在需款，故每月三万元，纵然按月领到，亦觉捉襟见肘，何况拖延至再？

【添设工科】该校现有学生，约二百人，本年有数理系，化学系，机械系，采冶系，毕业学生约五十余人，二十五年度，原有各系拟招新生一百人，并添办地质系

重慶大學近況

重慶大學,爲四川之學府,其所負之使命至重且鉅,自去歲改爲省立後,內容設備益加擴充,茲將該校梗概列下。

◎經費
◎……狀況……

該校自去年七歲改組以來,經費即由全省肉稅附加撥充,計每年可得六七十萬元,惜由各縣代收,繳解各區財政視察員,再由視察員彙解財廳,復再由財廳發交學校輾轉稽延以致未能按時領欵,斯爲校務進行之最大障礙,去年因邊遠縣份及匪區未能征收肉稅,故省政府規定本年經費二十四年爲三十六萬元,維持現狀他可敷用,無如舊債(即未改省立以前之債)尚須清還,每月利息亦需二千餘元,新添學院設備毫無,在在需欵,故每月三萬元,縱然按月餉到,亦覺捉襟見肘,何況拖延至再

◎……添設……
工科

該校現有學生,約二百人,本年有數理系,化學系,機械系,採冶系畢業學生約五十餘人,二十五年度原有各系擬招新生一百人,並添地質系及體育專修科擬招新生約五十餘人,故原有宿舍,頗不敷用,現正計劃添建學生宿舍之人字房建築宏壯,現已改爲工學院,內有講堂圖書室陳列室試驗室等,計七十餘間,物理儀器,亦已運到,圖書雜誌,陸續添購,自本年起,每月規定的欵爲圖書雜誌費。亦聞本學期新聘之教授,有林清之,黃家驊,程楚潤,馬孟強,講師有魏澤諸人云。

文献编号 1936-058　重庆大学近况

及体育专修科,拟招新生约五十余人,故原有宿舍,颇不敷用,现正计划添建学生宿舍一栋,形式材料,均以简单朴素为原则,从前拟作学生宿舍之人字房,建筑宏壮,现已改为工学院,内有讲堂[、]图书室[、]陈列室[、]试验室等,计七十余间。物理仪器,亦已运到,图书杂志,陆续添购,自本年起,每月规定的款为图书杂志费。闻本学期新聘之教授,有林清之,黄家骅,程楚润,马孟强,讲师有魏泽诸人云。

114　一年来之重庆大学

■ 文献信息

期刊《重大校刊》,第6期,第1-3页,1937年1月1日

文献编号:1937-001

一年来之重庆大学

胡庶华

（一）绪言

重庆为长江上游巨埠，人口约四十五万，若以之为中心，画一半径等于八百里之圆周，在此圆周内，民国十八年以前，无最高学府焉，川中子弟，欲求深造，不赴成都，则必远走平津京沪各地，其用费且三四倍于四川，今主席刘公甫澄有鉴于此，爰于民国十八年创办重庆大学，租屋菜园坝为临时校舍，招收文理预科生各一班，讫二十一年夏，计已招学生六班共一百四十人，会第一班预科生毕业，乃开办正科，校长刘公乃聘甘君典夔为副校长，创设文理两院，二十二年秋添设农学院，至二十四年夏文学院有中文英文及史学三系共七班，理学院有数学、物理、化学三系共九班，农学院有农业化学系共二班，学生共一百七十余人，是年春，川政统一，省政府成立，教育厅长杨全宇有将重庆大学全部并入川大之议，四月间余以刘主席再三相邀，乃就长重大之聘，以代理名义为之规划者凡二月，同时教育部亦派郭顾两专员来校视察，五月抄余以湖南大学急电催归，乃请假还湘，并提出意见数项，一，确定本校之院系，二，确定本校经费，三，从速办理立案手续，七月中旬刘主席电催返渝，并云本校已定为省立，经费已令全省征收肉税附加，年可得五十万元，同时教育部亦核准本校立案，并训令数项如左。

一、该校先设理工两学院，俟经费充足时得再添设医学院。

二、理学院数学物理两系应即并为数理系。

三、工学院设电机、土木、采冶三系，省立工学院学生并入该校。

四、该校体育场所尚称完备，必要时得添设体育专修科。

五、文农两院学生并入川大。

六、该校原有学生未曾报部备案，应一律由教厅举行甄别，呈部核定。

余于七月底赴渝，八月一日正式就本校校长职，余之所以毅然决然离湘就蜀者，盖有三种原因，一、湖南大学之基础已固，余任职亦满三年，二、四川在复兴民族运动上负有极大使命，本校在四川文化上经济上及一切建设上负有重大责任，三。、湖南人口三千万，四川人口号称七千万，若川湘两省之文化及经济事业打成一片，则占全国国力四分之一，（粤汉铁路、川湘公路完成后尤为显著）。

（二）过渡之办法

本校承刘甘两前校长之经营擘划已大具规模，自迁入沙坪坝后，校址擅山水之胜，风景极佳，有地约千亩，地产及建筑物约值三十万元，设备约十七万元，因川东南各县肉税附加积欠甚多，故负债亦巨，余接事后当前之困难厥有数端。

一、经济方面。欠各银行及财教两厅借款十三万元，欠教职员薪水四万余元，

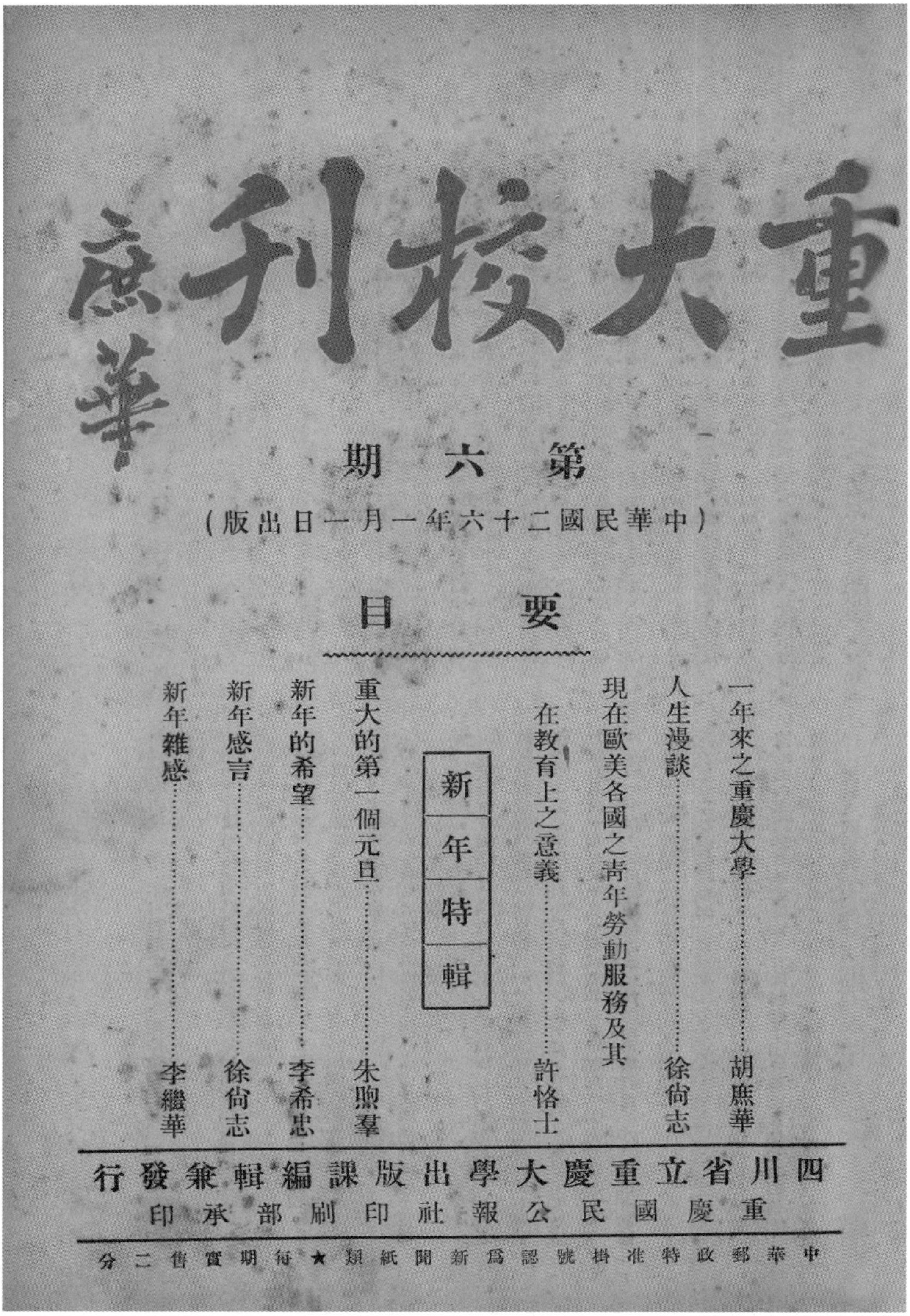

重大校刊

廡華

第 六 期

（中華民國二十六年一月一日出版）

要 目

一年來之重慶大學 …………………………… 胡庶華

人生漫談

現在歐美各國之青年勞動服務及其 ………… 徐佝志

在教育上之意義 ……………………………… 許恪士

新年特輯

重大的第一個元旦 …………………………… 朱焜羣

新年的希望 …………………………………… 李希忠

新年感言 ……………………………………… 徐佝志

新年雜感 ……………………………………… 李繼華

四川省立重慶大學出版課編輯兼發行

重慶國民公報社印刷部承印

中華郵政特准掛號認爲新聞紙類 ★ 每期實售二分

論著

一年來之重慶大學

（一）緒言

胡庶華

重慶爲長江上游巨埠、人口約四十五萬、若以之爲中心、盡一半徑等於八百里之圓周、在此圓周內、民國十八年以前、無最高學府爲、川中子弟、欲求深造、不赴成都、則必遠走平津京滬各地、其用費且三四倍於四川、今　主席劉公甫澄有鑒於此、爰於民國十八年創辦重慶大學、租屋菜園爲臨時校舍、招收文理預科生各一班、訖廿一年夏計已招學生六班共一百四十人、會第一班預科生畢業、乃開辦正科、校長劉公乃聘甘君典夔爲副校長、創設文理兩院、廿二年秋添設農學院、至二十四年夏文學院有中文英文及史學三系共七班、理學院有數學物理化學三系共九班、農學院有農業化學系共二班、學生共一百七十餘人、去年春、川政統一、省政府成立、教育廳長楊全宇有將重慶大學全部併入川大之議、四月間余以劉主席再三相邀、乃就長重大之聘、以代理名義爲之規畫者凡二月、同時教育部亦派郭顧兩專員來校視察、五月杪余以湖南大學急電催歸、乃請假還湘、並提出意見數項、一、確定本校之院系、二、確定本校經費、三、從速辦理立案手續、七月中旬劉主席電催返渝、並云本校已定爲省立、經費已令全省徵收肉稅附加、年可得五十萬元、同時教育部亦核准本校立案、並訓令數項如左。

一、該校先設理工兩學院、俟經費充足時得再添醫學院。

二、理學院數學物理兩系應即併爲數理系。

三、工學院設電機土木採冶三系、省立工學院學生併入該校。

四、該校領有場所、倘稍完備、必要時得添設體育專修科。

五、文農兩院學生併入川大。

六、該校原有學生未曾報部備案、應一律由教廳舉行甄別、呈部核定。

余於七月底赴渝、八月一日正式就本校校長職、余之所以毅然決然離湘就弼者、蓋有三種原因、一、湖南大學之基礎巳固、余任職亦滿三年、二、四川在復興民族運動上負有極大使命、本校在四川文化上經濟上及一切建設上負有重大責任、三、湖南人口三千萬、四川人口號稱七千萬、若川湘兩省之文化及經濟事業打成一片、則占全國國力四分之一、(粵漢鐵路川湘公路完成後尤爲顯著)。

（二）過渡之辦法

本校承劉甘兩前校長之經營壁劃巳大其規模、自遷入沙坪壩後、校址擅山水之勝、風景極佳、有地約近千畝、地產及建築物約值三十萬元、設備約十七萬元、因川東南各縣肉稅附加積欠甚多、故負債亦鉅、余接事後當前之困難厥有數端。

1

急需拨付之商店款项约三万元，加以各县肉税开征过迟，财厅拨款困难，故半年中全在借债及讨款中过活。

二、人事方面[。]最初为文农两院学生反对合并，其后为文理农三院学生反对立案之甄别试验，其间个人所费之唇舌与所受精神上之痛苦以及呼号奔走委曲求全之苦心，虽当时未能为少数人所谅解，今已事实昭然，毋庸词费，然而荏苒数月，作事之时间损失不少。

三、设备方面[。]理学院仅化学系稍有基础，数理系则物理仪器已定购而未取，工学院则仅有学生五十余人，来自成都，原有设备，教厅均拨交成都高级工业职业学校承受，仅矿物标本一部分移交本校接收，面[而]工学院整个设备全待另筹。

因有以上三种困难，故校务进行极其迟缓，而经费支配，须采三管齐下方式，一面分还旧欠，一面维持现状，一面增加设备，兹分三项言之。

甲、经费[。]本校经费省府确定为二十四年度三十六万元，二十五年度四十二万元，二十六年度五十万元，二十四年度肉税附加之收入，若超过三十六万元以上时，应扫数拨归本校为还债之用，但二十四年度各县肉税附加之开征迟早不同，且匪区各县完全无收，截止本年六月底止，平均只收十个月，据一百三十余县之报告，共得五十余万元，本年度财厅为统支统筹起见，将肉税附加改为正税，以后每年多收之数，即非本校所有，虽经力争，亦归无效，而原十四年度应得之肉税盈余，犹尚在请领中。

乙、还债[。]截止二十五年十二月底止，计还银行旧债七万二千元，教职员欠薪四万余元，旧债利息一万七千元，文农两院学生转学[、]成都省立工学院转学本校之旅费及津贴八千八百余元，凡此十三万余元之拨付，皆系消极开支，而无积极成绩。

丙、设备[。]工学院之建设最初设计原为容三百人之学生宿舍，余到校后即决定改为工学院，(余素不主张学生宿舍过于华贵养成奢侈之风[，])于去冬始完成之，占地四百余方，全系沙石砌成，颇为宏壮，除前任已付建筑费一部份外，余任内又付去四万三千余元，又购置物理仪器[、]化学药品[、]校车校具等共五万三千余元，购置图书八千余元，(自廿五年一月份起每月购置图书一千元)以上皆二十五年七月以前之设备情形。

(三)规在之设施

廿五年度七月份起每月经费三万五千元，以二万元维持现状，以一万五千元为设备之用，近数月内电机[、]土木[、]采冶[、]化工各系共购仪器机器约四万元，建筑体育专修科房屋[、]食堂[、]澡堂等约一万余元，图书费六千元，此外拟建体育馆之一部及实习工场之一部约三万元，至于旧债则专候财厅将二十四年度之肉税附加余款拨发，当可完全了清。

暑假前呈准教部及省府添设体育专修科，又于理学院添设地质系，工学院继续开办化学工程系，于是两院共有七系，又体专育科受省府委托开办师资训练班，招收曾任中小学校之体育教员施以一年之严格训练，各院系及专科教授自省外聘来者不少，二十五年度新聘教授讲师约二十余人。

本校为社会造就实用人才，故训练学生即以刻苦耐劳坚贞忠实为目标，考试严格，以期造就真才，过去学风本极宁静，加以军训，益觉严整[。]廿五年第一届毕业生四十一人均得到相当工作，二十五年招收新生二百余人，有外省学生七十余人，全校有学生三百三十人，现在在校学生有两种良好现象，一为自动用功，二为参加运动，故学生身体上学业上均有进步。

教育不能离开生活，即学校不能离开社会，本设[校]一年以来恒以学术事业与各机关或团体取密切合作，如采冶系之与建设厅及西部科学院共同组织地质矿产调查委员会，本校教授及学生担任一部份之调查工作，寒假时在涪陵[、]石硅[柱][、]綦江[、]南川调查，暑假时在酉[、]秀[、]彭[、]黔调查，所得地质矿产材料极富，土木系之赴乌江测量水力，到南温塘测量地形以及水纹测量等，化学系之代行营公安局成渝铁路工程局化验盐[、]水[、]炭[、]毒品等皆其最著者。

（四）将来之计划

一、二十五年度内无论如何必须将旧债一律还清，免除利息之负担。

二、二十五年度各院系及专科至少有十五万元之新设备。

三、二十六年度起开始筹设医学院[，]在可能范围内先招学生一班，因医科系五年毕业，并加实习一年共六年，而第一年之功课，多为基本科学，如化学物理生物学等设备均有。

四、重庆各界人士，多望本校添设商科以供社会需要，今年曾向省府请设，未获许可，二十六年度在可能范围内先招一班，因商科设备比较简单也，至于国防学科如飞机制造及军用化学等亦拟添设。

（五）结论

总之[，]学校作育人才，原视社会之需要而定其增减，固不必拘泥于一定不变之成数，说者以为一个学校只要办一二项精采之院系[，]不[必]必兼营并进，以致一无所长，其意甚善，此在欧美大学林立之国家尤应如此。不过以言纵横千里而仅有之重庆大学，其使命又自不同，譬如四川卫生行政人员之缺乏，与四川各县公共卫生之急应讲求，若重庆大学而有医学院则办公共卫生行政人员训练班[、]救护训练班以及护士专科等均非难事，去年余曾主张保留农学院，以为四川之大[，]两个农学院亦不为多，文学院亦不必急于合并，即此意也，国家在教育上多费金钱，总比用作其他开支为好，甚望政府及社会人士对于可以发展而无充分财力发展之重庆大学，予以相当之赞助与同情，则不仅中国西南文化之幸也。

（一）第六次校務會議

時間　十二月十八日午後三鐘

地點　本校會議廳

出席者　胡庶華　李乃堯（胡學淵代）　彭用儀　胡學淵
　　　　稅西恆　傅鷹　郭堅白　程宇啓　段子燮
　　　　段子美　劉泰琛

主席　胡庶華　　紀錄　黃拜言

甲、報告事項

1，主席報告（略）

2，稽核委員會報告廿四度決算業經審核經符（略）

乙、討論暨議決事項

1　本大學對陝變通案
　　議決：照修正通過

2　圖書館規程案
　　議決：照原擬電文通過

3　圖書館提議關於教職員學生托購書籍擬改由出版課辦理案
　　議決：暫交出版課試辦

4　助教及助理待遇規程
　　議決：照修正通過

5　本校設置之公費學額每名每年應給數目請予規定案
　　議決：每名每年總共給予二百元兩分期給予每期一百元學
　　食雜各費包括在內

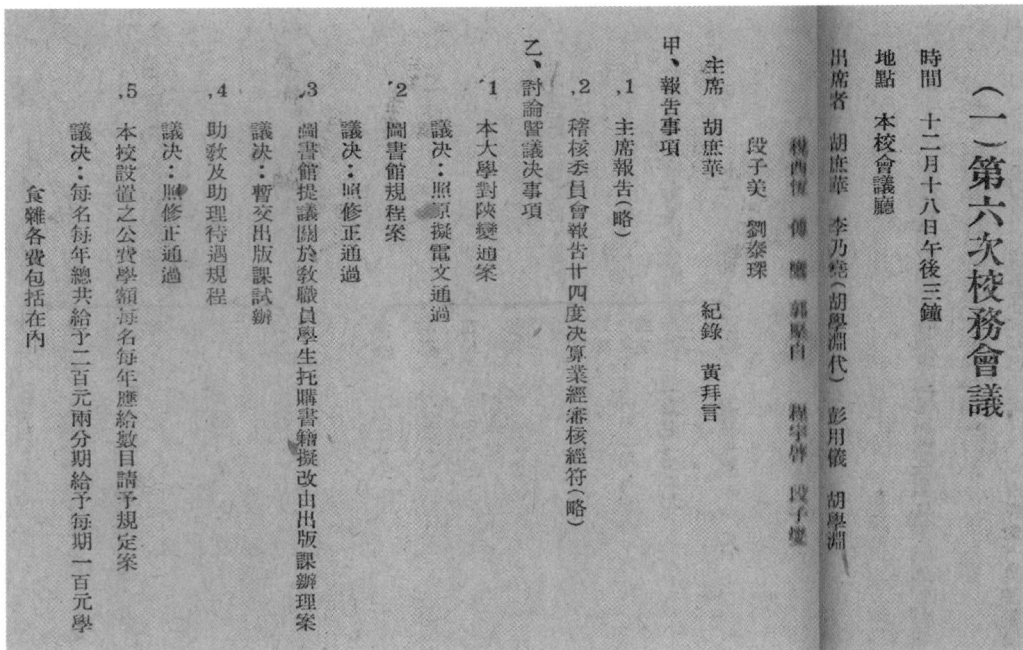

文献编号 1937-006　第六次校务会议记录

■ 文献信息

期刊《重大校刊》，第 6 期，第 25-26 页，1937 年 1 月 1 日

文献编号：1937-006

■ 简体全文

（一）第六次校务会议

时间　十二月十八日午后三钟

地点　本校会议厅

出席者　胡庶华　李乃尧（胡学渊代）　彭用仪　胡学渊
　　　　税西恒　傅　鹰　郭坚白　程宇启　段子燮
　　　　段子美　刘泰琛

主席　胡庶华　　纪[记]录　黄拜言

甲、报告事项

1，主席报告（略）

2，稽核委员会报告廿四[年]度决算业经审核经符（略）

乙、讨论暨议决事项

1，本大学对陕变通案

议决：照原拟电文通过

2，图书馆规程案

议决：照修正通过

3，图书馆提议关于教职员学生托购书籍拟改由出版课办理案

议决：暂交出版课试办

4，助教及助理待遇规程

议决：照修正通过

5，本校设置之公费学额每名每年应给数目请予规定案

议决：每名每年总共给予二百元，两分期给予每期一百元，学食杂各费包括在内

116　廿五年度上期第四次建筑委员会会议记录

（二）廿五年度上期第四次建築委員會

會議紀錄

時間　十二月廿六日午後二鐘

地點　本校會議廳

出席者　羅竟忠　稅西恆　劉泰珵　楊公庶　胡庶華　黃家驊

主席　胡庶華　紀錄黃拜言

魏澤

甲、報告事項

主席報告（略）

乙、討論暨議決事項

一、建築工學院實習工廠案

議決：1，照羅竟忠先生設計所製圖案爲準

2，工料兼包、採公開投標式

3，施工章程請羅竟忠先生預爲擬就、以便招標

二、建築環校馬路案

議決：1，照黃家驊先生設計所製圖案爲準

2，馬路兩旁以多種白揚、揚槐等樹

三、建築教職員住宅案

議決：1，照黃家驊先生設計所製圖案爲準

2，仍照建築工廠工料兼包及公開投標辦法、以便招標

3，施工章程請黃家驊先生預爲擬就、以便招標

（三點半散會）

文献编号 1937-010　廿五年度上期第四次建筑委员会会议记录

■ 文献信息

期刊《重大校刊》，第7期，第18页，1937年1月16日

文献编号：1937-010

■ 简体全文

廿五年度上期第四次建筑委员会会议纪[记]录

时间　十二月廿六日午后二钟

地点　本校会议厅

出席者　罗竞忠　税西恒　刘泰琛　杨公庶　胡庶华　黄家骅　魏　泽

主席　胡庶华　　纪[记]录　黄拜言

甲、报告事项

主席报告(略)

乙、讨论暨议决事项

一、建筑工学院实习工厂案

议决：

1，照罗竞忠先生设计所制图案为准

2，工料兼包，采公开投标式

3，施工章程请罗竞忠先生预为拟就，以便招标

二、建筑环校马路案

议决：

1，照黄家骅先生设计所制图案为准

2，马路两旁以多种白杨、扬[洋]槐等树

三、建筑教职员住宅案

议决：

1，照黄家骅先生设计所制图案为准

2，仍照建筑工厂工料兼包及公开投标办法

3，施工章程请黄家骅先生预为拟就，以便招标

(三点半散会)

■ 文献信息

期刊《重大校刊》，第8期，第17页，1937年3月16日

文献编号：1937-022

■ 简体全文

四川省立重庆大学　布告（六）

查本大学训育委员会规程业经上学期第七次校务会议修正通过，所有会内应设委员十三人并经照章聘任，分别指定常务委员三人各在案，兹将训育委员会规程暨委员人名特予公布周知此布

中华民国二十六年三月九日

校长胡庶华

附训育委员会规程

一、会本[本会]定名为四川省立重庆大学训育委员会

二、本会设委员十三人，校长就本校教职员及军事教官聘任之

三、本会设常务委员三人常川任校，由校长指定本会委员充任，以一人为常务主任委员

四、本会以校长（或教务长）为主席

五、本会训育学生之标准为：明礼义、知廉耻、负责任、守纪律、耐劳苦、尚俭朴、勤学业、爱国家

六、本会办理之事务如左：

　　1，关于学生言论思想行为生活之指导事项

　　2，关于学生品行之奖惩事项

　　3，关于指导学生参加政治社会活动事项

　　4，关于指导学生劳动服务事项

　　5，关于评定学生每学期品行等级事项

七、本会每月开会一次但遇必要时主席得召集临时会议

八、本会议决案件得依其权责之范围由校长或常务主任委员执行之

九、本会办事细则由本会自定呈经校长核准后施行

大、本规程经校务会议通过后实行

委员人名　委员段子美先生　黄家骅先生

重大校刊

四川省立重慶大學　佈告　（六）

查本大學訓育委員會規程業經上學期第七次校務會議修正通過所有會內應設委員十三人並經照章聘任分別指定常務委員三人各在案茲將訓育委員會規程暨委員人名特予公佈週知此佈

中華民國二十六年三月九日

校長胡庶華

附訓育委員會規程

一．會本定名爲四川省立重慶大學訓育委員會

二．本會設委員十三人校長就本校教職員及軍事教官聘任之

三．本會設常務委員三人常川任校由校長指定本會委員充任以一人爲常務主任委員

四．本會以校長（或敎務長）爲主席

一七

五．本會訓育學生之標準爲：明禮義知廉恥負責任守紀律耐勞苦尚儉樸勤學業愛國家

六．本會辦理之事務如左：

　1，關於學生言論思想行爲生活之指導事項

　2，關於學生品行之獎懲事項

　3，關於指導學生參加政治社會活動事項

　4，關於指導學生勞動服務事項

　5，關於評定學生行爲學期品行等級事項

七．本會每月開會一次但遇必要時主席得召集臨時會議

八．本會議決案件得依其權責之範圍由校長或常務主任委員執行之

九．本會辦事細則由本會自定呈經校長核准後施行

大．本規程經校務會議通過後實行

委員人名

　委員段子美先生　　黃家驊先生

常務委員　　文仲偉先生　　熊正倫先生

兼主席傅宵鴻先生　　胡叔平先生　　劉俠任先生

常務主任楊懋實先生

委員　　李充國先生　　藍萎琴先生

　　朱璣祖先生　　劉德超先生

常務委員趙長洲先生

常务委员	文仲伟先生	熊正伦先生	
兼 主 席	傅肖鸿先生	胡叔平先生	刘侠任先生
常务主任	杨懋实先生	李充国先生	蓝素琴先生
委员		朱瓒祖先生	刘德超先生
常务委员	赵长洲先生		

118 四川省立重庆大学二十五年度上期第七次校务会议记录

■ 文献信息

期刊《重大校刊》，第8期，第18-19页，1937年3月16日

文献编号：1937-023

■ 简体全文

四川省立重庆大学二十五年度上期第七次校务会议纪[记]录（一）

本大学会议厅

一月十五日午后二钟

出席者　李乃尧　赵长洲　段调元　郭坚白　程登科　彭用仪

税西恒　胡学渊　胡庶华　傅 鹰　程宇启　杨公庶(傅代)

刘泰琛　段子美　黄家骅(傅代)

主席　胡庶华　纪[记]录　黄拜言

甲、开会如仪

乙、报告事项

1，奉　教部训令[，]农工商学院学生应遵照大学规程第廿条之规定[，]自第二年起须于暑假或寒假内在校外相当场所实习[，]无实习证书者不得毕业……略

2，省府来函[，]为全国手工艺展览会及本届四川物产展览会征集物产[，]其关于学校制品及其采集研究之四川产品请由川大、华大、及本大学负责征集……略

丙、议决事项

一、学生邓玉书呈请给予典夔奖学金并经高工校来函证明该生孤苦属实应如何办理案

议诀：俟本期期考成绩揭晓后决定

二、本校教职员现时既无欠薪应予限制预支案

议诀：不准预支

校聞

四川省立重慶大學二十五年度上期第七次校務會議紀錄 （一）

本大學會議廳

一月十五日午後二鐘

出席者　李乃堯　趙長洲　段調元　郭堅白　程登科

稅西恆　胡學淵　胡庶華　傅鷹　程宇啓　楊公庶

（傳代）劉泰珠　段予美　黃家驛（傅代）

主席・胡庶華　紀錄黃拜言

甲、開會如儀

乙、報告事項

1,奉　教部訓令農工商學院學生應遵照大學規程第廿條之規定自第二年起須於暑假或寒假內在校外相當場所實習無實習證書者不得畢業……略

2,省府來函為全國手工藝展覽會及本屆四川物產展覽會徵集物產共關於學校製品及其採集研究之四川產品請由川大・華大及本大學負責徵集……略

丙、議決事項

一・學生鄧玉書呈請給予典型獎學金并經高工校來函證明該生孤苦屬實應如何辦理案

議決：俟本期期考成績揚曉後決定

二・本校教職員現時旣無欠薪應予限制預支案

議決・不准預支

三・學生張振華因病呈請修養經核醫證明該生患神精衰弱屬實可否准其修養及在修養期內自由隨班聽講案

議決・姑准臨班聽講但河南大學之成績不能抵償

四・寒假學生應如何徹底施行勞動服務案

議決・學校指定修路及操場平土工作由寒假留校師生實行勞動服務

五・規定一覽內容案

議決：1,增加科・系・院・務會議章則

2,未付印之先交編輯委員會審定

3,川本國紙印

六・本校電話應如何改良案

議決：1,與附近各學校機關合作添設新線

2,校內增設分機

七・本校特種科目應如何添設案

議決：照所擬草案辦法通過

八・學生楊訓崇繳驗復旦大學轉學證請轉入本校土木系應否

文献编号 1937-023　四川省立重庆大学二十五年度上期第七次校务会议记录（节选）

重大校刊

一八

三、学生张振华因病呈请修养，，经校医证明该生患精神衰弱属实，，可否准其修养及在修养期内自由随班听讲案

议诀：姑准随班听讲但河南大学之成绩不能抵偿

四、寒假学生应如何澈底施行劳动服务案

议诀：

学校指定修路及操场平土工作，，由寒假留校师生实行劳动服务

五、规定一览内容案

议诀：1，增加科、系、院、务会议章则

2，未付印之先交编辑委员会审定

3，用本国纸印

六、本校电话应如何改良案

议诀：1，与附近各学校机关合作添设新线

2，校内增设分机

七、本校特种科目应如何添设案

议诀：照所拟草案办法通过

八、学生杨训崇缴验复旦大学转学证请转入本校土木系应否照准案

议诀：俟暑假招收插班生时准其投考

九、本校校历前经规定二月十日开学，，现因省府规定二月十九日开学，，本校应否展期案

议诀：1，二月十六日开学

2，十七日开始注册举行补考

3，廿五日开课

十、训育委员会规程案

议诀：修正通过

十一、学生实习成绩应如何处理案

议诀：各院系学生所有一切实习成绩，，须经教授签名盖章后由学生保存，，毕业考试前呈缴毕业考试委员会

五钟散会

四川省立重庆大学二十五年度上期第六次
建築委員會紀錄
（二）

時間 一月二十三日午前十一鐘

地點 本校會議廳

出席者 劉泰琛 羅竟忠 魏 澤 黃家驊 稅西恆 胡庶華

主席 胡庶華 紀錄 黃拜言

甲、報告事項

主席報告 （略）

乙、討論及議決事項

1, 各建築公司所投教職員住宅各項工程標價案

議決：一、以新劏營造廠所投標價爲及格

二、先造四幢、每幢三千五百元、石工井包在內

2,各建築公司所投實習工廠各項工程標價案

議決：一、以洪發利營造廠所投標價爲及格

二、施工時間及程序與討款辦法、分別修正通過

十二鐘散會

文献编号 1937-024 四川省立重庆大学二十五年度上期第六次建筑委员会记录

■ 文献信息

期刊《重大校刊》，第 8 期，第 19 页，1937 年 3 月 16 日

文献编号：1937-024

■ 简体全文

四川省立重庆大学二十五年度上期第六次建筑委员会纪[记]录（二）

时间 一月二十三日午前十一钟

地点 本校会议厅

出席者 刘泰琛 罗竟忠 魏 泽 黄家骅 税西恒 胡庶华

主席 胡庶华 纪[记]录 黄拜言

甲、报告事项

　　主席报告（略）

乙、讨论及议决事项

1，各建筑公司所投教职员住宅各项工程标价案

议决：一、以新蜀营造厂所投标价为及格

　　　　二、先造四幢，每幢三千五百元，石工并包在内

2，各建筑公司所投实习工厂各项工程标价案

议决：一、以洪发利营造厂所投标价为及格

　　　　二、施工时间及程序与讨款办法，分别修正通过

　　　　　　十二钟散会

120　四川省立重庆大学二十五年度下期第一次校务会议记录

■ 文献信息

　　期刊《重大校刊》，第 8 期，第 19-20 页，1937 年 3 月 16 日

　　文献编号：1937-025

■ 简体全文

四川省立重庆大学二十五年度下期第一次校务会议纪 [记] 录（三）

时间　三月五日午后三钟

地点　本校会议厅

出席者　胡庶华　胡学渊　罗冠英　段 [段] 子燮　郭坚白

　　　　余子元　赵长洲　林斯澄　傅　鹰　程宇启　杨懋实　刘泰琛（傅代）

　　　　黄家骅　段 [段] 子美（黄代）

主　席　胡庶华　　　　　纪 [记] 录　黄拜言

甲、报告事项

　　1.上年度各县征解本校肉税附加总数……略

　　2.高中以上学校军事管理办法……略

乙、讨论事项

　　1.训育委员会请增加委员名额案

　　决议：增加委员二人

　　2.学生乘车应如何改进案

重大校刊

四川省立重庆大学二十五年度下期第一次
校务会议纪录 （三）

时间　三月五日午后三钟
地点　本校会议厅
出席者　胡庶华　胡学渊　磊冠英　侯子燮　郭坚白　余子元
　　　　赵长洲　林斯澄　傅鹰　程宇桥　杨懋实　刘泰琨
　　　　（傅代）黄家骅　侯子美（黄代）
主席　胡庶华　　　纪录　黄拜言

甲、报告事项
　1、上年度各届拟解本校内欠附加练数……略
　2、高中以上学校军事管理办法……略
乙、讨论事项
　1、调育委员会请增加委员名额案
　决议：增加委员二人
　2、学生乘车应如何改进案
　决议：
　A 星期一上午不许学生乘车，违者记过
　B 平日每次校车只许搭学生六人
　C 星期六星期日及例假日乘车之学生须先到教务部领购票证无购票证之学生不得买票
　D 星期日校车每次大车许搭学生十二人小车八人
　E 进城者在学校买票返校者在办事处买票（票之颜色与教职员票不同）
　3、组织教务会议案
　决议：由教务部拟具教务会议规程草案提交下次校务会议公决
　4、请杨懋实先生担任校刊编辑案
　决议：照案通过
　5、会计课不代教职员垫付款项案
　决议：照案通过
　6、各院科系购置物品应先填请购单并由负责人签名盖章案
　决议：照案通过
　7、敦务处请两部应各派员于星期或假期轮流值日案
　决议：照案通过
　8、理学院数理系学生能运钰呈请准于转入工学院土木系案
　决议：与定章不符碍难照准
　9、学生郑玉晋呈请给予典庆奖学金经各方面证明该生孤贫属实并于本年度第七次校务会议议决惟本期明考成绩总平均为八十二分应否给予奖金请付公决
　决议：本期准上期第七次校务会议议决查该生上期考成绩总平均为八十二分以后视其操行成绩随时决定
　10、体专科工学院学生左蕊君杨昌罪各以家贫孤苦等词呈请给予典庆奖学金并经院长蒋降昌县政府其晋证明诸两生孤贫属实否给予奖金请付公决
　决议：查该两生上期成绩俱佳准于本期在典庆奖学金项下各给一百元（连前照京给予之送受十二元均包括在内）以后视其操行成绩随时决定
　　　　五钟散会

二一〇

文献编号 1937-025　四川省立重庆大学二十五年度下期第一次校务会议记录

决议：A星期一上午不许学生乘车，违者记过
　　　B平日每次校车只许搭学生六人
　　　C星期六星期日及例假日乘车之学生[，]须先到教务部领购票证[，]无购票证之学生不得买票
　　　D星期日校车每次大车许搭学生十二人[、]小车八人
　　　E进城者在学校买票返校者在办事处买票(票之颜色与教职员票不同)
3.组织教务会议案
决议：由教务部拟具教务会议规程草案提交下次校务会议公决
4.请杨懋实先生担任校刊编辑案
决议：照案通过
5.会计课不代教职员垫付款项案
决议：照案通过

6.各院科系购置物品应先填请购单并由负责人签名盖章[案]

决议：照案通过

7.教务事务两部应各派员于星期或假期轮流值日案

决议：由事务部派员值日，准值日人员补假一天

8.理学院数理系学生熊运巨呈请准予转入工学院土木系案

决议：与定章不符碍难照准

9.学生邓玉书呈请给予典夔奖学金，经各方面证明该生孤贫属实并于本年度上期第七次校务会议议决侯本期期考成绩褐[揭]晓后决定，查该生上期期考成绩总平均为八十二分应否给予奖金请付公决案

决议：本期准在典夔奖学金项下给予一百元，以后视其操行成绩随时决定

10.体专科工学院学生左蕙君、杨昌华各以家贫孤苦等词呈请给予典夔奖学金并经长寿、隆昌县政府具书证明该两生孤贫属实应否给予奖学金请付公决案

决议：查该两生上期成绩俱佳，准于本期在典夔奖学金项下各给一百元(连前照章给予之免费十二元均包括在内)，以后视其操行成绩随时决定

五钟散会

121　四川省立重庆大学二十五年度下期第二次校务会议（一）

校聞

甲，會議紀錄

四川省立重慶大學二十五年度下期第二次校務會議（一）

時間　三月二十二日午後三鐘

地點　本校會議廳

出席者　段子燮　胡庶華　李乃堯　郭堅白（段子燮代）　彭用儀　胡學淵　趙長洲　黃家驊　程宇啓　林斯澄　楊　鑒傳鷹　羅冠英　蛇西坂　劉泰珬（傅鷹代）

主席胡庶華

紀錄黃拜言

甲，報告事項

1.本校前呈敦部請修正組大綱第十五條已經照准……略

2.奉令填報兵工教材調查表……略

3.本校與市府合辦春季運勤大會籌備情形……略

4.校長因公赴省約一週返校目二十三日起照例行公事概由傅敎務長曾代行拆

乙，討論事項

1.敎務會議及院務系務各會議規程請予審核案

決議：修正通過

2.體育師資訓練班學生呈請加入集中軍訓案

決議：准予轉呈

3.數理系一年級生戴良平陳如銀以家貧孤苦等詞呈請給予典夔奖金並經各原籍縣府來岩證明各生孤貧屬實應否給予奖金請付公決案

決議：查該生徐光華戴良平陳如銀如銀以家貧孤貧屬實其上期成績亦均予優異惟典夔奖學金現僅餘一百八十五元照數分配本期每名准予各給六十元以後槻其操行成績隨時決定（五夔散會）

文献编号 1937-027　四川省立重庆大学二十五年度下期第二次校务会议（一）

■ 文献信息

期刊《重大校刊》，第9期，第16页，1937年4月1日

文献编号：1937-027

■ 简体全文

四川省立重庆大学二十五年度下期第二次校务会议（一）

时间　三月二十二日午后三钟

地点　本校会议厅

出席者　段子爕　胡庶华　李乃尧　郭坚白（段子爕代）

　　　　彭用仪　胡学渊　赵长洲　黄家骅　程宇启　林斯澄

　　　　杨　声　傅　鹰　罗冠英　税西恒　刘泰琛（傅鹰代）

主席　胡庶华　　纪[记]录　黄拜言

甲、报告事项

　　1.本校前呈　教部请修正组织大纲第十五条已经照准……略

　　2.奉令填报兵工教材调查表……略

　　3.本校与市府合办春季运动大会筹备情形……略

　　4.校长因公赴省约一周返校[，]自二十三日起例行公事概由傅教务长暂代行拆

乙、讨论事项

　　1.教务会议及院务系务各会议规程请予审核案

决议：修正通过

　　2.体育师资训练班学生呈请加入集中军训案

决议：准予转呈

　　3.数理系一年级徐光华[、]三年级生戴良平[、]土木系二年级生陈如银以家贫
　　　孤苦等词呈请给予典夔奖学金并经各原籍县府来书证明各生孤贫属实应
　　　否给予奖金请付公诀[决]案

决议：查该生徐光华[、]戴良平[、]陈如银孤贫属实[，]其上期成绩亦均优异[，]惟
典夔奖学金现仅余一百八十五元[，]照数分配本期每名准予各给六十元[，]以后视其操
行成绩随时决定

　　　　　　　　　五钟散会

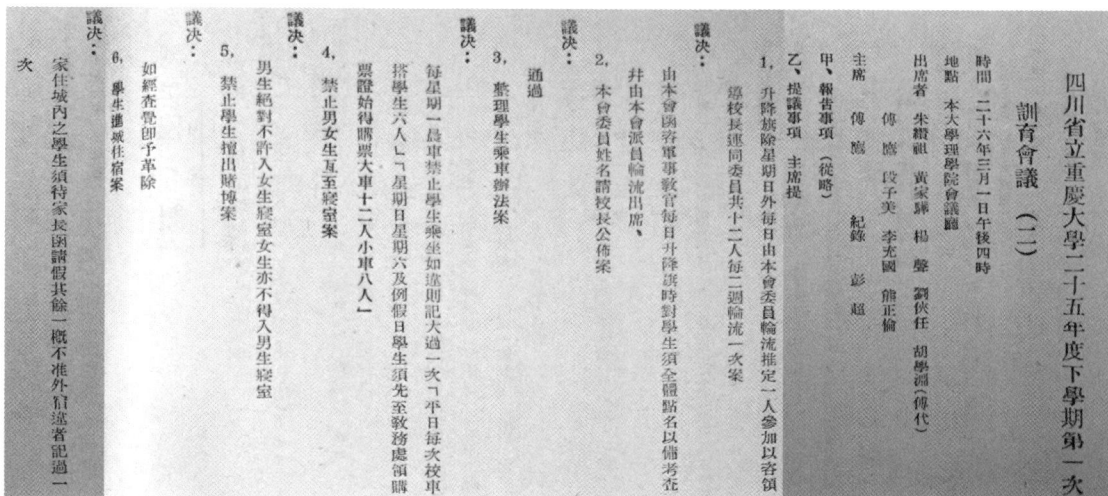

文献编号 1937-028　四川省立重庆大学二十五年度下学期第一次训育会议（二）

■ **文献信息**

期刊《重大校刊》，第 9 期，第 16-17 页，1937 年 4 月 1 日

文献编号：1937-028

■ **简体全文**

四川省立重庆大学二十五年度下学期第一次训育会议（二）

时间　二十六年三月一日午后四时

地点　本大学理学院会议厅

出席者　朱缵祖　黄家骅　杨　声　刘侠任　胡学渊(傅代)

　　　　傅　鹰　段子美　李充国　熊正伦

主席　　傅　鹰　　　　纪[记]录　彭　超

甲、报告事项(从略)

乙、提议事项　主席提

1.升降旗除星期日外[，]每日由本会委员轮流推定一人参加以咨领导[，]校长连同委员共十二人每二周轮流一次案

议决：

由本会函咨军事教官[，]每日升降旗时对学生须全体点名以备考查[，]并由本会派

员轮流出席

2.本会委员姓名请校长公布案

议决：

通过

3.整理学生乘车办法案

议决：

每星期一晨车禁止学生乘坐[，]如违则记大过一次[，]"平日每次校车搭学生六人""星期日星期六及例假日学生须先至教务处领购票证始得购票[，]大车十二人[、]小车八人"

4.禁止男女生互至寝室案

议决：

男生绝对不许入女生寝室[，]女生亦不得入男生寝室

5.禁止学生擅出赌博案

议决：

如经查觉即予革除

6.学生进城住宿案

议决：

家住城内之学生须待[带]家长函请假[，]其余一概不准外宿[，]违者记过一次

123 四川省立重庆大学廿五年度下期第三次校务会议记录附教务会议规程

■ 文献信息

期刊《重大校刊》，第10期，第16-17页，1937年4月16日

文献编号：1937-031

■ 简体全文

四川省立重庆大学廿五年度下期第三次校务会议

时间　四月二日午后三钟

地点　本校会议厅

出席者　彭用仪　傅　鹰　刘泰琛　胡学渊(傅代)　段[段]子美

　　　　林斯澄　段[段]调元　黄家骅　程宇启　杨声　税西恒

四川省立重慶大學廿五年度下期第三次校務會議

時間　四月二日午后三鐘　地點　本校會議廳

出席者　彭用儀　傅燨　劉泰琛　胡學淵（傅代）　段子美　林斯澄　晁調元　黃家驊　程宇序　楊聲　稅西恆　胡庶華　羅冠英　李乃堯（彭代）

主　席　胡庶華　　　紀錄　黃拜言

（甲）報告事項

主席報告此次在省晉謁劉主席對於校務計劃情形……略

（乙）討論事項

一、奉　教部令推行職業教育應如何詳擬實施辦法案

決議：本校設備完善後賡即詳擬辦法依照實施

二、校警服務規則及管理校工規則請予公決案

決議：概由校長核定施行不必提會討論

三、請各系早交課程說明以便編輯本校一覽案

決議：由教務部函催各系遄圖

四、本校定四月三日舉行運動會預選提請停課一日案

決議：停課一日

五、本校於下年度添設商學院共教室宿舍應如何分配案

決議：1.暫將化學系全部房舍改作商學院教室化學系遷圖書館在新圖書館未建築完成以前暫以工學院三樓爲圖書館
2.新建學生宿舍兩幢每幢能容三百人以便爲商學院學生集中居住

六、本校一年級學生功課繁多一經就攤無法補救擬請軍訓會將本年集訓日期展緩一月案

決議：約同川大大致圖軍訓會轉請訓練總監部及教育部將各大學一年級生集訓日期比較高中展遲一月（可以同時畢業不必同時報到）

五鐘散會

附教務會議規程

（一）本大學根據第二次校務會議決案設置教務會議以教務長爲院長科主任系主任及各系專任教授代表一人組織之教務長爲主席

（二）審定事項
1.審定全校各院系課程
2.審定全校各種實習場所設備之計劃
3.計劃教務改進事項
4.決議學生試驗事項
5.決議學生交識之事項
6.建議提出校務會議之事項

（三）本會議法定人數

（四）議案以出席人數過半之同意通過之（如必要時得投票表決）

（五）遇特別事項時主席得請專家列席

（六）本會每學期開會二次遇必要時得約主席臨時召集之

（七）本規程經較務會議通過施行

文献编号 1937-031　四川省立重庆大学廿五年度下期第三次校务会议　附教务会议规程

胡庶华　罗冠英　李乃尧(彭代)

主　席　胡庶华　　　　纪[记]录　黄拜言

(甲)报告事项

主席报告此次在省晋谒刘主席对于校务计划情形……略

(乙)讨论事项

一、奉　教部令推行职业教育应如何详拟实施办法案

决议：本校设备完善后，赓即详拟办法依照实施

二、校警服务规则及管理校工规则请予公决案

决议：概由校长核定施行不必提会讨论

三、请各系早交课程说明以便编辑本校一览案

决议：由教务部函催各系请于四月廿日以前交齐

四、本校定四月三日举行运动会预选拟请停课一日案

决议：停课一日

五、本校于下年度添设商学院其教室宿舍应如何分配案

决议：1.暂将化学系全部房舍让出作商学院教室，化学系迁图书馆，在新图书馆未建筑完成以前暂以工学院三楼为图书馆

2.新建学生宿舍两幢，每幢须能容三百人以便各院学生集中居住

六、本校一年级学生功课繁多，一经耽搁无法补救，拟请军训会将本年集训日期展缓一月案

决议：约同川大、华大致函军训会，转请训练总监部及教育部将各大学一年级生集训日期比较高中展迟一月（可以同时毕业不必同时报到）

五钟散会

附　教务会议规程

(一)本大学根据第二次校务会议议决案设置教务会议，以教务长、院长、科主任、系主任及各系专任教授代表一人组织之，教务长为主席

(二)审定事项

1，审定全校各院系课程

2，审定全校各种实习场所设备之计划

3，计划教务改进事项

4，决议学生试验事项

5，决议校长交议之事项

6，建议提出校务会议之事项

(三)以全数三分之二为开会法定人数

(四)议案以出席人数过半之同意通过之(如必要时得投票表决)

(五)遇特别事项时主席得请专家列席

(六)本会每学期开会二次，遇必要时得约主席临时召集之

(七)本规程经校务会议通过施行

文献编号 1937-037　四川省立重庆大学廿五年度下期第四次校务会议记录

■ 文献信息

期刊《重大校刊》，第11期，第14-15页，1937年5月1日

文献编号：1937-037

■ 简体全文

四川省立重庆大学廿五年度下期第四次校务会议纪［记］录

时间　四月十六日午后三钟

地点　本校会议厅

出席者　税西恒　程宇启　刘泰琛　黄家骅　罗冠英

　　　　林斯澄　段子美　胡庶华　段子燮　胡学渊

　　　　杨声　郭坚白　李乃尧（段子燮代）　彭用仪　傅鹰

主　席　胡庶华　　　　纪［记］录　黄拜言

甲、报告事项

一、京滇公路周览会四川分会来函征集各机关之记载及统计材料……略

二、省府抄发度量衡器具输入取缔暂行规则令饬遵照……略

三、前奉 教部提示视察报告本校应当改进各要点……略

乙、讨论事项

一、廿六年度各院系经费预算如何拟定案

议决：由各系先拟预算交院务会议通过[,]提请校务会议审核

二、添办商学院经费预算如何拟定案

议决：此案暂予保留俟教部省府核示后再议

三、各教员讲义稿统交出版课缮印以便登记入账免致歧误案

议决：照案通过

四、各院系课程内容如有未编订齐全者一览内即付缺如案

议决：限本月二十日送齐

五、运动会期内各系应派员引导参观案

议决：由助教助理各员负责引导

六、学生马国铨呈验医院检查证恳予复学案

议决：碍难照准

七、川省旱灾严重有人提议募捐助赈案

议决：准予募捐

八、瓷[磁]器口火灾募捐救济案

议决：准予募捐

五钟散会

125　本校扩充校址

■ 文献信息

期刊《重大校刊》，第 11 期，第 15 页，1937 年 5 月 1 日

文献编号：1937-039

■ 简体全文

本校扩充校址

本届暑期，决添设商学院，并开始招生，因原有校址不敷分配，拟购与学校毗连之汤姓田地一段，以便建筑宿舍，闻经巴县县府及区公署议价为四千元，正在进行收买中云。

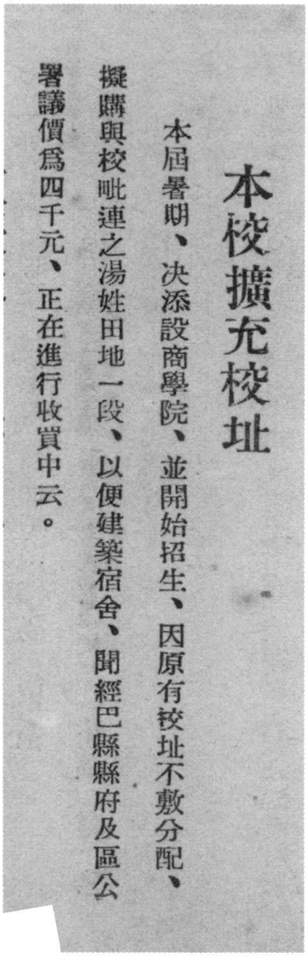

号 1937-039　本校扩充校址

本校擴充校址

本屆暑期、決添設商學院、並開始招生、因原有校址不敷分配、擬購與校毗連之湯姓田地一段、以便建築宿舍、聞經巴縣縣府及區公署議價爲四千元、正在進行收買中云。

126 二十五年度下期第五次校务会议记录

■ 文献信息

期刊《重大校刊》，第12期，第16页，1937年5月16日

文献编号：1937-042

■ 简体全文

四川省立重庆大学二十五年度下期第五次校务会议纪［记］录

时间　　四月三十日午后三钟
地点　　本校会议厅

出席者 稅西恒 胡庶华 李乃尧 刘泰琛 彭用仪 段子美
赵长洲 林斯澄 程宇启 黄家骅 傅 鹰 杨 声
段子燮(胡学渊代) 胡学渊 罗冠英

主 席 胡庶华 纪[记]录 黄拜言

甲 报告事项

一、中国航空建设协会四川分会征募会员应纳会费案

乙 讨论事项

一、修改学则请追认案

决议：照修正通过，从下年度起实行。

二、关于学生品行，应如何切实考核案[。]

决议：由训育委员会制表分送各院系科主任及教员加以总评，以凭考核。

三、拟购校址毗连之汤姓地皮，建筑学生宿舍案

决[议]：照巴县县府及区公署所议地价四千元收买[。]

五钟散会

校聞

四川省立重慶大學二十五年度下期第五次校務會議紀錄

時間 四月三十日午後三鐘

地點 本校會議廳

出席者 稅西恆 胡庶華 李乃堯 劉泰琛 彭用儀 段子美
趙長洲 林斯澄 程宇啓 黃家驊 傅 鷹 楊 聲
段子燮(胡學淵代)胡學淵 羅冠英

主 席 胡庶華 紀錄 黃拜言

甲 報告事項

一、中國航空建設協會四川分會徵募會員應納會費案

乙 討論事項

一、修改學則請追認案

決議：照修正通過、從下年度起實行。

二、關於學生品行、應如何切實考核案。

決議：由訓育委員會製表分送各院系科主任及教員加以總評、以憑考核。

三、擬購校址毗連之湯姓地皮、建築學生宿舍案

決：照巴縣縣府及區公署所議地價四千元收買

五鐘散會

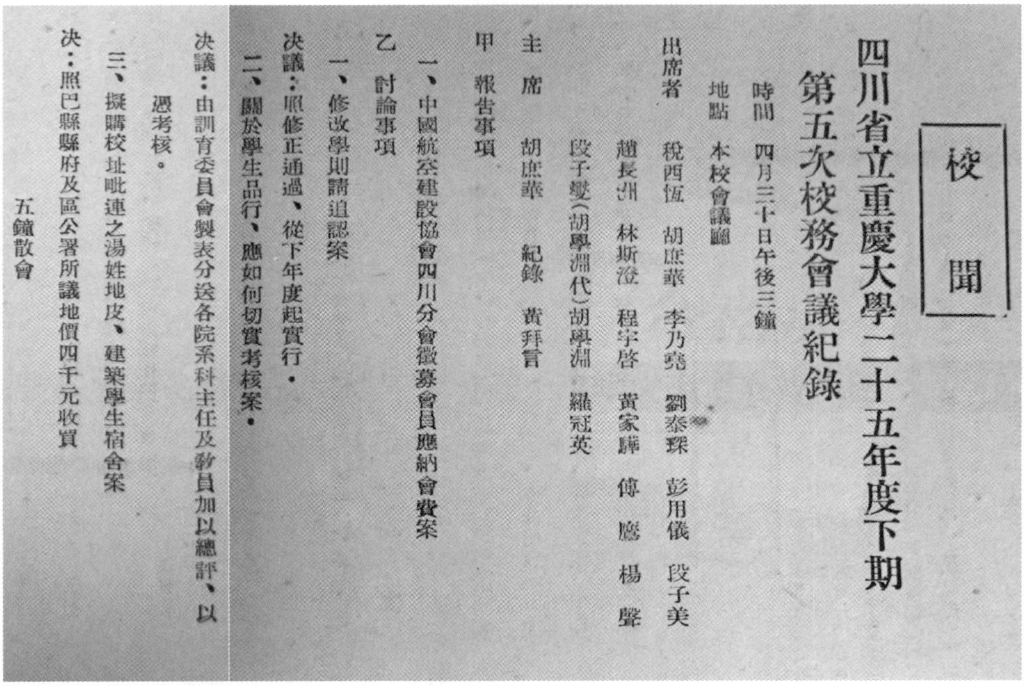

文献编号 1937-042 四川省立重庆大学二十五年度下期第五次校务会议记录

校聞

四川省省立重慶大學

二十五年度下期第六次校務會議紀錄

時間　五月十四日午後一鐘
地點　本校會議廳
出席者　稅西恆　楊壎　羅冠英　胡學淵　程宇啓　黃家驊　林情之　黃代段子美　傅鷹　彭用儀　劉泰琛　胡庶華
主席　胡庶華　紀錄黃拜雩

甲　報告事項
主席報告本校經費情形（略）

乙　討論事項

1. 川黔嚴重經省務會議議定公務人員捐薪助賑標準及辦法通令各

異一體樂捐案

決議：本校教職員捐薪助賑標準
A 月薪在四百元以上者捐薪三日
B 四百元以下二百以上者捐薪二日
C 二百以下三十元以上者捐薪一日
均以一個月為限由會計課在五月份薪金內照扣提前繳省府聚取

收據

2. 第二屆畢業生謂捐款印刷同學錄案
決議：准其募捐但須遵照二十四年度第七次校務會議決案敦職員規
定捐額以十元為最高限度

3. 確定第二屆畢業考試委員會組織案
決議：校長院長系主任及擔任四年級課程各教授均為委員並推舉蔣志
澄熊介繁楊能深胡叔詒任鴻雋鄧益先魏嗣鑾陳祖貽胡　翁各先
生為校外委員

4. 確定第二屆畢業考試日期及各在校生本屆期終考試日期並限日
呈繳畢業論文舉行畢業典禮案
決議：六月十四日起畢行畢業考試
六月二十一日起本屆期終考試
限六月十一日繳齊畢業論文
定六月二十七日舉行畢業典禮

5. 天氣漸熱下午一點鐘上課時間可否移後半點鐘上課案
決議：可以移後半點鐘上課所有下午四鐘半入城校軍亦移後半點鐘開
行

6. 前理學院學生陳剛呈請查核成績給予正式畢業證書案
決議：查二十四年十月十九日校務會議對於反對甄別考試各生曾經提
案議決暫告該生等遵從　部令參與甄試否則學業及學籍發生問
題時本校不負任何責任旋又奉　部令不參加甄試者一律除名又
查二十五年一月九日校務會議決案未受甄試各生只能給予成
績證明嗣各等勵紀錄在卷該生陳剛時所謂給予正式畢業證書廳
礙難照准

7. 本學期屆滿各系助教及助理員概由各直接指揮之教授考核及推
薦俾增效率案
決議：此案暫予保留俟下次會議公決

8. 本校校工似應略分等級給薪由事務部另擬管理校工規則實施訓
練管理案
決議：此案暫予保留俟下次會議公決

四鐘散會

文獻編號 1937-046　四川省省立重慶大學二十五年度下期第六次校務會議記錄

■ 文献信息

期刊《重大校刊》，第 13 期，第 8-9 页，1937 年 6 月 1 日
文献编号：1937-046

■ 简体全文

四川省省立重庆大学　二十五年度下期第六次校务会议纪［记］录

时间　五月十四日午后一钟

地点　本校会议厅

出席者　税西恒　杨　声　罗冠英　胡学渊　程宇启　黄家骅

　　　　林情［清］之　黄代段子美　傅　鹰　彭用仪　刘泰琛　胡庶华

主席　胡庶华　纪［记］录　黄拜言

甲　报告事项

　　主席报告本校经费情形(略)

乙　讨论事项

1，川灾严重［，］经省务会议议定公务人员捐薪助赈标准及办法［，］通令各界一体乐捐案

　　决议：本校教职员捐薪助赈标准

　　　　　A月薪在四百元以上者捐薪三日

　　　　　B四百元以下二百以上者捐薪二日

　　　　　C一百以下三十元以上者捐薪一日

均以一个月为限［，］由会计课在五月份薪金内照扣［，］提前汇缴省府制取收据

2，第二届毕业生请捐款印刷同学录案

　　决议：准其募捐但须遵照二十四年度第七次校务会议议决案教职员规定［，］捐额以十元为最高限度

3，确定第二届毕业考试委员会组织案

　　决议：校长［、］院长［、］系主任及担任四年级课程各教授均为委员［，］并推举蒋志澄［、］熊介繁［、］杨能深［、］胡叔潜［、］任鸿隽［、］邓益先［、］魏嗣銮［、］陈祖贻［、］胡蔚各先生为校外委员

4，确定第二届毕业考试日期及各在校生本届期终考试日期并限日呈缴毕业论文举行毕业典礼案

　　决议：六月十四日起举行毕业考试

　　　　　六月二十一日起本届期终考试

　　　　　限六月十一日缴齐毕业论文

　　　　　定六月二十七日举行毕业典礼

5，天气渐热［，］下午一点钟上课时间可否移后半点钟上课案

　　决议：可以移后半点钟上课［，］所有下午四钟半入城校车亦移后半点钟开行

6，前理学院学生陈雨时呈请查核成绩给予正式毕业证书案

　　决议：查二十四年十月十九日校务会议对于反对甄别考试各生曾经提案议决［，］

警告该生等遵从　部令参与甄试[，]否则学业及学籍发生问题时本校不负任何责任[，]旋又奉　部令不参加甄试者一律除名[，]又查二十五年一月九日校务会议议决案未受甄试各生只能给予成绩证明书[、]各等语纪[记]录在卷[，]该生陈雨时所请给予正式毕业证书碍难照准

7，本学期届满[，]各系助教及助理员概由各直接指挥之教授考核及推荐俾增效率案

决议：此案暂予保留俟下次会议公决

8，本校校工似应略分等级给薪[，]由事务部另拟管理校工规则实施训练管理案

决议：此案暂予保留俟下次会议公决

四钟散会

128　四川省立重庆大学二十五年度下期第七次校务会议

四川省立重慶大學二十五年度下期

第七次校務會議

時間　六月七日午后三鐘半

地點　本校會議廳

出席者　劉泰琛　胡庶華

段子燮　稅西恆　李乃堯　彭用儀　郭堅白

趙長洲　程宇啟　楊壁　林斯澄　繡冠英

主席　胡庶華　紀錄　黃拜言

傳廡　黃家驎　胡叔平（偉代）

甲　報告事項

主席報告　本校經費積欠三個月現在工廠建築費欠付一萬餘元

敎職員住宅建築費欠付五千餘元儀器及化學用品已到待領者約

一萬餘元將到者有二萬餘元銀行透支逾二萬元此次晉省睹款僅

領到七千元故臨付頗為困難云：：

乙　議決事項

1，設法借款於本月十五以前將敎職員薪金酌量發給一部份

2，事務方面盡量緊縮

3，設備方面繼續擴充

4，學生宿舍俟兩週後如經濟情形好轉仍照原定計劃修建

5，本校管有鹽鍋奇石地皮被鄰近住戶侵占各界址亟應成立校產委員會詳爲查勘澈底清理一俟清理就緒即呈省府將該處地皮變賣所得地價完全作爲設備

五鐘半散會

文献编号 1937-051　四川省立重庆大学二十五年度下期第七次校务会议

■ 文献信息

期刊《重大校刊》，第 14 期，第 16 页，1937 年 6 月 16 日

文献编号：1937-051

■ 简体全文

四川省立重庆大学二十五年度下期第七次校务会议

时间　六月七日午后三钟半

地点　本校会议厅

出席者　刘泰琛　胡庶华　税西恒　李乃尧　彭用仪　郭坚白

　　　　段子燮　赵长洲　程宇启　杨　声　林斯澄　罗冠英

　　　　傅　鹰　黄家骅　胡叔平(傅代)

主　席　胡庶华　　　　纪[记]录　黄拜言

甲　报告事项

主席报告　本校经费积欠三个月[,]现在工厂建筑费欠付一万余元[,]教职员住宅建筑费欠付五千余元[,]仪器及化学用品已到待领者约一万余元[,]将到者有二万余元[,]银行透支逾二万元[,]此次晋省请款仅领到七千元[,]故应付颇为困难云:

乙　议决事项

1，设法借款于本月十五以前将教职员薪金酌量发给一部

2，事务方面尽量紧缩

3，设备方面继续扩充

4，学生宿舍俟两周后如经济情形好转仍照原定计划修建

5，本校管有盐锅奇石地皮被邻近住户侵占各界址[,]亟应成立校产委员会详为查勘[,]澈底清理[,]一俟清理就绪即呈省府[,]将该处地皮变卖所得地价完全作为设备

五钟半散会

129　廿六年度上期第一次校务会议记录

■ 文献信息

期刊《重大校刊》，第15期，第10-11页，1937年10月20日

文献编号：1937-061

■ 简体全文

（一）廿六年度上期第一次校务会议纪［记］录

时间　　九月二十九日午后三钟

地点　　本大学会议厅

（一）廿六年度上期第一次校務會議紀錄

時間　九月二十九日午後三鐘

地點　本大學會議廳

出席者　楊馨麗　晁　　林斯澄　彭鴻章
　　　　丁洪範　劉泰琛　胡學淵　叚子燮
　　　　胡學淵代傅　鷹　稅紹聖　左城夫
　　　　毛詔青　黃家驊　段子美　胡庶華

主席　胡庶華　　紀錄　黃鼎彝

甲、報告事項

1. 教部規定各級學校處理校務臨時辦法
2. 教部提示視察報告應行改進各要點
3. 教部檢發大學訓練中等學校師資暫行辦法
4. 教部抄發留日學生返國救濟辦法
5. 教部抄發各級學校勸募公債辦法
6. 省府訂定省立學校二十六年度預算實施辦法
7. 本校為適應目前需要計得聘兼任教授薪水以鐘點計算每小時五元

乙、議決事項

1. 本大學學生免費及公費學額規程案
　議決：修政通過
2. 借讀生請求選課案
　向教部請示辦理
3. 各戰區商學院二三年級學生請求本校商學院開班借讀案
　議決：除設法開班外並向教部省府請求補助
4. 校外生請求本校三次招生案
　議決：各系一年級名額額已滿不再招生
5. 各處所收之物即由各處負責保管無論屬于消耗或不消耗每學期末應分別造具清冊呈　校長核消或備查案
6. 購物單及收物單除鈴蓋各處記印外並須加改主管人員私章倘無預記私章事務部不得接受案
7. 庶務課採購物品所限時間至多為三日（以購物單交到時之鐘點起算）如屆期猶未購到則將理由詳達原請求採購處得知案
8. 從本年七月份起關於本校預決算及各月份報銷須由會計課訂期（至少每兩月一次）邀請本校稽核委員會切實稽核簽字蓋章案
　議決：以上四案照案通過
9. 數理系二年級學生劉本祺劉學足熊遡鉅魏瓊陳肇毅呈請暫免轉系考試准予補修再行試驗案
　議決：不准
10. 關於新生紛紛轉系應如何制止案
　議決：甲、額滿之系不准轉入
　　　　乙、須經兩系之學生主任同意
　　　　丙、理工兩院之學生欲轉商學

文献编号 1937-061　廿六年度上期第一次校务会议记录（节选）

出席者　杨　声　罗　冕　林斯澄　彭鸿章

　　　　丁洪范　刘泰琛　胡学渊　叚[段]子燮

　　　　胡学渊代傅　鹰　税绍圣　左城夫

　　　　毛韶青　黄家骅　段子美　胡庶华

主　席　胡庶华　　　　　纪[记]录　黄鼎彝

甲、报告事项

1，教部规定各级学校处理校务临时办法

2，教部提示视察报告应行改进各要点

3，教部检发大学训练中等学校师资暂行办法

4，教部抄发留日学生返国救济办法

5，教部抄发各级学校劝募公债办法

6，省府订定省立学校二十六年度预算实施办法

7，本校为适应目前需要计[，]得聘兼任教授[，]薪水以钟点计算[，]每小时五元

乙、议决事项

1，本大学学生免费及公费学额规程案

　　议决：修政通过

2，借读生请求选课案

　　向教部请示办理

3，各战区商学院二三年级学生请求本校商学院开班借读案

　　议决：除设法开班外并向教部省府请求补助

4，校外生请求本校三次招生案

　　议除[决]：各系一年级名额已满不再招生

5，各处所收之物即由各处负责保管[，]无论属于消耗或不消耗[，]每学期末应分别造具清册呈校长核消或备查案

6，购物单及收物单除钤盖各处图记外并须加改[盖]主管人员私章[，]倘无图记私章[，]事务部不得接受案

7，庶务课采购物品所限时间至多为三日（以购物单交到时之钟点起算）[，]如届期犹未购到则将理由函达原请求采购处得知案

8，从本年七月份起[，]关于本校预决算及各月份报销[，]须由会计课订期（至少每两月一次）邀请本校稽核委员会切实稽核签字盖章案

9，数理系二年级学生刘本祺[、]刘学足[、]熊运巨[、]魏琼[、]陈肇毅呈请暂免转系考试[，]准予补修再行试验案

　　议决：不准

10，关于新生纷纷转系应如何制止案

　　议决：甲，额满之系不准转入

乙，须经两系之系主任同意

丙，理工两院之学生欲转商学院者须补考入学考试未考之科目[，]商学院学生欲转入理学院者亦同

130 二十六年度第二次校务会议记录

■ 文献信息

期刊《重大校刊》，第15期，第11—12页，1937年10月20日

文献编号：1937—062

■ 简体全文

（二）二十六年度上期第二次校务会议纪[记]录

时间　　十月九日午后三时

地点　　会议厅

出席者　段子爕　胡学渊　张焕龙　丁洪范

　　　　林斯澄　毛韶青　朱缵祖　刘泰琛

　　　　王瑞祥　杨　声　胡庶华　税绍圣

主　席　胡庶华　纪[记]录　黄鼎彝

开会如仪

甲、报告事项

1，报告　委员长行营代电准将驻渝第卅三队旧贝来盖飞机一架拨给本校作教材之用(略)

2，报告接本市新生活运动促进会公函[，]发起献衣运动[，]请尽量捐助[，]俾前方将士有以御寒(略)

乙、提议事项

1，省府抄发各级学校及其他教育机关劝募救国公债办法五条令饬遵办案

决议：事关输财救国[，]本校定九月份起依照实行

2，学生乘坐校车应如何规定案

决议：学生请假后，由训育委员会给予购买证始能购票上车，学生座位仍照以前规定(大车八人，小车六人)[，]但由校到城有余位时，经售票员

之科目商學院學生欲轉入
理學院者亦同

（二）二十六年度第二次校務會議紀錄

時間　十月九日午後三時

地點　會議廳

出席者　段子燮　胡學淵　張愒龍　丁洪範
　　　　林斯澄　毛韶青　朱續祖　劉泰琛
　　　　王瑞颺　楊聲　胡庶華　稅紹聖

主席　胡庶華　　紀錄　黃鼎彝

開會如儀

甲、報告事項

1，報告　委員長行營代電准將駐渝第卅
三隊舊貝來蓋飛機一架撥給本校作教
村之用（略）

2，＂報告接本市新生活運動促進會函發
起獻衣運動請盡量捐助俾前方將士有
以禦寒（略）

乙提議事項

1，省府抄發各級學校及其他教育機關勸
募救國公債辦法五條令遵辦案
決議：事關籌財救國本校定九月份起依實
行

2，學生乘坐本校車應如何規定案
決議：學生請假後、由訓育委員會給予購買
證始能購票上車、學生坐位仍照以前
規定（大車八人、小車六人）但由校
到城有餘位時、經售票員報請訓育委
員會許可、得增加之。

3，借讀生選課案
決議：A，選某一科只給某一科之學分
B，如需要本大學學平成績則不能任意
選課
C，講堂位置須先報由教務部許可始得
入坐
D，如願為本大學正式生者須先繳原校
之轉學證書

4，本校校刊請推主編負責人繼續辦理案
決議：以教務長為當然主編人、教務長未到
以

以前、請楊事務長暫行兼代

5，教授及學生購置教科參考書應如何辦
理案
決議：購書事宜、仍歸圖書館辦理、准添辦
事員

6，各部份送交出版課請印之表冊太多趕
印不及應有何辦理案
決議：表冊在三百份以下者歸出版課印、三
百份以上者由事務部轉送各印刷公司
印

7，教務部同註冊出版兩課應實行聯席辦
公增進效率案
決議：另擬教務部辦事細則由註冊課起草提
交下次會議公決

8，註冊課應於每學期終將各院系科學生
之學期成績抄送各院長任以憑審核案
決議：照案通過

9，本年度學生講義每頁價值應如何規定
案
決議：每頁定價八厘

文献编号 1937-062　二十六年度第二次校务会议记录（节选）

报请训育委员会许可，得增加之。

3，借读生选课案

决议：A，选某一科只给某一科之学分

B，如需要本大学学年成绩则不能任意选课

C，讲堂位置须先报[,]由教务部许可始得入坐

D，如愿为本大学正式生者须先缴原校之转学证书

4，本校校刊请推主编负责人继续办理案

决议：以教务长为当然主编人，教务长未到以前，请杨事务长暂行兼代

5，教授及学生购置教科参考书应如何办理案

决议：购书事宜，仍归图书馆办理，准添办事员

6，各部份送交出版课请印之表册太多赶印不及应有何办理案

决议：表册在三百份以下者归出版课印，三百份以上者由事务部转送各印刷公司印

7，教务部同注册出版两课应实行联席办公增进效率案

决议：另拟教务部办事细则[,]由注册课起草提交下次会议公决

8，注册课应于每学期终将各院系科学生之学期成绩抄送各院长任以凭审核案

决议：照案通过

9，本年度学生讲义每页价值应如何规定案

决议：每页定价八厘

10，免费及公费学额委员会规则第六条及第十六四两条可否酌予修改案

决议：分别修正通过

11，数理系学生张竹青呈请准予降级复学及上年度取录之数理系新生程孟直呈请准予入学肄业案

决议：暂准试读[,]须报部核定后方得为正式生

五钟散会

131 二十六年度免费暨公费学额委员会记录

■ 文献信息

期刊《重大校刊》，第15期，第12页，1937年10月20日

文献编号：1937-063

（三）二十六年度免費暨公費學額委員會紀錄

時間　十月五日午後三鐘

地點　本校會議廳

出席者　段子燮　劉泰琛　羅冕　楊聲
　　　　傅鷹　稅紹聖　胡庶華　林斯澄
　　　　段子美　劉祖彝　胡學淵（傅代）
　　　　張煥龍　丁洪範　左城夫

主席　胡庶華　　紀錄　黃鼎彝

甲、報告事項

1，報告教部提示各級學校辦理二十六年度免費及公費學額應行注意要點令飭切實邀辦案（略）

2，報告本會規則（略）

乙、議決事項

1，本年度照章增設全校學生總數百分之三之公費學額百分之七之免費學額請予審定家境清貧成績優良各生分別給予案

議決：查已經註冊學生總數為四百六十七名應設置公費學額十四名免費學額三十三名審定成績在八十分以上操行甲等之家境清貧學生徐光華陳如銀張宗孟李裕高李繼葉黃永隆梁德用譙鎰黃正彥熊朝鈺趙仕藩邱俊德范克明何大經等十四名為公費生并審定家境清貧成績及格操行亦佳之學生蔣自光敖碩昌郭士坤黃鳴梟賴傳綽蔣國鈞劉仕賢夏國佐范順民何文德張容黃哲張松華余文貞等十四名為免費生所有免費人數

尚未足額俟下次開會再行審定

2，本學期典藝獎學基金有息金三百七十四元四角請子稄給確係孤貧與獎基金原則相符各生案

議決：據各方來函證明並經審定劉宗惠王錫五兩生確係孤貧與獎基金原則相符本期應在該獎學金項下各給予九十元（學食費在內）其餘楊昌葉鄧玉書左蕙君三名亦經審定孤貧實屬本期一律在該獎學金項下各給予壹拾元（學食費在內）

3，可否將本會規則第六條所指「操行在乙等以下」一語提交校處會議請予明白規定並請將十六條增加各系主任為當然委員會

議決：提交校務會議請予分別修正

4，繳驗清貧證書定何日截止案

議決：與註冊截止期一同截止

五時散會

文献编号 1937-063　二十六年度免费暨公费学额委员会记录

■ 简体全文

（三）二十六年度免费暨公费学额委员会纪[记]录

时间　十月五日午后三钟

地点　本校会议厅

出席者　段[段]子燮　刘泰琛　罗冕　杨声

　　　　傅鹰　　　税绍圣　胡庶华　林斯澄

　　　　段子美　　刘祖彝　胡学渊(傅代)

　　　　张焕龙　　丁洪范　左城夫

主席　胡庶华　　　纪[记]录　黄鼎彝

甲、报告事项

1，报告教部提示各级学校办理二十六年度免费及公费学额应行注意要点令饬切实遵办案(略)

2，报告本会规则(略)

乙、议决事项

1，年[本]年度照章增设全校学生总数百分之三之公费学额、百分之七之免费学额，请予审定家境清贫成绩优良各生分别给予案

议决：查已经注册学生总数为四百六十七名，应设置公费学额十四名、免费学额三十三名，审定成绩在八十分以上、操行甲等之家境清贫学生徐光华、陈如银、张宗孟、李裕高、李继华、董永隆、梁德用、萧镒、黄正彦、熊朝钰、赵仕藩、邱俊德、范克明、何大经等十四名为公费生，并审定家境清贫、成绩及格、操行亦佳之学生蒋自光、敖硕昌、郭士坤、黄鸣皋、赖傅绰、蒋国钧、刘仕贤、夏国佐、范顺民、何文德、张容、黄哲、张松华、余文质等十四名为免费生，所有免费人数尚未足额，俟下次开会再行审定

2，本学期典夒奖学基金有息金三百七十四元四角，请予核给确系孤贫、与奖学基金原则相符各生案

议决：据各方来函证明并经审定，刘宗惠、王锡五两生确系孤贫，与奖学基金原则相符，本期应在该奖学金项下各给予九十元(学食费在内)，其余杨昌华、邓玉书、左蕙君三名亦经[定]审定，孤贫实属[属实]，本期一律在该奖学金项下各给予六十元(学食费在内)

3，可否将本会规则第六条所指"操行在乙等以下"一语提交校处会议，请予明白规定并请将十六条增加各系主任为当然委员会[案]

议决：提交校务会议请予分别修正

4，缴验清贫证书定何日截止案

议决：与注册截止期一同截止

五时散会

（四）二十六年度上學
期訓育委員會第一
次會議紀錄

時間 十月八日午後三鐘
地點 會議廳
出席者 胡庶華 張學澄 萬宗玲 李充國
　　　 楊礨 胡學淵 毛詔青 張煥龍
　　　 段子美 劉德超 丁洪範 王道燦
　　　 左城夫 熊正瑜 龔嚴臚 林斯澄
主席胡庶華
紀錄陳敏全
開會如儀
　1報告事項
一、訓育委員會自即日起開始辦公
二、本期訓育方針應取絕對嚴格主義
　II提議事項
一、學生服裝案
決議十月十五日起本校全體學生一律著
制服

二、每週軍訓時間分配案
決議遵照訓練總監部規定每週軍訓三小
　時外更於星期二至星期五日每晨操練
三、紀念週時間案
　三十分鐘
四、升降旗時點名案
決議星期一晨升旗後即舉行紀念週
五、每晚學生就寢時點名案
決議編隊後由教官照軍隊軍法辦理
六、學生乘坐校車案
決議侯新宿舍落成學生住定後開始點名
決議學生請假後由訓育委員會給與實票
　證始能買票乘坐學生座位仍照以前規
　定（大車八人小車六人）但由校到城
　有餘位時經售票員報請訓育委員會許
　可時得增加之
七、訓育委員參加升降旗禮案
決議由住校之訓育委員輪流參加領導
八、訓育委員如何實際指導學生案
決議各訓育委員應佩帶訓育委員會證章

隨時指導學生生活糾正學生不良行為
九、劃一學生被罩案
決議全校學生被單一律由事務部製定發
　散其用費在各學生保證金內扣除之
十、組織訓育君員會辦公室案
決議由本會擬定辦法呈交、校長核定
　四鐘散會

■ 文献信息

期刊《重大校刊》，第15期，第13页，1937年10月20日

文献编号：1937-064

■ 简体全文

（四）二十六年度上学期训育委员会第一次会议纪[记]录

时间　　十月八日午后三钟

地点　　会议厅

出席者　胡庶华　张学澄　万宗玲　李充国

　　　　杨　声　胡学渊　毛韶青　张焕龙

　　　　段子美　刘德超　丁洪范　王道灿

　　　　左城夫　熊正瑜[伦]　龙宪肃　林斯澄

主张[席]胡庶华

纪[记]录陈敏全

开会如仪

Ⅰ报告事项

一、训育委员会自即日起开始办公

二、本期训育方针应取绝对严格主义

Ⅱ提议事项

一、学生服装案

决议十月十五日起本校全体学生一律着制服

二、每周军训时间分配案

决议遵照训练总监部规定[，]每周军训三小时外更于星期二至星期五日每晨操练三十分钟

三、纪念周时间案

决议星期一晨升旗后即举行纪念周

四、升降旗时点名案

决议编队后由教官照军队军法办理

五、每晚学生就寝时点名案

决议俟新宿舍落成[，]学生住定后开始点名

六、学生乘坐校车案

决议学生请假后由训育委员会给与买票证始能买票乘坐[，]学生座位仍照以前规定（大车八人小车六人）[，]但由校到城有余位时[，]经售票员报请训育委员会许可时得增加之

七、训育委员参加升降旗礼案

决议由住校之训育委员轮流参加领导

八、训育委员如何实际指导学生案

决议各训育委员会应佩带[戴]训育委员会证章[,]随时指导学生生活[,]纠正学生不良行为

九、划一学生被单案

决议全校学生被单一律由事务部制定发散[,]其用费在各学生保证金内扣除之

十、组织训育君员会办公室案

决议由本会拟定办法[,]呈交校长核定

四钟散会

133 二十六年度第一次建筑委员会记录

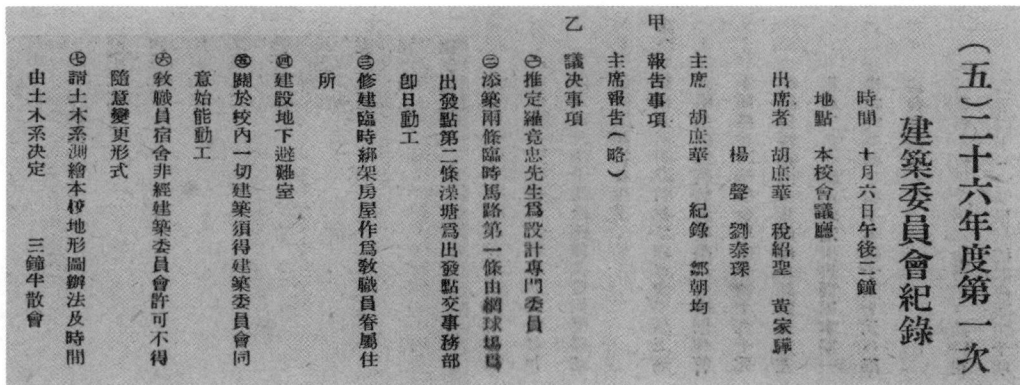

文献编号 1937-065　二十六年度第一次建筑委员会记录

■ 文献信息

期刊《重大校刊》，第 15 期，第 13—14 页，1937 年 10 月 20 日

文献编号：1937-065

■ 简体全文

二十六年度第一次建筑委员会纪[记]录

时间　十月六日午后二钟

地点　本校会议厅

出席者　胡庶华　税绍圣　黄家骅　杨　声　刘泰琛

主　席　胡庶华　纪[记]录　邹朝均

甲　报告事项

主席报告(略)

乙　议决事项

一、推定罗竟忠先生为设计专门委员

二、添筑两条临时马路|,|第一条由网球场为出发点|,|第二条澡塘[堂]为出发点|,|交事务部即日动工

三、修建临时绑架房屋作为教职员眷属住所

四、建设地下避难室

五、关于校内一切建筑|,|须得建筑委员会同意始能动工

六、教职员宿舍非经建筑委员会许可不得随意变更形式

七、请土木系测绘本校地形图|,|办法及时间由土木系决定　　　　三钟半散会

134　四川省立重庆大学二十六年度第三次校务会议记录

校　聞

（一）四川省立重慶大學
二十六年度第三次
校務會議紀錄

時間　十月二十二日午後三鐘
地點　教員休息室

出席者　鄭晃　毛韶青　陳紹武　稅紹聖
　　　　楊聲　胡學淵　段子美　林斯澄
　　　　胡庶華　夏元璟　朱纘祖　丁洪範
　　　　劉蓉琛　張煥寵　彭用儀

列席者　張曉瑞　曾憲中

主席　胡庶華　　紀錄　黃珊霽

一、開會如儀

二、報告事項
　一、經費近況（略）
　二、成立防護圍籌備防空室（略）

三、提議事項

一、本校工廠擬則請予核定案
決議：照修正通過

二、教務部辦事細則請予修正案
決議：由校長核准施行、不必提案討論

三、補充上次會議借讀生選案課
決議：一、以選本系之課程為原則。
　　　二、如有特殊情形須選其他院系課程
　　　時、非經其他院系院長主任許可
　　　不得選修。
　　　三、學分之給予仍照所選之課程為準
　　　　　　五鐘散會

文献编号 1937-076　四川省立重庆大学二十六年度第三次校务会议记录

■ 文献信息

期刊《重大校刊》，第16期，第21页，1937年11月05日

文献编号：1937-076

■ 简体全文

（一）四川省立重庆大学二十六年度第三次校务会议纪［记］录

时间	十月二十二日午后三钟

地点　　　教员休息室

出席　　　罗　冕　毛韶青　陈绍武　税绍圣

　　　　　杨　声　胡学渊　段子美［美］　林斯澄

　　　　　胡庶华　夏元璟［瑹］　朱缵祖　丁洪范

　　　　　刘泰琛　张焕龙　彭用仪

列席者　张晓飞　曾宪中

主　席　胡庶华　　　　　纪［记］录　黄鼎彝

一、开会如仪

二、报告事项

　　一、经费近况（略）

　　二、成立防护团筹备防空（略）

三、提议事项

　　一、本校工厂规则请予核定案

决议：照修正通过

　　二、教务部办事细则请予修正案

决议：由校长核准施行，不必提案讨论

　　三、补充上次会议借读生选案课［课案］

决议：一、以选本系之课程为原则

　　　　二、如有特殊情形须选其他院系课程时，非经其他院系院长主任许可不得选修［o］

　　　　三、学分之给予仍照所选之课程为准

　　　　　　　　五钟散会

（二）四川省立重慶大學二十六年度第二次建築委員會紀錄

時間　十月十四日午後三鐘

地點　會議廳

出席者　黃家驛　羅竟忠　劉泰琛　楊聲　胡庶華（楊聲代）

主席　楊聲（代）

紀錄　黃鼎彝

開會如儀

一、報告事項

主席報告（略）

二、提議事項

一、趕建敎職員住屋案

決議：請學校先將容納人敎及建築經費略數決定再由本會指定地基及繪圖設計

二、確定新宿舍厠所案

決議：本會指定地基後山事務部庶務課立即興工

三、敎職員住宅四棟工廠新宿舍新食堂建築收尾數應如何結算案

決議：須建築完竣經本會驗收後始能結算

四、確定地下避難室及防空壕地點及建築形式案

決議：一、羅竟忠先生負責計劃防空洞黃家驛先生負責計劃防空壕

二、另擬築壕及掘洞辦法從速興工

三、暫將理工兩院地下室儲藏物品騰空以備不虞

五、毛韶青先生沈乃菁先生同住第二號敎職員住宅函請添建廚房案

決議：本會對於一切建築只負技術責任應否添建請由校長決定

五鐘散會

文献编号 1937-077　四川省立重庆大学二十六年度第二次建筑委员会记录

■ 文献信息

期刊《重大校刊》，第16期，第21-22页，1937年11月05日

文献编号：1937-077

■ 简体全文

（二）四川省立重庆大学二十六年度第二次建筑委员会纪[记]录

时间　十月十四日午后三钟

地点　会议厅

出席者　黄家骅　罗竟忠　刘泰琛　杨　声　胡庶华(杨声代)

主　席　杨声(代)　　　　纪[记]录　黄鼎彝

开会如仪

一、报告事项

主席报告(略)

二、提议事项

一、赶建教职员住屋案

决议：请学校先将容纳人敔[数]及建筑经费略数决定[，]再由本会指定地基
及绘图设计

二、确定新宿舍厕所案

决议：本会指定地基后由事务部庶务课立即兴工

三、教职员住宅四栋[、]工厂[、]新宿舍[、]新食堂建筑费尾数应如何结算案

决议：须建筑完竣经本会验收后始能结算

四、确定地下避难室及防空壕地点及建筑形式案

决议：一、罗竟忠先生负责计划防空洞[，]黄家骅先生负责计划防空壕

二、另拟筑壕及掘洞办法[，]从速兴工

三、暂将理工两院地下室储藏物品腾空以备不虞

五、毛韶青先生沈乃菁先生同住第二号教职员住宅[，]函请添建厨房案

决议：本会对于一切建筑只负技术责任[，]应否添建请由校长决定

五钟散会

136　四川省立重庆大学建筑委员会第三次会议记录

■ 文献信息

期刊《重大校刊》，第16期，第22页，1937年11月05日

文献编号：1937-078

■ 简体全文

（三）四川省立重庆大学建筑委员会第三次会议纪[记]录

时间　二十六年十月二十七日午时三时

地点　本校会议厅

出席人　胡庶华　罗竟忠　魏　泽　刘泰琛

税绍圣　黄家骅　杨　声（张晓飞代）

主　席　胡庶华　　　　　　纪[记]录　杨怀瑾

报告事项

一、罗竟忠先生报告计划建筑防空洞情形所需经费约六千元

二、黄家骅先生报告学生宿舍迟延竣工之原因

决议事项

一、防空洞建筑案

决议：地点在文字斋及理学院之间，长约一百公丈，宽约三公尺，前通
　　　操场后通江岸，洞内洞外工程由石工报价取最低价，工程由本会
　　　负责，事务由事务部负责

二、环校马路建筑案

决议：由停车场到新宿舍，与前定计划略有移动，俟详细预算估计后再动
　　　工修筑

三、食堂建筑价款确定案

决议：由新蜀营造厂将前报单价交本会审核，再行削减

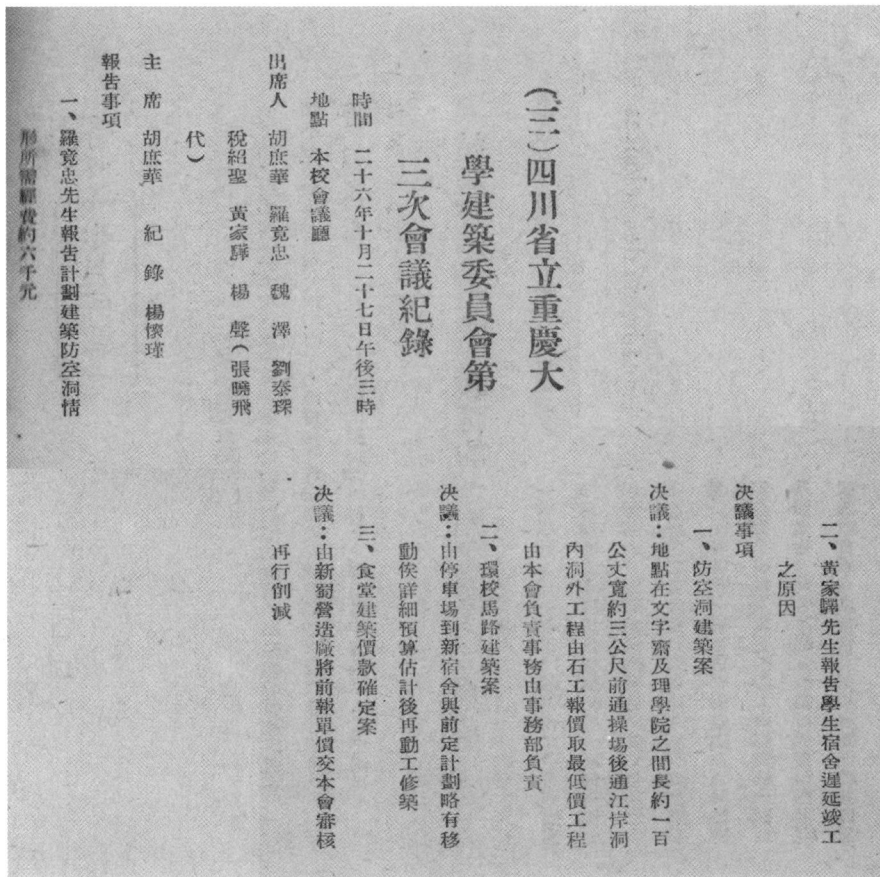

文献编号 1937-078　四川省立重庆大学建筑委员会第三次会议记录

校聞

(一)四川省立重慶大學廿六年度第五次校務會議紀錄

時間 十一月十七日午後三鐘

地點 會議廳

出席者 段子燮 朱纉祖 薛迪靖 張煥龍
(雷瑞林代)毛韶青 傅鷹 雞晁
丁洪範 林斯澄 彭用儀 稅紹聖
胡學淵(彭用儀代)楊聲 胡庶華
夏元瑮(陳紹武代)段子美 黃家驊
劉泰琛 陳紹武

主席 胡庶華 紀錄 黃鼎彝

甲、開會如儀

乙、報告事項

主席 報告：

1,劉主席電復本校特設課程教濟借讀生略

1,軍訓委員會來函謂冊列二十六年秋季始業生應受明年暑期集訓其餘二十五年應補受訓學生俟另文名集……略

3,本校呈准行營在鹽務管理局借撥三萬元已經撥付……略

4,接財政部孔部長復電謂川省鹽稅所增設各費均已指定用途所謂每月補助重大經費二萬元礙難照辦希原諒……略

5,電請省府墊本校教職員七折發薪酌予變通案……略

丙提議事項

I 抗戰期間應如何實施特種訓練案

決議：一、組織特種訓練委員會

二、由各系決定應行減少之課(以正課二十點鐘左右為原則)

三、增設特種課程分左列各班

1,軍工班 (屬土木系)

2,電訊班 (屬電機系)

3,救護班 (校醫担任)

4,機械班 (屬電機系)

5,汽車班 (屬電機系)

6,交通管 (屬商學院)

7,防毒班 (屬化學系)

8,商品管 (屬商學院)
理班

五、詳細計劃由特種訓練委員會另擬各系主任名集開會決定

六、本星期六日再開校務會議

II 國空設備應如何進行案

決議：一、公推劉泰琛先生會同事務部即日勘定防空地點

二、挖壕打洞同時進行

III 建築校門及環校馬路以重校容而利交通案
通案

IV 建築圖書館案

決議：照案通過

V 全校技術工人除工作方面受各該管監督指揮外屬於人事方面應否歸庶務課管理案

文献编号 1937-082 四川省立重庆大学廿六年度第五次校务会议记录

- 文献信息

  期刊《重大校刊》，第 17 期，第 16-17 页，1937 年 11 月 20 日

  文献编号：1937-082

- 简体全文

（一）四川省立重庆大学廿六年度第五次校务会议纪[记]录

时间　　十一月十七日午后三钟

地点　　会议厅

出席者　段子燮　朱缵祖　薛迪靖　张焕龙(雷瑞林代)毛韶青　傅　鹰

　　　　罗　冕　丁洪范　林斯澄　彭用仪　税绍圣　胡学渊(彭用仪代)

　　　　杨　声　胡庶华　夏元瑮(陈绍武代)

　　　　段子美　黄家骅　刘泰琛　陈绍武

主　席　胡庶华　纪[记]录　黄鼎彝

甲、开会如仪

乙、报告事项

主席　报告：

　　1，刘主席电复本校特设课程救济借读生略

　　1[2]，军训委员会来函谓册列二十六年秋季始业生应受明年暑期集训，其余二十五年应补受训学生，俟另文召集……略

　　3，本校呈准行营在监务管理局借拨三万元，已经拨付……略

　　4，接财政部孔部长复电谓川省盐税所增建设各费均已指定用途，所请每月补助重大经费二万元碍难照办，希原谅……略

　　5，电请省府对本校教职员七折发薪酌予变通案……略

丙、提议事项

Ⅰ　抗战期间应如何实施特种训练案

决议：一、组织特种训练委员会

　　　二、由各系决定应行减少之课(以正课二十点钟左右为原则)

　　　三、增设特种课程分左列各班

　　　　　1，军工班(属土木系)

　　　　　2，电讯班(属电机系)

　　　　　3，救护班(校医担任)

　　　　　4，机械班(属电机系)

　　　　　5，汽车班(属电机系)

　　　　　6，交通管理班(属商学院)

　　　　　7，防毒班（属化学工系）

　　　　　8，商品管理班（属商学院）

　　四、详细计划由特种训练委员会另拟

　　五、各系应减课程准本星期四[、]五日由各系主任召集开会决定

　　六、本星期六日再开校务会议

Ⅱ　国空设备应如何进行案

决议：一、公推刘泰琛先生会同事务部即日勘定防空地点

二、挖壕打洞同时进行

Ⅲ　建筑校门及环校马路以重校容而利交通案

决议：照案通过

Ⅳ　建筑图书馆案

决议：暂就原馆增加阅览室并酌量培修

Ⅴ　全校技术工人除工作方面受各该管监督指挥外[，]属于人事方面应否归庶务
　　课管理案

决议：应归庶务课管理

　　　　　　　　五钟半散会

138　四川省立重庆大学廿六年度免费暨公费学额委员会记录

■ 文献信息

　　期刊《重大校刊》，第17期，第17页，1937年11月20日

　　文献编号：1937-083

■ 简体全文

　　　（二）四川省立重庆大学廿六年度免费暨公费学额委员会纪［记］录

　　时间　　十一月三日午后二钟

　　地点　　会议厅

　　出席者　胡庶华　胡学渊　税绍圣　段子燮

　　　　　　夏元[琛]　段子美　张焕龙　薛迪靖

　　　　　　彭用仪　罗　冕　陈绍武　刘泰琛

　　　　　　刘祖彝　傅　鹰　丁洪范　林斯澄

　　　　　　左城夫

（二）四川省立重慶大學廿六年度免費暨公費學額委員會紀錄

地點　會議廳

時間　十一月三〇日午後二鐘

出席者　胡庶華　胡學淵　稅紹聖　段子燮
夏元　段子美　張煥龍　薛迪靖
彭用儀　羅冕　陳紹武　劉泰琛
劉祖彝　傅鴻　丁洪範　林斯澄
左城夫

主席　胡庶華　紀錄　黃鼎彝

甲、開會如儀

乙、報告事項
　　主席報告（略）

丙、提議事項

1、前據註冊學生總數爲四百六七
名（借讀生不在內）照章應設置
百分之三之公費學額十四名除前
次會議巳核給足額外現查註冊人
數巳達四百九十三名照百分之三
計算尚應添置公費一名請予核補
案
決議：以前次會議給予免費之家境清貧成績
較優學生郭士坤補充

二、照前註冊人數四百六十七名應設
置百分之七之免費學額三十三名
除前次會議已核給十四名外尚餘
十九名請予核補案
決議：1.以其有家境清貧證書其學年或入
學成績在七十五分以上操行在乙
等以上者爲給予免費之標準

2、審定范志高　冉澤修　馮光榮　趙孝榮
杜國安　陳李賢　陳歷
費七名適符標準一律給予免費

3、尚有餘額寧闕勿濫

4、已受公費及免費待遇各生如其操
行與學績欠佳時得停止各費待遇

5、本年度公費及免費事宜即從茲結
束翌日報部今後無論持任何理由
向本會聲請或補繳清貧證書者概
不計論

三鐘散會

文献编号 1937-083　四川省立重庆大学廿六年度免费暨公费学额委员会记录

主　席　胡庶华　纪[记]录　黄鼎彝

甲、开会如仪

Ⅰ　报告事项

　　主席报告(略)

Ⅱ　提议事项

一、前据注册学生总数为四百六十七名(借读生不在内)[,]照章应设置百分之
　　三之公费学额十四名[,]除前次会议已核给足额外[,]现查注册人数已达
　　四百九十三名[,]照百分之三计算尚应添置公费一名请予核补案

决议:以前次会议给予免费之家境清贫[、]成绩较优学生郭士坤补充

二、照前注册人数四百六十七名[,]应设置百分之七之免费学额三十三名[,]除前
　　次会议已核给十四名外尚余十九名请予核补案

决议:1，以具有家境清贫证书[,]其学年或入学成绩在七十五分以上[,]操行在
　　　　乙等以上者为给予免费之标准

　　　2，审定范志高　冯光荣　赵孝荣　杜国安　冉泽修　陈季贤　陈历贵七
　　　　名适符标准[,]一律给予免费

　　　3，尚有余额宁缺毋滥

　　　4，已受公费及免费待遇各生如其操行与学绩欠佳时得停止各费待遇

　　　5，本年度公费及免费事宜即从兹结束[,]克日报部[,]今后无论持任何理由
　　　　向本会声请或补缴清贫证书者[,]概不讨论

　　　　　　　　　三钟散会

139　四川省立重庆大学二十六年度第六次校务会议记录

■ 文献信息

　　期刊《重大校刊》，第18期，第23页，1937年12月5日

　　文献编号：1937−086

■ 简体全文

（一）四川省立重庆大学二十六年度第六次校务会议纪[记]录

　　时间　　十一月二十日午后一钟

　　地点　　会议厅

　　出席者　罗　冕　杨　声　税绍圣　陈绍武

校聞

（一）四川省立重慶大學二十六年度第六次校務會議紀錄

時間　十一月二十日午後一鐘

地點　會議廳

出席者　羅晃　楊聲　稅紹聖　陳紹武
　　　　胡學淵　毛韶青　朱纘祖　段子美
　　　　段子燮　丁洪範　胡庶華　林斯澄
　　　　薛迪靖　傅鷹　彭用懷　劉泰琛
　　　　夏元璟

主席　胡庶華　紀錄　黃鼎彝

甲·開會如儀

乙·報告事項

主席報告：

一、省府訓令抄發國難時期各項開支緊縮辦法……略」

二、蔣廳長來函謂省務會議·決本年度准予補助本校設備費拾三萬元並答復一切校務問題……略

丙·提議事項

前次會議·決增設特種課程究應如何實施案

決議：

一、各特種訓練由各系自行酌量開班可辦則辦

二、各特種訓練班原定名義有未合者由各系自行酌量改善

三、各特種課程由各系擬定後提交特種訓練委員會於下星期四開會決定

四、參加各班學生由各系主任決定

五、一二年級參加一班三四年級可參加兩班

六、排課時間以一星期內兩個下午及星期日上午為適宜

七、各系正常功課有可以緩修者將來於必要時得臨時補修

文献编号 1937-086　四川省立重庆大学二十六年度第六次校务会议记录（节选）

胡学渊　毛韶青　朱缵祖　段子美

段子燮　丁洪范　胡庶华　林斯澄

薛迪靖　傅　鹰　彭用仪　刘泰琛

夏元璟[璕]

主　席　胡庶华　纪[记]录　黄鼎彝

甲.开会如仪

乙.报告事项

主席报告：

一、省府训令抄发国难时期各项开支紧缩办法……略

二、蒋厅长来函谓省务会议·决本年度准予补助本校设备费十三万元并答复

一切校务问题……略

丙．提议事项

前次会议：决增设特种课程究应如何实施案

决议：一，各特种训练由各系自行酌量开班［，］可办则办

二，各特种训练班原定名义有未合者由各系自行酌量改善

三，各特种课程由各系拟定后提交特种训练委员会［，］于下星期四开会决定

四，参加各班学生由各系主任决定

五，一二年级参加一班［，］三四年级可参加两班

六，排课时间以一星期内两个下午及星期日上午为适宜

七，各系正常功课有可以缓修者［，］将来于必要时得随时补修

八，特种训练分数作为正课分数

三时散会

140 四川省立重庆大学特种训练委员会第一次会议记录

■ 文献信息

期刊《重大校刊》，第18期，第23-24页，1937年12月5日

文献编号：1937-087

■ 简体全文

（二）四川省立重庆大学特种训练委员会第一次会议纪［记］录

时间　　十一月二十五日午后三钟

地点　　会议厅

出席者　刘泰琛　黄家骅　　　薛迪靖　丁洪范

　　　　张焕龙　夏元璟[瑔]　段子美　胡学渊（傅鹰代）

　　　　傅鹰　杨声　　　税绍圣　胡庶华

　　　　罗冕　林斯澄　　　毛韶青　陈绍武

主席　胡庶华　纪[记]录　黄鼎彝

甲、开会如仪

乙、报告事项

主席报告（略）

八、特種訓練分數作爲正課分數

三時散會

(二)四川省立重慶大學特種訓練委員會第一次會議紀錄

時間　十一月二十五日午後三鐘

地點　會議廳

出席者　劉泰琛　黃家驊　薛迪靖　丁洪範

張煥龍　夏元璟　段子美　胡學淵

傅廳（代）傅廳楊馨

稅紹聖　胡庶華　羅晁　林斯澄

毛詔青　陳紹武

主席　胡庶華　紀錄　黃鼎犖

甲、開會如儀

乙、報告事項

主席報告（略）

丙、提議事項

決議：添設左列各班

1，特種訓練添設各班請予決定實施案

一、軍工班　本班課程暫分地形、架橋、築城鐵道、每週授兩小時、除土木系學生（借讀生在內）全體參加外、外系學生須由原系主任同意後、始得選修。

二小時、外系學生如有經濟學基礎、經原系主任決定並商得商學院系主任同意得選修。

二、電訊班　本班設有綫電話電報及無綫電話電報各一班、學習收發及器械之裝設安使用。

三、汽車駕駛班　本班以六十人爲限、講堂講授六十人、實習駕駛分爲三組、每組規定二十人。

四、機械班　本班以六十人爲限分爲四組實習以學習小型發動機之使用修理爲目的。

以上四班每週共授六小時分爲兩下午學習、應以何系何年級學生參加概由富機系主任決定公佈。

五、國防經濟班　本班課程爲商學院學生（借讀生在內）所必修每週授課

六、救護班　本班計劃另案擬定

七、各班課程作爲學校正式課程、各班學分作爲正課學分。

八、從下月起各班一律開始授課、於必要時、可得校外求學者有參加訓練機會、亦願戰時需要。

決議：1、各系體育每週三小時、改爲兩小時。

2，各系體育鐘點、應予分配適當、俾增效率案

二、化學工兩系體育兩小時、應排在禮拜一及禮拜五上午、其餘各系體育兩小時皆排在下午。

五鐘散會

(三)校內近訊

1、畢業同學通訊

第二屆畢業同學共計六十五人、已知服

文献编号 1937-087　四川省立重庆大学特种训练委员会第一次会议记录

丙、提议事项

1，特种训练添设各班请予决定实施案

决议：添设左列各班

一、军工班　本班课程暂分地形、架桥、筑城、铁道，每周授两小时，除土木系学生(借读生在内)全体参加外，外系学生须由原系主任决定，并商请土木系主任同意后，始得选修。

二、电讯班　本班设有线电话电报及无线电话电报各一班，学习收发及器械之装安使用。

三、汽车驾驶班　本班以六十人为限，讲堂讲授六十人，实习驾驶分为三组，每组规定二十人。

四、机械班　本班以六十人为限，分为四组实习，以学习小型发动机之使用修理为目的。

以上四班每周共授六小时，分为两下午学习，应以何系何年级学生参加概由电机系主任决定公布。

五、国防经济班　本班学程为商学院学生(借读生在内)所必修，每周授课二小时，外系学生如有经济学基础，经原系主任决定并商得商学院系主任同意，始得选修。

六、救护班　本班计划另案拟定。

七、各班课程作为学校正式课程，各班学分作为正课学分。

八、从下月起各班一律开始授课，于必要时，可得校外求学者有参加训练机会，亦应战时需要。

2，各系体育钟点，应予分配适当，俾增效率案

决议：一、各系体育每周三小时，改为两小时

二、化学工两系体育两小时，应排在礼拜一及礼拜五上午，其余各系体育两小时皆排在下午。

五钟散会

141　四川省立重庆大学廿六年度第七次校务会议记录

■ 文献信息

期刊《重大校刊》，第19期，第13页，1937年12月20日

文献编号：1937-090

校聞

（一）四川省立重慶大
學廿六年度第七次
校務會議紀錄

時間　十二月八日午後二鐘

地點　會議廳

出席者　劉泰琛　左城夫　薛迪靖　朱纘祖
　　　　段子美　胡庶華　陳紹武　夏元璨
　　　　段子變　楊壁　傅應　羅晃
　　　　林斯澄　丁洪範　毛韶青　稅紹聖

列席者　曾憲中　漆宗鑫

主席　胡庶華　紀錄　黃晶莽

甲、報告事項
乙、開會如儀
　　主席報告（略）
丙、提議事項

〔二三〕

本校呈准省府增加臨時特別費十三萬
元、丞應編造預算專案請節案。

決議：一、以七萬四千元作圖書館女生宿舍
特別班特種訓練班及借讀生新增
之各種設備費。

二、以五萬六千元作各系特別設備費

三、請各系照上列五萬六千元總數容
就急切需要者從速開單送交事務
部再由校長院長教務長事務長會
商決定編入預算

II、奉令本期課程提前兩週完結從明年一
月二日起至同月三十日止在校實施戰
時訓練案

決議：正常課暨既須提前兩週完結新增之各
種特訓班課程一律移至一月二日起與
戰時訓練合組實施寒假內各種特訓班
繼續授課與否須寒假開始特種訓練委
員會決定之。

III、本屆學期考維定何日舉行是否依照向
例仍放寒假案

決議：一、教職員不放假
二、學生留校與否不加強制
三、學期考試及明年開學時間俟本星
期六繼續開會決定

五鐘散會

■ 简体全文

（一）四川省立重庆大学廿六年度第七次校务会议纪［记］录

时间　　十二月八日午后二钟

地点　　会议厅

出席者　刘泰琛　左城夫　薛迪靖　朱缵祖

　　　　段子美　胡庶华　陈绍武　夏元瑮

　　　　段子燮　杨　声　傅　鹰　罗　冕

　　　　林斯澄　丁洪范　毛韶青　税绍圣

列席者　曾宪中　漆宗鑫

主　席　胡庶华　纪［记］录　黄鼎彝

甲、开会如仪

乙、报告事项

　　主席报告（略）

丙、提议事项

Ⅰ　本校呈准省府增加临时特别费十三万元，亟应编造预算专案请领案［＠］

决议：一、以七万四千元作图书馆［、］女生宿舍［、］特别班［、］特种训练班及借读生新增之各种设备费。

　　　二、以五万六千元作各系特别设备费

　　　三、请各系照上列五万六千元总数各就急切需要者［，］从速开单送交事务部［，］再由校长［、］院长［、］教务长［、］事务长会商决定入编预算

Ⅱ　奉令本期课程提前两周完结［，］从明年一月二日起至同月三十日止［，］在校实施战时训练案

决议：正常课程既须提前两周完结［，］新增之各种特训班课程一律移至一月二日起［，］与战时训练合组实施［，］寒假内各种特训班继续授课与否［，］须寒假开始特种训练委员会决定之

Ⅲ　本届学期考维定何日举行是否依照向例仍放寒假案

决议：一、教职员不放假

　　　二、学生留校与否不加强制

　　　三、学期考试及明年开学时间俟本星期六继续开会决定

　　　　　　　五钟散会

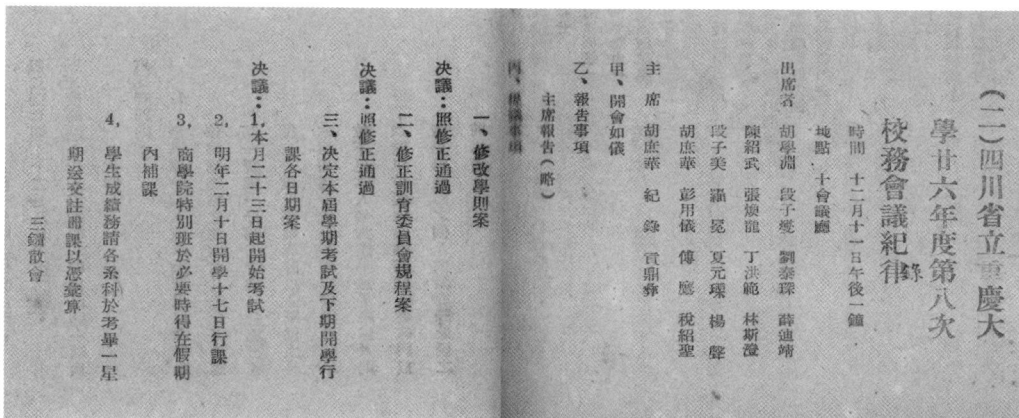

文献编号 1937-091　四川省立重庆大学廿六年度第八次校务会议记录

■ 文献信息

期刊《重大校刊》，第 19 期，第 13-14 页，1937 年 12 月 20 日

文献编号：1937-091

■ 简体全文

（二）四川省立重庆大学廿六年度第八次校务会议纪 [记] 录

时间　　十二月十一日午后一钟

地点　　十会议厅

出席者　胡学渊　段子燮　刘泰琛　薛迪靖

　　　　陈绍武　张焕龙　丁洪范　林斯澄

　　　　段子美　罗　冕　夏元瑛　杨　声

　　　　胡庶华　彭用仪　傅　鹰　税绍圣

主　席　胡庶华　纪 [记] 录　黄鼎彝

甲、开会如仪

乙、报告事项

　　主席报告(略)

丙、提议事项

　　一、修改学则案

　　决议：照修正通过

二、修正训育委员会规程案

决议：照修正通过

三、决定本届学期考试及下期开学行课各日期案

决议：1，本月二十三日起开始考试

2，明年二月十日开学十七日行课

3，商学院特别班于必要时得在假期内补课

4，学生成绩务请各系科于考毕一星期送交注册课以凭汇算

三钟散会

143　四川省立重庆大学二十六年度下期第一次校务会议记录

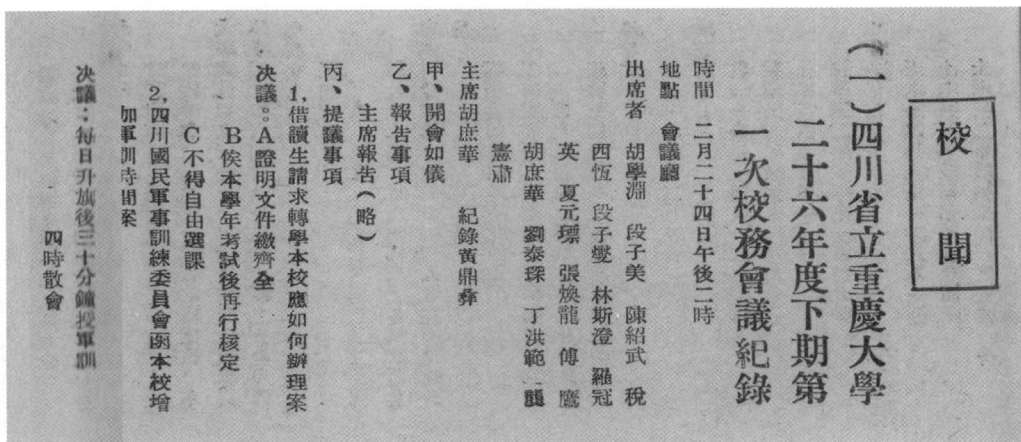

文献编号 1938-004　四川省立重庆大学二十六年度下期第一次校务会议记录

■ 文献信息

期刊《重大校刊》，第21期，第12页，1938年3月1日

文献编号：1938-004

■ 简体全文

（一）四川省立重庆大学二十六年度下学期第一次校务会议纪［记］录

时间　　二月二十四日午后二时

地点　　会议厅

出席者　胡学渊　段子美　陈绍武　税西恒　段子燮　林斯澄　罗冠英

夏元璟[瑔]　张焕龙　傅　鹰　胡庶华　刘泰琛　丁洪范　龚宪肃

主席胡庶华　　　纪[记]录黄鼎彝

甲、开会如仪

乙、报告事项

　　主席报告(略)

丙、提议事项

　　1，借读生请求转学本校应如何办理案

　　决议：A证明文件缴齐全

　　　　　B俟本学年考试后再行核定

　　　　　C不得自由选课

　　2，四川国民军事训练委员会函本校增加军训时间案

　　决议：每日升旗后三十分钟授军训

　　　　　　　四时散会

144　四川省立重庆大学二十六年度下期第二次校务会议记录

文献编号 1938-014　四川省立重庆大学二十六年度下期第二次校务会议记录

■ 文献信息

期刊《重大校刊》，第23期，第14页，1938年4月1日

文编号：1938-014

■ 简体全文

四川省立重庆大学二十六年度下期第二次校务会议纪[记]录

时间：三月十六日午后三时

地点：会议厅

出席者：张焕龙　李　善　朱缵祖　丁洪范　林斯澄　胡庶华　段调元

　　　　傅　鹰　陈绍武　罗　冕　胡学渊　黄家骅　杨　声　段子英(陈绍武代)

　　　　刘泰琛(胡学渊代)　夏元瑮　彭用仪　毛韶青

主席：胡庶华　　　　纪[记]录：黄鼎彝

甲、会议如仪

乙、报告事项

　　主责报告(略)

丙、提议事项

一、本大学应按照　教部颁布之导师制切实施行案

决议：1，每组以班为单位

　　　2，如超过三十人者分为两组

　　　3，以本班担任钟点较多之教员为导师

　　　4，从本月二十一日起实行

二、铁工　习厂工人管理规则现经拟订请予通过案

决议：照案通过

三、各系所印教本应否由图书馆代垫书款案

决议：暂由学校垫款

四、纪念本校创办人刘甫澄先生案

决议：1，恢复甫澄奖学金(暂将教员宿舍四栋之租金每年约收一千四百余

　　　　元悉数拨作甫澄奖学基金)

　　　2，建筑甫澄图书馆(暂以省府已拨之三万元先完成一部份)

五时散会

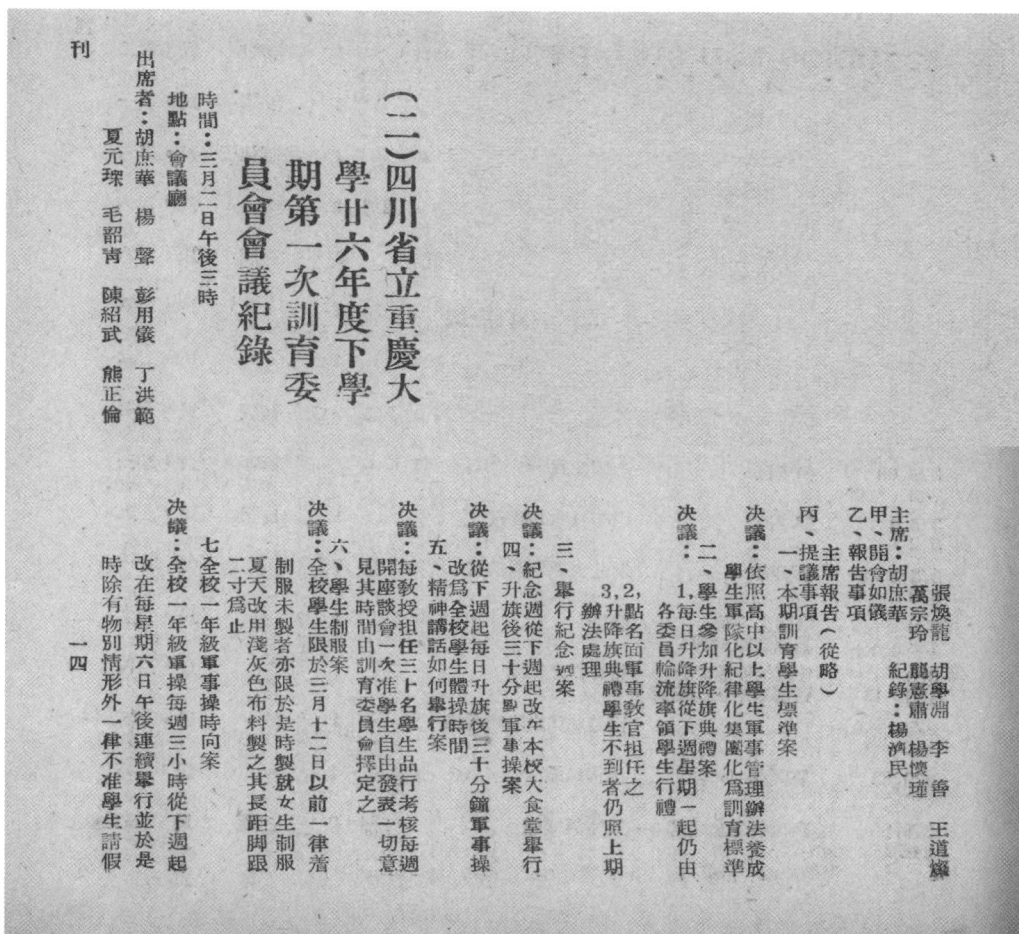

文献编号 1938-015　四川省立重庆大学廿六年度下学期第一次训育委员会会议记录

■ 文献信息

期刊《重大校刊》，第23期，第14页，1938年4月1日

文献编号：1938-015

■ 简体全文

（二）四川省立重庆大学廿六年度下学期第一次训育委员会会议纪 [记] 录

时间：三月二日午后三时

地点：会议厅

出席者：胡庶华　杨　声　彭用仪　丁洪范

　　　　夏元璪　毛韶青　陈绍武　熊正伦

　　　　张焕龙　胡学渊　李　善　王道灿

　　　　万宗玲　龚宪肃　杨怀瑾

主席：胡庶华　　　纪[记]录：杨济民

甲、开会如仪

乙、报告事项

　　主席报告（从略）

丙、提议事项

　　一、本期训育学生标准案

　　决议：依照高中以上学生军事管理办法[，]养成学生军队化[、]纪律化[、]集团
　　　　　化为训育标准

　　二、学生参加升降旗典礼案

　　决议：1，每日升降旗从下周星期一起仍由各委员轮流率领学生行礼

　　　　　2，点名面[由]军事教官担任之

　　　　　3，升降旗典礼学生不到者仍照上期办法处理

　　三、举行纪念周案

　　决议：纪念周从下周起改在本校大食堂举行

　　四、升旗后三十分钟军事操案

　　决议：从下周起每日升旗后三十分钟军事操改为全校学生体操时间

　　五、精神讲话如何举行案

　　决议：每教授担任三十名学生品行考核[，]每周开座谈会一次[，]准学生自由
　　　　　发表一切意见[，]其时间由训育委员会择定之

　　六、学生制服案

　　决议：全校学生限于三月十二日以前一律着制服[，]未制者亦限于是时制就[，]
　　　　　女生制服夏天改用浅灰色布料制之[，]其长距脚跟二寸为止

　　七、全校一年级军事操时向[间]案

　　决议：全校一年级军事操每周三小时[，]从下周起改在每星期六日午后连续
　　　　　举行[，]并于是时除有物[特]别情形外一律不准学生请假

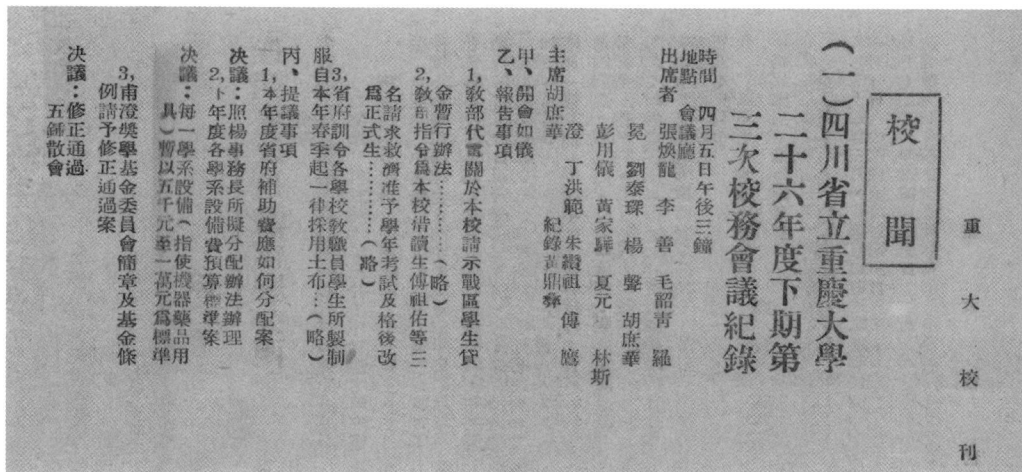

文献编号 1938-019　四川省立重庆大学二十六年度下期第三次校务会议记录

■ 文献信息

期刊《重大校刊》，第24期，第15页，1938年5月1日

文献号：1938-019

■ 简体全文

四川省立重庆大学二十六年度下期第三次校务会议纪［记］录

时间　　四月五日午后三钟

地点　　会议厅

出席者　张焕龙　李　善　　毛韶青　罗　冕

　　　　刘泰琛　杨　声　　胡庶华　彭用仪

　　　　黄家骅　夏元［瑮］　林斯澄　丁洪范

　　　　朱缵祖　傅　鹰

主席胡庶华　　　　　　纪［记］录黄鼎彝

甲、开会如仪

乙、报告事项

　　1，教部代电关于本校请示战区学生贷金暂行办法……（略）

　　2，教部指令为本校借读生傅祖佑等三名请求救济 [,]，准予学年考试及格后
　　　改为正式生……（略）

　　3，省府训令各学校教职员学生所制制服自本年春季起一律采用土布……（略）

丙、提议事项

1，本年度省府补助费应如何分配案

决议：照杨事务长所拟分配办法办理

2，下年度各学系设备费预算标准案

决议：每一学系设备（指使机器药品用具）暂以五千元至一万元为标准

3，甫澄奖学基金委员会简章及基金条例请予修正通过案

决议：修正通过

五钟散会

147　四川省立重庆大学廿六年度下期第四次校务会议记录

四川省立重慶大學廿六年度下期第四次校務會議紀錄

校聞

時間　五月十日午後三鐘

地點　會議廳

比席著　傅麐　林斯澄傳代　毛詔青　段

　于美　段予樂　胡庶華　劉泰琛

　融罷　彭用儀　張煥龍　稅西垣

　陳紹武　夏元璪　朱繼祖　黃家

　薜楊聲　紀錄　丁洪範

主席　胡庶華　紀錄　黃鼎莽

甲、開會如儀

乙、報告事項

主席報告：此次赴蓉經過情形（略）

丙、提議事項

一、募捐救護前方負傷將士案

決議：1.致職員當月納所得稅數額三倍計算，由會計課在本月份薪內照扣作爲捐款

一

2.學生自由募捐

二、救濟臨江火災案

決議：由事務部暫墊二百元作爲賑款將來股法扣還

重大校

三、商學院改設三系案

決議：從下年度起商學院擬設設銀行保險系會計統計系工商管理系呈部核秀

四、畢業各生須於考試前一禮拜一律將四年以來所習各稅成績（即圖畫解冊報告書等）呈繳各系主任，院長審核蓋章其非畢業班則一律交及院辦公室蓋章登記案

決議：照案通過

五鐘散會

文献编号 1938-031　四川省立重庆大学廿六年度下期第四次校务会议记录

- **文献信息**

  期刊《重大校刊》，第26期，第14页，1938年6月1日

  文献编号：1938-031

- **简体全文**

四川省立重庆大学廿六年度下期第四次校务会议纪［记］录

时间　　五月十日午后三钟

地点　　会议厅

出席者　傅　鹰　林斯澄傅代　毛韶青

　　　　段子美　段子燮　胡庶华　刘泰琛

　　　　罗　冕　彭用仪　张焕龙　税西恒

　　　　陈绍武　夏元瓁　朱缵祖　黄家骅

　　　　杨　声　丁洪范

　主席　胡庶华　纪［记］录　黄鼎彝

甲、开会如仪

乙、报告事项

　　主席报告：此次赴蓉经过情形(略)

丙、提议事项

　　一、募捐救护前方负伤将士案

决议：1，教职员当月纳所得税数额三倍计算，由会计课在本月份薪内照扣作为
　　　　捐款

　　　2，学生自由募捐

　　二、救济临江火灾案

决议：由事务部暂垫二百元作为赈款，将来设法扣还

　　三、商学院改设三系案

决议：从下年度起商学院拟设银行保险系、会计统计系、工商管理系，呈部核
　　　夺

　　四、毕业各生须于考试前一礼拜一律将四年以来所习各税[科]成绩(即图
　　　　书解册报告书等)呈缴系主任，院长审核盖章，其非毕业班则一律交
　　　　及院办公室盖章登记案

决议：照案通过

　　　　　　五钟散会

148　重庆大学校景之理学院（图）

文献编号 1938-056　重庆大学校景之理学院（图）

■ 文献信息

期刊《新型》，1938年第2期，第24页

文献编号：1938-056

■ 全文及译文

CHINA'S WARTIME CAPITAL——CHUNGKING

中国战时首都——重庆

Above: A view of the Chungking University.

上：重庆大学校景，图为理学院

Below: Tu Yu Street, thoroughfare of the capital.

下：都邮街为全城繁盛区域

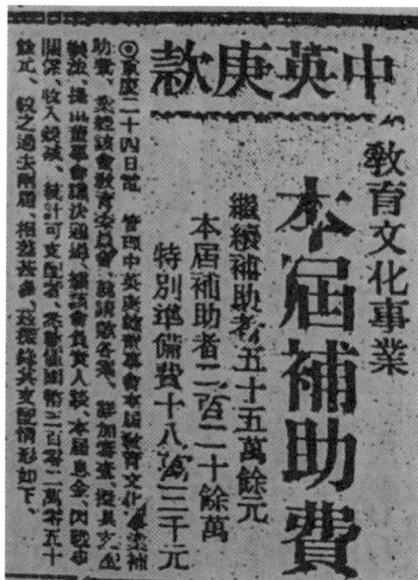

文献编号 1939-018　中英庚款　教育文化事业本届补助费之重庆大学

■ 文献信息

报纸《申报》，1939年9月25日，期号23554号（上海版）

文献编号：1939-018

■ 简体全文[1]

中英庚款　教育文化事业本届补助费

继续补助者五十五万余元

本届补助者二百二十余万　特别准备费十八万三千元

重庆二十四日电　管理中英庚款董事会本届教育文化事业补助费，业经该会教育委员会，就请款各案，详加审查，拟具支配办法，提出董事会议决通过。据该会负责人谈，本届息金，因战事关系，收入锐减，统计可支配者，悉数仅国币三百零二万零五十余元。较之过去两届，相差甚多，兹探录其支配情形如下：

［……］

（六）省立重庆大学化学系辅助2万元。

---

[1] 原文内容篇幅较长，仅节选其中与重庆大学有关内容。

150 活跃着的重庆大学

活躍着的重慶大學

吳光復

在神聖民族解放的鬥爭中，重慶大學是勃興了。

嘉陵江水捲起綠色的漩渦向東流去，在羣岩叢礫中起了白色美麗的浪花，白帆千點萬點在水面上搖划著，就在這嘉陵江的畔岸上屹立着一所偉大的建築物，這就是重慶大學了。

在這裏，有宮殿式和歐化立體的莊嚴風度的校舍，有古羅馬式的四百公尺一周的運動場，有大量的儀器圖書，有充分的實驗藥品和寬敞的鐵工廠，給我們溫勵，實習，試驗和充實自己。就因爲在抗戰期中許多大學由於不斷的遷移，所有的儀器圖書損失殆盡，而這些正是決定一個高等學府的命運的，因爲許多學生都願慕着有儀器，有圖書的學校擠，於是形成了重大勃興的現象了。

重大是一個應需要而興起的大學，在抗戰前，是不十分有名的，學生也僅有四五百人。那時候沙坪壩還是荔塚纍纍的一片荒涼地，祇有幾家賣香煙草紙臘燭火柴的雜貨店，自然重大的學生是保持着樸素淳厚的風氣的，無形中是靜靜地，無聲無聞像要睡着似的。可是抗戰給它帶來了活躍熱鬧和緊張。不是嗎，那幾百人在引吭高歌，那鑼鼓喧天，使人不能安枕。

當你踏進重大校門時，你就會感到空氣是過分的緊張和熱烈，每個同學都在緊張熱鬧中過着生活，在甬道上三五成羣的學生挾着書籍踏着匆促的步伐走向教室去

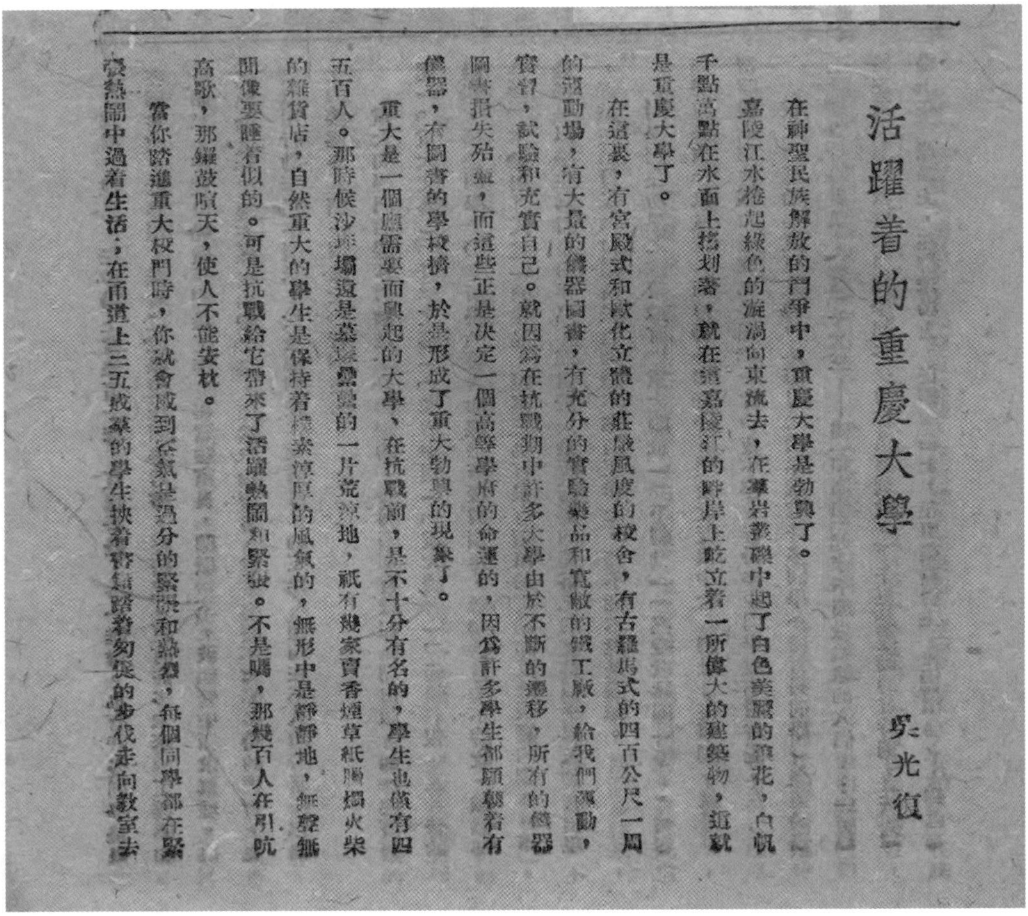

文献编号 1941-043　活跃着的重庆大学（节选）

■ 文献信息

期刊《中国青年》，第 4 卷第 6 期，第 81–85 页，1941 年

文献编号：1941–043

■ 简体全文

活跃着的重庆大学

吴光复

在神圣民族解放的斗争中，重庆大学是勃兴了。

嘉陵江水卷起绿色的漩涡向东流去，在群岩丛砾中起了白色美丽的浪花，白帆

千点万点在水面上摇划著，就在这嘉陵江的畔岸上屹立着一所伟大的建筑物，这就是重庆大学了。

在这里，有宫殿式和欧化立体的庄严风度的校舍，有古罗马式的四百公尺一周的运动场，有大量的仪器图书，有充分的实验药品和宽敞的铁工厂，给我们运动，实习，试验和充实自己。就因为在抗战期中许多大学由于不断的迁移，所有的仪器图书损失殆尽，而这些正是决定一个高等学府的命运的，因为许多学生都愿朝着有仪器，有图书的学校挤，于是形成了重大勃兴的现象了。

重大是一个应需要而兴起的大学、，在抗战前，是不十分有名的，学生也仅有四五百人。那时候沙坪坝还是墓冢累累的一片荒凉地，只有几家卖香烟草纸蜡烛火柴的杂货店，自然重大的学生是保持着朴素淳厚的风气的，无形中是静静地，无声无闻像要睡着似的。可是抗战给它带来了活跃热闹和紧张。不是吗，那几百人在引吭高歌，那锣鼓喧天，使人不能安枕。

当你踏进重大校门时，你就会感到空气是过分的紧张和热烈，每个同学都在紧张热闹中过着生活；，在甬道上三五成群的学生挟着书籍踏着匆促的步伐走向教室去，有成群的健儿，在沙场上当银笛一响，百腿齐发，争一雌雄。也有许多同学蛰坐在图书馆，低着头，带[戴]着近视眼镜在看参考书，在研究。更有许多未来的工程师和发明家，在爬山越岭作测量工作，在实验室里，显微镜下，玻璃管中探求真理。他们都知道在这漫天烽火的战争里，仍然能够读书，这是多么不容易多得的机会。也知道用行动来报答国家，于是他们在作充实自己的工作，预备在不久的将来，以战士的姿态参入到这个伟大的行列里去。

重大同学们的课外活动是十分活跃的，各科系都有壁报按期出版，如"经济研究""重大文艺""青年文艺""采冶季刊""重大体育""蜀体各报"及各级的级刊，都是同学们研究所得的报告和课余饭后的创作，琳琅满目美不胜收。虽然都是些"不足与外人道"的作品，但里面也有很有价值的理论和反映现实的创作。不过都是以学生为对象的作品，而对于民众所需要的通俗化的文艺似乎还未曾有出现，这点在动员民众和提高民众知识水准的工作上，却不能不说是遗憾。

同学们在功课之余组织有"重大剧社""平剧社""嘉陵歌咏团"等，曾为响应劳军公演"凤凰城"而博得各界好评。闻最近拟与中大×剧社合作演剧。就是平常时候歌声戏声和锣声也是闹成一片中夜不停，弄得多少同学睡不着好觉。

重大的运动空气更是浓厚，每日大清早就有许多同学(体育科同学)在运动场上踏着整齐的步伐，高喊"一二三——四"和高唱"起来不愿做奴隶的人们！……"给热躺在被窝里的教授们和同学们多少的警惕与刺激。下午更是运动的好时刻，在足球场上，在篮球场上，在排球场上，在网球场上，在田径赛场上，在器械场上，到处都是人；，无论是男是女，都穿着短装，在跑跳，在滚翻，在笑，在叫，在拍手，在踢脚，到处是一片唤喊声，把整个的运动场的空气弄成十分热闹。不仅自动的练习，而学校当局每学期都举行有篮足排球的比赛，或以科系为单位，或自动组织团体报名参加，所以经常运动场上总有一二场球赛举行着，就是没有正式的比赛，而临时召集二队人马混战一场，出身大汗，也是常事。尤其是女子的篮排队实力最为雄厚，曾获得重庆市女子篮球冠军，内有倪××，林××，邹××，周××，罗××，戴××，六大健将，倪林周充任前锋，生龙活虎，传递迅速，联络周密，彼呼此应，驰骋沙场，宛若男儿，就是有些男同学也甘败下风，啧啧称美不置。邹阔步往来，大有男子之风，曾以二百公尺二十八秒成绩而称雄场上，现在运动会也不开了，不然必大显身手，真是英雄无用武之地，不亦惜乎？罗虽身材矮小，然"短小精悍"，于人丛中横冲直撞，别创一格。戴体胖百五十六磅，不轻易行动，立人面前，有如泰山之挡，接球亦甚稳，所以众人以"泰山"称之。这六位健将，都是重大体育科的高材生，不但球艺高超，且对功课亦不放松。还有一位张×也是常常露面沙场的，与六大健将并肩作战，堪称"科中七雄"。

男子方面篮球组织有"体军""龙隐"等，足球组织有"中渡口""龙隐"等，曾与渝上权威西川队挑战，终因人少力孤，败北而归。春假期中，中央政权利用假期前来沙坪坝与各大中学挑战，男子排足篮球队，女子篮排球队，届时又是一番恶战。田径组织有"蜀体"等，每日按时出场练习，无故缺席者，罚银以资惩戒。器械组织有"华岩器械操队"，男女队员四五十人，每日早晚由"××队长"领导练习，盛极一时。今年正月间曾自动参加国□大戏院作体育表演，深得各界□誉。又体育科组有"二人器械操练习队"，队员仅二人，不拘形式，有时二人同往运动场练习，此组织为局外人所不知者。

重大校舍本来是够大的，因为学生骤然由四五百人增到一千二百多人，因此校舍不够分配了。于是大饭堂改为新生宿舍，理发室改为临时办公室，图书馆的一部分和教职员的厨房膳厅一齐改为教室，绘图室。所以在教室里抢坐[座]位是势不可免。在图书馆里有时也□要抢坐[座]位了。重大没有自修室(体育科例外)，都以寝室兼用自修的，所以在寝室里于电灯光晃晃照耀下，每个人都在低着头练习微积分[,]绘机械画，看参考书，整理笔记作实习报告或写作，在这样住着几百人的一所大宿舍里却没有一点声响，从这点也可知道重大学生并不是专门在运动场上的活动中消磨去整个的时间，而是顾虑到身心两方面的需要的。

这里自然也和其他的大学一样，曾给许多情人留下甜蜜的回忆。在黄昏朦胧中，在绿叶成荫的嘉陵江畔，有对对的情人，并肩静座[坐]，携手齐步，喁喁私语，情话绵绵。但他们并没有把恋爱当作是整个的人生，因为他们很清楚，目前的环境和环境要求的一切。

重大的学生不屑于死读书是显然的事实，他们除了运动游戏外，遇有假期必自动组织若干小队，徒步旅行，或入乡间作兵役宣传及出征家属访问，都是十分踊跃的。他们愿在求学的时代里替国家做一部份能力所能及的工作。

同学们有钱的固然也很多，但穷得缴不出饭费只好将拾得敌人投下的炸弹碎片出售来换取一星期的肚饱的人，也大有人在。所以重大同学的服装有的[是]西服革履，有的却是黄军装破皮鞋，纷杂不一律，但他们在学术的研究上都是抱着同一热烈的情绪。重大本是很朴素的，学生穿的都是民生公司的"茶房制服"。(麻布呢的)自抗战后，"下江"同学接踵而来，于是西装少爷也就多了，那时穿西服的以下江人最多，可是目前不同了，下江人有的固然还保存着西装，有的却物已换了好几个主顾了。但穿西装的却愈来愈多，以四川同学为最多，原因很简单："一担谷子已涨到做一套西装而绰绰有余了。"

重大在急遽的演变中，但它却是朝着和祖国同一方向前进的。

151　重大在发展中

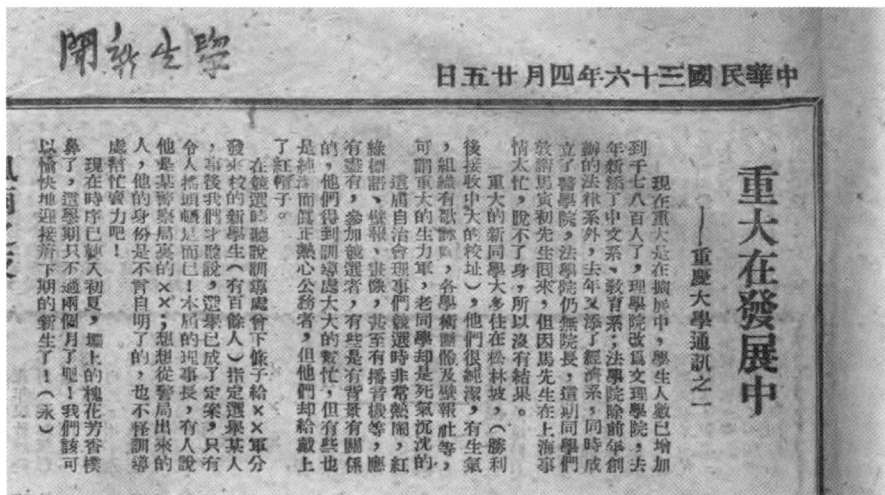

文献编号 1947-004　重大在发展中——重庆大学通讯之一

■ 文献信息

报纸《学生新闻》，第16期，第三版，1947年4月25日

文献编号：1947-004

■ 简体全文

重大在发展中

——重庆大学通讯之一

现在重大是在扩展中，学生人数已增加到千七八百人了，理学院改为文理学院，

去年新添了中文系、教育系；法学院除前年创办的法律系外，去年又添了经济系，同时成立了医学院，法学院仍无院长，这期同学们敦请马寅初先生回来，但因马先生在上海事情太忙，脱不了身，所以没有结果。

重大的新同学大多住在松林坡，(胜利后接收中大的校址)，他们很纯洁，有生气，组织有歌咏队，各学术团体及壁报社等，可谓重大的生力军，老同学却是死气沉沉的。

这届自治会理事们竞选时非常热闹，红绿标语、壁报、画像，甚至有播音机等，应有尽有，参加竞选者，有些是有背景有关系的，他们得到训导处大大的帮忙，但有些也是纯洁而真正热心公务者，但他们却给戴上了红帽子。

在竞选时听说训导处曾下条子给××军分发来校的新学生(有百余人)指定选举某人，事后我们才听说，选举已成了定案，只有令人摇头顿足而已！本届的理事长，有人说他是某警察局里的××；想想从警局出来的人，他的身份是不言自明了的，也不怪训导处帮忙卖力吧！

现在时序已转入初夏，坝上的槐花芳香朴[扑]鼻了，这学期只不过两个月了吧！我们该可以愉快地迎接着下期的新生了！（永）

152　重庆大学教务处之注册组概况

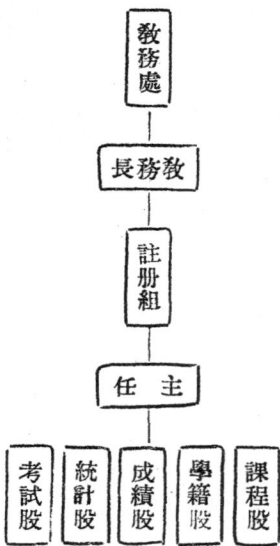

文献编号 1947-040　重庆大学教务处之注册组概况

■ 文献信息

期刊《重庆大学校刊》，第 8 期，第 4 页，1947 年 11 月 15 日

文编号：1947-040

■ 简体全文

注册组概况

注册组为大学教务处重要部门之一，其工作范围为课程之编挂， 学籍及各项表册之呈部， 成绩之登记，选课之统计及证件之核发等。兹将该组之组织及工作概况，各述于左：

一、组织

```
┌─────────┐
│  教务处  │
└─────────┘
     │
┌─────────┐
│  教务长  │
└─────────┘
     │
┌─────────┐
│  注册组  │
└─────────┘
     │
┌─────────┐
│   主任   │
└─────────┘
     │
┌──────┐ ┌──────┐ ┌──────┐ ┌──────┐ ┌──────┐
│课程股│ │学籍股│ │成绩股│ │统计股│ │考试股│
└──────┘ └──────┘ └──────┘ └──────┘ └──────┘
```

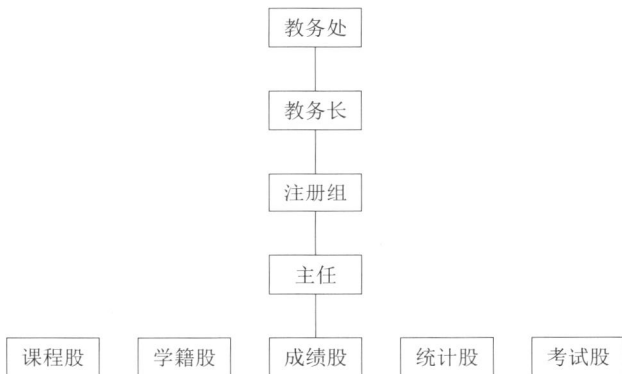

二、工作概况——该组所设五股其所同[司]职守如下：

A 课程股：关于各系科课程时间之编排与调改，教员担任课表之致送与授课时间之公布，教室之分配以及教员请假之公布与登记，毕业考试科目之呈报及期终考试之编排等。

B 学籍股：办理有关学生学籍之呈报，学生证件收发及毕业证书之保管等（收发学生证件均以该股收据为凭）。

C 成绩股：档存历届学生成绩总簿，填发学生成绩纪录簿及毕业生成绩呈报表等。

D 统计股：关于该组一切呈部统计表式及学生改选功课之类别，学分数之总计，加选、退选等事项。

E 考试股：办理期考，年考及毕业考等考试事项。

三、证件核发——该组所核发之证件，计分：(一)毕业文凭(二)临时毕业证明书(三)转学证明书(四)在校证(五)肄业证(六)借读证(七)毕业延期证(八)修业期满证明书等。凡经部核准学籍， 毕业考试成绩及格之毕业生，发给临时毕业证明书(但

考试成绩未汇齐前仅可发予修业期满证明书)。转学证系供学生转学他校之用，凡本校正式生，其学籍经部核准而欲转学他校者，可请核发；但以一次为限，并须经本校教务长核准。凡领取转学证之学生，即不得继续留校注册。凡离校学生，可请领肄业证明书，在校学生，可请领在校证明书，以供证明资格之用。至所发临时毕业证明书，因文凭确已呈部验印尚未发还者，得请领延期证。凡请领各项证件之学生，均应用书面请求，经教务长，或该组主任核准后方可填发。

153　本校三十五年度岁出款决算总表

本校三十五年度歲出款決算總表

款項	預算數	決算數	備註
經常費	九四、九四六、二〇〇・〇〇	九四、九四六、二〇〇・〇〇	
會計專修科經費	四、九四〇、〇〇〇・〇〇	四、九四〇、〇〇〇・〇〇	
統設技術人員訓練費	六、六四八、〇〇〇・〇〇	六、六四八、〇〇〇・〇〇	
添設班級器材設備費	四、八四〇、〇〇〇・〇〇	四、八四〇、〇〇〇・〇〇	
機電工程師訓練費	二、〇〇〇、〇〇〇・〇〇	二、〇〇〇、〇〇〇・〇〇	
增設系經常費	一、五一〇、〇〇〇・〇〇	一、五一〇、〇〇〇・〇〇	轉下年度
增設系建設備費	八〇〇、〇〇〇・〇〇	八〇〇、〇〇〇・〇〇	轉下年度
修建臨時開辦費	一、三〇〇、〇〇〇・〇〇	一、三〇〇、〇〇〇・〇〇	轉下年度
醫學院經常費	一、〇〇〇、〇〇〇・〇〇	一、〇〇〇、〇〇〇・〇〇	
醫學院建築修補及擴充改良費	六、五四一、八〇〇・〇〇	六、七一、八二四・二六	結餘款依法解繳國庫
增級增設備費	六、六四三、二五〇・〇〇	四、六三一、〇九五・五〇	
增撥建設技術人員訓練費	一、三六二、九二〇・〇〇	一、四四六、八〇五・五〇	超支之數教育部撥發歸墊
附屬醫院修建費	四〇五、五五〇・〇〇		
員工生活補助費	一、四〇八、三二〇・〇〇		
學生膳貸及公費			
合計	一、四〇八、五五三、五二〇・〇〇	一、〇三五、九七三、九五五・五〇	

文献编号 1947-042　本校三十五年度岁出款决算总表

■ 文献信息

期刊《重庆大学校刊》，第8期，第5-6页，1947年11月15日

文献编号：1947-042

■ 简体全文

本校三十五年度岁出款决算总表

款	项	预算数	决算数	备注
经常	经常费	九四,九四六,○○○.○○	九四,九四六,○○○.○○	
	会计专科经费	二○○,○○○.○○	二○○,○○○.○○	
	建设技术人员训练费	六,六○○,○○○.○○	六,六○○,○○○.○○	
	添设班级医科设备经费	四,四○○,○○○.○○	四,四○○,○○○.○○	
	机电工程师训练费	八四○,○○○.○○	八四○,○○○.○○	
	增系经常费	二,○○○,○○○.○○	二,○○○,○○○.○○	
建设	增系建设费	八,○○○,○○○.○○	八,○○○,○○○.○○	
	建筑修补及扩充改良费	一五,○○○,○○○.○○	一五,○○○,○○○.○○	
	医学院经常费	一,七○○,○○○.○○	一,七○○,○○○.○○	
	医学院开办费	三○,○○○,○○○.○○	三○,○○○,○○○.○○	
	修建临时费	一○,○○○,○○○.○○	一○,○○○,○○○.○○	
	修建设备费	一○○,○○○,○○○.○○	一○○,○○○,○○○.○○	
	增拨增系经费	五,○○○,○○○.○○	——————	转下年度
	增拨建设技术人员训练费	六,○○○,○○○.○○	——————	转下年度
	附属医院建修费	六○,○○○,○○○.○○	——————	转下年度
	员工生活补助费	六六四,五八三,三○○.○○	六○七,八二四,二六○.○○	结余款依法解缴国库
	学生膳贷及公费	一三,○二九,二五八,一二○.○○	一四四,四六三,六九五,五○.○○	超支之数教育部拨发归垫
	合计	一,一四○,○五三,五五八,一二○.○○	一,○二五,九七三,九五五,五○.○○	

154 训育委员会成立

訓育委員會成立

（一）布告

本校奉令已於本月一日正式成立訓育委員會依照規程由校長及教務訓導總務三處主管人各學院院長系主任爲當然委員除呈報教部備查外合將教部原令及組織規程一併公布週知此布

校長張洪沅

教部原令及組織規程抄附於后

三十六年十二月　日

（二）訓育委員會委員名單

張洪沅　鄭衍芬　侯風　鄭蘭華　陳豹隱　孫志如　陳志潛
金錫如　謝立惠　李唐泌　周兆豐　孫蓉梓　熊正瑜　徐南騶
吳大榕　蔣導江　方宗漢　黃漢瑞　瞿世荃　瞿國眷　趙泉天
徐碩鈞　劉德超　高昌運　王靜　顧寶甫　孫竟忠

文献编号 1947-055　训育委员会成立

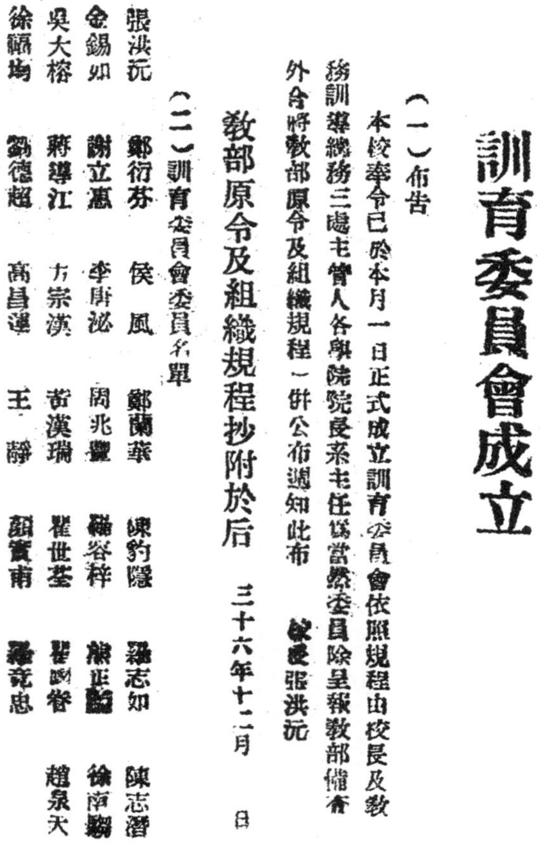

■ 文献信息

期刊《重庆大学校刊》，第9期，第2页，1947年12月15日

文献编号：1947-055

■ 简体全文

训育委员会成立

(一)布告

本校奉令[，]已于本月一日正式成立训育委员会[，]依照规程[，]由校长及教务训导总务三处主管人[、]各学院院长系主任为当然委员[，]除呈报教部备查外[，]合将教部原令及组织规程一并公布周知此布

校长　张洪沅

教部原令及组织规程抄附于后　三十六年十二月□日

(二)训育委员会委员名单

张洪沅	郑衍芬	侯　风	郑兰华	陈豹隐	罗志如	陈志潜
金锡如	谢立惠	李唐泌	周兆丰	罗容梓	熊正瑜[伦]	徐南骀
吴大榕	蒋导江	方宗汉	黄汉瑞	瞿世荃	瞿国眷	赵泉天
徐福均	刘德超	高昌运	王　静	颜实甫	罗竞忠	

155　重庆大学校园（图）

文献编号 1947-081　重庆大学：工学院、寅初亭、理学院、图书馆、绿荫大道

■ 文献信息

期刊《新重庆》，第 1 卷第 4 期，第 14 页，1947 年

文献编号：1947-081

156 重庆写生 重庆大学理学院（图）

■ 文献信息

期刊《新重庆》，创刊号卷，第 121 页，1947 年

文献编号：1947-082

文献编号 1947-082 重庆写生 重庆大学理学院

■ 文献信息

期刊《重庆大学校刊》，第14、15期（合刊），1948年6月15日，第18-19页
文献编号：1948-057

■ 简体全文

三十六年度第八次教务会议纪[记]录

时间　卅七年五月廿一日午后二钟

地址　理学院会议室

出席者：黄汉瑞吴代　　刘德超李代　　林筱圃　　　　高昌运　　吴大榕

　　　　李唐泌　　　　陈豹隐　　　颜实甫　　　　瞿仲弥　　王吉桃

　　　　蒋导江　　　　徐士弘　　　罗荣梓石代　　郑衍芬　　金锡如

　　　　侯风　　　　王静

主席　郑衍芬　　　纪[记]录　石鲁宗

甲　报告事项

一、数理分系已得教育部同意明令即可到校

二、部令招生办法与去岁略有出入，招生方式有联合招生、单独招生、委托招生、成绩审查四科，录取名额较去岁为宽，除法律系与医学院以招收40-50名外，其余各系以招收30-40名为原则，录取新生不得申请为师范生，师范生不得申请转系，同等学力生大学以5%，专科以10%为限，大学及独立学院不得招收专科学校肄业生或毕业生为转学生，报名费暂定为十万元，此外各项规定与去岁相同

乙　讨论事项

一、关于招生各事应如何规定办理案

决议(一)委托招生：成都区委托川大、北区委托西[西]北大学、贵州区委托贵大、武汉区委托武大、京沪区委托中央大学

　　　(二)成绩审查：去年录取新生百分比最高之三中学学生得申请成绩审查，录取名额暂不规定，不给予奖学金，如欲申请奖学金仍须参加入学考试

　　　(三)仍订七月十四日至十六日报名，廿一至廿三日考试

　　　(四)报名费暂不规定

　　　(五)同等学力生照部令规定取录

　　　(六)录取名额照部令规定

三十六年度第八次教務會議紀錄

時間　卅七年五月廿一日午後二鐘

地址　理學院會議室

出席者：

黃漢瑞　吳代　劉德超　李代　林筱圃　高昌運　吳大嶠

李蔚泌　陳豹韜　顏實甫　瞿仲彌　王吉桃

齊雙江　徐士弘　潘容梓　石代　鄧行芬　金嗣如

（代）鳳　王靜

書記　鄧行芬　紀錄　石魯泵

一八

甲、報告事項

一、數理分系已得教育部同意明令即可劃校

三、部令招生辦法頃奉歲略有出入招生方式有聯合招生專辦獨生委託招生成績審查四科錄取名額歲歲去歲爲寬除法律系與醫學院以招收40—50名外其餘各系以招收80—40名爲原則錄取新生不得申請爲師生師範生不得申請轉系同等學力生大學以5%專科以10%爲際大學及獨立學院不得招收專科學校肄業生或畢業生爲轉學生報名費暫定爲拾萬元此外各項規定與去歲相間

乙、討論事項

一、關於招生各事應如何規定辦理案

決議（一）委託招生成都區委託川大北區委託西北大學貴州區委託貴大武漢區委託武大京滬區委託中央大學

（二）成績審查去年錄取新生百分比最高之三中學學生得申請成績審查錄取名額暫不規定不給予獎學金如欲申請獎學金仍須參加入學考試

（三）仍訂七月十四日至十六日報名廿一至廿三日考試

（四）報名費暫不規定

（五）同等學力生照部令規定取錄

（六）錄取名額照部令規定

（七）插班生微詢各系意見後再爲決定

二、預備班學生讀書情形伽將勤奮擬就學年攷試成績優良學生酌予保送入大學四十人當否請公決案

（七）插班生征询各系意见后再为决定

二、预备班学生读书情形尚称勤奋，拟就学年考试成绩优良学生酌予保送入大学四十人当否请公决案

决议　以成绩审查方式行之，国英数三科期终考试由招生委员会命题各科，成绩优良学生得直入大学，但人数以不超过百分之十五（即三十名）为限，不录备取亦不递补，并不得申请奖学金

三、预备班学生前学期鼓动罢考，已令退学各生应否不准报考本校案

决议　不准报考即或侥幸与考亦绝不取录

四、本届毕业生学籍未经核准者是否准予参加毕业考试案

决议　照旧办理暂准参加毕业试验

五、本届毕业生尚有少数必修科未经补考应如修补考案

决议　查明人数请各系分别处理

六、学期试验时学生常借故请假补考办理甚感困难，拟请严加限制或一律不准假请公决案

决议　应严加限制，请求补考超过二次者无论任何理由不准再予补考，应令休学

七、本校对于以前因故不能毕业学生其学籍之保留向无限制，必修科未补足或论文未缴纳有延至数年者，是否应规定一最大限度逾期即不予再追认其毕业资格请公决案

决议　自本年度起凡因故不能毕业学生，其学籍只能保留三年，其以前因故不能毕业学生应登报公告，至民国四十年不来完清手续者即取消其学籍，在最近三年内何时完清毕业手续即以完清手续时之年度为其毕业年度

八、四年级学生补读低年级课程者可否提前考试案

决议　应随低年级试验时参加会考不得提前

九、注册证遗失登重大新闻声明可否通融补发案

决议　暂准补发注册证，以政府登记合格之报纸为限，但如毕业证书或其他证明文件遗失，则应登当地日报或其他政府登记合格之报纸声明作废后方准补发

丙、散会

158　国立重庆大学概况

■ 文献信息

年鉴《中国教育年鉴》，第二次，1948年

文献编号：1948-090

又追加三六二、四四〇、〇〇〇元，十二月間第三次追加一六一、〇九〇、〇〇〇元，全年共爲一〇〇六、七八〇、〇〇元。

七　圖書設備

現有中文圖書三萬七千六百二十二冊，西文圖書七千三百八十二冊，中文雜誌一萬六千九百七十二冊，西文雜誌五千八百八十冊，碑帖八百七十本，總計六萬八千七百二十六冊。

拾柒　國立重慶大學

校址　重慶沙坪壩

校長　張洪沅

一　沿革

民國十八年四川省政府創辦省立重慶大學，以瀕市榮國壩爲臨時校舍招收文理兩預科學生各一班，斯爲立校之始。二十一年辦本科設文理兩學院，文學院設數學化學物理三系，二十二年秋增設農學院。二十三年文學院增設歷史系，是年遷省立工學院併入，成立機電土木採冶三系，原有之文農兩學院則併入四川大學，地質系另將數學物理兩系合併爲數理系，同時又增設。二十五年秋工學院增設化學工程系並建實習工廠，理學院增設專修科並受四川省政府委託代辦體育師資訓練班。二十六年秋增商學院招收一年級學生一班暫不分系，是年抗戰軍興，來渝就讀者激增，復設特別班及於商業，特別班並與高農就讀生併入該校。二十八年奉教育部令增設，年夏商學院分設銀行保險工商管理會計統計三學系，並將科。二十九年秋工學院將原有之電機系分爲電機機械兩學系並增建築系。三十年秋因校長更叠發生風潮，解散旋設整理委員會整頓復校。三十一年春與公路總處合作，設立公路實驗研究室，同時請准四川省政府設立應用化學研究室，是時該校共有三學院十二學系另有專修科研究室各二，學生逾千人助教甚速二百餘人。三十三年春奉行政院會議議決改爲國立重慶大學，先奉部令籌備改爲體育師德專修科，三十四年奉部令設法商學院先設法律學系，三十五年奉政府遷都南京還川本後復員，該校爲恆升後增國文方學子升學，經呈准教育部將理學院改爲文理學院增國文系及教育系，法學院增政治學系及經濟學系，另設醫學院及大學先修班，附又奉部令接辦國立商專之計政班改爲會計專修科。

（附）歷任校長

第一任校長係省政府主席劉湘兼任，次爲胡庶華葉元龍，現爲張洪沅。

二　行政組織

校長下設教務訓導總務三處分設教務長訓導長總務長各一人，教務處設註冊出版二組及圖書館，訓導處設生活管理課外活動衞生及體育四組，總務處設文書庶務出納三組，各組主任一人組員事務員各若干人，校長室設總務一人，會計室設會計主任一人，佐理員若干人。

三　院系科數

現有文理法醫工商五學院統計會計體育師範三專修科另有大學先修班及附屬小學，文理學院設化學數理地質教育四系，法學院設法律經濟政治三系，商學院設工商管理會計統計銀行保險三系，醫學院設土木機械電機冶化工建築六系，醫學院成立未久循前期。

四　教職員人數

三十六學年度第一學期現有教授一二一人副教授三九人講師四三人助教九六人職員一二一人共計四二〇人。

五　學生人數

三十六學年度第一學期現有學生文理學院二九九人工學院七七六人商學院五一〇人法學院二〇〇人醫學院六六人統計專修科二〇人體育師範專修科八〇人共計一、九五九人。

六　經費

該校經常費三十六年度原核定爲一三八、〇七〇、〇〇〇元，七月間追加三四五、一八〇、〇〇〇元，十月間

文献编号 1948-090　国立重庆大学概况（节选）

十七　国立重庆大学

校址　重庆沙坪坝

校长　张洪沅

一　沿革

民国十八年，四川省政府创办省立重庆大学，以渝市菜园坝为临时校舍，招收文、理两预科学生各一班，斯为立校之始。二十一年办本科，设文、理两学院，文学院设中国文学及外国文学两系，理学院设数学、化学、物理三系，二十二年秋增设农学院。二十三年文学院增历史系，是年秋迁沙坪坝，新建校舍。二十四年夏经教育部核准立案，并将省立工学院并入，成立机电、土木、采冶三系，原有之文、农两学院则并入四川大学。二十五年秋，工学院增化学工程系，并建实习工厂，理学院增地质系，另将数学、物理两系合并为数理系，同时又增体育专修科，并受四川省政府委托，代办体育师资训练班。二十六年秋，增商学院，招收一年级新生一班，暂不分系。是年抗战军兴，来渝就读者激增，复设特别班于商学院，以资收容。二十七年夏，商学院分设银行保险、工商管理、会计统计三学系，并将特别班学生并入该院。二十八年春，奉教育部令设统计专修科。二十九年秋，工学院将原有之电机系分为电机、机械两学系，并增建筑系。三十年秋，因校长更调发生风潮，教育部曾令解散，旋设整理委员会，整顿复校。三十一年春与公路总处合作，设立公路实验研究室，同时请准四川省政府，设立应用化学研究室。是时该校共有三学院，十二学系，另有专修科，研究室各二，学生逾千人，教职员达二百余人。三十三年春，奉行政院会议议决，改为国立，并奉部令将体育专修科改为体育师范专修科。三十四年，又奉部令设法学院，先设法律学系。三十五年春，政府还都南京，迁川各大学先后复员。该校为便利后方学子升学，经呈教育部，将理学院改为文理学院，增国文系及教育系，法学院增政治学系及经济学系，另设医学院及大学先修班。嗣又奉部令接办国立商专之计政班，改为会计专修科。

(附)历任校长

第一任校长系省政府主席刘湘兼任，次为胡庶华、叶元龙，现为张洪沅。

二　行政组织

校长下设教务、训导、总务三处，分设教务长、训导长、总务长各一人。教务处设注册、出版二组及图书馆。训导处设生活管理、课外活动、卫生及体育四组。总务处设文书、庶务、出纳三组，各组设主任一人，组员、事务员各若干人。校长室设秘书一人，会计室设会计主任一人，佐理员若干人。

三　院科系数

现有文理、法、医、工、商五学院，统计、会计、体育师范三专修科，另有

大学先修班，及附属小学。文理学院设化学、数理、地质、教育、国文、外国文六系。法学院设法律、经济、政治三系。工学院设土木、机械、电机、矿冶、化工、建筑六系。商学院设工商管理、会计统计、银行保险三系。医学院成立未久，仅有前期。

四　教职员人数

三十六年度第一学期现有教授一二一人，副教授三九人，讲师四三人，助教九六人，职员一二一人，共四二〇人。

五　学生人数

三十六年度第一学期有学生文理学院二九九人，工学院七七六人，商学院五一〇人，法学院二〇〇人，医学院六六人，统计专修科二〇人，体育师范专修科八〇人，共计一、九五九人。

六　经费

该校经常费，三十六年度原核定为一三八、〇七〇、〇〇〇元，七月间追加三四五、一八〇、〇〇〇元，十月间又追加三六二、四四〇、〇〇〇元，十二月间第三次追加一六一、〇九〇、〇〇〇元，全年共为一、〇〇六、七八〇、〇〇〇元。

七　图书设备

现有中文图书三万七千六百二十二册，西文图书七千三百八十二册，中文杂志一万六千九百七十二册，西文杂志五千八百八十册，碑帖八百七十本，总计六万八千七百二十六册。

专题二：学院与系科

本专题选取 1936 年至 1948 年 49 篇文献，有电文、新闻报道、专题文章、总结报告等多种形式，记录了重庆大学的学院与系科变迁。由于学院、系科发展连贯性较强，故在此对学院、系科发展按时间进行梳理。

在这些文献中，有一现象值得特别说明，即各系科的名字有多种表述，即便在官方文件中，系科名称也并不统一，如"电机系"与"机电系"，"采冶系""冶采系"与"矿冶系"，"算学系"与"数学系"，"历史学系"与"史学系"，"园艺系"与"林艺系"，等等。本书对有多个名称的系科名进行统一，下文在涉及具体系科时以备注方式标明。

1929 年 10 月，重庆大学正式开学，设置文、理两个预科招生，即文科预科班、理科预科班。

1932 年秋，重大正式开办本科，在预科基础上设置文、理两个学院。文学院下设中国文学系（以下称"中文系"）、外国文学系（以下称"外文系"）；理学院下设数学系（"算学系"均统作"数学系"）、物理系、化学系。总计 2 院、5 系。

根据《重庆大学廿三年一览》，1934 年增设农学院及历史学系（以下称"历史系"）。1934 年，学校系科设置如下。

文学院，下设中文系、外文系、历史系。
理学院，下设数学系、物理系、化学系。
农学院，下设农业化学系、农艺系、园艺系（"林艺系"均统作园艺）。
总计 3 院、9 系。

1935 年"反对合并入四川大学"事件之后，文学院、农学院并入四川大学，工

学院正式开课，并于 1936 年增设地质系、化学工程系（以下称"化工系"）、体育专修科以及体育师资训练班。1936 年，学校系科设置如下。

理学院，下设数理系、化学系、地质系。

工学院，下设电机系(凡"机电系"均统作"电机系")、采冶系("冶采系""矿冶系"均统作"采冶系")、土木系、化工系。

体育专修科、体育师资训练班。

总计 2 院、7 系、1 专修科、1 师资班。

1937 年全面抗战爆发后，大量学生申请到重庆大学借读，学校先开设特别班接收借读学生，随后开设商学院。商学院开办后，特别班转入商学院。后于 1939 年增设统计专修科。1939 年，学校系科设置如下。

理学院，下设数理系、化学系、地质系。

工学院，下设电机系、采冶系、土木系、化工系。

商学院，下设银行保险系（以下称"银保系"）、工商企业管理系（以下称"工管系"）、会计统计系（以下称"会统系"）。

体育专修科、体育师资训练班、统计专修科。

总计 3 院、10 系、2 专修科、1 师资班。

1940 年电机系分为机械系及电机系，增设建筑系。1944 年将体育专修科改为体育师范专修科，体育师资训练班在此阶段停办。1944 年，学校系科设置如下。

理学院，下设数理系、化学系、地质系。

工学院，下设机械系、电机系、采冶系、土木系、化工系、建筑系。

商学院，下设银保系、工管系、会统系。

体育师范专修科、统计专修科。

总计 3 院、12 系、2 专修科。

1945 年，学校奉令增设法学院，下设法律学系（以下称"法学系"）。1946 年理学院改名文理学院，恢复设立国文系，并增设教育系；法学院增设政治学系（以下称"政治系"）、经济学系（以下称"经济系"）；增设医学院；并将接办的国立商专之计政班更为会计专修科；次年再增加外文系。1947 年，学校系科设置如下。

文理学院，下设数理系、化学系、地质系、国文系、外文系、教育系。

工学院，下设机械系、电机系、采冶系、土木系、化工系、建筑系。

商学院，下设银保系、工管系、会统系。

法学院，下设法学系、政治系、经济系。

医学院，暂不设系。

体育师范专修科、会计统计专修科。

总计5院、18系、2专修科。

在1947年到1949年10月期间，文理学院分为文学院、理学院，理学院数理系分为数学系、物理系，体育师范专修科改为体育系。此外，1948年2月沙磁医院正式成为重庆大学医学院附属医院。因此在中华人民共和国成立时，学校的系科设置如下。

理学院，下设数学系、物理系、化学系、地质系。

文学院，下设国文系、外文系、教育系。

工学院，下设机械系、电机系、采冶系、土木系、化工系、建筑系。

商学院，下设银保系、工管系、会统系。

法学院，下设法学系、政治系、经济系。

医学院暂不设系，设附属医院一所。

体育系。

会计统计专修科。

总计6院、20系、1专修科、1附属医院。

159 重庆大学添设地质学系

- 文献信息

    报纸《绥远西北日报》，1936年5月31日
    文献编号：1936-005

- 简体全文

    ### 重庆大学将添设地质学系

    【中央社成都三十日电】重大当局，鉴于地质学之重要，下学期决添设地质学系。

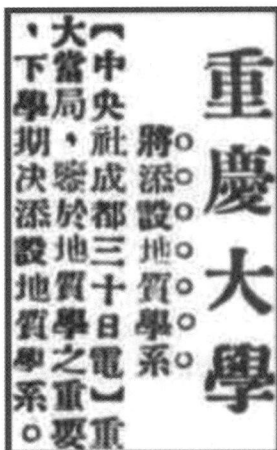

文献编号 1936-005　重庆大学将添设地质学系

- 文献信息

    报纸《南宁民国日报》，1936年6月3日
    文献编号：1936-006

- 简体全文

    ### 重庆大学下学期设地质学系

    成都卅日电　重大当局鉴于地质学之重要，下学期决添设地质学系。

文献编号 1936-006　重庆大学下学期设地质学系

- 文献信息

    报纸《甘肃民国日报》，1936年6月4日
    文献编号：1936-007

- 简体全文

    ### 重庆大学添设地质学系

    成都电：重庆大学当局鉴于地质学之重要，下学期决添设地质学系。

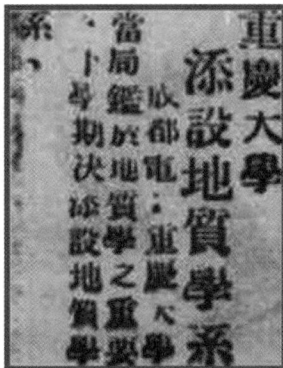

文献编号 1936-007　重庆大学添设地质学系

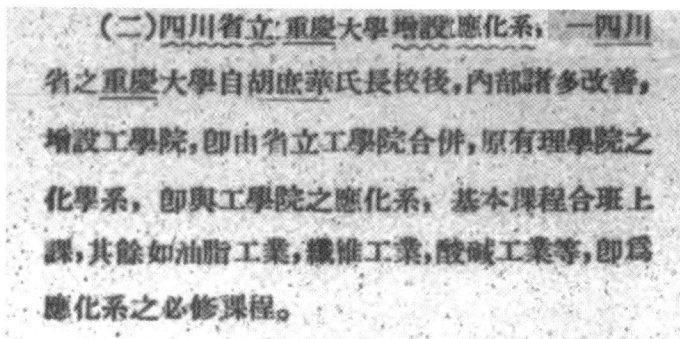

文献编号 1936-050　四川省立重庆大学增设应化系

■ 文献信息

期刊《科学》，第20卷，第160页，1936年

文献编号：1936-050

■ 简体全文

（二）四川省立重庆大学增设应化系：[一]四川省之重庆大学自胡庶华氏长校后，内部诸多改善，增设工学院，即由省立工学院合并，原有理学院之化学系，即与工学院之应化系，基本课程合班上课，其余如油脂工业，纤维工业，酸碱工业等，即为应化系之必修课程。

161 **重庆大学定户 16306 号某君疑问数则**

■ 文献信息

期刊《科学画报》，第3卷第24期，第994页，1936年

文献编号：1936-051

■ 简体全文

九、重庆大学定户 16306 号某君

编辑先生：阅读"科学画报"，获益良多。兹有疑问数则，敢请详为指示为感！

1.在每一无线电台，必有一定之呼号，此种呼号，究为何用，普通电学书中皆

无所载。请释！

2.萨本栋著普通物理学上册P.37第二章习题三，算之结果有无错误？（按即一绳的两端结于两柱上，绳中央悬重10磅而绳两边之张力各为500磅）如无错误试问以10磅重之物，怎会发生如许大之张力？

〔答某君〕（1）无线电台之呼号，有如人之姓名，一电台有一电台之呼号，为与其他电台通报时打招呼之用。如须某电台收电，可先呼某台电名，又发电之台先用呼号，所以表明此电波为某电台所发。

（2）计算无错误，力为"有向量"，二张力之绝对值虽大，然其水平部份相消。若将二张力分成垂直及水平二部份，仅垂直部份系重量，水平部份，互相抵消，并不能用以系重也。（富鑫）

九、重慶大學定戶16306號某君

編輯先生：閱讀『科學畫報』，獲益良多。玆有疑問數則，敢請詳爲指示爲感！

1.在每一無綫電台，必有一定之呼號，此種呼號，究爲何用，普通電學書中皆無所載。請釋！

2.薩本棟著普通物理學上册P.37第二章習題三，算之結果有無錯誤？（按即一繩的兩端結於兩柱上，繩中央懸重10磅而繩兩邊之張力各爲500磅）如無錯誤試問以10磅重之物，怎會發生如許大之張力？

〔答某君〕（1）無線電台之呼號，有如人之姓名，一電台有一電台之呼號，爲與其他電台通報時打招呼之用。如須某電台收電，可先呼某台電名，又發電之台先用呼號所以表明此電波爲某電台所發。

（2）計算無錯誤，力爲「有向量」，二張力之絕對值雖大，然其水平部份相消。若將二張力分成垂直及水平二部份，僅垂直部份繫重量，水平部份，互相抵消，並不能用以繫重也。（富鑫）

文献编号 1936-051　重庆大学定户 16306 号某君疑问数则

重慶大學調查川礦之發現 十，三，張靖宇訊

四川省政府委託重慶大學探冶工程學系師生，利用假期出外調查地質礦產，輔助旅費一千二百元，赴川東酉秀彭黔一帶調查。該校師生一行十八於前七月十日出發，刻巳將該數縣地質礦產調查竣事，採得古生代化石及硃砂，輝銻礦，菱鐵礦標本甚夥，於九月廿七日隨同運返學校云。

又訊：重慶大學探冶工程學系師生，在彭水縣與貴州交界境內，地名礦岩洞，發現二疊紀大鐵礦。查此礦為菱鐵礦，魚狀構造，根據礦床之成因，及地質學理之觀察，實為一海灣沈澱礦床。其厚度為二公尺，分佈延長約十餘公里，地層傾斜十度，計能深挖一千公尺。假定厚度各處無變化，准此估計，約有礦量一萬萬噸左右。實國內之一藏量最大之鐵礦云。

文献编号 1936-052 重庆大学调查川矿之发现

■ **文献信息**

期刊《矿业周报》，第404期，第5页，1936年

文献编号：1936-052

■ **简体全文**

重庆大学调查川矿之发现

十，三，张靖宇讯

四川省政府委托重庆大学采冶工程学系师生，利用假期出外调查地质矿产，辅助旅费一千二百元，赴川东酉秀彭黔一带调查。该校师生一行十人于前七月十日出发，刻巳[已]将该数县地质矿产调查竣事，采得古生代化石及硃砂，辉锑矿，菱铁矿标本甚夥，于九月廿七日随同运返学校云。

又讯：重庆大学采冶工程学系师生，在彭水县与贵州交界境内，地名矿岩洞，发现二叠纪大铁矿。查此矿为菱铁矿，鱼状构造，根据矿床之成因，及地质学理之观察，实为一海湾沉淀矿床。其厚度为二公尺，分布延长约十余公里，地层倾斜十度，计能深挖一千公尺。假定厚度各处无变化，准此估计，约有矿量一万万吨左右。实国内之一藏量最大之铁矿云。

163 四川重庆大学新任校长胡庶华对体育甚为重视

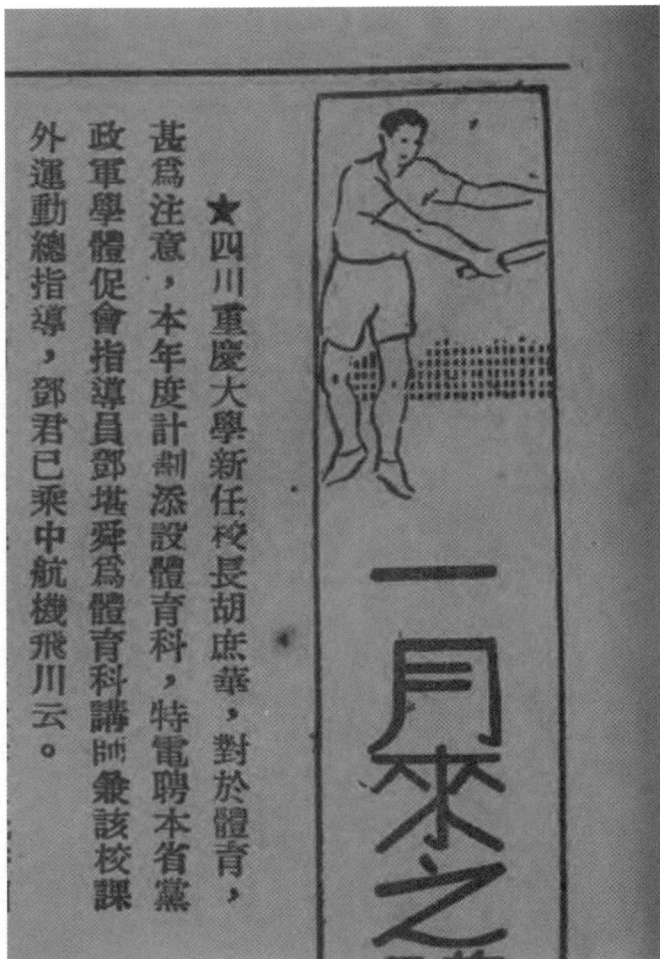

文献编号 1936-053 四川重庆大学新任校长胡庶华对体育甚为重视

■ 文献信息

期刊《勤奋体育月报》，第4卷第1期，第85页，1936年

文献编号：1936-053

■ 简体全文

★四川重庆大学新任校长胡庶华，对于体育，甚为注意，本年度计划添设体育科，特电聘本省党政军学体促会指导员邓堪舜为体育科讲师兼该校课外运动总指导，邓君已乘中航机飞川云。

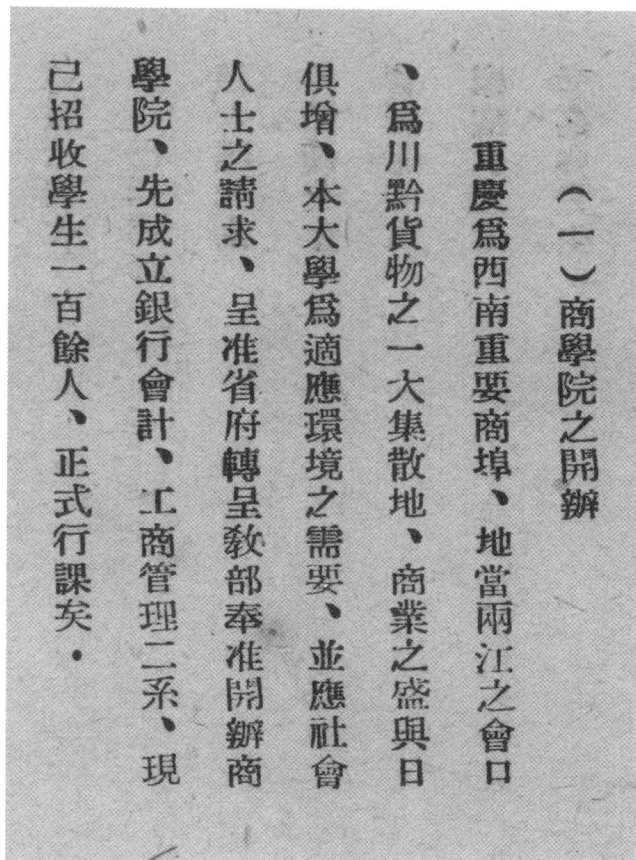

文献编号 1937-066　商学院之开办

■ 文献信息

　　期刊《重大校刊》，第15期，第14页，1937年10月20日

　　文献编号：1937-066

■ 简体全文

（一）商学院之开办

　　重庆为西南重要商埠，地当两江之会口，为川黔货物之一大集散地，商业之盛与日俱增，本大学为适应环境之需要，并应社会人士之请求，呈准省府转呈教部奉准开办商学院，先成立银行会计，工商管理二系，现已招收学生一百余人，正式行课矣。

重慶大學體育科的鳥瞰

傅紹憲

A 產生的原因

中國體育落後，四川當然不能例外，且因交通和地理關係，更足以阻礙體育之進展。又加以過去內戰及鴉片的流毒，故人民身體之被摧殘已達極點。近政府刷新教育，體育纔慢慢的在學校裏抬頭，由是就發生了師資缺乏的問題，同時覺得與理想的要求——體育普及一相差太遠，這是重大體育科產生的第一個原因。

四川地大物博，東有三峽之險，西則平原千里，向稱天府之國，因此就被人譽稱爲民族復與的根據地了，那末對於民族復與有密切關係的體育，豈有忽視之理，這是重大體育科產生的第二個原因。

本省政教當局有見上面的原因，急需設立一安善之體育學校，重大胡校長庶華先生素以造就實用人材爲己任的，所以很樂意於重大內添設體育科，同時二十五年教部專員來川視察，見重大運動場地廣大，環境佳良，而川省體育師資缺乏乃實際問題，故回部之後，訓令重大開辦體育科，這是重大體育科產生的第三個原因。

B 經營的簡述

重大體育科的創始，是在二十五年八月，籌備期間很短促，房屋的建築，在招生時尚未完成，當局設計規劃，煞費苦心，開辦費僅三萬元，學校以初無此項經費預算，然爲應急需起見，祇好由理工二院內經費節省開支撥充，因此理工二院之設備添置，不無相當影

湖北省黨政軍學體育促進委員會會刊

五一

文献编号 1937-096 重庆大学体育科的鸟瞰（节选）

■ 文献信息

期刊《湖北省党政军学体育促进委员会会刊》，第2卷第1期，第51-55页，1937年

文献编号：1937-096

■ 简体全文

重庆大学体育科的鸟瞰

傅绍宪

A产生的原因

中国体育落后，四川当然不能例外，且因交通和地理关系，更足以阻碍体育之进展。又加以过去内战及鸦片的流毒，故人民身体之被摧残已达极点。近政府刷新教育，体育才慢慢的在学校里抬头，由是就发生了师资缺乏的问题，同时觉得与理想的要求—体育普及—相差太远，这是重大体育科产生的第一个原因。

四川地大物博，东有三峡之险，西则平原千里，向称天府之国，因此就被人誉称为民族复兴的根据地了，那末对于民族复兴有密切关系的体育，岂有忽视之理，这是重大体育科产生的第二个原因。

本省政教当局有见上面的原因，急需设立一妥善之体育学校，重大胡校长庶华先生素以造就实用人材为己任的，所以很乐意于重大内添设体育科，同时二十五年教部专员来川视察，见重大运动场地广大，环境佳良，而川省体育师资缺乏乃实际问题，故回部之后，训令重大开办体育科，这是重大体育科产生的第三个原因。

B经营的简述

重大体育科的创始，是在二十五年八月，筹备期间很短促，房屋的建筑，在招生时尚未完成，当局设计规划，煞费苦心，开办费仅三万元，学校以初无此项经费预算，然为应急需起见，只好由理工二院内经费节省开支拨充，因此理工二院之设备添置，不无相当影响，故有人主张欲重大声誉隆起，应尽力充实理工二院，不必兼营并进，以致一无所长，这不无相当理由，此在欧美大学林立之国家尤应如此，不过以纵横千里而仅有之重庆大学言，其使命自又不同，吾国建设初肇，各项人材均甚需要，因患人材不精而尤患人材不足，使需要供给均一，所以造就体育人材，也是很重要的啊。

C设备的情形

经费既如上述那样拮据，设备当然难期尽善尽美，好在学校当局处处为学生着想，凡体育科学术研究所需的仪器图书等，理工二院均尽量供给，图书馆为体育科特添办大批体育书籍杂志，术科的设备本来就可以，自办体育科后，当然愈加充实完善，运动场一大片，四边因地势砌以石级看台，可容数万人，这不仅是四川首屈一指的运动场，就是长江流域的各大学也怕绝无仅有的。至于球类器械、田术田径

赛之设备，无不应有尽有，建筑方面，有宫殿式的房子一所，供体育科师生宿舍及教室之用，另有新近完成的健身房一所，其中布置，差供应用，至体育馆游泳池已在设计中，相信在胡校长计划之下，不久的将来，定有可观的表现。

D学生生活描素[素描]

现有学生两班，共计五十九人，其中女生十二人，专科十四人，期限二年毕业，招收高中毕业生，师资班四十五人，限一年毕业，招收各体校毕业生两班任中小学教师者，体育科当局之意，拟于三年内将全川中小学体育教师调训完毕，关于此点，体育科主任程登科先生已于整理四川体育三年计划内，说得很详细，其目的使现任中小学师资人员受严格训练，认清体育目标和趋势，同时以重大体育科为全川体育师资发源地，俾将来实施整理时，不至发生党派和系别的纠纷。所以重大体育科是训练新体育系统人才的，以军事化为方法，以体育救国复兴民族为目的，故管理设施以及学生生活状况，皆不出严格整齐[、]敏捷确实各项，其作息生活情形，约有下列各点：

1、学生的来源，有初从学校毕业来的，有从社会服务过来的，每人过去生活方式都不同，过惯了自由生活的人，忽然受到约束，好似文弱公子负上千斤担，一刻也难受，团体化，纪律化把个人的自由剥夺得一干二净，好像兵士一样，服装整齐划一简单，被褥叠得出轮廓来，衣帽放置各有定所，门窗地板，也要自己拭得一尘不染，床下的鞋子，比向右看齐还来得整齐，一个不小心，就有警告降临的危险。关于内务的整洁，恐怕军事学校也不过如此。

2、这里学术科的教师，凡十位，学识丰富，经验充足，加上他们能秉承程主任的意志，努力职务，亲身力行，所以表现出来的成绩，并不亚于那些国内有名的体育专家，学生对师长很服从，师长对学生除维持纪律外，也很爱护，确能表现上下一致的精诚团结。

3、早晨五点半的号声一响，值星生的叫子也就呜呜[嘟嘟]，叫过[个]不停。一个个立刻由床上翻身起来，振作精神，开始整理内务，盥洗完毕就到操场，作柔软活动，六点的钟声一响，大家已经在值星生口令之下"立正""报数"了。在操作前照例唱救亡一类军歌，继之以跑步，步法整齐，俨若劲旅，操作停止，即分组作有程序的田径国术器械等练习，秩序井然，绝无零乱之气，虽冬日雪雨，亦未曾间断过，每逢礼拜六晨操改为越野跑，当局对此非常重视，以其有冲锋陷阵做军事上之帮助，利于游击战术也。每日上课七八小时，上午大都为学科，下午为术科，但均须缴阅笔记，听说有些体校学校[生]整年不曾买过一支笔，那末以此地学校较之当然有天上地下之别了，晚间六时半—九时为自修时间，就寝以前，集合于舍前小坪上点名，并由教师作精神训话，(雨天改在进修会室)，言者谆谆，听者动容，学风之得以维持良好者，此即其原因之一也。礼拜六晚七—八时举行进修会，预先分派学生担任政治，体育消息，读书心得等报告及自我批评等，最后还有一节余兴，弄得满堂趣笑横生，这时老师也有放下成容，参加京调清唱[、]口琴独奏等，一直到时间不允许了，才肯站起来合唱《中华男儿血》或《救亡进行曲》后散会，进修会的创立者是程主任，他的意思可使学生进德修业，留意国事，练习口才，学体育的人有了技术之外，还须有政治家的口才和头脑，才配为人师表，才够实行体育革命。

E"九一八"口号的创立

重大体育科训练目标，既为复兴民族而军事化，训练当然以雪耻强国家为前提，精神训练，尤重提高爱国情绪，"九一八"口号之创立也是基于此，每于队伍解散时，一声"九一八"，整齐严肃，不知惊破了多少人的迷梦，唤回了多少人的灵魂！我们知道"九一八"这天失去了沈阳，也就是造成今日华北危局的原因，国人痛定思痛，能无感于中而有所警惕。

F结束的呼声

重大体育科是一个新生的婴孩，于历史当然谈不上，不过看他蓬蓬勃勃的精神，倒有点儿不凡的气概。

今日中国体育高级育材机关，老的老了，死的死了，硕果仅存的，北方师大，南方中大，而西方呢？鼎足而三的形势，事实的需要，环境的促成，时代的鞭策，新生命是需要有朝气有毅力的群力创造的，愿大家努力，共负时代的使命，创造体育新系统，实行体育革命。

166　重庆大学地质系来函

■ 文献信息

期刊《地质评论》，第2卷第4期，第420-426页，1937年

文献编号：1937-097

■ 简体全文

重庆大学地质系来函[*]

（前略）兹将两年来在川工作情形及请示事项呈述如次：

（一）重庆大学地质系　去年暑假重大开办地质系，投考者四十九人，取十三人，有三名未到，又女生三人，已转入他系，现仅有七名。系主任现由林斯澄教授代理，设备费原定二年内为二万元，现已购置仪器及标本等，约值洋八千余元，余者分别缓急继续添购。已成立褾[标]本陈列室五大间，有褾[标]本柜六十个。以化石为最多，为生偕学生先后所采集者，岩石矿物（及薄片），自美购到者约百余件，其余均为生

重慶大學地質系來函 *

（前略）茲將兩年來在川工作情形及請示事項呈述如次：

（一）　重慶大學地質系　去年暑假重大開辦地質系，投考者四十九人，取十三人，有三名未到，又女生三人，已轉入他系，現僅有七名。系主任現由林斯澄教授代理，設備費原定二年內爲二萬元，現已購置儀器及標本等，約值洋八千餘元，餘者分別緩急繼續添購。已成立標本陳列室五大間，有標本櫃六十個。以化石爲最多，爲生偕學生先後所採集者，岩石礦物（及薄片），自美購到者約百餘件，其餘均爲生所採集者，已作初步鑑定，并加圖表說明。書籍除國內地質刊物全部購到外，其他參考書籍尚不甚多。

（二）　野外工作經過　去年一月由重大及西部科學院地質研究所與建設廳合作，成立四川地質礦產調查委員會，分區調查，期於四年內完成四川未調查區域之十萬分一地質圖，川西由西科院常隆慶李賢誠同學擔任，北部由李陶同學擔任，生擔任東南部分，只能於寒暑假內工作，旅費則全部由建設廳負擔之。常君主持西部科學院，經費奇困，用心尤苦，生到川後，方知常君極能吃苦，且爲好友。

（1）川東地質　前年寒假及去年暑假借採冶系四年級學生十人在川東調查四個月，已完成十萬分一酉陽，秀山，彭水，黔江，愊陵及酆都石砫七縣地質面積圖一幅。本區造山岩，大部屬古生代地層，多成高原，拔出海面逾2000—3000公尺，愈至東南部如酉秀彭黔等縣，較新地層逐漸減薄，僅有三叠紀底部地層保存

* 重慶大學教授劉祖彝先生致中研院李四光先生之函，蒙李先生轉送刊印 *

所采集者，已作初步鉴定，并加图表说明。书籍除国内地质刊物全部购到外，其他参考书籍尚不甚多。

（二）野外工作经过　去年一月由重大及西部科学院地质研究所与建设厅合作，成立四川地质矿产调查委员会，分区调查，期于四年内完成四川未调查区域之十万分一地质图，川西由西科院常隆庆[、]李贤诚同学担任，北部由李陶同学担任，生担任东南部分，只能于寒暑假内工作，旅费则全部由建设厅负担之。常君主持西部科学院，经费奇困，用心尤苦，生到川后，方知常君极能吃苦，且为好友。

（1）川东地质　前年寒假及去年暑假偕采冶系四年级学生十人在川东调查四个月，已完成十万分一酉阳，秀山，彭水，黔江，憎[涪]陵及丰都石砫[柱]七县地质面积图一幅。本区造山岩，大部属古生代地层，多成高原，拔出海面逾2000-3000公尺，愈至东南部如酉秀彭黔等县，较新地层逐渐减薄，仅有三叠纪底部地层保存于内斜间，侏罗白垩纪层全无出露，系自西北而东南，去之以渐，且见白垩纪地层，均受大断层影响。又白垩纪与其下各纪地层间，均无不整合存在，故知本区造山运动，最烈之期，在白垩纪以后，当时本区地层褶皱较高，故较新地层被侵蚀以去，非原无沉积也。生对此点，观察明了，地层大体呈东北至西南方向，走向正断层及逆断层为多，而横断层则殊少见。地层方面，略述如次：

（a）震旦寒武纪　下部约500公尺，为薄灰岩与板状页岩互层，中夹炭层，厚逾二公尺，全部未得化石。上部黄绿色板状页岩约150公尺，含三叶虫Redlichia。此层底部有砾岩甚厚，与下部岩层为假整合接触。

（b）下奥陶纪　全部灰岩层厚达2000公尺，底部鲕状灰岩含Archaeoscyphia（距Redlichia约10公尺），中部以矽质灰岩为主，未得化石，顶部页岩中含Cameroceras甚多。近闻计荣森君在宜昌发现Redlichia，层位居Archaeoscyphia层之上，则二者分界又生问题矣。

（c）中奥陶纪　在本区南部较厚约200公尺，北部约为100公尺。以红色泥质灰岩及黄绿色页岩为主，愈至北部，砂岩逐渐发育，但其最上部之龟裂状灰岩，厚不过30公尺，则随处可见。本纪含化石特多，且保存完美，自下而上，有扬子贝及其他贝类如Rafinesquina, Clitambonites及Orthis等。三叶虫如Illaenus, Asaphus, Ogygites及Isotelus等共十余种，各种笔石及头足类化石特多，且在彭水找得Actinoceras一个，足证当时北部海水浸入此地矣。

（d）下志留纪及上志留纪　全部为黄绿色页岩，上部夹砂岩及薄灰岩数薄层，总厚约1200-1500公尺。底部厚页岩，虽各地厚薄不同，含笔石特富，大致鉴定，应与苏皖一带下志留纪相当。距顶部约30公尺，含三叶虫Encrinurus特多，保存完整，最上层则含Spirifer tingi及其他贝类与头足类，有时Encrinurus与Spirifer tingi产在同一层位中。在薄层灰岩中则产Farosites，此层在Encrinurus下约50公尺。

（e）泥盆纪石炭纪及乌拉系　全部缺失。

　　(f) 二叠纪　岩性与湘鄂苏皖见者同，厚达500-600公尺，为造成西南高原之主要地层。底部 Tetrapora 层为假整合直覆 Spirifer tingi 层之上，绝无不整合之证迹。中部含 Gastriocerasliui。上部约200公尺为含煤灰页岩，而页岩颇少，此层自顶至底均含 Lytttonia 及 Oldhamina，以下部为多，保存完整。在本纪内得各种贝类化石特多（留交朱森君研究）珊瑚化石亦多，惟植物化石则殊少见。细察志留二叠纪间，确无不整合证迹，当泥盆石炭纪时代，四周均为深海沉积，而本区与三峡一带则突出海面，殊属不能？

　　(g) 三叠纪　下部薄灰岩约600公尺。底部得菊石保存颇劣，上部红色页岩约100-150公尺。未得化石。

　　(h) 侏罗纪　全部为砂岩及页岩夹煤层甚多，皆极薄，总厚约400-500公尺，下部及距顶约100公尺之页岩中，得 Cladophlebis, Pterophyllum, Neocalamites, Taeniopteris Podozomites, Nelssonia 及 Dictyophyllum 等极多，保存异常完美，大致鉴定，与在萍乡及醴陵所见者相同，当属 Rhaetic 无疑。上部约100公尺为粗白砂岩，无化石，此层可否代表上中侏罗纪，则有问题也。

　　(i) 白垩纪　全部为红色页岩与砂岩互层，厚逾3000公尺。底部自流井灰岩层厚不过20公尺，而分布于川东及三峡，纵横千百里，随处可见，且岩性相若。此灰岩中得鳄鱼牙数颗，往时杨钟健在川得同样之化石，据云属下白垩纪。其上数千公尺无化石，第三纪无沉积，故对此厚层之时期，亦难确定。

　　矿床方面为：

　　(a) 煤　二叠纪煤在境内分布极广，惟煤厚鲜有逾一公尺者，且煤质颇劣，交通不便，至侏罗纪煤系，仅在境北涪陵丰石等处有之，而煤层极薄。

　　(b) 铁　在彭水涪陵境内发现鲕状厚层原生赤铁矿数处，厚达二公尺，生于二叠纪灰岩底部，颇有价值，作有简报，奉上一阅。胡庶华先生向省府建议，设钢铁厂于此。

　　(c) 珠砂　含朱砂方解石脉，大多沿岩层层面生于下奥陶纪下部灰岩中，分布于酉秀一带，纵横数百里。最有趣者，为此矿脉之生成位置，仅限于此部灰岩中，其上下各层灰岩中，则无有产朱砂矿脉者，因是矿床分布位置，皆与地质构造息息有关。或沿盆地之边缘出露，或沿内斜或外斜层之两翼出露，皆居一定层位。又随倾角大小，有立矿脉与平矿脉之分，即倾角陡者，矿脉恒随层面直立而生，如遇麻间，则矿脉被消失矣。（即矿脉被断层分裂后，其破碎带为断层碎石及次生方解石脉所填充，则称麻间）在本区纵横二三百里范围内，所见大小情形，皆为如此，足证脉矿生成时期，在地层褶皱及断层发生之先。应在白垩纪沉积以后，（前述造山期在白垩纪后由此更可证实）约与我国南部各地之侵入岩时期相当。察滇黔川湘诸省之朱砂分布地点，适在一东北至西南向直线上，似与地层褶皱方向吻合，往时西人某论中国西南部朱砂之生成，与走向断层有关，似不可靠（近据王日伦君在黔调查朱砂分布情形，及生成位置与生所见颇同）。

(d) 盐　四川自流井及贡井之盐，究来自白垩纪抑三叠纪，尚无定论。川东之盐潜，则来自奥陶纪或震旦寒武纪中之断层深处，如酉秀随处皆有盐潜。又彭水郁山镇每日产盐四百担，其盐潜水皆来自奥陶纪中之断层带，而志留二叠纪及其上诸地层中，虽有大断层而无产盐水者，此则或由于蓄水层之接触情形不同所致。前述酉秀二带，最新岩层，仅有三叠纪底部地层些少，保存于内斜层轴部，果来自此层自上而下移动乎？潜水或为自远处移动而来，何以在新地层之分布区域，反不见产盐。抑来自数老之地层自下而上移动乎？而世界产盐最大地层，惟寒武纪耳。此盐水咸度不高，且含镁特重。虽盐潜分布纵横700–800里，而盐潜较大者，仅郁山镇一处耳，其他锑，铅，锌等矿均为脉矿矿床，价值颇微。

(2) 荣昌县及重大附近煤田地质　因川黔铁路赶修，需煤孔亟，故于去年寒假偕学生二十人调查荣昌侏罗纪煤田，已完成五千分一煤田地质图一幅，长约二十里，宽十里许，川黔铁路公司决以二十万元经营斯矿。今年春假旅行，在重大附近（地点白市驿距重大二十余里，乘车二十分钟可到），发现白市驿背斜层轴部，有二叠纪乐平煤系灰岩出露地面逾140公尺。本区东北距北碚二叠纪煤田约九十里，西南距南川二叠纪煤田约200里，已知北碚与南川煤层厚度为5–6公尺，而本背斜适与北碚南川背斜相连，位居二者间。察川东二叠纪煤东北西南端均逐渐减薄，（成晶片状）即北碚南川等地最厚，故推定本区煤层必厚。就地层比较，距地面约50–60公尺，即可达到厚煤层。此煤田距川黔铁路只二十余里，可修轻便道，实为铁路附近最有价值之大煤田。此背斜层延长十八里，倾斜角约35°–45°，虽背斜轴部有扭转断层延长十八里，而上下推动颇微小，东翼有反断层循扭转断层方向相平延展，而断层面角小于倾斜角，煤层未受影响。本区构造简单明显，为学生实习良好区域，决于暑假期内，测成五千分一详图，并决定钻探地点，实行试探。现省府及川黔路决以二百万元经营斯矿。

(3) 川西地质　生受省府委托调查川西大小金川砂金矿床，已于五月一日偕助教一人出发，今抵懋功矣。是区位处川康交境，为夷人巢所，汉人曾不敢深入。生原拟就经过路线，完成五万分一后川，懋功，清化及松理茂诸县地质路线图，因今川省旱灾，前途匪风颇炽，且饮食困难，能否就计划工作，尚有问题。自成都到懋功700里，大体沿东西走向行走（别无道路），所见皆为侏罗纪及五台系地层，仅在灌县附近见二叠纪Schwagerina地层及石炭纪层（含Kweichouphyllum？）逆掩于侏罗纪之上，未见完整露头。又见泥盆纪上部与侏罗纪为断层接触，全部为灰岩层，约4000公尺，未得上泥盆纪化石。距底约1000公尺处，则含Stringocephalus obesus而S.burtini未见，其他贝类如Spirifer chechirel, Camarophoria及Gypidula等均保存完整，及各种珊瑚特多。此岩层性质及化石与湘省见者颇同，惟湘省之Stringocephalus burtini层属中泥盆纪底部，而此地则Stringocephalus层之下，尚有灰岩及页岩约1000公尺，未

得化石，疑其属下泥盆纪。此层之下，有角砾岩厚达十公尺，与下之五台系板岩及片岩为不整合，十分显著。五台系仅见一部分厚约5000公尺。侏罗纪全部变质为石英砂岩，板岩与片岩，厚大无比，因其反复褶皱颇繁，至今对上下关系不明，川康高地大部为此岩造成，或无疑也。小金川系沿侏罗纪背斜循轴部自东西流，大金川系沿侏罗纪背斜轴部自北南流。侏罗纪变质岩中含金石英小脉纵横交错，被侵蚀之砂金，则沉积第四纪及现代砾岩中。往时经营大金川砂金矿者，获利颇厚，故名著遐迩。此次经过高山凡三处，拔出海面逾五千余公尺，气候严寒，终年积雪不解，且空气稀薄，苦力死于高山半者，年以千百计，遍山皆尸骨，触目惨然。生此次所偕之苦力二人均毙命于最高之巴阆山顶，道路崎岖，概可想见。生去年在川东患疟疾一月，几乎病死，今者疟疾又发，助教及随丁均病在床间，欲进不能，心殊格格云。

刘祖彝谨叩

----

* 重庆大学教授刘祖彝先生致中研院李四光先生之函，蒙李先生转送刊印。

167　重庆大学医学院计划书

■ 文献信息

期刊《重大校刊》，第25期，第7-9页，1938年5月16日

文献编号：1938-024

■ 简体全文

重庆大学医学院计划书

一，定名　本大学医学院定名为重庆大学医学院

　　设院长一人秉承校长教务长综理本院教务与行政

二，学年　遵照国民政府教育部规章[，]本大学医学院授课时间定为五年毕业[，]毕业后须在本校附设医院实习一年

三，教务概况

　　课程及其说明

　　为适应环境与兼顾事实需要起见[，]将授课时间分为前后二期[，]前期二年[，]教按[授]基础医学[，]后期三年[，]教授应用医学

　　前期应授之学科

　　（一）党义

重慶大學醫學院計劃書

一、定名　本大學醫學院定名爲重慶大學醫學院
設院長一人秉承校長教務長綜理本院教務與行政

二、學年　遵照國民政府教育部規章本大學醫學院授課時間
定爲五年畢業畢業後須在本校附設醫院實習一年

三、教務概況

課程及其說明

爲適應環境與發展事實需要起見將授課時間分爲前後二期前
期二年教授基礎醫學後期三年教授應用醫學

前期應授之學科

（一）黨義

（二）國文

（三）德文

教授主旨　講授本課程之宗旨在能使學生了解德文文
法上之結構及日常應用之成語俾能直接閱讀關於醫藥
方面之德文書籍雜誌以灌輸新的醫藥知識
共三百二十小時於二年內授之

（四）物理

教授主旨　本課程包括力學聲學熱學光學及磁電學等
將高中所得之物理基礎知識加以復習并授以較深之
原理與實驗對於醫藥學關係之事項特別詳細講述

（五）化學

本課程包括有機化學及分析化學特別注重與生物化學
及藥物學有關之各項化學基本知識講授與實習並重
共計二百五十二小時於第一學年內授完

（六）生物學

本課程講授醫藥學上所必須之生物學知識故特別注重
生殖發生寄生蟲遺傳優生進化等項
共計一百〇八小時於第一學年內授完

（七）解剖學

教授主旨　本課程使學生明瞭人體各系統器官之形態
構造及其演化過程與機能間之關係包括

a. 系統解剖學

b. 局部解剖學

c. 胎生學

d. 組織學

共計四百三十二小時於二年內授完
實習時間在外

（八）生理學

教授主旨　本課程講述人體之正常生活機能及其間之
支配法則講義與實習共計二百四十小時於第一第
二學年內授完

（九）生理化學

本課程講授人體之成份分泌排泄物體內諸賴化學授

化之原理及實驗理論與實習共計二百小時於兩年內授
完

後期應授之學科

（1）病理學

（2）微生物與容生蟲學

（3）藥理學

（4）救護學

（5）外科學

（6）內科學

（7）精神病學

（8）小兒科學

（9）皮膚花柳科學

（10）眼耳鼻喉科學

（11）婦產科學

（12）公共衛生學

（13）法醫學

（14）醫學史

四、設備概要

大別爲（一）房屋及（二）房屋內之設備

（1）房屋

（一）教室　二間（每間能容六十人）

一、生理學及生理化學實驗室一間（須能容六十人者）

二、顯微鏡實習室一間（可借用生理實驗室

三、解剖實習室一間（須能容六十人者）

四、屍體貯存室一間

六、標本室　二間（生理解剖各一）

七、研究室　四間

八

重　大　校　刊

（二）国文

（三）德文

教授主旨　讲授本课程之宗旨在能使学生了解德文文法上之结构及日常应用之成语，俾能直接阅读关于医药方面之德文书报杂志，以灌输新的医药知识，共三百二十小时，于二年内授之

（四）物理

教授主旨　本课程包括力学、声学、热学、光学及磁电学等，将高中所得之物理基础知识加以复习外，并授以较深之原理与实验，对于医药学关系之事项特别详细讲述

（五）化学

本课程包括有机化学及分析化学，特别注重与生物化学及药物学有关之各项化学基本知识，讲授与实习并重，共计二百五十二小时，于第一学年内授完

（六）生物学

本课程讲授医药学上所必须之生物学知识，故特别注重生殖发生、寄生遗传、优生进化等项，共计一百〇八小时，于第一学年内授完

（七）解剖学

教授主旨　本课程使学生明了人体各系统器官之形态构造，及其演化过程与机能间之关系包括

a.系统解剖学

b.组织学

c.胚胎学

d.局部解剖学

共计四百三十二小时，于二年内授完

实习时间在外

（八）生理学

教授主旨　本课程讲述人体之正常生活机能，及其间之支配法则，讲义与实习共计二百四十小时，于第一第二学年内授完

（九）生理化学

本课程讲授人体之成份，分泌物、排泄物、体内诸种化学授[变]化之原理及实验，理论与实习共计二百小时，于两年内变[学]完

后期应授之学科

（1，）病理学

（2，）微生物与寄生虫学

（3，）药理学

（4，）救护学

（5,）外科学

（6,）内科学

（7,）精神病学

（8,）小儿科学

（9,）皮肤花柳科学

（10,）眼耳鼻喉科学

（11,）妇产科学

（12,）公共卫生学

（13,）法医学

（14,）医学史

四，设备概要

大别为（一）房屋及（二）房屋内之设备

（1,）房屋

一、教室　二间（每间能容六十人）

二、生理学及生理化学实验室一间（须能容六十人者）

三、显微镜实习室一间（可借用生理实验室）

四、解剖实习室一间（须能容六十人者）

五、尸体贮存室一间

六、标本室　二间（生理解剖各一）

七、研究室　四间

新建房屋若统费多不妨稍好［减］经费｜,｜少则作别论｜,｜兹暂估计为三万元

（2,）房屋内之设备

物理化学二部可借用本校理学院｜,｜原有者兹仅将生理解剖二部所需要之设备列计于下

A,　解剖学馆

授讲时需要之设备

（a,）挂图与表格

　约五百幅左右｜,｜在外甚难购得｜,｜且价值甚昂｜,｜将来可责成该科助教助理员等自行绘制

（b,）模型与标本

　约五百件左右｜,｜可从德国或其他医学校募集｜,｜或自行缓缓增添｜,｜兹暂估计为一万五千元

（c,）仪器

　解剖所用之仪器甚少｜,｜可以节省

实习时需要之设备

(a,)尸体

(来源)重庆市之路毙及死刑罪犯无人收尸者甚多[,]可向主管机关要求[,]来源想不困难

(贮藏)掘一较大之地窖[,]用酒精与百分之40% Formalin溶液浸渍[,]可保永久

(解剖时之用具)各种切断刀[、]剪刀[、]镊子等学校只购一部份已足[,]学生各人自购

(b,)显微镜

暂定每班学生为六十名[,]每二人至少应有显微镜一架[,]故须三十架(倍数须五百倍至一千倍者)[,]兹暂估计需三万元

(c,)显微镜片

因在外间无从购得[,]学校可聘专人自行制造(从尸体各部用特种切片刀切成各种组织薄片[,]用酒精aether等固定之后再用各种染色药染色)

(d,)其他[其]玻璃材料及各种药品

兹暂估计需二千五百元(足一年用)

B，生理学馆

讲授时需要之设备

(a,)挂图与表格　约二百幅[,]可自行绘制

(b,)模型与标本　约一百件[,]可缓缓增添

(c,)仪器　约三十件[,]兹暂估计需二万元

实习时需要之设备

(a,)各种作为实验用之动物(例如鸽[、]小海猪[、]白鼠等)

(b,)药品与器械(足一年用)

兹暂估计需七十五百元[,]一切设备合计约需十万元[,]但不必一时筹足[,]若开办费有六万元，以后经常费不成问题[,]已可着手

五，组织概况

院长一人

教授四人(生理[、]解剖[、]物理[、]化学各一人)

讲师二人(生理解剖各一人)

助教二人(生理解剖各一人)

助理五人

每月薪给共约四千元[,]以七折计[,]每月三千元已足

文献编号 1939-001　教育部特设工农商医专修科之重庆大学

■ 文献信息

报纸《申报》，1939年2月3日，期号23324号（上海版）

文献编号：1939-001

■ 简体全文

教部特设工农商医专修科

造就高教各科技术人才

【重庆通讯】教部为造就高教各科技术人才起见，特设各种专修科，现已决定分为工农商医四类十七科二十班，除特设中央技艺专科学校办理数科外，并分由公私立各大学附设一科或二科，顷悉教部已令各校从速筹备招生，期于第二学期开始授课。兹探各校所办专修科名称于下：

㈠西南联大电讯专修科，㈡云南大学采矿专修科，㈢武汉大学机械专修科，㈣四川大学化□专修科，㈤金陵大学汽车专修科，㈥中央大学畜牧兽医专修科，㈦西北农学院农业经济专修科，㈧贵阳医学院卫生行政专修科，㈨重庆大学统计专修科，㈩复旦大学统计专修科，㈩㈠光华大学会计专修科，㈩㈡中央政治学校会计专修科，又农业经济专修科，㈩㈢中央技艺专科学校农产制造专修科，又造纸专修科，又皮革专修科，又染纸专修科，又水产专修科，又蚕丝专修科。

169 重庆教育发展概况

戰事發生後 重慶教育發達概況

各學校奉令疏散鄉村

(重慶訊)重慶市位於嘉陵江與揚子江之交點爲一小城、教育頗爲發達、戰前共有大學二所、(四川省立重慶大學及教育學院)中學二十八所、內有基督教學校五所、天主堂學校二所、職業學校八所、省立師範學校二所、其餘皆爲私立中學、自戰事發生後、國府西移、學校更加發達、計共中學增加八所、專科以上學校增加七校、計中央大學、中大柏溪分校、國立藥學專科學校、文華圖書專科學校、中華大學・復旦大學・金陵大學・增爲學校林立、自本年二月渝府飭令疏散後、城內已無學校、大都分布於長江兩岸嘉陵江北岸沙坪壩等地、以沙坪壩一區比較更爲集中、計有四川省之教育學院、(國立學院)重慶大學・女子職業學校・國立中央大學・藥學專科學校・中央工業職校・私立南開中學・及大公職業學校等八校、學生工作、亦以此地爲中心云、

倫敦大學 在華錄取新生

本年六月間英國倫敦大學會舉行公開工程學士初級考試、在中國參加是項考試而被錄取者、有阿加索孫夫・朱進弘・李學果・黃娗元・盧濟祥等五人、此五人均屬當氏、德學院高中部學生、據倫敦大學考試委員會中國分會發表云、該項考試能被錄取者事已難義、今該校竟有三人同列優等、非但爲國方面及世界各地無此成績、即歷來考試亦所罕有、故該校除援圖體題分外一外、並打破歷來所有之紀錄、

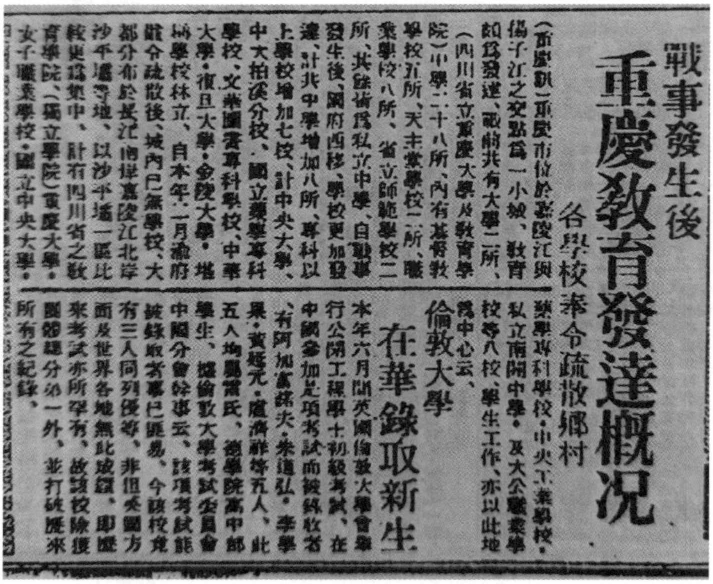

文献编号 1939-021　重庆教育发展概况

■ 文献信息

报纸《申报》，1939年10月29日，期号23587号（上海版）

文献编号：1939-021

■ 简体全文

战事发生后　重庆教育发达［展］概况

各学校奉令疏散乡村

【重庆讯】重庆市位于嘉陵江与扬子江之交点[，]为一小城，教育颇为发达。战前共有大学二所，(四川省立重庆大学及教育学院)，中学二十八所，内有基督教学校五

所，天主堂学校二所，职业学校八所，省立师范学校二所，其余皆为私立中学。自战事发生后，国府西移，学校更加发达，计共中学增加八所，专科以上学校增加七校，计中央大学、中大柏溪分校、国立药学专科学校、文华图书专科学校、中华大学、复旦大学、金陵大学，堪称学校林立。自本年二月渝府战令疏散后，城内已无学校，大都分布于长江南岸[、]嘉陵江北岸沙平[坪]坝等地。以沙平[坪]坝一区比较更为集中，计有四川省之教育学院（独立学院）、重庆大学、女子职业学校、国立中央大学、药学专科学校、中央工业学校、私立南开中学、及大公职业学校等八校。学生工作，亦以此地为中心云。

170 川省政府议决重大增商学院

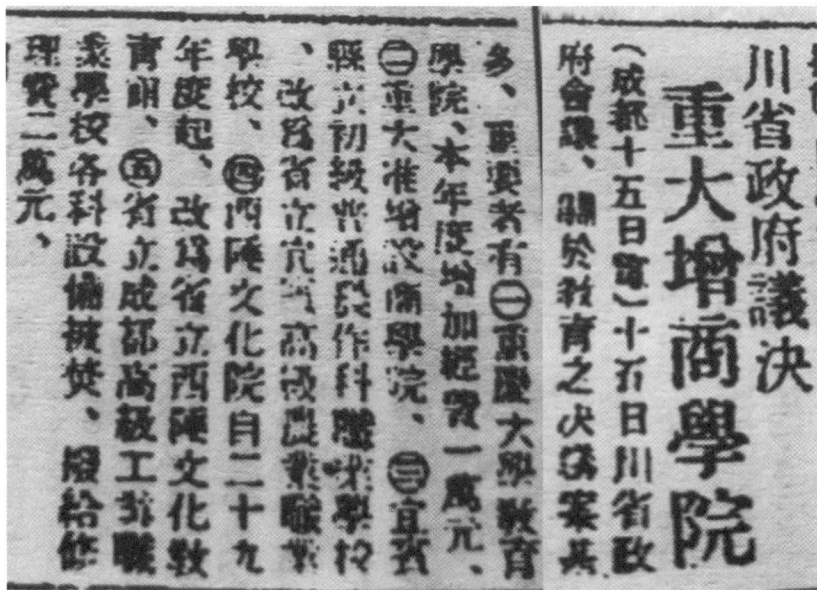

文献编号 1939-024 川省政府议决重大增商学院

■ **文献信息**

报纸《申报》，1939年12月17日，期号23636号（上海版）

文献编号：1939-024

■ 简体全文

川省政府议决　重大增商学院

【成都十五日电】十五日川省政府会议，关于教育之决议案甚多，重要者有 ㊀ 重庆大学教育学院，本年度增加经费一万元 ㊁ 重大准增设商学院 ㊂ 宜宾县立初级普通农作科职业学校，改为省立宜宾高级农业职业学校 ㊃ 西陲文化院自二十九年度起，改为省立西陲文化教育馆 ㊄ 省立成都高级工业职业学校各科设备被焚，拨给修理费二万元。

171　四川省务会议决议　重庆大学增加经费并增设商学院

文献编号 1939-025　四川省务会议决议　重庆大学增加经费并增设商学院

■ 文献信息

报纸《新闻报》，1939年12月17日

文献编号：1939-025

四川省务会议决议　重庆大学增加经费

宜宾县职校改省立高农职校　省立高工职校拨修理费二万

▲成都十五日电　十五日川省务会议，关于教育之决议案甚多，重要者，有(一)重庆大学教育学院，本年度增加经费一万元。(二)重大准增设商学院。(三)宜宾县立初级普通农作科职业学校改为省立宜宾高级农业职业学校。(四)西陲文化院自廿九年度起，改为省立西陲文化教育馆。(五)省立成都高级工业职业学校各科，设备被焚，拨给修理费二万元。

172　在重庆大学商学院

■ 文献信息

期刊《战时青年》，第2卷第3期，第20页，1939年

文献编号：1939-032

■ 简体全文

在重庆大学商学院

徐　梅

本学期商学院聘请了好几位新教授，教育部也分发了五十多位新同学和十余位转学生来，开学后没有几天，我们举行了一次迎新大会。

是一个秋夜，星子镶着□□的天幕，晚香玉在夜空里散着浓郁的气息，灯光映着礼堂前的柏枝牌楼，一切都显得谐和与恬静。

礼堂里飞扬着二百多新旧同学融洽的笑语声，战争使他们汇合在一起，共同享受着国家的陶冶，准备担负起大时代所加给他们的使命。

七时，教授们在全体的立正致敬中进入了会场，同学们的眼里都闪着光辉。"这都是我们的教授！"我们悄悄地想。一种婴儿望见了乳娘般的喜悦掠过心头，满足的微笑已经不自觉地挂上了每个人的嘴角。

主席致了诚恳的欢迎辞，说出了同学们的热忱，也说出了同学们的希望。马院长致辞中有力的结语是："我们现在所聘到的都是最尽责任的第一流名教授，希望同学也都做到最努力学习的学生"！全场的视线都移向最前排的教授阵容上，那里有着朱俊先生，朱祖晦先生，王仲武先生……，马寅初先生是当然的讲座，叶元龙先生也亲自担任了讲授经济学。同学们再也掩不住内心的感激与愉快。

在重慶大學商學院

徐梅

本學期商學院聘請了好幾位新教授，教育部也分發了五十多位新同學和十幾位轉學生來，開學後沒有幾天，我們舉行了一次迎新大會。

是一個秋夜，屋子裏遮起了紗的天幕，晚香玉在夜空裏散發着濃郁的氣息，燈光映着禮堂前的粉枝翩舞，一切都顯得歡和與恬靜。

禮堂裏飛揚着二百多新舊同學融洽的笑語聲，戰爭使他們團聚在一起，共同享受着國家的陶冶，準備擔負起大時代所加給他們的使命。

七時，教授們在全體的立正致敬中步入了會場，同學們的眼裏都閃着光輝。「這都是我們的教授！」我們悄悄地想，一種嬰兒望見了乳娘般的喜悅掠過心頭，滿足的微笑已經不自覺地掛上了每個人的嘴角。

主席致了誠懇的歡迎辭，說出了同學們的熱忱，也說出了同學們的希望。學院長致辭中有力的語調是：「我們現在所聘請的都是最盡責任的第一流名教授，希望同學也都做到最努力學習的學生」！全場的視線都移向最前排的教授陣容上，那裏有着朱偰先生，朱祖晦先生，王仲武先生……，馬寅初先生是當然的講座，葉元龍先生也親自擔任了講授經濟學。同學們再也掩不住內心的感激與愉快。

愉快在我們心頭，勤快在我們的筆上。一二年級的課程都是各系合班上課，雖然沒有一位教授曾經拿過點名冊，然而也沒有一堂課不是坐得滿滿的。沒有人再肯犧牲那樣一個有豐富獲得的鐘點。偌大的教室裏，每個人只能佔有一平方尺的地位，就在這一平方尺上，他們貪婪地傾聽着，領會着，書寫着。

為了教室有的在工學院有的卻在理學院，所以我們上課是打游擊式的。在每星期四的早上，你可以看見一個有趣的場面：上完了第一堂的工商管理與組織，百來個人挽着書本從工學院的大石階上衝下來，沿着嘉陵江開始以跑步的速率向理學院奔去。楊樹的細葉在他們頭髮上擦過，年青的臉上都漾着明朗的笑，誰都想到第七教室去佔一個最前排的位置。記得有一次，當一個非商學院的同學發現了這列緊張的競走着的隊伍時，他焦急地問旁邊的人：「莫非有警報嗎？」

在課堂裏，無論如何不會使人注意力鬆弛的是馬寅初先生，他精神奕奕，放開了嘹亮的嗓子，揮動着黃藤杆的手杖，「Any one? Anyone?」一連串地問着學生；一點不減當年他在北大交大時的莊嚴和嚴厲。當說到一個警句時，手杖被用力地抽打着，語聲響得像要震破屋頂，使一個在座的都拉緊一下心弦，把筆加速地向筆記本上劃去。

當朱偰教授以他沈濡有力的言辭講授「外匯問題」中的「中日貨幣戰爭」時，同學們屏息傾聽着，想像中的法幣與偽幣正展開着搏鬥，整個中國的經濟命運似乎就繫在這一剎那，敵人猙獰的面目幌動在筆記紙上，自己就像踏進了那片戰場似的緊張着，誰都忽略了十月的黃昏已經罩上了窗口，屋子裏正浮動着夜的影子。

在另一個課堂裏，數理統計學教授朱祖晦先生以滿口南京話打着譬喻，他把高深的學理寓放在滑稽的口吻中，使手不停揮的學生們笑口常開。

葉校長的「工業經濟學」的課堂上，各年級的同學都有，教室裏滿是站着、坐着和抄筆記的聽講者。

每天他們都擠了一大堆待整理的筆記回系，於是許多兼自修室的寢室門上都發現了「自修時間，謝絕會客」的條子。他們珍貴地支配這幾小時的時間在整理筆記，翻閱參考書和討論着。每晚，青年們埋頭在散着乳白色燈光的書桌上，一直到休息號劃破了夜空催他們就寢的時候。

抗戰使他們遭遇了「書本荒」，不論課本或參考書。雖然接洽了書店和商務同學乃至於他校同學的書，但是在量的方面依舊那樣少得可憐，因此，常常要幾個人才能分配到一本，圖書館裏的那些參考書常常在教授和學生中間輪換地被閱讀着。然而這些都不會影響到他們的學習，戰爭訓練得他們能夠用堅忍去克復當前的困難，他們知道這是時代要求他們付出的代價。砲火燬滅了多少人的田園，炸彈奪去了多少人的幸福，在今天還能在安靖的後方靜心地求學，他們已經不能不感謝國家加給他們獨有的厚遇了。

文献编号 1939-032　在重庆大学商学院

愉快在我们心头，勤快在我们的笔上。一二年级的课程都是各系合班上课；虽然没有一位教授曾经拿过点名册，然而也没有一堂课不是坐得满满的。没有人再肯牺牲那每一个有丰富获得的钟点。诺大的教室里，每个人只能占有一平方尺的地位，就在这一平方尺上，他们贪婪地倾听着，领会着，书写着。

为了教室有的在工学院有的却在理学院，所以我们上课是打游击式的。在每星期四的早上，你可以看见一个有趣的场面：上完了第一堂的工商管理与组织，百来个人抱着书本从工学院的大石阶上冲下来，沿着嘉陵江开始以跑步的速率向理学院奔去。槐树的细叶在他们头发上擦过，年青的脸上都漾着明朗的笑；谁都想到第七教室去占一个最前排的位置。记得有一次，当一个非商学院的同学发现了这列紧张的竞走着的队伍时，他焦急地问旁边的人："莫非有警报吗？"

在课堂里，无论如何不会使人注意力松懈的是马寅初先生，他精神矍铄，放开了嘹亮的嗓子，挥动着黄藤杆的手杖，"Any one? Anyone?"一连串地问着学生；一点不减当年他在北大交大时的旺健和严厉。当说到一个警句时，手杖被用力地抽打着，语声响得像要钻破屋顶，每一个在座的都扯紧一下心弦，把笔加速地向笔记本上划去。

当朱僖教授以他沉着有力的言辞讲授"外汇问题"中的"中日货币战争"时，同学们屏息倾听着，想像中的法币与伪币正展开着搏斗，整个中国的经济命运似乎就系在这一刹那，敌人狰狞的面目晃动在摘记纸上，自己就像踏进了那片战场似的紧张着，谁都忽略了十月的黄昏已经罩上了窗口，屋子里正浮动着夜的影子。

在别一个课室里，数理统计学教授朱祖晦先生以满口南京话打着譬喻，他把高深的学理寓放在滑稽的口吻中，使手不停挥的学生们笑口常开。

叶校长的Marshall经济学的课堂上，各年级的同学都有，教室里满是站着，靠着墙抄笔记的听讲者。

每天他们都挟了一大堆待整理的笔记回来，于是许多兼自修室的寝室门上都发现了"自修时间，谢绝会客"的条子。他们珍重地支配这几小时的时间在整理笔记，翻阅参考书和讨论争辩。每晚，青年们埋头在散着乳白色灯光的书桌上，一直到休息号划破了夜空催他们就寝的时候。

抗战使他们遭遇了"书本荒"；不论课本或参考书。纵然搜括了书店和高班同学乃至于他校同学的书，但是在量的方面依旧那样少得可怜，因此，常常要几个人才能分配到一本；图书馆里的那些参考书常在教授和学生中间轮换地被阅读着。然而这些都不曾影响到他们的学习；战争训练得他们能够用坚忍去克复[服]当前的困难，他们知道这是时代要求他们付出的代价。炮火毁灭了多少人的田园，炸弹夺去了多人少的幸福；在今天还能在安靖[静]的后方静心地求学，他们已经不能不感谢国家加给他们独有的厚遇了。

173　重庆大学商学院现已正式成立

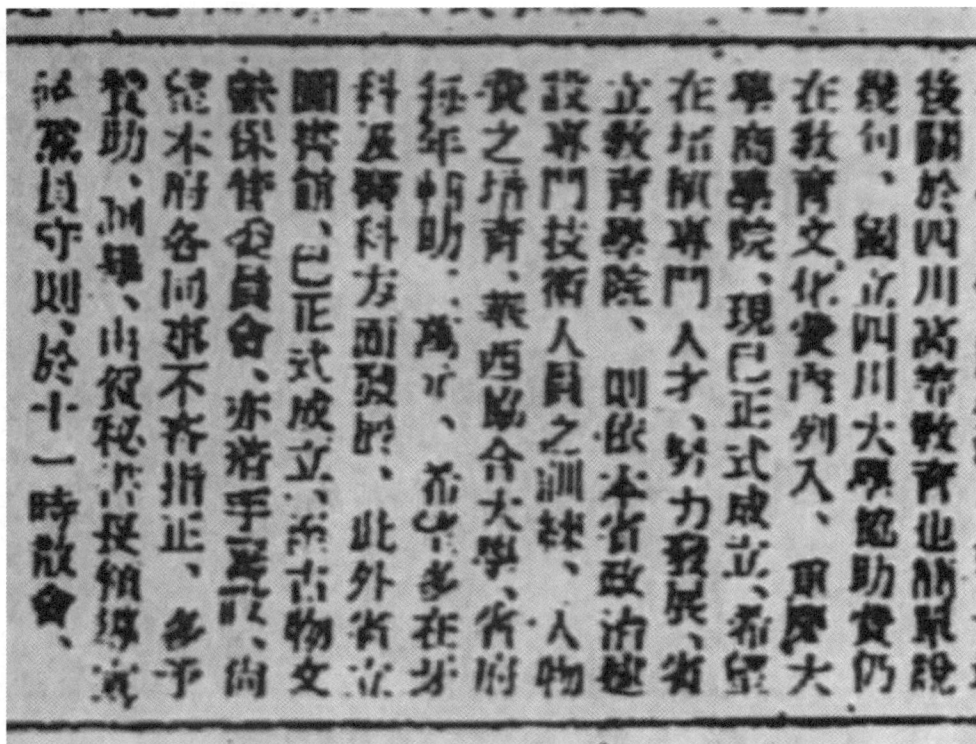

文献编号 1940-001　重庆大学商学院现已正式成立

■ 文献信息

报纸《申报》，1940年1月25日，期号23672号（上海版）

文献编号：1940-001

■ 简体全文

最后关于四川高等教育也简单说几句，国立四川大学协助费仍在教育文化费内列入。重庆大学商学院，现已正式成立，希望在培植专门人才，努力发展。省立教育学院，则依本省政治建设专门技术人员之训练，人物费之培育。华西协合[和]大学，省府每年补助二万元，希望多在牙科及医科方面发展。此外省立图书馆，已正式成立，至古物文献保管委员会，亦着手筹设，尚望本府各同事不吝指正，多予赞助。训毕，由贺秘书长领导宣诵党员守则。于十一时散会。

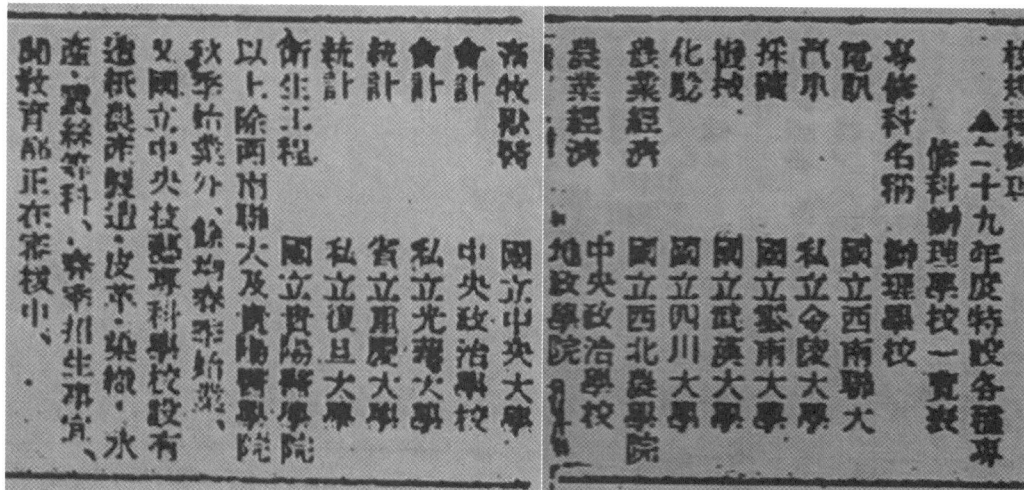

文献编号 1940-003　教育部二十九年度特设各种专修科之重庆大学

■ 文献信息

报纸《申报》，1940 年 3 月 3 日，期号 23704 号（上海版）

文献编号：1940-003

■ 简体全文

▲二十九年度特设各种专修科办理学校一览表

专修科名称	办理学校
电讯	国立西南联大
汽车	私立金陵大学
采矿	国立云南大学
机械	国立武汉大学
化验	国立四川大学
农业经济	国立西北农学院
农业经济	中央政治学校地政学院
畜牧兽医	国立中央大学
会计	中央政治学校
会计	私立光华大学
统计	省立重庆大学

统计　　　　　私立复旦大学

卫生工程　　　　国立贵阳医学院

以上除西南联大及贵阳医学院秋季始业外，余均春季始业。又国立中央技艺专科学校设有造纸﹝、﹞农产制造、皮革、染织、水产、蚕丝等科，春季招生事宜，闻教育部正在审核中。

175　体育人员讲习班将在重庆大学举行考试

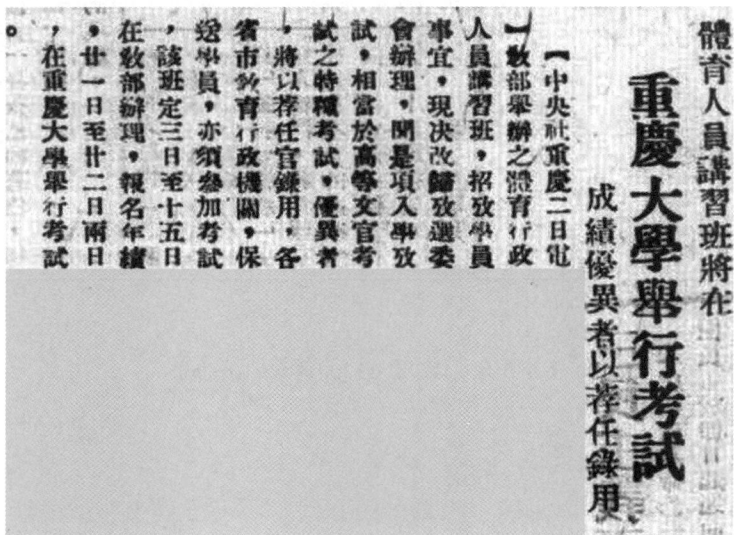

文献编号 1940-007　体育人员讲习班将在重庆大学举行考试

■ 文献信息

报纸《西康国民日报》，1940年5月5日

文献编号：1940-007

■ 简体全文

体育人员讲习班将在重庆大学举行考试

成绩优异者以荐任录用

【中央社重庆二日电】教部举办之体育行政人员讲习班，招考学员事宜，现决改归考选委会办理，闻是项入学考试，相当于高等文官考试之特种考试，优异者，将以荐任官录用，各省市教育行政机关，保送学员，亦须参加考试，该班定三日至十五日在教部办理，报名年绩，廿一日至廿二日两日，在重庆大学举行考试。

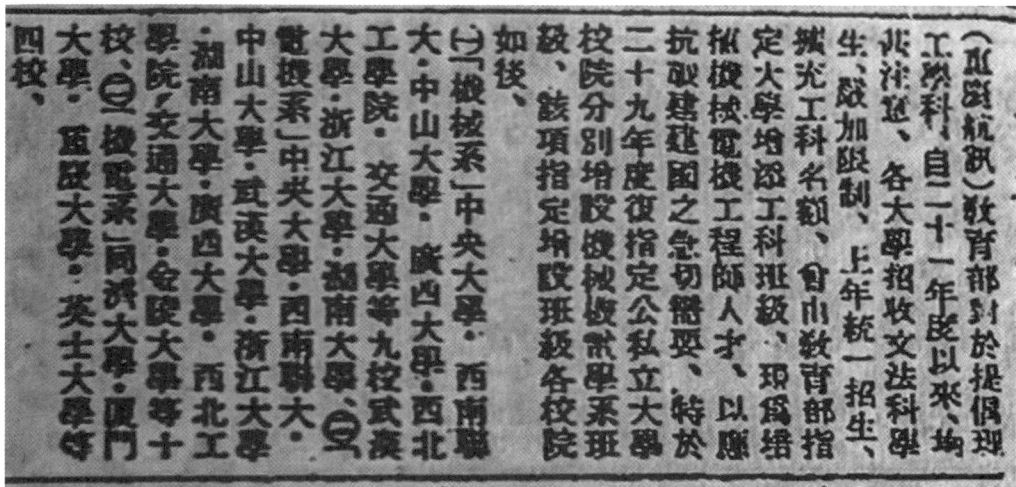

文献编号 1940-018　教育部指定各大学增工科班级之重庆大学

■ 文献信息

报纸《申报》，1940年9月11日，期号23896号（上海版）

文献编号：1940-018

■ 简体全文

【重庆航讯】教育部对于提倡理工学科，自二十一年度以来，均甚注意，各大学招收文法科学生，严加限制。上年统一招生，扩充工科名额，曾由教育部指定大学增添工科班级，现为培植机械、电机工程师人才，以应抗战建国之急切需要。特于二十九年度复指定公私立大学校院分别增设机械、机电学系班级，该项指定增设班级各校院如后：

㈠"机械系"中央大学、西南联大、中山大学、广西大学、西北工学院、交通大学[等九校]、武汉大学、浙江大学、湖南大学[等九校]；

㈡"电机系"中央大学、西南联大、中山大学、武汉大学、浙江大学、湖南大学、广西大学、西北工学院、交通大学、金陵大学等十校；

㈢"机电系"同济大学、厦门大学、重庆大学、英士大学等四校。

177 重庆大学地质系消息

文献编号 1940-023 重庆大学地质系消息（节选）

■ 文献信息

期刊《地质论评》，第5卷第3期，第268-269页，1940年

文献编号：1940-023

■ 简体全文

重庆大学地质系消息

自抗战以来，重庆一跃而为西南后方建设之中心，重庆大学地质系亦因环境之良好及系主任朱森先生之热心主持，致年来进展颇多，一切均富新气象。

现该系专任教授有朱森、林斯澄、廖友仁，专任讲师有徐康泰，兼任教授有李学清、李春昱及丁骕，特约讲师有潘钟祥诸人，颇极一时之盛。

据闻该系各年级野外实习，本年度举行者有：李春昱率一年级学生赴歌乐山及白市驿等处，作普通地质实习。寒假期内朱森及助教吴景祯率二年级学生至涪陵县及丰都县作地层及构造实习。并指导四年级学生二人，作天府煤矿区之毕业论文工作。春假期间廖友仁及助教彭国庆率采冶系一年级学生赴嘉陵江三峡区实习，同时李春昱率四年级学生一人赴歌乐山白市驿一带作毕业论文之制绘地质图工作。

该系内部设备原有相当基础，计陈列室四，实习室二。近曾添购图书二千元，

新订名杂志两种，并购仪器千余元。添加动力地质实验室（内动力部份已完成），并于最近向中英庚款委员会请求补助，以冀更能充实设备。此外李春昱先生将其兼任教授薪金全数捐赠，该系利用之正向各方征求矿物及化石标本，以备设一区域地质陈列室及补助学生实习之用。

该系与重庆附近其他地质机关均有合作办法：一、与四川省地质调查所定有调查合作条例，主要之点为川所人员与该系教员及高年级学生于假期中合作调查地质。二、与经济部地质调查所定有借阅图书办法，每月月终由该系派专人往返北碚沙坪坝间借还图书，故该系员生有接近东亚唯一之地质图书馆机会。三、与中央大学地质系合作与互助之处尤多。

本年度该系第一班学生毕业，除一人留校为助教外，其余则分别入四川省地质调查所，湖南省地质调查所及中央研究院地质研究所服务。

最近敌机连次袭渝，重庆大学亦遭殃及，该系除办公室及各陈列室实习室之窗门玻璃略为震毁外，其他仪器标本则均安好无恙。

178　重庆大学招收理工商学院新生

文献编号 1941-004　重庆大学招收理工商学院新生

■ 文献信息

报纸《申报》，1941年6月26日，期号24173号（上海版）

文献编号：1941-004

■ 简体全文[1]

各地院校招收新生

交大暨南商学院定期开始报名

本届高中毕业生中之欲升学者，渴欲知各地院校招生日期，本报□志该项消息，昨探得交大等数十校招生日期如下：

[……]

▲重庆大学　招收理工商学院新生，定七月二十一日起，在渝蓉两地开始报名。

179　重庆大学体育科招生

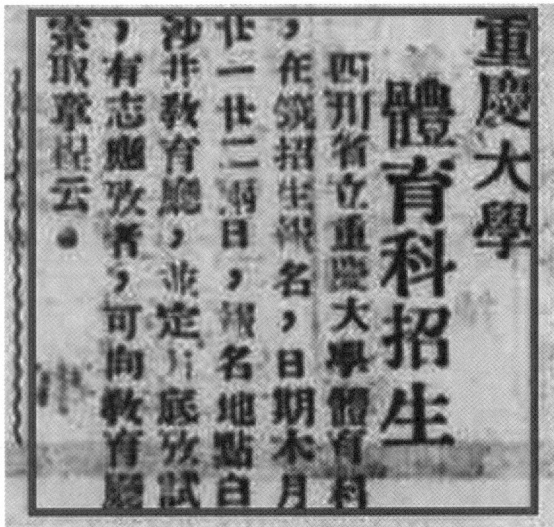

文献编号 1941-005　重庆大学体育科招生

■ 文献信息

报纸《革命日报》，1941年7月5日

文献编号：1941-005

---

[1]　原文内容篇幅较长，仅节选其中与重庆大学有关内容。

■ 简体全文

重庆大学体育科招生

　　四川省立重庆大学体育科，在筑招生报名，日期本月廿一廿二两日，报名地点白沙井教育厅，并定月底考试，有志应考者，可向教育厅索取章程云。

180　重庆大学地质系消息

文献编号 1941-031　重庆大学地质系消息（节选）

■ 文献信息

　　期刊《地质论评》第 6 卷第 5/6 期，第 456-458 页，1941 年

　　文献编号：1941-031

■ 简体全文

重庆大学地质系消息

　　重庆大学地质系仍由系主任朱森先生主持，对系中各事颇多进展，兹据所闻分述于后：

教务方面，教员除旧有专任教授朱森、林斯澄、廖友仁，专任讲师徐康泰，及兼任教授李学清、丁骕外、[，]李春昱改聘为特约讲师任地质测量，增聘专任教授俞建章任古生物学等课；兼任教授杨钟健任古脊椎动物学，特约讲师黄汲清讲演中国区域地质，杨黄二先生每二周自北碚来校一次，不辞劳辛，热心教诲青年，尤为使人敬佩。诸此教员均能教授其所长之科学，故人才尤称一时之盛，而对各功课确能提高程度引青年入于细心研究之境。

系中各功课注重实际研求；因地质之野外工位甚属重要。自本年起三年级添授地质测量法及野外地质课（由李春昱及朱森合任教授）[，]野外地质在野外为时至少四十日，以练习地质测量方法为主；实地绘制一小区地质图，归作一报告，此课规定给二学分。

该系各年级均有野外实习。于暑假中举行者，有四年级学生四人之毕业论文工作，分为二组[，]由李春昱指导作华蓥山区地质及由朱森吴景祯指导作涪陵南部地质。春假中二年级将由俞建章率价[领]赴嘉陵江三峡区实习。三年级之野外地质则由朱森及吴景祯领导赴叙永及古蔺一带绘制地质图，廖友仁亦将率采冶系学生赴野外实习云。

设备方面：本年度得中英庚款会之补助国币一万元，决计全部为购置图书以充实参考书，现已交书局代向国外订购者三千余元。于最近将续向该会申请补助以增设一经济地质研究室。学校预算中对该系本年度增加经费二万元，现正积极订购各种地质测量仪器与水成岩研究所需之机械分析仪器及设备等。

该系与四川地质调查所及北碚中央地质调查所所定之合作办法仍为继续，并进而与川所取得非正式之合作购买图书；即此二机关购买图书时互相参照不购重复之物，该系侧重普通及教员特须[需]之参考图书，川所侧重于区域地质及大套出版物，此二机关近在咫尺，具有若此切实而永久性之合作，诚属经济与适当。此外该系与国内其他地质机关常有非正式及临时之合作，其中尤以中央研究院地质研究所及经济部采金局金矿探勘队为多。

该系出版之地质研究录已有五号（均摘印系中人员在他地质机关出版之文），丁骕著之"地形学"于署[暑]假前出版，购者甚多（书价由丁先生全数捐赠系中），下月中可出版者有杨钟健著之"春[脊]椎动物化石之采集与修理"，此书为第二版，暂用讲义式印行，又有丁骕著之"地图读法"一本，现正进行石印，约五月可出版。

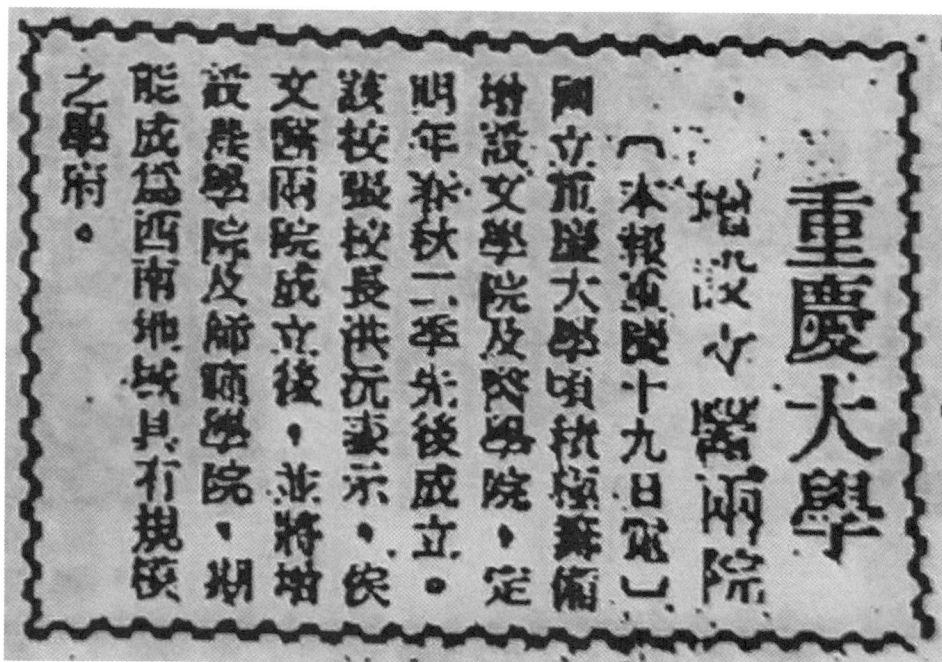

文献编号 1945-004 　重庆大学增设文医两院

■ 文献信息

报纸《申报》，1945年12月20日，期号24366号（上海版）

文献编号：1945-004

■ 简体全文

重庆大学增设文医两院

【本报重庆十九日电】国立重庆大学顷积极筹备增设文学院及医学院，定明年春秋二季先后成立。该校张校长洪沅表示，俟文医两院成立后，并将增设农学院及师范学院，期能成为西南地域具有规模之学府。

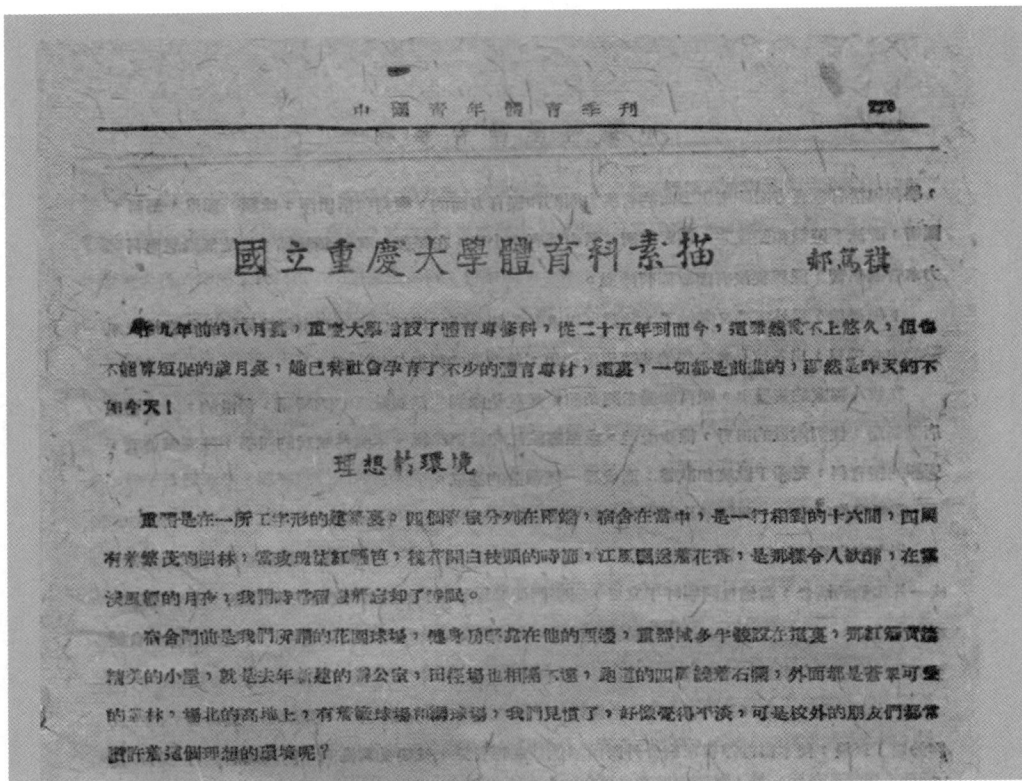

文献编号 1945-007　国立重庆大学体育科素描（节选）

■ 文献信息

期刊《中国青年体育季刊》，第1卷 第3-4期，第225-227页，1945年
文献编号：1945-007

■ 简体全文

国立重庆大学体育科素描

郝笃祺

在九年前的八月里，重庆大学增设了体育专修科，从二十五年到而今，这虽然说不上悠久，但也不能算短促的岁月里，她已替社会孕育了不少的体育专材，这里，一切都是前进的，显然是昨天的不如今天！

理想的环境

重体是在一所工字形的建筑里，四个教室分列在两端，宿舍在当中，是一行相对的十六间，四周有着繁茂的树林，当玫瑰染红篱笆，槐花开白枝头的时节，江风飘送着花香，是那样令人欲醉，在云淡风轻的月夜，我们时常留恋着忘却了睡眠。

宿舍门前是我们所谓的花园球场，健身房紧靠在他的西边，重器械多半装设在这里，那红簇[筑]黄墙精美的小屋，就是去年新建的办公室，田径场也相隔不远，跑道的四周绕着石栏，外面都是苍翠可爱的丛林，场北的高地上，有着篮球场和网球场，我们见惯了，好像觉得平淡，可是校外的朋友们都常赞许着这个理想的环境呢？[！]

我们的科训

我们的训练不但是学术并重，而对个人的私生活如处世作人方面，尤为注重，为了未来责任的重大，所以我们的学习是广泛的，时代的，实际的，而期达成"健康的典型，青年的模范，人格的导师"的科训，刚刚入科的新同学谁都感觉这紧张繁忙的生活，迫使着透不过气来，可是事实告诉我们，经过一个相当时期以后，你就会感觉到习惯了。

生活的序幕

多[冬]日的被窝是温暖的，春晨秋爽的日子，是令人如何的贪眠？可是起床号总是在月明星稀天色未亮的时候就响了，要是在雾季的早晨，伸手那[哪]能看见五指？几分钟后，我们就齐集到广大的操场上，高歌一曲之后，早操便开始了，集体作完发暖运动，有时是由高班的同学分别试教，有时是由教师按季节教授术科，遇到雨天，就在健身房作垫器运动。

我们所学的课程，分学科与术科两大类，所谓学科是指在室内的课程，术科是指在操场上的课程，学科包括有教育方面的、卫生方面的、科学方面的和体育方面的，术科包括田径，球类，韵律，垫器，国术，游泳，游戏和体操等，每天学术科至少都有六小时，在这里，有一个特点，就是无论学术科都力求普遍学习，课程从没有因故而暂停过。

下午课余，课外运动又开始了，我们可以求教各个老师的专长，有时则由科当局订出各班每天运动的中心项目，由各位具有心得的老师担任指导，依我们的兴趣分组学习。

在牧人归家的黄昏中，晚自修还未开始前，那就是我们生活里最舒畅的时间，习惯的，不是逛书店溜马路，便到附近的田野，徐步漫游，或至嘉陵江畔眺望江流，不到外面玩的同学，就闹闹嚷嚷，安静的体育科，充满了欢笑和歌声，而成为一团融洽的空气。

当晚自修的时候，我们不是翻阅参考书，便是整理笔记，编教材，写稿子。

但在下自修的铃声一响，静穆的空气立即充满了热浪，谈话声，呼唤声，移动棹[桌]椅的响声，交织成一片生动的情景，当值日同学呼了立正，同学们便又安静了，值日教师点名后的讲话，多半是重要事件的报告，或者是生活的检讨，在回忆

的时候，有时你会不知不觉的微笑起来，可是有时你也会遇到烦恼，时光是如此无情的便消逝了。

点名训话后，多数同学仍留在过道的路灯下，正专心一意的在练习着，舞蹈哪，垫器哪，但在就寝铃响了以后，便不得再停留在宿舍外面，不然被老师看见，就要受责备的，因为起居应有定时，为的是还有次日，在人生课程里，永远有着的这繁忙的次日。

课外活动

在星期五的晚上，我们照例要举行进修会，在炎热的盛夏，晴空如洗的月夜，我们多半是在露天举行，进修会的目的，简单的说，是"进德修业"，借以增进同学们谈话的技术和经验，每次有十几位同学担任报告，经常的有国内外时事报告，分为政治与军事两部份，多半是由高年级的同学担任这项目，其次是国内外体育消息报告，包括各地的体育动态，体育新书和杂志的介绍，再次是读书心得报告，因此加强了研究的精神，每个初入科的同学，还都要有一次自我介绍，从自己的口里报告出你的身世学历，性情和嗜好，在毕业前不久，每个人都得被指定和你同级的另一个人，作互相批评，指出你的为人和处世，尤其是你的私生活，要赤裸裸的呈现于众人之前，借此增进相互的了解，有时由将毕业的同学作执教与实习的报告，各项报告完结，便由作主席的同学，分别加以批评，继则由老师给以指导，最后由科主任加以补充或纠正，间或也由同学，纠正补充的，借以启发研究的精神，发挥批评的力量。

逢到星期六的早晨，我们一定举行越野跑，或者是爬山，越野跑的路线不是由学校到磁器口，便是到小龙坎，最短的路线是由汉渝公路回来，风雨无阻，我们要征服自然，有趣的是在晨雾弥漫，天色还没大亮的时候，我们在不辨方向的树林，摸索前进，穿过丛林，越过原野，涉过了浅水，再爬上山头，在迷离里找寻出路，在荆棘丛中小心着奔驰。有时我们更要从江畔，爬上削壁，你拉着我，我牵着你，同心协力向上爬，这使我们于坚难里培养了忍耐，从困苦中体会出合作的美德，越野，爬山，这是多么有意义的锻炼啊！

我们的生活虽然严肃，可是在严肃中并不令人感到单调，每个学期的始末，都有一次盛大的同乐会，除了全体师生，还有我们的师母们参加，并且带着她们的孩子，隔学校较近的科友，也往往在这个时候跑了回来，在这富有家庭气氛的集会里，每人都得来个游艺节目，我们尽情的高歌，尽情的谈笑，真是欢聚一堂，其乐融融。

当每年春季开学后不久的四月里，我们一定到北泉举行露营，这一年一度的露营，每次为时约有半个月，每天上午完全是游泳课程，午后是童军活动，如追踪哪，架桥哪，每年从北泉归来，我们都得到了很多生活的实际经验，有时候，饭烧焦，菜不熟，也仍然一笑吃光，究竟是自己做的呀？[！]

星期六的午后，我们就举行周末比赛，完全由同学主持，不但全科同学参加，其他院系也有很多人出场的，有时我们还邀请附近各校来参加，比赛的项目，有时是球类，有时是田径或者是器械，每次都非常热闹，虽然仅是单项比赛，可是参观的人却不在少数，紧张的情绪，真不亚于运动会，在每年除夕的晚上都有一次体育表演，每个人都有一个节目，借以促进大家学习的兴趣。

我们的师长

在这里好像一家人，如家长那样的主任，总是那么庄严，很难看见他脸上的笑容，每天都是为了民族健康工作而忙碌，当他稍闲的时候，他会像家长那样的关心到孩子们的一切，生活起居，没有一件不被问到的，他有着慈善的心肠，为了培养我们，他整天的辛劳着，为了造福人群，他的头上渐渐增加了 ~~的~~ 皱纹。

我们的老师们同我们一起生活，同我们一起操作，从早晨到晚上，整天的教导我们，与我们共同甘苦，牺牲了一切，接受这菲薄的待遇，为了国家的缘故，而坚守着自己的岗位，担负起教导我们的伟大的任务。

忠于职务的工友

到这里来过的人，我想谁也不会说，我们的工友不是最好的吧！他比我们起得早，比我们睡得迟，整天替我们工作着，他曾这样说："当我没有工作的时候，我愿为大家作任何一件事，这是我的职务"，事实告诉我们，他所做的正如其所说的，忠于职守的人们，将永远为人们所敬佩。

183 重大增设农医学院　沙磁医院改为附设

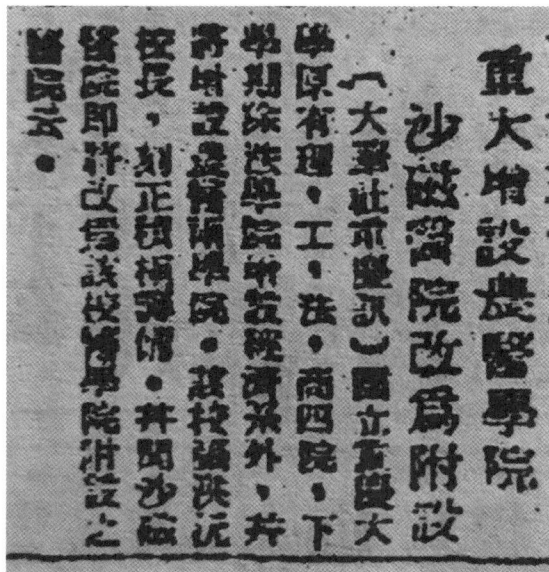

文献编号 1946-004　重大增设农医学院　沙磁医院改为附设

■ 文献信息

报纸《申报》，1946年5月18日，期号24515号（上海版）

文献编号：1946-004

■ 简体全文

重大增设农医学院　沙磁医院改为附设

【大□社重庆讯】国立重庆大学原有理、工、法、商四院，下学期除法学院增设经济系外，并将增设农医两学院。该校张洪沅校长，刻正积极筹备。并闻沙磁医院即将改为该校医学院附设之医院云。

184　国立重庆大学秋季增设医学院

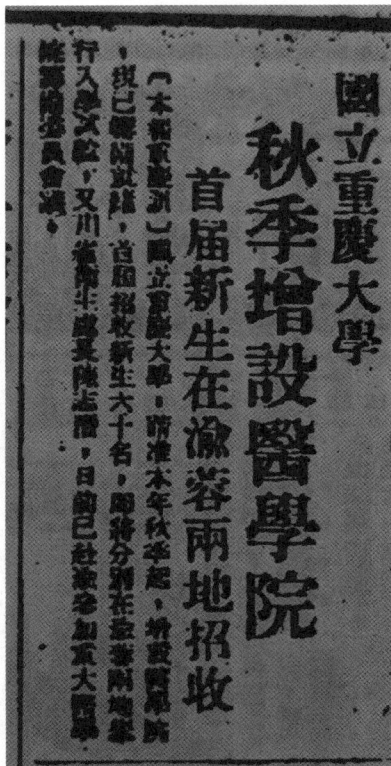

文献编号 1946-006　国立重庆大学秋季增设医学院

■ 文献信息

报纸《申报》，1946年8月3日，期号24592号（上海版）

文献编号：1946-006

国立重庆大学秋季增设医学院

首届新生在渝蓉两地招收

【本报重庆讯】国立重庆大学，请准本年秋季起，增设医学院，现已筹备就绪，首届招收新生六十名，即将分别在渝蓉两地举行入学试验，又川省卫生处长陈志潜，日前已赴渝参加重大医学院筹备委员会议。

185 教育部拨款补助体育科系之重庆大学

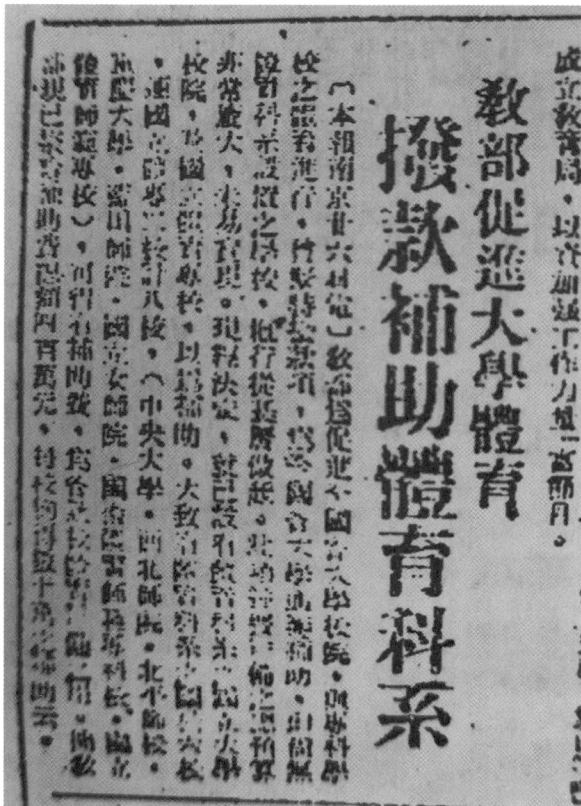

文献编号 1946-007　教育部拨款补助体育科系之重庆大学

■ 文献信息

报纸《申报》，1946年10月27期，期号24677号（上海版）

文献编号：1946-007

■ 简体全文

教部促进大学体育

拨款补助体育科系

　　【本报南京廿六日电】教部为促进各国 [立] 大学校院，与专科学校之体育进行，曾□特□款项，为全国各大学进行补助，□尚无体育科系设置之学校，拟行从□□做起。此项经费□□之总预算非常庞大，未易实现。现经决定，就已设有体育科系之国立大学校院，及国立体育专校，以为补助。大致有体育科系之国立六校校院、连国立体专二校计八所，(中央大学、西北师院、北平师校、重庆大学、蓝田师院、国立女师院、国立□□师范专科校、国立体育师范专校)，可得有补助费。为各学校体育□□□。闻教部现已拨给补助费总额四百万元，每校将得数十万元补助云。

186　重庆大学扩充院系

重慶大學擴充院系

　（本社訊）重慶為我國陪都，川東唯一高級，抗戰時期教育日見進步，近教育部籌備維持復員後重慶之教育文準計，除去年秋曾令重慶大學增設法學院外，近復准該校約三十五年度起，增設醫學院，並將理與院改解文理學院，增設中國文學系暨教育學系，以期擴充，而便收容不斷校東遷之學生。綜計該校有本年下學期起，特有文理、法、工、商、醫五個學院，數理、化學、地質、中國文學、教育、醫學、法律、土木、電機、機械、化工、礦冶、建築、會計統計、銀行保險、工商管理等十六學系，及體育師範專修科與統計專修科。（華）

文献编号 1946-011　重庆大学扩充院系

■ 文献信息

期刊《教育通讯》，复刊1卷4期，第16页，1946年
文献编号：1946-011

■ 简体全文

重庆大学扩充院系

【本社讯】重庆为我国陪都，川东唯一重镇，抗战时期教育早见进步，近教育部为维持复员后重庆之教育文[水]准计，除去年秋曾令重庆大学增设法学院外，近复准该校自三十五年度起，增设医学院，并将理学院改称文理学院，增设中国文学系暨教育学系，以期扩充，而便收容不随校东迁之学生。综计该校自本年下学期起，将有文理、法、工、商、医五个学院。数理、化学、地质、中国文学、教育、医学、法律、土木、电机、机械、化工、矿冶、建筑、会计统计、银行保险、工商管理等十六学系，及体育师范专修科与统计专修科。(华)

187 国内各地体育通讯之重庆大学体育科

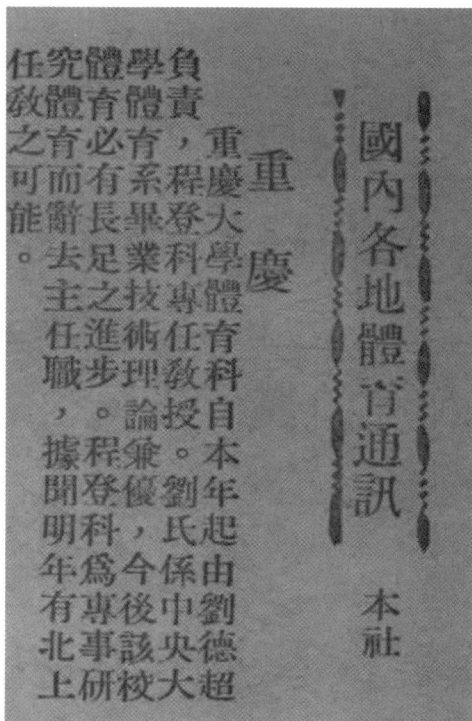

文献编号 1946-012　国内各地体育通讯之重庆大学体育科

■ 文献信息

期刊《中国体育》，第1卷第1期，第16页，1946年

文献编号：1946-012

■ 简体全文

国内各地体育通讯　重庆

重庆大学体育科自本年起由刘德超负责，程登科专任教授。刘氏系中央大学体育系毕业[，]技术理论兼优，今后该校体育必有长足之进步。程登科为专事研究体育而辞去主任职，据闻明年有北上任教之可能。

188 重光体育季刊之重光花絮

■ 文献信息

期刊《重光体育季刊》，第2期，1947年3月15日，第21页

文献编号：1947-002

■ 简体全文

重光花絮

本　人

★图[国]立重庆大学体育专修科科友会成立——国立重庆大学体育科成立已十一年[，]毕业科友二百余人[，]兹为联络感情及加强建国工作[，]由科友董时恒[、]晏正鸽[、]李季芳等发起组织科友会[，]经三月等[筹]备已于一月十八日该科科友节正亦[式]成立[，]当时通过简章并选举负责人员[，]情绪至为热烈[，]会后并举行球赛。

★重大体育科科友会百万基金募捐运动已展开[，]董君时恒已独捐二十万元。

★全运会因场地修建不及恐有分区举行可能。

★国立女子师范运[学]院目前正计划建筑各项运动场[，]该院劳院长并将向教育部呈请拨款以充实体育设备。

★本刊总编辑董君时恒正向美国有关方面接洽留学事宜[，]秋季前可能出国[。]

★本刊编辑李君季芳忽患育[盲]肠炎，经宽仁医院割治后，情形极顺利[，]各同人极表关怀；又李君现正从事于一田径运动巨著不久即可付印。

★本社社友马骥超君服务夫子池中华体协会，工作甚为紧张，马夫人寸步不离顷又将为马君添一小宝宝。

重光花絮 本人

★ 國立重慶大學體育專修科科友會成立——國立重慶大學體育科成立已十一年畢業科友二百餘人茲爲聯絡感情及加強建國工作由科友董時恆晏正鏞李季芳等發起組織科友會經三月等籌備已於一月十八日該科友節正亦成立當時通過簡章並選舉負責人員情緒至爲熱烈會後並舉行球賽。

★ 重大體育科友會百萬基金募捐運動已展開董君時恆已獨捐二十萬元。

★ 全運會因場地修建不及恐有分區舉行可能。

★ 國立女子師範運院目前正計劃創建築各項運動場該院勞隸長並將向教育部呈請撥款以充實體育設備。

★ 本刊總編輯董君時恆正向美國有關方面接洽留學事宜秋季前可能出國

★ 本刊編輯李君芳忽患育腸炎，經寬仁醫院割治後，情形極順利各同人極表關懷；又李君現正從事於一田徑運動互著不久即可付印。

★ 本社社友馬驥超君服務夫子池中華體協會，工作甚爲緊張，馬夫人寸步不離頃又將爲馬君添一小寶寶。

文献编号 1947-002　重光体育季刊之重光花絮

189 国立重庆大学体育专修科概况

■ 文献信息

期刊《重光体育季刊》，第2期，1947年3月15日，第43—50页

文献编号：1947-003

■ 简体全文

国立重庆大学体育专修科概况

令 鸟

小引

世界愈文明，社会愈复杂，所有文物制度，将染上一种色彩，因此现代体育，也不像往昔那样单纯与专一，和国家的生计与民族的生存都有密切的关系，于是体育军事化政治化的呼声日渐高潮不已。

重大体育科是程登科先生为改革体育教育，实现体育军事化的主张，以期民族康乐，国家于富强，乃二十五年夏受前任校长胡庶华先生的促邀，不畏溽暑臂[擘]划，于是年坚苦中创办。旨在造就军事的体育人材，和优秀的体育师资，以改革西南体育，为民族复兴根据地奠一基石。因其使命綦重，地位为西南最高学府，旬年来在主任程登科教授辛劳坚苦亲躬教诲之下可[和]师生甘苦共同硬干，成绩日渐辉煌，社会人士肃诚赞扬。抗战结束，人材满遍全国，除南京中大体育系和北平师大体育系可与较平等外没有第四者，故谓为魏蜀吴三国鼎立。而重大体育科的训练方式，且可说是别树一帜，现正于溯风凛冽中为体格磨练，学术研究有学生百零三人，连同历届毕业生有三百余人，它当然关系于中国体育的命运，及今后中国体育的途径，为全国体育界及示[社]会人士所应明了认识或为后来有志学子辨识门径，愿将它的内幕即过去的略史与现状揭给于人群之前。

一、体育科略史

二十四年冬教部督学郭顾二氏来川视察教育，目睹川民体质孱弱，且多染不良嗜好，各级学校亦付缺体育教师，课程无法推行，二氏深觉四川体育应积极提倡，以挽颓势。培植人材，以济校用。并以重庆大学依山靠水备具有极自然之风景与人工建筑，堪具育材机构之条件。故于四部文告川省府，重大应添设体育科不遗余力，爰二十五年夏电请程登科先生返渝主持，瞬易寒暑十载毕业专科九届，师资班六班，总共毕业学生二百四十五人，服务于川康滇黔京沪平及藩[沈]阳之大中学校与军警政务机关，本科训"任劳任怨硬干苦干"之精神，服务于各种不同的环境，颇得主管当局好评与推崇。且于某些环境与中大师大体育系同志供职一处，不特无逊色谦

國立重慶大學體育專修科概況

令鳥

小引

世界愈交明，社會愈複雜、所有文物制度，□將染上一種色彩，因此現代體育，也不像往昔那樣單純與專一，和國家的生□□工建築，揉其育材機構之條件□計與民族的生存都有密切的關係，於是體育軍事化政治化的呼聲日漸高潮不已。

二十四年冬教部督學郭顧二氏來川視察教育，目覩川民體質孱弱，且多染不良嗜好，各級學校亦付缺體育教師，課程無□□決推行，以濟校用。並以重慶大學育應積極提倡，以挽頹勢。故於四部文告川省府，重大應□政務機關，本科訓「任勞任怨硬幹苦幹」之精神，服務於各種不同的環境，頗得主管當局好評與推崇。且於某些環境與中大□□瞬易塞暑十載畢業專科九屆，師資班六班，總共畢業學生二百四十五名，服務於川康滇黔京滬平及瀋陽之天中學校與軍營之成績反優於伊等有滅彼志之慨。所以每年六體之時，函請推□□寫任職者大有供不應求之嘆！今年教部舉辦自費留學考試，在京滬平渝等地舉行，國內各大學體育系畢業應試者，育三十餘人，結果錄選二名，該科畢業生藍君亦名列前茅，□□此無形與各體育系或專修科競養之勝利，賦諸科之榮光□□於□□

重大體育科是程登科先生為改革體育教育，實現體育軍事化的主張、以期民族康樂，國家於富強，及二十五年夏受前任校長胡應擧先生的促攬，不畏溽暑慘割，於是年鞏苦中創辦。□□最高學府，旬年來在主任程登科教授辛勞整苦親躬教誨之下可旨在造就軍事的體育人材，和優秀的體育師資，以改革西南體育，為民族復興根據地莫一基石。因其使命莫西南體□□師坐甘苦共同硬幹，社會人士誠飲贊揚。抗戰結束，人材滿遍全國，除南京中大體育系和北平師大體育系可與較平等外沒有第四者，故闢為魏蜀與三國鼎立。而重大體育□□科的訓練方式，且可說是別機一幟，現正於湖風演列中窩體格□磨練，學術研究有學生百零三人，遠逼歷屆畢業生有三百餘人，□□其制之變動頻繁茲為簡明將歷屆畢業之年月名稱人數及性質該校由省立而更為國立，由體專科而更寫體育師範專修科，故□□程，顧將地的內幕即過去的略史與現狀大揭繪於人群之前。□全國體育界及示會人士所應明瞭認識或寫發來有志學育辦識門

壹、體育科略史

	大學五期	大學九期	鼻嶺專員
期限，如裝就來。	十六八	二十二年五	邪學八通冊
	人	二十三八	内容十八屆鬪購畢業
	中學辦員十二八		

文献编号 1947-003　国立重庆大学体育专修科概况（节选）

长他人之气，其硬干之成绩反优于伊等有灭彼志之慨。所以每年六[月]之时，函请推荐任职者大有供不应求之叹！今年教部举办自费留学考试，在京沪平渝等地举行，国内各大学体育系或体专科毕业生应试者有三十余人，结果录遴二名，该科毕业生董君时恒名列前茅，此无形与各体育系或专修科竞赛之胜利，诚该科之荣光。至于该校由省立而更为国立，由体专科而变为体育师范专修科，故其科制之变动频繁[，]兹为显明[，]将历届毕业之年月名称人数及修业期限，列表于次：

	届别	修业年限□称	入学年月	入学人数	毕业年月	毕业人数	备注
体育专修科	第一届	二年	省立重大体育科	二十五年秋	十六人	二十七年夏	二十一人	内有十人系借读毕业
	第二届	二年	省立重大体育科	二十六年秋	八 人	二十八年夏	四 人	中途借读十二人
	第三届	三年	省立重大体育科	二十七年	二十人	三十年夏	四 人	中途有借读生一人
体育专修科	第四届	三年	省立重大体育科	二十八年秋	二十四人	三十一年夏	十二人	中途转学来三人借读有二人
	第五届	三年	省立重大体育科	二十九年秋	十 人	三十二年夏	三 人	
	第六届	三年	省立重大体育科	三十年秋	九 人	三十三年夏	四 人	亦为省体专合并招生
	第七届	三年	省立重大省合称体专科	三十一年秋	二十一人	三十四年夏	八 人	一转学毕业一从军毕业
	第八届	二年	国立重大体师专科	三十二年秋	三十四人	三十四年夏	二十六人	内有从军毕十一人与省专分办
	第九届	二年	国立重大体师专科	三十三年秋	三十四人	三十五年夏	二 十人	内有转学生一名
体育师资训练班	第一班	一年	省教厅请办	二十五年秋	五十二人	二十六年夏	四十八人	
	第二班	一年	省教厅请办	二十九年秋	二十一人	三十年夏	十九人	
	第三班	一年	省教厅请办	三十一年春	十八人	三十一年冬	十五人	
	第四班	一年	省教厅请办	三十一年秋	二十四人	三十二年夏	十七人	
	第五班	一年	教部委代办	三十二年春	三十一人	三十二年冬	十五人	
	第六班	一年	教部委代办	三十三年春	四十二人	三十三年冬	十七人	

二、体育科现状

一、组织：主任一人，总理该科一切行政事项，科务指导一人，协助科务一切进行事宜，聘请教授[、]副教授[、]讲师、助教、指导及助理员等共二十余人，除任课外分掌教务训导，研究，文书，普体，场地，保管，服务，课外等股，并轮流出席值日及早和课外运动指导。每二周举行科务会议一次，以检讨过去及今后应办事项之决议，同仁中年长者为五十二岁，年轻者为二十四龄，均先后毕业于全国有名之[体]育机关，如中大[、]师大[、]国体[、]东吴[、]金陵及该科等体育科系，咸具有充分的行故[动]能力与教学经验，在一个目标一个组织中，可谓合衷[衷]共济，共同奋斗，谆谆善诱，培育英才，既无学派之倾扎[轧]，又无门罗主义之主张，此不特为该科之特色，且为全国体育学术荟萃之唯一教材机构。兹附该科现任教员一表于后：

姓　名	性别	年龄	籍贯	位职	学历	经历	备注
刘德超	男	四十三	湖南辰溪	教　授	国立中央大学体育系毕业	本校教授十年	主任兼教务股
程登科	男	四十四	四川巴县	教　授	国立东南大学[、]德国柏林体育大学毕业	曾任中央大学及本校教授体育科主任十五年	兼科务指导及专二级任
王　静	男	五十二	山西太原	副教授	东吴大学体育科第一届毕业	东吴[、]暨南教授多年	
吴厚柏	女	三十五	安徽定远	副教授	中央大学体育系毕业	河北女师学院[、]北碚国立女师讲师	兼女生指导及普育女
张震海	男	三十五	河北安国	副教授	国体师专第一班毕业	测校[、]航校[、]朝阳大学[、]国体等校讲师	兼专一级任及课外活动指导
晏正鸽	男	三十二	四川万县	讲　师	重庆大学体育[学]科第一班毕业	曾任本校助理[、]助讲教师八年	兼训导
蒋美珍	女	三十五	福建	讲　师	金陵女大体育科毕业	曾任江津国体讲师	兼女生生活指导
陈季贤	女	三　十	四川江津	讲　师	重大体育科毕业	曾任本校助教四年	兼女普体
李顾三	男	二十九	湖南祁阳	讲　师	重大体育科毕业	国立体专讲师三年	
邓德达	男	三　十	湖南泸溪	指　导	中央国术馆毕业	体训所讲师	兼生活指导
李明允	男	三十二	四川丰都	助　教	重大体育科毕业	丰都县中[、]私立适存女中任教九年	兼研究股
张道伦	男	三　十	四川梁山	助　教	重大体育科毕业	琢成中学教员及本校助教	兼普体
李代铭	男	二十六	四川巴县	助　教	重大体育科毕业	青年远征军二〇三师体育教官	兼场地股并帮办教务
冉启刚	男	二十四	四川万县	助　教	重大体育科毕业		兼服务股

注：该科兼任教授兼任讲师尚有八人未列入

二、训练要旨：该科创办之动机意在改革体育教育，刷新学术；领导中国体育踏上新兴之途径，故其训练要旨有六。

（一）注重基本学科作深造之基础：对于有关之自然与社会科学，体育人才必须有普遍的学习与常识，方能有助于体育之了解与推动之能力，此外读书与发表之工具如国文英文尤当努力学习，以期毕业后方能自修而求上进，故该科对于基本学科非常重视：无时不求其充实。

（二）力求技术之普遍与水准之提高：体育项目琳琅满目，教材应用不能偏废，故该科教训学生，力求技能平均发展，对于各种体育活动，均须切实学习，但为技术之促进，故于普遍中，特别注重高级技术之训练，以期有创作，技术精良而贡献社会。

（三）重视实际活动及教学经验之培养：体育是以身体活动为教育方式的教育，则教学与管理之能力非常重要，故该科对学生教学实习之机会极重视，凡早掺[操]课外运动竞赛裁判及运动会等均由高年级学生负责主持，以期在科时养成其教学能力与行政经验，裨于毕业初任教时具有自信心与优良的教学效果。

（四）体育学术之讨论与研究精神之培养：该科为西南最高师资训练机构，对于体育学术之研究负有重大之使命，故该科行政方面设有研究股，学生方面有体育学会级会及其他研究会之组织，对于体育之设施，教学裁判及一切学术上所发现之问题，加以研究或讨论而求其改进，裨于毕业后有研究之习惯，继续为体育创作和发扬，而不为学术进步所摈弃。

（五）改革体育教师之颓风及道德之陶冶：中国教育垂三十余年，仍不呈兴盛气象者，主因为体育教师，修养不够，性体育行暴庚，苟且塞负之所致，该科为矫正败风使人人重视体育，则以"传教师之精神，挑粪夫之耐性"。"青年的模范，人格的导师，新生活的实行者"为其训练方针。

（六）注重生活言行之训练以养成适应团体规律之习惯：体育是一种团体的活动，要有纪律，有组织才有力量负荷体育的使命，不能任其放纵，乌合喧哗，然团体以个人为因素，个人必须依靠团体方能生存，故该科对于个人私德的训练与公民道德的培养，均非常注视，以期洁身自好服务团体有合作之精神[。]

三、学生生活状况

重大体育科现有学生百零三人，男七十七名女二十六名，一为专二系[，]去年秋入学现有六十一人，一为专一系[，]本年夏冒暑应考入学有四十二人，其生活现况分衣食住行陈述于次：

（一）衣：学生着衣朴素简单，乃该科一贯作风，西装华服，口红烫发，均在受禁之列，故有"毕业之时，穿西装之日"之警语，每年制有蓝白色运动服二套，作上术科时穿着，以资整齐化[划]一，精神灼灼。

（二）食：为便利作息，师生共组伙食团，每月由两班备举三人组织办理，学生每人每月由教部发给副食费一万三千元，管理完善，白米油荤[荤]尚足，每月牙祭二次，每月尾大牙祭一次，日虽劳用身心，确[却]营养颇丰，每一学生都是身强力壮，红润皮肤。

（三）住：共有男生宿舍十一间（女子住女生院[，]每间有双人床四张），住七人以一床为杂物放置，七人中互推一人为室长督导清洁，床以白被单罩上，必须求四轮四现，衣履及盥洗什物均有一定藏置，可谓军事训，内务要求已达矣。

（四）行：学生行动规律，鲜少入城闷度市嚣尘埃，每日生活有一定秩序：晨五时半点钟披衣即起，于朦雾中至运动场早操，整队全体歌唱，循四百公尺圈跑四转，即分组单项运动，朝气良辰，兢兢业业学习[，]六时半升旗后盥洗，入室早餐[，]毕即整理内务，上午四小时学课，下午三小时术科一小时课外运动，至此身心劳动，疲惫已极，晚餐后沙坪遛达，书店观光，六时半归来自修，静心思虑，或整理笔记，或参考书报，二小时后点名，作一日检讨[神]精神讲话，九时半就寝，则一日劳心劳力，循序四部曲，手脑并用，得安息以待翌日即起。

四、设备与课程

重庆大学位居歌乐山之麓，嘉陵江之滨，有宫殿式的伟峨建筑，有希腊式的运动场所，校园曲幽，树木苍葱，宏敞的田赛场[、]风雨操场以及各种体育器材，如单杠[、]双杠[、]木马[、]跳箱[、]足篮排垒球[、]铁饼[、]标枪等应有尽有，设使[施]齐全，体育科学生活跃其间，无市尘之扰，日复一日，与自然界接近，欣赏日光空气水，比吃牛奶鸡蛋好，不特是养性的胜地，而是修身的□炉，且体育画报搜集数千余册于该校图书馆凭学生自由阅读参考，致不缺精神粮食，复可研求许多学术智识，因以环境优越，课程亦就紧促，兼采学分及年手[修]制，二年内必须学习一百一十个两分方准毕业，共有学术科三十四种，均为必修课程，教部三十二年度上期颁布暂行课程令该科试行，该本酌斟增加学程，以应学生实应之需要，兹附列该科课程于后：

学年	第一学年				第二学年				备注
学期	第一学期		第二学期		第一学期		第二学期		
学程名目时数及学分	时数	学分	时数	学分	时数	学分	时数	学分	
三民义主[主义]	二	1	二	1					
国文	三	3	三	3	二	2	二	2	第二学年注重用文与体育新闻写作
英文	二	2	二	2	二	2	二	2	
生物学	二	3							
教育概论	二	2	二	2					包括体育原理及体育史

学年	第一学年				第二学年				备注
学期	第一学期		第二学期		第一学期		第二学期		
伦理学	三	3							
教育心理学			二	2					
音乐		1	二	1	一	5	一	5	
体育概论	二	2	二	2					
解剖及生理	三	3	三	3					
运动裁判法	二	2	二	2					应尽量一切机会于课外实习裁判
医药常识及急救术	二	2							括包〔包括〕按摩及矫正操
童子军教育	二	2	二	2	二	2	二	2	
体育教学法			二	2					
术科讲演	一	1							〔一〕各种体育运动之轮廓讲述
卫生教育					二	2	二	2	注重卫生教学及学校卫生行政
体育行政					三	3	二	2	
体育测验及体格检查					三	3			
体育问题					二	2			
体育教材教法研究					四	4			
教学实习							六	6	
小学体育					二	2			
体育建筑及设备							二		
军事体育							二		
运动学							二		
运动生理学							二		
田径运动	二		二		二		二		
类球运动	二		二		二		二		
垫器运动	二		二		二		二		

学年	第一学年				第二学年				备注
学期	第一学期		第二学期		第一学期		第二学期		
游泳		4	二	4	4		二	4	每年上学期五月加此课程
韵律活动	二		二		二		二		
国术	二		二		二		二		
游戏体操	二		二						
毕业论文									不定时间也不定学分[，]但须缴论文一篇方准毕业
总计	三十九	31	三十八	26	三十三	26,5	三十七	26,5	学程共三十四种[，]学分共一百一十一个

五、课外活动：重大体育科为求二年中造就实用的技术人材，除日常受[授]业生活积极教练外，对课外活动亦极重视督导，兹举荦荦者：

（一）纪念周：为使学生有领导及组织的能力，该科□订每周星期一午前十一至十二时举行纪念周，主席[、]司仪[、]纪[记]录等职务，均由学生轮流担任学习，主席必报告和作一周生活检讨，或请名人及该科教师作学术讲演，以符周会之实。

（二）进修会：为求学生有进德修业，彼此有切磋之机会，每周星期五午后七时由学生自行主持进修会一次，为时二句[旬]钟，内容分国内外军事[、]政治[、]体育消息报告，暑假生活或读书心得报告，及自我介绍或互相批评等项目，均分配学生二人或四人轮流出席，使每一学生均有学习发表机会，得随时改为辩论会[、]座谈会和同乐会，但每一会后均由主席和教师作一度批评或指示，以资奋勉，而达进修之旨。

（三）周末运动：学生为观摩技术，测验一周来所学结果，特假每周星期六下午一时后为周末运动比赛时间，项目包括各种体育活动，每周轮换一次。出席主持及比赛均为学生自动，近来为扩大活动，使沙磁区各校学生趁周末闲暇作正当娱乐，锻炼身心。乃与沙磁体促会合办沙磁各校周末比赛，轰轰烈烈沙磁体育为之一新。月来不特增进学生许多行政经验，确以护砥砺技术[、]感情联系之效。

（四）体育学会：毕业学生为发扬母科精神，研究学术贡献社会，特组织重光体育学会，在科学生两班各组级会及海风学会[、]裁判研究会等，以资品德切磋[、]学术砥砺，并编著刊物有重光体育季刊及重光、重体、海风[、]等璧[壁]报，一月或二月刊出，内容丰富，著论精确。颇让该校其他科系同学赞扬与仁足欣阅。

（五）月会研究报告：该科同事课余从事著作和研究工作不遗余力。为求彼此交换意见，订每月必举行餐叙月会一次，以资报告研究所得或借以同乐。十载中同仁

蝎蝎泄泄，闻在学术方面有不少的新创作将陆续问世。

结语：

为改革体育，复兴民族的声潮中，重大体育科在思想家程登科先生筹划中诞生后。[,]坚苦奋斗已十有一之历史。师生甘苦共尝，十年如一日，颇让体育界人士慰扬，该科环境幽雅[、]花木茂植，体育建筑与设备齐全宏敞[,]可称为读书运动的优良地方。故该科学生日序生活，乃晨起运动以焕发精神，即去工作。努力学习之余则去运动，运动后沐浴稍事休息，散步郊野。再去读书，因而运动与读相调节互助。所以该科学生精神振作，身体健强并为学品并进，而学生举趾言态。[,]生活方式管理均极严肃。该科虽为[育]体育[军]事化的发祥地，但无军事体育之气氛，不过训练的方针，或对体育的认识不是一般人那样肤浅与简单。继承人刘德超先生本期接充该科主任，本发辉其宝贵的一贯作风，旰宵未懈，刘先生任教与该科同诞，不但教导有方，且善于苦干经营和微密计划。本学期以来无论课程和建筑物，器材添制和环境整理，都是积极考进精益求精，爰为全校同仁及学生所崇敬和借鉴，故有"本校以体育科为最有生气与活力"的口头禅[,]凡巡游过重庆大学的人都无不深觉体育科有组织有纪律，前途伟大。将成为全国唯一的体育教材科系，不难领导全国体育有新的发展，有志青年盍兴乎去！

三十五年十二月十五日于沙坪坝

190　成都理学院部分学生并入重庆大学

■ 文献信息

报纸《申报》，1947年6月30日，期号24918号（上海版）

文献编号：1947-008

■ 简体全文

成都理学院结束

【本报成都廿八日电】国立成都理学院，顷奉命结束，农艺及工商管理两系学生，即分别转入四川大学与重庆大学。

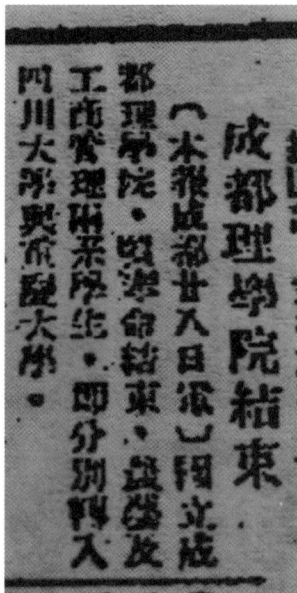

文献编号 1947-008　成都理学院部分学生并入重庆大学

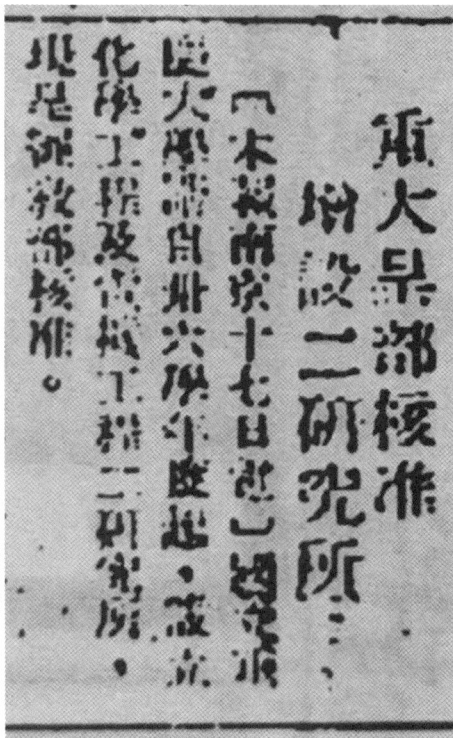

文献编号 1947-011　重大增设二研究所

■ 文献信息

报纸《申报》，1947年9月18日，期号24998号（上海版）

文献编号：1947-011

■ 简体全文

重大呈部核准　增设二研究所

【本报南京十七日电】国立重庆大学请自卅六学年度起，成立化学工程及电机工程二研究所，现呈□教部核准。

192 重大各院系总计廿单位

文献编号 1947-012　重大各院系总计廿单位

■ **文献信息**

报纸《申报》，1947年10月7日，期号25017号（上海版）

文献编号：1947-012

■ **简体全文**

重大各院系总计廿单位

校长张洪沅对记者谈

【本报重庆五日电】国立重庆大学，开学多日，记者顷访该大学校长张洪沅，据谈，本年度投考新生共有五、二七九名，仅录取四六一名，计重庆区三八三名，成都区四三名，西安区二二名，武汉区一一名，京沪区二名，兹为奖励学生投考工科起见，本学期电机、化工、矿冶三系，特开双班，计取电机生三三名，化工三二名，矿冶二九名。地质系，则因报考人数过少，只录取八名。连先修班在内，重大各院系已有二十个单位。计：（甲）文理学院，代理院长郑兰华[⌐]（原任院长段调元，奉教育部令□□一年┌,┐)┌;┐┐—数理系，主任谢立惠；㈡化学系，主任周兆丰；㈢地质系，主任李唐泌；㈣中国文学系，主任颜实甫；㈤教育系，主任罗荣梓。(乙)工学院，院长冯简(冯院长出国考察期间，暂由机械系主任金锡如代理)；㈠土木系，主任徐南骃；㈡电机系，主任吴大榕；㈢化工系，主任时化霖；㈣矿冶系，主任蒋导江；㈤建筑系，主任罗竞忠。(丙)商学院，院长陈豹隐；㈠会统系，主任黄汉瑞；㈡工管系，主任方宗汉；㈢银保系，主任刘泽霖。(丁)法学院，院长罗志如；㈠法律系，主任瞿国眷；㈡经济系，主任傅建湖。(戊)医学院，院长陈志潜。(己)体专科，代理主任刘德超。(庚)统专科，主任瞿世荃。

至大学先修班，则系高昌运教授负责办理，已于九月廿七日招考一次。此次计录取新生八十名，分文理二组开班，每名收学杂费四十万元，受□一年，期满后不能直升重大。末谓，新建图书馆正积极进行中，明年春争取能完工，新馆可容纳千余学生在内阅览。

193 重庆大学增设外国语文学系

■ 文献信息

期刊《重庆大学校刊》，第7期，第2页，1947年10月15日

文献编号：1947-014

■ 简体全文

教育部代电

高字四六三三三号　中华民国卅六年八月廿一日

国立重庆大学张校长三十六年七月签呈悉所请　于文理学院内增设外国语文学系　即准自三十六学年起设置　仰即知照教育部印

教育部代電

高字四六三三三號
中華民國卅六年八月廿一日

國立重慶大學張校長三十六年七月簽呈悉所請於文理學院內增設外國語文學系即準自三十六學年起設置仰即知照教育部印

文献编号 1947-014　重庆大学增设外国语文学系

194 重庆大学体育科改为体育学系

■ 文献信息

期刊《重庆大学校刊》，第7期，第2页，1947年10月15日

文献编号：1947-015

■ 简体全文

教育部代电

高字第五四五七二号　中华民国三十六年十月八日

国立重庆大学张校长三十六年八月签呈悉该校体育科　准自三十六学年度起改为体育学系　隶属文理学院　原有专修科学生办至毕业为止[，]仰即知照教育部印

改爲體育學系隸屬文理學院原有專修科學生辦至畢業爲止仰即知照教育部印

國立重慶大學張校長三十六年八月簽呈悉該校體育科准自三十六學年度起

教育部代電

高字第五四五七二號
中華民國三十六年十月八日

文献编号 1947-015　重庆大学体育科改为体育学系

195 文理学院近况

■ 文献信息

期刊《重庆大学校刊》，第7期，第3页，1947年10月15日

文献编号：1947-017

■ 简体全文

文理学院近况

本校文理学院原有五系，今夏奉令增设外文体育两系，现有七系，将来数理系分设，将为八系，系数之多为全校各院之冠。本院院长段调元先生连续服务近十年，本学年度休假，所遗职务由郑兰华教授兼代。郑院长历任中大、金大、湘雅医学院，[丶]上海医学院等校教授垂二十余年。化学系主任梁树权教授请假离渝，暂由周兆丰教授代理。周主任曾任同济大学化学系主任多年。教育系主任韩庆濂教授，近因应教育部命回部主持国际文教处事，辞职赴京，所遗主任一职，由罗容梓教授继任。罗主任

曾任川大教授，及中正大学教育系主任及教务长等职。数理[、]地质[、]中文三系主任，仍由谢立惠、李唐泌、颜实甫三教授分别担任。至新聘教授：数理系有谢苍璃，袁炳南先生，袁教授任国立女子师范学院数学系教授兼系主任。谢教授曾任川大教授，同济大学理学院院长教务长等职。化学系有谢秉仁先生，谢教授系本校老教授，三十二年改任大渡口钢铁厂工程师，兼理化试验室主任。近由美国求学归来，应聘返校。地质系有乐季纯、黄希素、丁仲良三位先生。乐教授历任中山大学、贵州大学教授，及贵州省地质调查所所长。黄教授曾任中央地质调查所土壤研究员，及四川省立教育学院教授多年。丁教授历任武汉大学，贵州大学教授，兼系主任，及院长。中文系有秦凤翔，商承祚，刘朴，魏兴南，邵祖平五位先生。秦教授曾任江苏省国语国文专科视导员，中央党史史料编纂委员会考订科长兼代编辑处长，国民会议教育代表并为保立小学及中心小学制度之创始人。商教授历任中山、金陵、东吴、沪江等大学教授多年。刘教授曾任四川大学、东北大学、湖南大学教授兼中文系主任。魏教授曾任四川省立教育学院，国立女子师范学院教授，邵教授曾任中央大学，四川大学教授。计本院共聘有教授四十人，助教二十人，职员五人。学生人数已注册者二百七十六人，以教育系二年级学生四十一名为最多。最少者为地质系二年级，学生仅五名。

文理學院近況

本段文理學院原有五系，今夏奉　令增設外文國育兩系，現有七系，將來數理系分設，將爲八系，系歟之多爲全校各院之冠。本院院長段調元先生連繼服務近十年，本學年度休假，所遺職務由鄭華教授兼代。鄭院長歷任中大、金大、湘雅醫學院、上海醫學院等校教授垂二十餘年。教育系主任韓慶濂教授，近因應教育部命回部主持國際文敎通事，辭職赴京，所遺系主任一職，由羅容梓教授繼任。化學系有謝秉仁先生，謝敎授係本校老敎授，三十二年改任大渡口鋼鐵廠工程師，兼理化試驗室主任。近由美國求學歸來，應聘返校。地質系有樂季純、黃希素、丁仲良三位先生。樂教授歷任中山大學、貴州大學教授，及貴州省地質調查所所長。黃敎授曾任中央地質調查所土壤研究員，及四川省立敎育學院教授多年。丁致授歷任武漢大學，貴州大學教授，兼系主任，及院長。中文系有秦鳳翔、商承祚、劉樸、魏興南、邵祖平五位先生。秦敎授曾任江蘇省國語國文專科視導員，中央黨史史料編纂委員會考訂科長兼代編輯處長，國民會議教育代表並爲保立小學及中心小學制度之創始人。商敎授歷任中山、金陵、東吳、滬江等大學教授多年。劉敎授曾任四川省立敎育學院，國立女子師範學院教授，邵敎授曾任中央大學，四川大學教授。計本院共聘有教授四十人，助教二十人，職員五人。學生人數已註册者二百七十六人，以教育系二年級學生四十一名爲最多。最少者爲地質系二年級，學生僅五名。

文献编号 1947-017　文理学院近况

196 机械系又增飞机

■ 文献信息

期刊《重庆大学校刊》，第7期，第7页，1947年10月15日

文献编号：1947-024

■ 简体全文

△机械系又增飞机　本校机械系实习，增设飞机发动机两架；顷又经航委会拨给E16教练机一架，由南川飞白市驿，改用卡车输运来校；他型飞机亦在商拨中，一俟种类较多，即将增设航空系云。

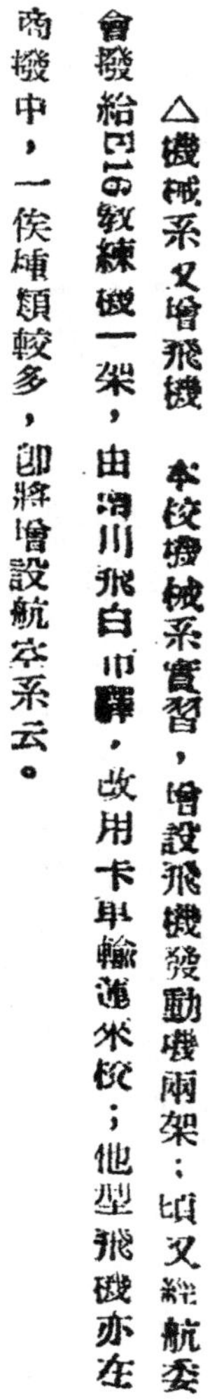

△機械系又增飛機　本校機械系實習，增設飛機發動機兩架；頃又經航委會撥給E16教練機一架，由南川飛白市驛，改用卡車輸運來校；他型飛機亦在商撥中，一俟種類較多，即將增設航空系云。

文献编号 1947-024　机械系又增飞机

■ 文献信息

期刊《重庆大学校刊》，第7期，第7页，1947年10月15日

文献编号：1947-025

■ 简体全文

△医学院增加设备　医学院陈志潜院长于上月底赴京，兹已公毕返校，据闻捐得显微镜多架，全套X光设备及牙科器械以及药品图书杂志等共值念[廿]余亿元，同学闻之莫不庆幸。又暑期中该院派胡延瑞副教授去北平采集之标本挂图及由成都购制之生物标本亦已陆续到校。

△醫學院增加設備　醫學院陳志潛院長於上月底赴京，茲已公畢返校，據聞捐得顯微鏡多架．全套X光設備及牙科器械以及藥品圖書雜誌等共值念餘億元，同學聞之莫不慶幸。又暑期中該院派胡延瑞副教授去北平採集之標本掛圖及由成都購製之生物標本亦已陸續到校。

文献编号 1947-025　医学院增加设备

工學院人事動態　　工學院院長辦公室

本校近年以來突飛猛進，各院系次第添設擴充，工學院成立較早，基礎尤為穩固，茲將本院本學期重要消息及各系新聘教授，介紹於後：

【一】院長馮君策先生，暑假後奉部令派往巴黎出席國際文化委員會，會後曾以我國探險先鋒資格，視察北極，現已安過英倫，行抵開羅，在回國途中，月底即可返校。馮院長出國期間，院務系由機械系主任金錫如先生代理。

【二】土木系：(甲)徐南驤先生係新聘主任，為有名水利專家，曾任國立東南大學，國立河海工程學校，國立中央大學，浙江大學等校教授，國內水利專家多出其門。(乙)雷汝柄先生係本院水利研究員，擔任水力學，高等水力學，工程力學等課。(丙)吳惠弼先生係伊里諾大學土木工程結構工程碩士，擔任結構學，高等土木工程結構工程等課。(丁)史宜先生係本院土木系校友，曾任軍政部技正，國防部技正，擔任結構學等課。

【三】機械系：(甲)毛毅可先生係上海機器廠經理，馮院長為增強機械系陣容起見，親往竭誠敦請先生始允就聘，擔任工具機，內燃機設計，水力機械等課。(乙)解晉先生現任二十一兵工廠廠長，曾任兵工學校教授，擔任兵器製造課程。(丙)施士楷先生係二十一兵工廠分廠廠長，兼讀擔任工廠管理課程，對機，電爐系畢業班同學，將有豐富之工廠實際經驗介紹。(丁)……

【四】電機系：(甲)吳大榕先生係老教授，擔任本院各系工程基礎課程，國立中央大學休假教授，本校多人均係化工系畢業。(乙)歐陽德先生新由美返國，現仔重慶電力公司要職，講授電訊設計及輸電配電等課。先生係美國普渡大學電機工程碩士，曾任美國德磊地愛迪生電力廠工程師。

【五】鑛冶系：(甲)閻傳經先生曾任工商智導處技正，來校亦係擔任重要課程。

【六】化工系：(甲)時化寰先生前往中央大學，本校多人均係化工系惜，本期由校長親自陪同返校，仍任化工系主任，並擔任工業化學，化工原理，專題討論等課。(乙)高崗經先生祖任塑膠工業等重要課程。

【七】建築系：(甲)唐璞先生係國立中央大學老教授，已允就聘，即將來校，擔任西洋建築史等課。(乙)李爾華先生係本院土木系校友，本期出泉返校，擔任結構學等課。

文献编号 1947-039　工学院人事动态

■ 文献信息

期刊《重庆大学校刊》，第 8 期，第 3-4 页，1947 年 11 月 15 日

文献编号：1947-039

■ 简体全文

工学院人事动态

工学院院长办公室

本校近年以来突飞猛进，各院系次第添设扩充，工学院成立较早，基础尤为稳固，兹将本院本学期重要消息及各系新聘教授，介绍于后：

【一】院长冯君策先生，暑假后奉部令派往巴黎出席国际文化委员会，会后曾以我国探险先锋资格，视察北极，现已安过英伦，行抵开罗，在回国途中，月底即可返校。冯院长出国期间，院务系由机械系主任金锡如先生代理。

【二】土木系：(甲)徐南骖先生系新聘主任，为有名水利专家，曾任国立东南大学，国立河海工程学校，国立中央大学，浙江大学等校教授，国内水利专家多出其

门。本期莅校主持系务，同学均深庆得人。(乙)吴惠弼先生系本院土木系校友，美国密西根大学硕士，伊里洛大学土木工程结构工程硕士，曾任军政部技士，国防部技正，担任结构学，高等工程力学等课。(丙)雷汝扬先生系本院土木系校友，美国麻省理工学院水利研究员，担任水力学，高等水力学，工程力学等课。

【三】机械系：(甲)毛毅可先生系上海机器厂经理，冯院长为增强机械系阵容起见，亲往竭诚敦请，先生始允就聘，担任工具机，内燃机设计，水力机械等课。(乙)解晋先生现任二十兵工厂工务处长，曾任兵工学校教授，担任兵器制造课程。(丙)施士楷先生系二十一兵工厂忠恕分厂厂长，专请担任工厂管理课程，对机、电两系毕业班同学，将有丰富之工厂实际经验介绍。(丁)史宣先生系国立中央大学老教授，担任本院各系工程画课程。

【四】电机系：(甲)吴大榕先生系新任系主任，国立中央大学休假教授，再三聘请始允就任讲授电力机课程。(乙)欧阳鉴先生新由美返国，现任重庆电力公司要职。讲授电厂设计及输电配电等课。先生系美国普渡大学电机工程硕士，曾任美国德确地爱迪生电力厂工程师。

【五】矿冶系：(甲)闵传经先生曾任工商智导处技正，来校亦系担任重要课程。

【六】化工系：(甲)时化霖先生前往中央大学，本校多人均为化工系惋惜，本期由校长亲自陪同返校，仍任化工系主任，并担任工业化学，化工原理，专题讨论等课。(乙)高国经先生担任塑胶工业等重要课程。

【七】建筑系：(甲)唐朴先生系国立中央大学老教授，已允就聘，即将来校，担任西洋建筑史等课。(乙)李继华先生系本院土木系校友，本期由京返校，担任结构学等课。

199　重大将增设国际贸易系

■ 文献信息

报纸《申报》，1947年12月4日，期号25074号(上海版)

文献编号：1947-053

■ 简体全文

重大将增设国际贸易系

【本报重庆二日电】重庆大学商学院长陈豹

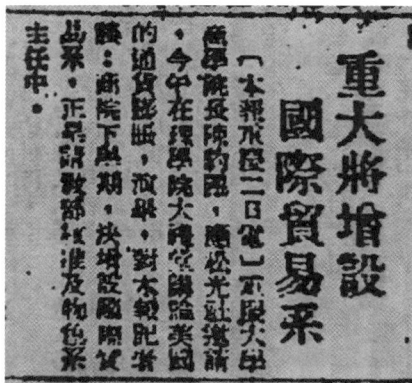

文献编号 1947-053　重大将增设国际贸易系

隐，应松光社邀请，今午在理学院大礼堂讨论美国的通货膨胀，演毕，对本报记者谈：商院下学期，决增设国际贸易系，正呈请教部核准及物色系主任中。

200　商学院概述

商學院概述

本校商學院，成立於民國二十六年，先後經馬寅初、劉大鈞、朱國璋及現任院長陳豹隱諸學者主持。各屆畢業同學計已百餘人，遍佈國內各大城市及各大機關。商學院現有銀行保險系、會計統計系、工商管理系三系及統計專修科，教授三十餘位，同學五百餘人。

商學院年成長着，因此近年縷有若干建樹。籌備已久的資料室，已於本期成立。由與彼山高校成爾先生負責，資料室的工作是蒐購的、地們每天從中外報章雜誌上剪下來許多寶貴資料，加以整理、分類、保存、統計。每週公佈應物價與統計表，並本時都新刊出臨學週刊。院圖書館已筹加整頓，由曉方與同學合作管理，書籍除由院長各先生、各教授捐贈外，並已大量添購，其中原文書籍頗多，對同學讀書研究，助益不少。

提高程度，是全商學院共同的呼聲，教材方面，已盡量採用原文，商學，是一種實用的科學，熟練的技術實屬必需，因此智題更商學院很被重視，從上蔚起，凡一切會計學、統計學、經濟學及商用數學等智題，全規定在堂上做，並由教授或助教指導，每次作智題的時間，同學們總是很緊的工作着。打字實習及計算機實習，也已由選修變協必修。由此，商學院同學的生活，已日趨緊張。

川康農工學院工商管理系各年級於本期合併入本校，經編級考試後，成立工商管理系乙組已於本學期正式上課。

商學院同學會，是本院特有組織，這個組織，把商院三系聯合了起來，並且協助院方解決了不少困難。商院同學相當活躍，他們有自己辦的刊物、報章、讀書團體及壁報，這些都是鼓勵並幫助他們共同研讀的新方式。

計劃中本校商學院，將成立商學研究所，這年目前中國工商經濟不發達的情形下，是追切需要的。同時設了便研讀更專門起見，擬將會計系分為會計系與統計系，關於工管理與商業管理兩組的問題，也擬論進久，而國際貿易系的設立，亦正籌備中。如此，即將使重大商學院，更趨於完備，本校商學院亦具有光輝的歷史，且正在不斷成長，其偉大前途，不難預卜。

文献编号 1947-057　商学院概述

■ 文献信息

期刊《重庆大学校刊》，第9期，第2-3页，1947年12月15日

文献编号：1947-057

■ 简体全文

商学院概述

　　本校商学院，成立于民国二十六年，先后经马寅初、刘大钧、朱国璋及现任院长陈豹隐诸学者主持。各届毕业同学计已百余人，遍布国内各大城市及各大机关。商学院现有银行保险系、会计统计系、工商管理系三系及统计专修科，教授三十余位，同学五百余人。

陈新院长于本期到院，工管系方宗汉主任，会统系黄汉瑞主任及统专科瞿世荃主任均任教甚久，银保系主任则已聘定董问樵先生。

商学院在成长着，因此每年总有若干建树。筹备已久的资料室，已于本期成立，由吴岐山高俊成两先生负责，资料室的工作是繁重的，他们每天从中外报章杂志上剪下来许多宝贵资料，加以整理、分类、保存、统计，每周公布重庆物价统计表，并在时事新报刊出商学周刊。院图书馆已重加整顿，由院方与同学合作管理，书籍除由院长[、]各主任、各教授捐赠者外，并已大量添购，其中原文书籍颇多，对同学读书与研究，助益不少。

提高程度，是全商学院共同的呼声，教材方面，已尽量采用原文，商学，是一种实用的科学，熟练的技术实属必需，因此习题在商学院很被重视，从上期起，举凡一切会计学、统计学、经济学及商用数学[、]保险数学等习题，全规定在堂上做，并由教授或助教指导，每次做习题的时间，同学们总是很繁的工作着。打字实习及计算机实习，也已由选修变为必修。由此，商学院同学的生活，已日趋紧张。

川康农工学院工商管理系各年级于本期合并入本校，经编级考试后，成立工商管理系乙组[,]已于本学期正式上课。

商学院同学会，是本院特有组织，这个组织，把商院三系联合了起来，并且协助院方解决了不少困难。商院同学相当活跃，他们有自己办的刊物、报章、读书团体及壁报，这些都是鼓励并帮助他们共同研读的新方式。

计划中本校商学院，将成立商学研究所，这在目前中国工商经济不发达的情形下，是迫切需要的。同时为了使研读更专门起见，拟将会统系分为会计系与统计系，关于工管系另为工业管理与商业管理两组的问题，也拟议甚久，而国际贸易系的设立，亦正筹备中，如此，则将使重大商学院，更趋于完备。

本校商学院具有光辉的历史，且正在不断成长，其伟大前途，不难预卜。

201 法学院近况

■ 文献信息

期刊《重庆大学校刊》，第10期，第2页，1948年1月15日

文献编号：1948-003

■ 简体全文

法学院近况

法学院为本校新设学院之一，原在理学院楼上，于三十五年十月始迁入前中大

法學院近況

法學院爲本校新設學院之一，原在理學深樓上，於三十五年十月始遷入前中大總辦公室。舊慶數椽，擴遠松林坡間，尚稱幽靜，其鑿瀕顧適於靑靑年及學術研究，茲將各項設施概述於後：

一，員生及班次

法學院先有法律系，於三十四年開始招收第一班新生，時僅二十餘人。以後歷年續招新生，三十五年秋季，又添招經濟系一班，三十六年八月，增設政治系一班，現計三系六班，學生共計二百零二人。敘設講師及助敎約共二十人，大部除日常講授之外，多在辦公室從事專題之研究。

二，圖書室及資料室

院內之圖書室及資料室於三十五年十二月初成立，圖書之中，一部份由總圖書館移來，一部份由本院指定專人隨時由各方採購或託人在外埠收購或逕國外書商訂購。截至現在中西文書籍約計一千二百餘册。數量有限，殘缺亦多，擴充圖書實亟需充實之急。資料室之設立，在補助研究材料之蒐集，凡對於法律、政治、經濟及其他有關之社會學資料，均在資料室多方蒐羅之列。因此，由院中訂有本市電垕報紙五種，外埠中文報紙五種及英文報紙一種。中文雜誌三十五種，英文雜誌二十五種。對於雜誌，但分類總索引，對於報紙，亦分別剪貼保存。檢查應用頗爲便利。

三，編輯刊物

爲促進研究工作，增强學術興趣起見，院中同人就當前各項社會科學問題以及國際間的各種關係，多偏重專門而爲正式研究。並就其中⋯⋯。撰成短文，於適當時間，披露報端。自去年一月一日起，即編發表之「國際一週」由本院負責。⋯⋯，舜逢星期日出版一次。於去年十一月十三日正式出報，此爲本院定期撰寫工作之一。至於專門時寫論文，仍繼續刊「民元以來之制憲史略」一文，以後均每月發表一篇。

本年十月，時事新報與本院進行洽商文化合作，約定該報之「國際一週」由本院負責，⋯⋯仍繼續其心。並就其中⋯⋯，披露報端。⋯⋯即續載第二篇。

對於定期刊物，院中正在籌劃一種半年的季刊，將來每期集中於一個題目，並作資料及文獻之編纂，第一期正決定爲「聯合國」專題，現正向國外積極搜集材料中。如期出版時可望於本年春間該刊。在本學術之初，由擔任主要課程各敎授，擬就若干題目，然就若干題目，提供五千字以上之短文，或闡論，在學期結束之期，約作一冊，分別由敎授評閱，其成績作爲所謂學期報成績之一部，此一舉可提高學生研究之興趣，引導同學對寬歷輯，發生研究興趣，此一措施，引導同學對寬歷輯。

四，座談會

爲廣泛了解學術問題之情形，院中爲此舉不定期「座談會」一種。集各對於當前問題感覺興趣各師生，共同發表意見，藉期去年十一月全國大選時期，本院即於廿日舉行「選舉問題座談會」一次。又如當時合國全體大會通過巴勒斯坦分治方案後，此一問題亦爲每日報紙之重要新聞，而本院又舉行「巴勒斯坦分治方案座談會」一次，關於此之座談會，遇有必要當間隨續舉行。

以上各端，爲目前院務大質。惟法學院之敎育任務，當不限於負有發展師之學子，對於健立中央研究院之服務，⋯⋯。關院提供認爲「我們的資料室，實際上就是研究所，我們希望在中央研究院的新法律系」，⋯⋯前院中同人，已限歷了智慧之領導，在希望國獨立之途徑上，埋頭苦幹。

总办公室，旧房数栋，横迤松林坡麓，尚称幽静；其环境颇适于陶育青年及学术研究，兹将各项设施简述于后：

一，员生及班次

法学院先有法律系，于三十四年秋季开始招收第一班新生，时仅二十余人。以后历年续招新生，三十五年秋季，又添招经济系一班，三十六年八月，增设政治系一班，现计三系六班，学生共计二百零二人。教授讲师及助教约共二十人，大部除日常授课外，多在办公室从事专题之研究。

二，图书室及资料室

院内之图书室及资料室于三十五年十二月初成立，图书之中，一部份由总图书馆移来，一部份由本院指定专人临时由各方采购或托人在外埠收购或径函国外书商订购。截至现在中西文书籍约计一千二百余册。数量有限，残缺亦多，扩充图书设备，仍为当务之急。

资料室之设立，在补助研究材料之供应，凡对于法律、政治、经济及其他有关之社会科学资料，均在资料室收集与整理之列。因此，由院中订有本市重要报纸五种，外埠中文报纸三种及英文报纸一种。中文杂志三十五种，英文杂志二十五种。对于杂志，则分类编制索引；对于报纸，亦分类剪贴保存。检查应用颇为便利。

三，编辑刊物

为促进研究工作，增强学术兴趣起见，院中同人就当前各类社会科学问题以及国际间的各种关系，多作专门而分工之研究。并就其心得，撰成短文，于适当时间，披露报端。自去年一月一日起，即发表第一篇"民元以来之制宪史略"一文，以后均每月发表一篇。

本年十月，时事新报与本院进行洽商文化合作。约定该报之"国际一周"由本院负责评写，每逢星期日出版一次。于去年十一月十三日正式出报，此为本院定期撰写工作之一。至于专门时事论文，仍继续刊订。

对于定期刊物，院中正在筹划一种半年的季刊，将来每期集中于一个题目，并作资料及文献之编纂，第一期正决定为"联合国"专号，现正向国外积极搜集材料中。如顺利时可望于本年春出版。在训练同学研究方面，自本学期起，业经着手进[行]。在每学期之初，由担任主要课程各教授，拟就若干题目，由每一同学各自选就一题，撰为五千字以上之短文，或翻译，在学期结束之前，送交系办公室，分别由教授评阅，其成绩作为所属课程成绩之一部，优良者并拟择要发表，此一措施，引导同学浏览图籍，发生研究兴趣，为效颇宏。

四，座谈会

为广泛了解时事问题之情形，院中乃举办不定期"座谈会"一种。集合对于当前问题感觉兴趣各师生，共同发表意见，譬如去年十一月全国大选时期，本院即于二十日举行"选举问题座谈会"一次。又如当联合国全体大会通过巴勒斯坦分治方

案后，此一问题几成为每日报纸之重要新闻，而本院又举行“巴勒斯坦分治方案座谈会”一次，关于此类之座谈会，遇有必要当即随时举行。

以上各端，业已见诸事实。惟法学院之教育任务，当不囿于负笈从师之学子，对于树立守法观念之风声，启迪学术研究之精神，亦为应有之服务，罗院长曾说“我们的资料室，实际上就是研究所，我们要仿中央研究院的办法做去”，而院中同人，已服膺了智慧之领导，在求学术独立之途程上，埋头苦干。

202 医学院概况

醫學院概況

醫學院院長辦公室

本院係於民國三十五年八月一日成立，組織甚小，人力至為薄弱，惟本院同人，具有共同信仰如次：

一、西南各省人口衆多，社會落後，亟需科學醫學教育與設施，以求社會情形之改進。按西南各省，四川約有五千萬人口，設有醫學院一所。今西南各省以一萬萬人口之衆，醫學教育機構，不過四所，而醫學院與國立大學發生關係者，在地位上言，本院實稱最佔重要。

二、四川省中等學生程度較高，應予以醫學造詣之機會。緣民國三十年前，四川省之中學畢業學生，外國語言程度較差，比年以來頗有進步，且為西南數省之冠，亟應設立醫學教育機構予以從事醫學造詣之機會。

三、我國往日一切崇信外國，近今國人心理日趨自尊自重。本院辦理醫學教育，無論師資與學員，皆以利用可能之設備，實事求是為原則，一時不重虛名，不騖高遠，而求就地取才，逐步發展現有之天才，假以時日，期能達到充實之標準。

本院依此共同信仰，作育人才。其基本意義，乃在：

一、養成學生觀察，辨明之科學態度。

二、養成以服務為快樂之本，不以醫學為謀利之工具。

三、養成誠懇對人之精神。

本院前承中央衛生實驗院，上海醫學院與善後救濟總署捐贈基礎科學設備與衛生器材，於本院成立之始，當即相繼成立生物學實驗室與細菌學實驗室，並設置[illegible]部設備。現有顯微鏡一十架，雙筒解剖顯微鏡一架與冰箱，消毒鍋，分析天秤，護心器動物磅秤，烤箱，黑地暗光器，滴水箱等。茲後成立生物化學實驗室，各項設備均具規模。並正由渝西自來水廠承裝自來水管，短期內可竣工。至於所需解剖實習材料，準備充分，另數需要，並已開始建屍庫，可容屍體二十具。

本院成立之初，暫假沙磁醫院房舍辦公。嗣以醫學院醫學前期教室與實驗室合於一處，於三十六年三月間，本校由得資源委員會漢渝路前無線電器材廠棟房兩幢，為本院院址，迨於夏季修整竣事，即於八月十四日遷入新址辦公。

美國醫藥助華會，近函本院：（該會）三十六年度於我國六個醫學院中，選派資送出國深造者共卅人，依照規定，應於今年返國仍回原服務學校任事。該會訂定辦法 本院得商同此六醫學院，聘其留學教員，參加本院工作，認為合於規定。此外凡屬中國國籍之習醫，[illegible]，而服務於與該會何機關者，如由本

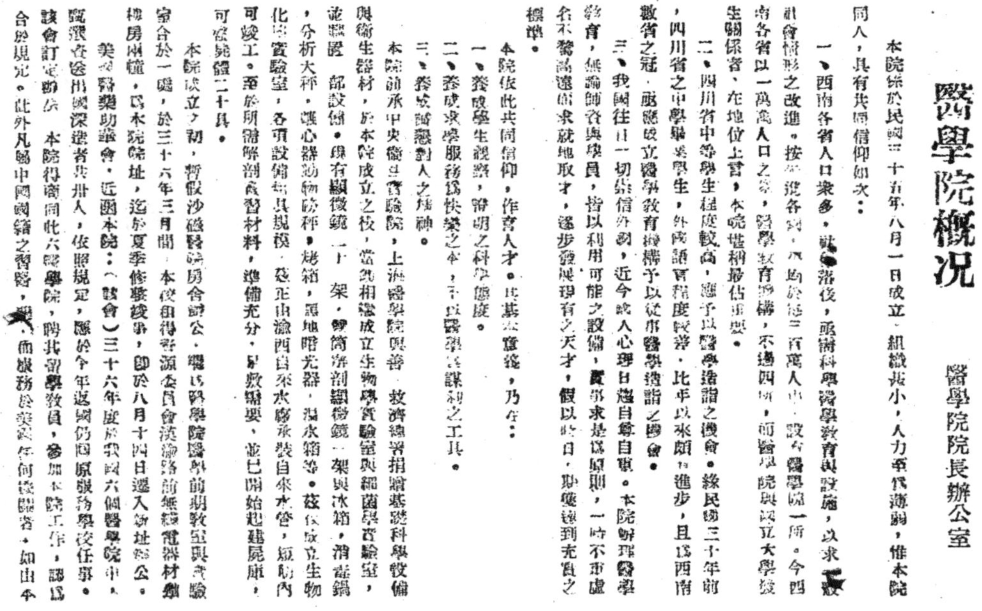

文献编号 1948-014　医学院概况（节选）

■ 文献信息

期刊《重庆大学校刊》，第 11 期，第 2–3 页，1948 年 2 月 15 日

文献编号：1948–014

■ 简体全文

医学院概况

医学院院长办公室

本院系于民国三十五年八月一日成立，组织甚小，人力至为薄弱，惟本院同人，具有共同信仰如次：

一、西南各省人口众多，社会落后，亟需科学医学教育与设施，以求一般社会情形之改进。按先进各国，平均于每三百万人中，设有医学院一所。今西南各省以一万万人口之众，医学教育机构，不过四所，而医学院与国立大学发生关系者，在地位上言，本院堪称最占重要。

二、四川省中等学生程度较高，应予以医学造诣之机会。缘民国三十年前，四川省之中学毕业学生，外国语言程度较差，比年以来颇有进步，且为西南数省之冠，亟应成立医学教育机构予以从事医学造诣之机会。

三、我国往日一切崇信外国，近今国人心理日趋自尊自重。本院办理医学教育，无论师资与学员，皆以利用可能之设备，实事求是为原则，一时不重虚名不骛高远而求就地取才，逐步发展现有之天才，假以时日，期获达到充实之标准。

本院依此共同信仰，作育人才。其基本意义，乃在：

一、养成学生视察，证明之科学态度。

二、养成求学服务为快乐之本，不以医学为谋利之工具。

三、养成诚恳对人之精神。

本院前承中央卫生实验院，上海医学院兴善，救济总署捐赠基础科学设备与卫生器材，于本院成立之后，当即相继成立生物学实验室与细菌学实验室，并购置□部设备。现有显微镜二十□架，双筒解剖显微镜一架与冰箱，消毒锅，分析大[天]秤，离心器[，]动物磅秤，烤箱，黑地暗光器，温水箱等。兹后成立生物化学实验室，各项设备颇具规模，兹正由渝西自来水厂承装自来水管，短期内可竣工。至于所需解剖实习材料，准备充分，足敷需要，并已开始起建尸库，可盛尸体二十具。

本院成立之初，暂假沙磁医院房舍办公，继为医学院医学前期教室与实验室合于一处，于三十六年三月间，本校租得资源委员会汉渝路前无线电器材料楼房两幢，为本院院址，迄于夏季修整竣事，即于八月十四日迁入新址办公。

美国医药助华会，近函本院：(该会)三十六年度于我国六个医学院中，甄选资送出国深造者共卅人，依照规定，应于今年返国仍回原服务学校任事。该会订定办法，本院得商同此六医学院，聘其留学教员，参加本院工作，认为合于规定。此外凡属中国国籍之习医，继而服务于美国任何机关者，如由本院聘其来院任教，该会补助其返国全部旅费。该会并分配本院牙科与X光全套用具，与手术用灯孵箱及酒精五十桶，最近即可全部运渝。

美国大使馆对于本院颇多协助。现拟以五十套医学书籍分赠于十个医学院。致函本院，允赠全套书籍，短期内由沪运渝美国新闻处后，转发本院，并为代订杂志若干种。此外美罗氏助华医社，并赠本院最新医学书籍一百本，短期内亦可运渝。上项医学用书，现价极贵，值此外汇日昂，书籍缺乏之时，本院获此协[助]，实属难能可贵。一俟全部捐书收到，本院即可成立小型图书室，另谋继续发展。

关于本院课程，除医学前期二年，为基本学科外，第三学年主要课程，侧重生

理与病理学。第四学年侧重诊断方法。第五学年侧重医学诊断。第三第四两年，本院规定课程，每周至少须学习三十五小时，于第五学年时，略予减少。至于公共卫生课程，极□重要[,]本院拟在第三学年讲授医学史与公共卫生学史。第四学年讲授生命统计与医学统计。第五学年讲授传染病管理。第六学年参加公共卫生组织实地工作，拟以北碚为公共卫生实习场所，正在筹备中。

上年十二月二十三日，本校奉教育部会字第六七七二四号训令，为本校附属医院员工人数，业奉行政院核准予追加职员一一八名，技工八名，工役四五名，饬即知照等因，当经商征张校长同意，以沙磁医院为本院附属医院，并与中央医院订立合作办法，可共有病床三百一十具，内外各科俱全，各种检查设备，及X光线，化学检查工具，均甚齐备，合于训练医学人才之用。

一年以来，本院筹办各科多属于医学前期者[,]兹以附属医院业经成立，刻正积极延揽临床教授，已物色高学勤医师为内科教授，暑假后，可来院。

本院现有第二年级学生二十二人，第一年级学生三十六人。

203　重大呈准分设数理两系

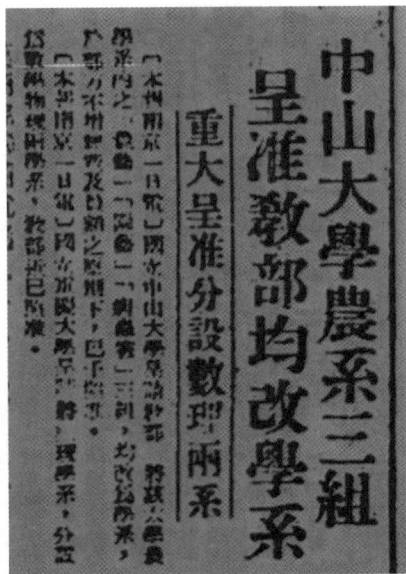

文献编号 1948-040　重大呈准分设数理两系

■ 文献信息

报纸《申报》，1948年5月2日，期号25218号（上海版）

文献编号：1948-040

■ 简体全文

中山大学农系三组
呈准教部均改学系

重大呈准分设数理两系

【本报南京一日电】国立中山大学呈请教部，将该大学农学系内之"农艺""园艺""病虫害"三组，均改为学系，□部万不增经费及员额之原则下，已于照准。

【本报南京一日电】国立重庆大学呈请将数理学系，分设为数学物理两学系，教部近已照准。

---

204 沙磁医院报告

■ 文献信息

期刊《重庆大学校刊》，第16期，第3页，1948年6月30日

文献编号：1948-065

■ 简体全文

沙磁医院报告

查沙磁医院，曾于民国卅五年四月因事停办，其时经由重庆大学，中央医院，卫生实验院，重庆市政府卫生局四机关首长决议：由重庆大学张校长负责聘人来渝恢复沙磁医院，张校长即照决议，约聘前四川省卫生处技正沈其稀(当时系由陈志潜处长推荐)来渝，接办沙磁医院，旋沈其稀于是年六月一日由蓉抵渝，适因沙磁医院上层机构重庆市沙磁区卫生实验委员会之纠纷问题，关于接收手续延至六月十八日始行开始办理，当时沙磁卫生实验区，业已解组，对于沙磁医院业务进行，仅由中央医院月给职员四十名，工友三十名之薪工，重庆大学虽极力帮忙，但苦无此预算，故当月沙磁医院困难情形，莫可比喻，匪惟经费一文无着，且工友超额已达三十名之多，欲使解散而业务上又不许可，遣散费更属无法筹集，兼以接收之医院药械器具均无，处此困难情形之下，沈其稀乃分向重大暂借二百万元，及卫生实验院请得极少数药械，得于六月十八日勉强开始门诊[，]嗣限于七月下旬陈志潜院长接长中央医院后，由沈其稀建议请将沙磁医院改为中央医院分院，以宏业务，但仍无固定□费，仅医护人员得聘用四十名，并得请领少数药械，而工友名额仍只仅准三十名，旋陈志潜院长出国赴美参加北平协和医院董事会，沈其稀于无可奈何中，自向各方约聘人员，勉于九月开放全部病房，并由重庆大学将医学院领到之药械尽量供给，

於無可奈何中，自向各方約聘人員，馳於五月開放全部病房，並由重慶大學將醫學院領到之藥械籌量供給，乃貲玄繁，至藥械一項，既純靠收

入自給自足，猶軍與補助工餉及添置各項，成關全面工作上必需之設備，故二十五年度教育部撥款重大補助沙磁藥房設備醫六千萬元之用，復，乃能保留不動，而每影之川六年春季用作建築存放舍十六籌之用，復，

查沙磁醫院幸得重慶大學最大幫助及中央醫院經濟上之補助，與同人之努力，猶仍能認為經費穩固，因此沈其稀建議重大張校長，應連向教育部要承成立大學醫學院附屬醫院（即改組沙磁醫院），經

張，校長多方奔走，卒延於成，后時陳志潛院長於三十七年退國後，即長一日主武惡祖沙磁醫院臨床謀逐漸充實，即興，中央醫院脫離主管一日主武惡祖沙磁醫院，端全力以謀發展，該院設備醫院附屬醫院，

桂沙磁醫院，端全力以謀發展，該院設備醫院附屬醫院，僅人事上仍保持合作而已，自沙磁醫院改組為重慶大醫學院後，由陳志潛自兼院長，沈，其稀改任副院長，二年以來沙磁

學院附屬醫院後，由陳志潛自兼院長，沈，其稀改任副院長，二年以來沙磁醫院由停辦狀態變為重大醫學院訓練學生之基地，皆本大學全體同人必至

磁醫院由停辦狀態變為重大醫學院訓練學生之基地，皆本大學全體同人必至醫后是愛護愛協助努力撐節，每月仍非若干億元不能維持，況物價此後增醫長至

何程度，在不可期，此即醫院目前所懸絕大問題中之一，本大學業務上必至醫，本規定且六月份負過電誤業醫院不如收書經過月餘醫，蓋不欲他沙磁從又任區人民醫藥擔負過電

誤，營業醫院不如收書經過月餘醫，蓋不欲他沙磁從又任區人民醫藥擔負過電何程度，若失者及科學技術之誤長，此後仍堅全體同人同學一本愛護初衷，時扑正，沙此吾人當本有思改之無則加勉，本后因樂於接受一切肆鎔

時，若失者及科學技術之誤長，此後仍堅全體同人同學一本愛護初衷於接受一切肆鎔騖崎奎揭評也。

文献编号 1948-065　沙磁医院报告

沙磁醫院報告

查沙磁醫院，曾於民國卅五年四月因事停辦，其時經由重慶大學、中央醫院、衛生實驗院、重慶市政府衛生局四機關首長決議：由重慶大學張校長負責聘入來渝恢復沙磁醫院，張校長即照決議，約聘前四川省衛生處技正沈其稱（當時係由陳志潛處長推荐）來渝，接辦沙磁醫院，旋沈其稱於是年六月一日由蓉抵渝，適因沙磁醫院上層機構重慶市沙磁區衛生實驗委員會之糾紛問題，臨於接收手續延至六月十八日始行開始辦理，當時沙磁衛生實驗區，業已解組，對於沙磁醫院業務進行，僅由中央醫院片給臓員四十名，工友三十名少薪工，重慶大學雖極力籌匯，但若無此預算，故二月沙磁醫院困難情形，莫可比擬，撫惟輝圖一文無著，且工友超過三十名之多，欲使像散兩業務上又不許可，遂歡罰更關無祿薪集，象只接收之醫院機械器具均無，因此圖難情形之下，沈其稱乃分向重大醫院二百餘元，及衛生實驗院蕭得極少數藥械，得於六月十八日勉強開始門診暫限於七月下旬陳志病院長蕭長，中央醫流後，由沈其稱建議醫蕭將沙磁醫院改收寫中央醫院分院，但空萊茲，祖仍標固定醫群，催醫護人員各增四十名，并得經留房事藥械，而工友名額仍只保准二十名，雄陳志醫院長報國大要參加北牛福和乾院董事會，沈其稱以资充实，至经费一项，则纯靠收入自给自足，犹须弥补超额工饷及添置各项，展开全面工作上必需之设备，故三十五年度教育部拨发重大补助沙磁医院病房设备费六千万元，乃能保留不动，而得移至卅六年春季用作建筑眷属宿舍十六家之用，复查沙磁医院幸得重庆大学最大帮助及中央医院经济上之补助，与同人之努力，稍奠基础，然仍不能认为绝对稳固，因此沈其稀建议重大张校长，应速向教育部要求成立大学医学院附属医院(即改组沙磁医院)，经张校长多方奔走，辛底于成，同时陈志潜院长于三十六年返国后，即长住沙磁医院，竭全力以谋发展，该院设备逐渐充实，乃于三十七年二月一日正式改祖[组]沙磁医院为重大医学院附属医院，即与中央医院脱离主管关系，仅人事上技术上仍保持合作而已。自沙磁医院改组为重庆大学医学院附属医院后，由陈志潜自兼院长，沈其稀改任副院长，二年以来沙磁医院由停办状态变为重大医学院训练学生之基地，皆本大学全体同人暨同学爱护协助之力所致。乃近月以来物价飞涨无止境，医院业务上必需之开支虽竭力撙节，每月仍非若干亿元不能维持，况物价此后增长至何程度，复不可期，此即医院目前所感绝大困难也，本院性质既与一般营业医院不同，收费数字虽逐月调整而未超过中央医院规定，且六月份调整收费价目较中央医院为低，盖不欲使沙磁文化区人民医药担负过重，有失普及科学技术之宗旨，此后仍望全体同人同学一本爱护初衷，随时指正，沙院同人当本有则改之无则加勉之本旨，因极乐于接受一切建议与善批评也。

205　重大增设三研究所

■ 文献信息

　　报纸《申报》，1948年7月5日，期号25282号(上海版)

　　文献编号：1948-076

■ 简体全文

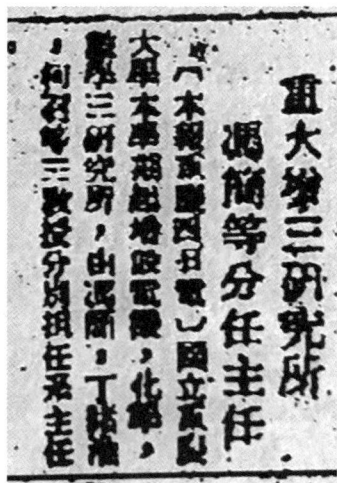

重大增三研究所

冯简等分任主任

【本报重庆四日电】国立重庆大学本学期起增设电机、化学、数学三研究所，由冯简、丁绪淮、柯召等三教授分别担任系主任。

文献编号 1948-076　重大增设三研究所

专题三：师资建设

本专题选择 1936 年至 1949 年 29 篇文献，记录了重庆大学教师的教学活动、教师聘任与人事变动、业余生活、对外交流等多方面情况。

一、1929—1949 年重庆大学教师情况

根据重庆大学校史馆收藏的 1929—1949 年工资册所记载，这二十年内先后有 792 位教师在重庆大学领取工资。另有大量名师大家、教授学者在校任兼职教授、客座教授、讲座教授，这一部分人在工资册上未曾记录，但他们的学术思想也曾在重大校园内传播。

根据《重庆大学校史 1929—1949》统计：

1936 年秋季开学时，全校教职工为 118 人，其中教授 34 名，讲师 25 名，助教 13 名，职员 45 人（有少量为教授兼任），此外还有 3 名军训教官[1]。

1938 年年底，学校聘请专任教授 54 位（其中有 17 位兼有校内各种职务），兼任教授 58 位，合计 112 位教授、副教授[2]。

1947 年，在建校十八周年前夕，全校共有教授 116 人，副教授 31 人，讲师 40 人，助教 94 人。教师总数为 281 人。其中，教授与副教授的人数约占整个教师人数的 52%[3]，可见重庆大学师资力量的雄厚。

---

[1] 重庆大学校史编写组 . 重庆大学校史 1929—1949[M]. 重庆：重庆大学出版社，1984：33.

[2] 重庆大学校史编写组 . 重庆大学校史 1929—1949[M]. 重庆：重庆大学出版社，1984：57-58.

[3] 重庆大学校史编写组 . 重庆大学校史 1929—1949[M]. 重庆：重庆大学出版社，1984：128.

二、教师聘任与人事变动

教师聘任历来是学校重要工作之一，"广邀天下名师"是重大在这二十年期间一直坚持的准则。1936-048 号文献记录"重庆大学嘱本校（指国立同济大学）物色机械系助教一人"；1937-059 号文献记录胡庶华校长多次去函聘任程登科教授出任重庆大学体育科主任；1937-069 号文献记录抗战时期风雨飘摇之际，重庆大学"有此良好机会，新聘教授讲师数十位，数百学子当更受益"；1947-018、1948-080 号文献则详细记录了当年度新聘教员的详细名单，其中不乏陈豹隐、商承祚、张直中、彭光钦、汤道耕（艾芜）等知名人士。

三、教师生活

除了课堂教学、科研实习等"传道解惑"的分内之事外，教师群体的生活丰富而有趣。本专题选取了很多记录教师生活的文献，呈现出教师们的日常生活。

本专题中的文献涉及 1929 年至 1949 年期间的三位校长，这些文献角度不一，定会让后来人对三位校长有更深入的认识。1938-005 号文献记录了"本大学为追悼刘前校长甫澄先生，设灵祭于理学院大礼堂"，追悼会上提出"当筑一图书馆，即以刘前校长之名名之，今后重大于开卷吟哦之际当缅思何人所赐也"。然而遗憾的是，该图书馆并未建成，其修建设想详见第二编专题六中的 1938-028 号文献。1941-008 号文献记录了叶元龙校长在家中遭遇盗贼入室行窃之险事，危机之时叶校长晓以大义，终得送贼出门、平安度过。1949-004 号文献以学生角度记录"我们的系主任"张洪沅校长，张校长由化工系系刊创办谈及校友联络、学校发展、时局安危等多方面内容，"絮絮不停"，言语关切，让学生"有满载而归之感"。1947-063、1948-031 号文献则记录了张校长当选第一届国民大会代表候选人并出席大会，重大教授欢送张校长出行的过程。

教授们成立了"教授会"，日常活动多由教授会组织。1947-023、1948-085 号文献记录教授会改选职员后的新名单；1947-049、1948-031 号文献记录了教授会决议"教授先生携眷"参加教授联谊餐会；1948-070 号文献则记录教职员成立了足球队，"日有练习，准备向校内外足球队挑战"。

对于校工亦有记录。1937-012 号文献记录校工黄春茂慷慨好义，倾囊相助"贫穷而无告者"，积极捐款援助守边将士，拾金不昧，胡校长以其"多其美行、乐告诸生、以彰善人"。

此外，本专题选取了两份悼词，1946-010 号文献为地质系全体师生缅怀故教授葛利普，1947-076 号文献为化工系师生缅怀故教授杜长明。

四、助教群体

助教群体在重大教师整体中一直占有非常大的比例，广泛分布在各系科，1947-059 号文献记录"本校助教九十四人，约占全体教职员总数三分之一"，1948-087 号文献则记录助教"共九十八人"，足见助教群体规模之大。

值得一提的是，大部分助教在教学过程中成长为副教授、教授，不少助教后来成为著名的大师、学者。如著名画家吴冠中 1942 年至 1946 年为工学院建筑系助教，中国恐龙研究之父、古脊椎动物学家、中科院院士周惠久 1943 年至 1946 年为理学院地质系助教。

五、冯简教授北极考察

工学院院长、著名无线电专家冯简教授是科研工作者的杰出代表，作为我国在北极成功进行科学考察的第一位科学家，他在我国科技史上有重要意义。

抗战时期，为保证设立于重庆的远东战区的重要军事指挥点能与国际反法西斯联盟统一战线保持畅通联系，冯简在重庆主持建设了中国国际广播电台 The Voice of China（当时称为"重庆之蛙"）。珍珠港事件后，中国国际广播电台成为盟军在远东唯一可利用的短波电台。电台总部及播音台位于上清寺，信号发射台位于小龙坎，发电站设于土湾。1945 年国民政府向全世界宣布日本投降的消息正是通过此电台发出的。

由于重庆至美国东部电波传播的最短路线须经北极，因此需研究北极光对电波传播的影响，这便是冯简教授到北极进行科考的重要原因。1947 年夏，冯简教授赴法国巴黎出席国际无线电专家会议。会后冯简教授得到当时中国驻挪威大使馆的帮助，经伦敦到达挪威首都奥斯陆，从那里继续北行到达北极城市特罗姆瑟。

冯简教授在挪威得知，有矿工轮流前往北极圈内的多个岛屿进行矿产采掘。

他设法与采矿工人取得联系，搭乘煤船北行，只身进入北极圈进行考察，在异常艰苦的环境和条件下采集第一手科学数据和资料，进行了与重庆6 900公里远距离通信的试验并获得成功，实现了他多年以来观察北极光、研究北极磁场如何影响短波通信的宿愿。

回国后冯简教授将自己的试验成果、科研过程详细记录，著为《余在北欧时所见之北极光》一文，并在松林坡大礼堂进行报告，轰动一时。冯简教授行程及报告详见1947-009、1947-026、1947-064、1948-027号文献。

六、马寅初华北行

1940-022号文献记录商学院院长马寅初由政府派赴华北调查经济，这一条简短新闻的背后是一个著名的事件。

1938年11月马寅初就任重庆大学商学院院长并兼教授，在任期间他通过大量经济研究类文章针砭时弊，引发当局不满。1940年12月6日马寅初在家中被"传讯"，当局于12月13日发表公开信息"立法委员马寅初奉命赴前方考察战时经济业已首途"，此即1940-022号文献所记录内容。随后重大师生展开了一系列"营救马老"的行动，著名的"寅初亭"即在行动中修建。马寅初后于1942年8月被释放。

重慶大學囑本校物色機械系助教一人

四川重慶大學，現囑本校代為物色機械系助教一人，兼授課數小時，待遇月薪一百二十元至一百六十元。如有本校工學院機械電工系畢業生，志願前往服務者，可自即日起至八月二十日以前，開具履歷來本報校祕書處報名，以便介選。

文献编号 1936-048　重庆大学嘱本校物色机械系助教一人

■ 文献信息

期刊《国立同济大学旬刊》，第105期，第11页，1936年8月21日

文献编号：1936-048

■ 简体全文

重庆大学嘱本校物色机械系助教一人

四川重庆大学，现嘱本校代为物色机械系助教一人，兼授课数小时，待遇月薪一百二十元至一百六十元。如有本校工学院机械电工系毕业生，志愿前往服务者，可自即日起至八月二十日以前，开具履历来本报校秘书处报名，以便介选。

207 校工黄春茂义不拾金

(三)校工黃春茂義不拾金 (朱煦羣記)

本校工友黃春茂川人也、早年曾侍從外交部長張岳軍先生、足跡遍南北、多悉名人流風遺事、暇時恒歷歷敘其生平及黨國名流之成功史、娓娓動人、同學咸親之、不以其爲校工而遠之也。其爲人深領知足常樂之義、敏於事而愼於行、且慷慨好義、涓芥不苟得。嘗有貧窮而無告者、人語之、則傾囊相助、無吝色。月前同學爭以饘粥餘資捐助綏東戰士、春茂亦出其低微之薪工中大洋一元、來求列名、且侃侃道其掬誠致敬於冰天雪地中擲頭顱流熱血之英雄之意、[illegible]國之心橫溢顏色、聽者感動。尤可嘉者、上月有同學陳家太遺失大洋五元、春茂拾之、不假思索、即以原洋直呈校長辦公室、貼條招領、翌日是金即得歸諸原主。胡校長多其美行、既於紀念週中樂告諸生、更命煦羣誌其事登諸校刊、以彰善人。嗟呼！事以小見大、貧窮然後知節義、春茂其然乎。

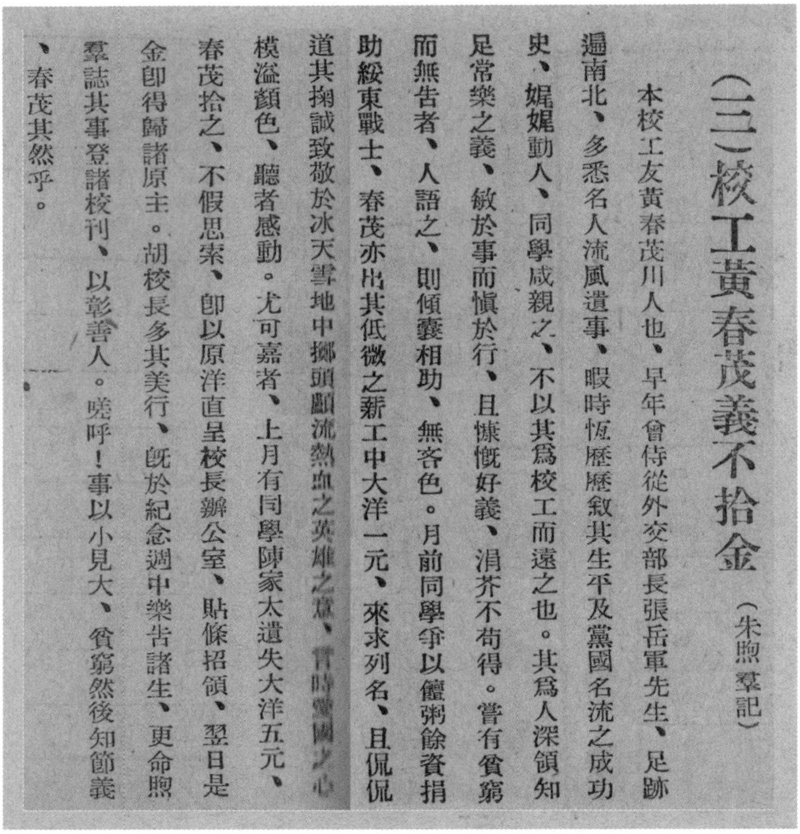

文献编号 1937-012 校工黄春茂义不拾金

■ 文献信息

期刊《重大校刊》，第7期，第20页，1937年1月16日

文献编号：1937-012

■ 简体全文

（三）校工黄春茂义不拾金 朱煦群记

本校工友黄春茂[，]川人也，早年曾侍从外交部长张岳军先生，足迹遍南北，多悉名人流风遗事，暇时恒历历叙其生平及党国名流之成功史，娓娓动人，同学咸亲之，不以其为校工而远之也。其为人深领知足常乐之义，敏于事而慎于行，且慷慨好义，涓芥[狷介]不苟得。尝有贫穷而无告者，人语之，则倾囊相助，無吝色。月前同学争以饘粥余资捐助绥东战士，春茂亦出其低微之薪工中大洋一元，来求列名，

且侃侃道其掬诚致敬于冰天雪地中掷头颅流热血之英雄之意，言时爱国之心模溢颜色，听者感动。尤可嘉者，上月有同学陈家太遗失大洋五元，春茂拾之，不假思索，即以原洋直呈校长办公室，贴条招领，翌日是金即得归诸原主。胡校长多其美行，既于纪念周中乐告诸生，更命煦群志其事登诸校刊，以彰善人。嗟乎！事以小见大，贫穷然后知节义，春茂其然乎。

208　程登科婉辞胡庶华邀请　拒任重大体育科主任

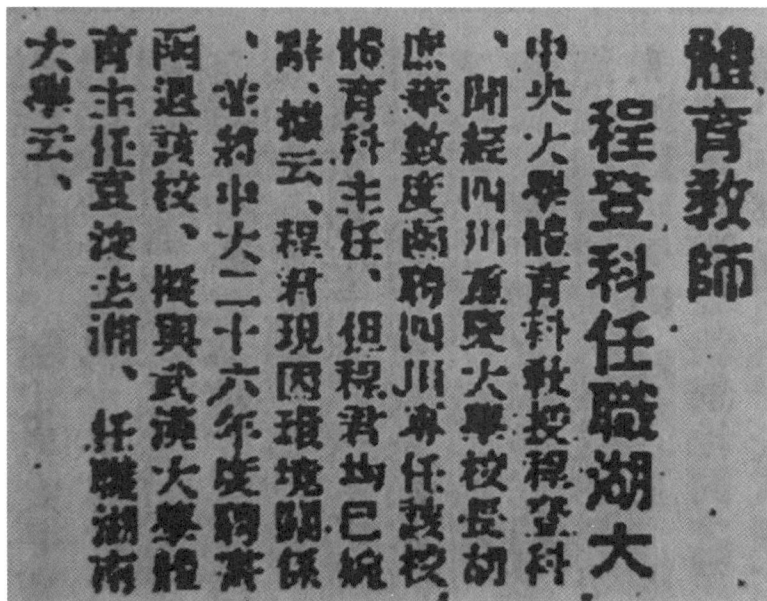

文献编号 1937-059　程登科婉辞胡庶华邀请　拒任重大体育科主任

■ 文献信息

报纸《申报》，1937年7月10日，期号23051号（上海版）

文献编号：1937-059

■ 简体全文

体育教师程登科任职湖大

中央大学体育科教授程登科，闻经四川重庆大学校长胡庶华数度函聘四川专任该校体育科主任，但程君均已婉辞。据云，程君现因环境关系，并将中大二十六年度聘书函退该校，拟与武汉大学体育主任袁浚去湘，任职湖南大学云。

209 行政上人事之变动　新聘教授讲师陆续来校

文献编号 1937-069　行政上人事之变动　新聘教授讲师陆续来校

■ 文献信息

期刊《重大校刊》，第15期，第14—15页，1937年10月20日

文献编号：1937-069

■ 简体全文

（四）行政上人事之变动

本大学教务长原系杨公庶先生，事务长原系余子元先生，本期杨余二先生皆因事不能来校，向校长辞去所任职务，另聘谭锡畴先生为教务长，杨懋实先生为事务长，谭杨二先生皆教育界先进，学识宏通，经验丰富，此后对于本大学当能予以新的建树云，又体育专修科主任程登科先生亦因事辞职，另聘张焕龙先生为主张[任]，张先生为体育界耆宿，留学德国多年，当兹外侮日亟，铁血救国之际，本大学学生受张先生严格指导，体格与精神，定可日益精进矣。

（五）新聘教授讲师陆续来校

本朗[期]本校学生人数增多，且于风雨飘摇中能如期开学，省外各大学有各教授多愿如[入]川任教，有此良好机会，新聘教授讲师数十位，皆在各大学任教多年，渊雅浩博之士，本大学能得各先生惠然莅校，数百学子当更受益不少也。

计已到教授

邓静华先生

张镇谦先生

王绍瀛先生

刘文贞先生

沈乃菁先生

朱民声先生

张克忠先生

夏元璪[璪]先生

周绍濂先生

陈绍武先生

梅远谋先生

丁洪范先生

　　　　已到兼任教授

冯　简先生

蔡源高先生

徐南骈先生

傅　锐先生

杨能深先生

戴爱士先生

　　　　已到讲师

赵人骥先生

徐乃礼先生

曾广铭先生

廖馥君先生

李嘉会先生

屠允瑜先生

210　刘前校长追悼大会记略

（二）各項雜訊

續前校長臨悼大會記略

前校長甫澄先生、設靈祭於理學院大禮堂、中懸遺像、和穆莊嚴、旁縣輓聯若干付、皆頌其功旌其志而惋其逝者也。九時許胡校長暨全體教職員學生入禮堂、肅然北向立、於幽遠深長之哀樂中全體同遺像鞠躬致敬、然後俯首默哀、是時也萬籟俱寂、本大學苦心擘畫之功臣縈迴於每人之心中無已時也。禮由祕書黃拜言先生朗誦誄文、其意淇深、哀韻悲切、終由胡校長報告追悼之意、約有三端、一曰本大學創辦至今爲時五載、此五者中能略具規模者、非劉校長於四川錯綜複雜之政局中卓然維護不獲至此。二曰全面抗戰開始劉校長毅然率師東向、不幸以久病之身遽當大任、致罹重疾、於病中尤苦心運籌、是以不起、今讀其遺言、愛國家勉川人、宇字令人不忘、且其平日生活之儉樸可風、愛護教育之誠、尤永當崇拜。三曰本大學爲永久紀念計、當第一圖書館、即以劉前校長之名名之、今後重大於開卷吟哦之際當緬思何人所賜也。十時禮成。特誌誄文於後。

維

中華民國日十七年二月六日四川省立重慶大學校長胡庶華暨全體教職員學生致祭於本校創辦人劉故主席甫澄先生之靈前曰

主席劉公、器宇恢閎、忠貞爲國、世所欽崇、早綰兵符、維護地方、嗣膺兼圻、奠定川康。紛繽豐功、首推興學、力維教經、人才作育。事求實效、擘靈萬端。方襄建設、鑫爾倭虜、破壞和平。躬率師旅、康濟時艱。發策辛勞、繼日以夜、宿疾劇增、老成凋謝。臨絕遺言、尤諄取則、堪護領袖、努力殺賊。將星雖隕、璧壘依然、山河氣壯、敵膽爲寒。我聞在昔、先軫禦敵、雖喪其元、卒摧厥敵。是曰成仁、是曰盡職、血氣之倫、踐茲偉蹟、鞠躬靈瘁、名垂經史、萬方崇敬、精神不死。

粲哀以詞曰

嗚呼望漢皋以隕淚兮、使君不還、聽巫峽啼猿兮、午夜愔然、嘆人生若朝露兮、惟忠義足以流傳、顧後死有責兮、鼓雄風再着先鞭、賦招魂兮劚道雖、靈其有知兮下九天、尚饗

文献编号 1938-005　刘前校长追悼大会记略

■ 文献信息

期刊《重大校刊》，第21期，第12页，1938年3月1日

文献编号：1938-005

■ 简体全文

刘前校长追悼大会记略

民国二十七年二月六日本大学为追悼刘前校长甫澄先生，设灵祭于理学院大礼

堂，中悬遗像，和穆庄严，旁悬挽联若干付，皆颂其功旌其志而恸其逝者也。九时许胡校长暨全体教职员学生入礼堂，肃然北向立，于幽远深长之哀乐中全体向遗像鞠躬致敬，然后俯首默哀，是时也万籁俱寂，本大学苦心擘画之功臣萦回于每人之心中无己[已]时也。继由秘书黄拜言先生朗诵诔文，其意湛深，甚韵悲切，终由胡校长报告追悼之意，约有三端，一曰本大学创办至今为时五载，此五者中能略具规模[着]，非刘校长于四川错综复杂之政局中卓然维护不获至此。二曰[日]全面抗战开始刘校长毅然率师东向，不幸以久病之身遽当大任，致罹重疾，于病中尤苦心运筹，是以不起，今读其遗言，爱国家勉川人，字[字]字令人不忘，且其平日生活之俭朴可风，爱护教育之诚，尤永当崇拜。三曰本大学为永久纪念计，当筑一图书馆，即以刘前校长之名名之，今后重大于开卷吟哦之际当缅思何人所赐也。十时礼成。特志诔文于后。

中华民国日[二]十七年二月六日四川省立重庆大学校长胡庶华暨全体教职员学生致祭于本校创办人刘故主席甫澄先生之灵前曰：

主席刘公，器宇恢闳，忠贞为国，世所钦崇，早绾兵符，维护地方，嗣膺兼圻，奠定川康。纷缋丰功，首推兴学，力维教经，人才作育。事求实效，擘画万端。方冀建设，康济时艰。蠢尔倭虏，破坏和平，躬率师旅，抗战图存。发策辛劳，继日以夜，宿疾剧增，老成凋谢。临终遗言，尤堪取则，拥护领袖，努力杀贼。将星虽陨，壁垒依然，山河气壮，敌胆为寒。我闻在昔，先轸御敌，虽丧其元，卒摧厥敌。是曰成仁，是曰尽职，血气之伦，践兹伟迹，鞠躬尽瘁，名垂经史，万方崇敬，精神不死。

爰哀以词曰

呜呼望汉皋以陨泪兮，使君不还，听巫峡啼猿兮，午夜怆然，叹人生若朝露兮，惟忠义足以流传，顾后死有责兮，鼓雄风再着先鞭，赋招魂兮蜀道难，灵其有知兮下九天，尚飨[○]

211 人事变更之各学院系科教师

■ 文献信息

期刊《重大校刊》，第21期，第12—13页，1938年3月1日

文献编号：1938-006

■ 简体全文

人事之变更

本期商学院特别班主任薛迪靖先生因事辞职，经校长再三挽留不获打消辞意，另请夏教务长元瑮兼任。训育委员会主任委员杀[邓]子美先生亦因课程太多不能兼任[,]另聘陈绍武先生兼任。

人事之變更

本期商學院特別班主任薛迪靖先生因事辭職、經校長再三挽留不獲打消辭意、另請夏教務長元瑮兼任。訓育委員會主任委員殺子美先生亦因課程太多不能兼任另聘陳紹武先生兼任。

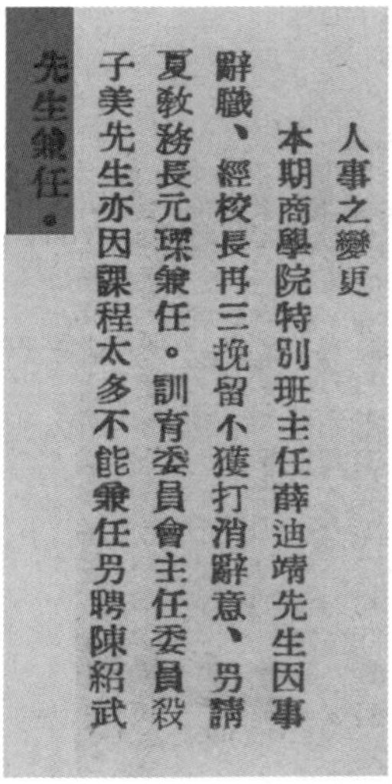

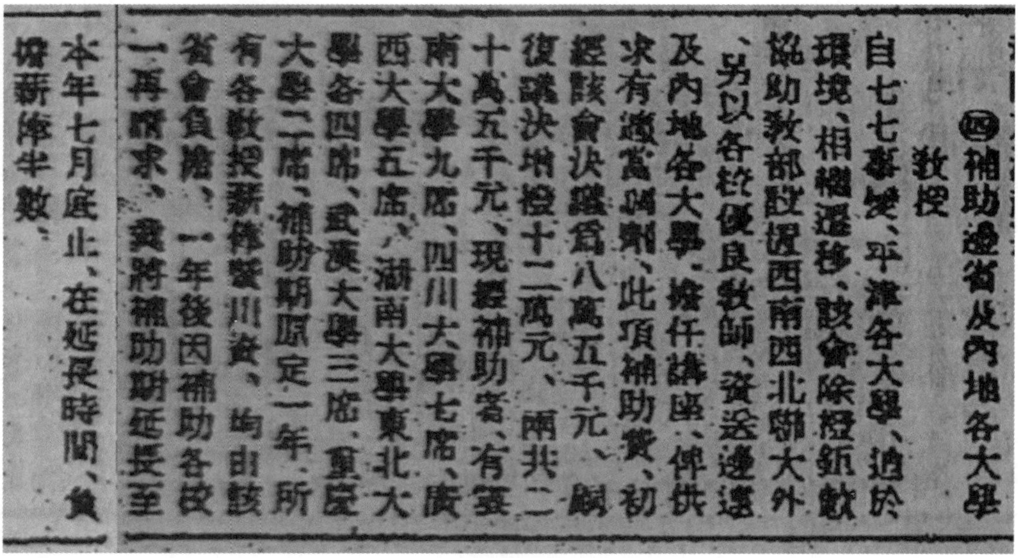

文献编号 1938-006 人事变更之各学院系科教师

212 补助边省及内地各大学教授

(四)補助邊省及內地各大學教授

自七七事變、平津各大學、迫於環境、相繼遷移、該會除撥鉅款協助教部設置西南西北聯大外、另以各校優良教師、資送邊遠及內地各大學、擔任講座、俾供求有適當調劑、此項補助費、初經該會決議為八萬五千元、嗣復議決增撥十二萬元、兩共二十萬五千元、現經補助者、有雲南大學九席、四川大學七席、廣西大學五席、湖南大學東北大學各四席、武漢大學三席、重慶大學二席、補助期原定一年、所有各教授薪俸暨川資、均由該會負擔、一年後因補助各校一再請求、復將補助期延長至本年七月底止、在延長時間、負擔薪俸半數、

文献编号 1939-006 补助边省及内地各大学教授

■ 文献信息

报纸《申报》，1939年4月8日，期号23385号（上海版）

文献编号：1939-006

■ 简体全文

四 补助边省及内地各大学教授

自七七事变，平津各大学，迪[由]于环境，相继迁移，该会除拨巨较[款]协助教部设置西南西北联大外，另以各校优良教师，资送边远及内地各大学，担任讲座，俾供求有适当调剂，此项补助费，初经该会决议为八万五千元，嗣复议决增拨十二万元，两共二十万五千元。现经补助者，有云南大学九席，四川大学七席，广西大学五席，湖南大学东北大学各四席，武汉大学三席，重庆大学二席。补助期原定一年，所有教授薪俸暨川资，均由该省会负担。一年后因补助各校一再请求，故将补助期延长至本年七月底止。在延长时间，负担薪俸半数。

213 教育部加紧训练中级技术人员概况之重庆大学

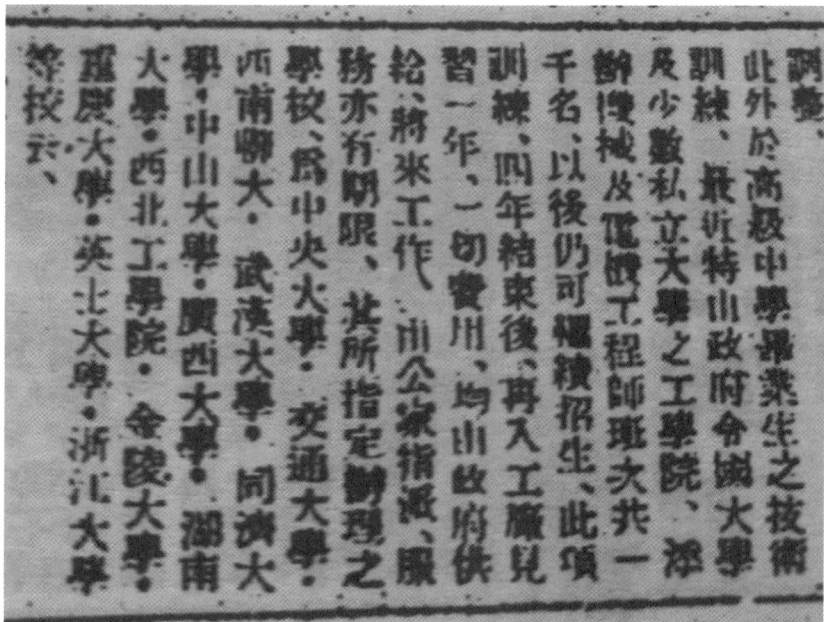

文献编号 1940-019　教育部加紧训练中级技术人员概况之重庆大学

■ 文献信息

报纸《申报》，1940年10月1日，期号23916号（上海版）

文献编号：1940-019

■ 简体全文[1]

教部加紧训练中级技术人员

分长短期训练两种　培养技术人员数千人

［……］

此外于高级中学毕业生之技术训练，最近特由政府令国［立］大学及少数私立大学之工学院，添办机械及电机工程师班次共一千名，以后仍可继续招生，此项训练，四年结束后，再入工厂见习一年，一切费用，均由政府供给。将来工作，由公家指派，服务亦有期限，其所指定办理之学校，为中央大学、交通大学、西南联大、武汉大学、同济大学、中山大学、广西大学、湖南大学、西北工学院、金陵大学、重庆大学、英士大学、浙江大学等校云。

214　重大商学院院长马寅初赴华北调查经济

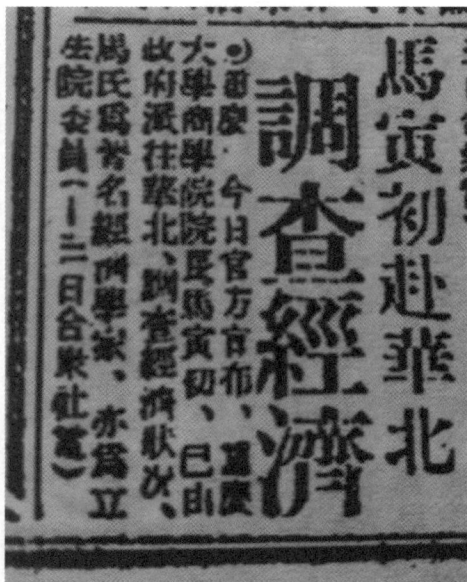

文献编号 1940-022　重大商学院院长马寅初赴华北调查经济

---

[1] 原文内容篇幅较长，仅节选其中与重庆大学有关内容。

■ 文献信息

报纸《申报》，1940年12月14日，期号23989号（上海版）

文献编号：1940-022

■ 简体全文

马寅初赴华北调查经济

⊙重庆　今日官方宣布，重庆大学商学院院长马寅初，已由政府派往华北，调查经济状况。马氏为著名经济学家，亦为立法院委员。【十三日合众社电】

215　重庆大学校长叶元龙揖盗记

■ 文献信息

报纸《申报》，1941年9月2日，期号24241号（上海版）

文献编号：1941-008

■ 简体全文

重庆大学校长叶元龙揖盗记

【重庆航讯】重庆大学校长叶元龙，流年不利，去岁被盗，损失严重迄今未见纠获，前一星期，乃又以被盗闻。重大校址，距城数十里。虽亦人烟稠密，究竟一切公安情况，与城中不甚相同。叶之私居，离校甚近，每日早去晚归习以为常。是日晚间，叶方在披览卷帙，忽闻门上剥剥有声，撮书启门，出迓宾客，观面乃不相识，方欲询问名姓，来者遽令禁声，以三人先后入门，而反键其户。叶心识其故，惟有噤然。三人请叶先生先行，遂入客屋。客既彬彬有礼，叶不得不请之上座。其中一人先云，弟兄困乏，欲归故里而不得川资，敬相告贷，非有意惊先生也。叶苦笑云：□承枉顾，实以为荣，世人方笑指大，诸公乃高抬区区身价矣。惟是今日教授，人称"教瘦"，其状可知，深恨无多为□耳，盗闻"教瘦"之名，大感新奇，请伸正义。叶见可说词，就此而畅论战时经济原理，谓当今日局面之下，人人应忍受苦痛，以求胜利。即如我辈校长教授，生活情况，亦大非昔比，然皆能忍耐之，言至此，即指桌上所陈陶泥之器以证其说曰：昔日我辈茗饮之具，必用西洋瓷，今而用此泥器而断柄缺口，亦不敢弃也。三人闻言，互视而色动，叶已觉之，遂复云：我辈入川三年，未尝制造新衣一袭，今请启箧以示诸君，屋中原陈皮箱四只，因一一启开，

犊鼻之裈，线补之衣，交相积也。盗叹云：叶先生乃**一寒致此**哉；[○]叶云，是亦不然，便于箱中取狐裘一袭出：[,]转而询盗：此值几何？盗不能答。叶云，此是我祖传之物，战后，着之太侈，弃之可惜，久无处置之道：[○]舍间青毡而外，亦仅有此物，堪称珍品，即以奉赠，特恐不足以壮色耳。盗得裘喜乃过望，**群相起谢**，立便告辞，出门缥缈，顷刻弗见。

次日友人语叶曰，君倘不示以狐裘，则暴客将转以金银相卹，亦未可知。惜□□□□□□□，□□战时经济之学，于此等处得所用，斯亦不枉所学矣。叶闻之，拊掌称善而已。

文献编号 1941-008　重庆大学校长叶元龙揖盗记

祭 文

時維中華民國三十五年四月二十六日國立重慶大學地質系系主任俞建章暨全體師生謹以時饈之奠致祭於故教授葛利普之靈前曰嗚呼我公士林所宗精研地質貫澈始終三十而立七十心從學既淵博器亦宏通公之執教循循善誘公之持身衛道自守公之著述名山不朽緬懷哲人曠代難有畢生請席栽培後進坐擁皋比春風明鏡悠游杖屨樂天知命一介不染高曠寧淨樂育英才咸被手澤遽聞溘逝痛失賢哲甘棠遺愛永留吾國去矣導師中心俳惻嗚呼哀哉尚饗

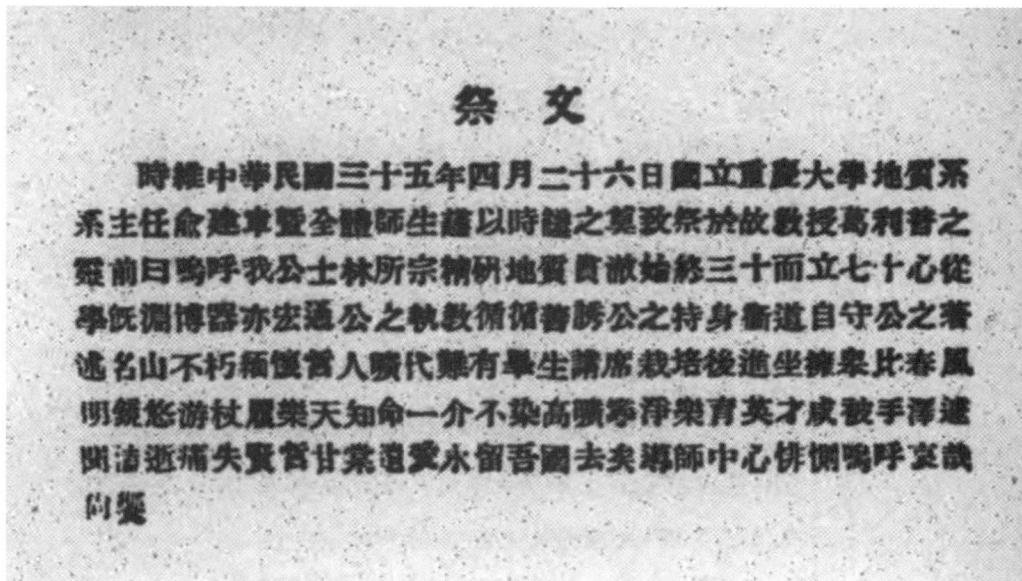

文献编号 1946-010 国立重庆大学地质系全体师生悼故教授葛利普之祭文

■ 文献信息

报刊《地质论评》，第11卷第1、2期，第7页，1946年

文献编号：1946-010

■ 简体全文

祭 文

时维中华民国三十五年四月二十六日，国立重庆大学地质系系主任俞建章暨全体师生谨以时议之奠，致祭于故教授葛利普之灵前，曰呜呼我公士林所宗，精研地质，贯澈始终，三十而立七十心从，学既渊博，器亦宏通。公之执教，循循善诱；公之持身，卫道自守；公之著述，名山不朽。缅怀哲人，旷代难有，毕生请席，栽培后进，坐拥皋比。春风明镜，悠游杖屦，乐天知命，一介不染，高旷宁净。乐育英才，咸被手泽，遽闻溘逝，痛失贤哲，甘棠遗爱，永留吾国。去矣，导师，中心俳恻，呜呼哀哉，尚飨。

217 Dr Feng-i Chien will soon go on a survey trip to the Arctic

Dr. Feng-i Chien, Dean of the engineering School of National Chungking University, will soon go on a survey trip to the Arctic as Chinese observer. Dr. Chien who is concurrently Director of the International Broadcasting Station in Chungking, is at present in London. He recently attended a sub-committee meeting of the United Nations Educational, Scientific and Cultural Organization in Paris.—CN.

文献编号 1947-009-01　Dr Feng-i Chien will soon go on a survey trip to the Arctic

文献编号 1947-009-02

■ 文献信息

报纸 *The North-China Daily News*，1947 年 9 月 13 日

文献编号：1947-009

■ 全文及译文

　　Dr Feng-i Chien, Dean of the engineering School of National Chungking University, will soon go on a survey trip to the Arctic as Chinese observer. Dr. Chien who is concurrently Director of the International Broadcasting Station in Chungking, is at present in London. He recently attended a subcommittee meeting of the United Nations Educational, Scientific and Cultural Organization in Paris.–CN.

冯君策先生，是国立重庆大学工学院的院长，不久后将以中国科考家身份去北极进行考察。冯先生是国际广播站在重庆的领导。冯先生本人目前身在伦敦，他最近参加了国际教育科学文化组织在巴黎举行的会议。

218　三十六年度各院系新聘教员一览

本年各院系新聘教員一覽

【商學院】院長、陳豹隱。【文理學院】數學系：教授、謝公璣、袁炳南；副教授、張信鴻；助教、胡蘊德、鄭 勛、王慶宜。化學系：教授、謝乘仁；助教、蕭國鑾、李忠福、朱育勝。地質系：教授、黃希素、丁仲良；助教、蔣永年。教育系：主任、羅容梓。國文系：教授、劉 樸、商承祚、魏興南；助教、陳惟時。電機系：副教授、歐陽鑑；講師、瑔繼祖；助教、王孝群；講師、劉人翔。【工學院】土木系：主任、徐南驥；教授、熊正理、謝子敦、張志超；葵鳳翔、邵祖平。外文系：教授、劉 樸。機械系：教授、毛穀可、解 晉；講師、康振黃；助教、江 堅、陳復民、解魯生。礦冶系：副教授、閔傳經、周自定。化工系：副教授、樂以倫。建築系：講師、朱宏隆、盧阜野、李繼華；助教、黃忠恕。【商學院】教授、李 安；講師、王玉璋、助教、李春江。會計統計系：教授、傅光培、張保全。瞿 勛；助教、陳淑儀。工管系：教授、王仲哲、吳世經。【法學院】教授、謝元範、張永寬、雷彬章；助教、王大堃、李隆章、黎恩珞、李宗榮。經濟系：教授、陳啟明。法律系：教授、陶維能。【醫學院】副教授、王惠內；講師、彭恕生、王永貴；助教、童登琳、范莘霖。【體育專修科】教授、李 芳；講師、袁明誠；助教、邱慶榮、孫俊華。【共同必修科目】教授、黎盛東。

文献编号 1947-018　三十六年度各院系新聘教员一览

■ 文献信息

期刊《重庆大学校刊》，第 7 期，第 3-4 页，1947 年 10 月 15 日

文献编号：1947-018

■ 简体全文

本年各院系新聘教员一览

商学院

院　长　陈豹隐

文理学院

数学系　教　授　谢苍璃　袁炳南

　　　　副教授　张信鸿

　　　　助　教　胡黼德　郑　勋　王庆宣

化学系　教　授　谢秉仁

　　　　助　教　萧国华　李忠福　朱育胜

地质系　教　授　黄希素　丁仲良

　　　　助　教　蒋永年

教育系　主　任　罗容梓

国文系　教　授　刘　朴　商承祚　魏兴南　奏[秦]凤翔　邵祖平

　　　　助　教　姚　𫐄

外文系　教　授　熊正瑾　谢子敦　张志超

　　　　讲　师　刘人翊

工学院

土木系　主　任　徐南骎

　　　　副教授　吴惠弼　雷汝扬

　　　　助　教　陈惟时

电机系　副教授　欧阳鉴

　　　　讲　师　孙继祖

　　　　助　教　王孝祥　张保全

机械系　教　授　毛毅可　解　晋

　　　　讲　师　康振黄

　　　　助　教　江　坚　陈复民　解鲁生

矿冶系　副教授　闵传经　周自定

化工系　副教授　乐以伦

建筑系　讲　师　朱宏隆　卢星野　李继华

　　　　助　教　黄忠恕

商学院

　　　　教　授　李　安

　　　　讲　师　王玉璋

```
            助    教    李春江
会计统计系    教    授    傅光培    瞿    勋
            助    教    陈淑仪
工管系    教    授    王仲哲    吴世经
法学院
            教    授    谢元范    张永宽    雷彬章
            助    教    王大堃    李隆章    黎恩珞    李宗荣
经济系    教    授    陈启明
法律系    教    授    陶维能
医学院
            副教授    王惠因
            讲    师    彭恕生    王永贵
            助    教    童登琳    范祥霖
体育专修科    教    授    李    芳
            讲    师    袁明诚
            助    教    邱庆荣    孙俊华
共同必修科目    教    授    黎盛东
```

219　教授会改选职员

■ 文献信息

期刊《重庆大学校刊》，第 7 期，第 7 页，1947 年 10 月 15 日

文献编号：1947-023

■ 简体全文

△教授会改选职员　本校教授会例于每学年开始改选职员，主持公[共]同福利事宜，本学年已于十月十四日晚假理学院第一教室改选竣事，高昌运、侯风、郑兰华、段调元、刘宝智、丁绪淮、谢立惠当选理事；徐福均、王静、解士杰、徐士弘、雷汝扬当选候补理事；郑衍芬、熊正瑜[伦]、方宗汉当选监事；刘德超、王吉桃当选候补监事。

文献编号 1947-023　教授会改选职员

△教授會改選職員　本校教授會例於每學年開始改選職員，主持公同福利事宜，本學年已於十月十四日晚假理學院第一教室改選竣事，高昌運、侯風、鄭蘭華、段調元、劉寶智、丁緒淮、謝立惠當選理事；徐福均、王靜、解士杰、徐士弘、雷汝陽當選候補理事；鄭衍芬、熊正瑜、方宗漢當選監事；劉德超、王吉桃當選候補監事。

220 冯院长北极归来

■ 文献信息

期刊《重庆大学校刊》，第7期，第7页，1947年10月15日

文献编号：1947-026

■ 简体全文

△冯院长北极归来　工学院冯君策院长，今夏奉政府命出席巴黎国际无线电专家会议，会后去北极圈作科学考察，此为我国科学家前往北极之第一人。兹冯氏已返抵本国，会于十月二十七日在上海广播电台播讲《北极圈内之行》。闻冯院长，于十一月初返校云。

△馮院長北極歸來　工學院馮君策院長，今夏奉政府命出席巴黎國際無線電專家會議，會後去北極圈作科學考察，此爲我國科學家前往北極之第一人，玆馮氏已返抵本國，會於十月二十七日在上海廣播電台播講「北極圈內之行」。聞馮院長，於十一月初返校云。

文献编号 1947-026　冯院长北极归来

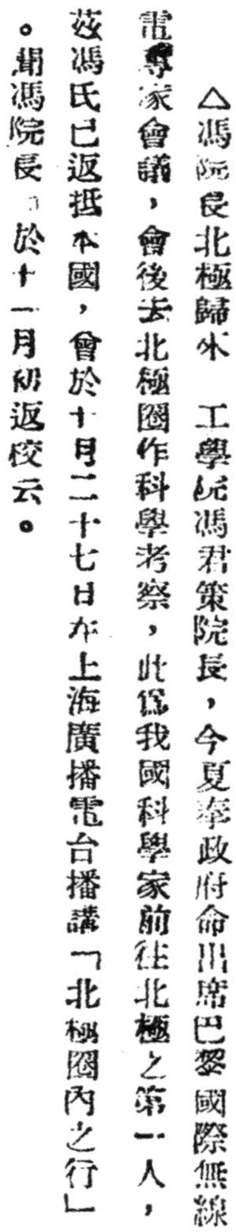

■ 文献信息

期刊《重庆大学校刊》，第8期，第8页，1947年11月15日

文献编号：1947-049

■ 简体全文

本校教授聚餐会

本月三日，教授会第一次理监事联席会，经议决：于本月十七日，举行本年度第一次教授联谊聚餐，地点暂定在农庄联谊室，费用暂由学校出纳组代垫，顷已发出通知，欢迎本校各教授先生携眷参加云。

本校教授聚餐會

本月三日，教授會第一次理監事聯席會，經議決；於本月十七日，舉行本年度第一次教授聯誼聚餐，地點暫定在農莊聯誼室，費用暫由學校出納組代墊，頃已發出通知，歡迎本校各教授先生携眷參加云。

文献编号 1947-049　重大教授聚餐会

三十六年度中央公教人員久任獎金給與辦法

第一條　三十六年度中央公教人員久任獎金之給與依本辦法行之

第二條　本辦法所稱公教人員以現任中央機關公務員及國立專科以上學校教職員而此現職經銓叙部或教育部審定登記有案為限前項所稱審定登記關於公務員指曾送任用或適用審查者而言

第三條　公教人員在本機關或本學校聯續服務滿十年給與一個月俸額之一次獎　前項所稱月俸應按俸薪及生活補助費併計給與以三十五年度十二月份為計算標準

第四條　公教人員服務年資計至三十五年十二月底止

第五條　合於第一二三四各條規定人員由各機關與校分別切實核明列冊彙報銓叙部教育部核定之

第六條　銓叙部教育部於核定後按應支獎金數額通知財政部在公教人員久任獎金團細項下勤支分別匯出轉獎之還關或學校轉發　前項名冊格式依附表之規定

第七條　本辦法自公佈日施行

三十六年度本校教職員久任獎金名單

姓名	到職年月	備註
段予燮	二十五年九月	滿十一年

彭鴻章	十八年九月	滿十七年
劉德超	二十五年八月	滿十一年
羅　晃	二十四年八月	滿十二年
程金科	二十五年八月	滿十一年
郭堅白	二十一年八月	滿十五年
黃鼎彝	二十一年八月	滿十五年
高嗣德	二十一年一月	滿十五年

重慶大學校刊

第九期

卅六年十二月十五日

發行者　國立重慶大學校刊編輯委員會

通訊處　重慶沙坪壩

目錄

中央公教人員久任獎金給與辦法

訓育委員會成立

商學院概述

教授出席役協會議代表名單

自治會一年

本校助教會盛況

學生自治會改選

校友動態

小消息

本校作息鳴鐘次數之規定

文藝

文献编号 1947-054　三十六年度中央公教人员久任奖金给与办法

■ 文献信息

期刊《重庆大学校刊》，第9期，第1页，1947年12月15日

文献编号：1947-054

■ 简体全文

三十六年度中央公教人员　久任奖金给与办法

第一条　三十六年度中央公教人员久任奖金之给与依本办法行之

第二条　本办法所称公教人员以现任中央机关公务员及国立专科以上学校教职员而其现职经铨叙部或教育部审定登记有案者为限，前项所称审定登记关于公务员指曾送任用或遴用审查者而言

第三条　公教人员在本机关或本学校继续服务满十年，给与一个月俸额之一次奖金

前项所称月俸应按俸薪及生活补助费并计给与，以三十五年度十二月份为计算标准

第四条　公教人员服务年资计至三十五年十二月底止

第五条　合于第二三四各条规定人员，由各机关学校分别切实核明列册汇报铨叙部，教育部核定之

前项名册格式依附表之规定

第六条　铨叙部教育部于核定后，将应支奖金数额通知财政部，在公教人员久任奖金预算项下动支，分别应由请奖之机关或学校转发

第七条　本办法自公布日施行

三十六年度本校教职员久任奖金名单

姓　名	到职年月	备注
段子燮	二十五年九月	满十一年
彭鸿章	十八年九月	满十七年
刘德超	二十五年八月	满十一年
罗　冕	二十四年八月	满十二年
程登科	二十五年八月	满十一年
郭坚白	二十一年八月	满十五年
黄鼎彝	二十一年八月	满十五年
高嗣遂	二十一年一月	满十五年

223 重大助教会的盛况

本校助教會的盛況

本校有助教九十四人，約佔全體教職員總數三分之一。感情素洽，更有助教會之組織以加強聯繫。本屆主席周恩全君負責熱心，對會務之推進不遺餘力；乃於第二次幹事會中通過「訂十一月十九日下午六時在沙坪壩蘇州飯店舉行全體會員聚餐入會，以資歡聚，並定是日下午四至五時邀請本校教授會作足球友誼賽，以圖打破校中沈默空氣」。並於聚餐大會提經全體通過「定是日為重大助教節」。

足球場上將星雲集老英雄不減當年

是日準四時舉行足球賽；由張校長洪沅先生主持隆重之開球典禮。到場觀覽者除鄭教務長侯訓導長均出席外，尚有蔣導江俞錫璵高昌運劉寶智等數十位教授，本會全體會員，及若干同學，濟濟一場，堪稱為本校師生一盛大之聚會。銀笛一聲，球賽開始，場中諸健將均各顯身手，一時球飛人逐，掌聲四起，而教授會陣容中有熊正瑜胡葆珩劉宜倫劉德超諸先生均為昔日馳名健將，矯健如飛，不減當年，而本會陣容中有沈世瑤、楊緒燦，曹積銑，冉啟剛諸先生青年力壯，奮勇當先。雙方旗鼓相當，角逐約二十分鐘尚無勝負，至五時球賽告終，教授會以「一比〇」佔先。本會雖云敗北，但決不因此灰心，磨礪以須，而圖東山再起。

蘇州飯店羣賢畢至四座稱觴賀佳節

五時後，蘇州飯店中，華燈初上，本會全體會員聚餐大會開始，出席會員八十餘人，為歷屆之冠，握手言歡，喜形於色。盛筵開處爭酒佳肴觥籌交錯，談笑風生，至主席周恩全君報告定本日為重大助教節之時，歡呼雷動，相率舉杯為祝，蓋本會各會員在教員中承上啟下為教授與同學間之橋樑。關繫頗重。且以取精用宏，亦為升堂入室之階。故重大助教節之成立；一則以同人一心一德貫徹始終之精神為慶。一則以遙望學術之瀚海，期於百尺竿頭，更進一步，明共勉之。

文献编号 1947-059　重大助教会的盛况

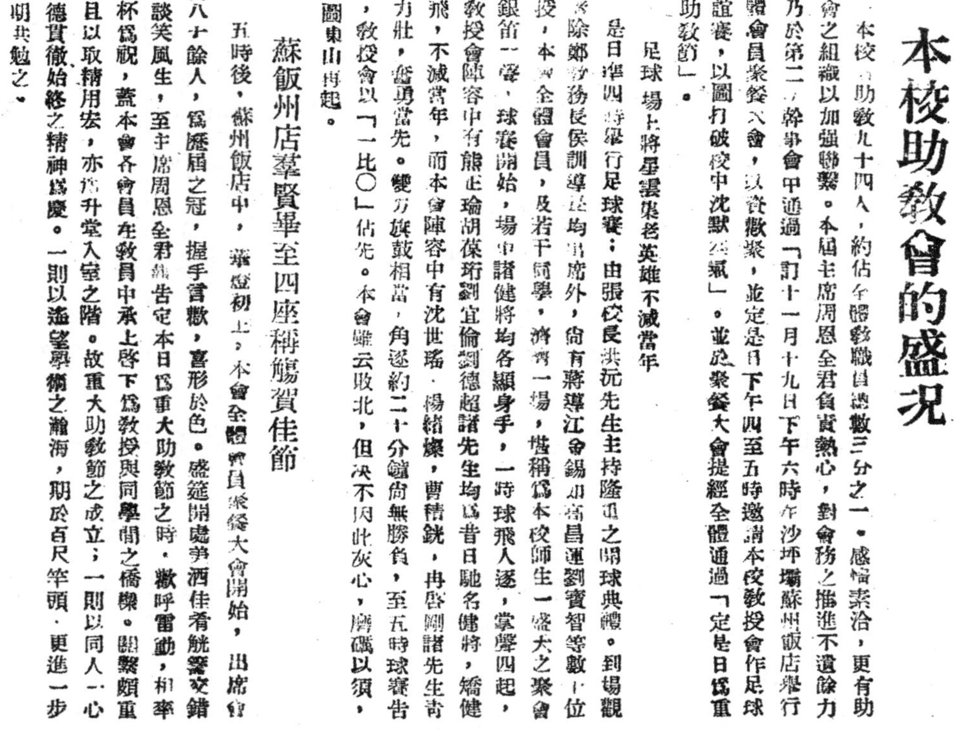

■ 文献信息

期刊《重庆大学校刊》，第9期，第5页，1947年12月15日

文献编号：1947-059

■ 简体全文

本校助教会的盛况

本校有助教九十四人，约占全体教职员总数三分之一，感情素洽，更有助教会之组织以加强联系。本届主席周恩全君负责热心，对会务之推进不遗余力：乃于第二次干事会中通过“订十一月十九日下午六时在沙坪坝苏州饭店举行全体会员聚餐入会，以资欢聚，并定是日下午四至五时邀请本校教授会作足球友谊赛，以图打破校中沉默空气”。并于聚餐大会提经全体通过“定是日为重大助教节”。

足球场上将星云集老英雄不减当年

是日准四时举行足球赛：由张校长洪沅先生主持隆重之开球典礼。到场观览者除郑教务长﹝、﹞侯训导长均出席外，尚有蒋导江﹝、﹞金锡如﹝、﹞高昌运﹝、﹞刘宝智等数十位教授，本会全体会员，及若干同学，济济一场，堪称为本校师生一盛大之聚会。银笛一声，球赛开始，场中诸健将均各显身手，一时球飞人逐，掌声四起，而教授会阵容中有熊正伦﹝、﹞胡葆珩﹝、﹞刘宜伦﹝、﹞刘德超诸先生均为昔日驰名健将，矫健如飞，不减当年，而本会阵容中有沈世瑶，杨绪灿，曹积铣，冉启刚诸先生青年力壮，奋勇当先。双方旗鼓相当，角逐约二十分钟尚无胜负，至五时球赛告终，教授会以"一比〇"占先。本会虽云败北，但决不因此灰心，磨砺以须，而图东山再起。

苏饭州[州饭]店群贤毕至四座称觞贺佳节

五时后，苏州饭店中，华灯初上，本会全体会员聚餐大会开始，出席会员八十余人，为历届之冠，握手言欢，喜形于色。盛筵开处美酒佳肴觥筹交错，谈笑风生，至主席周恩全君宣告定本日为重大助教节之时，欢呼雷动，相率举杯为祝，盖本会各会员在教员中承上启下为教授与同学间之桥梁。关系颇重。且以取精用宏，亦□升堂入室之阶。故重大助教节之成立；﹝，﹞一则以同人一心一德贯彻始终之精神为庆。一则以遥望学术之瀚海，期于百尺竿头，更进一步，期共勉之。

224 张校长提名教员团体国大代表候选人

■ 文献信息

期刊《重庆大学校刊》，第9期，第6页，1947年12月15日

文献编号：1947-063

■ 简体全文

小消息

本校张校长此次经中央提名为西区专科以上学校(院)教员团体国大代表候选人之一，经选举结果蓉区二五票，乐山区四二票，自贡区五二票，昆明六票，渝区四七九票，总计六〇四票，占西区第一位，全国各区总数第二位。

小消息

本校张校长此次经中央提名为西区专科以上学校（院）教员团体国大代表候选人之一，经选举结果蓉区二五票，乐山区四二票，自贡区五二票，昆明六票，渝区四七九票，总计六〇四票，占西区第一位，全国各区总数第二位。

文献编号 1947-063　张校长提名教员团体国大代表候选人

225　工学院院长冯君策先生赴北极考察

（十一月二十日讯）工学院院长冯君策先生，暑假因公赴巴黎，便道诣北极考察，在北极斯必次培根岛小住旬日，仍乘挪威煤船弗立克斯号返挪京，飞伦敦巴黎，十月下旬回国向政府复命，十一月十五日接电已搭机飞渝，电台方面当派专车迓於白市驿机场。同时学校闻讯，亦准备派员趋迎，晚六时按电台电话谓飞行中途气候骤变，渝京两地，不能降落，该机折返上海，十六日沪滨大风雨，十七日气候转佳，安抵渝门，十八日学校当局特为设宴洗尘，此次冯先生返渝，拟在重庆作较长时间的研究工作，惟以后是否再有特殊任务衔命他往殊未可知，兹已应学校之约，本星期日来校讲演，下周起即开始讲授电四新开之电波传播，及近代电学等课。

文献编号 1947-064　工学院院长冯君策先生赴北极考察

■ 文献信息

期刊《重庆大学校刊》，第9期，第6页，1947年12月15日

文献编号：1947-064

■ 简体全文

【十一月二十日讯】工学院院长冯君策先生，暑假因公赴巴黎，便道诣北极考察，在北极斯必次培根岛小住旬日，仍乘挪威煤船弗立克斯号返挪京，飞伦敦巴黎，十月下旬回国向政府复命，十一月十五日接电已搭机飞渝，电台方面当派专车迓于白市驿机场。同时学校闻训[讯]，亦准备派员趋迎，晚六时按电台电话谓飞行中途气候骤变，渝京两地，不能降落，该机折返上海[，]十六日沪滨大风雨[，]十七日气候转佳，安抵渝门，十八日学校当局特为设宴洗尘，此次冯先生返渝，拟在重庆作较长时间的研究工作，惟以后是否再有特殊任务衔命他往殊未可知，兹已应学校之约，本星期日来校讲演，下周起即开始讲授电四[电信四年级]新开之电波传播，及近代电学等课。

悼杜長明先生

劉樹楷

杜長明先生字鏡如，四川蒲江縣人。幼聰慧，好學不倦。中學卒業後，即考取四川省公費，保送入清華大學肄業。在校成績冠儕輩，又善游泳。在清華畢業後，以成績優異，被保送入美國麻省理工大學爲公費生，研究理論化工原理，不久就榮獲博士學位而返國。先後擔任國立安徽大學、國立重慶大學、國立藥學專科學校、國立兵工大學教授及國立中央工業專科學校、國立中央大學、國立中央造紙廠印刷學校校長等職。其中以在中央大學的時間爲最長；中大化工系成立不過二十餘年，而杜先生在中大執教卻已滿十五年了。

先生忠厚和藹，誨人不倦，學問道德無不爲識者所敬重。抗戰期間，先生在渝執教，生活清苦，吃的是粗飯蔬菜，住的是破漏房屋，穿的是配給的平價布；而且白天要攜兒帶妻躲警報，晚上要在燭光搖曳下改卷子。在這樣生活艱苦與工作繁重的重負之下，先生的身體愈衰弱了。幸而抗戰勝利，學校紛紛復員，先生因欲暫留四川，乃接受了印刷學校校長之職。到去年年底，先生爲要接洽學校經費並參加中國化學會、中華化學工業會及中國化學工程學會聯合年會並事來京滬一行。盤桓月餘，乃於本年一月廿九日由漢口搭航空機返蜀，不意於當日飛經鄂西天門縣時遽爾失事，先生竟不幸罹難，享年僅四十七歲。噩耗傳布，使化工界人士同聲一哭。別了，永訣了！一位忠誠熱心的科學工作者，一位德高望重的導師！這不但是化工界莫大的損失，也是國家無可補償的損失。

文献编号 1947-076　悼杜长明先生

■ 文献信息

期刊　《化学工业》(中华化学工程会会志)，1947年

文献编号：1947-076

■ 简体全文

悼杜长明先生

刘树楷

　　杜长明先生字镜如，四川蒲江县人。幼聪慧，好学不倦。中学卒业后，即考取四川省公费，保送入清华大学肄业。在校成绩冠侪辈，又善游泳。在清华毕业后，以成绩优异，被保送入美国麻省理工大学为公费生，研究理论化工原理，不久就荣获博士学位而返国。先后担任国立安徽大学、国立药学专科学校、国立中央工业专科学校、国立中央大学、国立重庆大学、国立兵工大学教授及国立中央造纸厂印刷

学校校长等职。其中以在中央大学的时间为最长；中大化工系成立不过二十余年，而杜先生在中大执教却已满十五年了。

先生忠厚和蔼，诲人不倦，学问道德无不为识者所敬重。抗战期间，先生在渝执教，生活清苦，吃的是粗饭蔬菜，住的是破漏房屋，穿的是配给的平价布；而且白天要携儿带妻躲警报，晚上要在烛光摇曳下改卷子。在这样生活艰苦与工作繁重的重负之下，先生的身体愈衰弱了。幸而抗战胜利，学校纷纷复员，先生因欲暂留四川，乃接受了印刷学校校长之职。到去年年底，先生为要接洽学校经费并参加中国化学会、中华化学工业会及中国化学工程学会联合年会事来京沪一行。盘桓月余，乃于本年一月廿九日由汉口搭航空机返蜀，不意于当日飞经鄂西天门县时遽尔失事，先生竟不幸罹难，享年仅四十七岁。噩耗传布，使化工界人士同声一哭。别了，永诀了！一位忠诚热心的科学工作者，一位德高望重的导师！这不但是化工界莫大的损失，也是国家无可补偿的损失。

227 工学院院长冯君策教授返校第一次公开讲演忆记录

■ 文献信息

期刊《重庆大学校刊》，第12期，第5-6页，1948年3月15日

文献编号：1948-027

■ 简体全文

工学院院长冯君策教授返校第一次公开讲演忆纪［记］录

本校工学院院长冯君策教授，由北极归国返校的消息传出后，校中师友，无不兴奋异常，一日学校揭出欢迎冯教授讲演的布告，每个人都典[兴]高采烈，准备着星期天,(三六年十二月二十一日)敬盼北极视察的第一人，介绍一些北极的异闻，记者乃于大雾中整装前往。听众中因有坝上其他各校的同学，是以挤满了整个的松林坡大礼堂，为了要听清楚讲词的关系，只得从人丛中插进礼堂的一角落，接踵并肩，无法执笔，故作忆纪[记]录如后：

A讲演题目及视察目的

记者走进礼堂，就听着校长张洪沅先生的简短介绍，这慈祥和蔼的冯先生即由热烈的掌声中走上讲台。因为学校事先公布的，"讲题是北极观感。"冯先生说他几年以前，就想到北极，此次便完成了宿愿，冯先生说他去的目的有三：

第一是：研究中国无线电波在北极高空的情况。

工學院院長馮君策教授返校第一次公開講演憶記錄

太校工學院院長馮君策教授，由北極歸國返校的消息傳出後，校中師友，無不興奮異常，一旦學校揭出歡迎馮教授講演的佈告，每個人都興高彩烈，準備着星期天。（三六年十二月二十一日）欵盼北極觀察的第一人，介紹一些北極的異聞，記者乃於大霧中整裝前往，騰萊中因為馮先生其能各校的同學，是以擠滿了整個的松林坡大體堂，為了要聽清楚講詞的關係，只得從人叢中插進禮堂到一角落，接踵並肩，無法執筆。故作憶記錄如後：

記者走進禮堂，就聽着校長張洪沅先生的簡短介紹，還慈祥和藹的馮先生由熱烈的掌聲中走上講台。因為學校爭先公佈的，「講題是北極觀感」。馮先生散曲幾年以前，就想到北極，此次便完成了宿願，馮先生說他去的目的有示：

A 講演題目及視察目的

第一是：研究中國無線電波在北極高空的情況。

第二是：北極光對無線電波的影響。

第三是：研究北極的地磁極對無線電波的影響。

在抗戰以來的十年間，我們關脫的宣傳，首類無線電波，但必經通路的北極高空，幾乎無法控制了，這就是馮先生必須親目前往視察的動機，至於此方所得印象，馮先生更分天地人三方面來向我們詳細的講述：

B 北極的天

北極天空奇怪的現象，就是异常出顯的北極光，那麼北極光是如何來的，讓之紫燈光的來源頗為相似。發電機內有一個最大的磁石，磁極就近在兩極的旁邊，當地球不斷轉動時，周圍就都帶了電，赤遍一帶裝面，轉動的速度瀕小，石也就最大，電壓也越大，漸到兩極，地球表面的轉動的速度瀕小，磁石瀕大，常覺中就就減少，直到兩極軸點的地方，幾乎沒有轉動了，那麼在極點發出的電常覺中就就減少。

是微不足道了，太陽裏對電子，向地球飛來，但電量大的地方，不易遲入，是以只趨向於稀薄矣於於地球表面的空氣密度，是與高度成比例的，愈向上空愈稀薄，至高達一〇〇公里處，空氣密度更為稀薄，當太陽電子飛到空氣稀薄的地方，空氣中的電子，是不會發生震動的，相反的，近左地面一〇〇公里以內，陰陽電子依然携甚緊，太陽電子飛入，便引起了震動，還種太陽電子飛向地球的極端軸心，因空氣密度關係而發生的光，就是北極光，並不是瓦光。

太陽電子內趨向地球側趨進入地球的緣故，是以即有一部份是傾斜射入，那麼人類看北極光，是在挪威北部熊島的地方最為強烈，據馮先生就定遷次看北極光，係山挪威奧斯陸，經德倫尼愛、波多、德眼索，北極角再經過熊島，而目的的地北緯七十九度的地區到達斯必次培根島。

馮先生此次所取的路線，是由南向北的行程，正是從北極光最少的地方，走向邊瀕份多的地區，經過北極光最強的熊島，最後又至最少之處，所以在挪威看北極光，必須北望，而到北極以後，相反的又須南望了。

旅程中也曾作過幾次觀察，馮先生說，北極光的形狀很多，經歸納役，可大別成四種，並以精奕之抖圖示：

(一)袋：係光由一點而放射很寬大，再收欵於一點，形同袋子。

(二)弧形：由一點於出，發散成弧狀，又似半月形。

(三)捲幕形：由一點發光，與慧星相似，精美可觀。

(四)窗帘形：形若窗帘，中有黑線，時揭時張，觀察時終森可怕，恐係太空中除太陽電子外，其他星球不有電子，向地球極點輻射，北極光出現的時候，因此也無一定，馮先生又出作了一位挪威教授 Stooymey 賞了四年的時光計算成的一張輻射經路圖，此教授係挪威人，得美國煉油大王資助，由十八歲起研究北極光，到現在七十八歲了，五六十年間均是孳孳不辭，精神真佩服。據云最秘係賴觀終製圖再計算，內為計算所需用微積分許多公式，感覺既第二是：北极光对无线重[电]波的影响。

第三是：研究北极的地磁极对无线电波的影响。

在抗战以来的十年间，我们国际的宣传，首赖无线电波，但必经通路的北极高空，因北极光同地磁极的关系，成为一个特殊境域，我们播送出去的电波，几乎无法控制了，这就是冯先生必须亲自前往视察的动机，至于此次所得印象，冯先生更分天地人三方面来向我们详细的讲述：

B北极的天

北极天空最奇怪的现象，就是时常出显的北极光，那么北极光是如何来的，譬之电灯光的来源颇为相似。发电机内有一个磁石，迅速转动，就可以发出电，地球不[正]如一个发电机，内部也正有一个最大的磁石，磁极就近在两极的旁边，当地球不断转动时，周围就都带了电，赤道一带表面，转动的速度大，磁石也就最大，电量也最大，渐到两极，地球表面转动的速度渐小，磁石渐小，电量也就减少，直到两极轴点的地方，几乎没有转动了，那么在极点发出的电是微不足道了，太阳里的电子，向地球飞来，但电量大的地方，不易进入，是以只趋向于两极[，]至于地球表面的空气密度，是与高度成比例的，愈向上空愈稀薄，在高达100公里处，空气密度更为稀薄，当太阳电子飞到空气稀薄的地方，空气中的电子，是不会发生震动的，相反的，近在地面100公里以内，空气密度较大，阴阳电子依携甚紧，太阳电子飞入，便引起了震动，这种太阳电子飞向地球的极端轴心，因空气密度关系而发生的光，就是北极光，所以说北极光，并不是星光。

太阳电子因趋向地球两极进入地球的缘故，是以即有一部份是倾斜射入，那么人类看北极光，是在挪威北部熊岛的地方最为强烈，据冯先生说他这次看北极光，系由挪京奥斯陆，经德伦尼爱，波多，德琅索，北极角再经过熊岛，而自[至]目的地北纬七十九度的地区斯必次培根岛。

冯先生此次所取的路线，是由南向北的行程，正是从北极光最少的地方，走向逐渐增多的地区，经过北极光最强的熊岛，最后又至最少之处，所以在挪威看北极光，必须北望，而到北极以后，相反的又须南望了。

在旅程中也曾作过几次观察，冯先生说，北极光的形状很多，经归纳役，可大别为四种，并以精美之挂图出示。

（一）袋：系光由一点而放射很宽大，再收敛于一点，形同袋子。

（二）弧形：由一点发出，发散成弧状，又似半月形。

（三）扫帚形：由一点发光，与慧星相似，精美可观。

（四）窗帘形：形若窗幕，中有黑线，时揭时张，观察时阴森可怕，恐系电子影响，至于各种光，均以白色为多，亦有少许红蓝色者。

太空中除太阳电子外，其他星球不[亦]有电子，向地球极点幅[辐]射，北极光出现的时候，因此也无一定，冯先生又出示了一位挪威教授Stooymey费了四年的时光计算成的一张辐射经路图，此教授系挪威人，得美国炼油大王资助，由十八岁起研究北极光，到现在七十八岁了[，]五六十年间均是孳孳不懈，精神真堪佩服，据云最初系赖观察制图再计算，因为计算时需用微积分许多公式，感觉既费精力，且有错误，后始应用一种特制仪器，设若干观察台，装配自动照像机，北极光发现时，各台像机自动摄取经路照片，再给制成图，希望由各次现象，得一预测北极光出现的时间。(未完)

228 教授聚餐欢送张校长出席第一届国民大会

■ 文献信息

期刊《重庆大学校刊》，第12期，第7页，1948年3月15日

文献编号：1948-031

■ 简体全文

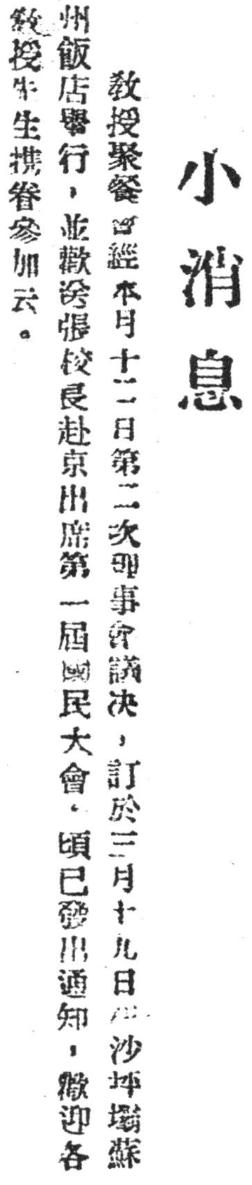

小消息

教授聚餐会经本月十二日第二次理事会议决，订于三月十九日在沙坪坝苏州饭店举行，并欢送张校长赴京出席第一届国民大会，顷已发出通知，欢迎各教授先生携眷参加云。

小消息

教授聚餐會經本月十二日第二次理事會議決，訂於三月十九日在沙坪壩蘇州飯店舉行，並歡送張校長赴京出席第一屆國民大會，頃已發出通知，歡迎各教授先生攜眷參加云。

文献编号 1948-031　教授聚餐欢送张校长出席第一届国民大会

229 重大教职员组成足球队

本校教職員組成足球隊

本校運動場在渝市堪稱獨步，同仁等朝夕接處其中，倘少加以利用，教職員中不乏技藝之士，爰發起組織江聲足球隊，藉示倡導正當活動之意，現簽名參加者已逾三十人，全體隊員中年齡有高至五十歲以上者，有僅二十餘歲者，大多爲中年人，每人定做有球鞋運動服等，配備堪稱齊全，現由楊世福謝志剛分任正副隊長，日有練習，準備向校內外足球隊挑戰云。

文献编号 1948-070　重大教职员组成足球队

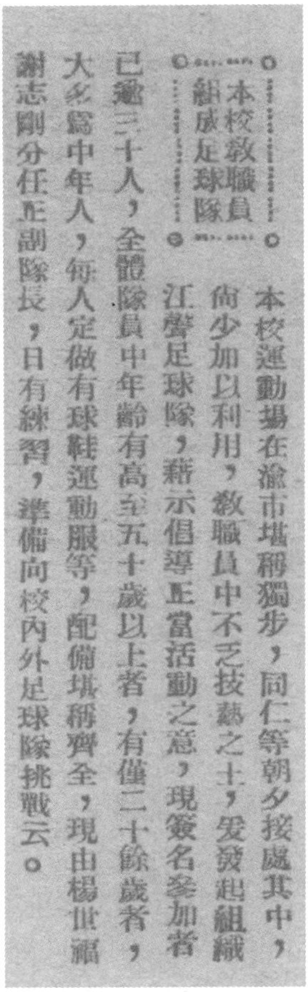

■ 文献信息

期刊《重庆大学校刊》，第16期，第4页，1948年6月30日

文献编号：1948-070

■ 简体全文

本校教职员组成足球队

本校运动场在渝市堪称独步，同仁等朝夕接[皆]处其中，尚少加以利用，教职员中不乏技艺之士，爰发起组织江声足球队，借示倡导正当活动之意，现签名参加者已逾三十人，全体队员中年龄有高至五十岁以上者，有仅二十余岁者，大多为中年人，每人定做有球鞋运动服等，配备堪称齐全，现由杨世福谢志刚分任正副队长，日有练习，准备向校内外足球队挑战云。

國立重慶大學卅七年度新聘教員錄

文献编号 1948-080　国立重庆大学卅七年度新聘教员录

■ 文献信息

期刊《重庆大学校刊》，第18期，第2-3页，1948年11月15日

文献编号：1948-080

■ 简体全文

国立重庆大学卅七年度新聘教员录

职　别	姓　名
数学系教授	周雪鸥
数学系副教授	黄昌运
数学系助教	程堂郭
数学系助教	李伯正　何寿华　任遇苏
教育系教授	张慕旗
教育系副教授	杨　清
教育系教授	许镜涵
教育系讲师	蔡仪华
国文系教授	张默生
国文系教授	郑思虞
国文系副教授	朱炳先
外文系教授	邓乐夫
外文系助教	孙永健
外文系助教	谭金伟
体育科系教授	袁　浚
讲师	王雨文
助教	曾　斌
国术指导生活管理	朱国富
土木系教授	林钟祺　秦文钺
副教授	曾宪参
助教	熊光裕

电机系教授　　　　　　　　　　漆相器
电机系副教授　　　　　　　　　　张直中

土木系教授兼主任　　　　　　　　许传经

机械系教授　　　　　　　　　　　王达生
　　　副教授　　　　　　　　　　饶子范　孙自全
　　　助教　　　　　　　　　　　许香穗　陈乃华　宫可强　姚士裕

化工系教授化学工程研究所主任　　彭光钦
　　　教授　　　　　　　　　　　徐日新
　　　副教授　　　　　　　　　　季鸣时
　　　助教　　　　　　　　　　　侯香模　刘子真

矿冶系教授　　　　　　　　　　　马载之　常济安

建筑系讲师　　　　　　　　　　　陈汝为
　　　助教　　　　　　　　　　　蔡大谟

商学院助教　　　　　　　　　　　王方文　熊映淞
银保系教授　　　　　　　　　　　黄永亮

法学院助教　　　　　　　　　　　戴宜生　□玉田
法律系教授兼主任　　　　　　　　余群宗
　　　教授　　　　　　　　　　　杨德诚
　　　副教授　　　　　　　　　　林诚毅
　　　助教　　　　　　　　　　　石　斧　余伯男

经济系教授兼主任　　　　　　　　刘觉民
　　　副教授　　　　　　　　　　鲜彦昭
　　　助教　　　　　　　　　　　余维志　曾文惠

政治系助教　　　　　　　　　　　萧学曾

医学院教授　　　　　　　　　　　米景贤　林廉卿

讲师	张世显
医学院讲师	冯志东　汤仲武
助教	王鲁直　陈开溚　彭宪生
	余娴武　傅应星　黄希岳
英文教授	邱仲广
德文教授	赵公绩
教授兼英文秘书	邹邦梁
副教授兼训导主任	黄尧白
讲师兼女生指导员	李新民
国文系教授	汤道耕

231　教授会改选竣事

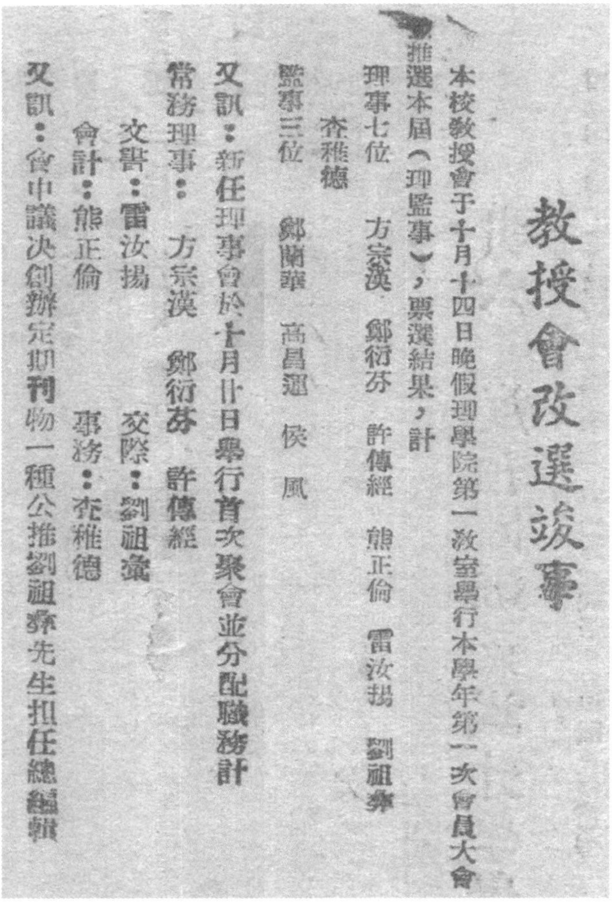

本校教授會于十月十四日晚假理學院第一教室舉行本學年第一次會員大會，推選本屆（理監事），票選結果，計

理事七位　方宗漢　鄒衍芬　許傳經　熊正倫　雷汝揚　劉祖彝　查稚德

監事三位　鄒蘭華　高昌運　侯風

又訊：新任理事會於十月廿日舉行首次聚會並分配職務計

常務理事：　方宗漢　鄒衍芬　許傳經

文書：雷汝揚

會計：熊正倫

交際：劉祖彝

事務：查稚德

又訊：會中議決創辦定期刊物一種公推劉祖彝先生擔任總編輯

文献编号 1948-085　教授会改选竣事

期刊《重庆大学校刊》，第18期，第6页，1948年11月15日

文献编号：1948-085

■ 简体全文

教授会改选竣事

本校教授会于十月十四日晚[，]假理学院第一教室举行本学年第一次会员大会[，]并推选本届(理监事)，票选结果，计

理事七位　方宗汉　郑衍芬　许传经　熊正伦　雷汝扬　刘祖彝　查稚德

监事三位　郑兰华　高昌运　侯　风

又讯：新任理事会于十月廿日举行首次聚会并分配职务计

常务理事：方宗汉　郑衍芬　许传经

文书：雷汝扬　　　交际：刘祖汇[彝]

会计：熊正伦　　　事务：查稚德

又讯：会中议决创办定期刊物一种[，]公推刘祖彝先生担任总编辑

232　本年度休假教授名单

■ 文献信息

期刊《重庆大学校刊》，第18期，第6页，1948年11月15日

文献编号：1948-086

■ 简体全文

本年度休假教授名单

姓　名	到职年月
郑衍芬	三十年十月[月]
丁绪淮	二十八年八月
何　鲁	二十七年八月

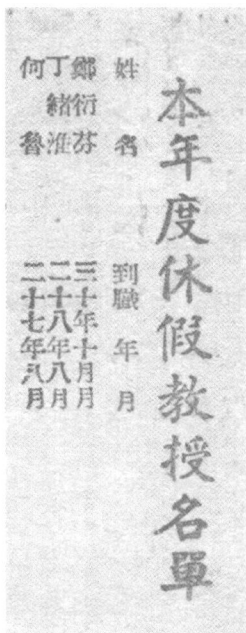

文献编号 1948-086　本年度休假教授名单

233 助教会消息数则

助教會消息數則

(一)本會會員人數頗多分佈於各院系上學期計九十一人，佔全體教職員總數四分之一，本期增新會員二十三人。除離職者外共九十八人。(二)北方清華北京等十大學講師助教聯合會，為呼籲增加待遇，電呈南京行政院及教育部，寄來本會原文一份請求聲援，當經十月廿五日本會全體會員大會議決，應予聲援交幹事會辦理，後經十月卅日幹事會決定，與本校教授會取連繫共同行動，必要時並得與本市公私立專科以上學校助教會聯絡，電請教部力爭。(三)十一月十九日為本校助教節第一週年紀念，先於十月廿五日全體會員大會中決議擴大慶祝，後於同日廿七日幹事會中議決慶祝方式，於是日上午舉行會員聯球賽，以資聯絡，下午邀本校教授會作足球賽。此為本會與教授會足球賽之第三次。四時全體會員攝影，五時聚餐，晚上舉行舞會。(四)同經幹事會議決，印行重大助教會會員錄，並載本會會史云。

文献编号 1948-087　助教会消息数则

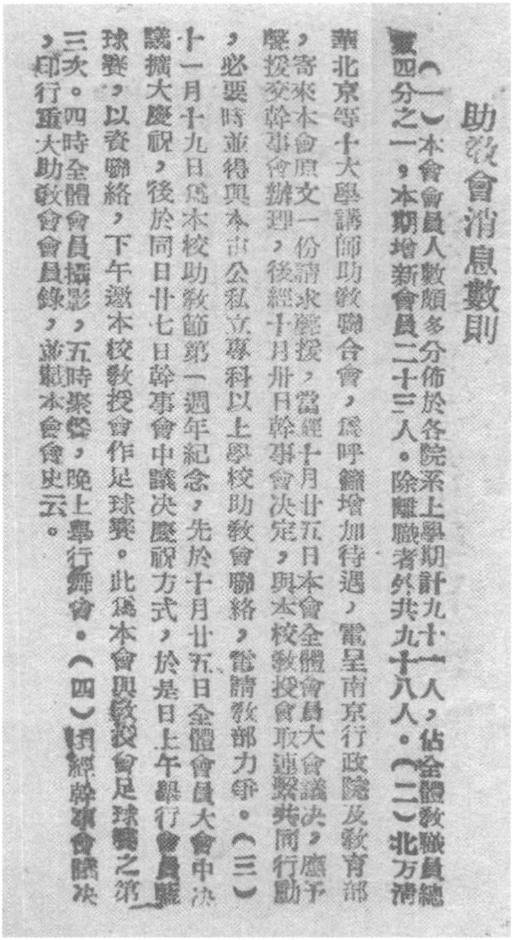

■ 文献信息

期刊《重庆大学校刊》，第18期，第6页，1948年11月15日

文献编号：1948-087

■ 简体全文

助教会消息数则

(一)本会会员人数颇多[，]分布于各院系[。]上学期计九十一人，占全体教职员总数四分之一，本期增新会员二十三人。除离职者外共九十八人。(二)北方清华北京等十大学讲师助教联合会，为呼吁增加待遇，电呈南京行政院及教育部，寄来本会

原文一份请求声援，当经十月廿五日本会全体会员大会议决，应予声援交干事会办理，后经十月卅日干事会决定，与本校教授会取连系共同行动，必要时并得与本市公私立专科以上学校助教会联络，电请教部力争。（三）十一月十九日为本校助教节第一周年纪念，先于十月廿五日全体会员大会中决议扩大庆祝，后于同日[月]廿七日干事会中议决庆祝方式，于是日上午举行会员篮球赛，以资联络，下午邀本校教授会作足球赛。此为本会与教授会足球赛之第三次。四时全体会员摄影，五时聚餐，晚上举行舞会。（四）顷经干事会议决，印行重大助教会会员录，并载本会会史云。

234　我们的系主任张洪沅先生

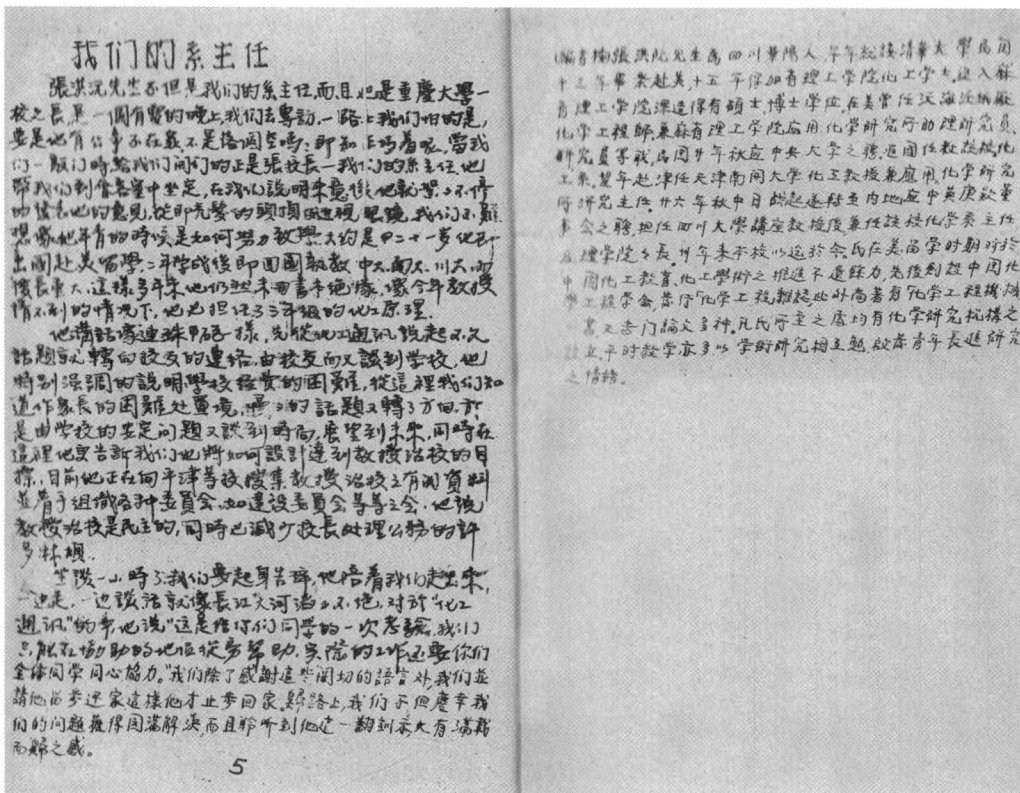

文献编号 1949-004　我们的系主任张洪沅先生

■ 文献信息

期刊《重大化工》创刊号，第 5-6 页，1949 年 1 月 1 日

文献编号：1949-004

■ 简体全文

我们的系主任

张洪沅先生不但是我们的系主任，而且也是重庆大学一校之长。是一个有电的晚上，我们去专访，一路上，我们怕的是，要是他有公事不在家，不是落个空吗？那知正巧着呢，当我们一敲门时，给我们开门的正是张校长——我们的系主任。他带我们到会客室中坐定，在我们说明来意后[,]他就絮絮不停的发表他的意见，从那秃发的头顶及近视眼镜，我们不难想象他年青的时候是如何努力致学。大约是二十一岁[,]他即出国赴美留学，二年学成后即回国[,]执教中大、南大、川大而后长重大，这样多年来他仍然未与书本绝缘，像今年教授请不到的情况下，他也担任了三年级的化工原理。

他讲话像连珠炮一样，先从化工通讯说起[,]不久话题就转向校友的联络，由校友而又谈到学校，他特别强调的说明学校经费的困难，从这里我们知道作家长的困难处境，慢慢的话题又转了方向，于是由学校的安定问题又谈到时局，展望到未来，同时在这里他更告诉我们他将如何设计达到教授治校的目标，目前他正在向平津等校搜集教授治校之有关资料[,]并着手组织各种委员会，如建设委员会等等之会，他说教授治校是民主的，同时也减少校长处理公务的许多麻烦。

坐谈一小时了，我们要起身告辞，他陪着我们走出来，一边走，一边谈话，就像长江大河滔滔不绝，对于"化工通讯"的事，他说"这是给你们同学的一次考验，我们只能在协助的地位从旁帮助，实际的工作还要你们全体同学同心协力。"我们除了感谢这些关切的语言外，我们并请他留步还家，这样他才止步回家。归路上，我们不但庆幸我们的问题获得园[圆]满解决，而且聆听到他这一翻训示大有满载而归之感。

(编者按)张洪阮[沅]先生为四川华阳人，早年就读清华大学[,]民国十三年毕业赴美，十五年得加省理工学院化工学士，进入麻省理工学院深造得有硕士、博士学位。在美曾任沃海沃纸厂化学工程师，兼麻省理工学院应用化学研究所助理研究员、研究员等职。民国廿年秋应中央大学之聘，返国任教该校化工系。是年赴津任天津南开大学化工教授兼应用化学研究所研究主任。廿年秋中日战起，遂转至内地应中英庚款董事会之聘，担任四川大学讲座教授后，兼任该校化学系主任及理学院院长。卅年来本校以迄于今。氏在美留学时期对于对于中国化工教育、化工学术之推进不遗余力，先后创设中国化学工程学会，发行"化学工程"杂志，此外尚著有"化学工程机械"一书，又专门论文多种。凡氏所主之处均有化学研究机构之设立，平时教学亦多。以学术研究相互勉，启发青年长进研究之情绪。

专题四：学生培养

　　本专题选择 1935 年至 1949 年 66 篇文献，为全书中收录文献最多的专题。文献覆盖学生培养的多个方面，如招生、开学、注册、军训、学籍、奖学金、考试等多种教学活动，还有征文比赛、教材领取、借读生管理等细节问题，一定程度上还原了 1929 年至 1949 年学生的学习情况。

一、毕业学生人数统计

　　1929 年至 1949 年，关于学生在校人数统计数据，不同出处的数据略有差异。本专题中多篇文献记录了学生人数。

　　1936–009、1936–010 号文献记录第一届本科毕业生 41 人，《重庆大学校史：1929—1949》所记录亦为 41 人，但第三编专题九中 1937–030 号文献则记录为 44 人，且有详细姓名、毕业学院和工作去向。1937–094 号文献记录第二届毕业生 61 人；但第三编专题九中 1937–088 号文献则记录为 65 人，且有详细姓名、毕业学院和工作去向。1938–034、1938–035、1938–036、1938–037、1938–042 号文献记录第三届毕业生 74 人。历届毕业生的确切数字与毕业生去向问题，编者拟在今后进行长期追踪研究。

　　1947–041 号文献对 1940 年至 1945 年这六年的毕业生情况进行了统计梳理，总计分为四类：已呈报教育部核准毕业资格者、已呈报毕业资格尚未奉教育部指令者、学籍或成绩有问题尚未呈报学籍资格者、借读期满者。1940 年毕业生合计 218 人，1941 年毕业生合计 179 人，1942 年毕业生合计 163 人，1943 年毕业生合计 234 人，1944 年毕业生合计 211 人，1945 年毕业生合计 263 人。1941 年及 1942 年由于受"解

散重庆大学事件"影响，毕业生人数下降，其余年份毕业生人数规模差异不大。

1948-072号文献记录1947年毕业生总计360人，该人数表明重大毕业生逐年增加，办学规模逐年扩大。

另有少量文献针对具体学院毕业生人数进行统计，如第三编专题九中的校友会人员统计，各系科亦自行有统计数据记录。1947-044号文献记录体育专修科第十届毕业生就业情况，38名毕业生均在体育类或教育类岗位工作。1948-015号文献记录土木系1947级毕业生去向，22名同学均在工程类或教育类岗位工作。

二、在校学生人数统计

1937年开办本科后，复学、休学、转院系、降级等情况多有发生，因此四川省政府下令要求查清核实在校生的名录清单，以便厘清在校生概况，详见1937-036号文献。

1937-073号文献是第一份对全校学生分学院、系科、年级、性别、正式生与借读生进行统计的记录表，记录显示截至1937年校庆时，除商学院二、三、四年级数十名新到借读生未统计外，在校生总计625人，借读生达135人。随着战事扩大，入渝学生持续增加，借读生数量也持续增加，到1938年学生总计693人，而借读生已达226人，详情见1938-021号文献。

在建校十八周年致辞中，张洪沅校长表示"今则有五院二十系两科，两研究所教职员近四百人，学生二千余"（1947-013号文献）。1947-043号文献记录1947年在校学生人数，五学院、二专修科、一预备班总计2 143人。1948-017号文献记录三十六年度上期注册人数总计1 959人。1948-030号文献记录三十六年度下期注册人数为2 546人。这些数据表明，这二十年期间在校人数持续增长，正如张洪沅校长在十八周年校庆纪念致辞中所言之"发展不能谓缓，或已嫌于过速"。

三、招生及录取

抗战爆发后，举国西迁的大环境下教育部为便于管理全国教育，开始进行统一招生。基本流程为：考生统一报名—考生参考—考生填写多个志愿—教育部根据考生分数、学院招考名额等进行统一分配—考生到各录取学校报名，与如今的高考相似。

1938-054、1939-014、1939-015 号文献记录了二十七年度全国各院校统一招生的一些情况。"重庆大学于考试时始通告招生"，因此考生均未将"四川省立重庆大学"列为第一志愿。连保送生在内全国统一招录大学新生 5 460 人，四川省立重庆大学招 241 人。

1939-016、1939-017、1939-020、1939-022、1939-023、1939-026、1939-027 号文献记录了二十八年度全国各院校统一招生的情况：招考区域分为重庆、成都、南郑等十五个区域；考试时间约为七月下旬至八月上旬；投考学生两万余，但因邮递延误有一千余份卷子未能送达教育部进行阅卷；经教育部复核成绩，全国录取大学新生 5 085 人，录取比例约为四比一；录取学生分发至 22 个国立院校及四川省立重庆大学、河南省立大学总计 24 所学校；分发标准完全依靠学生第一志愿，因额满不能分发时依第二、三志愿。重庆大学招生系科为"理学院数理、化学、地质三系，工学院土木、电机、机械、采冶四系，商学院及附设体育专修科新生"，并对未满额专业进行补招。最终重庆大学二十八年度招生 270 人。

1940-013 号文献记录四川省立重庆大学招生系科有所增加，为理学院数理、化学、地质三系，工学院土木、电机、化工、采冶四系，商学院会计银行、工商管理两系及体育专修科、统计专修科。

1941-003 号文献记录"本年废除统一招生"，但重庆大学依旧作为多所高校在渝招考的考试点。当时考选留英公费生在沪港滇渝四地同时举行，重庆考点即为重庆大学，详见 1939-012 号文献。

1947-019 号文献记录多所中学投考重庆大学的学生录取百分率，重庆市内中学的录取率高于别地。1948-056 号文献详细记录三十七年度招生委员会委员名单。1948-058 号文献详细记录三十七年度招考新生的各项规章制度。1948-061 号文献详细登载 1948 年暑期重大等三所高校的招考信息、考试时间及招考名额。1948-081 号文献详细记录 1948 年秋招收学生名单，重庆区、成都区、西北区、云贵区四区招生总计 487 名。1948-082 号文献详细记录三十六年度预备班免试升学学生名录，总计 31 人。1949-015 号文献详细记录了三十八年度秋录取招收学生名单，总计 344 名，并同时发布多项新生注意事项，提醒新生在报到时如何筹备。

四、入学及毕业

据文献记录，此阶段开学及放假时间基本与现在的大学教学时间安排一致。1936-029 号文献为重庆大学二十五年度校历，即 1935 年 9 月到 1936 年 7 月的时间安排。1937-018 号文献记录重庆大学 1937 年是 1 月 27 日放寒假、2 月 16 日开学、17 日进行补考，2 月 25 日正式行课。1937-020 号文献记录了举行开学仪式的日期。1937-053 号文献记录重庆大学于 6 月 14 日开始毕业试验，举行毕业礼日期为 6 月 27 日。

1947-010 号文献记录 1947 年秋季于 9 月 16 日开学。1948-018、1948-023 号文献记录 1948 年春季于 2 月 13 日开学，注册时间为 2 月 24 日至 28 日。1948-055 号文献记录 6 月学校即成立毕业考试委员名单，中央工校校长魏元光、国立中央工业试验所所长彭光钦等均在委员名单之中，委员们负责主持 1948 年毕业生的毕业试验。1948-062 号文献记录 6 月 21 日举行了"本校第十三届毕业典礼"，张校长告诫毕业生需认真修习"另外的一个大学——社会大学一切的课程"。

1948-079 号文献记录了张洪沅校长在 1948 级新生入学典礼上的讲话，他首先向各位新生道贺"本年度分设五考区，五区总数当在万人以上，平均要在廿人中始能选拔一人"，录取 487 人加上保送的 31 人，总计 518 人，录取率确为 5% 左右；考取大学如此不易，所以"四年中要努力读书"，正确认识学校、国家、个人之间的关系，努力成才。

五、奖学金与获奖人员

1938 年学校以故校长刘湘之字设置"甫澄奖学金"，主要用于鼓励家贫力学青年，六名学生首次获得该项奖学金。同时还"议决战区学生贷款"问题，详见1938-020 号文献。1940-014 号文献记录二十九年度重庆大学有四名优秀清寒学生获中正奖学金。1947-072 号文献记录重庆大学七名学生获吴蕴初捐资举办的大学化工奖学金。

学生参与多项校外活动获奖的情况亦有记录。1940-020 号文献记录学生简之南参加《申报》暑期征文获大学组二等奖；1941-021 号文献记录在教育部举办的第一届全国专科以上学校学生学业竞试中四川省立重庆大学获得第六名。

六、其他

学生证件遗失后的处理与补救办法亦有记录。1937-002 号文献记录如学生毕业证书遗失，需登报声明作废，开具信息详陈表并签字盖章，呈报教育部以证明毕业资格。1937-016 号文献记录有两名学生毕业文凭呈部验印，因而"先行入班受训，俟文凭发下，赓即补缴"。在《重大校刊》及《重庆大学校刊》上专有开设"遗失启事"专栏，供登载遗失信息，样例可参见 1947-050 号文献。

一年级新生入学之后需缴验高中毕业证书，详见 1937-019 号文献；随后需要参加统一进行的军事集训，1937 年的军训定于 5 月 11 日到 7 月 11 日，总计两个月，详见 1937-035 号文献。入学后，课程所需讲义，需得自行前往出版课领取，领取办法详见 1937-075 号文献。1947-031 号文献记录了多项校园新闻，体育组开办"太极拳班"深受好评，物价上涨导致自费同学大伤脑筋，校方整饬赌博之风等。

这一时期先后有两种特殊的教育理念在学校践行。第一是国防教育，早在 1935 年胡庶华校长即强调"国防问题是全国国民总动员问题"，这一教学理念在胡庶华办学过程中贯穿始终，由此指导了沙磁文化区、战时乡村教育等建设。而作为胡庶华办学理念的第一施行地重庆大学，国防教育的理念在学校中也有重要体现，在战事正式爆发之后尤其明显，详见 1935-006 号文献。第二是广播工程教育，1947 年每月之第二、三、四、五周的星期五晚，用广播进行工程类的义务教育。1947-048 号文献记录了 10 月 10 日晚起至 12 月 19 日的 7 次广播课程，时钧院士彼时任职化工系教授，亦承担过一次课程。

235 国防工业与国防教育

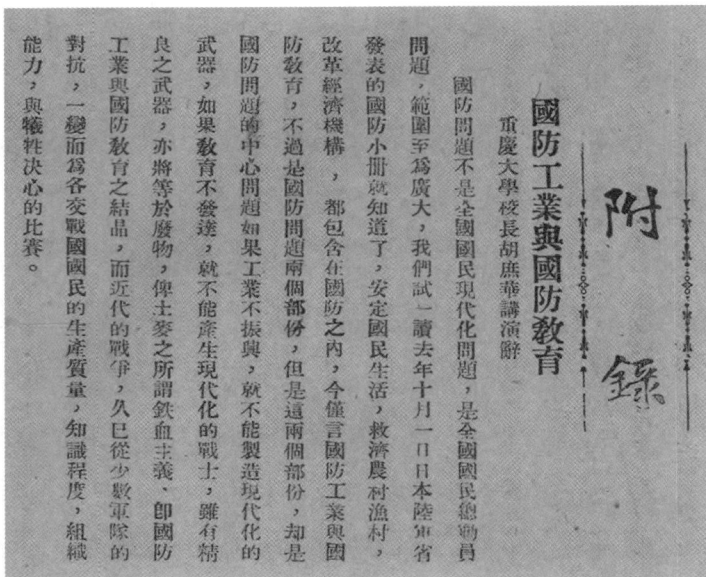

文献编号 1935-006 国防工业与国防教育（节选）

■ 文献信息

期刊《四川省政府公报》，第7期，第77-80页，1935年5月1日

文献编号：1935-006

■ 简体全文[1]

国防工业与国防教育

重庆大学校长胡庶华讲演辞

国防问题不是全国国民现代化问题，是全国国民总动员问题，范围至为广大，我们试一读去年十月一日日本陆军省发表的国防小册就知道了，安定国民生活，救济农村渔村，改革经济机构，都包含在国防之内，今仅言国防工业与国防教育，不过是国防问题两个部份，但是这两个部份，却是国防问题的中心问题[，]如果工业不振兴，就不能制造现代化的武器，如果教育不发达，就不能产生现代化的战士，虽有精良之武器，亦将等于废物，俾土[士]麦之所谓铁血主义，即国防工业与国防教育之结晶，而近代的战争，久已从少数军队的对抗，一变而为各交战国国民的生产质量，知识程度，组织能力，与牺牲决心的比赛。

---

[1] 原文内容篇幅较长，仅节选部分内容。

236 重庆大学第一届学生毕业

■ 文献信息

报纸《南宁民国日报》，1936年6月30日

文献编号：1936-009

■ 简体全文

重庆大学第一届学生毕业

重庆廿八日电　重庆大学今晨举行第一届学生毕业式，到来宾三百余，刘湘派甘绩镛到渝参加致训，理工两院毕业生共四十一人，下期添设地质系及体育科。

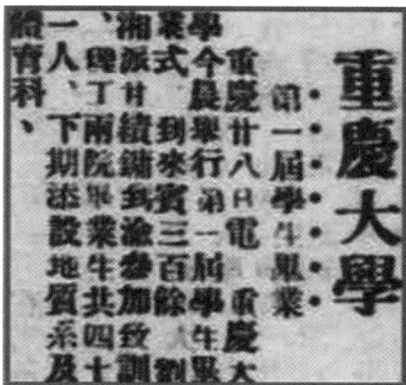

文献编号 1936-009　重庆大学第一届学生毕业

237 重庆大学举行第一届学生毕业式

■ 文献信息

报纸《申报》，1936年6月30日，期号22688号（上海版）

文献编号：1936-010

■ 简体全文

▲重庆大学

【重庆廿八日电】重庆大学廿八日晨，举行第一届学生毕业式，到来宾三百余人，刘湘派甘绩镛到渝参加致训，理工两院毕业生共四十一人，下期添设地质系及体育科。

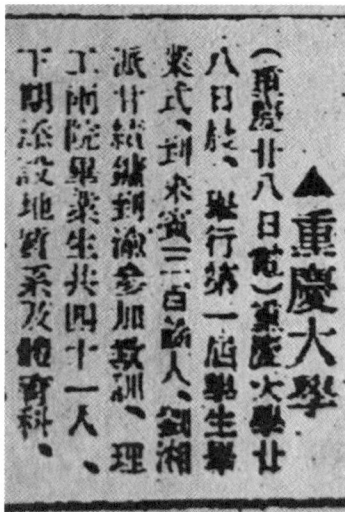

文献编号 1936-010　重庆大学举行第一届学生毕业式

238 廿五年度校历

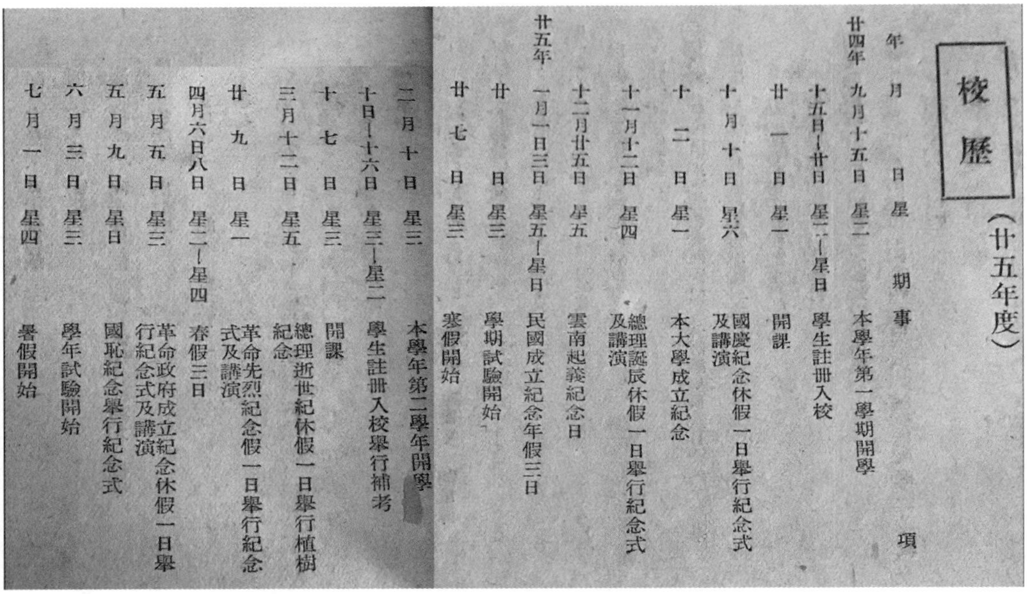

校歷（廿五年度）

年	月	日	星期	事項
廿四年	九月	十五日	星二	本學年第一學期開學
		十五日—廿日	星二—星日	學生註冊入校
		廿一日	星一	開課
	十月	十日	星六	國慶紀念休假一日舉行紀念式及講演
		十二日	星一	本大學成立紀念
	十一月	十二日	星四	總理誕辰休假一日舉行紀念式及講演
	十二月	廿五日	星五	雲南起義紀念日
廿五年	一月	一日三日	星五—星日	民國成立紀念年假三日
		廿日	星三	學期試驗開始
		廿七日	星三	寒假開始
	二月	十日	星三	本學年第二學年開學
		十日—十六日	星三—星二	學生註冊入校舉行補考
		十七日	星三	開課
	三月	十二日	星五	總理逝世紀念休假一日舉行植樹紀念
		廿九日	星一	革命先烈紀念假一日舉行紀念式及講演
	四月	六日八日	星二—星四	春假三日
	五月	五日	星三	革命政府成立紀念休假一日舉行紀念式及講演
	五月	九日	星日	國恥紀念舉行紀念式
	六月	三日	星三	學年試驗開始
	七月	一日	星四	暑假開始

文献编号 1936-029 廿五年度校历

■ 文献信息

期刊《重大校刊》，第3期，第18页，1936年11月16日

文献编号：1936-029

■ 简体全文

校历（廿五年度）

年	月	日	星期	事项
廿四年	九月	十五日	星二	本学年第一学期开学
		十五日—廿日	星二—星日	学生注册入校
		廿一日	星一	开课
	十月	十日	星六	国庆纪念休假一日 举行纪念式及讲演
		十二日	星一	本大学成立纪念
	十一月	十二日	星四	总理诞辰休假一日 举行纪念式及讲演
	十二月	廿五日	星五	云南起义纪念日

廿五年	一月	一日三日	星五—星日	民国成立纪念年假三日
		廿日	星三	学期试验开始
		廿七日	星三	寒假开始
	二月	十日	星三	本学年第二学年开学
		十日—十六日	星三—星二	学生注册入校举行补考
		十七日	星三	开课
	三月	十二日	星五	总理逝世纪[念]休假一日 举行植树纪念
		廿九日	星一	革命先烈纪念假一日 举行纪念式及讲演
	四月	六日八日	星二—星四	春假三日
	五月	五日	星三	革命政府成立纪念休假一日 举行纪念式及讲演
	五月	九日	星日	国耻纪念举行纪念式
	六月	三日	星三	学年试验开始
	七月	一日	星四	暑假开始

239 毕业证书遗失后呈请证明毕业资格限制办法

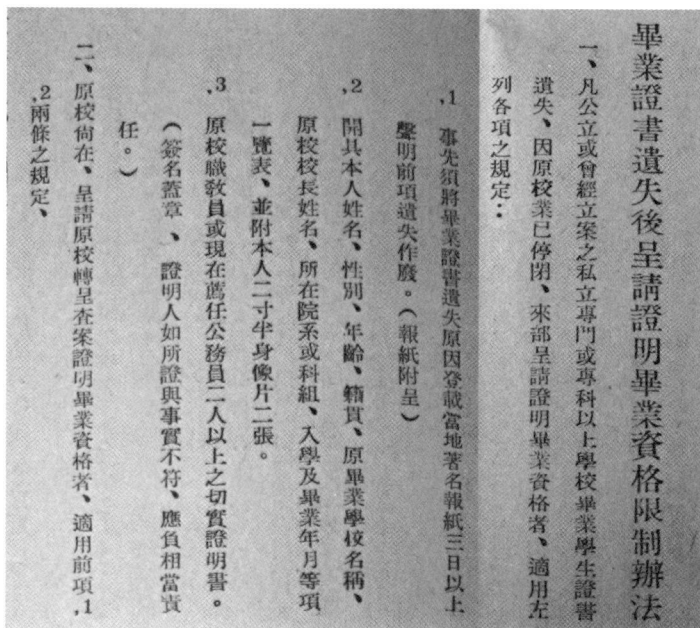

文献编号 1937-002 毕业证书遗失后呈请证明毕业资格限制办法

■ 文献信息

　期刊《重大校刊》，第6期，第19—20页，1937年1月1日

　文献编号：1937-002

■ 简体全文

毕业证书遗失后呈请证明毕业资格限制办法

　　一、凡公立或曾经立案之私立专门或专科以上学校毕业学生证书遗失，因原校业已停闭，来部呈请证明毕业资格者，适用左列各项之规定：

　　1，事先须将毕业证书遗失原因登载当地著名报纸三日以上[，]声明前项遗失作废。（报纸附呈）

　　2，开具本人姓名、性别、年龄、籍贯、原毕业学校名称、原校校长姓名、所在院系或科组、入学及毕业年月等项一览表，并附本人二寸半身像片二张。

　　3，原校职教员或现在荐任公务员二人以上之切实证明书。（签名盖章、证明人如所证与事实不符、应负相当责任。）

　　二、原校尚在，呈请原校转呈查案证明毕业资格者，适用前项1，2两条之规定。

240　全国学术工作咨询处公函

文献编号 1937-016　全国学术工作咨询处公函

■ 文献信息

期刊《重大校刊》，第8期，第15页，1937年3月16日

文献编号：1937-016

■ 简体全文

全国学术工作咨询处公函廿五年酉一术字第三九六九号

案　准

贵大学学字第三九六号公函，以毕业生喻正纪等两名毕业文凭，呈部验印，嘱转函训导班准该生等先行入班受训，俟文凭发下，赓即补缴。等由；准此，业经本处函训导班察核办理，一俟复到，当再函达。先此奉复，即希查照。此致

四川省立重庆大学

主　任　王兆荣

副主任　俞同奎

中华民国二十五年一月　日

241　二十六年一月寒假放假通知及下期开学通知

四川省立重慶大學 佈告（二）

本大學定一月二十七日寒假散學即日停止伙食並定二月十六日開學十七日開始註冊舉行補考二十五日一律行課仰即週知至道遠必須留校各生務須恪守寒假留校規則是爲至要此佈

中華民國二十六年一月　日

校長　胡

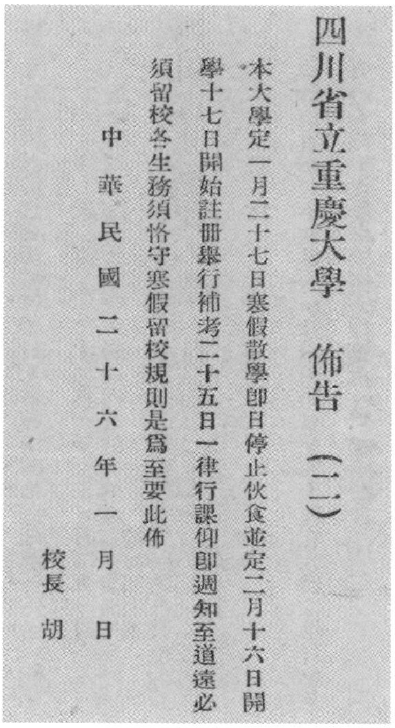

文献编号 1937-018　二十六年一月寒假放假通知及下期开学通知

■ 文献信息

期刊《重大校刊》，第8期，第16页，1937年3月16日

文献编号：1937-018

■ 简体全文

四川省立重庆大学　布告（二）

本大学定一月二十七日寒假散学[，]即日停止伙食[，]并定二月十六日开学[，]十七日开始注册举行补考[，]二十五日一律行课[，]仰即周知[。]至道远必须留校各生[，]务须恪守寒假留校规则[，]是为至要[。]此布[。]

中华民国二十六年一月　日

校长　胡

242　一年级学生补缴高中毕业证书的通知

■ 文献信息

期刊《重大校刊》，第8期，第16页，1937年3月16日

文献编号：1937-019

■ 简体全文

四川省立重庆大学　布告（三）

查各院系科一年级学生[，]除本届会考补试各生外[，]凡未缴验高中毕业证书者[，]下期开学时务须一律补缴[，]否则不能报部[，]事关学籍[，]勿再延误[，]是为至要[。]此布[。]

中华民国二十六年一月

校长　胡

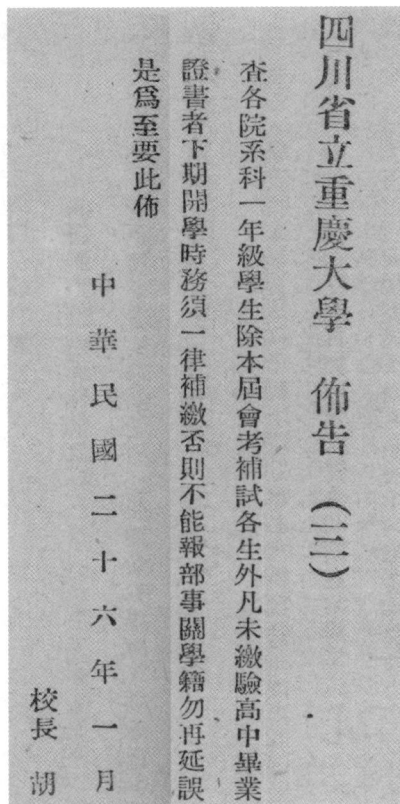

四川省立重慶大學　佈告（三）

查各院系科一年級學生除本屆會考補試各生外凡未繳驗高中畢業證書者下期開學時務須一律補繳否則不能報部事關學籍勿再延誤是爲至要此佈

中華民國二十六年一月

校長　胡

文献编号 1937-019　一年级学生补缴高中毕业证书的通知

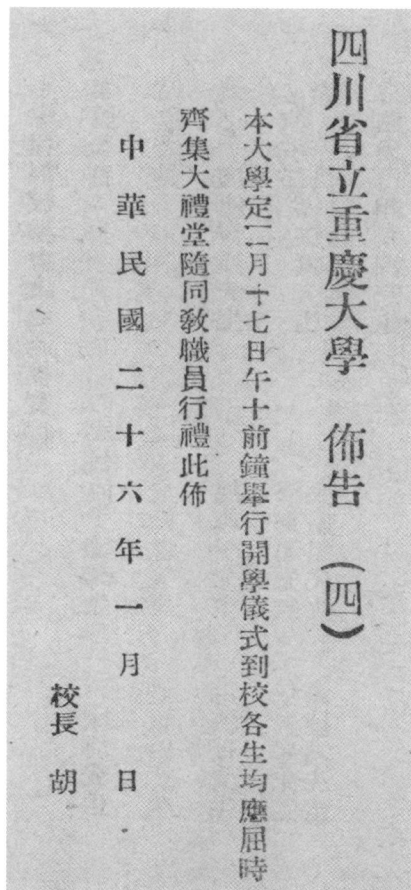

文献编号 1937-020　二月十七日举行开学仪式布告

■ 文献信息

期刊《重大校刊》，第8期，第16页，1937年3月16日

文献编号：1937-020

■ 简体全文

四川省立重庆大学　布告（四）

本大学定二月十七日午十前钟[午前十钟]举行开学仪式[，]，到校各生均应届时齐集大礼堂[，]，随同教职员行礼[。]。此布[。]。

中华民国二十六年一月　日

校长　胡

244 二十六年四川省立重庆大学学生受军事集训的通知

四川國民軍事訓練委員會代電

四川省立重慶大學鑑筱代電悉大學生應受集訓起迄日期依照訓練總監部國二字第一四二號訓令之規定係五月十一日入隊七月十一日出隊惟本年集訓各項先決問題如營房經費等現均正在商洽中總以各方俱能兼顧爲原則容俟決定後再行函達四川國民軍事訓練委員會號

中華民國二十六年三月二十日

文献编号 1937-035　二十六年四川省立重庆大学学生受军事集训的通知

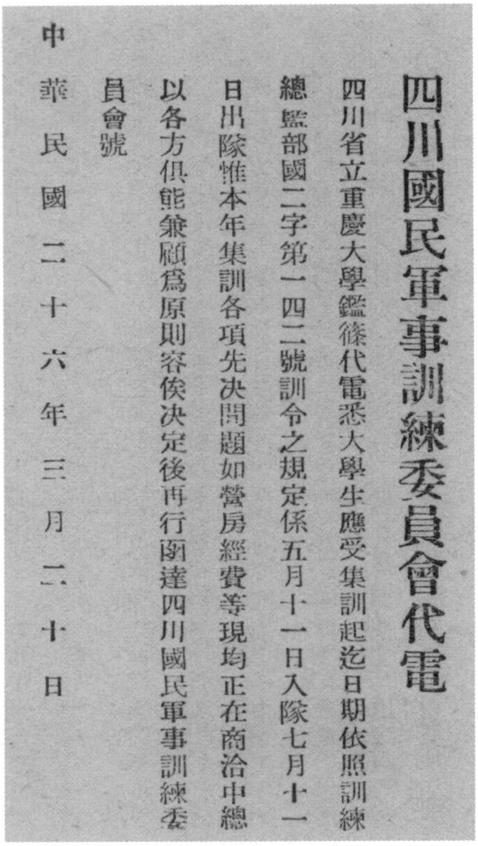

■ 文献信息

期刊《重大校刊》，第11期，第11页，1937年5月1日

文献编号：1937-035

■ 简体全文

四川国民军事训练委员会代电

四川省立重庆大学鉴筱代电[，]悉大学生应受集训[，]起迄日期依照训练总监部国二字第一四二号训令之规定[，]系五月十一日入队[，]七月十一日出队[，]惟本年集训各项先决问题[，]如营房经费等[，]现均正在商洽中[，]总以各方俱能兼顾为原则[，]容俟决定后再行函达[。]四川国民军事训练委员会号[。]

中华民国二十六年三月二十日

文献编号 1937-036　令省立重庆大学　查二十五年度复学休学、转院系降级生概况

■ 文献信息

期刊《重大校刊》，第11期，第12-13页，1937年5月1日

文献编号：1937-036

■ 简体全文

四川省政府训令　教字第一〇二七八号

令省立重庆大学

查前据该校呈报二十五年度上期复学休学、转院系[、]降级[、]转学各生表册及补报廿四年度新生名册证件前来，当经指令并咨请察核去讫。

兹准

教育部二十六年发省三三八第三五二零号咨内开；[：]

"查该校休学生及转学生（转出）表，准予存部备查。

转院系生袁朝荣一名，应俟缴呈正式毕业证书后，再凭核办。黄遗模一名既无正式毕业证书，照章不准投考大学，至体育师资训练班未经本部备案，该生转入该班肄业，毋庸报部。

廿四年度新生黄正彦、朱时雍等二名，前报系重庆高中毕业，惟证件均为川东联立师范学校毕业，应迅将服务证明书或教育行政机关核准展缓服务证件补呈到部，再凭办理。

其余复学生陈德煊等二名，降级生黄松霖等二名，转院、转系生李裕高等九名，廿四年度新生彭民邦等九名，共二十二名，应一体准予备案。惟何纯鹎(同时转系)一名册报毕业校名不符，曾瑜如一名册报年龄不符，王梦同一名，以前册报年龄不符。徐江(同时转院系)[、]江宜渡、郭民永、黄永灿、董永隆等五名，先后册报年龄不符，以上八名，业根据毕业证书分别代为更正。又降级生张其俭、转院系生阮英价、马国铨、向安抚、吴盛玺、黄鸣皋、何学文等七名，册报年龄不符，业据以前册报并为更正。除名册存部备查外，相应检还原送证件[，]咨复查照转知为荷。"

等由，附送还证件十一份，准此，除黄正彦、朱时雍二名由本府备文检同证件声明外，合行检发彭民邦等九名证件，令仰遵照，证验发。

此令。

中华民国二十六年四月七日

主席　刘湘

教育厅长　蒋志澄

246　本校已开始毕业试验

■ 文献信息

期刊《重大校刊》，第14期，第17-18页，1937年6月16日

文献编号：1937-053

■ 简体全文

本校已开始毕业试验

本校理工两院，数理、化学、土木、化工各系，暨体育师资训练班应受毕业试验学生共六十六名，已于本月十四日在大礼堂开始试验[，]闻举行毕业礼日期为本月二十七日云。

兹将与考各生姓名列后

院　别	系　别	姓　名			
理学院	数理系	赵泽贤	胡国达	郭伯沧	
	化学系	李瑚传	张孝沐	郭锡瑞	李存烈

本校已開始畢業試驗

本校理工兩院、數理、化學、土木、化工各系、暨體育師資訓練班應受畢業試驗學生共六十六名、已於本月十四日在大禮堂開始試驗開舉行畢業禮日期爲本月二十七日云。

茲將與考各生姓名列後

院別	系別	姓名
理學院	數理系	趙澤賢
		胡國達
		郭伯濬
	化學系	李瑚傳
		服本沐
		賈仲康
		翰薇卑
		關育健

院別	系別	姓名
工學院	化工系	刁傑英
		蔣凌霄
		李向榮
		左萬源
		王定濤
		廖鋼德
		裴宗澤
		曹忠亮
		徐成
		聶鵬飛

院別	系別	姓名
		郭錫瑞
		李存烈
		楊承之
		胡朝聘
		楊錫琨
		羅光敏
		佘茂森
		袁子達
		熊光義
		許弟鍾
		郭仲衡
		江昌永
		黎樹昌
		蔡濤
		李明允
		谷颿

工學院　土木系：
許榮堤、林曹佩、陳立經、周逑珊、蘇邑超、朱代侯

化工系：黃義、鄧蘭新、毛鋷、苟丹麓、李開泉、藍仲卿、蔡强中、朱退之、吳昌瑪、黃秋鏡

龍劇車：鄧旭東、王健中、王玉北、沈聲山、張允中、盧子文、郭曹池、李仁慷、鄧聯輝、成明健、梁榮貞、李家馘

胡倫：向迪元、劉俊志

體育師訓班

一七

院 别	系 别	姓 名				
工学院	化工系	刁杰英	蒋凌霜	贾仲康	黄 义	朱代侯
		苏邑超	周述鼎	陈立经	林书佩	
工学院	土木系	许荣墀	许弟钟	熊光义	袁子达	佘茂森
	体育师训班	罗光敏	杨锡琨	胡朝聘	杨承之	廖纲德
		王定涛	左万源	李向荣	徐奠宇	邓兰薪
		毛 鲲	苟丹麓	李开泉	蓝仲卿	蔡强中
		朱退之	吴昌琇	黄秋镜	谷 风	李明允
		蔡 涛	黎树昌	江昌永	郭仲衡	裴宗泽
		曹忠亮	徐 成	聂□飞	张育健	龙显华
		胡 伦	邓旭东	向迪元	王健中	刘俊志
		王玉北	沈馨山	张允中	卢子文	郭书池
		李仁杰	邓联辉	成明健	梁荣贞	李家骏

247 重庆大学昨举行二届毕业典礼

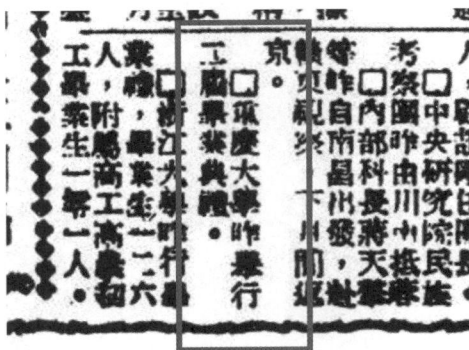

文献编号 1937-057　重庆大学昨举行二届毕业典礼

■ 文献信息

报纸《立报》，1937年6月28日

文献编号：1937-057

■ 简体全文

重庆大学昨举行二届毕业典礼。

二十六年度新旧生及借读生统计表

二十六年度新舊生及借讀生統計表

十月十三日註冊課製

院別	工學院															
系別	土木系				電機系				化工系				採冶系			
生別	正式生		借讀生		正式生		借讀生		正式生		借讀生		正式生		借讀生	
年級＼性別	男	女	男	女	男	女	男	女	男	女	男	女	男	女	男	女
一	61	2	21		42	5	10	2	16	4	3	1	34			
二	29	1	11	1	29	1	9	1	9	5	2	1	21			
三	17		8		11	1	2				2		13		1	
四	7		3		5		2		2		1		5		1	
各系男女人數	114	3	43	1	87	7	23	3	27	9	8	2	73		2	
各系人數	161（女4人）				120（女10人）				46（女11人）				75			
各院人數	402 （女25人）															

院別	理學院												商學院							
系別	數理系				化學系				地質系				工商管理系				銀行會計系			
生別	正式生		借讀生		正式生		借讀生		正式生		借讀生		正式生		借讀生		正式生		借讀生	
年級＼性別	男	女	男	女	男	女	男	女	男	女	男	女	男	女	男	女	男	女	男	女
一	15	4	5		5	9	3		10	1			29	7	4	1	26	10	10	11
二	12		3		4	4	3	1	5	1	1									
三					2	1	1	1												
四	4				2		1	2												
各系男女人數	31	4	8		13	14	8	4	15	2	1		29	7	4	1	26	10	10	11
各系人數	43（女4）				319（女18）				18（女2人）				41（女18）				57（女21）			
各院人數	100 （女24人）												98 （女29）							

院別	體專科				各年級			
系別	專修科				總數			
生別	正式生		借讀生		正式生		借讀生	
年級＼性別	男	女	男	女	男	女	男	女
一	7		1	1	245	42	57	16
二	10	2	2	2	119	14	31	6
三					43	2	14	1
四					25		8	2
各系男女人數	17	2	3	3	432	58	110	25
各系人數	25（女5人）							
各院人數	25（女5人）							

全校人數	625人 （女83人）
備註	正式生工院301人，女19人，借讀生76，女6人　商院正式生55，女17人，借讀生14，女12人，全校正式生490人（女58人） 正式生理院59人，女20人，借讀生17，女4人　體專正式生17，女2人，借讀生3，女3人，全校借讀生135人（女25人）

此外尚有商學院二三四年級借讀生數十人未列此表

十月十三日以後註冊者未列此表

文献编号 1937-073　二十六年度新旧生及借读生统计表

■ 文献信息

期刊《重大校刊》，第15期，第17页，1937年10月20日

文献编号：1937-073

■ 简体全文

二十六年度新旧生及借读生统计表

十月十三日注册课制

院别 →	工学院																理学院												商学院								体专科				各年级数			
系别 →	土木系				电机系				化工系				采冶系				数理系				化学系				地质系				工商管理系				银行会计系				专修科				总			
生别 →	正式生		借读生		正式生		借读生		正式生		借读生		正式生		借读生		正式生		借读生		正式生		借读生		正式生		借读生		正式生		借读生		正式生		借读生		正式生		借读生		正式生		借读生	
年级 \ 性别	男	女	男	女	男	女	男	女	男	女	男	女	男	女	男	女	男	女	男	女	男	女	男	女	男	女	男	女	男	女	男	女	男	女	男	女	男	女	男	女	男	女	男	女
一	61	2	21	1	42	5	10	2	16	4	3	1	34				15	4	5		5	9	3		10	1	1		29	7	4	1	26	10	10	11	7		1	1	245	42	57	16
二	29	1	11	1	29	1	9	1	9	5	2	1	21		1		12		3		4	4	1	1	5		1	1									10		2	2	119	14	31	6
三	17		8		11	1	2				2		13		1						2	1	1	1													2		2		43	2	14	1
四	7		3		5		2		2		1		5		1		4				2		2	1	2																25		8	2
各系男女人数	114	3	43	1	87	7	23	3	27	9	8	2	73		2		31	4	8		13	14	8	4	15	2	4	1	29	7	4	1	26	10	10	11	17	2	2	3	432	58	110	25
各系人数	161（女4人）				120（女10人）				46（女11人）				75				43（女4）				39（女18）				18（女2人）				41（女18）				57（女21）				25（女5人）							
各院人数	402（女25人）																100（女24人）												98（女29）								25（女5人）							
全校人数	625人（女83人）																																											
备注	正式生工院301人，女19人，借读生76，女6人 正式生理院59人，女20人，借读生17，女4人																商院正式生55，女17人，借读生14，女12人 体专正式生17，女2人，借读生3，女3人												全校正式生490人（女58人） 全校借读生135人（女25人）															

此外尚有商学院二三四年级借读生数十人未列入此表

十月十三日以后注册者未列入此表

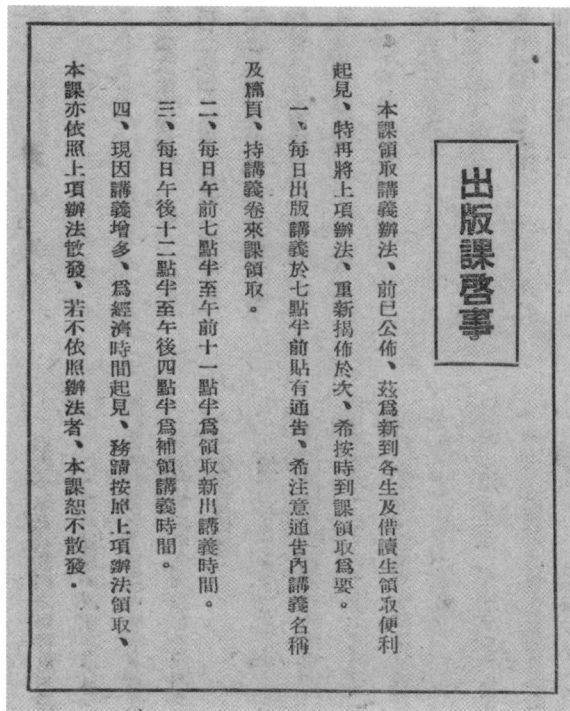

文献编号 1937-075　出版课启事　领取讲义办法

■ 文献信息

期刊《重大校刊》，第 16 期，第 4 页，1937 年 11 月 5 日

文献编号：1937-075

■ 简体全文

出版课启事

本课领取讲义办法，前已公布，兹为新到各生及借读生领取便利起见，特再将上项办法，重新揭布于次，希按时到课领取为要。

一、每日出版讲义于七点半前贴有通告，希注意通告内讲义名称及篇页，持讲义卷来课领取。

二、每日午前七点半至午前十一点半为领取新出讲义时间。

三、每日午后十二点半至午后四点半为补领讲义时间。

四、现因讲义增多，为经济时间起见，务请按照上项办法领取，本课亦依照上项办法散发，若不依照办法者，本课恕不散发。

250 重庆大学本届毕业人数统计

▲重慶大學本屆畢業人數統計

重慶大學第二屆畢業典禮，已於六月二十六日舉行，計畢業學生有理學院之數理系七人，工學院之土木系五人，化工系九人，又體育師資班四十人。

（212）

文献编号 1937-094 重庆大学本届毕业人数统计

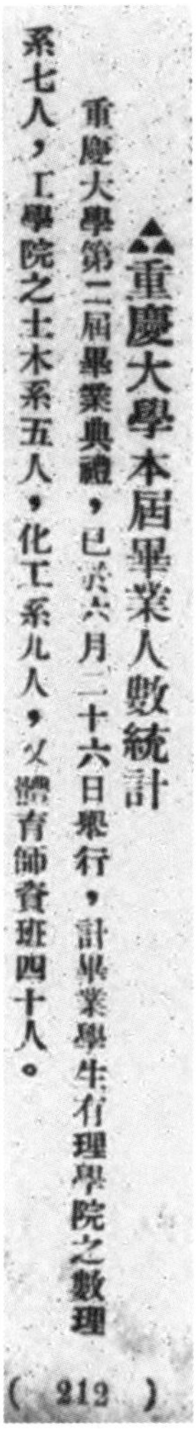

■ 文献信息

期刊《四川月报》，第10卷第6期，第212页，1937年

文献编号：1937-094

■ 简体全文

重庆大学本届毕业人数统计

重庆大学第二届毕业典礼，已于六月二十六日举行，计毕业学生有理学院之数理系七人，工学院之土木系五人，化工系九人，又体育师资班四十人。

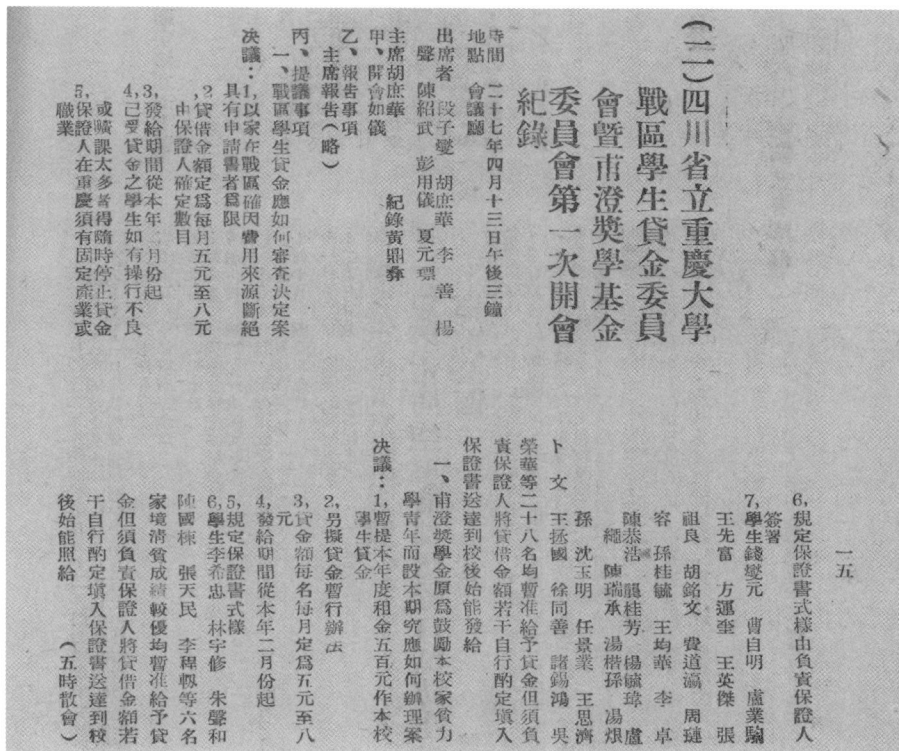

文献编号 1938-020　四川省立重庆大学战区学生贷金委员会暨甫澄奖学基金委员会第一次开会记录

■ 文献信息

期刊《重大校刊》，第24期，第15页，1938年5月1日

文献编号：1938-020

■ 简体全文

（二）四川省立重庆大学战区学生贷金委员会
暨甫澄奖学基金委员会第一次开会纪[记]录

时间　　二十七年四月十三日午后三钟

地点　　会议厅

出席者　段子燮　胡庶华　李　善　杨　声

　　　　陈绍武　彭用仪　夏元璟[琛]

主　席　胡庶华　纪[记]录　黄鼎彝

甲、开会如仪

乙、报告事项

主席报告（略）

丙、提议事项

一、战区学生贷金应如何审查决定案

决议：1，以家在战区确因费用来源断绝[，]具有申请书者为限

2，贷借金额定为每月五元至八元[，]由保证人确定数目

3，发给期间从本年二月份起

4，已受贷金之学生如有操行不良或旷课太多者[，]得随时停止贷金

5，保证人在重庆须有固定产业或职业

6，规定保证书式样[，]由负责保证人签署

7，学生钱燮元　曹自明　卢业驹　王先富　方运奎　王英杰　张祖良
胡铭文　费道瀛　周琏容　孙桂毓　王均华　李　卓　陈恭浩
龙桂芳　杨毓玮　卢　绳　陈瑞承　汤楷孙　汤焜孙　沈玉明
任景业　王思济　卜　文　王拯国　徐同善　诸锡鸿
吴荣华等二十八名均暂准给予贷金[，]但须负责保证人将贷借金额
若干自行酌定填入保证书送达到校后始能发给

二、甫澄奖学金原为鼓励本校家资力学青年而设[，]本期究应如何办理案

决议：1，暂提本年度租金五百元作本校学生贷金

2，另拟贷金暂行办法

3，贷金额每名每月定为五元至八元

4，发给期间从本年二月份起

5，规定保证书式样

6，学生李希忠　林宇修　朱声和　陈国栋　张天民　李程轫等六名家境
清资成绩较优[，]均暂准给予贷金[，]但须负责保证人将贷借金额若干
自行酌定填入保证书送达到校后始能照给　　　　　　（五时散会）

252　二十六年度下期正式生及借读生在校人数统计表

■ 文献信息

期刊《重大校刊》，第24期，第22页，1938年5月1日

文献编号：1938-021

二十六年度下期正式生及借讀生在校人數統計表

三月三十日註冊課製

院別	工　學　院				理　學　院			商　學　院		體育院	各　年　級　數	
系別	土木系	化工系	電機系	採冶系	化學系	數理系	地質系	商工管理系	會計銀行系	特別班	專修科	各總
生別 性別 年級	正式生 男女 / 借讀生 男女	正式生 男女 / 借讀生 男女	正式生 男女 / 借讀生 男女	正式生 男女 / 借讀生 男女	正式生 男女 / 借讀生 男女	正式生 男女 / 借讀生 男女	正式生 男女 / 借讀生 男女	正式生 男女 / 借讀生 男女	正式生 男女 / 借讀生 男女	借讀生 男女	正式生 男女 / 借讀生 男女	正式生 男女 / 借讀生 男女
一	65　2　8	41　5　7 2 18　4 9 2	36	4	11 3 10	4 8 3 5	8 2	24 5 2	24 24 10	15	3 2 5 7 1	225 39 79 40
二	28 1 12	29 1 13	19	1	1 1	5 23 12	4				10 3	112 18 51 7
三	17　8	11 1 8	13			6 2 1	2				13 2	43 2 28 2
四	7　4	5　3	6	2	4	3 1 4 1	4					27 1 16 3
各男女數	80 3 32	86 7 31 2	126	73	52 6	63 33 17 11	14 2	24 5 2	24 5 2	15	13 2 9 6	407 06 174 52
各系人數	134 女3	126 女9		78	52 女6	63 女33	14 女2	35 女9	47 女17	43 女15	30 女8	
各院人數	409（女）22				129（女）41			125（女）41		48 女15	30 女8	693（女）112
全校人數	693（女）112											

文獻編號 1938-021　二十六年度下期正式生及借讀生在校人數統計表

備註：

工院正式男生295人 女16人　借讀男生92人 女6人

商院正式男生48人 女15人　借讀男生8人 女11人

理院正式男生51人 女27人　借讀正式男生13人　借讀男生9人 女6人

商院正式男生37人 女14人　體育科正式男生8人 女15人

特別班男生28人 女26人　本學期借讀生審查合格者116人已註冊男生63人女23人

全校正式男生407人 女60人

全校借讀男生176人 女52人

（上學期借讀學生已註冊者111人 女26人…）

■ 简体全文

二十六年度下期正生及借读生在校人数统计表

三月三十日注册课制

院别	工学院																理学院												商学院										体育专修科				各年级总数			
系别	土木系				机电系				化工系				采冶系				数理系				化学系				地质系				工商管理系				会计银行系				特别班		体育专修科				各年级总数			
生别	正式生		借读生		正式生		借读生		正式生		借读生		正式生		借读生		正式生		借读生		正式生		借读生		正式生		借读生		正式生		借读生		正式生		借读生		借读生		正式生		借读生		正式生		借读生	
性别／年级	男	女	男	女	男	女	男	女	男	女	男	女	男	女	男	女	男	女	男	女	男	女	男	女	男	女	男	女	男	女	男	女	男	女	男	女	男	女	男	女	男	女	男	女	男	女
一	65	2		8	41	5	7	2	18	4	9	2	36		4		11		3	10	4		8	3	8	2		2	24	5	2	4	24	10	6	7	28	15	3		2	5	225	39	79	40
二	28	1	1	12	29	1	13		8	2	7	2	19		1		11		5		3	12	6	2	4														10		2	7	112	18	51	7
三	17			8	11	1	8		2		6		13							2	2		4	2																			43	2	28	2
四	7			4	5		3		2		2		5				4		3		4	1	4	2																			27	1	16	3
各系男女人数	108	3	32		86	7	31	2	28	6	24	4	73		5		26	3	20		13	28	17	11	12	2		2	24	5	2	4	24	10	6	7	28	15	13		9	8	407	60	174	52

各系人数：土木系 143、机电系 126（女 9）、化工系 62（女 10）、采冶系 78、数理系 52（女 6）、化学系 63（女 33）、地质系 14（女 2）、工商管理系 35（女 9）、会计银行系 47（女 17）、特别班 43（女 15）、体育专修科 30（女 8）

各院人数：工学院 409（女 22）、理学院 129（女 41）、商学院 125（女 41）、体育专修科 30（女 8）

全校人数：693（女 112）

备注

工院正式男生 295 人　女 16 人　　借读男生 92 人　　商院正式男生 48 人　女 15 人　　借读男生 8 人　女 11 人

理院正式男生 51 人　女 27 人　　借读男生 37 人　　体专科正式男生 13 人　女 15 人　　借读男生 9 人　女 6 人

全校正式男生 407 人　女 60 人　　　　　　　　特别班男 28 人　女 15 人

全校借读男生 176 人　女 52 人

（上学期借读学生已注册者 111 人女 26 人）（本学期借读生审查合格者 116 人已注册男生 63 人女 23 人）

253 重庆大学举行毕业典礼

- **文献信息**

  报纸《申报》，1938年6月27日，期号23372号（汉口版）

  文献编号：1938-034

- **简体全文**

  要闻简报

  △重庆大学，昨晨举行毕业典礼，毕业生计七十四人，覃振、何键等均往参加。（重庆电）

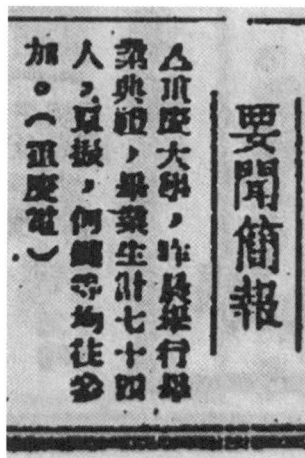

文献编号 1938-034　重庆大学举行毕业典礼

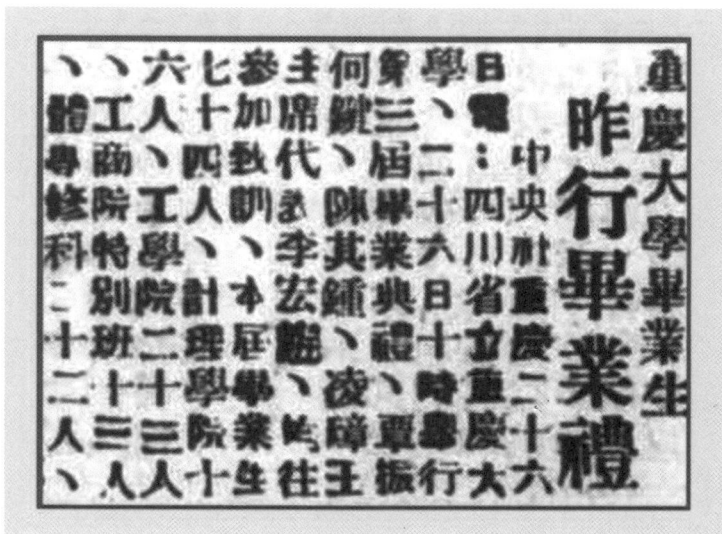

254 重庆大学毕业生昨行毕业礼

文献编号 1938-035　重庆大学毕业生昨行毕业礼

- **文献信息**

  报纸《甘肃民国日报》，1938年6月27日

  文献编号：1938-035

■ 简体全文

重庆大学毕业生　昨行毕业礼

中央社重庆二十六日电：四川省立重庆大学，二十六日十时举行第三届毕业典礼，覃振、何键、陈其钟、凌璋壬、主席代表李宏鲲，均往参加致训，本届毕业生七十四人，计理学院十六人、工学院二十三人、工商院特别班十三人、体专修科二十二人。

255 四川省立重庆大学二十六日举行毕业典礼

文献编号 1938-036　四川省立重庆大学二十六日举行毕业典礼

■ 文献信息

报纸《新闻报》，1938年6月27日

文献编号：1938-036

■ 简体全文

▲重庆廿六日电　四川省立重庆大学，廿六日十时，举行第二届毕业典礼，本届毕业生七十四人，计理学院十六人，工学院廿二人，工商院特别班十三人，体育专修科廿二人。

The University of Chungking held its third graduation exercises on Sunday morning

THE University of Chungking held its third graduation exercises on Sunday morning says a dispatch to the "Standard." Seventy-four students, it is reported, received degrees, 16 of them belonging to the college of science, 23 to the college of engineering and 13 and 22 to special courses on business and physical education respectively.

文献编号 1938-037   The University of Chungking held its third graduation exercises on Sunday morning

■ 文献信息

报纸 *The North-China Daily News*，1938 年 6 月 28 日

文献编号：1938-037

■ 全文及译文

The University of Chungking held its third graduation exercises on Sunday morning says a dispatch to the "Standard". Seventy-four students, it is reported, received degrees, 16 of them belonging to the college of science, 23 to the college of engineering and 13 and 22 to special courses on business and physical education respectively.

重庆大学在星期天举行第三届毕业典礼，据报道，74 名学生符合授位标准并授予学位，他们中的 16 名属于理学院，23 名属于工学院，13 名属于工商院特别班，22 名属于体育专修科。

The University of Chungking held its third graduation exercises on June 26

■ 文献信息

报纸 *The North-China Herald*，1938 年 7 月 6 日

文献编号：1938-042

THE University of Chungking held its third graduation exercises on June 26 says a dispatch to the "Standard." Seventy-four students, it is reported, received degrees, 16 of them belonging to the college of science, 23 to the college of engineering and 13 and 22 to special courses on business and physical education respectively.

文献编号 1938-042　The University of Chungking held its third graduation exercises on June 26

■ 全文及译文

The University of Chungking held its third graduation exercises on June 26 says a dispatch to the "Standard", Seventy-four students, it is reported, received degrees, 16 of them belonging to the college of science，23 to the college of engineering and 13 and 22 to special courses on business and physical education respectively.

重庆大学于6月26日举行第三届毕业典礼，据报道，74名学生符合授位标准并授予学位，他们中的16名属于理学院，23名属于工学院，13名属于工商院特别班，22名属于体育专修科。

258　国立各院校统一招生之重庆大学

■ 文献信息

报纸《申报》，1938年12月23日，期号23282号（上海版）

文献编号：1938-054

■ 简体全文[1]

国立各院校统一招生　报名总数一万二千

实际投考一万九百人　本期录取五千数百人

【重庆通讯】教部本届国立各院校统一招生，总计报名者一万二千人，实际投考者一万零九百余人，除永康及上海一部份，已先后在本报发表，及会考各省市

---

[1] 原文内容篇幅较长，仅节选其中与重庆大学相关内容。

与国立各中学保送免试升学学生手续未办竣，俟另案审核分发外，共计录取新生五千三百九十三人。

[……]四川省立重庆大学二百四十一人。

文献编号 1938-054　国立各院校统一招生之重庆大学

259　留英公费生在重大考试

文献编号 1939-012　留英公费生在重大考试

■ 文献信息

报纸《申报》，1939年7月23日，期号23490号（上海版）

文献编号：1939-012

■ 简体全文

考选留英公费生　　四地同时举行

今日在沪港滇渝　　将连续考试三天

管理中英庚款董事会，考选第七届留英公费生，定今（二十三）明（二十四）后（二十五）三天，在上海中西女塾，香港香港大学，昆明云南大学，重庆重庆大学，四处同时举行。在上海应考生，已于昨日报到齐全，计有一百数十人。

---

260 二十七年度国立各院校统一招生概况之重庆大学（上）

文献编号 1939-014　二十七年度国立各院校统一招生概况之重庆大学（上）

■ 文献信息

报纸《申报》，1939年8月6日，期号23504号（上海版）

文献编号：1939-014

二十七年度国立各院校 统一招生概况（上）

应考万余人录取五千许

【重庆特讯】本年暑期国立各院校统一招生办法，已迭志前报，二十七年度教部办理国立各院校统一招生之投考与录取学生及志愿，选习科目与免试升学学生以及教部如何分配，现由教部□现调查□成报告[,]统计甚详，兹择要录下。

[……] 省立重庆广西二大学，请由教部附招学生，而重庆大学于考试时始通告招生，故应考学生，均未及列为第一志愿 [……]

---

261 二十七年度国立各院校统一招生概况之重庆大学（中）

文献编号 1939-015　二十七年度国立各院校统一招生概况之重庆大学（中）

■ **文献信息**

报纸《申报》，1939 年 8 月 7 日，期号 23505 号（上海版）

文献编号：1939-015

---

[1] 原文内容篇幅较长，仅节选其中与重庆大学有关内容。

■ 简体全文

二十七年度国立各院校　统一考生概况（中）

应考生成绩及格者即可录取　录取生得合理分配于各院校

录取人数　试验结果，计共录取学生五四六〇人，依成绩及志愿分发，或指派各校，以中山大学人数为最多，计七三二人，同济大学人数为最少，仅二〇人。

分发人数　二十七年度统一招生，新生分发各院校人数如下：中大六七三，武大三三二，浙大四九六，云大一四六，中正医学院六二，西北工学院二四七，江苏医学院七九，西南联大六五五，中山大学七三二，川大三二五，东北大学一一七，贵阳医学院五二，西北农学院二五四，省立广西大学九六，西北联大四一六，同济大学二〇，湖南大学一五〇，厦门大学八二，交通大学唐山工程学院一六三，师范学院一七二，省立重庆大学二四一，以上总计五四六〇人。

262　本届统一招生今日考试之重庆大学

文献编号 1939-016　本届统一招生今日考试之重庆大学

■ 文献信息

报纸《申报》，1939年8月7日，期号23505号（上海版）

文献编号：1939-016

本届统一招生　今日考试

招五千余名　报考万余人

【重庆六日电】教部举办二十八年度国立各院校统一招生，定七日起在重庆、成都、南郑、昆明、贵阳、辰溪、桂林、延平、上海、兰州、泰和、永康、曲江、镇平等十五区，同时分别举行招考。各院校计有国立中央、武汉、同济、湖南、浙江、交通、四川、厦门、东北、中山、云南、西北联大、中山医学院、江苏医学院、西北工学院、西北医学院、贵阳医学院、师范学院、重庆大学等，总计招考新生在五千名以上。全国各区报名投考学生，已达万余人。此项统一招考办法之实施，对于录取新生，按投考学校依照成绩，先后得合理分配于各院校，足以实现教育行政之目的，而增进教育之效率云。

263　本届统一招生增加院系之重庆大学

文献编号 1939-017　本届统一招生增加院系之重庆大学

■ 文献信息

　　报纸《申报》，1939 年 8 月 10 日，期号 23508 号（上海版）

　　文献编号：1939-017

■ 简体全文[1]

本届统一招生　增加院系

计有十一校

　　【重庆特讯】关于国立各院校招生之院系，前经部定之后，由统一招生委会印行简章，分发各区，并定七月二十五日起开始招考。

　　[……]代招重庆大学理学院数理、化学、地质三系，工学院土木、电机、机械、采冶四系，商学院及附设体育专修科新生。

264　教育部办理本届统一招生情形

文献编号 1939-020　教育部办理本届统一招生情形（节选）

■ 文献信息

　　报纸《申报》，1939年10月15日，期号23573号（上海版）

　　文献编号：1939-020

---

[1]　原文内容篇幅较长，仅节选其中与重庆大学有关内容。

教部办理　本届统一招生情形

投考一万九千余人　录取新生五千余人

【重庆航讯】本年度国立各院校统一招生，录取之新生业由教育部分发学校，已于八月廿三揭晓，据统一招生委员会消息，本年统一招生全国共分十五区及十三分处同时举行，投考学生共二万一千三百卅八名。除辰溪区蓝田分处，因邮递延误，约有考生千人，成绩尚未寄到外，其余各区处考生成绩均已送部，计一万九千零三十九人。经本部复核成绩，录取大学新生五千〇八十五人，占应考生百分之二十六，约为四比一。录取各生中等学校毕业者，约占百分[之]九十一，同等学力约占百分之八，此项同等学力，除限制十分之一人数外，又须成绩在可录取人数半数之前者方得录取。取录生之组别，第一组文法商学院各系及师范学院国文、英文、公民、训育、教育、体育等系计录取一·七八三人，第二组理工学院各系及师范学院数学、理化等系，计录取二·六七九人，第三组农医学院各系及师范学院博物系，计录取六二三人。录取学生现已分发于国立二十二院校暨四川省立重庆大学与河南省立大学，共二十四个单位。分发标准，第一步完全依考生第一志愿，按照成绩，先后□优分发，其第一志愿因额满不能分发时，依第二及第三志愿。

265　专科以上学校招转学生之重庆大学

文献编号 1939-022　专科以上学校招转学生之重庆大学

■ 文献信息

报纸《申报》，1939年11月8日，期号23597号（上海版）

文献编号：1939-022

■ 简体全文

专科以上学校　招转学生

【重庆航讯】专科以上各学校，多已招收新生及转学生完竣，闻国立师范学院，现拟招收各系转学生，交通大学唐山工程学院拟招收矿冶系转学生，西北大学拟补招中国语文、史地、化学、数学、生物、地理[～]等系新生，西北师范学院补招国文、英语、数学、理化、家政、博物等系新生，中山大学拟招医学院新生，云南大学拟补招农学院新生，重庆大学拟招数理[、]化学[、]地质等系及体育专修科新生，西北大学、西北师范学院、中山大学、云南大学及重庆大学补招之新生，由各该院初试，将成绩送教部复核后再行录取，又西康技艺专科学校，已于十月二十一日起，开始报名招生云。

266　本届大学统一招生考试概况之省立大学全部加入统考

特殊、在內地投考的學生、仍不得以上海各校爲志願學校、㊂省立大學今年亦全部加入統考、去年雖亦將陝西及重慶大學列入、而本年則還在豫西交通不便的河南大學、亦已加入、除省立各獨立學院外、公立各校院已完全加入、從這兩點看來、可見統考的效力、已普遍施之於公立校院、系統考所包括的院系、因校數增加、數量自亦隨之漸多、不過本年所列院系、專修科是除外的、原因是此修科本爲專科性質、且如醫術等類的專修科、考試科目固有不同、錄取標準、亦難與其他院系合而爲一、、體育專修科雖亦有形相似、但中大與國師所設的體育與體育專修科及重大的體育專修科、因省時及省事起見、今年仍然列入、可是錄取的標準是與其他各院系不同的、

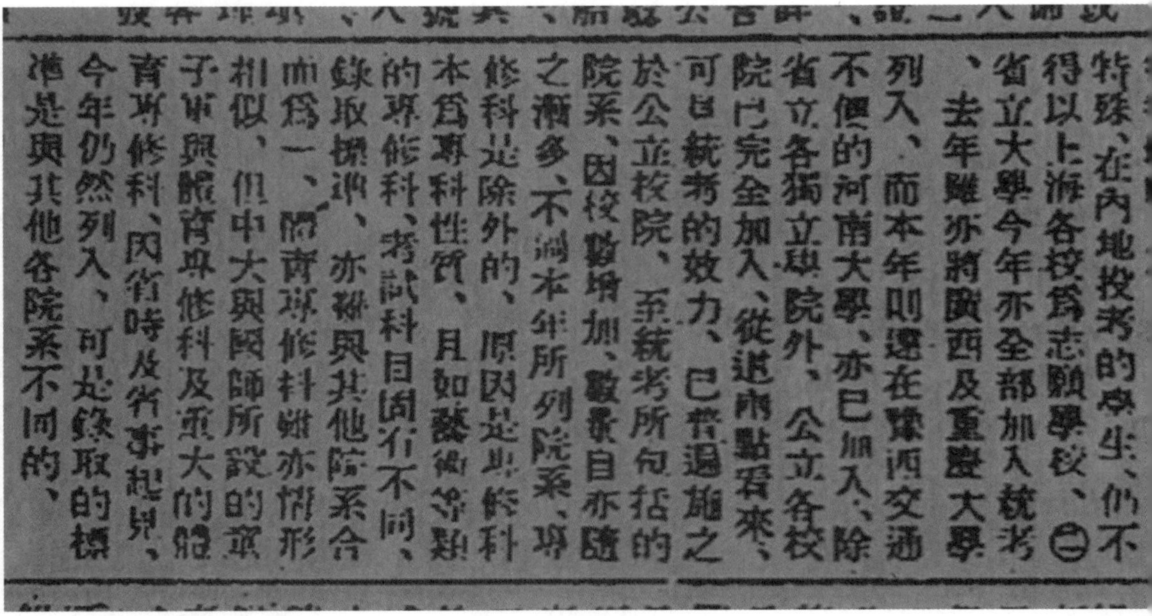

文献编号 1939-023　本届大学统一招生考试概况之省立大学全部加入统考

■ 文献信息

　　报纸《申报》，1939年12月12日，期号23631号（上海版）

　　文献编号：1939-023

■ 简体全文

本届大学　统一招生考试概况（二）

教部黄龙先科长之概述

（二）招考的院校

　　本年统考除国立各院校全部列入招生外，代招者尚有省立大学二校，共计二十八单位、七十七学院、三百零一学系（包括三专修科），事务之繁复，于此可以想见。本年尚有两特点，即（一）国立各大学及独立学院全部列入招生范围，去年上海各院校因环境关系，均自行招生，而其他上海各校院代招后方国立各校院新生，经录取后，分发后方各大学修业，今年上海情形虽亦感觉困难，但仍组织招生委员会进行招考事宜。这一点是值得幸慰的，不过沪上究竟环境特殊，在内地投考的学生，仍不得以上海各校为志愿学校[。]（二）省立大学今年亦全部加入统考，去年虽亦将广西及重庆大学列入，而本年则远在豫西交通不便的河南大学，亦已加入。除省立各独立学院外，公立各校院已完全加入[。]从这两点来看，可见统考的效力，已普遍施之于公立校院，至统考所包括的院系，因校数增加，数量自亦随之渐多。不过本年所列院系，专修科是除外的，原因是专修科本为专科性质，且如艺术等类的专修

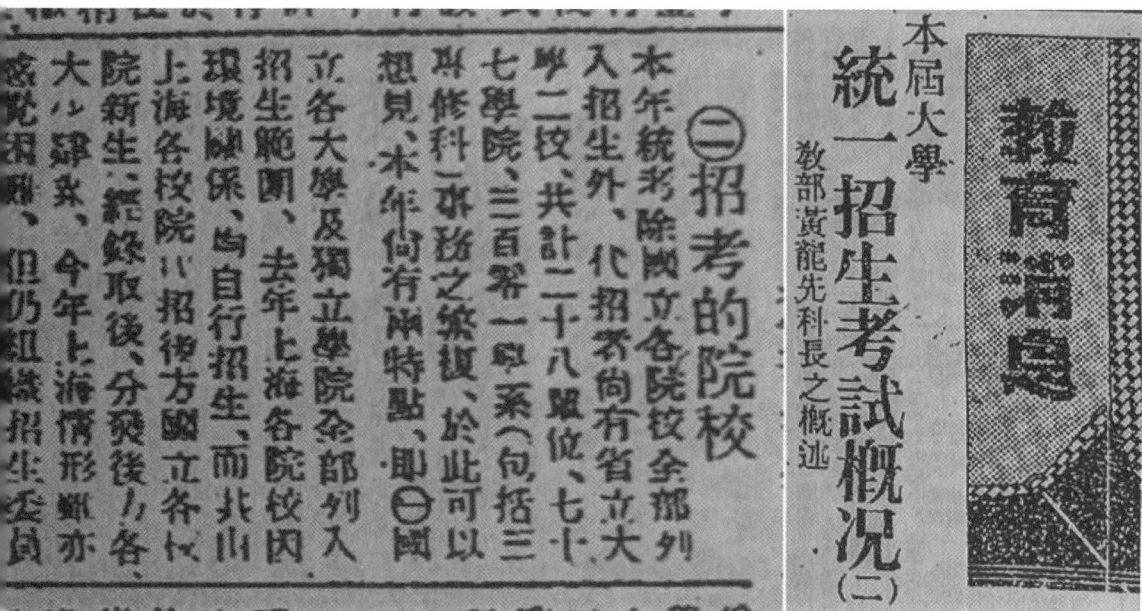

科，考试科目固有不同，录取标准，亦~~虽~~与其他院系合而为一，体育专修科虽亦情形相似，但中大与国师所设的童子军与体育专修科及重大的体育专修科，因省时及省事起见，今年仍然列入，可是录取的标准是与其他各院系不同的。

267 本届统一招生考试概况之重庆大学录取人数

文献编号 1939-026　本届统一招生考试概况之重庆大学录取人数

- **文献信息**

  报纸《申报》，1939年12月21日，期号23640号（上海版）

  文献编号：1939-026

- **简体全文**[1]

　　右列标准，我们要特别加以解释的三点：第一，所谓考区及附近区是固定的，不是没有规定的。譬如重庆本区的学校是中大、重大、江苏医学院，附近区是成都、贵阳、恩施三区。第一、第三志愿的分发重庆区学生优先分发中大等三校，有余额再以附近三区考生按其志愿分发，其他各区均仿此。第二，分发的程序也是规定很详细的。譬如第一志愿的分发，最先为同一志愿学校的归类，次为相同学系的归类，复次为排列每系学生的成绩，再次按各系容量顺序登录分发学生以额满为止，未满者听，再次为校对，手续繁复，不容错乱。第三，指派学校和学系是特别的郑重，由统一招生委员会指定委员七人，开会决定之，所根据的原则为：㈠学校不同而院系相同；㈡根据其相同的三个志愿学系或两个学系；㈢根据其第一志愿学系；㈣根据地域；㈤情形相同仍以成绩先后为序。如依以上各项均以额满不能分发，即采取不得已的办法，指派性质相近的学系，但仍须有相当的限制，如机械工程分发纺织

---

[1]　原文内容篇幅较长，仅节选其中与重庆大学有关内容。

工程或物理系，化学工程分发化学系、[ ]政治学系分发法律学系等。可是这种改系分发的学生，今年并不多，详情可于本节后段见之。

[……]重庆大学取甲一八、乙一二、丙三〇、送丙六人。

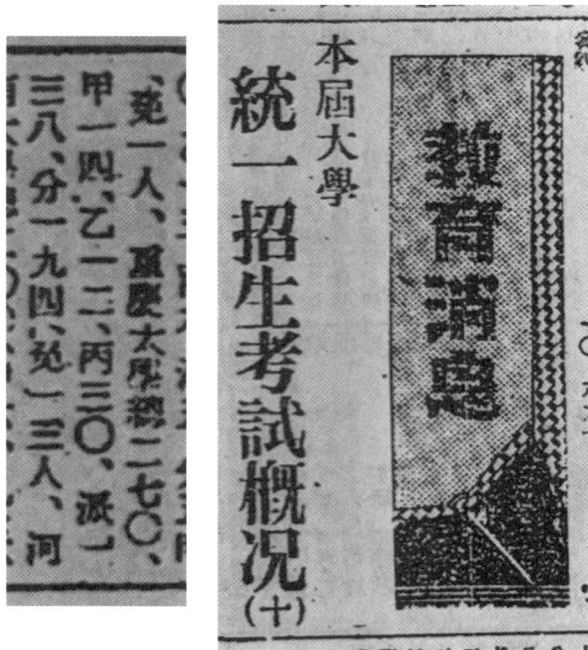

268 本届大学统一招生考试概况之重庆大学总录取数

文献编号 1939-027　本届大学统一招生考试概况之重庆大学总录取数

■ 文献信息

报纸《申报》，1939年12月22日，期号23641号（上海版）

文献编号：1939-027

■ 简体全文[1]

本届大学统一招生考试概况（十）

重庆大学总二七〇，甲一四，乙一二，丙三〇，派一三八，分一九四，免一三人。

---

[1]　原文内容篇幅较长，仅节选其中与重庆大学有关内容。

269 中正奖学金名额之重庆大学

文献编号 1940-014　中正奖学金名额之重庆大学

■ 文献信息

报纸《申报》，1940年6月20日，期号23812号（上海版）

文献编号：1940-014

■ 简体全文[1]

清寒优秀学生　中正奖学金名额

规定新生与在校生各二百名　教育部覆核完竣已通饬施行

【重庆航讯】关于二十九年度专科以上学校清寒优秀学生中正奖学金名额，业经教育部专科以上学校清寒优秀学生中正奖学金审查委员会拟定。经教育部覆[复]核完竣，闻已通饬施行，兹将该项奖学金名额表探志如后：

---

[1]　原文内容篇幅较长，仅节选其中与重庆大学有关内容。

▲二十九年度专科以上学校清寒优秀学生中正奖学金名额表：

[……]

在校生二百名

（甲）国立大学一百名，中央大学一五名，西南联合大学一七名，西北大学六名，中山大学一四名，交通大学七名，同济大学四名，暨南大学二名，武汉大学七名，东北大学二名，浙江大学六名，四川大学七名，湖南大学三名，厦门大学二名，云南大学四名，广西大学四名。（乙）省立大学十名，河南大学三名，重庆大学四名，山西大学二名，英士大学一名。

270 申报主办大中学生暑期征文之重大学子获奖

文献编号 1940-020　申报主办大中学生暑期征文之重大学子获奖

■ 文献信息

报纸《申报》，1940年10月10日，期号23925号（上海版）

文献编号：1940-020

■ 简体全文 [1]

本报主办大中学生暑期征文　首选文字今日发表

大学组西南联大粟翼寰　中学组麦伦中学郭栋材

本报此次为鼓励大中学生，利用暑期休假，励志自修起见，举行□□征文。应征者异常踊跃，虽远在渝滇等省之学校，亦有试卷寄来，核计总数，不下五六千本。其中佳构极多，只以名额有限，遗珠难免。兹经约聘专家，审慎评定名次，业于昨日发表。大学组及中学组首选文字，特于今日一并刊载，以资观摩。大学组第一名昆明西南联合大学粟翼寰君，文题为《腾冲水力测勘□□》。第二名为重庆大学简之南君，两君□现已□请其即将近□寄□，制版刊登 [……]

271　统一招生之四川省立重庆大学

■ 文献信息

期刊《学生之友》，创刊号，第 81 页，1940 年
6 月 15 日

文献编号：1940-013

■ 简体全文

四川省立重庆大学

校址重庆

校长叶元龙

理　学　院　　数理学系、化学系、地质学系。

工　学　院　　士[土]木工程学系、电机工程学系、化学工程学系、矿冶工程学系。

商　学　院　　会计银行学系、工商管理学系。

附设部份　　一、附设体育专修科。二、特设统计专修科。

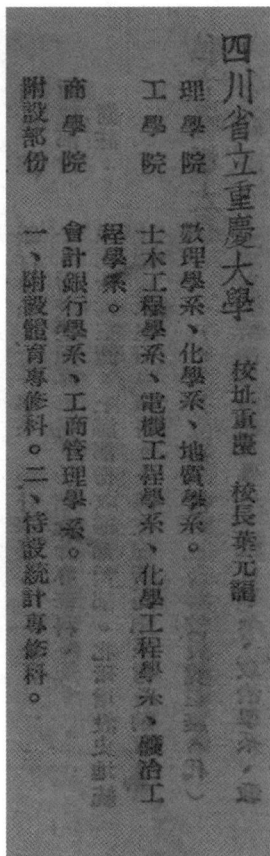

文献编号 1940-013　统一招生之四川省立重庆大学

---

[1]　原文内容篇幅较长，仅节选其中与重庆大学有关内容。

文献编号 1941-003　举行秋季联合招生之重庆大学考点

■ **文献信息**

报纸《申报》，1941年6月20日，期号24167号（上海版）

文献编号：1941-003

■ **简体全文**[1]

国立中央等四大学　举行秋季联合招生

地点重庆成都昆明贵阳丽水衡阳

【重庆航讯】中央大学两广同学会，因本年废除统一招生，各大学独立招生时间及地点，多有不同。兹为便利两广学生赴考起见，特将各校招生情形及赴考或入校途次经过，一一调查，以备参考。[……]

（三）在川招考之学校，重庆区有国立交通大学重庆分校、国立江苏医学院、重庆大学、省立教育学院、复旦大学、中华大学、重庆商船学校、国立医药学校、国立中央工业专科学校、音专学校、戏剧学校、艺术专科学校、兵工学校及军需学校等。成都区有金陵大学、齐鲁大学、华西大学（以上三教会学校，仍依往年联合招生之例，在重庆[、]成都、香港等地招生）。金陵女子文理学院、光华大学、朝阳大学、东北大学、四川大学、中国技术学校，均于八月中旬在川招生。

---

[1]　原文内容篇幅较长，仅节选其中与重庆大学有关内容。

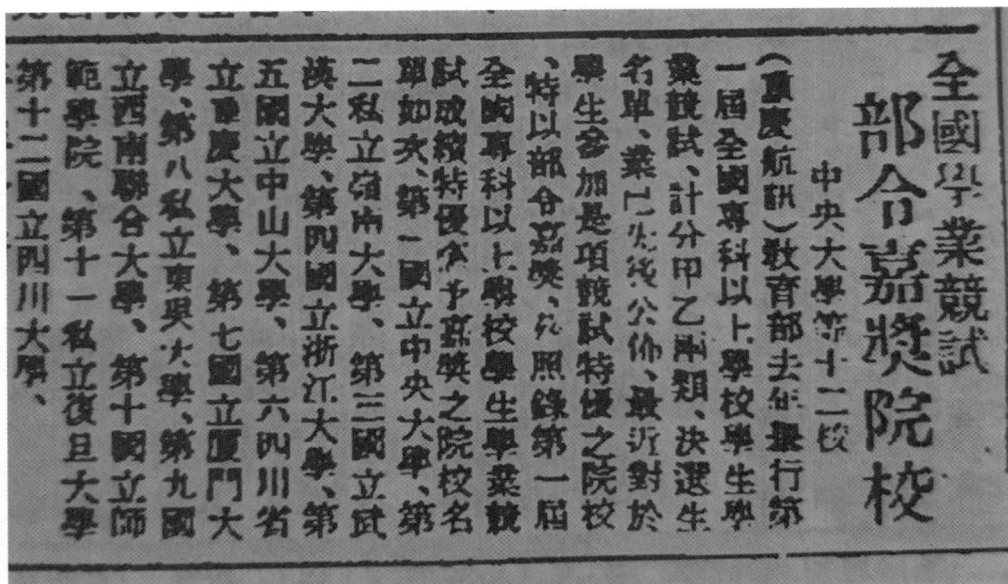

文献编号 1941-021　全国学业竞试部令嘉奖院校之重庆大学

■ 文献信息

报纸《申报》，1941年9月18日，期号24257号（上海版）

文献编号：1941-021

■ 简体全文

全国学业竞试　部令嘉奖院校

中央大学等十二校

【重庆航讯】教育部去年举行第一届全国专科以上学校学生学业竞试，计分甲乙两类，决选生名单，业已先后公布。最近对于学生参加是项竞试特优之院校，特以部令嘉奖。兹照录第一届全国专科以上学校学生学业竞试成绩特优□予嘉奖之院校名单如次：第一国立中央大学、第二私立岭南大学、第三国立武汉大学、第四国立浙江大学、第五国立中山大学、第六四川省立重庆大学、第七国立厦门大学、第八私立东吴大学、第九国立西南联合大学、第十国立师范学院、第十一私立复旦大学[x]第十二国立四川大学。

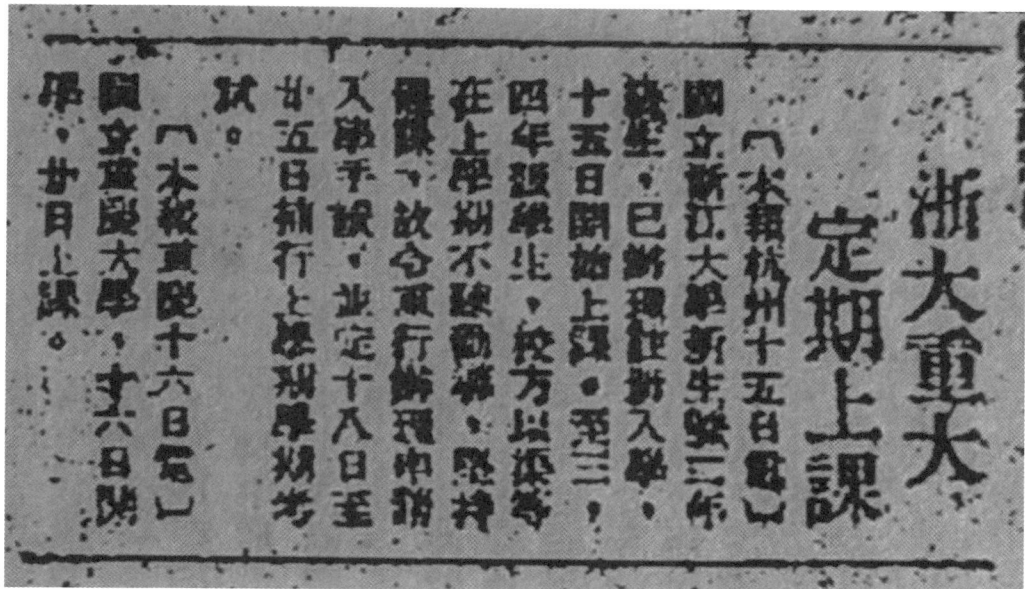

文献编号 1947-010　浙大重大定期上课

■ 文献信息

报纸《申报》，1947年9月17日，期号24997号（上海版）

文献编号：1947-010

■ 简体全文

浙大重大　定期上课

【本报杭州十五日电】国立浙江大学新生暨二年级生，已办理注册入学，十五日开始上课。至三、四年级学生，校方以渠等在上学期不听劝导，坚持罢课，故令重行办理申请入学手续，并定十八日至廿五日补行上学期[学期]考试。

【本报重庆十六日电】国立重庆大学，十六日开学，廿日上课。

重慶大學校刊

第七期

卅六年十月十五日

發行者 國立重慶大學校刊編輯委員會

通訊處 重慶沙坪壩

校慶致詞

張校長

今天是本校第十八週年紀念日，在這短短十八年之間，本校由誕生而成長，經過了許多變化，在民國十八年創辦時，只有預科，二十一年，成立本科，目二十五年第一屆畢業，迄今已至第十二屆，畢業學生總數約二十人，分布於全國各地，服務於重慶者二百餘人，重大精神蓋已徧及於全國。青年是有活潑的創造能力，而本校亦正在一個十八歲的青年中，有無限的前途與無限的希望，將來如何？則有視於在校師生及各校友之多方努力。

同憶民國三十年十月，本人來校時，僅有三院十二系兩科，教職員約二百人，學生約九百人。待月經費五萬元。今則有五院二十系兩科，教研究所，教職員近四百人，學生二千餘，發展不能謂緩，或已媲於過速。蓋年抗戰初起之時，本校本科僅有五年之歷史，一切設備，未臻完善，抗戰甫起，員生驟增，設備更感缺乏，在抗戰期間，交通梗阻，且經濟力量極弱，所需更屬有限，迄辛重慶為戰時首都，人才集中，師資方面，尚不難羅致。

目錄

校慶致詞

教育部代電二則

新圖書館建築概況

文理學院近況

各中學投考本校人數及錄取人數比較表

校友動態

體育動態

圖書館會議紀錄摘要

小消息

編輯委員會簡則

徵稿規約

文献编号 1947-013　建校十八周年校庆致辞（节选）

■ 文献信息

期刊《重庆大学校刊》，第7期，第1-2页，1947年10月15日

文献编号：1947-013

■ 简体全文

校庆致词

今天是本校第十八周年纪念日，在这短短十八年之间，本校由诞生而成长，经过了许多变化，在民国十八年创办时，只有预科，二十一年，成立本科，自二十五年第一届毕业，迄今已至第十二届，毕业学生总数约二千人，分布于全国各地，服务于重庆者二百余人，服务于京沪两市者亦约二百余人，重大精神盖已遍及于全国。青年是有活泼的创造能力，而本校亦正如一个十八岁的青年，有无限的前途与无限的希望，将来如何？则有视于在校师生及各校友之多方努力。

回忆民国三十年十月，本人来校时，仅有三院十二系两科，教职员约二百人，学生约九百人，每月经费五万元。今则有五院二十系两科，两研究所，教职员近四百人，学生二千余，发展不能谓缓，或已嫌于过速。盖在抗战初起之时，本校本科仅有五年之历史，一切设备，未臻完善，抗战既起，员生骤增，设备更感缺乏，在抗战期间，交通梗阻，且经济力量极弱，所增更属有限，差幸重庆为战时首都，人才集中，师资方面，尚不难罗致。

三十二年春，本校改为国立，经济基础，日渐巩固，教职员待遇依照其他国立大学而调整，教授生活，稍见安定，学生志趣，日趋热切，师生感情，亦日趋于浓厚，故在三十四年八月抗战中止之时，本校教职员离校者甚少，三十五年，各校复员，教授虽纷纷返乡，而返校者居多，间有因其他关系不能返校者，亦不无恋恋，故在三十五年复员之时，本校师资，并未感觉如何困难，且复增设经济、教育、中文各系及医学院，本年复增政治、外交两系，增聘教授，副教授三十余位，或为多年老教授，或为甫将归国、造诣精深之优秀青年，故本校师资之充实，恐不让于国内各大学，或有过之，现计有教授一一六位，副教授三一位，讲师四〇位，助教九四位。至关于图书设备，教育部拨有各科专门杂志五十余种，清实录全套，医学院捐有最新书籍一百二十余册，杂志五十六种，其由本校向外洋搜购者约二千册，故图书之设备，已大有增加，苟能长此增购，三五年后，必大有可观。图书既备，而阅览室尚嫌狭小，故今春决议将教育部拨充之建筑费六亿元，完全用于建筑一可以供容八百学生自修阅览之处所，此新图书馆，建造于理学院对面，以九亿七千余万元包出，连前所购之材，料计已用去十一亿余元，不敷之数，尚在筹集中。总之，大学以学问为第一，图书为求学之本，今本校有此图书设备，求学工具之基础于焉奠定。

大学为人才教育，应着重于学术的表现，图书、师资，不过供参考、指导而已。

　　大学之成功与否，并不在于毕业人数之多寡，或者历史之悠久，而在于学术之研究能力与供[贡]献情形如何耳。往者、本校尚属创办，且内部多事；而今师资充实，图书设[备]逐渐完善，校风安定，是大学条件俱备，以后应当致力于高深之研究，庶不愧于最高学术之称。教育部已批准本校成立研究院，先办数学，化工两所，此不过前驱而已，其他研究所，更将陆续成立。

　　本校数年来之安定状况与进展情形，深得教育界同人及社会人士之赞许，其最大之安定力量，为教授学生爱校，以学校为前提，这种重公而忘私的精神，匪特为本校同人所珍贵，当亦为我们国家所需要者。大学负有改革社会风气之责，盼我重大同人，努力奋勉，将这种重公忘私，牺牲小我，成全大我的精神，推广发扬，使之灿烂于全国，十年以后之校庆节，必更有意义矣。愿与我同人共勉之！

276　三十六年度各中等学校投考学生录取百分率

本年度各中等學校投考學生錄取百分率

學校名稱	投考人數	錄取人數	百分率
私立清華中學	二四	一二	四八、○○
私立南開中學	二三	一一	四七、八○
私立廣益中學	三三	一三	三九、○四
私立蜀光中學	三四	一二	三五、三○
省立重慶中學	六七	一七	二五、三○
大竹縣立中學	七七	一一	一四、二○
重慶市立二中	二九	八	二七、六○
省立南充中學	八五	一五	一七、六○
廣安縣立中學	七七	一七	一五、○○
國立中央工校	八○	一○	一二、五○
私立志成中學	一○一	一二	一一、九○
其他	四六八三	三○二	六、四五

文献编号 1947-019　三十六年度各中等学校投考学生录取百分率

■ 文献信息

期刊《重庆大学校刊》，第7期，第4页，1947年10月15日

文献编号：1947-019

■ 简体全文

本年度各中等学校投考学生录取百分率

学 校 名 称	投考人数	录取人数	百分率
私立清华中学	二五	一二	四八、〇〇
私立南开中学	二三	一一	四七、八〇
私立广益中学	三三	一三	三九、四〇
私立蜀光中学	三四	一二	三五、三〇
私立兼善中学	六七	一七	三三、九〇
省立重庆中学	七七	一七	二二、〇〇
大竹县立中学	二九	八	二一、〇〇
重庆市立二中	八五	一五	一七、六〇
省立南充中学	七七	一二	一五、六〇
广安县立中学	七四	一〇	一三、五〇
国立中央工校	八〇	一〇	一二、五〇
私立志成中学	一〇一	一二	一一、九〇
其 他	四六八三	三〇二	六、四五

277 陪都学校新闻之重庆大学

■ 文献信息

报纸《甘肃民国日报》，1947年10月15日

文献编号：1947-031

■ 简体全文

陪都学校新闻

重庆大学

▲本校先修班甄试试卷刻正评阅中，约不日[放]榜。

▲本校体育组主办之"太截[极]拳班"创办以来，已历四期，其第五期业于六

陪都學校新聞

○重慶大學。

○教育學院。

○中央警校。

○中央工校。

○南開中學。

文献编号 1947-031　陪都学校新闻之重庆大学

日开始，指导教师仍由体育科拳术教师邓德达先生担任。

▲本月来物价大涨，公费已由八万元涨到十万元，自费同学莫不大伤脑筋。

▲校方刻正整饬校风，日前有二同学因赌博而被记大过二次，小过二次，留校察看，另有四位同学则因生[在]寝室内接待女宾而被记大过一次。

教育学院

▲今教育柴院长此次专为扩校问题晋京，与有关方面接洽，颇有圆满结果，昨已返院，闻陪都大学颇有实现希望。

▲本院将改为陪都大学，原有房屋不敷应用。童家桥中美合作房屋，将交本院全部接收，作陪大校址。

▲本院刻已开学，全院房屋□□一新，颇有一番新气象。

▲本期系别增加，学生甚众，旧有房屋不能容纳，故将农场之猪舍改建为学生食堂，原有学生食堂改建为学生宿舍。

中央警校

▲近传沪上范绍增将领导足，篮，排球队远征来渝，致执教本校之昔日华北足球名将鄂秉信氏正加紧练习，准备参加本市劲旅"东平"足球队，"出马应战"。

▲第三期学员，运动之风颇盛，各队球队，皆先后组成，并所设计各种不同之运动服装，均由私人自制。

南开中学

▲据关主任称：英议会访华团将来渝一行，届时将参观渝市各校，本校已接获其将来参观之通知。

▲本校紫艺摄影学社历史攸[悠]久，十月十七日为该社创办十周年纪念日，届时该会将展览十年来之成绩影片。

▲本校本期人数骤增至一千九百余人，因此桌床均感不敷，近日已制妥，不日即可应用。

▲本校学部活动自本礼拜一正式展开，首场讲演比赛，据教务处刘主任称：讲演采自由参加方式。所需要物品购齐。故近日物价飞涨，而我们的伙食[丝]毫没有受影响，甚幸！

▲念四班某同学自创一"日日新报"满篇新闻多来自造谣公司：该报含有最[深]刻之讽刺性。同学读之，大有啼笑皆非之感。

中央工校

▲各部科新旧生，已于九月三十日起分别办清入学手续，惟所有旧生上期之成绩尚未公布，故自觉成绩较差之同学，皆感惶惶不安。

▲本校本期缴费原规定二万七千五百元，校方为了减轻同学负担，经决议取消公物损失，保证金二万元，故本期缴费新生七千五百元，旧生仅四千元，算是全国缴费最低的学校。

歷年度畢業生統計

二十九年度畢業生：

（一）已呈報教部核准畢業資格者，二○六人。

（二）已呈報畢業資格，尚未奉教部指令者，二人。

（三）學籍或成績有問題，尚未呈報畢業資格者，七人。

（四）借讀期滿者，三人。

茲將已呈報畢業資格，尚未奉教部指令，本校之發文日期及文號抄錄如下：

1. 吳毅璋一名——三十五年六月二十四日，重字第一○七八號呈文報部。

2. 龍文秀一名——三十六年十月二十五日，重字第一五三三號呈文報部。

三十年度畢業生：

（一）呈報教部核准畢業資格者，九十二人。

（二）已呈報畢業資格，尚未奉教部指令者，六十七人。

（三）學籍或成績有問題，尚未呈報畢業資格者，十四人。

（四）借讀期滿者，六人。

茲將已呈報畢業資格，尚未奉教部指令，本校之發文日期及文號抄錄如下：

1. 劉成年一名——三十五年四月三十日，重字第一○○一號呈文報部。

2. 唐蕙君等六十五名——三十五年五月三日，重字第一○○五號呈文報部。

文献编号 1947-041　历年度毕业生统计（节选）

■ 文献信息

期刊《重庆大学校刊》，第 8 期，第 4-5 页，1947 年 11 月 15 日

文献编号：1947-041

■ 简体全文

历年度毕业生统计

二十九年度毕业生：

(一)已呈报教部核准毕业资格者，二〇六人。

(二)已呈报毕业资格，尚未奉教部指令者，二人。

(三)学籍或成绩有问题，尚未呈报毕业资格者，七人。

(四)借读期满者，三人。

兹将已呈报毕业资格，尚未奉教部指令，本校之发文日期及文号抄录如下：

1.吴载璋一名——三十五年六月二十四日，重字第一〇七八号呈文报部。

2.龙文秀一名——三十六年十月二十五日，重字第一五三三号呈文报部。

三十年度毕业生：

(一)已呈报教部核准毕业资格者，九十二人。

(二)已呈报毕业资格，尚未奉教部指令者，六十七人。

(三)学籍或成绩有问题，尚未呈报毕业资格者，十四人。

(四)借读期满者，六人。

兹将已呈报毕业资格，尚未奉教部指令，本校之发文日期及文号抄录如下：

1.刘成年一名——三十五年四月三十日，重字第一〇〇一号呈文报部。

2.唐蕙君等六十五名——三十五年五月三日，重字第一〇〇五号呈文报部。

3.李梲一名——三十六年十月九日，重字第一五一三号呈文报部。

三十一[年]度毕业生：

(一)已呈报教部核准毕业资格者，一百〇九人。

(二)已呈报毕业资格，尚未奉教部指令者，十六人。

(三)学籍或成绩有问题，尚未呈报毕业资格者，二十六人。

(四)借读期满者，十二人。

兹将已呈报毕业资格，尚未奉教部指令，本校之发文日期及文号抄录如下：

1.王苏生等三名——三十五年四月四日，重字第九七二号呈文报部。

2.叶庆初等九名——三十五年五月二日，重字第一〇〇三号呈文报部。

3.张义方一名——三十六年五月二十七日，重字第一三九七号呈文报部。

4.萧尊宇一名——三十六年七月四日，重字第一四四五号呈文报部。

5.李化中一名——三十六年八月二十一日，重字第一四七四号呈文报部。

6.杜彬如一名——三十六年十月二十五日，重字第一五三三号呈文报部。

三十二年度毕业生：

(一)已呈报教部核准毕业资格者，五十四人。

(二)已呈报毕业资格，尚未奉教部指令者，一百五十七人。

(三)学籍或成绩有问题，尚未呈报毕业资格者九人。

(四)借读期满者，十四人。

兹将已呈报毕业资格，尚未奉教部指令，本校之发文日期及字[文]号抄录如下：

1.叶显树等五名——三十五年五月二日，重字第一〇〇三号呈文报部。

2.郭治衡等一百五十二名——卅五年九月七日，重字第一一一六号呈文报部。

三十三年度毕业生：

(一)已呈报毕业资格，尚未奉教部指令者，一百三十八人。

(二)学籍或成绩有问题，尚未呈报毕业资格者，五十一人。

(三)借读期满者二十二人。

兹将已呈报毕业资格，尚未奉教部指令，本校之发文日期及文号抄录如下：

1.张其俊等一百廿八名——卅六年三月十七日，重字第一二八六号呈文报部。

2.吴承绪等四名——三十六年五月十四日，重字第一三七九号呈文报部。

3.方志纯一名——三十六年五月二十八日，重字第一四〇〇号呈文报部。

4.贺兆璋等五名——三十六年十月二十五日[,]重字第一五三四号呈文报部。

三十四年度毕业生：

(一)已呈报毕业资格，尚未奉教部指令者，二百〇九人。

(二)学籍或成绩有问题，尚未呈报毕业资格者，四十八人。

(三)借读期满者，六人。

兹将已呈报毕业资格，尚未奉教部指令，本校之发文日期及文号抄录如下：

1.周定申等一百八十九名——三十六年三月四日[,]重字第一二七二号呈文报部。

2.唐英穆等八名——三十六年四月十二日，重字第一三二八号呈文报部。

3.陈洪之等七名——三十六年五月十四日，重字第一三八一号呈文报部。

4.徐厚生等五名——三十六年十月二十五日，重字第一五二四号呈文报部。

本年度上學期學生人數

院系別	男生	女生	共計
（文理學院）			
數理系	五五	一〇	六五
化學系	三二	二二	五四
地質系	三五		三五
中國文學系	三七	一一	四八
外國文學系	二三	五	二八
教育系	四八	二一	六九
（工學院）			
土木系	一四七		一四七
機械系	一三七		一三七
電機系	一六七		一六七
礦冶系	一二八		一二八
化工系	一四〇	一三	一五三
建築系	九五	四	九九
（商學院）			
會計統計系	八五		八五
工商管理系	八〇	一〇	九〇
銀行保險系	二三		二三
（法學院）			
法律系	六〇		六〇
經濟系	一三〇		一三〇
政治系	六一	三	六四
醫學院	一七三		一七三
體育專修科	六三	四	六七
統計專修班	一五九		一五九
總預備計	一八一一		二一四〇

文献编号 1947-043　三十六年度上学期学生人数

■ 文献信息

期刊《重庆大学校刊》，第 8 期，第 6 页，1947 年 11 月 15 日

文献编号：1947-043

■ 简体全文

本年度上学期学生人数

院　系　别	男　生	女　生	共　计
（文理学院）			
数　理　系	五五	一〇	六五
化　学　系	三二	二二	五四
地　质　系	三五		三五
中国文学系	三七	一一	四八
教　育　系	四八	二一	六九
外国文学系	二三	五	二八
（工　学院）			
土　木　系	一四七		一四七

机 械 系	一三七		一三七
电 机 系	一六八	一	一七一
矿 冶 系	一二七	二一	一七八
化 工 系	一一九	二一	一四〇
建 筑 系	四〇	一〇	五〇
（商学院）			
会计统计系	八〇	三七	一一七
工厂[商]管理系	二二七	四四	二七一
银行保险系	九五	二四	一一九
（法学院）			
法 律 系	八九	八	九七
经 济 系	六〇	一〇	七〇
政 治 系	二三	一	二四
医 学 院	三〇	三六	六六
统计专修科	一三	七	二〇
体育专修科	六七	二〇	八七
预 备 班	一五九	四一	二〇〇
总 计	一八一一	三三二	二一四三

280　体育专修科第十届毕业生就业情况

■ 文献信息

期刊《重庆大学校刊》，第 8 期，第 6-7 页，1947 年 11 月 15 日

文献编号：1947-044

■ 简体全文

体育专修科第十届毕业生就业情况

姓　名	性　别	籍贯	服务处
白阳太	男	陕西	陕西襃城县立二中训育主任兼体育主任
张先集	男	长寿	长寿县立中学体育教员兼管理
吴先澄	男	隆昌	隆昌县立中学体育主任
陈明书	男	眉山	国立四川大学体育助教

體育專修科第十屆畢業生就業情況

姓名別	性別	籍貫	服務處
白陽太	男	陝西	陝西發城縣立二中訓育主任發體育主任
張先集	男	隆昌	隆昌縣立中學體育教員兼管理
吳先澄	男	隆昌	國立四川大學體育助教
陳明貴	男	眉山	清華中學體育助教
趙廉	男	武勝	清華中學體育主任
范書年	男	河南	陝西南鄭縣立中學體育主任
何繼儒	男	江津	華僑工商學院體育助教
江甸昆	男	江津	永川英井中學體育主任
郭鳴犀	男	河北	中央測校體育教官
林春普	男	重慶	成都省立列五中學體育教員
劉明遶	男	安徽	台南省立工業專科學校體育教員
馬昆泰	男	雲南	雲南省立昭通中學體育主任
潘堯衢	男	萬縣	華僑工商學院體育助教
顏服周	男	梁山	蜀都中學體育主任
蕭師揚	男	銅梁	自貢市劍南中學體育主任
宋德厚	男	銅梁	山洞鐘南中學體育主任
但保民	男	長壽	長壽縣立中學體育主任
魏興盛	男	營山	重慶扶輪中學體育主任
周朝桂	男	萬縣	重慶立行中學體育主任
周興詩	男	長壽	涪陵省立涪陵中學體育主任
周進塘	男	璧山	重慶市立師範學校體育教員
羅利榮	男	瀘縣	重慶私立捍衛中學體育教員
唐朝棟	男	萬縣	湖北省立第七高中體育主任
唐遠廉	男	大足	重慶市立第一中學體育主任
雞和燊	男	萬縣	重慶私立捍衡中學體育主任
陳明旭	男	瀘縣	重慶市立師範學校體育教員
鄧瑞卿	男	巴縣	重慶私立北碚兼善中學體育教員
于良富	男	合川	重慶市立師範學校體育教員
王文富	男	江津	重慶清華中學體育教員
王先元	女	遠安	重慶市立師範學校體育教員兼管理
李廷釀	女	崇慶	省立成都師範學校附中間育教員
李白英	女	大足	四川教育學院附中間育教員
唐珮瑛	女	萬縣	成都市立師範學校體育教員兼管理
譚雪芬	女	江蘇	湖南長沙私立稻湘女子學校舞蹈教員
成守鈺	女	江津	四川省立女子師範學校體育教員
周玲珊	女	郫都	重慶清華中學體育教員
李玲娟	女	合川	四川省立北碚師範學校體育教員
廖紀坤	女	巴縣	自貢市創南中學體育教員

文献编号 1947-044　体育专修科第十届毕业生就业情况

赵廉	男	武胜	清华中学体育主任
范书年	男	河南	陕西南郑县立中学体育主任
何继儒	男	江津	华侨工商学院体育助教
江甸昆	男	江津	永川英井中学体育主任
郭鸣犀	男	河北	中央测校体育教官
林春普	男	重庆	成都省立列五中学体育教员
刘明绕	男	安徽	台[云]南省立工业专科学校体育教员
马昆泰	男	云南	云南省立昭通中学体育主任
潘尧衢	男	万县	华侨工商学院体育助教
颜服周	男	梁山	蜀都中学体育主任
萧师扬	男	铜梁	自贡市剑南中学体育主任
宋德厚	男	铜梁	山洞钟南中学体育主任
但保民	男	长寿	长寿县立中学体育主任
魏兴盛	男	营山	重庆扶轮中学体育主任
周朝桂	男	万县	重庆立行中学体育主任
周兴诗	男	长寿	涪陵省立涪陵中学体育主任
周进塘	男	璧山	重庆市立师范学校体育教员
罗利荣	男	泸县	重庆私立捍卫中学体育主任
唐朝栋	男	万县	湖北省立第七高中体育主任

唐建宾	男	大足	重庆市立第一中学体育主任
李白英	男	长寿	重庆私立志达中学体育主任
李廷骧	男	崇庆	省立成都师范体育教员
王先元	男	江津	省立四川教育学院附中体育教员
王文富	男	遂宁	重庆市立造印学校体育教员兼管理
王兴瑞	男	合川	重庆清华中学体育教员
陈明旭	男	巴县	重庆市立师范学校体育教员
邬瑶卿	女	云阳	重庆私立北碚兼善中学体育教员
成守钰	女	江津	重庆市立第二中学体育教员
谭云芬	女	巴县	成都市立体育专科学校舞蹈教员
李淑群	女	江津	湖南长沙私立福湘女子学校体育主任
周　漂	女	江苏	四川省立女子师范学校体育教员
周玲娟	女	丰都	重庆清华中学体育教员
李白秋	女	合川	四川省立北碚师范学校体育教员
康纪坤	女	巴县	自贡市剑南中学体育教员

281　广播工程教育

廣播工程教育

本校工學院教授，循廣播電台之請，本年度於每月之第二、三、四、五週星期五晚，義務廣播一次，廣播有關工程教育各問題，業自一月十日晚起，連續舉行三次。茲探悉擬定之廣播節目如後：

日　期	廣播人	題　目
十月十日	余錫如教授	工程教育問題
十月十七日	胡葆珩教授	機械工程之使命
十月卅一日	蔣導江教授	礦冶工程之使命
十一月十四日	毛毅可教授	機械工業之展望
十一月廿一日	劉宜倫教授	第五遞信概況
十一月廿八日	時化課教授	化工工程之使命
十二月十九日	雷汝揆教授	土木工程之使命

文献编号 1947-048　广播工程教育

■ 文献信息

期刊《重庆大学校刊》，第8期，第8页，1947年11月15日

文献编号：1947-048

■ 简体全文

广播工程教育

本校工学院教授，循广播电台之请，本年度于每月之第二、三、四、五周星期五晚，义务广播一次，广播有关工程教育各问题，业自十月十日晚起，连续举行三次。兹探悉预定之广播节目如后：

日　期	广　播　人	题　　目
十月十日	金锡如教授	工程教育问题
十月十七日	胡葆珩教授	机械工程之使命
十月卅一日	蒋导江教授	矿冶工程之使命
十一月十四日	毛毅可教授	机械工业之展望
十一月廿一日	刘宜伦教授	第五区电信概况
十一月廿八日	时化霖教授	化工工程之使命
十二月十九日	雷汝扬教授	土木工程之使命

282　重庆大学注册证遗失启事

■ 文献信息

期刊《重庆大学校刊》，第8期，第8页，1947年11月15日

文献编号：1947-050

■ 简体全文

遗失启事

本人重庆大学三十六年度上期注册证不慎遗失[，]除向学校申请补发外[，]特此登报申明作废[。]

重大土木系四年级学生傅德炎启

遗失启事

本人重慶大學三十六年度上期註冊證不慎遺失除向學校申請補發外特此登報申明作廢

重大土木系四年級學生傅德炎啟

文献编号 1947-050　重庆大学注册证遗失启事

283 重大七学子获大学化工奖金

院，招考新生二十一名。另一部門之協和護士學校，亦由華西協復員回平，為提高護士教育，將逐步採取學位制。協和醫院則定明年四月一日開幕。協和經費，目前為二千二百萬美元基金之利息美金六十萬元，殊不足應付。故復興協和，困難甚多。惟於設備中仍進行不斷，預計一九五○年能恢復戰前狀態。李氏此來，並與中華醫學會方面商討此四年計劃之步驟。李博士於今晨晉京，向中樞當局請示，再來滬搭機飛美，除洽辦外並籌募協和經費

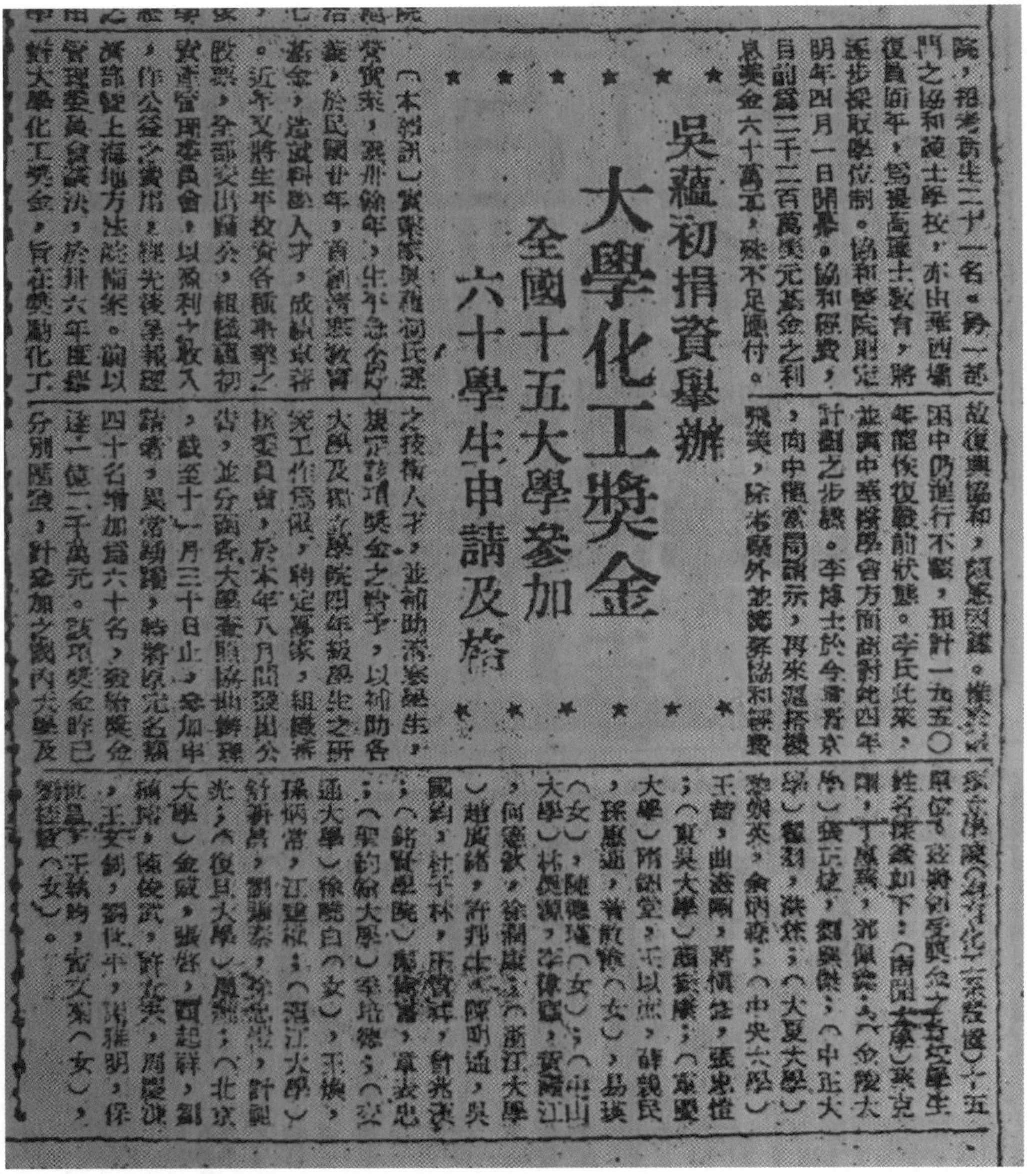

吳蘊初捐資舉辦
大學化工獎金
全國十五大學參加
六十學生申請及格

〔本報訊〕實業家吳蘊初氏鑒於實業，深感近年來，生產急需專業，於民國廿年，首創清寒教育基金，造就科學人才，成績卓著。近年又將生平投資各種事業之股票，全部交出劃分，組織蘊初教育管理委員會，以孳利十數入，作公益之費用，經先後呈報經濟部暨上海地方法院備案。旋以管理委員會議決，於卅六年度舉辦大學化工獎金，旨在獎勵化工之技術人才，並補助清寒學生，擬定該項獎金之辦法，以補助各大學及獨立學院四年級學生之研究工作為限，聘定專家，組織審核委員會，於本年八月間發函分告，並分函各大學參照辦法辦理，截至十一月三十日止，參加申請者，異常踴躍，特將原定名額四十名增加為六十名，發給獎金達一億二千萬元。該項獎金昨已分別匯發，對參加之國內大學及系（化學化工系四年級）十五單位，茲將受獎金之各校學生姓名採錄如下：（南開大學）張克關，丁一燕，張佩鈞，（金陵大學）張正煒，劉興傑；（中正大學）曾紹杰，洪然；（大夏大學）梁炳英，俞炳森；（中央大學）王萱，曲漢楠，蔣傳益，張忠愷；（東吳大學）顧藝康；（重慶大學）陳錫堂，王以湘，薛毅民，孫惠涵，黃靜倫（女），易瑛（女），陳德瑾（女）；（中山大學）林興源，李偉臣，黃龍江，何慶歡，徐瑞麟；（浙江大學）趙廣緒，許邦忠，陳明通，吳國鈞，杜宇林，張榮祥，曾兆襄；（銘賢學院）龍衡書，章汝忠；（聖約翰大學）李培德；（交通大學）徐曉白（女），王煥，孫炳常，江慧禎；（滬江大學）舒衡昌，劉翔泰，徐德崧，許嗣光；（復旦大學）周翔；（北京大學）金鐵，張澄，戴起祥，劉福熙，陳俊武，許友英，周慶漣，王安鈞，劉德平，張雅明，倪滬昌，于鐵鈞，黃文梨（女），劉鈺毅（女）。

文献编号 1947-072　重大七学子获大学化工奖金

■ 文献信息

报纸《申报》，1947年12月17日，期号25087号（上海版）

文献编号：1947-072

吴蕴初捐资举办　大学化工奖金

全国十五大学参加　六十学生申请及格

（本报讯）实业家吴蕴初氏经营实业，经卅余年，生平急□□义，于民国廿年，首创清寒教育基金，造就科学人才，成绩卓著。近年又将生平投资丶丶各种事业之股票，全部交出归公，组织蕴初资产管理委员会，以盈利之收入，作公益之费用。经先后呈报经济部暨上海地方法院备案。前以管理委员会议决，于卅六年度举办大学化工奖金，旨在奖励化工之技术人才，并补助清寒学生。规定该项奖金之给予，以补助各大学及独立学院四年级学生之研究工作为限。聘定专家，组织审核委员会，于本年八月间发出公告，并分函各大学查照协助办理。截至十一月三十日止，参加申请者，异常踊跃，特将原定名额四十名增加为六十名，发给奖金达一亿两千万元。该项奖金昨已分别汇发，计参加之国内大学及国立学院（均有化工系设置）十五单位。兹将领受奖金之各校学生姓名采录如下：[……]重庆大学隋锦堂、王以庶、薛亲民、孙惠□（女）、普□□（女）、易瑛（女）、陈德瑾（女）[……]

284　重庆大学七级校友调查

■ 文献信息

期刊《重庆清华》，第12期，第3页，1947年12月1日

文献编号：1947-074

■ 简体全文

▲重庆大学七级校友调查　萧师表，程昌碧，卢国璋，戴念根，王世伦，黄宽铨，吴生贵，刘明琮，许元徼，杨仲伦，孙开孟。

文献编号 1947-074　重庆大学七级校友调查

---

[1] 原文内容篇幅较长，仅节选其中与重庆大学有关内容。

土木系一九四七级毕业生就业情况

赵德奇　全国水力发电工程总处
王正邦　滦县县立女中
杨继明　山海关临榆公司
范学斌　公路第七匹局酒泉工程处
叶广生　公路复堤工程处
高陶　浙赣铁路工程局设计科
冯速璧　浙赣铁路工程局工事科
梁官文　重庆工务局
曾荣先　重庆工务局
刘长华　南京工务局下关工程处
陈惠熊　上海市公用局给水科
雷学侪　公路总局上海工程处
王泰　南京下水道工程处测量队
于明馨　南京下水道工程处测量队
高秀贞　南京下水道工程处设计科
边春淮　成渝铁路筑隆线第三测量队
邓荣昌　成渝铁路工务第四总段
高维明　成渝铁路工务第五总段
张伯宽　成渝铁路工务第六总段
戴文琦　成渝铁路工务第六总段
杨升坪　成渝铁路筑隆线第四测量队
王子谦　成渝铁路工务处设计科

文献编号 1948-015　土木系一九四七级毕业生就业情况

■ 文献信息

期刊《重庆大学校刊》，第11期，第3页，1948年2月15日

文献编号：1948-015

■ 简体全文

土木系一九四七级毕业生就业情况

王子谦　成渝铁路工务处设计科

杨升坪　成渝铁路筑隆线第四测量队

戴文琦　成渝铁路工务第六总段

张伯宽　成渝铁路工务第六总段

高维明　成渝铁路工务第五总段

邓荣昌　成渝铁路工务第四总段

边春淮　成渝铁路筑隆线第三测量队

高秀贞　南京下水道工程处设计科

于明馨　南京下水道工程处测量队

王　泰　南京下水道工程处测量队

雷学信　公路总局上海工程处

陈惠能　上海市政市公用局给水科

刘长华　南京工[务]局下关工程处

曾孝先　重庆工务局

梁官文　重庆工务局

冯连壁　浙赣铁路工程局工事科

高　陶　浙赣铁路工程局设计科

叶广生　公路第七区局酒泉工程处

范学斌　淮河复堤工程处

杨继明　山海关桥梁公司

王正邦　泸县县立女中

赵应奇　全国水力发电工程总处

286　国立重庆大学三十六年度第一学期学生年龄统计表

国立重慶大學三十六年度第一學期
學生年齡統計表

年齡	總計	男	女
總　計	1959	1667	292
一七歲	26	14	12
一八歲	129	98	31
一九歲	301	242	59
二〇歲	327	283	44
二一歲	319	276	43
二二歲	253	216	37
二三歲	201	167	34
二四歲	150	137	13
二五歲	120	106	14
二六歲	67	63	4
二七歲	28	27	1
二八歲	23	23	
二九歲	6	6	
三〇歲	6	6	
三一歲	3	3	

三十六年十二月　日編製

文献编号 1948-017　国立重庆大学三十六年度第一学期学生年龄统计表

- 文献信息

  期刊《重庆大学校刊》，第11期，第4页，1948年2月15日

  文献编号：1948-017

- 简体全文

国立重庆大学三十六年度第一学期
学生年龄统计表

年　龄	共　计	男	女
总　计	1959	1667	292
一七岁	26	14	12
一八岁	129	98	31
一九岁	301	242	59
二〇岁	327	282	44
二一岁	319	276	43
二二岁	253	216	37
二三岁	201	167	34
二四岁	150	137	13
二五岁	120	106	14
二六岁	67	63	4
二七岁	28	27	1
二八岁	23	23	
二九岁	6	6	
三〇岁	6	6	
三一岁	3	3	

三十六年十二月　日编制

註 册 日 程

查本校三十六年度第二期期開學日期經行政會議決定改於三十七年二月二十三日開學註冊日期自二十四日起至二十八日止＆將各院系科註冊日程分別排定抄錄於後各院系科學生均應依照日期註冊凡未經請假緩期註冊者逾期概不補辦如不申請休學即以自動退學論至於請假緩期註冊各生至遲以三月八日為限逾期不得再請求註冊以資整肅而利校務進行合行通告仰各遵照為要此布

註 册 日 程 （上午各系） （下午） （下午）

二月二十四日——「文理學院」及「醫學院」「體專科」

二月二十五日——工學院（上午 電機、農械、建築）（下午 土木、礦冶、化工）

二月二十六日——工學院（上午 工管、甲乙銀保）（下午 會統）

二月二十七日——商學院

二月二十八日——法學院及預備班（上午 法學院）（下午 預備班）

附 註

（一）凡補 各生均應依照規定日期參加補考如不參加所缺各科成績一律以零分計

（二）前一日註冊各生應於第二日親來領取註冊證如逾期不領者以未註冊論

註冊組 三十七年二月六日

文献编号 1948-018 三十六年度第二学期开学注册日程

■ 文献信息

期刊《重庆大学校刊》，第11期，第4-5页，1948年2月15日

文献编号：1948-018

■ 简体全文

注册日程

查本校三十六年度第二学期开学日期，经行政会议决定，改于三十七年二月二十三日开学，注册日期自二十四日起至二十八日止，兹将各院系科注册日程分别排定抄录于后。各院系科学生均应依照日期注册，凡未经请假缓期注册者，逾期概不补办，如不申请休学，即以自动退学论。至于请假缓期注册各生，至迟以三月八日为限，逾期不得再请求注册，以资整肃而利校务进行。合行通告仰各遵照为要，此布。

注册日程 （上午各系） （下午） （下午）

二月二十四日——“文理学院”及“医学院”“体专科”

二月二十五六日—— 工学院（上午 电机、机械、建筑 下午 土木、矿冶、化工）

二月二十七日—— 商学院（上午 工管、甲乙 下午 会统、银保）

二月二十八日—— 法学院及预备班（上午 法学院 下午 预备班）

288 重庆大学开学

重慶大學開學
正陽學生請減費

〔本報重慶二十三日電〕重慶大學十四日假期已滿，今日（二十三）開學，二十四日至二十八日註册，同學多已返校。上期未考者，定明日舉行補考。正陽學院本定今日起開始註册，但該校學生反對學校徵費太高，（學費四百萬住宿費五十萬）拒絕註册，請求學校減低收費標準。

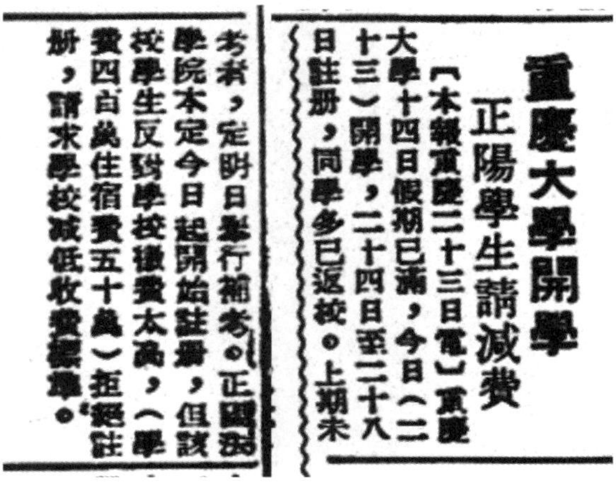

文献编号 1948-023-01 重庆大学开学

（七） （星期二） 新聞報 （中華民國三十七年二月二十四日）

教部通令痛切告誡 喚起全國學生自覺

臺大國文系主任許壽裳昨日火葬

刺許壽裳兇手落網

籌募獎助金百億元

華東滅火機

獨家運到之最新型儀器

全國第一顆新星

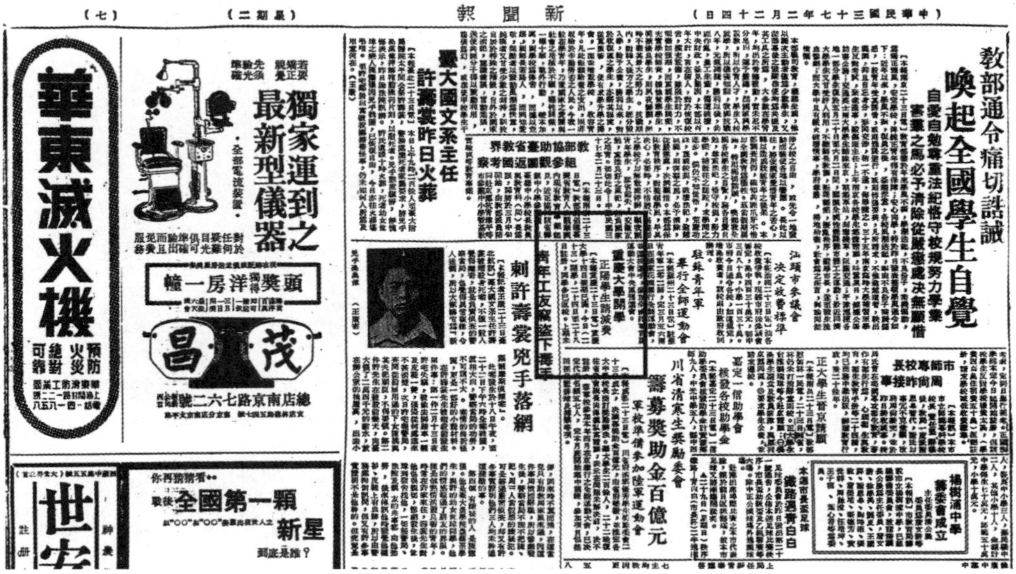

文献编号 1948-023-02 《新闻报》“重庆大学开学”消息

报纸《新闻报》，1948年2月24日

文献编号：1948-023

■ 简体全文

重庆大学开学　正阳学生请减费

【本报重庆二十三日电】重庆大学十四日假期已满，今日（二十三）开学，二十四日至二十八日注册，同学多已返校。上期未考者，定明日举行补考。正阳法学院本定今日起开始注册，但该校学生反对学校征费太高，(学费四百万住宿费五十万)拒绝注册，请求学校减低收费标准。

289　卅五年度毕业生成绩优秀一览表

卅五年度畢業生成績優秀一覽表

一、全校總成績大學部第一名黃文玉第二名曾緋光第三名侯香模

二、各系科總成績前三名

系別	姓名	總平均成績	備考
數理系	王宣美	九〇·三	
化學系	李卓慶	八六·一	
地質系	邢梧年	八六·〇	
土木系	陳相明	八五·一	
機械系	于相初		
電機系	楊升子		本系僅二人
礦冶系	朱民生		
化工系	石杜香		
建築系	鄭孔修		
會統系	黃碧禎		
工管系	陳匯昌		本系僅四人

文献编号 1948-028　卅五年度毕业生成绩优秀一览表

■ 文献信息

期刊《重庆大学校刊》，第12期，第6页，1948年3月15日

文献编号：1948-028

■ 简体全文

卅五年度毕业生或［成］绩优秀一览表

一、全校总成绩　大学部第一名黄文玉　第二名曾缉光　第三名侯香模

二、各系科总成绩前三名

系　别	姓　名	总平均成绩	备［补］　考
数理系	王庆宣	七九、〇	本系仅二人
化学系	李卓美	八一、三	
	刑文卫	七八、六	
	李碧梧	七六、八	
地质系	蒋永年	七八、〇	本系仅四人
土木系	王子谦	八一、五	
	杨升坪	七八、九	
	于明馨	七七、二	
机械系	陈复民	七九、七	
	解鲁生	七八、一	
	寿子明	七七、二	
电机系	朱宝和	七八、九	
	玉［王］育才	七八、五	
	吴暄初	七七、八	
矿冶系	王名增	七六、八	
	石泰岭	七二、九	
	徐杜周	七二、八	
化工系	侯香模	八一、八	
	李白灵	七九、二	
	吴鸿年	七九、一	
建筑系	赵祥祯	七四、六	
	郎纯勇	七四、二	
	叶碧云	七三、六	
会统系	吴孔修	七九、六	
	郑顺华	七六、九	
	向子祯	七六、七	
工管系	黄文玉	八三、七	
	曾缉光	八二、五	
	刘登化	八〇、三	

银保系	段[段]成恩	八〇、七
	张宏禧	七八、一
	胡兴业	七七、九
体专科	赵 廉	七五、二
	魏兴盛	七四、〇
	马崑泰	七三、八
会专科	张 华	九三、四
	刘曙中	八二、
	陈汇昌	八一、四

290 三十六年度第二学期学生注册人数

三十六年度第二學期學生註冊人數

	計	男	女		計	男	女
數理系	59	49	10	建築系	49	39	10
化學系	52	31	21	會統系	131	88	43
地質系	32	32		工管系	258	219	39
中文系	41	32	9	銀保系	110	88	22
教育系	95	48	17	法律系	96	89	7
外文系	26	21	5	經濟系	64	54	10
土木系	141	141		政治系	22	21	1
機械系	131	131		醫學院	53	24	29
電機系	159	159		醫育科	66	52	14
礦冶系	120	119	1	統 計	1806	2546	290
化工系	131	109	22				

文献编号 1948-030 三十六年度第二学期学生注册人数

■ 文献信息

期刊《重庆大学校刊》，第12期，第7页，1948年3月15日

文献编号：1948-030

■ 简体全文

三十六年度第二学期学生注册人数

	计	男	女		计	男	女
数理系	59	49	10	建筑系	49	39	10
化学系	52	31	21	会统系	131	88	43
地质系	32	32		工管系	258	219	39
中文系	41	32	9	银保系	110	88	22
教育系	95[65]	48	17	法律系	96	89	7
外文系	26	21	5	经济系	64	54	10
土木系	141	141		政治系	22	21	1
机械系	131	131		医学院	53	24	29
电机系	159	159		体育科	66	52	14
矿冶系	120	119	1	统 计	1806	2546 [1546]	290 [260]
化工系	131	109	22				

---

291 国立重庆大学三十六年度理工商三院暨体育师范专修科毕业考试委员名单

國立重慶大學三十六年度理工商三院暨體育師範專修科畢業考試委員名單

職務 委員姓名

校外委員
易世芬 重慶市政府委員兼重慶地方法院書記官
彭光欽 國立中央工業試驗所所長
魏元光 國立中央工專校長
商暘九 國立女子師範學院教授兼理化系主任

校內委員
主任委員 張洪沅 本校校長
委員 鄭衍芬 本校教務長
鄭衡華 本校文理學院代理院長
馮簡 本校工學院長
陳豹隱 本校商學院長
謝立惠 本校數理系代主任
周兆棠 本校化學系代主任
李唐泌 本校文理學院代理主任
金錫如 本校機械工程系系主任
吳大榕 本校電機工程系主任
蔣導江 本校冶金工程系主任
時化霖 本校化學工程系主任
羅寬常 本校建築工程系系主任
黃漢瑞 本校會計統計系主任
方宗濂 本校地質系系主任
索聞燧 本校工商管理系主任
劉德超 本校體育師範專修科主任
何魯 本校數理系教授
管澂輪 本校機械系教授
邱正倫 本校商學院教授
蕭承顯 本校會計統計系教授

文献编号 1948-055 国立重庆大学三十六年度理工商三院暨体育师范专修科毕业考试委员名单

■ 文献信息

期刊《重庆大学校刊》，第14、15期(合刊)，第17页，1948年6月15日

文献编号：1948-055

■ 简体全文

国立重庆大学　三十六年度理工商三院暨体育师范专修科　毕业考试委员名单

考试委员

校外委员	委员	姓名	履历
		魏元光	国立中央工专校长
		彭光钦	重庆国立中央工业试验所所长
		易世珍	重庆市政府参事兼正阳法学院教务主任
		蒋程九	国立女子师范学院教授兼理化系主任
校内委员	主任委员	张洪沅	本校校长
	委员	郑衍芬	本校教务长
		郑兰华	本校文理学院代理院长
		冯简	本校工学院长
		陈豹隐	本校商学院长
		谢立惠	本校数理系代主任
		周兆丰	本校化学系代主任
		李唐泌	本校地质系主任
		金锡如	本校机械工程系主任
		吴大榕	本校电机工程系主任
		蒋导江	本校矿冶工程系主任
		时化霖	本校化学工程系主任
		罗竟忠	本校建筑工程主系任[系主任]
		黄汉瑞	本校会计统计系主任
		方宗汉	本校工商管理系主任
		董问樵	本放[校]银行保险系主任
		刘德超	本校体育师范专修科主任
		何鲁	本校数理系教授
		笪远纶	本校机械系教授
		邱正伦	本校商学院教授
		董承显	本校会计统计系教授

292 三十七年度招生委员会委员名单、博物馆筹备委员会委员名单

十七年度招生委員會委員名單

主任委員 段子燮

委 員 鄭蘭華 侯 風 高昌運 劉寶智 徐福均 金錫如

羅容梓 王 靜 徐士弘 王吉桃 周兆豐 雷汝揚

林志靖 謝邦鉞 劉華中 郭雪樵 查雅德

博物館籌備委員會委員名單

主任 委 員 張洪沅

副主任委員 顏實甫 李唐泌

委員 鄭衍芬 段子燮 鄭蘭華 何 魯 商承祚

劉 樸 劉祖彝 張聖奘 王吉桃

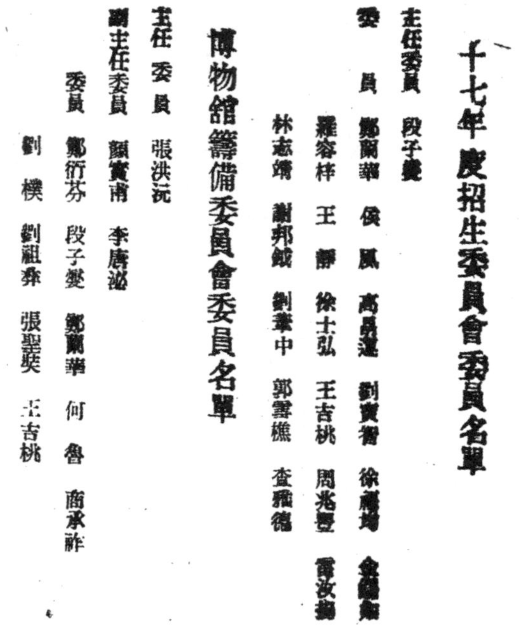

文献编号 1948-056 三十七年度招生委员会委员名单、博物馆筹备委员会委员名单

■ 文献信息

期刊《重庆大学校刊》，第14、15期（合刊），第18页，1948年6月15日

文献编号：1948-056

■ 简体全文

[三]十七年度招生委员会委员名单

主任委员 段子燮

委 员 郑兰华 侯 风 高昌运 刘宝智 徐福均 金锡如

罗容梓 王 静 徐士弘 王吉桃 周兆丰 雷汝扬

林志靖 谢邦钺 刘华中 郭雪樵 查雅德

博物馆筹备委员会委员名单

主任 委 员 张洪沅

副主任委员 颜实甫 李唐泌

委员 郑衍芬 段子燮 郑兰华 何 鲁 商承祚

刘 朴 刘祖彝 张圣奘 王吉桃

國立重慶大學三十七年度招收新生
簡章　　三十七年六月

招攷院系

（院　別）　系　　　　　　　　　別

文理學院　數學系　物理系　化學系　地質系
　　　　　中國文學系　外國語文系　教育學系　體育師範學系

工學院　土木工程系　機械工程系　電機工程系　礦冶工程系
　　　　化學工程系　建築工程系

商學院　會計統計系　工商管理系　銀行保險系

法學院　法律系　政治系　經濟系

醫學院　醫科（不分系）

本校新辦數學、電機工程、及應用化學、三研究所招收研究生
其辦法另訂之。

（一）修業年限
各學院修業年限，醫學院六年，其餘各院均四年。

（二）投攷資格
1. 凡立或已立案之私立高級中學畢業，得有畢業文憑者。
2. 凡立師範學校畢業，得有文憑，並於畢業後服務滿規定年限三年者，得報攷任何系。
3. 凡立或已立案之私立高級職業學校畢業，得報攷與原畢業學校相同之院系。
4. 曾在公立或已立案之私立高級中學肄業二年，失學一年以上學生，得於報名日前先繳驗原肄業學校成績單及肄業證，經審查合格後准予同等學力報攷。

文献编号 1948-058　国立重庆大学三十七年度招考新生简章（节选）

■ 文献信息

期刊《重庆大学校刊》，第14、15期（合刊），第19-21页，1948年6月15日
文献编号：1948-058

■ 简体全文

国立重庆大学三十七年度招考新生简章　　三十七年六月

招考院系

（院　别）　（系　　　　　　　　　　　　　别）

文理学院	数学系	物理系	化学系	地质系
	中国文学系	外国语文系	教育学系	体育师范学系
工学院	土木工程系	机械工程系	电机工程系	矿冶工程系
	化学工程系	建筑工程系		
商学院	会计统计系	工商管理系	银行保险系	
法学院	法律系	政治系	经济系	
医学院	医科(不分系)			

本校新办数学、电机工程、及应用化学、三研究所招收研究生，其办法另订之。

(一)修业年限

各学院修业年限,医学院六年,其余各院均四年。

(二)投考资格

1.公立或已立案之私立高级中学毕业,得有毕业文凭者。

2.公立师范学校毕业,得有文凭,并于毕业后服务满规定年限三年者,得报考任何院系。

3.公立或已立案之私立高级职业学校毕业,得报考与原毕业学校相同之院系。

4.曾在公立或已立案之私立高级中学肄业二年,失学一年以上学生,得于报名日前先缴验原肄业学校成绩单及肄业证,经审查合格后准与同等学力报考。

(三)考区

重庆区　由本校招生委员会直接办理。

成都区　委托国立四川大学办理。

西北区　委托国立西北大学办理。

云贵区　委托国立贵州大学办理。

武汉区　委托国立武汉大学办理。

京沪区　委托国立中央大学办理。

备注:除重庆区外,其他各区报名考试手续暨报名日期,考试日期,悉依照各受委托大学之规定。

(四)报名投考手续

投考学生,须于规定日期内亲至本校招生处,认定一院系为第一志愿,选定其他一院系为第二志愿,填写报名单二张并交验下列各件:

1.毕业证明文件(师范生并须交验服务期满证明文件)。

2.最近大二寸半身脱帽正面像片三张(一寸或三寸或全身者绝对不收)﹐像片后面楷书姓名及报考院系。

3.报考费(临时公布)。

附注:信函报名概不接受。

(五)体格检查

录取后应受本校指定医院体格检查,不及格者不准入学。

(六)报名日期

七月十日起十三日止,每日上午八至十一时半,下午二至五时,为邀[避]免拥挤起见,十日为投考甲组学生报名,十一,十二两日为投考乙组学生报名,十三日为投考丙组学生及同等学力生报名,逾期概不补办。

(七)考试日期

七月二十一日起(如投考人数过多,考场不敷分配,得分组举行)。

(八)志愿院系及考试组别

　　甲组：数学系　　　　物理系　　　　化学系　　　　地质系　　　　土木工程系

　　　　　机械工程系　电机工程系　矿冶工程系　化学工程系　建筑工程系

　　乙组：教育学系　　中国文学系　外国语文系　体育师范学系　法律系

　　　　　政治系　　　经济系　　　会计统计系　工商管理系　银行保险系

　　丙组：医学院

(九)考试科目

　　甲组：国文 英文 数学(高等代数 解析几何 三角)公民 物理 化学 史地

　　乙组：国文 英文 数学(高等代数 平面几何 三角)公民 中外历史 中外地理 理化

　　丙组：国文 英文 数学(高等代数 平面几何 三角)公民 史地 理化 生物

　　附注：投考经济系考试解析几何，投考建筑系加试素描，投考体育系加试生理卫生，及术科测验两种。

(十)揭晓

　　登重庆中央日报公告；其他各区登当地日报公告，或专函通知。

(十一)入学

　　录取学生须先在本校指定医院检查体格，于规定日期到校听候口试并缴呈医院体格检查证，经认为合格后始准入学注册，凡试验体格检查不及格者，录取无效。凡因特殊事故不能来校者，得于开学后两星期内请求保留学籍，逾期未到，又未申请保留学籍者，即取消其入学资格。凡有关新生考试接洽事项之函件，径寄本校招生委员会。

(十二)本简章未尽事宜临时公布

294 重大各系招新生

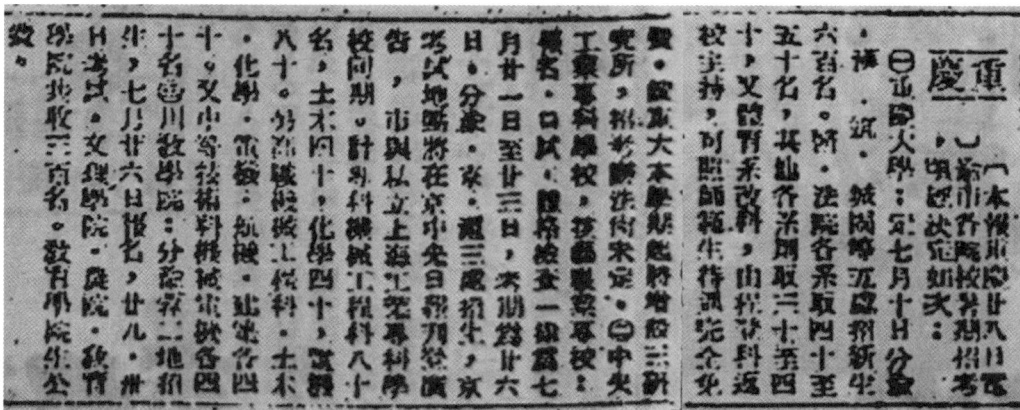

文献编号 1948-061　重大各系招新生

■ 文献信息

报纸《申报》，1948年6月29日，期号25276号（上海版）

文献编号：1948-061

■ 简体全文

重庆(本报重庆廿八日电)渝市各院校暑期招考，顷经决定如次：

一、重庆大学：定七月十日分渝、汉、筑、城[、]固等五处招新生六百名，医、法院各系取四十至五十名，其他各系则取三十至四十，又体育系改科，由程登科返校主持，可照师范生待遇完全免费。□重大本学期起将增设三研究所，招考办法尚未定。

二、中央工业专科学校，[国立中央]技艺专校：报名、口试、体格检查一律为七月廿一日至廿三日，考期为廿六日，分渝、京、沪三处招生，京考试地点将在京中央日报刊登广告，市[沪]与私立上海工业专科学校同期。计专科机械工程科八十名、土木四十、化学四十、电机八十。另高职机械工程科、土木、化学、电机、航[机]械、建筑各四十。又中等技术科机械[、]电机各四十名。

三、川教学院：分渝蓉二地招生，七月廿六日报名，廿九、卅日考试。文理学院、农院、教育学院共收三百名。教育学院生公费。

295　第十三届毕业典礼上的校长训词

■ 文献信息

期刊《重庆大学校刊》，第16期，第1页，1948年6月30日

文献编号：1948-062

■ 简体全文

校长毕业典礼训词

今天(六月廿一)是本校第十三届毕业典礼，本校成立以来，毕业同学已经有了十三届了，我们真实感到快乐与高兴。

你们在这里受到了四年的高等教育，实在是你们的荣幸，你们值得骄傲，四年来我们无时无刻不在为你们着想，为你们的学业着想，在整个经费困难的今日，我们要做的要办的，我们总是想法子，总要使你们受到高深的知识：[□]

今天你们毕业了，明天你们就要踏进社会，一个人在大学毕业了，他只是在学

校長畢業典禮訓詞

徐文培　紀錄

本校成立以来，毕业同学已经有了十二届。

今天，六月廿二日是本校第十三届毕业典礼，我们非常的感到快乐和高兴。

是你们在这里受到了四年的高等教育，实在是无时不在为你们着想，则年来我们的办学着想，我们总是想使你们受到高深的知识，我们的事业的要做的，你们的要做的，我们整个经费困难时，我们无不在为你们着想，值得骄傲的学业，在今日你们要使你们受到高深的知识，我们无不在为你们着想。

今天你们就要踏进社会，明天你们就要大学毕业了，他只是在学业上有了一个基础，也有了普通的课程的见解，但是你们却要另外的一个大学——社会大学一切的课程太多，也太博杂，变化莫测，一切均要准备再修，这个要修的课程太多。

你们在很多次谢师会宴中，我说了很多的话，比方作人、处事，应该如何，均有大体的说明：今天我送给你们一个「诚」字，永放在你们的心坎里。

說明：今天我送给你们一个「诚」字，永在你们的心坎里。就业问题，已经有了很大的把握，大的同学都有了工作，仅少数同学工作尚在其中。

你們畢業了，你們應該努力向前進，忘記母校，不要忘記辛苦教你們的老師，珍重！祝你們前途遠大，身心健康。

錄　目

校長畢業典禮訓詞
公函
小消息
圖書館雜訊
詩人節與屈原
培風樓近詩
謝張鳳儔教授闓東方書店爲我印醬棠呈吳雨儔授教

重慶大學校刊

第十六期

三十七年六月三十日

發行者
國立重慶大學校刊編輯委員會

通訊處
重慶大學

文献编号 1948-062　第十三届毕业典礼上的校长训词

业上有了一个基础，有了普通的见解。但是另外的一个大学——社会大学一切的课程，你们却要准备再修，这个要修的课程太多，也太博杂，变化莫测，一切均要充分注意。

　　你们在很多次谢师会宴中，我说了很多的话，比方作人、处事，应该如何，均有大体的说明：今天我送给你们一个"诚"字，永□放在你们的心坎里。

就业问题，已经有了很大的把握，大部分的同学都有了工作，仅少数同学工作尚在接洽中。

你们毕业丁[了]，你们应该努力向前进，不要忘记母校，不要忘记辛苦教你们的老师：一切珍重！祝你们前途远大，身心健康。

296　国立重庆大学三十六年度第二学期应届毕业生统计表

国立重庆大学三十六年度第二学期应届毕业生统计表

科系別	總計	男	女
總計	360	304	56
文理學院共計	31	24	7
數理系	10	8	2
化學系	12	7	5
地質系	9	8	1
工學院共計	159	149	10
土木工程系	31	31	0
機械工程系	30	30	0
電機工程系	30	30	0
採礦冶金系	25	24	1
化學工程系	34	28	6
建築工程系	9	7	2
商學院共計	128	99	29
會計統計系	18	8	10
工商管理系	80	70	10
銀行保險系	30	21	6
專修科共計	42	32	10
體育師範專修科	42	32	10

文献编号 1948-072　国立重庆大学三十六年度第二学期应届毕业生统计表

■ 文献信息

期刊《重庆大学校刊》，第16期，第4页，1948年6月30日

文献编号：1948-072

国立重庆大学三十六年度第二学期

应届毕业生统计表

院 科 系 别	总 计	男	女
总　　　　　计	360	304	56
文理学院共计	31	24	7
数理系	10	8	2
化学系	12	7	5
地质系	9	9	0
工学院共计	159	149	10
土木工程系	31	31	0
机械工程系	30	30	0
电机工程系	30	29	1
采矿冶金系	25	24	1
化学工程系	34	28	6
建筑工程系	9	7	2
商学院　共计	128	99	S[2]9
会计统计系	18	8	10
工商管理系	80	70	10
银行保险系	30	21	6[9]
专修科　共计	42	32	10
体育师范专修科	42	32	10

297　三十七年度新生入学典礼校长训词

■ 文献信息

期刊《重庆大学校刊》，第18期，第1页，1948年11月15日

文献编号：1948-079

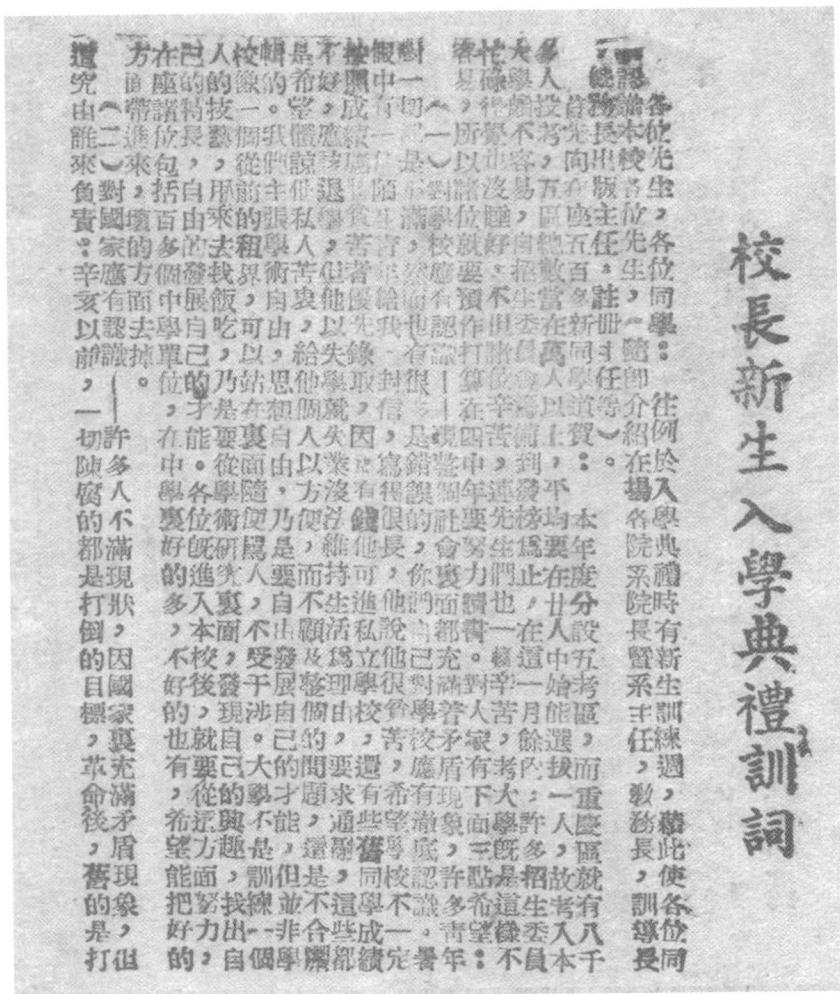

文献编号 1948-079　三十七年度新生入学典礼校长训词（节选）

■ 简体全文

校长新生入学典礼训词

向南绍纪[记]录

各位先生，各位同学：往例于入学典礼时有新生训练周，借此使各位同学认识本校各位先生,(随即介绍在场各院系院长暨系主任、教务长、训导长、总务长[、]出版主任、注册主任等)。

首先向在座五百多新同学道贺：本年度分设五考区，而重庆区就有八千多人投考，五区总数当在万人以上，平均要在廿人中始能选拔一人，故考入本大学颇不容易，自招生委员会筹备到发榜为止，在这一月余内，许多招生委员忙碌得觉也没睡好，不但诸位辛苦，连先生们也一样辛苦，考大学既是这样不容易，所以诸位就要预作打算在四中年[年中]要努力读书，对大家有下面三点希望：

（一）对学校应有认识——现整个社会里面都充满着矛盾现象，许多青年对一切都是不满，然而也有很多是错误的，你们自己对学校应有澈底认识。暑假中有一[位]陌生青年给我一封信，写得很长，他说他很贫苦，希望学校不一定按照成绩应按贫苦者优先录取，因为有钱他可进私立学校，还有些旧同学成绩不好，应该退学，但他以失学就失业没法维持生活为理由，要求通融，这些都是希望体谅他私人苦衷，给他个人以方便，而不顾及整个的问题，这是不合逻辑的。我们主张学术自由，思想自由，乃是要自由发展自己的才能，但并非学校像一个从前的租界，可以站在里面随便骂人，不受干涉。大学不是训练一个人的技艺，用来去找饭吃，乃是要从学术研究里面，发现自己的兴趣，找出自己的特长，自由的发展自己的才能。各位既进入本校后，就要从这方面努力，在座诸位包括百多个中学单位，在中学里好的多，不好的也有，希望能把好的方面带进来，坏的方面去掉。

（二）对国家应有认识——许多人不满现状，因国家里充满矛盾现象，但这究由谁来负责？辛亥以前，一切陈腐的都是打倒的目标，革命后，旧的是打倒了，而新的并未建立起来，北伐成功后，到民国廿几年，科学发展甚快。各种工程建设也很乐观，不幸抗战军与一切被敌人摧毁了，胜利后又闹着其他问题，因此国家没有喘息机会，报纸上到处可以看随口骂人，骂这样，骂那样，只有我才是对的，过去有人骂读英文，是洋化，试问不读英文又怎样？设若我们能老早读英文，研究科学把国建好，那日本根本就不敢动了！在目前新□□未建立以前，一切自然是动乱的，学术是世界问题，我们要在动乱中充实自己，等到国家上轨道之后，就可以把在学校所学的付诸应用，发挥自己的才能，设若现在准备遇到机会来了，自己还是无法抓住机会，这样对国家对自己□□个大的损失。

（三）对个人应有认识——对研究的学术应有选择，要注意到兴趣问题，能力问题，徒有兴趣而无能力是不行的，华罗根[庚]并未正式进大学，后来在学校里充当工友，便发现了他对数学的特殊天才，爱迪生也未进学校，但他有天才，又有兴趣去发展他的天才，在座中有无爱迪生谁也不敢断定[。]大学是一个学术的环境，要提高学习兴趣，发展自己才能，还要多多努力，进入某系，就是对某方面有兴趣，只要发现对某方面有特长，就可尽量去发展，大学四年是最宝贵的，也可说是一生的关键，重大不敢说是第一流学校，但它是最年青的学府，诸位努力！学校充满着希望，你们也充满着希望！不要糊涂不知将来有多少贡献？要把四年光阴混过，那种损失是无法补偿的！虽说苏老泉廿七能发奋读书，那是千万分之一，最后[，]一个青年人应该快乐，充满无限希望，除读书而外，应有正当娱乐，应该以娱[愉]快的心情研究学术，不但要成专门人才，也要成通才，对各种艺术及其他学术也应有欣赏能力。

298　卅七年度取录新生名单

■ 文献信息

期刊《重庆大学校刊》，第18期，第3-5页，1948年11月15日

文献编号：1948-081

■ 简体全文

卅七年度取录新生名单

（一）重庆区

文理学院

（一）中国交[文]学系二十名

　　喻开余　高廷英　斐国锋　王显田　徐　斌　夏爵珣

　　邓书文　杨立平　吴明烨　曹忠义　屈诚经　吴龙华

　　王履诚　陈用久　刘鸿涛　李□鑫　侯自鉴　熊朝培

　　蒋自成　郑绍康

（二）外国语文学系二十三名

　　曾俊伟　陈显谋　徐昌隆　曾宪思　查先修　唐远镜

　　沈永麟　游代松　鲍生武　钟良弼　袁克众　甘训北

　　李永庚　陈德明　方慕虞　郭和平　胡祖亮　唐枕石

　　张静之　仕品治　廖光琮　梁　欣　黎邦华

（三）教育学系二十三名

　　何锦沐　任德烈　李含良　张鸣树　蒋毓瑛　周光辉

　　张子生　郭润生　雷德厚　陈益寿　李作栋　张镇亚

　　张忠信　蒋家久

　　电机系学额取销

　　秦昌光　刘思明　唐方林

　　周俊臣　喻光韶　宁佐善　袁世垠　刘明星　杨朗玉

（四）体育师范学系十八名

　　赵秀雷　冉照隆　李德权　王启伦　吴国宝　张文彬

　　孙冠全　余清泰　公有才　沈瑞明　梁光涛　杨朝雍

　　郑明扬　袁廷珩　梁锡铮　易洪藻　杨本远　周相尧

（五）数学系二十名

　　王柏钧　朱承义　刘　遼　刘百川　谢正道　段汝泽

卅七年度取錄新生名單

文理學院

（一）重慶區

（一）中國文學系二十名

高廷英　楊立平　陳用康　鄭紹康
王朝田　曹忠義　李維鑫
徐經斌　屈識德　侯自強
夏仔瑜　吳龍華　熊朝坪

（二）外國語文學系二十三名

陳代謀　游德松　仕品治
徐昌武　鮑慕珫　方光隆
梁和欣　郭良平　鍾憲思
奔先修　胡祖華　裒京衆
甘鵬石　周遠達　舟北鏡

（三）教育學系二十三名

任德烈　蔣潤生　喻光輅
李合良　雷鏵厚
張鳴樹　陳益壽　陳世坦　張泰昌光
蔣作棟　李鏡英　劉明星　劉思明
周光輝　張麗亞　舟方林
楊朗玉

（四）師範學系十八名

曾俊偉　沈永麟　李永庚　張子之
何師沐　張忠信　周俊臣

趙秀寶　孫冠全　鄭明揚
王伯鈞　鍾光祥　楊世燋　向仲樵
李開先　陳淡周　白世方　周鴻九
徐短良　陳永勤　鄔永珍　鄔儒義

（五）物理學系二十名

朱承義　劉孟淑　余鳳治　黃鳳……
段慶陶　晏淑　劉慶遠　陳良楷榮
呂朝蜀　蔣昌貫　江約庭　劉百川
陳開周　關正道　全月美
段次欄　段永彬　臧……

實廷衍　余滿泰　冉照隆
李德樽　梁公錫　公錫
王啓倫　沈瑞明　易洪藻
吳國寶　梁本遠　楊光濤
張文彬　楊朝雍　周相堯

（七）化學系十八名

張元物　謝賢康　黎村梓
徐友乾　張世年　饒承宗
袁世輔　時效珍　湯其珍
李靖先　李煜世　俞啓達
楊別定　潘則和　王悅巍

（八）地質學系十六名

屈義彬　楊義性　古淑正　八宗偉
周光啓　饒承宗　張世年　徐友乾二十六名
孝迪先　楊通佑

文献编号 1948-081　卅七年度取录新生名单（节选）

钟光祥　刘孟鸾　晏淑陶　江约庭　仝月美　段绣乾
杨世熙　余自淑　段虞荣　蒋昌益　陈开周　戴永彬
向伸樵　黄凤冶　陈良楷　吕朝瓒

(六)物理学系二十名

李开先　张元康　张达尊　蔡嗣忠　陈嫂姝　张仁述
白汶方　王贤达　谢德芳　唐祈亨　阎其昌　刘守敬
陈永周　谢　震　谭在实　来星华　阎世锋　杨文星
周鸿九　黎智灵

(七)化学系十八名

徐矩良　屈义彬　徐友乾　袁世辅　李世靖　杨开定
陈永勤　杨淑性　张世年　时效天　李耀先　潘则义
鄢宝珍　古　正　饶承宗　汤其珍　俞启达　王和悦

(八)地质学系二十六名

鄢儒义　苏宗伟　周光启　李迪先　杨通佑　甘国桢
任朝凤　邓　尧　毛国洪　苏明迪　孟庆戬　顾祖华
沈　骥　李兴国　邓守宽　胡长壁　李忠文　龙祥符
罗志立　李世银　黄缵武　黄少樵　朱文清　曾学孚
李新明　骆美芹

工学院

(一)土木工程学系二十三名

张培轩　周崇英　漆宗明　刘万铨　罗兴炜　钟开贵
尹义一　李仁德　金智璠　刘余广　曾祥驹　王文政
张新昌　江仁明　王元存　傅　鹏　王泽元　何培裕
钟开龙　施光荣　文国荣　张善焜　李毅德

(二)机械工程学系二十一名

胡闻瑞　房增春　倪炳炎　黎馨章　刘海声　金富远
杨誉虞　强多荣　朱兴林　彭时中　张国钧　李清珍
陈禹兴　曹复元　彭祐珊　陈立佐　王绍华　石俊宝
毛相铨　毛荣乔　李伟才

(三)电机工程学系三十二名

刘祖丰　姚松涛　周俊度　陈善雄　聂朝任　涂克文
蒋宪辉　金必华　杨美材　罗维藩　李可杰　邓尚诗
杜德兆　郑尔信　文正中　邹沅聪　淡玉麟　姚良炯

向先伟　陈　弋　金维睦　申济湘　贾元琪　蒋家久
赵洪钧　马以堃　胡明生　范治珩　蔡平方　晏文华
李应运　李仲伦

（四）矿冶工程学系三十二名

邓经秦　王道平　黎隆成　罗　尊　江善荣　钱光武
廖郁文　胡振兴　王学文　刘正荣　高天林　石启荣
蔡自和　邹承基　舒汝泌　缪　冶　李世文　庄铭方
戴学阆　周昌达　王礼钦　刘思佑　高天福　何熙灿
吴兴亚　罗耀廷　李琳传　吴泽源　龙德君　雷永锦
黄明登　贺朝平

（五）化学工程学系三十一名

王苍璠　涂克武　钟嘉贵　王文鼎　袁良本　陈正丰
杨显伦　郭光昶　杨有章　曾光义　郭芳筠　蒋其祥
余绍儒　王锦屏　傅相诚　罗继泽　魏若晶　罗昌远
邵靖宇　徐治国　郭　理　袁德基　顾亨孚　苏自强
石世玉　钟光明　蒋行毅　梁义勋　陈　琦　张靖远
廖兆祥

（六）建筑工程学系五名

杨代仲　范国骏　张良知　汪瑶泉　冉启涛

医学院

温玉苓　沈文学　何方志　刘正华　赵亚忠　卓文宗
王华英　邓秀梅　刘　严　李明瑚　周玉修　陈昌惠
彭大力　李　莉　王天根　邓廷玉　李次芬　李玉印
姚光琏　李有为　朱光德　刘德平　张秀娟　颜孔昭

商学院

（一）会计统计学系二十一名

张朝仪　赵文光　胥长富　王　标　王复初　刘道弟
谢鸿文　杨尚瓒　黄心桂　李恭铭　胡秀坤　林仁俊
蓝树华　龚绍文　涂贤书　黄代文　宋士经　蒋诚挚
苏邑仪　姚荣茂　刘士官

（二）工商管理学系十七名

张自刚　雷开春　刘鸿玉　李恩思　张锡纯　吴子明
敖木维　丁永绥　杨慎基　高林白　成世忠　陈　璧

周诗荣　陈贤进　彭昌仁　唐蜀梁　杨伯超

(三)银行保险学系十名

李世源　陆寿出　陈永常　刘治平　胡孔昭　古之雄
邓宗继　王远谋　薛奎亨　袁寿康　徐超群　郭鹏举
郜锡孝　吴荣礼　胡甫宽

法学院

(一)法律学系三十名

杨华旦　尹贤续　龙溯生　宋发昌　罗光远　李禄继
张云灿　杨葆让　曾　霆　田荣华　孙毓兰　余锦光
黄培根　颜相荣　胡隆瑛　林显安　阮前伦　廖俊良
杨文溥　姚　明　吴兴连　韩永祥　赵　麟　孙克信
何　英　王宜诚　黄作屏　李方矩　卢运笏　朱占隽

(二)政治学系二十名

梁玉如　马宝琳　陈忠义　张国勋　薛升　余德新
易定麒　张桂奇　杨大启　宋联宽　罗宇　唐仁锋
陈光明　彭方中　陈伏初　谭声密　陈辉忠　李竟成
罗宗新　包成远

(三)经济学系十七名

刘达容　李传耕　张世康　曾庆葵　胡长生　刘　键
吴先琼　张其华　莫朝佐　林承志　席燕文　郑惠民
颜鹤田　牟阳升　赵本固　霍光宗　杨兴辉

(二)成都区

中国文学系　　一名：潘泽云

教育学系　　　一名：许承雨

体育师范学系　二名：张家祥　陈宗积

数学系　　　　一名：屈梅

电机工程学系　一名：方汉才

矿冶工程学系　三名：曾自强　周昌祥　徐彬文

化学工程学系　三名：何正光　刘秉文　傅昭棣

工商管理学系　二名：刘泰峻　冉世成

经济学系　　　一名：杨壬宇

医学院系　　　三名：熊宗觉　尹秋熙　龙如章

（三）西北区

　　土木工程学系　　二名：壬[王]承武　　田明伦

　　机械工程学系　　二名：王继棠　　屈中元

　　电机工程学系　　一名：李伯良

　　会计统计学系　　一名：李均安

（四）云贵区

　　中国文学系　　　一名：李继谋

　　外国语文学系　　二名：谌贻禄　　赵　凤

　　教育学系　　　　二名：王道铣　　汤绥新

　　数学系　　　　　一名：吴志德

　　电机工程学系　　一名：陈开圣

　　矿冶工程学系　　一名：秦德章

　　化学工程学系　　二名：李启瑞　　盛章瑞

　　建筑工程系　　　一名：熊福远

　　经济学系　　　　一名：廖正献

（五）武汉区

　　中国文学系　　　一名：邓谟怀

　　外国语文学系　　一名：刘志成

　　教育学系　　　　一名：赵梅生

　　机械工程学系　　一名：陈全椿

　　会计统计学系　　一名：陆宏熬

　　银行保险学系　　一名：许志修

　　法律学系　　　　一名：蔡其望

　　经济学系　　　　一名：宁公操

（六）京沪区

　　会计统计系　　　一名：易□滔

　　工商管理学系　　一名：游联琮

　　银行保险学系　　一名：刘航篦

　　经济学系　　　　一名：陈培根

　　医学院　　　　　一名：申佩瑯

（七）体育系保送生名单

　　彭复霖　　冯传善　　刘德康　　萧子发

　　陈德霖　　丁致宏

299 卅六年度预备班免试升学学生名录

■ 文献信息

期刊《重庆大学校刊》，第18期，第5页，
1948年11月15日

文献编号：1948-082

■ 简体全文

卅六年度预备班免试升学学生名录

田维明电机系	彭时成电机系
刘伯淳电机系	杨兴寅经济系
钟永江银保系	韩宇和电机系
马椿民电机系	王蜀樵土本[木]系
程伯侯法律系	曾祥恕经济系
程　骐机械系	诸朝鼎机械系
陈焦□教育系	颜绍淮化工系
徐孝渊机械系	潘冶富经济系
李　力化学系	王国富机械系
谭开峻教育系	卢伯楚建筑系
刘双官土木系	张东璧教育系
龚至福会统系	陈懋龄会统系
谭为骞法律系	龚晚成法律系
陈廷樟机械系	张维时工管系
杨秀峰经济系	周应岳经济系
吕克诚土木系	

■ 文献信息

招生简章，1949年

文献编号：1949-015

■ 简体全文

国立重庆大学三十八年度重庆考区录取各院系新生通告

文理学院：

一、数学系十四名　★张正中　★陈廷槐　★柯孚中　黄恭梁　杜　珣　屈哲嗣
　　　　　　　　　邹学彩　　黄进春　　刘祖勋　陈久健　张志良　马致和
　　　　　　　　　郭世金　　康　德

二、物理系十二名　★仟晓义　★聂勋禹　刘廉昌　周中义　周德□　何瑞铭
　　　　　　　　　汪士成　　陶启佑　黄作华　李策世　王樟青　舒世光

三、化学系十名　　★胡　斌　★蒋本果　宋□明　杨仲伦　彭崇智　赵广仪
　　　　　　　　　税鸿先　　钱光第　戴□文　李□和

四、地质系八名　　★程爱民　★何克坚　张新安　荣灵璧　刘淑英　廖永坤
　　　　　　　　　曹福治　　陈立官

五、中文系十三名　★徐和笙　★桑逢乐　★蔡子宇　陈克权　刘辉然　李启煜
　　　　　　　　　萧明德　　苏朝纲　　包允中　程德福　胡定光　潘则义
　　　　　　　　　胡焕章

六、外文系十五名　★宋泽辉　★曾纪元　★刘卓永　洪韵珊　王伯威　黎京度
　　　　　　　　　佘名叔　　李寿卿　　宋沛霖　龚有光　周光吉　周仁祐
　　　　　　　　　徐永康　　邓元忠　　彭仁玲

七、教育系二十五名　许宗文　钱成昭　舟生知　周德英　伍辩迪　向维城
　　　　　　　　　　樊文健　冯寿天　蒋□奉　□　□　杜□清　唐昌惠
　　　　　　　　　　姚平中　王宗祥　陈永绪　曹国英　戚仲藩　陈祖珍
　　　　　　　　　　王才强　聂国焜　黄文林　张爱君　萧贤忠　郑思清
　　　　　　　　　　黄志媛

八、体育系十三名　刘代周　孙重蓉　刘□彦　谢铭轩　黄　莹　王隆平
　　　　　　　　　李志善　查燕生　沈国樑　马裕先　张承德　宋贞国
　　　　　　　　　张资生

國立重慶大學三十八年度重慶考區錄取各院系新生通告

文理學院：一、數學系十四名　二、物理系十二名　三、化學系十名……六、外文系十五名……地質系八名……教育系二十五名……中文系十三名……電機系……

十、機械系二十名

十三、化工系二十五名

十四、建築系九名

十六、政治系十八名

法學院：……十五、法律系十三名

十二、礦冶系十四名

土木系十七名

商學院：十八、會統系十四名

十七、經濟系八名

十九、銀保系十名

二十、工管系二十一名

醫學院：……三十五名

新生注意事項

一、新生註冊時須按部會規定各項填繳各費……

校長　張洪沅

文献编号 1949-015　国立重庆大学三十八年度重庆考区录取各院系新生通告

工学院：

九、土木系十七名　★钱芳安　★李□书　★林华宝　赵永吉　丁润生
蒋宏俊　李大元　李怀成　王建川　黄嘉印　徐仲雅
曾昭柽　刘克康　戴祖贤　李鹤昌　唐遇鹤　龙中军

十、机械系二十[一]名　★蒋继瑞　★黄世湘　★黎隆成　★戴春亭　程地纹
李承基　周积义　陶德让　张序元　敖敬忱　张瑞琪
钟开龙　徐　复　黄荣阳　□子健　张先□　熊光荣
敬叔诚　刘嘉隆　邓世才　王克和

十一、电机系三十[二十四]名　★曾庆华　★李广发　★冯宗恒　★张元成
★王正冕　★洪德庚　梅遂生　刘宪昌　周　文　李孝杰
徐汝师　李承耀　向世沂　华中豪　王□云　朱幼玲
易可怡　钱宗珏　李有序　龚为斑　何轶□　孟繁□
王乃行　吴健国

十二、矿冶系十四名　★李定典　★周箴铭　★韩朋智　李吉章　聂荣庆
白远□　周纪云　李家惠　刘　沐　陈绍中
彭季方　石□□　张孟德　何泽民

十三、化工系二十五名　★刘昌华　★陈拱诗　★杨国藩　★朱曾惠　★孙抱真
黄公序　徐广智　胡永定　杨本清　李云霞　黄纲济
夏启明　萧贵正　李文薰　刘仲阳　吕培□　郑铁城
唐纪□　周瑞琏　杨孟瑜　焦臧德　张明后　程善治
邓可嘉　陈松柏

十四、建筑系九名　★朱　凯　★胡灵善　张　璋　龙世潜　胡鹭舟　蒋宗一
徐树德　余□懿　杨光璿

法学院：

十五、法律系十三名　★萧时多　★刘书华　★王展飞　马正富　陈林父
郭阳侯　杨世华　蔡杰扬　刘□发　余东□
黄博儒　徐孝祥　李大□

十六、政治系十八名　★刘钧杰　★张述贤　★金际天　★罗梁发　孟晋华
周启良　周克忠　赵天志　卢佩兰　乐长暇
杨仁溥　马滋甫　黄祖禹　王　杰　高　谊
汪保芳　陈锡楷　雷乐尧

十七、经济系八名　★李朝文　★谢大强　程尊宁　王祖秋　袁昌文
曾熙培　刘　愿　沈孟长

商学院

十八、会统系十四名　★李大猷　★龚道平　★刘秋实　饶祖仪　杨明贤

伍重能　江学潇　谢思达　董保仁　陈俭持

钱雨祥　张莘珩　张春泉　周邦坤

十九、银保系十名　★胡纯忠　★欧治铨　丁翔高　董天焕　刘笃泉　徐宗泽

严骏　瞿宁□　沈前慧　杨亚彬

二十、工管系二十一名　★高家雍　★杨乾昭　★李明勋　★陈贞埠　谢光灵

杨道弘　汪家琴　舒庆余　李昌易　王传芳　阎志杨

张光有　刘克学　包宗华　陈上驹　郭咸琚　胡仁

王功庆　赵道潍　周兴政　卢国伦

医学院：三十五名　★刘敦厚　★林尚泽　★龙正智　★李珍灼　☆温怡袭

★周克定　★唐传英　钟雪萍　周慧莲　曹宁生　王德超

周生祥　吴雯珠　刘盛□　崔庆凌　陈全林　宋广瑶

杨家言　安大鹏　曾德元　刘德华　王昌国　刘绍媛

邓质元　徐丽蓉　胡甫麻　吴□娟　欧阳珊　樊砚芳

刘孔慧　袁辉□　郭慧芳　张继枢　张□燕　夏亮芳

新生注意事项

一、录取新生须于十月廿日至廿二日亲自来校办理报到注册手续[，]不得托人代办[，]逾期不到者即取销人[入]学资格

二、自九月廿一日起至十月十五日止[，]新生应到本校训导处领取体格检查表[，]径赴高滩岩或城内飞来寺中央医院听受体格检查并缴检验费一元

三、报到注册时须缴呈体格检验证书检验[，]不合格者不得注册

四、新生注册时应按照部令规定缴纳各项费用[，]数目另行公布

五、注册时应缴呈下列证件：甲、毕业证书或毕业证明书(有效期间半年) 乙、服务证件 丙、二寸正面半身相片八张(过大或过小者不收)

六、姓名右角上有符[★]者得于注册时申请奖学金

七、登报姓名遇有错误时以本校正式榜示为准

八、录取各新生不另通知

校长张洪沅

文献中的重庆大学

1929—1949（下）

主编　彭晓东　杨新涯　王彦力

重庆大学出版社

图书在版编目（CIP）数据

文献中的重庆大学：1929—1949.下册/彭晓东，杨新涯，王彦力主编. -- 重庆：重庆大学出版社，2019.9
ISBN 978-7-5689-1808-4

Ⅰ.①文…　Ⅱ.①彭…②杨…③王…　Ⅲ.①重庆大学—校史—史料—1929—1949　Ⅳ.①G649.287.19

中国版本图书馆CIP数据核字（2019）第200527号

文献中的重庆大学　1929—1949（下）
WENXIAN ZHONG DE CHONGQING DAXUE　1929—1949 (XIA)

主编　彭晓东　杨新涯　王彦力

策划编辑：贾　曼　林佳木

责任编辑：林佳木　　版式设计：尹　恒

责任校对：张红梅　　责任印制：张　策

重庆大学出版社出版发行

出版人：饶帮华

社址：重庆市沙坪坝区大学城西路21号

邮编：401331

电话：（023）88617190　88617185（中小学）

传真：（023）88617186　88617166

网址：http://www.cqup.com.cn

邮箱：fxk@cqup.com.cn（营销中心）

全国新华书店经销

重庆共创印务有限公司印刷

开本：787mm×1092mm　1/16　印张：29.5　字数：595千
2019年9月第1版　　2019年9月第1次印刷
ISBN 978-7-5689-1808-4　　定价：520.00元（上、下）

一、收录原则

1. 内容原则

· 所有收录文献符合中华人民共和国相关法律法规及政策要求。

· 凡题名、内容与重庆大学相关的文献，原则上均全文收录；无关内容过长者，酌情节选，并标注"节选"；内容有重复者，不收录全文，仅将文献题名收入附录"文献编号索引"中。

· 部分文献的图片因清晰度不够、像素低等技术问题，仅列其文献内容，不引用原图片。

· 因识别度差、原文件纸张无法精确扫描等问题导致无法准确辨认的文献，截取原图片中标题部分。

2. 时间范围

· 由于重庆大学筹备会成立时间为 1925 年，且筹备活动于同年正式开展，因此本书收录文献的时间界限从 1925 年开始。

· 重庆大学正式建立于 1929 年，校史研究中历来以 1929 年为重庆大学的"起点"，"1929"的时间起点深入人心，且本书收集到的重庆大学相关文献主要集中在 1929 年至 1949 年期间，故将书名定为《文献中的重庆大学：1929—1949》。

3. 文献来源刊物范围

· 1925 年至 1949 年所有刊载与重庆大学相关信息的报纸、刊物，以国内报刊为主，有少数英文报纸。

· 全书文献涉及 101 份报刊，其中，98 份为中文，3 份为英文。

二、收录规模与主题

全书正文文献 591 条，其中 580 条中文文献，11 条英文文献。附录为文献编号索引。

全书分为三编。

第一编《风雨历程　重要事件》，选取 1925 年至 1949 年期间六个重要事件。

①重庆大学筹备成立

②重庆大学成立　刘湘出任第一任校长

③胡庶华出任第二任校长

④成为四川省立重庆大学

⑤叶元龙出任第三任校长

⑥成为国立重庆大学　张洪沅出任第四任校长

本部分六个重要事件的相关文献，重点反映这些大事对重庆大学早期二十年发展的推动与促进。

第二编《研究学术　造就人才》，覆盖 1929 年至 1949 年期间七个重要主题。

①建设与校务

②学院与系科

③师资建设

④学生培养

⑤学术研究

⑥图书馆建设

⑦嘉陵江畔度青春

本部分反映了重庆大学在办学概况、校务会议、人才培养、招生毕业、系科设置、系科调整、课程设置、科学研究、文体活动、教师概况、教育部政策等多方面的情况。

第三编《佑启乡邦　振导社会》，覆盖 1929 年至 1949 年期间另外七个重要主题。

⑧政策与文件

⑨校友活动

⑩战火中办学

⑪积极抗战

⑫校内校外交流

⑬师生运动

⑭文艺专栏

本部分的文献主要反映重庆大学参与社会活动的情况，包括师生、校友在社会各界的活动与发展，其中有马寅初离校北上、各高校共御外辱、为伤兵捐赠、学生游行等重大事件。

三、收录体例

1.正文部分

·收录体例为"文献（图片）+ 文献信息 + 简体全文"。

·"文献（图片）"全部来自重庆大学图书馆馆藏资源，包括馆藏纸本及馆藏数字资源。

·"文献信息"表明该文献的来源刊物、时间，文献图片的编号。

·"简体全文"为以简体字呈现的图片中文献的内容。部分原始文献因源图片中字迹模糊，文献图片以节选方式呈现，原始文献对应的简体文本酌情选录。

·英文文献，无文献"简体全文"，改为"全文及译文"。

·全书的每一编、每一主题均有专门文章对该部分内容进行整体介绍，说明相关研究范围中发生的大事及各种关键点。

·本书中原始文献多采用民国纪年，为引述方便，在行文中，也采用"二十五年度""廿五"等的纪年表述。

2.简体文本转换原则

·尽可能尊重文献所处时代的语言风格、用词用字习惯及标点符号用法，如"执长""澈底""部份""声请"等，均保留当时用字。

·标点符号用法与现代不同者，如不影响阅读，则保持不变。

·原始文献未断句的，加标点符号断句，所加标点加"[ ]"。

·原始文献中顿号与现代汉语语法中逗号功能相似的，改为逗号，不加"[ ]"；原始文献中顿号、逗号与现代汉语语法中句号功能相似的，改为句号，不加"[ ]"。

· 原始文献中有些统计数字有误，因资料不足无法勘误，故保留原文。

· 竖体排版、文字从右往左读的原始文献中，出现"见左""如左"等表述，在横排的"简体全文"中，"左"字未加改动，原始文献中的左方内容，在简体文本中相应的下方。

3. 附录索引原则

· 文献编号：整体以文献时间为准；年、月、日均精确的文献依时间排序；仅能确定年份而无法精确到月、日的文献，以年份及来源刊物首字母为序进行排序，列于有精确时间的文献之后。

· 文献目录号：以文献出现在本书中的先后顺序编号，即目录中的顺序。

· 在附录索引中，文献篇目及详细信息，与文献编号、文献目录号一一对应，方便检索。

四、其他需要说明的事宜

· 本书中原始文献均为繁体字，以图片形式呈现。

· 部分文献原文篇幅较长，有多张图片，书中只选择一张作为代表，并注明"节选"。

· 部分文献由于源图片辨认度较差，且因年代久远有不同程度的损坏，故存在某些部分无法辨识的情况，编者通过阅读上下文及其他文献，推测出可能为某字，则对该字加"[ ]"；编者无法推测出的字，以"□"表示。

· 原始文献中存在的人名前后不一致，以及根据语义推断误用的错字、别字，对读者阅读和理解产生了阻碍，编者采取以下方式处理：①错字、别字，保留原错别字，但在后面以"[ ]"注明编者认为正确的字，包括标点符号的更改；②少字、漏字处加上编者认为需要补上的字，并对所补字加"[ ]"，包括标点符号的更改；③多余的字和标点符号，加"〔〕"标注。

· 全书极少量文献由于源图片清晰度太差，且有内容相似度百分之百的其他文献。相似文献合并处理，即"多个文献 + 一篇简体全文"，全书总计有 8 条文献为合并处理。

· 未尽事宜，由《文献中的重庆大学：1929—1949》编者解释。

《文献中的重庆大学：1929—1949》编者

2019 年 5 月 5 日

总目录

C O N T E N T S

出版说明·· i

凡例·· iii

研究学术，大学之本（代序）··································· vii

上　册

第一编　风雨历程　重要事件································ 001

　　重要事件一：重庆大学筹备成立······················ 005

　　重要事件二：重庆大学成立　刘湘出任第一任校长······ 014

　　重要事件三：胡庶华出任第二任校长·················· 023

　　重要事件四：成为四川省立重庆大学·················· 035

　　重要事件五：叶元龙出任第三任校长·················· 058

　　重要事件六：成为国立重庆大学　张洪沅出任第四任校长··· 080

第二编　研究学术　造就人才································ 131

　　专题一：建设与校务································ 134

　　专题二：学院与系科································ 255

　　专题三：师资建设·································· 333

　　专题四：学生培养·································· 375

下　册

专题五：学术研究 ·························· 469

专题六：图书馆建设 ························ 531

专题七：嘉陵江畔度青春 ···················· 569

第三编　佑启乡邦　振导社会 ··············· 649

专题八：政策与文件 ························ 652

专题九：校友活动 ························· 706

专题十：战火中办学 ························ 734

专题十一：积极抗战 ························ 765

专题十二：校内校外交流 ···················· 810

专题十三：师生运动 ························ 841

专题十四：文艺专栏 ························ 873

后记：九十年的记忆 ···················· 890

附录：文献编号索引 ···················· 893

专题五：

学术研究...*469*

301　重庆大学等三校欢迎中国科学社全体社员 / 472

302　《气象月刊》弁言 / 473

303　《气象月刊》凡例 / 475

304　嘉陵江畔：重庆大学通讯 / 477

305　令重庆大学成立第三区水文测量办事处 / 479

306　理科学会之新工作 / 481

307　《重大校刊》二十六年度总第七期编后记：
　　　需更多理工科学类文章 / 482

308　四川省立重庆大学采冶工程学会成立大会纪 / 483

309　采冶工程学会工作 / 485

310　四川省立重庆大学土木工程学会成立大会 / 487

311　《重大校刊》期末停刊通知 / 490

312　本校新到大批仪器　预备成立国防学术研究会 / 490

313　《沙坪区森林公园建设论》导言 / 491

314　参观石油沟油矿探勘记 / 492

315　地质实习记 / 494

316　嘉陵江观音峡及天府煤矿区之地质观察 / 496

317　四川涪陵彭水铁矿及附近之煤田地质 / 497

318　重庆大学工学院举行学术讲演会 / 498

319　地质学会年会在重大召开 / 499

320　地质学会在渝举行十六届年会 / 500

321　中国经济学社在重大召开年会 / 501

322　重庆大学工商管理学会启 / 501

323　工程师学会年会开幕　该会在重庆大学设奖学金 / 503

324 中国工程师学会第十届年会决议 上届年会余款捐助重大 / 504

325 工程师学会年会昨午继续开会 / 505

326 中华自然科学社在渝开十四届年会 / 506

327 重大教授设天文台 / 507

328 运输统制局公路工务总局、重庆大学公路研究实验室
组织简则 / 507

329 公路工务总处与重庆大学合作办理公路工程研究及公路工程
人员训练办法草案 / 509

330 第廿一届中国地质学会年会在重庆大学举行 / 511

331 资源委员会矿产测勘处在重庆大学办公 / 511

332 《重庆大学校刊》编辑委员会简则 / 512

333 《重庆大学校刊》编辑委员名单 / 513

334 《重庆大学校刊》征稿规约 / 514

335 《重庆大学校刊》对第七期的更正 / 515

336 《重庆大学校刊》对第八期的更正 / 516

337 重庆大学邱护国君来函提出五个问题，兹分别答覆 / 516

338 重庆大学邱之君顷又来函，再答如次 / 519

339 重庆大学邱文君提出之问题另四则答覆如次 / 520

340 重庆大学邱文君问 / 522

341 兹分配该校实验室设备一套 / 525

342 《重大化工》发刊词：给系友们的一封信 / 526

343 张洪沅校长寄语《重大化工》：希望于本刊者 / 528

344 工业细菌室佳偶同研 理院学生研究桐油忙 / 529

专题六：

图书馆建设 *531*

345 重庆大学圕阅览室之一（图） / 533

346 重庆大学圕 / 534

347 图书馆鸣谢启事 / 535

348　图书馆启事 / 535

349　二十五年四月份新书月报 / 536

350　重庆大学圕近讯 / 538

351　二十五年度本大学图书馆规程 / 539

352　本校图书馆简明工作报告（自二十五年七月至十二月） / 540

353　重庆大学图书馆新到中文杂志一览 / 542

354　向欧美购买杂志书籍　调整借书规约 / 545

355　重庆大学图书馆赠书志谢一览与新到图书一览 / 547

356　四川省立重庆大学图书馆来书 / 555

357　四川省立重庆大学募捐兴建甫澄图书馆 / 556

358　新图书馆筹建概况 / 558

359　图书委员会第一次会议记录摘要 / 559

360　图书馆新到图书 / 561

361　图书馆新书目录 / 562

362　三十六年度第二次图书委员会会议记录摘要 / 563

363　图书馆零讯 / 564

364　图书馆新书目录 / 566

365　图书馆新到图书目录 / 567

366　图书馆零讯 / 568

专题七：

嘉陵江畔度青春

569

367　同乐会筹备完竣 / 573

368　足球比赛胜利 / 573

369　四川省立重庆大学十二月二十三日通启 / 575

370　本校拟举行越野赛跑 / 576

371　本校举行第一次越野赛跑详志 / 578

372　遗失校徽声明作废 / 580

373 四川国民军事训练委员会关于三年级学生是否补受集训的
     布告 / 580

374 关于体格检查的通知 / 581

375 全校师生接种疫苗的布告 / 582

376 本校参加重庆市第一届运动会已举行预选 / 583

377 我们体育科同学今后的责任与应具之态度 / 584

378 第二届欢送毕业同学大会记 / 586

379 省立重庆大学布告：嘉陵江中严禁学生泅水 / 591

380 新学生宿舍落成 / 592

381 女同学代打毛线衣 / 593

382 校内近讯之体育竞赛兴起 / 593

383 医药室廿七年二、三月份诊疗统计表 / 597

384 四川省立重庆大学校车开行时间表 / 598

385 定期举行二十六年度下期网球比赛 / 599

386 定期与沙坪坝区各校比赛球类 / 600

387 医药室廿七年四月份诊疗统计表 / 601

388 渝市公开越野跑　重大学子夺冠 / 602

389 重庆大学友联剧社公演"凤凰城" / 603

390 学校军训之重要与改进——三十二年度一月十八日于重庆
     大学演讲 / 604

391 得天独厚的重庆大学 / 608

392 西南学府——国立重庆大学 / 610

393 三十六年度最近体育活动概况 / 612

394 来宾福音 / 615

395 介绍男女混合排球 / 615

396 本校医药卫生组诊疗规则 / 616

397 重庆大学空前悲剧　体育科学生殴伤工学院学生 / 618

398 学生自治会一年 / 619

399 本校学生自治会卅六年度改选理事名单 / 622

400 学生自治会理事职务分配表 / 623

401　本校作息鸣钟次数之规定 / 624

402　三十六年度学生课外活动团体负责人一览 / 624

403　重庆大学生提倡穿草鞋 / 626

404　国立重庆大学卅七年春季运动会 / 626

405　国立重庆大学三十七年春季运动会　成绩纪录 / 634

406　国语英语演讲竞赛办法摘要 / 637

407　一部同仁组川剧社 / 641

408　重庆大学学生集团进膳中毒 / 641

409　化工系友动态：谭系友将辞研究生职　老夫子眼镜深度
要加增 / 642

410　化工系系闻之同学中毒原系夸大宣传 / 644

411　校闻集萃　艰苦中求进步 / 645

412　重大农庄附近发现汉代古墓 / 646

第三编　佑启乡邦　振导社会 ⋯⋯⋯⋯⋯⋯⋯⋯⋯⋯⋯⋯⋯*649*

专题八：
政策与文件 ⋯⋯⋯⋯⋯⋯⋯⋯⋯⋯⋯⋯⋯⋯⋯⋯⋯⋯⋯⋯*652*

413　改组重庆大学协议呈核一案的训令 / 655

414　渝盐业公会致重庆大学函 / 655

415　奉教育部令抄发大学体育课程纲要一份令仰遵照并转饬遵
照由 / 657

416　教育厅令：为检发学校财产目录表第一二三四各种各一份一案
令仰遵照由 / 658

417　准寰球中国学生会函请检发留学须知一份一案令仰知照由 / 659

418　教育部指令　令四川省立重庆大学遵令修正该校组织大纲 / 660

419　四川省政府训令：令省立重庆大学修正四川省各县自费留学贷
费审查规程会 / 661

420　修正四川省各县自费留学贷费规程 / 663

421　教育部训令　令每年度均填报概况表一次 / 665

422　教育部训令　查大学规程第二十条规定 / 666

423　奉　教育部令饬所属遵照部颁待遇蒙藏学生章程办法招考蒙藏学生
　　　一案令仰遵照由 / 667

424　为抄发统一捐款献金收支处理办法令仰遵照由 / 668

425　为抄发修正学校教职员养老金及恤金条例令仰知照由 / 670

426　为办理临时修建购置事项应事先呈准预算暨经临各费均不得稍
　　　涉超支令仰遵照由 / 671

427　强调尊师重道一案令仰遵知照由 / 672

428　教育厅案呈奉教育部令转行政院准司法院函复解释伪造修业或
　　　毕业证件令仰知照一案仰知照由 / 673

429　检发四川省高、中等教育，教育机关概况调查表仰克速填报
　　　径送本府统计处汇办由 / 674

430　令　仁陆字二二一五八号中华民国卅二年十月五日 / 676

431　教育部训令　调整研究费及薪俸训令二则 / 676

432　教育部训令　令知奉令转行本年十月份起调整公教人员生补费
　　　分区支给标准 / 677

433　教育部训令　文武职人员生活补助费分区支给标准表 / 679

434　教育部训令　令发专科以上学校训育委员会组织规程由 / 680

435　教育部训令　令饬迅将三十六年度核发教职员因公伤病医药费
　　　列册报部以凭汇办由 / 682

436　教育部训令　令知调整公教人员待遇标准由 / 683

437　教育部训令　令发大学法及专科学校法由 / 685

438　教育部训令　抄发配发中央公教人员食米办法令仰遵照由 / 688

439　中央机关公教人员食米办法四项 / 689

440　教育部训令　令发修正学校教职员退休及抚恤条例由 / 691

441　学校教职员退休条例 / 692

442　学校教职员抚恤条例 / 694

443　教育部训令　文武职人员生活补助费分区支给标准令 / 697

444 教育部训令　令知学术研究补助费自三月份起增加三倍由　/ 698

445 公函（重庆市教育局第六九六四号训令）　/ 699

446 重庆市公私立各级学校教职员福利金申请发给方法　/ 700

447 教育部训令　为抄发定国纪念日日表令仰知照由　/ 702

448 教育部代电　电知分配第五季白报纸各手续仰分别申请由　/ 704

专题九：

校友活动···*706*

449 由本大学并入川大文学院第一班毕业生近况　/ 708

450 二十五年度毕业生近况　/ 709

451 二十五年度十二月毕业生来函　/ 710

452 理工两院第一届毕业同学就业近讯　/ 711

453 第二届毕业同学通讯　/ 713

454 第一届毕业同学来函　/ 716

455 重庆大学校友会上海分会成立　/ 717

456 三十六年度十月　近期校友动态　/ 717

457 三十六年度十一月　留美校友动态　/ 719

458 三十六年度十二月　校友动态　/ 720

459 三十七年度一月　国立重庆大学校友会第七届理事会职务
　　分配表　/ 722

460 三十七年度一月　校友会第七届第二次理监联席会记略　/ 723

461 贵阳校友活动情形　/ 725

462 工学院机械系三五级毕业生就业概况　/ 726

463 成都校友动态　/ 728

464 留校校友欢宴张校长　/ 729

465 三十七年上期留校校友　/ 730

466 校友讣闻　/ 731

467 校友会第八届年会在校庆节举行　/ 732

468 校友会台湾分会生气蓬勃　/ 733

专题十：

战火中办学 ·· *734*

469 中央大学迁重庆　下月一日开学 / 736

470 全民抗战之时　本大学尽量收容借读生 / 736

471 四川省立重庆大学借读须知 / 738

472 渝地高等教育之重庆大学 / 739

473 中央大学概况之假重庆大学校舍开办 / 740

474 飞将军入伍 / 742

475 北师大劳作专修科借重大教室 / 743

476 战后四川高等教育 / 744

477 中国高等教育设立现状之重庆大学 / 745

478 战事发生后学生数大减　重庆大学学生增加 / 746

479 全国高教学生概况之重庆大学 / 747

480 敌机昨两批袭渝　毁我文化机关 / 748

481 渝市昨又发生猛烈空战　重大被炸重损 / 750

482 重庆大学被炸　各报照常出版 / 751

483 《申报》社评　轰炸重庆与中日美苏 / 752

484 敌机昨袭渝　狂炸文化机关　重庆大学及中大遭浩劫 / 754

485 日机昨又袭渝　重庆大学亦遭轰炸 / 754

486 川省府拨款　救济被炸学校 / 755

487 重庆大学被炸记 / 756

488 重庆大学图书馆被炸 / 761

489 重庆大学生生活 / 761

490 重庆大学代为浙江大学招生 / 764

专题十一：

积极抗战 ·· *765*

491 六大学校长电中央及粤桂 / 768

492 理想中的重庆市文化区 / 769

493 国民经济建设：行营第二厅厅长叶元龙先生讲演 / 773

494 本大学捐款援助绥远守土将士 / 775

495 绥远省政府谢重庆大学捐款援助绥远守土将士 / 777

496 各级捐款名单及捐款数目 / 778

497 公务机关购用国货暂行办法 / 779

498 援助绥远守土将士捐款结束 / 780

499 重庆大学校长胡庶华提出救灾计划 / 781

500 重庆大学可得补助费一万元 / 781

501 本校成立抗敌后援会 / 782

502 防空紧急会议记录 / 784

503 四川省立重庆大学抗敌后援会组织大纲 / 785

504 防空警报示意图 / 787

505 抗敌后援会工作种种 / 789

506 四川省立重庆大学抗敌后援会职员一览 / 790

507 抗敌后援会募捐情况 / 791

508 防空洞与防空壕完成 / 793

509 募捐布露　补遗 / 793

510 重庆大学学生抗敌后援会参加中国学生救国联合会第二届
　　大会 / 796

511 本校抗敌后援会之乡村宣传团 / 797

512 战时教育与乡村建设 / 798

513 重庆大学伤兵捐突破万元 / 801

514 十个月抗战的收获 / 801

515 抗敌动态 / 803

516 全国各大学校长电欧美文化界请阻止供给敌军火 / 804

517 中国各大学校长电谢美国会全体议员 / 805

518 重大校长与各界联合致电英大使 / 807

519 A joint appeal was wired by university presidents in Chungking / 807

520 重庆大学发起献鼎运动 / 808

专题十二：

校内校外交流 ·· *810*

521 菩萨的人生观与公民道德 在重庆大学的演讲 / 812

522 蒋中正与夫人参观重庆大学 / 814

523 重庆市第一届运动会之意义及其影响 / 814

524 重庆市第一届运动会已闭幕 / 817

525 京滇周览团到校参观 / 818

526 日本的乡村工作 梁漱溟在重庆大学讲演 / 818

527 英大使参观重庆大学 / 821

528 英大使卡尔昨参观重庆大学 / 822

529 重庆种植新运纪念林（图） / 823

530 释"建国"（五月二十二日在重庆大学讲演词） / 824

531 南开校友会重庆大学分会成立记 / 830

532 缅甸访华代表团莅渝 中大、南开、重大校长陪同 / 831

533 新都体育表演大游行 重庆大学学生参加表演 / 832

534 南开大学重庆大学分会在重大理学院聚会 / 833

535 感谢重庆大学教授撰稿于我刊 / 834

536 编者言：感谢重庆大学教授组稿 / 836

537 "殊相世界"的中国人 / 837

538 科学与计划政治——十月廿一日在重庆大学讲 / 838

专题十三：

师生运动 ·· *841*

539 重庆大学整学风 八十学生被退学 / 844

540 重庆大学学生请愿 还乡心切要求资送 / 844

541 重庆大学生不再"沉寂"了 一致要求团结民主 / 845

542 渝中大学生向国府请愿 / 846

543　陪都学生大游行　/ 848

544　重庆大学教授会发表三项文件　学生昨日大游行　/ 849

545　渝教授电京要求　与京沪同等待遇　/ 850

546　风雨之夜　罗显烈同学失踪　/ 850

547　重庆大学组促进治安护学会　/ 851

548　教育部督学谈大学开支问题　重大月需七亿余　/ 852

549　重大女生失踪　/ 853

550　重大教授会发起募捐救济清寒生　/ 854

551　学生自治会班代表大会常务委员会名单　/ 855

552　救济物资分配问题　/ 855

553　重庆区国立专科以上学校教授会联合会快邮代电　/ 856

554　重庆大学发起助学运动　/ 858

555　重庆大学发起争取全面公费运动　/ 858

556　要求全体都有公费　重庆大学学生罢课　/ 859

557　重庆大学四月廿八日讯　/ 860

558　教授会通函　附捐款人台衔及款额列后　/ 861

559　校长募集清寒学生医药救济金　/ 862

560　渝市助学金本校获配二百名　/ 864

561　教授会募集贷金　清寒学生可受实惠　/ 864

562　苦难中的重庆大学生　/ 865

563　重大教授断炊　/ 868

564　渝区国省立各校学生游行请愿　/ 868

565　重庆大学六九班代表五日开会　决议同情四一事件　/ 870

566　重庆大学教授决定明日复教　/ 870

567　渝学生开会　追悼四一死难同学　/ 871

568　重庆大学义卖尊师　/ 871

专题十四：

文艺专栏·······················873

   569   博望侯墓记 / 874

   570   南川金佛山雨若纪念堂碑 / 875

   571   杨校务长约食狗肉即席赋呈 / 876

   572   喂四小鸡 / 878

   573   沈儿之渝考大学，感而作诗 / 879

   574   送沈 / 880

   575   语妇 / 881

   576   说文声订 / 881

   577   溪音羁唱 / 883

   578   齐天乐　重来沙坪坝，访旧寻胜感而有作 / 884

   579   洋县汉王城记 / 884

   580   饮虎骨酒张默生主任寓 / 885

   581   诗人节与屈原 / 886

   582   培风楼近诗 / 887

   583   谢张默生教授函东方书店为我印书兼呈吴雨僧教授 / 889

后记：

九十年的记忆·······················890

附录：

文献编号索引·······················893

专题五：学术研究

本专题选择 1931 年至 1949 年的 44 篇文献，记录学校多项学术活动，如学术会议、学术团体、学术刊物、学术考察及资料等。

一、缓慢起步

重庆大学学术研究起步较晚，建校初期并无专门的学术研究机构，也无特设实验室、研究所。随着办学规模日益扩大，师资、经费、实验设备、社会合作等多方面条件均不断改善，学术研究工作也逐渐开展起来。《气象月刊》是重庆大学第一本专业的学术期刊，由理学院主办，以观测记录气候数据为主，记录区域以沙坪坝为中心，为该地区留下了大量的实测气候数据。气候监测的标准、仪器、时间、地点等详见 1934-002、1934-003 号文献。

二、战时发展

战时大量高校及科研机构西迁后集聚山城，客观上促进了重庆本地高等教育办学及科研水平的飞速提高。这一时期，重庆大学成立了各种学会，土木系成立了"土木工程学会"并出版会刊，详见 1937-055 号文献；采冶系成立了"采冶工程学会"，详见 1937-049、1937-054 号文献。为战事需要，学校成立了"国防学术研究会"，详见 1937-071 号文献。

战时许多全国性学术团体在重庆大学活动，如中国地质学会、中国经济学社、工程师学会、中华自然科学社等在重庆大学举办年会。1940 年 3 月 14 日至 16 日，中国地质学会在重庆大学礼堂举办第十六次年会，由学会理事长李四光致开幕辞，

校长叶元龙致欢迎辞，1940-004、1940-005 号文献对此有详细记录。1940-006 号文献记录了中国经济学社第十五届年会。1941-025、1941-026、1941-027 号文献记录了中国工程师学会第十届年会。1941-028 号文献记录了中华自然科学社第十四届年会。这些年会活动多在重庆大学大礼堂（即"七七抗战大礼堂"）进行。除举办年会外，多个机构借重庆大学开展活动，如 1939-030 号文献记录地质学会借工学院办学术演讲会，1945-005 号文献记录资源委员会矿产勘探处借重庆大学新建的办公室办公，1941-002 号文献则记录中国工商管理学会诸先生，因战事"均不知其行踪"，由重庆大学工商管理学会代为联系诸位，以便重新开展会务活动。

大量学术机构入渝除促进学术交流之外，更带动大量教授和科研人员到高校任教、兼职、开办讲座，引入先进的科研理念、设施设备、方法措施，切实推动了重庆本土高校的发展。以重庆大学地质系的发展为例，地质系的原有专职教师屈指可数，中央地质调查所、中央研究院地质研究所这两个中国最顶级的地质研究机构入渝之后，李四光、朱森、黄汲清、李春昱、杨钟健等著名地质学者均在重大地质系兼职，重大地质系瞬间大师云集，发展迅猛。经过十来年的积累沉淀，四十年代后期地质系整体水平尤为突出，沈其韩、盛金章、邱中建、李星学、周明镇、何知礼等院士此阶段均在地质系学习。本专题中对此没有专门的文献记录，但在全书其他专题中可见提及。

三、科研活动

实地考察是课程延伸及学术研究的常见方式。当时重庆大学多个专业采用"课程实习"的方式进行学术训练：1938-012 号文献是重大师生对沙坪坝森林公园的讨论，1938-013 号文献是对石油沟油矿探测的情况；1938-018 号文献对老鹰岩的地质情况进行了分析。此外，理学院地质系与四川省地质调查研究所合作，开展了大量针对四川地质矿产的调查。1939 年朱森带领团队至嘉陵江观音峡及天府煤矿区进行地质考察，刘祖彝带领团队至涪陵、彭水铁矿进行地质考察，均形成了内容翔实的考察报告，详见 1939-028、1939-029 号文献。由于这两篇考察报告篇幅较大，故本书仅节选部分内容。

学校学习之外，学生可通过校外科学杂志获得更多信息。1947-077、1947-078、1947-079、1947-080 号文献记录了重大邱姓学生去函《科学月刊》，提出多个物理问题，由刊物组织答疑。这一形式在当时较为常见，1936-051 号文献亦可佐证。

学校与多个机构合作进行社会服务。1936 年工学院时任院长税西恒出任四川省水文测量第三区主任，并在重庆大学设立第三区水文测量办事处，详见 1936-011 号文献。1936-041 号文献记录了重庆大学理科学会以科学服务社会，为中学生解疑答惑、为社会人士化验物品。1942 年，学校成立了公路工程实验室并开展科研活动。公路工程实验室和四川省公路局合作，由该室负责材料试验和公路设计，公路局负责路面建筑，修筑了上清寺至小龙坎一段柏油路；该室还为重庆运输统制局开展公路研究。该实验室工作简则与人员训练办法草案见 1942-014、1942-015 号文献。

四、科研新闻与报道

值得一提的是《重大校刊》（一度停刊，后复刊时定名为"重庆大学校刊"），该刊物虽定位为"综合性刊物"，然而其所刊选内容多为学术性文章，1937-015 号文献明确记录了该刊编辑部希望多增加理工科学学术类文章，同时该刊也登载了大量的学术新闻报道。《重大校刊》反映了当时学术研究的客观情况。1947-028、1947-029、1947-030 号文献为《重庆大学校刊》的概况，1947-051、1947-071 号文献为对上一期刊物的勘误，凸显了当时重大人办刊的严谨态度。与《重庆大学校刊》相似的是《重大化工》，这是一份学术刊物，也有部分篇幅记录了当时化工系的"系闻"，详见 1949-001、1949-002、1949-007 号文献。

五、特别说明

需说明的是，本书并未详尽罗列这二十年间重庆大学全部的科研成果，仅针对所收录文献中涉及的科研活动进行整理。

301 重庆大学等三校欢迎中国科学社全体社员

▲教界歡宴　中國科學社全體社員、於二十一日清晨由嘉陵江溫泉公園返重慶、中午由重慶大學、四川鄉村建設學院、及川東共立師範學校等三機關、設宴永年春、表示歡迎、期間由重慶大學副校長甘典夔致歡迎詞、該社公推葉農由博士答謝、午後分三組出發參觀、㈠重慶銅元局、㈡中心農場、㈢自來水廠、由各該場廠職員引導及說明、設備尚稱完善、晚間六時、由該社年會設席適中花園答謝重慶各機關團

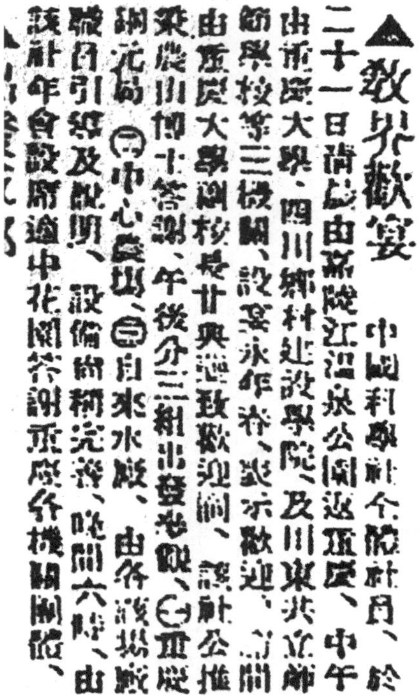

文献编号 1933-001　重庆大学等三校欢迎中国科学社全体社员

■ 文献信息

报纸《申报》, 1933年8月31日，期号21690号(上海版)

文献编号：1933—001

■ 简体全文

▲教界欢宴 中国科学社全体社员，于二十一日清晨由嘉陵江温泉公园返重庆，中午由重庆大学、四川乡村建设学院，及川东共立师范学校等三机关，设宴永年春，表示欢迎。期间由重庆大学副校长甘典夔致欢迎词。该社公推叶农由博士答谢，午后分三组出发参观。㊀重庆铜元局，㊁中心农场，㊂自来水厂，由各该场厂职员引导及说明，设备尚称完善。晚间六时，由该社年会设席适中花园答谢重庆各机关团体。

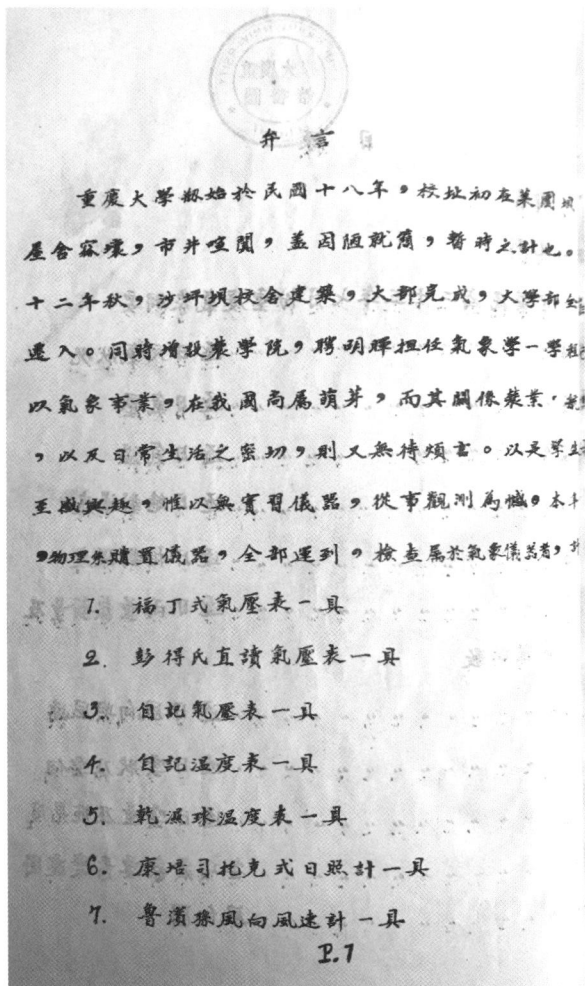

文献编号 1934-002 《气象月刊》弁言（节选）

■ **文献信息**

期刊《气象月刊》第 1 期，第 1-4 页，1934 年

文献编号：1934-002

■ **简体全文**

弁 言

重庆大学创始于民国十八年，校址初在菜园坝，屋舍窳坏，市井喧阗，盖因陋就简，暂时之计也。二十二年秋，沙坪坝校舍建筑，大部完成，大学部全部迁入。

同时增设农学院，聘明晖担任气象学一学程。以气象事业，在我国尚属萌芽，而其关系农业、航空，以及日常生活之密切，则又无待烦言。以是学生咸至感兴趣，惟以无实习仪器，从事观测为憾。本年春，物理系购置仪器，全部运到，检查属于气象仪器者，计有

    1.福丁式气压表一具

    2.彭得氏直读气压表一具

    3.自记气压表一具

    4.自记温度表一具

    5.干湿球温度表一具

    6.康培司托克式日照计一具

    7.鲁滨孙风向风速计一具

    8.蒸发器一具

    9.雨量计一具

虽标准最高温度表，最低温度表，毛发湿度表，自记湿度表，测云器等尚付阙如。然各项重要观测，已可举行。理学院长何鲁先生首见及此，乃令明晖筹划设备，如整理仪器，制作百叶箱，雇工辟地，训练校工等，一一进行，迄于七月一日，各项皆已就绪，即日开始记录。以靭[音chuàng，简体对应字为"创"]创之始，一切悉只明晖一人负责，即各项观测及核算，亦无助理员相助为理，仅简易者有特命校工为之，以是

    1.观测时间　暂只四次。为每日上午六时九时，下午二时及九时。

    2.测候所地址　在重庆西南，直线距离约7哩，面临嘉陵江，经纬度即用重庆测定数，未另测。高度系用空盒气压表与海关测候所比较求得[α]，方位系用磁向，磁差尚无测定。

    3.各种仪器单位制度　各项仪器，以均购自美国F.E.Becker公司。故单位均系英国制。除福丁式气压表，附有末□制外，如自记气压表为吋，雨量计及蒸发器用量杯，自记温度表，干湿球温度表为华氏。绝对湿度及相对湿度之推算，系将干湿球温度换算为摄氏后，再根据中央研究院气象研究所出版之测候须知附表求出。

    4.每日最高温度及最低温度　现由个人所有之Si□'□ Ma□, and Min, theimontd□薛格思氏最高最低温度表上测得，云量云状云向均用目力观测，云速估计不易，则付阙如。

    5.能见度之标准　800 m以内经实测。800 m以外，则由汽车路之距离估计而得。

    6.暂不预报天气　本校不能直接收受气象电报，故无天气图之绘制，校车停后，与城内交通，须费二小时，即欲公布次日天气状况，亦无专送信丁，故暂不预报天气，仅先将观测结果汇算成册，按月刊布，借供各界参考。又现正向交通部请领免费执照，以便与中央研究院气象研究所互相通报，如月底执照寄到，则拟自九月

开始。

7.观测项目及时数之增加 本校现又向外订购自记湿度计，毛发湿度计，最高温度表，最低温度表，太阳辐射温度表，最低车温表，各式地温表，测云器[-]等项仪器，预计九月底可以到渝，彼时校工训练如又大为增进，则并增加观测次数为每日六次。

8.与海关测候所之比较 本测候所地势平旷，周围又无建筑物之障碍，若海关测候所在重庆扬子江南岸，海关港务长住宅中，面对重庆背负高山，加以隙地一隅，房屋树木，在在足为空气流通之障碍，以之代表重庆市区一部分之各项气象要素，相去或尚不远。若求可以代表重庆附郭较大区域之各项气象要素，以为农业及预报天气之助者，则本刊记录或较为近是也。

易明晖识 八.一.

303 《气象月刊》凡例

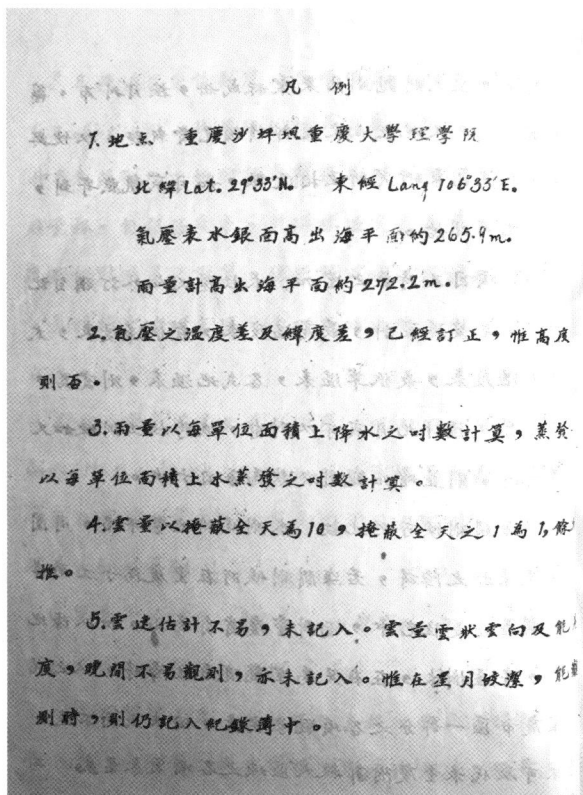

文献编号 1934-003 《气象月刊》凡例（节选）

■ 文献信息

期刊《气象月刊》第1期，第5-7页，1934年

文献编号：1934-003

■ 简体全文

凡 例

1.地点　重庆沙坪坝重庆大学理学院

　　北纬 Lat 29°33'N。东经 Lang 106°33'E。

　　气压表水银面高出海平面约265.9 m。

　　雨量计高出海平面约272.2 m。

2.气压之温度差及纬度差，已经订正，惟高度差则否。

3.雨量以每单位面积上降水之吋数计算，蒸发量以每单位面积上水蒸发之吋数计算。

4.云量以掩蔽全天为10，掩蔽全天之1为1，余类推。

5.云速估计不易，未记入。云量[、]云状[、]云向及能见度，晚间不易观测，亦未记入。惟在星月皎洁，能观测时，则仍记入纪[记]录簿中。

6.风力计发生障碍时，风速依下表估计

		现象	风速 km/h
0	静风	烟直上	0—1
1	微风	动叶	1—9
2	和风	动小枝	9—20
3	疾风	动大枝	20—33
4	强风	摇干扬尘	33—51
5	烈风	折枝走石	51—74
6	飓风	拔树摧屋	74—以上

7.天气符号——国际规定者

天气符号					
○	晴天	∞	霾	⊗	日晕
◐	昙天	⌒	露	⏀	日华
⊙	阴天	⊔	霜	⊽	月晕
●	雨天	∨	雾凇	�⌣	月华
*	雪	∞	霜凇	⌒	虹
▲	雹	⊞	积雪	⊻	极光
△	霰	⇤	吹雪	⋀	黄道光
≡	重雾	⅌	大风	⅄	唇气
≡	雾	↘	雷雨	←	水[冰]针
≡	低雾	T	雷		
≡	泾雾	⅃	闪电		

8.能见度标准

<table>
<tr><td colspan="6" align="center">能见度</td></tr>
<tr><td>度</td><td>能见</td><td>不能见</td><td>度</td><td>能见</td><td>不能见</td></tr>
<tr><td>0</td><td>—</td><td>100公尺</td><td>5</td><td>2公里</td><td>6公里</td></tr>
<tr><td>1</td><td>100公尺</td><td>200公尺</td><td>6</td><td>6公里</td><td>10公里</td></tr>
<tr><td>2</td><td>200公尺</td><td>500公尺</td><td>7</td><td>10公里</td><td>20公里</td></tr>
<tr><td>3</td><td>500公尺</td><td>1公里</td><td>8</td><td>20公里</td><td>50公里</td></tr>
<tr><td>4</td><td>1公里</td><td>2公里</td><td>9</td><td>50公里</td><td>—</td></tr>
</table>

9.云状以下列符号记载

C	卷云	N	雨云
CS	卷层云	K	积云
CK	卷积云	KN	积雨云
AS	高层云	S	层云
AK	高积云	FS	碎层云
SK	层积云	FK	碎积云

304 嘉陵江畔：重庆大学通讯

■ 文献信息

期刊《骨鲠》，第55期，第10—11页，1935年

文献编号：1935-021

■ 简体全文

嘉陵江畔：重庆大学通讯

杨潜芸

假如你由嘉陵江顺流而下，在将到重庆城的时候，定然可见屹立在山上的几座西式房子，假如你底眼力不十分坏，在有座房子上，定然可见有"重庆大学理学院"几个字，这就是四川新兴的"重庆大学"了。

嘉陵江畔

—重慶大學通訊—

楊潛芸

假如你由嘉陵江順流而下，在將到重慶城的時候，定然可見屹立在山上的幾座西式房子·假如你底眼力不十分壞，在有幾座房子上，定然可見有「重慶大學理學院」幾個字，這就是四川新興的「重慶大學」了。

離重慶城三十里遠，地名叫「沙坪壩」，這就是重大的校址，山下倚傍嘉陵江，可以說是山水俱全，風景很好的地方，在重慶城是頗不容易找到這樣好的地方的。

地方既好，人物也就因之而好，這裏的學生，與旁的大學全然不同。最值得記述的，就是「儉樸」。若說要找出公子哥兒遍的，就是「儉樸」。

只講形式的學生，有自然有，却是極少數，充其量不過百分之二三而已。這裏之所以「儉樸」的原因，據我想來，還是由於社會的經濟背境所使然。因為經濟很充裕的人家，他的子弟就可出川去住大學，用不着住這個新興的，不甚完備的學校。其所以在這學校住的學生，大多數的家庭都是並不十分豐裕的，同時因校址距城都遠，沒有都市的囂音所擾攘，素稱「小上海」的重慶的一切塵築，不容易流傳到這鄉村來，因此之故，學生都崇尚「儉樸」，而且頗能埋頭用功，艾迪博士和聖約翰大學校甚蒲芳吉博士來此參觀演講，首先就感到學生之「儉樸」，而且認為是一種「美德」。

文献编号 1935-021　嘉陵江畔：重庆大学通讯（节选）

　　离重庆城三十里远，地名叫"沙坪坝"，这就是重大的校址，山下倚傍嘉陵江，可以说是山水俱全，风景很好的地方，在重庆城是颇不容易找到这样好的地方的。

　　地方既好，人物也就因之而好，这里的学生，与旁的大学全然不同。最值得记述的，就是"俭朴"。若说要找出公子哥儿只讲形式的学生，有自然有，却是极少数，充其量不过百分之二三而已。这里之所以"俭朴"的原因，据我想来，这是由于社会的经济背境所使然。因为经济很充裕的人家，他的子弟就可出川去住大学，用不着住这个新兴的，不甚完备的学校。其所以在这学校住的学生，大多数的家庭都是并不十分丰裕的，同时因校址距城颇远，没有都市的骚音所扰搅，素称"小上海"的重庆的一切虚荣，不容易流传到这乡村来，因此之故，学生都崇尚"俭朴"，而且颇能埋头用功，艾迪博士和圣约翰大学校长蒲芳吉博士来此参观演讲，首先就感到学生之"俭朴"，而且认为是一种"美德"。

如果说俭朴是"美德"，那么更有甚于此美德者，就是：有生气。这里的学生，一个个总是非常活跃的，绝没有摆出老气横秋的大学生嗅[臭]架子。可以说是些天真的大小孩，譬如一会儿又是这样会那样会，开个不休！音乐娱乐运动，……种种，闹得个不亦乐乎，然而，有个缺点，就是学术空气并不浓厚。讲到说是学术上的团体，非常的少，所以虽是生气勃勃，却还是孩子气，这个也许要以后慢慢才会进步的。

这样说来，"学风"可以说是非常好，但是学校的设备等等，并不完备，不过正在进行之中罢了，继续的各种工人在各方面的修造，也可见得日渐驱[趋]于好的路上，不过图书馆里的书很少，尤其是文学院的。

这里仅有三院，文、理、农，理学院办得最好，因为是何鲁当院长，所以聘的教授也是有名的人，在旁的大学很受欢迎的，至于文学院简直连院长都没有，只是各系的主任负责，中文系主任沉醉于"考据"，外文系主任则被几个江苏人包围，而这几人根本说不上有学识，学生中虽有聘林语堂的意思，但非常不容易，现在全校共七系人，农学院只有一系，校长是刘湘，副校长甘绩镛，因是军政当局，无暇办学，只是挂名而已，故已聘好胡庶华当校长，廿四年度决来，要是川局没有大变化的话。

现在这学校还没有立案，要等三院九系办好之后才可立案，不过，这也是不成问题的事，从开办起至今，先是办高中部，不过五年余，而居然于嘉陵江畔有这样大规模的成绩，而且一天天的发展，前途是无限量的，将来西南文化的重要就在这里，假如你从嘉陵江顺流而下，你只消看见这里，呼吸到这里的空气时，你一定觉得是个少年人，生气勃勃地，一天天的滋长，而且这情形可以鼓励你，把你那消沉阴暗的心里，立刻鼓起勇气来。

305 令重庆大学成立第三区水文测量办事处

■ 文献信息

期刊《四川省政府公报》，第50期，第18-19页，1936年7月11日

文献编号：1936-011

爲令委該校工學院院長稅西恒爲水文測量第三區主任並限尅日成立第三區水文辦事處一案令仰遵照辦理由

建字第一〇九六號 二五，七，一．

令重慶大學

教育建設廳案呈、查水文測量，爲水利工程之基本工作；本省各河，亟應設立水文測站，以便觀測幷紀錄水位流量。現經查酌需要情形，暫行設置三區；以岷江流域爲第一區；青衣江，大渡河，馬邊河等流域爲第二區；嘉陵江，渠河，烏江，長壽之龍溪河等流域爲第三區；每區設主任一人，辦理該區一切水文測量事宜．茲查第三區主任一職，該大學工學院院長稅西恆，學術優長，堪以代辦，除各項章則，暨進行辦法，另案寄發外，合行令仰該大學即便遵照，轉知該院長遵照，尅日成立第三區水文測量辦事處，進行一切，仍將奉文日期，暨遵辦情形，具報備查！此令。

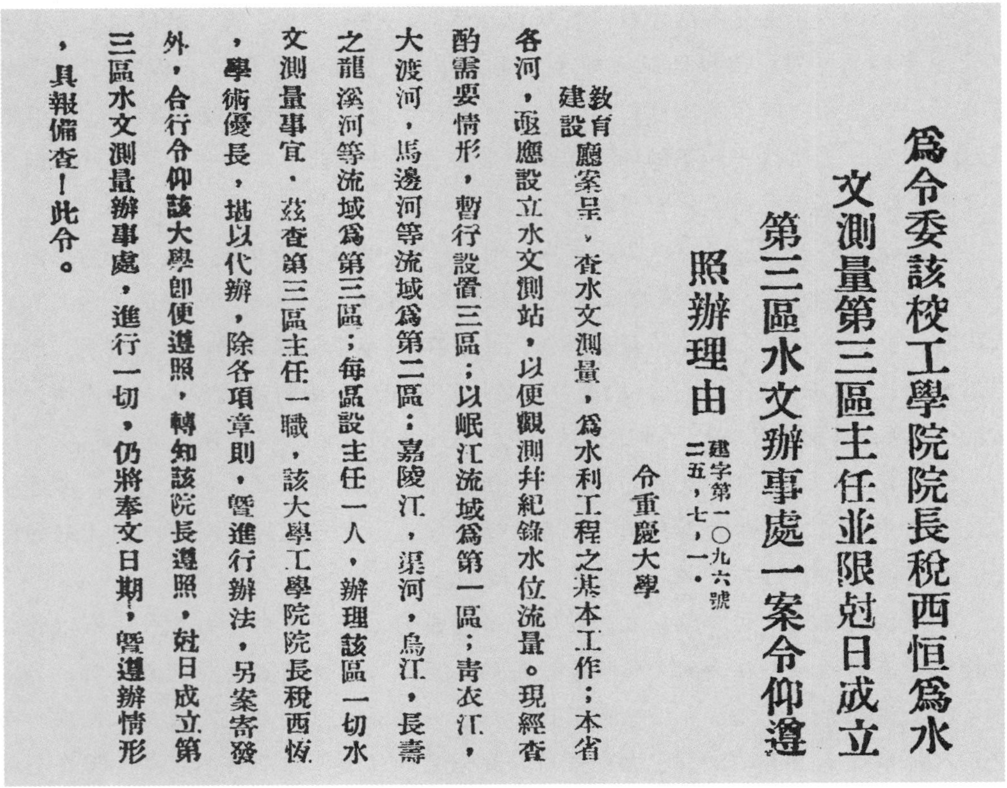

文献编号 1936-011　令重庆大学成立第三区水文测量办事处

■ 简体全文

为令委该校工学院院长税西恒为水文测量第三区主任
并限克日成立第三区水文办事处一案令仰遵照办理由

建字第一〇九六号 二五，七，一.

令 重庆大学

教育建设厅案呈，查水文测量，为水利工程之基本工作；本省各河，亟应设立水文测站，以便观测并纪[记]录水位流量。现经查酌需要情形，暂行设置三区：以岷江流域第一区；青衣江，大渡河，马边河等流域为第二区；嘉陵江，渠河，乌江，长寿之龙溪河等流域为第三区；每区设主任一人，办理该区一切水文测量事宜。兹查第三区主任一职，该大学工学院院长税西恒，学术优长，堪以代办，除各项章则，暨进行办法，另案寄发外，合行令仰该大学即便遵照，转知该院长遵照，克日成立第三区水文测量办事处，进行一切，仍将奉文日期，暨遵办情形，具报备查！此令。

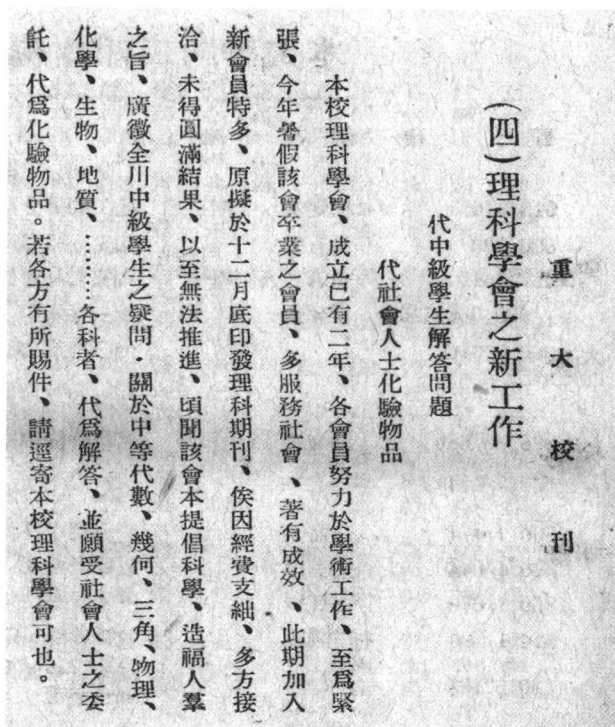

文献编号 1936-041　理科学会之新工作

■ 文献信息

期刊《重大校刊》，第 4 期，第 17 页，1936 年 12 月 1 日

文献编号：1936-041

■ 简体全文

（四）理科学会之新工作
代中级学生解答问题　代社会人士化验物品

本校理科学会，成立已有二年，各会员努力于学术工作，至为紧张，今年暑假该会卒业之会员，多服务社会，著有成效，此期加入新会员特多，原拟于十二月底印发理科期刊，侯因经费支绌，多方接洽，未得圆满结果，以至无法推进，顷闻该会本提倡科学，造福人群之旨，广征全川中级学生之疑问，关于中等代数、几何、三角、物理、化学、生物、地质、……各科者，代为解答，并愿受社会人士之委托，代为化验物品。若各方有所赐件，请径寄本校理科学会可也。

307 《重大校刊》二十六年度总第七期编后记：需更多理工科学类文章

編後記

編者

一、本刊在本學期中途出版，到學期終了，共出七期，一切選材編輯，均遵照胡校長發刊辭旨趣及校刊規則辦理，內容雖不甚充實，但大旨尙無違背。

二、本刊最大缺點，卽無理工兩科的科學的文章，雖學術專刊另有籌備，但自然科學的普通的短文，實甚需要，嗣後望本校讀者多投此等文章，以充篇幅。

三、本刊第二期及第三期轉載之「鄧仲瑾先生義行紀」及「苗可秀志士殉難紀」可以廉頑立懦，振作民氣，挽救頹風，非貿然迻錄，聊塞篇幅也。

四、補白中所選錄古人遺作及節抄外人近著，均以關氣節及科學者爲主，亦非隨意擇取。

五、自第五期起，開始選登同學稿件，思想起其正確，文字取其清新，若有實習參觀報告及研究心得的陳述，尤所歡迎。

六、關於排印，格式多有不合，魯魚亥豕之訛，未能盡免，此固由於承印處材料及技術之限制，然在校對方面，亦力求錯誤之減少，幸閱者諒之。

七、第七期出版後，適值寒假，本刊暫停，俟下學期開學後，再繼續出版。

文献编号 1937-015　《重大校刊》二十六年度总第七期编后记：需更多理工科学类文章

■ 文献信息

期刊《重大校刊》，第 7 期，第 23 页，1937 年 1 月 16 日

文献编号：1937-015

编后记

编　者

一、本刊在本学期中途出版，到学期终了，共出七期，一切选材编辑，均遵照胡校长发刊辞旨趣及校刊规则办理，内容虽不甚充实，但大旨尚无违背。

二、本刊最大缺点，即无理工两科的科学的文章，虽学术专刊另有筹备，但自然科学的普通的短文，实甚需要，嗣后望本校读者多投此等文章，以充篇幅。

三、本刊第二期及第三期转载之《邓仲瑾先生义行纪》及《苗可秀志士殉难纪》可以廉顽立懦，振作民气，挽救颓风，非贸然迻录，聊塞篇幅也。

四、补白中所选录古人遗作及节抄外人近著，均以关气节及科学者为主，亦非随意择取。

五、自第五期起，开始选登同学稿件，思想起其正确，文字取其清新，若有实习参观报告及研究心得的陈述，尤所欢迎。

六、关于排印，格式多有不合，鲁鱼亥豕之讹，未能尽免，此固由于承印处材料及技术之限制，然在校对方面，亦力求错误之减少，幸阅者谅之。

七、第七期出版后，适值寒假，本刊暂停，俟下学期开学后，再继续出版。

308　四川省立重庆大学采冶工程学会成立大会纪

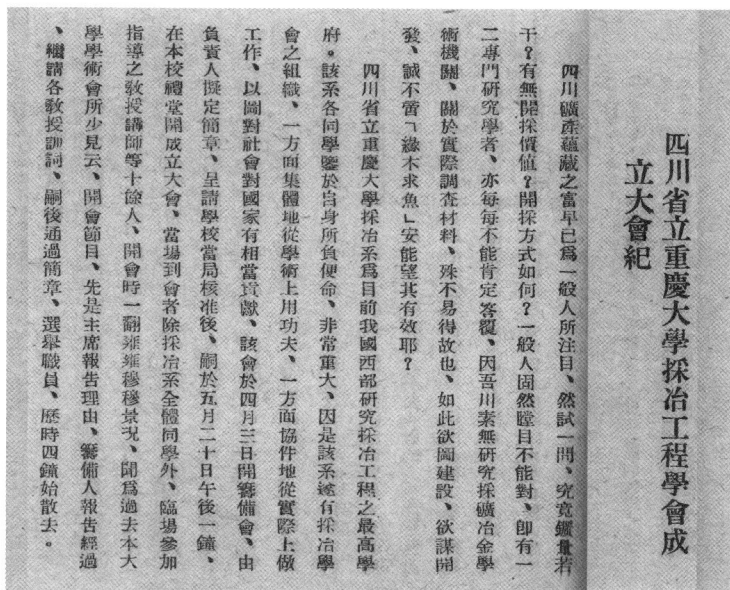

文献编号 1937-049　四川省立重庆大学采冶工程学会成立大会纪（节选）

■ 文献信息

期刊《重大校刊》，第13期，第15-16页，1937年6月1日

文献编号：1937-049

■ 简体全文

四川省立重庆大学采冶工程学会成立大会纪

四川矿产蕴藏之富早已为一般人所注目，然试一问，究竟矿量若干？有无开采价值？开采方式如何？一般人固然瞠目不能对，即有一二专门研究学者，亦每每不能肯定答覆，因吾川素无研究采矿冶金学术机关，关于实际调查材料，殊不易得故也，如此欲图建设，欲谋开发，诚不啻"缘木求鱼"安能望其有效耶？

四川省立重庆大学采冶系为目前我国西部研究采冶工程之最高学府。该系各同学鉴于自身所负使命，非常重大，因是该系遂有采冶学会之组织，一方面集体地从学术上用功夫，一方面协件地从实际上做工作，以图对社会对国家有相当贡献，该会于四月三日开筹备会，由负责人拟定简章，呈请学校当局核准后，嗣于五月二十日午后一钟，在本校礼堂开成立大会，当场到会者除采冶系全体同学外，临场参加指导之教授讲师等十余人，开会时一翻[番]雍雍穆穆景况，闻为过去本大学学术会所少见云，开会节目，先是主席报告理由，筹备人报告经过，继请各教授训词，嗣后通过简章，选举职员，历时四钟始散去。

兹将各教授训词录后，以响[飨]阅者。

（一）杨懋实先生训词

当此国难严重时期[，]最重要之建设便是国防建设[，]而国防建设所需之原料[，]则十九属于矿产品[，]故本大学采冶工程学会之成立，其使命之重责任之大[，]远在其他学术团体之上，诸君应埋头苦干侧重于学术上之研究[、]情感上之联络，先将基础建固，然后以研究所得供给社会，与国家将来于国防建设必收莫大效益云。

（二）林清之先生训词[：]

本会之成立，意义最为重大，乃一般社会之成立，恒有好因为[而]无善果者，非由意见之纷[分]歧，即系主事者之疏懒因循，苟且了事，以致毫无一点效益，弄得气息奄奄，有名无实，甚或今日成立，明日解散者亦多，我对于本会之希望，能划一意见，共同切磋，更将师生打成一片，互相努力于采冶学术之研究，则获益不浅矣。

（三）胡叔平先生训词

当此国难期中，有此意义深巨之采冶工程学会成立，为我所欣慰，更望先本研究学术一途，努力迈进，再进而效力社会，谨祝本会万寿无疆，再本人于每届开会时，当继续参加[，]若有管见，亦当贡献出来，以促进本会之发展。

（四）吴端甫先生训词

世界各国，对于采矿与冶金之进展，尚在草创时期，略具雏型[形]而已，尤以中国为落后，四川为中国矿产最富之区，国家正在计划开采当中，须得有多数专门人才，协助开采，而西南各大学，惟独重大办有采冶系，故对于本会之成立，极表赞同。并希望本会会员，意见划一，精诚团结，对于采冶学术之研究，埋头苦干，充实真正本领，则本会前途，无所限量。

（五）段[段]子美先生训词

本会应时而生，任重道远，尤当此国难严重期中，得以成立，可谓高瞻远瞩矣。四川为民族复兴根据地，一因以矿产蕴藏丰富之故，则本会之成立，对复兴民族工作之责任，亦自不小，在本人初来重大时，未见有研究会学术会之设，询之本校情形，仅于四年前成立有一理科学会，今日采冶工程学会之相继成立，不胜欣喜，更希望能影响本校各科学术研究会之接踵而立，使重庆大学，造成研究之空气，以及于全国，尤盼望本会成立后，使全国人士，注意及此，而促进采冶学术之研究及发展也。

309 采冶工程学会工作

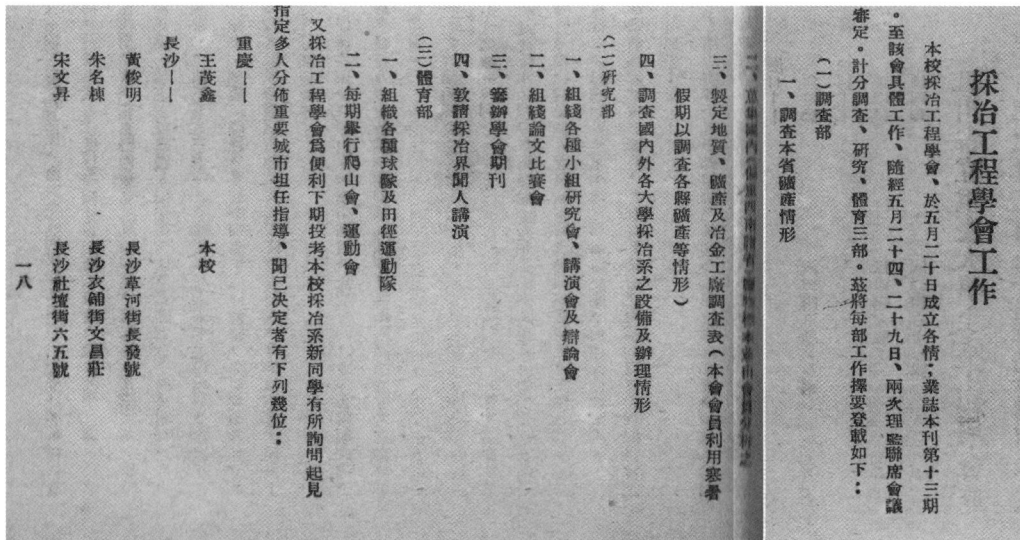

文献编号 1937-054　采冶工程学会工作（节选）

■ 文献信息

期刊《重大校刊》，第14期，第18-19页，1937年6月16日

文献编号：1937-054

■ 简体全文

采冶工程学会工作

本校采冶工程学会，于五月二十日成立各情；[，]业志本刊第十三期。至该会具体工作，随经五月二十四、二十九日，两次理监联席会议审定。计分调查、研究、体育三部。兹将每部工作择要登载如下：

（一）调查部

一、调查本省矿产情形

二、蒐[搜]集国内（偏重西南诸省）盐物标本并由会员分析[析]之

三、制定地质、矿产及冶金工厂调查表（本会会员利用寒暑假期以调查各县矿产等情形）

四、调查国内外各大学采冶系之设备及办理情形

（二）研究部

一、组线[织]各种小组研究会、讲演会及辩论会

二、组线[织]论文比赛会

三、筹办学会期刊

四、敦请采冶界闻人讲演

（三）体育部

一、组织各种球队及田径运动队

二、每期举行爬山会、运动会

又采冶工程学会为便利下期投考本校采冶系新同学有所询问起见，特指定多人分布重要城市坦[担]任指导，闻已决定者有下列几位：

重庆

王茂鑫　本校

长沙

黄俊明　长沙草河街长发号

朱名栋　长沙衣铺街文昌庄

宋文升　长沙社坛街六五号

汉口

熊传勋　武昌西川湖十五号

成都

黄孝杰　斌升街七号

姚廷珍　祠堂街六十一号

重大校刊

四川省立重慶大學土木工程學會成立大會及第一次理監事聯席會議記要

吾川爲西南之重心、本大學又爲西南唯一工程人員養成所、對於西南各項工程之發展、負有重大之使命、此固吾人所稔知者、近年交通建設、突飛猛進、舉凡道路、建築、水利各端、莫不有賴土木工程人員之主持。在五年建設計劃中、每年應完成一千六百公里之鐵路、川黔、成渝、川湘諸線、皆在預定必修之列、證之鐵部飭令交大添辦有關鐵路建築各系、益知土木工程人員需要之急切、本大學土木系班級齊全、人數幾佔全校四分之一。三四年級、尤致力於鐵道一科、良以眇衡局勢、技術人員之養成、實爲當前之急務也、惟欲達此目的、勢非籌策羣力、共作學問及技術上之研討、不足以升堂入奧。是以學術團體之組織、乃爲增進技能之原動力、本大學土木系同學、有鑒及此、爰於去歲九月中、由四年級同學熊光羲君之倡導、各年級相繼贊同、幷推出代表、進行籌備、迨至簡章擬成、送請教務長核示後、時已學期將末、未克跟即成立。延至本年、因鑒於本系第一班同學、行將畢業、倘不卽時組織、則金甌有缺、似非本旨、因於兩日之內、加緊籌備、洎至五月三十一日、籌備最早之土木工程學會、遂以正式成立開矣。午後三時許、各同學均滿懷歡忭情緒、先後到場參加、並請本校各敎職員蒞臨指導。茲將當時開會情況、分條摘要述之如後:

一九

（一）開會程序

行禮如儀後、卽由主席李裕高君、致開會詞、並報告籌備經過、繼請各敎授及來賓致訓、嗣卽通過簡章、選舉理監事、歷時二鐘、卽撮影散會。

（二）講詞錄要

a.主席致開會詞

當今土木工程、日見發展、吾輩學土木工程者、當知土木人材之重要性、爲欲避免個人之孤陋寡聞、勢須集團研究、互策互勉、本會今日成立、意在對於土木工程之學術與技能、如何作精深之研討、以適應當前國家社會之需要、其意義及使命、均屬至爲重大、撮要言之、可分三點:

（1）學土木者不可不知結構、世間各種建築物之存在、均賴各材料之合理的結構、無論材料品質之優劣如何、布橋其屹然獨立、則其無

■ 文献信息

期刊《重大校刊》，第14期，第19-21页，1937年6月16日

文献编号：1937-055

■ 简体全文

四川省立重庆大学土木工程学会成立大会及第一次理监事联席会议记要

吾川为西南之重心，本大学又为西南唯一工程人员养成所，对于西南各项工程之发展，负有重大之使命，此固吾人所稔知者，近年交通建设，突飞猛进，举凡道路、建筑、水利各端，莫不有赖土木工程人员之主持。在五年建设计划中，每年应完成一千六百公里之铁路，川黔、成渝、川湘诸线，皆在预定必修之列，证之铁部饬令交大添办有关铁路建筑各系，益知土木工程人员需要之急切，本大学土木系班级齐全，人数几占全校四分之一。三四年级，尤致力于铁道一科，良以盱衡局势，技术人员之养成，实为当前之急务也，惟欲达此目的，势非群策群力，共作学问及技术上之研讨，不足以升堂入奥。是以学术团体之组织，乃为增进技能之原动力，本大学土木系同学，有鉴及此，爰于去岁九月中，由四年级同学熊光义君之倡导，各年级相继赞同，并推出代表，进行筹备，迨至简章拟成，送请教务长核示后，时已学期将末，未克跟即成立。延至本年，因鉴于本系第一班同学，行将毕业，倘不即时组织，则金瓯有缺，似非本旨，因于两日之内，加紧筹备，洎至五月三十一日，筹备最早之土木工程学会，遂以正式成立闻矣。午后三时许，各同学均满怀欢忻情绪，先后到场参加，并请本校各教职员莅临指导。兹将当时开会情况，分条摘要述之如后：

（一）开会程序

行礼如仪后，即由主席李裕高君，致开会词，并报告筹备经过，继请各教授及来宾致训，嗣即通过简章，选举理监事，历时二钟，即摄影散会。

（二）讲词录要

a.主席致开会词

当今土木工程，日见发展，吾辈学土木工程者，当知土木人材之重要性，为欲避免个人之孤陋寡闻，势须集团研究，互策互勉。本会今日成立，意在对于土木工程之学术与技能，如何作精深之研讨，以适应当前国家社会之需要，其意义及使命，均属至为重大，择要言之，可分三点：

（1）学土木者不可不知结构，世间各种建筑物之存在，均赖各材料之合理的结构，无论材料品质之优劣如何，苟听其屹然独立，则其无用也如故，焉有工程价值之可言？譬如一三角铁焉，虽属钢质，可承重负，倘不加以结构，则其本身能力，殊难尽量发挥，抑且功用为零，几同废料。但据吾人所知，桥梁屋架，多由三角铁组合

而成，世间无数著名和建筑物，三角铁皆能尽其最大之力量，吾人在校求学，即为一制炼中之材料，正与一单独之三角铁相同，各有其本身之能力[,]设能集合各个体，用铆钉结合之，则一有名建筑物，不难如愿造成，此建筑物为何？盖即今日所成立之四川省立重庆大学土木工程学会也，吾人本此信念，故应集中智力，助长本会之发展，俾能成为西南唯一土木学术研究机关。

（2）求学时间，虽有四载，但四年之后，终有毕业之一日。出校后，因职务上关系，吸收新知识之机会，盖以减少。而在校者，则由教授之训诲，与书报之阅读，可以与时俱进，而无落后之虞，顾于经验之获得，又不若出校者之宏富，倘使经验学识，彼此交换，则所得甚多，宁非快事？本会成立，盖即造成学识经验交换之媒介也。

（3）本校成立迄今，为时甚短，为欲增进学校荣誉，必赖各学术研究团体之协助，本会果能发扬光大，则本校前途亦必发扬光大，而吾人毕业于著名大学者，亦与有荣矣，是以为协助学校增高校誉计，本会亦有立即成立，努力于研究学术之必要。

综上三端，可知本会之成立，殊非偶然，甚望各同学竭尽智力，以促本会之发展，唯各同学共勉之！

b. 刘主任泰琛训词

李君于本会成立之意义，业已详及，兹不再赘，唯据个人见解所及，特再贡献意见数点：

重庆位于西南中心，重大土木系又为西南唯一的建设人才训练机关，西南交通素不发达，重大土木系实负有发展交通之重责，今日本会之成立，即在研求胜此重任之道，惟据平素所知，国内各会，常有种种流弊，兹当成立伊始，愿以赤诚，先致其希望与忠告：

第一、中国的"会"很多，但多会而不议，议而不决，诀而不行，行而不果。甚愿本会力革此弊，使本会发扬光大起来。

第二、中国的"会"些，多趋重职员之分配，而不重会务之推动；皆汲汲于形式之讲求，而忽略于实际的工作。今后希望本会对内"融洽"，对外"虚心"，一齐埋头苦干，以造成光荣的发展和成绩！

c. 采冶工程学会代表梁君德用致词

第一、庆祝贵会成立[。]

第二、祝贺贵会发扬光大，完成西南建设工作。

第三、敝会希望能与贵会合作，共负建设责任。

第四、希望由贵我两会之成立，唤起本校其他各学会之成立，而由各会深刻研究之结果，结集力量，发扬校光，进而促成国家之建设工作。

311　《重大校刊》期末停刊通知

■ 文献信息

　　期刊《重大校刊》，第14期，第27页，1937年6月16日

　　文献编号：1937-056

■ 简体全文

本刊启事

　本刊辱承

　　各方惠稿，增辉篇幅，无任感谢！现值暑假将届，自下月起暂行停刊，一俟下期开学，即当从速复刊以副雅望，特此布达，诸希詧［同"察"］谅，此启。

　　　　　　　　　　　　　　　　　　六月十五日

本刊辱承

各方惠稿，增辉篇幅，无任感谢！现值暑假将届，自下月起暂行停刊。

一俟下期开学，即当从速复刊以副

雅望，特此佈達，諸希詧諒。此啟

六月十五日

文献编号 1937-056　《重大校刊》期末停刊通知

312　本校新到大批仪器　预备成立国防学术研究会

本刊啓事

（七）预备成立国防学术研究会

本大學各教授爲應時勢之需要、擬成立國防學術研究會、以軍事工程及軍事化學爲主要研究對象、期集中才力供獻國家云。

（九）新到大批儀器

本大學新到採冶及土木二系儀器一萬餘元、現已完全到校、此後該二系學生實習逾行便利矣。

本刊現已復刊、各方惠賜稿件、希選交出版課朱照蓁君爲荷。

全民抗戰開始、正發抒首讜昌宏論之時、有關非常時期之鴻文無論屬於政治、經濟、科學、本刊盡量歡迎、惟來稿本刊有選擇權、不周之處倘祈原諒。

文献编号 1937-071　本校新到大批仪器　预备成立国防学术研究会

■ 文献信息

期刊《重大校刊》，第15期，第16页，1937年10月20日

文献编号：1937-071

■ 简体全文[1]

(七)预备成立国防学术研究会

本大学各教授为应时势之需要，拟成立国防学术研究会，以军事工程及军事化学为主要研究对象，期集中才力供献国家云。

[……]

(九)新到大批仪器

本大学新到采冶及土木二系仪器一万余元，现已完全到校，此后该二系学生实习逾行便利矣。

本刊启事

本刊现已复刊，各方惠赐稿件，希径交出版课朱煦群君为荷。

全民抗战开始，正发抒首谠言宏论之时，有关非常时期之鸿文无论属于政治，经济，科学，本刊尽量欢迎，惟来稿本刊有选择权，不周之处尚祈原谅。

313 《沙坪区森林公园建设论》导言

■ 文献信息

期刊《重大校刊》，第23期，第6-11页，1938年4月1日

文献编号：1938-012

■ 简体全文[2]

沙坪区森林公园建设论

采冶系 四年级 童登厚

园林，不外乎树木，树木又久为前人所重视，故古人云："十年树木，百年树人"；"五亩之宅，树之以桑，五十者可以衣帛矣"；又谓："斧斤以时，入山林而林木不可

---

[1] 原文内容篇幅较长，仅节选部分内容。

[2] 原文内容篇幅较长，仅节选"导言"部分。

胜用也"，足见我先哲，皆早经讲求，惟后人不能推陈出新，遂使林业不振，林政不修，迄至现今，政府厉行提倡，然越逾十年，未见造木成林。且原有森林。[，]又频年滥伐，虽有造林保育之施，犹未达促其实现，结果财物俱损，造林未彰，于我国民生产，经济发展，公众卫生之利益，均未见奏效。窃愿我政府，一本树木之意义，共同努力造林，以期不负总理之林业政策，和民生建设之遗教，余适值总理逝世十三周年纪念，植树所感，因命题曰：《沙坪[坝]区森林公园建设论》一文，聊纾[抒]管见，供诸采择。

　　[……]

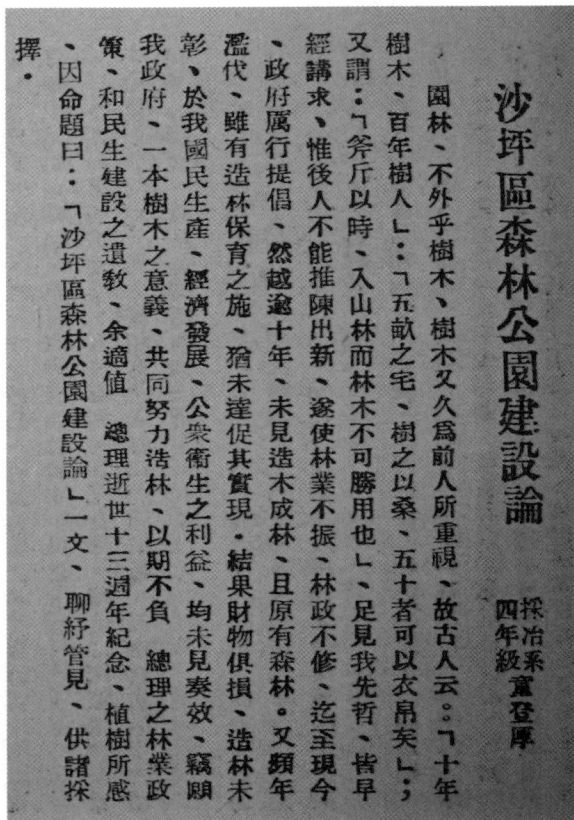

文献编号 1938-012　　《沙坪区森林公园建设论》导言

314　参观石油沟油矿探勘记

■ 文献信息

　　期刊《重大校刊》，第 23 期，第 12 页，1938 年 4 月 1 日

　　文献编号：1938-013

文献编号 1938-013 参观石油沟油矿探勘记（节选）

■ 简体全文[1]

参观石油沟油矿探勘记

采冶系 三年级 张军实

民国二十七年二月十九二十日，重大采冶系三四年级同学随教授王绍瀛，前才[去]石油沟，参观凿井方法兹记志其大略如次。

1，沿革

四川已有石油之苗产发现，然究有几处，尚无确定调查，巴县石油沟，即为其一，但于何时发现，实难稽考，据土人传说，远自明朝，至清光绪二十六年，曾用土法开采，遇盐水而罢[，]迄今井废亦无从考查。民国以来，嗣经各地质学者，前后调查，皆认有试探之价值，四年前四川善后督办刘湘曾聘德人萨弗耳以电气方法试

---

[1] 原文内容篇幅较长，仅节选部分内容。

探，但其中蕴藏多少，迄今尚未见其报告问世，究其情形如何，讳莫如深。

二十五年中央资源委员会派员来此筹备钻探事宜，于翌年六月，机器先后运到，至十一月五日，机器装安完竣，开始钻眼工程进行，以至今日，定名为资源委员会四川油矿探勘处。

2，位置及交通

石油沟，位于巴县之南，已有领矿区二，总面积约数百亩，西与界石、东与一品乡毗连，自筑车路衔接川黔公路，干线计长约十里，中有支线至第二钻探处，现正赶修中，由石油沟至巴县南岸海棠溪[，]距离为一百零五里。

3，地质构造及地层

此外[处]地质构造为一背斜层Anticline据前人哈安姆所谓烟坡背斜层是也，油苗即在该背斜层之西翼，由彩色砂岩层面流出，考此岩层在自流井一带亦有之，由岩性推知，其时代于下白垩纪(Lower, Cretaceous)[，]自流井系之上部，即哈安姆归之为中白垩纪之重庆系者也，推测油层，距地面[不]不出千五百公尺。

4，油苗产状及制□

石油流出之处土人用石砌一小方池，采取石油时，先将其中之水汲干，自岩层罅穴中随潜水流出之石油归于小池浮于水面，然后用稻草蘸油纳于桶中，每七日取一次，每月可出油二百斤。

石油作黑色，性浓厚，有如桐油，取出之后训售于附近之人家为燃烧点灯之用，每斤□价纳洋一角。[……]

315 地质实习记

■ 文献信息

期刊《重大校刊》，第24期，第9页，1938年5月1日

文献编号：1938-018

■ 简体全文[1]

地质实习记

三月十九日的早上，我们在刘祖彝先生领导之下，索性风雨无阻的出发到老膺[鹰]岩去作地质实习，步至小龙坎，风雨骤增，恰乘游览车天雨客少之便，搭车直驶老膺[鹰]岩，到老鹰岩麓，就下车开始实际作地质的考究。

---

[1] 原文内容篇幅较长，仅节选部分内容。

報告

地質實習記

三月十九日的早上，我們在劉祖彝先生領導之下，索性風雨無阻的出發到老膺岩去作地質實習，步至小龍坎，風雨驟增，恰乘遊覽車天雨客少之便，搭車直駛老膺岩，到老膺岩麓，就下車開始實際作地盾的考究。

從學校出發一直到老膺岩麓的廣大平原，郤是紅色泥土的白堊紀地層，自然其間也有紅色盾岩和粗硬帶白色的砂石流露。老膺岩的石，純粹是侏羅紀的灰白色瑰狀，石英砂岩，及泥質頁岩，山脈是南北走向，岩層東西八十幾度的傾斜，山勢突出平地，蛇蜒連綿，與白堊紀地層接壤者，於的是斷岩絶壁，有的是較陡的斜坡，此間雖未見斷層痕跡，可以推想其有斷層存焉。山頂松樹叢生。狹滿地帶，間有煤質的暴露，更有土田開採的小型煤洞，徐羅紀此煤層這是明顯的證據，橫經山脈，自山洞小憩，即開午餐，飯後冒着微雨，在濃霧罩中前進，由渝赴蓉的馬路，至山洞出口處，就可見到三疊紀上部薄屑的斷層角礫岩，毗連的是嘉陵灰岩，灰白細緻，有浸蝕的奇形，有薄屑的葉片，此僅露頭可見者，其餘悉爲泥黃色泥土所蔽覆，而成良田美土，麥黍油油，居民繁衆，橫穿過平壤，接着是飛仙關系豬肝色的地層突起。拾級聯登，其間夾有塊狀灰岩，厚層狀灰岩，及薄層狀灰岩等，

文献编号 1938-018　地质实习记（节选）

从学校出发一直到老膺[鹰]岩麓的广大平原，都是红色泥土的白垩[垩]纪地层，自然其间也有红色盾岩和粗硬带白色的砂石流露。老鹰岩的石，纯粹是侏罗纪的灰白色瑰[块]状，石英砂岩，及泥质页岩，山脉是南北走向，岩层东西八十几度的倾斜，山势突出平地，蛇蜒[延]连绵，与白垩[垩]纪地层接壤者，于[有]的是断岩绝壁，有的是较陡[陡]的斜坡，此间虽未见断层痕迹，可以推想其有断层在焉。山顶松树丛生。狭沟地带，间有煤质的暴露，更有土田开采的小型煤洞，徐[侏]罗纪此煤层这是明显的证据。横经山脉，自山洞小憩，即开午餐，饭后冒着微雨，在浓雾罩中前进，由渝赴蓉的马路，至山洞出口处，就可见到三叠纪上部薄屑[层]的断层角砾岩。毗连的是嘉陵灰岩，灰白细致，有浸蚀的奇形，有薄层的叶片，此仅露头可见者[，]其余悉为泥黄色泥土所蔽覆，而成良田美土，麦黍油油，居民繁众，横穿过平壤，接着是飞仙关系猪肝色的地层突起，拾级联登，其间夹有块状灰岩，厚层状灰岩，及薄层状灰岩等，[……]

316 嘉陵江观音峡及天府煤矿区之地质观察

嘉陵江觀音峽及天府煤鑛區之地質觀察

朱森 吳景禎

（中央大學重慶大學）

附圖五版

二十八年三月上旬乘假期數日，率中央大學及重慶大學學生，作嘉陵江三峽區地質實習之行[1]。旅中最後三日駐足於觀音峽及天府鑛區[2]，除普通觀察外并略作地質問題之追尋。所得結果，似有數點爲前人所未詳言，茲簡述之以供討論：

曾至本區調查之地質學者并不甚少，但發表文字敍述最詳者，應爲常隆慶羅正遠所著之『四川嘉陵江三峽地質誌[3]』；因之欲知三峽地質之整個情形者，可讀此書。爲讀者對此地之概況易於明瞭，茲先誌數語，以明此地在盆地中之地質位置：

據著者所知，四川盆地構造，自盆地邊緣以至中部，可分三帶：(一)爲邊緣帶，具極複雜之構造，暫名爲邊緣複雜構造帶(Marginal Complex Zone)；(2)爲平行褶皺帶，具侏羅式構造，可名爲侏羅式平行構造帶（Jura-type Parallel-folded Zone）；(3) 爲緩皺盆地穹丘構造帶(Gentle-folded Zone with Basins and

1. 野外觀察時得孫鼐先生之助頗多藉此致謝。
2. 在天府鑛區時得張莘夫鑛長及公司諸先生之助與厚遇甚多藉此致謝。
3. 中國西部科學院地質研究所叢刊第一卷第二號，民國二十二年八月。

文献编号 1939-028　嘉陵江观音峡及天府煤矿区之地质观察（节选）

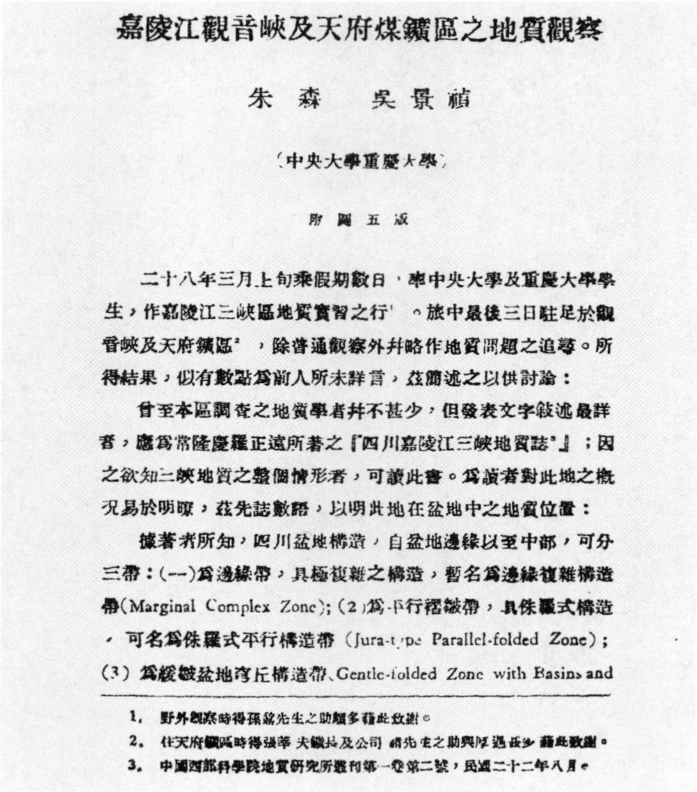

■ 文献信息

期刊《地质评论》，第4卷第3、4期，第153-165页，1939年

文献编号：1939-028

■ 简体全文[1]

嘉陵江观音峡及天府煤矿区之地质观察

朱森　吴景祯

（中央大学重庆大学）

附图五版

二十八年三月上旬乘假期数日，率中央大学及重庆大学学生，作嘉陵江三峡区

[1] 原文内容篇幅较长，仅节选部分内容。

地质实习之行[1]。旅中最后三日驻足于观音峡及天府矿区[2]，除普通观察外并略作地质问题之追寻。所得结果，似有数点为前人所未详言，兹简述之以供讨论：

曾至本区调查之地质学者并不甚少，但发表文字叙述最详者，应为常隆庆[、]罗正远所著之《四川嘉陵江三峡地质志》[3]；因之欲知三峡地质之整个情形者，可读此书。为读者对此地之概况易于明暸，兹先志数语，以明此地在盆地中之地质位置：

据著者所知，四川盆地构造，自盆地边缘以至中部，可分三带：(一[1])为边缘带，具极复杂之构造，暂名为边缘复杂构造带(Marginal Complex Zone)；(2)为平行褶皱带，具侏罗式构造，可名为侏罗式平行构造带(Jura-type Parallel-folded Zone)；(3)为缓皱盆地穹丘构造带(Gentle-folded Zone with Basins and Domes)。[……]

----

1 野外观察时得孙鼐先生之助颇多借此致谢。
2 住天府矿区时得张莘夫矿长及公司褚先生之助与厚遇甚多[，]借此致谢。
3 中国西部科学院地质研究所丛刊第一卷第二号，民国二十二年八月。

317　四川涪陵彭水铁矿及附近之煤田地质

四川涪陵彭水鐵鑛及附近之煤田地質

劉祖彝　　王哲惠

（重慶大學地質系）

附圖六版

二十六年暑假，四川建設廳盧廳長作孚，委託重慶大學調查川東地質鑛產，祖彝等應命偕探冶系高級學生數人前往。歷時凡三月，完成十萬分之一川東七縣地質圖一幅，並於涪陵彭水境內發現產鐵地三處。因時間倉卒，對於鑛床，僅作大體觀察，當時草擬一文，發表於四川建設週訊。是年寒假，再往復勘，並循跡鐵露頭，僱工挖掘，以視鑛床厚薄之變化，抖怙計其鐵量，結果認爲涪陵灰沙壩鐵鑛，儲量頗豐，且鑛質甚佳；彭水假角山鐵鑛次之，各處均測有五十分之一鐵區圖。涪彭交界鑛洞岩之鐵鑛，則儲量較少，復以時間倉促，故未測圖。此外對於本區附近之煤田地質，如圖版一所示水江石煤田、桐麻灣煤田，均作大致觀察，所採各層標本甚多，均已分析。

（甲）鐵　　鑛

（一）鑛床分佈及相互位置與交通

如圖版一所示，鐵鑛露頭凡三處：一在彭水縣屬之假角山，位縣治之西西南，直距約七十華里；二在涪彭兩縣交界之鑛洞岩，在假角山西北，直距約三十餘華里；三在涪陵縣屬之灰

■ 文献信息

期刊《地质评论》，第4卷第5期，第347-362页，1939年

文献编号：1939-029

■ 简体全文[1]

四川涪陵彭水铁矿及附近之煤田地质

刘祖彝　王哲惠

（重庆大学地质系）

附图六版

二十六年暑假，四川建设厅卢厅长作孚，委托重庆大学调查川东地质矿产，祖彝等应命偕采冶系高[年]级学生数人前往。历时凡三月，完成十万分之一川东七县地质图一幅，并于涪陵彭水境内发现产铁地三处。因时间仓卒，对于矿床，仅作大体观察，当时草拟一文，发表于四川建设周讯。是年寒假，再往复勘，并循铁矿露头，雇工挖掘，以视矿床厚薄之变化，并估计其矿量，结果认为涪陵灰沙场铁矿，储量颇丰，且矿质甚佳；彭水假角山铁矿次之，各处均测有五千分之一矿区图。涪彭交界矿洞岩之铁矿，则储量较少，复以时间仓促，故未测图。此外对于本区附近之煤田地质，如图版一所示水江石煤田、桐麻湾煤田，均作大致观察，所采各层标本甚多，均已分析。[……]

318　重庆大学工学院举行学术讲演会

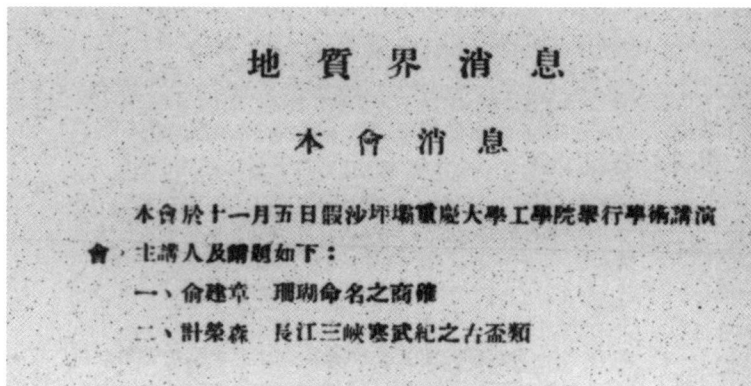

文献编号 1939-030　重庆大学工学院举行学术讲演会

---

[1]　原文内容篇幅较长，仅节选部分内容。

■ 文献信息

期刊《地质论评》，第4卷第6期，第491页，1939年

文献编号：1939−030

■ 简体全文

地质界消息

本会消息

本会于十一月五日假沙坪坝重庆大学工学院举行学术讲演会，主讲人及讲题如下：

一、俞建章　珊瑚命名之商榷

二、计荣森　长江三峡寒武纪之古杯类

319　地质学会年会在重大召开

文献编号 1940-004　地质学会年会在重大召开

■ 文献信息

报纸《申报》，1940年3月11日，期号23712号(上海版)

文献编号：1940−004

■ 简体全文

地质学会年会即将举行

⊙重庆　中国地质学会第十六次年会，定于本月十四至十六[日]在重庆大学、

中央大学、及川省地质调查所三处举行。各地会员已陆续来渝，预计到会者将达百余人，现已收到论文八十五篇。会毕赴威远自流井一带作地质旅行，往返共需八日，会员参加者，约三四十人。（十日电）

320　地质学会在渝举行十六届年会

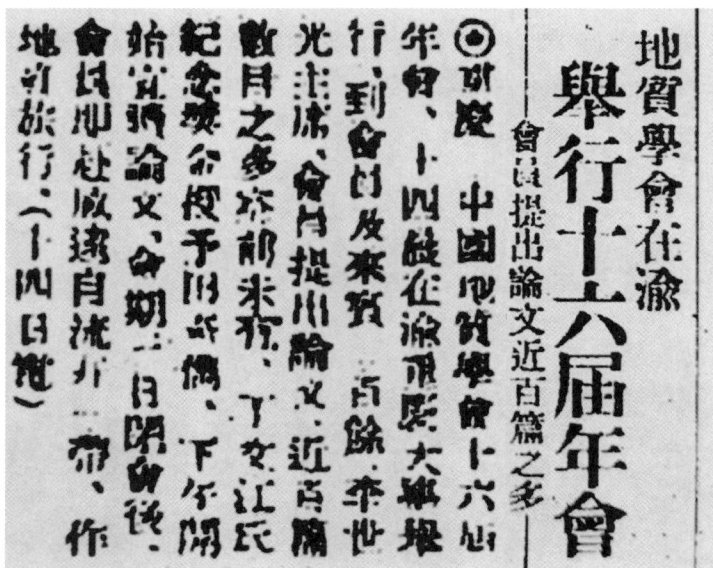

文献编号 1940-005　地质学会在渝举行十六届年会

■ 文献信息

报纸《申报》，1940年3月15日，期号23716号（上海版）

文献编号：1940-005

■ 简体全文

地质学会在渝举行十六届年会
会员提出论文近百篇之多

⊙重庆　中国地质学会十六届年会，十四晨在渝重庆大学举行，到会员及来宾[一]百余。李世[四]光主席。会员提出论文近百篇[，]数目之多空前未有。丁文江氏纪念奖金授予田奇俊。下午开始宣读论文，会期一日闭会后，会员即赴威远自流井一带，作地质旅行。（十四日电）

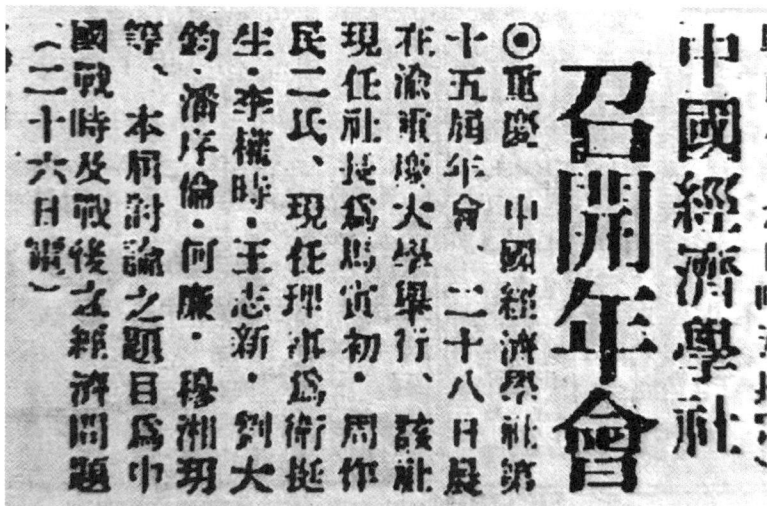

文献编号 1940-006　中国经济学社在重大召开年会

■ **文献信息**

报纸《申报》，1940年4月27日，期号23759号（上海版）

文献编号：1940-006

■ **简体全文**

中国经济学社召开年会

⊙重庆　中国经济学社第十五届年会，二十八日晨在渝重庆大学举行。该社现任社长为马寅初、周作民二氏，现任理事为卫挺生、李权时、王志新、刘大钧、潘序伦、何廉、穆湘玥等。本届讨论之题目为中国战时及战后之经济问题。（二十六日电）

322 **重庆大学工商管理学会启**

■ **文献信息**

期刊《工商管理》第1卷第2期，第7页，1941年6月15日

文献编号：1941-002

中國工商管理學會諸會員先生鑒；

茲有數事欲與
貴會切取聯絡，惟自
貴會因戰事解散後，所有負責人，均不知其行蹤，苦無通信之由，望
貴會任何會員見啟事後，請將
尊姓大名及住址通知敝會，以便商洽一切

重慶大學會工商管理學會啟

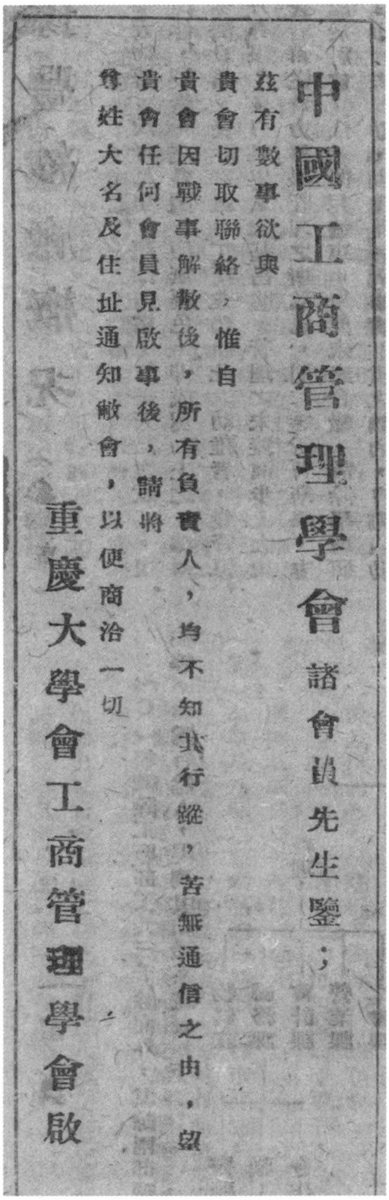

文献编号 1941-002　重庆大学工商管理学会启

■ 简体全文

中国工商管理学会诸会员先生鉴：

兹有数事欲与贵会切取联络，惟自贵会因战事解散后，所有负责人，均不知其行踪，苦无通信之由，望贵会任何会员见启事后，请将尊姓大名及住址通知敝会，以便商洽一切[。]

重庆大学会工商管理学会启

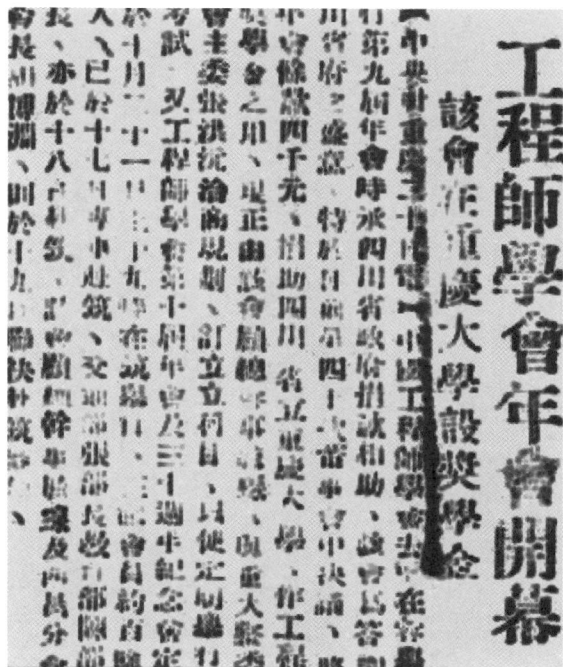

文献编号 1941-025　工程师学会年会开幕　该会在重庆大学设奖学金

■ 文献信息

报纸《甘肃民国日报》，1941年10月21日

文献编号：1941-025

■ 简体全文

工程师学会年会开幕　该会在重庆大学设奖学金

【中央社重庆二十日电】中国工程师学会去年在蓉举行第九届年会时承四川省政府捐款相助，该会为答谢川省府之盛意，特于日前第四十次董事会中决议，将年会余款四千元，捐助四川省立重庆大学，作工程奖学金之用，现正由该会顾总干事毓璜[琇]，与重大整委会主委张洪沅洽商规则，订立[立]科目，以使定期举行考试，又工程师学会第十届年会及三十周年纪念会定于十月二十一日上午九时在筑举行，在渝会员约百余人，已于十七日专车赴筑，交通部张部长[，]教育部陈部长，亦于十八日赴筑，该会顾总干事毓璜[琇]及西昌分会会长胡博渊，则于十九日联袂赴筑参加。

324　中国工程师学会第十届年会决议　上届年会余款捐助重大

文献编号 1941-026　中国工程师学会第十届年会决议　上届年会余款捐助重大

■ 文献信息

报纸《申报》，1941 年 10 月 21 日，期号 24289 号（上海版）

文献编号：1941-026

■ 简体全文

中国工程师学会十届年会定今日在筑举行

在渝会员百余人已专车赴筑　上届年会余款捐助重庆大学

⊙重庆　中国工程师学会去年在蓉举行第九届年会时，承四川省政府捐款相助，该会为答谢川省府之盛意，特于日前第四十次董事会中决议，将年会余款四千元捐助四川省立重庆大学，作工程奖学金之用。现正由该会顾总干事毓琭[琇]与重大整委会主委张洪沅氏洽商，规划订立科目，以便定期举行考试云。又工程师学会第十届年会及三十周年纪念会定于十月二十一日上午九时在筑举行，在渝会员约百余人已于十七日专车赴筑，交通部张部长，教育部陈部长亦于十八日赴筑，该会顾总干事毓琭[琇]及西昌分会会长胡博渊氏则于十九日联袂赴筑参加云。

325　工程师学会年会昨午继续开会

文献编号 1941-027　工程师学会年会昨午继续开会

■ 文献信息

报纸《西北文化日报》，1941年10月23日

文献编号：1941-027

■ 简体全文

工程师学会年会昨午继续开会
工程师学会捐款四千元　作重庆大学工程奖学金

【贵阳二十二日电】中国工程师学会年会，今继续开会，上午各专门学会开会，及年会提案分组审查，下午总理实业计划专题讨论，由陈部长立夫主席，报告二届年会研究□理实业计划原提案及研究会一年来工作报告。将总理实业计划归纳分为商船、居客、铁路、公路、自动车、水利、文化用品、衣服、电讯、电力、医药、食品、日用器、民用航空十四部门，由会员凌鸿勋、沈百先、顾毓琇、赵祖康等分别详细拟计各部门建设基本数字及完成年期，旋以时间关系，将本案提交二十四日继续讨论。（中央社）

【重庆二十日电】中国工程师学会,去年在蓉举行第九届年会时,承四川省政府捐款相助,该会为答谢川省府之盛意,特于日前第四十次理事会中决议,将年会余款四千元捐助四川省立重庆大学,作工程奖学金之用。现正由该会顾总干事毓琇与重大整委会主席张洪沅氏洽商[,],规划订立科目,以便定期举行考试云,又工程师学会第十届年会及三十周年纪念会,定于十月二十一日上午九时在筑举行,在渝会员约百余人已于十七日专车赴筑,交通部张部长,教育部陈部长,亦于十八日赴筑,该会顾总干事毓琇及西昌分会会长胡博渊氏,则于十八[九]日联袂赴筑参加云。(中央社)

326 中华自然科学社在渝开十四届年会

文献编号 1941-028 中华自然科学社在渝开十四届年会

■ **文献信息**

报纸《解放日报》,1941年12月3日

文献编号:1941-028

■ **简体全文**

中华自然科学社在渝开十四届年会

【中央社重庆卅日电】中华自然科学社卅日在渝开十四届年会,该会自民国十六年成立以来,颇为各方重视,社员已达千二百余人,遍布于国内各大学及各研究机关,各大都市均设有分社。皆已停止活动。国外分社有英伦欧陆美国等之处,本届年会系于卅日九时在重庆大学礼堂举行,胡焕庸主席,到会员百余人。

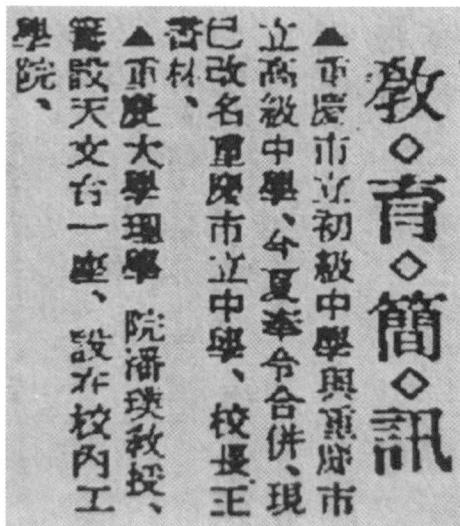

文献编号 1941-029　重大教授设天文台

■ 文献信息

报纸《申报》，1941年12月8日，期号24337号（上海版）

文献编号：1941-029

■ 简体全文

教育简讯

▲重庆市立初级中学与重庆市立高级中学，今夏奉令合并，现已改名重庆市立中学，校长王书材。

▲重庆大学理学院潘璞教授，筹设天文台一座，设在校内工学院。

328 运输统制局公路工务总局、重庆大学公路研究实验室组织简则

■ 文献信息

期刊《新公路月刊》，第1卷第1期，第73页，1942年

文献编号：1942-014

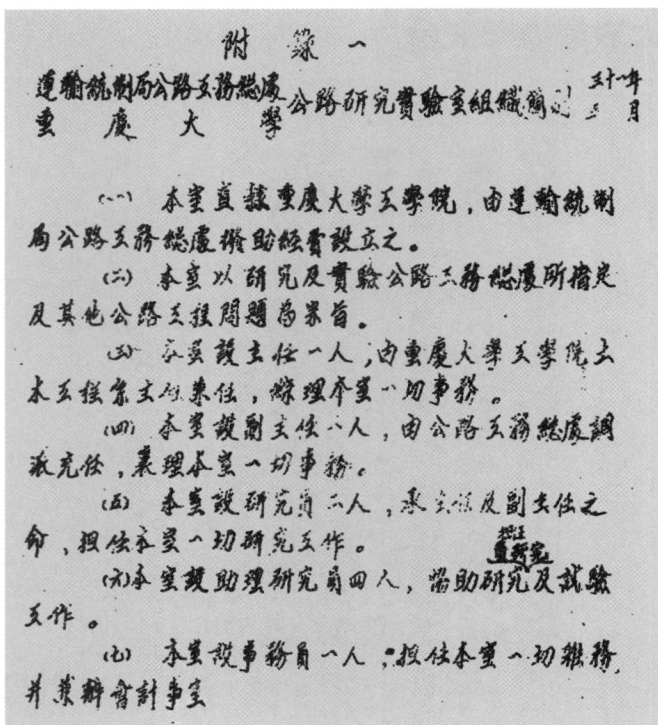

文献编号 1942-014 运输统制局公路工务总局、重庆大学公路研究实验室组织简则（节选）

■ 简体全文

运输统制局公路工务总处
重庆大学　　　　　公路研究实验室组织简则

三十一年五月

（一）本室直隶重庆大学工学院，由运输统制局公路工务总处拨助经费设立之。

（二）本室以研究及实验公路工务总处所指定及其他公路工程问题为宗旨。

（三）本室设主任一人，由重庆大学工学院土木工程系主任兼任，综理本室一切事务。

（四）本室设副主任一人，由公路工务总处调派充任，襄理本室一切事务。

（五）本室设研究员二人，承主任及副主任之命，担任本室一切研究工作。

（六）本室设助理研究员四人，协助研究员担任研究及试验工作。

（七）本室设事务员一人，担任本室一切杂务，并兼办会计事宜。

（八）本室得雇用书记或绘图员一人，担任本室一切公文函件及刊物图表之缮绘事宜。

（九）本组织简则由重庆大学工学院商得公路工务总处同意，转呈运输统制局核准施行。

附　錄　二

公路工務總處與重慶大學合作辦理公路
工程研究及公路工程人員訓練辦法草案

民國三十一年五月

(一)　公路工務總處為工程技術研究及訓練
公路高級工程人員起見，與重慶大學合作辦理之。

(二)　公路工務總處與重慶大學合作，由
慶方補助經費五萬元，校方供給實驗房屋儀器及人
力辦理之。

(三)　訓練公路高級工程人員，得就工專科
講座若干人，由公路工務總處補助費内支用之。

(四)　公路工程研究得由重慶大學於校内
設立研究實驗室，研究人員就己有教授及講座中指
定之，公路總處得派員參加工作，所需經費，自補助
費内支用之。

(五)　公路工程研究得就重慶大學己有設備
外，另行添製儀器。所需費用，得由補助費内支用
之，凡須添置之儀器，應歸重大所有。

文献编号 1942-015　公路工务总处与重庆大学合作办理公路工程研究及公路工程人员训练办法草案（节选）

■ 文献信息

　　期刊《新公路月刊》，第1卷第1期，第74-76页，1942年

　　文献编号：1942-015

■ 简体全文

公路工务总处与重庆大学合作办理公路
工程研究及公路工程人员训练办法草案

民国三十一年五月

（一）公路工务总处为工程技术研究及训练公路高级工程人员起见，与重庆大学合作办理之。

（二）公路工务总处与重庆大学合作，由处方补助经费五万元，校方供给实验房屋仪器及人力办理之。

（三）训练公路高级工程人员，得设立专科讲座若干人，由公路工务总处补助费内支用之。

（四）公路工程研究得由重庆大学于校内设立研究实验室，研究人员就已有教授及讲座中指定之，公路总处得派员参加工作，所需经费，由补助费内支用之。

（五）公路工程研究得就重庆大学已有设备外，另行添制仪器。所需费用，得由补助费内支用之，该项添置之仪器，应归重大所有。

（六）关于训练工程人员，其所习课目，应添设下列各项：

    （1）高等道路工程学

    （2）公路材料试验

    （3）柏油及桐油材料试验

    （4）土壤力学

    （5）土壤试验

    （6）公路设计实习

（七）关于技术研究，本年度应就下列各项研究之：

    （1）路基坍方之研究

    （2）低价路面之研究

    （3）木材防腐之研究

    （4）土壤稳定之研究

（八）公路工务总处补助费得由重庆大学一次领用，并于年度终了时，编具校销，交由公路工务总处转呈报销之。

（九）重庆大学于领用补助费之前，应拟定工作计划暨支用经费预算，送由公路工务总处呈局备查。

（十）公路工程讲座人选，须经双方同意，始得聘请之。

（十一）合作事业项由重庆大学按月将工作情形报告公路工务总处备查。

（十二）本办法以三十一年度为有效期间，必要时得延长之。

（十三）重庆大学土木系道路组毕业生应尽先由公路工务总处录用之。

（十四）本办法有未尽善处得随时由双方洽商同意修改之。

330 第廿一届中国地质学会年会在重庆大学举行

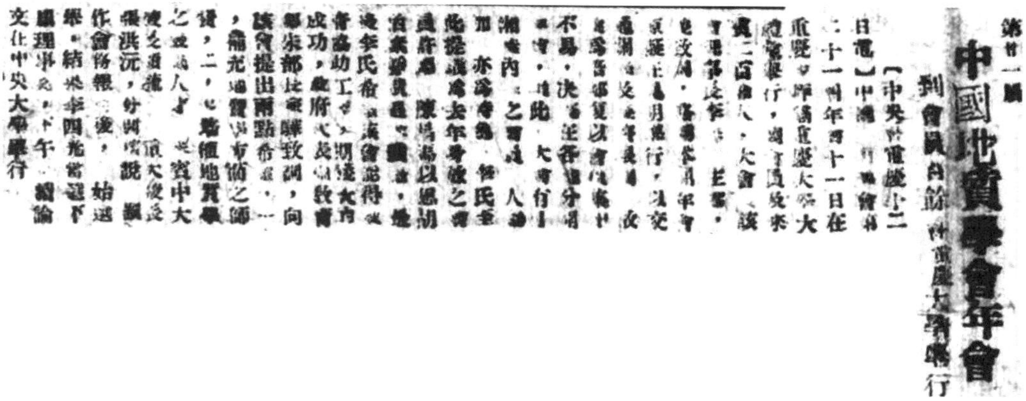

文献编号 1945-001　第廿一届中国地质学会年会在重庆大学举行

■ 文献信息

报纸《西康国民日报》，1945 年 3 月 14 日

文献编号：1945-001

■ 简体全文[1]

第廿一届中国地质学会年会
到会员百余　在重庆大学举行

【中央社重庆十二日电】中国地质学会第二十一届年会十一日在重庆沙坪坝重庆大学大礼堂举行，到会员及来宾二百余人。

331 资源委员会矿产测勘处在重庆大学办公

■ 文献信息

期刊《地质论评》，第 10 卷第 1/2 期，第 87-88 页，1945 年

文献编号：1945-005

---

[1] 原文内容篇幅较长，仅节选其中与重庆大学有关内容。

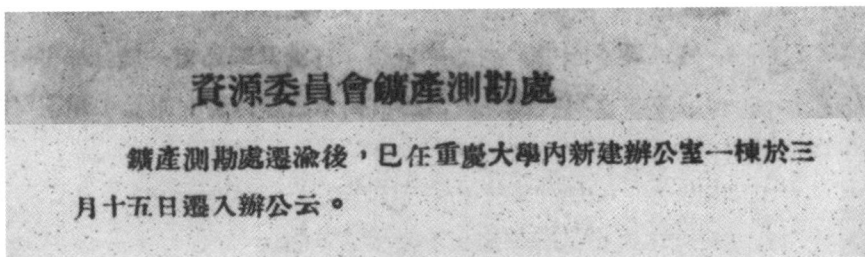

文献编号 1945-005　资源委员会矿产测勘处在重庆大学办公

■ 简体全文

资源委员会矿产测勘处

矿产测勘处迁渝后，已在重庆大学内新建办公室一栋[,]于三月十五日迁入办公云。

332　《重庆大学校刊》编辑委员会简则

文献编号 1947-028　《重庆大学校刊》编辑委员会简则

■ 文献信息

期刊《重庆大学校刊》，第7期，第7-8页，1947年10月15日

文献编号：1947-028

编辑委员会简则

一、本会由校长聘任教职员七人至十七人组织之并由教务长担任主席

二、本会任务为发行重庆大学校刊

三、本会分设下列各组

(一)征集组 设组主任一人、组员数人,由主任委员指定委员兼任之,负责征集各种稿件

(二)编排组 设组主任一人、组员数人,由主任委员指定委员兼任之,负责修改稿件及编排事宜

(三)发行组 设组主任一人、组员数人,由主任委员指定委员兼任之,负责事务、财务、印刷、校对、分发等事宜

四、本会办公地点设理学院第三楼

五、校刊暂定每月发行一次

六、校刊内容略定范围如左:

(一)规程法令

(二)学术论文

(三)演讲录

(四)校事纪[记]载

(五)新学术介绍

(六)图书馆新书介绍

(七)各种行政统计报告

(八)教授动态

(九)学生动态

(十)校友动态

(十一)学术体育活动

(十二)其他

七、本简则如有未尽事宜得随时修改之

八、本简则经校刊编辑委员会议通过后施行

333 《重庆大学校刊》编辑委员名单

■ 文献信息

期刊《重庆大学校刊》,第7期,第8页,1947年10月15日

文献编号:1947-029

■ 简体全文

编辑委员

刘德超	刘宝智	高昌运	方宗汉	熊正瑜[伦]
瞿国春	罗容梓	秦凤翔	张以礼	崔伯阜
王吉桃	刘之郦	徐尚志	杨世福	徐福均
林筱圃				

文献编号 1947-029　《重庆大学校刊》编辑委员名单

334　《重庆大学校刊》征稿规约

國立重慶大學校刊徵稿規約

1.本刊歡迎本校教職員學生及校友踴躍投稿

2.本刊內容略定爲

（1）規章法令

（2）學術論文

（3）演講錄

（4）校慶紀稿

（5）新學術介紹

（6）圖書館新書介紹

（7）各種行政統計報告

（8）教授動態

（9）學生動態

（10）校友動態

（11）學術體育活動

（12）其他

3.來稿文實白話不拘請繕寫清楚加注新式標點符號

4.來稿本刊有增刪權不願者請預先聲明

5.未經登載之來稿如需退稿外省請附足回件郵資

6.來稿請注明眞實姓名住址發表時署名聽便

7.來稿請寄校刊編輯委員方徵集組劉寶智先生收

文献编号 1947-030　《重庆大学校刊》征稿规约

■ 文献信息

期刊《重庆大学校刊》，第7期，第8页，1947年10月15日

文献编号：1947-030

■ 简体全文

国立重庆大学校刊征稿规约

1.本刊欢迎本校教职员学生及校友踊跃投稿

2.本刊内容略定为

（1）规章法令

（2）学术论文

（3）演讲录

（4）校事纪稿

（5）新学术介绍

（6）图书馆新书介绍

（7）各种行政统计报告

（8）教授动态

（9）学生动态

（10）校友动态

（11）学术体育活动

（12）其他

3.来稿文言白话不拘[，]请缮写清楚[，]加注新式标点符号

4.来稿本刊有增删权[，]不愿者请预先声明

5.未经登载之来稿如需退还校外者[，]请附足回件邮费

6.来稿请注明真实姓名住址[，]发表时署名听便

7.来稿请寄校刊编辑委员会征集组刘宝智先生收

335 《重庆大学校刊》对第七期的更正

■ 文献信息

期刊《重庆大学校刊》，第8期，第8页，1947年11月15日

文献编号：1947-051

■ 简体全文

更　正

第七期刊载编辑委员名单内漏列郑衍芬主任委员用特补正

更正

第七期刊载编辑委员名单内漏列郑衍芬主任委员用特补正

336 《重庆大学校刊》对第八期的更正

■ 文献信息

期刊《重庆大学校刊》，第9期，第8页，1947年12月15日

文献编号：1947-071

■ 简体全文

更　正

第八期第二面上半面十七行"炫黄"下遗落"淳"字。二十行第七字"曰"应改为"田"。下半面第二行第一字"颐"应改为["颐"]。第五行"巫"字下遗落"请"字。第八行第二十二字"娱"应改为"娱"。

第八期第三面下半面二十行"厂长"应改为"主任"。

文献编号 1947-071 《重庆大学校刊》对第八期的更正

337 重庆大学邱护国君来函提出五个问题，兹分别答覆

■ 文献信息

期刊《科学月刊》，第7期，第22页及封3，1947年

文献编号：1947-077

■ 简体全文

重庆大学邱护国君来函提出五个问题，兹分别答覆如下：

一，电动势顺序(Electromotive Series of elements)又名取代顺序，即在前者可以取代后者之离子位置，但在后者之氟，反而取代前者之氯[，]何故？

文献编号 1947-077　重庆大学邱护国君来函提出五个问题，兹分别答覆（节选）

答：电动势顺序，分为金属及非金属二种，及称为阳性及阴性取代顺序，在金属之取代顺序中，电动势较高的元素，即位在前者之金属元素，能在溶液中放出电子而变成离子，而位在后者之金属离子，则吸收电子而成金属元素析出。在非金属取代顺序中，其阴离子之取代情形，则恰与此相反，即电动势较低之元素，在溶液中较易吸收电子而成阴离子，而将电动势较高之元素析出，氟能取代氯，又氯能取代溴，当然无特异之处，兹抄上取代顺序表一如下，以供参考[。]

（廉）

Metal：−Cs. Rb. K. Na[·]　Li……

　Monmetal：−Si. [·]C. B. N. Se. P. S. I. Br. Cl. O. F.

注：上表摘自 Caven and Lander：

　　　　Systematic Inorganic

　　　　Chemistry.

二，过饱和溶液，用分子动力说(Kinetic theory of molecule)作何解释？但以物投入则析出其多余之分子，又为何呢？

答：过饱和溶液的形成，完全是溶液中的一种特殊现象，它是不安定的，溶解现象的发生，有大[人]认为是极性溶媒(Polar solvent)[，]它能游离成正负离子，而成两极，又此正负二极在溶解质(solute)加入后，其距离即扩大，溶质即居其中，此时溶媒和溶质各分子间之引力，互相维系成平衡状态。饱和溶液即在某温度下之溶液，其一定溶媒之分子能维系最大量溶质之分子而成平衡之状态，过此，则多余之溶质即结晶沉淀而出，但最初所形成结晶之分子非常微小，此细小之晶体的溶解度比较的大，(此点有比拟之说明，即将大块之晶体混以此晶体研成之粉末，一并投入饱和溶液中，则碎粉渐就溶解消失，而大块晶体，则反渐渐加大，)在此平衡状态下如不加震动，亦不至析出，此即过饱和溶液也，如以物投入，打破此过饱和溶液内部之平衡，多余之分子即被析出矣[。](廉)

三，分子遇热则运动加速体积膨胀，遇冷则反；但何以冰冷后反而体积加大？加压时，反而溶解，何故？

答：水凝固而结冰，其体积胀大，实由于结晶的关系，至于结晶而体积胀大，有两点理由可以解释：第一晶体是有一定形状的个体，无数晶体间，彼此保有若干空隙，所以结冰后的水比未结冰前占的空间大，举一个粗浅比喻来说：譬如一块一立方尺的泥砖，我们若拿它和水改造成小的泥弹子，这许多小弹子堆积起来，所占的地位决不止一立方尺了。其次晶体内各原子以一定的方式，作整齐的排列，这是可由X光的实验，间接推得出来的。各原子间的距离，也可以计算出来，有些物质晶体中原子间的距离要比未结晶前的平均距离大。这也是总体积增大的一原因。详论可参考结晶学专书[。](及)

四，如以清洁光滑之器盛水使之平静，虽温达−4℃亦不结冰，何故？但稍加摇动，则立即结冰，温度反而升为0℃，何故？

答：水结成冰，是水由液体变成晶体，固不待言，目前对比现象，尚未有一极端可靠之解释；由水之观点述之，有人认为；[：]水分子为带电体，有正负二极，凌乱交错，当此一分子与另一分子正负相反而连锁时，则彼此互相牵制，而链环不散；有时又脱链另接，各各交换，当温度增加，则分子运动加快，脱链之机会多而接链之机会亦多，温度降低则液态之各个分子均欲得正负链锁之机会，而运动速率大减，待至结晶时，各分子仅有摇动之机会，其振幅更小，台端所指至摄氏负四度温度而未结冰，其实，当水冷却时绝对除去杂质，而震动之因数，如果也控制得好，温度降至−20℃而不结冰亦是可能的事。又当水在超过零度以下结冰，而温度反而升高，这当然是水结冰时之潜热放出，是不成问题的，至于温度何故上升至0℃而不再上升，则因水冰两相(即固液两相)之蒸气压，在此温度恰恰相等之故，关于此项问题之研究，请参阅热学或理论化学讨论固液两相平衡之处自明。(廉)

重慶大學邱之君前曾來函詢問數事，本刊於第七期本欄刊載答覆，頃又來函；特分別再答如次：

問：前問過融解現象，廉先生之答案：係「至低溫水結晶時，各分子僅有搖動之機會且其振幅更小故不易接鏈，須至很低溫度始能結凍」。按溫度降低，液體之分子運動速率更小其振幅也遂之大減，故接鏈之機會也愈少很多。至溫度低至很小時，接鏈之機會將近於零又如何能結晶呢？在冰點以下結冰與雜質有何關係？水冰之蒸氣壓與冰點有何關係？

文献编号 1947-078　重庆大学邱之君顷又来函，再答如次（节选）

■ **文献信息**

期刊《科学月刊》，第8期，第18-19页，1947年

文献编号：1947-078

■ **简体全文**

重庆大学邱之君前曾来函询问数事，本刊于第七期本栏刊载答覆，顷又来函；特分别再答如次：

问：前问过融解现象，廉先生之答案：系"至低温水结晶时，各分子仅有摇动之机会且其振幅更小故不易接链，须至很低温度始能结冻"。按温度降低，液体之分子运动速率更小其振幅也随之大减，故接链之机会也减少很多。至温度低至很小时，接链之机会将近于零又如何能结晶呢？在冰点以下结冰与杂质有何关系？水冰之蒸气压与冰点有何关系？

答：前次答覆中"……至结晶时，各分子仅有摇动之机会，振幅更小……"实即说明各分子在低温时，已彼此牵制，不易自由活动，易言之即液体将变固体之情形也；前所言之"当温度增加，则分子运动加快，脱链之机会多而接链之机会亦多"等语如系事实，则温度低时，脱链之机会自少；无脱链者，新接链者何来；但新接链者虽少，而旧已接链者固仍接而未脱也；来问谓"温度低至很小时，接链之机会将近于零又如何能结晶"似未明前答之意请再思之。又来问"在冰点以下结冰"一语，意义欠明。凡某一定液体，均有其一定凝固点(在水称冰点)，在特殊情形下虽可过冷而达凝点以下，但开始凝固时，其温度必上升至凝固点，故水实不能在冰点以下结

---

[1] 　337、338、339、340 文献中的提问者应为同一邱姓学生。

冰，至于水溶液之冰点下降，乃另一问题，而过冷溶液开始结冰，温度亦必上升至其应有之冰点，不能在更低之温度结冰也。水冰之蒸气压与冰点之关系：当水之温度升高或降低时，其蒸气压亦随之而增高或减低，若将此关系以坐标图表之，可得一曲线：[；]同理，当冰之温度升高或降低(此升降之范围均在0℃以下)时其蒸气压亦随之而增高或减低，此关系亦可以座[坐]标图表之，得一曲线，此水冰两温压变迁曲线之交点，即结冰点，盖此点水冰气(即液固气三相)三相能同时存在，其蒸气压实相等也。欲明此理请参阅：Getman: Outlines of Theoretical Chemistry Chap. XIII Heteogeneous Equilibrium 讨论冰[，]水汽三相平衡处及其附图，或参阅：常伯华译：普通化学原理(正中出版)第108-109页讨论熔点之处及附图。(廉)

问：前问投弹于油中则沿直下落，于水中则否，[文]及先生之答案："投入水中后弹之上部之水会引起混乱状态，弹受侧面之冲力作用而斜下。"如弹刚好投于管中心则因四面之液质量相等而□来填补之下压亦相等[，]又如何能斜下呢？

答：足下所想到的太注意刻板的形式，实则宇宙间找不出几何上的平面找不出几何上的圆球。至于说叫弹子刚好投于管之中心(而况管腔也必定不是一个几何上的圆柱)亦无法办到。这些都是使圆弹不能沿一直线下降一部份的原因，严格说来弹子下降时其重心经过的路线决不是一条简单的曲线，有如弹道般的复杂，设将所有决定其路线的因素计入或不是现行力学和数学所能解决的问题(不要以为我们的力学知识就是驾驭一切问题马到成功的完满工具)[，]流体内某一型的物体运动的速率超过某临界阶段就会发生乱流(即物体后的涡流)是流体的基本物性。弹丸下降时受到乱流的反作用，自不能循一直线降下。这种现象和飘飏在风中的国旗不能是一个平面，流水中的水藻不会是一根直条一类的现象，本质上没有什么分别。(及)

问：冰何以受压即熔？如系压缩后使其分子间之接[结]构混乱而熔则其他如绿矾，为何又不受压而熔解呢？

答：这是一个多相平衡的问题，根据Le Chatelier's Principle，增加压力于一组多相平衡，则平衡点多可减少此所加压力之影响的一方，因冰融解成水是缩小体积，故加压即[。]促其融解，绿矾融解不缩小体积故不能受压而熔解。请参阅Getman: Outlines of Theoretical Chemistry P.133-134.(强)

339　重庆大学邱文君提出之问题另四则答覆如次

■ 文献信息

期刊《科学月刊》，第9期，第20页，1947年

文献编号：1947-079

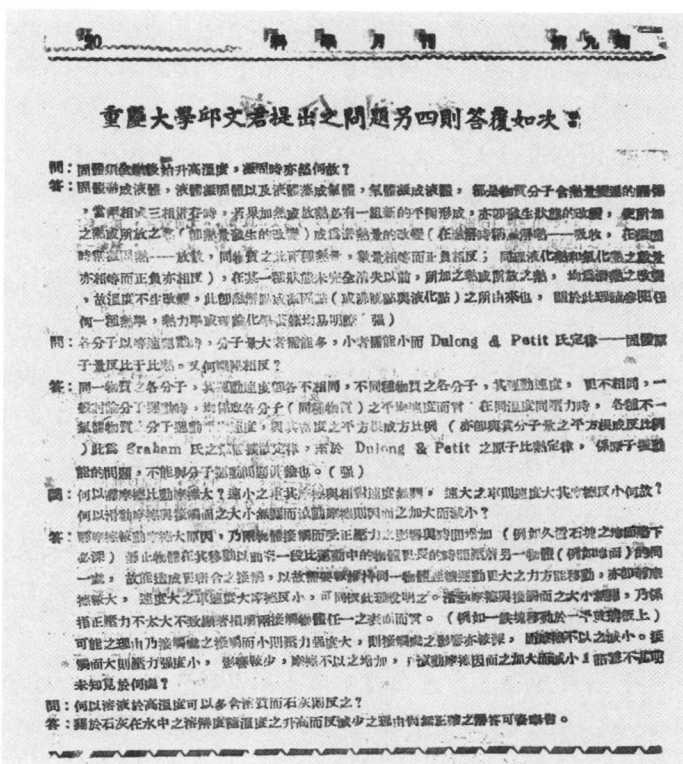

■ 简体全文

重庆大学邱文君提出之问题另四则答覆如次

问：固体须全融后始升高温度，凝固时亦然 [,] 何故？

答：固体融成液体，液体凝固体以及液体蒸成气体，气体凝成液体，都是物质分子含热量变迁的关系，当两相或三相并存时，若果加热或放热必有一组新的平衡形成，亦即发生状态的改变，使所加之热或所放之热(即热量发生的改变)成为潜热量的改变(在融解时称融解热——吸收[热]，在凝固时称凝固热——放热，同物质之此两种热量，数量相等而正负相反；同理液化热和气化热之数量亦相等而正负亦相反)，在某一种状态未完全消失以前，所加之热或所放之热，均为潜热之改变，故温度不生改变，此即融解点或凝固点(或沸腾点与液化点)之所由来也，关于此理请参阅任何一种热学，热力学或理论化学书籍均易明了。(强)

问：各分子以等速运动时，分子量大者需能多，小者需能小 [,] 而 Dulong & Petit 氏定律——固体原子量反比于比热。又何刚刚相反？

答：同一物质之各分子，其运动速度即各不相同，不同种物质之各分子，其运动速度，更不相同，一般讨论分子运动时，均系取各分子(同种物质)之平均速度而言，在同温度同压力时，各种不一气体物质之分子运动平均速度，与其密度之平方

根成方[反]比例(亦即与其分子量之平方根成反比例)[,]此为Graham氏之气体扩散定律，至于Dulong & Petit之原子比热定律，系原子振动能的问题，不能与分子运动问题并论也。(强)

问：何以静摩擦比动摩擦大？速小之车其摩擦与相对速度无关，速大之车则速度大其摩擦反小何故？何以滑动摩擦与接触面之大小无关而滚动摩擦则因面之加大而减小？

答：静摩擦较动摩擦大原因，乃两物体接触而受正压力之影响与时间增加(例如久置石块之地面陷下必深)[,]静止物体在其移动以前有一段比运动中的物体更长的时间压着另一物体(例如地面)的同一处，故能造成更密合之接触，以故需要□维持同一物体连续运动更大之力方能移动，亦即静摩擦较大，速度大之车速度大摩擦反小，可同依此理说明之。滑动摩擦与接触面之大小无关，乃系指正压力不太大不致显著损坏两接触物体任一之表面而言。(例如一铁块移动于一平玻璃板上)可能之理由乃接触处之接触而[面]小则压力强度大，则接触处之影响亦较深，而摩擦不以之减小。接触面大则压力强度小，影响较少，摩擦不以之增加，"滚动摩擦因面之加大而减小"语意不甚明未知见于何处？

问：何以溶液于高温度可以多含溶质而石灰则反之？

答：关于石灰在水中之溶解度随温度之升高而反减少之理由尚无正确之解答可资奉告。

340　重庆大学邱文君问

文献编号 1947-080　重庆大学邱文君问（节选）

■ 文献信息

期刊《科学月刊》，第15期，第20—22页，1947年

文献编号：1947—080

■ 简体全文

重庆大学邱文君问

(1) 溶有不挥发动物质溶剂的沸点升高和冰点降低的数目与所溶物质的分子数成正比，有人解释升高或降低的原因是由于溶剂分子和溶质分子间引力的缘故，假如这种解释正确，那就该和溶质的重量成正比才对，为什么和它的分子数目成正比？盐水凝固时，何以能析出盐质？

答　分子间之力，和重力性质不同，故不能与万有引力类比，而乃谓其当与重量成正比，不过所云和溶质分子数目成正比，实际亦即与溶质重量成正比。因每一分子之质量或重量有一定也。

关于盐水凝固时析出盐质之问题，只浓度大之食盐溶液为然，至于浓度小之食盐液冷却时，先行析出者乃固体之纯水(即冰)而非食盐。欲知其详可就下图之曲线示之。

图中之横轴示盐水之浓度之百分数，纵轴示温度。设将浓度甚大之盐水，冷至摄氏零下X度时，此温度之饱和盐水浓度应为Y%，设原来浓度大于此数，则必有一部分食盐结晶析出，以使盐液浓度降至Y%，吾人只须忆及溶解度与温度有关，则此问题之如此解答，至属明显。温度再行降低，将有更多之盐析出。至于将浓度极小之盐液冷却，则其凝固过程，循AB曲线进行。例如温度仍低至−X°，此时盐液浓度，必须为Z%，但原来浓度，并不及此，故乃有一部分纯水，凝成冰块析出。剩下之溶液浓度增大，如温度再降低，将有更多之水析出。终至B点而达饱和状态。再冷之则全部变成均匀之固体，一似盐水为一单纯物质者然。如此两成份之一占OD%之混合物，为易溶合质(Eutectic mixture)，其熔解之温度，称为最低熔点或共熔点(Eutectic Point)。(及)

(2) 漫射之光，何以呈白色？

答　漫射乃粗糙表面，对于光之不规则反射。并无一定呈白色理由。其色泽须视物体表面对于光之选择何项波长之光反射而定。其他波长之光为其吸收。例如红纸反射(实即漫射)之光为红色光。只有各色之光均不吸收之表面，漫射之光呈白色。(及)

(3) 导体为什么能够导电？有的认[识]为金属原子的外层电子少容易脱落，有的认为金属原子的层数多因此核心对外层电子的吸力小所以容易脱落而移动。照前种解释，氢就该算良导体，照后种解释，铀就该算良导体[，]如[何]以容易导电的，不

是氢，也不是铀，而是银？

答　导体之导电现象造成，推源于导体中之自由电子。导体内有电场存在时，则其中自由电子即依电场之相反方向移动，构成电流。(因普通电场方向系指正电移动之方向，电子带负电故动向与电场方向相反)此按照电子学说解释传导之大略。至于理论细微之处，涉及原子构造，所用之数学推理亦颇繁杂，非简单数语能说明。读者可参考理论物理学或精深之电学书籍 Theory of conductivity 部份，又 Friederick Seitz 在美国应用物理杂志(Applied Physics) 第十六卷第 10 期(亦即 1945 年十月号)所撰《The Basic Prineiples of Semi-Conductors》一文讨论至为纂详，可一参阅。氢原子之电子与原子核相去极近，引力坚牢，不可视为自由电子。(及)

(4)请写一份根的电势表好吗？

答　根不能成单独实体存在，以作电池中之电极，故无所谓根的电动势。(及)

(5)注水入有热油之锅内则油点四溅，何故？

答　热油温度极高，水滴堕热油中，因其比重较油为大，迅即沉于油之表面下；如是此水滴各面为热油包围，油之温度若高于水之沸点，即水滴迅即汽化，发生极大之蒸汽压力，是以爆炸，而使油点四溅。(及)

(6)有杂质时则过凝现象不存在何故？

答　此问杂质之意义不甚明；如谓杂质系某液体内之溶质，则系一溶液之冷却问题，其解答已于第一题就食盐溶液之例说明矣。如谓杂质系糁[掺]杂于某液体内之固体质点。则过凝现象亦不致发生。因如温度低至凝点，则液体大可以依附此等质点为中心，而开始结晶。乃至全液凝固。普通有微尘浮游之液体，过凝现象即不能发生，职此之故。过凝现象必液体极端纯粹，才有可能。(及)

(7)前次所问"滚动摩擦因接触之加大面减小"这是在一本杂志上看到的，它举的例子是坦克车为了防止陷泥土中所以把他的轮子加得那样宽大，请问如何？

答　坦克车用履带代替轮子，除便利爬坡而外，亦所以免于陷落软泥中，与摩擦问题，无何直接关系。该杂志所得结论，显有不当。何则？普通所谓滚动摩擦之标准情形，乃指一圆柱体或轮子，滚过水平表面而言。所以有摩擦存在，即因表面并非刚体之表面，受到滚子之压力，部分发生低陷，因之滚子继续前进时，即等于从低处滚到高处，必须对其本身之重量作功，但低陷随滚子所到处发生，结果滚动时，等于长期爬一坡度小之山坡。故必须用一向前之力牵引。其力之大小即等于滚动摩擦。准此如滚子与表面接触面愈大，其义即低陷愈深，摩擦亦当愈大。故严格言之滚动摩擦实随接触面加大而加大。因之若行车嫌路面太软，滚动摩擦大，乃可自带长而且大之厚钢板两块，交换铺于车前之路面，令车行钢板上，钢板不易发生低陷，将车重分布于较大之路面，而压力强度变小，路面亦不致低陷过甚，此亦降低滚动摩擦之一法。因此时轮子不直接在路面滚过而在坚硬之钢板上滚过也。坦车之履带，请视为自带之可循环用之钢板，则理至明。

(8)照磁分子说，金属接近磁石N极之端被感应成S极是因为异极相吸的缘故，为什么铋对磁石就刚好相反，接近N之一端发生S？

答　魏伯(Webber)所创之磁分子说，对于铁磁体与顺磁体之磁性解释，简单明了，然对于反磁体首作满意解释者为安培。此一理论翻译成现代述语即：组成物质之原子，系由电子一枚或若干枚，环绕原子核运动。每一电子之轨道，得视为一载有电流之线圈，故有其相关连之磁场。如各电子轨道平面，对称排列，则各电子轨道之磁场相消，而原子不显磁性，大多数反磁性体平时情形即如此。但若以一磁场加诸反磁体，则在各电子轨道上，造成一感应电动势，因而发生一感应磁场，其方向与原磁场方向相反。理论大略如此，欲知其详可参考电磁学专书，或理论物理学。(及)

(9)如左图：已知电势E，电量Q电容C1，C2，C3，C4，C5，求各容电器所容之电量。

答　各容器上之电，顺次设之为q1，q2，q3，q4，q5，按题即可得下列之关系式：

此五方程式，含q1至q5第五未知数，可以自行解答。至各关系式之理大略如下：(1)，(2)两式之意谓串联两容电器上总电压等于电源之电压。因C5不能由直接电池得到电量，故电池送出之正电[必]储于C1[必]C3之正导片，而其向右方送出之等量负电量一Q，必储于C2与C4之负导片，故有(3)及(4)，至于第(5)式，系暂假定C5，上方导片为正而成立。如计算出之结果为负，则上方导片实当为负耳。(及)

341　兹分配该校实验室设备一套

■ 文献信息

　　期刊《重庆大学校刊》，第10期，第1-2页，1948年1月15日
　　文献编号：1948-002

■ 简体全文

　　事由：兹分配该校实验室设备一套，抄附细目一份，仰洽领由
　　教育部代电　发文第六九三九一号　中华民国卅六年十二月
　　国立重庆大学　兹将联合国教育科学文化组织所赠工厂及实验室设备分配该校一套，除另饬本部驻沪图书仪器接运清理处依单点交外，合行抄发该项设备细目一份，仰即派员持据径向上海长宁路八六五号该处洽领具报为要　教育部印
　　附设备细目一份(略)

事
由 兹分配该校实验室设备一
套抄附细目一份仰洽领由

教育部代电 渝文第六九三九一號
中華民國卅六年十二月

國立重慶大學 兹將聯合國教育科學文化組織所贈工廠及實驗
儀器分配該校一套除另飭本部駐渝特派員接運清理處依單點交外合行
抄發該項設備細目一份仰即派員持據巡向上海民國路八六五號該處洽領
具報爲要 教育部印
附設備細目一份（略）

文献编号 1948-002 兹分配该校实验室设备一套

342 《重大化工》发刊词：给系友们的一封信

■ 文献信息

期刊《重大化工》创刊号，第1-2页，1949年1月1日

文献编号：1949-001

■ 简体全文

系友的一封公开信
—代发刊词—

系友们：

自从你们离开学校，就像成熟的果子脱离了母树，不再发生关系似的，同时也像[，好]断了线的风筝，没有了踪影，多么令人想念，多么叫人挂念呀！

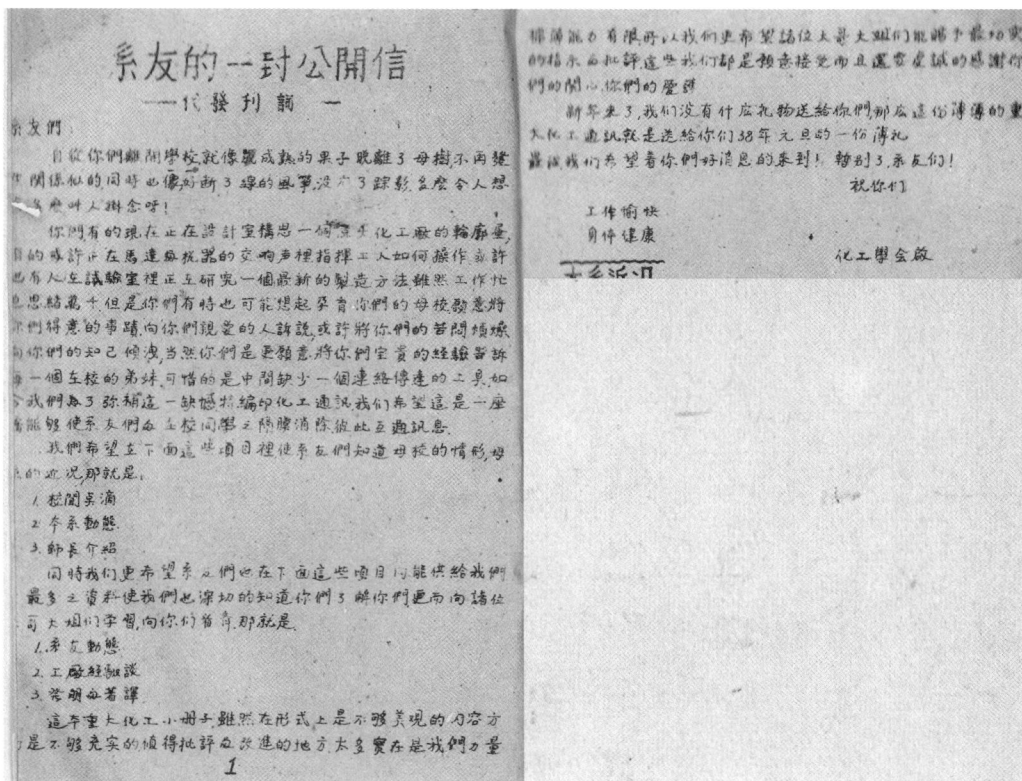

文献编号 1949-001　《重大化工》发刊词：给系友们的一封信

　　你们有的现在正在设计室构思一个重大化工厂的轮廓[盖]，有的或许正在马达与机器的交响声里指挥工人如何操作，或许也有人在试验室里正在研究一个最新的制造方法，虽然工作忙迫思绪万千，但是你们有时也可能想起孕育你们的母校，愿意将你们得意的事绩，向你们亲爱的人诉说，或许将你们的苦闷烦躁向你们的知己倾泄，当然你们是更愿意将你们宝贵的经验告诉每一个在校的弟妹，可惜的是中间缺少一个连络传达的工具，如今我们为了弥补这一缺憾，特编印化工通讯，我们希望这是一座桥[，]能够使系友们与在校同学之隔膜消除，彼此互通讯息。

　　我们希望在下面这些项目里使系友们知道母校的情形、母校的近况，那就是：

　　1.校闻点滴

　　2.本系动态

　　3.师长介绍

　　同时我们更希望系友们也在下面这些项目内能供给我们最多之资料[，]使我们也深切的知道你们了解你们，更而向诸位大哥大姐们学习，向你们看齐，那就是：

　　1.系友动态

　　2.工厂经验谈

　　3.发明与著译

这本重大化工小册子，虽然在形式上是不够美观的，内容方面是不够充实的，值得批评与改进的地方太多，实在是我们力量绵薄能力有限，所以我们更希望诸位大哥大姐们能赐予最切实的指示与批评，这些我们都是愿意接受而且还要虔诚的感谢你们的关心、你们的爱护。

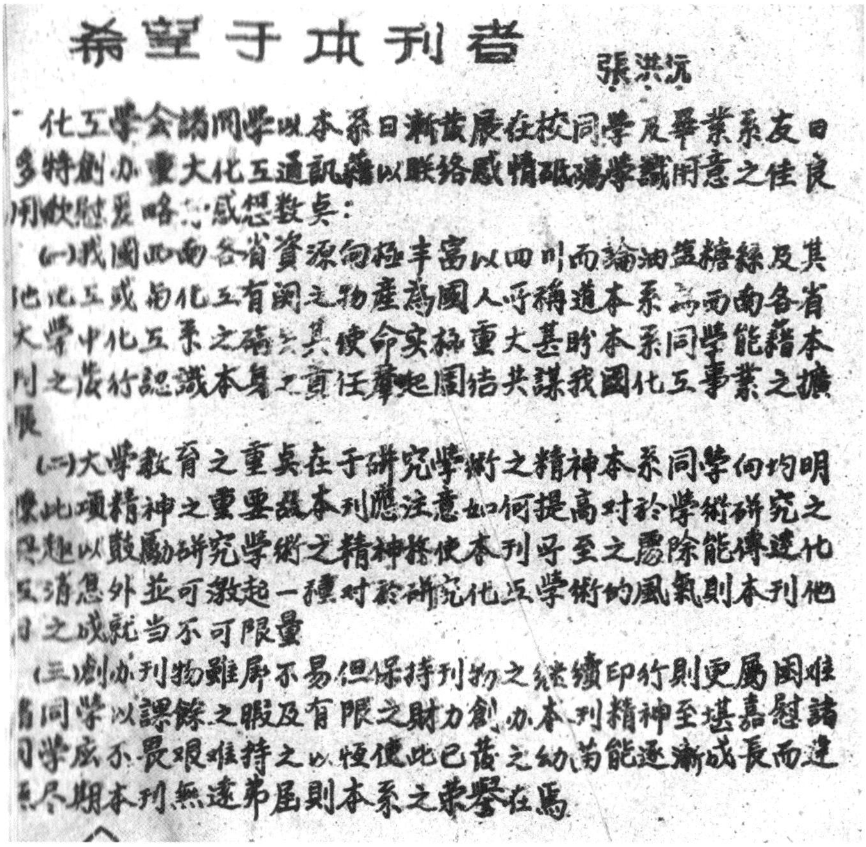

新年来了，我们没有什么礼物送给你们，那么这份薄薄的重大化工通讯就是送给你们38年元旦的一份薄礼。

最后，我们希望着你们好消息的来到！暂别了，系友们！

祝你们

工作愉快

身体健康

化工学会启

343 张洪沅校长寄语《重大化工》：希望于本刊者

希望于本刊者

張洪沅

化工學会諸同學以本系日漸發展在校同學及畢業系友日多特創办重大化工通訊藉以联络感情砥礪學識用意之佳良用欣慰爰略[illegible]感想数点：

(一)我國西南各省資源向極丰富以四川而論油盐糖[illegible]及其他化工或與化工有關之物產為國人所稱道本系為西南各省大學中化工系之[illegible]其使命实極重大甚盼本系同學能藉本刊之發行認識本身之責任奮起團结共謀我國化工事業之擴展

(二)大學教育之重点在于研究學術之精神本系同學向均明瞭此項精神之重要故本刊應注意如何提高对於學術研究之興趣以鼓勵研究學術之精神務使本刊所至之處除能傳達化工消息外並可激起一種对於研究化工學術的風氣則本刊他日之成就当不可限量

(三)創办刊物雖屬不易但保持刊物之繼續印行則更屬困难貴同學以課餘之暇及有限之財力創办本刊精神至堪嘉慰諸同學應不畏艰难持之以恒使此已發之幼芽能逐漸成長而達無尽期本刊無遠弗屆則本系之榮譽在焉

文献编号 1949-002　张洪沅校长寄语《重大化工》：希望于本刊者

期刊《重大化工》创刊号，第3页，1949年1月1日

文献编号：1949-002

■ 简体全文

希望于本刊者

张洪沅

化工学会诸同学，以本系日渐发展，在校同学及毕业系友日多，特创办重大化工通讯，借以联络感情，砥砺学识，用意之佳良用欣慰，爰略抒感想数点：

（一）我国西南各省资源向极丰富，以四川而论，油、盐、糖、丝及其他化工或与化工有关之物产，为国人所称道。本系为西南各省大学中化工系之□□，其使命实极重大，甚盼本系同学能借本刊之发行认识本身之责任，群起团结共谋我国化工事业之扩展。

（二）大学教育之重点，在于研究学术之精神，本系同学向均明了此项精神之重要。故本刊应注意如何提高对于学术研究之兴趣，以鼓励研究学术之精神，务使本刊所至之处，除能传达化工消息外，并可激起一种对于研究化工学术的风气，则本刊他日之成就，当不可限量。

（三）创办刊物虽属不易，但保持刊物之继续印行则更属困难。各同学以课余之暇，及有限之财力，创办本刊，精神至堪嘉慰，诸同学应不畏艰难、持之以恒，使此已发之幼苗能逐渐成长而达无尽期，本刊无远弗届则本系之荣誉在焉。

344　工业细菌室佳偶同研　理院学生研究桐油忙

■ 文献信息

期刊《重大化工》创刊号，第15页，1949年1月1日

文献编号：1949-007

■ 简体全文

校闻系粹

工业细菌室佳偶同研　理院学生研究桐油忙

△化工研究所本年创立，所长为彭光钦氏，仅招研究生一名，为系友谭立秦，本期因限于设备，计开课程：高等化学工程学分三，橡胶工业二，论文二：共七学分。

选课：第二外国语德文三学分，研究二年毕业，若兼半职助教，则需四年毕业，目前生活补助费仅比照公费生支给。

△战后桐油外销为我国出口之首要商品，换取外汇为数至巨[，]川省渝万二地[，]为川东桐油集地[，]各业人士极为关注[。]前曾在渝筹组桐油协进改进会[，]工商学名流均邀为委员(本校校长及张洪沅及彭光钦所长均为委员)[，]故本期理学院化学物理二系之论文题目[，]已完为桐油物理化学性质之研究与应用[，]亦可见对桐油之重视。

△谢秉仁教授授课时，未闻上课铃，已先十五分钟到教室，对同学有何疑难极为关怀，谆谆教诲仍不感厌烦。

△乐以伦先生开化四工业细菌一课[，]课余即在工业细菌室作研究工作[，]每下课乐太太李伯正先生亦去工业细菌室陪伴乐先生[，]形影不离[，]实为本系教授先生中之一对佳偶[。]

文献编号 1949-007　工业细菌室佳偶同研　理院学生研究桐油忙

专题六：图书馆建设

本专题选取 1934 年至 1948 年的 22 篇文献，涵盖图书馆书目、日常工作、会议记录、书籍赠送与交流、图书馆修建及图书馆图片等内容。

迁入沙坪坝永久校址后，重庆大学设计过三座图书馆，除第二座图书馆未能修建外，另两座图书馆均正式投入使用。1934-006 号文献是照片，拍摄的是重庆大学第一个规划且正式修建、使用的图书馆。该馆舍历经多次变迁依然坚固如初，现为博雅学院使用。1938-028 号文献所记之"甫澄图书馆"为规划的第二座图书馆，为纪念已故校长刘湘而设计，因种种原因未能修建，仅留存设计规划及图纸。1947-016 号文献所记之"新图书馆"为正式使用的第二座图书馆，位置为现重庆大学 A 区的行政楼处。

第二座正式使用的图书馆在修建过程中，发生了著名的"根号 2 图书馆"的故事。该小楼原定修建四层或五层，计算过程中工程师不小心在梁柱结构的关键数据上写丢了一个"根号 2"，施工时已无法弥补而只能勉强修建成两层楼的建筑，成为永久的遗憾。于是图书馆"根号 2"的典故便成为老师们的"活教材"，时刻提醒建筑系、土木系等专业的学生引以为鉴。

对于重庆大学图书馆办馆史实，多篇文献有不同记录。1935-028 号文献记载"重大圕（tuān，"图书馆"之意）始建于该校高中部"，于 1933 年随校由菜园坝迁入沙坪坝，设"藏书库一、报纸阅览室一、普通阅览室一、碑帖整理室一"，并有"馆长（彭鸿章）一人、职员四人"。1936-057 号文献记录重大图书馆当时的开馆时间为"每日开馆上午八时至十二时，下午一时至五时，夜间七时至九时，但星期日星期六夜

间及例假日闭馆";中文书籍采用皮高品中国十进分类法,西文书籍采用美国杜威十进分类法进行编目典藏。1937-004 号文献记录"本馆设总务、定购、编目、杂志、出纳五股"分理各事项。1937-044、1947-022、1948-019、1948-033、1948-071 号文献则是针对"逾期不还"这一困扰图书馆至今的难题设置的管理条例。

随着学校院系规模不断扩大,为满足师生需求,学校不断构置图书、杂志。其中直接由学校向国外购置的图书就有两千多册。1936-047、1937-044、1948-011、1948-071 号文献对此均有记录。

图书捐赠在此阶段也很常见,馆际之间的互赠、教授个人捐赠、社会捐赠等均有记录,详见 1936-046、1937-095、1948-033 等与捐赠相关的文献。

本阶段的藏书情况在《重大校刊》及《重庆大学校刊》中有大量相关记录,社会刊物中也有少量记载。本书选录其中部分供参考。详见 1936-056、1937-026、1937-040、1937-074、1948-012、1948-034、1948-060 号文献。

文献编号 1934-006　重庆大学圕阅览室之一

■ 文献信息

　　期刊《图书馆学季刊》，第 8 卷第 4 期，第 9 页，1934 年

　　文献编号：1934-006

346 重庆大学圖

重慶大學圖

重慶大學圖創始于該校高中部，是時藏書甚少，民國二十一年成立圖書委員會；次年秋該校遷往城西沙坪壩始着手改組逐漸擴充分向海內外訂購圖書雜誌增加閱覽時間現有房屋除辦公室外計藏書庫一報紙閱覽室一普通閱覽室一碑帖整理室一辦事人員有館長（彭鴻章）一人職員四人該館收藏圖書共計三萬二千九百一十四冊計舊時圖書五百二十種二萬三千一百三十三冊近時圖書九千七百六十一冊內中文六千一百冊西文三千六百六十一冊西文書籍以德文自然科學爲最多中外雜誌三百三十七種四千四百二十二冊此外尚有碑帖七百二十六種中外報紙二十二種民十九李存烈捐贈該館德文書一百餘冊民二十年校長劉甫澄捐贈萬有文庫一部英人文幼章講師捐贈大英百科全書一部民國二十一年上海兵工廠處理委員會捐贈前江南製造局譯印化兵工各書一百五十餘種凡六百二十四冊民國二十三年涪陵施孟懷先生以其太翁鶴雛先生庆藏舊書捐贈該館皆可寶貴該館之分類式圖書線裝書分經史子集叢五類大體依四庫分類法略有增減新式圖書西式裝訂者依王雲五中西圖書分類法內分九類該館圖書目錄除簿式外有下列之卡片數種一分類卡專供以檢查書名目錄之用二著名卡專供以書名檢查目錄之用三著者卡專供以著者檢查目錄之用四索引卡專供檢查類書書名目之用。

文献编号 1935-028　重庆大学圖

■ 文献信息

期刊《中华图书馆协会会报》，第10卷第6期，第32-33页，1935年

文献编号：1935-028

■ 简体全文

重庆大学圖

重庆大学圖[tuān，"图书馆"之意]创始于该校高中部，是时藏书甚少，民国二十一年成立图书委员会；次年秋，该校迁往城西沙坪坝始着手改组，逐渐扩充，分向海内外订购图书杂志，增加阅览时间。现有房屋除办公室外计藏书库一，报纸阅览室一，普通阅览室一，碑帖整理室一；办事人员有馆长(彭鸿章)一人，职员四人。该馆收藏图书共计三万二千九百一十四册：计旧时图书五百二十种，二万三千一百三十三册；近时图书九千七百六十一册，内中文六千一百册，西文三千六百六十一册，西文书籍以德文自然科学为最多。中外杂志三百三十七种，四千四百二十二册。此外尚有碑帖七百二十六种，中外报纸二十二种。民十九[年]

李存烈捐赠该馆德文书一百余册，民二十年校长刘甫澄捐赠万有文库一部，英人文幼章讲师捐赠大英百科全书一部，民国二十一年上海兵工厂处理委员会捐赠前江南制造局译印理化兵工各书一百五十余种，凡六百二十四册，民国二十三年涪陵施孟怀先生以其太翁鹤雏先生度藏旧书捐赠该馆，皆可宝贵。该馆之分类：旧式图书，线装书分经史子集丛五类，大体依四库分类法，略有增减；新式图书，西式装订者依王云五中西图书分类法，内分九类。该馆图书目录除簿式外，有下列之卡片数种：一分类卡，专供以检查书名目录之用；二书名卡，专供以书名检查目录之用；三著者卡，专供以著者检查目录之用；四索引卡，专供检查类书书名目之用。

347　图书馆鸣谢启事

■ 文献信息

　　期刊《重大校刊》，第 5 期，第 35 页，1936 年 12 月 16 日

　　　　文献编号：1936-046

■ 简体全文

文献编号 1936-046　图书馆鸣谢启事

　　　　　　　图书馆鸣谢启事

　　顷承

　　重庆德国领事馆惠赠德文德国机器研究所报告及机械目录四十二册[。]又何奎垣先生惠赠法文数学物理书籍五十一册[，]深切厚意[，]一俟校刊有西文铅字排版[，]即将书名发表[，]除巳[已]分别编目善为珍藏以供众览外[，]谨先此鸣谢[。]

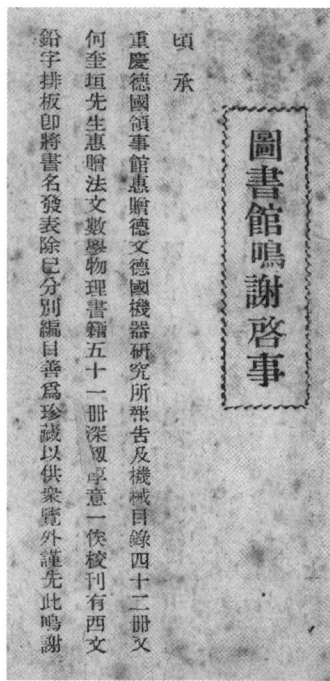

348　图书馆启事

■ 文献信息

　　期刊《重大校刊》，第 5 期，第 35 页，1936 年 12 月 16 日

　　　　文献编号：1936-047

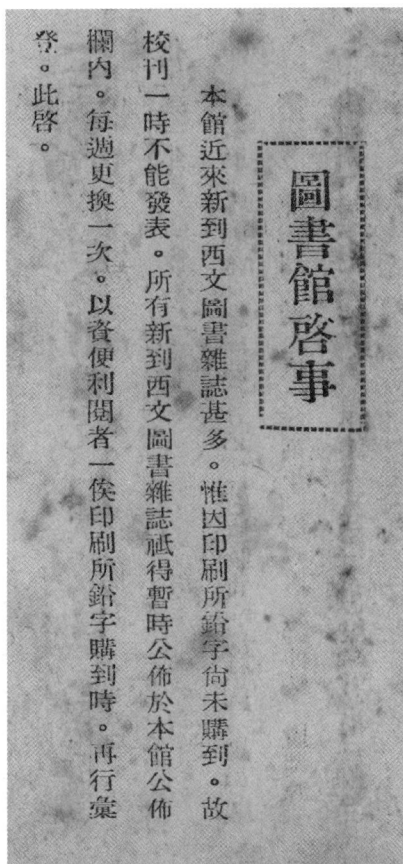

文献编号 1936-047 图书馆启事

■ 简体全文

图书馆启事

本馆近来新到西文图书杂志甚多。惟因印刷所铅字尚未购到。故校刊一时不能发表。所有新到西文图书杂志只得暂时公布于本馆公布栏内。每周更换一次。以资便利阅者[。]一俟印刷所铅字购到时。再行汇登。此启。

349 二十五年四月份新书月报

■ 文献信息

期刊《图书展望》，第1卷第8期，第61-72页，1936年

文献编号：1936-056

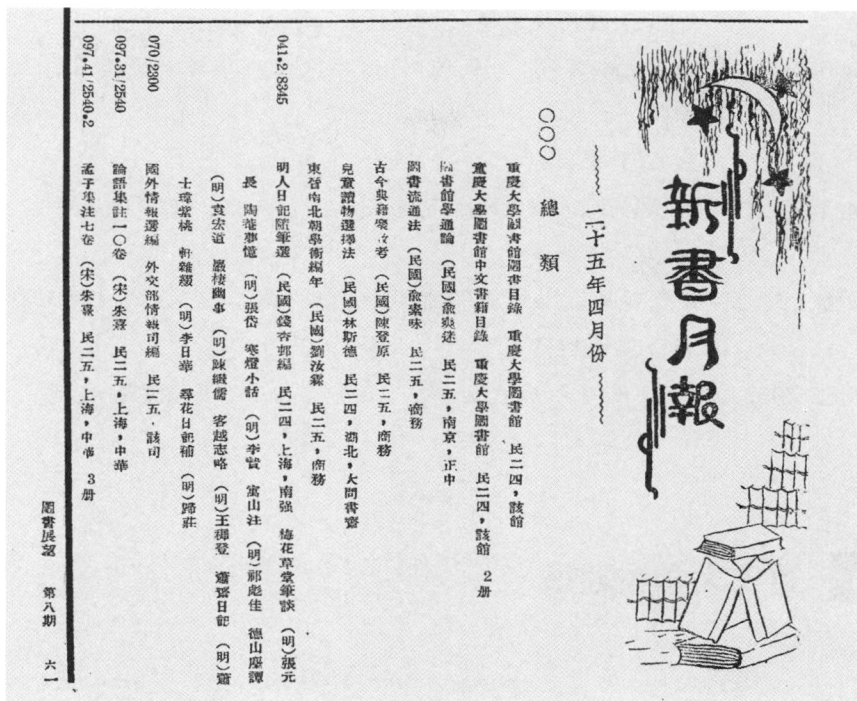

文献编号 1936-056 二十五年四月份新书月报（节选）

■ 简体全文[1]

新书月报 二十五年四月份

　　　　○○○ 总类

017.41/2004　　重庆大学图书馆图书目录　重庆大学图书馆　民二四，该馆

017.41/2004.2　童[重]庆大学图书馆中文书籍目录　重庆大学图书馆　民二四，该馆2册[……]

　　　　一○○ 哲学类

100/4464　　哲学讲话（民国）艾思奇　民二五，上海，读书生活社[……]

　　　　三○○ 社会科学类

309.151/2668　元代之社会（民国）吴晗　民二五，清华大学[……]

　　　　四○○ 语文学类

410/2269　　国语概论（民国）乐嗣炳　民二五，上海，中华[……]

　　　　五○○ 自然科学类

510/8081　　算学学习法（民国）余介石，孙克定编　民二五，上海，中华，[……]

---

[1] 原文内容篇幅较长，仅节选部分内容。

六〇〇 应用技术类

608/0838　最近之新发明　（民国）许达年，许斌华译　民二五，上海，中华[……]

七〇〇 美术类

704/4476　艺术丛谈　（民国）林风眠 民二五，南京，正中[……]

八〇〇 文学类

808.2/3052.2　宋春舫论剧二集　（民国）宋春舫　民二五，文学出版社[……]

九〇〇 史地类

909.82/7052　一九一四年后之世界　（西）蓝森著,(民国)谢元范，翁之达译　民二五，商务[……]

350　重庆大学圖近讯

重慶大學圖近訊

圖界 國內消息

▲（1）該館于本學期新聘趙體會先生擔任編目主任對于該館編目事項無論新藏舊儲概依新法校訂編緣從新釐定現在中文書籍採用皮高品中國十進分類法西文書籍採用美國杜威十進分類法至于卡片目錄之排列先後▲（2）該館中文目錄依筆畫多寡排列筆畫相同者再按起筆點橫直撇分別先後西文目錄以字母之順序仿照英文字典辦法先後排列。▲（3）該館開館時間除假期中另行規定外每日開館上午八時至十二時下午一時至五時夜間七時至九時但星期日星期六夜間及例假日閉館。該館為使全校早日明瞭中日國情起見本學期特訂上海大公報及日新聞華文版各一份用航空寄遞當日新聞翌晨即可閱到。▲（4）該館為該校中人士購書便利見于民國二十三年上期曾設立代辦股原由總務股辦理本期因總務股事忙改由雜誌股代辦凡欲購置圖書者請向雜誌社接洽。▲（5）該館代教職員及學生購置中外書籍雜誌原由該校教職員參考借閱舊編西文圖書目錄現已印出存館稍便該校教職員參考借閱之用惟以前編目係採用王雲五中外圖書統一分類法失當之處自所難免倘希指正為盼。▲（6）該館雜誌本期重新編定位置公開陳列中文以筆畫多少為次西文以字母先後寫次序隨時借出原為便利閱者乃近發生其中重要論文及插圖等時有被人剪取情事現為謀各雜誌安全計，所有中西文雜誌只限館內閱覽概不借出尚望共體斯旨善保公物。

文献编号 1936-057　重庆大学圖近讯

■ 文献信息

期刊《中华图书馆协会会报》，第12卷第3期，第40页，1936年

文献编号：1936-057

■ 简体全文

重庆大学圕近讯

▲(1)该馆于本学期新聘赵体曾先生担任编目主任，对于该馆编目事项，无论新藏旧储，概依新法，校订编录，从新厘定，现在中文书籍采用皮高品中国十进分类法，西文书籍采用美国杜威十进分类法，至于卡片目录之排列，中文目录，依笔画多寡排列 [,] 笔画相同者，再按起笔点横直撇分别先后，西文目录，以字母之顺序，仿照英文字典办法，先后排列。

▲(2)该馆开馆时间，除假期中另行规定外，每日开馆上午八时至十二时，下午一时至五时，夜间七时至九时，但星期日星期六夜间及例假日闭馆。

▲(3)该馆为使全校早日明了中日国情起见，本学期特订上海大公报及日日新闻华文版各一份，用航空寄递，当日新闻翌晨即可阅到。

▲(4)该馆为该校中人士购书便利起见，于民国二十三年上期曾设立代办股，代教职员及学生购置中外书籍杂志，原由总务股办理，本期因总务股事忙，改由杂志股代办，凡欲购置图书者请向杂志社接洽。

▲(5)该馆旧编西文图书目录现已印出存馆，藉便该校教职员参考，借阅之用，惟以前编目，系采用王云五中外图书统一分类法，失当之处，自所难免，尚希指正为盼。

▲(6)该馆杂志本期重新编定位置，公开陈列，中文以笔画多少为次，西文以字母先后写 [为] 次序，随时借出，原为便利阅者，乃近发生其中重要论文及插图等，时有被人剪取情事，现为谋各杂志安全计，所有中西文杂志，只限馆内阅览，概不借出，尚望共体斯旨，善保公物。

351 二十五年度本大学图书馆规程

■ 文献信息

期刊《重大校刊》，第6期，第24页，1937年1月1日

文献编号：1937-004

■ 简体全文

本大学图书馆规程

民国二十五年十二月十八日第六次校务会议通过

第一条　本馆设馆长一人，商承校长总理馆内一切事宜，并设馆员若干人佐理之。

本大學圖書館規程　民國二十五年十二月十八日第六次校務會議通過

章則

第一條　本館設館長一人、商承校長總理館內一切事宜、并設館員若干人佐理之。

第二條　本館設總務、訂購、編目、雜誌出納五股、由館員分理之。（甲）總務股、辦理收發文件、擬輯函稿、案卷保存及其他不屬於各股事項。（乙）訂購股辦理調查圖書出版處及價格購置登記裝訂、及購書簿記等事項。（丙）編目股辦理圖書館分類、編目以及編製書目等事項。（丁）雜誌股辦理調查雜誌出版處及價格登記保管裝訂編製雜誌目錄及徵求交換事項。（戊）出納股辦理圖書出納統計、圖書清查、及書庫保管等事項。

第三條　本館每月開館務會議一次討論館內一切進行事務。

第四條　本規程經校務會議議決施行。

文献编号 1937-004　二十五年度本大学图书馆规程

第二条　本馆设总务、订购、编目、杂志[、]出纳五股，由馆员分理之。

（甲）总务股[、]办理收发文件、拟辑函稿、案卷保存及其他不属于各股事项。

（乙）订购股办理调查图书出版处及价格[，]购置登记装订、及购书簿记等事项。

（丙）编目股办理图书馆分类[、]编目以及编制书目等事项。

（丁）杂志股办理调查杂志出版处[，]及价格登记[、]保管装订[、]编制杂志目录[，]及征求交换事项。

（戊）出纳股办理图书出纳统计、图书清查、及书库保管等事项。

第三条　本馆每月开馆务会议一次[，]讨论馆内一切进行事务。

第四条　本规程经校务会议议决施行。

352　本校图书馆简明工作报告（自二十五年七月至十二月）

■ 文献信息

期刊《重大校刊》，第8期，第22-23页，1937年3月16日

文献编号：1937-026

■ 简体全文

本校图书馆简明工作报告
（自二十五年七月至十二月）

（一）西文图书

新购书籍	二二二册
索赠书籍	十二册
本馆旧存新编书籍	三七八册
共计	六〇二册

以上各书均已随时登账编成卡片目录，其已经订购而未到者未计列入

（二）中日文图书

新购书籍	三二一册
索赠书籍	一〇三册
本馆旧存新编书籍	四八九册
共计	九一三册

（三）新订杂志

西文	二八种
中日文	三九种
共计	六七种

（四）赠阅及交换杂志

西文	三九种
中日文	六五种
两项共计	一〇四种

（五）新增订杂志（从民国廿六年一月起）

西文	二〇种
中日文	五九种
共计	七九种

（六）图书费统计

二十五年七月至十二月共计	六〇〇〇五、八二元
（1）西文图书	四〇八〇、四六元
（2）中日文图书	三五三、五七元
图书共计	四四三四、二一元
（3）西文杂志	七一四、二〇元
（4）中日文杂志	四三六、九一元
杂志共计	一一五一、一一元

(5) 西文报纸　　七九、四〇元

(6) 中日文报纸　　三四一、一〇元

报纸统计　　四二〇、五〇元

(七) 借阅图书统计

借阅图书　　三九八三册

借阅人数　　一八六二人(阅报室在外)

本校圖書館簡明工作報告

（自二十五年七月至十二月）

（一）西文圖書

新購書籍　二一二冊

索贈書籍　十二冊

本館舊存新編書籍　三七八冊

共計　六〇二冊

以上各書均已隨時登賬編成卡片目錄其已經訂購而未到者未計列入

（二）中日文圖書

新購書籍　三二一冊

索贈書籍　一〇三冊

本館舊存新編書籍　四八九冊

共計　九一三冊

（三）新訂雜誌

西文　二八種

中日文　三九種

共計　六七種

（四）贈閱及交換雜誌

西文　三九種

中日文　六五種

兩項共計　一〇四種

（五）新增定雜誌（從民國廿六年一月起）

西文　二〇種

中日文　五九種

共計　七九種

（六）圖書費統計

二十五年七月至十二月共計　六〇〇五、八二元

（1）西文圖書　四〇八〇、四六元

（2）中日文圖書　三五三、五七元

圖書共計　四四三四、二一元

（3）西文雜誌　七一四、二〇元

（4）中日文雜誌　四三六、九一元

雜誌共計　一一五一、一一元

（5）西文報紙　七九、四〇元

（6）中日文報紙　三四一、一〇元

報紙統計　四二〇、五〇元

（七）借閱圖書統計

借閱圖書　三九八三冊

借閱人數　一八六二人（閱報室在外）

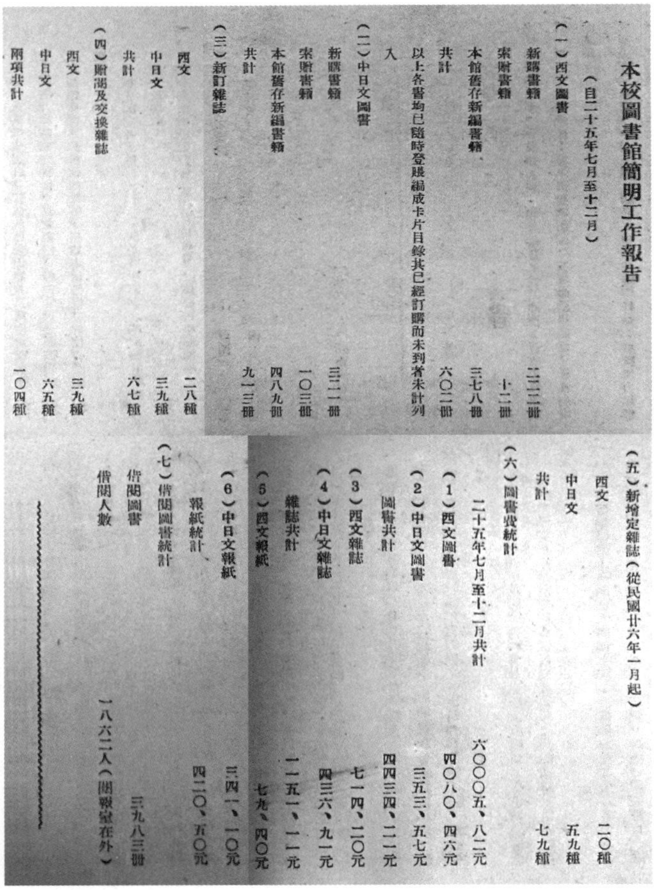

文献编号 1937-026　本校图书馆简明工作报告（自二十五年七月至十二月）

353 重庆大学图书馆新到中文杂志一览

■ 文献信息

期刊《重大校刊》，第11期，第15-17页，1937年5月1日

文献编号：1937-040

■ 简体全文

重庆大学图书馆新到中文杂志一览

（自十月二十六日起至十一月九日止）

杂志名称	卷	期	册数
女子月刊	四	一〇	一
大光图书月报			一
工程	一一	五	一
工程周刊	五	一二	一
中心评论		二七—二八	二
中国建设	一四	三	一
中国漫画		九	一
中论旬刊		三—四	二
之江学报		五	一
之江经济期刊		六	一
内江县政		五	一
太安丰保险界	二	二〇	一
天津上海大公报民二五年国庆特刊			一
水产经济月刊	五	六—七	二
化学通讯	一	一八	一
四川月报	九	二—三	二
四川省政府公报		五五	一
四川省立重庆大学校刊		二	一
外交月报	三	八—九	二
外交评论	七	三	一
北洋周刊	一二	六——一二八	三
申报每周增刊	一	四〇—四一	二
西南评论	三	三	一
社友		五六	一
青年	五	二	一
青鹤杂志	四	二二	一
东方杂志	三三	一二	一
法学杂志	九	四	一
乳剂浅说		二	五
是非公论		二〇	一

重慶大學圖書館新到中文雜誌一覽
（自十月二十六日起至十一月九日止）

雜誌名稱	卷	期	冊數
中心評論			
工程周刊			
工程			
大光圖畫月報			
女子月刊			
之江經濟期刊			
之江學報			
中論旬刊			
中國漫畫			
中國建設			
太安豐保險界			
內江縣政			
化學通訊			
水南經濟月刊			
天津上海大公報民二五年國慶特刊			
四川月報			
四川省政府公報			
四川省立重慶大學校刊			
外交月報			
外交評論			
北洋周刊			
申報每周增刊			
西南評論			
壯友			
青年			
青鶴雜誌			
東方雜誌			
法學雜誌			
乳劑凌歿			
是非公論			
科學的中國			
科學世界			
科學畫報			
師大月刊			
師大月刊			
建設振災			
航空時代			
航空雜誌			
浙江省立醫藥專科學校校刊			
浙江建設月刊			
旅行雜誌			
旅陝東北民眾九一八五周年紀念特刊			
振務旬刊			
砥柱周刊			
統一評論			

文献编号 1937-040 重庆大学图书馆新到中文杂志一览（节选）

科学的中国	八	八	一
科学世界	五	九	一
科学画报	四	六	一
师大月刊		二七	一
师大月刊		二八	一
建设振[赈]灾	二一	四	一
航空时代	二一	二	一
航空杂志	六	九	一
浙江省立医药专科学校校刊		一一	一
浙江建设月刊	一〇	二	一
旅行杂志	一〇	一〇	一
旅陕东北民众九一八五周年纪念特刊			一

振务旬刊		四五	一
砥柱周刊	七	一〇	一
统一评论	二	二〇 — 二一	二
国立中山大学天文台两月刊	七	三	一
国立四川大学周刊	五	五	一
国立北平师范大学校务汇报	一六三 — 一六四		二
国闻周报	一三	四〇 — 四一	二
救 [教] 育部公报		三五 — 三六合刊	二
教育部公报		三七 — 三八合刊	二
现代生产杂志	二	九	一
现代评坛	二	三	一
鄂棉	一	四	一
无线电杂志	一一	九	一
电工	七	三四	一
新中华	四	一九	一
新西 [四] 川周报		一	一
道路月刊	五一	三	一
农报	三	二七 — 二八	二
农情报告	四	九	一
勤奋体育月报	四	一	一
经济建设半月刊		一	一
实业部公报		三〇〇 — 三〇一	二
论语半月刊		九八	一
独立公论		一 — 二	二
铁路杂志	二	三	一
矿业周报		四〇一	一
驴 [泸] 溪月刊		四	一

354　向欧美购买杂志书籍　调整借书规约

■ 文献信息

期刊《重大校刊》，第 12 期，第 17 页，1937 年 5 月 16 日

文献编号：1937-044

文献编号 1937-044　向欧美购买杂志书籍　调整借书规约

■ 简体全文

图书馆启事

（一）本馆为便利教授及学员研究起见，分期向欧美购买各科重要杂志全份多种，除美国化学工业杂志(一至廿六册全份)Industrial & EnGinecring Chemistry Vol.1—26 Complete、美国化学会杂志(三十至五十五册全份)gournal of the american chemical Soceefy Vols30—55 Complete。业已运宜外，近复订购，经济地质杂志 Economic Geoeogy 全份，美国矿冶工程杂志全份 American of mininy and mctallurgical Enginecring[，]美国机械工程杂志 American Sociely of mechanical Enginecring 全份[，]业

已由美起运，计时六月底可望到达本馆。

（二）本馆为书籍流通增加读书效率起见，实行本馆借书规约至[第]十五条及第十七条之规定："教职员学生借书逾期每册每日罚金五分，垒近至一元为止"[,]惟施行以来，少数同学未加注意，截至三月底止，钱明宗、张孝感、郭士坤、魏琼、钟文海、何学文、蒋自光、李瑚传均因逾期还书被罚，除已通知会计处在该生保证金项下扣除外，尚望借书者按期归还实为两便。

355　重庆大学图书馆赠书志谢一览与新到图书一览

文献编号 1937-074　重庆大学图书馆赠书志谢一览与新到图书一览（节选）

■ 文献信息

期刊《重大校刊》，第15期，第18-21页，1937年10月20日

文献编号：1937-074

■ 简体全文

重庆大学图书馆赠书志谢一览

月日	书码	赠阅者	书名	册数
		燕京大学	燕京大学一览	一
		教育部总务司	全国专科以上学校新生考选状况(五二民)	一
		教育部总务司	全国高等教育统计(民二五)	一
		萧冠英	欧洲考察记初编	一
		北平民国学院	北平庙会调查报告	一
		中国国民党中央执行委员会	建筑阵亡将士公墓筹备委员会总报告	二
		赵体曾	德国全国实业联合会中国考察团报告书	一
		..	图书馆简说	一
		..	上海商业储蓄银行营业报告(二四年度)	一
		湖南地质调查所	湖南地质调查所概况(民、二六)	一
		中国科学社	科学的民族复兴	一
		国立北平师范大学	国立北平师范大学毕业同学录	一
		山西省政府	山西省单行法规汇编(二十五年辑)	一
		厦门大学一九三六级会	厦门大学一九三六级毕业纪念刊	一
		浙江省立医药专科学校	浙江省立医药专科学校一览	一
		甘肃省立气象测候所	甘肃省立气象测候所五周纪念刊	一
		中福两公司联合办事处	业务报告(民二五年七月至一二月)	一
		湖北省立宜昌中学	湖北省立宜昌中学成立十周年纪念册	一
		张又新	如何发展重庆市	二
		欧阳毅	华北化学工厂考察记	一
		钱士青	吴越钱氏传芳集	一
		..	钱士青都转吴越纪事诗	一
		..	钱王祠产补编	一

南京市政府秘书处	十年来之南京	一	
..	南京市政府行政统计报告(民、二四)	一	
..	南京景象	一	
四川省地方税局	四川进出口货物量质及其税款统计(民、二五)	二	
上海市兴业信讬[托]社	上海市轮渡	一	
简惠清	物理化学问题详解	一	
重庆市度量衡检定分所	中外度量衡简便折合表	三张	
国立中央大学	教育丛刊 一卷一期至四卷一期	七	
国立中央大学	心理教育实验专编一卷一期至三卷二期	六	
湖北省政府秘书处	湖北省年鉴 第一回(民、二五)	一	
曹经沅	黔南丛书	六〇	

重庆大学图书馆新到图书一览

月日	书码	著者姓名	书名	册数	版次	出版处
			300, 社会科学			
	300,1 424	范邠脱著 张素民杨晋豪译	社会科学概论	一		民、二二
	K300,3 456	孙志曾	新主义辞典	一		一九三三
	310 456	孙本文	社会学大纲	二	再版	民、二〇
	310,1 310	素罗金著 黄文山译	当代社会学学说	一	初版	民、二四
	310,1 310-8	哈尔库云涂耳克著 黄文山译	社会法则	一	初版	民、二四
	3101,1	斯宾塞著 严复译	群学肄言二部	二册	初版	民、二〇

570					
310,7 170	冯品兰	社会学纲要	一	初版	民、二三
311,5 478	陶孟和	社会与教育	一	国难后 第二版	民、二二
311,0 126	倭拉土著 梁启勋译	社会心理之分析	一	国难后 第一版	民、二四
311,5 192	杨琴巴尔著 高觉敷译	社会心理学史	一	国难后 第一版	民、二四
311,5 330	奥尔波特著 赵演译	社会心理学	一	国难后 第一版	民、二四
312,1 378	莫尔甘著 杨东蓴 张栗原译	古代社会	一	初版	民、二四
312,1 478	米勒利尔著 陶孟和 沈怡梁纶才译	社会进化史	一	国难后 第一版	民、二一
312,22 426	乌格朋著 费孝通 王同惠译	社会变迁	一	初版	民、二四
314 186	涂尔干著 许德珩译	社会学方法论	一	国难后 第一版	民、二一
314 794	曾乐平	社会统计	一	初版	民、二四
314,1 346	南京市 社会局	南京社会	一		民、二六
316,43 622	四川粮食 调整委员会	四川省二十五年 至二十六年旱灾 视察报告	一		民、二六
316,53 378	杨西亚	中国合会之研究	一	初版	民、二四
317	爱尔乌德著	社会学及现代	一	国难后	民、二二

分类号	著译者	书名	册数	版次	年份
330	赵作雄译	社会问题		第二版	
318 130	比亚著 汤澄波译	英国社会主义史	二	初版	民、二五
318 386	列德莱著 李季译	社会主义之思潮 及运动	二	四版	民、一九
318 749	伊利著 何飞雄译	社会主义与社会改良	一	国难后 第一版	民、二二
318 794	雷岱尔著 郑学稼译	社会主义思想史	一	初版	一九三三
318,2 380	太戈尔著 楼桐孙译	国家主义	一	再版	民、一六
318,5 116	庞巴卫克著 汪馥泉译	马克思主义之崩溃	一	初版	民、二三
318,5 256	王季同	马克思主义之 批判及附录	四册 四部	初版	民、二五
318,5 474	赛利格曼著 陈石孚译	经济史观	一	国难后 第一版	民、二二
318,7 352	戈贝尔氏讲	共产主义之理论 和实际	一		

300[330]　教育

分类号	著译者	书名	册数	版次	年份
330,111 216	文夫	百克尔教育	一	初版	民、二五
R330,14 122		湖南全省公私立中等以上学 校一览表(民、二五下期)	一		
R330,14 814	教育部 统计室	全国专科以上 学校新生考选 状况(民,二五年度二六年度)	2部2册		民,25,26

R330,14		全国高等教育 统计	二部二册		民、二五
814-1		（民、二二年度二六年度）			
R330,147	广西省政府 教育厅	广西省教育 概况统计	二部二册		民,24,25
200		（民、二二年度下学期民、 二三年度上学期）			
300,17 116	汪养仁	科学的性格诊断 方法论	一	初版	民、二四
R330,32 414-4	教育部 统计室	全国中等学校 一览表	一	初版	民、二五
		（民、二四年度）			
R330,38 530	庄文亚	全国文化机关 一览	二部二册		民、二三
330,617 220	广西省政府 教育厅	广西全省中等教育 视导总报	一		
		告（民、二四年度上学期）			
328,63 192	郭希汾	中国体育史	一	四版	民、一六
338,63 256-1	王庚	民众体育实施法	一		民、二二
338,63 256-2	王庚	健康教育实施法	一		民、二二
338,63 470	阮蔚村	运动救急法	一	初版	民、二一
338,63 474	陈奎生	小学体育之理论 与方法	一		民、二一

340　　统计学

| 340 386 | 森树数著 李致远译 | 劳动统计 | 一 | 初版 | 民、二三 |

340 548	艾伟	高级统计学	一	再版	民、二四
340 806	金国宝	统计新论	一	三版	民、一七
340 806−1	金国宝	统计学大纲	一	订正四版	民、二五
340 806−2	金国宝	统计学	一	初版	民、二四
340,1 256	王仲武	统计学原理及应用2部2册		再版	民、一八
341 256	王仲武	统计公式及例解 2部2册		初版	民、二三
346 374	林和成	实用工商统计	一	初版	民、二五
349 240	柯克斯著 武堉干译	人口问题	2部2册	再版	民、一六
349,05 540	董时进	食料与人口	2部2册	初版	民、一八

350　　经济学

350 256	基特著 王建祖译	基特经济学	一	初版	民、一七
850 306	巫宝三杜俊东	经济学概论	一	初版	民、二六
350 330	赵兰坪	经济学	2部2册	三版	民、一八
350 526	萧纯锦	经济学	一	再版	民、二〇
350 794	萨伊著 郑学稼译	经济学精义	一	初版	民、二三
350,04 256	堀江归一著 王首春译	国际经济总论	一	初版	民、一六
350,04 474	堀江归一著 陈家瓒译	国际经济问题	一	初版	民、一七

350,1 330	波朴夫著 赵南柔译	日本经济论	一	再版	民、二六
350,11 394	韩讷著 臧启芳译	经济思想史	一	三版	民、一六
R350,37 574	中国经济 情报社	中国经济年报第 一辑一九三四年	一	初版	民、二四
350,7 386	李权时	统制经济研究	一	初版	民、二六

360　　财政学

360 186	薛赉时著 许炳汉译	财政学新论	一	再版	民、二四
360 328	寿景伟	财政学	一	国难后 第三版	民、二四
360 436	尹文敬	财政学	一	三版	民、二四
360 662	亚当士著 刘秉麟译	财政学大纲	一	国难后 第一版	民、二四
361,01 198	高岛佐一郎 高书田译	金融原理	一	初版	民、一六
361,01 424	张辑颜	中国金融论	一	国难后 第一版	民、二二
361,2 378	杨荫溥	各国币制	一	再版	民、二四
361,2 424	张素民	白银问题与 中国币制	一	初版	民、二五
361,2 806	金国宝	中国币制问题	一	初版	民、一七
361,21 168	实业部银 价物债讨 论委员会	中国银价物价 问题	一	初版	民、二五
361,5 256	王怡柯	货币学	一	三版	民、一七

361,5 338	戴铭礼	中国货币史	一	初版	民、二三
361,5 474	陈振骅	货币银行原理	一	再版	民、二四
361,91 486	马寅初	中国之新金融政策	一	再版	民、二六
362 474	陈其鹿	银行学	一	五版	民、一八
362 572	吴承禧	中国的银行	一	初版	民、二三
302,12 486	马寅初	中华银行论	2部2册	国难第二 版增订本	民、二三

356　四川省立重庆大学图书馆来书

■ 文献信息

期刊《船山学报》，第13期，第5页，1937年

文献编号：1937-095

■ 简体全文

四川省立重庆大学图书馆来书

湖南船山学社台鉴。顷承惠赠船山学报第十一十二两期。深纫厚意。除分别编目善为珍藏以供众览外。谨此鸣谢。祇颂

公绥

重庆大学图书馆启二十六年一月九日

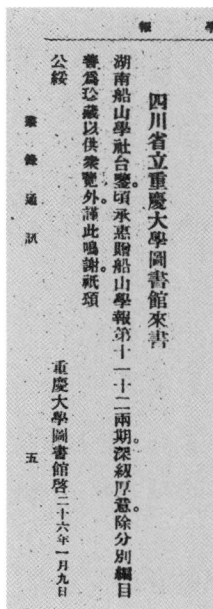

357 四川省立重庆大学募捐兴建甫澄图书馆

一七

四川省立重慶大學募捐興建甫澄圖書館

（一）緣起

劉故主席甫澄先生主川政十餘年政緝人熙公每語人曰爲政始於樹人巴蜀文章世冠天下其緒至今不絕如縷尤應重尋墜緒獎掖來茲既竭全力以謀教經之獨立更於萬難中創立重慶大學迄今九載時日雖促規模略具雅然爲巴蜀子弟絃誦之處矣

洎乎倭寇之壓境舊都新京同淪敵手四庫寶藏攫奪無餘海內書林半爲灰燼毀我文化滅我先聲此有識之士引爲不世之痛者也而劉公去歲率師東征賫志以歿國家喪此元勛蜀人失師此保則又非僅敝校同人獨感痛惜者也

自國府內遷海內淹博君子挾儀西來巴蜀文化因而浸盛敝校所負保存文化發揚文化之責愈覺綦重除接之以厲罔敢稍懈外更擬改建圖書館一座即以劉公之字名之以爲劉公興學之紀念更旁求四方金匱玉版以爲海內君子精研覃思之所以爲巴蜀子弟焚膏繼晷之地彼廣雖竭其思窮其力而我固有文化尤彪炳於世又非僅紀念劉公已矣

巨室名公達人君子必能洞鑑斯旨或慨然捐金量不在乎鉅細或惠賜祕籍文不限乎中西庶衆擎易舉適應大時代之圖書館得以早日實現非第重大一隅之幸也

（二）計畫（參閱附圖）

全館建築材料除書庫用鋼骨水泥外均以磚石爲主外牆鋪砌上等青石以示莊嚴偉大式樣採取近代化內部裝修皆用楠木及柏木正門進口用上等廣光石其左右設傳達室衣帽室各一間

進門爲大穿堂鋪地嵌墻俱用磨石後部設水磨石樓梯達於上層經大穿堂再前進爲開箱室裝訂室善本藏書室雜誌室及書庫

大穿堂右左爲各院系研究室及報章閱覽室往右爲各院系及期刊閱覽室兩面均備廁所

二層上毗連大穿堂之左右爲總務室會計室中爲目錄室再左爲會議室館長室及閱覽室再右爲大閱書廳其對面爲借書處編目室廁所及第

二層書庫

書庫位居全館後部共設四層一切材料均以禦火抗濕保護藏書爲主書庫中書架與壁窗間隔相對左右分列俾得充分光線圖書每架分三層

全庫可藏書十五萬卷他日如再擴充可將樓房增高一層或兩旁開拓倍其容量全慶建築費及衛生電燈與圖書館內部設備等費經切實估計如下

一 建築費 六一·〇〇〇元
二 衛生及電燈設備 六·〇〇〇元
三 圖書館內部設備（書庫鋼架及桌椅等） 二〇·〇〇〇元
四 雜項設備 一三·〇〇〇元
五 添購圖書 三〇·〇〇〇元

以上五大項總計共需國幣一三〇·〇〇〇元

（四）募捐圖書辦法

國內外熱心教育捐資購書或贈送書籍於本館者謹訂下列辦法數條以誌高誼

一 捐資或贈書值在一萬元以上者本館爲之特闢一室以捐贈人之芳名或別號名之
二 捐資或贈書值在一千元以上者懸掛捐贈人玉照於室中
三 捐資或贈書值在一百元以上者彙刻捐贈人芳名於銅牌嵌置壁上
四 凡捐資購書或贈書者登載捐贈人芳名於其捐贈之書內

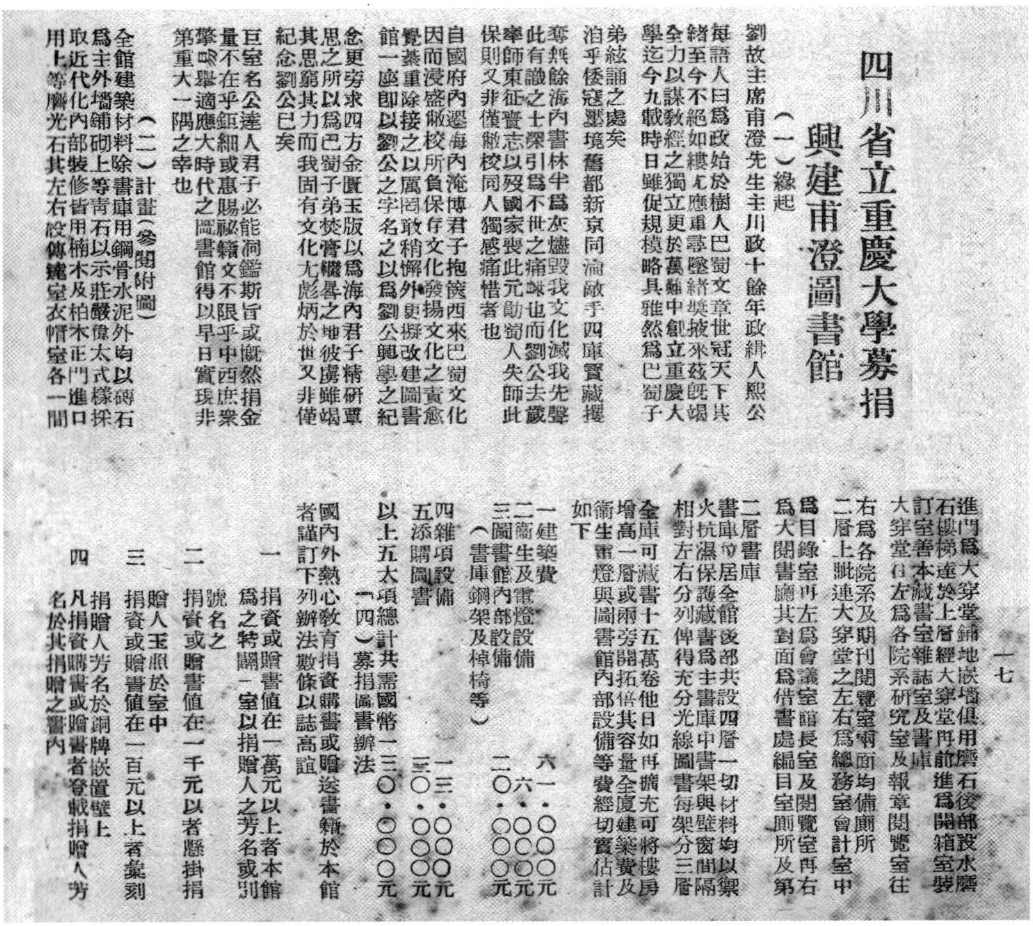

文献编号 1938-028　四川省立重庆大学募捐兴建甫澄图书馆

■ 文献信息

期刊《重大校刊》，第25期，第17页，1938年5月16日

文献编号：1938–028

■ 简体全文

四川省立重庆大学募捐兴建甫澄图书馆

（一）缘起

刘故主席甫澄先生[,]主川政十余年[,]政缉人熙[,]公每语人曰[:]为政始于树人[,]巴蜀文章世冠天下[,]其绪至今不绝如缕[,]尤应重寻坠绪[,]奖掖来兹[。]既竭全力以

谋教经之独立，更于万难中创立重庆大学，迄今九载。时日虽促，规模略具，雅然为巴蜀子弟弦诵之处矣。

泊乎倭寇压境，旧都新京同沦敌手，四库宝藏攫夺无余，海内书林半为灰烬。毁我文化，灭我先声，此有识之士深引为不世之痛惜也，而刘公去岁率师东征，贲志以殁，国家丧此元勋，蜀人失师，此保则又非仅敝校同人独感痛惜者也。

自国府内迁，海内淹博君子抱簏西来，巴蜀文化因而浸盛，敝校所负保存文化、发扬文化之责愈觉綦重。除接之以历，罔敢稍懈外，更拟改建图书馆一座，即以刘公之字名之，以为刘公兴学之纪念，更旁求四方金匮玉版以为海内君子精研覃思之所，以为巴蜀子弟焚膏继晷之地，彼虽竭其思穷其力，而我固有文化尤彪炳于世，又非仅纪念刘公已矣。

巨室名公达人君子必能洞鉴斯旨，或慨然捐金，量不在乎巨细，或惠赐秘籍，文不限乎中西，庶众擎易举，适应大时代之图书馆得以早日实现，非第重大一隅之幸也。

（二）计划（参阅附图）

全馆建筑材料除书库用钢骨水泥外，均以砖石为主。外墙铺砌上等青石以示庄严伟太[大]式样，采取近代化内部装修，皆用楠木及柏木，正门进口用上等磨光石，其左右设传达室、衣帽室各一间。进门为大穿堂，铺地嵌墙俱用磨石，后部设水磨石楼梯，达于上层，经大穿堂再前进为开箱室、装订室、善本藏书室、杂志室及书库。

大穿堂往左为各院系研究室及报章阅览室，往右为各院系及期刊阅览室，两面均备厕所。二层上毗连大穿堂之左右为总务室、会计室，中为目录室，再左为会议室、馆长室及阅览室，再右为大阅书厅，其对面为借书处、编目室、厕所及第二层书库。

书库位居全馆后部，共设四层，一切材料均以御火、抗湿、保护藏书为主，书库中书架与壁窗间隔相对左右分列，俾得充分光线。图书每架分三层，全库可藏书十五万卷，他日如再扩充，可将楼房增高一层，或两旁开拓，倍其容量。全厦建筑费及卫生电灯与图书馆内部设备等费，经切实估计如下：

一	建设费	六一、〇〇〇元
二	卫生及电灯设备	六、〇〇〇元
三	图书馆内部设备	二〇、〇〇〇元
	（书库钢架及桌椅等）	
四	杂项设备	一三、〇〇〇元
五	添购图书	三〇、〇〇〇元
	以上五大项总计共需国币	一三〇、〇〇〇元

（四[三]）募捐图书办法

国内外热心教育捐资购书或赠送书籍于本馆者[,]谨订下列办法数条以志高谊

一　捐资或赠书值在一万元以上者[,]本馆为之特辟一室以捐赠人之芳名或别号名之

二　捐资或赠书值在一千元以[上]者[,]悬挂捐赠人玉照于室中

三　捐资或赠书值在一百元以上者[,]汇刻捐赠人芳名于铜牌嵌置壁上

四　凡捐资购书或赠书者[,]登载捐赠人芳名于其捐赠之书内

358　新图书馆筹建概况

新圖書館籌建概況

一、舘址　位於理學院與第一宿舍中間坡上，佔地一萬五千餘方呎。

二、外觀　與理學院同型，長三百八十餘呎，寬八十餘呎，高五十呎；舘門正對升旗台，下臨運動場，設寬大石級，舘舍分上下兩層；舘頂四周設閣樓十六間；簷角皆設飛甍，富麗壯觀。

三、內容　樓下正中爲借書處，兩側爲閱覽室，四側小室爲參考室；樓上正中爲辦公室，兩側爲書庫，四側小室爲特別參考室；舘頂閣樓，可藏書籍，或闢作臨充爲專題研究室。

四、容量　書庫足藏書二十萬冊；閱覽室足容五百四十人；樓上參考研究等室足容二百人；全部同時可容七百四十人。

五、經費　全部舘舍建築設計十二億元，內部設備及圖書購藏費除外。

六、施工　舘舍建築時間計，分兩部發包，舘基炎泰工廠承包，可於本年十二月二十日完工；舘舍新森營造廠承包，預計明年六月內全部完工。

文献编号 1947-016　新图书馆筹建概况

■ 文献信息

期刊《重庆大学校刊》，第7期，第2–3页，1947年10月15日

文献编号：1947-016

新图书馆筹建概况

一、馆址　位于理学院与第一宿舍中间坡上，占地二万五千余方呎。

二、外观　与理学院同型，长三百八十余呎，宽八十余呎，高五十呎；馆门正对升旗台，下临运动场，设宽大石级；馆舍分上下两层；馆顶四周设阁楼十六间；檐角皆设飞甍；富丽壮观。

三、内容　楼下正中为借书处；两侧为阅览室；四侧小室为参考室；楼上正中为办公室；两侧为书库；四侧小室为特别参考室；馆顶阁楼，可藏书库，或辟做扩充为专题研究室。

四、容量　书库足藏书二十万册；阅览室足容五百四十人；楼上参考研究等室足容二百人；全部同时可容七百四十人。

五、经费　全部馆舍建筑费计十二亿元；内部设备及图书购藏费除外。

六、施工　为经济时间计，分两部发包，馆基炎泰工厂承包，可于本年十二月二十日完工；馆舍新森营造厂承包，预计明年六月内全部完工。

359　图书委员会第一次会议记录摘要

文献编号 1947-022　图书委员会第一次会议记录摘要

■ 文献信息

期刊《重庆大学校刊》，第 7 期，第 6-7 页，1947 年 10 月 15 日

文献编号：1947-022

■ 简体全文

图书委员会第一次会议纪[记]录摘要

一、决议借书规则：

第一条　本馆借出书籍，概以借书证为凭。

第二条　借阅数量：教授讲师以十册为限，助教以五册为限，职员以二册为限。职员如借科学书籍，须经本馆主任批准，每次以一册为限，四年级学生以四册为限，其余各级，以二册为限。

第三条　借阅线装书，有函者以一函作一册算，无函者以五本作一册。

第四条　报章、杂志、参考书、珍版书，概不借出。

第五条　借书期限：教职员以四周为限，学生以二周为限，如未阅毕，又无人预借者，得续借一次；但如遇本馆有特别需用时，得随时索还。

第六条　教师所用教本暨救济委员会赠送之书，可借一学期，不受五条之限制。

第七条　借出书籍，如限期到日仍未归还，本馆出纳室即填索书单通知，借书人务于接到索书单之两日内送还，否则照逾期罚金办法办理。

第八条　逾限期罚金办法：

（一）自到期后第三日起算，按累进制罚金，逾一日罚金二百元，逾二日罚金四百元，逾三日罚金八百元，如是类推。

（二）教职员罚金，由本馆总务组通知会计室扣除；学生罚金，有公费者，通知训导处扣除公费，无公费者，通知本人承缴，如抗缴者，停止其借书权。

第九条　凡出借书籍，于学期终了或借书人因故离校时，必须归还，以清手续。

第十条　学期终结时，四年级学生未完清本馆手续者，由本馆通知注册组扣发证件，其余各级，同样办理，并于下学期开始注册时，不予注册[。]

第十一条　出借书籍，如有损坏或遗失等情事，借书人须早日赔偿，以便流通，其赔偿办法另订之。

第十二条　上列办法，自图书委员会通过之日起施行。

二、决议赔偿图书办法：

（一）遗失用书，概以购买原样图书偿还为原则。

（二）如市上不能购到，则照市价赔偿，再加罚金百分之二十。

（三）赔款标准，每月依照物价调整一次，由教务处核定施行。

三、决议严格执行阅览室规则：

（一）阅览人在馆内务须服装整齐。

（二）禁止吸烟及随意吐痰。

（三）禁止高声谈话。

图書館新到圖書

圖書館本期增加圖書雜誌甚多，館內統計自七月份起登記之書刊，

計有：

中文之部		
線裝書	八九八冊	
平裝書	六二九冊	大部份為教育系暨法學院購置

西文之部		
書籍	一六六冊	
期刊	五三種 三三〇冊	教育部分發寄來，係歐美新近科學雜誌

上項書刊，除中文平裝書已編目應用外，其餘各書正在加緊編目中，預料不久即可出借。該項線裝書中，有大清歷朝實錄一部，自太高祖朝迄宣統分裝二十一帙，共二百零十冊，印刷裝潢，均極精美，係教部分發，自滬場寄來，爲治近世史者之重要參考書。又由館贈得新標準百科全書（Frank Aid washal's New Standard Encyclopedia）一部，美國（N.Y. U. For Press）公司一九四六年出版，共二十七冊，是書陳列參考，可補大英百科全書內容上之不足。

文献编号 1948-011　图书馆新到图书

■ 文献信息

期刊《重庆大学校刊》，第10期，第7-8页，1948年1月15日

文献编号：1948-011

■ 简体全文

图书馆新到图书

图书馆本期增加图书杂志甚多，馆内统计自七月份起登记之书刊，计有：

中文之部		
线装书	八九八册	
平装书	六二九册	大部份为教育系暨法学院购置

西文之部		
书籍	一六六册	
期刊	五三种 三三〇册	教育部分发寄来，系欧美新近科学杂志

上项书刊，除中文平装书已编目应用外，其余各书正在加紧编目中，预料不久即可出借。该项线装书中，有大清历朝实录一部，自太高祖朝迄宣统分装二十一帙，共二百零十

册，印刷装潢，均称精美，系教部分发，自沈阳寄来，为治近世史者之重要参考书。又由馆购得新标准百科全书（Funk And waghalls New Standard Encyclopedia）一部，美国（N.Y.Unilor Press）公司一九四六年出版，共二十七册，是书陈列参考，可补大英百科全书内容上之不足。

361 图书馆新书目录

新書目錄

鄭昕	康德學述	C.2
枯雷頓	邏輯概論	C.3
波林等著	心理學	C.1
李劍華	犯罪學	
孫本文	現代中國社會問題	C.1 C.2
		V.1 V.2 V.3 V.4
周定枚	公文程式詳解	
上海法學社	公文程式寶用要訣	
雷門	現代經濟思想	C.1
李之屏	土地法釋義	上冊 下冊
陳達	中國勞工問題	C.3
汐見三郎	各國所得稅制度論	
亞當士	財政學大綱	C.1
吳士宏	銀行法務論	
胡善恆	公債論	

文献编号 1948-012　图书馆新书目录（节选）

■ 文献信息

　　期刊《重庆大学校刊》，第10期，第8页，1948年1月15日

　　文献编号：1948-012

■ 简体全文[1]

新书目录

郑昕	康德学述	C.2
枯雷顿	逻辑概论	C.3
波林等著	心理学	C.1
李剑华	犯罪学	
孙本文	现代中国社会问题	C.1 C.2

---

[1]　原文内容篇幅较长，仅节选部分内容。

周定枚	公文程式详解	V.1 V.2 V.3 V.4
上海法学社	公文程式实用要诀	
霍门	现代经济思想	C.1
李之屏	土地法释义	上册 下册
陈达	中国劳工问题	C.3
汐见三郎	各国所得税制度论	
亚当士	财政学大纲	C.1
吴士宏	银行法务论	
胡善恒	公债论	
[……]		

362　三十六年度第二次图书委员会会议记录摘要

三十六年度第二次圖書委員會
會議紀錄摘要

時間：三十七年一月十二日午後二時
地點：本校圖書辦公室
主席：鄭衍芬
紀錄：皮　鈞
出席委員：

柯　名　誠志如　鄭衍芬　林筱圃　顏實甫　金錫如（鄭衍芬代）

徐福均

討論事項：

一、出借圖書擬自下則起逾期即行罰款不再催還案

決議：（一）開架時於館內外各處公告不再催還圖書到則即行罰款
（二）於初借書時專函通知借書者到期即行罰款

二、不遵守借款規則之借書學生如何處理案

決議：（一）停止其借書權
（二）同時通知訓導處請嚴期繳還所借書籍及其罰款

三、規定教本以免借書者籍名久假不還案

決議：徐教授德署所送書籍外其他各書學生均不得作教本借出

四、離校教職員所借圖書不能收回如何辦理案

決議：（一）油印通知單分送各先生調查離校教職員通信處
（二）根據通信處分別專函通知離校教職員請於限期內歸還
否則再行登報限期催還

文献编号 1948-019　三十六年度第二次图书委员会会议记录摘要

■ 文献信息

期刊《重庆大学校刊》，第11期，第5页，1948年2月15日

文献编号：1948-019

■ 简体全文

三十六年度第二次图书委员会会议纪[记]录摘要

时间：三十七年一月十二日午后二时

地点：本校图书办公室

主席：郑衍芬

纪[记]录：皮 钧

出席委员：

柯 召 罗志如 郑衍芬 林筱圃 颜实甫 金锡如(郑衍芬代) 徐福均

讨论事项：

一、出借图书拟自下期起逾期即行罚款不再催还案

决议：(一)开学时于馆内外各处公告不再催还图书[，]到期即行罚款

　　　(二)于初借书时专函通知借书者到期即行罚款

二、不遵守罚款规则之借书学生如何处理案

决议：(一)停止其借书权

　　　(二)同时通知训导处请限期缴还所借书籍及其罚款

三、规定教本以免借书者藉名久假不还案

决议：除救济总署所送书籍外其他各书学生均不得作教本借出

四、离校教职员所借图书不能收回如何办理案

决议：(一)油印通知单分送各先生[，]调查离校教职员通信处

　　　(二)根据通信处分别专函通知离校教职员请于限期内归还[，]否则再行登
　　　　　报限期催还

363 图书馆零讯

■ 文献信息

期刊《重庆大学校刊》，第12期，第7页，1948年3月15日

文献编号：1948-033

■ 简体全文

图书馆零讯

图书馆中，新书涌到，桌上架上，琳琅满目，自办公室前经过的师生，莫不投以
惊喜的眼光。最近到馆的成批书籍，有：(一)中国医学会(China mcdicas Boayd[Board])

赠送的有关医药的外文书籍二十五大册。(二)本校自行在英美采购的西文书籍二百六十五册[一]（尚有大批，在寄递途中）。这批书籍，分属于各院系。(三)本馆在北平采购的线装书八十九册，为中文系所需要。(四)法学院请购中文书一百七十八册。

本馆自上期实行借书逾限罚款以来，图书之流通，大为增进。方便师生不少。因未遵馆规，而借书逾限，遭受罚款者，自去年十一月二十日起，到今年二月一十五日正，计教职员三十人，自费同学五十八人，公费同学一百六十九人，其中有的是连续被罚了几次。同期间内，因遗失图书，照赔偿的同学与教职员，各有二人，有一位先生遗失德文书一册，照规定赔了三百四十一万二千八百七十五元，真是守法可风。

各种卡片箱，因历年损失图书甚多，常有卡无书，令借阅者劳神而烦恼。寒假中已将中西文卡片全部加以整理，抽出已失书籍的卡片，现在借阅，是方便多了。

本馆历年损失图书，价值惊人，影响教学，至深且巨，图书委员会决议追还，其步骤为：（一）调查离校教职员住处，通知所借未还书籍，请其在限期内归还[二]；（二）如不被重视，则公开登报，请其偿还。现正调查各离校教职员通讯处中。

圖書館零訊

圖書館中，新書湧到，桌上架上，琳琅滿目，自辦公室前經過的師生，莫不投以艷喜的眼光。最近到館的成批書籍，有：（一）中國醫學會（China medicas Boayd）贈密的有關醫藥的外文書籍二十五大冊。（二）本校自行在英美採購的西文書籍二百六十五冊，（倘有欠批，在寄遞途中）。這批書籍，分屬於各院系。（三）本館在北平採購的線裝書八十九冊，為中文系所需要。

（四）法學院請購中文書一百七十八冊。

本館自上期實行借書逾限罰款以來，圖書之流通，大為增進。方便師生不少。因未遵館規，而借書逾限，遭受罰款者，自去年十一月二十日起，到今年二月一十五日正，計教職員三十人，自費同學五十八人，公費同學一百六十九人，其中有的是連續被罰了幾次。同期間內，因遺失圖書，照賠償的同學與教職員，各有二人，有一位先生遺失德文書一冊，照規定賠了三百四十一萬二千八百七十五元，真是守法可風。

各種卡片箱，因歷年損失圖書甚多，常有卡無書，令借閱者勞神而煩惱。寒假中已將中西文卡片全部加以整理，抽出已失書籍的卡片，現在借閱，是方便多了。

本館歷年損失圖書，價值驚人，影響教學，至深且鉅。圖書委員會決議追還，其步驟為：（一）調查離校教職員住處，通知所借未還書籍，請其在限期內歸還。（二）如不被重視，則公開登報，請其償還。現正調查各離校教職員通訊處中。

文献编号 1948-033　图书馆零讯

■ 文献信息

期刊《重庆大学校刊》，第12期，第8页，1948年3月15日

文献编号：1948-034

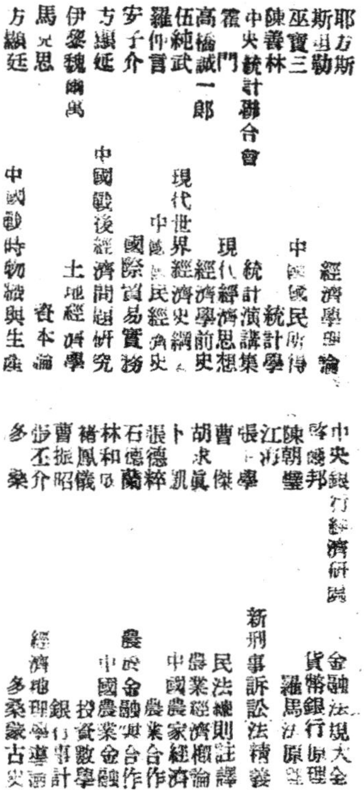

■ 简体全文

[作者]	[书名]
耶方斯　斯坦勒	经济学理论
巫宝三	中国国民所得
陈善林	统计学
中央统计联合会	统计演讲集
霍门	现代经济思想
高桥诚一郎	经济学前史
伍纯武	现代世界经济史纲 [要]
罗仲言	中国国民经济史
安子介	国际贸易实务
方显延 [廷]	中国战后经济问题研究
伊黎魏尔万	土地经济学
马克思	资本论
方显廷	中国战时物织 [质] 与生产
中央银行经济研究	金融法规大全
启尔邦	货币银行原理
陈朝璧	罗马法原理
江海　张□学	新刑事诉讼法精义
曹杰	民法总则注译
胡求真	农业经济概论
卜凯	中国农家经济
张德粹	农业合作
石德兰	农于 [业] 金融与合作
林和成	中国农业金融
褚凤仪	投资数学

文献编号 1948-034　图书馆新书目录

曹振昭	银行事计
张丕介	经济地理学导论
多桑	多桑蒙古史

365 图书馆新到图书目录

■ 文献信息

期刊《重庆大学校刊》，第14、15期(合刊)，第21—24页，1948年6月15日

文献编号：1948—060

■ 简体全文

图书馆新到图书目录

中央党史史料编纂委员会	编	党史史料丛刊
赖孟德	著	推克诺克拉西 李百强译
国立编译馆	编	经济学名词
林振镛	著	新保险法释义
巫宝三	编	国民所得概论
孟云桥	编	西洋政治思想史
吴传颐	著	中国法治之路
罗志渊	编	各国宪法分类会编
行政院	编	行政诉讼　序问答
余　觉	著	民事审判实务
史尚宽	著	民法原论总则
魏文翰	著	共同海捐论
陈宗番	著	亲属法通论
郑鹤声	编	中华民国建国史
栗田元次	著	日本近代史
金念祖	编	印度概况

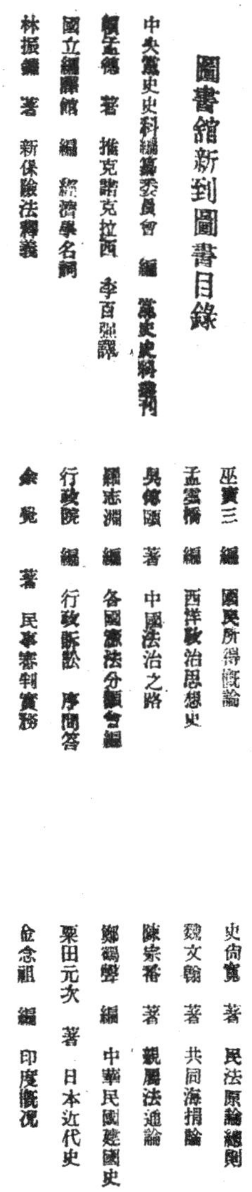
圖書館新到圖書目錄
中央黨史史料編纂委員會 編 黨史史料叢刊
賴孟德 著 推克諾克拉西 李百强譯
國立編譯館 編 經濟學名詞
林振鏞 著 新保險法釋義
巫寶三 編 國民所得概論
孟雲橋 編 西洋政治思想史
吳傳頤 著 中國法治之路
羅志淵 編 各國憲法分類會編
行政院 編 行政訴訟 序問答
余覺 著 民事審判實務
史尚寬 著 民法原論總則
魏文翰 著 共同海捐論
陳宗番 著 親屬法通論
鄭鶴聲 編 中華民國建國史
栗田元次 著 日本近代史
金念祖 編 印度概況

文献编号 1948-060　图书馆新到图书目录

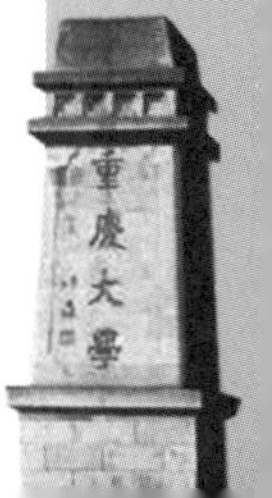

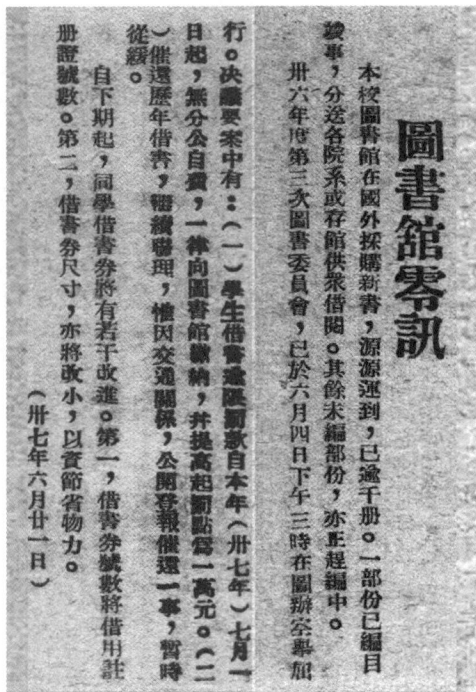

文献编号 1948-071 图书馆零讯

■ 文献信息

期刊《重庆大学校刊》，第16期，第4页，1948年6月30日

文献编号：1948-071

■ 简体全文

图书馆零讯

本校图书馆在国外采购新书，源源运到，已逾千册。一部份已编目竣事，分送各院系或存馆供众借阅。其余未编部份，亦正赶编中。

卅六年度第三次图书委员会，已于六月四日下午三时在图办空[公室]举[届]行。决议要案中有：(一)学生借书逾限罚款自本年(卅七年)七月一日起，无分公自费，一律向图书馆缴纳，并提高起罚点为一万元。(二)催还历年借书，继续联理，惟因交通关系，公开登报催还一事，暂时从缓。

自下期起，同学借书券将有若干改进。第一，借书券号数将借用注册证号数。第二，借书券尺寸，亦将改小，以资节省物力。

(卅七年六月廿一日)

专题七：嘉陵江畔度青春

蜀中忆，

最忆是重庆，

嘉陵江畔度青春。

——母校重庆大学留念，吴冠中

吴冠中在四十年代中期曾担任工学院建筑系助教，他与众多助教一起居住于文字斋。吴冠中对在重大任职的岁月记忆深刻，为此专门写下回忆的文字。

"嘉陵江畔"留下了无数重大儿女的青春记忆，以此句作为本专题之名，再恰当不过。本专题选择1936年至1949年间的46篇文献，记录了体育运动、医疗卫生、学生自治、竞赛、演出、军训等多项校园生活。本专题选用的文献内容虽与其他专题略有重复，但这些文献多为学生自行记录，所述风格与角度更贴近学生生活，更能客观反映学生的真实状态。如1947-007号文献为校友手书稿件。

一、体育活动

重庆大学校园内的体育活动历来"赫赫有名"，胡庶华校长倡导通过运动以强健体魄，"我们需有一个精神卓越身体健康的民族"，重大体育师资班亦因此应运而生且日益发展，为四川地区培养了大量体育教师。重大校园内的体育活动也丰富多彩。

1936-024号文献记录了1936年10月18日重大足球队于大操场对战民生实业公司，重大队获胜。1937-007、1937-011号文献记录了1937年1月9日重庆大学第一次越野赛跑。赛跑路线分男女设置，基本为从足球场出发，经理学院、工学

院，绕小龙坎，再回到本校足球场"，男子路线跑程五千五百余米，女子路线跑程二千三百余米。1937 年初夏重庆市第一届运动会在大操场举行，运动会概况详见第三编专题十二中 1937-033 号文献，本校学生的预选活动详见 1937-032 号文献。体育师资班／科学生对此更坚定了"负四川体育的责任"的信念，详见 1937-034 号文献。

1937 年冬足球锦标赛、篮球锦标赛陆续展开，体育科夺得男子篮球、女子篮球冠军，理学院足球队获足球锦标赛冠军；同时第二届越野赛跑开始筹划，路线与前次相同，时间定于 12 月 8 日，详见 1937-092 号文献。

1938 年春夏之交，网球比赛拉开序幕，详见 1938-026 号文献；沙磁区各校轮流举办各项球类的比赛活动，详见 1938-027 号文献。

1939 年 2 月 26 日重庆市举办公开越野赛跑，重大学子杜化居获冠军，详见 1939-004 号文献。

1947-021 号文献记录了 1947 年来体育活动的情况，运动场地整理、体育科教师分工、人事变动、奖学金评定中的体育成绩标准，以及多项比赛志要。1947-045 号文献介绍了"男女混合排球"的玩法及规则，并鼓励师生参加这项活动。1948 年 5 月 4 日、5 日举行春季运动会，运动会全过程及成绩记录详见 1948-048、1948-049 号文献。

二、医疗卫生

自《重大校刊》创刊发行起，学校医疗室就定期在校刊上刊载诊疗统计表，详细记录本月内就诊师生人数、病因、统计数据等，本专题选择其中两份统计表作为代表，详见 1938-022、1938-033 号文献。

体检通知及时间安排、接种疫苗及时间安排亦有记录，详见 1937-021、1937-029 号文献。校医疗卫生组诊疗规则有详细规定，"以本校教职员工及其家属为限"，凭有效证件就诊，详见 1947-047 号文献。

三、学生自治

学生自治是四十年代后期学生生活中重要的现象。1947-058 号文献对 1946

年学生自治情况进行了回顾与总结，1946年暮春"国立重庆大学学生自治会"成立，由班代表会及理事会合组而成，设总务、学术、康乐、福利、交际五个部门。1947-060号文献记录了新一届学生自治会改选理事名单，1947-061号文献记录了自治会理事职务分配。学生自治会为后来"学生会"的雏形。

四、丰富的校园活动

这一时期，师生们自发组织了多种活动，校园生活丰富多彩。1936-023号文献记录了学生组织的同乐会"内容包括戏剧音乐"等。1937-047号文献记录了第二届欢送毕业生典礼的全过程。1940-021号文献记录了校内社团友联剧社在实验剧院公演剧目"凤凰城"。1946-009号文献记录了校内"江山剧社""唯歌歌咏团"活动频繁，壁报流行，除各院、系、会所出版的期刊外，另有多种综合期刊、学术刊物刊行，在战火中得天独厚的重庆大学"日趋健全与进展，被誉为东方的麻省"。1948-016号文献记录了三十六年度学生课外活动团体全名录及负责人，是时学校已有25个正式社团。1948-050号文献记录了1948年5月29日全校性的演讲比赛，分国语和英语两组，国语组33人参赛，英语组36人参赛，最终各决出前六名进行表彰。

教师也自发组织活动，1948-069号文献记录了教师们联络爱好川剧的同仁组织"蜀声社"，"嘉陵江畔、学校园中、自此歌乐不绝"。1949-003号文献记录了化工系多位在读研究生、在校工作的系友、返校交流的系友的故事，其中1948级校友刘子真留校任助教，与机械系助教陈复民先生订婚，在校同学向她贺喜，"并找她要糖吃"。

五、校园逸事

1938-023号文献记录了四川省立重庆大学校车开行时刻表，行课日与假日的时刻表各有不同。1947-065号文献记录了学校作息鸣钟的规定，起床、上课、下课等信号各自鸣钟多少次、多少响，是反映学校日常作息的重要资料。

1937-005号文献记录了为响应省政府实行的"节约活动"，重庆大学规定本校同仁彼此不发贺年卡、少作贺年应酬、送礼需依章办事等。1937-014号文献表明除证件遗失需登报声明作废之外，校徽遗失亦同样需要登报声明。1937-017号文献记录彼时三年级学生须得补训军训。1937-067号文献记录，新学生宿舍落成，缓解了

学生骤增之困。1937—072 号文献记录重庆大学女同学"代全校教职员同学代打毛线内衣",以此筹资捐助抗战。

1947—027 号文献中记录了土木系同学绘制的千分之一比例尺校区图一幅,它被置于学校传达室旁,便于来宾访问重庆大学时总览校园。1948—042 号文献记录重庆每入六月就热得"使人透不过气",因此沙坪坝随时可以看到学生穿草鞋,非常有地方特色。1949—006 号文献综合记录了校内多方情况:新图书馆即将落成,校内各交通要道即将装电灯,学校伙食团伙食因物价飞涨而大不如前,自治会演剧募集福利金,许传经出任土木系新系主任等。1949—012 号文献记录了学校农庄附近发现汉代古墓,中文系颜实甫教授主持发掘工作。

学校踞嘉陵江边,夏日往往炎热难耐,因此常有学生到嘉陵江中游泳,但江流湍急、暗流汹涌,故而每年学校均在夏天发出"禁止到嘉陵江中泅水"的通知,详见 1937—048 号文献。1947—052 号文献记录,因工学院向全泽等四名学生戏称体育科游艺表演为"马戏班",被体育科同学围殴至"出血不止",且事件继续发酵形成一场风波,被校外报道成"重庆大学空前悲剧"。1948—088 与 1949—005 号文献需"对比观看",前者记录重大学生集体进膳中毒,"全体已送沙磁医院治疗",情况颇为严重,而后者则称"学生 A 组伙食团因吃大头菜中毒",而实际情形"并不严重",传闻错误。

■ 文献信息

期刊《重大校刊》，第2期，第12页，1936年11月1日

文献编号：1936-023

■ 简体全文

（一）同乐会筹备完竣

本大学为谋学生身心之修养起见，除体育方面已有相当组织外，特发起同乐会之组织，内容包括戏剧音乐等等，已由同学贾仲康，陈季贤，左蕙君等负责筹备，闻已拟具简章，推出负责人，一经下次校务会议通过，即可正式成立云。

（一）同樂會籌備完竣

本大學為謀學生身心之修養起見、除體育方面已有相當組織外、特發起同樂會之組織、內容包括戲劇音樂等等、已由同學賈仲康、陳季賢、左蕙君等負責籌備、聞已擬具簡章、推出負責人、一經下次校務會議通過、即可正式成立云。

文献编号 1936-023　同乐会
筹备完竣

（二）足球比賽勝利

本月十八日（星期日）上午本市民生實業公司足球隊來本校作友誼的比賽。兩隊陣容分列於左：

九時許集於操場作上觀者不下千餘人。九時半、兩隊隊員入場、環球門作射球練習。民生隊筋強力壯、重大隊短小精悍。觀者均聚精會神期待著一番精彩的表演。十時、銀笛一聲、兩隊開始角逐。首由重大開球、初十分鐘、民生隊球勢較遜。十分鐘後、重大隊前鋒聯絡邁進、由重大隊左鋒雷瑞麟將球裁蕭。俄與重大隊中鋒郭錫瑞、郭錫瑞向門一足、應壁入網、觀者掌聲大作。民生隊中鋒楊云璩呼應前進、剎那間一球射入重大隊門。十分鐘後、重大隊前又起。此時兩隊勝負不分、重大隊中衛同迪元奮力裁球、振臂一呼、觀者掌聲五鋒聽令前進、長被短傳、靈活異常、又由左邊鋒徐光蕚、沿邊道上、由邊線一足傳與雷瑞麟、雷上前一足、應壁入網。自此民生隊球勢一蹶不振。場內只有重大隊球員往來活躍、高來低去、長傳短攻、於民生隊門前圍繞不去。先後由重大隊鄧堆羼、徐光萬、雷瑞麟、李擦攤後、郭聯輝從容鵬戰、歷五分鐘、球勢又轉、直向重大隊球門壓迫、重大隊迪元將球一截、傳與鄧堆羼、再轉與郭錫瑞、射門入網、民生隊再負後衛唐乾德、郭聯輝從容鵬戰、忽聽裁判員銀角一聲、宣告完結矣。雙方戰門方酣、觀者正興高彩烈、忽聽裁判員銀角一聲、宣告完結矣。雙方戰明允、重整陣勢、聯絡反攻、又膝一球。後重大隊連勝三球。重大隊中鋒向球後、重整陣勢、聯絡反攻、又膝一球。後重大隊連勝三球。重大隊中鋒向育家批評、重大隊技術以守及五前鋒為佳、民生隊守門技術亦不弱、民生隊雖負、精神貫注、始終一致、運動道德願高云。

文献编号 1936-024　足球比赛胜利

■ 文献信息

期刊《重大校刊》，第2期，第12—13页，1936年11月1日

文献编号：1936-024

■ 简体全文

（二）足球比赛胜利

本月十八日（星期日）上午本市民生实业公司足球队来本校作友谊的比赛，两对阵容分列于左：[1]

重大队：黄家骅

唐乾德　邓联辉

郭士坤　朱退之　向迪元　余清澄

李明允　邓堪舜　赵长洲　郭锡瑞　雷瑞麟　徐光华　黄秋镜

民生队：漆大澄

陈德中　萧有成　陈代六

夏宪撰　叶鸣高　李馨仲　唐秉均

赵传明　刘明璨　刘　骥　陈代六　陈代忠　周仁贵

九时许集于操场两边作壁上观者不下千余人。九时半，两队队员入场，环球门作射球练习。民生队筋强力壮，重大队短小精悍。观者均聚精会神期待着一番精彩的表演。十时，银笛一声，两队开始角逐。首由重大开球，初十分钟，民生队球势较胜。十分钟后，重大队前锋联络迈进，由重大队左锋雷瑞麟将球截着，传与重大队中锋郭锡瑞，郭锡瑞向门一足，应声入网，观者掌声大作。民生队负球后，由民生队中锋杨云璨呼应前进，刹那间一球射入重大队球门，观者掌声又起。此时两队胜负不分，重大队中卫向迪元奋力截球，振臂一呼，五锋听令前进，长截短传，灵活异常，又由左边锋徐光华，沿边直上，由边线一足传与雷瑞麟，雷上前一足，应声入网。自此民生队球势一蹶不振。场内只有重大队球员往来活跃，高来低去，长传短攻，于民生队门前围绕不去。先后由重大队邓堪舜、徐光万、雷瑞麟、李明允、郭锡瑞射入民生球门内凡五球。上半时，六比一，重大队胜。柠檬[半场]后，易地再战。民生队努力反攻，直向重大队球门压迫，重大队后卫唐乾德、邓联辉从容应战，历五分钟，球势又转，重大队中锋向迪元将球一截，传与邓堪舜，再转与郭锡瑞，射门入网，民生队再负球后，重整阵势，联络反攻，又胜一球。后重大队连胜三球。双方战斗方酣，观者正兴高采烈，忽听裁判员银角一声，宣告完结矣。据体育家批评，重大队技术以中卫及五前锋为佳，民生队守门技术亦不弱，民生队虽负，精神贯注，始终一致，运动道德颇高云。

---

[1] 源文件阵容分列表损坏非常严重，故此处原图不引用，仅文字录出。

通 啓

一五

自民國二十六年一月一日起爲省府規定實行節約時期本校擬定數

項辦法如次

1.本校同人彼此不發賀年片

2.本校同人除有必要會談外不作賀年之應酬

3.本校同人有婚喪慶弔等事送禮依照省府節約運動施行簡則第十

二條辦理（施行簡章載校刊第六期）

4.本校同人不代任何團體籌募捐款

此致

□□□先生

四川省立重慶大學啓十二、廿三。

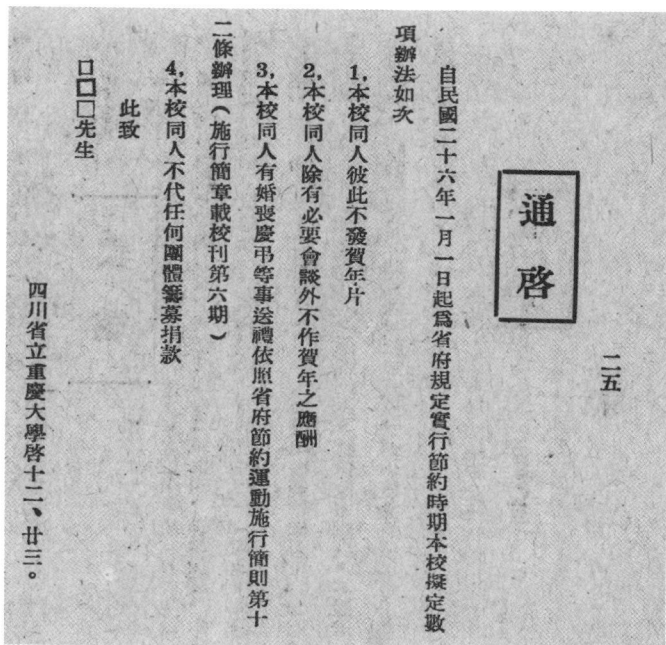

文献编号 1937-005　四川省立重庆大学十二月二十三日通启

■ 文献信息

期刊《重大校刊》，第 6 期，第 25 页，1937 年 1 月 1 日

文献编号：1937-005

■ 简体全文

通　启

自民国二十六年一月一日起为省府规定实行节约时期[，]本校拟定数项办法如次

1，本校同人彼此不发贺年片

2，本校同人除有必要会谈外不作贺年之应酬

3，本校同人有婚丧庆吊等事送礼依照省府节约运动施行简则第十二条办理(施行简章载校刊第六期)

4，本校同人不代任何团体筹募捐款

此致

□□□先生

四川省立重庆大学启十二、廿三。

（三）本校擬舉行越野賽跑

一，通告

本校擬舉行越野賽跑、其詳細規程、除已另行公布外、希望教職員先生暨各同學踴躍參加、以爲社會提倡。但於未舉行前、仍望男緊練習。錝賽自六時至六時半爲練習時間、其距離爲在本校操場。予以能跑十二圓、女子以能跑八圓者爲合格。特此通告即希 查照加

　　　　　　　　　　體育專修科十二月七日

（二）四川省立重慶大學第一屆越野賽跑　比賽辦法

一、宗旨　本校爲提倡全校師生運動興趣鍛練長途賽跑之技能養成堅毅刻苦之精神起見特舉行第一屆越野賽跑比賽會

二、組別　本會競賽分工理體育教職員及女子五組除女子係以個人爲單位外倘夠以團體爲單位凡本校教職員及學生均代表其單位俱不犯票險運動規則者得參加比賽

三、報名日期　自十二月二十一日起至十二月三十一日止向體育科領取票名單依式填寫並由負責人簽名蓋章限一月十日以前交齊體育科

四、比賽日期　臨時決定

五、比賽路線　擇定後再行公佈

六、比賽細則

1、每單位參加人數無限制但取錄征單位最先移動點之前六名其計分方法爲得第一者獲一分第二者獲二分第三者獲三分、第十者獲十分以此類推總計以各單位爲主最少者爲優勝如某單位不足六人參加或未到達移動點則以該單位賽積論惟其個人名次與成績仍得承認之個人成績取錄最優之前六名

2、參加比賽之運動員如不按規定之路徑及無體育發給之號布或有其他犯規行爲者得取消其與權或取消資格

3、參加比賽之運動員必須按時到場總候點名如三次點名仍不出席者即失去參加比賽權

4、比賽出發時用抽籤法決定其單位起跑位留在出發前由各線隊長抽籤抽定內外擋各以其成績之優劣控其位置縱列於後

5、學賽者須自始至終保持到底不得中途退出而繼比賽辦神

七、徵召嚮引　定額六名凡教職員同學中擅長覺脚踏車而願爲嚮引及保護員者可到體育科報名由體育科選任

八、優勝獎品除　校長所給之閞體錦標外比賽之前六名由　校長

九、本辦法如有未盡事宜由體育科隨時修改之

十、本辦法由體育科公佈施行之

重大校刊

二八

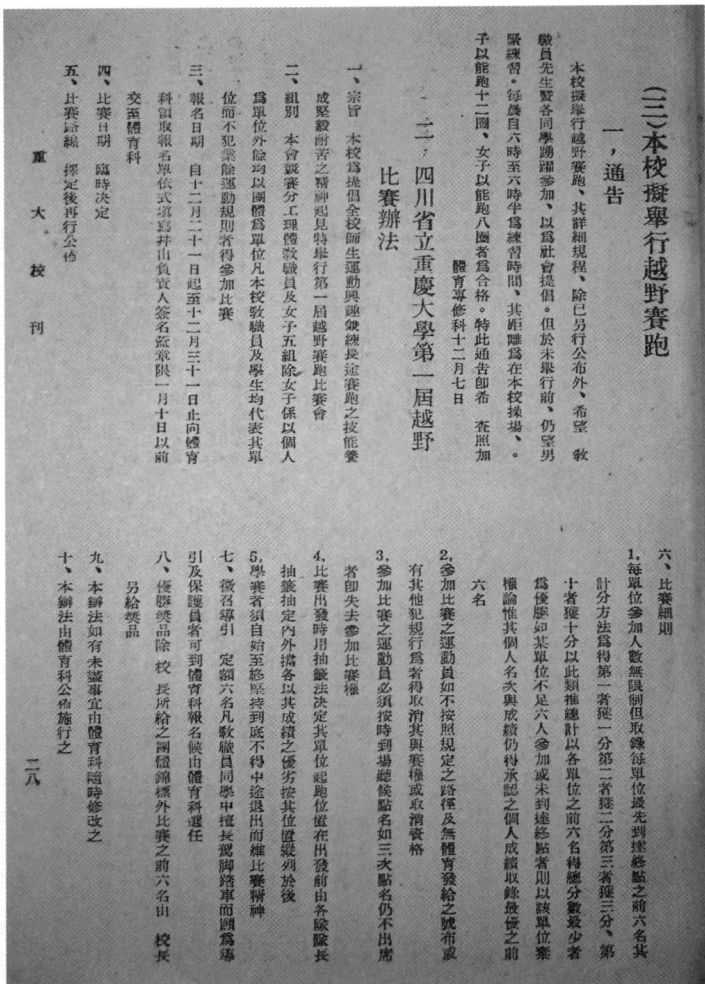

文献编号 1937-007　本校拟举行越野赛跑

■ 文献信息

期刊《重大校刊》，第6期，第28页，1937年1月1日

文献编号：1937-007

■ 简体全文

本校拟举行越野赛跑

一，通告

本校拟举行越野赛跑，其详细规程，除已另行公布外，希望教职员先生暨各同

学踊跃参加，以为社会提倡。但于未举行前，仍望男子以能跑二十圈，女子以能跑八圈者为合格。特此通告即希查照加紧练习。每晨自六时至六时半为练习时间，其距离为在本校操场。

体育专修科十二月七日

二，四川省立重庆大学第一届越野比赛办法

一、宗旨　本校为提倡全校师生运动兴趣[，]兼练长途赛跑之技能[，]养成坚毅耐苦之精神起见[，]特举行第一届越野赛跑比赛会

二、组别　本会竞赛分工理体教职员及女子五组[，]除女子系以个人为单位外[，]余均以团体为单位[，]凡本校教职员及学生均代表其单位而不犯业余运动规则者[，]得参加比赛

三、报名日期　自十二月二十一日起至十二月三十一日止[，]向体育科领取报名单[，]依式填写并由负责人签名盖章[，]限一月十日以前交至体育科

四、比赛日期　临时决定

五、比赛路线　择定后再行公布

六、比赛细则

1，每单位参加人数无限制[，]但取录每单位最先到达终点之前六名[，]其计分方法为[，]得第一者获一分[，]第二者获二分[，]第三者获三分，第十者获十分[，]以此类推[，]总计以各单位之前六名得总分数最少者为优胜[，]如某单位不足六人参加或未到达终点者[，]则以该单位弃权论[，]惟其个人名次与成绩仍得承认之[，]个人成绩取录最优之前六名

2，参加比赛之运动员如不按照规定之路径[，]及无体育发给之号布[，]或有其他犯规行为者[，]得取消其与赛权或取消资格

3，参加比赛之运动员必须按时到场听候点名[，]如三次点名仍不出席者[，]即失去参加比赛权

4，比赛出发时用抽签法决定其单位起跑位置[，]在出发前由各队队长抽签抽定内外挡[，]各以其成绩之优劣按其位置纵列于后

5，学[参]赛者须自始至终坚持到底不得中途退出而维[违]比赛精神

七、征召导引　定额六名[，]凡教职员同学中擅长驾脚踏车而愿为导引及保护员者[，]可到体育科报名候[后]由体育科选任

八、优胜奖品　除校长所给之团体锦标外[，]比赛之前六名由校长另给奖品

九、本办法如有未尽事宜由体育科随时修改之

十、本办法由体育科公布施行之

（二）本校舉行第一次越野賽跑詳誌

本校爲鼓勵運動興趣起見、特於一月九日舉行二十五年度冬季越野錦標比賽、事先由體育科詳密籌備、乃克於九日午後三鐘舉行、謹將比賽情形詳誌於後。

組別：計分敎職員、理學院、工學院、女生、體育科五組

參加人數：敎職員組二人、理學院一人、工學院八人、女子組十一人、體育科四十四人

路線：除女子組外其餘四組由本校足球場經理學院、工學院繞小龍坎、復囘本校足球場、跑程計五千五百餘公尺

女子組：由足球場經工學院、理學院、繞紅廟、復囘本校、足球場、跑程計二千三百餘公尺

九日午後三鐘全體運動員皆集合于足球場、首由校長作簡短之演記、略謂：越野比賽運動、爲鍛鍊青年身心最好之方法、意大利德意志多利用此作爲基本訓練、望運動員能遵守運動道德、努力競爭、爲本校此次比賽創造良好之紀錄云。次由程主任卷科報告、希望各運動員能恪守比賽規則、有始有終、努力不懈、不中途退出、則重大第一次比賽精神之良好、將作以後二次三次、以至無窮次之楷模云。更由鄧嵯莪專師訊明比賽規則及方法、乃於三點十七分數百同學鼓掌致敬中開始比賽。事先體育科即請有無數科査員至跑程各點、專司規則之檢查、同時聘請八位脚踏車糾査員緊隨運動員之後、更沿途派無數校警維持交通。當出發時、各運動員皆鼓足勇氣前進、初無軒輊、男子組自紅廟至南渝中學途中、已有十數人越超儕輩、飛騰前趨、以下緊接一線。將至小龍坎時競爭最爲激烈、朱退之一馬當先、獨領頭陣、郭書池蔡濤司明修肇亦爭隨其後、幾與齊趨。迨由小龍坎復囘將至南渝中學時朱巳距郭書池約四十公尺、距最末一人巳數百公尺矣、此時優劣之勢巳可慨見、後者雖力追之、亦不能及、朱果於同學狂呼吶喊中、獨奪標魁矣。女子組跑程雖較近、然在吾川女子運動寂爲無聞之時、能有十數人參加二千餘公尺之距離已屬可貴、且蔗中報擧之閨秀不亞於男子、結果左蕙君以堅強之體魄、持久之精神、榮任冠軍。比賽結果計：

男子組：第一朱退之、第二郭書池、第三蔡濤、第四司明修、第五王定濤、第六廖綱德。成績二十分四秒又五分之二

女子組：第一左蕙君、第三繆光敏、第三楊錫鋜、第四陳季賢、第五成明健、第六鄧蘭新。成績九分四秒又五分之四

個人錦標及團體錦標均屬體育科

比賽畢、更集合各運動員於足球場由校長訓話、以爲今日越野比賽競爭之日、即他日衝鋒陷陣之時、望同學持此精神始終不渝、後此爲民族爭光榮、更擬於下期舉行武裝比賽云。繼由程主任訓話、以爲今日比賽結果、成績亦殊不惡、且自始至終、無人中途輟跑、尤屬可貴、望同學更努力練習、造成特殊之成績云云。 （聲記）

文献编号 1937-011　本校举行第一次越野赛跑详志

■ 文献信息

期刊《重大校刊》，第7期，第19–20页，1937年1月16日

文献编号：1937-011

■ 简体全文

（二）本校举行第一次越野赛跑详志

本校为鼓励运动兴趣起见，特于一月九日举行二十五年度冬季越野锦标比赛，事先由体育科详密筹备，乃克于九日午后三钟举行，谨将比赛情形详志于后。

组别：计分教职员、理学院、工学院、女生、体育科五组

参加人数：教职员组二人、理学院一人、工学院八人、女子组十一人、体育科四十四人

路线：除女子组外其余四组由本校足球场经理学院、工学院绕小龙坎、复回本校足球场，跑程计五千五百余公尺

女子组：由足球场经工学院、理学院、绕红庙、复回本校足球场，跑程计二千三百余公尺。

九日午后三钟[，]全体运动员皆集合于足球场，首由校长作简短之演辞，略谓：越野比赛运动，为锻炼青年身心最好之方法，意大利德意志多利用此作为基本训练，望运动员能遵守运动道德，努力竞争，为本校此次比赛创造良好之纪录云。次由程主任登科报告，希望各运动员能恪守比赛规则，有始有终，努力不懈，不中途退出，则重大第一次比赛精神之良好，将作以后二次三次，以至无穷次之楷模云。更由邓堪舜导师说明比赛规则及方法。乃于三点十七分数百同学鼓掌致敬中开始比赛。事先体育科即请有无数纠查员至跑程各点，专司规则之检查，同时聘请八位脚踏车纠查员紧随运动员之后，更沿途派无数校警维持交通。当出发时，各运动员皆鼓足勇气前进，初无轩轾，男子组自红庙至南渝中学途中，已有十数人越超侪辈，飞腾前趋，以下紧接一线。将至小龙坎时竞争最为激烈，朱退之一马当先，独领头阵，郭书池[、]蔡涛[、]司明修辈亦争随其后，几与齐趋。迨由小龙坎复回将至南渝中学时[，]朱已距郭书池约四十公尺，距最末一人已数百公尺矣，此时优劣之势已可慨[概]见，后者虽力追之，亦不能及。朱果于同学狂呼呐喊中，独夺标魁矣。女子组跑程虽较近，然在吾川女子运动寂焉无闻之时，能有十数人参加二千余公尺之距离已属可贵，且途中竞争之烈亦不亚于男子，结果左蕙君以坚强之体魄，持久之精神，荣任冠军。比赛结果计：

男子组：第一朱退之、第二郭书池、第三蔡涛、第四司明修、第五王定涛、第六廖纲德。成绩二十分四秒又五分之二

女子组：第一左蕙君、第三罗光敏、第三杨锡锟、第四陈季贤、第五成明健、第六邓兰新。成绩九分四秒又五分之四

个人锦标及团体锦标均属体育科

比赛毕，更集合各运动员于足球场由校长训话，以为今日越野比赛竞争之日，即他日冲锋陷阵之时，望同学持此精神始终不渝，后此为民族争光荣[荣]，更拟于下期举行武装比赛云。继由程主任训话，以为今日比赛结果，成绩亦殊不恶，且自始至终，无人中途辍跑，尤属可贵，望同学更努力练习，造成特殊之成绩云云。（群记）

372 遗失校徽声明作废

■ 文献信息

期刊《重大校刊》，第7期，第20页，1937年1月16日

文献编号：1937-014

■ 简体全文

遗失校徽声明作废

刘之燎遗失十四号校徽一枚，陶寿春遗失九十九号校徽一枚，特此声明作废。

文献编号 1937-014　遗失校徽声明作废

373 四川国民军事训练委员会关于三年级学生是否补受集训的布告

文献编号 1937-017　四川国民军事训练委员会关于三年级学生是否补受集训的布告

■ 文献信息

期刊《重大校刊》，第8期，第15-16页，1937年3月16日

文献编号：1937-017

■ 简体全文

四川省立重庆太[大]学布告（一）

案准

四川国民军事训练委员会民教字第一四七八号公函[，]开查贵校现在之三年级生[，]因当第一学年时未受廿四年集训[，]前经本会会同教育厅呈请设法补查[，]及奉部批应补受集训后[，]方能发给军训证明书[，]各情曾由教育厅转行在案[，]惟该生等为补受集训[，]必与其毕业会考发生时间上之冲突[，]本会对此异常关心[，]业于本月巧日复经会同教育厅电呈

训教两部请予原情核夺[，]将该三年级生本年应补集训免除以全学业去讫[，]将来自有适当处置[，]特为函达

贵校知照并希转论该生等安心学业[，]静待部令处理[，]不得徒自纷扰为荷等由[，]准此合行布告周知此布

中华民国二十五年一月三十日

374　关于体格检查的通知

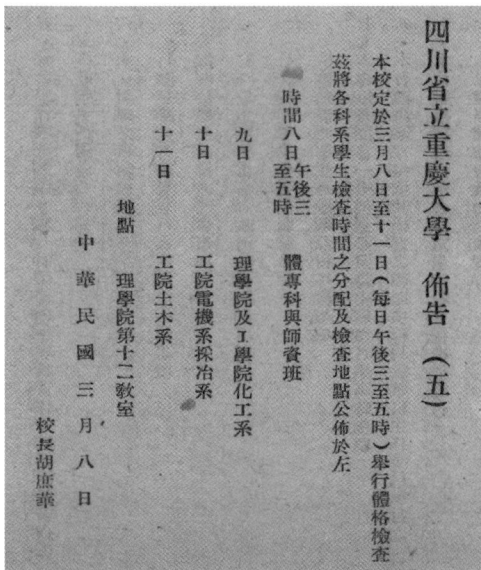

四川省立重慶大學　佈告（五）

本校定於三月八日至十一日（每日午後三至五時）舉行體格檢查

茲將各科系學生檢查時間之分配及檢查地點公佈於左

時間八日至五時

九日　午後三　理學院及工學院化工系

十日　工院電機系採冶系

十一日　工院土木系

地點　理學院第十二教室

中華民國三月八日

校長胡庶華

文献编号 1937-021　关于体格检查的通知

■ 文献信息

期刊《重大校刊》，第8期，第16页，1937年3月16日

文献编号：1937–021

■ 简体全文

四川省立重庆大学布告（五）

本校定于三月八日至十一日(每日午后三至五时)举行体格检查[，]兹将各科系学生检查时间之分配及检查地点公布于左

时间	八日午后三至五时	体专科与师资班
	九日	理学院及工学院化工系
	十日	工院电机系采冶系
	十一日	工院土木系
	地点	理学院第十二教室

中华民国三月八日

校长胡庶华

375 全校师生接种疫苗的布告

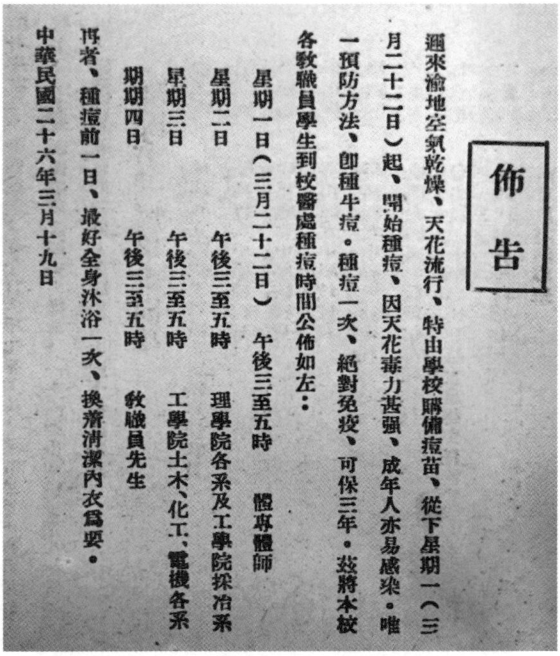

佈告

邇來渝地空氣乾燥、天花流行、特由學校購備痘苗、從下星期一（三月二十二日）起、開始種痘、因天花毒力甚强、成年人亦易感染。唯一預防方法、卽種牛痘。種痘一次、絕對免疫、可保三年。玆將本校各教職員學生到校醫處種痘時間公佈如左：

星期一日（三月二十二日） 午後三至五時 體專體師

星期二日 午後三至五時 理學院各系及工學院採冶系

星期三日 午後三至五時 工學院土木、化工、電機各系

期期四日 午後三至五時 敎職員先生

再者、種痘前一日、最好全身沐浴一次、換着淸潔內衣爲要。

中華民國二十六年三月十九日

文献编号 1937–029 全校师生接种疫苗的布告

■ 文献信息

　　期刊《重大校刊》，第9期，第18页，1937年4月1日

　　文献编号：1937-029

■ 简体全文

布　告

　　近来渝地空气干燥，天花流行，特由学校购备痘苗，从下星期一(三月二十二日)起，开始种痘，因天花毒力甚强，成年人亦易感染。唯一预防方法，即种牛痘。种痘一次，绝对免疫，可保三年。兹将本校各教职员学生到校医处种痘时间公布如左：

星期一日(三月二十二日)　　午后三至五时　　体专体师

星期二日　　　　　　　　　午后三至五时　　理学院各系及工学院采冶系

星期三日　　　　　　　　　午后三至五时　　工学院土木、化工、电机各系

期[星]期四日　　　　　　　午后三至五时　　教职员先生

　　再者，种痘前一日，最好全身沐浴一次，换着清洁内衣为要。

　　　　　　　　　　　　　　　　　　　中华民国二十六年三月十九日

376　本校参加重庆市第一届运动会已举行预选

文献编号 1937-032　本校参加重庆市第一届运动会已举行预选（节选）

■ 文献信息

期刊《重大校刊》，第10期，第18—20页，1937年4月16日

文献编号：1937—032

■ 简体全文[1]

各项消息
本校参加重庆市第一届运动会已举行预选（一）

本校于四月三日举行参加重庆市第一届运动会预选，兹将各项名次及成绩录后：

女子

二百公尺

1，左蕙君2，罗光敏3，周德芳4，成明健

成绩：三三秒七

五十公尺

1，左蕙君2，罗光毓[敏]3，邓兰薪[新]4，吴昌琇

成绩：七秒八

跳远

1，左蕙君2，罗光敏3，邓兰薪[新]4，吴昌琇

成绩：三公尺六五

[……]

377　我们体育科同学今后的责任与应具之态度

■ 文献信息

期刊《重大校刊》，第11期，第2—3页，1937年5月1日

文献编号：1937—034

■ 简体全文

我们体育科同学今后的责任与应具之态度

体育科师资训练班学生　　徐奠宇

四川是如何的重要，四川教育又是如何的重要，那末四川的体育教育当然也是重要了。我们知道，现在的四川，是被誉称为复兴民族的根据地，它在国防上是负

---

[1] 原文内容篇幅较长，仅节选部分内容。

我們體育科同學今後的責任與應具之態度

體育科師資訓練班學生徐奠宇

四嗎是如何的重要、四川教育又是如何的重要,那末四川的體育教育當然也是重要了。我們知道、現在的四川、是被譽稱為復興民族的根據地、牠在國防上是負有民族生存的莫大使命、而這種使命的推動者、我敢斷言說是教育界的體育同志們、再進一步說是本校體育科的同學們、這話好像我們自己在誇耀自己、是的、不錯、的確不錯、但是我們試囘頭看看、過去的體育同志是否萎靡、頹唐、是否浪漫、

放肆、是否苟且、偷安、是否空頭衘、飯桶、個人雖不敢斷言說是完全都是這樣、然而也不敢否認說是完全都不是這樣。那嗎、如果要以這樣腐敗的體育同志來教育人子和負指動這重大的使命、成效、也就不言可知了。然而在本科呢?所有的同學們、除却了上面的現像外、并且還能實行現代需要的軍事化的國防體育、所以我敢跟着當仁不讓的態度、武斷的說、負這推動復興民族和為民族生存的使命的

人、是本校體育科的同學們、不畏艱苟安而挽囘體育厄運的人、也是本校體育科的同學們。

最近教育廳的創刊號當中、載有「四川體育村的最高機關是重慶大學」。裏面有一段是說:「四川省政府廿五年度教育施政綱要」、政府很相信我們、很希望我們、毫不遲疑的把七千萬同胞來委託在我們身上、那嗎我們師資班的同學快要畢業了、怎樣呢、當然是不顧一切的來担任這重大的責任、衝鋒、前進、達到光明的路線吧!

西南方面的大學、是鳳毛麟角、而大學裏面的體育科、更是寥若晨星、再出這樣看來、本校體育科、不但是四川體育村的最高機關、負四川體育的責任、而且是西南體育村的最高機關、還負西南中大、我們知道、在北方是北師大在負這同樣的責任、華東是中大、但是牠們盡都具有二三十年的歷史、本科呢、還不滿週歲的孩兒、裏想與牠們并駕齊驅來同樣的負這種責任、恐怕是不可能、然而

我們也應當本着「長江後浪推前浪、且看新人膝舊人」、與那「人事如蘦薪、後來者居上」的古話努力去做、那嗎、四川、西南、再進而中國、」也沒有什麼了不得。

本校體育科、自成立以來、引起了社會人士的希望、體育同志的關懷的確是不少、就是那遙在數千里以外的京滬體育先進們、也翹電問訊、不曉得有好多次、然而我們是非常慚愧、捫心自問、一件事、值得別人過問、不過是在不斷的努力、埋頭、苦幹、任勞任怨、不畏難、不苟安、向前邁進、完成我們所應盡天職啊。

根據上面幾點看來、時代是需要我們、我們的使命是如何的大、責任是如何的重、還能容忍我們有一刻的鬆懈嗎、那末、我們的男女同學、應當如何的親愛團結、如何的努方合作、如何的抓着現在、來充實我們的力量、準備担任這重大的責任和推翻那前途的荊棘啊

文献编号 1937-034　我们体育科同学今后的责任与应具之态度

有民族生存的莫大使命,而这种使命的推动者,我敢断言说是教育界的体育同志们,再进一步说是本校体育科的同学们,这话好像我们自己在夸耀自己,是的,不错,的确不错,但是我们试回头看看,过去的体育同志是否萎靡、颓唐,是否浪漫、放肆,是否苟且、偷安,是否空头衔、饭桶,个人虽不敢断言说是完全都是这样,然而也不敢否认说是完全都不是这样。那吗,如果要以这样腐败的体育同志来教育人

子和负推动这重大的使命，成效，也就不言可知了。然而在本科呢？所有的同学们，除却了没有上面的现象外，并且还能实行现代需要的军事化的国防体育，所以我敢踞着当仁不让的态度，武断的说，负这推动复兴民族和为民族争生存的使命的人，是本校体育科的同学们，不畏难苟安而挽回体育厄运的人，也是本校体育科的同学们。

最近教育厅的创刊号当中，载有《四川省政府廿五年度教育施政纲要》，里面有一段是说："四川体育育材的最高机关是重庆大学"[,]这话无异是说，政府很相信我们，很希望我们，毫不迟疑的把七千万同胞来委托在我们身上，那吗我们师资班的同学快要毕业了，怎样呢，当然是不顾一切的来担任这重大的责任，冲锋、前进，达到光明的路线吧！

西南方面的大学，是凤毛麟角，而大学里面的体育科，更是寥若晨星，再由这样看来，本校体育科，不但是四川体育育材的最高机关，负四川体育的责任，而且是西南体育育材的最高机关，还负西南体育的责任，我们知道，在北方是北师大在负这同样的责任，华东是中大，但是它们尽都具有二三十年的历史，本科呢，还不满周岁的孩儿，要想与他们并驾齐驱来同样的负这种责任，恐怕是不可能，然而，我们也应当本着"长江后浪推前浪，且看新人胜旧人"，与那"人事如薪薪，后来者居上'[*]的古话努力去做，那吗，四川，西南，再进而中国，[**]也没有什么了不得。

本校体育科，自成立以来，引起了社会人士的希望，体育同志的关怀的确是不少，就是那远在数千里以外的京沪体育先进们，也函电问讯，不晓得有好多次，然而我们是非常惭愧，扪心自问，简直没有一件事，值得别人过问，不过是在不断的努力，埋头，苦干，任劳任怨，不畏难，不苟安，向前迈进，完成我们所应尽天职啊。

根据上面几点看来，时代是需要我们，政府是委托我们，国家是仰赖我们，环境是催促我们，我们的使命是如何的大，责任是如何的重，还能容忍我们有一刻的松懈吗，那末，我们的男女同学，应当如何的亲爱团结，如何的努方[力]合作，如何的抓着现在，来充实我们的力量，准备担任这重大的责任和推翻那前途的荆棘啊。

378 第二届欢送毕业同学大会记

■ 文献信息

期刊《重大校刊》，第13期，第11-15页，1937年6月1日

文献编号：1937-047

第二屆歡送畢業同學大會記
時間：五日廿二日
地點：大禮堂
儀式及程序
（一）全體肅立（二）唱黨歌（三）向黨國旗及
總理遺像行最敬禮（四）主席恭讀　總理遺囑
（五）靜默——默畢（六）同學向留校畢業同學行一鞠躬禮（七）主
席致開會詞（八）留校同學致歡送詞（九）教職員致訓詞（十）畢業
同學致答詞（十一）自由談話（十二）攝影（十三）散會（十四）茶
話及游藝會（午后七鐘）
到會人數：　教職員十餘人、畢業同學五十餘人留校同學二百
人左右。
主席：江宜渡
行禮畢、由

文献编号 1937-047　第二届欢送毕业同学大会记（节选）

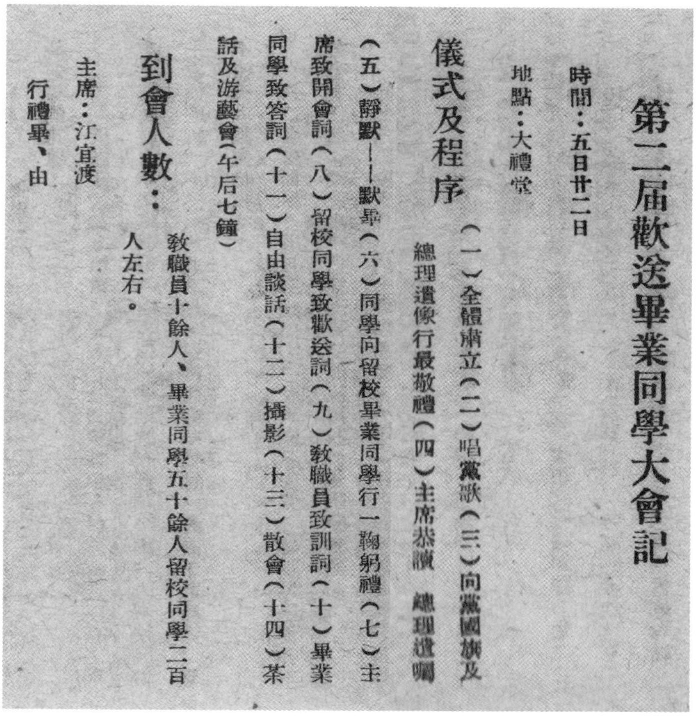

■ 简体全文

第二届欢送毕业同学大会记

时间：五月廿二日

地点：大礼堂

仪式及程序

（一）全体肃立

（二）唱党歌

（三）向党国旗及总理遗像行最敬礼

（四）主席恭读　总理遗嘱

（五）静默——默毕

（六）同学向留校毕业同学行一鞠躬礼

（七）主席致开会词

（八）留校同学致欢送词

（九）教职员致训词

（十）毕业同学致答词

（十一）自由谈话

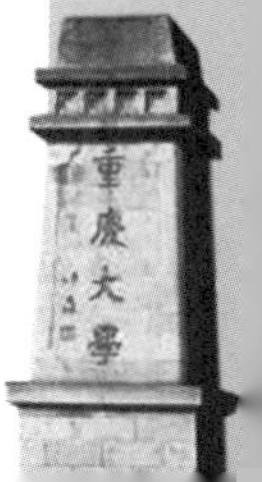

（十二）摄影

（十三）散会

（十四）茶话及游艺会（午后七钟）

到会人数：教职员十余人、毕业同学五十余人[、]留校同学二百人左右。

主席：江宜渡

行礼毕、由主席致开会词

略谓：今天是我们第二届欢送毕业同学会，这个欢送会的意义，不外四点：第一表示庆祝，庆祝各位毕业同学大学学程的完成。庆祝重大又得着几十位勇敢有为的，能为它争光荣，树信仰的生力军，庆祝国家在这建设萌芽的需人的时期，得着一批能够刻苦耐劳的生产建设的生产人才，第二表示欢聚，人们总喜欢发生边际效应，一事一物只要它稀少就感觉它的可贵，我们同学，少至一年多在四年以上的同学，在这转瞬就要别离之前，少不得要感觉到"良辰难再得，"这个短时期的可贵，更不能不找个机会来欢聚一吓[下]。这个欢送会就是欢聚罢，第三表示送别[，]将来各位毕业同学离校的时候，或许就是学校放暑假的时候，那时大家东离西散，恐怕不能整个的送别；送各位同学到长亭外古道边，只好借此机会作为预支，第四表示团结力和共勉：别离的滋味本来是苦；免不掉是要"黯然销魂"的，不过我们读着古人有几句诗"海内存知己，天涯若比邻；无为在歧路，儿女共伤心"，同时想着我们目前[与]环境的恶劣，和国家的危险，就觉得用不着伤心，不应该有儿女情，应该精诚团结，共同努力着勉励着我们今后的一切，表现我们的团结力量，为了这四点意义我们是非常真诚的，不过我们受了时间的限制，不能大大的开一度热烘烘的欢送会，这是我们对毕业同学抱歉的一点[。]又因川灾严重，我们大多数同学的经济来源受了摧残；不能有美酒佳肴来欢宴各位毕业同学，又是我们抱歉的一点，总之我们心有余而力不逮，只得这样因陋就简，希望各位毕业同学原谅原谅十二万分的原谅。

继由留校同学李继华[、]范克明致欢送词。

李继华君略谓：

"……青年的出路问题可分两方面谈：第一，我们应出到怎檬[样]的路上去？回答是：你先前选就的是那条路，就出到那条路上去。比如说，在学校里是学的化学，我们出到社会就不能离开化学这条路，因为我们是走这条路的专门人材，所用非所学是目前中国的怪现象！其次，我们怎样斩除这条路上的障碍？这问题可分两方面答覆：一方面是自己造出来的障碍，如自己希望太高，想一下子就[绷]红，但事情不是这么容易，一不如愿，就跌下来了，于是觉得这路走不通，又或自己见异思迁，看见别行门市比自己的门市好，就不惜弃了自己的路搬过去，然而也常是走不通，再一方面就是社会的障碍了，这障碍我觉得是无法免除的，而且有存在的必要，因为凡事都顺顺畅畅做下去，就会使人感到做事没趣，属于自己造出来的障碍，很容易解决，只要自己决心不造就是了，属于社会给予的障碍，则除了毫不屈服！[，]与之奋斗外，别无良法，谨以此献给我们这届的毕业同学们。"

范克明君略谓：

今天我们聚合在这礼堂上开隆重的欢送大会，想来，各个同学胸中定蕴藏着不少的热忱同无限的欢心，所以克明特别出来向毕业同学敬贺三点：

一、各位毕业同学，由初学至现在，共求学十有余年，在这十余年当中，国家牺牲了不少的金钱，教员们牺牲了不少的心血，各位府上父兄们的负担责任也不小，各位同学所受的磋磨也不少，在这四种重大牺牲之下，仅仅沉淀几颗寥若晨星的结晶品，这是何等宝贵！这是何等的可贺！

二、现在政治初上轨道，需人孔急，望实干人材作救亡图存之事业，无异于大旱之望云霓，而各位同学则适在此期卒业，大家都胸怀十万横磨剑，不愁无用武之地。这样良好的机会，真是千载难逢，岂不值得大贺而特贺吗？

三、各位同学，昔日空手出门，今天满载而归，虽说所学尚非至矣尽矣，然江湖吸水，已经满壶，真值得我们无限庆贺的。

除此三点庆贺外，尚有两点希望。

（甲）关于四年级同学方面的希望：

第一，望各位同学莫管将来之境遇如何，总宜认清自己之目的，固定个人之志向，奋勇前进！俗话说得好，乐不足以忘其志，悲不可以窠[弃]其心，各位同学，很像一支[只]将下水的新船，我不愿，你们老是平平安安的直往前走，愈平安愈少兴趣！我愿，你常常在危险困苦里冲破着往前走，冲破了浪，便往前进，冲不破，便沉在海底，这样一来，确也可鼓舞后来的船增添不少的勇气；[，]确也可使后来的船另找别的道儿走！

第二，校中的教授，好像是你们慈母一样，校内的同学，好像是你们妹妹一样，你们从今嫁后，千万望你们时常告知你们的近况，切莫以为嫁了好丈夫，就忘去[却]了家中还有盼望你们的慈母同要好的妹妹啊！

关于师资班同学的希望，除去仍然是希望你们赐示外，尚有两条：

第一，请你们以身作则谋强健复兴民族的民众的体魄，这种极重大的责任，希望你们挺身出来负在肩上，埋头苦干，在不久的将来，即雪去东亚病夫的耻辱，并且使民众人人都像你们那样的活泼，那样的英武！

第二，各位同学去社会服务的时候，不管在学校、法团、机关或军队里，总希望注意三点：一、所教各科，务必全盘筹划，规定得井井有条。二、务必要注意学者的兴趣。三、自始至终的教导，必须保持一个"恒"。这三点的重要性，想贵班同学曾任教多年定有经验，今天克明不揣冒昧，建议于各位学长之前，真班门弄斧了。敬请原谅。

留校同学致欢送词毕，由毕业同学张孝沐君致答词

略谓：今天承本校一二三各年级的同学举行这样盛大的一个欢送会来欢送我们本届毕业的同学，真是很不敢当，领情之余，同时更是十分的谢感！校长常常说我们整个的重庆大学，就好像是个家庭，那么现在我们将要离开学校的同学们，就好

像是我们的家庭要把我们嫁了出去一样，虽然在通常一般的姑娘们心里，在未出阁以前常常是想着嫁后的许多好处，而且更是希望能够早些嫁了出去，可是一到了将要上轿的时候，却也禁不住悲从中来，有些眷恋娘家了，现在我们将要离开母校的同学们的心境，便很有点这种悲从中来眷恋娘家的情绪！

离开学校到社会上去的同人，又好像是一起争战的军队，第一届毕业的同学做了我们的急先锋，我们的先锋队正在披荆斩棘，努力创造，努力前进，这时仆[候]却也频频传来不少的捷报，可是劲旅无多，时间也不算久，所以得的效果，当然也就有限了[，]现在我们将要出发的这一枝[支]人马，便应该急切的赶到前线上去做我们那先锋队的帮手，来共同努力的建树起一番新兴的事业，可是要获得这些伟大的胜利，最主要的策动者还是在我们中军里的主力部队，我们的中军在沙坪坝重庆大学，我们的主力便是在校的全体同学们，我们毕业的同学希望在校的同学们对于我们将来在事业上学问上的奋励之途，常常予以明确的指示及强有力的援助，统一意志，集中力量，这是打胜仗的不二法门，所以我们认定惟精诚团结与互助为能创造事业，这种团结与互助的精神便是走向成功的道路上来的第一要义，这一点希望我们重庆大学校内校外的全体同学共勉！

现在的中国已经走上了建设之路，谁都是这样说，事实上的表现也是如此，谁都是承认的。既是建设，便得用许多专门的技术人才，我们重庆大学便是造就这种专门人才这项东西的应时济世的大工厂，至少在西南半壁的川康云贵几省当中，可以说是唯一无二，像这样的稀世之宝，我们不要把他[它]看得太轻了，俨如是真正走上了建设的正轨，那本校所出的这点人材，实在是不敷分配，为应着急需，恐怕将来还得有加工赶造的时候，其实我们的同学们自己具有这种专门技术的人，到了这种境地，却竟可以不必客气，简直把这种建设的责任负起来，如果有时竟遇到了甚么大不了的事体，不是少数的人所能够解决得了的，于必要时也竟可以把我们整个的重庆大学的全体同学一齐开了出去把它解决了，个人还记得在几年以前曾经听得一位先生说，在十几年以前的北大学生，他们随时是唱着东北风开暗岗的口号，他的意思就是脱[说]散布在各地做事的北大学生的人[数]都有开暗岗的可能，于此也可见他北大的学生在那时候的势力之一般了，现在希望我们重大的同学也能够来开一开西南风的暗岗！

其次毕业同学黄义君自由谈话：

详述社会上卑鄙龌龊明争暗斗各情形，希望各同学立定脚跟做人不要同流合污。语多警策，闻者动容。最后由到会教职员先生谆谆训词，至五时左右始行散会云。

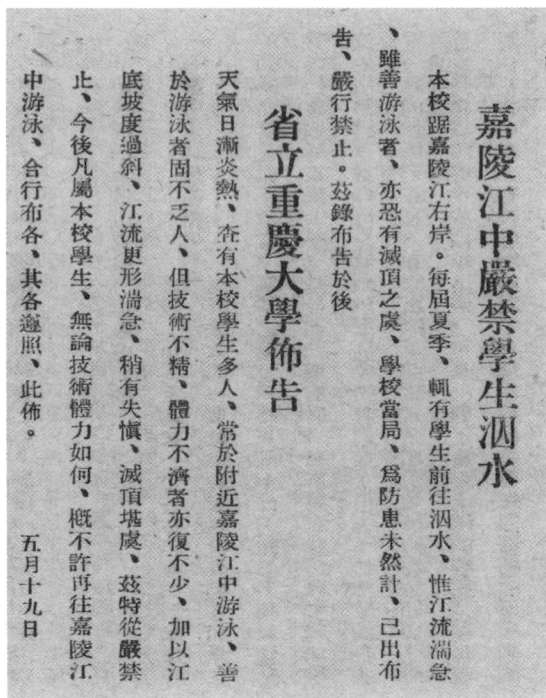

文献编号 1937-048　省立重庆大学布告：嘉陵江中严禁学生泅水

■ 文献信息

期刊《重大校刊》，第 13 期，第 15 页，1937 年 6 月 1 日

文献编号：1937-048

■ 简体全文

嘉陵江中严禁学生泅水

本校踞嘉陵江右岸。每届夏季，辄有学生前往泅水，惟江流湍急，虽善游泳者，亦恐有灭顶之虞，学校当局，为防患未然计，已出布告，严行禁止。兹录布告于后。

省立重庆大学布告

天气日渐炎热，查有本校学生多人，常于附近嘉陵江中游泳，善于游泳者固不乏人，但技术不精，体力不济者亦复不少，加以江底坡度过斜，江流更形湍急，稍有失慎，灭顶堪虞，兹特从严禁止，今后凡属本校学生，无论技术体力如何，概不许再往嘉陵江中游泳，合行布各[告]，其各遵照，此布。

五月十九日

文献编号 1937-067　新学生宿舍落成

■ **文献信息**

期刊《重大校刊》，第 15 期，第 14 页，1937 年 10 月 20 日

文献编号：1937-067

■ **简体全文**

（二）新学生宿舍落成

本期全校学生增多，旧学生宿舍已不敷应用，特于体育场之南，新建宿舍一所，规模宏大，形势壮丽，与理学院对立，并由工学院土木系学生实习修筑马路二条，一由宿舍至体育场，一由宿舍通食堂，拟移学生三百至五百于此，管理与交通皆称便利云。

381　女同学代打毛线衣

■ 文献信息

期刊《重大校刊》，第15期，第16页，1937年10月20日

文献编号：1937-072

■ 简体全文

（八）女同学代打毛线衣

本大学女同学多人，利用课余之暇，代全校教职员同学代打毛线内衣，将所得工资悉数捐助抗敌，所出物品精美绝伦[，]，花色多出自心裁，现全校教职员同学定打者甚多云。

（八）女同學代打毛線衣

本大學女同學多人、利用課餘之暇、代全校教職員同學代打毛線內衣、將所得工資悉數捐助抗敵、所出物品精美絕倫花色多出自心裁、現全校教職員同學定打者甚多云。

文献编号 1937-072　女同学代打毛线衣

382　校内近讯之体育竞赛兴起

■ 文献信息

期刊《重大校刊》，第19期，第14-15页，1937年12月20日

文献编号：1937-092

■ 简体全文

（三）校内近讯
足篮球锦标比赛结果布露

本大学举行二十六年度足篮球锦标比赛已志本刊，风声所播[，]，全校师生工友参加者异常踊跃，计男子篮球十一队，足球四队，女子篮球三队，运动员共二百〇三人。当比赛时运动兴趣之浓厚，纪律之良好，竞争之剧烈，裁判之认真，虽遇天雨亦进行不懈，此种精神，殊为可记。比赛方法因时间短促除女子蓝[篮]球采单循环制外，其他各项则采淘汰制，定于每日午后三钟为比赛时间，自本月八日起，由校长执开球礼，至十三日比赛完结，兹将各队比赛结果，胪列于左：

（三）校内近訊

足籃球錦標比賽結果佈露

本大學舉行二十六年度足籃球錦標比賽，已誌本刊、風聲所播全校師生工友參加者異常踴躍、計男子籃球十一隊、足球四隊、女子籃球三隊、運動員共二百〇三人。當比賽時運動興趣之濃厚、紀律之良好、輔爭之劇烈、裁判之認真、雖遇天雨亦進行不懈、此種精神、殊爲可記。比賽方法因時間短促除女子籃球採單循環制外、其他各項則採淘汰制、定于每日午後三鐘爲比賽時間、自本月八日起、由校長執開球體、至十三日比賽完結。茲將各隊比賽結果、臚列於左：

重大校刊　二四

男子籃球比賽結果

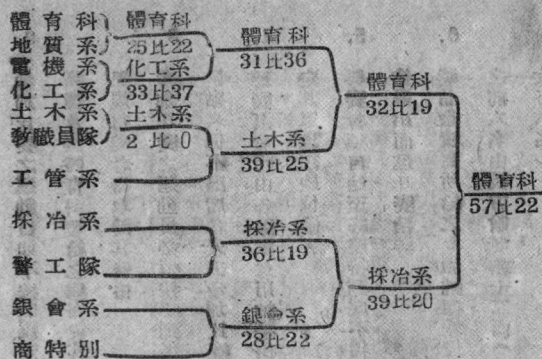

體育科 57比22

體育科 32比19
　體育科 31比36
　　體育科 25比22
　　化工系 33比37
　土木系 39比25
　　土木系 2比0

採冶系 39比20
　採冶系 36比19
　銀會系 28比22

（隊員　系隊　系員　系隊　系別）

足球比賽成績

理學院 2比1
　工學院 2比0
　　教職隊
　　工學院
　理學院 3比1
　　體育科
　　理學院

女子籃球比賽成績

隊名	體育科	商學院	電機系
體育科		36比14	
商學院	10比8		
電機系	23比10		

統計以上結除足球冠事屬理學院外男子籃球及女子籃球均屬體育科

舉行越野比賽

爲通告事本校爲適應抗戰加緊身體訓練起見特舉行第二屆越野賽跑比賽即希各教職員先生暨各同學籌工等踴躍參加爲計會體育倡，特此通告務望準照下列辦法報各參加爲荷

四川省立重慶大學第二屆越野賽跑規程
體育專修科佈十二月十四日

一宗旨：本校爲提倡全體師生暨工運動興趣、養成堅毅忍耐諸精神爲宗旨。
二組別：（甲）男子組—計分教職員工院、

文献编号 1937-092　校内近讯之体育竞赛兴起（节选）

男子篮球比赛成绩

```
                                                    体育科
                                        体育科
                                        25 比 22
                            体育科                  地质系
                            31 比 36
                                        化工系      电机系
                体育科                   33 比 37
                32 比 19                            化工系
                                        土木系      土木系
                            土木系       2 比 0
    体育科                   39 比 25                教职员队
    57 比 22                             工管系
                                        采冶系      采冶系
                            采冶系       36 比 19
                采冶系       36 比 19                警工队
                39 比 20
                                        银会系      银会系
                            银会系
                            28 比 22                商特别
```

足球比赛成绩

```
                            工学院      教职队
                            2 比 0
                理学院                   工学院
                2 比 1
                            理学院      体育科
                            3 比 1
                                        理学院
```

女子篮球比赛成绩

队名	体育科	商学院	电机系
体育科		体育科 36 比 14	
商学院			商学院 10 比 8
电机系	体育科 23 比 10		

统计以上结[果]，除足球冠军属理学院外，男子篮球及女子篮球均属体育科

举行越野比赛

为通告事，本校为适应抗战加紧身体训练起见特举行第二届越野赛跑比赛，即希教职员先生暨各同学警工等踊跃参加，为社会体育倡，特此通告，务望准照下列办法报各[名]参加为荷。

体育专修科布十二月十四日

四川省立重庆大学第二届越野赛跑规程

一、宗旨：本校为提倡全体师生警工运动兴趣，养成坚毅忍耐诸精神为宗旨。

二、组别：(甲)男子组—计分教职员、工院、理院、商院、警工、体育科，六组、皆以团体为单位。

(乙)女子组—以个人为单位，无团体分数。

三、报名日期：自十二月十五日起至十七日午后五时止，在报名期内各单位负责人将报名单送交体育科。

四、比赛日期：十二月八日午后二钟。

五、比赛路线：起止点皆在本校操场到小龙坎折回。

六、比赛细则：

1，每单位参加人数无限制，但取录每单位到达终点之前六名，其记分方法为第一者获一分、第二者获二分、第三者获三分，依次类推，总计以各单位之前六名得总分数最少者为优胜。如某单位不足六人参加或未达于终点者，则以该单位弃权论。惟其个人名次与成绩仍得承认之，个人成绩取录最优之前六名。

2，参加比赛之运动员如不按照原规定之路线，及无体育科发给之号布或其他犯规行为者，得取消其资格

3，参加比赛之运动员必须按时到场，听候点名仍不出席者失去参加比赛权。

4，比赛出发时由各队队长用抽签决定其单位起跑位置。

5，与赛者须自始至终坚持到底，不得中途退出而违比赛精神。

6，奖品除校长所给之团体锦标外，最优之前六名由校方赠奖旗十二面(男女各六名)

7，本办法由体育科施行之。

■ 文献信息

期刊《重大校刊》，第24期，第23页，1938年5月1日

文献编号：1938-022

■ 简体全文

医药室廿七年二三月份诊疗统计表

校医王世开报告

病例分类与患病人数			
诊疗总数	825		
初诊人数	825		
复诊人数	640		
（1）传染病	九种法定传染病	伤　寒	1
		班 [斑] 疹伤寒	
		天　花	
		鼠　疫	
		白　喉	
		霍　乱	
		痢　疾	2
		脑膜炎	
		猩红热	
	其他	流行性感冒	12
		肺结核	1
2 神经系病			29
3 呼吸器病			65
4 消化器病			37
5 循环器病			3
6 泌尿器病			2
7 新陈代谢病			
8 运动官能病			5
9 表皮病			41
10 眼　病			39
11 耳　病			13
12 创　伤			30
13 妇产科病			5

醫藥室廿七年二三月份診療統計表　校醫王世闓報告

病例分類與患病人數

類別	病名	人數
	診療總數	825
	初診人數	825
	覆診人數	640
(1)傳染病·九種法定傳染病	傷寒	1
	斑疹傷寒	
	天花	
	鼠疫	
	白喉	
	霍亂	
	痢疾	2
	腦膜炎	
	猩紅熱	
(1)傳染病·其他	流行性感冒	12
	肺結核	1
2	神經系病	29
3	呼吸器病	65
4	消化器病	37
5	循環器病	3
6	泌尿器病	2
7	新陳代謝病	
8	運動官能病	5
9	表皮病	41
10	眼病	39
11	耳病	13
12	創傷	30
13	婦產科病	5

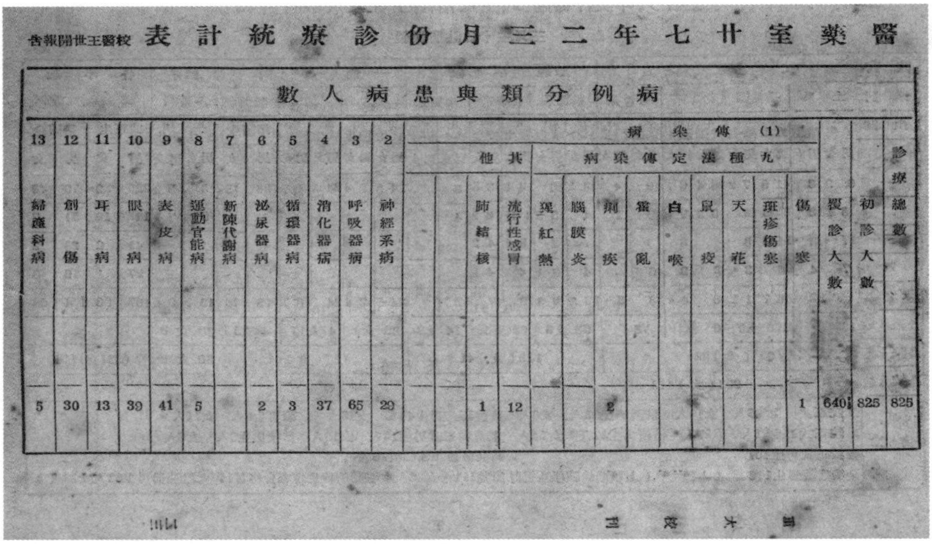

文献编号 1938-022　医药室廿七年二、三月份诊疗统计表

384 四川省立重庆大学校车开行时间表

■ 文献信息

期刊《重大校刊》，第25期，第6页，1938年5月16日
文献编号：1938-023

■ 简体全文

四川省立重庆大学校车开行时间表

二十七年四月制

	行课日校车开行时间		星期及例假日校车开行时间表	
	由城到校	由校到城	由城到校	由校到城
午	七　点	八　点	六点三十分	七点三十分
前	九　点	十点十分	八点三十分	九点廿五分
	十二点		十点廿五分	十一点廿五分
	四点卅分	一　点	三　点	四　点
午		五点卅分	五　点	六　点
后			七　点	七点五十五分

星期六午后八钟加增由城到校班车一次

本表自本年四月起至六月底有效

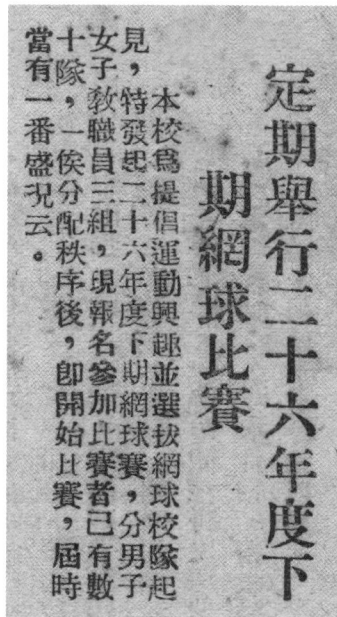

文献编号 1938-023　四川省立重庆大学校车开行时间表（二十七年四月制）

385　定期举行二十六年度下期网球比赛

■ 文献信息

期刊《重大校刊》，第25期，第17页，1938年5月16日

文献编号：1938-026

■ 简体全文

定期举行二十六年度下期网球比赛

本校为提倡运动兴趣并选拔网球校队起见，特发起二十六年度下期网球赛，分男子[、]女子[、]教职员三组，现报名参加比赛者已有数十队，一俟分配秩序后，即开始比赛，届时当有一番盛况云。

文献编号 1938-026　定期举行二十六年度下期网球比赛

386 定期与沙坪坝区各校比赛球类

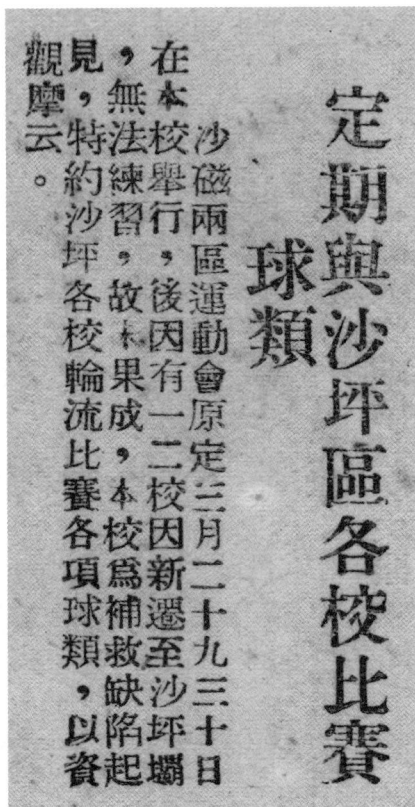

文献编号 1938-027 定期与沙坪坝区各校比赛球类

■ 文献信息

期刊《重大校刊》，第25期，第17页，1938年5月16日

文献编号：1938-027

■ 简体全文

定期与沙坪 [坝] 区各校比赛球类

沙磁两区运动会原定三月二十九[、]三十日在本校举行，后因有一二校因新迁至沙坪坝，无法练习，故未果成，本校为补救缺陷起见，特约沙坪[坝]各校轮流比赛各项球类，以资观摩云。

■ 文献信息

期刊《重大校刊》，第26期，第23页，1938年6月1日

文献编号：1938-033

■ 简体全文

医药室廿七年四月份诊疗统计表

校医王世开报告

病例分类与患病人数			
诊疗总数	637		
初诊人数	235		
复诊人数	402		
（1）传染病	九种法定传染病	伤　寒	1
		班［斑］疹伤寒	
		天　花	
		鼠　疫	
		白　喉	
		霍　乱	
		痢　疾	3
		脑　膜　炎	
		猩　红　热	
	其他	流行性感冒	13
		急性扁桃腺炎	12
		疟　疾	2
		回　归　热	1
2 神经系病			5
3 呼吸器病			36
4 消化器病			47
5 循环器病			2
6 泌尿器病			1
7 新陈代谢病			
8 运动官能病			6
9 表皮病			23
10 眼　病			14
11 耳　病			8
12 创　伤			59
13 妇产科病			2

校王世凱報告　醫藥室廿七年四月份診療統計表

病例分類與患病人數

13 婦產科病	12 創傷	11 牙病	10 眼病	9 表皮病	8 運動官能病	7 新陳代謝病	6 泌尿器病	5 循環器病	4 消化器病	3 呼吸器病	2 神經系病	其他 回歸熱	其他 瘧疾	其他 急性扁桃腺炎	其他 流行性感冒	(1)傳染病 九種法定傳染病 猩紅熱 腦膜炎 痢疾 霍亂 白喉 鼠疫 天花 班疹傷寒	傷寒	覆診人數	初診人數	診療總數
2	59	8	14	23	6		1	2	47	36	5		2	12	13	3	1	402	235	637

文献编号 1938-033　医药室廿七年四月份诊疗统计表

388　渝市公开越野跑　重大学子夺冠

■ 文献信息

报纸《申报》，1939年3月8日，期号23354号（上海版）

文献编号：1939-004

■ 简体全文[1]

渝市公开越野跑　杜化居获得冠军

八公里成绩卅五分卅秒　成都越野跑黄心农第一

【重庆通讯】重庆新运动会主办之新运五周[年]纪念公开越野赛跑，于二月二十六日晨七时正，在此间市商会会址前起步，绕市区一周，全程八公里又七二（合约万公尺不到）[，]参加者共七十余人，沿途山路崎岖，征人辛苦，结果来自东北现肄业于重庆大学之杜化居，以三十五分三十秒之优异记[纪]录，获得冠军。

[……]

---

[1] 原文内容篇幅较长，仅节选其中与重庆大学有关内容。

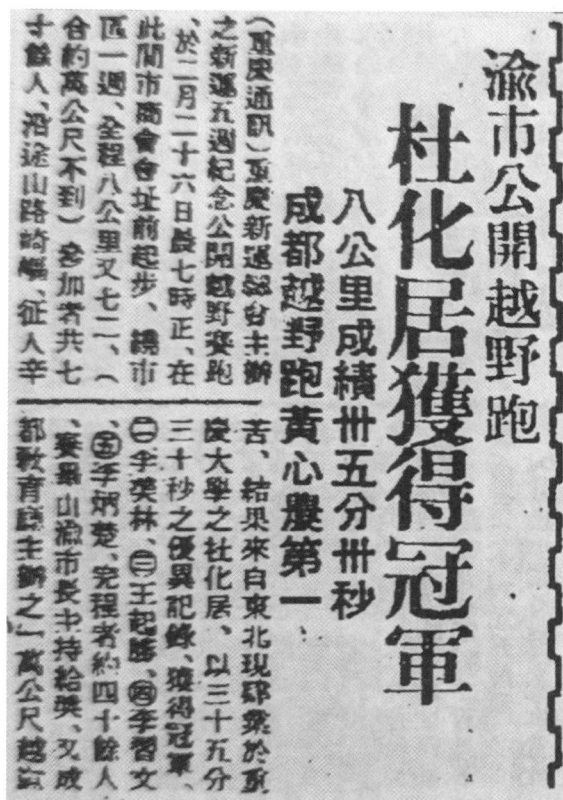

文献编号 1939-004　渝市公开越野跑　重大学子夺冠（节选）

389　重庆大学友联剧社公演"凤凰城"

■ 文献信息

报纸《电影日报》，1940 年 11 月 25 日

文献编号：1940-021

■ 简体全文

剧坛影坛新姿

★重庆大学友联剧社自六日起，公演"凤凰城"，假座实验剧院。

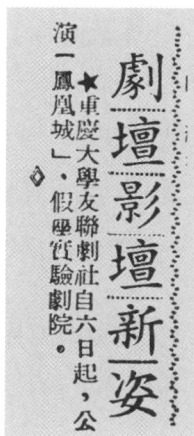

文献编号 1940-021　重庆大学
友联剧社公演"凤凰城"

文献编号 1943-006 学校军训之重要与改进——三十二年度一月十八日于重庆大学演讲（节选）

■ 文献信息

期刊《东方杂志》，第 39 卷第 1 号，第 64-66 页，1943 年
文献编号：1943-005

期刊《建设研究》，第 8 卷第 6 期，第 68-69 页，1943 年
文献编号：1943-006

期刊《中央党务公报》，第 5 卷第 4 期，13-16 页，1943 年
文献编号：1943-007

■ 简体全文[1]

学校军训之重要与改进

[三十二年]一月十八日于重庆大学对沙磁区高中以上各学校教职员学生讲

白崇禧

内容提要

(一)学校军训之意义：

(1)我国古时的征兵制度，乃是文武合一，兵民不分的制度。

(2)宋朝重文轻武，改为募兵，国势日衰，终至亡国。

(3)立国须赖武力，现代国民，应认军事教育为义务教育。

(4)实施学校军训，为恢复文武合一的六艺教育。

(二)学校军训的目的：

(1)在使知识青年具备军人的精神纪律，养成军人的生活习惯，而发挥工作效能。

(2)养成大量的备役候补干部，达到寓将于学的目的。

(三)学校军训新方案之内容要点：

(1)健全组织机构：高中以上学校设置军训总队，并确定其职掌。

(2)履行军事管理。

(3)加强训练时间。

(4)充实军训设备。

(四)关于学生服兵役之规定，凡各级学校之兵役适龄学生，自三十二年起一律依法抽签，按序征召，不得缓役。

(五)各校学生应澈底认识教育即生活，生活即战争，诚恳接受军训，尤盼各校院长及军训负责人员，共同努力贯澈新方案之实施，奠定建军建国的基础，完成划时代的使命！

陈部长，各位教职员学生诸君：

今天本席和陈部长到此地来，召集沙磁区高中以上各学校教职员学生在此集合，特就学校军训之重要与改进和最近学校军训新方案之推行[，]，提出来向大家说明。

学校军训的意义：我国古时的兵役制度，乃是文武合一，兵民不分——全国皆兵的制度，许多名将都是有文事而兼武备的，孔子教人的六艺——礼、乐、射、御、书、数，射御即是讲武，如春夏学干戈，秋冬习羽篇，皆足见当时是文武合一。术德兼修。而且自黄帝战胜蚩尤，开辟疆土，在历史上历代都是赫赫武功立国，自三代以至秦汉晋隋唐都是实行征兵制度，到宋朝重文轻武，改行募兵制，于是兵民分离，文武殊途，文人不习弓马，武人不识翰墨，驯至养成文弱的颓风，民力日弱，国势日衰，迫辽金南渡，偏安一隅，终至亡国，可见立国须赖武力，其重要性是关系国家的存亡，而军事教育乃为现代国家所不可忽视的要务。我们要做一个现代国

---

[1] 此全文以1943-005号文献为底本。

家的国民，也就该把军事教育认为是一种义务教育。现在我们要加强实施学校军训，就是要恢复我们祖先所遗留下来文武合一良好的六艺教育。

讲到学校军训的目的，第一，是培养军人的精神，所谓军人的精神，直言之，便是要有杀身成仁，舍生取义，冒险犯难，牺牲奋斗的精神，我们今天要使全国高中以上的学生，都要一致受过严格的军训，具备军人的精神纪律，养成军人的生活习惯，因为知识青年是社会的中坚，国家的柱石，站在领导民众的地位，受过严格的军训之后，将来无论在社会上任何阶层去服务，都必能表现军人的精神，发挥工作的效能。其次一个目的[，]即在养成大量的备役候补干部。按照规定是要求高中及同等学校养成预备军士，专科以上学校养成预备军官佐，国家在战时要动员大量的兵员，自然需要大量的干部来源源补充，若说完全由军校来培养，在平时固不需要极大量的造就，事实上也不容许，那么平时要储备大量的备役干部，便不能不赖学校军训来养成，到战时召集[，]施以短期训练，即可补充军官佐，因此我们的口号是要寓将于学。现在世界进步的国家，都正向着这种趋势发展，大家知道美国素来是最讲自由的，但他们普通教育，尤其是大学教育，凡是他本国的学生皆须受严格的军事训练。如第一次欧战时，美国能极迅速的动员四百万大军，以二百万开赴欧洲增援协约国，二百万人在后方训练，其所有干部多半是平时由受普通教育的学生养成的预备军官，战时召集[，]施以短期训练，分配到部队充任干部。那时美国还未实行征兵制度，一旦参加国际战争，政府下令动员征集，都是志愿兵，尤其他们的大学生没有不争先恐后来志愿服役，设不报名从军，即为莫大耻辱，要被社会和家庭所唾弃。在第二次世界大战爆发，英国已恢复征兵制，美国也实行征兵制，照美国陆军部的计划，一九四三年年底[，]陆海空军可以动员九百五十万，陆军的方面所需要大量的干部，当然仍是由平时普通学校养成的[，]预备军官占很大的数字，所以我们目前对于学校军训必须迎头赶上，积极加强，才可以达到寓将于学的理想。我国在抗战之前已实施学校军训，最初由前训练总监部主管，嗣后军训部成立时拨归政治部主管，三十一年政治部复经呈准移归军训部接管。我们以军事的眼光来观察，检讨已往办理的成效[，]实在离理想的要求甚远，其主要原因[，]即职权未划分确定，组织机构不健全，人材器材经费不充实，自军训部接管之后，即从新擘划，期谋改进，曾经与教育军政有关各部多次详密商讨，最近始决定学校军训新方案，即可呈准颁布施行，在开始实施以前，特将学校军训新方案之内容要点，略加分述：

（1）健全组织机构，实行军训总队制度，决定高中以上学校设置军训总队，以校（院）长兼军训总队长，军训主任教官为副总队长，军训总队与训导处并隶校（院）长之下，分任行动与思想之管理考核事宜。（2）确定军训总队之职掌：（甲）学生军事训练之计划与实施，（乙）学生军事管理之计划与实施，（丙）学生请假事项，（丁）各种典礼集会领队事项，（戊）学生军事管理范围内之奖惩事项，（己）本总队官佐考勤与其他事项。如此，制度与职掌确定，各级军训干部应一致服从校（院）长之领导，努力推进。（3）厉行军队管理，凡受军训的学生，其一切起居饮食行动，皆须遵照军队内服务规则及陆军礼节所规定，抱定立志自强自治之信念，恪守纪律，服从命令。诚恳接受管训，力矫以往散漫颓废之积习，养成严肃整齐的风尚。(4)加强训练时间，在校训练，中等学校各级学生每周三小时，计学科一小时，术科二小时，专科以上学校一至三年级学生每周三小时，计学科一小时，术科二小时，并尽可能范围施行兵科业科训练，中等学校学生另于毕业后，集中训练五个月。(5)充实教育设备，凡有关军事教育所需之各种器材，按照规定标准，分别由各校及中央主管机关充分设置，如需要大量的费用制备之器材，即由中央统筹发给现品，或拨款交各省军管区司令部，代制转发，其教育所需枪械弹药，并拟请军政部筹发，至学校军训所需教材，则由军训部根据教育计划分别统一规定。关于教育设备方面，最近军训部与教育部并经会商办法两项：(甲)应由中央发给者，如武器弹药等，由中央主管部拨发。(乙)应由学校制备者，即由各该校自行筹办，准予作正支报。

其次关于学生服兵役之规定：查过去兵役法所规定，凡在校学生可以缓役，致使知识青年都有规避兵役之机会，我们和世界进步的国家相比较，实在望尘莫及，美国最近实行征兵，他们国家元首罗斯福总统也首先报名，许多曾受高等教育的学生，也都踊跃应征，绝无意存规避的。至于英国和倭寇，除师范学生缓役之外，其余无论学士博士[，]甚至他们国家皇太子贵族王公也都入伍服役。抗战期间，我们俘虏敌军中也有很多曾受高等教育的，足征他们军队素质比较优良，反观我国则不然，军队中大学生当士兵的敢断言是没有，而各军事学校招考学生，中等学生也不踊跃应考，知识青年都不愿服兵役，应征服兵役的都是愚而无知，贫而无告的。如此我们国军的素质低落，实不为无因，何况服兵役乃是捍卫国家的神圣义务，将这种重大的责任交付愚贫阶级来担当，岂能胜任？要改正此种缺憾，便要使知识青年能普遍到阵营中去，然后我们国军的素质才能提高，中央有鉴于此，最近始将兵役法检讨修正，凡各级学校之兵役适龄学生，自今年一月起，一律依法抽签，按序征召，依其程度，配服役务，不得予以缓役。按我国现行兵役制度是常备兵役(现役，正役，续役[，])和国民兵役，修正兵役法颁布后，凡在校适龄学生应依法抽签，配服兵役，是不是需要完全充任列兵令赴前方作战呢？本来在外国征兵国家，是不分贫富贵贱，一律没有差别，我国因为教育尚未普遍，而受高中以上教育的学生，为数量不众多，如中签之后，拟令入特种兵或宪兵部队服役，以示优遇。此项办法，军政部已有明细规定，即可颁布施行。

抗战已进入第七个年头，我们英勇抗战牺牲奋斗的结果，已使我国在国际上地位提高，最近英美并自动取消对华不平等条约，与我重订平等新约，友邦亦赞许我国为世界上一等强国之一，须知盛名之下，其实难负，如何使实符其名，最重要的是要建立现代国防，来保障国家维护永久的独立自由平等，所以加强军事教育，推行征兵制度，实为当前急务。本届十中全会曾有各级教育应以军事化为中心之决议，总裁亦曾谆谆训示以军事化的教育相勖勉，处于现在生存竞争的时代，希望诸生应澈底认识教育即生活、生活即战争，改正过去重文轻武的错误观念，一致诚恳的接受严格的军训，踊跃从军，尤盼各校院长以及军训负责人员，共同努力，来贯澈新方案之推行，奠定建军建国的基础，完成划时代的使命！

391 得天独厚的重庆大学

文献编号 1946-009 得天独厚的重庆大学

■ **文献信息**

期刊《读书通讯》，第109期，第13-14页，1946年

文献编号：1946-009

■ **简体全文**

得天独厚的重庆大学

黄晞

为了战事影响，许多有名的大学一迁再迁，以致大伤元气。唯有稚龄的重庆大学"得天独厚"，日趋于健全与进展，被誉为东方的"麻省"。

重大矗立嘉陵江畔，宽广千亩；校舍分布其间，道路纵横，林木青葱，俨然似一个稀疏清静的村落。高踞江边的土黄色楼堡，是工学院的大本营；外形似宫殿的理学院，是学校行政机构所在地；里面有庄严肃穆的礼堂，两旁散布着图书馆与教授宿舍；图书馆在绿荫深处，环境清幽，研读其间，真如处身古刹！只可惜座位太少，常苦人满之患。男女宿舍与膳堂分处三角形顶点，中间是古罗马式的体育场。沿江有整齐的石栏干，配着平广大道，闲步其间，俯视江流，颇觉雄伟。校门附近是机械工厂和电机实验室，门外街道横列。学校全境之建造规模，可谓富丽壮大。据闻重大创办时所拟建筑计划本欲架桥横跨嘉陵江，划分校舍为二部，盖欲仿效剑桥大学之雄姿也。

重大现分理、工、商三学院。理院内有数理、化学及地质三系；工院内有土木、机械、电机、矿冶、化工及建筑六系；商院内有会统、工管及银保三系。另有统计与体育二专修科。本学期同学一千二百余人，女同学约占五分之一，教授近百。工院同学占全校半数，惟理院同学仅百人，而正副教授却有十四位之多；选读工程科学之学生特多，此亦近年来国内诸大学之普遍现象。

张洪沅校长是位化学专家，潜心研究，校务设施，极为稳重。教务长郑衍芬先生，努力教务，其慈爱态度与笃行精神，实具教育家作育青年之优良风格，同学无不深庆得人也。教授中尤多知名之士。如地质权威李四光氏，经济权威马寅初氏，均聘为特约讲座。工院院长冯简氏为国中电讯专家；理院院长段调元为知名数学家；新任商院院长朱国璋先生是学人中后起之秀，研习会计学。矿冶系主任何杰氏，任教国内各大学逾三十年，地质及矿冶界人士多出其门。电机系主任闵启杰氏，敏慧精明，热心教育，为同学所爱戴。……战时国中专家，多集中重庆，重大因此而大受其惠。

校中各系平衡发展。以工院中电机、矿冶两系较负声誉。电机、机械各系奉教部令，现均增添班数，以应建国之需。地质系设置于民国廿五年，设备尚称完善，加以年前得管理中英庚款董事会之补助，由美购到最新出版之矿床构造、地文、地史等各类书籍近百种，使该系增加不少参考资料。重大的图书馆，藏书虽不多，而最新国外出版之杂志书册则常有；实验设备在目前尚称完善。有机械工厂、电力实验室、电讯试验室、材料试验室、热工试验室、化学实验室、矿物标本陈列室、飞机汽车零件陈列室等。

由于学校环境较优，物质条件尚不过劣。膳食办理得颇有成绩，晚间电灯辉煌，因而同学对功课颇感兴趣，除图书馆外，学生服务社与沙砰[坪]碛[坝]各茶社，都是他们温习的好地方。

同学对课外活动亦颇起劲。"江山剧社"每次演出均博得校外人士好评；"唯歌"歌咏团多为重大同学；壁报除各系系会所出版之期刊外，又有《自由钟声》《纵横报》、《大风》、《重风报》、《新新半月刊》、《心声》及《重庆大学校刊》与《工商管理》等。后两种是定期铅印刊；各刊偏重时事与文艺，虽无学术上的创见，亦可见同学们对实[时]局的关怀与文艺的爱好。此次学生自治会竞选代表之热烈情绪，更感到同学们对民主精神的重视。

年来重大毕业同学赴英美深造的，以工院矿冶、电机、机械居多。在校外同学工作勤奋，对建设事业颇多建树。

年青的重大，在战时特别显出壮健。近六七年来力图进步的结果，已能与战前负有声誉之其它大学并驾齐驱。在诸教育家苦心策划与力求发展之下，来日定[将]光芒万丈。

392 西南学府——国立重庆大学

文献编号 1947-007　西南学府：国立重庆大学（节选）

■ **文献信息**

期刊《中央工校大竹同学会会刊》，第 3 期，10-14 页，1947 年 6 月 6 日

文献编号：1947-007

■ **简体全文**[1]

西南学府——国立重庆大学

唐□甫

本校创办以来已有十八年之历史了，此十余年之岁月虽不算太长，但在苦难抗战期中百般困难情形之下觅求发展，含辛如[茹]苦，惟局中人心头才能体味，幸过去寒暑并未空虚消逝，本校毕业同学兹已分布于全国各地，为国建设而努力，他们不但表现着特殊的精神，并且已经为中国新青年创造了一种朴实苦干的典畴，差堪告慰于关心本校的诸位同学，亦逢国立中央工校大竹同学会刊印会刊，为我县青年同学报导学府概况，涵义玉[不]深，不能不倍增兴奋，爰将本校之史梗概述于次[，]借供关心本校同学之参考。

（一）创办经过：重庆位于长江上流，为西南工业中心，附近纵横千里，物资丰富，

---

[1]　原文内容篇幅较长，仅节选部分内容。

人烟稠密，而今最高学府以资作育人才，匪特附近学子须千里，求学他方，文化水准亦形落后，爰于民国十五年秋，在成都举行四川善后会议，有在重庆设立大学一所之议，十八年夏刘故主席甫澄，召开筹备会议于渝，当即决议成立，定名为省立重庆大学，由公家拨款开办[，]租产于本市菜园坝为临时校舍，是为本校成立之始。

（二）省立时期，当创立伊始，设备简陋，十八年秋仅招收文理两科，预科生各一班，是年夏，乃开办本科，设文理两学院，文学院设中国文学系，外国文学系，理学院设数学、化学、物理三学系，二十二年秋增设农学理[院]，廿三年增设史学系，是年夏迁入沙坪坝新建校舍，该地广袤科千亩，旁依嘉陵江，风景幽雅，洵为学术研究之所，大学规模于□粗具，廿四年□□教育部核准立案，并将省立工学院并入工学院（本校）[，]成立机电、土木、采冶三学系，原有之文农两学院并入四川大学，廿五年工学院又增化工学系[、]建修实习工厂，理学院去年又将物理化学两系合并为数理系，另增设地质系，理工两学院计已完成七系，另设体育专修科，并受四川省府委托代办体育师资训练班，廿六年又应地方人士之请增设商学院，聘请马寅初先生筹备，始于廿七年度商学院即正式成立，设银行保险系，工商管理学系，会计系，廿八年春，奉部令附设统计专修科，廿九年，工学院将原有之电机系分为机械与电机两系，并增设建筑学系，于是工学院只有六系，是本校最完整之学院，设备最完善，最充实，就学人数很多，卅一年本校与公路总处合作设立公路实验研究室，同时并准川省府设立应用化学研究室，是待本校已有三学院十二学系，二专修科，同学逾千人，教职员达三百余人，斯为全国省立大学中规范宏大水准最高者。

（二[三]）国立时期，卅一年冬本校经行政院通过改为国立，卅四年又奉令增设法学院，先设法律系，卅五年春政府还都南京，本校收复区同学东下纷纷，但因其他公私立大学教授，设备校舍多不如本校者，皆仍返校就学，而迁川各校复员后本校又奉令增设院系，原理学院改为文理学院，增设中国文学系，教育学系，法学院增设经济学系，另设医学院，开设大学先修班，并接办国立会计专科学校，统计共有五学院，十六学系，一医学院[，]前期三专修科一先修班，共有同学二千余人，教职员四百余人，此外尚有附属小学一所，有学生二百余人，此本校四五年来院系之扩充，及同学人数之增加之概况也。

（四）本校设备概况——本校原有理工商三学院及第一二三学生宿舍，图书馆，容千五百余人之餐所，教职之住所外，卅五年春并接收中央大学大部分校舍及设备[，]除供本校同学使用外，并租出一部分校舍与中央测量学校作校舍，可容千余人，本月份已动工建修一新式学生宿舍，于本校沙磁医院侧，费用五千数百美元，不久即可落成。近以图书馆觉容量不敷，已组织专门建修委员会，筹建一新图书馆，初步拟筹□□□元，将于本年暑假招标承建，此系本校校舍最近之梗概。

[……]

（五）大学之目标——以上所述乃本校□去之情形，□现在之状况而已，今后本校师生仍本过去方针努力迈进，庶不耻立于大学之林，然而大学的目标，并不仅止于技术能力之训练，且具有更高深之意义，否则又何别于传习所或职业训练班。大

学负有提高全国文化水准，培植领袖人才，发挥青年学子天赋才能之责，故大学图书设备应力求充实，学术空气应力使其浓厚，同学质量之重要，远在数量之上，有人讥中国无大学，盖指现行之大学中所授课程多有□于研究院者，而同学入学之程度则仅止于高中，话虽似□，然亦不无理由，本校即尊为地方区域最高学府，则有肩负甚[其]应有之责任，增进文化改革风气，本校向以实事求是为本。故对于院系之扩充，增设，概以资乃[产]设备条件而定，目前尚无研究部门之设，近三年内，多致力于研究部之设立。总之本校努力之目标与方针，在提高学术之研究，为国家造人才，为人类谋幸福。

（六）时代之使命，大学的目标与本校努力之方向，已如上述，至于欲考本校同学，应求三育亦进，智育方面尤以工具科应尽力求充实，以为入校后，研究之工具。异日学成，改革社会服务人群，乃时代之要图，适逢中工同学会出刊，爰志者语与我县青年同学共勉之！

393 三十六年度最近体育活动概况

■ 文献信息

期刊《重庆大学校刊》，第7期，第5-6页，1947年10月15日

文献编号：1947-021

■ 简体全文

本年最近体育活动概况

（一）场地整理：

本校运动场地，分本部及松林坡两处。本部运动场，开学之初，由内警二总队一中队铲草滚压，平坦适用。跑道及四周下水道，亦均翻修。两处之篮球架，黑白相间；足球门，红白相衬；单双杠等器具，均加白漆，面目一新。

（二）体育科各教师分工合作：

体育科各教师，除每人任课外，为求体育工作推进便利，于科主任之下，分成若干股，由各教师分别担任。其职务人员，摘述如次：科主任刘德超，教务李代铭，训导袁明诚（男），吴厚柏（女）；课外活动晏正鸽（股长），苏伯平，李明允，曹积铣，吴厚柏，蒋美珍，孙俊华；文书汤寿昌；研究杨瑞昌（股长），李明允，罗宗射；服务冉启刚，李明允；生活指导邓德达；场地整理李代铭，曹积铣；保管汤寿昌；普体李芳（股长），张道伦[，]陈季贤。

（三）奖学金获得须注意体育：

本期教务训导两处，共同公告，对于体育极为重视，凡获奖学金者，其体育成

本年最近體育活動概況

（一）場地整理：

本校運動場地，分本部及松林坡兩處。本部運動場，開學之初，由內委一總務一中整剔東滾聊，平祖通川，鬼遊及開通下水道，本身勞作，用樹之藍球架，黑白相間，足球門、紅白相欄，眾覺忙等器具，為加白漆，面目一新。

（二）體育科各教師分工合作：

體育科各教師，除任人任課外，尚求體育工作進進便利，於科主任劉選超之下，分體育若干段。由各教師分組擔任，比體揚人員，拘達四次，科主任劉選超、教務李仲銘、調導黃學誠（男）、吳厚柏（女）、課外活動是正課（段長）、蔡伯千、李明尤、曹積統、吳厚柏、蔣美珍、環俊潘、文晉揚壽崗、研究揚瑞昌（段長）、李明尤、羅家射、服務丹怀開、生活指導郭鈺詩、揚地基理李代銘、曹積統、保情過志昌、黃觀李　为（段長）、避遊論卓賢。

（三）獎學金應得須注意體育：

本明教務訓導附錄，共同公告，劉選超提出，凡領獎學金者，其體育成績須在七十分以上。

（四）比賽誌要：

本明開學以來，每日勤習體育比賽。其中場面偉大，觀眾最盛，尤以場上噪者，計記：

1. 「汽十六關籃球隊」與「體育科」友誼賽，「汽十六關籃球隊」僅育時手毛七週參多人，於最近陪部相良盃籃球賽中，每每必克榮護冠軍。於九月二十六日晚少，分甲乙兩隊，與本校「頂體」及「敬事」兩隊作戰，激案，故寡勢禮局利，朗承歸去。

2. 「足球校隊」：「東平足球隊」乃渝市歷史悠久，勢力遂過之一隊。「東平」乃會以地主之委遙，出師庸戰，瞻遠抱歉，賓山天命，木明東山再起，勝「廣益」，克「南開」，愛十節下午會乘本校比賽，年少力壯，觀眾眾千人，結果各無所錄，打成和局。

3. 「頂體」的「青墊」：「青墊籃球隊」，錫南關之代表隊，年少力壯，工。

（續右欄）

6. 太極拳班：松林坡開設第五屆太極拳班，已於本月八日開始訓練，參加者為一二三年級同學，計一百餘人。由體育科郭德棣先生指導，个為應三四級與教職員練習起見，撰於最近定午后五時至六時，再在本部大

5. 校際足球負於「南開」：十月十二日為本校成立第十八週年校慶記念日，校慶足球負的「南開」。環院區本校工商各院系所組之強隊，付代表本校，參與陪都大小比賽數十戰，雙十月份逢「青墊」飛校大戰於本部第一籃球場，觀眾數千人，「青墊」受挫收北。

4. 「青墊」負於「環球」：環院區本校工商各院系所組之強隊，付代表本校，於上明沙坪中等學校籃球賽中之牛年。環隊於九月二十四日來網超軍，執上明沙坪中等學校籃球賽中之牛年。環隊於九月二十四日，與「頂體」比賽，雖以五十八比四十收於「頂體」然其精神不懈之精神，實極可欽。

（五）本校體育人事變動：

體育科及全校體育主任，除仍由劉德超氏擔任外，前主任袋教授程資科氏，奉命休假一年。尚就中央測校及兵工範學院　體育系講學副教授匡人弘震海先生，囚復員僱保，商就中央測校及兵工範學院　體育系講學副教授匡人弘震海先生，乃擔及師院爭聘其區副教授，囚師生感情橋隔，同部和陸異常，乃犧牲北方優厚之待遇，再返本科。余科師生，與常欣喜。北平市偶會任川師洲育主任九年之宣明誠先生，與第一州畢業揚瑞昌先生，八屆畢業之孫俊華小姐，國們畢業之國藝華僑邱慶榮先生，本明均應聘本校，擔任網育工作。

绩须在七十分以上。

（四）比赛志要：

本期开学以来，每日均有体育比赛，其中场面伟大，观众云集，蔚为坝上盛事者，计为：

1."汽十六团篮球队"与"体育科"友谊赛，[:]"汽十六团篮球队"拥有国手王士选等多人，于最近陪都绍良杯篮球赛中，每战必克荣获冠军。于九月二十六日莅沙，分甲乙两队，与本校"重体"及"教联"两队作联谊赛，该队均获胜利，凯歌归去。

2."足球校队"和"东平"："东平足球队"为渝市历史悠久，势力最强之一队，称霸山城，已十余年。昔年"沪星"成立"东方"来渝远征，"东平"均曾以地主之姿态，出师应战，虽遭挫败，实由天命。本期东山再起，胜"广益"，克"南开"，双十节下午曾来本校比赛，观众数千人，结果各无所获，打成和局。

3."重体"战"青云"："青云篮球队"，为南开之代表队，年少力壮，技术超群，执上期沙区中等学校篮球赛中之牛耳。该队于九月二十四日来校，与"重体"比赛，虽以五十八比四十四败于"重体"[,]然其始终不懈之精神，实极可钦。

4."青云"负于"环队"：环队为本校工商各院系所组之强队，曾代表本校，参与陪都大小比赛数十战，双十日曾邀"青云"莅校大战于本部第一篮球场，观众数千人，"青云"受挫败北。

5.校庆足球负于"南开"：十月十二日为本校成立第十八周年校庆纪念日，天不作美，细雨濛濛，但是日到毕业校友极多，当日本有体育活动甚多，惜因雨多半停止。然足球依旧于午后举行，为"南开"战本校"体专队"[,]南开活泼玲珑，"体专科"战斗力有余，脚头尚欠，结果一比，南开获胜。

6.太极拳班：松林坡开设第五届太极班，已于本月八日开始训练，参加者为一二年级同学，计一百余人。由体育科邓德达先生担任指导，今为应三四级与教职员练习起见，拟于最近定午后五时至六时，再在本部大运动场，开设第六届训练班。

（五）本校体育上人事变动：

体育科及全校体育主任，除仍由刘德超氏担任外，前主任兼教授程登科氏，奉命休假一年。刻已到北平师范学院，体育系讲学副教授巨人张震海先生，因复员关系，高就中央测校及兵工学校体育主任。讲师蒋美珍先生，北平市体专及师院争聘其为副教授，因师生感情极笃，同事和睦异常，乃牺牲北方优厚之待遇，再返本科；全科师生，异常欣喜。又本科创办人之一，李芳教授，及曾任川师训育主任九年之袁明诚先生，与第一届毕业杨瑞昌先生，八届毕业之孙俊华小姐，国体毕业之国泰华侨邱庆荣先生，本期均应聘本校，担任体育作工。

■ 文献信息

期刊《重庆大学校刊》，第7期，第7页，1947年10月15日

文献编号：1947-027

■ 简体全文

　　△来宾福音　本校面积辽阔，各部份房舍散布各方，来宾素感访问困离[难]。近潘总务长特请土木系同学绘制千分之一校址图一幅，部位准确，色彩鲜明；现置校门传达室旁，来宾按图觅屋，莫不称便云。又闻，新接收中大松林坡等处房地详图，亦已由土木系同学测绘完毕云。

△来賓福音　本校面積遼闊，各部份房舍散佈各方，來賓素感訪問困離。近潘總務長特請土木系同學繪製千分之一校址圖一幅，部位準確，色彩鮮明；現置校門傳達室旁，來賓按圖覓屋，莫不稱便云。又聞，新接收中大松林坡等處房地詳圖，亦已由土木系同學測繪完畢云。

文献编号 1947-027　来宾福音

介紹男女混合排球

為了倡導男女混合的種各社交遊戲。茲將混合排球的玩法介紹於下：

【設備】（一），球場與女子排球場同，長六十尺，闊三十尺，網高六尺六寸。（二）：即普通排球。【球員】短隊應有球員九人。：（一）定位式者女三人，男六人。（二）流換式者女四人，男五人。

【定位式比賽法】女隊員位於前排，男隊員位於二排及三排，男隊員不得攻球及跳高壓球，女隊員則可隨便應用各種擊球方法攻球，惟不得犯規。與普通排球同，男隊員不得用高手扣球法發球。發球時第三排左方第一人開始，與普通排球同，只能用抑手托球法發球。計分方法及一切規條例均與普通排球同。

【流換式比賽法】自三排左方起發球，每發球終了即向右移一位置每一隊員均有輪換打球的機會，在比賽進行中，男子在前排，可躍起扣球，不許扣球或用任何方法壓球，但有情形，其餘一切情形，均與普通排球同。

遺項遊戲有下列優點：（一）技術訓練：女隊員攻球技術可獲較速的進步，男隊員對散球的技術，亦甚有幫助。（二）合作：每次之優勝隊，其得勝之主因，不祗在個人的技術，而在全隊之合作。（三）增加運動興趣。（四）運動服裝容易整齊：因男女混合之故，一般不在乎或裸體赤背之情形自然沒有，頗有紳士排球態度。（五）爭吵或犯規之行為，可減免。

文献编号 1947-045　介绍男女混合排球

■ 文献信息

期刊《重庆大学校刊》，第8期，第7页，1947年11月15日

文献编号：1947-045

■ 简体全文

介绍男女混合排球

为了倡导男女混合的种各[各种]社交游戏。兹将混合排球的玩法介绍于下：

【设备】(一)，球场与女子排球场同，长六十尺，阔三十尺，网高六尺六寸[；](二)：[，]即普通排球。

【球员】每队应有球员九人：(一)定位式者女三人，男六人，[；](二)流换式者女四人，男五人。

【定位式比赛法】女队员位于前排，男队员位于二排及三排，男队员不得攻球及跳高压球，女队员则可随便应用各种击球方法攻球，惟不得犯规。发球时第三排左方第一人开始，与普通排球同，男队员不得用高手扣球法发球，只能用抑[仰]手托球法发球。计分方法及一切犯规条例均与普通排球同。

【流换式比赛法】自三排左方起发球，每发球终了即向右移一位置[，]每一队员均有轮换打球的机会，在比赛进行中，男子在前排，只可跃起关门，不许扣球或用任何方法压球，但可托球过网，其余一切情形，均与普通排球同。

这项游戏有下列优点：(一)技术训练：女队员对攻球技术可获较速的进步，男队员对救球的技术，亦甚有帮助。(二)合作：每次之优胜队，其得胜之主因，不只在个人的技术，而在全队之合作。(三)增加运动兴趣：往往因社交之故，混合排球是一般男女学生最愿参加的游戏。(四)运动服装容易整齐：因男女混合之故，一般不在乎或裸体赤背之情形自然没有，颇有绅士排球态度。(五)争吵或犯规之行为，可减免。

396　本校医药卫生组诊疗规则

■ 文献信息

期刊《重庆大学校刊》，第8期，第8页，1947年11月15日

文献编号：1947-047

■ 简体全文

本校医药卫生组诊疗规则

一、本室诊疗以本校教职员工及其家属为限。

二、来诊患者原则上须以学生注册证，教职员证章为凭，至各工友则以事务组之名册为根据。

三、诊疗前，患者须先签名，然后由挂号人员检取其诊治记录封套，依序治疗。

四、兹值本室购药经费有限，如遇贵重药品缺乏时，须由患者自行向外购买。

五、本组挂号及诊疗时间如左：

　　　　（挂号时间）　　　　　　　　（诊断时间）

上午　　九至十一时半　　　　　　　九至十二时

下午　　二至四时半　　　　　　　　二至五时

六、就诊者，由本组医师诊断处方，然后照方发药，不得自行指定药品，擅自索取。

七、非经本室医师诊断处方者，不得在本室药房取药。

八、关于签发诊断证明书事，因本室仪器不足，统由患者向各公立医院自行请求填发。

九、本规则由校长核定后公布实施。

本校醫藥衛生組診療規則

一、本室診療以本校教職員工及其家屬為限。

二、來診患者原則上須以學生註冊證，教職員證章為憑，至各工友則以事務組之名冊為根據。

三、診療前，患者須先簽名，然後由掛號人員檢取其診治記錄封套，依序治療。

四、茲值本室購藥經費有限，如遇貴重藥品缺乏時，須由患者自行向外購買。

五、本組掛號及診療時間如左：

　　（掛號時間）　　　　（診斷時間）

上午　九至十一時半　　　九至十二時

下午　二至四時半　　　　二至五時

六、就診者，由本組醫師診斷處方，然後照方發藥，不得自行指定藥品，擅自索取。

七、非經本室醫師診斷處方者，不得在本室藥房取藥。

八、關於簽發診斷證明書事，因本室儀器不足，統由患者向各公立醫院自行請求填發。

九、本規則由校長核定後公佈實施。

文献编号 1947-047　本校医药卫生组诊疗规则

397 重庆大学空前悲剧　体育科学生殴伤工学院学生

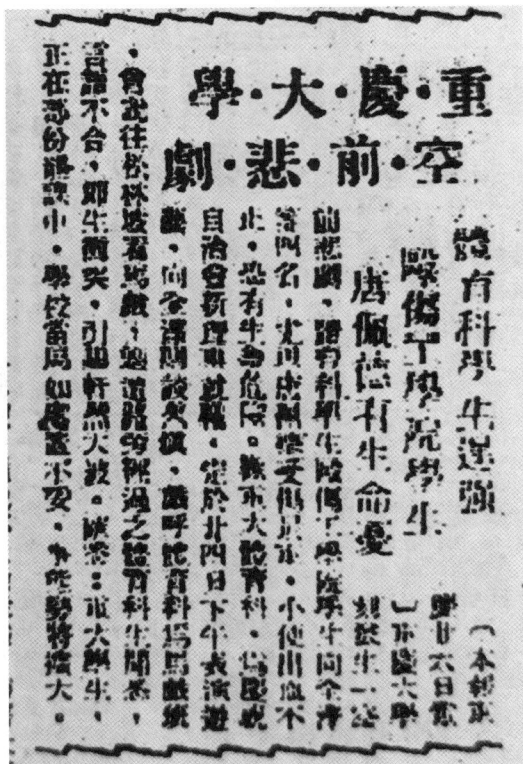

文献编号 1947-052　重庆大学空前悲剧　体育科学生殴伤工学院学生

■ 文献信息

报纸《申报》，1947 年 11 月 27 日，期号 25067 号（上海版）

文献编号：1947-052

■ 简体全文

重庆大学空前悲剧

体育科学生逞强　殴伤工学院学生　唐佩德有生命忧

【本报重庆廿六日电】重庆大学[刻]发生一空前悲剧，体育科学生殴伤工学院学生向全泽等四名，尤以唐佩德受伤最重，小便出血不止，恐有生命危险。□重大体育科，为庆祝自治会新理事就任，定于廿四日下午表演游艺，向全泽则谈□慎，戏呼体育科为马戏班，会就往松林坡看马戏，适道路旁经过之体育科生闻悉，言语不合，即生冲突，引起轩然大波。□悉：重大学生，正在部份罢课中，学校当局如处置不妥，事态势将扩大。

自治會一年

高維善

一年的動盪，一年的考驗，我們終算把住了舵，將遭滿載同學的小舟——重大自治會——駛過了一段艱困的旅程，回憶當年的諾言，雖說不免遺憾之處，然而，對於同學福利的增進，學校聲譽的光大，凡是我們能力所及的，已絲毫沒有吝惜地拿出全部力氣將先幹成，現在我們任期已屆滿，我們放下了這自治會的幼苗，遠眺它來日的碩果，我願寫下一年來所經歷的一切：

一、組織

幾次的變動，幾次將流產，在民國卅五年的暮春，方始誕生了「國立重慶大學學生自治會」，卅五年三月到十一月是第一屆自治會時期，卅五年十一月到三十六年十一月是第二屆自治會時期。自治會是由班代表會及理事會合組而成，前者為全校同學最高立法機關，因其負一切議案行政責任，故通常係調自治會即指理事會而言。後者是執行機關，一切議案行政責任，理事會共有理事十七人，正常務理事一人，副常務理事二人。下設總務、學術、康樂、福利、交際五部，我們第二屆理事人選及職務分配如後：

正常務理事：高維善
副常務理事：池長嘉　馬子超
總務部召集人：趙烈民（榘）
　文書股：蔡游淼　張儒胤
　事務股：
　出納股：
　會計股：孫總
研究部召集人：李秀
　出版股：會崇明
學術部召集人：
　體育股：劉兢
　游藝股：劉潤
康樂部召集人：
　衛生股：
福利部召集人：黃英（龍途坡）
交際部召集人：吳乾榮　趙建漢

文献编号 1947-058　学生自治会一年（节选）

■ 文献信息

期刊《重庆大学校刊》，第9期，第3-5页，1947年12月15日

文献编号：1947-058

■ 简体全文

自治会一年

高维善

一年的动荡，一年的考验，我们终算把住了舵，将这满载同学的小舟——重大自治会——驶过了一段艰困的旅程，回忆当年的诺言，虽说不免遗憾之处，然而，对于同学福利的增进，学校声誉的光大，凡是我们能力所及的，已丝毫没有吝惜地拿出全部力气将先[其]干成，现在我们任期已经届满，我们放下了这自治会的幼苗，远眺它来日的硕果，我愿意写下一年来所经历的一切：

一、组织

几次的变动，几次将流产，在民国三十五年的暮春，方始诞生了"国立重庆大学学生自治会"，三十五年三月到十一月是第一届自治会时期[，]三十五年十一月到三十六年十一月是第二届自治会时期。自治会是由班代表会及理事会合组而成，前

者为全校同学最高立法机关，后者是执行机关，因其负一切实际行政责任，故通常所谓自治会即指理事会而言。理事会共有理事十七人，正常务理事一人，副常务理事二人。下设总务、学术、康乐、福利、交际五部，我们第二届理事人选及职务分配如后：

正常务理事：高维善

副常务理事：池长嘉　马子超

总务部召集人：赵慰民(兼)

　　文书股：赵慰民　张儒胤

　　事务股：樊清义

　　出纳股：管先佩

　　会计股：孙嬿

学术部召集人：李秀

　　研究股：李秀

　　出版股：曾崇明

康乐部召集人：刘澍

　　游艺股：刘澍

　　体育股：喻立安

　　卫生股：刘尧

福利部召集人：黄英

　　　　　　黄英(龙金坡)

交际部召集人：吴乾荣

　　　　　　吴乾荣　赵理汉

二、经费

自治会一切活动之经费是来自全体同学之会费，这一年经费的收支情形如下：第一届自治会移交同学会费共计四十万六千六百零四元，其中三十万元已由班代表会用去，故实收□款十万六千六百零四元。在这万般无奈，一筹莫展之下，只有各处奔跑，到处挪借了，出纳组、教授会、福利会，以及我们自己所办之辅食部都是来源之一，我们第二届共收支约千余万元(另有细账)[，]，其中百分之七十五用于康乐，百分之三十用于总务，余用于其他各部。

三、工作

多难的国家，动荡的时局，却加多了我们的工作忙碌，如：一月六日的大游行，因事先筹划周详，联络完善，故结果甚佳。三月三十一日晚，土四罗显烈同学忽告失踪，又引起了我们一番奔走。时间渐渐冲淡了坝上一时的恐怖与神秘，渡过了一个兴奋的音乐晚会，接着是忙着一个沉重而凄惋的杜长明教授的追悼会。五月十八日的市运会，却使坝上平添无限的生气；但不幸的万米事件，造成了流血的惨案，经我们多方的交涉，正义终于获得胜利。五月三十一日晚，我们为欢送毕业同学请名话剧家王永校先生来校表演，次日并放映电影，但在六月一日晨，又发生所谓"六一事件",使我们与教授会及学校当局奔走营救,结果,总算达到预期的目的。在这暴风雨的间歇的平静中,我们才能重振疲惫的精神转注同学们的福利、[,]娱乐及学术的研究。在此我愿将它们写在下面:

(一)康乐方面

康乐包括游艺,体育,卫生,元旦日首次演出京戏,电影放映前后共四次。四月五日,联合校内各游艺团体,举行了空前的音乐晚会,十七大[个]节目,三十支名歌,军乐学校教育卡洪潘先生亦被请参加,在大礼堂的横梁上很久还缭绕着优美的余音。本年度的校庆,更大规模地演出京剧及蓓蕾剧社的"万世师表"。关于体育方面,除不断举行球赛外,并于体专科返科节时,特邀请体专科举行一次扩大的体育晚会,承□程主任登科,现刘主任德超及全体体专科同学之协助,成绩裴[斐]然,誉满山城。卫生方面,除牛痘苗与防疫针外,并拟喷射DDT[,]惟因所费过巨不果。

(二)学术方面

学术方面,除编印《学治简报》以报导自治会动态外,并曾促请学校当局扩充图书杂志,准时开放图书馆,增建一足容千人之图书馆,此外也曾举行学术演讲。

(三)福利方面

福利是指学校环境及同学福利等之改进与建设而言,因为福利方面之事情最多也最实际,我们特组织一福利委员会,其组织及其工作如下:

(1)评价组:工作内容如食店评价,饮用水评价,成衣店评价,洗衣店评价,洗衣婆评价,以及理发室之评价等;(2)公益建设组:工作内容如女生宿舍搭筑围墙,冬季早上供应热水洗脸,改善校区建筑(如房屋、道路、电路等),增添电路,配置全校路灯,建设开水房,修建浴室,美化学校环境,与沙坪坝各商店交涉[,]对同学折扣优待,成立松林坡成衣店,成立松林坡理发店以及成立松林坡辅食部等;(3)卫生组:工作内容如饮用水之清洁,改善厨房及饭厅之卫生,改善宿舍四周及舍内之卫生,整理全校厕所等。

(四)总务与交际

说到总务与交际,我不得不感谢这几位负责人,他们所作的是无名英雄的事业。总务部是对内的,它除连缀各部外,还有几次工作的表现,如与康乐,学术两部所购置之放映电影之银幕、幕布、乐谱架、钢板及地毯等,收音机也□最近由学校取出,并请小龙坎国际广播电台代为修竣,同时还添置了一个变压器。国际广播电台台长王佐清先生,爱护本会备至,我在这里谨志谢意。交际部是对外的,凡会中每次活动,只要对外有关系,无处没有他们的足迹,如举行大游行问题,测校问题,市运会场地问题,先修班保送名额问题,各记者招待会等,都能勉力以成。

(五)其他

暑假期中,各理事或返家、或离职、或去职、或免职,因此我不得不与自治会以外的其他团体合作,来完成服务工作,其中荦荦大者:一为市运会服务委员会,不但校中献出了这美丽的古希腊式的运动场地,而且在我们所组成为大众服务的委员会中,我们大部同学供[贡]献了极大的精力,如果缺乏这些精力,我相信那活生

生的场面是不会运用得那样灵敏的。二为考生服务团，在人心思归的暑假中，我静呆在坝上，守候着我的工作，考期到来的时候，我决然的和几位在校理□联合了沙坪坝学生服务社，共组成一个考生服务团，首先解决了考生食住的问题，使无民生之忧；此外为了消除他们的迷途，设立了四个询问处，并可代为转信与寄存物件，其他如医药、饮水、考场服务等也都在内；为了灵敏他们的耳目，又请学府导报帮忙，发行"考讯"快报，直至注册以后，一批新同学安定而后止。在平静的顺利中，我们用热情冲淡了他们的生疏，解除了他们的忧虑。

四、远景晚眺

对于同学们的福利和方便，我们还有若干未完成的计划，第一、修建游泳池，第二、整理校区路线，第三、建设自来水塔，或用他法澈底解□暑假用水问题，第四、□设交谊团，第五、设置半价校车，第六、创办铅印"重大新闻"或"重大周刊"，第七、失踪同学的寻找，第八、一、三两宿舍设置双铺，以上八项，不是钱的问题，便是牵涉太广，尚待我同学共同的努力。这些未完成的计划，固然破坏了我们的理想，但，在现存的事实中，我还有几点希望：一为"教"与"训"之配合，二为读书与研究风气之养成，三为学校与学生间之密切接触，四为远大的积极建设计划之拟订，五为加强校友□之发展与扶助。

以上所述，信笔写来，未知当否？愿我师生及同学多予指正！

399　本校学生自治会卅六年度改选理事名单

本校學生自治會卅六年度改選理事名單

姓名	系別	年級	票數
吳厚安	化工	二	二八四
李亞麟	中文	一	四〇三
粟卯澤	銀保	一	一二〇
劉曦初	化學	〇	〇〇一
槊、學禹	礦冶	〇	〇八二
寓曦初	土礦	三	八五二
屈華美	土木	三	六二五
康學伸	工冶	二	九一八
李玉琛	政治	二	四二二
向　猪	建築	四	四〇一
丁哲夫	地質	四	四二〇
向元燿	外交	一	五〇二
薛自彭	銀保	一	三四四
段世才	法律	二	三四一
楊子正	法律	一	一一

文献编号 1947-060　本校学生自治会卅六年度改选理事名单

- 文献信息

    期刊《重庆大学校刊》，第9期，第5页，1947年12月15日

    文献编号：1947-060

- 简体全文

本校学生自治会卅六年度改选理事名单

姓　名	系别	年级	票　数
吴厚安	化工	二	三八四
李亚麟	中文	二	三四三
粟和泽	银保	二	三一〇
刘棣常	化学	二	三〇四
梁学禹	矿冶	二	三〇二
秦曦初	电机	三	二九一
高道美	土木	三	二九〇
屈　伸	矿冶	三	二六二
康华楚	土木	二	二五八
李玉琛	工管	三	二四五
向　上	政治	一	二四二
税哲夫	地质	二	二四二
丁元耀	建筑	三	二四〇
向明朗	外交	一	二三五
薛自彰	银保	一	二三四
段世才	法律	二	二三四
杨子正	法律	一	二三一

400 学生自治会理事职务分配表

- 文献信息

    期刊《重庆大学校刊》，第9期，第6页，1947年12月15日

    文献编号：1947-061

■ 简体全文

自治会理事职务分配表

常务理事	吴厚安	副常务理事	李亚麟	粟和泽
学术部	秦曦初	研究股	秦曦初	
出版股	康华楚	康乐部	向 上	
游艺股	向 上	体育股	高道美	
卫生股	杨子正	福利部	屈 伸	税哲夫
总务部	刘棣常	交际部	李玉琛	丁元耀
庶务股	段世才	文书股	刘 兼	薛自彰
会计股	梁学禹	出纳股	向明朗	

文献编号 1947-061　学生
自治会理事职务分配表

401　本校作息鸣钟次数之规定

■ 文献信息

期刊《重庆大学校刊》，第9期，第6页，1947年12月15日

文献编号：1947-065

■ 简体全文

本校作息鸣钟次数之规定

起 身	四响	六次	共二十四响
预 备	六响	六次	共三十六响
上 课	三响	六次	共十八响
下 课	二响	六次	共十二响
进 膳	五响	六次	共三十响

文献编号 1947-065　本校
作息鸣钟次数之规定

402　三十六年度学生课外活动团体负责人一览

■ 文献信息

期刊《重庆大学校刊》，第11期，第3-4页，1948年2月15日

文献编号：1948-016

三十六年度學生課外活動團體負責人一覽

重大平劇社	袁均達 謝運國
莎府劇藝社	沈浩梢
海韻□胡社	向　明
蓓蕾劇社	馬燮允
嘉陵合唱團	劉思坦 段　榮
學府導報	周佐源
學宮報社	舒傳璽
學報社	劉鴻惠
松光社	周安照
野風文藝社	楊國屏 李淑芳
長虹社	常克家
辛路學社	徐炳鑑
進誼社	沈浩梢
綠洲壁報	李亞麟
教育系民衆壁報大家看	黃寶富
柏聲報社	趙　鼎
重瀘通訊	陳曉東
MR·TRIGG漫畫社	李大昌
正光法學會	黃　槐
法律系一年級級刊	何恒信
辛卯之聲	唐玉良
重藥社	可用書
正公報	許榮坤
重大平劇社改名重聲平劇社	（前已開列）
湘聲社	劉典魁
海風歌詠團	崔　均

文献编号 1948-016　三十六年度学生课外活动团体负责人一览

■ 简体全文

三十六年度学生课外活动团体负责人一览

重大平剧社	袁均达　谢运国
莎府剧艺社	沈浩栴
海韵□胡社	向　明
蓓蕾剧社	马燮允
嘉陵合唱团	刘思坦　段　荣
学府导报	周佐源
学宫报社	舒传玺
学报社	刘鸿惠
松光社	周安照
野风文艺社	杨国屏　李淑芳
长虹社	常克家
辛路学社	徐炳鉴
进谊社	沈浩栴
绿洲壁报	李亚麟
教育系民众壁报大家看	黄宝富
柏声报社	赵　鼎
重泸通讯	陈晓东
MR.TRIGG漫画社	李大昌
正光法学会	黄　槐
法律系一年级级刊	何恒信

辛卯之声	唐玉良
重华社	何用书
正公报	许荣坤
重大平剧社改名重声平剧社	（前已开列）
湘声社	刘典魁
海风歌咏团	崔　均

403　重庆大学生提倡穿草鞋

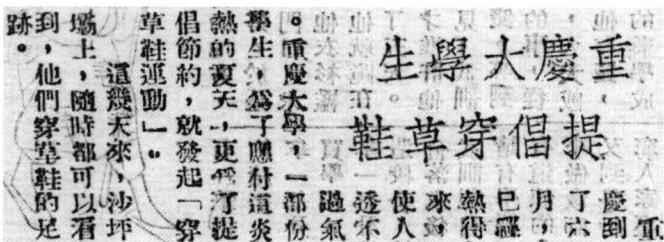

文献编号 1948-042　重庆大学生提倡穿草鞋

■ 文献信息

报纸《儿童日报》，1948年6月8日

文献编号：1948-042

■ 简体全文

重庆大学生提倡穿草鞋

重庆到了六月，已经热得来，使人透不过气。重庆大学，一部份学生，为了应付这炎热的夏天，更为了提倡节约，就发起"穿草鞋运动"。

这几天来，沙坪坝上，随时都可以看到，他们穿草鞋的足迹。

404　国立重庆大学卅七年春季运动会

■ 文献信息

期刊《重庆大学校刊》，第14、15期(合刊)，第6-10页，1948年6月15日

文献编号：1948-048

本校春季運動會專頁

一 國立重慶大學卅七年春季運動會簡則

第一條　目的——以增進學生身心健康及砥礪技術為目的

第二條　會期——五月四五兩日

第三條　組別：一、普通系科男子組　二、體專科男子組　三、普通系科女子組　四、體專科女子組

第四條　項目

甲、比賽項目

一、男子組　一〇〇公尺　二〇〇公尺　四〇〇公尺　八〇〇公尺　千五百公尺　三千公尺　跳高　跳遠　撐竿跳高　擲鐵餅　擲手榴彈　擲鐵球

二、女子組　六〇公尺　一〇〇公尺　二〇〇公尺　跳高　跳遠　擲壘球　擲鐵餅　擲鉛球

木馬　跳箱　聯合器械　障礙賽跑　墊上運動

籃球　排球　足球　小足球　舞蹈　國術　單槓　雙槓

乙、表演項目

第五條　參加辦法　一、田徑比賽以自由組隊或個人報名參加原則　二、表演項目以個人寫單位每人參加不得超過四項

第六條　報名地點——本校體育科辦公室或在其體育課程授課先生處亦可

第七條　報名日期——自即日起至五月三日午後四時截止

第八條　獎品——前四名分別給與優勝獎會委與比賽或表演有始終者為給與紀念章

第九條　本簡章目公傳之自懒行

二 大會職員一覽

名譽會長楊市長

會長張校長

副會長鄭教務長伯羽　侯訓導長行吳　鄭院長鴻南　導院長君策

陳院長豹隱　羅院長志如　陳院長惠衡

總幹事　王群

副總幹事　李芳　袁明賦

競運組長　晏正鴻

編配　李明允

宜修　黃征白　羅宗射

揚場保管　李代銘　曹積銑

總裁判象會場管理　李芳

發令　王郡

撿錄　曹積銑　李代銘

終點裁判長　晏配鴻

終點裁判　羅宗射　黃征白　陳學賓

計時　蔣美珍　邱慶密

文献编号 1948-048　国立重庆大学卅七年春季运动会（节选）

■ 简体全文

本校春季运动会专页

一　国立重庆大学卅七年春季运动会简则

第一条　目的——以增进学生身心健康[、]砥砺技术为目的

第二条　会期——五月四五两日

第三条　组别：一、普通系科男子组　　二、体专科男子组

　　　　　　　三、普通系科女子组　　四、体专科女子组

第四条　项目

甲、比赛项目

一、男子组　一〇〇公尺　　二〇〇公尺　　四〇〇公尺　　八〇〇公尺

千五百公尺　　三千公尺　　跳高 跳远　　撑杆跳高

掷铁饼　　　掷手榴弹　　掷铁球

二、女子组　六〇公尺　　一〇〇公尺　　二〇〇公尺

跳高 跳远　掷垒球　掷铁饼　掷铅球

乙、表演项目

篮球 排球 足球 小足球 舞蹈 国术 单杠 双杠

木马 跳箱 联合器械 障碍赛跑 垫上运动

第五条　参加办法　一、田径比赛以个人为单位[，]每人参加不得超过四项

二、表演项目以自由组队或个人报告参加为原则

第六条　报名地点——本校体育科办公室或在其体育课程授课先生处亦可

第七条　报名日期——自即[日]起至五月三日午后四时截止

第八条　奖　　品——前四名分别给与优胜奖会[品][，]参与比赛或表演有始终者均给与纪念章

第九条　本简章自公布之日施行

二　大会职员一览

名誉会长　杨市长

会　　长　张校长

副 会 长　郑教务长衍芬　候[侯]训导长风　郑院长华兰　　冯院长君策

陈院长豹隐　　罗院长志如　　　陈院长志潜

总 干 事　王　静

副总干事　李　芳　袁明诚

竞选组长　晏正鸽

编　　配　李明允

宣　　传　黄征白　罗宗射

场地保管　李代铭　曹积铣

总裁判兼会场管理　李　芳

发　　令　王　静

检　　录　曹积铣　李代铭

终点裁判长　晏正鸽

终点裁判　罗宗射　黄征白　　陈季贤

计　　时　蒋美珍　邱庆云

用赛[时]裁判长　袁明诚

掷部主任　李明允

裁　　判　张道伦　　马冠群

跳部主任　苏伯平

裁　　判　孙俊华　　冉启刚

检　　查　朱国福

纪[记]录　吴厚柏

事　　务　汤寿昌

足球裁判　罗宗射

篮球裁判　苏伯平　　邱庆云　　李代铭

排球裁判　袁明诚　　李明允　　黄征白

垒球裁判　冉启刚

三　开会仪式

一、运动员入场绕场一周　　二、全体肃立　　三、主席就位　　四、奏乐　鸣炮

五、唱国歌　　六、向国旗及国父遗像行三鞠躬礼　　七、会长致开会词

八、名誉会长致词　　九、长官训词　　十、运动员宣誓　　十一、摄影

十二、礼成　奏乐　　十三、比赛开始

四　运动员宣誓式及誓词

一、宣誓由运动员代表四人行之

二、宣誓时代表徐步至司令台下[,]面向司令台上举右手高声明确□□[,]各运动员亦随之上举右手默然诵誓词

三、誓词如下："余等谨本国家倡导体育之至意完成青年智仁勇三达德以参加比赛[,]愿恪守大会一切规则并服从裁判[。]谨誓[。]"

五　各科系参加运动员之统计

一、普通男子组参加人数计二百一十八人

1.银保系十二人　　2.工管系四十五人　　3.预备班九人

4.化工系十二人　　5.矿冶系十人　　6.土木系三十人

7.教育系九人　　8.会统系七人　　9.地质系二人

10[.]法律系三十人　　11[.]机械系十一人　　12[.]数理系一人

13[.]医预科六人　　14[.]电机系十五人　　15[.]政治系一五人

16[.]经济系十一人　　17[.]中文系一人　　18[.]建筑系四人

19[.]助教会二人　　20[.]异程接力共六队

二、普通女子组参加人数计二十九人

三、体专男子组参加人数计四十八人

四、体专女子组参加人数计十三人

总计男女田径运动员共四百零八人

六 各项目参加运动员之统计

一、田径项目

(一)普通男子组：

1.百公尺八十人	2.二百公尺三十七人	3.四百公尺四十六人
4.八百公尺三十人	5.千五百公尺二十七人	6.三千公尺十九人
7.手榴弹掷远四十一人	8.铅球三十六人	9.铁饼十七人
10[.]撑竿跳高六人	11[.]跳高二十四人	12[.]跳远四十人

(二)普通女子组：

1.六十公尺九人	2.二百公尺六人	3.一百公尺九人
4.铅球七人	5.铁饼五人	6.垒球掷远十二人
7.跳远七人	8.跳高九人	

(三)体专男子组：

1.百公尺八人	2.二百公尺十五人	3.四百公尺八人
4.八百公尺四人	5.千五百公尺八人	6.三千公尺三人
7.跳高六人	8.跳远十人	9.撑竿跳高五人
10[.]手榴弹掷远十三人	11[.]铅球十七人	12[.]铁饼六人

(四)体专女子组：

1.六十公尺五人	2.百公尺四人	3.二百公尺二人
4.铅球五人	5.铁饼四人	6.垒球掷远七人
7.跳远三人	8.跳高五人	

二、球类项目参加人数

1.篮球(十七队)一百七十人	2.排球(十四队)一百六十人
3.大足球(四队)六十人	4.小足球(七队)七十人
5.垒球(二队)二十四人	6.垒球(女)十二人
7.排球(女)十二人	

总计男女球队运动员参加人数共五百一十六人

七 田径赛秩序

五月十五日上午(九时开始)

1.六十公尺 预(普女)	2.铅球 决(普男)	3.跳高 决(体男)
4.百公尺 预(体男)	5.跳远 决(普女)	6.百公尺 预(普男)
7.跳高 决(普男)	8.四百公尺 预(体男)	9.铅球 决(体女)
10[.]八百公尺 预(普男)	11[.]跳远 决(体女)	12[.]二百公尺 预(普男)

十五日下午(二时开始)

13[.]百公尺 决(普男)	14[.]铁饼 决(体男)	15[.]跳远 决(普男)
16[.]垒球掷远 决(普女)	17[.]百公尺 预(普女)	18[.]百公尺 决(体女)

19[·] 垒球掷远　决(体女)　20[·] 二百公尺　决(普男)　21[·] 二百公尺　预(体男)

22[·] 铅球　决(普女)　23[·] 四百公尺　决(体男)　24[·] 四百公尺　预(普男)

25[·] 铁饼　决(普男)　26[·] 千五百公尺　决(普男)　27[·] 三千公尺　决(体男)

十六日上午(八时开始)

28[·] 六十公尺　决(普女)　29[·] 六十公尺　决(体女)　30[·] 铁饼　决(普女)

31[·] 跳远　决(体男)　32[·] 百公尺　复(普男)　33[·] 百公尺　决(体男)

34[·] 铁饼　决(体女)　35[·] 撑竿跳高　决(普男)　36[·] 撑竿跳高　决(体男)

37[·] 二百公尺　决(普男)　38[·] 八百公尺　决(体男)　39[·] 跳高　决(普女)

40[·] 跳高　决(体女)　41[·] 四百公尺　复(普男)　42[·] 三千公尺　决(普男)

十六日午后(二时开始)

43[·] 百公尺　决(普男)　44[·] 百公尺　决(普女)　45[·] 手榴弹掷远　决(体男)

46[·] 二百公尺　决(体男)　47[·] 两百公尺　决(体女)　48[·] 八百公尺　决(普男)

49[·] 二百公尺　决(普男)　50[·] 铅球　决(体男)　51[·] 手榴弹掷远　决(普男)

52[·] 二百公尺　决(普女)　53[·] 四百公尺　决(普男)　54[·] 千五百公尺　决(体男)

55[·] 异程接力　表演赛(六队)

八　表演节目（十五日上午九时开始）

次序	单位	项目	次序[时间]
一、	二十四厂子弟小学	团体操团体健身操	
二	本校附小	唱游	
三	需英小学	拂尘	
四	本校附小	花园	
五	体专科女同学	跳跃器	
六	本校附小	团体操	
七	二十四厂子年[弟]小学	团体穿花走步	
八	有女职校	边疆	
九	本科普通系女同学	团体[舞]蹈	
十	本校附小	干戈	
十一	南开对重大	(足球表演赛)	一午四时
十二	本校体专课	垫上运动	(十六日上午)
十三	本校专科	联合器械	(十六日下午)
十四	教育会对助教会	(足球表演赛)	(十六日下午)

普男子小足球比赛日程

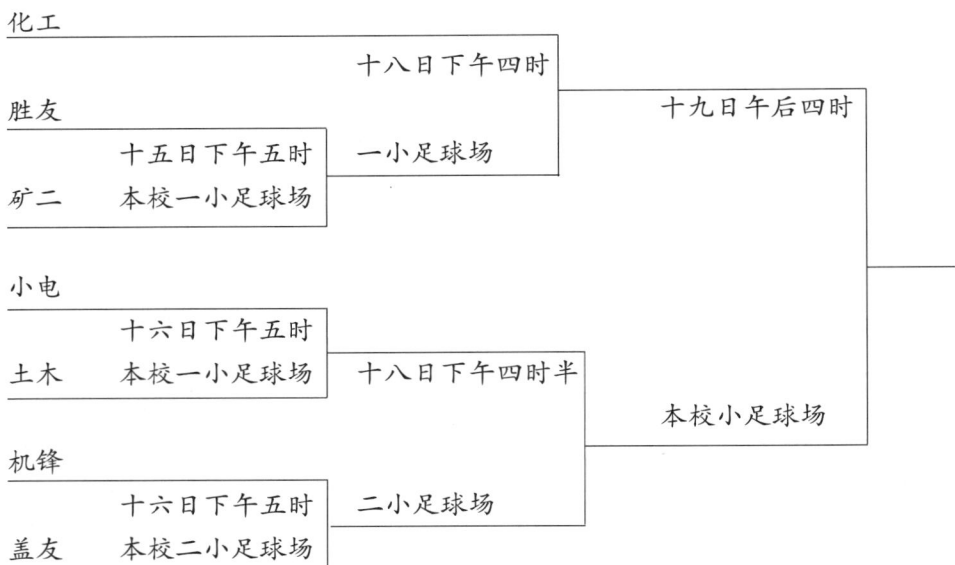

化工
　　　　　　　　　　十八日下午四时
胜友
　　　　　十五日下午五时　　　一小足球场　　　　十九日午后四时
矿二　　本校一小足球场

小电
　　　　　十六日下午五时
土木　　本校一小足球场　　　十八日下午四时半
机锋
　　　　　十六日下午五时　　　　　　　本校小足球场
盖友　　本校二小足球场　　　二小足球场

足球表演赛　　　　　　　　　　　　垒球表演赛
机锋——对——化工　　　　　　　健美——对——骆驼
　　　十七日下午五时　　　　　　　十九日午后四时　裁判　冉启刚
海风——对——健美　　　　　　　本校大操场垒球场
　　　十九日下午四时　　　　　　普女——对——体群
　　　　　　　　　　　　　　　十八日午后十时　裁判　陈季贤
　　　　　　　　　　　　　　　本校大操场垒球场

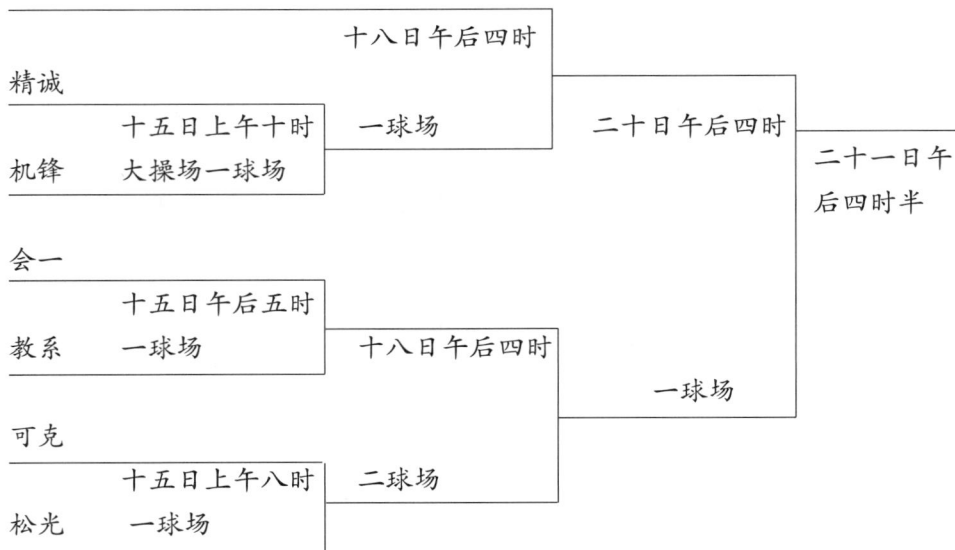

　　　　　　　　　　十八日午后四时
精诚
　　　　　十五日上午十时　　　一球场　　　二十日午后四时
机锋　　大操场一球场　　　　　　　　　　　　二十一日午
　　　　　　　　　　　　　　　　　　　后四时半
会一
　　　　　十五日午后五时
教系　　一球场　　　　十八日午后四时
可克　　　　　　　　　　　　一球场
　　　　　十五日上午八时
松光　　一球场　　　　二球场

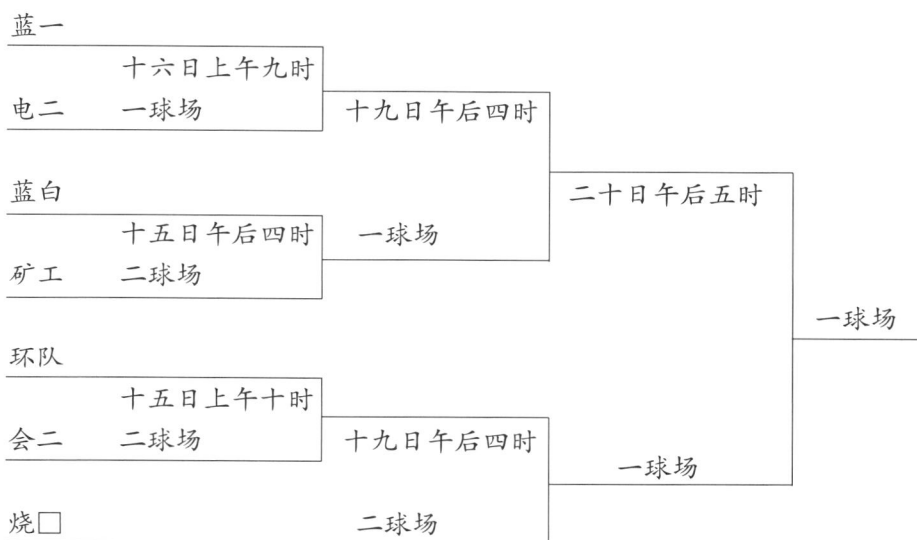

蓝一

　　　　　十六日上午九时
电二　　一球场
　　　　　　　　　　十九日午后四时
蓝白　　　　　　　　一球场
　　　　　十五日午后四时　　　　　　二十日午后五时
矿工　　二球场　　　　　　　　　　一球场

环队
　　　　　十五日上午十时
会二　　二球场
　　　　　　　　　　十九日午后四时
烧□　　　　　　　　二球场　　　　　一球场

普通男子组篮球赛程序排列如上：

（篮球表演赛共十四队采取单淘汰制）

机锋

　　　　　十六日上午九时
鹏队　　一球场
　　　　　十五日上午一时　　　　十八日下午四时
璧光　　一排球场

湘晖
　　　　　十五日上[午]十时　　　　　　　　　十九日下午四时
可克　　二排球场　　十六日上午九时
　　　　　　　　　　一球场

电一　　　　　　　　二球场
工营四
　　　　　十五日上午九时
联友　　二排球场　　十六日下午三时
蜀华
　　　　　十五日上午十时　十八日午后五时
长车　　一排球场　　一球场

电三　　　　　　　　　　　　　　一球场
　　　　　十五日下午三时
会二　　一排球场　　十六日下午三时
万里　　二球场　　　一球场

普通男子组排球赛程序排列如上

八　成績紀錄

普通男子組

賽別	項目名次	第一名 姓名	系別	第二名 姓名	系別	第三名 姓名	系別	第四名 姓名	系別	成績
徑	一百公尺	高賢華	醫預	傅敦祺	機械	林學勤	工管	張秉堃	工管	11秒
	二百公尺	高賢華	醫預	林學勤	工管	孟戟	預	孫在煜	機械	25秒
	四百公尺	陳星耀	預	張秉堃	工管	陳安	土木	秦昌熾	機械	59秒
	八百公尺	陳星耀	預	朱興才	教	陳世安	土木	梁光柬	工管	2.21秒
	一千五百公尺	楊世澤	礦冶	朱興才	教	王星兀	工管	劉煦初	銀保	5.4秒
賽	三千公尺	朱興才	教	劉惠	教	王金祺	地質	楊世澤	礦冶	11.4秒
田	急行跳高	傅敦祺	機械	李維俊	工管	林學勤	工管	熊源忻	醫預	1.58M
	急行跳遠	高賢華	醫預	傅敦祺	機械	杜朋武	土木	王懋風	銀保	5.60M
	撐竿跳高	黃維國	土木	袁君適	工管	李維俊	工管	曹世錫	電機	3.02M
	鉛球	侯斯烈	教	趙慰明	法律	秦昌熾	機械	李華元	法律	9.36M
	鐵餅	李維俊	工管	侯斯烈	教	廖可鈺	礦冶	隆盛興	礦冶	23.82M
賽	手榴彈擲遠	李維俊	工管	傅敦祺	機械	秦昌熾	機械	鍾肖廷	化學	49.40M

體專男子組

賽別	項目名次	第一名 姓名	級別	第二名 姓名	級別	第三名 姓名	級別	第四名 姓名	級別	成績	備註
徑	一百公尺	李志忠	專二	陳家其	專二	文載輝	專二	駱羨乾	專二	11秒	破本市
	二百公尺	鍾顯祿	專一	陳家其	專二	蔣自若	專二	駱羨乾	專一	24秒	破本市 破本校
	四百公尺	鍾顯祿	專一	趙秉旺	專二	蔣自若	專二	李代耀	專一	57秒	破本校
	八百公尺	鍾顯祿	專一	趙秉旺	專二	蔣自若	專二	李代耀	專一	2.18秒	破本校
	一千五百公尺	余道元	專二	朱興仁	專一	臾光祖	專一			5.20秒	
賽	三千公尺	文載輝	專二	鄭國弟	專一	朱興仁	專一	陶企泉	專二	11.26秒	
田	急行跳高	孫化成	專一	余道元	專二	黃立成	專二	程光銘	專二	1.64M	
	急行跳遠	鍾顯祿	專一	余道元	專二	陳家其	專二	孫化成	專一	5.71M	
	撐竿跳高	王智明	專二	王正綱	專二	孫化成	專一	江新煜	專一	2.36M	
	鉛球	楊盛祿	專二	李德惠	專二	李仕楓	專一	陳登超	專二	9.06M	
	鐵餅	趙秉旺	專二	楊盛祿	專二	李德惠	專二	蒲達榮	專二	26.90M	破本校
賽	手榴彈擲遠	陳翠超	專一	溫世超	專二	蒲達榮	專二	楊盛祿	專二	49.37M	破本校

體專女子組

賽別	項目名次	第一名 姓名	級別	第二名 姓名	級別	第三名 姓名	級別	第四名 姓名	級別	成績	備註
徑	六十公尺	友瑋	專二	陳也琴	專二	明用	專一			8秒	
	四百公尺	徐維克	專二	楊玖瑜	專二	蕭竹祥	專一			32秒	破本校

■ 文献信息

期刊《重庆大学校刊》，第14、15期(合刊)，第11-12页，1948年6月15日

文献编号：1948-049

■ 简体全文

八　成绩纪录

普通男子组

赛别	项目名次	第一名 姓名	系别	第二名 姓名	系别	第三名 姓名	系别	第四名 姓名	系别	成绩
径	一百公尺	高贤华	医预	傅敦祺	机械	林学勤	工管	张秉堃	工管	$11\frac{1}{10}$
	二百公尺	高贤华	医预	林学勤	工管	孟□戬	预	孙在煜	机械	$25\frac{2}{10}$
	四百公尺	陈星耀	预	张秉堃	工管	陈世安	土木	秦昌炽	机械	$59\frac{□}{10}$
	八百公尺	陈星耀	预	朱兴才	教	陈世安	土木	梁光东	工管	$2.21\frac{□}{□}$
	一千五百公尺	杨世泽	矿冶	朱兴才	教	王星五	工管	刘煦初	银保	$5.4\frac{□}{10}$
赛	三千公尺	朱兴才	教	刘惠	教	王金祺	地质	杨世泽	矿冶	$11.4\frac{1}{10}$
田	急行跳高	傅敦祺	机械	李维俭	工管	林学勤	工管	熊源忻	医预	1.58M
	急行跳远	高贤华	医预	傅敦祺	机械	杜开武	土木	王树风	银保	5.60M
	撑竿跳高	黄维国	土木	袁君达	工管	李维俭	工管	曹世锡	电机	3.02M
	铅球	侯斯烈	教	赵慰明	法律	秦昌炽	机械	李华元	法律	9.36M
	铁饼	李维俭	工管	侯斯烈	教	廖可钰	矿冶	隆盛繁	矿冶	25.82M
赛	手榴弹掷远	李维俭	工管	傅敦祺	机械	秦昌炽	机械	钟甫廷	化学	49.40M

体专男子组

赛别	项目名次	第一名 姓名	级别	第二名 姓名	级别	第三名 姓名	级别	第四名 姓名	级别	成绩	备注
径	一百公尺	李志忠	专二	陈家其	专二	文载辉	专二	骆美乾	专二	$11\frac{7}{10}$	破本市
	二百公尺	钟显禄	专一	陈家其	专二	蒋自若	专二	骆美乾	专一	$24\frac{8}{10}$	破本市 本校
	四百公尺	钟显禄	专一	赵秉正	专二	蒋自若	专二	李代耀	专一	$57\frac{4}{10}$	破本校
	八百公尺	钟显禄	专一	赵秉正	专二	蒋自若	专二	李代耀	专一	$2.18\frac{1}{10}$	破本校
	一千五百公[尺]	余道元	专二	朱兴仁	专一	吴光祖	专一			$5.20\frac{1}{10}$	
赛	三千公尺	文载辉	专二	郑国弟	专一	朱兴仁	专一	陶金泉	专二	$11.26\frac{9}{10}$	
田	急行跳高	孙化成	专一	余道元	专二	黄立威	专二	程光锐	专二	1.64M	
	急行跳远	钟显禄	专一	余道元	专二	陈家其	专二	孙化成	专二	5.71M	
	撑竿跳高	王哲明	专一	王正纲	专二	孙化成	专二	江新煜	专一	2.56M	
	铅球	杨盛禄	专二	李德惠	专二	李仕枢	专二	陈登翘	专二	9.06M	
	铁饼	赵秉正	专二	杨盛禄	专二	李德惠	专二	蒲达荣	专二	26.9M	破本校
赛	手榴弹掷远	陈登翘	专一	□世超	专二	蒲达荣	专二	杨盛禄	专二	49.37M	破本校

体专女子组

赛别	项目	名次	第一名 姓名	级别	第二名 姓名	级别	第三名 姓名	级别	第四名 姓名	级别	成绩	备注
径	六十公尺		文璋	专二	陈也琴	专二	赵国川	专一			$9\frac{2}{10}$	破本校
	二百公尺		徐维克	专二	杨玖瑜	专二	萧仲萍	专一			$32\frac{8}{10}$	
赛	一百公尺		杨玖瑜	专二	萧仲萍	专一					1□	
田	急行跳高		文璋	专二	杨玖瑜	专二	赵国川	专一	孟古桦	专二	1.20M	
	急行跳远		文璋	专二	杨玖瑜	专二					$4M\frac{□}{10}$	
	铅球		程德华	专二	罗永书	专二	赵国川	专一			9.35M	
	铁饼		陈也琴	专二	程德华	专二	李素芬	专二			26.95M	
赛	垒球掷远		赵国川	专一	徐维克	专二	孟古桦	专二	陈也琴	专二	32.59M	

普通女子组

赛别	项目	名次	第一名 姓名	级别	第二名 姓名	级别	第三名 姓名	级别	第四名 姓名	级别	成绩	备注
径	六十公尺		丘欣如	银保	尹国英	工管	徐志芳	预			9□	
	一百公尺		丘欣如	银保	陈秉超	会统	朱宁裕	化工	尹国英		16□	
	二百公尺		朱宁裕	化工	罗咏谣	工管					36□	
赛	二百公尺接力	商学院									$33\frac{9}{10}$	破本校
田	急行跳高		金祖贻	建筑	谢祥钟	化工	朱宁裕	化工			1.27M	
	急行跳高[远]		丘欣如	银保	朱宁裕	化工	彭翰枢	预	孙家珍	化工	3.54M	
	铅球		陈秉超	会统	朱宁裕	化工	凌次华	化工	罗咏谣	工管	7.70M	
	铁饼		胡永煦	化工	陈秉超	会统	饶东生	化工	蒋敦康	银保	19.67M	
赛	垒球掷远		陈秉超	会统	曹静芬	工管	饶东生	化工	蒋敦康	银保	34.80M	

总分第一名

普男 高贤华 十五分

注：高贤华田径获三项第一名计共十五分而李维俭田径亦共获十五分，惟其中二项第一名、一项第二名、一项第三名，按照一般惯例，如分数相等则以所获第一名次之多少为先后，故高贤华应为第一名

普女　陈秉超　一十六分

体男　钟显禄　二十分

体女　文　璋　一十分

國語英語演講競賽專頁

一 國語演講競 辦法摘要

一、時間 三十七年五月二十八日下午一時

二、地點 理學院大禮堂

三、演講時間 每人不得超過十分鐘到八分鐘時按鈴警告俾便準備結束演講

四、演講次序 由參加演講人抽籤決定（姓名講題詳另單）

五、評判標準 分材料組織聲調姿態國音五項以一百分為滿分材料占30%國音占10%組織聲調姿態各占20%

六、成績計算 即評判委員按各人得分多寡列成等第次序

七、獎品

第一名—三百萬元 第二名—二百萬元 第三名—二百萬元 第四名—八十萬元 第五名—六十萬元 第六名—四十萬元

二 英語演講競賽辦法摘要

一、時間 卅七年五月廿九日下午一時

二、地點 理學院大禮堂

三、演講時間 每人不得超過十分鐘到八分鐘時按鈴警告俾便準備結束演講

四、演講次序 由參加演講人抽籤決定（姓名講題詳另單）

五、評判標準 分材料組織聲調姿態四項以一百分為滿分各占二五%

六、成績計算

七、獎品 錄取優勝成績六名各給獎金如次

第一名—三百萬元 第二名—二百萬元 第三名—二百萬元 第四名—八十萬元 第五名—六十萬元 第六名—四十萬元

文献编号 1948-050　国语英语演讲竞赛办法摘要（节选）

■ 文献信息

期刊《重庆大学校刊》，第14、15期(合刊)，第12—15页，1948年6月15日

文献编号：1948-050

■ 简体全文

国语英语演讲竞赛专页
一　国语演讲竞赛办法摘要

一、时间　三十七年五月二十八日下午一时

二、地点　理学院大礼堂

三、演讲时间　每人不得超过十分钟，到八分钟时按铃警告，俾便准备结束演讲

四、演讲次序　由参加演讲人抽签决定(姓名讲题详另单)

五、评判标准　分材料、组织、声调、姿态、国音五项以一百分为满分，材料占30%，国音占10%，组织、声调、姿态各占20%

六、成绩计算　评判委员按各人得分多寡列成等第次序，按各等第序数总和之[则]大小而定殿最(其等第数总和之最小者为第一名，以次类惟[推]，如等第数和相同则比较成绩总分多少决定之)

七、奖品　录取优胜成绩六名各给奖金如次

第一名——三百万元　　第二名——二百万元

第三名——一百万元　　第四名——八十万元

第五名——六十万元　　第六名——四十万元

二　英语演讲竞赛办法摘要

一、时间　卅七年五月廿九日下午一时

二、地点　理学楼大礼堂

三、演讲时间　每人不得超过十分钟[，]到八分钟时按铃警告[，]俾便准备结束演讲

四、演讲次序　由参加演讲人抽签决定(姓名讲题详另单)

五、评判标准　分材料[、]组织[、]声调[、]姿态四项[，]以一百分为满分[，]各占二五％

六、成绩计算　评判委员按各人得分之多寡列成等[第]次序[，]按各等第序数总和之大小而定殿最(其等第序数总和之最小者为第一名[，]以次类推[，]如等第数和相同则比较成绩总分之多少决定之)

七、奖品　录取优胜成绩六名各给奖金如次：

第一名——三百万元　第二名——二百万元　第三名——一百万元

第四名——八十万元　第五名——六十万元　第六名——四十万元

三　国语演讲竞赛演讲人次序暨讲题次序一览表

编号	系级	姓名	讲 演 题 目	备 注
一	化工二	黄棣华	生活与现实	
二	工管四	陈郑中	动荡期间中的人生哲学	
三	政治一	蒋仲谋	如何振兴实业	
四	银保一	薛自彰	从远景上看中国	
五	法律二	吏丕易	自由冲突与民主政治	
六	法律一	朱仕权	真正的自由解放与真正的民主大同	
七	法律二	苏元章	今日世界潮流	
八	教育一	寇义升	第三次世界大战会不会爆发	
九	银保二	王树风	这样的大学教育	
十	法律一	苏青阳	这一代的青年	
十一	电机四	严定安	谈讲演	
十二	工管三	景信贵	谈践形[行]	
十三	矿冶四	陈化韩	生活的重心	
十四	银保四	方国光	个人在联合国中之地位	
十五	教育一	荣廷洁	自行和自欺	
十六	银保二	陈深如	略谈锻炼	
十七	法律二	马标康	世界和平之路	

十八	电机四	郭天章	养士与用士	
十九	工管四	王方文	联合国中个人的任务	
二十	政治一	郑凌云	第三次世界大战能避免吗？	
廿一	银保二	曾垂祁	谈币制改革	
廿二	法律二	赵君都	游戏与人生	
廿三	教育一	李世政	抢救教育	风林学社
廿四	建筑一	陈树晋	从建筑史来看今后建筑事业之发展	
廿五	经济二	刘杏芳	历史会重演吗？	
廿六	医预一	陶鸿仁	如何建立一个新的人生观	
廿七	化工二	范增榆	大学的使命	
廿八	电机二	李德宜	略谈青年修养	
廿九	法律二	沈朝绶	如何解决求学问题	
三十	中文一	任继承	谈诗人	柏声社
卅一	电机一	王建杰	成功之道	
卅二	教育二	杨承吉	改进教育的意见	
卅三	建筑二	蓝毓柱	如何改进中国的大学教育	

四 英语演讲竞赛演讲人次序暨讲题一览表

编号	系级	姓名	讲 演 题 目	备 注
一	土木三	邓 均	Smoking and Gambling	
二	土木四	王炳秋	Will Tood Stusts Centinol to Risl?[1]	
三	银保四	方国光	The Role of the Indnidual[Individual] in the United Nations	
四	电机四	罗运鸿	The Essence of Democfacn[Democracy]	
五	教育一	张传诗	Why we Learn toreige[2]	橱林社
六	电机二	李德宜	Books and Pcoding[3]	
七	化工二	范增榆	Hope	
八	银保二	严文琨	Ariew[A view] of America	
九	化工二	陈恕美	To-day	
一〇	银保二	王树风	Why can't I do it?	
一一	工管一	韩天麒	Responsidilltees[Responsibility] of the Chinese College students	
一二	政治一	陈孝举	How to save our country	
一三	工管三	李友昆	Democracy in china[China]	
一四	化工一	梁智英	Three words	

---

[1] [2] [3] 演讲标题中单词有误，但因信息不足，无法勘误。

一五	医预一	廖由信	Life and Edueaton[Education]
一六	工管一	潘纯德	Will it pay to go to college?
一七	数理一	罗国光	The crisis of college Education
一八	化工一	张志铭	Youth
一九	电机四	李有序	Work and Amusement
二〇	工管四	孙永健	War and Peace
二一	工管四	王方文	The [Role] of the Indiridnal[Individual] in the united [United] Nations
二二	工管二	傅汝舟	Learnmg [Learning] ang[and] thinking[Thinking]
二三	矿冶三	王立芬	The Good manneres[manners] of a man
二四	银保二	曾垂祁	"How to win trlends[talents]"
二五	政治一	郑凌云	Can the third world war beoroided[be avoided]?
二六	矿冶四	陈化韩	My Ideal House-wife
二七	机械四	赵理汉	Itudy[Study] the Glory Right of manking
二八	化工三	戴杰生	Adrice[Advice] to Freshrnen[Freshmen]
二九	电机一	王建杰	The Responsibility ot[to] a youth
三〇	法律二	马标康	"Stop please we all are chinese[Chinese]"
三一	经济一	彭基璞	"What [China] Neebs[Needs] Today?"
三二	经济二	张增森	"On Reading"
三三	法律二	沈朝绶	Peace-we want peace
三四	银保四	徐文培	Our Duty to the communlty[community]
三五	经济一	马成元	China and her youty[youth]
三六	外文一 旁听生	张宇首	What can we de[do] for china[China] now?

五　国语英语演讲竞赛成绩揭晓

(一)国语：第一名　蓝毓柱(建筑二)　　第二名　曾廷洁(女教育一)
　　　　第三名　杨承吉(女教育二)　第四名　沈朝绶(法律二)
　　　　第五名　陈邦中(工管四)　　第六名　陈化韩(矿冶四)
(二)英语：第一名　孙永健(工管四)　　第二名　马成元(经济一)
　　　　第三名　方国光(银保四)　　第四名　沈朝绶(法律二)
　　　　第五名　王方文(工管四)　　第六名　王炳秋(土木四)

407 一部同仁组川剧社

■ 文献信息

期刊《重庆大学校刊》，第16期，第4页，1948年6月30日

文献编号：1948-069

■ 简体全文

一部同仁组川剧社

本校一部同仁鉴于工作之余，尚鲜适当娱乐，以资消遣，近特发起组织蜀声社，购备乐器，约请教师，联络爱好川剧同仁，俾便集体观摩练习，现由邓鸣远[、]刘铭二君分任正副社长，嘉陵江畔，学佼[校]园中，自此歌乐不绝。

一部同仁組川劇社

本校一部同仁鑒於工作之餘，尚鮮適當娛樂，以資消遣，近特發起組織蜀聲社，購備樂器，約請教師，聯絡愛好川劇同仁，俾便集體觀摩練習，現由鄧鳴遠劉銘二君分任正副社長，嘉陵江畔，學佼園中，自此歌樂不絕。

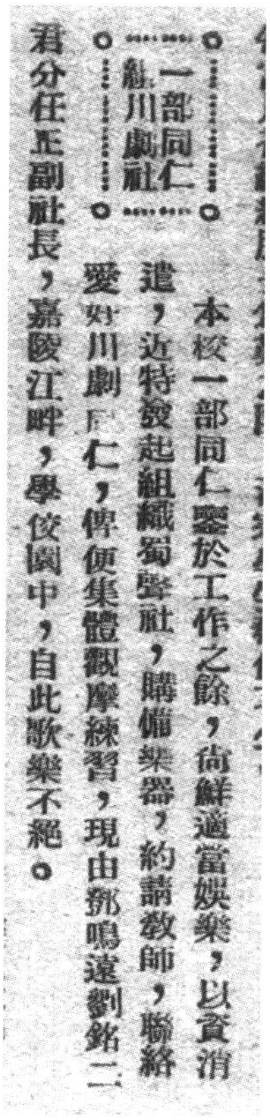

文献编号 1948-069　一部同仁组川剧社

408 重庆大学学生集团进膳中毒

重慶大學學生集團進膳中毒

卅餘人均送院醫治

（本報重慶二日電）重慶大學八組伙食團，今午三十餘學生用膳中毒，發現嘴麻喉腫，流口沫不止，以四年級女生朱[illegible]受毒最重，全體已送沙磁醫院治療，並化驗食物。

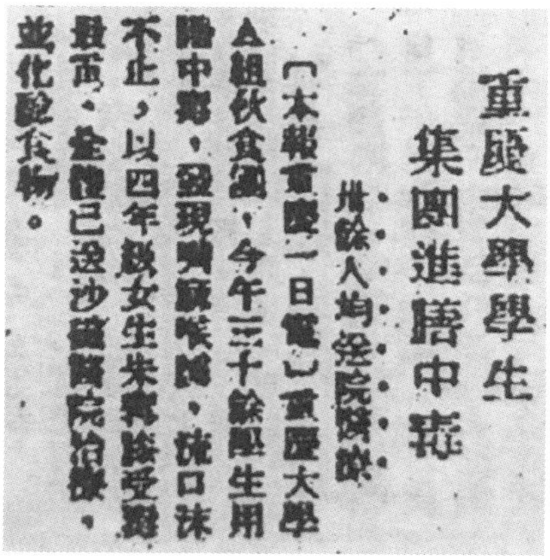

文献编号 1948-088　重庆大学学生集团进膳中毒

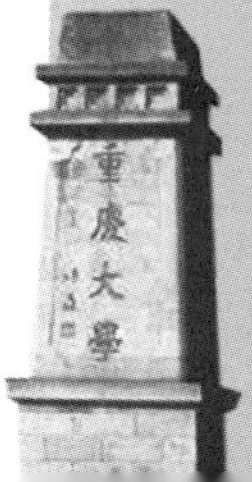

■ 文献信息

报纸《申报》，1948年12月2日，期号25430号（上海版）

文献编号：1948-088

■ 简体全文

重庆大学学生 集团进膳中毒
卅余人均送院医疗

【本报重庆一日电】重庆大学A组伙食团，今午三十余学生用膳中毒，发现嘴麻喉□，流口沫不止，以四年级女生朱宁滕[裕]受毒最重，全体已送沙磁医院治疗，并化验食物。

409　化工系友动态：谭系友将辞研究生职　老夫子眼镜深度要加增

■ 文献信息

期刊《重大化工》创刊号，第3-4页，1949年1月1日

文献编号：1949-003

■ 简体全文

系友动态
谭系友将辞研究生职
老夫子眼镜深度要加增

△一九四八级系友谭立业同学[，]现为本校化工研究所研究生[，]某日当数学研究所研究生王庆宣死訊[讯]传出后。谭立业慨然□曰：数学研究所的研究生死了。电机研究所的研究生离开了。□若学校再不提高我的公费，我也要辞职不干了。按该电机研[究]所研究生因公费待遇太低[，]已向学校请假。

△一九四七级系友侯香模同学[，]原于猫儿石天原电化厂工作，本年暑假应本系教授之邀，已返母校，担任助教工作。

△一九四八级系友刘子真同学，自兹毕业后，即留校担任助教工作，辅助乐以伦教授工业细菌培植，其工作之繁忙，不亚于在校同学。廿四日下午刘子真同学去应化室较迟，其时乐先生已在，刘同学向乐先生说"对不起，我来迟了"[，]乐先生说"没关系Miss刘，我知道你很忙"[。]原来她在廿五日订婚。

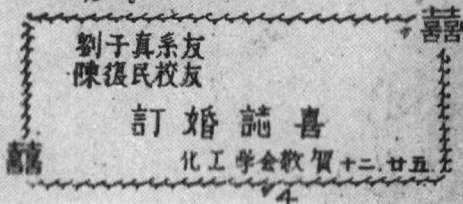

文献编号 1949-003　化工系友动态：谭系友将辞研究生职　老夫子眼镜深度要加增

　　△一九四四级系友何克强同学，现仍于重庆天源电化厂工作，前次化工学会所主办之工厂参观有一部份人由何同学领导参观。

　　△一九四四级江安系友[，]毕业后即行留校工作。本年暑期因应大厨味精厂之聘，已入该厂工作。江系友很少有机会返校与同学见面[，]大概是工作太忙的原故吧！

　　△一九四八级薛亲民系友[，]现于中华化学工业研究所工作。每天除了与瓶子罐子接触外，大部分时间全花在德文书上。他说"德文相当重要，在校的时候一定要注意点"，如此下去恐怕薛老夫子的眼镜又要增加度数了。

△一九四七级系友闻永炘，现仍于中央工业实验所皮革室工作。闻系友在中工试[实]验所相当活跃，本年三月助教会短足磐溪，闻系友即刻联络该所各校友举行"party"欢迎。此可谓于"刮皮子"之暇又一乐事。

△一九四八级刘子真系友[，]已于本年圣诞节在沙坪坝于[与]机械系助教陈复民先生订婚。在校同学闻之[，]一部分准备和刘系友贺喜并向她要糖吃。

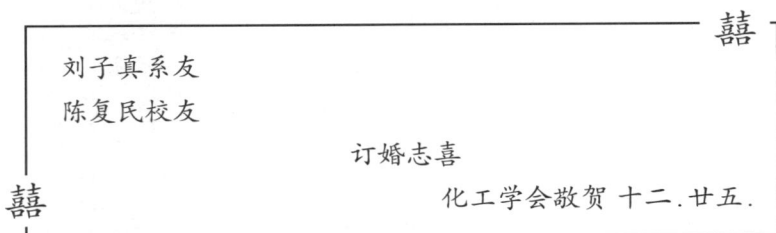

```
                                        囍
  刘子真系友
  陈复民校友
              订婚志喜
  囍          化工学会敬贺 十二.廿五.
```

410　化工系系闻之同学中毒原系夸大宣传

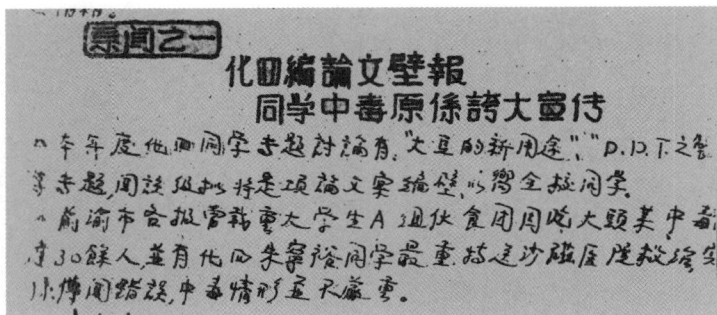

文献编号 1949-005　化工系系闻之同学中毒原系夸大宣传

■ 文献信息

期刊《重大化工》创刊号，第6页，1949年1月1日

文献编号：1949-005

■ 简体全文

系闻之一

化四编论文壁报　同学中毒原系夸大宣传

△本年度化四同学专题讨论有："大豆的新用途"，"D.D.T.之制[造]"等专题，闻该级拟将是项论文汇编壁[报]，以向[缮]全校同学。

△前渝市各报曾载重大学生A组伙食团因吃大头菜中毒达30余人，并有化四朱宁裕同学最重，特送沙磁医院救治，实系传闻错误，中毒情形并不严重。

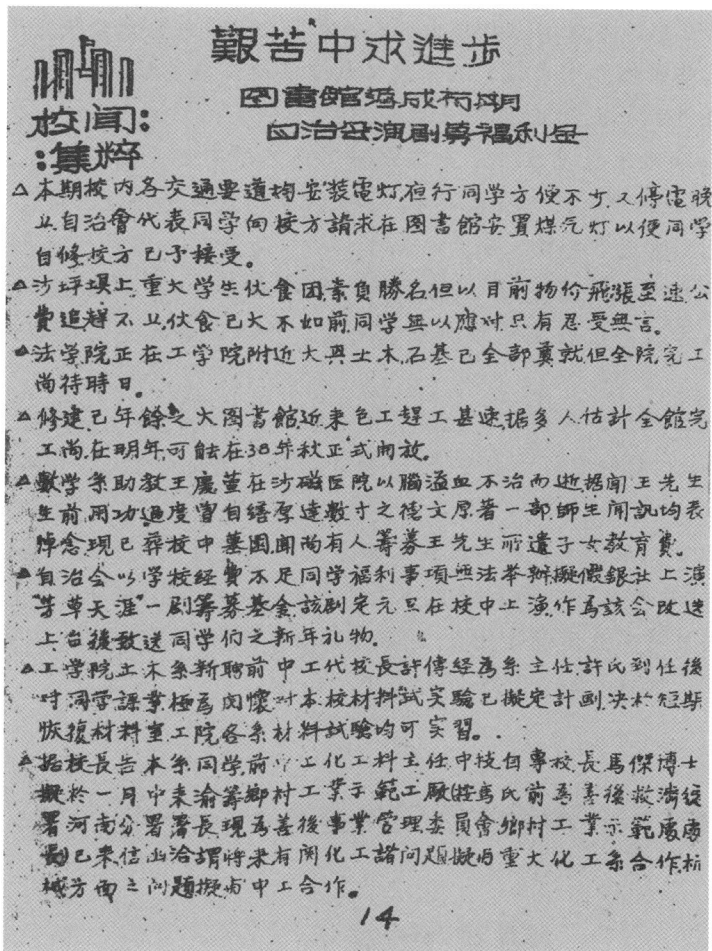

文献编号 1949-006　校闻集萃　艰苦中求进步

■ 文献信息

期刊《重大化工》创刊号，第14页，1949年1月1日

文献编号：1949—006

■ 简体全文

校闻集粹［萃］

艰苦中求进步

图书馆落成有期　自治会演剧募福利金

△本期校内各交通要道均安装电灯，夜行同学方便不少，又停电晚上自治会代

表同学向校方请求在图书馆安置煤汽灯，以便同学自修。校方已予接受。

△沙坪坝上，重大学生伙食团素负胜名，但以目前物价飞涨至速，公费追赶不上，伙食已大不如前，同学无以应对，只有忍受无言。

△法学院正在工学院附近大兴土木，石基已全部奠就，但全院完工尚待时日。

△修建已年余之大图书馆，近来包工赶工甚速，据多人估计，全馆完工尚在明年，可能在38年秋正式开放。

△数学系助教王庆萱在沙磁医院以脑溢血不治而逝，据闻王先生生前用功过度[，]曾自缮厚达数寸之德文原著一部。师生闻讯均表悼念，现已葬校中墓园。闻尚有人筹募王先生所遗子女教育费。

△自治会以学校经费不足[、]同学福利事项无法举办，拟假银社上演"芳草天涯"一剧筹募基金。该剧定元旦在校中上演，作为该会改选上台后致送同学们之新年礼物。

△工学院土木系新聘前中工代校长许传经为系主任，许氏到任后，对同学课业极为关怀，对本校材料实验已拟定计划，决于短期恢复材料室[，]工院各系材料试[实]验均可实习。

△据校长告本系同学，前中工化工科主任、中技自专校长马杰博士拟于一月中来渝[，]筹乡村工业示范工厂(按马氏前为善后救济总署河南分署署长[，]现为善后事业管理委员会乡村工业示范处处长)已来信函洽[，]谓将来有关化工诸问题[，]拟与重大化工系合作，机械方面之问题[，]拟与中工合作。

412 重大农庄附近发现汉代古墓

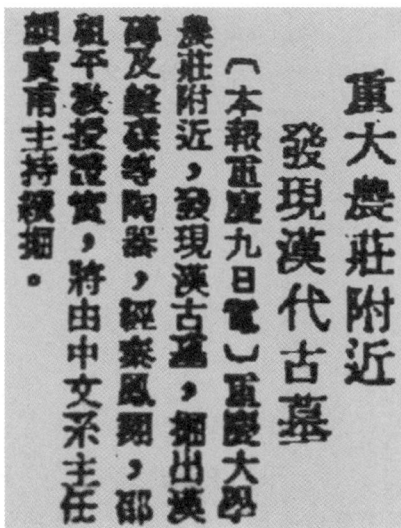

重大农庄附近发现汉代古墓

〔本报重庆九日电〕重庆大学农庄附近，发现汉古墓，掘出汉碑及铜弩等陶器，经察凤翔，邵祖平教授证实，将由中文系主任颜实甫主持毁掘。

文献编号 1949-012　重大农庄附近发现汉代古墓

■ 文献信息

报纸《申报》，1949年4月10日，期号25553号(上海版)

文献编号：1949-012

■ 简体全文

重大农庄附近　发现汉代古墓

【本报重庆九日电】重庆大学农庄附近，发现汉古墓，掘出汉砖及盘碟等陶器，经秦凤翔，邵祖平教授证实，将由中文系主任颜实甫主持续掘。

第三编

佑启乡邦　振导社会

本编以"佑启乡邦、振导社会"为主旨，分成七个专题汇集文献。与第二编类似，这些文献与已有的校史研究选取的角度不同，一些事件呈现了较多的细节。

"政策与文件"专题主要以国民政府、四川省政府、重庆市政府及教育部等机关下发至重庆大学的命令训令为主，这些文件或与给其他机构的一起发放，或专门发给重庆大学，体现了政府对办学的指导。这些训令均刊载于公开发行的报刊中，多与师生生活密切相关。

"校友活动"专题以重大校友群体为主。自 1936 年第一届本科生毕业以来，重庆大学的校友群体已经相当庞大，校友们将自己在校时所学知识、技术应用于各自工作岗位并服务于社会，将"佑启乡邦、振导社会"的理念落于实处。

"战火中办学"与"积极抗战"专题专注重庆大学在抗战时期的种种作为。在举国抗战的时代洪流中，重庆大学承担了收容借读生、协助西迁入渝高校继续办学、以科研成果服务战事等重任，成为大后方最重要的文化机构之一。相关专题中还有关于"重庆大轰炸"的记载。

"校内校外交流"与"师生运动"专题关注以重庆大学为场所进行的种种文化交流与社会运动。当时许多名流大家在重庆大学讲演，表达自己的思想观点；重庆市很多活动也选择在重庆大学举行；重大教授乐于授稿给各报刊，阐释观点、针砭时弊；重大师生则积极参与各项学生运动。

"文艺专栏"专题收录了重大教师这一时期发表的游记感想、诗词歌赋、学术小文，多展现出深厚的文字功底，具有强烈的时代色彩。

　　需要说明的是，本编涉及专题内容繁复庞杂，由于篇幅有限，很多专题仅收录少数代表性文献。对相关主题有兴趣者，可据此深入发掘，通过更多的研究发现来丰富完善对重庆大学的历史研究，还原更为立体、丰满的"重庆大学"。

专题八：政策与文件

本专题选取 1931 年至 1948 年间的 36 篇文献，以国民政府、四川省政府、重庆市政府及教育部等机关下发至重庆大学的命令训令为主，涵盖学校组织规程、教职员薪俸待遇、学生培养等多个方面。由于篇幅有限，本专题所选取大部分训令文献只选用了"训令"正文，附件均未收录，如需附件，可根据"文献信息"所提供期刊号到重庆大学图书馆查阅。此外，本专题收录训令文件均为公开出版物上所刊登的内容，不涉及档案。

一、办学早期的训令

1931-001 号文献出自《国民革命军二十一军司令部政务委员会政刊》，其中提及"兹拟就川东联合县立师范学校改组为重庆大学教育学院，就重庆联合县立中学校改组为重庆大学文学院"，不过此设想后来并未实现。1934-005 号文献是渝盐业公会就"盐载"问题致函重庆大学校长。这两篇文献表明当时重庆大学与刘湘所属部队国民革命军二十一军联系紧密。

二、有关学校的训令

这一时期，教育部要求全国各学校定期自行呈报相关内容，以便掌握全国教育概况。1936-035 号文献是要求各高校每年向教育部提交概况表一份，强调"在校学生表之一，经费预算，及教职员一览等表，应于本年十月底前，填报到部"。1942-013 号文献是要求统计"各该学校机关之内部组织概况，用作筹设统计组织之参考"。

各学校管理条令条例方面，也有多条文献涉及。1936-013 号文献对学校财务制定了多项标准并提供样例，要求遵照办理。1936-026 号文献记录教育部批复了重庆大学所呈报的修改学校组织的大纲。1937-041 号文献是关于蒙藏学生的招考办法。1942-010 号文献要求各学校机关单位注意预算问题，"办理临时修建购置等事项，未经呈准预算，不得先行建购"。1947-056 号文献为"改进各专科以上学校训育、提高训导效能起见"，制定"训育委员会组织规程"，修订原有大学行政组织。1948-024 号文献记录为新颁布之《大学法及专科学校法》，详细规定办学条件、组织设置、日常事务、学生修业等多项办学标准。1948-078 号文献则是关于针对分配"白报纸"专门下达命令，客观反映出此阶段办学的困难。

三、有关教学与学生培养的训令

1936-012 号文献记录教育部针对"大学体育课程"进行规划。1936-017、1936-027、1936-028 号文献主要针对"留学"，委托寰球中国学生会为出洋学生代为办理一切手续"，并修正四川自费留学贷款相关章程。1937-009 号文献要求根据大学规程第二十条规定，各校按照学科性质设置实习程序，农工商各院学生"无此项实习证明书者，不得毕业"。1942-012 号文献则明令"伪造学校修业或毕业证书，应依刑法第二百二十条处断"，强调严格阻止伪造证书，违者严厉处罚。

1948-077 号文献则明令各项法定纪念日安排，学校需根据六个纪念日，即一月一日开国纪念日、十月十日国庆纪念日、十月十二日国父诞辰纪念日、八月二十七日孔子诞辰纪念日、九月三日抗战胜利纪念日、三月二十九日先烈纪念日，适时调整学校安排。

四、有关教职员生待遇的训令

教职员生待遇方面涉及范围广泛，如薪资、退休、养老、抚恤、伤病等。在解放战争期间，国内通货膨胀严重，教职员生待遇随着物价的改变而必须调整，故而相关内容的文献比较多。

薪资方面，1947-036、1947-037、1947-038 号文献记录自 1947 年 8 月起学校教员及研究人员研究辅助费增加一倍，且全国划分为四个区域实行不同的支给标准。1948-013 号文献记录自 1948 年 1 月起再度调整公教人员待遇标准。1948-025 号文

献规定"各地中央公教人员自二月份起一律无价配给中等食米三市斗",以保障教职员能够"食米"。1948-046、1948-047号文献记录1948年5月以前一月生活指数为标准,再行调整文武职人员生活补助分区支给标准,而学术补助费增加三倍。

退休、养老、抚恤、伤病等方面亦有文献。1948-001号文献记录了教职员因公伤病医药费报销支给标准。1948-043、1948-044、1048-045号文献详细记录了教育部制定的学校教职员退休及抚恤条例。1948-063、1948-064号文献则记录了重庆市对各级学校教职员多项福利金发放的标准,其中含抚恤、退休、生病等多种情况。

1942-011号文献则记录了特殊的"待遇",以彰显教育部的"尊师重教",算是一种精神抚慰。

413　改组重庆大学协议呈核一案的训令

■ 文献信息

期刊《国民革命军第二十一军司令部政务委员会政刊》，第6期，第112页，1931年

文献编号：1931-001

■ 简体全文

改组重庆大学协议呈核一案的训令

川东联合县立师范学校

训令　重庆联合县立中学校

川东联合县立高级工科中学校

为令遵事查

中央决议改进教育方案[，]对高等教育主整理充实而不主增加数量[，]重庆为西南文化中心[，]故筹设大学[，]以资归纳[，]在渝各联校亦应取集中主义[，]组合推进使日起有功[，]兹拟就川东联合县立师范学校改组为重庆大学教育学院[，]就重庆联合县立中学校改组为重庆大学文学院[，]就川东联合县立高级工科中学校改组为工学院[，]各原校旧有经费校舍设备等项概不牵动[，]其应如何整理充实及有无滞碍之处[，]即由各该校订期召集维持会[，]协议办法呈候核夺[，]除分令外[，]合行令仰该校即便遵照[，]仍将遵办情形报查[。]此令[。]

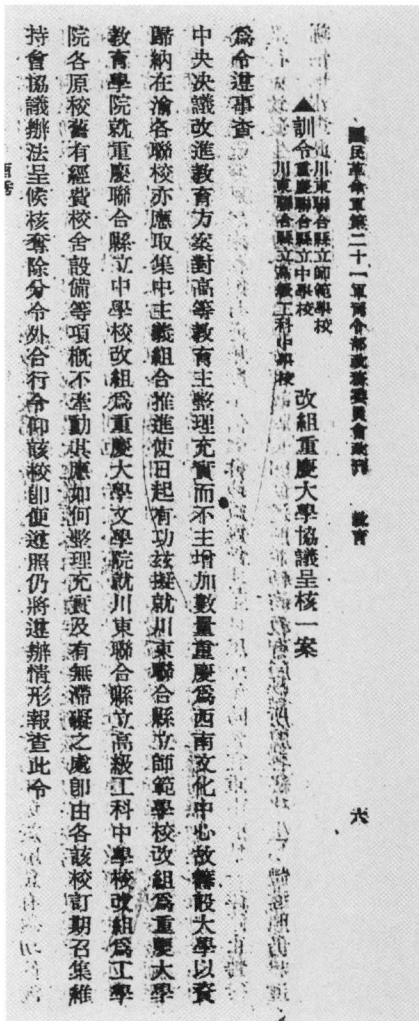

文献编号 1931-001　改组重庆大学协议呈核一案的训令

414　渝盐业公会致重庆大学函

■ 文献信息

期刊《川盐特刊》，第188期，67-68页，1934年

文献编号：1934-005

渝鹽業公會致重慶大學函
逕啓者，查成大經費，月提鹽稅二萬元計八載八引，共合八千担，此次改用新衡，每担溢出斤量二十七斤，以八千担統計，
共溢出二十一萬六千斤，應合二千一百六十担，每担稅率仍以二元五角計算，每月原提二萬元之稅額，即應補稅五千四百元
，當九月一日實行新衡之先，新衡應補稅款，曾經
二十一軍部決定，即由所征整理費項下撥款抵補，以免加重高累，敝會對於成大所提鹽稅二萬元曾經彙懇
二十一軍部，一併填給印收，以備抵緩嗣奉財字第八九三號指令內開，查成大加提鹽儎，所征整理費係，劃作重大經費，事
屬例外，本部既未提用，是項整理費自不出給補稅印收，等因，敝會當即轉函成大，從九月份起，於每月所提二萬元即收之
外，另出補稅五千四百元之印收，以憑領稅而符通案，項接該校覆稱，撥款定案，原係二萬元，未便額外多出印收等由，到
會，此項應補稅款
二十一軍既不准撥於前成大又復推卸於後則惟有根據撥用此項鹽儎整理費之
貴校從九月份起將應撥之款內撥還五千四百元用資抵繳，免礙提稅在此項補稅無有着落之時，敝會爲愼重稅務起見，擬對
貴校及成大撥款均暫不交付，相應函達
貴校請煩查照，迅同成大會商，設法填補解除面面困難仍希
惠復，爲荷，此致
重慶大學校長
重慶鹽業公會啓

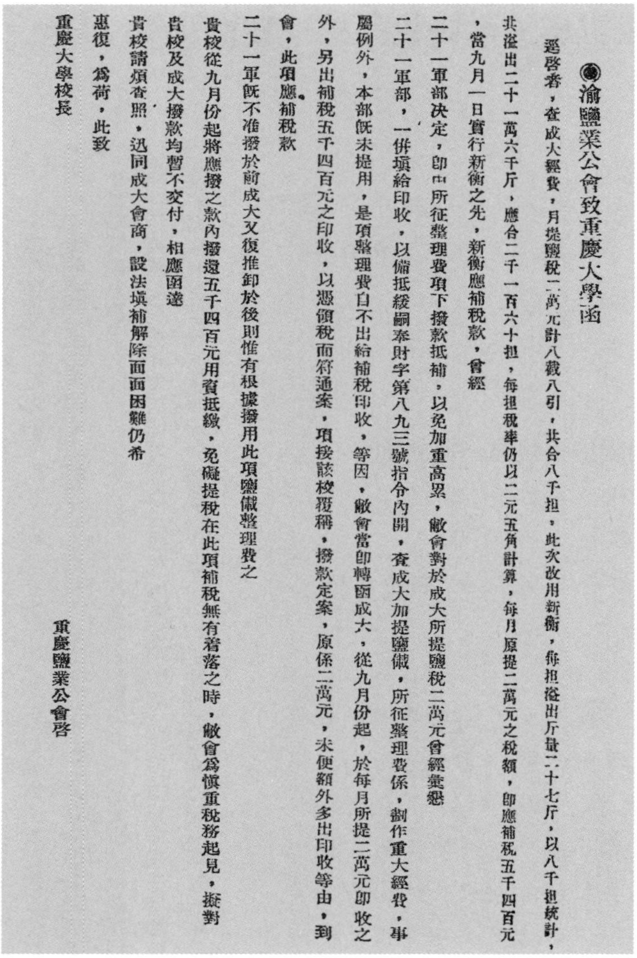

文献编号 1934-005　渝盐业公会致重庆大学函

■ 简体全文

渝盐业公会致重庆大学函

径启者，查成大经费，月提盐税二万元计八载八引，共合八千担，此次改用新衡，每担溢出斤量二十七斤，以八千担统计，共溢出二十一万六千斤，应合二千一百六十担，每担税率仍以二元五角计算，每月原提二万元之税额，即应补税五千四百元，当九月一日实行新衡之先，新衡应补税款，曾经

二十一军部决定，即由所征整理费项下拨款抵补，以免加重高累，敝会对于成大所提盐税二万元曾经汇恳

二十一军部，一并填给印收，以备抵缓嗣奉财字第八九三号指令内开，查成大加提盐载，所征整理费系，划作重大经费，事属例外，本部既未提用，是项整理费自不出给补税印收，等因，敝会当即转函成大，从九月份起，于每月所提二万元即收之外，另出补税五千四百元之印收，以凭领税而符通案，项接该校覆称，拨款定

案，原系二万元，未便额外多出印收等由，到会，此项应补税款

　　二十一军既不准拨于前成大又复推卸于后[，]则惟有根据拨用此项盐载整理费之
贵校从九月份起将应拨之款内拨还五千四百元用资抵缴，免碍提税在此项补税
无有着落之时，敝会为慎重税务起见，拟对贵校及成大拨款均暂不交付，相应函达
贵校请烦查照，迅同成大会商，设法填补解除面面困难仍希

惠复，为荷，此致

重庆大学校长

重庆盐业公会启

415　奉教育部令抄发大学体育课程纲要一份令仰遵照并转饬遵照由

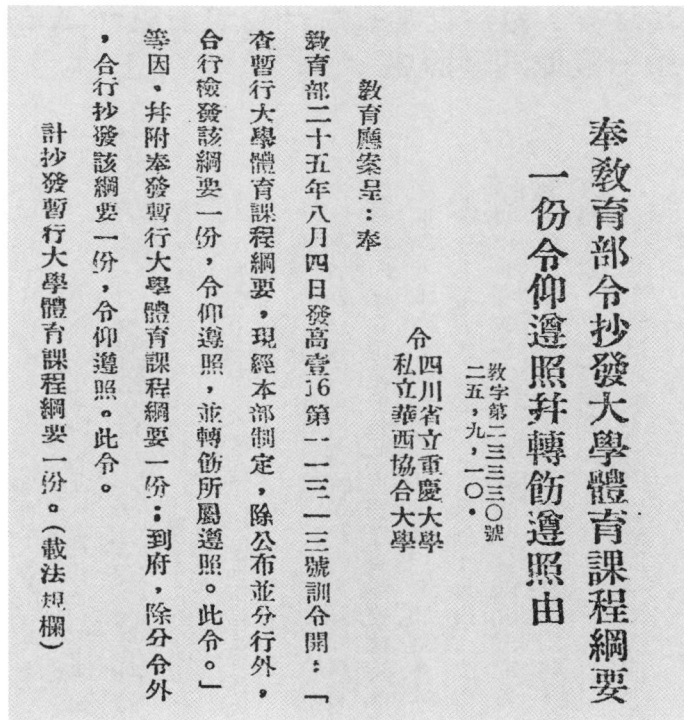

文献编号 1936-012　奉教育部令抄发大学体育课程纲要一份令仰遵照并转饬遵照由

■ 文献信息

　　期刊《四川省政府公报》，第 56 期，第 31 页，1936 年 9 月 11 日

　　文献编号：1936-012

■ 简体全文

奉教育部令抄发大学体育课程纲要一份令仰遵照并转饬遵照由

教字第二三三三〇号 二五，九，一，〇.

令 四川省立重庆大学
私立华西协合[和]大学

教育厅案呈：奉

教育部二十五年八月四日发高壹16第一一三一三号训令开：“查暂行大学体育课程纲要，现经本部制定，除公布并分行外，合行检发该纲要一份，令仰遵照，并转饬所属遵照。此令。”等因，并附奉发暂行大学体育课程纲要一份：到府，除分令外，合行抄发该纲要一份，令仰遵照。此令。

计抄发暂行大学体育课程纲要一份。(载法规栏)

416 教育厅令：为检发学校财产目录表第一二三四各种各一份一案令仰遵照由

爲檢發學校財產目錄表第一二三四各種各一份一案令仰遵照由

教字第二五一九九號 二五，九，三〇。

令 省立各級學校（重慶大學及教育學院在內）
聯立學校
縣立及市立中學校（師範職業在內）

查各級學校財產目錄表，早經府頒四川省各級學校暫行會計規程內明白規定於每年度終了及辦交代時依式塡報，各校迄未照辦。本年度起亟應積極調查以資整理。除分令外，特予隨令檢發上項表式四種，仰於文到十日內，依照表式大小，切實查明分別塡造各一份呈府查核。至縣立市立各中等學校原有產業，如已遵令移交財委會及市政府統籌辦理，仍應查明塡報，以憑查考。毋稍延誤爲要。此令。

計檢發學校財產目錄表第一二三四各種各一份。

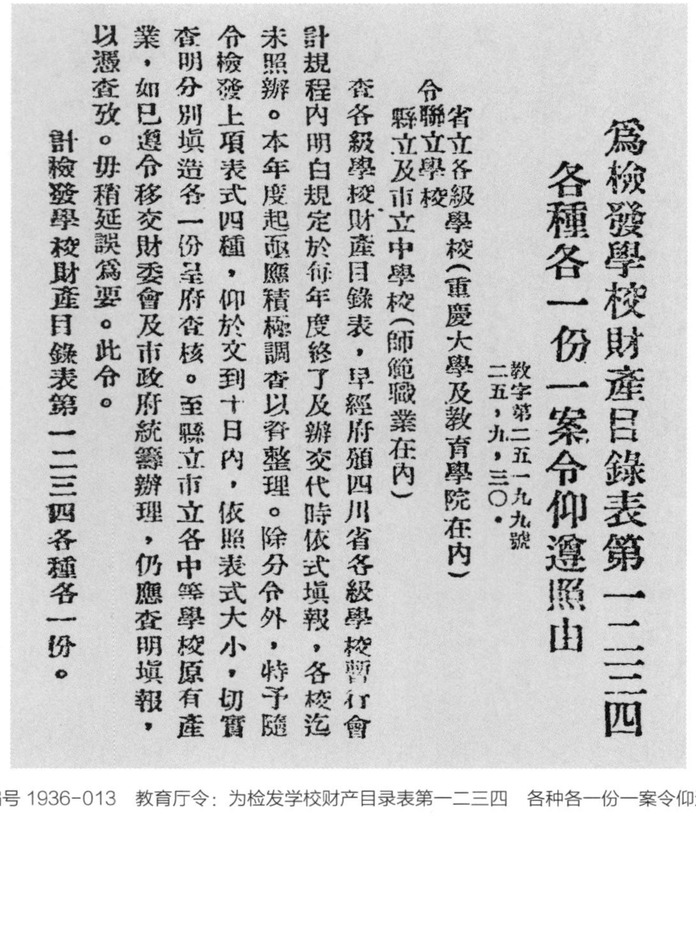

文献编号 1936-013　教育厅令：为检发学校财产目录表第一二三四　各种各一份一案令仰遵照由

期刊《四川省政府公报》，第58期，第42-46页，1936年10月1日

文献编号：1936-013

■ 简体全文

为检发学校财产目录表第一二三四　各种各一份一案令仰遵照由

教字第二五一九九号　二五，九，三〇.

　　　省立各级学校(重庆大学及教育学院在内)

令　联立学校

　　　县立及市立中学校(师范职业在内)

查各级学校财产目录表，早经府颁四川省各级学校暂行会计规程内[，]明白规定于每年度终了及办交代时依式填报，各校迄未照办。本年度起函应积极调查以资整理。除分令外，特予随令检发上项表式四种，仰于文到十日内，依照表式大小，切实查明[，]分别填造各一份呈府查核。至县立市立各中等学校原有产业，如已遵令移交财委会及市政府统筹办理，仍应查明填报，以凭查考。毋稍延误为要。此令。

计检发学校财产目录表第一二三四各种各一份。

---

417 ## 准寰球中国学生会函请检发留学须知一份一案令仰知照由

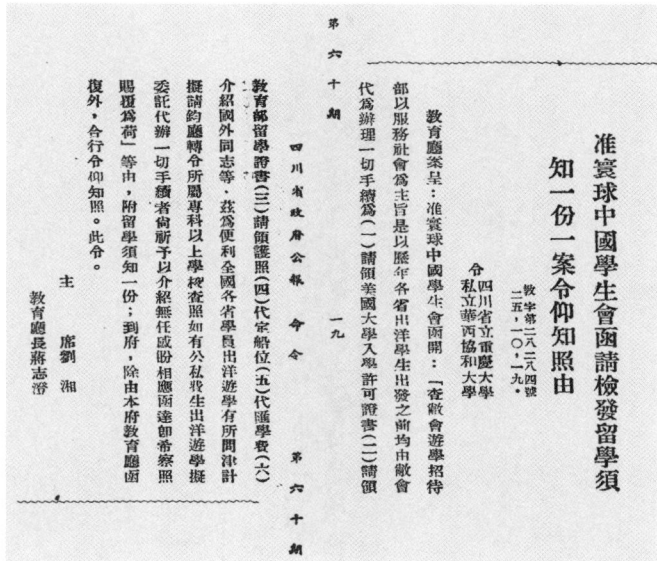

文献编号 1936-017　准寰球中国学生会函请检发留学须知一份一案令仰知照由

■ 文献信息

期刊《四川省政府公报》，第60期，第19–20页，1936年10月20日

文献编号：1936–017

■ 简体全文

准寰球中国学生会函请检发留学须知一份一案令仰知照由

教字第二八二八四号 二五，一〇，一九.

四川省立重庆大学

令

私立华西协和大学

教育厅案呈：准寰球中国学生会函开："查敝会游学招待部以服务社会为主旨[，]是以历年各省出洋学生出发之前均由敝会代为办理一切手续为(一)请领美国大学入学许可证书(二)请领教育部留学证书(三)请领护照(四)代定船位(五)代汇学费(六)介绍国外同志等。兹为便利全国各省学员出洋游学有所问津[，]计拟请钧厅转令所属专科以上学校查照[，]如有公私费生出洋游学拟委托代办一切手续者[，]尚祈予以介绍[，]无任感盼相应函达[，]即希察照赐覆为荷"等由，附留学须知一份；到府，除由本府教育厅函复外，合行令仰知照。此令。

主席 刘湘

教育厅长　蒋志澄

<table>
<tr><td>418</td><td>教育部指令　令四川省立重庆大学遵令修正该校组织大纲</td></tr>
</table>

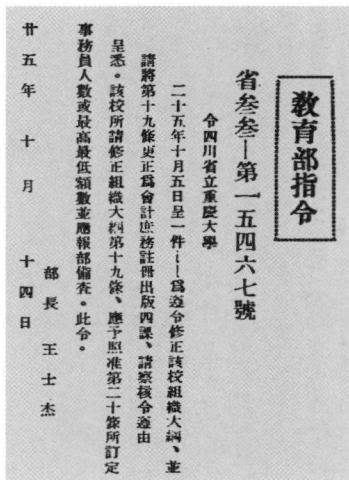

廿
五
年
十
月
十
四
日

部
长
王
士
杰

事务员人数或最高最低额数並应报部偏充。此令。

呈悉。该校所请修正组织大纲第十九条、应予照准第二十条所订定

请将第十九条更正為會計庶務註冊出版四课、请察核令遵由

二十五年十月五日呈一件ｉｉ為遵令修正該校組織大綱、並

令四川省立重慶大學

省叁叁－第一五四六七號

教育部指令

文献编号 1936–026　教育部指令　令四川省立重庆大学遵令修正该校组织大纲

■ 文献信息

期刊《重大校刊》，第3期，第15页，1936年11月16日

文献编号：1936-026

■ 简体全文

教育部指令
省叁叁一第一五四六七号

令 四川省立重庆大学

二十五年十月五日呈一件——为遵令修正该校组织大纲，并请将第十九条更正为会计庶务注册出版四课，请察核令遵由呈悉。该校所请修正组织大纲第十九条，应予照准第二十条所订定事务员人数或最高最低额数并应报部备查。此令。

部长 王士[世]杰

廿五年十月十四日

---

419 四川省政府训令：令省立重庆大学修正四川省各县自费留学贷费审查规程会

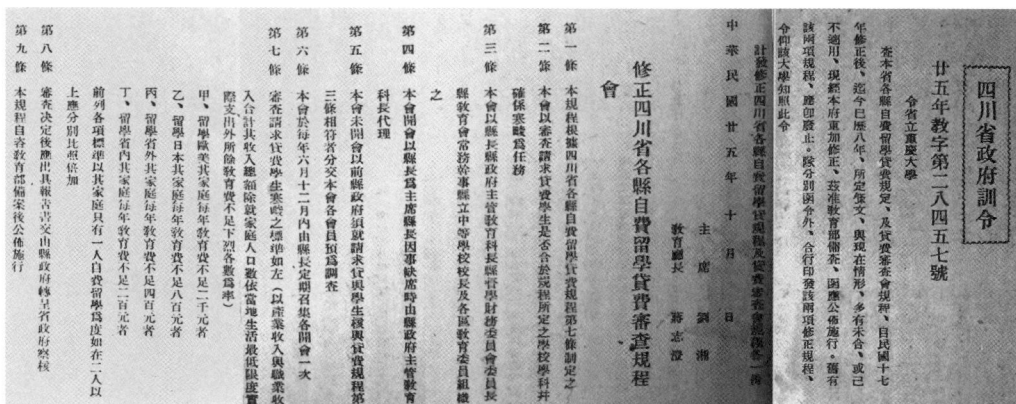

文献编号 1936-027 四川省政府训令：令省立重庆大学修正四川省各县自费留学贷费审查规程会

■ 文献信息

期刊《重大校刊》，第3期，第15-16页，1936年11月16日

文献编号：1936-027

■简体全文

四川省政府训令

廿五年教字第二八四五七号

令 省立重庆大学

查本省各县自费留学贷费规定，及贷费审查会规程，自民国十七年修正后，迄今已历八年，所定条文，与现在情形，多有未合，或已不适用，现经本府重加修正，兹准教育部备查，函应公布施行。旧有该两项规程，应即废止。队[除]分别函令外，合行印发该两项修正规程，令仰该大学知照此令。

计发修正四川省各县自费留学贷规程及贷费审查会规程各一份

中华民国廿五年十月　　日

主 席 刘 湘

教育厅长 蒋志澄

修正四川省各县自费留学贷费审查规程会

第一条　本规程根据四川省各县自费留学贷费规程第七条制定之

第二条　本会以审查请求贷费学生是否合于规程所定之学校学科[，]并确系寒畯为任务

第三条　本会以县长[、]县政府主管[、]教育科长[、]县督学[、]财务委员会委员长[、]教育会常务干事[、]县立中等学校校长[、]及各区教育委员组织之

第四条　本会开会以县长为主席[，]县长因事缺席时[，]由县政府主管[、]教育科长代理

第五条　本会未开会以前，县政府须就请求贷与学生核[，]与贷费规程第三条相符者[，]分交本会各会员预为调查

第六条　本会于每年六月十二月内，由县长定期召集[，]各开会一次

第七条　审查请求贷费学生寒畯之标准如左(以产业收入与职业收入合计其收入总额[，]除就家庭人口数[，]依当地生活最低限度实际支出外[，]所余教育费不足下烈[列]各数为率)

甲，留学欧美其家庭每年教育费不足二千元者

乙，留学日本其家庭每年教育费不足八百元者

丙，留学省外其家庭每年教育费不足四百元者

丁，留学省内其家庭每年教育费不足二百元者

前列各项标准以其家庭只有一人自费留学为度[，]如在二人以上应分别比照倍加

第八条　审查决定后[，]应出具报告书[，]交由县政府转呈省政府察核

第九条　本规程自咨教育部备案后公布施行

修正四川省各縣自費留學貸費規程

第一條　四川省政府爲便利寒峻學生自費留學起見特制定本規程設
　　　　貸費金額指定特種捐款支結之

第二條　各縣留學貸費以經收中資捐每契價百元加抽銀五角爲專款
　　　　其在該縣留學人數甚多教育經費又較充裕原經籌有的款或
　　　　尙有他項足資增籌之款并得呈請省政府核定作爲自費留學
　　　　生貸費

第三條　留學貸費分國外國內二項
甲、留學國外者(以曾經呈准教育部發給留學證書者爲限)
　一、在指定之國外大學或高等專科學校學習農工醫及教育
　　　省

乙、留學國內者
　一、在國立省立或獨立學院學習農工醫及教育者
　　前兩項指定之學校場所另行公布
　二、在前項學校畢業後入指定之國外場所研究或實習者但
　　　以未受實習或研究機關之津貼爲限

第四條　留學貸額如左
甲、留學歐美各國者每名年貸與國幣六百元
乙、留學日本者每名年貸與國幣三百元
丙、留學省外者每名年貸與國幣一百五十元
丁、留學省內者每名年貸與國幣八十元

第五條　各縣經收貸費專款如不能達到前條規定各項貸款數按成比
　　　　例攤貸不得挪借他款補充但如有奇零存數或照額分配尙有
　　　　盈餘時應切實保管彙入次期貸費辦理不得移作別用

第六條　學生全年貸費分上下兩期向原籍縣政府請領

第七條　各縣應組織貸費審查會詳查請求貸費學生(家庭經濟狀況決
　　　　定應否給與貸費其規程另定之

第八條　學生請求貸費應將最近一學期在校或在實習之場廠院證明
　　　　書及留學監怀證明書連同三代履歷及家庭經濟槪况表呈由
　　　　縣收府彙交貸費審查會審在會但已經核准續領貸費之學生在
　　　　國內者每學期呈在學證一次在國外者每年呈在學證一次

重大校刊

一六

文献编号 1936-028　修正四川省各县自费留学贷费规程（节选）

■ 文献信息

期刊《重大校刊》，第3期，第16-17页，1936年11月16日

文献编号：1936-028

■ 简体全文

修正四川省各县自费留学贷费规程

第一条　四川省政府为便利寒畯学生自费留学起见[，]特制定本规程[，]设贷费金额[，]指定特种捐款支结[给]之

第二条　各县留学贷费以经收中资捐每契价百元加抽银五角为专款[，]其在该县留学人数甚多[，]教育经费又较充裕[，]原经筹有的款或尚有他项足资增筹之款[，]并得呈请省政府核定[，]作为自费留学生贷费

第三条　留学贷费分国外国内二项

　　甲、留学国外者(以曾经呈准教育部发结[给]留学证书者为限)

　　一、在指定之国外大学或高等专科学校学习农工医及教育者

　　二、在前项学校毕业后入指定之国外场所研究或实习者[，]但以未受实习或研究机关之津贴为限

　　前两项指定之学校场所另行公布

　　乙、留学国内者

　　一、在国立省立或独立学院学习农工医及教育者

第四条　留学贷额如左

　　甲、留学欧美各国者每名年贷与国币六百元

　　乙、留学日本者每名年贷与[与]国币三百元

　　丙、留学省外者每名年贷[与]国币一百五十元

　　丁、留学省内者每名年贷与国币八十元

第五条　各县经收贷费专款如不能达到前条规定[，]各项贷款数按成比例摊贷[，]不得挪借他款补充[，]但如有奇零存数或照额分配尚有盈余时[，]应切实保管[，]汇入次期贷费办理[，]不得移作别用

第六条　学生全年贷费分上下两期向原籍县政府请领

第七条　各县应组织贷费审查会详查请求贷费学生家庭经济状况[，]决定应否给与贷费[，]其规程另定之

第八条　学生请求贷费[，]应将最近一学期在校或在实习之[场]厂院证明书[、]及留学监督证明书[，]连同三代履历及家庭经济概况表，呈由县政府汇交贷费审查会审查[，]但已经核准续领贷费之学生[，]在国内者每学期呈在学证一次[，]在国外者每年呈在学证一次

第九条　各生贷费经审查决定后[，]应由县政府造具贷费学生一览表[，]内分四川[、]姓名[、]肄业学校[、]家庭收支概数及有无证书[，]各项填列[，]检同各生证件及审

查报告书呈请省政府核定转咨教育部备案

第十条　贷费核定后由贷款人或其直接亲属[，]邀具殷实妥保到场书[，]立无息借约二张[，]缴由县政府存查，并分存省政府备案

第十一条　学生贷费应自核准后起领[，]不得追请补贷

第十二条　核准贷费各生是否继续在校求学[，]应由县政府随时调查[，]如有中途辍学或被斥退者[，]即立予停贷[，]并饬将以前所贷之款于其辍学或退学之次年起分三年偿清

第十三条　学生贷费自毕业之次年起[，]分年偿还[，]其清偿期至多不得过六年

第十四条　学生分年应偿贷款[，]如逾限不清[，]由县政府照通常债务勒令举行

第十五条　收入学生分年偿还贷款[，]应即悉数加入经收贷费专款内分配支给[，]如有余存仍依第五条规定办理

第十六条　贷费学生毕业后[，]如在本县服务满一年者[，]得减还贷费四分之一[，]满二年者得减还四分之二[，]满三年者免还全部

第十七条　各县经收贷费专款[，]与收回分年偿还贷出之款[，]其数额应逐年增加[，]如照分配尚有多量积存时[，]得酌移拨举办其他教育事业[，]但非先呈经省政府柳[批]准不得擅行动用

第十八条　本规定自咨教育部备案后公布施行

421　教育部训令　令每年度均填报概况表一次

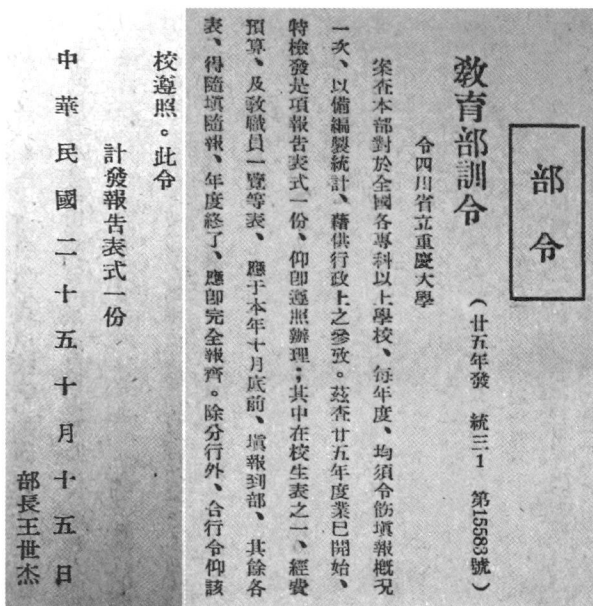

教育部训令

令四川省立重庆大学

（廿五年发　统三1　第15583号）

部令

案查本部对于全国各专科以上学校、每年度、均须令饬填报概况一次、以备编製统计、藉供行政上之参致。兹查廿五年度业已开始、特检发处项报告表式一份、仰即遵照办理；其中在校生表之一、经要预算、及教职员一览等表、應于本年十月底前、填报到部、其余各表、得随填随报、年度终了、应即完全报齐。除分行外、合行令仰该校遵照。此令

计发报告表式一份

中华民国二十五年十月十五日

部长王世杰

文献编号 1936-035　教育部训令　令每年度均填报概况表一次

■ 文献信息

期刊《重大校刊》，第 4 期，第 12 页，1936 年 12 月 1 日

文献编号：1936-035

■ 简体全文

教育部训令 （廿五年发 统三 1 第 15583 号）

令 四川省立重庆大学

案查本部对于全国各专科以上学校，每年度，均须令饬填报概况一次，以备编制统计，借供行政上之参考。兹查廿五年度业已开始，特检发是项报告表式一份，仰即遵照办理；其中在校生表之一，经费预算，及教职员一览等表，应于本年十月底前，填报到部，其余各表，得随填随报，年度终了，应即教完全报齐。除分行外，合行令仰该校遵照。此令[。]

计发报告表式一份

中华民国二十五[年]十月十五日

部长王世杰

---

422 教育部训令 查大学规程第二十条规定

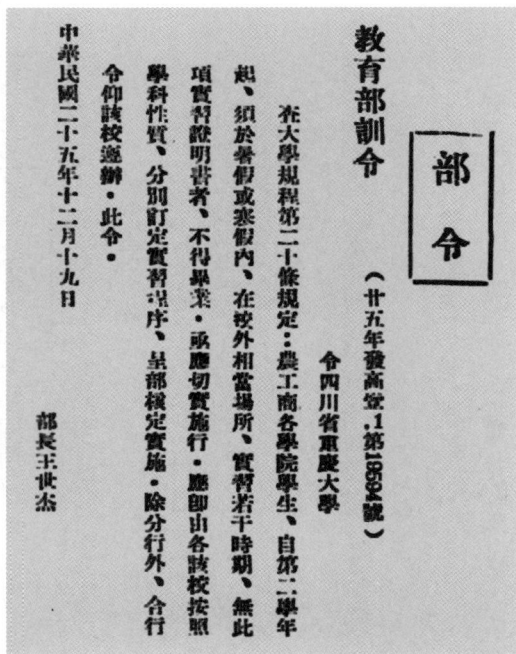

文献编号 1937-009 教育部训令 查大学规程第二十条规定

期刊《重大校刊》，第 7 期，第 17 页，1937 年 1 月 16 日

文献编号：1937-009

■ 简体全文

教育部训令（廿五年发高壹 1，第 19594 号）

令 四川省重庆大学

查大学规程第二十条规定：农工商各学院学生，自第二学年起，须于暑假或寒假内，在校外相当场所，实习若干时期，无此项实习证明书者，不得毕业。亟应切实施行，应即由各该校按照学科性质，分别订定实习程序，呈部核定实施。除分行外，合行令仰该校遵办。此令。

中华民国二十五年十二月十九日

部长王世杰

---

423 奉教育部令饬所属遵照部颁待遇蒙藏学生章程办法招考蒙藏学生一案令仰遵照由

■ 文献信息

期刊《四川省政府公报》，第 80 期，31 页，1937 年 5 月 10 日

文献编号：1937-041

■ 简体全文

奉 教育部令饬所属遵照部颁待遇蒙藏学生章程办法招考蒙藏学生一案

令仰遵照由 教字第一四二〇一号 二六，五，七.

省立重庆大学

令 省立教育学院

私立华西协合[和]大学

教育厅案呈：奉 教育部廿六年发壹 6 第五三一五号训令开："案准蒙藏委员会本年三月十六日一二七号咨开：'案据北平蒙藏学校校长教景文转」，」据该校高中三年级学生樊时斌等廿一人联名呈」，」以生等本年六月间肄业期满」，」因念已[以]往蒙藏学生升学之困难」，」请呈蒙藏委员会咨请教育部通令各国立大学切实实行待遇蒙藏学生章程之规定」，」又过去各大学招收蒙藏生于开学三星期后始举行之」，」如不及格值各校招生已毕」，」必致向隅」，」且招收名额每校不过一二名」，」并请饬各大学增加收录蒙

藏学生名额[，]提前考试等由转请鉴核到会查核所请[，]系为便利升学以求深造[，]似应准予令饬各大学切实照办[，]此后招收蒙藏学生并应尽量扩充名额从宽录取[，]以符政府提高边疆文化[、]优待蒙藏学生之本旨[，]相应咨请查照办理并希见复为荷'。等由准此查该生等所陈各节尚属可行[，]除分令遵办并咨复外[，]合行令即切实遵照部颁待遇蒙藏学生章程办理。"等因；到府，除分令外，合行令仰该校遵照！此令。

主　席　刘　湘

教育厅长　蒋志澄

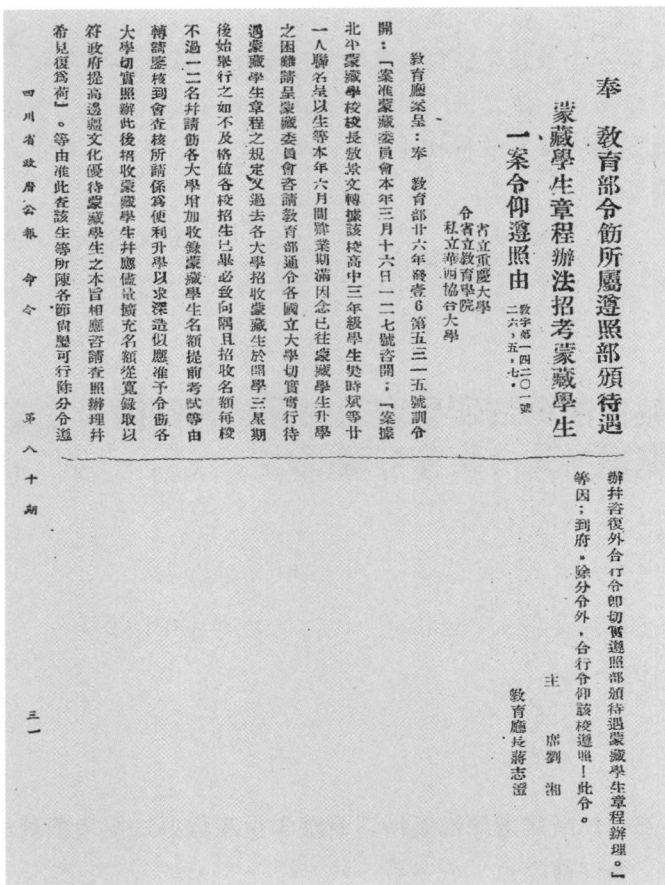

文献编号 1937-041　奉教育部令饬所属遵照部颁待遇蒙藏学生章程办法招考蒙藏学生一案令仰遵照由

424　为抄发统一捐款献金收支处理办法令仰遵照由

■ 文献信息

期刊《四川省政府公报》，原第303期，第29页，1942年

文献编号：1942-008

文献编号 1942-008　为抄发统一捐款献金收支处理办法令仰遵照由

■ 简体全文

为抄发统一捐款献金收支处理办法令仰遵照由

教一字第三四〇九号　三一, 三, 一七.

（不另行文）

	省立重庆大学	省立教育学院
令	私立华西协和大学	省立技艺专科学校
	省立各级学校	县立, 私立中等以上学校
	各县市政府	北碚管理局　汶川县政府

　　教育厅案呈, 奉　教育部三十一年一月二十四日总字第〇三一九八号训令开, "案奉　行政院三十年十二月二十一日勇柒字第一七九九八号训令内开, 奉　国民政府三十年十二月十二日渝文字第一二八三训令开, 查统一缴解捐款献金办法, 现经明令废止, 并经制定统一捐款献金收支处理办法, 公布施行, 应即通令饬知, 除分令外, 合行抄发统一捐款献金收支处理办法, 令仰知照, 并转饬所属一体知照, 此令等因, 除分令外, 合行抄发统一捐款献金收支处理办法, 令仰知照, 并饬所属一体知照, 此令"。等因奉此, 附抄发统一捐款献金收支处理办法一份, 奉此, 除分令外, 合行抄发原办法令仰知照, 再查本部据呈发动之"全国青年号"飞机捐款, 现已[已]积得十九万余元, 业由本部订于本年五月四日举行命名典礼, 呈献　政府, 至[""]教师号["]飞机捐款, 现仅收到四万余元, 仍仰在校广为宣传, 继续捐输, 以期早日完成盛举, 所有上列两项飞机捐款, 嗣后应照部颁办法缴解, 仍行报部备查, 并仰知照, 并转饬所属一体知照, 此令, 等因, 附抄发统一捐款献金收支处理办法一份, 奉此, 请予转饬到府, 除分令外, 合行抄发原办法令仰遵照办理此令。

　　计抄发统一捐款献金收支处理办法一份(载法规栏)

兼理主席　张　群

教育厅长　郭有守

425 为抄发修正学校教职员养老金及恤金条例令仰知照由

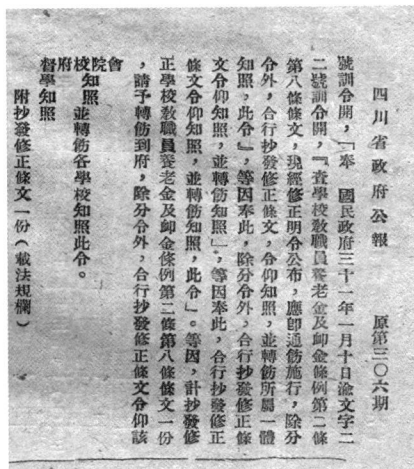

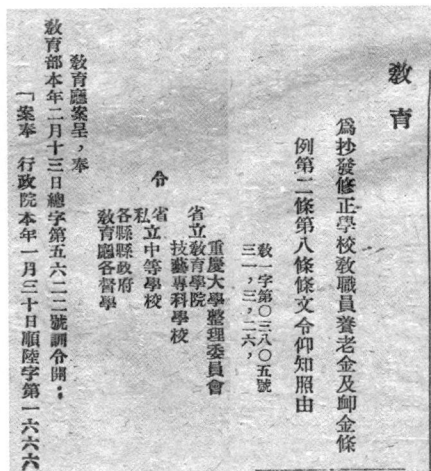

文献编号 1942-009 为抄发修正学校教职员养老金及恤金条例令仰知照由

■ 文献信息

期刊《四川省政府公报》，原第306期，第27-28页，1942年

文献编号：1942-009

■ 简体全文

为抄发修正学校教职员养老金及恤金条例第二条第八条条文令仰知照由

教一字第○三八○五号 三一，三，二六，

重庆大学整理委员会

省立教育学院

技艺专科学校

令 省 立中等学校
私

各县县政府

教育厅各督学

教育厅案呈，奉教育部本年二月十三日总字第五六二二号训令开：

案奉 行政院本年一月三十日顺陆字第一六六六号训令开，"奉 国民政府三十一年一月十日渝文字二二号训令开，'查学校教职员养老金及恤金条例第二条第八条条文，现经修正明令公布，应即通饬施行，除分令外，合行抄发修正条文，令仰知照，并转饬所属一体知照，此令'，等因奉此，除分令外，合行抄发修正条文令仰知照，并转饬知照"，等因奉此，合行抄发修正条文令仰知照，并转饬知照，此令。

等因，计抄发修正学校教职员养老金及恤金条例第二条第八条条文一份，请予转饬到府，除分令外，合行抄发修正条文令仰该

　　会
　　院
　　校　　知照并转饬各学校知照此令。
　　府
　　督学知照

426 为办理临时修建购置事项应事先呈准预算暨经临各费均不得稍涉超支令仰遵照由

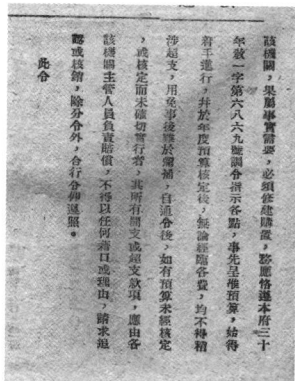

文献编号 1942-010　为办理临时修建购置事项应事先呈准预算暨经临各费均不得稍涉超支令仰遵照由

■ **文献信息**

期刊《四川省政府公报》，原第311期，第29页，1942年

文献编号：1942-010

■ **简体全文**

为办理临时修建购置事项应事先呈准预算暨经临各费均不得稍涉超支令仰遵照由

教一字第○五六三○号　　三一，四，二九．

令省立重庆大学教育学院，艺术专科学校，本府教育厅，国教巡回辅导团，中学师范。职业学校，成都实验幼稚园，实验小学，实验小学茶店子分校，边氏生活指导所，图书馆，教育科学馆，南充民教馆，四川博物馆，四川省科学仪器制造所。

查省立各级教育文化机关，办理临时修建购置等事项，未经呈准预算，不得先行建购，迭经令饬遵照在案，际此厉行会计独立，凡各款项，科目朗列，不容流用，

加以省库支绌，所有超支款项，亦属无法弥补，兹特重申前令，嗣后各该机关，果属事实需要，必须修建购置，务应恪遵本府三十年教一字第六八六九号训令指示各点，事先呈准预算，始得着手进行，并于年度预算核定后，无论经临各费，均不得稍涉超支，用免事后难于弥补，自通令后，如有预算未经核定，或核定而未确切实行者，其所有开支或超支款项，应由各该机关主管人员负责赔偿，不得以任何借口或理由，请求追认或核销，除分令外，合行令仰遵照。

此令

427 强调尊师重道一案令仰遵知照由

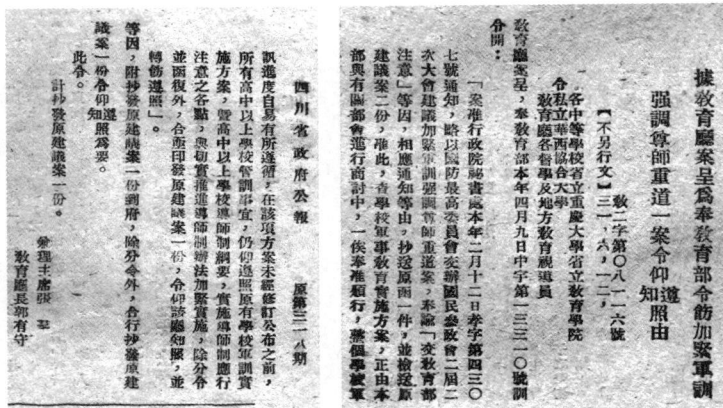

文献编号 1942-011 强调尊师重道一案令仰遵知照由

■ 文献信息

期刊《四川省政府公报》，原第318期，第29-30页，1942年

文献编号：1942-011

■ 简体全文

据教育厅案呈为奉教育部令饬加紧军训 强调尊师重道一案令仰遵知照由

教二字第〇八一一六号【不另行文】三一，六，一二.

各中等学校[、]省立重庆大学[、]省立教育学院

令 私立华西协合[和]大学

教育厅各督学及地方教育视导员

教育厅案呈，奉教育部本年四月九日中字第一三三一〇号训令开：

"案准行政院秘书处本年二月十二日孝字第四三〇七号通知，略以国防最高委

员会交办国民参政会二届二次大会建议加紧军训强调尊师重道案，奉谕'交教育部注意'等因，相应通知等由，抄送原函一件，并检送原建议案二份，准此，查学校军事教育实施方案，正由本部与有关部会进行商讨中，一俟奉准颁行，整个学校军训进度自易有所遵循，在该项方案未经修订公布之前，所有高中以上学校管训事宜，仍仰遵照原有学校军训实施方案，暨高中以上学校导师制纲要，实施导师制应行注意之各点，与切实推进导师制办法加紧实施，除分令并函复外，合亟印发原建议案一份，令仰该厅知照，并转饬遵照"。

等因，附抄发原建议案一份到府，除分令外，合行抄发原建议案一份令仰遵 [、] 知照为要。

此令。

计抄发原建议案一份。

兼理主席　张　群

教育厅长　郭有守

---

428 教育厅案呈奉教育部令转行政院准司法院函复解释伪造修业或毕业证件令仰知照一案仰知照由

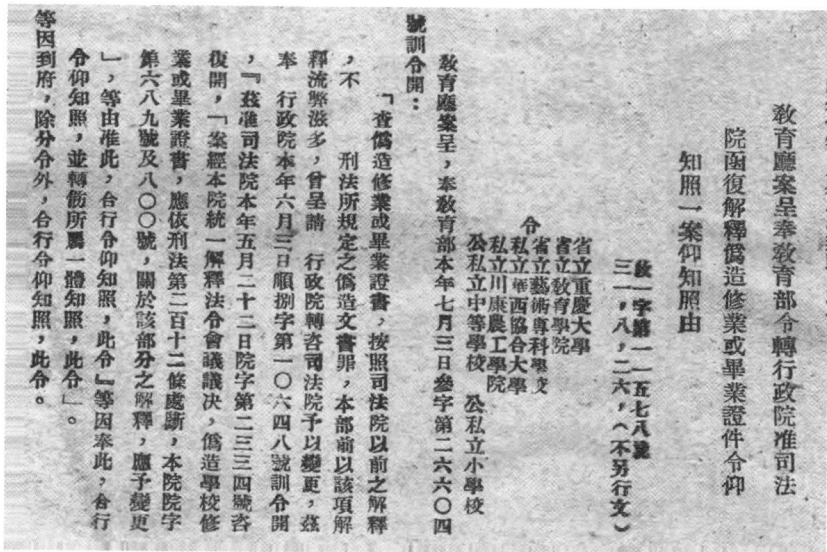

文献编号 1942-012　教育厅案呈奉教育部令转行政院准司法院函复解释伪造修业或毕业证件令仰知照一案仰知照由

■ 文献信息

期刊《四川省政府公报》，原333期，第12—13页，1942年

文献编号：1942-012

■ 简体全文

教育厅案呈奉教育部令转行政院准司法院函复解释伪造修业或毕业证件令仰知照一案仰知照由

教一字第一一五七八号　三一,八,二六.(不另行文)

省立重庆大学

省立教育学院

省立艺术专科学校

令　私立华西协合[和]大学

私立川康农工学院

公私立中等学校公私立小学校

教育厅案呈,奉教育部本年七月三日参字第二六六〇四号训令开:

查伪造修业或毕业证书,按照司法院以前之解释,不　　　刑法所规定之伪造文书罪,本部前以该项解释流弊滋多,曾呈请　行政院转咨司法院予以变更,兹奉行政院本年六月三日顺捌字第一〇六四八号训令开,"兹准司法院本年五月二十二日院字第二三三四号咨复开,'案经本院统一解释法令会议议决,伪造学校修业或毕业证书,应依刑法第二百十二条处断,本院院字第六八九号及八〇〇号,关于该部分之解释,应予变更',等由准此,合行令仰知照,此令"等因奉此,合行令仰知照,并转饬所属一体知照,此令。"

等因到府,除分令外,合行令仰知照,此令。

429　检发四川省高、中等教育，教育机关概况调查表仰克速填报径送本府统计处汇办由

■ 文献信息

期刊《四川省政府公报》，原第333期，第13页，1942年

文献编号：1942-013

检发四川省高[、]中等教育[，]教育机关概况调查表仰克速填报径送本府统计处汇办由

教统字第一一四○五号 三一,八.(不另行文)

省立重大省立教育学院 省立艺术专科学校

省立各中学 各师范学校 各职业学校

令 四川博物馆 省立图书馆 省立教育科学馆

省立科学馆 省立南充民教馆

教育厅案呈,准统计处三十一年七月二十七日处一字第一八六八号公函开,"径启者,本处兹拟遵奉中央促进超然主计制度之训示,依据本府三十一年度施政计划,于省立各学校及各教育机关,依法设置统计组织,推各该学校机关之内部组织概况,事先亟待明了,用作筹设统计组织之参考,兹特制就概况调查表式三份,送请贵厅烦为查照,分别转令省立各级学校及教育机关,从速逐项查填,径报过处,以便汇办,并盼见复为荷",等由,附四川省高[、]中等教育[，]教育机关概况调查表各一份到府,除分令外,合亟检发一、高等教育[，]二、中等教育[、]三、教育机关概况调查表一份,令仰该口于文到一周内,克速填竣,径送本府统计处汇办为要,此令。

计检发高、中等教育,教育机关概况调查表一份

兼理主席 张 群

教育厅长 郭有守

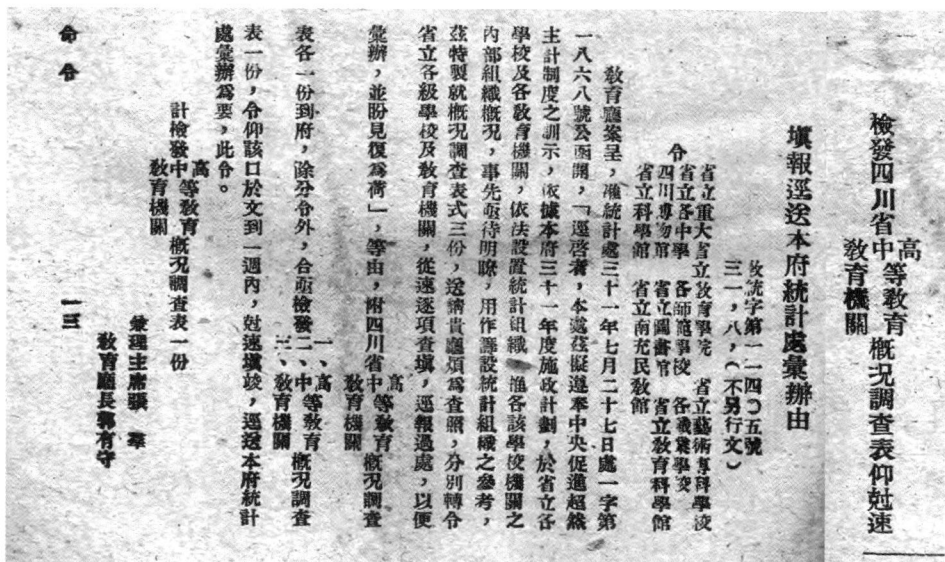

文献编号 1942-013 检发四川省高、中等教育,教育机关概况调查表仰克速填报径送本府统计处汇办由

430 令 仁陆字二二一五八号中华民国卅二年十月五日

■ 文献信息

期刊《行政院公报附录》，第6卷第11期，第47页，1943年

文献编号：1943-008

■ 简体全文

令 仁陆字二二一五八号中华民国卅二年拾[十]月五日

据教育部呈前四川省立重庆大学创办之初[，]，曾由刘湘[、]、甘绩镛[、]、吕子方[、]、杨芳龄[、]、朱叔痴[、]、潘仲三[、]、温少鹤[、]、汪云松[、]、李奎安[、]、袁筱如[、]、胡文澜[、]、王兰楫[、]、陈行可[、]、王育三[、]、沈月书[、]、邓达先[、]、刘航琛[、]、李公度[、]、沈懋德[、]、赵资生[、]、吴芳吉[、]、刘著存等精心擘划[、]、惨淡经营以底于成，现已改为国立[，]，各该员或故或存[，]，追念往绩功不可湮[，]，请明令襄奖等情[，]，查各该员敬恭桑梓[、]、协力兴学[、]、加惠后进[、]、前功堪嘉[，]，特予褒扬以昭激劝[。]。

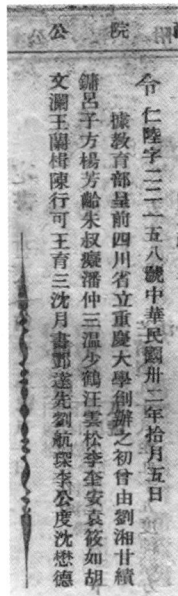

此令

文献编号 1943-008 令 仁陆字二二一五八号中华民国卅二年十月五日（节选）

431 教育部训令 调整研究费及薪俸训令二则

■ 文献信息

期刊《重庆大学校刊》，第8期，第2页，1947年11月15日

文献编号：1947-036

■ 简体全文

调整研究费及薪俸训令二则

教育部训令 会字第五四九四三号

中华民国卅六年十月十一日

国立专科九[以]上学校教员及研究飞[机]关研究人员学术研究补助费[，]，奉令自八月份起再增加一倍支给[，]，令布知照由

令国立重庆大学

查国立专科以上学校教员及研究机关研究人员，学术研究补助费，前经呈准自

本年四月份起，提高为教授月支二十五万元，副教授二十万元，讲师十五万元，助教十万元，经令知在卷，乃近数月以来，百物继涨增高，前项补助费，相形之下，仍属支绌，复经本部两度呈院，力请调整，提高支给。兹奉行政院九月二十四日会二字第三八四二八号通知，核准自八月份起，照四月份核准标准各增乙[一]倍支给等因：除分行外，合行令仰知照！

　　此令

部长　朱家骅

調整研究費及薪俸訓令二則

教育部訓令　會字第五四九四三號 中華民國卅六年十月十一日

國立專科九上學校教員及研究飛關研究人員學術研究補助費奉

令自八月份起再增加一倍支給會布知照由

令國立重慶大學

查國立專科以上學校教員及研究飛關研究人員，學術研究補助費，前經呈准自本年四月份起，提高民教授月支二十五萬元，副教授二十萬元，講師十五萬元，助教十萬元，經令仰在卷，乃近數月以來，百物機漲增高，前項補助費，相形之下，仍屬支絀，復經本部兩度呈院，力請調整，提高支給。兹奉行政院九月二十四日會二字第三八四二八號迪知，核准自八月份起，照四月份核准標準各增乙倍支給等因：除分行外，合行令仰知照！

此令

部長朱家驊

文献编号 1947-036　教育部训令　调整研究费及薪俸训令二则　会字第五四九四三号

432　教育部训令　令知奉令转行本年十月份起调整公教人员生补费分区支给标准

■ 文献信息

　　期刊《重庆大学校刊》，第8期，第2-3页，1947年11月15日

　　文献编号：1947-037

教育部训令 會字第五八三九八號 中華民國卅六年十月三十日

令知奉令轉行本年十月份起調整公教人員生補費分區支給標準。

令國立重慶大學

案奉

行政院本年十月二十二日（三十六）會五字第四三一三四號訓令略開："奉國民政府訓令，以據本院呈，以文武人員待遇，目前應予調整。茲准國民政府文官處函送立法院所訂調整方案到院，經提出本院會議決議：'一、過度辦法：照現行待遇一律加百分之一百二十五。士兵薪餉，照此標準追加；公費生副食費，照各區基本數七分之一支給，士兵副食費，另案追加。為體念文武人員目前困難，特予提前自十月份起實行。二、建議國務會議，由主計處組織文武人員待遇調整計劃委員會，負責研擬更為切實合理之辦法，自明年一月份起施行。'復經依照上項原則，重行改訂生活補助費分區支給標準（如附表）請核定施行一案，提經第十三次國務會議決議通過，合行令仰轉飭遵照等因，附發生活補助費調整標準表，飭即轉行遵照"等因奉此，查此項生活補助費調整增加數，在國庫未能徑予撥到之前，准各先向支庫提付生活補助費，在國庫未能徑予撥到之前，准各先向支庫提增加數，在國庫未能徑予撥到之前，准各先向支庫提增加數，在國庫未能徑予撥到之前，暫行墊發，準各先向支庫提增加數，左國庫未能徑予撥到之前，暫行墊發，准各先向支庫提前核准該校提高級別發給差額特別補助費，已另案申請繼續撥發，除分行外，合行抄發調整公教人員生補費分區支給標準表，令仰遵照辦理，此令。

文献编号 1947-037　教育部训令　令知奉令转行本年十月份起调整公教人员生补费分区支给标准

■ 简体全文

教育部训令

会字第五八三九八号中华民国卅六年十月三十日

令知奉令转行本年十月份起调整公教人员生补费分区支给标准。

令国立重庆大学

案奉

行政院本年十月二十二日（三十六）会五字第四三一三四号训令略开："奉国民政府训令，以据本院呈，以文武人员待遇，目前应予调整。兹准国民政府文官处函送立法院所订调整方案到院，经提出本院会议决议：'一、过度[渡]办法：照现行待遇一律加百分之一百二十五。士兵薪饷，照此标准追加；公费生副食费，照各区基本数七分之一支给，士兵副食费，另案追加。为体念文武人员目前困难，特予提前自十月份起实行。二、建议国务会议，由主计处组织文武人员待遇调整计划委员会，负责研拟更为切实合理之办法，自明年一月份起施行。'复经依照上项原则，重行改订生活补助费分区支给标准（如附表）请核定施行一案，提经第十三次国务会议决议通过，合行令仰转饬遵照等因，附发生活补助费调整标准表，饬即转行遵照"等因奉此，查此项生活补助费调整增加数，在国库未能径予拨到之前，准各先向支库提用本年十一十二两月份库存生活补助费暂行垫发，至前核准该校提高级别发给差额特别补助费，已另案申请继续拨发，除分行外，合行抄发调整公教人员生补费分区支给标准表，令仰遵照办理，此令。

433　教育部训令　文武职人员生活补助费分区支给标准表

文武職人員生活補助費分區支給標準表　36年10月份起施行

區別	調整標準		太原 濟南 青島 北平 天津 瀋陽 鎮江 廣州
	基本數	加倍數	
一	990,000	4,000	太原 濟南 青島 北平 天津 瀋陽 鎮江 廣州 上海 南京 杭州 迪化 長春 錦州 康定
二	870,000	3,600	山西 山東 河北 東九省 江蘇 廣東 福建 浙江 河南 新疆 熱河 綏遠 察哈爾 西安 合肥 武漢 蘭州 長沙 安慶 蕪湖 蚌埠 西寧 衡陽
三	760,000	2,900	陝西 安徽 湖北 甘肅 湖南 江西 廣西 青海 西康 重慶 成都 貴陽 昆明
四	670,000	2,200	四川 貴州 雲南 寧夏

附：一、武職官佐一律按第二區標準支給，主副食費及眷糧照案扣除。
二、警民支基本數七成，警七支六成，京滬平津瀋菁六特別市警民支加成，警士支八成，並支加倍數。
三、公役支基本數六成（上海支七成）。
四、東北九省按本表標準計算國幣，再折合流通券支給。
五、臺灣未列入。
六、各區增加生活補助費由財政部按本表標準及各區人數匯寄墊發。

文献编号 1947-038　教育部训令　文武职人员生活补助费分区支给标准表（三十六年十月份起施行）

■ 文献信息

期刊《重庆大学校刊》，第8期，第3页，1947年11月15日

文献编号：1947-038

■ 简体全文

文武职人员生活补助费分区支给标准表　36[三十六]年10月份起施行

区别	调整基本数	标准加倍数	
一	990,000	4,000	太原 济南 青岛 北平 天津 沈阳 镇江 广州 上海 南京 杭州 迪化 长春 锦州 康定
二	870,000	3,600	山西 山东 河北 东九省 江苏 广东 福建 浙江 河南 新疆 热河 绥远 察哈尔 西安 合肥 武汉 兰州 长沙 安庆 芜湖 蚌埠 西宁 衡阳

三	760,000	2,900	陕西 安徽 湖北 甘肃 湖南 江西 广西
			青海 西康 重庆 成都 贵阳 昆明
四	670,000	2,200	四川 贵州 云南 宁夏

附：一、武职官佐一律按第二区标准支给，主副食费及眷粮照案扣除。

二、警长支基本数七成，警士支六成，京沪平津渝青六特别市警长支加成，警士支八成，并支加倍数。

三、公役支基本数六成(上海支七成)。

四、东北九省按本表标准计算国币，再折合流通券支给。

五、台湾未列入。

六、各区增加生活补助费由财政部按本表标准及各区人数核实垫发。

434　教育部训令　令发专科以上学校训育委员会组织规程由

教育部训令

令国立重庆大学

事由：令发专科以上学校训育委员会组织规程由

本部为改进各专科以上学校训育提高训导效能起见部经订定专科以上学校训育委员会组织要点于三十五年十二月十二日以训字第三七九五四号训令饬知在案兹颁佈根据该项要点所制定之专科以上学校训育委员会组织规程各校应即遵照组织并将委员姓名具报备查至是项规程颁佈後原有大学行政组织补充要点（见教部法令185页）暨独立学院及专科学校行政组织补充要点（见教育法令109页）第十条条文已不适用应即删除以下条目依次递改除分令外合行检发专科以上学校训育委员会组织规程样一份令仰遵照此令

附发专科以上学校训育委员会组织规程一份

部长

文献编号 1947-056　教育部训令　令发专科以上学校训育委员会组织规程由（节选）

■ 文献信息

期刊《重庆大学校刊》，第9期，第2页，1947年12月15日

文献编号：1947-056

■ 简体全文

教育部训令

令国立重庆大学

事由：令发专科以上学校训育委员会组织规程由

本部为改进各专科以上学校训育，提高训导效能起见，并经订定专科以上学校训育委员会组织要点，于三十五年十二月十二日，以训字第三七九五四号训令饬知在案。兹颁布根据该项要点所制定之专科以上学校训育委员会组织规程，各校应即遵照组织，并将委员姓名具报备查□。是项规程颁布后，原有大学行政组织补充要点（见教部法令185页），暨独立学院及专科学校行政组织补充要点（见教育法令109页）第十条条文已不适用，应即删除，以下条目依次选改，除分令外合行检发专科以上学校训育委员会组织规程一份，令仰遵照此令。

附发专科以上学校训育委员会组织规程一份。

部　长

专科以上学校训育委员会组织规程

第一条　专科以上学校为增进训导效率设置训育委员会

第二条　训育委员会之职掌如左

一、部颁训育法令实施办法之订定

二、学校训导计划之决定

三、学生操行成绩之评定

四、学生团体活动之指导

五、学生风纪之整饬

六、训导处工作之协助与指导

第三条　训育委员会以校长（独立学校院长）及教务训导总务三处主管人、各学院院长（独立学校或专科学校科系主任）为当然委员，并由校长（院长）选聘专任教授三人至十五人组织之

第四条　训育委员会以校长（独立学院院长）为主任委员，训导长（主任）为秘书

第五条　训育委员会每两周开会第一次，必要时得开临时会

第六条　训育委员会开会时，训导处有关组主任得列席报告

第七条　本规程自公布日施行

435 教育部训令 令饬迅将三十六年度核发教职员因公伤病医药费列册报部以凭汇办由

事由 令飭迅將三十六年度核發教職員因公傷病醫藥費列冊報部以憑彙辦由

教育部訓令

發文人字第〇〇五三四號 三十七年一月六日

令國立重慶大學

查三十六年度教職員因公傷病醫藥費前經分别指復依照本部三十五年十二月人字三四九八四號訓令由該機關學校就原有經費內自行核撥如經費確屬困難者可於年終彙案開明清冊呈部轉請在第一預備金內逕行核撥具領各在案茲屆年度終了前項醫藥費亟待清給仰即於三十七年一月底以前依照附頒表式造冊二份連同請領人前繳單據一併報部以憑彙案請領逾期不予核辦此

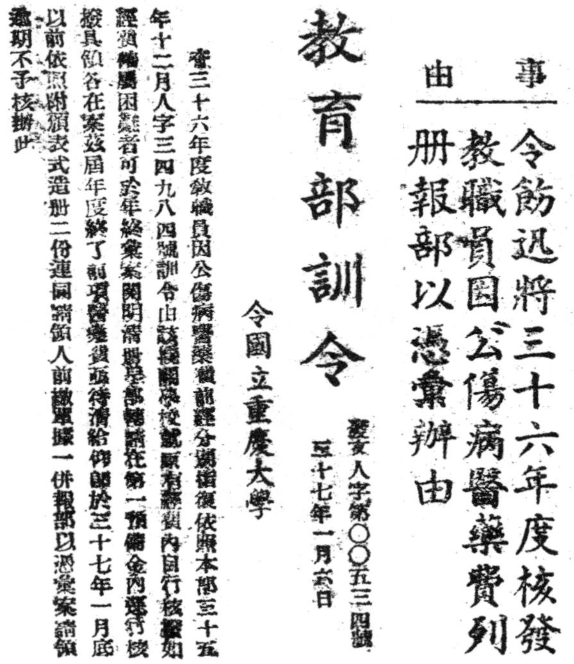

文献编号 1948-001 教育部训令 令饬迅将三十六年度核发教职员因公伤病医药费列册报部以凭汇办由

■ 文献信息

期刊《重庆大学校刊》，第10期，第1页，1948年1月15日

文献编号：1948-001

■ 简体全文

事由 令饬迅将三十六年度核发教职员因公伤病医药费列册报部以凭汇办由

教育部训令

发文人字第〇〇五三四号 三十七年一月六日

令国立重庆大学

查三十六年度教职员因公伤病医药费前经分别指复依照本部三十五年十二月人字三四九八四号训令[，]由该机关学校就原有经费内自行核拨[，]如经费确属困难者[，]可于年终汇案[，]阅明清册呈部转请在第一预备金内径行核拨具领[，]各在案兹届年度终了[，]前项医药费亟待清给[，]仰即于三十七年一月底以前[，]依照附颁表式造册二份[，]连同请领人前缴单据一并报部以凭汇案请领[，]逾期不予核办[。]此[令。]

重慶大學校刊

第十一期

卅七年二月十五日

發行者　國立重慶大學校刊編輯委員會

通訊處　重慶沙坪壩

部　令

事由　令知調整公教人員待遇標準由

教育部訓令

令國立重慶大學

發文會字第○二三四號

卅七年一月二十二日

案奉

行政院卅七年一月十七日（子七）會五字第二九三二號訓令以文武職人員待遇疊經具調整所施暫辦法業即飭行遵照等因茲將原實施辦法摘要如次：

一、該校區四區薪津暫照原活指數為六五、○○○倍

二、文武職員一律以薪俸三十元為基數照生活指數計算超過三十元之數一律以十分之一照指數支給

三、各機關技工及工役薪餉生活有超過三十元以下者一律照指數支給其有超過三十元者仍按照十分之一照指數支給並制定各機關技工及工役薪餉暨文附發施行

（技工及工役薪餉標準應由各機關自行酌量支給惟總數平均技工以不超出三十

元工役不超出十二元為限期）

四、警察待遇仍按現行規定薪俸支三十元基數照指數計算所得之七成醫士支八成京滬平津榆青六特別市醫長支九成醫長醫士支八成醫士照現行薪餉發現

完薪餉年二十元以上者其超過三十元之數並按十分之一照指數支給

五、各機關節餘非俸及生活補助費移充員工福利用途實施辦法卅七年一月起院計開各機關薪停生活補助發節餘仍照繳軍

六、關於第一區以外國立專科以上學校教職員特別補助費本辦法施行後一

目　錄

教育部訓令

醫學院概況

土木系畢業生就業情況

課外活動團體負責人一覽表

學生年齡統計表

註冊日程

圖書館委員會譯紀錄摘錄

「殊州世界」的中國人

谿普羅唱

一

文献编号 1948-013　教育部训令　令知调整公教人员待遇标准由（节选）

■ 文献信息

期刊《重庆大学校刊》，第11期，第1—2页，1948年2月15日

文献编号：1948-013

■ 简体全文

事由　令知调整公教人员待遇标准由
教育部训令

部令　发文会字第〇一三三四号　三十七年一月二十二日

令国立重庆大学

案奉

行政院三十七年一月十七日(三十七)会五字第二九三二号训令以文武职人员待遇经拟具调整实施办法饬即转行遵照等因[,]兹将原实施办法摘要如次：

一、该校为四区核定生活指数为六五、〇〇〇倍

二、文武职员一律以薪俸三十元为基数[,]照生活费指数计算[,]超过三十元之数一律以十分之一照指数支给

三、各机关技工及工役薪饷在三十元以下者[,]一律照指数支给[,]其有超过三十元者[,]仍按照十分之一照指数支给[,]并制定各机关技工及工役薪饷表随文附发施行(技工及工役薪饷标准应由各机关自行酌量支给[,]惟总数平均技工以不超出三十元[,]工役不超出十二元为原则)

四、警察待遇仍按现行规定[,]警长支三十元[,]基数照指数计算所得之七成[,]警士支六成[,]京沪平津渝青六特别市警长支九成[,]警士支八成[,]警长警士照现行薪饷表规定[,]薪饷在三十元以上者[,]其超过三十元之数并按十分之一照指数支给

五、各机关节余薪俸及生活补助费移充员工福利用途实施办法自三十七年一月起废止[,]嗣各机关薪俸生活补助费节余仍应缴库

六、关于第一区以外国立专科以上学校教职员特别补助费[,]本办法施行后一律废止

七、文职机关就职员及工役部分(技警在外)自三十七年二月份起[,]照应发总额按月递减百分之五二至六月份□减发生活补助费百分之二十五[,]至各机关如何紧缩组织[,]或裁并机构或裁汰冗员[,]由各主管机关自行统筹办理[,]报院备核

八、国营事业机关(包括国家行局)人员待遇应严格遵照国营事业机关人员待遇办法规定[,]其所有之本薪及生活补助费、特别办公费、膳宿代金与配售实物差额金一切津贴之总所得不得高于各级公教人员相当等级所得(包括薪俸生活补助费、特别办公费及实施配售地区之配售实物差额金)之百分之三十[,]年终如有盈余[,]依国营农工矿事业发给员工奖金办法规定[,]主管机关核准得发给至多不得超过三个月所得额之年终奖金[,]此外不得再有任何额外待遇[,]并应由主管机关切实监督施行

以上各条均自三十七年一月份起实行[,]至调整后应增之生补费在国库尚未拨到之前[,]业经国库署通知各地分支库准各径向当地分支库提前支用库存款额以利支[,]应除分行外[,]合行抄发技工及工役薪饷表[,]令仰遵照办理为要[,]此令。

附发工役薪饷表一份

各机关技工及工役薪饷表

别类\等级	一级	二级	三级	四级	五级	六级	七级
技工	40元	36元	32元	29元	26元	23元	20元
工役	18元	18元	14元	12元	10元	8元	6元

437 教育部训令　令发大学法及专科学校法由

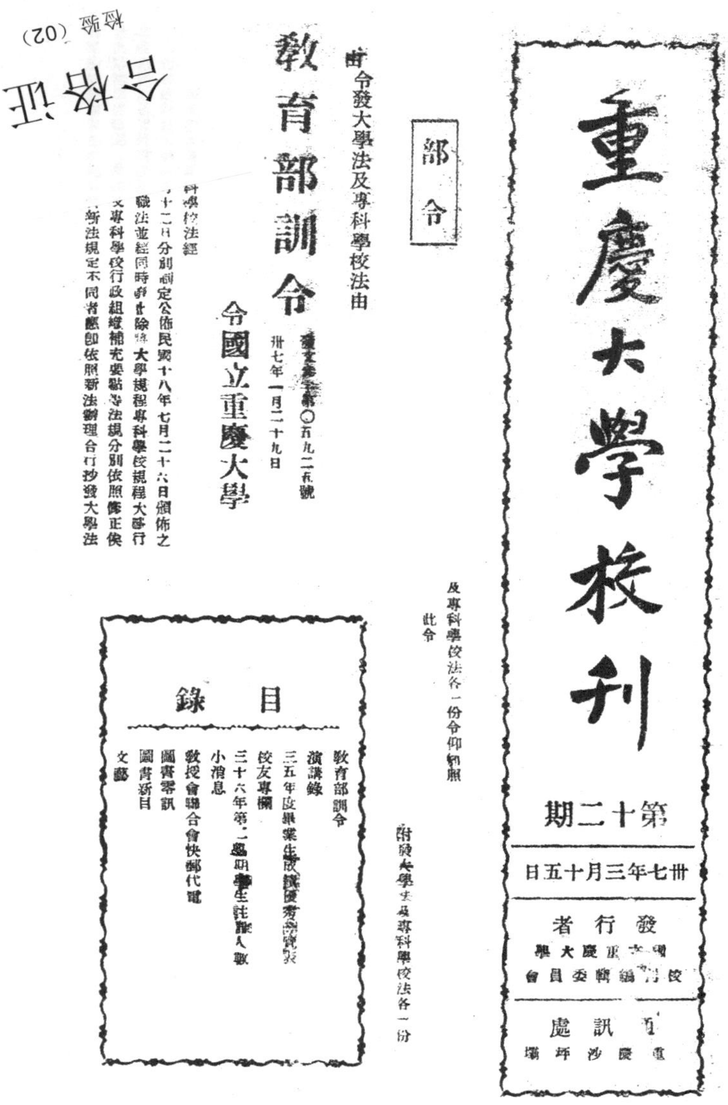
重慶大學校刊

第二十期

卅七年三月十五日

發行者

國立重慶大學校刊編輯委員會

通訊處

重慶沙坪壩

部令

事由：令發大學法及專科學校法由

教育部訓令　高字第〇五九二五號　卅七年一月二十九日

令國立重慶大學

……科學校法經……十二日分別制定公佈民國十八年七月二十六日頒佈之……職法並經同時廢止除將大學規程專科學校規程大學行……及專科學校行政組織補充要點等法規分別依照修正俟……新法規定不同者應即依照新法辦理合行抄發大學法及專科學校法各一份令仰知照

此令

附發大學法及專科學校法各一份

目錄

教育部訓令

演講錄

三五年度畢業生成績優秀獎……

校友專欄

三十六年第二學期學生註冊人數

小消息

教授會聯合會快郵代電

圖書零訊

圖書新目

文藝

文献编号 1948-024　教育部训令　令发大学法及专科学校法由（节选）

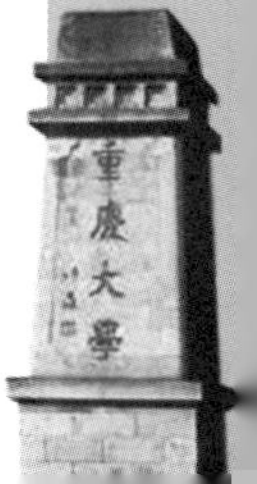

■ 文献信息

期刊《重庆大学校刊》，第12期，第1-3页，1948年3月15日

文献编号：1948-024

■ 简体全文

事由　令发大学法及专科学校法由

教育部训令

发文参字第〇五九二五号　卅七年一月二十九日

令　国立重庆大学

查大学法及专科学校法经

国民政府于本年一月十二日分别制定公布民国十八年七月二十六日颁布之大学组织法及专科学校组织法[，]并经同时废止除将大学规程专科学校规程[、]大学行政组织补充要点[、]独立学院及专科学校行政组织补充要点等法规分别依照修正俟另案饬知外[，]原有各法规有与新法规定不同者应即依照新法办理[，]合行抄发大学法及专科学校法各一份[，]令仰知照

此令

附发大学法及专科大学法各一份

大学法　国民政府公布（三七、一、一二）

第一条　太[大]学依中华民国宪法第一百五十八条之规定[，]以研究高深学术养成专门人才为宗旨

第二条　国立大学由教育部审查全国各地情形设立之

第三条　大学由省设立者为省立大学[，]由直辖市设立者为市立大学[，]由私人设立者为私立大学[，]前项大学之设立变更及停办须经教育部核准

第四条　大学分文理法医农工商等学院

　　　　师范学院应由国家单独设立[，]但国立大学得附设之

　　　　本法施行前已设立之教育学院得继续办理

第五条　凡具备三学院以上者始得称为大学

　　　　不合上项条件者为独立学院得分二科

第六条　大学各学院及独立学院分设学系

第七条　大学或独立学院各学系办理完善成绩优良者得设研究所

第八条　大学置校长一人综理校务[，]国立省立市立大学校长简任[，]私立大学校长由董事会聘任呈报教育部备案[，]校长除担任本校教课外不得兼任他职

私立大学得置副校长一人辅助校长处理校务

第九条　独立学院置院长一人综理院务[，]国立者由教育部聘任之[，]省立市立者由省市政府请教育部聘任之[，]私立者由董事会聘任呈报教育部备案[，]院长除担任本

院教课外不得兼任他职

第十条　大学各学院各置院长一人经理院务，由校长聘任之

第十一条　大学各学系各置主任一人办理系务，由院长商请校长聘任之

第十二条　大学教员分教授、副教授、讲师、助教四种，由院长、系主任商请校长聘任之

第十三条　大学设教务、训导、总务三处，置教务长、训导长、总务长各一人，秉承校长分别主持全校教务、训导及总务事宜，由校长聘任之，均应由教授兼任

第十四条　大学各处得分设各组馆，各置主任一人办理各组馆事务，由各处主管人商请校长任用之

大学图书馆规模完备者得置馆长一人，由校长聘任之

第十五条　大学校长室得置秘书一人或二人，由校长聘任之

第十六条　大学设会计室，置会计主任一人、佐理员及雇员若干人，依法律之规定办理岁计会计事宜

前项人员之任用私立大学暂不适用

第十七条　大学得因教学实习及研究之需要分别附设各种实习或实验机构，其办法由校拟订呈请教育部核定之

第十八条　大学各组馆及附设各机构得各置职员若干人，由校长任用之

第十九条　大学设校务会议以校长、教务长、训导长、总务长、各学院院长、各学系主任及教授代表组织之，校长为主席，教授代表之人数不得超过前项其他人员之一倍，亦不得少于前项其他人员之总数

第二十条　校务会议审议左列事项：

一、预算

二、学院学系研究所及附设机构之设立变更与废止

三、教务训导及总务上之重要事项

四、大学内部各种重要章则

五、校长交议及其他重要事项

第廿一条　大学设行政会议，以校长、教务长、训导长、总务长及各学院院长组织之，校长为主席，协助校长处理有关校务执行事项

第廿二条　大学设教务会议，以教务长及各学院院长及各学系主任组织之，教务长为主席，讨论教务上重要事项

第廿三条　大学各学院设院务会议，以院长及各学系主任及本院教授、副教授代表组织之，院长为主席讨论本院学术设备及其他有关院务事项

各学系设系务会议，以系主任及本系教授、副教授、讲师担[组]织[职]之，系主任为主席，讨论本系教学研究及其他有关系务事项

第廿四条　大学各处分设处务会议，以各处主管人及各组馆[主管]主任组织之，各处主管人为主席，讨论各处主管重要事项

第廿五条　大学得设训育委员会[，]以校长[、]教务长[、]训导长为当然委员[，]并由校长聘请教授三人至十五人组织之[，]校长为主席[、]训导长为秘书[，]规划有关训导之重要事项

第廿六条　大学入学资格应曾在公立或已立案之私立高级中学或同等学校毕业或具有同等学力经入学试验及格者

第廿七条　大学修业年限[，]医学院五年余均四年[，]但医学生及师范生须另加实习一年

第廿八条　大学各学院得附设专修科[，]招收高级中学或其同等学校毕业生或具有同等学力者[，]修业二年[，]但应呈请教育部核准后设立之

第廿九条　大学学生修业期满[、]有实习年限者[，]并经实习完毕经考核成绩及格[，]由大学发给毕业证书[，]除专修科外分别授予学士学位

第三十条　本法第三条及第十二候[条]至二十九条之规定于独立学院准用之[，]但第十三条规定之三处主管人员在独立学院应称主任

第卅一条　私立大学及独立学院董事会之组织由教育部定之

第卅二条　大学及独立学院规程由教育部依本法拟定呈请行政院核定之

第卅三条　本办法自公布日施行

438　教育部训令　抄发配发中央公教人员食米办法令仰遵照由

事由｜抄发配发中央公教人员食米办法令仰遵照由

教育部训令

令国立重庆大学

发文人字第〇九三一七號

三十七年二月十七日

文献编号 1948-025　教育部训令　抄发配发中央公教人员食米办法令仰遵照由

期刊《重庆大学校刊》，第12期，第3-4页，1948年3月15日

文献编号：1948-025

■ 简体全文

事由　抄发配发中央公教人员食米办法令仰遵照由

教育部训令　发文人字第〇九三一七号　三十七年二月十七日

令国立重庆大学

奉

行政院二月七日(卅七)会五字第六六八八号训令开："查京沪平津公教人员依日用必需品配售办法，按规定价格每月配售食米八市斗，其他地区以配售物资缺乏尚未普遍推行，又武职官佐每人按月无价配发食米三市斗系属全国一律，迭据各地区文武人员要求同等待遇爰经提出，本年一月二十一日本院第十五次临时会议决议'中央公教人员待遇自本年一月起，已决定照生活指数计算调整，除京沪平津四市外，其余地区均无粮食配售，京沪平津原定粮食配售办法应自二月份起取消，各地中央公教人员自二月份起一律无价配给中等食米三市斗，使中央在各地服务之文武人员获得公平之待遇'并报奉　国民政府令准备案在案，兹照案拟具配发办法四项应即通行；施行除分行外，合行抄发配发中央机关公教人员食米办法四项，令仰遵照并转行遵照"等因，抄发配发中央公教人员食米办法一份奉此，除分令外，合行抄发原办法，令仰遵照。此令

439　中央机关公教人员食米办法四项

■ 文献信息

期刊《重庆大学校刊》，第12期，第4页，1948年3月15日

文献编号：1948-026

■ 简体全文

附抄发配发中央机关公教人员食米办法一份

配发中央机关公教人员食米办法四项

一、中央机关公教人员自三十七年二月份起，每人每月无价发给中等食米三市斗，技工及工役每人每月无价发给中等食米二市斗，警察机关未领有食米之警官警员准照职员例办理。前项所称中央机关以普通政府机关、民意机关及国立学校，并

在年度国家总预算列有生活补助费者为限[，]军事机关[、]部队[、]公有营业机关及事业机关其生活补助费在事业费内统筹者[，]概不发给

二、京沪平津一律照旧配发实物[，]其他各地区以粮食缺乏暂按规定配发食米数量折发代金。前项食米代金标准以一省(市)为一区[，]由粮食部按月根据各区上月平均零售粮食价格核定[、]通知财政部并呈报行政院备查

三、各机关员工应领食米代金[，]由财政部依粮食部核定各区各月食米代金标准[，]按拨发各机关各月份生活补助费[、]员工名额[，]在国家总预算生活补助费准备金项下核实动支拨[，]由各机关按照实有员工人数核发前项准备金[，]如有不敷得由财政部先行垫拨事后再行补办手续

四、平津以面食为主职员每人每月改发二号面粉三十三斤[斤](等于食米三斗[，]折合面粉一袋之四分之三)[，]技工及工役每人每月面粉二十二斤(等于食米二斗[，]折合面粉半袋)[，]京沪按第一项规定发给食米或等量面粉[，]领发米面手续均由各机关凭配售机关所发配购证[，]向当地拨粮机关集体具领[，]其不需实物者由粮食部备价收回[，]京沪平津依日用品供应办法规定[，]原有配售之食米或面粉自二月份起取消

文献编号 1948-026　中央机关公教人员食米办法四项

部令

事由：令發修正學校教職員退休及撫卹條例由

教育部訓令

參字第二二五二九號

三十七年四月二十七日

令國立重慶大學

查學校教職員退休條例及學校教職員撫卹條例業經

國民政府於本年四月十日明令修正公布除分令外合行檢發該項修正條例

乙份令仰知照

此令

附發修正學校教職員退休條例及學校教職員撫卹條例各乙份

文献编号 1948-043　教育部训令　令发修正学校教职员退休及抚恤条例由

■ 文献信息

期刊《重庆大学校刊》，第14、15期(合刊)，第1页，1948年6月15日

文献编号：1948-043

■ 简体全文

部　令

事由　令发修正学校教职员退休及抚恤条例由

教育部训令　参字第二二五二九号　三十七年四月二十七日

令　国立重庆大学

查学校教职员退休条例及学校教职员抚恤条例[，]业经

国民政府于本年四月十日明令修正公布[，]除分令外[，]合行检发该项修正条例各

乙份[，]令仰知照

此令

附发修正学校教职员退休条例及学校教职员抚恤条例各乙份

441　学校教职员退休条例

学校教职员退休条例

国民政府公布（三十七年四月十日）

第一条　学校教职员之退休依本条例行之

第二条　本条例所称教职员以公立学校专任教职员依规定资格任用而有证明者为限

第三条　教职员有左例情形之一者得声请退休，给予年退休金及一次退休金

一、服务十五年以上者年龄已满六十者

二、服务三十年以上者

第四条　教职员服务五年以上者十五年未满年龄已满六十岁者得声请退休，给予一次退休金

第五条　教职员有左例情形之一者应即退休

一、年龄已满六十五岁者

二、心神丧失或身体残废不胜职务者

第六条　教职员依前条第一项第一款或第二款应即退休如系因公伤病致心神失或身体残废不胜职务者给予年退休金及一次退休金

第七条　年退休金之数额按照教职员退休时之月薪额合成年薪各依左列百分比率定之

一、服务十五年以上二十年未满声请退休者百分之四十五应即退休者百分之五十

二、服务二十年以上二十五年未满声请退休者百分之五十应即退休者百分之五十五

三、服务二十五年以上三十年未满声请退休者百分之六十五应即退休者百分

四、服务三十年以上声请退休者百分之六十应即退休者百分

文献编号 1948-044　学校教职员退休条例（节选）

■ 文献信息

期刊《重庆大学校刊》，第14、15期（合刊），第1-3页，1948年6月15日

文献编号：1948-044

■ 简体全文

学校教职员退休条例

国民政府公布（三十七年四月十日）

第一条　学校教职员之退休依本条例行之

第二条　本条例所称教职员以公立学校专任教职员依规定资格任用而有证明者为限

第三条　教职员有左例情形之一者得声请退休[，]给予年退休金及一次退休金

一、服务十五年以上者年龄已满六十者

二、服务三十年以上者

第四条　教职员服务五年以上者十五年未满年龄已满六十岁者得声请退休[，]给予一次退休金

第五条　教职员有左例情形之一者应即退休

一、年龄已满六十五岁者

二、心神丧失或身体残废不胜职务者

教职员已达前项第一款之年龄[，]如尚堪任职务者[，]学校得依事实之需

要报请主管教育行政机关延长之，但至多以十年为限

第六条　教职员依前条第一项第一款或第二款应即退休，其服务在十五年以上者给予一次[年]退休金及一次退休金，在五年以上者给予一次退休金

教职员依前条第一项第二款应即退休，如系因公伤病致心神丧失或身体残废不胜职务者，给予年退休金及一次退休金

前项教职员服务未满十五年者，其领受年退休金以满十五年论

第七条　年退休金之数额按该教职员退休时之月薪额合成年薪，各依左列百分比率定之

一、服务十五年以上二十年未满，声请退休者百分之四十五，应即退休者百分之五十

二、服务二十年以上者二十五年未满，声请退休者百分之五十，应即退休者百分之五十五

三、服务二十五年以上三十年未满，声请退休者百分之五十五，应即退休者百分之六十

四、服务三十年以上，声请退休者百分之六十，应即退休者百分之六十五

服务十五年以上之教职员因公伤病致心神丧失或身体残废不胜职务应即退休者，除依前项规定外再加百分之十

第八条　一次退休金按教职员最后在职时月薪，依左列规定给予之

一、合于第三条或第六条第一项在职十五年以上或第二项之规定者给予四个月薪

二、合于第四条规定服务满五年者给予六个月薪，每增一年加给一个月薪

三、合于第六条第一项服务满五年之规定者给予八个月薪，每增一年加给一个月

前项第二款第三款年资之奇零数逾六个月者以一年计

第九条　在物价高涨时期教职员之退休金除依前二条给予外，并应按现在教职员之增给待遇比例增给之，但一次退休金之赠给额以待遇总额百分之六十为限

第十条　教职员依第五条第二款之规定领受年退休金后再在[任]教职员，于再退休时得依第七条之规定改定其年退休金

第十一条　教职员领受一次退休金后再任教职员，于再退休时其第一次退休前之服务年数不得合并计算

第十二条　教职员之退休金在国立学校由国库支给，在省或院辖市立学校由省市经费支给，在县市区乡镇保之学校由县市经费支给

第十三条　年退休金之给予自退休之次月起至权利丧失或停止之日止

第十四条　请领退休金之权利自退休之次月起经过五年不行使而消灭

第十五条　有左列情形之一者丧失其领受退休金之权利
　　一、死亡
　　二、褫[號]夺公权终身者
　　三、背叛中华民国经通缉有案者
　　四、丧失中华民国国籍者
第十六条　有左列情形之一者停止其领受退休金之权利
　　一、[號]夺公权尚未复权者
　　二、领受年退休金后再任有薪俸职务者
第十七条　请领退休金之权利不得扣押让予或供担保
第十八条　退休人员本人配偶及其直系血亲在服务处所者[，]于回籍时得视其路程远近用最后服务学校给予旅费
第十九条　社会教育机关服务人员之退休由主管教育机关比照本条例行之
第二十条　受政府之聘任之学术机关有给职员之退休由教育部比照本条例核定之
第二十一条　私立学校教职员应领之退休金由各该学校参照本条例依其经费情形酌量支给之[，]其退休金经费不足时由主管教育行政机关补助之
第二十二条　外国人在中华民国公立中等以上学校教员者[，]其退休金之给予得准用本条例之定规
第二十三条　本条例施行细则由教育部定之
第二十四条　本条例自公布日起施行

442 学校教职员抚恤条例

學校教職員撫卹條例

國民政府（三十七年四月十日）

第一條　學校教職員之撫卹依本條例行之
第二條　本條例所稱教職員以公立學校專任教職員依規定資格任用而有給明者爲限
第三條　教職員有左列情形之一者給予遺族年撫卹金及一次撫卹金
　　一、服務十七年以上病故者
　　二、因公死亡者
　　前項第二款之教職員服務未滿十五年而死亡者其遺族年撫卹金之給予以滿十五年論
第四條　教職員服務未滿十年者給予遺族一次撫卹金
　　金逾十年者給予遺族年撫卹金
第五條　教職員服務三年以上未滿在職病故者給予遺族一次撫卹金
第六條　遺族年撫卹金按教職員死亡時或退休時之月薪額合成年薪各依左列百分比率給予之
　　一、服務十五年以上二十年未滿者百分之三十五
　　二、服務二十年以上二十五年未滿者百分之四十
　　三、服務二十五年以上三十年未滿者百分之四十五
　　四、服務三十年以上者百分之五十
　　服務十五年以上之教職員因公死亡者依前項規定再加百分之

文献编号 1948-045　学校教职员抚恤条例（节选）

■ 文献信息

　　期刊《重庆大学校刊》，第14、15期(合刊)，第3-5页，1948年6月15日
　　文献编号：1948-045

■ 简体全文

学校教职员抚恤条例
国民政府（三十七年四月十日）

第一条　学校教职员之抚恤依本条例行之

第二条　本条例所称教职员以公立学校专任教职员依规定资格任用而有证明者为限

第三条　教职员有左列情形之一者给予遗族年抚恤金及一次抚恤金

　　一、服务十五年以上病故者

　　二、因公死亡者

　　　　前项第二款之教职员服务未满十五年者，其遗族年抚恤金之给予以满十五年论

第四条　教职员依法领受年退休金未满十年而死亡者给予遗族年抚恤金，逾十年者给予遗族一次抚恤金

第五条　教职员服务三年以上十五年未满在职病故者给予遗族一次抚恤金

第六条　遗族年抚恤金按教职员死亡时或退休时之月薪额合成年薪，各依左列百分比率给予之

　　一、服务十五年以上二十年未满者百分之三十五

　　二、服务二十年以上二十五年未满者百分之四十

　　三、服务二十五年以上三十年未满者百分之四十五

　　四、服务三十年以上者百分之五十

　　服务十五年以上之教职员因公死亡者依前项规定再加百分之十

第七条　遗族一次抚恤金按教职员最后在职时月薪，依左列规定给予之

　　一、合于第三条第一款或第二款者给予四个月薪

　　二、合于第四条者给予十个月薪

　　三、合于第五条在职三年以上六年未满者给予六个月薪，六年以上每满三年加给二个月薪

　　前项第三款年资之奇零数逾六个月者以一年计

第八条　在物价高涨时期教职员之遗族抚恤金除依前二条给予外，并应按现任教职员之增给待遇比例增给，但遗族一次抚恤金之增给额以待遇总额百分之五十为限

第九条　遗族抚恤金在国立学校者由国库支给，在省或院辖市立学校者由省市经费支给，在县市区乡镇保立学校者由县市经费支给

第十条　遗族领受[抚]恤金之顺序如左：

一、妻或残废之夫[，]未成年子女[，]已成年而残废不能谋生之子女[、]但女以未出嫁为限

二、未成年之孙子孙女[、]但以其父死亡者为限

三、父母姑翁

四、祖父祖母翁姑

五、未成年之同父母弟妹

前项第一款未成年子女或第二款未成年孙子孙女超过三人者[，]其遗族年抚恤金应按第六条之比率再加百分之十

第十一条　前条第一项第一款至第四款遗族之抚恤金领受权因法定事由而丧失时其抚恤金依次移转于其余各款遗族领受

第十二条　依本条例得领受抚恤金之遗族同一顺序者有数人时[，]其抚恤金应平均领受之[，]如有一人或数人愿抛弃其应领部份或因法定事由而丧失其领受权时[，]该部份抚恤金另给其他有权领受之人

第十三条　遗族年抚恤金之给予自该教职员之故之次月起[，]最多以二十年为限

第十四条　遗族年抚恤金之给予自该教职员亡故之次月起[，]至左列事项发生之月止

一、死亡或改嫁

二、未成年子女孙子孙女或弟妹已成年

三、残废之成年子女能自谋生或女已出嫁

第十五条　有左列情形之一者丧失其抚恤金领受权

一、褫[號]夺公权者

二、背叛中华民国经通缉有案者

三、丧失中华民国国籍者

第十六条　请领抚恤金之权利自抚恤事由发生之次月起[，]经过五年不行使而消灭

第十七条　领受抚恤金之权利不得扣押让与或供担保

第十八条　教职员在职死亡无力殓葬者应由服务学校给予殓葬补助费[条]

第十九条　社会教育机关服务人员之抚恤金[，]由主管教育机关比照本例行之

第二十条　受政府聘任之学术机关有给职员之抚恤金[，]由教育部比照本条例核定之

第廿一条　私立学校教职员之抚恤金[，]由各该学校参照本条例依其经费情形酌量支给之[，]其抚恤金经费不足时由主管教育机关补助之

第廿二条　外国人任中华民国公立中等以上学校教员因公死亡者给予一次抚恤金[，]其数额得准用本条例之规定

第廿三条　本条例施行细则由教育部定之

第廿四条　本条例自公布日施行

文献编号 1948-046　教育部训令　文武职人员生活补助费分区支给标准令

■ **文献信息**

期刊《重庆大学校刊》，第 14、15 期（合刊），第 5 页，1948 年 6 月 15 日

文献编号：1948-046

■ **简体全文**

事由：抄发五月份调整员工生活补助费标准由

教育部训令　发文会字第二七六一八号　卅七年五月廿一日

案奉

行政院五月十九日(卅七)会五字第二四八五六号训令略开[，]兹依照四月份各地生活指数[，]拟定本年五月份文武职人员生活补助费分区支给标准[，]饬即转行遵照等因奉此[，]除分行外[，]合行抄发标准表一份[，]令仰遵照此令[。]

附抄发生补费分区支给标准一份

文武职人员生活补助费分区支给标准表

（30元为基数[，]照指数计算[，]超过30元之数一律以十分之一照指数支给）

三十七年五月份起施行

区别		代表指数	适 用 地 区
特	1	800.000	沈阳、东九省
	2	750.000	太原

（一）	460.000	青岛、烟台、保定、迪化、山西
（二）	410.000	济南、榆林、吉墨、归绥、新疆、连云市
（三）	360.000	北平、(唐山)天津、银川、遂营、西宁、承德、万全、西安、(武功)兰州、酒泉、开封、郑州、广州、汕头、港[湛]江、高要、南海、潮安、山东、河北、绥远、热河、察哈尔、
（四）	310.000	南京、上海、镇江、杭州、宁波、吴兴、金华、厦门、福州、晋江、梧州、长沙、南岳、武汉、宜昌、江陵、(沙市)黄岗、南昌、九江、(庐山)合肥、蚌埠、蒸[芜]湖、安庆、康定、咸阳、宝鸡、中宁、平罗、广东、河南、江安、
（五）	275.000	昆明、邵阳、益阳、岳阳、衡阳、屯溪、浙江、陕西、甘肃、宁夏、青海、湖北、
（六）	240.000	桂林、雅安、安徽、福建、广西、江西、湖南、
（七）	210.000	贵阳、成都、重庆、西康、云南、
（八）	185.000	四川、贵州、

444 教育部训令　令知学术研究补助费自三月份起增加三倍由

教育部训令

事由：令知学術研究補助費自三月份起增加三倍由

發文會字第二四八二二號

令國立重慶 大學

查國立專科以上學校教員及究研機關研究員學術研究補助費前奉行政院四月二十日會二字一八七二六號通知核准自三月份起改寫教授月支二百萬元副教授一百六十萬元講師一百二十萬元助教八十萬元等因除奉行補發外合行令仰知照

此令

部長　朱家驊

中華民國　　五月　　日

期刊《重庆大学校刊》，第14、15期(合刊)，第5页，1948年6月15日

文献编号：1948-047

■ 简体全文

事由：令知学术研究补助费自三月份起增加三倍由

教育部训令　发文会字第二四八二二号

令国立重庆大学

查国立专科以上学校教员及究研[研究]机关研究员学术研究补助费[，]前奉院令核准自三月份起照原标准提高一倍[，]经已令知并补发在案[。]惟以物价波动未已[，]前项提增标准为数仍感过低[，]爰复力请改照三倍增加[。]兹奉行政院四月二十日会二字一八七二六号通知核准[，]自三月份起改为教授月支二百万元[、]副教授一百六十万元[、]讲师一百二十万元[、]助教八十万元等因[，]除另行补发外[，]合行令仰知照[。]

此令

中华民国　五月　日

部长　朱家骅

445　公函（重庆市教育局第六九六四号训令）

重慶大學

附教師福利金申請辦法申請書保證書各一份

查照公佈爲荷

此　致

　　　　重慶市教育會啓

　　　　六月十五日

案奉

重慶市教育局三十年六月五日寅二字第六九六四號訓令節開：「查棉紗捐款教育部份前據市參議會決定教師福利基金估其中百分之十五該款截至五月底止計本息四五四、二六六、八三六元茲將該項基金全數撥交陝會保管存儲孳息應用仰即來局具領」等因，查是項教師福利金，本會經於六月一日具提存泰豐南業銀行孳息，並公推丁秀君雷成震楊國胼等十五人爲保管委員，馬吉元、周勤成爲正副主任委員，組織保管委員會，辦理教師福利事宜，凡本會會員施任本市公私立各級學校教職員福利金申請發給辦法」之規定，均可依照「重慶市公私立各級學校校長教職員福利金申請辦法申請書保證書一份隨函送達　即希

文献编号 1948-063　公函（重庆市教育局第六九六四号训令）

■ 文献信息

期刊《重庆大学校刊》，第16期，第2页，1948年6月30日

文献编号：1948-063

■ 简体全文

公函

案奉

重庆市教育局三十年六月五日万二字第六九六四号训令节开："查棉纱罚款教育部份前经市参议会决定[，]教师福利基金占其中百分之十五[，]该款截至五月底止[，]计本息四五四[、]二六六、八三六元[。]兹将该项基金全数拨交该会保管存储孳息应用仰即来局具领"等因；查是项教师福利金，本会经于六月一日具领提存泰丰商业银行孳息，并公推丁秀君[、]雷成农[、]杨国屏等十五人为保管委员，马吉元、周勋成为正副主任委员，组织保管委员会，办理教师福利事宜，凡本会会员施任本市公私立各级学校校长教职员者，均可依照《重庆市公私立各级学校教职员福利金申请发给办法》之规定，享受权利，奉令前因，相应检附上项福利金申请办法申请书保证书各一份随函送达　即希查照公布为荷

此致

重庆大学

附教师福利金申请办法申请书保证书各一份

重庆市教育会启

六月十五日

446　重庆市公私立各级学校教职员福利金申请发给方法

文献编号 1948-064　重庆市公私立各级学校教职员福利金申请发给方法（节选）

■ 文献信息

期刊《重庆大学校刊》，第16期，第2-3页，1948年6月30日

文献编号：1948-064

■ 简体全文

重庆市公私立各级学校教职员福利金申请发给办法

一、重庆市教育会为协助本市各级学校教职员解除生活困难并增进教育效能起见[，]特订定本办法

二、本办法以适用于"本会会员现任本市各级公私立学校校长及专任教职员为限"

三、公私立各级学校练[教]职员申请发给福利金至少应具有左列事实之一

(一)本人死亡

(二)本人患重病

(三)父母或配偶丧葬

(四)女教职员生产

(五)家庭遭遇灾害(如水灾、火灾、被劫等)

(六)负担过重确无法维持生活者

四、教职员福利金分为左到[列]五等

壹等　一千万元

贰等　八百万元

叁等　六百万元

肆等　四百万元

伍等　二百万元

五、教职员福利金之发给标准如后：

(一)在本市连续服务廿年[，]考绩列乙等以上者[，]发给一等福利金

(二)在本市连续服务十五年[，]考绩列乙等以上者[，]发给二等福利金

(三)在本市连续服务十年[，]考绩列乙等以上者[，]发给三等福利金

(四)在本市连续服务五年[，]考绩列乙等以上者[，]发给四等福利金

(五)在本市连续服务二年[，]考绩列乙等以上者[，]发给五等福利金

(六)"成绩特优"之教职员得提高一等发给

(七)经济情形特殊困难或所遭灾害奇重者[，]得提高一等发给[，]本条之第"六""七"两项得合并计算[，]凡本人死亡身后两条者[，]一律发给第一等福利金

六、成绩特优之教职员为左列各种

(一)办学有特殊成绩之校长

(二)某部份设施有特殊成绩之教导主任

(三)教学方法特别优良之教员

(四)训导方法特别优良之教员

（五）进修研究特别努力之教员

（六）对教育方面有特殊著作之教员

（七）对教具校具有特殊创作之教员

（八）参加各种竞赛成绩特优之教员

（九）服务特别热忱之职员

（十）有其他特殊成绩之教员

七：[、]各级学校教职员申请发福利金应具备左列各种文件[，]由服务学校检查属实后[，]请市教育会核办之

（一）申请书

（二）保证书

（三）服务证件全份及会员证

（四）本人最近半路[身]相片一张

八、各级学校教职员申请发给福利金[，]如有冒名顶替[、]虚报事实及服务年数等情事[，]应由保证人负赔偿责任

九、本办法自公布之日施行

"附"一、申请书格式

　　　二、保证书格式

447　教育部训令　为抄发定国纪念日日表令仰知照由

文献编号 1948-077　教育部训令　为抄发定国纪念日日表令仰知照由

■ 文献信息

　　期刊《重庆大学校刊》，第18期，第1页，1948年11月15日

　　文献编号：1948-077

■ 简体全文

为抄发定国纪念日日表令仰知照由

教育部训令　　人字第五一三六九号

令　重庆大学

案奉

行政院卅七年九月十三日(卅七)四内字第四○三八八号训令开："查修正国定纪念日日期表业奉 总统三十七年九月八日明令公布[，]除分行外合亟抄[抄]发原表[，]令仰知照并转饬知照"等因[，]除分行外[，]合亟抄发原表[，]令仰知照

此令

附抄发国定纪念日日期表一份

民国卅七年□月廿九日

国定纪念日日期表

一月一日　中华民国开国纪念

十月十日　国庆日

　　　　　以上两纪念日各休假一天[，]全国一律悬旗系彩志庆[。]各级机关学校团体分别集会庆祝[，]并由各该地地方政府召开各界庆祝大会

十一月十二日　国父诞辰

　　　　　是日休假一天[，]全国一律悬旗庆祝[。]各级机关学校团体分别集会纪念[，]并由各该地地方政府开召[召开]各界纪念大会[，]在首都各机关长官及高级职员恭谒　国父陵墓致敬

八月廿七日　孔子诞辰

　　　　　是日休假一天[，]全国一律悬旗庆祝[。]中央派员赴曲阜孔庙致祭[，]各学校师生分别集会纪念[，]并由各该地地方政府召开各界纪念大会

九月三日　抗战胜利纪念

　　　　　是日全国一律悬旗庆祝[。]各级机关学校团体分别集会纪念[，]并由各[该]地地方政府召开各界纪念大会[，]同时致祭忠烈[、]抚慰遗族

三月廿九日　革命先烈纪念

　　　　　是日休假一天[，]全国一律悬旗纪念[。]各机关学校团体分别集会纪念[，]并由各[该]地地方政府召开各界纪念大会[，]并致祭革命先烈[。]

448　教育部代电　电知分配第五季白报纸各手续仰分别申请由

文献编号 1948-078　教育部代电　电知分配第五季白报纸各手续仰分别申请由

■ 文献信息

期刊《重庆大学校刊》，第18期，第1页，1948年11月15日

文献编号：1948-078

■ 简体全文

电知分配第五季白报纸各手续仰分别申请由

教育部代电　发文总字第五三九八七号　中华民国卅七年十月二日

国立重庆大学案准输出入管理委员会输入限额分配处卅七年九月廿一日限发
(37)甲字第三四〇五号代电开："准贵部申支代电[，]为专科以上学校第五季白报纸

限额外汇分配清单[,]，嘱查照办理见复等由附件[,]，到处[,]，查原单所列外汇总额为七五,〇〇二美元[,]，超出原配额外汇美金两元[,]，应□在国民教育辅导委员会原定一二[,]，〇┴〇〇美元项下扣除核减为一一[,]，九九八美元[,]，其余各单位仍照原定数额核给[。]。惟各校配额大小不一[,]，校址散布全国各地[,]，但多不明申请手续[,]，拟请贵部竭力设法[,]，就配额较小[、]、不便单独订购者[,]，使之合并申请[,]，由各校出具委托书委托一家出面代办[,]，俾资简捷[,]，相应随电检附白报纸合格进口商名单[、]、指定银行名单及申请白报纸须知各一份[,]，连同各校配额通知书二百三十份，统请察转"等由[,]，附件如文[,]，准此查各该校[、]、院[、]、馆散布全国各地[,]，因配额大小不一[,]，多有未能单独订购，兹编订合并申请清单[,]，并检附原附白报纸合格进口商名单[、]、指定银行名单[、]、配额通知书及输入申请书各一份[,]，仰即按通知书所列美元购具输入申请书[,]，径向办理国外订货之该项货品登记合格进口商副署[,]，再送该输入限额分配处依限订购[,]，其未能单独订购者应即出具委托书并按通知书所列美元[,]，径向指定代办合并申请者之院校洽请办理为要[。]。教育部印附合并申请清单一份[,]，白报纸合格进口商名单一份[,]，指定银行名单一份[,]，配额通知一份[,]，输入申请书一份[,]，申请白报纸须知一份[,]，计六份(附件从略)

专题九：校友活动

本章节选取 1936 年至 1948 年期间 20 篇文献，以毕业生情况及各地校友会情况为主。

1936 年第一届本科学生毕业时仅有理、工两院学生，1937-030 号文献对理工两院毕业生的名字及工作单位均进行了详细记录。1936-025 号文献对 1935 年并入四川大学文学院的第一届毕业生有详细记录，农学院在 1936 年并无毕业生。1936-032 号文献对第一届工学院毕业生的工作岗位进行了跟踪记录和纠正。1936-032、1937-008、1937-089 号文献则记录了第一届毕业生罗元辉、欧凤羽、王介白、李树均等人的来信，讲述了自己毕业后当教师、参与乡村建设、投身航空事业的工作经历。

1937-088 号文献详细记录了第二届毕业生的姓名及工作单位。1948-008 号文献详细记录了工学院机械系三五级毕业生的就业情况。

重庆大学校友会十分活跃。1948-005、1948-006、1948-083 号文献记录了校友会的多项活动。其中 1948-006 号文献提到在《重庆大学校刊》特别开设了"校友专栏"以便经常报道校友消息。

各地校友会也多有记录。1947-001 号文献记录了国立重庆大学校友会上海分会于 1947 年 1 月 12 日正式成立；1948-007 号文献记录了贵阳分会的活动情况；1948-084 号文献记录了台湾校友会概况；1948-029 号文献记录了成都分会的活动。

许多校友会搜集整理校友的信息。1947-020 号文献记录了雷汝扬、赵泽贤等 21 位校友的情况，同时记录有台湾校友三十余人。1947-046 号文献记录了谭自烈等 8 位留美校友的动态；1947-062 号文献记录了南京分会成栋材等 9 位沪宁校友的工作及生活情况。1948-053 号文献则记录了重庆校友不幸去世的消息。

　　留校校友也时常开展活动。1948-052 号文献记录了三十七年度上期留校校友名单，1948-051 号文献记录了留校校友为出席全国代表大会"公毕返渝"的张洪沅校长接风洗尘。

449 由本大学并入川大文学院第一班毕业生近况

(三)由本大學併入川大文學院第一班畢業生近況

本校創辦之初、原設文理農三院、於二十四年經教育部明令文農兩院與國立四川大學合併、農學院本年尚無畢業生、其中文學院之畢業生、有在本校六年之歷史者、(由本校附屬高中畢業考入)或有在本校三年之歷史者、今雖卒業川大、但與本校不無關係、故調查其職業概況於後·

梁　問　太足縣立中學校教員
唐獻之　成都天府中學校教員
趙漣舫　新津縣政府督學
黃有容　重慶求精中學校教員
黃言釗　榮昌縣立中學校教員
羅元輝　倍陵鄉村師範教員
沈遠云　倍陵縣立中學教員
楊名照　燕京大學研究院
駱其輝　北平升學
胡　坤　南京升學
王心純　川大保送就業訓導班
楊名恕　國立四川大學外文系助理
朱煦霖　楊濟民　本校教務部助理
余錫光　本校事務部助理
李　標　西充鄉村師範教員
程繼靖　川大保送就業訓導班
陳延齡　重慶達才中學校教員
周　誠　重慶地方稅局洋文祕書
沈士驊　成都市公安局科員
屈沛仁　吳　垓　陳松齡　三人未詳

文献编号 1936-025　由本大学并入川大文学院第一班毕业生近况

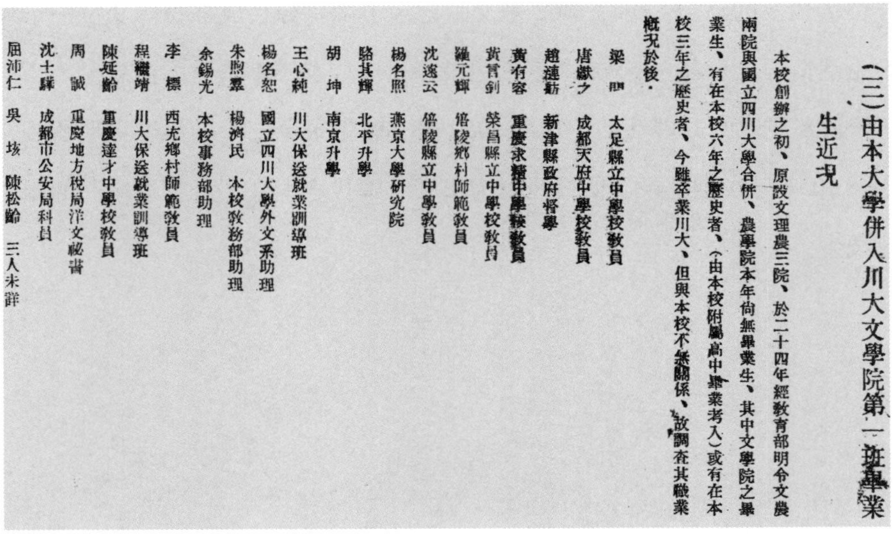

■ 文献信息

期刊《重大校刊》，第2期，第13页，1936年11月1日

文献编号：1936-025

■ 简体全文

(三)由本大学并入川大文学院第一班毕业生近况

本校创办之初，原设文理农三院，于二十四年经教育部明令文农两院与国立四川大学合并，农学院本年尚无毕业生，其中文学院之毕业生，有在本校六年之历史者，(由本校附属高中毕业考入)或有在本校三年之历史者，今虽卒业川大，但与本校不无关系，故调查其职业概况于后：

梁　问　太[大]足县立中学校教员
唐献之　成都天府中学校教员
赵涟舫　新津县政府督学
黄有容　重庆求精中学校教员
黄言钊　荣昌县立中学校教员
罗元辉　倍[涪]陵乡村师范教员
沈远云　倍[涪]陵县立中学教员
杨名照　燕京大学研究院

骆其辉　北平升学

胡　坤　南京升学

王心纯　川大保送就业训导班

杨名恕　国立四川大学外文系助理

朱煦群　杨济民　本校教务部助理

余锡光　本校事务部助理

李　标　西充乡村师范教员

程继靖　川大保送就业训导班

陈延龄　重庆达才中学校教员

周　诚　重庆地方税局洋文秘书

沈士骅　成都市公安局科员

屈沛仁　吴　垓　陈松龄　三人未详

450　二十五年度毕业生近况

（三）畢業生近況

一、羅元輝來函

羅君在培陵縣立簡易師範任訓育主任、於上月二十九日來函向校長報告近況略、略謂

「生於九月三日到涪陵簡師校、任訓育管理之責、兼教兩班國文、事務較爲煩瑣、整日都在忙碌中討生活也。……現學校決定於十一月二十日以前刊行校刊、生負編輯之責、特懇我師寵錫祝詞、以光篇幅、黍在愛末、想不我卻也。此校內部分男生部、女生部、又有附設女子小學和實驗小學、學生共有五百五十六人、爺此附閱。」

二、畢業同學職業調查

工學院畢業同學與前次調查所及略有出入特再補志於後

余紹基　南京訓導班

劉懿文　眉山中學教員

李健青　十四區專員公署技士

王慶仲　成都公路局

文献编号 1936-032　二十五年度毕业生近况

■ 文献信息

期刊《重大校刊》，第3期，第22页，1936年11月16日

文献编号：1936-032

■ 简体全文

（三）毕业生近况

一、罗元辉来函

罗君在棓[涪]陵县立简易师范任训育主任，于上月二十九日来函向校长报告近况~~[略]~~。略谓

“生于九月三日到涪陵简师校，任训育管理之责，兼教两班国文，事务较为烦琐，整日都在忙碌中讨生活也。……现学校决定于十一月二十日以前刊行校刊，生负编辑之责，特恳我师宠锡祝词，以光篇幅，忝在爱末，想不我却也。此校内部分男生部，女生部，又有附设女子小学和实验小学，学生共有五百五十六人，肃此附闻。”

二、毕业同学职业调查

工学院毕业同学与前次调查所及略有出入[,]特再补志于后

余绍基　南京训导班

刘宪文　眉山中学教员

李健青　十四区专员公署技士

王庆仲　成都公路局

451 二十五年度十二月毕业生来函

（四）畢業生來函

『春藻校長尊鑒謹呈者生前月服務情形已由前函詳呈並請馮路先同學代生詳細報告於十一月中旬生即奉命到鄉間與建設主任何維伯勘定塘堰（儲水以防天旱灌田之用）生與何主任分頭工作各負十個鄉鎮之責一月以來生所負責之範圍已勘定大半約在年底即可完竣開始征工建築今日與璧山會勘花菓山煤礦糾紛得休息半日乃將近來工作實況謹呈鑒核敬祝

道安

十二月十日學生歐鳳羽謹呈於石廟聯保處』

附呈征工修築堰塘辦法一份及工程處及工程隊組織辦法一份

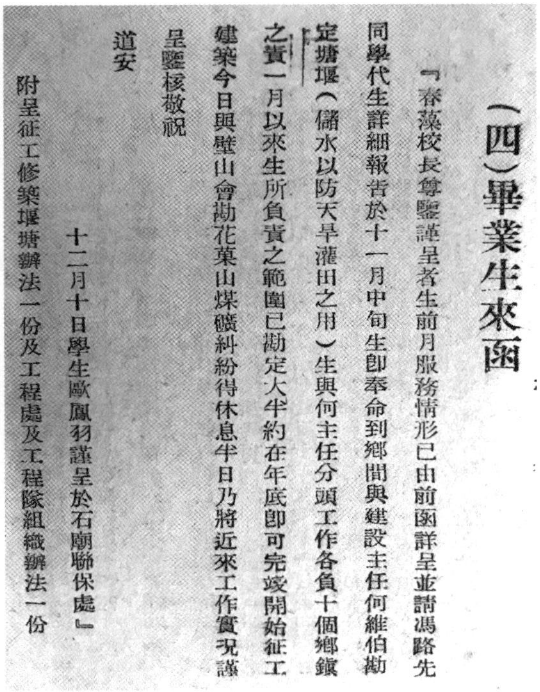

文献编号 1937-008　二十五年度十二月毕业生来函

- 文献信息

    期刊《重大校刊》，第6期，第29页，1937年1月1日

    文献编号：1937-008

- 简体全文

（四）毕业生来函

"春藻校长尊鉴，谨呈者生，前月服务情形已由前函详呈，并请冯路先同学代生详细报告，于十一月中旬生即奉命到乡间与建设主任何维伯勘定塘堰（储水以防天旱灌田之用），生与何主任分头工作，各负十个乡镇之责，一月以来，生所负责之范围已勘定大半，约在年底即可完竣，开始征工建筑，今日与壁[璧]山会勘花果山煤矿纠纷，得休息半日，乃将近来工作实况谨呈鉴核敬祝

道安

十二月十日学生欧凤羽谨呈于石庙联保处"

附呈征工修筑堰塘办法一份及工程处及工程队组织办法一份

452 理工两院第一届毕业同学就业近讯

- 文献信息

    期刊《重大校刊》，第9期，第19-20页，1937年4月1日

    文献编号：1937-030

- 简体全文

理工两院第一届毕业同学就业近讯（四）

本校理工两院第一届毕业同学之通讯处，及职业，据最近统计，除升学者外，全体就业，在今日大学生毕业即失业的境遇中得此良好结果，一方面固由学校当局努力推荐，一方面则由本校毕业生学能致用，能应目前社会的需要。兹将毕业生近况披露于左：

理院第一届毕业同学

刘之郦	成都省立高级工科职业学校专任教员
赵宗凤	荣昌县立中学校校长
李树均	安岳县立中学校校长
李化栋	合川县立中学校校长
周定宇	荣昌县立中学教务主任

理工兩院第一屆畢業同學就業近訊（四）

本校理工兩院第一屆畢業同學之通訊處、及職業、據最近統計、除升學者外、全體就業、在今日大學生畢業卻失業的境遇中得此良好結果、一方固由學校當局努力推薦、一方面則由本校畢業生學能致用、能應目前社會的需要。茲將畢業生近況披露於左：

理院第一屆畢業同學

劉之鄌	成都省立高級工科職業學校專任教員
趙宗嵐	榮昌縣立中學校校長
李樹均	安岳縣立中學校校長
李化棟	合川縣立中學校校長
周定宇	榮昌縣立中學教務主任
張運遠	成都大同高中數理化專任教員
朱光華	安岳縣立中學專任教員兼事務主任
王賢同	北碚西部科學院理化研究所研究及兼善中學理化教員
喻正紀	南京就業訓導班
唐乾德	本校助理
劉述豐	本校助理
覃能訓	本校助理
吳增旭	本校助理
劉玄着	合川縣立中學事務主任兼數理化教員
陳與時	四川省政府科員
張學渠	未詳

工院第一屆畢業同學

李健清	軍事委員會委員長行營漫政設計委員會邊區調查團
歐風材	四川第三區行政督察專員公署
楊文鼎	民生公司
陳家瑛	民生公司
張申中	民生公司
劉公榮	民生公司
李運同	四川公路局
王慶仲	四川公路局
吳俊	漢口西門子洋行
余紹基	南京專科以上學校就業訓導班
詹焜	未詳
蒲偉	天府公司
王現珞	天府公司
鄭傳喬	中國西部科學院
李永慘	茂縣漟鑛金廠
王介白	四川省政府建設廳特派綦區調繪隊
許盛輝	
劉萬熹	重慶市公共汽車公司
詹普炳	重慶市公共汽車公司
陳世剛	乾西置業公司
劉憲文	眉山中學
劉永照	合川女子中學
詳能禮	未詳
李三鐸	南昌航空機械班
楊光國	本校
種同播	本校
调路先	本校
王哲惠	本校

文献编号 1937-030　理工两院第一届毕业同学就业近讯

张运远	成都大同高中数理化专任教员
朱光华	安岳县立中学专任教员兼事务主任
王贤同	北碚西部科学院理化研究所研究及兼善中学理化教员
喻正纪	南京就业训导班
唐乾德	本校助理
刘述丰	本校助理
覃能训	本校助理
吴增旭	本校助理
刘玄着	合川县立中学事务主任兼数理化教员
陈与时	四川省政府科员
张学渠	未详

工院第一届毕业同学

李健清	军事委员会委员长行营边政设计委员会边区调查团
欧凤羽	四川第三区行政督察专员公署
杨文鼎	民生公司
陈家瑛	民生公司
张申中	民生公司
刘公荣	民生公司
李运同	四川公路局
王庆仲	四川公路局
吴　俊	汉口西门子洋行
余绍基	南京专科以上学校就业训导班
詹　烨	未详
蒲　伟	天府公司
郑传寿	天府公司
王现珩	中国西部科学院
李永彦	茂县漳腊金厂
许肇骅	四川省政府建设厅特派矿区测绘队
刘万熹	未详
王介白	重庆市公共汽车公司
詹善炳	重庆市公共汽车公司
陈世刚	华西实业公司
刘宪文	眉山中学
刘永照	合川女子中学
详修礼	未详
李三铎	南昌航空机械班
杨光国	本校
罗同标	本校
冯路先	本校
王哲惠	本校

453　第二届毕业同学通讯

■ 文献信息

期刊《重大校刊》，第18期，第24—25页，1937年12月5日

文献编号：1937—088

（三）校內近訊

一、畢業同學通訊

第二屆畢業同學共計六十五人、已知服務地點者共五十三人、其餘十二人容後探明再誌

理學院
郭伯滄　重慶廣益中學
趙澤賢　資中省立第六中學
胡國達　遂寧縣立中學
郭錫瑞　重慶水泥公司
李存烈　本校助理
張孝沐　食鹽檢定所
李瑚傳　食鹽檢定所

工學院
黃義　瀘縣中學
蘇邑超　北碚兼善中學
賈仲康　蓬安中學
林佩書　成都南薰甲學
朱代侯　本校助理
蔣凌霜　重慶市三校
熊光義　本校助理
佘茂森　本校助理
賓子達　蜀華公司

許雲珊　蜀華公司
許第館　蜀華公司
芍丹甑　重慶市三校
胡倫　成都實驗小學
吳昌琇　教育學院實小

羅光敏　萬縣女中
楊錫珺　璧山縣中
聶鵬飛　江津新本附小
李開泉　重慶迪惠中學
梁榮貞　蓬安女中
蔡强中　鄂都孤兒院
黃鏡秋　榮昌縣中
谷鳳　石柱縣中
廖綱德　重慶省立高級商中
左萬源　巴縣迎龍小學
向迪光　合川縣中
龍顯華　獨立十二旅
盧子文　雲陽縣中
王建中　宜賓公信女中
李家駿　瀘南縣中
裴宗澤　成都天府中學
黎樹昌　萬縣縣立文昌校
劉蘭新　萬縣女中

藍仲卿　本校助理
朱退之　安岳縣中
李明尤　鄂都縣中
蔡海　雲陽縣中
楊承六　永川來蘇校
王定濤　南溪縣中
李向榮　宜賓縣中
曹宗亮　崇慶縣中
劉俊志　成都敬業中學
郭嘗池　永川公共體育場場長
郭仲衡　重慶巴蜀小學
黎樹昌　萬縣縣立文昌校
十三區農林中學
撿黛宇　成都敬業中學
徐成　綦江縣小

文献编号 1937-088　第二届毕业同学通讯

■ 简体全文

（三）校内近讯

一、毕业同学通讯

第二届毕业同学共计六十五人，已知服务地点者共五十三人，共余十二人容后探明再志

理学院

郭伯沧　重庆广益中学

赵泽贤　资中省立第六中学

胡国达　遂宁县立中学

郭锡瑞　重庆水泥公司

李存烈　本校助理

张孝沐　食盐检定所

李瑚传　食盐检定所

工学院

黄　义	泸县中学
苏邑超	北碚兼善中学
贾仲康	蓬安中学
林佩书	成都南熏中学
朱代侯	本校助理
蒋凌霜	重庆市三校
熊光义	本校助理
佘茂森	本校助理
袁子达	蜀华公司
许云墀	蜀华公司
许第钟	蜀华公司

体育师资训练班

罗光敏	万县女中
杨锡琨	璧山县中
聂鹏飞	江津新本附小
李开泉	重庆通惠中学
梁荣贞	蓬安女中
蔡强中	丰都孤儿院
黄镜秋	荣昌县中
谷　风	石柱县中
廖纲德	重庆省立高级商中
左万源	巴县迎龙小学
向迪光	合川县中
龙显华	独立十二旅
卢子文	云阳县中
王建中	宜宾公信女中
李家骏	潼南县中
裴宗泽	成都天府中学
邓兰新	万县女中
吴昌琇	教育学院实小
胡　伦	成都实验小学
苟丹麓	重庆市三校
蓝仲卿	本校助理
朱退之	安岳县中
李明允	丰都县中

蔡　涛　　云阳县中
杨承之　　永川来苏校
王定涛　　南溪县中
李向荣　　宜宾县中
曹宗亮　　崇庆县中
刘俊志　　成都敬业中学
郭书池　　永川公共体育场场长　十三区农林中学
郭仲衡　　重庆巴蜀小学
黎树昌　　万县县立文昌校
抢[徐]奠宇 成都敬业中学
徐　成　　綦江县小

454　第一届毕业同学来函

文献编号 1937-089　第一届毕业同学来函

■ 文献信息

期刊《重大校刊》，第18期，第25-26页，1937年12月5日

文献编号：1937-089

■ 简体全文

二、第一届毕业同学王介白来函

第一届毕业同学王介白等五人，月前由校长保送航空高等机械班以遂其报效国家之意，现已全蒙录取。特摘录其来函于次：

……生等二十五日上午九钟始一同往南门外机械厂航空机械学校报到，当即检查体格，因无特种疾病皆被取录。五人中除生同橱外皆有轻沙眼。医官并令生介白

同榻从速、补牙，生詹服用营养品身体方可臻健康。同时有北洋工学院二人报到，其一因体欠佳被黜，故生等此次仍属幸运也。第二期入伍期已满，因各方学生来者尚众[，]遂开第三期班次[，]生等已订于本月三十日迁入学校受训。……

三、第一届毕业同学李树均来函

春藻校长尊鉴[：]抗战紧急声中国府移渝[，]足征[，]时局愈期严重[，]长期焦土抗战策略愈见坚决[。]生近月以来目睹国事日非[，]内心冲动已极[、]热血沸腾[，]愧无军事技能驰赴前方厮杀[。]因觉后方政治工作亦极关重要故特印就致全川青年学生书一件[，]意欲拨动全川学生作广大的群众运动[，]母校同学极宜起而领导全川学生救亡运动，并盼于此项宣言加以响应。

校长力为倡导当易施行[，]临书匆促[，]未尽欲言[，]谨此敬颂[。]

崇安

生李树均谨上　十一月廿七

455　重庆大学校友会上海分会成立

■ 文献信息

报纸《新闻报》，1947年1月12日

文献编号：1947-001

■ 简体全文

教育简记

◇国立重庆大学校友会上海分会，今午假新生活俱乐部举行成立大会，该校在沪师长朱国璋、俞叔平、杨荫溥、方瑞典等，及同学百余人均将与会。

文献编号 1947-001　重庆大学校友会上海分会成立

456　三十六年度十月　近期校友动态

■ 文献信息

期刊《重庆大学校刊》，第7期，第4—5页，1947年10月15日

文献编号：1947-020

文献编号 1947-020　三十六年度十月　近期校友动态

■ 简体全文

校友动态

△本年六月，重庆校友编印校友会通询[讯]录初稿一种，备载渝蓉京沪等地校友通询[讯]地址；惟因收集调查尚不完全，故名初稿，当时曾在欢宴历届毕业校友席上，发各校友。

△雷汝阳[扬]校友，由美国麻省理工学院学成归来，本期应母友[校]之聘，担任土木系高等水利工程等课。

△赵泽贤校友，现任国立自贡工专副教授兼秘书，暑中代校方挽延教授，奔走蓉渝，至为忙碌。

△李存烈校友，最近由美启程返国，华侨工商学院已预约担任该院化工系主任。

△李继华校友，本期已辞去基泰工程司，就母校讲师之聘，兼任重庆市下水道工程处设计科科长之职。

△吴惠弼校友，新近由美返国，应母校之聘，讲授土木系高等结构等课。

△尹见民校友，除主持重庆市土布业工会外，另任益商职校与通惠中学两校校长，本期两校人事调整得宜，校政大见刷新。

△老大哥李树均为事业发展起见，月前特赴上海，作周密考察，现尚径留沪滨。

△天方建筑设计家校友张之蕃，不久前为重庆市府设计大门，甚得当局嘉许。张君原任母校建筑系助教，现复为重庆市都市计划委员会拉去兼职。

△胡国达校友，现任华侨工商学院副教授兼注册组主任。校友覃能训、周诚、李霞辉亦在该院任副教授。

△校友王茂鑫，前任校友会常务理事，对于会务，推进甚力，近以肺病在原籍逝世，闻者惋惜！

△黄忠恕校友，本期返母校任讲师。

△事务长才欧阳顺坤校友，已返母校，任职校舍管理委员会。

△工学院长冯君策先生为最忙之人，自考察东北归来后，即赴巴黎出席联合国无线电专家会议，旋又往伦敦转北极作科学考察。

△校友陈与时，杨明恕与侯建元等在成都办理实业公司有年，不久前，陈君因业务赴自贡市，当地校友黄哲等特为设宴招待，极为欢洽。

△刘述丰校友于台湾光复后去台，任职某工厂，因持身清正，甚得台胞敬爱，前次台变，平安渡过，近且升任厂长矣。据刘君致此间友人信称：校友在台湾者，现有三十余人。

△重庆校友会负责人，屡次改选，皆由少数校友蝉□，最近又将改选，一般皆望新份子登台。

457 三十六年度十一月　留美校友动态

留美校友動態

譚自然校友，在美國依利諾大學（U·of Illinois）研究院，攻讀有機化學，成績甚佳，深得該系主任教授·傅森博士（Dr·Fuson）之嘉許，特給與巨款獎學金，以資鼓勵。譚校友於本年九月獲得依大博士學位後，即應俄亥俄州立大學（Ohio State univrsity）之聘前往該校作研究工作，月薪三百元，助理教人，皆研為究院之高材生，預定一年工作即可完成，故譚校友於明年秋季即可實旋，為祖國服務云。

葛修懷校友，於一九四四年赴美，數月後，即傳聞因異返國，後據確實調育，始知上次傳聞全屬子虛。葛校友抵美後，即赴普渡大學（U·of Purdue）攻讀電機工程，因潛心研究學問，與友人失其聯絡，致有返國傳聞之談云。

地（Chanute Field）實習航空機械，故時常驅車至依利諾大學聽課，實際經盛世棟魏志俊·馮嘉謀，董守義四位校友，在美國依利諾州陳納德空軍基呂榮模校友，在美國米爾瓦喀城（Milwaukee）一機械工廠實習，嘗自備汽車一輛，友人過訪時，即駕車陪同出遊。去年秋，奉調赴丹佛（Denver）參加Y、v、A、設計工作，閒便中將自駕汽車遊覽黃石公園。呂校友不但開車技術精良，且能駕駛飛機，真可謂多才多藝云。

劉澤民校友，前年生美國康奈爾大學（Cornell univ.）研究院獲得機械工程碩士後，即赴威斯康辛州米爾瓦喀城一有名機械工廠實習，其夫人高朝瑞女士，亦於月前啟程赴美求學，即劉校友近購技新式之道奇轎車一輛，將偕其夫人及數同學環遊全美，並參觀各著名工廠云。

文献编号 1947-046　三十六年度十一月　留美校友动态

■ 文献信息

期刊《重庆大学校刊》，第8期，第7-8页，1947年11月15日

文献编号：1947-046

■ 简体全文

留美校友动态

谭自烈校友，在美国依利诺大学(U. of Illinois)研究院，攻读有机化学，成绩甚佳，深得该系主任教授，傅森博士(Dr. Fuson)之嘉许，特给与巨款奖学金，以资鼓励。谭校友于本年九月获得依大博士学位后，即应俄亥俄州立大学(Ohio State Univ[e]rsity)之聘前往该校作研究工作，月薪三百元，助理数人，皆研为[为研]究院之高材生，预定一年工作即可完成，故谭校友于明年秋季即可言旋，为祖国服务云。

刘泽民校友，前年在美国康奈尔大学(Cornell univ.)研究院获得机械工程硕士后，即赴威斯康辛州米尔瓦喀城一有名机械工厂实习，其夫人高朝瑞女士，亦于月前启程赴美求学，闻刘校友近购最新式之道奇轿车一辆，将偕其夫人及数同学环游全美，并参观各著名工厂云。

葛修怀校友，于一九四四年赴美，数月后，即传闻因事返国，后据确实调查，始知上次传闻全属子虚。葛校友抵美后，即赴普渡大学(U.of Purdue)攻读电机工程，因潜心研究学问，与友人失其联络，致有返国传闻之谈云。

盛世栋[，]魏志凌，冯嘉谋，董守义四位校友，在美国依利诺州陈纳德空军基地（Chanute Field）实习航空机械，故时常驱车至依利诺大学听课，实际经验与理论配合，获益良多，闻已陆续返国，为祖国效力云。

吕荣朴校友，在美国米尔瓦喀城(Milwaukee)一机械工厂实习，尝自备汽车一辆，友人过访时，即驾车陪同出游。去年秋，奉调赴丹佛(Denver)参加Y,v,A,设计工作，闻便中将自驾汽车游览黄石公园。吕校友不但开车技术精良，且能驾驶飞机，真可谓多才多艺云。

458 三十六年度十二月　校友动态

■ 文献信息

期刊《重庆大学校刊》，第9期，第6页，1947年12月15日

文献编号：1947-062

校友動態

文献编号 1947-062　三十六年度十二月　校友动态

■ 简体全文

校友动态

　　成栋材　现任全国商会联合会秘书，在南京白下路市商会内办公，为校友会南京分会负责人之一。闻正筹建新屋，准备结婚云。

　　刘允璋　忙人之一。他主持南京联勤总部一个汽车修理厂的工作，官□升到中校。惟以工作太忙，说话过多，当你碰他的时候，十有九次他的□音都是嘶哑的。他的太太很漂亮，假日他常驾"吉普"一同出游，生活颇为舒适。

　　陈学平　在南京中央党部会计处任职。做事认真得很，马虎的人都怕碰他。

　　陈婉言　未成立卫生部时她曾在卫生署医防总队工作。去年结婚，丈夫是校友秦志杰。

　　秦志杰　任职交通部民航局。结婚后，非常满意。一提到太太，就满面笑容。

　　王典常　熊级阶　胜利后，即随陈孚华先生在上海市工务局第五区工务管理处工作。王于去年结婚，熊于今年结婚，皆住乍浦路披亚士公厉[寓]。房屋及设备俱佳。惟闻最近缴纳房租，须用美金，为数较巨，颇感难于担负云。

　　宋道根　他的太太是白夷，很漂亮。说国语，还觉吃力。生了一个胖孩子，两人都喜欢得很。他在南京交通部工路总局机械筑路队工作。前些时正在经□南京汤山间公路的改善工程。

　　郑廷栋　他是南京人，复员后即在京开营造厂。业务很好。

459 三十七年度一月　国立重庆大学校友会第七届理事会职务分配表

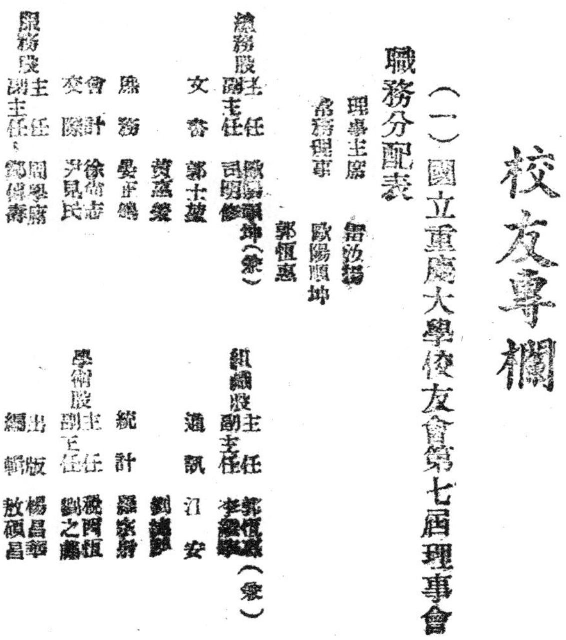

校友專欄

(一)國立重慶大學校友會第七屆理事會職務分配表

理事主席 雷汝揚
常務理事 歐陽順坤 郭恒惠
總務股 主任 歐陽順坤(兼)
副主任 司明修
文書 郭士堃 黃惠榮
庶務 晏正鴿
會計 徐尚志
交際 尹昆民
[illegible]務股 主任 周學庸
副主任 鄧傳壽
組織股 主任 郭恒惠(兼)
副主任 李[illegible]
通訊 江安 劉[illegible]
統計 羅家[illegible]
學術股 主任 歐陽恒
副主任 劉之[illegible]
出版 楊昌華
編輯 敖碩昌

文献编号 1948-005　三十七年度一月　国立重庆大学校友会第七届理事会职务分配表

■ 文献信息

期刊《重庆大学校刊》，第10期，第3页，1948年1月15日

文献编号：1948—005

■ 简体全文

校友专栏

（一）国立重庆大学校友会第七届理事会职务分配表

	理事主席	雷汝扬	
	常务理事	欧阳顺坤	郭恒惠
总务股	主　　任	欧阳顺坤(兼)	
	副 主 任	司明修	
	文　　书	郭士堃	黄惠荣
	庶　　务	晏正鸽	
	会　　计	徐尚志	

税西恒

<table>
<tr><td></td><td>交　　际</td><td>尹见民</td><td></td></tr>
<tr><td>服务股</td><td>主　　任</td><td>周学庸</td><td></td></tr>
<tr><td></td><td>副　主　任</td><td>郑传寿</td><td></td></tr>
<tr><td>组织股</td><td>主　　任</td><td>郭恒惠</td><td></td></tr>
<tr><td></td><td>副　主　任</td><td>李继华</td><td></td></tr>
<tr><td></td><td>通　　讯</td><td>江　安</td><td>刘纯鹏</td></tr>
<tr><td></td><td>统　　计</td><td>罗宗射</td><td></td></tr>
<tr><td>学术股</td><td>主　　任</td><td>税西恒</td><td></td></tr>
<tr><td></td><td>副　主　任</td><td>刘之郕</td><td></td></tr>
<tr><td></td><td>出　　版</td><td>杨昌华</td><td></td></tr>
<tr><td></td><td>编　　辑</td><td>敎硕昌</td><td></td></tr>
</table>

460　三十七年度一月　校友会第七届第二次理监联席会记略

（二）校友會第七屆第二次理監聯席會記略

三十六年十二月二十一日上午，校友會第七屆理監事暨行第二次聯席會議，出席周學庸，雷汝揚，李繼華，晏正鶴等十八人。由雷汝揚主席，首先報告與上屆理監事會交接情形，對目前除收到文件若干，現金共五元及支票一紙計一，六八○，○○○元外，一切手續須侯前任理事會主席李樹均出席簽後方能徹底辦理清楚，至時可囑公告校友，次即徵詢本屆理事會工作應著重於校友之聯絡，希大眾詳慎商討，繼即進行討究決議，經議決：

一、通關各地校友，請定期刊校友勘息（各地預定負責校友列後），揭條友姓名住地二則，作本會辦公地點。

二、洽得本埠電局同意，在「重大校刊」特區「校友專欄」以便經常揭載校友消息。

三、在正式會址柔務待之前，暫時借用置廢千廝門行街十七號雷汝揚辦公處作會友。

等提案，會後出會汝揚稅友作宗，同漉午餐。

校友會各地校友通訊負責人

地點	通訊處託人	住　址
南京	成惕村	南京白下縣市商會內商聯會
上海	王興常	上海易樹澄安家路二十二號工務局
北平	陳安琪	第卷四工務管理處
漢口	陳安琪	同　前
成都	鄧鳳平	外漿中央銀行工程科
賁陽	高歌武	船廠纜街五十八號
賁縣	習純臣	北京大學
肅流井	王冠儒	工業纜工事校
合江	李索清	楮家中學
隆昌	郭自清	黃岡郎電氣院
璧江	徐光輝	縣立中學校
滇縣	鄧區遲	自貢工事校
永川	蒹區龍	縣立中學校
整江	樂茂府	樂茂府
民權	蒻宣區	縣立職業學校
永安	夏企輔	永利化學公司鹽廠
五通橋	龐因鋒	樂戡府
慶安	李化棟	縣立職業學校
合川	郭綱瑞	縣立中學校

求得各地，學負責人決定後，再留公佈。

文献编号 1948-006　三十七年度一月　校友会第七届第二次理监联席会记略

■ 文献信息

期刊《重庆大学校刊》，第10期，第3-4页，1948年1月15日

文献编号：1948-006

■ 简体全文

（二）校友会第七届第二次理监联席会记略

三十六年十二月二十一日上午，校友会第七届理监事举行第二次联席会议，出席周学庸，雷汝扬，李继华，晏正鸽等十八人。由雷汝扬主席，首先报告与上届理监事会交接情形，谓目前除收到文件若干，现金五万元及支票一纸计一，六八〇，〇〇〇元外，一切手续须俟前任理事会主席李树均由沪归渝后方能澈底办理清楚，结果如何，至时再为公告校友，次即强调本届理事会工作应着重于校友之联络，希大家详慎商讨，继即进行讨论会务，经议决：

一、通函各地校友，请定期报告校友动态(各地预定负责校友列后 [)]

二、取得母校当局同意，在"重大校刊"特辟"校友专栏"以便经常报导校友消息。

三、在正式会址未获得之前，暂时借用重庆千厮门行街十七号雷汝扬校友家房屋二间，作本会办公地点。

等提案，会后由雷汝扬校友作东，同进午餐。

校友会各地校友通讯负责人

地 点	通询[讯]受托人	住 址
南 京	成栋材	南京白下路市商会内商联会
上 海	王典常	上海杨树浦安东路二十二号工务局第五区工务管理处
	熊级阶	同 前
	雷 明	外滩中央银行工程科
北 平	曾佑莹	北京大学
汉 口	陈文瑛	
成 都	戴良平	魁星楼街五十八号
贵 阳	高敬武	贵阳师范学校
自流井	刁纯成	自贡工专校
泸 县	王冠儒	工业职业学校
隆 昌	李素清	楼峰中学
合 江	郭白沧	县政府
垫 江	徐光华	县立中学校
永 川	苏邑超	县立中学校
长 寿	张重臣	乐群中学
五通桥	龙以祥	永利化学公司□厂
广 安	夏正纲	县政府
合 川	李化栋	县立职业学校
荣 昌	郭锡瑞	县立中学校

其他各地，待负责人公布后，再为公布。

461 贵阳校友活动情形

（三）貴陽校友活動情形

△三十六年十一月三十日，貴陽國立重慶大學校友會，在貴陽青年會正式成立，到王克仁先生及高昌華，陳雋才等校友二十餘人，當選定陳雋才校友爲理事長，高敬武，周尚煊，曾釗福，杜化居等校友爲理事。

△校友會及周尚煊，陳雋才，曾釗福諸校友發起組織「重友字號」第一期股款定在去年底收齊，今春將收集第二期股款。

△去年十一月工學院與體育科同學發生衝突，校友會曾去函勸解。

△留筑校友共三十餘人，高昌華，何宗揚，許傳宗，陳永清，鄧□熙，羅□光，毛子安等在貴州大學，杜化居，高敬武，陳興伯在貴陽師範學院，潘□，陳如閣，晉大星，蔣吉怡，向華臣，均在湘黔鐵路工程處，其他多在市內機關，銀行或公司，去年除夕，曾舉行聚餐。

文献编号 1948-007　贵阳校友活动情形

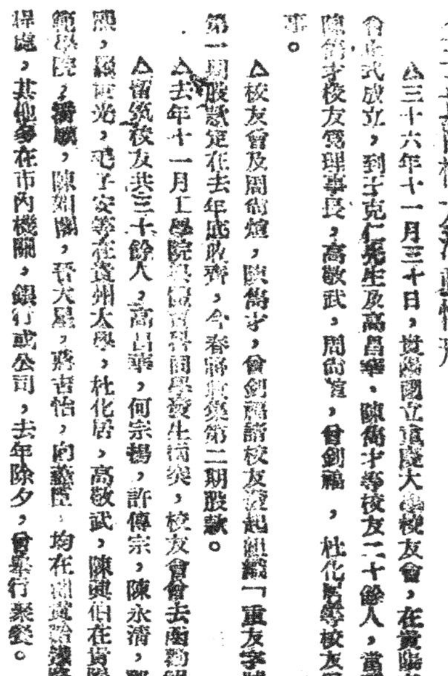

■ 文献信息

期刊《重庆大学校刊》，第10期，第4页，1948年1月15日

文献编号：1948-007

■ 简体全文

（三）贵阳校友活动情形

△三十六年十一月三十日，贵阳国立重庆大学校友会，在贵阳青年会正式成立，到王克仁先生及高昌华，陈隽才等校友二十余人，当选定陈隽才校友为理事长，高敬武，周尚煊，曾钊福，杜化居等校友为理事。

△校友会及周尚煊、陈隽才、曾钊福诸校友发起组织“重友字号”第一期股款定在去年底收齐，今春将收集第二期股款。

△去年十一月工学院与体育科同学发生冲突，校友会曾去函劝解。

△留筑校友共三十余人，高昌华、何宗扬、许传宗、陈永清、邓□熙、罗□光、毛子安等在贵州大学，杜化居、高敬武、陈兴伯在贵阳师范学院，潘□、陈如阁、晋大星、蒋吉怡、向华臣，均在湘贵黔铁路工程处，其他多在市内机关，银行或公司，去年除夕，曾举行聚餐。

（四）工學院機械系三五級畢業生就業概況

姓名	地點	服務機關
張有宗	上海	農林部水產實驗所漁業管理處
朱治炳	上海	農林部水產實驗所漁業管理處
吳大明	上海	中國農具機械公司
楊恩坤	上海	中央造紙廠
于乗樞	上海	某私人照相機製造廠
彭經之		礦病不擬就業
邵鹿	台灣	中國石油公司台灣分公司高雄煉油廠
鄧宗祜	台灣	台灣嘉義鋼鐵機械公司
徐碩武	廣西 柳州	湘桂黔鐵路桂柳溣修隊
白青林	濟南	四十四兵工廠
劉雅時	濟南	四十四兵工廠
蔡榮陪	廣州	八十兵工廠
敖毓瀛	天津	塘沽新港機工廠
黃應期	南京	外交部（管理水電器官）
賈豐鈞	南京	第六十兵工廠
金克明	南京	聯勤部汽車修理廠
陳鐵中	南京	傷兵學校有求使業
賴耀芳	蚌埠	工兵學校技士室
解登生	重慶	重大機械系技士室
陳復民	重慶	重大機械系助教
容子明	重慶	中央工校機械科助教
杜雲生	重慶	二十兵工廠
楊榮培	重慶	三十一兵工廠
邵一鈞	重慶	二十一兵工廠
桑興泉	重慶	二十一兵工廠
汪子鍧	重慶	二十一兵工廠
文燃如	重慶	二十一兵工廠
曾祥鉛	重慶	二十一兵工廠
吳乗持	重慶	二十一兵工廠
李必祥	重慶	五十兵工廠駐渝代辦
黃苟林	重慶	五十兵工廠恩翅沱分廠
孔慕松	重慶	五十兵工廠恩翅沱分廠
符立華	重慶	五十兵工廠恩翅沱分廠
何廷歐	四川	大渡口鋼鐵廠
黃松生	威遠	威遠煤礦
阮冠國	四川	聯勤部汽車修理廠
蔡勛添	四川 溫江	綦江
劉衡	台灣	中國石油公司台灣分公司高雄煉油廠

文献编号 1948-008　工学院机械系三五级毕业生就业概况（节选）

■ 文献信息

期刊《重庆大学校刊》，第10期，第4—5页，1948年1月15日

文献编号：1948—008

■ 简体全文

（四）工学院机械系三五级毕业生就业概况

姓名	现在地点	服务机关
张有宗	上海	农林部水产实验所渔业管理处
朱治炳	上海	农林部水产实验所渔业管理处

吴大明	上海	中国农具机械公司
张煜坤	上海	中国造船厂
王良标	上海	某私人照相机制造厂
张亚之	上海	养病不□就业
黄崇期	南京	外交部(管理水电事宜)
袁寿铃	南京	第六十兵工厂
金克明	南京	联勤部汽车修理厂
陈仪中	南京	伤寒初愈尚未就业
韩耀芳	蚌埠	工兵学校技士室
解鲁生	重庆	重大机械系助教
陈复民	重庆	重大机械系助教
寿子明	重庆	中央工校机械科助教
杜云生	重庆	二十兵工厂
杨崇培	重庆	二十一兵工厂
邵一钧	重庆	二十一兵工厂
秦兴泉	重庆	二十一兵工厂
王子钊	重庆	二十一兵工厂
文汉如	重庆	二十一兵工厂
曾祥柏	重庆	二十一兵工厂
吴介持	重庆	二十一兵工厂
李必福	重庆	五十兵工厂忠恕沱分厂
黄菊林	重庆	五十兵工厂忠恕沱分厂
孔繁松	重庆	五十兵工厂忠恕沱分厂
胥立华	重庆	五十兵工厂忠恕沱分厂
何廷咏	重庆	大渡口钢铁厂
黄松生	四川威远	威远煤矿
阮定国	四川綦江	联勤部汽车修理厂
叶勖达	四川达县	达县中学
刘 华	台湾	中国石油公司台湾分公司高雄炼油厂
邵 鹿	台湾	中国石油公司台湾分公司高雄炼油厂
张宗祜	台湾	台湾嘉义铜铁机械公司
徐硕猷	广西柳州	湘桂黔铁路桂柳抢修队
白书林	济南	四十四兵工厂
刘雍时	济南	四十四兵工厂
蔡荣阶	广州	八十兵工厂
敖敬廉	天津	搪[塘]沽新港机工厂

校友專欄

成都校友動態

重慶大學校友會成都分會，三十七年度年會於三十七年元旦夕，假成都提督東街勝利餐廳舉行，到會校友約二百人，除報告上屆經過一切情形外，並選舉黃福成、甘績鏞、余成源、劉國華、林濬、來之琦、孫恭順、蕭季松、陳與時、劉紹邦、范順民、戴良平、黃松霖為理事；劉崇襖、熊光義、王章田為監理。

此次分會特印製成部分會校友錄一本，保校友會乃凡范順民專捐貲贈送。

理事會於三十七年元月十日，假陳與時處舉行，推舉黃成、戴良平以黃福城擔任調查，來之琦擔任財務，陳與時擔任交際，新季松擔任編輯，孫恭順擔任通訊。

決議事項如下：

（一）分會地址，暫設南新街鬣生公司內，一俟革市街工業學會新屋落成後，卽行遷入。

（二）為顧及今後蓉市校友事業計，決定成立事業設計委員會，籌備設立一校大之企業公組織，除理監事為當然委員外，並聘請校友楊麏等十八為委員。

（三）理事會每月舉行一次，理監事聯席會每二月一次。

（四）並擬籌集校友會基金，將採取戲劇或茶舞會方式募集。

文献编号 1948-029 成都校友动态

■ 文献信息

期刊《重庆大学校刊》，第12期，第6页，1948年3月15日

文献编号：1948-029

■ 简体全文

校友专栏

成都校友动态

重庆大学校友会成都分会，三十七年度年会于三十七年元旦夕，假成都提督东街胜利餐厅举行，到会校友约二百人，除报告上届经过一切情形外，并选举黄福成、甘绩镛、余成源、刘国华、林濬、来之琦、孙恭顺[、]萧季松、陈与时、刘绍邦、范顺民、戴良平、黄松霖为理事；刘崇襖、熊光义、王章田为监理。

此次分会特印制成都分会校友录一本，系校友曾乃凡\、范顺民等捐资赠送。理事会于三十七年元月十日，假陈校友与时处举行，推举黄成、戴良平、刘绍邦、来之琦、陈与时、萧季松、孙恭顺为常务理事，以黄福成担任调查，戴良平担任为文书，刘绍邦担任研究，来之琦担任财务，陈与时担任交际，萧季松担任编辑，孙恭顺担任通讯。

　　决议事项如下：

　　①分会地址，暂设南新街群生公司内，一俟羊市街工业学会新屋落成后，即行迁入。

　　②为顾及今后蓉市校友事业计，决议成立事业设计委员会，筹备设立一较大之企业公组织，除理监事为当然委员外，并聘请校友杨声等十人为委员。

　　③理事会每月举行一次，理监事联席会每二月一次。

　　④并拟筹募校友会基金，将采取戏剧或茶舞会方式募集。

464　留校校友欢宴张校长

校友專欄

留校校友歡宴張校長

張俊長洪沉於五月初赴京，出席全國代表大會，同時以旅京之便，就與學校有關諸問題，與各方面均有接洽，並有相當的收穫。月之中旬，公畢返渝，留校校友乃於十七日午后六時在沙坪壩蘇州飯店設宴為之洗塵。時當久雨暫晴，校友等對此少有之聚會，參加甚為踴躍。六點鐘前後，已到對女校友六十餘人。於時或作橫談，或相笑語；甚多昔日彼面不相識者，一經介紹，皆互知為同學矣。特校長到，即相率入席。由雷汝揚校友致歡迎並慰勞之詞後，校長即出席國大會之觀感，中曾提及在京與曾任土木系教授之簡卓堅先生相遇，簡先生現任台北工專校長。攘簡先生言，在台校友聞之，無不感奮。每有聚會，遠近均必想到參加，其精神至佳云。在座校友甚多，詞畢進餐，賓主舉杯互祝健康。校友豪於飲省甚眾，酒戰展開，倍形熱鬧。夜闌席散，已盡黃酒三十斤矣。

文献编号 1948-051　留校校友欢宴张校长

■ 文献信息

　　期刊《重庆大学校刊》，第14、15期（合刊），第15页，1948年6月15日

　　文献编号：1948-051

■ 简体全文

校友专栏

留校校友欢宴张校长

张佽[校]长洪沅于五月初赴京，出席全国代表大会；同时以旅京之便，就与学校有关诸问题，与各方面均有接洽，并有相当的收获。月之中旬，公毕返渝，留校校友乃于十七日午后六时在沙坪坝苏州饭店设宴为之洗尘。时当久雨暂晴，校友等对此少有之聚会，参加甚为踊跃。六点钟前后，已到男女校友六十余人。于时或做桥戏，或相笑语，甚多平日对面不相识者，一经介绍，皆互知为同学矣。待校长到，即相率入席。由雷汝扬校友致欢迎并慰劳之词后，校长即出席国大会之观感，中曾提及在京与曾任土木系教授之简卓坚先生相遇，简先生现任台北工专校长。据简先生言，在台校友甚多，每有聚会，远近均必赶到参加，其精神至佳云。在座校友闻之，无不感奋。词毕进餐，宾主举杯互祝健康。校友豪于饮者甚众，酒战展开，倍形热闹。夜阑席散，已尽黄酒三十斤矣。

465　三十七年上期留校校友

文献编号 1948-052　三十七年上期留校校友

■ 文献信息

期刊《重庆大学校刊》，第14、15期(合刊)，第15-16页，1948年6月15日

文献编号：1948-052

三十七年上期留校校友

体专科	宴[晏]正鸽	孙俊华	李明允	陈季贤	罗宗射	冉启刚
	张道伦	李代铭				
数理系	刘之郧	敖硕昌	郭士垄	孙继逊	郑勋	张其俊	关基昌
	王庆宣	胡繡德				
化学系	王文才					
地质系	张云湘	蒋永年	邓克刚			
机械系	黄惠荣	郭子仁	陈复民	司明修	黄贵根	解鲁生	赵云龙
	杨绪灿	王建国	沈士瑶			
电机系	张保全	王孝祥	赵孝荣			
土木系	陈惟时	雷汝扬	李继华	吴惠弼	罗元一	陈茂麟
建筑系	张之藩	黄忠恕	张雨琴	王荣河	吕运森	
矿冶系	刘国钰	刘纯鹏	江第修	姜修尚	黄希祐	
化工系	江安					
会统系	马恩华	张光华	陈淑仪	胡庆珍		
银保系	喻强中	黄季松	冯继志			
工管系	高俊成	巫德华	常裕如	吴岐山		
统专科	练荣药					

466 校友讣闻

■ 文献信息

期刊《重庆大学校刊》，第14、15期(合刊)，第16页，1948年6月15日

文献编号：1948-053

■ 简体全文

校友讣闻

会统系毕业校友张毓芬女士，向在母校服务，不幸于本年二月二十三日因肠热症在重庆中央医院逝世。

又化学[系]毕业校友李慕灵女士，任校于树人中学，不幸于本年二月十三日因奶疮在沙磁医院逝世。

467 校友会第八届年会在校庆节举行

文献编号 1948-083 校友会第八届年会在校庆节举行

■ 文献信息

期刊《重庆大学校刊》，第 18 期，第 5—6 页，1948 年 11 月 15 日

文献编号：1948—083

■ 简体全文

校友专栏

▲校友会第八届年会在校庆节举行▲

十月十二乃母校十九年纪念日，校友会第八届常年大会，订于是日假母校理学院大礼堂举行，时当返校佳节，算阴雨连日，而返校仍近两百人之多，大会继庆祝仪式之后开幕，由常务理事雷汝扬君主席。对会务之讨论，各校友发言极为热烈。重要议案计有：(一)清理本会所有自来水公司股票事；(二)明年母校二十周年纪念，校友赠送纪念品事；(三)筹建会所事。理监事之改选与会议同时进行，大会于午后一钟圆满结束。

校友会第八届理监事当选人名单

理事	雷汝杨[扬]	李继华	宴[晏]正鸽	刘之郦	周学庸	敖硕昌
	高敬武	吴惠弼	司明修	喻强中	郭恒惠	黄惠荣
	郭士堃	吴歧山	徐光华	李明允	罗宗射	
候补理事	刘纯鹏	张安富	李代铭	唐克面	江安	
监事	段调元	刘德超	税西恒	侯风		
候补监事	程登科					

▲校友会第八届理监事开第一次联席会议

十月三十一日午前十钟,校友会第八届理监事开第一次理监联席会议[,]于母校农庄招待好,到会者甚为整齐,会中票选雷汝扬,郭恒惠与徐光华三君为常务理事,各股负责人由常务理事派定。决议事项:(一)组织自来水公司股票处理委员会;(二)母校二十周年纪念,就校友赠送纪念品事与各分会交换意见;(三)积极筹建会所。

▲留校校友筹组联谊会

月前留校校友在欢迎郑教务长返校之宴会中,有人提议组织留校校友联谊会,当经全体赞成并推定若干人为筹备人。闻近日已诸端就绪,不日即可成立云。

468 校友会台湾分会生气蓬勃

■ 文献信息

期刊《重庆大学校刊》,第18期,第6页,1948年11月15日

文献编号:1948-084

■ 简体全文

▲台湾分会生气蓬勃

台湾校友三四十人,早已组织分会,成绩表现特佳。近出刊物一种,名重大校友,封面绘台省地图,内容除报导校友消息外,多工业方面有价值之记载。

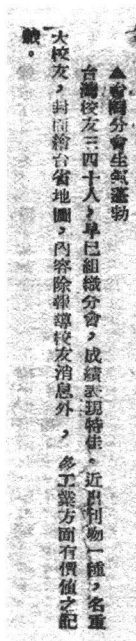

文献编号 1948-084 校友会
台湾分会生气蓬勃

专题十：战火中办学

1937 年，因国民政府移驻，重庆成为重要的政治、经济和文化中心。大批院校举校内迁来到重庆，重庆大学由此获得极大的发展机会。大批教授就聘重大或到重大讲学，学生到重大借读或转学重大。重大学生人数激增，师资力量更加雄厚。1937-068、1938-001 号文献即关于收容借读生的相关文献及"借读须知"。

1937 年冬，国立中央大学迁入沙坪坝松林坡，开始与重庆大学互帮互助。1937-060、1938-003 号文献对此有详细记载。国立中央工业学校、国立北平师范大学劳作专修科、国立药学专科学校等先后成为重庆大学的近邻，教学、师资、设备等均互通有无，多篇文献对此有相关记载。

在战火纷飞的重庆，这些有利条件促进了重庆大学的全面发展。从本专题文献中可略窥一二：1938-002、1939-008 号文献分别对重庆、四川战前和战后的高等教育机构进行了粗略统计，一年之内即有二十余所知名院校迁入川渝；1939-009 号文献对战后没有迁移的高校进行了统计，"始终未迁，维持常态，然仅寥寥十余校"；1939-010、1939-011 号文献则记载，战事发生后全国许多高等学校人数大减，唯独重庆大学等后方大学人数激增，学生人数相比 1937 年超过一倍以上。

1938 年 2 月 18 日起至 1943 年 8 月 23 日，日本对重庆进行了长达 5 年半的无差别大轰炸。重庆大学校园虽处郊外，但依然多次遭到日机的轰炸。为此，学校采取挖防空洞、建立地下实验室等各种措施，坚持进行教学活动。据记载，1939 年 9 月 4 日体育专修科办公室及铁工厂附近被炸数处；1940 年 5 月 29 日工学院大楼及教职员工宿舍、学生宿舍遭到敌机轰炸，损失严重；1940 年 7 月 4 日投至校园的炸弹达数百枚，学校损失惨重。1940-008、1940-009、1940-010、1940-011、1940-015、1940-016、1940-027、1940-028 等文献记下了大轰炸期间重庆大学在校园、校舍、实验室、图书馆、遇难人数等多方面的情况。其中 1940-028 号文献记录最为翔实，描述了大轰炸的惨烈。四川省政府拨专款用于轰炸善后事宜，详见 1940-017 号文献。

为了把教学活动坚持下来，重庆大学及时整理修缮被炸房屋，并继续开挖多个防空洞，及时转移图书资料、珍贵仪器、实验设备。建筑系、机械系和电机系等还建立了地下实验室。

如同大轰炸时期重庆街头的标语，重庆大学"愈炸愈强"。在此时期，学校建起了可容二百人的女生宿舍楼，添建了盥洗室、厕所和浴室，缓和了学生宿舍的拥挤情况。学校为了解决师生饮水困难的问题，兴建了自来水装置（当时沙坪坝尚无自来水供给）。学校还按需添设实验室、实验设备和其他设备，如矿冶系建立了采煤室、试金室，化工系添置了制革设备、油脂设备，机械系添置了实习机器，电机系购置了各式电表，商学院还专门购买了一万元图书和必要的外文资料等 [1]。1945-002 号文献对重庆多所大学的学生生活进行了描述。

特别值得一提的是，战火中的重大儿女怀有满腔报国热血，学子投笔从戎奔赴前线杀敌者众，1938-025 号文献及第三编专题十一中的 1938-032 号文献均有记载。

---

[1] 重庆大学校史编写组. 重庆大学校史 1929—1949[M]. 重庆：重庆大学出版社，1984:65-66.

469 中央大学迁重庆　下月一日开学

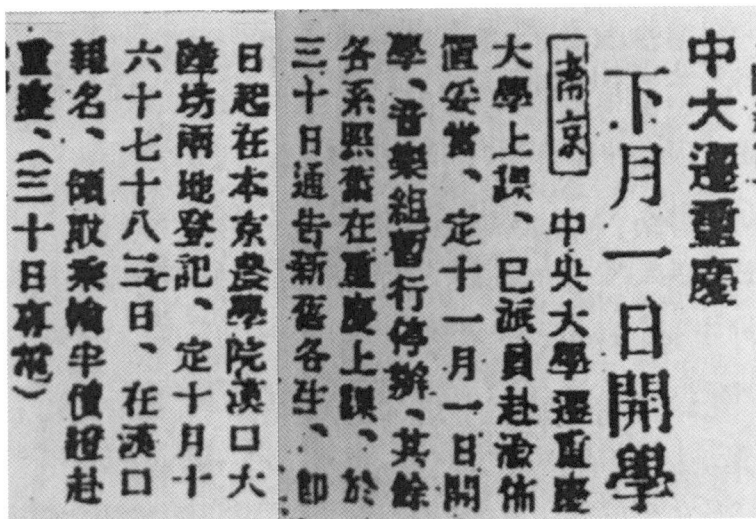

文献编号 1937-060　中央大学迁重庆　下月一日开学

■ 文献信息

报纸《申报》，1937年10月1日，期号23134号（上海版）

文献编号：1937-060

■ 简体全文

中大迁重庆　下月一日开学

【南京】中央大学迁重庆大学上课，已派员赴渝布置妥当，定十一月一日开学，音乐组暂行停办，其余各系照旧在重庆上课，于三十日通告新旧各生，即日起在本京农学院汉口大陆坊两地登记，定十月十六十七十八三日，在汉口报名，领取乘轮半价证赴重庆。（三十日专电）

470 全民抗战之时　本大学尽量收容借读生

■ 文献信息

期刊《重大校刊》，第15期，第14页，1937年10月20日

文献编号：1937-068

文献编号 1937-068　全民抗战之时　本大学尽量收容借读生

■ 简体全文

（六）校内近讯

本大学二十六年度开学之际，适当全民抗战之时，冀北烽烟四起，沪滨战云密布，而敌机恣虐，摧毁我文化，残杀我同胞，我全国民众同仇敌忾，万众一心，皆预备手刃倭寇，血溅扶桑，一吐数百年来不平之气，本大学离战区较远，幸免受凶横之摧残，尤如期能开学[，]故行政机构及训练工作，皆经校长缜密擘划，以期达到事半功倍，取精用宏之目的，而同学中处此鼙鼓声中，犹能弦歌不绝，除奋力读书外，更热烈从事后方工作，谨将开学以来数周间经过胪列于后：

（三）本大学尽量收容借读生

全民抗战开始，敌人以其毁灭世界文化之狞狰面目，相向于我，平津各大学既先后炸毁，京沪各学校亦次第荼毒，我政府抱长期抵抗之决心，具再接在[再]厉之勇气，因其破坏更事建设，因其摧残更事廓张，文化基础丝毫未被动摇，特于湘陕各地建梁[筑]临时大学，更训令内地各学校尽量收容借读生，继续训练其学术基础，继续培养其抗敌勇气，现借读生到校者已达一百三四十人，已登记而未到者约七十人，而借读生皆目击时变，身经沧海，常挥泪道及前方惨状，同学闻之沄然动容，爱国情绪因而高涨无已也。

471　四川省立重庆大学借读须知

重大校刊

四川省立重慶大學借讀須知

章則

（一）凡戰區各校學生願來本校借讀者、須先將證件（原校學生證或肄業證書或借讀證書等至少一種）交本校註冊課、換取借讀生調查表、逐欄詳細填明、於三日內交還本校審查。

（二）經本校審查不合格者、原繳證件、即行退還本人。

（三）凡無證件或有證件、而經本校審查認為不合格者、不得請求改為旁聽生。

（四）經本校審查合格之借讀生、於接到通知後、應遵照規定期間、來本校報到。

（五）本校借讀生註冊期間、以開學一個月內為限。

（六）如因特殊情形、不能按時報到者、應於事前具函詳敘理由、經本校核准、方為保存其借讀資格、否則即將其借讀資格取消。

（七）借讀生報到時、須繳最近二寸半身像片三張、并領取入學志願書及保證書。

（八）借讀生將入學志願書及保證書填妥後、交註冊課換取繳費三聯單、持向沙坪壩川康平民商業銀行繳納各費。

（九）借讀生持繳費收據、復到註冊課註冊——填註冊表——并領取學生證及上課證。

（十）借讀生持學生證到會計課簽字、并到訓育委員請編定宿舍。

（十一）借讀生如須借讀圖書、即持會計課已簽字之學生證到圖書館辦理署手續。

本刊啓事

本刊承各方惠稿、增光篇幅、無任感謝、現值學期終了、自本期後即行停刊、俟下期開學後再行出版、此啓。

三七

文献编号 1938-001　四川省立重庆大学借读须知

期刊《重大校刊》，第20期，第37页，1938年1月20日

文献编号：1938-001

■ 简体全文

四川省立重庆大学借读须知

（一）凡战区各校学生愿来本校借读者，须先将证件(原校学生证[、]成绩单[、]肄业证书或借读证书等至少一种)交本校注册课，换取借读生调查表，逐栏详细填明，于三日内交还本校审查。

（二）经本校审查不合格者，原缴证件，即行退还本人。

（三）凡无证件或有证件，而经本校审查认为不合格者，不得请求改为旁听生。

（四）经本校审查合格之借读生，于接到通知后，应遵照规定期间，来本校报到。

（五）本校借读生注册期间，以开学一个月内为限。

（六）如因特殊情形，不能按时报到者，应于事前具函详叙理由，经本校核准，方为保存其借读资格，否则即将其借读资格取消。

（七）借读生报到时，须缴最近二寸半身像片三张，并领取入学志愿书及保证书。

（八）借读生将入学志愿书及保证书填妥后，交注册课换取缴费三联单，持向沙坪坝川康平民商业银行缴纳各费。

（九）借读生持缴费收据，复到注册课注册——填注册表——并领取学生证及上课证。

（十）借读生持学生证到会计课签字，并到训育委员请编定宿舍。

（十一）借读生如须借读图书，即持会计课已签字之学生证到图书馆办理[借]书手续。

472 渝地高等教育之重庆大学

■ 文献信息

报纸《申报》，1938年2月7日，期号23232号(汉口版)

文献编号：1938-002

■ 简体全文

教育概况

渝地教育尚称发达，高等教育方面，设有重庆大学，教育学院，高级工专，西南美专等校。中等教育方面，设有南渝中学，巴县中学，川东师范，巴县女中，重庆市中，重庆女师，复旦中学，求精中学，广益中学等校。

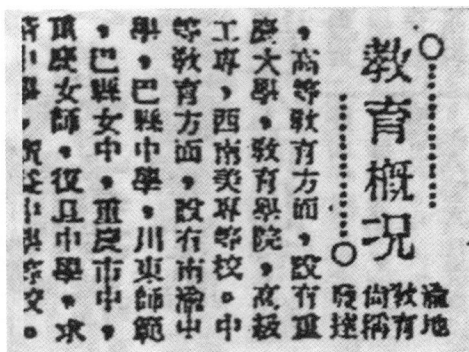

文献编号 1938-002　渝地高等教育之重庆大学

473　中央大学概况之假重庆大学校舍开办

■ 文献信息

　　报纸《申报》，1938年2月26日，期号23251号(汉口版)

　　文献编号：1938-003

■ 简体全文[1]

中大概况

　　【重庆本报特约通讯】国立中央大学，自抗战发动后，因其为我国最高学府，重要文化机关之一，故迭遭敌机摧残，前后被炸四次，图书仪器，幸事先有备，毫无损失，现已移渝开课，亦为首先移渝办理之学校，该校近情如何，□为各界所乐闻，兹略志如左：

员生入川

　　八月底[，]学校当局决定，将实验中学移皖，并率令将大学本部迁移安全地带，于是分途找觅适当地点：初拟移至赣鄂湘一带，继决移渝，于是分函留任各教职员，通知新旧各同学：均约定十月底以前相继到渝，旅费概归自理，一方将图书仪器一律运渝，并在南京，汉口[，]重庆三地设立办事处，作为交通方面之联络，据中大某教授谈：此次员生陆续入川，颇为困难，其一，是时寇机已进袭至武汉一带，故沿途几无一人未受空袭之威胁。其二，因汉渝船只不敷支配，故有候船至三四星期之久者，但结果均于学校规定日期以前到达，于是暂假川东师范[、]巴县中学为男生临时宿舍，义林医院，巴县女中为女生临时宿舍，教职员则分住青年会陶□金山饭店等地，以待开学日期之来临，十月二十八日[，]渝地校友宴请母校教职员，感情甚为融洽。

---

[1]　原文篇幅较长，仅节选其中与重庆大学相关部分内容。

中大概况

（重庆本报的约特讯）

● 国立中央大学，自优战发动后，闪其为我国教育界相当重要文化设施之一，故始终破坏独建，前后被迁徙四次，国际仪器，中央重要文物，亦无损失，现已移动閔课，先方称，名无损失，现已闪理之学校，其校育先移稳如先例，现合其所乐闻，兹将路续略如左：

员生入川

● 八月度学校当局决定，歇沼续至武汉一带，其二，因漢旧之计，故沿子茫昌简阳，渝盤大部儿川提口而成渝，同学当用上水舶，有三四百人挤在一船者，歇围员亦受此苦况，此亦一笑之待遇也。

国难校舍

● 向川省向来计歇保永久，其度大学借作校舍，巴歇校合欲就仅一千余栋，其校址迁近沙坪坝，今助已建四六年度第一学期间校试验定三月一日至五月日举行二十试……

（一方歇员生全体出席，并由山校一方歇励新生習阅念，一方培强发受国现念……）

正规教育

● 十一月一日如期间学，全国同学均依期限缴报费，一方歇授奖，晚九时中即须歇疾，同学均须出席，现在歇役况况其一方歇授课同学亦均歇平时格外努习，现此均抱有「员生」一派之精神也。

战时训练

● 为适合战时需要，每晨六时歇围升旗典礼，所订规例有年……由军事主任歇官为大队长，歇永校长命令，使……战时训练化，使……

救亡运动

● 为同恶之救亡运动者，得一提倡……

文献编号 1938-003　中央大学概况之假重庆大学校舍开办

国难校舍

原来计画[划]，系向川省重庆大学商借校舍，已蒙允□，因员生太多(教职员二三百人，同学一千余人)，不够容纳，遂作罢论。于是在重大附近，借重大校地建筑平房，该处为沿嘉陵江边之松林坡，本为一荒山，今则已建房屋约二三十栋，因非永久之计，故房舍甚为简陋，既无天花板，又无地板且墙壁大都仅用篾片结成篱笆，然后□以石灰而已。同学均睡上下铺，有三四百人挤在一间者，教职员亦二人一间，办公桌绝非写字□，仅为三抽之长方桌，至教室中之课桌，讲堂上之椅凳，均以竹制，与京校相比，不啻天壤，罗校长曾称之为"国难校舍"。

正规教育

十一月一日如期开学，员生全体出席，并有校务会议议决。除元旦外，概无星期及其他例假，更停放寒假，以补足因迁校所缺乏之课。最近规定三月一日至五日举行二十六年度第一学期期终试验，九日起第二学期开学缴费选课注册，十一日即正式上课，现在教授既认真授课，同学亦均较平时格外紧张，盖际此国难严重时期，彼此均抱有"最后一课"之精神也。

[……]

474　飞将军入伍

■ 文献信息

期刊《重大校刊》，第25期，第17页，1938年5月16日

文献编号：1938-025

■ 简体全文

飞将军入伍

本校同学傅绍宪[、]甘国全[、]张祖良[、]王远臣[、]张慕平五君志切报国，毅然投笔投考航空军官队，五君以极健强之体魄及锐敏之智力皆被录取，短期内即可入队受训，本校同学对五君伟大之精神钦佩异常，特组盛大之欢送会[，]预祝五君凯旋归来云。

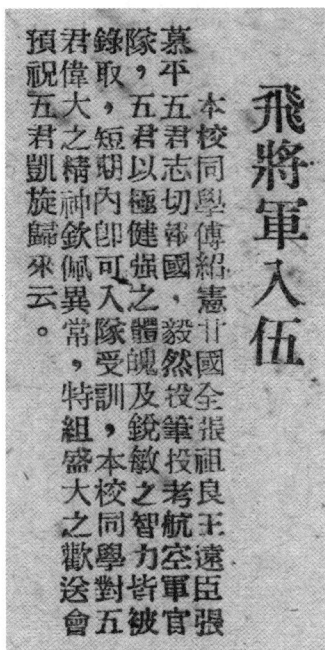

文献编号 1938-025　飞将军入伍

文献编号 1939-002 北师大劳作专修科借重大教室

■ 文献信息

报纸《申报》，1939年2月15日，期号23336号（上海版）

文献编号：1939-002

■ 简体全文[1]

教部指定特设之 北师大劳作专修科
有二十四省市学生参与修习

【重庆通讯】教部为提高我国生产与田园的劳作教育起见，乃择现有全国中学师资最高学府，及曾办有与生产有关的理工科及□工国立专修科的北师大，来负担此项重要使命。于民二十五年九月，添办劳作专修科，附属于教育学院，规定修

---

[1] 原文内容篇幅较长，仅节选其中与重庆大学有关内容。

业三年，并令各省市考选学生一名或二名入学，每人每年由原报送机关津贴费用一百五十元。全科共三十九人，包括二十四省市，上课与实习并重。自七七事变，北师大与北大及北洋工学院合并改组，将劳专科，由北师大单独办理，初在湖南省立高级工校上课，继迁万县中央工校上课。本年暑假，该科同学，一部分在大公织工厂华兴织厂实习，其余由教部指派在第二社教工作团服务。本年度，教部令该科借中央工校新校舍和工厂为上课实习之用。兹因建筑设备尚未完竣，乃借重庆大学工学院教室和工厂，上课实习。

476 战后四川高等教育

文献编号 1939-008　战后四川高等教育

■ 文献信息

报纸《申报》，1939年5月11日，期号23417号（上海版）

文献编号：1939-008

■ 简体全文

战后四川高等教育

专科以上共计二十校

【重庆航讯】四川省高等教育机关[，]原有国立四川大学，省立重庆大学，教育学院，□华西私立协合[和]大学四校，自抗战发动以来，全国专科以上学校，或因战区关系，或避免日机轰炸，多数迁川，兹将该省现有各大学、独立学院、医专科学校以往校史，迁移经过，及现在概况，调查述之于后：

校　名	校长	科别	现在校址
国立中央大学	罗家伦	文理法工 教育农商医	重庆沙坪坝
国立中央大学医学院	戚寿南（院长）		成都华西坝
国立中央大学附属牙科专校	戚寿南（兼主任）		同前
国立东北大学	臧启芳	文理法	三台
国立武汉大学	王星拱	文理法工	乐山凌云寺
国立四川大学	程天放	文法理农	成都皇城内
国立北平师范大学劳作专修科	何 元（主任）		重庆沙坪坝
国立艺学专科学院	孟		重庆瓷镇
省立重庆大学	叶元龙	理工商	重庆瓷镇
省立教育学院	高□鉴（院长）		巴县磁器口
私立复旦大学	钱永铭	文理法商	重庆北碚黄桷树镇
私立金陵大学	陈裕光	文理农	成都华西坝
私立金陵女子文理学院	吴贻芳（院长）	文理	同前
私立齐鲁大学	刘世传	文理医	同前
私立朝阳学院	张知本	法	成都法云庵
私立华西协合[和]大学	张凌高	文理医	成都华西坝
私立光华大学成都分所	张寿镛	文理商	成都西郊草堂寺西
私立武昌中华大学	陈 时	文理商	重庆米市街禹王宫
私立武昌艺术专校	唐义精		江津
私立武昌文华图书馆专校	沈祖荣		同前

477 中国高等教育设立现状之重庆大学

■ 文献信息

报纸《申报》，1939 年 6 月 1 日，期号 23438 号（上海版）

文献编号：1939-009

惟在川省之國立四川大學、省立重慶大學、四川教育學院、私立華西協合大學、滇省之國立雲南大學、桂省之省立廣西大學、甘省之省立甘肅學院、新疆之省立新疆學院、湘省之私立群治農商專科學校，與新設之國立貴陽醫學院、師範學院、西北工學院、西北農學院、江西省立獸醫專科學校因原設後方，始終未遷，維持常態，然僅寥寥十餘校而已。

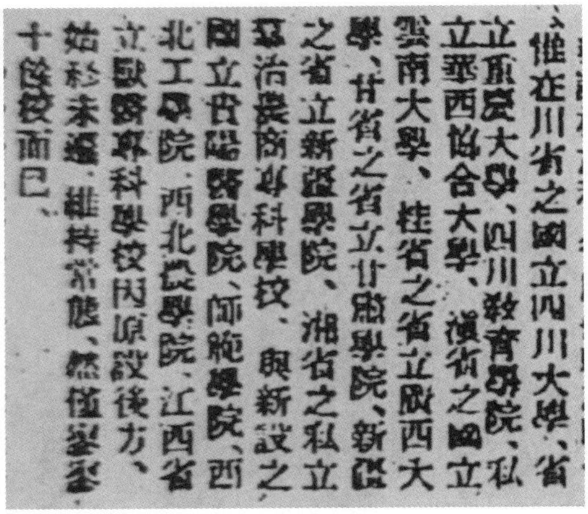

文献编号 1939-009　中国高等教育设立现状之重庆大学

■ 简体全文[1]

[……]惟在川省之国立四川大学、省立重庆大学、四川教育学院、私立华西协合[和]大学、滇省之国立云南大学、桂省之省立广西大学、甘省之省立甘肃学院、新疆之省立新疆学院、湘省之私立群治农商专科学校，与新设之国立贵阳医学院、师范学院、西北工学院、西北农学院、江西省立兽医专科学校因原设后方，始终未迁，维持常态，然仅寥寥十余校而已。

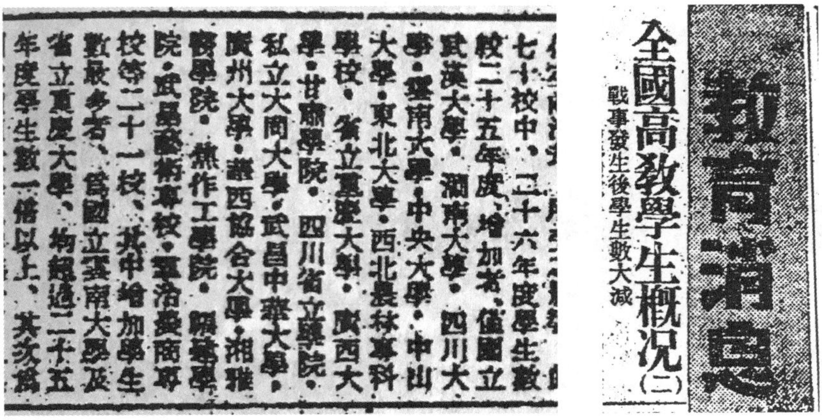

478 战事发生后学生数大减　重庆大学学生增加

教育消息

全國高教學生概況（二）

戰事發生後學生數大減

七十校中，二十六年度學生數較二十五年度，增加者，僅國立武漢大學、湖南大學、四川大學、雲南大學、中央大學、中山大學、東北大學、西北農林專科學校、省立重慶大學、廣西大學、甘肅學院、四川省立醫學院、私立大同大學、武昌中華大學、廣州大學、華西協合大學、湘雅醫學院、焦作工學院、[illegible]學院、武昌藝術專校、群治農商專校等二十一校，其中增加學生數最多者，爲國立雲南大學及省立重慶大學，均超過二十五年度學生數一倍以上，其餘爲

文献编号 1939-010　战事发生后学生数大减　重庆大学学生增加

[1] 原文内容篇幅较长，仅节选其中与重庆大学有关内容。

■ 文献信息

报纸《申报》，1939年7月15日，期号23482号（上海版）

文献编号：1939-010

■ 简体全文[1]

全国高教学生概况（二）
战事发生后学生数大减

[⋯⋯]二十六年度学生数较二十五年度，增加者，仅国立武汉大学、湖南大学、四川大学、云南大学、中央大学、中山大学、东北大学、西北农林专科学校、省立重庆大学、广西大学、甘肃学院、四川省立学院、私立大同大学、武昌中华大学、广州大学、华西协合[和]大学、湘雅医学院、焦作工学院、福建学院、武昌艺术专校、群治农商专校等二十一校，其中增加学生数最多者，为国立云南大学及省立重庆大学，均超过二十五年度学生数一倍以上[⋯⋯]

479 全国高教学生概况之重庆大学

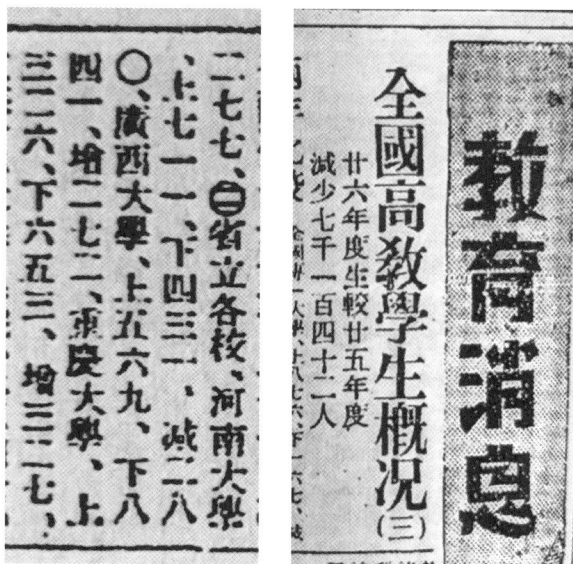

文献编号 1939-011 全国高教学生概况之重庆大学

---

[1] 原文内容篇幅较长，仅节选其中与重庆大学有关内容。

■ 文献信息

报纸《申报》，1939年7月16日，期号23483号（上海版）

文献编号：1939-011

■ 简体全文[1]

全国高教学生概况（三）
廿六年度生较廿五年度
减少七千一百四十二人

[……]

重庆大学，上三二六，下六五三，增三二七。

480 敌机昨两批袭渝 毁我文化机关

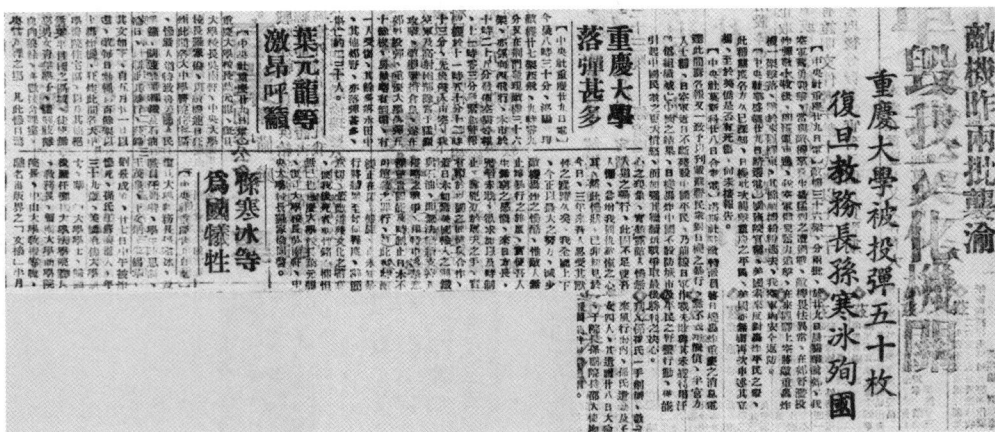

文献编号 1940-008 敌机昨两批袭渝 毁我文化机关

■ 文献信息

报纸《革命日报》，1940年5月30日

文献编号：1940-008

---

[1] 原文内容篇幅较长，仅节选其中与重庆大学有关内容。

<h2 style="text-align:center">敌机昨两批袭渝　毁我文化机关</h2>
<h3 style="text-align:center">重庆大学被投弹五十枚　复旦教务长孙寒冰殉国</h3>

【中央社重庆二十九日电】敌机三十六架，分两批，于廿九日晨袭击渝郊，我空军奋勇迎击，当与日机群发生最猛烈之遭遇战。敌机畏怯异常，在郊野滥投炸弹数十枚后，即慌乱东逸，我空军健儿发力追击，在来凤驿上空将敌重轰炸机一架击落，击于来凤驿东，其余日机纷纷逃去，我空军均安全返防。

【中央社华盛顿二十九日路透电】国务院宣称，美国速[素]来反对轰炸平民之举，此种态度各方久已深知，日机此次袭击重庆之平民，美国亦无庸再次申诉其立场，至于美侨是否有死伤，尚未接报告。

【中央社莫斯科二十八日合众电】塔斯社驻渝特派员将日机轰炸重庆之消息电达此间，苏各报又一致予以刊载，苏联民众对日机之暴行，无不表示愤慨，半官方人士称，日空军今日不断残杀中国平民，乃前线日军作战失败与其未能利用汪伪组织灭亡中国之结果，日机轰炸中国不设防城市及平民之野蛮行动，仅能引起中国民众之更大愤怒，而加强其继续抗战争取最后胜利之决心。

重庆大学落弹甚多

【中央社重庆廿九日电】今晨八时三十分，泌阳现敌机廿七架西飞，九时零九分又在荆门发现敌机三十六架，亦系向西飞行，本市于十时二十五分发布空袭警报，十一时零三分发紧急警报[，]敌机于十一时五十分十二时十三分，先后飞入市空，我空军及高射炮部队当于猛烈攻击，敌机举措仓皇，遂在郊外投弹，重庆大学落弹五十余枚，房屋略有倒塌，有一人受伤，其余多落水田中，其他郊野，亦落弹甚多，伤亡约二三十人。

叶元龙等激昂呼吁

【中央社重庆廿九日电】重庆大学校长叶元龙，复旦大学校长吴南轩，中央大学校长罗家伦，以敌机连日狂炸此间各大中学医院住宅区，惨无人道[，]特致电美国人民呼吁，请禁止运钢铁及石油输日，制止其暴行，兹录其文如下，自五月廿一日以还，故每日动辄以百余架以上轰炸机，狂炸此间各大中学医院住宅区，以及其他□□□□目标之区校，徒使无辜男女青年学子，体解肢离血肉狼藉，致校舍课室尽夷为丸砾之场，凡此惨目惊心之现象，实暴露敌人惨无人道之暴行，此固不足使吾人倦，益曾[增]我同仇敌忾之心耳。然此惨状，已非初见于今日，三年来吾人忍受其兽性之踩蹦久矣。我全国上下，今正以最大之努力，减少敌机轰炸之惨酷，惟敌人无止境暴行之施加，实使吾人生无穷之感慨。来日方长，凶手未戢，欲求加以及时制止，夺凶刀于屠夫之手，实有赖于各国之同情与合作。盖日本如无美国输入之钢铁与石油，即无法继续支持其侵略之战争，用特申述此意，深望贵国能及时制止日本不可挽救之罪行，若此时敌机正在天上盘旋，则未知暴行将继续至如何程度，辞简意切，盖敌摧残文化之□意，使我后死者刻骨铭记□□无已也。重庆大学校长叶元龙，复旦大学校长吴南轩，中央大学校长罗家伦同启。

481 渝市昨又发生猛烈空战　重大被炸重损

文献编号 1940-009　渝市昨又发生猛烈空战　重大被炸重损

■ **文献信息**

报纸《申报》, 1940 年 5 月 30 日，期号 23791 号(上海版)

文献编号：1940-009

■ **简体全文**[1]

渝市昨又发生猛烈空战　华空军击落日机一架
日机三十六架昨晨分两批进袭
全市居民精神如常绝无沮丧色

[……]

⊙重庆　日机三十六架，分两批于廿九日晨袭击渝郊，华空军奋勇迎击，当与日机群发生最猛烈之遭遇战。日机群在郊野投炸弹数十枚后，向东逸，华空军健儿奋全力追击，在来凤驿上空将日重轰炸机一架击落，击于来凤驿东，其余日机纷纷逃去，华空军均安全返防(廿九日电)

⊙重庆　日机今午来袭重庆西郊，重庆大学被炸受重损，闻有学生数人罹难，实验室中有价值之科学仪器亦被摧毁，惟闻中央大学无恙，郊外被袭后数处起火，

---

[1]　原文内容篇幅较长，仅节选其中与重庆大学有关内容。

惟此次轰炸远不及昨日之猛烈，日机第二批共九架，飞过重庆，虽遭高射炮火，但未投弹，第三批则未审入市空，华方顷称，昨日午后高射炮火射落日轰炸机两架，昨日来袭之日轰炸机计分三十六架、二十六架及三十六架三批，暨侦察机数架，昨日午后日机投弹，多属破坏弹，故仅少数起火，若干地点仍有未曾爆炸之弹，正待移去，全体外籍新闻记者居留之外国记者旅舍外，亦中一弹未炸，重庆十日来虽遭猛炸，惟华字报纸今晨照常出版，据官方公布，昨日渝市被炸之伤亡人数共计二九二人，恐确数尚不止此，昨晚路透社访员视察被炸区域之后，探悉某处防空壕之两入口，均因震坍毁，至少百人葬身其中，目下救护人员虽竭力发掘，以图挽救，但各人被埋土中已历六小时之久，恐脱险之希望甚为稀微，荷兰公使馆附近曾落下数弹，但馆屋未受损伤，据今晚之华官方公报，并未提及曾击落任何日机，仅谓日轰炸机七十二架空袭重庆市内及附近区域，死伤二九二人，轰炸终了后，电话线中断，警报亦暂时损坏，故解除警报时系击古寺巨钟，悬挂绿灯，并派人乘摩托[、]自行车，喷汽笛通知，修理队迅即出发整理电线，两小时内，市中各部之电话均已照常通话矣。（路透社二十九日电）

⊙本市于十时二十五分，发布空袭警报，十一时零三分，发紧急警报，日机于十一时五十分、十二时十三分，先后侵入市空，华空军及高射炮部队当予猛烈攻击，日军遂在郊外投弹[，]重庆大学落弹五十余枚，房屋略有坍塌，仅有一人受伤，其余多落水田中，其他郊野亦落弹甚多，伤亡约二三十人。（二十九日电）

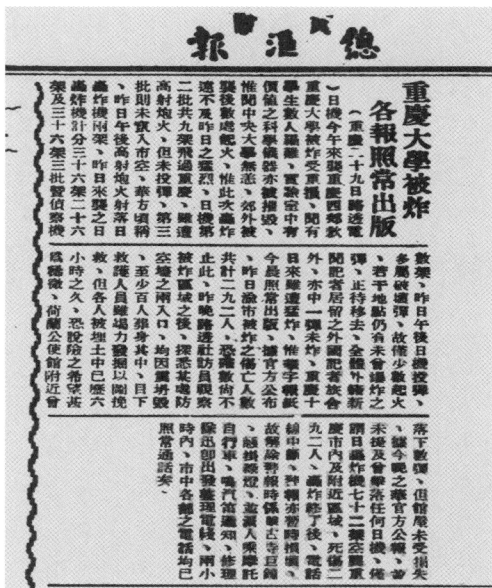

482　重庆大学被炸　各报照常出版

文献编号 1940-010　重庆大学被炸　各报照常出版

■ 文献信息

　　报纸《总汇报》，1940 年 5 月 30 日

　　文献编号：1940-010

■ 简体全文

重庆大学被炸　各报照常出版

　　【重庆二十九日路透电】日机今午来袭重庆西郊⌜,⌟歇重庆大学被炸受重损，闻有学生数人罹难，实验室中有价值之科学仪器亦被摧毁，惟闻中央大学无恙，郊外被袭后数处起火，惟此次轰炸远不及昨日之猛烈，日机第二批共九架飞过重庆，虽遭高射炮火，但未投弹，第三批则未窜入市空，华方顷称，昨日午后高射炮火射落日轰炸机两架，昨日来袭之日轰炸机计分三十六架⌜、⌟二十六架及三十六架三批暨侦察机数架，昨日午后日机投弹，多属破坏弹，故仅少数起火，若干地点仍有未曾爆炸之弹，正待移去，全体外籍新闻记者居留之外国记者旅舍外，亦中一弹未炸，重庆十日来虽遭猛炸，惟华字报纸今晨照常出版，据官方公布，昨日渝市被炸之伤亡人数共计二九二人，恐确数尚不止此，昨晚路透社访员视察被炸区域之后，探悉某处防空壕之两入口，均因震坍毁，至少百人葬身其中，目下救护人员虽竭力发掘以图挽救，但各人被埋土中已历六小时之久，恐脱险之希望甚为稀微，荷兰公使馆附近曾落下数弹，但馆屋未受损失，据今晚之华官方公报，并未提及曾击落任何日机，仅谓日轰炸机七十二架空袭重庆市内及附近区域，死伤二九二人，轰炸终了后，电话线中断，警报亦暂时损坏，故解除警报时系击古寺巨钟，悬挂绿灯，并派人乘摩托自行车、喷汽笛通知，修理队迅即出发整理电线，两小时内，市中各部之电话均已照常通话矣。

483 《申报》社评　轰炸重庆与中日美苏

■ 文献信息

　　报纸《申报》，1940 年 5 月 31 日，期号 23792 号（上海版）

　　文献编号：1940-011

文献编号 1940-011 《申报》社评 轰炸重庆与中日美苏

■ 简体全文[1]

社评　轰炸重庆与中日美苏

[……]

彼重庆大学[、]复旦大学[、]中央大学三校长吁请美国从速对日禁运钢铁石油，勿再继续支持其侵略，及时制止其不可挽救之横行，诚合理而痛切之愿望：美国自总统罗斯福氏以次，应由全国朝野悉力以赴，而毋使中国人民遭逢惨痛于不已也。

---

[1] 原文篇幅较长，仅节选其中与重庆大学相关内容。

484　敌机昨袭渝　狂炸文化机关　重庆大学及中大遭浩劫

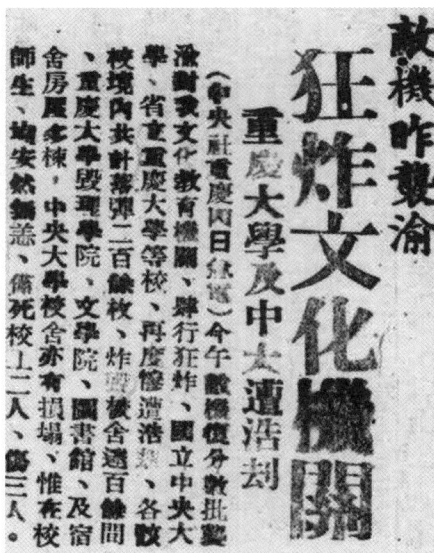

文献编号 1940-015　敌机昨袭渝　狂炸文化机关　重庆大学及中大遭浩劫

■ 文献信息

报纸《革命日报》，1940年7月5日

文献编号：1940-015

■ 简体全文

敌机昨袭渝　狂炸文化机关　重庆大学及中大遭浩劫

【中央社重庆四日急电】今午敌机复分数批袭渝对我文化教育机关，肆行狂炸，国立中央大学、省立重庆大学等校，再度惨遭浩劫，各该校境内共计落弹二百余枚，炸毁校舍达百余间，重庆大学毁理学院、文学院、图书馆，及宿舍房屋多栋，中央大学校舍亦有损塌，惟在校师生，均安然无恙，仅死校工二人、伤三人。

485　日机昨又袭渝　重庆大学亦遭轰炸

■ 文献信息

报纸《申报》，1940年7月5日，期号23827号（上海版）

文献编号：1940-016

文献编号 1940-016 日机昨又袭渝 重庆大学亦遭轰炸

■ 简体全文

日机昨又袭渝 中大校舍被毁
重庆大学亦遭轰炸 美大使已中止离渝

⊙重庆 四日午日机复分数批袭渝，对华文化教育机关，肆意狂炸，国立中央大学、省立重庆大学┗┛等校再度遭浩劫，各该校境内共计落弹二百余枚，炸毁校舍达百余间，重大毁理学院、文学院、图书馆、及宿舍房屋多栋，中大校舍亦有损塌，惟在校师生均安然无恙，仅死校工二人、伤三人。（四日电）

486 川省府拨款 救济被炸学校

■ 文献信息

报纸《申报》，1940年8月6日，期号23859号（上海版）

文献编号：1940-017

■ 简体全文

川省府拨款 救济被炸学校

【成都通讯】川省府以省立重庆大学，女子职校，教育学院，均遭轰炸，亟应救济，已拨重大三万元，女职二万元，教院一万元，办理善后。

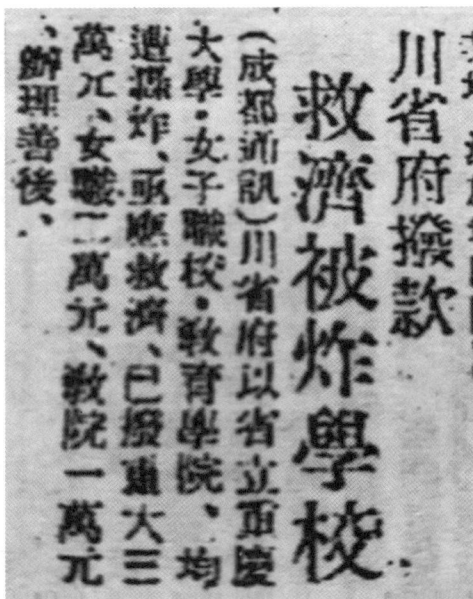

文献编号 1940-017 川省府拨款 救济被炸学校

487 重庆大学被炸记

■ 文献信息

期刊《宇宙风（半月刊）》，第104期，第191—193页，1940年

文献编号：1940-027

■ 简体全文

重庆大学被炸记

吴光复

敌人用飞机轰炸我文化机关，已是司空见惯的事，南开学校，湖南大学，厦门大学，都是在敌机滥炸下毁灭了的。最近敌人又用一贯的手段轰炸我后方的文化机关，重庆大学便是遭受着最大创伤的一个。

我是去年八月间到重庆的，经历了无数次敌机的袭击，我不愿躺在防空洞呼吸那窘人的气息，我爱看那英勇神鹰怎样的冒险冲进敌人的机群，用迅雷不[及]掩耳的敏捷动作攻击敌人的飞机，尤其是在夜里，那连珠似的火红的机关枪子弹的飞射的火花是太美丽了，那格格的枪声也够使人兴奋的。我曾亲眼看见敌机尾巴冒着黑烟，慢慢地往下落，因此仰望着天空的每个中国人都高兴得跳起来，在第二天的报上载着《我神鹰队击落敌机×架》。

重慶大學被炸記　　吳光復

敵人用飛機轟炸我文化機關，已是司空慣見的事。南開學校、湖南大學、廈門大學，都曾在敵機轟炸下毀滅了工作。最近敵人又用一貫的手段轟炸後方的文化機關，重慶大學便是遭受著最大創傷的一個。

我地去年八月到重慶的，經歷了兩次的警報，我不間斷在防空洞呼吸著新鮮的空氣。我曾看著那紅的燈火花，照耀著漆黑的樓房，那種的危險也使人驚心動魄，尤其是在第二次的報上看著的炮彈，因此仰望著天空的矯健雄姿，那道飛機的火紅的樓頂往下落，我們遠遠地看到，直至屋尖的時候，才揭著一些小皮箱搬開教室，走向防空洞去。

五月廿九日那天天氣特別好，一塵不染，碧空千里，太陽高空熱曬，人們都感到有些熱。各同學坐在教室裡讀書，學都坐著書本，人們都安心的從事著術的研究，照常的工作著。

重慶大學仍然平安無事的站立著，容納著成千成百的優秀青年，他們安心的從事於學術的研究，照常的工作著。

陸路——對射知警了。提提——炸彈爆發的聲音也響了。城裡起了濃密的黑煙，多少生命財產又完了。

第二架同學都一齊擁到防空洞裡去，以為躲到防空洞裡便最安全。驚慌的人跌在坐著的人的身上，小孩子哭了，女人叫了，外面的聲浪仍然做作著，把警報聲仍然遮斷過去的聲音，於是大家都湧出防空洞，東

宇宙風（半月刊）第一百零四期　吳光復：重慶大學被炸記

一九一

文献编号 1940-027　重庆大学被炸记（节选）

　　我向来没有想到炸弹会在离开我眼前五十公尺的地方爆发的。在去年九月间的某夜，敌机二十七架趁月明星稀之夜，分三批袭渝，终于在重庆大学的区域内投下了炸弹。那炸弹虽都是有相当的重量，但数目却很少，仅五六枚而已，这也许是敌机师投弹的目标未弄清楚，或者是投弹的技术欠高明，以致把炸弹落到离渝城三十里的郊外来。重庆大学算是首次受到敌机的光顾，我也虚受惊惶了。

　　这以后敌机虽然仍旧飞到山城里来轰炸，目标大都是市区。重庆大学仍然平安无事的站立着，容纳着成千成百的优秀青年，他们安心的从事于学术的研究，照常的工作着。

　　五月廿九日那天天气特别好，一尘不染，碧空千里，太阳高空热晒，人们都感到有些热。各同学都拿着书本坐在教室里听教授们滔滔不绝的讲叙。但警报却响了，

那声音是那样的凄切与尖厉。我们还镇静的仍旧上课，直等紧急警报响了的时候，才提着一只小皮箱离开教室，走向防空洞去。

防空洞旁的四周和往常警报声中一样的热闹，有的同学在看参考书，有的在看小说和报纸，有的在玩纸牌，有的谈天说地，高谈阔论，有的在吃水果，谁也不会想到这是在警报期中，如果听不到那头上嗡嗡飞机的声响。

敌机沉重的响声渐渐的近了，许多同学都站立起来，胆小的同学已经挤到防空洞去，胆大的同学手指着那银白色的敌机，从我们的侧面飞过去，三架中国机围绕在敌机的周围，找寻一个可趁的机会，同学们都在数着敌机的数目——共三十六架。

隆隆……高射炮响了。

根根……炸弹爆发的声音也响了。

城里起了忧郁的黑烟，多少生命财产又完了。

第二批敌机的响声渐渐接近时，却找不着飞机，许多同学都一齐挤到防空洞里去，以为听到飞机声而看不到飞机是件最危险的事。外面高射炮咚咚的响了，证明的确是敌机已侵入上空。接着飞机的马达声更响了，炸弹的爆发声也响了，震得防空洞里的碎石泥土往下落，防空洞里的空气振得虎虎的，胆小的女同学有的哭了，孩子喊了，顿时秩序大乱。外面的人拼命向内挤，于是站着的人跌在坐着的人的身上，小孩子哭了，女人叫了，外面的响声仍然续作着，把整个的防空洞弄得风声鹤唳。

十秒钟以后，外面一切的响声停了，仅听得敌机渐渐远去的声音，于是大家都涌出防空洞，东张西望的想探找一些可靠的消息。有人说：工学院被炸了，中了五个弹，有人说新宿舍被炸了，有人说沙坪坝被炸了，又有人说同学和校警工友都是遭难，你一句我一句，消息纷沓，弄得大家莫名其妙。胆大的同学，拔足跑上坡去看，胆小的同学仍旧东一堆西一堆的议论纷纭，却没有一个正确的消息，而各人的脸上都很严肃，恐怕而惊惶，没有一个像往常一样，是带有笑容的。

一直到警报解除了，大家才吐一口舒气，在心头忐忑着的一块石头，遂告下沉。扶老携小，负箱提筐的回去，跑上坡看工理学院男女宿舍，体育科都依然高耸云表，心头有说不出的高兴，吃过午膳，就约李顾三曾良海作了一次灾区巡礼。

这次重庆大学约投下弹九五十余枚，大都落在荒郊，树木花卉杂草被炸毁不少，路径也被炸得一个个的窟窿，行走都困难。房子被炸的有工学院，中二弹，损失颇重，男女宿舍四周都是炸弹穴，可是并没有炸中，女生宿舍内落一弹，皇天保佑，未曾爆发。其他房子被震得瓦砖都向下落，痕迹斑斑。马寅初教授的玲珑可爱的小洋房也被炸毁。靠近重庆大学的省立女职校亦被波及，损失甚微。同学师长都安全，只有一校警因责任所在，不能远离而受微伤。

第二次敌机轰炸重庆大学是在七月四日。学校已放假，许多同学都回去，留下的都是来自战区的学生，无家可归或是有家归不得的。那天天气也很好，没有一点云，太阳照得人们直淌汗，在每人的意料中，敌机很守时刻的在上午十时左右就成群结队的来了。于是同学们喜喜[嘻嘻]哈哈的跑到防空洞去，和往日一样，跑警报竟变成了后方人士日常必修的功课，生活的一页。在防空洞里同学和往常一样，有歌唱，有欢笑，绝没有为了未来的不幸遭遇而戚戚不安。敌机在各人不知不觉中近了，它是由南向北飞的，因为山坡的遮掩，看不见敌机的架数与队形。同学们都很镇静地鱼贯而入防空洞，在洞外仍然还有些胆大的同学在翘首仰视。霎时只听得到杀杀的落弹声，接着是炸弹落地的轰炸声，这声音离防空洞应该是很近的。敌机过时，我们走出防空洞，只见附近不到二百公尺的地方有几间小瓦房和草房被炸，损失不重，投弹的数目也很少，同学们也并不因此而大惊小怪，仍旧很镇静。

第二批敌机侵入上空，离第一批大概有十五分钟光景。由于第一批得到的经验与教训，在防空洞外面毕竟是有些危险的，因此同学没有一个不进防空洞的。刚听到敌机的响声时，同学们都争先恐后的挤进防空洞去，脚未立稳，外面高射炮已经响了，炸弹也爆发了，种种可怕巨大的声音交织成可惧的网，罩在每个人的心头上。顶上的石子泥土不断的向下掉。洞门口的风是一阵阵地向内括[刮]，杂着那火花，像闪电时一样，杂有绿的颜色，令人胆寒。这时人是嘈杂的，啼哭声，救命声，呵喝声，喊妈妈声，和外面的飞机，炸弹，高射炮的响声相呼应。虽是短短十几秒钟的工夫，但每个人的心头都有说不出的恐惧，每个人都这样单纯的想："今天也许完了。"敌机过去了，每个人都叹一口气，有再生之感觉。

敌机远了，只听得外面火烧声和拍拍的爆炸声。校警挡住门口，说是弹药库被炸了，弹药在爆炸，流弹随时可以致人的死命。门外仅是一片泥尘和烟雾，中间杂着硫磺气味，模糊的一片，什么都看不见。后来据其他人的报告，被炸的不是弹药库(据说此地根本无弹药库)，而是××砖瓦公司的栈房，是堆积砖瓦的。栋梁都用竹做的，上面盖以草，所以遇火烧着后，竹就爆炸，听去倒确有些像子弹的爆炸声。我们涌出防空洞，同学们都露着惊惶的神色，老李跑过来说，第四防空洞旁边有人被炸死，于是许多同学像潮水一样的向那边流去，果然在石砾尘木树枝树叶的盖覆下有五个工友模样的人熟睡了，脑袋已爆炸开了，脑浆飞溅在石壁上，路上，树干上和同遭罹难者的衣服上。有一个腰部已炸成了肉浆，血是淌满了一地，浓厚而凝固。有一个眼睛珠子不知去向，只留着一团红红的肉血陷凹，因为流血过多，皮肤是苍白带青的，使人看了脑子膨胀得重重地，怪不好受。还有三个是受重伤的，双腿和臂已被炸坏，看见同学喊救命，这一幕悲惨的戏剧使人看了心中不胜愤慨，这一笔血债是要向敌人索回的，我们暂时把它记在帐薄[账簿]上。

程主任忙碌地找同学把受伤的先抬到重伤兵医院去，体育科同学自然是自告奋勇的，包扎的包扎，抬担架的抬担架。普通科也有一位女同学出于自愿的参加工作，在警报尚未解除，敌机很有再度袭击的可能，但他们为了人类的同情心所驱使，忘记了危险，忘记了炸弹的爆炸声中，自己也会像他们一样的死亡与受伤，这种大无

畏的精神是够使人钦佩的。尤其是女子，更是难能可贵的。这种精神是告诉敌人，中国是在进步中，决不会被毁灭的。

在我们的眼前是一片颓垣残壁，瓦砾盈地的墟场，在一分钟以前，这些民房还是好好地，可是现在它们却是安息的躺在地上了。在左右还可以看见熊熊的火光，消防队已是英勇地用水扑灭正在燃烧着的房屋。

警报在每个人热望中解除了，我带着一只箱子飞也似的跑上坡来，在学校的附近已停有许多汽车，这些车子是来救护伤者和扑灭火灾的。一时秩序大乱，消防队队员起劲地在工作着，观众围住看，水龙的机械声，指挥声，喝吆声，叹息声，跑步声，火的爆炸声，混在一起，造成紧张的局面。火光熊熊的危厄局势在消防队员英武的抢救之下熄灭了。摄影师把这些可贵的材料作了活的记载，用以告诉我们的子孙，敌人用这种毒辣的手段屠杀我们，毁灭我们。

这次投弹较六月廿九日轰炸时，要多三倍，凡二百余枚，而且以重磅炸弹和空中爆炸弹最多，间杂有硫磺弹。被炸的有理学院，女生宿舍，行字斋，图书馆，教员宿舍。瓦砾盈野，杂物漫地，橡梁狼籍，满目创伤，颇有不堪收拾之概。只有体育科仍平安无恙，直矗云表。男生宿舍虽未被炸，然已震得岌岌可危，墙壁剥落了。

敌人用飞机载着他们国内每个国民用血汗换来的炸弹，投落在我们无防的都市里的文化机关，在敌国人民原是一件痛苦事，在我们也是太残酷了。但敌人是不会顾到这些的，他想利用他精锐的兵器，迅速的来结束"中国事件"，但又怎么可能呢？中国是一个最坚强，最会忍耐，不易屈服的民族，像骆驼在沙漠里驮着货物，慢慢向前走去，一点也不燥急的忍耐着，直等到达了目的地。这种不拔的毅力决不是敌机的炸弹所能动摇的，所能征服的。敌人还把炸弹和传单一起投下来，这种蠢鲁的举动，仅能兑取国人一笑而已。

敌人固然能天天驾着飞机，带着炸弹，飞到我后方来轰炸我无防的城市和文化机关，建筑物也固然能在密集如雨般的炸弹下毁坏，但民众心理抗战到底的坚决的意志不会因此而动摇的，抗战必胜的信念也会像春笋般的在心田里滋长着。相反的，因为敌人手段的毒辣，而仇恨更深，复仇更切，也绝不因为敌机不断的滥炸而妨碍了自己的工作，或者是皇皇[惶惶]不可终日。我们现在依旧好好的读书，工作。

重庆大学的被炸，激起了社会人士的共愤，和友邦的友情。而我们，每一个重庆大学的同学们，更应牢记着这个消磨不去的沉痛的日子，在不久的将来，我们一齐伸出强健有力的粗大的臂膊，向敌阀索取这笔重债。并寄语爱好和平的日本国民，你们用血汗换来的炸弹，军阀们却毫不珍惜的播下在我后方的城市里，杀害和你们一样酷爱和平的无辜的中国民众，这些惨状你们如果亲眼看到，是如何的沉痛呵！你们是受了军阀的蒙骗了！爱好和平的日本国民起来吧！现在是时候了！

写于被炸后三日，重庆。

488　重庆大学图书馆被炸

■ 文献信息

期刊《中华图书馆协会会报》，第15卷第1-2期，第10页，1940年

文献编号：1940-028

■ 简体全文

重庆大学图书馆被炸

七月四日午敌机分数批袭我陪都，对我文化教育机关肆行狂炸，重庆大学文学院[、]图书馆及宿舍多栋，当被炸毁。计此次各大学及图书馆房屋被炸者在百栋以上，惟死伤仅校工数人而已。川省府以重庆各大学及图书馆均被敌机轰炸，经省务会议决：特拨汇六万元办理善后。

文献编号 1940-028　重庆大学图书馆被炸

489　重庆大学生生活

■ 文献信息

期刊《时代学生》，第1卷第4/5期，第5-6页，1945年

文献编号：1945-002

■ 简体全文

重庆大学生生活

江　天

我是重庆交大的学生，现在来报告一点重庆交大学生生活情况的几项，至于后方别校，大致一样。

关于伙食，在三十二年以前全由贷金解决，以后改用公费，名异实同，每月每人米二市斗三升。副食费由于物价上涨也增加了数次，每月每人由三百七十五元到八百七十五元，又到一千七百五十元，最后到四千元；米全是军米，和在上海的学校里吃的真有天壤之别，可名之曰八宝饭，内有谷，粟，砂，石子，虫，竹片，石灰粒等等。初食时尚有臭味，吃惯了，似乎不觉得什么了。每次副食费增加之前，是伙食顶坏的时期，每天四菜无汤，加起来不过一碗；副食费增加以后立刻见好。

但不久，又是照样了。有时候春初秋来，顿顿抢饭吃——司空见惯，桌上的四碗菜，虽然无油，却也四大皆空。有一度为了想把伙食办好些，到渔洞溪去买菜，这是一个大镇，离渝卅里[，]是渝市菜蔬之源，那里菜价自然便宜得多，可是功课太忙，缮委们也是渐渐懒得去了，最后根本不去了。进餐时因为学生太多，所以分几个缮团。每月每席，推一位席长为下届缮委候选人，由选举产生下届缮委，内有主席一人[，]总采买二人，总监厨二人，副主席一人，兼任文书，会计一人，出纳一人。每天由总采买总监厨各派值日采买及监厨——由非缮委之入伙全[同]学轮流担任。有的学校，在伙食极困难时，每月每人自加伙食费（菜金）由百元到千元不等，在交大一度一律百元，可是，仍有人出不起，结果这些穷朋友自组一个伙食团，中以东北籍学生占绝对多数，流亡十几年，穷到这地步，并非意外。后来副食费加了，自加费也决议取消。在学校附近有许多大小饭店及糖果店，起初无人注意，后来校中膳食营养不差，而功课又十分繁重，为保持身体健康起见，有时出去小吃一下了。可是价钱太贵，于是平价之风涌起，交大学生自治会曾召集附近全体食品商人，协议售价，不许超限价。起初商人们罢市以示抵抗，自治会乃决定，全体同学不许去与他们交易，三天后商人见形势不佳，只得屈服。中央大学也有同样情形，而结果更好。又，各学校中，均有合作社，然而除中大外，办小食摊者很少。后来合作社并到公利互助社，越办越糟，下文就不用提了。

　　关于穿衣着，与上海相差更远了，我们穿的，上自西服革履，下至破衣草鞋，可谓应有尽有。家境好的可以买新的穿[，]新的而且都是上品。家境平常的可以买平价布——不比上海平价布，渝市平价布只是经纬线而已，穿不上半年，就完全报销了——穷学生只有穿旧衣，破鞋。天热了。穷学生中流行草鞋[，]不过只限于交大，中大中即[极]少见。洗衣服大件如被盖，蚊帐等等是送出去洗，其他以自洗者居多，也有许多同学，连被盖蚊帐都自己洗，还叫苦说肥皂太贵。多数学生们穿起码的衣服都成问题，制服更谈不上。中大在过去二年中曾两次以军训为名，每人发一套二尺半灰棉军服，别校同学都十分眼红。合作社每半年有一次平价布，不够分配，就抽签决定。至于帽子更谈不到了。运动时用破鞋。后来用草鞋，再后来干脆赤脚，渐渐也就习惯了。好在渝市山地，场子不太大，跑跑也无所谓。洗澡在各校都有设备，都由学生自治会管制，以交大情形顶困难，但是由自治会约基督教团契待办——最近自办——成绩也还好，每人花十块钱可打一桶热水洗澡。有些同学在冬天也洗冷水浴。

　　宿舍以重庆大学顶好，是洋房；中大则为木板房，交大为砖底竹墙敷泥的瓦房，外观如上等兵营，每间房内人数甚多：一年级学生七八十人一间。笔者在一年级时，每小间住三十六人，用双层木床，二床之间空地极小[，]二人不能同时下床。四年级生则六人一小间，空地只可放三张桌子，每学期除一年级外，均有同学自组房间组，由抽签决定。天渐热后，教室变成宿舍，白天上课，晚上搭蚊帐，排好台子睡觉，倒也物尽其用。暑假中更好，教室根本变为宿舍，以致每期课桌损失颇多。暑假招生时，全体遂回宿舍，招考完毕后再回教室。臭虫，老鼠特别多，老鼠身体大而胆

也大，见人不怕，有几次竟到课桌里产小鼠。晚间，在卅三年春以前用菜油灯，与其说菜油不如说桐油，点灯用时，黑烟缭绕。因开夜车者很多，室内空气极坏，因而生肺病者也特多。每人鼻孔四周都是黑的，常常要揩。电灯装好之初还亮，后来因为学校无开水设备，用电热器(非止于电炉)者颇多，电压不足，以致竟[竟]用轻磅灯泡，用电甚多，此为在渝市一般现象。后来自治会主办开水，每三大瓢五块钱，开水问题解决，然而电压还是不足。厕所也是困难问题，每天早上照例客满，许多人站在内外等候，按次序入内，这是因为盖不起更多的厕所的缘故。

重慶大學生生活

江天

文献编号 1945-002　重庆大学生生活

文献编号 1946-005　重庆大学代为浙江大学招生

■ 文献信息

报纸《申报》，1946年8月1日，期号24590号（上海版）

文献编号：1946-005

■ 简体全文

浙大定期招生

与中央大学联合举行　九月五日起考试三天

【本报杭州讯】杭州国立浙江大学，竺可桢校长，此次出席高等教育会议之便，曾与中央大学核计，于九月五六七三日，联合招生，分别在南京、杭州两地举行考试。上海方面，是否办理招生，现在商洽中。至武汉、重庆、广州三地区分别请由武汉大学、重庆大学、中山大学，代为招生。杭州方面，现另推选□邦华，吴□韧，王季梁，李□□，沈思□，江希明，何增□等九人，组织招生委员会，积极办理该项事宜。又该校附中，下学期同时在杭复校，现已购得杭州菜市桥河下街校址一座，惟以房屋有限，学生一律以为定□，其招收新生，亦定于九月初举行云。

专题十一：积极抗战

陪都重庆是抗战时期的重要城市，地处其中的重庆大学，在抗战的时代洪流中奋进不屈，全校师生齐心协力积极抗战。

一、沙磁文化新区的建立与影响

1936 年 12 月，胡庶华写下《理想中的重庆市文化区》一文，先后在 1937 年元旦《重大校刊》以及另外多本刊物上发表。全文参见 1936-033 号文献。

《理想中的重庆市文化区》一文代表了胡庶华的重要主张。全文分为六个部分，依次阐述了文化的重要性、重庆市的文化现状、重庆市建设新文化区的必要性、重庆市新文化区应建于沙坪坝、重庆市文化区实施的步骤，以及"若果实现，则其前途的希望实未可限量"的蓝图。

文章发表后轰动一时，"磁器口—沙坪坝"一带很快成为试验区。四川省立教育学院成立，四川省女子职业学校也从城内迁来沙坪坝正街，张伯苓亦选址沙坪坝开办南渝中学（1938 年 9 月更名为"重庆南开中学"）。抗战爆发后，国立中央大学选址中渡口松林坡，并于 1937 年 11 月正式开课。抗战期间备受关注的"重庆之蛙"中央国际广播电台也设在小龙坎。

1938 年 2 月 6 日，"沙磁文化区"一词首次在重庆大学理学院被提出。3 月"沙坪坝文化区自治委员会"正式成立，胡庶华被一致推举为主任干事。胡庶华作为文化区的领导人，进行了卓有成效的组织建设。

沙磁文化区立意高卓，其成立宣言言道："我们必须咬紧牙关，忍受最大的艰苦，力求最后的胜利，为我们的子子孙孙永造千秋万世的幸福。"

二、援助守土将士

1936 年绥远抗战爆发，重庆大学师生闻讯立即开展援助守土将士的募捐活动。

援助绥远守土将士的活动开始于 1936 年 12 月初，结束于 1937 年 1 月中旬，持续四十余天，教师、学生、校工均积极响应，教职员"各捐一日之薪俸"，学生"减食节资、勉力捐助"。师生共捐资 651.05 元，后从学生救国会的捐款中提出 49.95 元，总计七百元整，分两次汇到绥远傅作义的部队。傅作义部队均回函致谢。1936—040、1936—042、1936—045、1937—013 号文献详细记录该次募捐活动的过程。

三、抗战活动

全民抗战、敌机肆虐的悲壮岁月中，重大师生们支援抗战的活动开展得如火如荼。1937 年元旦开始，重庆大学积极响应政府要求，公用物品"尽先购用国货"。详情请见 1937—003 号文献。

1937 年 10 月，"重庆大学抗敌后援会"正式成立，会上提出抗日宣传、募集救国公债、募集寒衣援助前线将士人、出版抗战刊物四条主张，详见 1937—070 号文献。随后"四川省立重庆大学抗敌后援会组织大纲"（1937—080 号文献）、"四川省立重庆大学抗敌后援会职员分配"（1937—085 号文献）等组织架构、人员管理方案迅速敲定。抗敌后援会工作紧张有序地开展起来。

抗敌后援会工作非常活跃，留下较多记录。如：抗日宣传队成立并推行"一日（捐助）一分钱"运动（1937—084 号文献）；募捐情况及款项公布（1937—093、1938—008 号文献）；乡村宣传团在 1938 年寒假奔赴各县乡镇宣讲（1938—010 号文献）；五月抗敌宣传公演戏剧、主办平民校开课（1938—032 号文献）；为伤兵捐款（1938—029 号文献）；发起献鼎运动（1943—001 号文献）等。此外，重庆大学抗敌后援会还与中国学生救国联合会有密切联系，1938—009 号文献对此有详细记载。

除抗敌后援会之外，学校里的教授也参与了大量与抗战相关的社会活动。时任行营第二厅厅长的叶元龙来重庆大学专题讲述抗战时期的国民经济建设，详见 1936—034 号文献。胡庶华对战时的教育和乡村建设问题持续关注并多次发声，1938—011 号文献对此有详细记录。税西恒教授于 1938 年 5 月撰文分析抗战的收获，为积极抗战的师生们打气，详见 1938—030 号文献。

四、自救行动

自救是在战火中"活下去"所必须进行的工作，重庆所面临的直接威胁即是日本空军的无差别大轰炸。为躲避频繁的空袭，1937 年 10 月学校召开防空紧急会议，完善防空组织大纲、筹备防空演习，并决定开挖大量防空洞与防空壕，以做好防毒、救护、避难指导等准备，详见 1937-079、1937-081、1938-007 号文献。

特别值得一提的是 1937-081 号文献，以方言描述并科普了"防空警报"的多重含义，这一份防空警报示意图具有浓厚时代特色与地方特色，是帮助师生们躲避空袭的重要自救指南。

五、联合抗战

在全民抗战的时代洪流中，各教育单位不仅积极展开自救活动，更发起许多关于抗战活动的倡仪。

1936 年粤桂军阀与南京政府冲突时，国内六所大学校长即联合发表"避免国内战事"的公开电函，表明"避免国内战事，保全国家元气，系今日全国人民共同心理"，详见 1936-008 号文献。

1938 年全国多所大学校长致电欧美文化界，请有影响力的人士阻止军火商及飞机制造商向日本供给战争"工具"，详见 1938-048 号文献。

1939 年全国多所大学校长致电美国国会全体议员，重大与重庆各界亦联合致电英国大使；1940 年重庆各大学校长致电美国，谴责日军大屠杀行为，并敦促美国暂停向日本输送战争物品。详见 1939-003、1939-013、1940-012 号文献。

文献编号 1936-008 六大学校长电中央及粤桂

■ 文献信息

报纸《申报》，1936年6月27日，期号22685号（上海版）

文献编号：1936-008

■ 简体全文[1]

六大学校长电中央及粤桂
请陈李白悬崖勒马 京各团体亦有表示

【重庆】蒋委员长廿九日发表处理时局方针之谈话后，廿六日有中央大学校长罗家伦等六校长电呈中央，对于中央所持和平统一之政策，表示钦佩，并电请粤桂之陈李白县[悬]崖勒马，以维民族生命，兹志再电如次：

一、中央党部、国民政府林主席，行政院蒋院长钧鉴，奉请蒋院长六月廿六日之谈话，重申中央必本对内和平统一之政策，并剀切明示，一视同仁，决不追□既往之本旨……四川大学校长任鸿隽、浙江大学校长竺可桢、武汉大学校长王星拱、中央大学校长罗家伦、重庆大学校长胡庶华、华西协合[和]大学校长张凌高同叩宥。

二、广州陈□□先生、南宁李□□先生、白健生先生勋鉴，避免国内战事，保全国家元气，系今日全国人民共同心理，亦即抗敌救国根本条件，诸公无论持若何理由，若因进兵临省而启战事，则诸公所下之一着，即敌国所最希望之一着，此子如下，全局皆输，事关国家存亡，决非个人成败已也，现中央已有不令其他各省军队越入粤桂之至诚坦白表示，务乞约束所部，退返原防，听候中央决定抗敌大计，

---

[1] 原文内容篇幅较长，仅节选部分内容。

一致进行，哀痛陈词，敢恳悬崖勒马，以维民族生命，四川大学校长任鸿隽、浙江大学校长竺可桢、武汉大学校长王星拱、中央大学校长罗家伦、重庆大学校长胡庶华、华西协合[和]大学校长张凌高同叩宥。（二十六日中央社电）

492　理想中的重庆市文化区

論著

重大校刊

理想中的重慶市文化區

胡庶華

一、文化在中國革命現階段中的重要性

東亞的老大帝國、以其開化的最早、有四千餘年的歷史、得天的獨厚——地大物博而民衆、又值四圍其他異族的文化程度比較低下、倜然自大、以天朝上國目居、故步自封、不求進步、因此他的文化就長期停滯在半封建的階段、自秦以至清末、有二千餘年之久、毫無進展。不幸羅馬一變、英吉利的大礮、於一八四〇年即清道光二十年、轟毀了這老大帝國的二千餘年的半封建的長城厚壁、資本主義的文化、隨着鴉片及機器製造的洋貨、從那五個用強力衝開的缺口——廣州、廈門、福州、甯波、上海——如潮水一般、洶湧而入、嚇得這老大民族目瞪口呆、手足失措、於是一變向來蔑視紅毛夷的心理而爲優洋媚洋。太平軍平定後、所謂中興名臣忧於迭次的外交失敗、急謀富國強兵之策。他們震於西洋的船堅礮利、於是造船製械、派遣幼童出洋學習製造遂成爲當務之念、而對於西方整個的文化發展、然無知、結果又招致甲午之大衄。康梁諸人較爲進步、欲倚滿廷而謀政治的改良、以醫勢力的根深蒂固、不旋踵而維新失敗。此時惟我

總理深明世界大勢及我國實情、主張三民主義、進行革命、以爲蘇本之圖。辛亥革命成功後、又以舊勢力之餘孽猶在、革命工作尚應努力。北伐成功、全國統一、而外傷的禍心益更急、內亂頻起、外患踵來。此其故雖出於敵人乘我之危、而反躬自省、實由於吾發奮不可終日。是以救亡圖存的工作亟念於國防物質的及精神的鞏固、已不長進。如何澄清政治、如何發展經濟、如何充實抗戰力量、如何喚起民族意識........要有全盤的計劃、要有精細的分工、實行全國總動員、念起直追、庶可挽救國難於萬一、若復因循敷衍、苟且偷生、那必陷於萬刦而不可復了。由此看來、文化在中國革命現階段中是如何的重要、就可想而知了。

二、重慶市的文化現狀

拓都成於公匿、欲知全國文化的現狀、須先考察各帀文化的狀況。就吾人耳目所覩、對於重慶市的文化現狀加以考求。

重慶市爲川東一大都會、人口四十餘萬、工商業有相當的發達、學校有大學一所、中學十餘所、小學數十所、新武股惘、幾乎應有盡有、就表面觀察、儼然俱有現代都市的規模、其文化似大有可觀者、若一按其實際、則去現代文化的水準還差得很遠。茲將文化上最重要的一環——中學的程度加以致察、就不免使人失望。重慶大學二十四年度招生、取錄的標準、以四十分爲及格、二十五年度招生、取錄標準以四十五分爲及格。由此可見中等教育的落後、推其原因、不外數

文献编号 1936-033　理想中的重庆市文化区（节选）

■ 文献信息

期刊《重大校刊》，第4期，第1-4页，1936年12月1日

文献编号：1936-033

■ 简体全文

理想中的重庆市文化区

胡庶华

一、文化在中国革命现阶段中的重要性

东亚的老大帝国，以其开化的最早——有四千余年的历史，得天的独厚——地大物博而民众，又值四围其他异族的文化程度比较低下，倜然自大，以天朝上国目[自]居，故步自封，不求进步，因此他的文化就长期停滞在半封建的阶段，自秦以至清末，有二千余年之久，毫无进展。不幸霹雳一声，英吉利的大炮，于一八四〇年即清道光二十年，轰毁了老大帝国的二千余年的半封建的长城厚壁，资本主义的文化，随着鸦片及机器制造的洋货，从那五个用强力轰开的缺口——广州、厦门、福州、宁波、上海——如潮水一般，汹涌而入，吓得这老大民族目瞪口呆，手足失措，于是一变向来蔑视红毛为夷的心理而为仇洋媚洋。太平军平定后，所谓中兴名臣怵于迭次的外交失败，急谋富国强兵之策。他们震于西洋的船坚炮利，于是造船制械，派遣幼童出洋学习制造遂成为当务之急，而对于西方整个的文化发展，然无知，结果又招致甲午之大衄。康梁诸人较为进步，欲依满廷而谋政治的改良，以旧势力的根深蒂固，不旋踵而维新失败。此时惟我总理深明世界大势及我国实情，主张三民主义，进行革命，以为根本之图。辛亥革命成功后，又以旧势力之余孽犹存，革命工作因而停滞，内乱频起，外患迭乘。北伐成功，全国统一，而外侮的煎迫更急，岌岌不可终日。此其故虽由于敌人乘我之危，而反躬自省，实由于自己不长进。是以救亡图存的工作莫急于国防底物质的及精神的建设。如何澄清政治，如何发展经济，如何充实抗战力量，如何唤起民族意识……要有全盘的计划，要有精细的分工，实行全国总动员，急起直追，庶可挽救国难于万一，若复因循敷衍，苟且偷生，那必陷于万劫而不可复了。由此看来，文化在中国革命现阶段中是如何的重要，就可想而知了。

二、重庆市的文化现状

拓都成于么匦，欲知全国文化的现状，须先考察各地文化的状况，就吾人耳目所习，对于重庆市的文化现状加以考求。

重庆市为川东一大都会，人口四十余万，工商业有相当的发达。学校有大学一所，中学十余所，小学数十所，新式设备，几乎应有尽有，就表面观察，俨然具有现代都市的规模，其文化似大有可观者，若一按其实际，则去现代文化的水准还差得很远，兹将文化上最主要的一环——中学的程度加以考察，就不免使人失望。重庆大学二十四年度招生，取录的标准，以四十分为及格，二十五年度招生，取录标

准以四十五分为及格。由此可见中等教育的落后，推其原因，不外数端：（一）师资的缺乏，（二）设备的不完，（三）环境的不良。再就国民教育的小学言，数十所小学实不足以容纳四十万人口都市的学龄儿童，所以重庆市失学的儿童非常之多。此等现象虽全国各大都市皆然，却不能不说是重庆市文化还不够上水准之一证。此外[，]社会教育之不发达，公共卫生之不完善，在在曝露这都市的缺点，而显其文化之尚待促进者实多。那末，促进重庆市的文化，应该怎样着手，就值得吾人加以讨论了。

三、重庆市有建立新文化区的必要

由上所述，可知重庆市文化的水准一般的低落，而环境的不适宜，又适为阻碍重庆市文化发展的主要因素，故欲改造重庆市文化，必自改造环境始。换言之，即须建立一新的文化区。吾人以为如果新的文化区一旦建立，不仅造成一适宜于文化发展的环境，而且更可利用物质上及人力上的诸种优越条件，以加速其发展；各学校经费的集中及其用途适当的调节，富有经验的教育者及科学专门者的荟萃，势必在文化上植下庞大的巩固基础，而成为一巨型的熔炉。他的光芒，不仅照耀重庆一隅，而且将四射到西南各省及整个中国。

现在国际风云日急，第二次世界大战即将爆发，我国处于敌人不断进攻之下，战事之不能幸免，已为尽人皆知之事，既不能束手待毙，让人宰割，则在此民族危机千钧一发之际，应力求自拔之道，而最急切之工作，莫先于国防上之准备。四川天产丰富，煤、铁、盐、煤油、水力，无不应有尽有，人口五千余万，壮丁亦有千数百万，将来一旦战事发动，前方战士的派遣，后方医院的设立，军实粮袜的补充，均将仰给于此，故四川为复兴民族的根据地，抗战之主要后方，此人所共知者，但就目前四川的状况而言，因人才的缺乏，文化的落后，富源尚未开发，壮丁犹待训练，其不能胜任战时后方之需要，至为明显。因此，四川对于国防上应准备之工作，应以培养人才、提高文化为最切要。而为发展四川（也可说是西南）枢纽之重庆文化，尤为其中最主要之一环，故重庆市之应建立新文化区，其意又不仅在四川文化本身的发展，而尤关系于中华民族复兴的前途。

四、重庆市文化区应建立在沙坪坝

为重庆市文化计，为四川省文化计，为西南文化计，为复兴中华民族计，重庆市应建立新一文化区，其理由已述之如前矣。但重庆市对于建立新文化区，却极不适宜。重庆市的地势原为夹在两江——长江及嘉陵江——中间的一个三角地，而且是个山地，现在已有人满之患，更无发展的余地。因为它是山地，所以街道坡度甚大，曲折甚多，交通极不方便。又因为它是山地而且狭隘，人烟稠密，住得非常拥挤。又因为使用烟煤，全城笼罩在乌烟灰末之中。住在山下者空气不甚流通，住在山上者又为山下之炊烟所薰。所以重庆的市民终日在烟灰中呼吸，对于卫生有绝大的妨害，自不待言。假若有个严密的疾病调查统计，我想重庆市民患肺病者的百分比必定大得惊人。因为它的地方狭小，人口稠密，所以各公共建筑都小得可怜，甚至无有。全城的中山公园仅仅占一小段山坡，四十万人的公园不及一个私人家庭的园地，这是多么寒伧呵！关系市民的体格训练的公共运动场，就没有一块够大的广地可以建筑。加以五方杂处，风俗不良，学校错杂在闹市之中，环境之不适宜陶冶青年的德性，锻炼青年的体格，引起青年的向学兴趣，更可不言而喻。青年正当发育之期，身心两方面都未固定，可以训练之使日臻于强健，也可摧残之使日趋于衰弱，可以引之向上趋善，也可以诱之向下堕落。当此青年紧要关头，使多数可造之青年置身于如此不良的环境之中，不但得不到良善的教养，耳濡目染，反受到种种不良的引诱和摧残，这是民族上文化上何等重大的损失！因此之故，所以原有的重庆市是无法将其建立成为一个新文化区的。原有重庆市既不适宜于新文化区的建立，自然要向郊外寻觅地址。南岸虽风景宜人，然旷地少而一河为梗。负郭只有在通远门外三十里之沙坪[坝]，实为建设新文化区的理想之地。

沙坪坝的范围，由小龙坎至磁器口，南北约长十里，东滨嘉陵江，西沿歌乐山脉，东西约广七八里，在万山中豁然开朗，风景极佳。在此区域内建筑之学校已有省立重庆大学、省立教育学院、私立南渝中学。春秋佳日，城内各学校学生常来此旅行，城居人士亦多于休沐时来此游赏，其天然景致的美丽可以想见，若再加以人工的有计划的设施，不更是锦上添花益增其美吗？将城中各公立中学移建于沙坪坝，其利益约有下列诸端：

一、环境优美，宜乎读书修养；

二、远离城市，与恶习隔绝，不受其影响；

三、中学集中，学业便于观摩竞进；

四、中学集中，教授上的调剂(如技术教师的公聘、史地或理化可以分工而专精)及砥砺(教法因共同研究而改进、品行因互相勉励而善良)便于施行；

五、中学集中，设备可以节省易于充实(如图书馆、博物馆、实验室、运动场等均可公用；又如高级工业学校等可与重大工学院合作，可以充分设备；建置一切可供作育身心的设备如讲演厅、电影场、小剧场、射击场、骑射场、降下□练习台等)；

六、中学集中，学生便于集团的训练，如新生活运动、劳动服役、军事训练等；

七、中学集中后，原来校址可以扩充小学收容失学儿童，或改商场以繁荣市面，或改作公共教育机关以推广社会教育，或拆卸以广街衢，或变卖出租以裕建设新文化区的经费；

八、文化区成立后，可以实行乡村自治[，]树立模范；

九、文化区界在城市与乡村之间，可以打破城乡的悬隔而为城乡文化的汇流；

十、文化区可以与国内其他进步的城市交通联络，以求此种新建设的推行。

五、重庆市文化区实施的步骤

凡百事业，没有新的理想，就没有新的进步；但只有理想而没有计划，那理想也不能实现。吾人理想中的重庆市文化区说来固头头是道，若欲将其实现出来，则其事实至为繁赜，并非可以咄嗟立办者。

兹将重庆市文化区实施的步骤条列于左：

一、成立建设重庆市文化区委员会；

二、确定范围，举办测绘；

三、设计；

四、筹集经费(甲、政府筹措，乙、变卖城内校址，丙、捐助)；

五、征收土地(甲、公地的拨用，乙、私地的收买)；

六、建筑及迁移的程序(甲、道路，乙、公共必须的建筑，丙、建筑及迁移省立各中学，丁、建筑及迁移联立及县立各中学，戊、其他各项建筑)；

七、充实各项设备及扩充；

六、结论

吾人理想中的重庆市文化区若果实现，则其前途的希望实未可限量。此运动就是一种革新运动，将旧的一切陈腐的遗毒一扫而空，在旧社会的废墟上建立起光明庄严的新生活。由一市推及于临县，推及于全省，推及于全国，将见复兴中华民族的基础于焉树立，解放中华民族的革命运动于兹发轫，将来的重庆，与辛亥首义的武昌，及革命策源地的广州，鼎力而三，发声于世界，炳耀于简编，不亦休哉！

(此文系胡校长为《四川教育》而作。编者识)

493　国民经济建设：行营第二厅厅长叶元龙先生讲演

文献编号 1936-034　国民经济建设：行营第二厅厅长叶元龙先生讲演

■ 文献信息

期刊《重大校刊》，第4期，第8-10页，1936年12月1日

文献编号：1936-034

■ 简体全文[1]

国民经济建设
行营第二厅厅长叶元龙先生讲演

朱煦群　邓玉书笔记

各位同学：

我今天要讲的题目，胡校长已经报告给各位了——国民经济建设，现在我们从原理方面来研究、研究。

第一、国民经济建设的意义何在？我们要明了这一点，必须知道什么叫做"物"，在经济学上，物可分成两类，一种是属于消费的，如像吃的米，穿的衣，住的屋，都可以叫做消费物，一种是属于生产方面的，如工厂中的机器，农夫的耕具，都可以叫做生产物，而国民经济建设的意义，也就是要使大家知道，怎样制造生产物，即是怎样制造机器，不消说，制机造器，一定要科学化的人材，诸位同学都是学科学的，对经济建设的责任是何等的重太[大]。

第二、我们为什么重实行经济建设呢？我们为什么要制造生产的工具呢？因为有了生产的工具，就可以增加生产的效率，拿经济学说，生产的效率，是随生产的方法而变的。普通生产的方法都不外两种；[。]

（甲）直接生产，这种方法纯粹用人工，比如掏水一个人无论怎样努力，都没有好大的成绩，所以这种效率是很低微的，（乙）间接生产，这种方法就比直接生产的效率大得多，比如我们利用机器吸水，不知道比人工掏水的方法大几十万倍，这样来说，制造机器，生产效率，不是增加大了吗？只要我们的生产力量增加了，我们的消费力量也就因之提高，国民的经济自然会丰裕起来，所谓穷困一定能够免除净尽，文化一定能够发达。

关于这一点，我们东方的观念有点不同，因为东方人好清高自赏，轻视货财，"贫也，非病也。"都是这般人的口头禅。中国古代，更不消说了，例如孔子的学生颜回，孔子称之曰"一箪食、一瓢饮，在陋巷[，]人不堪其忧，回也不改其乐，贤哉回也。"换言之，这就是说明，在贫困经济条件之下的国民经济，似乎与文化没有关系，结果颜回死了，颜路请子之车，孔子曰"以吾从大夫之后，不可徒行也。"颜回因为贫穷，竟遭了这样的惨死，这种聪明的人损失了，对于文化上的影响是很大很大的，所以说国民经济建设的目的，不单是在增加生产一部份，同时在提高社会的文化。

---

[1] 原文内容篇幅较长，仅节选部分内容。

第三、我们要建设国民经济，一定有一个条件，如果这个条件不充分，要想建设，也无从建设起，我们举例来说明他吧，比如有个鲁滨孙先生，漂流在一个荒凉的孤岛上，这儿没有什么可吃，只有岛边上的鱼还可以充饥，他于是整天的打鱼为生了。

[……]

494　本大学捐款援助绥远守土将士

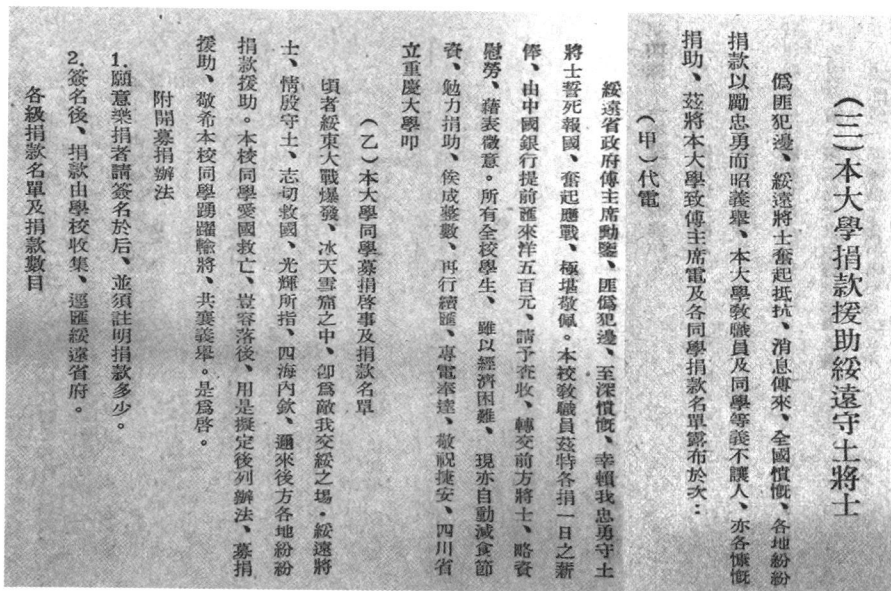

文献编号 1936-040　本大学捐款援助绥远守土将士（节选）

■ 文献信息

期刊《重大校刊》，第 4 期，第 14-16 页，1936 年 12 月 1 日

文献编号：1936-040

■ 简体全文[1]

（三）本大学捐款援助绥远守土将士

伪匪犯边，绥远将士奋起抵抗，消息传来，全国愤慨，各地纷纷捐款以励忠勇而昭义举，本大学教职员及同学等义不让人，亦各慷慨捐助，兹将本大学致傅主席电及各同学捐款名单露布于次：

---

[1]　原文内容篇幅较长，仅节选部分内容。

（甲）代电

绥远省政府傅主席勋鉴，匪伪犯边，至深愤慨，幸赖我忠勇守土将士誓死报国，奋起应战，极堪敬佩。本校教职员兹特各捐一日之薪俸，由中国银行提前汇来洋五百元，请予查收，转交前方将士，略资慰劳，借表微意。所有全校学生，虽以经济困难，现亦自动减食节资，勉力捐助，俟成整数，再行续汇，专电奉达，敬祝捷安，四川省立重庆大学叩

（乙）本大学同学募捐启事及捐款名单

顷者绥东大战爆发，冰天雪窟之中，即为敌我交绥之场。绥远将士，情殷守土，志切救国，光辉所指，四海内钦，迩来后方各地纷纷捐款援助。本校同学爱国救亡，岂容落后，用是拟定后列办法，募捐援助，敬希本校同学踊跃输将，共襄义举。是为启。

附开募捐办法

1.愿意乐捐者请签名于后，并须注明捐款多少。

2.签名后，捐款由学校收集，径汇绥远省府。

各级捐款名单及捐款数目

理学院

数理系三年级　袁宅之(捐五角)

化学系二年级　胡蜀桢　张顺民　宋文玉　朱时雍(各捐五角)

数理系一年级　余清沉　宋钧安　杨元茂　熊运巨　陈肇毅　叶运隆　王瑞祺

　　　　　　　胡清宇(各捐五角)　徐光华　郭士坤(各捐三角)

化学系一年级　刘苏生　任培芝　胡舜华　张琼英(各捐一元)

　　　　　　　曹忠贵　刘伯群　谭自烈　郭恒惠　曾钊福(各捐五角)

工学院

土木系四年级　许荣墀　熊光义(各捐一元)

　　　　　　　袁子达　许弟钟　余茂森(各捐五角)

化工系四年级　朱代侯　刁灿瑛　林佩书　黄　义　苏邑超

　　　　　　　周述鼎　陈立经　蒋凌霜　贾仲康(各捐五角)

采冶系三年级　罗汝成　童登厚　郭有章　林继勋(各捐五角)

　　　　　　　杜国安(捐一角)

电机系三年级　涂钜礼(捐一元)　范克明　邱俊德　范志高(各捐五角)

　　　　　　　杨泽涵(捐二角五分)

土木系三年级　李裕高　黄鸣皋　何纯鹗　黄楠霖(各捐一元)

　　　　　　　马两铨　何学文(各捐五角)

化工系三年级　陈德烜　熊济国(各捐一元)

[……]

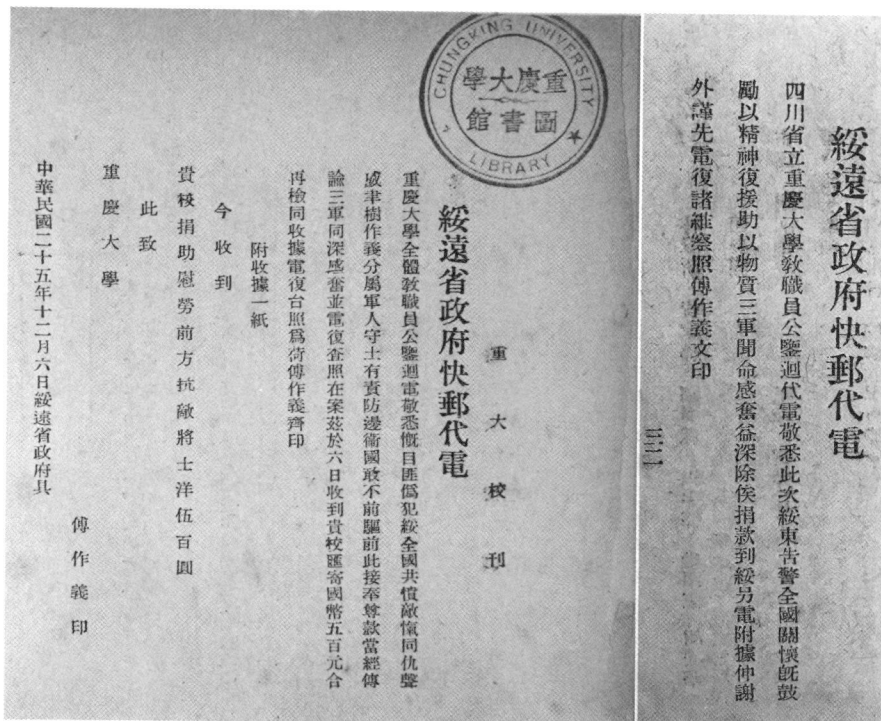

文献编号 1936-042　绥远省政府谢重庆大学捐款援助绥远守土将士

■ 文献信息

期刊《重大校刊》，第 5 期，第 32-33 页，1936 年 12 月 16 日

文献编号：1936-042

■ 简体全文

绥远省政府快邮代电（一）

四川省立重庆大学教职员公鉴回代电¸，敬悉此次绥东告警¸，全国关怀¸，既鼓励以精神¸，复援助以物质¸，三军闻命感奋益深¸，除俟捐款到绥另电附据伸谢外¸，谨先电复诸维察照¸，傅作义文印

绥远省政府快邮代电（二）

重庆大学全体教职员公鉴回电¸，敬悉慨目匪伪犯绥¸，全国共愤、敌忾同仇¸，声威聿树、作义分属军人守土有责¸，防边卫国敢不前驱¸，前此接奉尊款¸，当经传谕三军¸，同深感奋¸，并电复查照在案¸，兹于六日收到贵校汇寄国币五百元¸，合再

检同收据电复台照为荷[。]傅作义齐[文]印

　　附收据一纸

　　今收到

贵校捐助慰劳前方抗敌将士洋伍百圆

　　此致

　　重庆大学

　　　　　　　　　　　　　　　　　　　　　　　傅作义印

　　中华民国二十五年十二月六日绥远省政府具

496　各级捐款名单及捐款数目

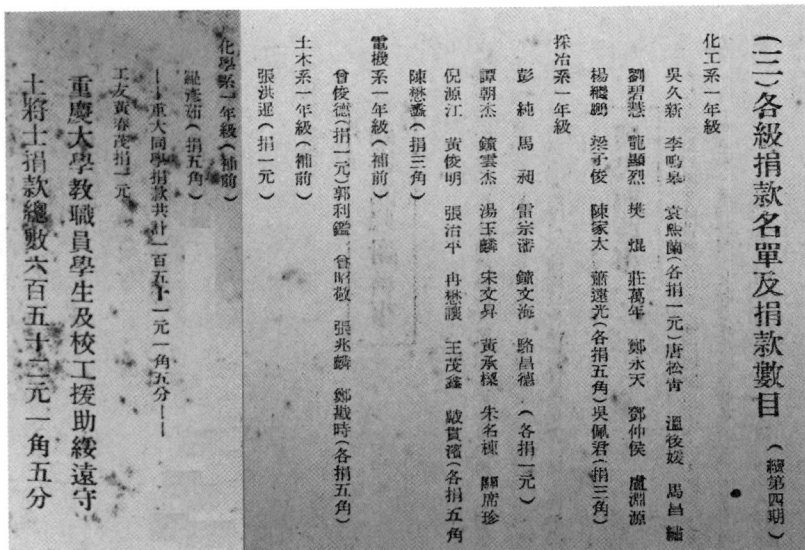

文献编号 1936-045　各级捐款名单及捐款数目

■ 文献信息

　　期刊《重大校刊》，第5期，第34—35页，1936年12月16日

　　文献编号：1936-045

■ 简体全文

（三）各级捐款名单及捐款数目（续第四期）

　　化工系一年级

　　　　吴久新　李鸣皋　袁熙兰（各捐一元）　唐松青　温后媛　马昌绣

刘碧慧　龙显烈　樊　焜　庄万年　郑永天　邓仲侯　卢渊源

杨继鹏　梁子俊　陈家太　萧远光(各捐五角)　吴佩君(捐三角)

采冶系一年级

　　彭　纯　马　昶　雷宗沈　钟文海　骆昌德(各捐一元)

　　谭朝杰　钟云杰　汤玉麟　宋文升　黄承梁　朱名栋　关席珍

　　倪源江　黄俊明　张治平　冉懋让　王茂鑫　戴贯滨(各捐五角)

　　陈懋蠡(捐三角)

电机系一年级(补前)

　　曾俊德(捐一元)　郭利鉴　曾昭敬　张兆麟　郑戡时(各捐五角)

土木系一年级(补前)

　　张洪暹(捐一元)

化学系一年级(补前)

　　罗彦茹(捐五角)

——重大同学捐款共计一百五十一元一角五分——

工友黄春茂捐一元

重庆大学教职员学生及校工援助绥远守土将士捐款总数六百五十二元一角五分

497　公务机关购用国货暂行办法

公務機關購用國貨暫行辦法

一、凡全國各公務機關公用物品、須依照本辦法儘先購用國貨。

二、凡經實業部發給國貨證明書、工廠登記及核准獎勵有案之國貨工廠出品、由實業部就各機關通用物品、造具國貨清冊、分送各機關選購。

三、未經前項呈准有案之國貨工廠、由實業部令飭各地方主管機關及上海市國貨選勵聯合會詳爲查明、轉飭各國貨工廠、依法呈經實業部核准工廠登記或發給國貨證明書後、再行陸續造具清冊祖送各機關。

四、二三兩項國貨清冊內所未列入之國貨物品、凡由各地國貨商號購入、並有國貨之憑證明者、得視同清冊內所列國貨。

五、各機關同商號指購國貨物品、其發單上須載明其地來廠出品、如查明商號有以非國貨冒充國貨售予公務機關、公務機關應即將該商號除名、所受物價之損失、商號應負責賠價。

六、各機關如因特殊用途所需物品、以及關於學術試驗或技術工作上特別需用之物品、確無國貨代替而必須採用外貨者、應於報銷案內詳細聲敘其理由及事實、如所需物品於國民經濟有重大影響者、並須函知實業部爲設法救濟之準備。

七、各機關違背本辦法二、三、四、六、各項規定者、一律以不經濟支出論、不准核銷。

文献编号 1937-003　公务机关购用国货暂行办法

■ 文献信息

期刊《重大校刊》，第6期，第21页，1937年1月1日

文献编号：1937-003

■ 简体全文

公务机关购用国货暂行办法

一、凡全国各公务机关公用物品，须依照本办法尽先购用国货。

二、凡经实业部发给国货证明书，工厂登记及核准奖励有案之国货工厂出品，由实业部就各机关通用物品、造具国货清册，分送各机关选购。

三、未经前项呈准有案之国货工厂，由实业部令饬各地方主管机关及上海市国货运动联合会详为查明，转饬各国货工厂，依法呈经实业部核准工厂登记或发给国货证明书后，再行陆续造具清册补送各机关。

四、二三两项国货清册内所未列入之国货物品，凡由各地国货商号购入，并有国货之确实证明者，得视同清册内所列国货。

五、各机关向商号指购国货物品，其发单上须载明某地某厂出品，如查明商号有以非国货冒充国货售予公务机关，公务机关因无法报销，所受物价之损失，商号应负责赔偿。

六、各机关如因特殊用途所需物品，以及关于学术试验或技术工作上特别需用之物品，确无国货代替而必须采用外货者，应于报销案内详细声叙其理由及事实，如所需物品于国民经济有重大影响者，并须函知实业部为设法救济之准备。

七、各机关违背本办法二、三、四、六，各项规定者，一律以不经济支出论，不准核销。

---

498 援助绥远守土将士捐款结束

■ 文献信息

期刊《重大校刊》，第7期，第20页，1937年1月16日

文献编号：1937-013

■ 简体全文

（四）援助绥远守土将士捐款结束

本大学此次援助绥远守土将士捐款总共汇去柒百圆整。内包含：教职员捐款四百玖拾贰圆捌角，学生捐款壹佰伍拾捌圆贰角伍分，校工捐款壹圆，从上年移存学生救国会捐款叁百壹拾叁元柒角柒分内提出肆拾柒元玖角伍分。

（四）援助綏遠守土將士捐款結束

本大學此次援助綏遠守土將士捐款總共匯去柒百圓整。內包含：

教職員指款肆百玖拾貳圓捌角、學生捐款壹百伍拾捌圓貳角伍分、校工捐款壹圓、從上年移存學生救國會捐款叁百壹拾叁圓柒角柒分內提出肆拾柒圓玖角伍分。

文献编号 1937-013 援助绥远守土将士捐款结束

499 重庆大学校长胡庶华提出救灾计划

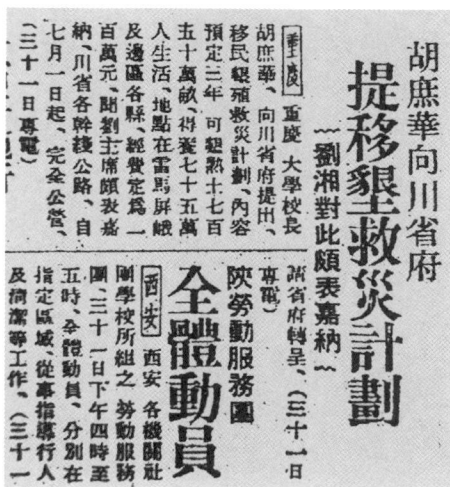

文献编号 1937-045　重庆大学校长胡庶华提出救灾计划

■ **文献信息**

报纸《申报》，1937年6月1日，期号23012号（上海版）

文献编号：1937-045

■ **简体全文**

胡庶华向川省府提移垦救灾计划
刘湘对此颇表嘉纳

　　【重庆】重庆大学校长胡庶华，向川省府提出，移民垦殖救灾计划，内容预定三年[，]可垦熟土七百五十万亩，得养七十五万人生活，地点在雷马屏峨及边区各县。经费定为一百万元，闻刘主席颇表嘉纳，川省各干线公路，自七月一日起，完全公管。（三十一日专电）

500 重庆大学可得补助费一万元

■ **文献信息**

报纸《申报》，1937年7月8日，期号23049号（上海版）

文献编号：1937-058

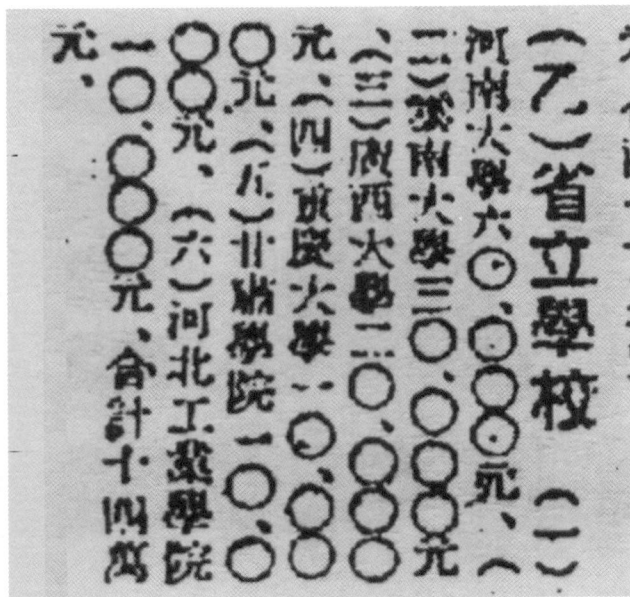

文献编号 1937-058　重庆大学可得补助费一万元

■ 简体全文

教部核定

科专以上校补助费

共计八十六万元

（乙）省立学校

（一）河南大学六〇、〇〇〇元

（二）云南大学三〇、〇〇〇元

（三）广西大学二〇、〇〇〇元

（四）重庆大学一〇、〇〇〇元

（五）甘肃学院一〇、〇〇〇元

（六）河北工业学院一〇、〇〇〇元

合计十四万元

501 本校成立抗敌后援会

■ 文献信息

期刊《重大校刊》，第15期，第15-16页，1937年10月20日

文献编号：1937-070

文献编号 1937-070　本校成立抗敌后援会（节选）

■ 简体全文

（六）成立抗敌后援会

　　此次抗战，系属民族存亡之最后关头，凡属我中华民族之国民，皆应具有敌无我之决心，抱宁为玉碎不为瓦全之宏愿，每一国民虽不能触白刃冒流弹，陷阵杀敌，然捍卫间阎，激发民气，战争科学之研究，前方军实之补充，尤汲汲待后方国民之努力也，本校感于救国与读书应相提并重，乃有抗敌后援会之发起[，]经全体教职员及学生之拥护，于十月六日开成立大会。是日也秋风萧朔，秋雨凄烈，大有人天共愤之慨，午后四时全体教职员学生入礼堂，首由校长训辞，慷慨激昂，闻者悲愤，并亲出其尊翁国瑞公遗产赤金一条，计重市秤五两六钱六分[，]折合国币六百八十六元，交由抗敌后援会捐助国家[，]为全体教职员学生之先倡，全体教职员学生咸为动容，皆愿罄其所有而甘心焉，继由教授致辞及学生多人演说后，乃正式选出职员，拟定抗敌后援各种方略[。]于六时许散会，特调查该会最近工作，胪列于次：

　　（甲）宣传工作：该会为激发民气及将抗日史料深入民间起见，特组织城市与乡村宣传队若干队，在城市者，则于纸迷金醉之场唤起沉□之大梦，在乡间者，则于孤陋寡闻之第乡引动爱国之精神，半月来之结果，闻收获甚丰云。

　　（乙）救国公债之募集：本大学除遵照四川省政府训令所规定劝募公债办法办理外，该会又自动创立乐捐及劝募现金办法，现正积极进行，一月后所募之数字定有可观也[。]

（丙）寒衣之募集：秋末气候渐寒，我前方抗敌健儿，尚著[着]单薄之战衣在至冬日，冲天雪地中，将何以抗敌，现全国各地此项冰[寒]衣之募集，风起云涌，该会现亦从事此种工作，闻已募集寒衣多起云。

（丁）拟出刊物：该会拟出一种不定期文艺刊物，以民族抗战为中心，以资宣传。

502　防空紧急会议记录

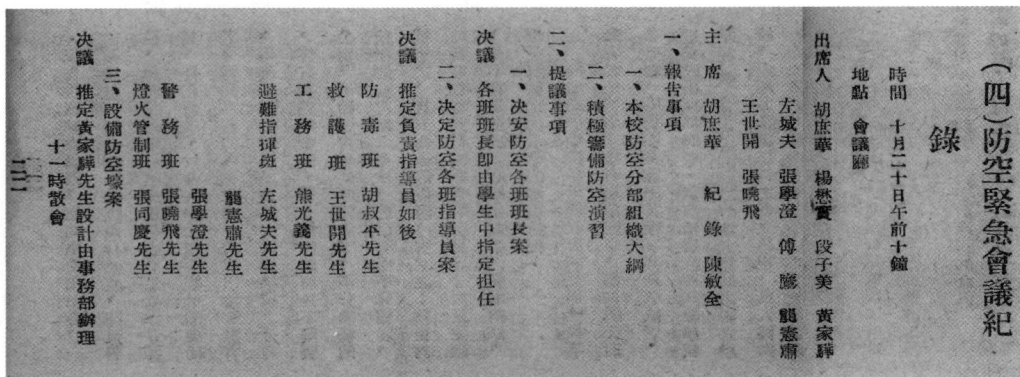

文献编号 1937-079　防空紧急会议记录

■ 文献信息

期刊《重大校刊》，第 16 期，第 22 页，1937 年 11 月 5 日

文献编号：1937-079

■ 简体全文

（四）防空紧急会议纪[记]录

时　　间　十月二十日午前十钟

地　　点　会议厅

出席人　胡庶华　杨懋实　段子美　黄家骅　左城夫　张学澄

　　　　傅　鹰　龙宪肃　王世开　张晓飞

主　　席　胡庶华　纪[记]录　陈敏全

一、报告事项

　　一、本校防空分部组织大纲

　　二、积极筹备防空演习

二、提议事项

　　一、决安[定]防空各班班长案

决议　各班班长即由学生中指定担任

二、决定防空各班指导员案

决议　推定负责指导员如后

　　　防　毒　班　胡叔平先生

　　　救　护　班　王世开先生

　　　工　务　班　熊光义先生

　　　避难指导班　左城夫先生　龙宪肃先生　张学澄先生

　　　警　务　班　张晓飞先生

　　　灯火管制班　张同庆先生

三、设备防空壕案

　　　决议　推定黄家骅先生设计[，]由事务部办理

　　　　　　十一时散会

503　四川省立重庆大学抗敌后援会组织大纲

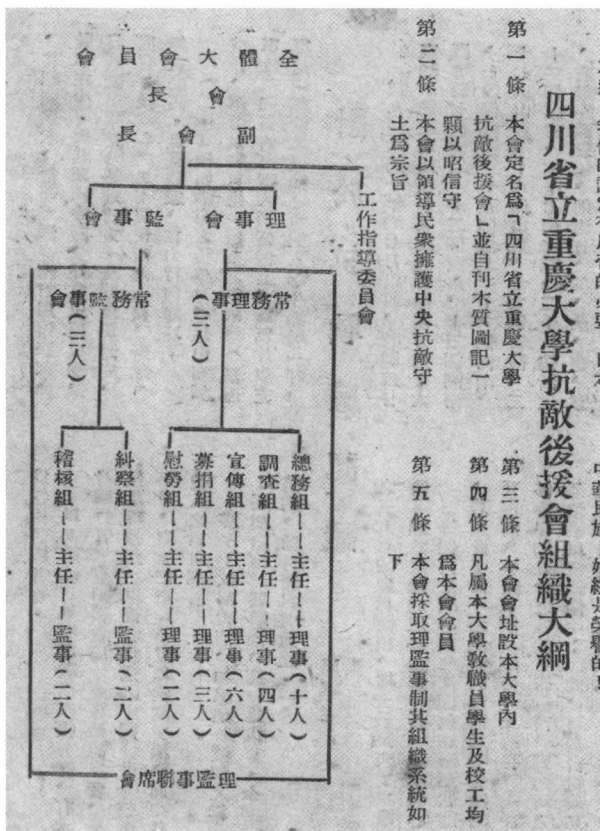

文献编号 1937-080　四川省立重庆大学抗敌后援会组织大纲（节选）

■ 文献信息

期刊《重大校刊》，第 16 期，第 31–32 页，1937 年 11 月 05 日

文献编号：1937–080

■ 简体全文

四川省立重庆大学抗敌后援会组织大纲

第一条　本会定名为"四川省立重庆大学抗敌后援会"并自刊木质图记一颗以昭信守

第二条　本会以领导民众拥护中央抗敌守土为宗旨

第三条　本会会址设本大学内

第四条　凡属本大学教职员学生及校工均为本会会员

第五条　本会采取理监事制[，]其组织系统如下

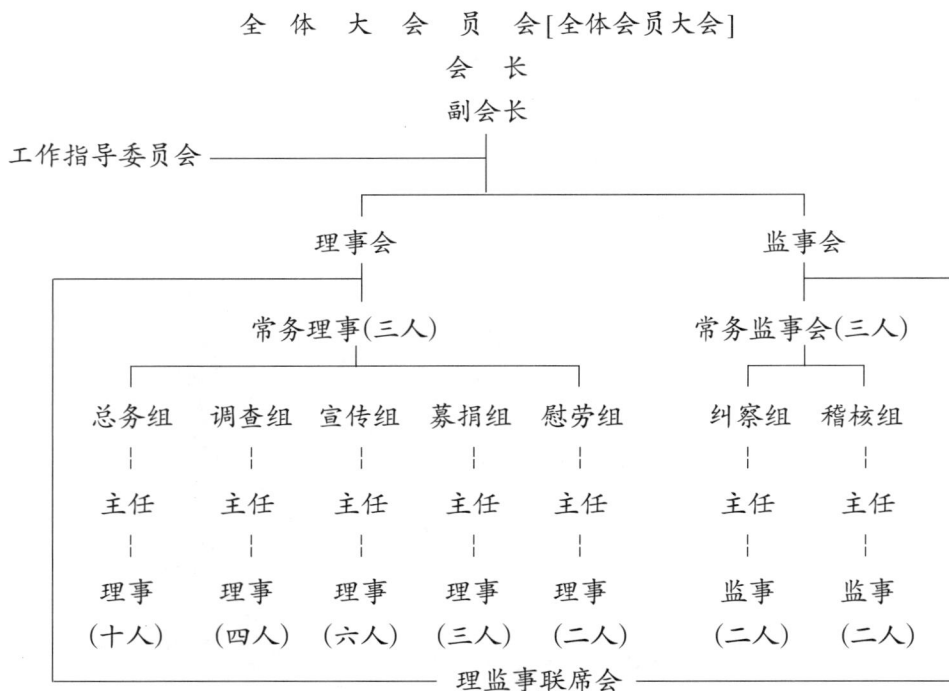

全　体　大　会　员　会[全体会员大会]
会　长
副会长
工作指导委员会
理事会　　　　监事会
常务理事(三人)　　　常务监事会(三人)
总务组　调查组　宣传组　募捐组　慰劳组　　纠察组　稽核组
主任　　主任　　主任　　主任　　主任　　　主任　　主任
理事　　理事　　理事　　理事　　理事　　　监事　　监事
(十人)　(四人)　(六人)　(三人)　(二人)　(二人)　(二人)
理监事联席会

第六条　本会以本校校长为会长[，]教务长[、]事务长及各院长为副会长[，]其余各教职员均为工作指导委员会委员

第七条　本会职员除工作指导委员会委员外[，]由全体会员大会产生理事廿八人[、]候补理事五人[、]监事七人[、]候补监事二人[，]分组理事会及监事会并于必要时得组织各种特种委员会[，]其规程另定之

第八条　理事会或监事会各部职员由理事或监事中互选之

第九条　常务理事会及常务监事会各设常务主任一人[，]由常务理事或常务监事中互选之[，]又各队设主任一人[，]由各该组理事或监事互推兼任之

第十条　本会会长[、]副会长及各工作指导委员负指导及协助工作进行之责

第十一条　本会最高权力属于会员大会

第十二条　本会各组织权如左

  一、总务组办理本会文书事务交际及不属于其他各组事宜

  二、调查[组]办理本会一切调查事宜

  三、宣传组办理本会宣传事宜

  四、募捐组办理本会募捐事宜

  五、慰劳组办理慰劳救护及关于战地服务事宜

  六、纠察组办理本会纠察检举事宜

  七、稽核组办理稽核本会收支交代之一切事宜

第十三条　全体会员大会每学期开会一次[，]必要时由理监事联席会或会员二十人以上之提议[，]经理监事联席会通过召集理监事联席会[，]必要时由常务理事会及常务监事会共同召集之[，]理事会监事会于每二周各开会一次[，]由常务理事会及常务监事会分别召集之[，]常务理事会及常务监事会每周开会一次[，]由常务主任召集之[，]又各组得召集组务会议[，]由各组主任召集之

第十四条　全体会员大会开会时由会员中公推一人为主席[，]理监事联席会开会时由理监事中公推一人为主席[，]理事会开会时由理事中公推一人为主席[，]监事会开会时由监事中公推一人为主席[，]常务理事会及常务监事会开会时常务主任为当然主席[，]组务会议开会时主任为当然主席

第十五条　本会理监事会各职员任期以一期为限但连选得连任之

第十六条　凡本会会员应纳基金三角[、]常金每期二角[，]但教职员会员采募捐方式[，]小工则采乐捐方式[，]又本会于必要时得征收临时费

第十七条　本会各组得依事务之繁简分为若干股[，]其办事细则及职员分配由各组自行拟定

第十八条　本大纲有未尽善处得由会员二十人以上之提议召开大会修改之

第十九条　本大纲经会员大会通过并呈准学校备案后施行

504　防空警报示意图

■ 文献信息

  期刊《重大校刊》，第17期，第10页，1937年11月20日

  文献编号：1937-081

■ 简体全文

  如图所示。

防 空 警 报

注意

火灾警报

锣敲： 锣声乱敲二分钟。

毒气警报

灯旗标示： 白天有黄旗插在的地方和黑夜有红灯燃亮的地方，都是表示毒化的地区。

鼓击（或洋油桶）：
咚，咚，咚，咚，咚……
咚，咚，咚，咚
—○—○—○ —○—○—○……
咚，[咚]，咚，击鼓三响后，稍停片刻，再击三响，像这样继续击雨[两]分钟。

敌机已去的时候 就叫解除警报

解除警报

钟警： 当·当·当·当·当……像这样单独一响一响的敲二分钟。

笛（汽）电： 继续拉二分钟的长声（一次）。
喔————

敌机逼近的时候 就叫紧急警报

紧急警报

钟警： 当，当，当……急击继续不停敲两分钟。

笛（汽）电： 拉响三十秒钟长音后，续拉短音若干次约一分钟。
喔——喔·喔·喔——

敌机要到的时候 就叫空袭警报

空袭警报

钟警： 当，敲一响后，再连敲两响，当，当，像这样敲三分钟。

笛（汽）电： 拉响二十秒钟长音后，连拉两响短音，（共三秒钟）即停止两秒钟又像这样连拉六次。
喔——喔·喔·喔——喔·喔·喔——……

国民政府军事委员会国民廿五年五月颁布

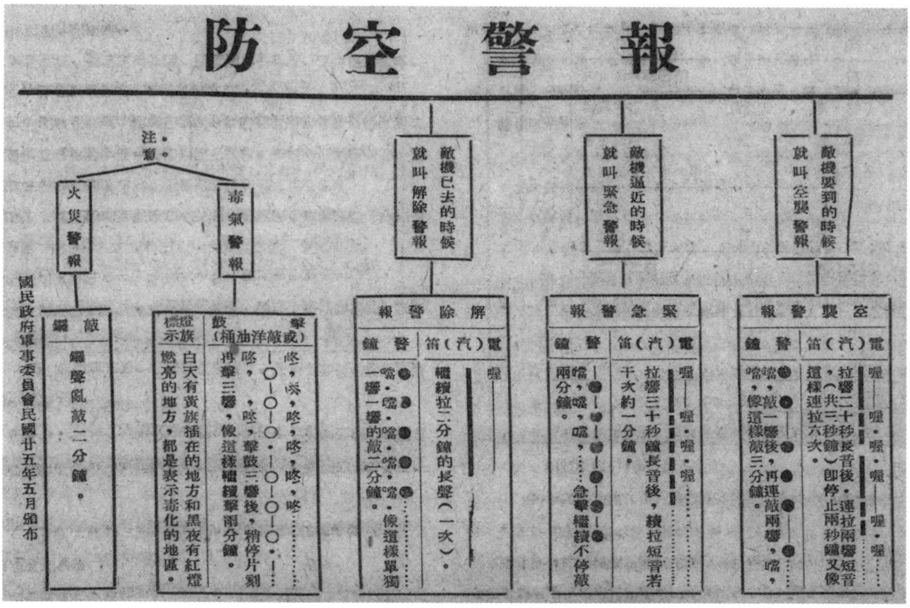

文献编号 1937-081　防空警报示意图

505　抗敌后援会工作种种

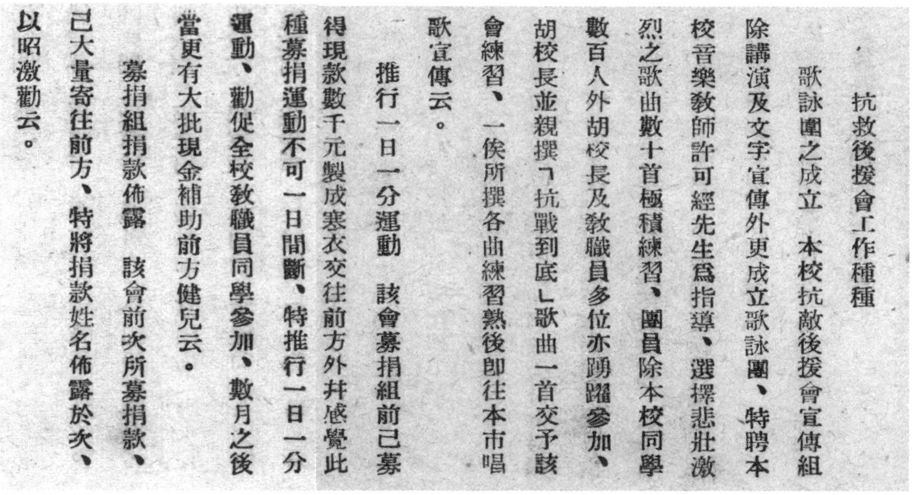

抗救後援會工作種種

歌詠團之成立　本校抗敵後援會宣傳組除講演及文字宣傳外更成立歌詠團、特聘本校音樂敎師許可經先生爲指導、選擇悲壯激烈之歌曲數十首極積練習、團員除本校同學數百人外胡校長及敎職員多位亦踴躍參加、胡校長並親撰「抗戰到底」歌曲一首交予該會練習、一俟所撰各曲練習熟後即往本市唱歌宣傳云。

一　推行一日一分運動　該會募捐組前已募得現款數千元製成寒衣交往前方外并感覺此種募捐運動不可一日間斷、特推行一日一分運動、勸促全校敎職員同學參加、數月之後當更有大批現金補助前方健兒云。

募捐組捐款佈露　該會前次所募捐款、已大量寄往前方、特將捐款姓名佈露於次、以昭激勸云。

文献编号 1937-084　抗敌后援会工作种种

■ 文献信息

期刊《重大校刊》，第 17 期，第 17—18 页，1937 年 11 月 20 日

文献编号：1937-084

■ 简体全文

抗救［敌］后援会工作种种

歌咏团之成立　本校抗敌后援会宣传组除讲演及文字宣传外更成立歌咏团，特聘本校音乐教师许可经先生为指导，选择悲壮激烈之歌曲数十首极积［积极］练习，团员除本校同学数百人外胡校长及教职员多位亦踊跃参加，胡校长并亲撰《抗战到底》歌曲一首交予该会练习，一俟所撰各曲练习熟后即往本市唱歌宣传云。

推行一日一分运动　该会募捐组前已募得现款数千元制成寒衣交往前方外并感觉此种募捐运动不可一日间断，特推行一日一分运动，劝促全校教职员同学参加，数月之后当更有大批现金补助前方健儿云。

募捐组捐款布露　该会前次所募捐款，已大量寄往前方，特将捐款姓名布露于次，以昭激励云。［捐款名单略］

506 四川省立重庆大学抗敌后援会职员一览

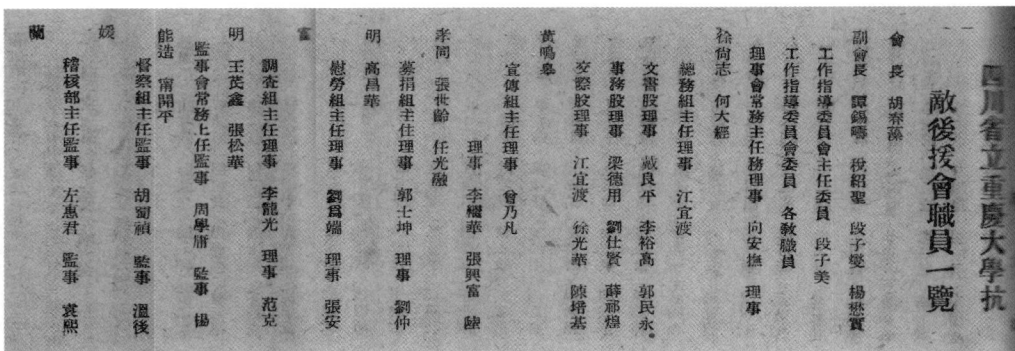

文献编号 1937-085　四川省立重庆大学抗敌后援会职员一览

■ 文献信息

期刊《重大校刊》，第 17 期，第 21 页，1937 年 11 月 20 日

文献编号：1937-085

■ 简体全文

四川省立重庆大学抗敌后援会职员一览

会　长　胡春藻

副会长　谭锡畴　税绍圣　段子燮　杨懋实

工作指导委员会主任委员　段子美

工作指导委员会委员　　　各教职员

理事会常务主任务理事　　向安抚　　理事　徐尚志　何大经

总务组主任理事　　　　　江宜渡

文书股理事　　　　　　　戴良平　李裕高　郭民永

事务股理事　　　　　　　梁德用　刘仕贤　薛祁煌

交际股理事　　　　　　　江宜渡　徐光华　陈培基　黄鸣皋

宣传组主任理事　　　　　曾乃凡　　理事　李继华　张兴富　陆孝同
　　　　　　　　　　　　　　　　　　　　张世龄　任光融

募捐组主住[任]理事　　　郭士坤　　理事　刘仲明　高昌华

慰劳组主任理事　　　　　刘为端　　理事　张安富

调查组主任理事　　　　　李龙光　　理事　范克明　王芪鑫　张松华

监事会常务上[主]任监事　周学庸　　监事　杨能造　宁开平

督查组主任监事　　　　　胡蜀祯　　监事　温后媛

稽核部主任监事　　　　　左惠君　　监事　袁熙兰

507　抗敌后援会募捐情况

募捐佈歲

本大學抗敵後援會所舉辦之一日一分運動推行以來成績良好、特將九十兩週所募款項公布於次：

第九周（十一月二十日）：

理院：
新聞系四年級捐來洋　四角二分

工學院：
化學系二年級捐來洋　四角九分
化學系四年級捐來洋　三角
數理系二年級捐來洋　七角七分
土木系二年級捐來洋　五角五分
土木系四年級捐來洋　一元〇六分
土木系三年級捐來洋　一角八兩在

第十周（十一月二十八日）：

理學院：
本周共收洋七元五角七仙正
化工系二年級捐來洋　七角二分
採冶系三年級捐來洋　一角
電機系二年級捐來洋　一元一角七分
土木系三年級捐來洋　一元二角
土木系二年級捐來洋　九角五分
土木系四年級捐來洋　七角六分

工院：
化學系二年級捐來洋　四角二分
數理系二年級捐來洋　八角三分

一五

採冶系三年級捷來洋　一角七分
化工系二年級捐來洋　七角七分
商院一年級郭憲清同學獨捐二角
本周共收七元五角六分正

以上所收款項均已交總務組收存

文献编号 1937-093　抗敌后援会募捐情况

■ 文献信息

期刊《重大校刊》，第19期，第15—16页，1937年12月20日

文献编号：1937-093

■ 简体全文

募捐布露

本大学抗敌后援会所举办之一日一分运动推行以来成绩良好，特将九十两周所募款项公布于次：

第九周（十一月二十日）：

理院——

       数理系四年级捐来洋　　　四角二分

       数理系二年级捐来洋　　　八角三分

       化学系二年级捐来洋　　　四角二分

工院——

       土木系四年级捐来洋　　　七角六分

       土木系三年级捐来洋　　　九角五分

       土木系二年级捐来洋　　　一元二角

       电机系二年级捐来洋　　　一元一角七分

       采冶系三年级捐来洋　　　一角

       化工系二年级捐来洋　　　七角二分

本周共收洋七元五角七仙正

第十周（十一月二十八日）：

理学院——

       数理系二年级捐来洋　　　七角七分

       化学系四年级捐来洋　　　三角

       化学系二年级捐来洋　　　四角九分

工学院

       土木系四年级捐来洋　　　一元〇六分

       土木系三年级捐来洋　　　五角五分

       土木系二年级捐来洋　　　一元八角五

       电机系二年级捐来洋　　　一元四角

       采冶系三年级捷来洋　　　一角七分

       化工系二年级捐来洋　　　七角七分

       商院一年级郭蕙清同学独捐二角

本周共收七元五角六分正

以上所收款项均已交总务组收存

508　防空洞与防空壕完成

■ 文献信息

　　期刊《重大校刊》，第21期，第13页，1938年3月1日

　　文献编号：1938-007

■ 简体全文

防空洞与防空壕完成

　　敌机肆虐，重庆每日皆有空袭危险，本大学为员生之安全计，已先后完成大规模之防空壕二防空洞五，今后本大学之安全可以无虞矣。

防空洞與防空壕完成
敵機肆虐、重慶每日皆有空襲危險、本大學為員生之安全計、已先後完成大規模之防空壕二防空洞五、今後本大學之安全可以無虞矣。

文献编号 1938-007　防空洞与防空壕完成

509　募捐布露　补遗

■ 文献信息

　　期刊《重大校刊》，第21期，第13页，1938年3月1日

　　文献编号：1938-008

■ 简体全文

募捐布露　补遗

　　启者，上期本组所募棉衣之各捐款已曾在本刊公布[，]当时尚有未被列入者[，]兹将补录于后

　　莫松森同学捐洋一元

　　丁传谱同学(武汉学会转)捐洋一元

　　重大抗援会募捐组启一月廿一日

　　兹将上期一日一分运动所募捐款继续公布于后：

第十一周(十二月五日)

理学院——

　　　　数理系四年级捐来洋八角四仙

　　　　数理系二年级捐来洋六角七分

　　　　化学系四年级捐来洋三角

　　　　化学系二年级捐来洋四角九分

第三编　估启乡邦　振导社会　793

重大校刊

募捐布露　補遺

啟者、上期本組所募棉衣之各捐款已曾在本刊公佈當時尚有未被列入著茲將補錄於后

莫松霖同學（武漢學會轉）捐洋一元
丁傳譜同學（武漢學會轉）捐洋一元
重大抗敵會募捐組啟一月廿一日
茲將上期一日一分巡勤所募捐款權公佈於后：

理學院——
數理系四年級捐來洋八角四仙
數理系二年級捐來洋六角七分
化學系四年級捐來洋三角
化學系三年級捐來洋四角九分
工學院——
土木系四年級捐來洋八角一分
土木系三年級捐來洋五角四分
化學系二年級捐來洋五角四分
土木系二年級捐來洋一元五角一分
第十一周（十二月五日）

理學院——
採冶系三年級捐來洋一元一角二分
化工系二年級捐來洋六角三分
本周共收洋六元九角一分
第十二周（十二月十二日）

理學院——
數理系四年級捐來洋四角二分
數理系二年級捐來洋五角六分
數理系一年級捐來洋三元四分
化學系四年級捐來洋三角
化學系三年級捐來洋五角
工學院——
採冶系三年級捐來洋四角五分
土木系一年級捐來洋七角一分
土木系三年級捐來洋五角二分
電機系二年級捐來洋一元六角八分
第十三周（十二月十九日）

本周共收洋十二元二角七分五
理學院——
數理系四年級捐來洋四角一分
化學系四年級捐來洋三角
工學院——
電機系二年級乙組捐來洋一元九角六分
土木系一年級乙組捐來洋二元一角七分
七角二分五整

一覽
土木系四年級捐來洋九角三分
土木系三年級捐來洋一元五角六分
土木系二年級捐來洋一元九角三分
採冶系三年級捐來洋四角五分
電機系二年級捐來洋二元三角七分
土木系一年級捐來洋三元八角四分
化工系二年級捐來洋十二元五角八分
電機系四年級捐來洋八角四分
電機系二年級捐來洋一元九角四
電機系三年級捐來洋二角一分
土木系一年級乙組捐來洋一元七角五分

商學院——
工商管理系捐來洋二元七角三
銀行會計系捐來洋一元四角
體育科——
體育科二年級捐來洋一元三角三分
體育科一年級捐來洋一角四分
本期一日一分巡勤共收得法幣八十二元

重大抗敵會募捐組啟一月廿日

文献编号 1938-008　募捐布露　补遗

工学院——
　　土木系四年级捐来洋八角一分
　　土木系三年级捐来洋五角四分
　　土木系二年级捐来洋一元五角一分
　　采冶系三年级捐来洋一元一角二分
　　化工系二年级捐来洋六角三分
本周共收洋六元九角一分
第十二周(十二月十二日)
理学院——
　　数理系四年级捐来洋四角二分
　　数理系二年级捐来洋五角六分
　　数理系一年级捐来洋三元四分
　　化学系四年级捐来洋三角
　　化学系三年级捐来洋五角

化学系二年级捐来洋五角六分

工学院——

化工系二年级捐来洋七角

采冶系三年级捐来洋七角二分

电机系二年级捐来洋一元六角八分

土木系四年级捐来洋八角二分

土木系三年级捐来洋五角二分五

土木系一年级乙组捐来洋二元四角五分

本周共收洋十二元二角七分五

第十三周（十二月十九日）

理学院——

化学系四年级捐来洋三角

数理系四年级捐来洋四角二分

工学院——

电机系二年级捐来洋一元九角六分

土木系一年级乙组捐来洋二元一角七分

土木系四年级捐来洋九角三分

土木系三年级捐来洋一元五角六分

土木系二年级捐来洋六元九角三分

采冶系三年级捐来洋四角五分

电机系二年级捐来洋二元三角七分

土木系一年级甲组捐来洋三元八角四分

电机系一年级捐来洋十二元五角八分

化工系一年级捐来洋八元四角

电机系四年级捐来洋二元九角四[分]

电机系三年级捐来洋二角一分

土木系一年级乙组捐来洋一元七角五分

商学院——

工商管理系捐来洋二元七角三[分]

银行会计系捐来洋一元四角

体育科——

体育科二年级捐来洋一元三角三分

体育科一年级捐来洋一角四分

本周共收洋四十八元四角一分

本期一日一分运动共收得法币八十二元七角二分五整

重大抗援会募捐组启一月廿日

510 重庆大学学生抗敌后援会参加中国学生救国联合会第二届大会

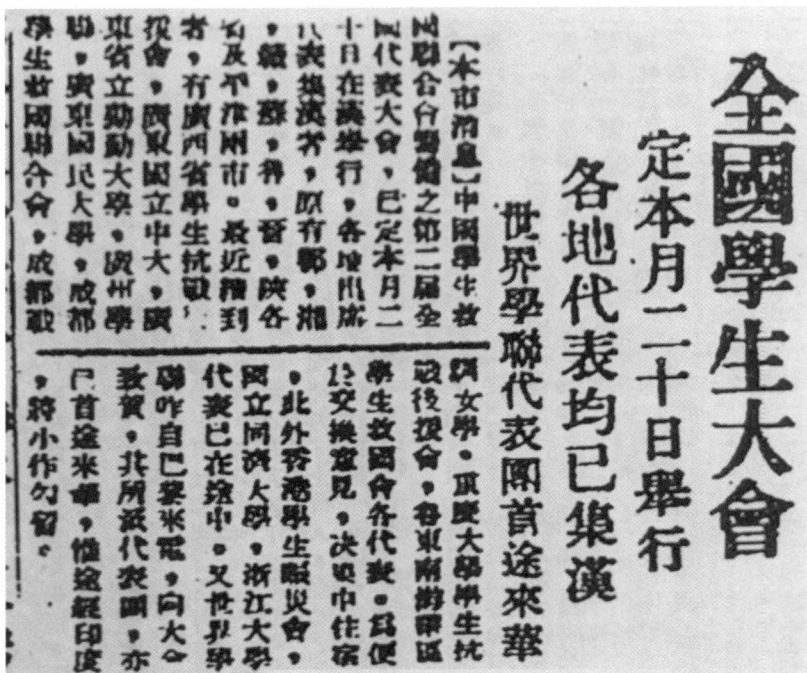

文献编号 1938-009　重庆大学学生抗敌后援会参加中国学生救国联合会第二届大会

■ 文献信息

　　报纸《申报》，1938年3月14日，期号23267号(汉口版)

　　文献编号：1938-009

■ 简体全文

全国学生大会　定本月二十日举行

各地代表均已集汉　世界学联代表团首途来华

　　【本市消息】　中国学生救国联合会筹备之第二届全国代表大会，已定本月二十日在汉举行，各地出席代表集汉者，原有鄂、湘、赣、苏、鲁、晋、陕各省及平津两市。最近续到者，有广西省学生抗战后援会、广东国立中大、广东省立勒勤大学、广州学联、广东国民大学、成都学生救国联合会、成都战□女学、重庆大学学生抗战[敌]后援会、鲁东南游□区学生救国会各代表。为便于交换意见，决集中住宿。北外香港学生赈灾舍、国立同济大学、浙江大学代表已在途中。又世界学联昨自巴黎来电，向大会致贺，其所派代表团，亦已首途来华，惟途经印度，将小作勾留。

引言

重大校刊

胡庶華

本校抗敵後援會感於鄉村宣傳急不可緩，於是乘着短短的寒假，組織了一個鄉村宣傳團，前赴各縣鄉鎮宣傳，據該團回來報告：『在二十天中，經過八縣三鎮，佔計聽衆約五萬餘人。』這無異使五萬餘民衆，個個服了一次興奮劑，而民族意識的孕育與抗日情緒的提高，又非數字所能記載。該團的意義和收穫，實超過囘鄉敦俗天倫之樂的各生以上。

抗敵後援會應繼此以後，利用寒假暑假例假，努力推進鄉村宣傳工作，惟組織不宜過大，因爲人數太多，非城市奧大鄉鎮不能容納，最好以三人至五人爲一組，不特緊來的地方可以施展技能，即使山村僻鄉，亦能運用自如。以本校七百名學生計算，至少可以組織一百五十組，若果一齊行動起來，每組每天至少可以到兩個村莊工作，共計每天可到三百個村莊，能夠繼續工作一個月的時間，所經過的區域，自有相當的廣大了。照上面的辦法，有兩點務須注意：（一）體力：到窮鄉僻壤去，須具有爬山越嶺的本領，忍飢耐苦的智慣，勇敢冒險的精神，這關於體力方面，須要平日鍛鍊的。（二）技術：如何引起民衆的傾聽？如何確立民衆的信念？如何策動民衆的行動？完成這些答案，當然祇有運用大衆化的歌詠，演劇，講演等等方式，至於適當材料的採取，各種技能的熟練，是要每個人平日黽勉研究的。

同學們！一面讀書，一面準備罷！時時刻刻的準備罷！希望每逢假期，多產生一些鄉村宣傳團。

我趁鄉村宣傳團發行專刊的時候，聊書簡單的意思，希望每一個重慶大學的學生都能體念着！

二七，三，十二。

一

文献编号 1938-010　本校抗敌后援会之乡村宣传团

■ 文献信息

期刊《重大校刊》，第22期，第1页，1938年3月20日

文献编号：1938-010

■ 简体全文

引 言

胡庶华

本校抗敌后援会感于乡村宣传急不可缓，于是乘着短短的寒假，组织了一个乡村宣传团，前赴各县乡镇宣传，据该团回来报告："在二十天中，经过八县三镇，估计听众约五万余人。"这无异使五万余民众，个个服了一次兴奋剂，而民族意识的孕育与抗日情绪的提高，又非数字所能记载。该团的意义和收获，实超过回乡敦叙天伦之乐的各生以上。

抗战[敌]后援会应继此以后，利用寒假暑假例假，努力推进乡村宣传工作，惟组织不宜过大，因为人数太多，非城市与大乡镇不能容纳，最好以三人至五人为一组，不特繁荣的地方可以施展技能，即使山村僻乡，亦能运用自如。以本校七百名学生计算，至少可以组织一百五十组，若果一齐行动起来，每组每天至少可以到两个村庄工作，共计每天可到三百个村庄，能够继续工作一个月的时间，所经过的区域，自有相当的广大了。照上面的办法，有两点务须注意：(一)体力：到穷乡僻壤去，须具有爬山越岭的本领，忍饥耐苦的习惯，勇敢冒险的精神，这关于体力方面，须要平日锻炼的。(一)[(二)]技术：如何引起民众的倾听？如何确立民众的信念？如何策动民众的行动？完成这些答案，当然只有运用大众化的歌咏，演剧，讲演等等方式，至于适当材料的采取，各种技能的熟练，是要每个人平日电勉研究的。

同学们！一面读书，一面准备罢！时时刻刻的准备罢！希望每逢假期，多产生一些乡村宣传团。我趁乡村宣传团发行专刊的时候，聊书简单的意思，希望每一个重庆大学的学生都能体念着！

二七，三，十二。

512 战时教育与乡村建设

■ 文献信息

期刊《重大校刊》，第23期，第1-2页，1938年4月1日

文献编号：1938-011

■ 简体全文

战时教育与乡村建设

胡庶华

今日乡村建设的目标，是增进农民智识，改善农民生活，提高生产技能，加强抗战力量，战时教育的目标，是适应抗战需要，提高抗战情绪，训练抗战干部，充实抗战技能，教养卫是不分离的连锁，战时教育与乡村建设，亦是息息相关的事业，如果我们设战时教育而忘记了乡村建设，可以说是缺少了下列几个要素。

文献编号 1938-011　战时教育与乡村建设

1，大多数的民众力量在农村。

2，富而后教。

3，生之者众，食之者寡。

关于第二第三两项看起来，似乎近于老调，但是仍不背于今日经济的原则。

今之谈战时教育者，动曰唤起民众，全赖智识分子，尤其是青年学生，故今日乏[各]学校。不宜使学生再读死书，应当减少正常课目，加授战时需要的智识，并宜使学生分出一部分工夫来组织民众，训练民众，其理由亦自充足，无可訾议，不过天下事利之所在，弊即随之，若不防微杜渐，必致害多利少，科学家治学，不能离开时间与空间的关系。战时教育与乡村建设，亦复如此，战时教育与乡村建设，在空间的关系可分为三区。

1，失陷地区的战时教育与乡村建设　如城市已被敌占领而乡村仍为我有，应集全力发挥游击战术，组织义勇队及锄奸团，实行不合作主义。

2，战区内的战时救[教]育与乡村建设　一部分之小学，应续继[继续]维持其现状，如在危险区域，应设法将小学生疏散，而中学则完全停止，改为伤兵医院或难民收容所，中学生则完全从事宣传或参加军队。

至于乡村农民，除农事而外，则可依其年龄，分为应战队、救护队、输送队、

工事队、情报队、特务队，女子则可分看护队、侦探队、宣传队、缝洗队、炊馔队。

3，在战区外的战时教育与乡村建设　培植生产的专门人才，是战时不可缺少的教育，无论战争的结果如何，为将来经济复兴计，专门人才，总是要的。在战区外的乡村，其首要工作，应为增加生产，而智识分子的下乡工作，确为急切的需要。

乡村建设与战时教育在空间的关系，既如上述，而在时间上之关系则如次。

1，农事正忙之际，对于训练壮丁及补习教育，应以不妨害生产为原则。

2，复兴家庭工业，应利用农隙余暇。

3，稳定战时农产价格，调剂战时农贷，须有相当的机关指导与宣传。

乡村建设，是支持抗战的源泉。乡村教育，又是战时教育的大本营，离开乡村建设，不能谈战时教育，故战时教育最大的活动范围在乡村，亦即小学教育，社会教育，为抗战教育之中心，而实施左列纲要：

1，选读爱国诗文歌曲。

2，研究战时公民应有之德性及责任。

3，讲授国耻史实及全民抗战之意义。

4，研究军事地理。

5，搜求国防资源。

6，讲授粮食增加方法。

7，训练防空及军事技能。

8，教导宣传方法。

倘乡村建设中之乡村教育能如此办理，则战时教育之能事毕矣，说者以为乡村人材缺乏，非大学生或高中学生深入田间，不能有济，余以为在失陷的地方，学生无法读书，非加入游击队，无生存的可能，而在战区附近地方，学生亦不能安心读书。只有全受战时教育，最近湖南把三年级完全停办，专做民训工作，至于大学生应否完全接受战时教育，全视空间为转移，例如战区外的大学，如其所授为实用科学，尽可继续进行，因其所学技能，多与军事直接或间接有关，至于文法等学院之学生，如不能安心读书，尽可投笔从戎，同时政府对于由战区退到非战区内之学生，其不能继续求学者，宜办一特种大学以收容之，如山西之民族大学，陕北之抗日军政大学，可使热血青年之不能安心读书者，得一受训机会，而凡能继续维持常轨之学校，亦设法加授特种课程，如汽车驾驶、机械管理、兵工电讯之类，以应战时需要，如此双方兼顾，庶不致感受一时之影响，斫丧一时之元气，而毕业大学生，必须赴乡村服务，斯又爱国青年不可忽视之工作也。

文献编号 1938-029　重庆大学伤兵捐突破万元

■ 文献信息

报纸《申报》,1938年5月24日，期号85号(香港版)

文献编号：1938-029

■ 简体全文

四、伤兵捐突破万元

自汉口发起救护负伤将士医药捐款后，本市亦闻风响应，全市民众及各机关均踊跃捐助，重庆大学当局，已规定教职员至少捐助所得捐之三倍，以作为伤兵捐款，截至现在止，募集成数，已突破万元纪录。

514　**十个月抗战的收获**

■ 文献信息

期刊《五月》，第1页，1938年5月30日

文献编号：1938-030

十個月抗戰的收獲

五月專刊

稅西恆

如有人問戰爭有無利益？我相信凡是人類總回答說，戰爭是有害無利的。但是敵人打我們，我們不得不自衛而應戰，就說不得有無利害。有利固然要抗戰，有害也無法避免的。所以這次抗戰的弊害和損失是不必說的。我們應當討論的是我們抗戰有何利益，有何收獲。我覺得我們抗戰，利益與收獲很大，而且比較損失還大得多，例如國家存亡的挽救，民族性的改造，政治的進步，內亂的消滅及國際地位的提高，在下文中分別論之。

一，國家存亡的挽救。

日本帝國主義者侵略中國的目的是要併吞中國，作東亞的主人翁更把中國人作爲工具去侵略他國他洲。這在他們的言論和思想上已公開表露無遺了。那嗎我們不抵抗即投降，即承認被吞併。在以前，還希望他們用緩進政策，我們一面退讓一面準備到相當時期再與決戰。但是後來他們政策一改變了·他們也怕我們一面退讓一面準備，所以用急進政策，要把我們無暇准備的立刻吞併。他們將內政調整從去年夏天用近衛組成所謂舉國一致內閣，自以爲時機不可再失，便大刀闊斧殺奔中國而來。他們的主意是，如中國不抵抗，就一口吞之，如中國抵抗，就幾刀砍死。雖然過程或許比較迂迴曲折，但是計劃大綱卻是如此。所以這是存亡關鍵我們不戰就是死定了。抗戰總還有生路可尋。如今一看的我們不是有了生路嗎，或至少有希望嗎。這是抗戰的第一個收獲。

二，民族性的改造。

我國文化落後，民族衰老，弱點很多，這是毋

……

，可爲諱的。例如愚闇而缺乏民族國家觀念及自立性，以致容易受人統治。懶惰而缺乏之責任心，所以容易屈服。複雜而不整齊劃一，所以力量微弱。恬嬉而不嚴肅，只知消極攻擊而無積極辦法，所以內亂不息。輕浮而不沈着，所以沒有深謀遠慮。這統統都是我國普遍的現像也是亡國滅族的十足條件。以能一班政治家只知奪取政權，不知改良民族性，不但於國無益，結果還自焚我身。即或偶有一二政治家用勸人·行善的方法。但是功效都非常之小，因爲民不從其人所言而從其所行。現在借國難的打擊，抗戰的實施，作一個最好的民族訓練的課程，不但訓人，還可自訓。如是辦理得當，功效比十年教養來得大。若與我國以前的成績相較，至少要當半世紀的進步。因爲用國難家難的打擊，容易發生國家民族觀念，用軍法治事可以養成責任心，用命令區處可促成整齊劃一，加以國事負担則知治事之不可徒託空言而浮囂與不負責之攻擊漸革，觀敵人之慘酷，自起嚴肅之心。所以抗戰恰是醫治我國民族病症的最好方法。而且實過處此，行者不得不行，違者不得不遵，而遍及全體民衆，統治者與被統治者皆要身體立行。古人說多難興邦，正是此意。還不但是理論，我們經過十個月的抗戰，民族性已有了顯著進步。可惜政府不會盡量利用這個民族訓練的機會，讓這課程盡量發揮功能。如是採用我去年主張的全國文化階級總動員，一方在戰區去領導民衆參戰，一方在非戰區內訓練組織民衆，則不但加强了我民族的戰鬥力，同時也提高了民族的文化程度。待戰事結束我民族也成了現代化的民族了。因爲

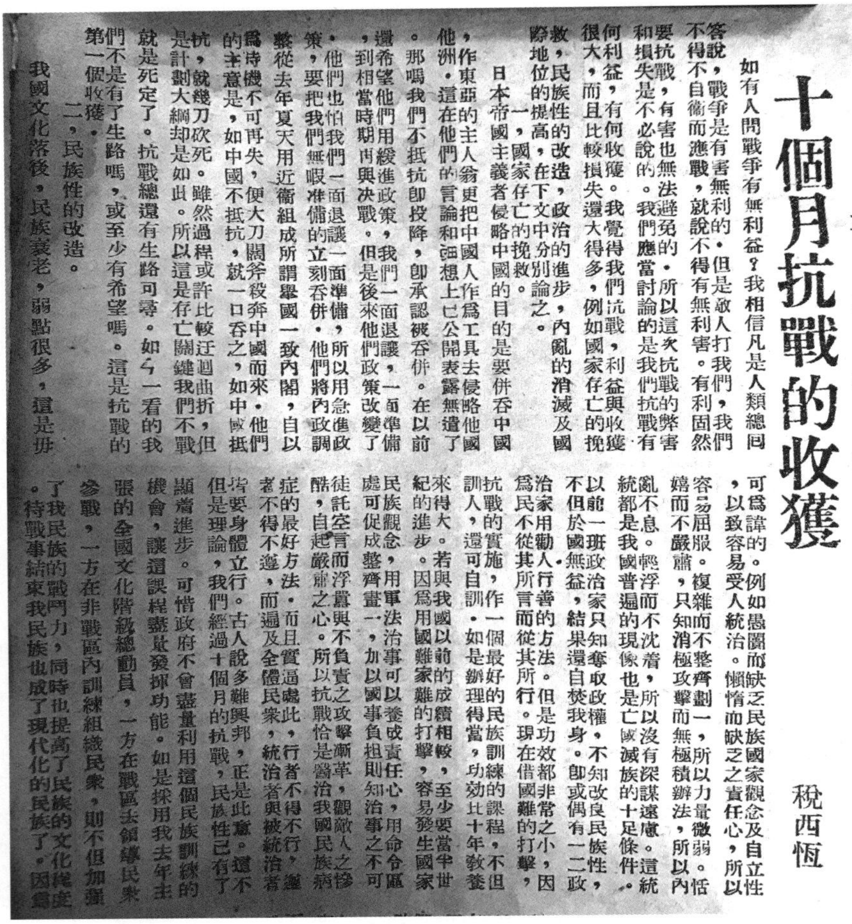

文献编号 1938-030　十个月抗战的收获（节选）

■ 简体全文[1]

十个月抗战的收获

税西恒

如有人问战争有无利益？我相信凡是人类总回答说，战争是有害无利的。但是敌人打我们，我们不得不自卫而应战，就说不得有无利害。有利固然要抗战，有害也无法避免的。所以这次抗战的弊害和损失是不必说的。我们应当讨论的是我们抗战有何利益，有何收获。我觉得我们抗战，利益与收获很大，而且比较损失还大得多，例如国家存亡的挽救，民族性的改造，政治的进步，内乱的消灭及国际地位的提高，在下文中分别论之。

一，国家存亡的挽救。

日本帝国主义者侵略中国的目的是要并吞中国，作东亚的主人翁更把中国人作

[1] 原文内容篇幅较长，仅节选部分内容。

为工具去侵略他国他洲。这在他们的言论和思想上已公开表露无遗了。那吗我们不抵抗即投降，即承认被吞并。在以前还希望他们用缓进政策，我们一面退让，一面准备，到相当时期再与决战。但是后来他们政策改变了。他们也怕我们一面退让一面准备，所以用急进政策，要把我们无暇准备的立刻吞并。他们将内政调整从去年夏天用近卫组成所谓举国一致内阁，自以为时机不可再失，便大刀阔斧杀奔中国而来。他们的主意是，如中国不抵抗，就一口吞之，如中国抵抗，就几刀砍死。虽然过程或许比较迂回曲折，但是计划大纲却是如此。所以这是存亡关键[，]我们不战就是死定了。抗战总还有生路可寻。如今一看的我们不是有了生路吗，或至少有希望吗。这是抗战的第一个收获。

515　抗敌动态

文献编号 1938-032　抗敌动态

■ 文献信息

期刊《重大校刊》，第26期，第14页，1938年6月1日

文献编号：1938-032

■ 简体全文

五月抗敌宣传节公演戏剧

本校话剧社与三八剧社为五月抗敌宣传联合在沙坪坝文化区举行公演，地点假本校小型剧台[，]时间定为二十七二十八二十九三日，已选定[《]再会罢东京[》]与[《]玛德里风景[》]两个反侵略剧本，闻服装道具灯光化装等等均有新的设备，成绩定然可观云。

抗敌后援会主办之平民校已正式上课

抗敌后援会为贯输抗战知识及扫除文盲起见，本期又开办平民夜课校一所，地点在工学院三楼，已招收学生四五十人，正式行课[。]现请求入学者仍多云。

又一飞将军准备入伍

前期本刊新闻栏中载有飞将军入伍新闻一则，尚有顾君景祥被编者遗漏[。]顾君江苏人队[士，]性情活泼体格强健，初投考航空飞行军士队[，]因血压过高未被录取，然君吾矢志不渝继续锻炼，卒于上月考入飞行军官队，有志竟成，顾君当之不愧也。

516　全国各大学校长电欧美文化界请阻止供给敌军火

文献编号 1938-048　全国各大学校长电欧美文化界请阻止供给敌军火

报纸《申报》，1938年7月13日，期号23388号（汉口版）

文献编号：1938-048

■ 简体全文

各大学校长电欧美文化界
请阻止供给敌军火

【本市消息】我全国各大学校长，以敌机迭在我不设防城市任意轰炸屠杀平民，实属惨无人道之暴行，近电哥伦比亚大学校长转美各大学校长教授及各文化机关呼吁阻止暴行[，]原电云：哥伦比亚大学校长白脱流转美国各大学校长教授及各文化机关暨各报馆国联同志会会长薛西□转欧州各大学及国联同志会各分会暨国际和平运动会与报馆，谨请注意日本飞机故意扫射中山大学、□南大学，恣意轰炸中国不设防城市，特别是广州[，]并残杀众多非武装人员及妇孺之暴行，吾人对于外籍商人，以飞机军用品继续不断供给日本军阀，借以鼓励国际间极凶□之盗贼行为，提出严重之抗议。□殷望迅即采取有效步骤，阻止军火商及制造飞机商人以在中国逞残暴之工具，继续供给日本，中央大学校长罗家伦，中山大学校长邹鲁，北京大学校长蒋梦麟，浙江大学校长竺可桢，四川大学校长张颐，武汉大学校长王星拱，清华大学校长梅贻琦，同济大学校长翁之龙，北平大学校长徐诵明，湖南大学校长皮宗石，中正医学院院长王子玕，重庆大学校长胡庶华，东北大学校长臧启芳，金陵大学校长陈裕光，华西协合大学校长张[凌]高，金陵女子大学文理[学]院院长吴贻芳，复旦大学副校长吴南轩，光华大学校长张寿镛，大夏大学校长王伯群。

【又讯】国际反对轰炸未设防城市大会，现改定于本月二十三二十四两日在巴黎举行，国际反侵略中国分会，以国际友人对我如此同情，吾人更应表现自身之力量，争取世界和平，特定明日下午三时，在普海春召集各界茶会，商讨办法。

517 中国各大学校长电谢美国会全体议员

■ 文献信息

报纸《申报》，1939年2月24日，期号23342号（上海版）

文献编号：1939-003

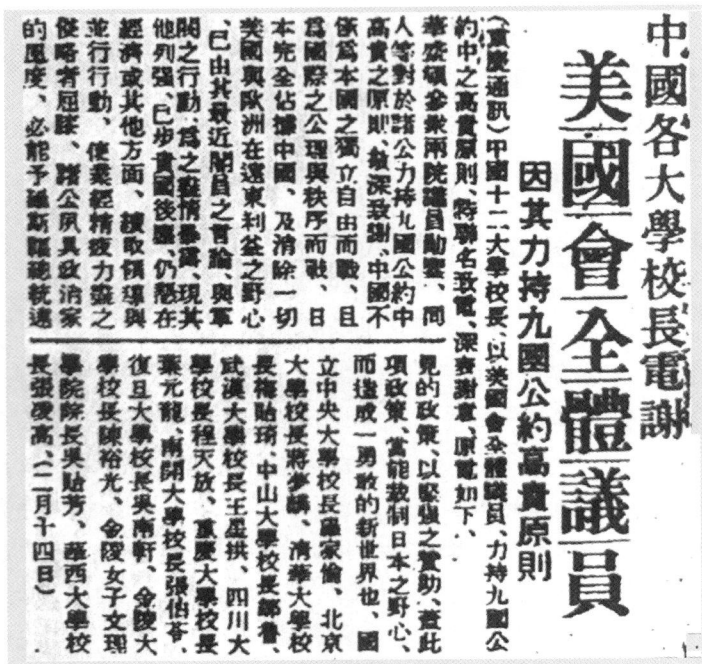

文献编号 1939-003　中国各大学校长电谢美国会全体议员

■ 简体全文

中国各大学校长电谢美国会全体议员
因其力持九国公约高贵原则

【重庆通讯】中国十二大学校长，以美国会全体议员，力持九国公约中之高贵原则，特联名致电，深表谢意，原电如下：

华盛顿参众两院议员勋鉴，同人等对于诸公力持九国公约中高贵之原则，敬深致谢，中国不仅为本国之独立自由而战，且为国际之公理与秩序而战，日本完全占据中国，及消除一切美国与欧洲在远东利益之野心，已由其最近阁员之言论，与军阀之行动，为之尽情暴露，现其他列强，已步贵国后尘，仍恿在经济或其他方面，续取领导与并行行动，使业经精疲力尽之侵略者屈膝，诸公凤具政治家的风度，必能予罗斯福总统远见的政策，以坚强之赞助，盖此项政策，当能裁制日本之野心，而造成一勇敢的新世界也，国立中央大学校长罗家伦、北京大学校长蒋梦麟、清华大学校长梅贻琦、中山大学校长邹鲁、武汉大学校长王星拱、四川大学校长程天放、重庆大学校长叶元龙、南开大学校长张伯苓、复旦大学校长吴南轩、金陵大学校长陈裕光、金陵女子文理学院院长吴贻芳、华西大学校长张凌高。(二月十四日)

518 重大校长与各界联合致电英大使

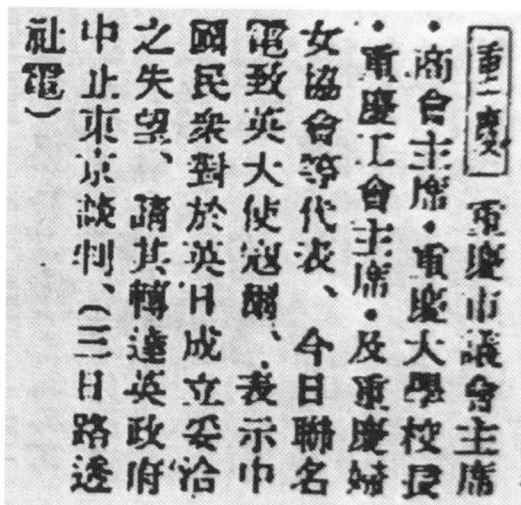

文献编号 1939-013　重大校长与各界联合致电英大使

■ 文献信息

报纸《申报》，1939年8月4日，期号23502号（上海版）

文献编号：1939-013

■ 简体全文

【重庆】重庆市议会主席、商会主席、重庆大学校长、重庆工会主席，及重庆妇女协会等代表，今日联名电致[致电]英大使寇尔，表示中国民众对于英日成立妥洽之失望，请其转达英政府中止东京谈判。(三日路透社电)

519 A joint appeal was wired by university presidents in Chungking

■ 文献信息

报纸 *The North-China Daily News*，1940年5月31日

文献编号：1940-012

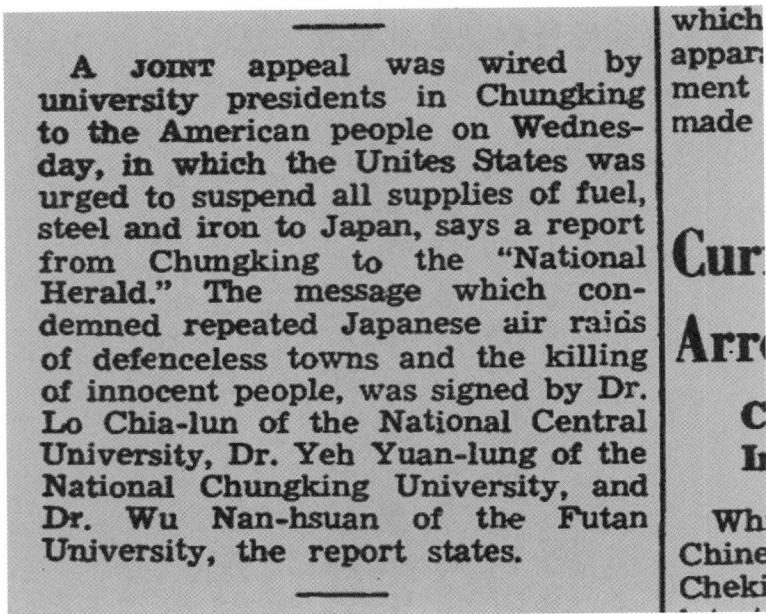

文献编号 1940-012　A joint appeal was wired by university presidents in Chungking

■ 全文及译文

A joint appeal was wired by university presidents in Chungking to the American people on Wednesday, in which the Unites States was urged to suspend all supplies of fuel, steel and iron to Japan, says a report from Chungking to the "National Herald". The message which condemned repeated Japanese air raids of defenceless towns and the killing of innocent people, was signed by Dr. Lo Chia-lun of the National Central University, Dr. Yeh Yuan-lung of the National Chungking University, and Dr. Wu Nan-hsuan of the Futan University, the report states.

星期三重庆各大学校长向美国发起了联合呼吁，敦促美国暂停向日本输送钢、铁，石油。这条谴责日本多次空袭城镇和杀害无辜平民的信息，由国立中央大学罗家伦博士、国立重庆大学叶元龙博士和复旦大学吴南轩博士共同签署。

520　重庆大学发起献鼎运动

■ 文献信息

报纸《西北文化日报》，1943年1月26日

文献编号：1943-001

文献编号 1943-001　重庆大学发起献鼎运动

■ 简体全文

莫斯科新闻撰文欢迎中英美新约
上饶各界筹备庆祝新约　重庆大学发起献鼎运动

【重庆二十五日电】据自由西报古比雪夫通讯员一月二十三日电，莫斯科新闻报以"苏联舆论欢迎中美中英新约"为题，特撰专论，略谓"英美与中国签废除治外法权之条约，世界各地无不同□□□，苏联订[的]舆论亦自有同感犹忆"一九一四年五月三十一日苏联与中国亦曾签订同样条约，转眼已十八年矣，当此全人类进步势力正与黑暗势力作殊死战之际，苏联外交政策之根本精神，今日又见于中英中美新约中，该文章称，废除治外法权足以增强中国国力，并使中国威望在国内外均为之大振，苏联舆论一向对中国表示友善，对新约自亦欢迎不置云。(中央社)

【上饶二十五日电】上饶各界，中美中英平等新约成立特开会筹备扩大庆祝事宜云。(中央社)

【重庆二十五日电】重庆大学区党部，庆祝中美中英新约之订立，特推设一元献鼎运动，募得法币十五百元。送存组织部，将与其他大学区党部，工专区部联合出资置鼎呈献总裁。(中央社)

专题十二：校内校外交流

本专题选取 1931 年至 1948 年期间的 18 篇文献，内容涵盖校外人士来校演讲、来宾参观校园、重大师生参加市内活动、重大教授对外投稿、南开校友会重大分会等主题。

一、校外人士来校讲演

重庆大学是重庆地区重要的高等教育学府，抗战爆发后，大量的鸿儒名流聚集在重庆，重庆大学成为他们发表演说的主要地点。

本专题选取了以《梁漱溟在重大做讲演》为代表的四篇讲演词，包括公民道德建设、日本乡村工作开展、国家建设的问题、科学研究与政治计划的关系等主题。详见 1931-002、1937-050、1939-031、1948-041 号文献。

二、来宾参观校园

重庆大学自 1933 年迁入沙坪坝永久校址后，校园建设稳步推进，尽管在日机无差别大轰炸中多次受损，但基础仍存。本书选取了四篇来宾参观校园的相关文献。

1937 年京滇周览团一行到校参观，行程紧凑，1937-043 号文献有记载。该周览团的行程在同期的《申报》中有大幅报道，本书未收录，如读者有进一步的研究需要，可自行查阅。

1938 年英国大使卡尔（亦作寇尔）爵士与夫人及随员等参观重庆大学。1938-016、1938-017 号文献对此有详细记录。值得一提的是，第三编专题十一中

1939-013 号文献提及"重大校长与重庆各界联合致电寇尔大使",表示"中国民众对于英日成立妥洽之失望",并请寇尔大使转达希望英政府"中止东京谈判"的意愿。

三、重大师生参加市内活动

在第三编专题十一中已讲述,胡庶华号召并主持兴建沙磁文化区。多项举措中影响最大的是在重庆大学成功举办重庆市有史以来第一届大专院校运动会。胡庶华专门发表《重庆市第一届运动会之意义及其影响》,在全川产生极大影响。全文及具体过程详见 1937-033、1937-038 号文献。

1938 年植树节,重庆各界在沙坪坝举行植树造林仪式,以纪念孙中山先生。重庆大学校长胡庶华先生亲手种下了树苗。图片见 1938-057 号文献。

1940 年重庆举行体育表演大游行,重庆大学学生在游行中表演了投掷手榴弹、双杠技巧等项目。图片见 1940-025、1940-026 号文献。同年,缅甸访华代表团来到重庆,重庆大学叶元龙校长、中央大学罗家伦校长、南开大学张伯苓校长陪同参观。图片详见 1940-024 号文献。

四、重大教授对外投稿

作为陪都文化交流集散地的重庆大学,是一个思想交流碰撞的地方。重大的教授传播学术思想、陈述评论观点、表明政治立场的多篇文章在各大报刊发表。著名教授马寅初的《中国战后经济建设问题》,一经发表即引起轰动。

本书仅选择两篇"编者言"作为代表,有兴趣的读者可据此思路进行深入了解。详情请见 1943-004、1947-075 号文献。

五、南开校友会重庆大学分会

1940 年 1 月 5 日南开校友会重庆大学分会正式成立,1940-002 号文献详细记录了成立过程。1941-001 号文献则记录了南开校友会重大分会的迎新活动。

南开校友会的成立其实是大后方各"流亡高校"的一个缩影,抗战时期迁渝的高校或多或少都成立了各自的校友会,因战火颠沛流离的学子或校友,在异乡通过校友会重新聚在一起。对抗战时期内迁的高校学人来说,这也算是温情的一面。

521 菩萨的人生观与公民道德　在重庆大学的演讲

菩薩的人生觀與公民道德在重慶大學講

太虛

今承貴校校長及李公度先生等招待。來貴校參觀。很爲榮幸。頃蒙李先生提及本人之志願。然頗以未見諸行事爲憾。惟佛法雖深廣難測。據我所見到者。大概非離開世間而別有佛法之存在。故佛法雖能普及一般人而爲一般人立身處世之大經。將佛法普通原理見諸於人類或非人類之實際行爲。而非玄想空談的。所以提出『菩薩與公民』一題來討論之。想各位對于菩薩一名詞與公民一名詞聯爲一句。大抵很爲奇異。因中國人心理上久已誤會菩薩爲偶像之代名詞。但其實不然。菩即菩提是『覺』義。薩埵是『有情』義。凡具有情意知覺之人與非人等。皆名有情。所謂菩薩者。即有了覺悟的有情。質言之。亦即有了覺悟的人。根據了現今已有的覺悟而去求更進步以至最高的覺悟者。就是菩薩。後來紀念他。爲之立像。在於引起後人之景慕。如近來各國之立銅像亦即此意。若以菩薩義而徵之於人類。如各位來此大學研究學問。是先有了普通學問的根抵。而來更求高深之學問的。如更發很大之志願去求圓滿徹底的覺悟。則亦即爲菩薩。然已有覺悟之菩薩。欲更求最高深之覺悟。其出發點究竟何在呢。因菩薩之本身是有情。覺到一切有情皆同體性而平等的。因爲是同有血氣靈性覺悟的。然人類與非人等一切自然界中之有情命者。以形類小有不同。而莫不演成互相吞噉互相爭殺之慘痛。菩薩因同他平等之關係。不期然而然的發起了普徧的悲愍心。誓欲爲之解脫其苦惱。但如何方能解脫其苦以得到共同長久之安樂。觀察此諸苦果從何而起。若謂自然是苦而不可救者。爲悲觀派之謬見。若見能安於痛苦。即謂非痛苦而不須救者。爲樂觀派之謬見。此皆落於邊見。而實無救度之辦法者。菩薩研究有情痛苦之由來。以爲凡自然界人爲界皆是結果。然此結果非憑空而有。亦非『神』所造成。更不是機械性的物質所構成。實實在在是因緣所成。而其因亦非單獨之因。而爲許多關係衆緣所集合之結果。凡人類或非人類同沒於自然界之痛苦中者。其因果正復如是。而在許多的因緣中各各有情衆生之心的動。就是許多因緣中最重要之緣。如心中有了何種情感意思見諸於言行。即有種種事業之表現。故集成一切事事物物衆緣。又皆隨心之力量以爲變遷。其在心之活動態度上若不曾認得清楚。即於萬有變化與人類生存之道無有深切之認識與眞確的覺悟。於是凡有舉動皆不正當而得到的反應即爲痛苦之結果。從此可知凡欲解除人爲界與自然界之痛苦。非將各各有情的心變成一個覺悟心不可。而菩薩之所以爲菩薩者。即由具有此覺悟有情心之覺悟。而其方法種種不一。但不同其他宗教教人憑信一神便可解脫。佛法須使人人皆於自心上得到覺悟方能解脫。但菩薩欲令衆生覺

海潮音　十二卷　第六號　七　（三七）

文献编号 1931-002　菩萨的人生观与公民道德　在重庆大学的演讲（节选）

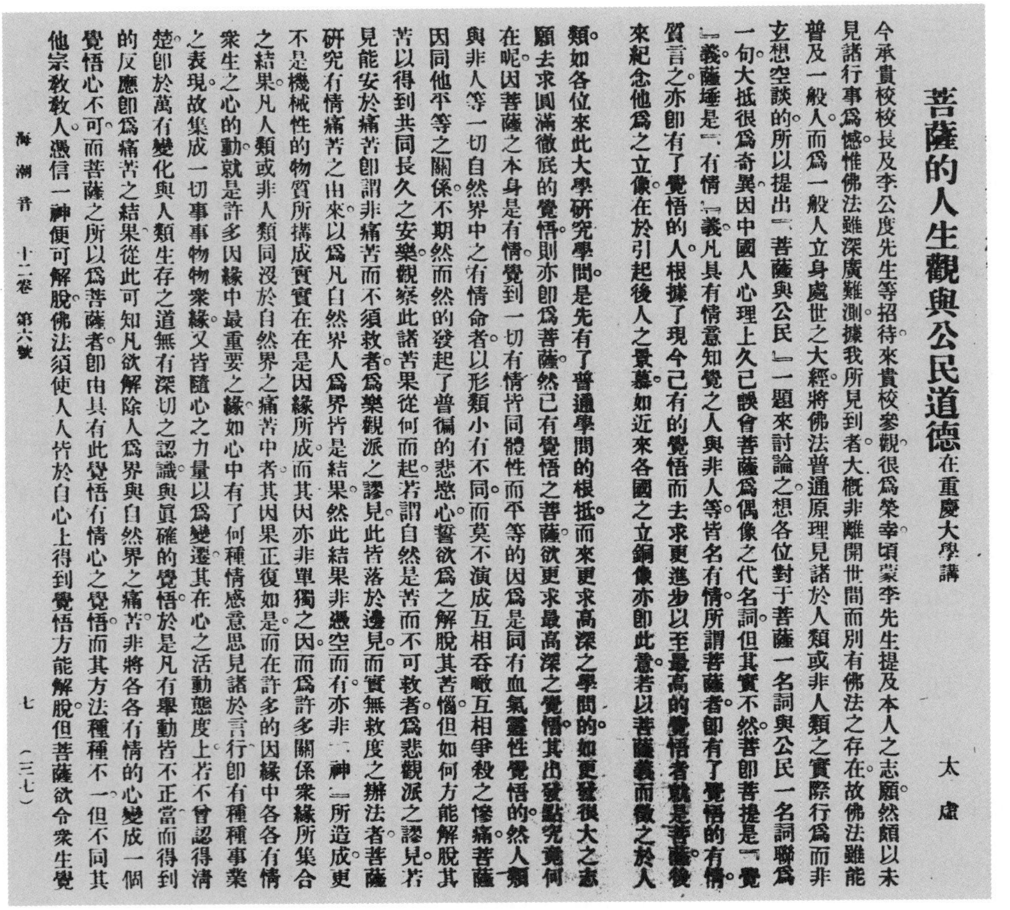

■ 文献信息

期刊《海潮音》，第12卷第6号，第36—38页，1931年

文献编号：1931—002

■ 简体全文

菩萨的人生观与公民道德　在重庆大学讲

太　虚

今承贵校校长及李公度先生等招待。来贵校参观。很为荣幸。顷蒙李先生提及本人之志愿。然颇以未见诸行事为憾。惟佛法虽深广难测。据我所见到者。大概

非离开世间而别有佛法之存在。故佛法虽能普及一般人。而为一般人立身处世之大经。将佛法普通原理见诸于人类或非人类之实际行为而非玄想空谈的。所以提出"菩萨与公民"一题来讨论之。想各位对于菩萨一名词与公民一名词联为一句。大抵很为奇异。因中国人心理上久已误会菩萨为偶像之代名词。但其实不然。菩即菩提是"觉"义。萨埵是"有情"义。凡具有情意知觉之人与非人等。皆名有情。所谓菩萨者。即有了觉悟的有情。质言之。亦即有了觉悟的人。根据了现今已有的觉悟而去求更进步以至最高的觉悟者就是菩萨。后来纪念他为之立像。在于引起后人之景慕。如近来各国之立铜像亦即此意。若以菩萨义而征之于人类。如各位来此大学研究学问。是先有了普通学问的根柢。而来更求高深之学问的。如更发很大之志愿去求圆满彻底的觉悟。则亦即为菩萨。然已有觉悟之菩萨。欲更求最高深之觉悟。其出发点究竟何在呢。因菩萨之本身是有情。觉到一切有情皆同体性而平等的因为是同有血气灵性觉悟的。然人类与非人等一切自然界中之有情命者。以形类小有不同。而莫不演成互相吞噉互相争杀之惨痛。菩萨因同他平等之关系。不期然而然的发起了普遍的悲悯心。誓欲为之解脱其苦恼。但如何方能解脱其苦以得到共同长久之安乐。观察此诸苦果从何而起。若谓自然是苦而不可救者。为悲观派之谬见。若见能安于痛苦即谓非痛苦而不须救者。为乐观派之谬见。此皆落于边见。而实无救度之办法者。菩萨研究有情痛苦之由来。以为凡自然界人为界皆是结果。然此结果非凭空而有。亦非"神"所造成。更不是机械性的物质所构成[。]实实在在是因缘所成。而其因亦非单独之因。因而为许多关系众缘所集合之结果。凡人类或非人类同没于自然界之痛苦中者。其因果正复如是。而在许多的因缘中各各有情众生之心的动。就是许多因缘中最重要之缘。如心中有了何种情感意思见诸于言行。即有种种事业之表现。故集成一切事事物物众缘。又皆随心之力量以为变迁。其在心之活动态度上。若不曾认得清楚。即于万有变化与人类生存之道无有深切之认识。与真确的觉悟。于是凡有举动皆不正当。而得到的反应即为痛苦之结果。从此可知凡欲解除人为界与自然界之痛苦。非将各各有情的心变成一个觉悟心不可。而菩萨之所以为菩萨者。即由具有此觉悟有情心之觉悟。而其方法种种不一。但不同其他宗教教人。凭信一神便可解脱。佛法须使人人皆于自心上得到觉悟方能解脱。但菩萨欲令众生觉悟。而自己须先有很完全之觉悟。故须先求更进步乃至最高之觉悟。故其求最高悟觉之动机。在观有情同体平等而起了大悲悯心。由此乃确立求正觉心。依正觉之力。乃能从实际上解除众生之痛苦得大自由。如此遂成功为一个菩萨。菩萨之义既明。今应讲到"公民"了。中国政变已有二三十年之历史。其尚未能达到平等自由之目的。实因国人缺少了公民道德的原故。故今日中国国民最需要者即为公民道德。若不能养成国人的公民道德。无论军政实业等变化至如何程度。而欲建近代的国家社会。终无安定之一日。在中国以前之情形。从人的方面来讲。多数农民及工民商民皆有大家族之组织。只知各顾身家。凡国家政治地方公众之事。概视为毫无关系。以为一切自有皇帝与官绅去作。然纵欲去作。亦非可能。其为国家社会观念者如此。然现在之国家。乃人民建立之民治国家人人皆有国家的社会的关系。然欲建立此民治的国家社会。必须先养成公民道德为根本之要素。而公民道德之第一点。须知全国民众是同体平等的。皆视为同气同胞弟兄一样。有了此心。无论一举一动皆当以国家社会之公众利益为前提。凡起心用事皆从此心发出。则即成为缩小范围之菩萨行为。亦即成为公民之道德了。如此则全国人民可无相争相斗之痛苦。而生起同情博爱之心。以解除其痛苦。而得到种种利益安乐。其全国人民之利益既以达到。而我之利益亦自在其中。然由此博爱心上。又当进求各种学问知识。以养成各种实际能力。向国家社会去实行各种为全体人民谋利益之事业。如此乃完成公民道德。若人人有此公民道德。自能实现民治之国家社会。然而中国之旧习惯积染甚深。即欲养成此公民道德实非易易。若能从研究佛法得到了一种菩萨的人生观。则方知实现公民道德并不困难。故我们今日最需要的。在从菩萨的人生观去修养公民道德。

522　蒋中正与夫人参观重庆大学

■ 文献信息

报纸《申报》，1935年3月15日，期号22229号（上海版）

文献编号：1935-001

■ 简体全文[1]

[……] 蒋与其夫人今日曾参观此间新设之重庆大学，大受欢迎。（十四日路透社电）

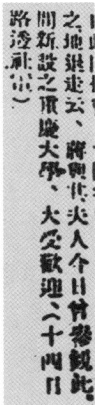

文献编号 1935-001　蒋中正与夫人参观重庆大学

523　重庆市第一届运动会之意义及其影响

■ 文献信息

期刊《重大校刊》，第11期，第1-2页，1937年5月1日

文献编号：1937-033

---

[1]　原文内容篇幅较长，仅节选其中与重庆大学有关内容。

文献编号 1937-033　重庆市第一届运动会之意义及其影响

■ 简体全文

重庆市第一届运动会之意义及其影响

胡庶华

　　重庆市有人口近五十万，在国内都市中，不能算小，顾十余年来，当国民革命极度进展复兴民族高唱入云之际，而于民族体育极有关系之运动会未闻有大规模之举行，推原其故，约有三端；[:]

　　干戈频年，喘息未定，提倡体育，实多未遑，此其一。市区地狭。[,]广场极少，盛大运会，不易举行，此其二。竞赛裁判，易滋纠纷，全国如此，人有戒心，此其三。

　　有此三因，故过去仅少数军队及学校中略有球类比赛之提倡，而田径赛殊为罕觏。此次李市长抱"我不入地狱谁入地狱"之决心，毅然发起重庆市中等以上学校春季运动会，复承省府指令改为重庆市第一届运动会，意义重大，兹分述之。

　　一、测验市民体育之程度[,]近年以来，外患日亟，人民知强国必先强身，对于体育渐能注重，然进展至如何程度，此次大会可测验之。

二、鼓励观众守法之精神，吾国素重人治，不尚法治，一切设施，大都对人而不对事，机关纪律，社会秩序，殊非短促时间所能养成，此次入场毋须有券，运动场四周不设栏杆，甚望观众不至闯入场内，至于场外拉拉队尤应严守秩序不逾规矩，然而能否办到，则视观众守纪律之精神如何。

三、注重运动之道德，运动之纠纷，大都因裁判问题而起，倘运动员都能严守竞赛规程，绝对服从裁判，宁可失败，不愿有损运动道德，则体育前途，必能大放异彩。

四、训练筹备人员之经验，庶华不揣谫陋，追随李市长之后，筹备此会，深知能力薄弱，诸多未周，幸得市府及各方同志充分赞助，所以得减轻罪戾，在个人所得经验极多，而对大会则惶恐无地，惟有将所得之经验贡献于将来第二届运动会以赎前愆。

至于此会之影响于将来者，厥有下列数点：

一、对于教育之影响，重庆市内各学校有运动场者较少，而体育设备感觉缺乏者亦多，经过此番运动会之后，各学校当局对于体育或特别提倡，市政当局对于全市公共体育场之建设特别加紧，各校学生及全市市民对于体育将特别发生兴趣，对于运动项目个个都是生龙活虎，对于竞赛规程，个个都是绵羊，斯为本会之第一大收获。

二、对于集团之影响，国民过去的合作精神太少，尤其对于集团活动，缺乏组织能力，倘此次大家认为这一个会不是那一个人或一个机关应负完全责任，而是凡属参加此会的人个个都有责任，既不是提倡选手，更不是提倡锦标，要在使体育普遍化，大众化，纪律化，秩序化，则大会可以得到圆满的结果，俾办第二届运动会者不至视为畏途，斯为本会之第二大收获。

三、对于节约之影响，现值推行节约运动之际，筹备会仅向省府请拨四千元的经费，是否可以完全领到尚属问题，所以诸事节省，因陋就简，势所难免，如果花费太多，亦恐影响将来，中国今日正须穷干苦干，倘因此创造一个运动会中的节约运动新纪录，斯为本会之第三大收获。

此外如张伯苓先生之任总裁判，大为本会生色，贺主任之允拨交二团汽车多辆以利交通，赵锡光师长之允借帐棚二百余座以便露营，均值得我们特别感谢。此次运动员均不露营，因为怕影响他们的运动成绩，故仅初中的童子军露营。

德国欧战名将鲁登道夫之言曰："我们需有一个精神卓越身体健康的民族，可以整年整月在极度力量紧张之下，辗转鏖战，抵抗敌人，挫伤敌人之意志，在火线上面或火线后方，甚或在敌人手中反抗战争的不义，认识一切威胁的危险情形，而且对于随战争之延长而容易产生的怀疑蛊惑，处之泰然，不为所动，全民战争是不容情的，它是向男女国民都要求极度的力量。"权引这一段话，作为本文的结论。

■ 文献信息

期刊《重大校刊》，第11期，第15页，1937年5月1日

文献编号：1937-038

■ 简体全文

重庆市第一届运动会已闭幕

此次市运会的发起，是本校同市府共同负责筹办，并预定在川师体育场预选，在本校运动场决赛，所以本校参加人数，特别的多，并且项项都有，临时复由体育科，表演各种惊奇武技及健身操，颇得观众赞许，决赛的结果，除一两项科目屈居亚军外，其余的球类如蓝[篮]球、排类[球]、足球，径赛如五十公尺、八十公尺、百公尺、一千五百公尺等……均夺获锦标云。

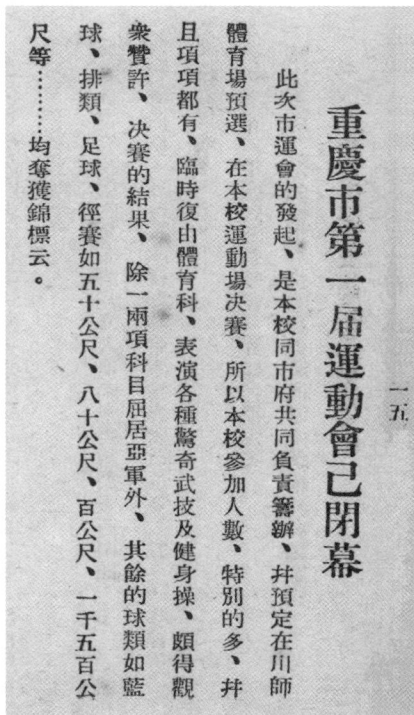

文献编号 1937-038　重庆市第一届运动会已闭幕

525 京滇周览团到校参观

■ 文献信息

期刊《重大校刊》，第12期，第17页，1937年
5月16日

文献编号：1937-043

■ 简体全文

京滇周览团到校参观

京滇周览团一行，于本月十五日午后六时到
校参观，惟以时间近晚，未能一一观览，体育专
修科等于风雨球场中，表演联络运动，嗣即在大
礼堂讲演，对于学生训勉有加焉。

文献编号 1937-043　京滇周览团到校参观

526 日本的乡村工作　梁漱溟在重庆大学讲演

文献编号 1937-050　日本的乡村工作　梁漱溟在重庆大学讲演

■ 文献信息

期刊《四川省政府公报》，第83期，第90-98页，1937年6月10日

文献编号：1937-050

■ 简体全文

日本的乡村工作
梁漱溟在重庆大学讲演

今天讲的想给日本乡村工作和我们的乡村工作一个比较的说明，以看出它的与我们间的不同，因而点出中国的问题在那里，末了还要说出我们必须在经济建设上有个方针，有个路向，日本农村问题严重化始于一九二九年以后，乃随世界的经济恐慌而来，在前日本的农村很富庶，虽然工业发达，也吸收了乡村中不少的人口到都市去，但乡村的人民依然还是过得很好，听说在欧战期间，日本农村人民可以坐二等火车带[戴]金戒指，自然日本农产品价格低落以后，原有的自然自给形式打破，人民收入减少，一天一天日子来得不好过，全国人渐渐发起救济农村的要求，在一九三一年，由议会产生了一个全国农村经济更生计划，从一九三二年开始，去年为最后的一年，日本农村的痛苦与我们相同，都是遭受农产品价格低落的影响，救济的方法，从两方面着手，一是社会教育，一是全国农村经济更生计划，它们的机关，在文部省底下有社会教育局，农林省底下设有全国农林社会经济更生计划局，在各县政府下有社会教育课，农民须要求之于自身的，第一在心理方面，或精神方面，即须要人民有一种自觉和信念，第二农民必须要联合，联合起来然后才可以应付环境，第三要劳力使用合理化，第四要消费与资本利用的合理化，第五多角生产，可以[减]减低农产物所受市场的影响，第六条采取自给自足方针，譬如用肥料，可以不要购买，直接自己生产，需要于国家政府方面，是实行统制政策，用统制的方法，压低资本家的势力，抬高农产品的价格以谋得都市与农村间的平衡，国家方面所用的办法第一是平衡谷价，日本人几乎全国吃米，都市人希望米价低，乡间人则希望米价高，政府在米价低的时候，尽量购米用仓贮藏，维持米价，免得农民受米价低落的损失，第二是平衡肥料的价格，农民因需大量的肥料，政府就设法把肥料价格减低，第三是整理旧债，调查农民的负债情形，又减低利息，或借钱给农民帮忙还债，又代农民分配债务，定出先后缓急替农民想办法，第四是减轻农民的负担，把许多的税额加到其他工业上去，去年的马场财政政策：扶农抑工，仍很显明，日本军人帮农民的忙，军人又在政府中很有力量，故用政府的力量施行各种政策，很生效果，西南帝大农院院长桥本博士为文尝说，日本农村经济更生，自然需要政府与农民两面合作，但五一五、三一六事件都是以农村经济更生为其背景，五一五以

后，更生计划完成了一半，三一六事件更把统制的力量加强完成[，]说到这里，依我的看法，日本的农村问题不能说便因此得到解决，因为要合理化[，]要多角生产乃是有限的事，超过合理化的限度就再不能更深的合理化了，至于国家方面用统制方法来压抑资本家，也不是尽属可能，因为政府常常需要金融接济，要求资本家想办法，再说日本的劳资间仍是有矛盾，所以压抑资本家来扶助农村，并不是一件绝对可能的事情，在我对于日本的看法，大致是日本常常发生问题，常常也有办法来解决问题，至于日本社会的前途，现在还不可测，日本的乡村工作是整个的，这是与我们的不同之点，日本的问题发动在社会，影响到国家，因而由国家来作乡村工作是整个的，在日本农村经济更生设计局有很多的柜橱中装满了计划书，举凡府县町村等各级地方政府，都有一本很详细的计划书，书分三部，初部系就该地的调查所得而列成的统计，其次根据统计做成详细的批评，例如何者应改良，何者应增加生产，再其次才是建议。

　　我们的乡村工作当然比日本差得远，日本的作得好，因为它好作，日本的教育最普及，农民每人应受六年的义务教育，又有青年学校，由先时的青年训练与职业补习学校合二为一，时间是两年，据我听说大约十个青年农民有八个是受过青年学校教育的。日本农业的学校，其程度大约比我们高中的程度低一年，毕业以后算一个高级农业技术人员，但半数都在家经营农业，农民程度这样的高，在我国是找不出几个来的，他的教育程度既高，乡村工作就容易推进。其次，日本的行政机构系统极为完备，全国有农会组织，每个农民都得参加[叫]农村组合，每个组合包含二三十户，一个[，]里面又包含有许多的组合。最上级的就是帝国农会，农村合作社从中央到地方都有组织，性质分四类，有信用、购买、利用、贩卖等，又另有产业组合、中央会等，日本全国专是信用合作社，与金融机关的资金有三万万元，日本农村社会中关于教育团体的组织，有青年团，在全村最为活动，做的事情有体育卫生等，又有户主会由每家中的男主人组成，主妇会则由每家中的主妇组成。还有在乡军人会，日本男女老幼都在组织中，上下一贯，成为一个系统活动起来，纵横自如。我们更添一个治安问题，在合作金融各方面更没系统的[，]所以日本的乡村工作易做，而又做得好；我们乡村工作难做，因为我们的工作困难。

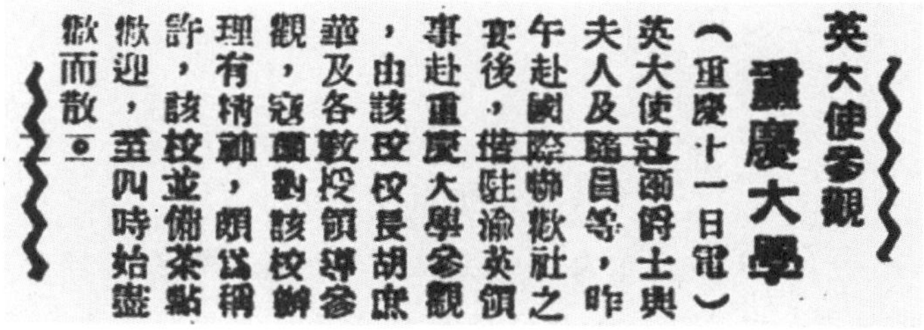

英大使参观
渝庆大学

（重庆十一日电）
英大使适西将士与
夫人及随员等，昨
午赴国际联欢社之
宴，宴后，接驻渝英领
事赴重庆大学参观
，由该校校长胡庶
华及各教授领导参
观，寇诸对该校辨
理有精神，朗诵称
许，该校並备茶点
欢迎，至四时始尽
欢而散。

文献编号 1938-016-01　英大使参观重庆大学

文献编号 1938-016-02　《晶报》消息"英大使参观重庆大学"

■ 文献信息

　　报纸《晶报》，第3494号，1938年4月12日

　　文献编号：1938-016

■ 简体全文

英大使参观重庆大学

　　【重庆十一日电】英大使寇尔爵士与夫人及随员等，昨午赴国际联欢社之宴后，偕驻渝英领事赴重庆大学参观，由该校校长胡庶华及各教授领导参观，寇尔对该校办理有精神，颇为称许，该校并备茶点欢迎，至四时始尽欢而散。

---

528 英大使卡尔昨参观重庆大学

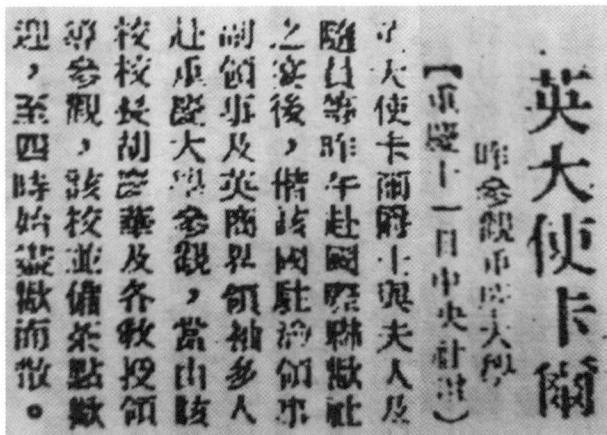

文献编号 1938-017 英大使卡尔昨参观重庆大学

■ 文献信息

　　报纸《申报》，1938年4月12日，期号23296号(汉口版)

　　文献编号：1938-017

■ 简体全文

英大使卡尔昨参观重庆大学

　　【重庆十一日中央社电】英大使卡尔爵士与夫人及随员等昨午赴国际联欢社之宴后，偕该国驻渝领事[、]副领事及英商界领袖多人赴重庆大学参观，当由该校校长胡庶华及各教授领导参观，该校并备茶点欢迎，至四时始尽欢而散。

本年三月十二日，为 总理逝世十三週纪念，重庆市各界该日在沙坪壩举行造林仪式，並分别在沙坪壩，南岸，及川東师範植树。同时在沙坪壩建造新運纪念林，種树五千株以資纪念云。

下 圖 示：重慶大學校長胡庶華先生及本會章楚同志植树之情形

上左角圖示：新運紀念林之石碑

上右角圖示：造林紀念會之彩牌

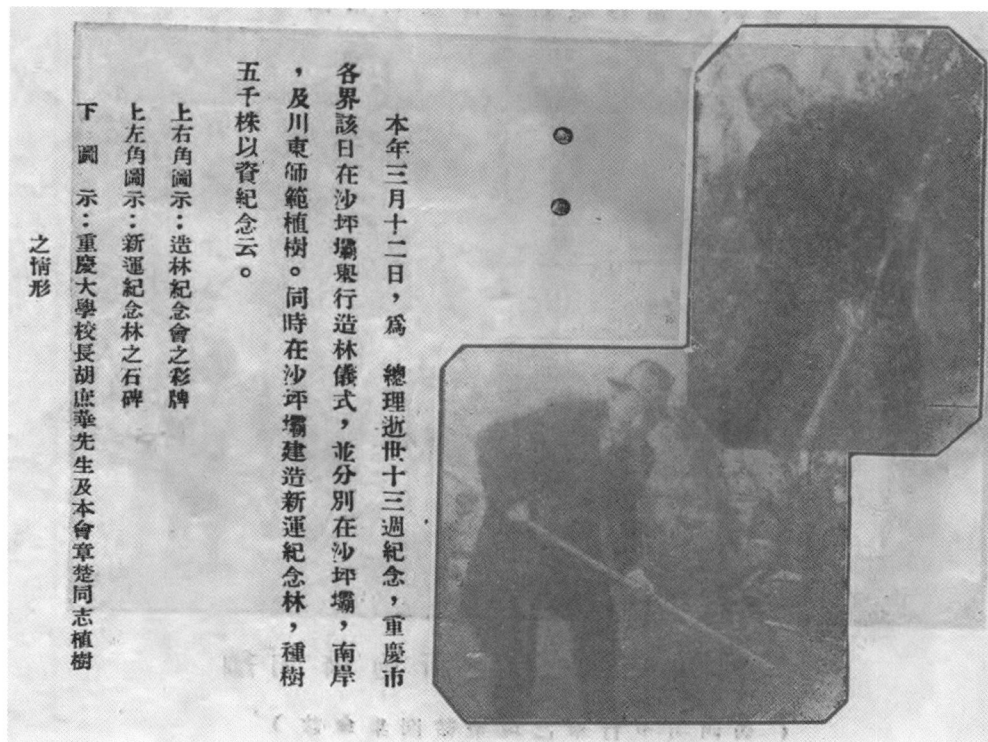

文献编号 1938-057　重庆种植新运纪念林

■ 文献信息

　　期刊《新运导报》，第 14 期，第 5 页，1938 年

　　文献编号：1938-057

■ 简体全文[1]

重庆种植新运纪念林

　　本年三月十二日，为总理逝世十三周年纪念，重庆市各界该日在沙坪坝举行造林仪式，并分别在沙坪坝，南岸，及川东师范植树。同时在沙坪坝建造新运纪念林，种树五千株以资纪念云。

　　[……]

　　下图示：重庆大学校长胡庶华先生及本会章楚同志植树之情形

---

[1] 原文内容篇幅较长，仅节选其中与重庆大学有关的内容。

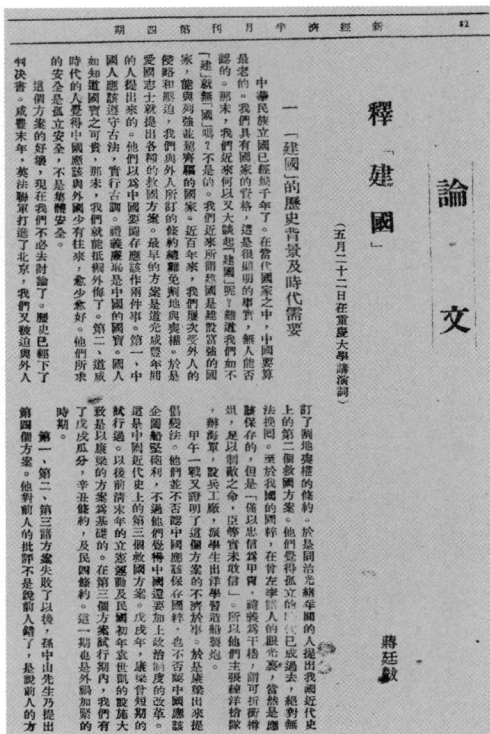

文献编号 1939-031　释"建国"（五月二十二日在重庆大学讲演词）（节选）

■ 文献信息

　　期刊《新经济》，第 2 卷第 4 期，第 82—87 页，1939 年

　　文献编号：1939-031

■ 简体全文

释"建国"

（五月二十二日在重庆大学讲演词）

蒋廷黻

一、"建国"的历史背景及时代需要

　　中华民族立国已经几千年了。在当代国家之中，中国要算最老的。我们具有国家的资格，这是很显明的事实，无人能否认的。那末，我们近来何以又大谈起"建国"呢？难道我们如不"建"就无"国"吗？不是的。我们近来所谓建国是建设富强的国家，能与列强并驾齐驱的国家。近百年来，我们屡次受外人的侵略和压迫，我们与外人所订的条约总难免割地与丧权。于是爱国志士就提出各种的救国方案。最早的方案是道光咸丰年间的人提出来的。他们以为中国要图存应该作两件事。第一，

中国人应该遵守古法，实行古训。礼义廉耻是中国的国宝。国人如知道国宝之可贵，那末，我们就能抵御外侮了。第二，道咸时代的人觉得中国应该与外国少有往来，愈少愈好。他们所求的安全是孤立安全，不是集体安全。

这个方案的好坏，现在我们不必去讨论了。历史已经下了判决书。咸丰末年，英法联军打进了北京，我们又被迫与外人订了割地丧权的条约。于是同治光绪年间的人提出我国近代史上的第二个救国方案。他们觉得孤立的时代已成过去，绝对无法挽回。至于我国的国粹，在曾左李诸人的眼光里，当然是应该保存的。但是"仅以忠信为甲胄，礼仪为干橹，谓可折冲樽俎，足以制敌之命，臣等实未敢信"。所以他们主张练洋枪队，办海军，设兵工厂，派学生出洋学习造船制炮。

甲午一战又证明了这个方案的不济于事。于是康梁出来提倡变法。他们并不否认中国应该保存国粹，也不否认中国应该企图船坚炮利，不过他们觉得中国还要加上政治制度的改革。这是中国近代史上的第三个救国方案。戊戌[戍]年，康梁曾短期的试行过。以后前清末年的立宪运动及民国初年袁世凯的设施大致是以康梁的方案为基础的。在第三个方案试行期内，我们有了戊戌[戍]瓜分，辛丑条约，及民四条约。这一期也是外祸加紧的时期。

第一、第二、第三诸方案失败了以后，孙中山先生乃提出第四个方案。他对前人的批评不是说前人错了，是说前人的方案太枝节，太不澈底。他觉得中国必须有澈底的，整个的精神建设，制度建设，及物质建设。这三种建设同时并进，然后我们才能建设近代的，富强的国家。孙中山先生的方案可以说是集近百年的各种方案的大成。我们今日所谓"建国"就是孙中山先生的方案的实施。

二、建国的困难所在

"建国"的历史背景和时代需要，我想诸位都应该明白了。诸位都是建国的主力军，应该对于建国的工作有明确的认识。我们首先要问：建国的工作有多大呢？建国的困难何在呢？我们现在离英美的富强境域究竟有多远呢？我们能赶上英美吗！[？]

一个多月以前，英国财政大臣在下院提出英国下年度的预算，其总数达十二万万镑。照法定汇兑率每镑值十七元计算，这个预算等于国币二百万万，比我们抗战以前的预算大二十倍。英国希望从税收取得九万万镑，从公债取得三万万镑。英国现有人口四千五百万。九万万镑的税收等于每个英国人，不分男女老幼，要送政府二十镑，合国币三百四十元。我们在抗战以前纳给中央政府的赋税每年每人约二元五角。现在每一个英国人所要纳的税等于抗战以前一百三十六个中国人所纳的税。英国下年度所要发行的三万万镑公债等于国币五十一万万元，约合中华民国到二十八年年底所负内外债的总和。

这样说来，英国人的生活岂不是万分困苦吗？他们当中确实有不少的人叫苦，但是他们的生活还是比我们的不知好多少倍。英国人民平均每年每人的收入可达一百镑，合国币一千七百元。五口之家每年平均的收入是八千五百元。我国人民平均每年每人的收入，据专家的估计，不过三十元；五口之家的收入不过一百五十元。换句话说，每一个英国人的收入等于五十七个中国人的收入。若与美国人比，我们

相差更远了。美国人每年每人的平均收入是美金六百元，约合国币二千元。一个美国人的收入几等于六十七个中国人的收入。

英美人的生活是否比我们的好五六十倍呢？假若我们要在中国维持与英美相等的生活，我们是否必须加增我们的收入六十倍呢？这是个很复杂的问题，不容易解答的。中国与英美物价水准相差太远了。诸位都知道一本洋纸洋装的中国书比一本英文书要便宜[的]两倍到三倍。一套西装衣服，用外国材料，在中国的价钱，比在英美要便宜两倍；如用中国材料，要便宜三倍以上。西餐在中国的价钱比在英美也要便宜两倍左右。每一个大学学生中国每年约费一千二百元左右，如果把公私两方的费用都包括在内。在英美，公私要在一个大学学生身上每年费一千五百元美金，比我们的几多费四倍。一所洋房在中国的价值只等于在英美的三分之一。但是汽车和汽油在英美比在我们这里又便宜多了。邮费，电费在中国只比英美便宜的百分之二十。火车和飞机的运输价，中西差不多。总算起来，我们可以说我们如要在中国提高人民的生活到英美的程度，我们必须加增收入三十倍。

我们能够建设我们的国家达英美那种富强吗？我们的民族本质并不在任何其他民族之下。我国东南沿海各省的劳动民众到南洋，南北美，及西印度群岛各地谋生者，无知识，无技能，无资本，然而不但能自立，而且能有余资汇回祖国。他们当中还有少数创造大规模的企业，在国际经济上占相当的地位。我们在外国的留学生，用外国的文字，在外国的环境里，尚且能与外国学生竞争而取优胜。中国人是聪明的。单就民族本质观察，我们对于建国的前途是绝对可以抱乐观的。

建国的元素，除民族本质外，最要紧的是国家的土地和资源。我国可耕之地的面积赶不上大英帝国，苏联，和美国。我们的资源，尤其重工业的原料，如煤、铁、铜、油，也不及英美苏。所以我们的工业前途虽能有很大的发展，恐怕永远不能与英美苏比衡。若与德意日三国比较，则我们又在他们之上。所以我们不必悲观。并且凡是到过北欧各国的人，定能发现丹麦、瑞士、那[挪]威、芬兰以极贫乏的资源维持极高的文化和物质水准。这些国家简直可以说是文化的先锋。他们运用人的理智克服了自然。在我们建国的过程之中，这些北欧国家的经验可资我们借镜[鉴]的甚多。

我们若对国家的前途作百年的展望，我们要发现两种困难，阻碍民族的前进。这两种困难都是中国人自己造的，并非上天或帝国主义者加给我们身上的。诸位都是青年，比较的陈见不深，能客观的对事。我今天所以特别把这两种困难提出来讨论。第一种是我国文字的困难。我已经说过，我们有物质的条件，可以在这个世界上建设富强的，伟大的新中国。问题在我们是否能运用科学的理智，和技能去开发资源，加增生产。这种科学的理智在民众方面必须普遍，在知识阶级方面必须高深，然后始能与外国竞争。但是因为我们文字的困难，我国小学及中学的国文课程比英美的英文课程费时多一倍，而我们大学毕业生运用国文的程度不过等于英美的中学毕业生；我们的中学的毕业生不过等于他们的小学毕业生；我们的小学毕业生尚且不能看报及起草他们日常生活所必须的文件，英美的小学毕业生在文字上则可以完全自立。文字不过是求知的一种工具。我们在工具上费的时间既然太多了，在知识上所能费的时间自必减少。

我们的文字性质不但使我们识字困难，写字也困难。在欧美，一个幼童学会了字母，一切字都会写；在中国，非个个字练习不可。并且在欧美不讲究书法；一个人写字的好坏与他升学就职几全无关系，在我国则关系大了。我们的士大夫十分讲究字，他们在书法上所耗费的时间不知多少。我每次看见大书家的字心中不免发生感慨，以为我国士大夫几千年来在字上所耗费的时间倘用在实学上面，我们的国家绝对不得落伍到这等程度。

此外我们查字典的费时，编索引的困难，公私机关办公的迟缓概与文字的性质有关。现在国际生活竞争的激烈有如百码赛跑。我们中国人因文字的艰难等于背着百斤重担与外人赛。难怪我们有长距离的落伍。

这种文字的困难是我们建国前途的最大阻碍。如果我们改良小学中学的教学法，全国完全使用简易的白话文，字的构造又竭力的提倡简笔，我们可以减轻我们的文字负担。

我们现在要在国际竞争上取得优势非学一种欧美的文字不可。诸位大概都是以英文为第一外国文。我们在中学的时代每年都有英文，并且每星期都到六小时。如此六年在中学毕业之后，我们进了大学，用英文看书尚且感觉困难。如一个英国人要学法文，他在中学学三年，每星期三小时，那绝对足用了。我们知识阶级费在外国文字上的时间比欧美的青年要多四倍。因此在实学上所能费的时间又减少了很多。

第二种建国的大阻碍是我国人口的稠密。我国的人口三倍美国的人口，同时我国的资源又远不及美国。仅此一端就能大部分的解释中美贫富的悬殊。拿农业来说：美国平均每农户有地一百五十英亩，合一千华亩；我国在华北平均每农户有地三十亩，等于美国农户的三十分之一，在长江以南平均每农户竟只有六亩半，等与[于]美国农户的一百六十分之一。如我们大规模的移垦，使农民平均的分配于全国所有的可耕之地的面积之上，农民种植旱地者至多增加土地一倍，种植水田者至多加增土地百分之十。再如我们充分的工业化，使农民在人口总数中所占的百分数从七十五减少到三十，如美国一样，我国农户的土地在华北者可加增到一百八十亩，等于美国农户的土地的五分之一弱。但是这种假设的加增是绝对作不到的。因为我们的资源不及美国，我们不能工业化到美国那种程度。那就是说，我国人民靠种地生活者绝对不能减少到百分之三十。这是一种天然的限制，无法解除的。人口问题的严重于此毕露了。假使中美两国的农民的生产能力相等，而耕地的面积相差这多倍数，我们农民的生活绝对赶不上美国农民的生活。

人口的过多和文字的困难虽为比较永久性的，短期内无法补救的，但是我们不必过于悲观，因为高密度的人口是许多国家共有的现象。日本、德国、意大利三国人口的密度与我们的相差不远。至于文字的艰难，日本文与中文也相差有限。并且文字不是绝对无法修改的。俄国文字曾经过两度的简单化，第一次是十七世纪末年大彼得的改革，第二次是革命时候列宁的改革。土耳其的文字，经过基玛尔的改革，比以先简单多了。我国社会的守旧性虽比较的重于他国，但是我们若注意最近

二三十年来的各种变迁，我们不必断定文字的改革是无希望的。三十年以前，我们还不以为妇女缠脚和科举是神圣不可变更的吗？现在有什么人敢为小脚和科举辩护呢？诸位可以不必顾忌少数守旧份子的反对而不大胆的提倡文字的改革。

纵使我们文字不改革，人口不减少，我们生活的水准也可以大大的提高，因为我们贫穷的原因，除人口及文字外，还有一种，那就是生产能力的薄弱。据专家的估计，在中国新式的煤矿里，每个矿工每天能出的煤只等于美国矿工的产量的八分之一，换句话说，八个中国矿工才能抵得过一个美国矿工。在纱厂里，这种比较更不利于我们：八个中国男工才等于一个美国女工，三十个中国男工才等于一个美国男工。某美国人侨居中国多年者曾估计在中国城市里每一个挑水夫每一年三百六十五天所能发挥的□水力不过等于半吨煤所能产生的力。我国人民生产力量的薄弱简直不堪设想。我们要提高人民的生活水准，除了提高人民的生产能力以外，别无法子了。大部份的建国工作必须费在这一点上，这是毫无疑问的。

三、知识阶级与建国

中国人民的生产能力何以这样薄弱呢？这全由于几千年来我国的知识阶级所谓知识完全与生产无关系。知识阶级完全不生产，完全无生产能力，对生产事业绝对不发生兴趣。国家如不养士，士就无以自养。所谓士也者简直是装饰品，废物，寄生虫。近年士气略有变更，然而时至今日大部份的士大夫仍旧是无法自立的，靠国家社会养活的。生产完全靠劳苦的民众。他们为饥寒所迫，绝无求知的机会，只有固守成法，苟且偷生。所以一切的生产方法绝无进步可言。这是我国社会滞留于中古的根本原因。因此我们如要建国，我们必须从改造知识阶级作起。

两年以前，有位政界要人到欧洲各国去考察。他的工作完了以后，我问他，他最佩服的是那[哪]一国。他毫不迟疑的回答说：丹麦。他的回答大出于我的意料之外，我总以为他所佩服的国家不外是英法德诸国。后来他把理由说出来，我很佩服他的见解。他说丹麦是个极小的国家，又没有任何特殊资源，但丹麦人民生活的愉快，文化程度的高，只有超过别的国家，没有赶不上的。他说："我因为佩服丹麦，所以我就久留了几天，仔细考察了一下。我发现丹麦大学里有教授在那里领导学生研究养猪。猪的饲养，猪的卫生，猪的屠杀无一不成为专门学问。丹麦人把养猪作为头等大事看，好像国家的兴亡全靠养猪的成败。我于是恍然大悟，知道了丹麦文化程度之高，和人民生活的富庶，全在乎丹麦人把人生一切的事情都理智化了，科学化了。他们的知识阶级就是生产阶级，他们所崇拜的知识就是生产的知识。我们如要建国，我们必须学丹麦。我们应该设法使国内的聪明才智之士在五十年之内不想作文学博士，哲学博士，而专心致意的研究马牛羊，鸡犬豕和稻粱[梁]菽，麦黍稷"。

幸而近年国内的风气已有相当的转变。几年以前，山东莱阳县县长作了一件开新纪元的事业。诸位都知道莱阳的梨是很有名的。但是梨容易腐烂，运输不便，所以莱阳的老百姓只好在当地，在极短期内贱价出卖。后来那位县长研究改良摘梨的方法及保存梨的方法。他成功了，于是在县内推行。莱阳的梨因此得运销上海南京各大都市，莱阳人民的收入每年加增了百余万。这个县长可以说是个民族英雄。

兄弟今年初次在重庆久住，始知四川的柑橘是全世界最好的。是据四川省政府的调查，四川省每年虽出柑橘两万万个，农民从柑橘的收入不过六十万元。去年秋天经济部农本局请了几位专家来研究收藏柑橘的方法。专家们于仓卒之间作了一个小试验，帮助了一个合作社用新法去收藏五十万个橘子。他们发现到了今年四月，橘子腐烂的不过百分之七，出卖得了四万元左右。如四川以后能普遍的采用新法，四川每年从柑橘可收利到一千七八百万元。可见得知识阶级如能把科学输送到民间去，到生产事业上去，他们对民生的贡献何等的大。类此的工作甚多，我不过随便举两个例罢了。

诸位同学，你们自己的出路和国家的出路都必须从生产里去寻找。以往是国家养士，以后士必须养国家。至于建国，我以为三民主义的实现必须从民生下手。人民衣食无着落的时候，他们纵有爱国之心。[，]亦无卫国之力。人民为饥寒所迫的时候，他们对于开会选举那一套公民职权的执行绝对不发生兴趣。在民生问题未得相当解决以前，在地方上实行民权就是土豪劣绅的把持和压迫，在中央实行民权不是政客的玩弄是非，就是书生的高谈理论。有些人以为建国是建设礼义廉耻的国家。这当然是对的。但是要人民有礼义廉耻，他们的生活必须提高到相当的水准。所以中国的一切都该从马牛羊，鸡犬豕作起。

生产的路大致是平稳的，无危险的。出相当的汗血就能得相当的效果。但是这条路上有两种诱惑，是我们必须戒备的。第一种诱惑是文哲的诱惑。我国聪明才智之士自甲午以来未尝不知道实业和实学的重要。他们当中曾有不少的人立志不与之乎也者和天地玄黄为伍，要[修]路，要造林，要兴水利，要改良稻麦棉丝，要改良猪种、牛种、马种、要制造汽车飞机等等民生有关的事业。但是久而久之，许多人又被文哲的诱惑引入歧途了。譬如胡适之先生：他初到外国去留学的时候，本想学农，可惜他立志不坚，终久回到我国士大夫的旧路上去了。胡先生在文学哲学及政治上都有很大的贡献，但是以他的聪明，假若始终一致的服务于农业界，他造福于民简直可说无限制。这种诱惑，你们应该抵抗到底，绝对不可中途屈服。

第二种诱惑是标语的诱惑。自标语盛行以来，许多青年把国事看的太容易了，好像标语能救国。于是大家造标语，写标语式的文章。于是各种万能药都出世了，如阵线，运动，等等。政治根本是无捷径的。标语是通俗化的八股。主义运动大部份不过是喊呐。从这里面找不着出路。苏联前后几次的五年计划，德国现在的四年计划不是别的，就是全国人民在生产上多出汗，继续不断的出汗。

日本的近代史颇有与中国近代史相同的地方。在幕府末年，日本的志士大谈攘夷尊王。这是日本维新的初步。废藩以后，日本原想即时攘夷，那就是说驱逐外国人，恢复闭关自守的老局面。日本维新的领袖不久发现那种攘夷不合时潮，应该改为废除不平等条约。明治四年，维新的领袖们如严仓，大久保等人遍访欧美各国，原想靠三寸之舌，如古代的张仪，苏秦，取消帝国主义的压迫。他们先从美国作起，因为那时日美的关系是最友谊的。殊不知就是崇尚理想，主持公道的美国尚且不愿理会。严仓，大久保诸人即时把自己的使命从攘夷改为学夷。他们还是向前进，走

遍了欧美各国，确是不是去辩论，或是去哀求，是去考察欧美致富强之道。回国以后，他们埋头苦干，知道了现代的攘夷是有条件的。西乡隆盛没有同他们到外国去，因此没有得着觉悟，始终坚持旧式的攘夷。严仓诸人立定主意，不许西乡一流的人物误国家大计。日本在这种建国工作上费了二十年的功夫，然后有甲午一役。国家的根基从此稳定了。我们的近代史也有过攘夷时代，和废除不平等条约时代，确是还没有建国时代。我国今日所需要的就是严仓。大久保诸人的觉悟，埋头苦干二三十年，把人民的生活提高到现代的水准。到了那个时代，我们一定要发现一切外交内政的问题都自然的解决了。我笃信自力更生，不过我觉得自力更生应该自知识阶级作起。

531　南开校友会重庆大学分会成立记

文献编号 1940-002　南开校友会重庆大学分会成立记

■ **文献信息**

期刊《南开校友》，第5卷第4期，第1版，1940年2月15日

文献编号：1940-002

■ **简体全文**

南开校友会重庆大学分会成立记

记得刚来重大的时候，见到许多似曾相识的人们，两人见面，彼此微笑着点点

头便过去了。每人的心中都有些帐[怅]惘！但是终于在元月五日的校友分会成立大会中熟识了！

理学院会议厅里挤满了我们三十多个，白热的灯光照着每人欢乐的脸，大家尽情的谈着，笑着，愉快和兴奋充满了每人的心头！

长桌上，铺满一张洁白的桌布，上面放满了极丰富的西点糖果，中间用肥大的橘柑摆成"南开"两个大字，大家团团围着，象征着母校的辉煌光大！

"由于各位校友填调查表时欣喜的笑容可以看出大家盼望校友会迅速成立的心情，现在在这抗战的大后方已成立有四十五个南开校友分会，加上我们已有四十六个了！这抗战三年来，母校同学职教员对国家贡献有一万七千元的献金，万件寒衣运动，八万封慰劳信运动等，但是南开校友会并没有单独地对国家有什么贡献，我们今天校友会的成立也正好随同总会实际作些工作！……"由于大家坚定的面孔看出了大家欢迎这些工作迅速的到来。主席报告完毕便拟定、讨论、修改、通过了章程，在选举常委之前，每人做了一个"自我介绍"，从此以后，大家彼此见了面，再不致有不好意思的表情了。在一阵热□的选举中，终于把三位常委选了出来：张圣奘君，咸鹤年君，杜博民君。

临时动议，通过电校长致敬，并通电全世界校友宣告重大分会成立。

接着大会便进入了最精彩的节目：游艺。首为赵仲昂，张谔二君合唱"幽静的岸滩"，唱来甚为合谐，音调幽扬全场寂静！次为徐汤莘先生之魔术，变来颇为神秘，大家都为之哑然！再为张圣奘先生之荷兰乡女土风舞，只见他翩翩如仙女，舞姿极美，赢得全场不少热烈掌声！后由丁洪范先生说笑话，还没说，大家便都笑了起来。说完一个，大家还嫌不够，又请丁先生说了一个。说完后，大家还没笑够，便又由咸鹤年君说了一个。哈哈之声，振动全屋，直到大家笑得肚皮痛了起来，这才罢休。后为胡仁庆君口技，表演校长讲演，维妙维肖，极为逼真，最后为申冰如女士独唱洋曲，歌喉婉转，大有外国电影明星之味！掌声甫毕，铃铛已摇，大家起立，高唱校歌。唱毕，便散会了！主席捧着大盘西点，每人一块，以做夜宵。

出了会场，已十一时，大家走回宿舍，还彼此说着：他唱得好，她舞得好，他真滑稽……好似余兴犹浓，只觉回味里更增加了许多欢乐！（博民）

532　缅甸访华代表团莅渝　中大、南开、重大校长陪同

■ 文献信息

期刊《良友》，第150期，第6页，第1940年

文献编号：1940-024

文献编号 1940-024 缅甸访华代表团莅渝 中大、南开、重大校长陪同

■ 简体全文

Accmpained by leading educators, the mission visits Chungking universities and schools.

在渝参观学校时由中大校长罗家伦(左)，南开校长张伯苓(中)及重庆大学校长叶元龙(右)作陪。

533 新都体育表演大游行 重庆大学学生参加表演

■ 文献信息

期刊《良友》，第151期，第24页，1940年

文献编号：1940-025

期刊《星光(新加坡)》，新2期，第33页，1940年

文献编号：1940-026

■ 简体全文

新都体育表演大游行

重庆大学学生参加表演，匍匐地上者为手榴弹掷弹表演，较远者为标枪表演。

"Hand-Grenade Throwing" as demonstrated by Chungking students during the procession.

另一部重庆大学学生参加体育游行，于汽车上作双杠表演。

A display on the "mobile gym" is another of the pageant.

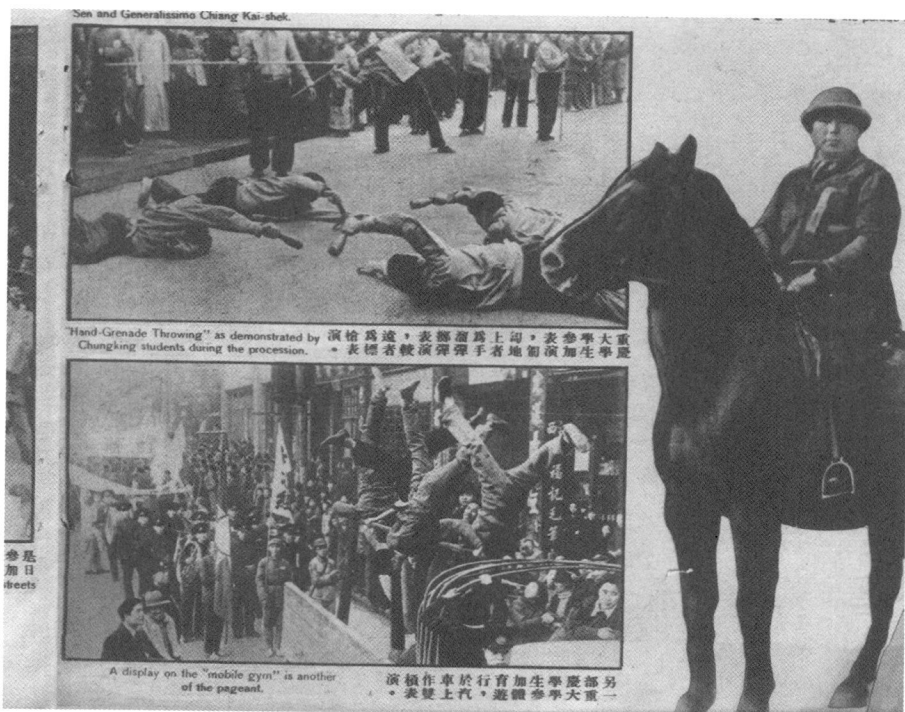

文献编号 1940-025　新都体育表演大游行　重庆大学学生参加表演

534　南开大学重庆大学分会在重大理学院聚会

文献编号 1941-001　南开大学重庆大学分会在重大理学院聚会

■ 文献信息

　　期刊《南开校友》，第6卷第4-5期，第二版，1941年3月15日

　　文献编号：1941-001

■ 简体全文

七、重庆大学分会

　　十二月六日晚在重大理学院会议厅里，重大校友分会举行了一个盛大的迎新会，会场布置美观，长桌上红叶橘柑摆成"南开"二字，两旁有五色糖果排了两只翅膀，象征着母校的蒸蒸日上！四十多新旧校友谈谈笑笑，空气融洽。

　　主席杜博民致开会词，李悌致欢迎词，江第修致答词，均发挥新旧校友共同前进之意！游艺节目开始，以赵仲昂之六玄琴，李悌之清唱，胡仁庆之口技，周恩全之笑话，张亚贞，乐圻，杜博民等之独唱最精彩。团体游戏展开，校友尽情欢笑，大会在结束前始终充溢着欣喜，愉快！

　　余兴后全体校友高唱校歌后散会。

535　感谢重庆大学教授撰稿于我刊

■ 文献信息

　　期刊《国立四川大学校刊》，第15卷第10期，第1页，1943年12月10日

　　文献编号：1943-004

■ 简体全文

编后琐言

　　《论战时艺术》一文，是一位远在陪都的校友寄来的，他现在任中央组织部专员兼重庆大学教授。而能在百忙中为我们寄稿，可以见他爱护本刊的热忱，实在令我们很感谢的。本文所论述的问题见解都很锐利[,]请阅者们自己去衡量吧！

　　《化学与国防建设》一文，为杨秀夫先生在本校新生院的演讲词，杨先生现任本校化学系主任兼理科研究所所长。在化学界很知名，无庸编者来赘言介绍。

　　《战后经济建设与外资诱致问题》一文的作者是经济系四年级同学，承他在课程的忙碌中为本刊写稿，这种盛意，是多么令人兴奋！

　　《川大儿女》的奖章设立了，我们除将详细办法在本刊公布外，非常希望每一个同学都加倍的努力与振奋，以获得这个无上的荣誉。

文献编号 1943-004　感谢重庆大学教授撰稿于我刊

《论战时艺术》

杨敬之

一

　　中国是世界上文明发达最早的四大古国之一，它具有自然方面优越的条件，从帕米尔高原一直到海边，以乌苏里江为半径，往南所画成的一个半圆形以内，那种有秩序的山脉，有系统的河流，锦绣一样的原野，上面生息着一个伟大的民族——中华民族。它本身就是一幅崇高的艺术象征。

中华民族既具作[有]这样的丰富优越的艺术禀赋，因此我们的先民本着他灵感的启示，用它们的智慧，运着它们的思维，透过了它们伟大的胸襟，挥着他们的手，造成了与宇宙同其存在的艺术作品，在世界人类的欣赏当中，受极庄严的推崇，我们并不觉得惭愧。

在这几千年邈远的历史过程中，我们看见同具有悠久文化的三个古国，同样发挥过灿烂的文明的光辉，但现在多成了历史上的陈迹。我们因此很容易发现一个公例，要民族存在，艺术才能存在，如此民族败亡，代表它精神文明的艺术，亦必同归于毁灭！如此要艺术发扬光辉，必先求得民族的存在，而要求民族存在，必先求得胜利。

二

我不愿仅仅凭[样]先贤的成就，或者一些古旧的陈透[迹]，被世界上的一些人士，以凭吊的眼光，对我国有史以来的文明，加以欣赏。我们要以最大的努力，抱着中正和平的态度，发挥我们泱泱大中华民族的精神，创造出新的艺术伟迹，启示现在和未来人类生活的向上途径。为了人类的福祉，为了善尽文明古国的责任，我们必须求得中华民族之自由与解放。——完。

536 　编者言：感谢重庆大学教授组稿

■ 文献信息

期刊《公教通讯》，第1期，第6页，1947年12月

文献编号：1947-075

■ 简体全文

编者言

本期承国立重庆大学教授崔伯阜先生和加拿大友人邓乐夫先生以及其他许多先生惠赐鸿文以光篇幅，本期印刷费由尚主教和重庆市公教进行会理事长汪济之先生全部捐助，我们实在衷心感谢！并由民生公司印刷社谢光迁[、]黄永元两主任额外协助，得在圣诞佳节如期印出，我也们[们也]是同样感谢！

文献编号1947-075　编者言：
感谢重庆大学教授组稿

「殊相世界」的中國人

（一）可怕的沉淪

陳劍恒

目前的中國是一個沉淪的社會，許多人為了憂慮道「沉淪」，所以便追求何以有此「沉淪」的原因。這應是一種好的現象，因為人心尚未死，我們便有再造的希望。可是在一般批評現狀的諸論中，我們感覺到一種缺欠，就是一大部份的說法都是將「中國問題」的原因看為也「外在的」，所以由此而得的恨因，不是政治的，就是經濟的，不是經濟的就是國際的。我們固然並不反對如此的看法，因為一個問題，本來就有其所以然的多種內素。但是只將問題的原因看為是「外在的」，無論如何說，都不免是一種缺欠。這種觀點之所以不完全者就是「忘了自己」。好像中國人是不覺得自己是有問題的，所以才把一切現象的由來都推之於環境。然而平心而論，普天之下又那有人雖好而社會竟不好的道理！我們打開世界的歷史看看，又那有一個社會沒有「人的覺醒」，而

五

文献编号 1948-020 "殊相世界"的中国人（节选）

■ 文献信息

期刊《重庆大学校刊》，第11期，第5-8页，1948年2月15日

文献编号：1948-020

■ 简体全文[1]

"殊相世界"的中国人

陈剑恒

（一）可怕的沉沦

目前的中国是一个沉沦的社会，许多人为了忧虑道"沉沦"，所以便追求何以有此"沉沦"的原因。这应是一种好的现象，因为人心尚未死，我们便有再造的希望。可是在一般批评现状的议论中，我们感觉到一种缺欠，就是一大部份的说法都是将

---

[1] 原文内容篇幅较大，仅节选部分内容。

"中国问题"的原因看为是"外在的"，所以由此而得的原因，不是政治的，就是经济的，不是经济的就是国际的。我们固然并不反对如此的看法，因为一个问题，本来就有其所以然的多种因素。但是只将问题的原因看为是"外在的"，无论如何说，都不免是一种缺欠。这种观点之所以不完全者就是"忘了自己"。好像中国人是不觉得自己是有问题的，所以才把一切现象的由来都推之于环境。然而平心而论，普天之下又那[哪]有人虽好而社会竟不好的道理！我们打开世界的历史看看，又那有一个社会没有"人的觉醒"，而会有光芒万丈的文明的！是我们在感觉今日的中国人对于自己的确太"溺爱"了。因有此"对自己的溺爱"，所以便无"自知之明"，遇事更不知"反求诸己"。可谓举世滔滔，普天之下皆是"忘了自己"的人，这才是沉沦中之最可怕的现象。本文之作，正是有感于此。

538　科学与计划政治——十月廿一日在重庆大学讲

文献编号 1948-041　科学与计划政治——十月廿一日在重庆大学讲

■ 文献信息

期刊《再生》，第240期，第6—7页，1948年
文献编号：1948-041

■ 简体全文

科学与计划政治
十月廿一日在重庆大学讲

张君劢

我们经历第二次世界大战后，知道科学研究的重要，新武器的发明，就是这种重要性的一个铁证。但是第二次大战期中与第一次大战以前，科学研究的不同点何在，为我们不可不加注意之事。现在我分三项来说明：

第一，个人的与政府的——二次大战以前的科学研究纯属于个人或私立研究所，用政府力量，且为有计划地做，乃是第二次大战中的事，譬如美国在二次大战中的科学研究，单就医药方面来说，总共费去七亿二千万元。后来原子弹制造，又费去二百亿美元。研究人[数据]布庶博士说，助手不算，单单科学家就有几千人。并且一种科学上的研究，将各部份分开，交予各大学，实验室去分途进行。从前研究是个人的，即是科学家个人，各就想到的从事研究，总体方面没有目标，也不必受国家或国家为国防上安全目的的牵制。现在则反是，科学研究必须是为国家的，换言之，科学研究必须为公共卫生、人民幸福、国防安全三个方向努力。不过，我所谓的科学研究必须为国家，并不是提倡科学国家化，我反认为科学研究对于公共卫生、人民幸福二个方向，应完全撤除国界的限制，至于科学研究在国防安全上所发生的问题，我在后面还要提到。

第二，自由的与计划的——向来科学研究是根据每个科学家的自由思想，不受拘束的研究和平等自由的研究，他们大多依照各人的兴趣，好奇心和想象做事，从不像今日须受政府的管理，必须在政府的大计划之内，并在政府设立的科学总机关指导之下工作。说到政府的大计划，自然不外乎上面所列举的三件大事，公共卫生、人民幸福与[夫]国防安全。

譬如在一个政府拟定的总的计划下，应设立专门技术学校几所，培养多少科学的技术人才，出版多少种科学的专著，组织多少科学的调查团、探险队。全国又应设立几所完备的医学专科学校，养成多少医师、护士，创办几所公立医院，与地方上的诊疗所。在农村中，如何设立农事试验所，教育农民怎样养鸡喂猪，采用优良种子，怎样慢慢地教育农民使用耕作机器，以及政府为国家安全，所定的国防计划等等，科学家都需要积极地参加，甚且主动地督促政府去立下计划，邀集全国的科学家，一起来做，这是要使科学和国家政治，作有计划的配合，使科学家参预到国家政治中去。

第三，过去的科学研究是和政府没有大关系的，完全根据个人研究自由的原则。那时科学没有国界，研究得到的秘密亦乐于公开。自从原子弹发明以后，科学研究

就不同了，因此将研究的结果秘密起来，不让别人知道，深恐科学上的新发明落入不轨之徒手中，使人类遭受浩劫，驯至趋于毁灭。但是拒绝外人知道科学上的新发明是违背科学公开的原则的，因此遂作有条件的公开，由国家出而居于科学家领导地位，使科学与计划政治相配合，登人民于富裕之境，并保国家安全的目的。

关于原子弹发明后所引起的问题，向来认为科学研究为研究科学的真理与根据，现在还夹杂了人类生灭和道德上的问题，今天我姑不说，我现在再就医药卫生，人民福利和军事三方面申述一下。

根据美国科学研究与发展局前主任布庶博士给罗斯福总统之报告中所说：由于医药上之惊人进步，军队中各种疾病的死亡率，包括海外作战军人，第一次大战时为千分之一四·一，此次大战已减为千分之〇·六。消发(sulfa)药品之应用，使军队中因肺炎死亡的比率降低，第一次大战时百分之廿四，目前不到百分之一。脑膜炎死亡人数亦减至第一次大战时的十分之一。加上美国私立医院和实验室大量地应用并制造配尼西林，使军队和人民的死亡率大为降低，从前认为不可救药的传染病亦可治疗。DDT的喷射，对军队在前线防御被昆虫侵刺，引起的伤寒和疟疾症大具功效。血浆的研究，对受伤军人输血都有显著效果。

我们对于人民健康，不但应该以科学消极地来治疗人民疾病，保障强健的体格，还应时刻注意人民饮食方面的营养，所以要保护人民健康，同时需要保护注意动物、植物的健康。

关于人民幸福问题，像我们这样贫弱的国家，尤其要注重科学上的研究，来补充我们的贫乏之处。科学到了今日这个地步，它能够向大宇宙取给物资，以供我们日常生活上的需用，也能够从一种本为有限用途的物质，经科学制炼，成为一种可供他种用途之物质。我们的国家，自始至终向外国购买物资，而从不想尽自己的力量，以求自给自足。所以我坚决地要求政府今后用钱，不要件件向外国去买，而应该化费最大的钱在科学研究上面，因为唯有在科学上用大工夫，我们大家就不怕没有好日子过，不怕没有饭吃，不怕政治不走上正轨。

说到军事安全问题，除我在上面曾经提到原子弹秘密与国家安全外，再引美国陆海军联合声明中的一段话："此次战争重视三件对国家安全特殊重要之事实：(一)有力的新的防御和攻击战略，系随科学与工程上研究所得的新武器而发展的；(二)在发展是项新武器与战略之中，竞争的时间因素可起决定性的作用；(三)战争已逐渐演成总体战，在总体战中，每个国内人民所有的力量应积极参加，补给武装力量。"

"欲保证未来技术兵团之源源补充，国中科学家应于平时继续集合，研究有助国家安全的某种实际部分，他们在此次战争的紧要关头，已对这种国家安全立下大功……。"

现在政治对于科学已经到了一个干涉的时期，而科学家亦对于一国的政治，甚而至于世界政治都负了一种责任，同时国际间的科学家对于原子能问题，又负起了一种道德上的责任，国际上如此，而我们的科学家对政治上如何能不负一种责任呢？虽然这种责任离不了国家安全和社会安定，但科学家尽可以在不安定中先作准备的研究。

专题十三：师生运动

1929 年"重庆大学自治会"成立，1938 年中共重庆大学支部委员会成立。从抗日救亡运动的蓬勃发展，到"抗暴运动""争生存、争温饱"大游行，重大师生从建校开始就组织和参与了多项社会运动。

本专题选取 1944 年到 1949 年这六年时间内关于师生运动的 30 篇报道，包括帮助战后沦陷区师生返乡、促进政治协商会议成功举行、争取救济物资与政府拨款等主题。

一、帮助战后沦陷区师生返乡

1945 年抗日战争取得全面胜利，各内迁高校纷纷开始回迁工作。经历多年战火洗礼，流亡学生多数一穷二白无法自行承担返乡花销，重大学生受川大、云大、贵大等八所高校的委托，前往政府请愿，请求资助还乡。1945-003 号文献对此有详细记载。

二、关注政治协商会议的举行

1945 年抗战胜利后，中国共产党和国民党在重庆谈判，决定为组建新政府而召开政治协商会议。为促进政治协商会议顺利举行，重大学生多次组织或参与游行活动。有关新闻报道数量庞大，本专题仅选取三篇文献，详见 1945-006、1946-001、1946-002 号文献。

1946 年，学生为抗议苏美英政府损坏我国主权，发起了多校大游行，相关记载详见 1946-003 号文献。该文献源文件损坏非常严重，识别困难，故而有多个字符空白，特此说明。

三、争取救济物资与政府拨款

20 世纪 40 年代后期在多重因素的影响下，通货膨胀愈发严重，货币贬值迅速，师生的生活水平持续下降，濒遭"断粮"，为了生存与温饱，争取救济物资与政府拨款成为重大师生重要的日常活动。

1946 年 12 月，重大教授会电呈政府，要求与京沪教授同等待遇。1946-008 号文献对此有详细记录。

1947 年 10 月，教育部督学陈东原以已回迁南京的国立中央大学与国立重庆大学做对比，以"地区物价实际开支"说明教育经费开支问题。详情见 1947-032 号文献。12 月，重庆大学教授会发起募捐救济贫困生的活动，以资助生活难以为继的贫困学生，详见 1947-073 号文献。

1948 年 1 月，国民政府下拨一批美国救济物资，训育委员会实行按需分发，缓解了学生穷困之急，详情见 1948-009 号文献。3 月，重庆国立专科以上学校教授会再次函电国民政府，要求增加经费、配给实物，并每月按照生活指数调整薪俸，"以示维护高等教育之至意"，详情见 1948-032 号文献。3 月下旬，学校发起争取全面公费运动，要求政府拨发伙食费、生活费并实行全面公费，而教育部则表示"不要闹，如果再闹，就要严办"，详情见 1948-037、1948-038 号文献。

1948 年 6 月，窘迫的情况略有好转。张校长在京募得清寒学生医药救济金，详情见 1948-066 号文献。重大获得重庆市助学金二百个名额，但仅能解决部分学生的困境，详情见 1948-067 号文献。重大教授会再次发起募捐，募集贷助周转金，清寒学生受益不少，详情见 1948-068 号文献。

但助学金并不能覆盖全部学生，高昂的学费让很多同学在忍痛变卖书籍、衣物之后依然无法承受，被迫失学。1948-089 号文献对此有记录。

形势越来越严峻，1949 年 2 月，已经断炊的重大教授开始"罢教三天"，月底重大学生开始"义卖尊师"；3 月重庆国立、省立各校为争取员生待遇发起游行；4 月 6 日为同情"四一事件"，重大师生开始无限期罢课，7 日校方承诺"三月份薪金照三千倍发放"后决议 8 日复教，11 日学生再次于重庆大学操场集会追悼"四一事件"死难同学。1949-008、1949-009、1949-010、1949-011、1949-013、1949-014 号文献对这一系列事件有较为详细的记载。

四、校园内的其他活动

校园内的游行时有发生。1948 年 5 月，四年级学生贴标语反对教育部所规定之"本年举行总考"，亦有教授率领学生在校内游行，1948-039 号文献对此有记录。

当时还有学生失踪事件被记载下来。1947 年 4 月土木系四年级罗显烈同学失踪，11 月教育系女生叶孟君失踪，1947-005、1947-033 号文献记录了这两起学生失踪及登报进行寻找的事件。

539 重庆大学整学风　八十学生被退学

■ 文献信息

　　期刊《万象周刊》，第67期，第4页，1944年9月30日

　　文献编号：1944-001

■ 简体全文

重庆大学整学风　八十学生被退学

　　重庆大学上期激底整顿学风，计本期勒令退学者八十余人，降班者二百余人，战区学生降班则停发贷金，欲食不得，其状颇惨。(学子)

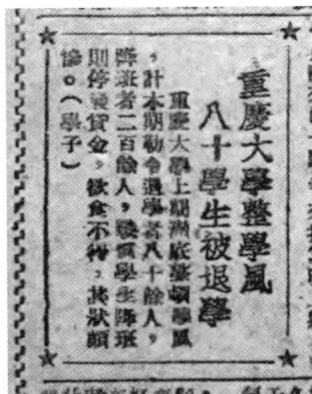

文献编号 1944-001　重庆大学整学风八十学生被退学

540 重庆大学学生请愿　还乡心切要求资送

文献编号 1945-003　重庆大学学生请愿　还乡心切要求资送

■ 文献信息

　　报纸《申报》，1945年12月20日，期号24366号(上海版)

　　文献编号：1945-003

■ 简体全文

重庆大学学生请愿　还乡心切要求资送
教部愿做学生保姆恳切答覆

　　【本报重庆航讯】国立重庆大学学生七百余人，近受国立重大、川大、云大、贵

大、贵阳医学院、贵阳师范学院、广西大学及四川省教院等八校战区学生同学会之委托，为返乡续学，于十四日上午九时结队来渝，代表八校向教育部请愿，并发表告社会人士□谓：抗战胜利，还乡心切，愿请教育部即早分发志愿院校续学，并要求与内迁各大学同学还乡，享受同等待遇，俾目前得安心向学。按该院校等早于三月前，即有是项要求，提请教部早作安善处置，复于前晚推派代表数人再度向教部请愿，未得端倪，乃于十四日上午集队七百余人，自沙坪坝整队步行入城，向教育部请愿，要求三点：

三点要求：（一）分发志愿学校相当院系年级肄业。（二）给予交通便利[，]发给旅费。（三）于明年三月以前即将分发事宜办妥。全体同学全部集合于川师球场内，几经周折，卒于晚间七时许由杭立武次长，向全体同学剀切训话，略谓：战区学生返乡读书之愿望乃人情之常，教育部在原则上早有决定，详细办法亦在拟定中，教育部一如学生之保姆，一切合情合理之事自有安善处置。

教部答复：旋答覆三点（一）凡因战事影响自战区内迁学生[，]一律视为战区学生。（二）清贫之战区学生[，]教育部负责资送返乡。（三）返乡后予以转学便利，决不听其失学。最后答覆学生询问，各同学咸表满意，高呼："信任我们的保姆杭次长！"全体一致鼓掌。惟于杭次长离去后，复有一部份同学坚持不愿返校，旋以二百五十九票对二百三十二票反对回校。嗣后该校校长张洪沅，商学院院长朱国璋等劝谕后，于九时半许由教部特派交通车八辆分两次将全体同学送返沙坪坝。（芸）

541 重庆大学生不再"沉寂"了　一致要求团结民主

■ 文献信息

期刊《祖国呼声》，第18期，第47页，1945年
文献编号：1945-006

■ 简体全文

重庆大学生不再"沉寂"了
一致要求团结民主

新华社延安十日电：重庆讯：一向被压迫得"沉寂的"重庆沙坪坝大学区开始动荡起来。复旦、重大、南开等校先后举行了民主宪政座谈会，壁报也风起云涌，并发出多封寄华西坝（成都大学区）的信件（按华西坝曾有信寄沙坪坝，问重庆的同学们为什么这样沉寂）。复旦大学于国庆纪念日举行了一个晚会，在晚会上，千余

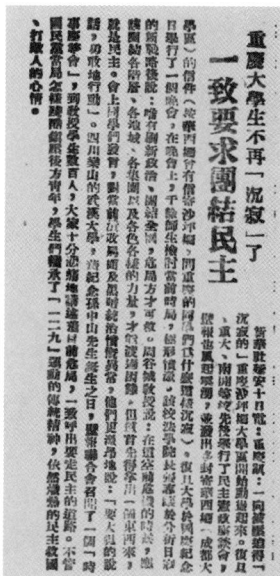

文献编号 1945-006　重庆大学生不再"沉寂"了　一致要求团结民主

师生检讨当前时局，极形愤激。该校法学院长张志让于分析日寇的新战略后说：唯有刷新政治、团结全国，危局方才可救。周谷城教授说：在这空前危机的时候，应该团结各阶层、各地域、各集团以及各色各样的力量，才能渡过困难，但这首先得拿出一个东西来，就是民主。会上同学们发言，对当前溃败局面及黑暗统治愤慨异常，他们更激昂地说："要大胆的说话，勇敢地行动"。四川乐山的武汉大学，借纪念孙中山先生诞生之日，壁报联合会召开了一个"时事座谈会"，到教授学生数百人，大家十分悲痛地讲述着目前危局，一致呼出要走民主的道路。不管国民党当局怎样残酷镇压后方青年，学生们继承了"一二九"运动的传统精神，依然炽热的民主救国、打敌人的心情。

542 渝中大学生向国府请愿

■ 文献信息

报纸《申报》，1946年1月26日，期号24403号（上海版）

文献编号：1946-001

■ 简体全文

渝中大学生向国府请愿
促政治协商成功　对英法表示抗议

【本报重庆廿五日电】中央大学、重庆大学、中大附中、重庆□中、蜀都中学、国立艺专及四川教育学院八校学生六千余人，为促进政治协商会议成功，英筑九龙屏山机场，与法船白尔丁号事件，向英法表示抗议，今至国府请愿，十时到达国府门外广场，首由国府派人出场整理秩序，旋由政治协商会议会员孙科、周恩来、陈启夫、张君劢、邵力子、莫德惠等相继对学生谈话，直至十二时三十分，全体餐后入场游行，沿途散发传单，呼口号，唱歌之声响彻云霄，行列所经之处，群众群集道旁观望，各校□名散发之传单，□有促进政治协商会议成功，游行宣言及□屏山机场白尔丁事件，抗议英法告全国同胞书。(甲)向政治协商会议要求：(一)国家利益高于一切，放弃党派私见。(二)□□国家化。(三)严格执行停战命令，永远停止内战。(四)党派一律退出学校。(乙)向英国政府要求(一)根据大西洋宪章，应交还香港九龙。(二)立即停止修筑屏山机场。(三)赔偿中国人民因此所受一切损失及损害。(丙)法国政府要求(一)撤换上海总领事,(二)战犯立即送还我国审判,(三)向中国政府郑重道歉。

渝中大學生
向國府請願
促政治協商成功
對英蘇表示抗議

【本報訊廿五日電】中央大
學、復旦大學、中大附中、南開
中學、勉都中學、國立藝專及四
川教育學院八校學生六千餘人，
為促進政治協商會議成功，英美
九龍掉山機場，並法艦回駛丁號
邢件，向英蘇表示抗議，今晨國
府請願，十時到達國府門外廣場，
請由國府派人出地點理秩序，
促由政治協商會議合員孫科、周
恩來、陳隊夫、吳鐵城、邵力子、
莫德惠逐相繼對學生談話，並

亦峯蘇軍已撤退
當地治安由團隊負責維持
調處執行部廣州組飛抵粵

蘇軍當局
深刻友誼

協商會憲草組確定
省為最高自治單位
大會可望於明日閉幕

我空軍訓練工作
今後將完全自行負責辦理
陳納德府軍月底離昆來渝

渝中大學生
向國府請願
促政治協商成功

徐州綏靖區
方面軍集團軍

金字塔

萬象領帶

文献编号 1946-001-01　渝中大学生向国府请愿

文献编号 1946-001-02　渝中大学生向国府请愿

重慶大學

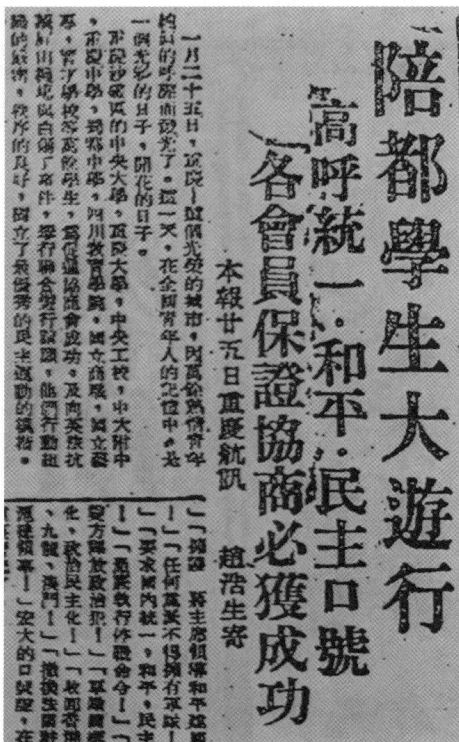

文献编号 1946-002　陪都学生大游行

■ **文献信息**

报纸《申报》，1946 年 1 月 31 日，期号 24408 号（上海版）

文献编号：1946-002

■ **简体全文**

陪都学生大游行　高呼统一、和平、民主口号
各会员保证协商必获成功

本报廿五日重庆航讯　赵浩生寄

一月二十五日，重庆——这个光荣的城市，因万余热情青年纯真的呼声而发光了。这一天，在全国青年人的记忆中，是一个光彩的日子，开花的日子。

重庆沙磁区的中央大学、重庆大学、中央工校、中大附中、重庆中学、蜀都中学、四川教育学院、国立商校、国立艺专、育才学校等万余学生，为促进协商会成功。[,]及向英法抗议屏山机场与白尔丁事件，举行联合游行请愿，他们行动组织的严密，秩序的良好，树立了最优秀的民主运动的模楷。

文献编号 1946-003　重庆大学教授会发表三项文件　学生昨日大游行

■ 文献信息

报纸《革命日报》，1946 年 2 月 24 日

文献编号：1946-003

■ 简体全文[1]

重庆大学教授会发表三项文件　请苏军撤退确保领土完整
复旦等校学生昨日大游行

【本报重庆今日急电】复旦大学等学校学生约五千余人，昨上午举行爱国大游行，并至国府请愿，当由吴文官长鼎昌接见，复至国民参政会，由邵秘书长力子接见。游行时秩序良好，散发各种传单，呼喊口号，激起渝市民之同情，颇多商店，均自动悬挂国旗，燃放爆竹，情绪激昂悲壮。

【重庆二十三日中央社电】国立重庆大学教授会暨助教会发表三项文件如下：（一）致苏联政府电，史达林元帅阁下，查贵国在我东北各省，驻军逾期。尚未撤离，实有违贵我两国缔结友好条约，互尊主权，永继和平之精神，该约初定，□誓在□，岂容灭亡，特此电请，贵国驻军，当即撤尽，□东北各省一□□□，交由我国中央政府接收，以致邦交，而□□□，国立重庆大学教授会助教会。[……]

---

[1]　因原始文献辨识不清，故仅节选部分内容。

545 渝教授电京要求　与京沪同等待遇

■ 文献信息

报纸《申报》，1946年12月24日，期号24735号（上海版）

文献编号：1946-008

■ 简体全文

渝教授电京要求　与京沪同等待遇
请自十一月份起实行

【本报重庆二十三日电】国立重庆大学教授会，及重庆区国立专科以上学校教授会联合会，分别向国府蒋主席、行政院宋院长、教部朱部长，电请调整待遇，准自十一月份起，与京沪教授同等待遇，以昭公允。

文献编号 1946-008　渝教授电京要求与京沪同等待遇

546 风雨之夜　罗显烈同学失踪

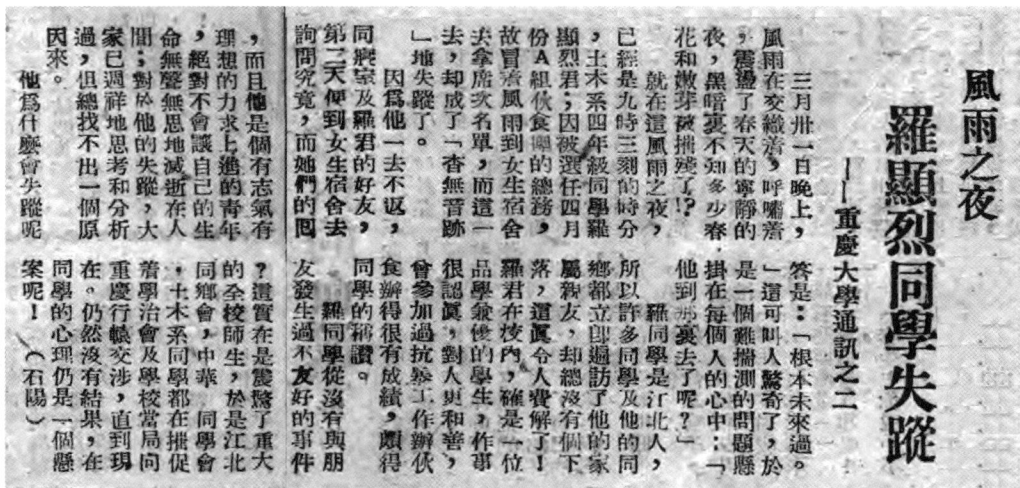

文献编号 1947-005　风雨之夜　罗显烈同学失踪

■ 文献信息

报纸《学生新闻》，第16期，第三版，1947年4月25日

文献编号：1947-005

风雨之夜　罗显烈同学失踪
——重庆大学通讯之二

三月卅一日晚上，风雨在交织着，呼啸着，震荡了春天的宁静的夜，黑暗里不知多少春花和嫩芽被摧残了？

就在这风雨之夜，已经是九时三刻的时分，土木系四年级同学罗显烈君；[，] 因被选任四月份A组伙食团的总务，故冒着风雨到女生宿舍去拿席次名单，而这一去，却成了"杳无音迹"地失踪了。

因为他一去不返，同寝室及罗君的好友，第二天便到女生宿舍去询问究竟，而她们的回答是："根本未来过。"这可叫人惊奇了，于是一个难揣测的问题悬挂在每个人的心中："他到那[哪]里去了呢？"

罗同学是江北人，所以许多同学及他的同乡都立即遍访了他的家属亲友，却总没有个下落，这真令人费解了！罗君在校内，确是一位品学兼优的学生，作事很认真，对人更和善，曾参加过抗暴工作[，] 办伙食办得很有成绩，颇得同学的称赞。

罗同学从没有与朋友发生过不友好的事件，而且他是个有志气有理想的力求上进的青年，绝对不会让自己的生命无声无思[息]地灭逝在人间；对于他的失踪，大家已周祥[详]地思考和分析过，但总找不出一个原因来。

他为什么会失踪呢？这实在是震惊了重大的全校师生，于是江北同乡会，中华同学会，土木系同学都在摧[催]促着学治会及学校当局向重庆行辕交涉，直到现在。仍然没有结果，在同学的心理[里]仍是一个悬案呢！（石阳）

547　重庆大学组促进治安护学会

文献编号 1947-006　重庆大学组促进治安护学会

■ 文献信息

报纸《新闻报》，1947 年 5 月 30 日

文献编号：1947–006

■ 简体全文

重庆大学　组促进治安护学会

重庆大学今亦成立"促进安定维护学业委员会"，发表告全国同胞书，呼吁㊀一切党派退出学校，㊁合理调整教育的预算，㊂一切行动不得有害国家，㊃反对武力割据，恢复和谈，㊄安定第一，学业第一。

---

548 教育部督学谈大学开支问题　重大月需七亿余

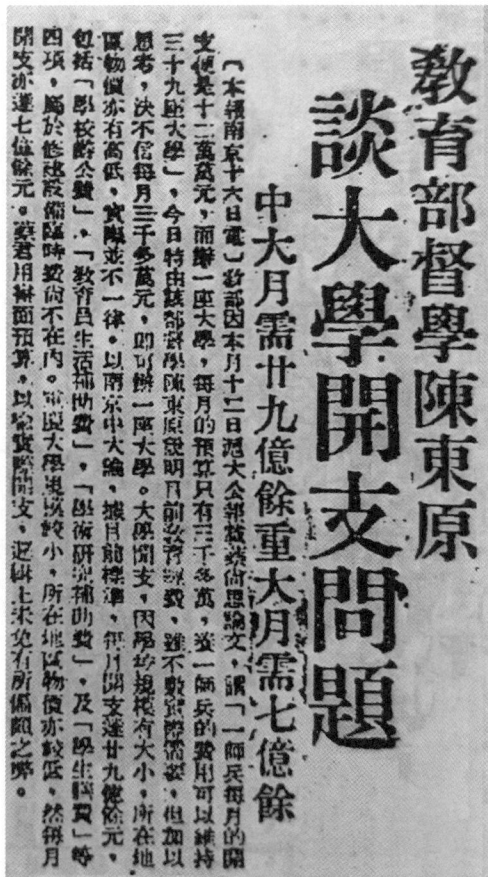

文献编号 1947-032　教育部督学谈大学开支问题　重大月需七亿余

报纸《申报》，1947年10月17日，期号25026号（上海版）

文献编号：1947-032

■ 简体全文

教育部督学陈东原　谈大学开支问题
中大月需廿九亿余重大月需七亿余

【本报南京十六日电】教部因本月十二日沪大公报载蔡尚思论文，谓"一师兵每月的开支便是十二万万元，而办一座大学，每月的预算只有三千多万，养一师兵的费用可以维持三十九座大学"，今日特由该部督学陈东原说明目前教育经费，虽不敷实际需要，但加以思考，决不信每月三千多万元，即可办一座大学。大学开支，因学校规模有大小，所在地区物价亦有高低，实际并不一律。以南京中大论，据目前标准，每月开支达廿九亿余元，包括"学校办公费"、"教育 [职] 员生活补助费"、"学术研究补助费"、及"学生膳费"等四项，属于修建设备临时费尚不在内。重庆大学规模较小，所在地区物价亦较低，然每月开支亦达七亿余元。蔡君用□面预算，以论实际开支，逻辑上未免有所偏颇之弊。

549　重大女生失踪

■ 文献信息

报纸《申报》，1947年11月10日，期号25050号（上海版）

文献编号：1947-033

■ 简体全文

重大女生失踪　校方悬赏寻觅

【本报重庆九日电】重庆大学教育系女生叶孟君失踪半月，学校当局悬赏二百万元，寻觅返校。

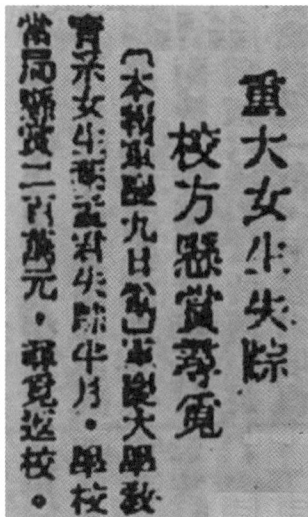

文献编号 1947-033　重大女生失踪

550 重大教授会发起募捐救济清寒生

文献编号 1947-073 重大教授会发起募捐救济清寒生

■ **文献信息**

报纸《申报》，1947年12月29日，期号25099号（上海版）

文献编号：1947-073

■ **简体全文**

各地救济清寒生 重大教授会发起募捐
西北文协已发动义演 英大将举行美术义展

【本报重庆二十五日电】重大教授会发起募捐，救济清寒生，以五千万为目标，作补贫救济金。

【本报兰州二十五日电】西北文协已发起助学运动，特资助天山剧团于廿四日上演《小人物狂想曲》，数人观[，]大部为兰州专科以上贫寒学生助学金。

【本报金□讯】英大自费生及半公费生，以近来物价激涨[，]生活极感穷困，爰经发动助学运动，闻已募得□亿元以上，除□募外，并拟放映电影及举行美术义展。

551　学生自治会班代表大会常务委员会名单

■ 文献信息

期刊《重庆大学校刊》，第10期，第3页，1948年1月15日

文献编号：1948-004

■ 简体全文

学生自治会班代表大会常务委员会名单

主　席	徐炳鉴				
副主席	孔祥金				
常务委员	廖仲辅	范国兴	方　鹏	张照寒	张序九
	谭思怡	焦景鑫	韩瑞林	刘学渊	李温渊
	周定铭	张　仁	汪永宽		

文献编号 1948-004　学生
自治会班代表大会常务委员
会名单

552　救济物资分配问题

消息数则

楊世福

本校訓育委員會已於三十六年十二月二十九日在校長室召開第一次會議，關於修正學生自治會規則之施行，學生救濟物資之核配，嚴格考試之辦法年均有詳細討論與決定。

美國援華救濟學生物資本院配得毛綫一一四磅褲衣一一四件，毛綫以半磅爲一份計二二八份調移以每件爲一份兩項合計三四二份，全院申請學生共一五四五人，平均幾需人爲○·二二四每四·五二八申可得援配一份，制委盧將各系申請人數及按比例分予核給人數算製表，本校嗣討委員會，對於同人編制，種種注意，本期獲得紅十字會分配本校同仁之絨衣九百餘件，巳抽簽分配。本案經嚴時間，鼓會對於巡夜工人極蒙督促具奬勵，理常類則消胞，該會於最近又奬予豬肉二十斤又曉屇勸華救會操放電影同樂云。

文献编号 1948-009　救济物资分配问题

■ 文献信息

期刊《重庆大学校刊》，第10期，第5页，1948年1月15日

文献编号：1948-009

■ 简体全文

消息数则

杨世福

本校训育委员会已于三十六年十二月二十九日在校长室召开第一次会议，关于修正学生自治会规则之施行，学生救济物资之核配，严格考试之办法等均有详细研讨与决定。

美国援华救济学生物资本校配得毛线一一四磅，衬衣一一四件，毛线以半磅为一份计二二八份衬衫以每件为一份两项合计三四二份，全校申请学生共一五四五人，平均机会每人为〇.二二即每四.五二人中可得核给一份，训导处业将各系申请人数及按比例可予核给人数汇算制表，暨申请表名册分送各系主任初审然后提交训育委员会最后决定发给。

本校福利委员会，对于同人福利，极为注意，本期获得红十字会分配本校同仁之睡衣九百余件，已抽签分配。本校盗窃时闻，该会对于巡夜工人极积[积极]督促与奖励，现盗窃□□消迹，该会于最近又奖予猪肉二十斤，又农历新年该会拟放电影同乐云。

553　重庆区国立专科以上学校教授会联合会快邮代电

■ 文献信息

期刊《重庆大学校刊》，第12期，第7页，1948年3月15日

文献编号：1948-032

■ 简体全文

重庆区国立专科以上学校教授会联合会快邮代电

南京国民政府蒋主席、孙副主席，行政院张院长、王副院长，教育部朱部长勋鉴：去岁十二[月]二十七日曾上一电吁请中枢，于一月调整待遇时对各地国立校院一律比照京沪标准，不分等级，谅邀均察。顷见政府公布调整办法，上项意见未蒙采纳，不胜惶惑。年来物价不断腾涨，教授生活日形窘迫人所共知，

无待亲述，，目下更有一奇异现象，，即教授之子女往往因各级学校收费激增，，迫而失学事之可慨，。莫甚于此按宪法第一百六十五条规定，："国家应保障教育科学艺术工作者之生活，，并依国民经济之进展随时提高其待遇，。"方今行宪伊始，允宜即付实施以培国本，，而利建国，。本会爰本斯旨再作紧急之呼吁，，谨缕陈改善国立专科以上学校教职员待遇办法如次，：(一)恢复国立专科以上学校特别补助费办法，至少补足各较低区与京沪区之差额(二)增加教授研究费(三)补助教职员子女教育费(四)配给实物(五)每月按照生活指数调整待遇，，或于每次调整后之第一月将三个月薪津全数一次发清，，务请中枢采纳施行，，以示维护高等教育之至意，。不胜盼祷，。

重庆区国立专科以上学校教授会联合会叩

重慶區國立專科以上學校教授會聯合會快郵代電

南京國民政府蔣主席崩主席行政院張院長王副院長教育部朱部長勛鑒去歲十二日二十七日曾上一電籲請中樞，一月調整待遇時對各地國立校院一律比照京滬標準不分等級邀鈞登明見政府公佈調整辦法上項意見未蒙採納不勝惶感平來物價不斷騰漲教授生活日形窘迫人所共知無待贅述目下更有一奇異現象即教授之子女往往因各級學校收費激增迫而失學事之可慨莫甚於此按憲法第一百六十五條規定「國家應保障教育科學藝術工作者之生活並依國民經濟之進展隨時提高其待遇」方今行憲伊始允宜即付實施以培國本而利建國本會爰本斯旨再作緊急之呼籲謹縷陳改善國立專科以上學校教職員待遇辦法如次（一）恢復國立專科以上學校特別補助費辦法至少補足各較低區與京滬區之差額（二）增加教授研究費（三）補助教職員子女教育費（四）配給實物（五）每月按照生活指數調整待遇或於每次調整後之第一月將三個月薪津全數一次發清務請中樞採納施行以示維護高等教育之至意不勝盼禱重慶區國立專科以上學校教授會聯合會叩

文献编号 1948-032　重庆区国立专科以上学校教授会联合会快邮代电

554 重庆大学发起助学运动

■ 文献信息

期刊《学校动态汇编》，第4期，第9页，1948年3月23日

文献编号：1948-036

■ 简体全文

重庆大学

【三月十七日讯】近发起助学运动，壁报并贴出"六二"抗暴照片，以刺激同学情绪。

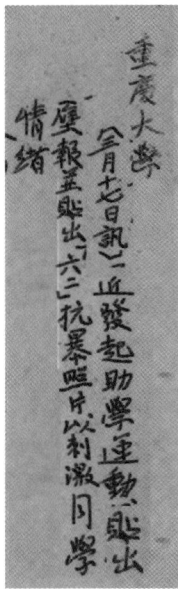

文献编号 1948-036　重庆大学发起助学运动

555 重庆大学发起争取全面公费运动

■ 文献信息

期刊《学校动态汇编》，第5期，第8页，1948年3月30日

文献编号：1948-037

■ 简体全文

重庆区：重庆大学

【三月廿二日讯】1.一二日内有十余科系贴出布告，呼吁争取全面公费，彼等提出主张如下：

一、请学校向重庆行辕及重庆市政府交涉，先行垫发四月份伙食费。

二、请求教育部援北大、清华、浙大例每人发给二百□元。

三、请校长即日晋京请求发给全体同学公费，如无结果请勿返校。

闻此次争取全面公费运动系由《松光壁报》发动，刻该报编辑人员均未上课，正以全力发动此次风潮。

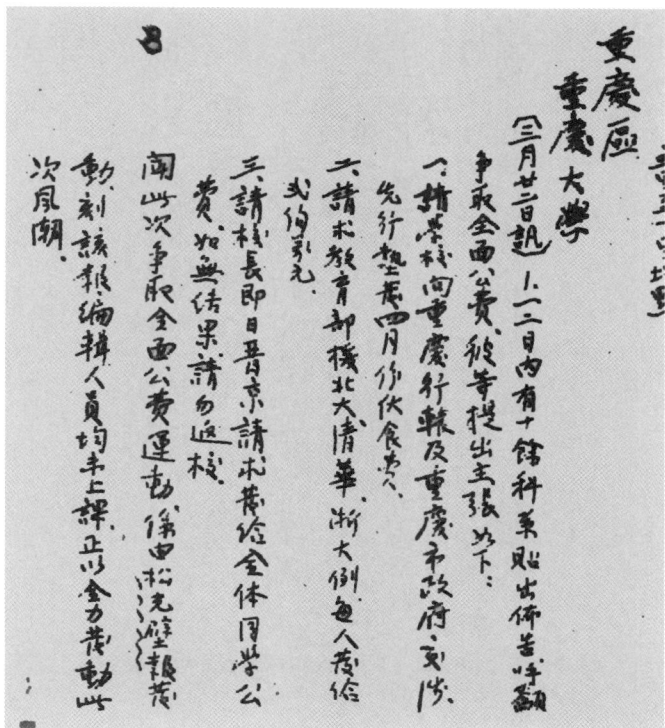

文献编号 1948-037　重庆大学发起争取全面公费运动

556　要求全体都有公费　重庆大学学生罢课

■ 文献信息

报纸《儿童日报》,1948年4月1日

文献编号:1948-038

■ 简体全文

要求全体都有公费　重庆大学学生罢课
教育部打电要他们不要闹

重庆大学的学生,为了要求全体都发给公费,就于前天起,开始罢课。现在,这件事正在扩大中,国立中央工业专科学校的同学,也罢课来响应他们。

教育部得了这个消息后,就马上打电给他们,说这件事情,政府不可能办到,要他们不再闹;如果再闹,就要严办。

要求全體都有公費 重慶大學學生罷課

教育部打電要他們不要鬧

一個重慶大學的學生，爲了要求全體都發給公費，就於前天起，開始罷課。現在，這件事正在擴大中，國立中央工業專科學校的同學，也罷課來響應他們。

教育部得了這個消息後，就馬上打電給他們，說這件事情，政府不可能辦到，要他們不再鬧；如果再鬧，就要嚴辦。

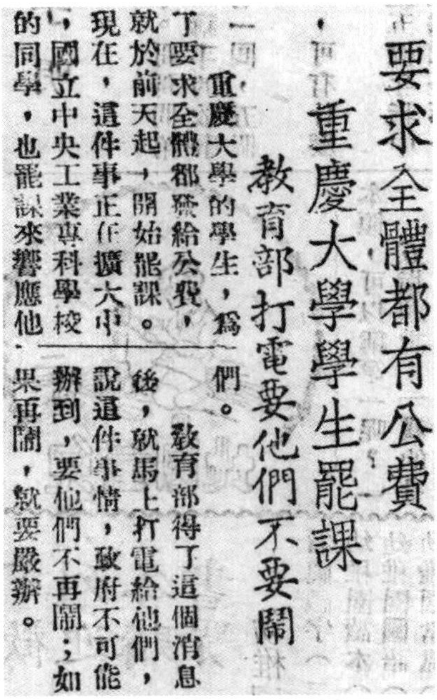

文献编号 1948-038　要求全体都有公费 重庆大学学生罢课

557 重庆大学四月廿八日讯

重慶區

重慶大學

（四月廿八日訊）1.敝校趙泉天、柯召因細故發生糾紛，趙泉天於四月廿六日在前中大禮堂講述事件經過，廿四日領導政治系學生數十人及東北復興學院學生數十人在校內遊行，高呼「要和平才能安定」「要求保障人權」等口號，事後被當局及教授會調解，業已平安無事。

2.教育部前有訓令到校，令本年舉行總考，四年級學生聞息曾貼標語反對教育部，近又有令到校，准可酌量舉行，學校遂決定取消是項考試，好靈歡以此事為藉口製造學潮已不可能。

文献编号 1948-039　重庆大学四月廿八日讯

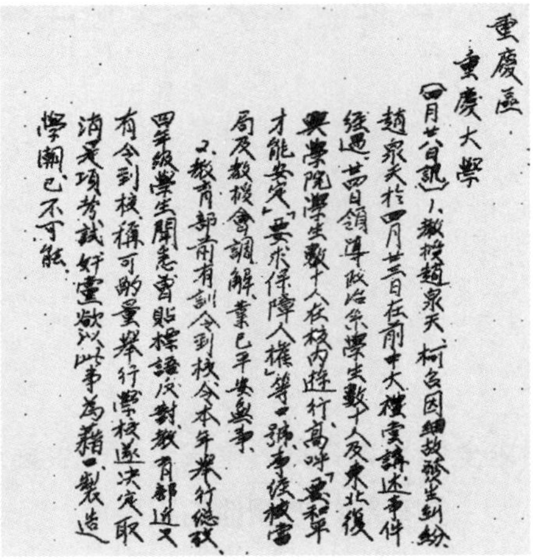

■ 文献信息

期刊《学校动态汇编》，第 10 期，第 14 页，1948 年 5 月 5 日

文献编号：1948-039

■ 简体全文

重庆区：重庆大学

【四月廿八日讯】1、教授赵泉天、柯召因细故发生纠纷，赵泉天于四月廿三日在前中大礼堂讲述事件经过，廿四日领导政治系学生数十人及东北复兴学院学生数十人在校内游行，高呼"要和平才能安定""要求保障人权"等口号，事经校当局及教授会调解，业已平安无事。

2、教育部前有训令到校，令本年举行总考，四年级学生闻悉曾贴标语反对。教育部近又有令到校称可酌量举行，学校遂决定取消是项考试，以此事为借口，制造学潮已不可能。

558　教授会通函　附捐款人台衔及款额列后

（教授会通函 右起竖排原件影印）

文献编号 1948-054　教授会通函　附捐款人台衔及款额列后

■ 文献信息

期刊《重庆大学校刊》，第14、15期(合刊)，第16-17页，1948年6月15日

文献编号：1948-054

■ 简体全文

教授会通函

径启者本会募捐清寒学生膳食周转金承

本会员踊跃捐助[，] 截止六月五日[，] 共收捐款贰仟柒百贰拾伍万元正[。] 兹将捐款人台街[衔]及捐款数额开奉[。]

台察以资征信[，] 如有遗漏或错误之处[，] 至祈示及以便更正[，] 此次募捐尚未结束[。]

各会员如有乐捐而尚未捐助者[，] 不论何时均可通知出纳组代收[，] 又上述已收捐款托由训导处办理借贷[，] 特此附及专颂[。]

教绥　　　　　国立重庆大学教授会启　　　　　六月十二日

捐款人台衔及款额列后　以出纳组收到捐款条先后为序

台街[衔]	款额（万）	台街[衔]	款额（万）	台街[衔]	款额（万）	台街[衔]	款额（万）
雷汝扬	二〇	陶惟能	一〇	毛毅可	五〇	李惠园	
李继华	二〇	解士杰	二〇	雷彬章	二〇	何□	五〇
苏上达	五〇	郑衍芬	五〇	刘建仁	五〇	罗志如	五〇
张洪沅	一〇〇	徐步墀	二〇	王沛然	三〇	洪盈	二〇
丁绪淮	五〇	黎盛东	四〇	罗竟忠	一〇〇	石鲁宗	一〇
周自定	二〇	李芳	五	李长河	四〇	黄克公	一〇〇
徐士弘	一〇	查雅德	五〇	程登科	一〇	杨世福	四〇
徐尚志	五〇	李海文	三〇	刘奇	六〇	乐以伦	二〇
柯瑞麟	四〇	朱宏隆	五〇	解晋	四〇	李子健	一〇
赵泉天	五〇	郭士堃	一〇	孙青羊	一〇	王德庠	二〇
刘宝智	五〇	刘宜伦	一五	罗容梓	五〇	董承显	一〇
秦钧平	四〇	崔伯阜	二〇	陈策骐	一五	徐福均	五〇
施铎	二〇	胡崇能	四〇	史宣	三〇	吴惠弼	二〇

559 校长募集清寒学生医药救济金

■ 文献信息

期刊《重庆大学校刊》，第16期，第3页，1948年6月30日

文献编号：1948-066

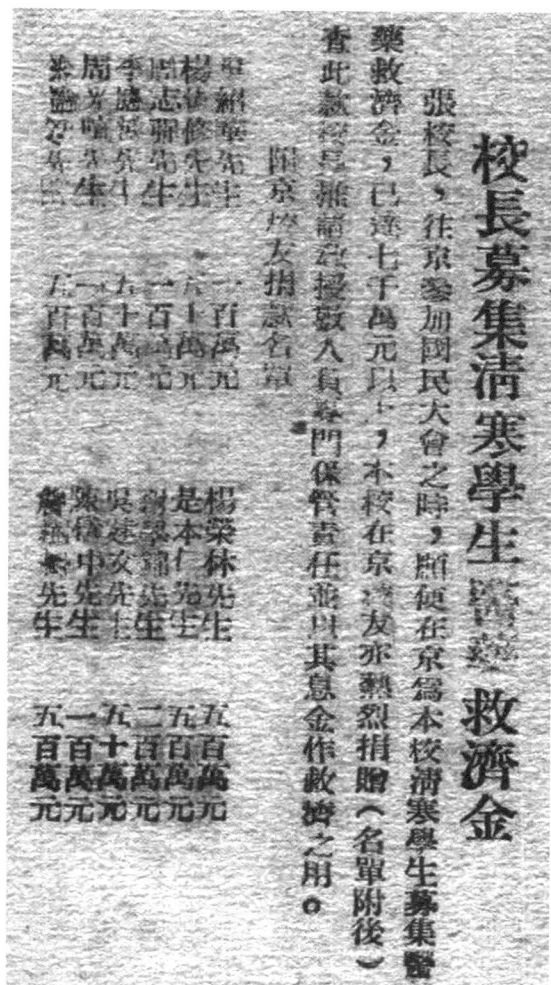

文献编号 1948-066 校长募集清寒学生医药救济金

■ 简体全文

校长募集清寒学生医药救济金

张校长，往京参加国民大会之时，顺便在京为本校清寒学生募集医药救济金，已达七千万元以上，本校在京校友亦热烈捐赠(名单附后)[，]查此款校长推请教授数人员专门保管责任并以其息金作救济之用。

附京校友捐款名单[⋯⋯]

560 渝市助学金本校获配二百名

■ 文献信息

期刊《重庆大学校刊》，第16期，第4页，1948年6月30日

文献编号：1948-067

■ 简体全文

渝市助学金本校获配二百名

渝市助学运动委员会拨配本校助学金额二百名，已于前月按各院系自费生办理申请人数比例支配，分由各系核定给领。查全校申请助学金学生达七四一名，除半公费生不予核给外，尚余自费生五三〇名，其中二〇〇可予核领，余三二〇名，仍感失望，校方欲使清寒学生多获救助机会，原计将该款提前领放生息，借资扩充助学名额，据闻该项基金尚未收齐，能否按时发出，亦成问题，此项增加名额计划，难望其实现。

文献编号 1948-067　渝市
助学金本校获配二百名

561 教授会募集贷金　清寒学生可受实惠

■ 文献信息

期刊《重庆大学校刊》，第16期，第4页，1948年6月30日

文献编号：1948-068

■ 简体全文

教授会募集贷金　清寒学生可受实惠

本校教授会以近来物价飞涨，学生困难倍增，渝市助学金拨配名额有限，多数清贫学生难获救济，特发起募集贷助周转金，以补助学金名额之不足，现已将收集捐款陆续贷出，每一学生一次可贷五十万元，每当月初缴纳膳费为难之际，清寒学生称便不少。

文献编号 1948-068　教授会募集
贷金清寒学生可受实惠

文献编号 1948-089　苦难中的重庆大学生

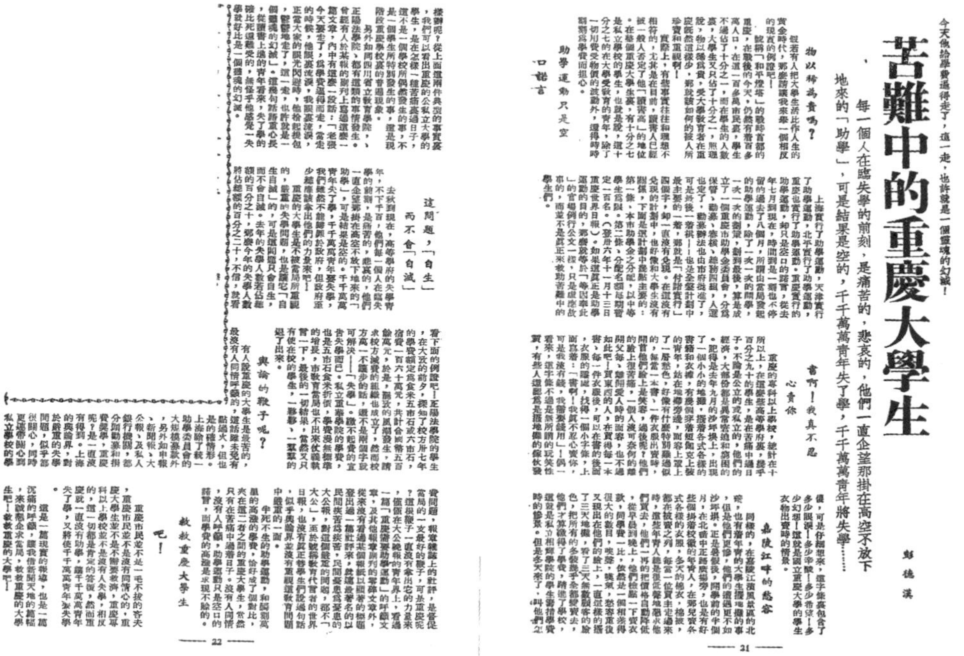

■ 文献信息

期刊《新闻天地》，第38期，第21-22页，1948年

文献编号：1948-089

■ 简体全文

今天他给学费逼得走了，这一走，也许就是一个灵魂的幻灭！

苦难中的重庆大学生

彭德汉

每一个人在临失学的前刻，是痛苦的，悲哀的，他们一直企望那挂在高空不放下地来的"助学"，可是结果是空的，千千万万青年失了学，千千万万青年将失学……

物以稀为贵吗？

假若有人把大学生活比作人生的黄金时代，那么请让我来举一个相反的现实的例证吧！

号称"和平灯塔"的战时首都的重庆，在战后的今天，仍然有着百多万人口，在这一百多万市民里，学生不过占了十分之一，而在学生的人数里，大学生又只占了十分之一，照理说，物以稀为贵，受大学教育者在重庆既然这样少，那就该如何

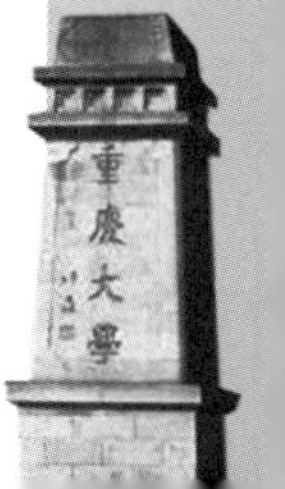

的被人所珍宝和重视啊！

实际上，有些事实往往和理想不相符的，尤其是在目前，读书人已经被一般人否定了他"读书高"的地位。在整个重庆大学生里，有十分之七是私立学校的学生，也就是说，这十分之七的在大学受教育的青年，除了一切用费受物价的波动外，还得时时刻刻为学费而担心。

助学运动只是空口诺言

上海实行了助学运动，天津实行了助学运动，北平实行了助学运动，重庆也实行了助学运动。重庆实行的助学运动，却只是空口的诺言，从去年七月到现在，时间到是一刻也不停留的过去了八个月，所谓由当局发起的助学运动，除了一次一次的开学，一次一次的划策，划到最后，算是成立了一个重庆市助学金委员会，分为保管、劝募、审核、总务四组，人选也定了，劝募办法也由市府批准了，可是最后一着棋——也是全盘计划中最主要的一着，那就是"付诸实行"四个字，却一直没有兑现。在这没有兑现的计划中，也好像和大学生没有关系，下面是这计划中几点主要的：第一条、本市助学金之分配，以中等学生为限。第二条、分配名额每期暂定一百名。（登卅六年十一月十三日重庆世界日报）。如果这真正是助学运动的目的，那么就等于"等因奉此"的官场例行公文一样，只是虚应故事的，而并不是真正来救助苦难中的学生们。

书啊——我真不忍心卖你

重庆的专科以上学校，总计在十所以上，在这么些高等学府里，几乎百分之九十的学生，是在苦痛中过日子。不论是公立的或私立的，他们的经济，大部份都是异常窘迫和穷困的。记得是去年九月的沙坪坝上，出现了一个小小的地摊，摆着各式各样的书籍和衣裤，有几个穿着短伽[夹]克上装的青年，站在地摊旁边，面容上罩上了一层愁色，好像有什么特别难过似的，每当一本书、一件衣服出卖时，开首他们脸上是笑容，过后呢？他们的脸上很苦痛，一个人没可奈何的离开父母、离开爱人时的面容，也不过如此吧！买东西的人，在买得每一本书、每一件衣服后，可以在书的后面，衣服的隐处，找得一个小字条，上面写着："书啊！我真不忍心卖你，可是我没有钱，我需要钱用"！偶一看来，这字条不过是无所谓的玩笑性质，有些人还认为是摆地摊的家伙发傻，可是仔细想来，这字条里包含了多少眼泪！多少辛酸！多少希望！多少幻想！这就是国立重庆大学的学生衣物出卖时的情景。

嘉陵江畔的愁容

同样的，在嘉陵江滨风景区的北碚，也有着年青的大学生摆地摊的事，但是他们更惨，他们的遭遇更不如沙坪坝。正是暑假后，开学前的半个月，在北碚中正路广场旁，也是有好些个挂着校徽的年青人，在那儿卖各式各样的衣服，冬天的棉衣，棉被，都在被卖之列，每当一位买主走过来时，这些年青人总是很低声地恳求他们买去，他们一再的把价格自动降低，从早晨到晚上，他们检点一下卖衣款，同学费一比，依然是一个相差得很大的数目，唉声，叹气，愁容重复又现出在他们的脸上，一直这样的摆了三天地摊，看了三天无数顾客的脸色，把所有的冬装几乎全都变卖去，他们才算缴得了学费，踏进了学校，这就是私立相辉学院的学生筹措学费时的惨景。但是冬天来了，叫他们怎样办呢？从上面这两件典型的事实里，我们可以看出重庆的公私立大学的学生，是在怎样一种苦痛里过日子，这不是一个学校所偶然发生的事，不是一个学生所特别发生的事，这是现阶段重庆学校里的普遍现象。

另外如同四川省立教育学院、正阳法学院、都有这类的事情发生。曾经有人于某报的副刊上写过这么一篇文章，内中有这么一段话："老张今天要走了，为学费逼得而走，当走的时候，他眼里流泪，我眼里流泪，正当大家的眼光闪避时，他拾起提包，郁郁地走了，这一走，也许就是一个灵魂的幻灭"。这几句话语重心长，从读书上进的青年看来，失了学的确比死还难受的，无怪乎他感觉一失学就好比是一个灵魂的幻灭。

这问题，"自生"而不会"自灭"

去秋到现在，高等学府的失学青年，不下千百，他们每一个人在临失学的前刻，是痛苦的，悲哀的，他们一直企望那挂在高空不放下地来的"助学"，可是结果是空的。千千万万青年失了学，千千万万青年要失学，我们虽然不能归罪于政府，但政府至少总应该拿出他们的力量来吧！

重庆的大学生是不被当局所重视的，严重的失学问题，也是让它"自生自灭"的，可是这问题只会自生，而不会自灭。去年的失学人数若占总额的百分之十，那么今年的失学人数将占总额的百分之二十，不信，就看看下面的例证吧！正阳法学院的学生，在大考的前夕，探知了校方卅七年的学费额定为食米五市石或六市石，宿费一百六十万元，共计合国币五百余万元，于是，罢考的风潮发生，请求校方减费的组织也成立了，然而校方万一不让步的话，还不是两个字就可解决——"失学"。缴不起费的宣告失学而已。私立重华学院的学费，也是五市石食米折价，学费漫无标准的增长，市教育当局也不出来仗义执言一下，最后的一切结果，当然又只有使在校的学生，一伙伙，一群群的退了出来。

舆论的鞭子呢？

有人说重庆的大学生是最苦的，最没有人同情呼吁的，这话虽未免有点过火，但也是的确情形。上海除了统一助学委员会的大规模募款外，另外如申报、新闻报、大公报、及私人银行机关，都分头劝募和捐赞奖学，重庆呢？是一直没有得到。上海的舆论界，对于严重的失学问题，似乎都很关心，同时更连带关心到私立学校的学费问题，报章杂志上的社评，是督促当局的一支最好的鞭子，可是重庆呢？这根鞭子一直没有拿出它的力量来，仅仅在大公晚报的青年界上，看过一篇《重庆需要助学运动》的呼吁文章，及其他报章副刊的零碎文章外，从来没看过某个报纸以显著的标题登出过一篇社评来，就连最著名的以民间疾苦为疾苦，民间忧患为忧患的大公报，对这个严重的问题，都不"大公"，至于号称教育代言者的世界日报，也没有真正替学生们说过句话，似乎舆论界并没有重视这教育问题中严重的一面。

　　半死不生的助学运动和瞬刻万里的高涨的学费，恰好成了个对比，夹在这二者之间的重庆大学生，当然只有在苦痛中过着日子。没有人同情，没有人呼吁，助学运动只是空口的诺言，而学费的高涨是求现不赊的。

　　救救重庆大学生吧！

　　重庆市民并不是一毛不拔的吝夫，重庆市民并不是没有同情心的，重庆大学生并不是不需要救济，重庆专科以上学校并不是没有人失学，相反的，这一切都是肯定的答复，然而重庆就一直没有助学，让千千万万青年失了学，又将使千千万万青年要失学。

　　这是一篇现实的报导，也是一篇沉痛的呼吁，让我借新闻天地的篇幅，来诚恳企求当局，救救重庆的大学生吧！救救重庆的大学吧！

563　重大教授断炊

■ 文献信息

　　报纸《申报》，1949 年 2 月 24 日，期号 25508 号（上海版）

　　文献编号：1949-008

■ 简体全文

重大教授断炊　今起罢教三天

　　【本报重庆廿三日电】重庆大学教授断炊，决自二十四日起罢教三天。

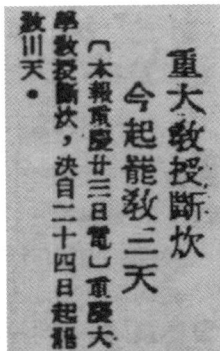

文献编号 1949-008　重大教授断炊

564　渝区国省立各校学生游行请愿

■ 文献信息

　　报纸《申报》，1949 年 3 月 18 日，期号 25530 号（上海版）

　　文献编号：1949-009

文献编号 1949-009　渝区国省立各校学生游行请愿

■ 简体全文

争取员生待遇
渝区国省立各校学生游行请愿
徐思平苦劝各生共渡难关

　　【本报重庆十七日电】渝区国省立学校学生计重庆大学一千五百八十名，中央工专七百名，川教育学院七百名，川教附中一百六十名及女职一百五十名，省立高工三百名，省立高商二百名，重庆中学三百名，十七日上午十一时，为争取提高员生待遇，联合游行，重大教授刘觉民、赵泉天、侯风等随行，至绥署请愿，由秘书长徐思平接见请愿代表向绍南等七人，晤谈二小时，徐氏表示中央赋予绥署职权，仅限于辖区军队指挥训练及地方行政监督指导，关于国立教育经费事，殆有无权处置之感，惟对教职员生目前清寒生活绝对关怀，钱副主任今已急电李代总统报告实情，渠亦函呈何院长请求从速设法办理，如在短期内未能合理解决，渠决引咎辞职，以表关切诚意。又，关于省立各校待遇，徐氏称，川省务会议已通过二三四月食米一次发给，三月份薪照一百五十倍发，盼转告安心复教，静候中央电示。

　　【本报重庆十七日电】八院校学生代表，十七日下午五时再度请愿，经绥署秘书长徐思平、市府秘书长李寰、重大校长张洪沅洽商结果，允准凡清寒自费生备具申请手续者一次发给食米五斗半，公费二斗半。又，张校长表示负责五十万元贷款补助清寒生。晚六时，请愿学生在绥署大门前参加降旗仪式，重大各院系代表廿三名复要求最后一次请愿，张洪沅校长婉劝无效，仍由徐思平秘书于七时在大礼堂接见恳谈，盼各生适可而止，共渡难关。请愿生旋于晚八时半听完徐思平，张洪沅之播讲后，深受感动，乃于九时搭绥署专车返校。

【本报重庆十七日电】绥署十七日接川省府急电，如渝区国立大学准予贷款或配给实物，渝区省立学校亦请按照同样待遇补助。

565 重庆大学六九班代表五日开会 决议同情四一事件

■ 文献信息

> 报纸《申报》，1949年4月6日，期号25549号（上海版）
>
> 文献编号：1949-010

■ 简体全文

　　【本报重庆五日电】重庆大学六九班代表五日开会，决议同情四一事件，绝食一餐，并无限期罢课，俟政府圆满解决为止。

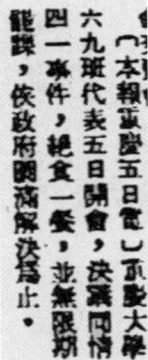

文献编号 1949-010　重庆大学
六九班代表五日开会　决议同情
四一事件

566 重庆大学教授决定明日复教

■ 文献信息

> 报纸《申报》，1949年4月7日，期号25550号（上海版）
>
> 文献编号：1949-011

■ 简体全文

重庆大学教授决定明日复教

　　【本报重庆六日电】重庆大学教授六日开会决议，因三月份薪金校方七日照三千倍发给，决定八日复教。

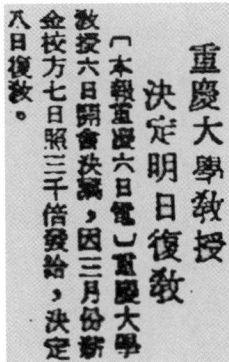

文献编号 1949-011　重庆大学教授
决定明日复教

567 渝学生开会　追悼四一死难同学

■ 文献信息

报纸《申报》，1949年4月11日，期号
25554号（上海版）

文献编号：1949-013

■ 简体全文

渝学生开会　追悼四一死难同学

【本报重庆十日电】渝区国省私立廿四
院校生四千余，十日下午三时在重庆大学
操场举行"四一"死难同学追悼会，情绪高
昂，要求政府严惩凶手，保障人权，厚葬死难同学，并发抚恤金，赔偿受伤学生损失，
晚举行联合晚会。又重庆大学学生十日晚绝一餐，南开中学十一日起罢课一周。

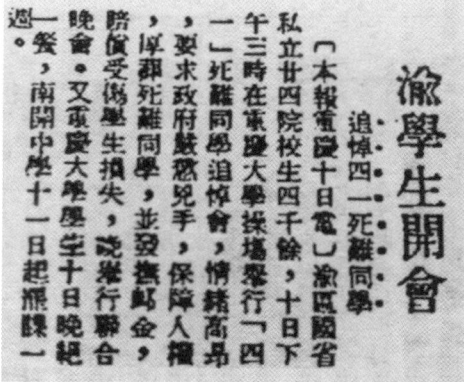

文献编号 1949-013　渝学生开会追悼四一死难同学

568 重庆大学义卖尊师

文献编号 1949-014　重庆大学义卖尊师

■ 文献信息

期刊《文藻月刊》，第2卷第4期，第34页，1949年

文献编号：1949-014

■ 简体全文

重庆大学义卖尊师

【本刊收音】国立重庆大学，师生员工温饱委员会，特举行义卖，学生五百余于二月廿八日由沙坪坝徒步进城义卖，所得款项，将全部赠与师长。该会宣传组学生曾在纪功碑前高唱"擦皮鞋歌"云。（证）

专题十四：文艺专栏

本专题选取《重庆大学校刊》刊载的 15 篇文艺作品，包括游记、古体诗、新诗、文学研究、散文等多种类型，时间主要集中在 1947 年 11 月到 1948 年 6 月。这些文献分别来自《重庆大学校刊》第 8 期、第 9 期、第 10 期、第 11 期、第 12 期、第 14-15 期（合刊）、第 16 期的"文艺"专栏。

这 15 篇文艺作品有的出自《重庆大学校刊》编辑之手，有的由教授执笔，既有对实事的记录、回忆，也有各种情怀的流露——或愤于抗战之悲壮，或感于慈母之关爱，或谢于友人之相助，真情实意，让人甚有感触。

第二编专题五中 1937-015 号文献表示《重大校刊》需要更多理工科学类文章，说明刊物中文艺类作品颇多。1947 年开始出版的《重庆大学校刊》是《重大校刊》的复刊刊物，除刊载政令政策、学校大事、系科概况、校友动态之外，依然有较大篇幅为文艺作品。从这些风格各异的文艺作品中，今人或许可以稍微想象一下七十多年以前的校园文化氛围。

569 博望侯墓记

博望侯墓記　二十九年作　劉樸

國立西北大學初固不在成固，避倭，遷自西京；又初由北平數大學避倭遷西京而合焉者，樸教西北生，不至西京，至成固，豈前定耶？漢博望侯張騫乃成固人（史記大宛列傳，張騫，漢中人。索隱，陳壽益州耆舊傳云：騫，漢中成固人）。葬西門外，人曰八里。以樸行之，五六里耳。菜花麥秀，炫黃□碧。墓在平疇，名季家營，知侯之葬於是，以畢沅清乾隆時，巡撫陝西所碑焉者。何生（名竹淇，衡山人，西北大學講師）曰：雖封且樹，蓋沅為之。樸曰：其初不殆於□曰摧薪之謂耶？然猶知侯之葬於是，以西北大學修墓，得侯印□五銖錢也。且其前二石獸，剝泐似昂首之蠶也，又其近村名博望，居侯裔，祠侯像也。樸何意能登墓而望諸？侯馳數萬里助數匈奴，匈奴禍漢，孰與今倭之甚？侯可作歟？

文献编号 1947-034　博望侯墓记

■ 文献信息

期刊《重庆大学校刊》，第 8 期，第 2 页，1947 年 11 月 15 日

文献编号：1947-034

■ 简体全文

博望侯墓记

二十九年作　刘朴

国立西北大学初固不在成固，避倭，迁自西京；又初由北平数大学避倭迁西京而合焉者，朴教西北生，不至西京，至成固，岂前定耶？汉博望侯张骞乃成固人（史记大宛列传，张骞，汉中人。索隐，陈寿益州耆旧传云：骞，汉中成固人）。葬西门外，人曰八里。以朴行之，五六里耳。菜花麦秀，炫黄□碧。墓在平畴，名季家营，知侯之葬于是，以毕沅清乾隆时，巡抚陕西所碑焉者。何生（名竹淇，衡山人，西北大学讲师）曰：虽封且树，盖沅为之。朴曰：其初不殆于□曰摧薪之谓耶？然犹知侯之葬于是，以西北大学修墓，得侯印□五铢钱也。且其前二石兽，剥泐似昂首之蚕也，又其近村名博望，居侯裔，祠侯像也。朴何意能登墓而望诸？侯驰数万里助觳匈奴，匈奴祸汉，孰与今倭之甚？侯可作欤？

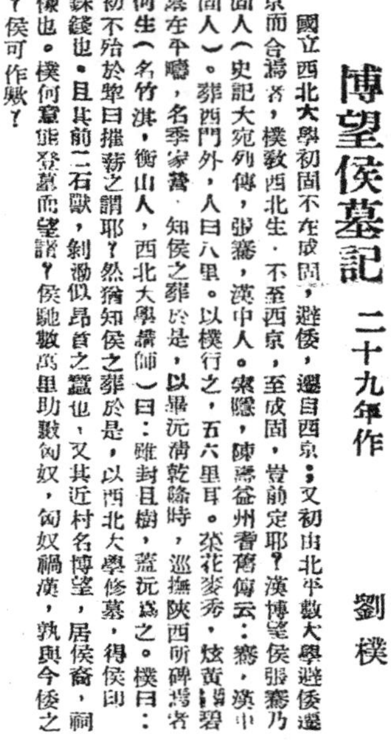

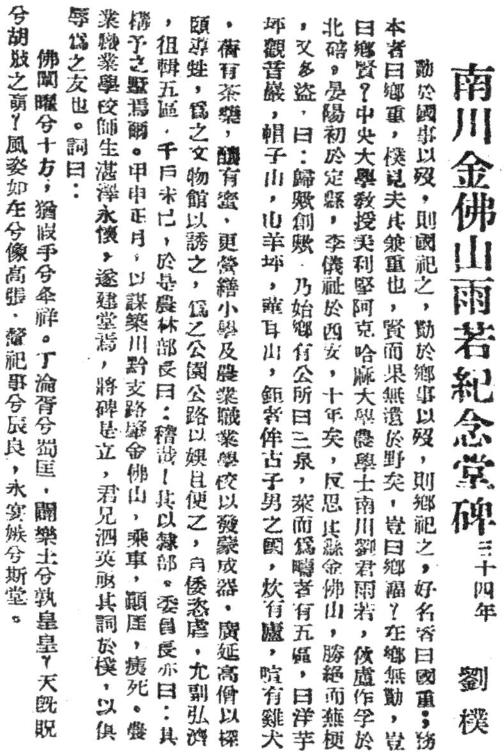

南川金佛山雨若紀念堂碑 三十四年 劉樸

（碑文竖排影印）

文献编号 1947-035　南川金佛山雨若纪念堂碑

■ 文献信息

期刊《重庆大学校刊》，第 8 期，第 2 页，1947 年 11 月 15 日

文献编号：1947-035

■ 简体全文

南川金佛山雨若纪念堂碑

三十四年　刘朴

勋于国事以殁，则国祀之，勋于乡事以殁，则乡祀之，好名者曰国重；务本者曰乡重，朴见夫其兼重也，贤而果无遗于野矣，岂曰乡福？在乡无勋，岂曰乡贤？中央大学教授美利坚阿克哈麻大学农学士南川刘君雨若，伙卢作孚于北碚，晏阳初于定县，李仪祉于西安，十年矣，反思其县金佛山，胜绝而芜梗，又多盗，曰：归欤创欤，乃始乡有公所曰三泉，菜而为畴者有五区，曰洋芋坪[丶]观音岩，帽子山，山羊坪，华耳山，巨者侔古子男之国，炊有庐[炉]，喧有鸡犬，蒨[茜]有茶药，酿

有蜜，更营缮小学及农业职业学校以发蒙成器，广延高僧以探颐导牲[生]，为之文物馆以诱之，为之公园公路以娱且便之，自倭恣虐，允副弘济，徂辑五区，千户未已，于是农林部长曰：稽哉！其以隶部。委员长亦曰：其构予之墅焉尔。甲申正月，以谋筑川黔支路肇金佛山，乘车，颠崖，痪死。农业职业学校师生湛泽永怀，遂建堂焉，将碑是立，君兄泗英亟其词于朴，以俱辱为之友也。词曰：

佛阐曜兮十方，犹假手兮夅祥。丁渝胥兮蜀匤，辟乐土兮孰皇皇？天既贶兮胡毁之萌？风姿如在兮像高张。厘祀事兮辰良，永宴嬥兮斯堂。

571 杨校务长约食狗肉即席赋呈

文献编号 1947-066 杨校务长约食狗肉即席赋呈

■ 文献信息

期刊《重庆大学校刊》，第9期，第6页，1947年12月15日

文献编号：1947-066

■ 简体全文

杨校务长约食狗肉即席赋呈

卅一年于西北大学　刘朴

杨家狗，有时吠其弟。

桀家狗，无时不吠尧。

君岂饲之不寒心？

况我唐之裔与苗。

四元买寸布，追咬襁褛不嗥富。

　　六礼重婚姻，袄暄[喧]街市恣腾媾。

势利之辈亦多，

　　羞恶之心几何？

人化于狗；

　　国亡于倭。

我恨不起樊将军，

　　大屠特屠谁敢诃？

刀钝我为将军磨；

　　功高我为将军歌。

我思将军以食狗；

　　我佩将军以屠狗。

若蒙屠狗狗已尽，

　　安得食狗狗补肾？

彼何俦哉羞与亲？

　　贾生国士亦遭嗔。

舄弈炎汉称元勋；

　　教授大学空云云。

成固之北滑淙淙；

　　高冢之上青濛濛。

威□丕显驱倭东，

　　遥以脍汁奠幽宫。

十万欲扫匈奴中，

　　竟让卫霍贪天功。

此时如耀将军瞳，

　　此馔是否将军风？

油炰[炮]醨酒桂皮降；

　　蒜叶碧映薶椒红。

明灯上几惊盈[碗]籞，

　　奇芯未尝涎已浓。

前锋大脯犹困穷，

　　不费屠狗论元戎。

572 喂四小鸡

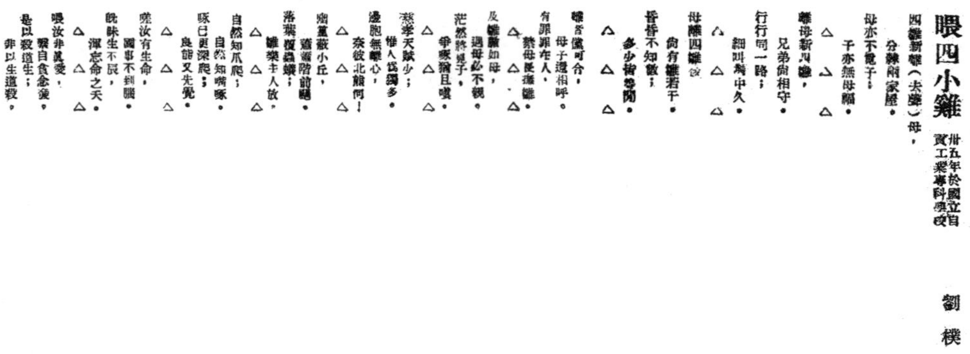
喂四小雞　卅五年於國立自貢工業專科學校　劉樸

四雛新離（去聲）母，分隸兩家屋。
母亦不覓子；子亦無母福。
△　△　△
離母新四雛，兄弟尚相守。
行行同一路；細叫塒中久。
△　△　△
母離四雛後，尚有雛若干。
昏昏不知數；多少皆等閒。
△　△　△
離者儻可合，母子還相呼。
有罪罪在人，禁母長撫雛。
△　△　△
及雛腯如母，遇母必不親。
茫然將見子，爭啄猶且嗔。
△　△　△
慈孝天賦少；惟人偶獨多。
邊胞無嚼心，奈彼北顧何！
△　△　△
幽篁蔽小丘，蕭蕭階前翹。
落葉覆蟲蟻；雛樂主人放。
△　△　△
自然知爪爬；自然知嘴啄。
啄已更深爬；良能又先覺。
△　△　△
嗟汝有生命，圖事不到腦。
既昧生不辰，渾忘命之夭。
△　△　△
喂汝非真愛，緊自食念饞。
是以殺道生；非以生道殺。

文献编号 1947-067　喂四小鸡

■ 文献信息

期刊《重庆大学校刊》，第9期，第7—8页，1947年12月15日
文献编号：1947—067

■ 简体全文

喂四小鸡

卅五年于国立自贡工业专科学校　刘朴

四雏新离(去声)母，分隶两家屋。
母亦不觅子；子亦无母福。

离母新四雏，兄弟尚相守。
行行同一路；细叫塒中久。

母离四雏后，尚有雏若干。
昏昏不知数；多少皆等闲。

离者傥[倘]可合，母子还相呼。
有罪罪在人，禁母长抚雏。

及雏腯如母，遇母必不亲。
茫然将见子，争啄犹且嗔。

慈孝天赋少；惟人为独多。
边胞无离心，奈彼北熊何！

幽篁蔽小丘，萧萧阶前飔。
落叶覆虫蚁；雏乐主人放。

自然知爪爬；自然知嘴啄。
啄已更深爬；良能又先觉。

嗟汝有生命，国事不到脑。
既昧生不辰，浑忘命之夭。

喂汝非真爱，系自贪念发。
是以杀道生；非以生道杀。

573　沈儿之渝考大学，感而作诗

潘兒之渝考大學·感而作詩　卅四年　劉樸

無子亦有愁；有子亦有憂。
無子何所愁！跭釘骨誰收。
有子何所憂？不肖學不求。

亡年以前辭閭闆，祖母扶杖叮嚀開。
望歸兩易葛與裘，哽咽八敢問我頭。
湖湘寂寞羣飛絕鷗，嘶風倭騎旋啾啾。
汝能入蜀出九幽，膝下八月舟又浮。
母子泫然心若抽；妹巾拭母背面流。
不敢沾臆哺苦尤，慰母呵妹褒陋柔。
萬斛淚懸一髮釣；泗决滿鼻潛沐沐。
蕁兒少小同衾裯；侵大各向天隅投。
沙坪壩上考者稠；料爾辛勤幾片酬。

■ 文献信息

期刊《重庆大学校刊》，第9期，第8页，1947年12月15日

文献编号：1947-068

■ 简体全文

沈儿之渝考大学，感而作诗

三十四年 刘朴

无子亦有愁；有子亦有忧。

无子何所愁？跉跰骨谁收。

有子何所忧？不肖学不求。

七年以前辞园畴，祖母扶杖叮咛周。

望归两易葛与裘，哽咽不敢回我头。

湖湘寂寥飞绝鸥，嘶风倭骑旋啾啾。

汝能入蜀出九幽，膝下八月舟又浮。

母子泫然心若抽；妹巾拭母背面流。

不敢沾臆独苦尤，慰母呵妹兼刚柔。

万斛泪悬一发钩；泗洟满鼻潜洓洓。

养儿少小同衾裯；长大各向天隅投。

沙坪坝上考者稠；料尔辛勤获其酬。

574 送沈

■ 文献信息

期刊《重庆大学校刊》，第9期，第8页，1947年12月15日

文献编号：1947-069

■ 简体全文

送沈

三十四年 刘朴

籐箱襆[袱]被发平明，喜鹊深林向汝鸣。黄犬亦随摇尾送，陌头含泪控心旌。

送沈

三十四年

籐箱襆被发平明，喜鹊深林向汝鸣，黄犬亦随摇尾送，陌头含泪控心旌。

刘 朴

575　语妇

■ 文献信息

　　期刊《重庆大学校刊》，第9期，第8页，1947年12月15日

　　文献编号：1947-070

■ 简体全文

语妇

三十四年　刘朴

俱戴先天驿马星，又深羁旅釜溪情。

井穿烃卤村连市；天燮阴阳雨复晴。

一室竟容多命活；(一室之内五人七鸡二兔)八年犹远九州平。

结缡未得逍遥过，别业江安两□程。

坟墓周遭山可惊，况闻鞭炮扫清明。

已传溪上划龙艇；叠报空中炸寇京。

留洞寂生禅定想；隔篱喧送打牌声。

辛勤几月将炎假；陶兴窗前栅栅生。

文献编号 1947-070　语妇

576　说文声订

■ 文献信息

　　期刊《重庆大学校刊》，第10期，第5-7页，1948年1月15日

　　文献编号：1948-010

殷契復見，用以釐訂許書形體者，頗不乏人；其所論斷，頗多
諟當。語音學昌明亦已多時，用以討治方音者，如趙元任先生之與
語研究，精切綿密，可謂觀止，用以探求古音者，雖亦有人，嫌未
成熟；用以釐訂許書聲音者，則猶奕聞。余翫習有年，菩疑日滋，
用貢一二；倘獲方家論定，亦一樂也。標音為存拙見，未從高本瘐
Karlgren溯擬之系統；又為印刷困難，亦只用臆定之羅馬字記法，
未用國際音標，尚希諒之。

説文聲訂　秦鳳翔

龍

說文，從肉，龍象飛之形；戴侗六書故引唐本說文，從肉從
飛省，童省聲。翔按，當訂為象形，月象頤鬐立象頭角，龍象體
尾也。今本未釋立形，固涉漏略；唐本釋為童省聲，亦違其朔。蓋此字
聲形久並譌變；而叔慎時每讀來紐L–人定紐d–，如，嫠loum—loam讀若潭doum—doam，廬la—lo[,]酴da—do讀若，□lai—li讀
池dai—id等是；龍laung—long則讀若童daung—dong故誤釋立形為童省聲也。

文献编号 1948-010 说文声订

■ 简体全文[1]

说文声订

秦凤翔

　　殷契复见，用以厘订许书形体者，颇不乏人；其所论断，类多确当。语音学昌明亦已多时，用以讨治方音者，如赵元任先生之吴语研究，精切绵密，可谓观止，用以探求古音者，虽亦有人，嫌未成熟；用以厘订许书声音者，则犹未闻。余玩习有年，菩疑日滋，用贡一二；倘获方家论定，亦一乐也。标音为存拙见，未从高本汉 Karlgren 溯拟之系统；又为印刷困难，亦只用臆定之罗马字记法，未用国际音标，尚希谅之。

龙

　　说文，从肉，龙象飞之形；戴侗六书故引唐本说文，从肉从飞省，童省声。翔按，当订为象形，月象颐鬐立象头角，龙象体尾也。今本未释立形，固涉漏略；唐本释为童省声，亦违其朔。盖此字声形久并讹变；而叔慎时每读来纽L–人定纽d–，如，嫠loum—loam读若潭doum—doam，庐la—lo[，]酴da—do读若，□lai—li读若池dai—id等是；龙laung—long则读若童daung—dong[，]故误释立形为童省声也。

　　[……]

---

[1] 原文内容篇幅较长，仅节选部分内容。

溪音羁唱

邵祖平

嘉陵江水，自柏溪折而东下，磐溪之水又汇焉！磐溪之汇于嘉陵江也，群壑淙然，其音断续，若可闻若不可闻；余以民国二十九年入川，讲授渝郊沙坪坝中央大学，适与斯溪隔一江而分处；初嗜为长短句，每于冬夜春晨，吟啸自得；周旋于松林石门之间，结想于岛霞海月之外；其支离断续之声，若与溪音隔一江而相和也！三十六年秋，复应重庆大学之聘，重来嘉陵江上，与磐溪相见，甚矣溪之可盘！而吾之可羁也！羁者，畸也，庄生曰："畸于人而合于天。"吾与溪音分江而治，纵恣于己而不求合于人，共听以心而不求听以耳，其将以是为大适乎？是用叙其词稿云尔！

文献编号 1948-021 溪音羁唱

■ 文献信息

期刊《重庆大学校刊》，第11期，第8页，1948年2月15日

文献编号：1948-021

■ 简体全文

溪音羁唱

邵祖平

嘉陵江水，自柏溪折而东下，磐溪之水又汇焉！磐溪之汇于嘉陵江也，群壑淙然，其音断续，若可闻若不可闻；余以民国二十九年入川，讲授渝郊沙坪坝中央大学，适与斯溪隔一江而分处；初嗜为长短句，每于冬夜春晨，吟啸自得；周旋于松林石门之间，结想于岛霞海月之外；其支离断续之声，若与溪音隔一江而相和也！三十六年秋，复应重庆大学之聘，重来嘉陵江上，与磐溪相见，甚矣溪之可盘！而吾之可羁也！羁者，畸也，庄生曰："畸于人而合于天。"吾与溪音分江而治，纵恣于己而不求合于人，共听以心而不求听以耳，其将以是为大适乎？是用叙其词稿云尔！

578 齐天乐 重来沙坪坝，访旧寻胜感而有作

■ 文献信息

期刊《重庆大学校刊》，第11期，第8页，1948年2月15日

文献编号：1948—022

■ 简体全文

齐天药[1] 重来沙坪坝，访旧寻胜感而有作。

六年曾历巴渝道，沙坪又迎歌啸。破帽栖尘，芒鞋踏雨，书阁钟声轻袅。松林静绕。正鸦背分曛，雁行衔照。尚有练江，断霞鱼尾射亭堡。

渝郊仍存绍醥。主人星散后，花丛谁扫。玉冷溪头，烟凝渡口，城市山林犹好。新寒甚峭。惜赭尽萝村，碧残莲沼。到处思量，莫让幽径讨。

齊天藥 重來沙坪壩，訪舊尋勝感而有作。

六年曾歷巴渝道，沙坪又迎歌嘯。破帽棲塵，芒鞋踏雨，書閣鐘聲清裊。松林靜繞。正鴉背分曛，雁行銜照。尚有練江，斷霞魚尾射亭堡。渝郊仍存紹醥。主人星散後，花叢誰掃。玉冷溪頭，烟凝渡口，城市山林猶好。新寒甚峭。惜赭盡蘿村，碧殘蓮沼。到處思量，莫讓幽徑討。

文献编号 1948—022 齐天乐 重来沙坪坝，访旧寻胜感而有作

579 洋县汉王城记

文藝

洋縣漢王城記

二十九年作於西北大學 劉楧

酈氏之注水經，猶見漘在洋之韓信臺四入漢。何時並之臺果如句股之相接，而故道如弦乃今所謂荷花之池，而韓信臺謂為漢王城？漢王城在漢中諸縣又多有，而此臺以韓漢晉近，信嘗王齊而謂耶？抑以漢王巡所守，駐蹕險要而鎮之以兵者，皆謂之漢王城耶？楧喟然勵心，若親見先王吉日齋戒，設壇拜信大將二水之會，高埠之上，諸將驟竦，旗纛之美，甲冑之光，而親聽君臣問對之語，遂定洪算，大舉而東，以成丕業，而孰知百世之下，末孫敎授成，固而登臨於此乎！何生曰：「吁！漢王武侯同此締造而異成敗。」楧曰：「三秦降虜易定，韓嘗三秦也與哉？」夕陽初黃，已丹彌頓，青青菽麥吞鶖。此亦何異漢人之所見者耶？

文献编号 1948—035 洋县汉王城记

---

[1] 齐天乐，词牌名，原稿误排为“药”字。

■ 文献信息

　期刊《重庆大学校刊》，第12期，第8页，1948年3月15日
　文献编号：1948-035

■ 简体全文

洋县汉王城记

二十九年作于西北大学　　刘朴

　　郦氏之注水经，犹见溍在洋之韩信台西入汉。何时改之台东如句股之相接，而故道如弦乃今所谓荷花之池，而韩信台讹为汉王城？汉王城在汉中诸县又多有，而此台以韩汉音近，信尝王齐而讹耶？抑以汉王巡所守，驻跸险要而镇之以兵者，皆谓之汉王城耶？朴喟然动心，若亲见先王吉日斋戒，设坛拜信大将二水之会，高埠之上，诸将惊竦，旗纛之美，甲胄之光，而亲听君臣问对之语，遂定洪算，大举而东，以成丕业，而孰知百世之下，末孙教授成，固而登临于此乎？何生曰："吁！汉王武侯同此缔造而异成败。"朴曰："三秦降虏易定，韩岂三秦也与哉？"夕阳初黄，巳丹弥硕，青青菽麦吞焉。此亦何异汉人之所见者耶？

580　饮虎骨酒张默生主任寓

飲虎骨酒張默生主任寓　三十七年五月　劉樸

瀘州大麯加虎骨　　　入口始驚名副實　　此骨不傷甜且香
王自有眞女尤物　　　擒虎者誰吉星文　　虎見名將不敢嚶
遂從終南之葬樣　　　骨雕虎今釀奇芬　　當年團長今師長
舊日在山復何往　　　豈懼虎哉倭亦然　　蘆溝橋上勳無前
一顆中國好身手　　　九年天討終凱旋　　橋上遺尸踰六百
河邊匪三（倭旅團長，犯蘆溝橋者）更落魄　　艦覽正興
死虎同，臭骨安能污（去壁）醇液

文献编号 1948-059　饮虎骨酒张默生主任寓

■ 文献信息

期刊《重庆大学校刊》，第14、15期（合刊），第21页，1948年6月15日

文献编号：1948-059

■ 简体全文

饮虎骨酒张默生主任寓

三十七年五月　刘朴

泸州大曲加虎骨	入口始惊名副实
此骨不伪甜且香	王自有真女尤物
擒虎者谁吉星文	虎见名将不敢嗔
遂从终南之莽榛	骨离虎分酿奇芬
当年团长今师长	旧日在山复何往
岂惟虎哉倭亦然	卢沟桥上勋无前
一显中国好身手	九年天讨终凯旋
桥上遗尸逾六百	河边正三(倭旅团长，犯卢沟桥者)更落魄
虾夷正与死虎同	臭骨安能污(去声)醇液

581　诗人节与屈原

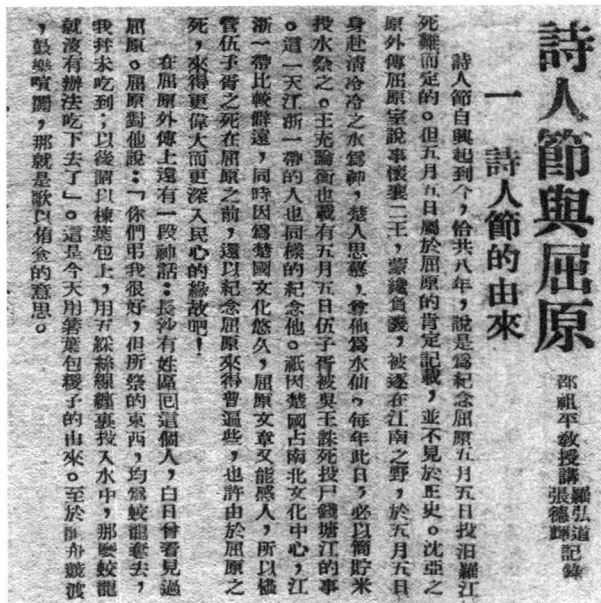

文献编号 1948-073　诗人节与屈原

期刊《重庆大学校刊》，第16期，第4-7页，1948年6月30日

文献编号：1948-073

■ 简体全文[1]

诗人节与屈原
一　诗人节的由来

邵祖平教授讲　　罗弘道、张德辉记录

诗人自兴起到今，恰共八年，说是为纪念屈原五月五日投汨罗江死难而定的。但五月五日属于屈原的肯定记载，并不见于正史。沈亚之原外传屈原室说事怀襄二王，蒙才负讥，被逐在江南之野，于五月五日身赴清冷冷之水为神，楚人思慕，尊他为水仙。每年此日，必以筒贮米投水祭之。王充[《]论衡[》]也载有五月五日伍子胥被吴王诛死投尸钱塘江的事。这一天江浙一带的人也同样的纪念他。只因楚国占南北文化中心，江浙一带比较僻远，同时因为楚国文化悠久，屈原文章又能感人，所以尽管伍子胥之死在屈原之前，还以纪念屈原来得普遍些，也许由于屈原之死，来得更伟大而更深入民心的缘故吧！

在[《]屈原外传[》]上还有一段神话：长沙有姓区回这个人，白日曾看见过屈原。屈原对他说："你们吊我很好，但所祭的东西，均为蛟龙夺去，我并未吃到；以后请以栋叶包上，用五彩丝线缠裹投入水中，那么蛟龙就没有办法吃下去了"。这是今天用箬叶包粽子的由来。至于龙舟竞渡，鼓乐喧闹，那就是歌以侑食的意思。

[……]

582　培风楼近诗

■ 文献信息

期刊《重庆大学校刊》，第16期，第7-8页，1948年6月30日

文献编号：1948-074

---

[1] 原文内容篇幅较长，仅节选部分内容。

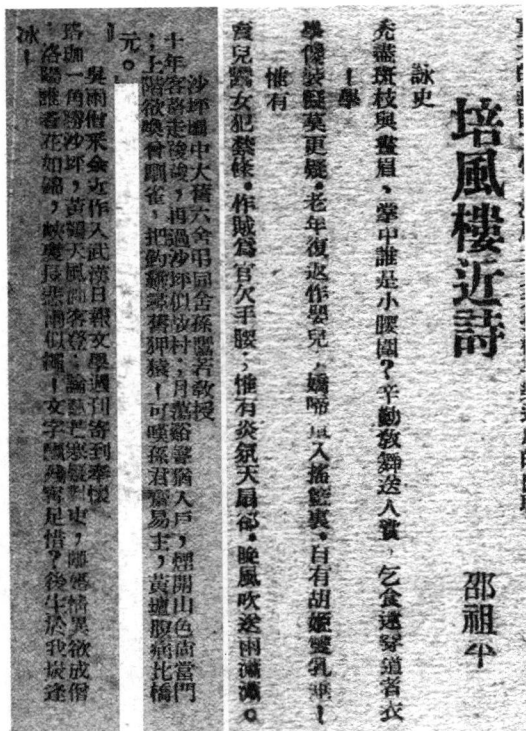

文献编号 1948-074　培风楼近诗

■ 简体全文[1]

培风楼近诗

邵祖平

咏史

秃尽斑枝与画眉，掌中谁是小腰围？辛勤教舞送人赏，乞食还穿道者衣。

上学

学傻装疑莫更疑，老年复返作婴儿；娇啼童入摇篮里，自有胡姬双乳垂！

惟有

卖儿鬻女犯禁条，作贼为官欠手腰；惟有炎氛天扇却，晚风吹送雨潇潇。

沙坪坝中大旧六舍吊同舍孙鹰若教授

十年客路走踆踆，再过沙坪似故村；月荡溪声犹入户，烟开山色尚当门；

上阶欲唤曾驯雀，把钓难寻旧狷猿！可叹孙君齐易主，黄墟腹痛比桥元。

吴雨僧采余近作入武汉日报文学周刊寄到奉怀

珞珈一角胜沙坪，黄鹤天风劝客登；论艺芒寒疑对史，离婚情异欲成僧；

洛阳谁看花如锦，峡里长悲雨似绳！文字飘残宁足惜？后生于我炭逢冰！

---

[1]　原文内容篇幅较长，仅节选部分内容。

■ 文献信息

期刊《重庆大学校刊》，第16期，第7-8页，1948年6月30日

文献编号：1948-075

■ 简体全文

谢张默僧 [生] 教授函东方书店为我印书兼呈吴雨僧教授

三十七年六月 刘朴

知我之才可以教授者陕西之雨僧；知我之书可以出版者山东之默僧，二十年间两知己，谁复想到兼玉成？一自帝王所都，一自孔孟所生，以我南蛮鸠舌，居然结缘有朋，介我教授东北大学，介我出版东方书店，发迹皆由东方起，敢不戮力吐光熠？纷纷教授伙移书，欲副知己将何居？

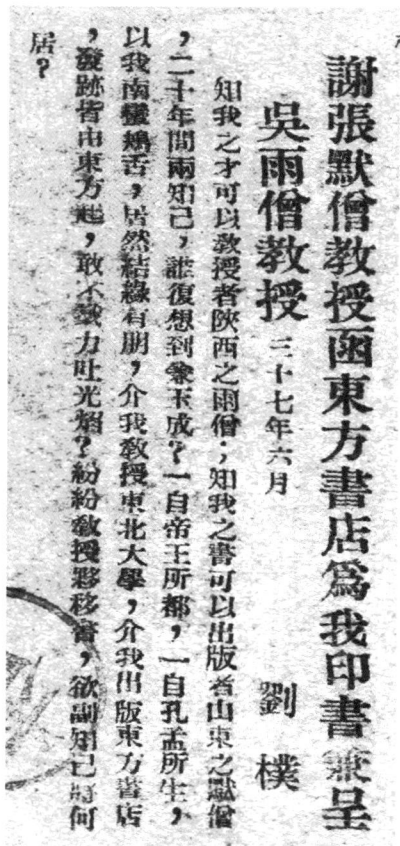

文献编号 1948-075　谢张默生教授函东
方书店为我印书兼呈吴雨僧教授

后 记
九十年的记忆

2017 年年初，重庆大学图书馆特藏部在整理 1949 年前的珍贵文献时，大家提出一个创意：在这些馆藏中选出与重庆大学相关的文献，整理之后以"文献图片＋标题"的形式置于相框内，悬挂于图书馆各阅览室的墙上。这项工作由此逐渐开展起来。

开始"老重庆大学"的文献整理工作后，想法越来越多，很快就从"几个相框"变成"一堆相框"，随后变成了一场"展览"，后来变成了"重庆大学图书馆管理与服务创新项目"，再后来我们发现创意已经开始飞奔，图书馆于是决定要为此正式出版一部书。

随后"重庆大学文库丛书"正式提上议程，常务副校长杨丹教授欣然同意担任"重庆大学文库丛书"编委会主任。编委会在 2018 年 12 月 18 日召开了成立会议。在会议上，编委们讨论了"文献中的重庆大学"这个主题，认为通过大量的新闻报道、文献记录还原校史中一件件真实事件，将充实现有校史研究中学科建设、学术研究、学术文化建设等相对较为薄弱的方面，以这样一部资料集献礼九十周年校庆，非常有意义。校长办公室主任饶劲松表示，这本书体例非常新颖，将是校庆活动中的一个亮点。校友总会秘书长任明则表示这本书所记录的故事会对校友产生很大的吸引力，将会让更多校友对母校感到亲近。总之，作为"重大文库丛书"的第一部，《文献中的重庆大学：1929—1949》意义重大，需要我们编者高度重视，全力以赴。

本书的文献来源，从《重大校刊》延伸到《申报》，从馆藏的《工商管理》《重光体育季刊》等纸本刊物延伸到多个近代史数据库，从中文文献延伸到英文文献，从重大图书馆馆藏延伸到别家图书馆馆藏。文献数量从几十条发展到几百条并最终定为"591 条"。文献整理也从单纯地展示图片变成了"文献图片 + 文献信息 + 简体全文"。奋战两年多，一切想法与汗水，化作了这部《文献中的重庆大学：1929—1949》。

两年半的汇编工作，每每回想，有点儿不可思议，更有一种欢欣。

重庆大学的校史研究起步于 20 世纪 80 年代，在全国高校中小有名气。我们作为校史爱好者，曾为了多本重庆大学校史书籍而在阅览室流连忘返。然而读得越多，就越不满足于现有的校史文献，尤其不满足于现有校史的程式化。我们想要看到更真实、更生动、更接地气的第一手历史记录，想要了解更具细节的历史故事，甚至想直接与历史对话，哪怕是只言片语。这个愿望并没有因为时间流逝而消失，反而在岁月的沉淀之下更加强烈。

为了完成这本书，编写组成员"驻扎"在了图书馆特藏部，那里永远浓烈的樟木味和芸香草味提醒着我们这些民国文献的脆弱。我们用指尖轻轻地翻阅着，拍照、研读、校改，每一个步骤都小心翼翼，生怕唐突了这些酣睡的老报纸、老刊物。前期查找工作就这么缓慢地进行，前后持续了一年。

整理与简体文转换、校改的过程几乎同时进行，团队的每个成员都曾高呼过"眼睛疼"，因为绝大部分的民国文献习惯于竖版排列，且民国文献纸张质量普遍很差。每每面对竖版排列、字迹模糊的文献连蒙带猜一段时间之后，视力与精神都会"濒临崩溃"。然而"呼号"之后，我们又会继续整理下一页。类似的情况几乎天天发生，我们乐在其中，这个过程持续了近一年。

接下来是同时进行的文字校对和图片校对，自 2019 年年初到 6 月交稿，这个阶段持续了半年的时间。这一过程中，出版社负责编辑此书的贾曼老师和林佳木老师每每电话催促，我们总忍不住猜想，她们面对这一大堆文字会不会像我们一样"崩溃"呢？结果她们似乎习以为常，我们才深刻意识到编辑的专业和耐心。

汇编经历了无数曲折，但总体是顺利的，《文献中的重庆大学：1929—1949》记录了《重庆大学校史》之外的很多细节，散碎而杂乱，我们试图通过不同的专题把这些散佚在无数报刊中的小碎片整合在一起，还原一个个故事、一幕幕场景。

感谢江知航老师、冉蔚然老师、罗丽老师、孙锐老师在简体文转换和校对过程中的重要贡献；感谢何胜东同学、程浩同学在原始文献整理过程中的贡献。期待未来所有人继续合作！

《文献中的重庆大学：1929—1949》为献礼重庆大学九十周年校庆而作。在这九十载岁月中，重大的校园走出了一位又一位名师大家，培养了一届又一届栋梁之

才，见证了一个又一个厚重的历史瞬间。无论岁月如何变迁，重大人"复兴民族，誓作前锋"的追求始终在这里薪火相传。

这本书汇集的文献，有洋洋洒洒的长篇鸿文，也有琐碎零散的闲言小语。不管形式如何，总归是属于重庆大学的记忆。

这就是"文献中的重庆大学"，一份历久不衰的珍藏。

《文献中的重庆大学：1929—1949》编写组

2019 年 6 月 1 日于逸夫楼

附 录
文献编号索引

编号	目录号/页码	题目	刊物	时间
1925-001	001/008	李揆安等建议创设重庆大学	申报	19250831
1925-002	002/009	创兴重庆大学意见书	渝声季刊	192509
1925-003	003/011	筹备中之重庆大学	益世报	1925
1929-001	004/020	重庆大学年内可成立	申报	19290808
1929-002	005/020	重庆大学今年可成立 刘湘任筹备委员长	京报	19290809
1929-003	006/021	CHUNGKING UNIVERSITY	*The China Press*	19290812
1929-004	007/021	重庆大学开始修建	申报	19290815
1929-005	008/022	刘湘筹办重庆大学	申报	19290818
1929-006	009/022	重庆大学筹备就绪	申报	19290827
1931-001	413/655	改组重庆大学协议呈核一案的训令	国民革命军第二十一军司令部政务委员会政刊	1931
1931-002	521/812	菩萨的人生观与公民道德 在重庆大学的演讲	海潮音	1931
1933-001	301/472	重庆大学等三校欢迎中国科学社全体社员	申报	19330831
1934-001	020/038	计划改组重庆大学为川大分校	申报	19340314
1934-002	302/473	《气象月刊》弁言	气象月刊（重庆）	193407

续表

编号	目录号/页码	题目	刊物	时间
1934-003	303/475	《气象月刊》凡例	气象月刊（重庆）	193407
1934-004	010/025	刘湘电促胡庶华入川	申报	19340920
1934-005	414/655	渝盐业公会致重庆大学函	川盐特刊	1934
1934-006	345/533	重庆大学圕阅览室之一（图）	图书馆学季刊	1934
1935-001	522/814	蒋中正与夫人参观重庆大学	申报	19350315
1935-002	011/025	胡庶华被聘为重庆大学校长	南宁民国日报	19350320
1935-003	012/026	胡庶华抵渝　日内就任重大校长	申报	19350320
1935-004	013/026	DR. Hu Shu-hua Named Chungking College Prexy	*The China Press*	19350321
1935-005	014/027	胡庶华就重大校长职	申报	19350418
1935-006	235/380	国防工业与国防教育	四川省政府公报	19350501
1935-007	021/039	四川教育概况之高等教育	申报	19350521
1935-008	015/028	胡庶华由渝抵汉	申报	19350528
1935-009	022/040	重庆大学反对与川大合并	西北文化日报	19350531
1935-010	023/040	重庆大学学生声述须维持理由	西京日报	19350531
1935-011	024/041	重庆大学学生反对与川大合并	新天津	19350531
1935-012	025/041	教育部视察员离渝东返	申报	19350627
1935-013	026/042	教育部视察川教人员回京复命　重庆大学增加办学经费	申报	19350703
1935-014	027/043	教育部整理川各大学之重庆大学	申报	19350705
1935-015	028/044	重庆大学学生代表团反对合并文理学院入四川大学	申报	19350716
1935-016	016/028	胡庶华专长重庆大学	申报	19350804
1935-017	029/045	四川公私立大学改进之重庆大学文学院、农学院学生甄别核定	申报	19350831
1935-018	030/046	重大准定为省立	申报	19350906
1935-019	031/047	教育部令川教厅　注意重庆大学改进	申报	19350907
1935-020	032/048	重庆大学忽起暗潮	新闻报	19351113
1935-021	304/477	嘉陵江畔：重庆大学通讯	骨鲠	1935
1935-022	033/048	重庆大学学生甄别试验委员会榜示理学院各系学生名单	川大周刊	1935

编号	目录号/页码	题目	刊物	时间
1935-023	034/050	重庆大学学生甄别考试委员会榜示文农院各系学生名单	川大周刊	1935
1935-024	035/053	四川省立重庆大学学生之甄别	教育报	1935
1935-025	036/054	重庆大学改为省立大学	四川月报	1935
1935-026	037/056	重庆大学准定为省立	学校生活	1935
1935-027	035/053	四川省立重庆大学学生之甄别	中国国民党指导下之政治成绩统计	1935
1935-028	346/534	重庆大学圕	中华图书馆协会会报	1935
1936-001	017/029	重庆大学自胡庶华接办后　亦渐有进步	申报	19360106
1936-002	094/139	重庆大学是重庆惟一的高等学府	申报	19360316
1936-003	018/030	行政院议决　任胡庶华为重庆大学校长	华北日报	19360520
1936-004		行政院决议　任命胡庶华为重庆大学校长	申报	19360520
1936-005	159/258	重庆大学添设地质学系	绥远西北日报	19360531
1936-006		重庆大学下学期设地质学系	南宁民国日报	19360603
1936-007		重庆大学添设地质学系	甘肃民国日报	19360604
1936-008	491/768	六大学校长电中央及粤桂	申报	19360627
1936-009	236/381	重庆大学第一届学生毕业	南宁民国日报	19360630
1936-010	237/381	重庆大学举行第一届学生毕业式	申报	19360630
1936-011	305/479	令重庆大学成立第三区水文测量办事处	四川省政府公报	19360711
1936-012	415/657	奉教育部令抄发大学体育课程纲要一份令仰遵照并转饬遵照由	四川省政府公报	19360911
1936-013	416/658	教育厅令：为检发学校财产目录表第一二三四各种各一份一案令仰遵照由	四川省政府公报	19361001
1936-014	095/140	四川省立重庆大学二十五年度第一次校务会议记录	重大校刊	19361016
1936-015	096/142	四川省立重庆大学免费暨公费学额委员会二十五年度上期第一次会议记录	重大校刊	19361016
1936-016	097/143	四川省立重庆大学二十五年度上期第一次建筑委员会会议记录	重大校刊	19361016
1936-017	417/659	准寰球中国学生会函请检发留学须知一份一案令仰知照由	四川省政府公报	19361020
1936-018	098/145	重庆大学设备委员会规程	重大校刊	19361101
1936-019	099/147	重庆大学廿五年度第二次校务会议记录	重大校刊	19361101

续表

编号	目录号/页码	题目	刊物	时间
1936-020	100/148	重庆大学免费及公费学额委员会二十五年上期第二次会议记录	重大校刊	19361101
1936-021	101/150	重庆大学二十五年度上期第一次设备委员会会议记录	重大校刊	19361101
1936-022	102/151	重庆大学二十五年度上期第二次建筑委员会开会记录	重大校刊	19361101
1936-023	367/573	同乐会筹备完竣	重大校刊	19361101
1936-024	368/573	足球比赛胜利	重大校刊	19361101
1936-025	449/708	由本大学并入川大文学院第一班毕业生近况	重大校刊	19361101
1936-026	418/660	教育部指令　令四川省立重庆大学遵令修正该校组织大纲	重大校刊	19361116
1936-027	419/661	四川省政府训令：令省立重庆大学修正四川省各县自费留学贷费审查规程会	重大校刊	19361116
1936-028	420/663	修正四川省各县自费留学贷费规程	重大校刊	19361116
1936-029	238/382	廿五年度校历	重大校刊	19361116
1936-030	103/152	重庆大学廿五年度上期第三次校务会议记录	重大校刊	19361116
1936-031	104/154	重庆大学免费暨公费学额委员会廿五年度上期第三次会议记录	重大校刊	19361116
1936-032	450/709	二十五年度毕业生近况	重大校刊	19361116
1936-033	492/769	理想中的重庆市文化区	重大校刊	19361201
1936-034	493/773	国民经济建设：行营第二厅厅长叶元龙先生讲演	重大校刊	19361201
1936-035	421/665	教育部训令　令每年度均填报概况表一次	重大校刊	19361201
1936-036	105/155	重庆大学校务会议议事规程	重大校刊	19361201
1936-037	106/157	重庆大学招生考试委员会规程	重大校刊	19361201
1936-038	107/158	第四次校务会议记录	重大校刊	19361201
1936-039	108/159	第三次建筑委员会记录	重大校刊	19361201
1936-040	494/775	本大学捐款援助绥远守土将士	重大校刊	19361201
1936-041	306/481	理科学会之新工作	重大校刊	19361201
1936-042	495/777	绥远省政府谢重庆大学捐款援助绥远守土将士	重大校刊	19361216
1936-043	109/161	第五次校务会议记录	重大校刊	19361216
1936-044	110/162	编辑委员会第一次会议记录	重大校刊	19361216
1936-045	496/778	各级捐款名单及捐款数目	重大校刊	19361216

编号	目录号/页码	题目	刊物	时间
1936-046	347/535	图书馆鸣谢启事	重大校刊	19361216
1936-047	348/535	图书馆启事	重大校刊	19361216
1936-048	206/337	重庆大学嘱本校物色机械系助教一人	国立同济大学旬刊	1936
1936-049	019/033	国民政府令　任命胡庶华为四川省立重庆大学校长	教育部公报	1936
1936-050	160/259	四川省立重庆大学增设应化系	科学	1936
1936-051	161/259	重庆大学定户16306号某君疑问数则	科学画报	1936
1936-052	162/261	重庆大学调查川矿之发现	矿业周报	1936
1936-053	163/262	四川重庆大学新任校长胡庶华对体育甚为重视	勤奋体育月报	1936
1936-054	111/163	重庆大学近讯三则	四川月报	1936
1936-055	112/165	重庆大学概况	四川月报	1936
1936-056	349/536	二十五年四月份新书月报	图书展望	1936
1936-057	350/538	重庆大学圕近讯	中华图书馆协会会报	1936
1936-058	113/169	重庆大学近况	正风杂志	1936
1937-001	114/170	一年来之重庆大学	重大校刊	19370101
1937-002	239/383	毕业证书遗失后呈请证明毕业资格限制办法	重大校刊	19370101
1937-003	497/779	公务机关购用国货暂行办法	重大校刊	19370101
1937-004	351/539	二十五年度本大学图书馆规程	重大校刊	19370101
1937-005	369/575	四川省立重庆大学十二月二十三日通启	重大校刊	19370101
1937-006	115/176	第六次校务会议记录	重大校刊	19370101
1937-007	370/576	本校拟举行越野赛跑	重大校刊	19370101
1937-008	451/710	二十五年度十二月毕业生来函	重大校刊	19370101
1937-009	422/666	教育部训令　查大学规程第二十条规定	重大校刊	19370116
1937-010	116/177	廿五年度上期第四次建筑委员会会议记录	重大校刊	19370116
1937-011	371/578	本校举行第一次越野赛跑详志	重大校刊	19370116
1937-012	207/338	校工黄春茂义不拾金	重大校刊	19370116
1937-013	498/780	援助绥远守土将士捐款结束	重大校刊	19370116
1937-014	372/580	遗失校徽声明作废	重大校刊	19370116
1937-015	307/482	《重大校刊》二十六年度总第七期编后记：需更多理工科学类文章	重大校刊	19370116

续表

编号	目录号/页码	题目	刊物	时间
1937-016	240/384	全国学术工作咨询处公函	重大校刊	19370316
1937-017	373/580	四川国民军事训练委员会关于三年级学生是否补受集训的布告	重大校刊	19370316
1937-018	241/385	二十六年一月寒假放假通知及下期开学通知	重大校刊	19370316
1937-019	242/386	一年级学生补缴高中毕业证书的通知	重大校刊	19370316
1937-020	243/387	二月十七日举行开学仪式布告	重大校刊	19370316
1937-021	374/581	关于体格检查的通知	重大校刊	19370316
1937-022	117/179	训育委员会规程修正通过　附训育委员会规程	重大校刊	19370316
1937-023	118/181	四川省立重庆大学二十五年度上期第七次校务会议记录	重大校刊	19370316
1937-024	119/184	四川省立重庆大学二十五年度上期第六次建筑委员会记录	重大校刊	19370316
1937-025	120/185	四川省立重庆大学二十五年度下期第一次校务会议记录	重大校刊	19370316
1937-026	352/540	本校图书馆简明工作报告（自二十五年七月至十二月）	重大校刊	19370316
1937-027	121/187	四川省立重庆大学二十五年度下期第二次校务会议（一）	重大校刊	19370401
1937-028	122/189	四川省立重庆大学二十五年度下学期第一次训育会议（二）	重大校刊	19370401
1937-029	375/582	全校师生接种疫苗的布告	重大校刊	19370401
1937-030	452/711	理工两院第一届毕业同学就业近讯	重大校刊	19370401
1937-031	123/190	四川省立重庆大学廿五年度下期第三次校务会议记录　附教务会议规程	重大校刊	19370416
1937-032	376/583	本校参加重庆市第一届运动会已举行预选	重大校刊	19370416
1937-033	523/814	重庆市第一届运动会之意义及其影响	重大校刊	19370501
1937-034	377/584	我们体育科同学今后的责任与应具之态度	重大校刊	19370501
1937-035	244/388	二十六年四川省立重庆大学学生受军事集训的通知	重大校刊	19370501
1937-036	245/389	令省立重庆大学　查二十五年度复学休学、转院系降级生概况	重大校刊	19370501
1937-037	124/193	四川省立重庆大学廿五年度下期第四次校务会议记录	重大校刊	19370501
1937-038	524/817	重庆市第一届运动会已闭幕	重大校刊	19370501
1937-039	125/194	本校扩充校址	重大校刊	19370501
1937-040	353/542	重庆大学图书馆新到中文杂志一览	重大校刊	19370501

编号	目录号/页码	题目	刊物	时间
1937-041	423/667	奉教育部令饬所属遵照部颁待遇蒙藏学生章程办法招考蒙藏学生一案令仰遵照由	四川省政府公报	19370510
1937-042	126/195	四川省立重庆大学二十五年度下期第五次校务会议记录	重大校刊	19370516
1937-043	525/818	京滇周览团到校参观	重大校刊	19370516
1937-044	354/545	向欧美购买杂志书籍 调整借书规约	重大校刊	19370516
1937-045	499/781	重庆大学校长胡庶华提出救灾计划	申报	19370601
1937-046	127/197	四川省省立重庆大学二十五年度下期第六次校务会议记录	重大校刊	19370601
1937-047	378/586	第二届欢送毕业同学大会记	重大校刊	19370601
1937-048	379/591	省立重庆大学布告：嘉陵江中严禁学生泅水	重大校刊	19370601
1937-049	308/483	四川省立重庆大学采冶工程学会成立大会纪	重大校刊	19370601
1937-050	526/818	日本的乡村工作 梁漱溟在重庆大学讲演	四川省政府公报	19370610
1937-051	128/199	四川省立重庆大学二十五年度下期第七次校务会议	重大校刊	19370616
1937-052	039/061	刘主席挽留胡校长函	重大校刊	19370616
1937-053	246/390	本校已开始毕业试验	重大校刊	19370616
1937-054	309/485	采冶工程学会工作	重大校刊	19370616
1937-055	310/487	四川省立重庆大学土木工程学会成立大会	重大校刊	19370616
1937-056	311/490	《重大校刊》期末停刊通知	重大校刊	19370616
1937-057	247/392	重庆大学昨举行二届毕业典礼	立报	19370628
1937-058	500/781	重庆大学可得补助费一万元	申报	19370708
1937-059	208/339	程登科婉辞胡庶华邀请 拒任重大体育科主任	申报	19370710
1937-060	469/736	中央大学迁重庆 下月一日开学	申报	19371001
1937-061	129/200	廿六年度上期第一次校务会议记录	重大校刊	19371020
1937-062	130/203	二十六年度第二次校务会议记录	重大校刊	19371020
1937-063	131/205	二十六年度免费暨公费学额委员会记录	重大校刊	19371020
1937-064	132/208	二十六年度上学期训育委员会第一次会议记录	重大校刊	19371020
1937-065	133/210	二十六年度第一次建筑委员会记录	重大校刊	19371020
1937-066	164/263	商学院之开办	重大校刊	19371020
1937-067	380/592	新学生宿舍落成	重大校刊	19371020

续表

编号	目录号/页码	题目	刊物	时间
1937-068	470/736	全民抗战之时　本大学尽量收容借读生	重大校刊	19371020
1937-069	209/340	行政上人事之变动　新聘教授讲师陆续来校	重大校刊	19371020
1937-070	501/782	本校成立抗敌后援会	重大校刊	19371020
1937-071	312/490	本校新到大批仪器　预备成立国防学术研究会	重大校刊	19371020
1937-072	381/593	女同学代打毛线衣	重大校刊	19371020
1937-073	248/393	二十六年度新旧生及借读生统计表	重大校刊	19371020
1937-074	355/547	重庆大学图书馆赠书志谢一览与新到图书一览	重大校刊	19371020
1937-075	249/395	出版课启事　领取讲义办法	重大校刊	19371105
1937-076	134/211	四川省立重庆大学二十六年度第三次校务会议记录	重大校刊	19371105
1937-077	135/213	四川省立重庆大学二十六年度第二次建筑委员会记录	重大校刊	19371105
1937-078	136/214	四川省立重庆大学建筑委员会第三次会议记录	重大校刊	19371105
1937-079	502/784	防空紧急会议记录	重大校刊	19371105
1937-080	503/785	四川省立重庆大学抗敌后援会组织大纲	重大校刊	19371105
1937-081	504/787	防空警报示意图	重大校刊	19371120
1937-082	137/216	四川省立重庆大学廿六年度第五次校务会议记录	重大校刊	19371120
1937-083	138/218	四川省立重庆大学廿六年度免费暨公费学额委员会记录	重大校刊	19371120
1937-084	505/789	抗救后援会工作种种	重大校刊	19371120
1937-085	506/790	四川省立重庆大学抗敌后援会职员一览	重大校刊	19371120
1937-086	139/220	四川省立重庆大学二十六年度第六次校务会议记录	重大校刊	19371205
1937-087	140/222	四川省立重庆大学特种训练委员会第一次会议记录	重大校刊	19371205
1937-088	453/713	第二届毕业同学通讯	重大校刊	19371205
1937-089	454/716	第一届毕业同学来函	重大校刊	19371205
1937-090	141/224	四川省立重庆大学廿六年度第七次校务会议记录	重大校刊	19371220
1937-091	142/227	四川省立重庆大学廿六年度第八次校务会议记录	重大校刊	19371220
1937-092	382/593	校内近讯之体育竞赛兴起	重大校刊	19371220

编号	目录号/页码	题目	刊物	时间
1937-093	507/791	抗敌后援会募捐情况	重大校刊	19371220
1937-094	250/396	重庆大学本届毕业人数统计	四川月报	1937
1937-095	356/555	四川省立重庆大学图书馆来书	船山学报	1937
1937-096	165/264	重庆大学体育科的鸟瞰	湖北省党政军学体育促进委员会会刊	1937
1937-097	166/267	重庆大学地质系来函	地质评论	1937
1938-001	471/738	四川省立重庆大学借读须知	重大校刊	19380120
1938-002	472/739	渝地高等教育之重庆大学	申报	19380207
1938-003	473/740	中央大学概况之假重庆大学校舍开办	申报	19380226
1938-004	143/228	四川省立重庆大学二十六年度下期第一次校务会议记录	重大校刊	19380301
1938-005	210/342	刘前校长追悼大会记略	重大校刊	19380301
1938-006	211/343	人事变更之各学院系科教师	重大校刊	19380301
1938-007	508/793	防空洞与防空壕完成	重大校刊	19380301
1938-008	509/793	募捐布露 补遗	重大校刊	19380301
1938-009	510/796	重庆大学学生抗敌后援会参加中国学生救国联合会第二届大会	申报	19380314
1938-010	511/797	本校抗敌后援会之乡村宣传团	重大校刊	19380320
1938-011	512/798	战时教育与乡村建设	重大校刊	19380401
1938-012	313/491	《沙坪区森林公园建设论》导言	重大校刊	19380401
1938-013	314/492	参观石油沟油矿探勘记	重大校刊	19380401
1938-014	144/229	四川省立重庆大学二十六年度下期第二次校务会议记录	重大校刊	19380401
1938-015	145/231	四川省立重庆大学廿六年度下学期第一次训育委员会会议记录	重大校刊	19380401
1938-016	527/821	英大使参观重庆大学	晶报	19380412
1938-017	528/822	英大使卡尔昨参观重庆大学	申报	19380412
1938-018	315/494	地质实习记	重大校刊	19380501
1938-019	146/233	四川省立重庆大学二十六年度下期第三次校务会议记录	重大校刊	19380501
1938-020	251/397	四川省立重庆大学战区学生贷金委员会暨甫澄奖学基金委员会第一次开会记录	重大校刊	19380501

续表

编号	目录号 / 页码	题目	刊物	时间
1938-021	252/398	二十六年度下期正式生及借读生在校人数统计表	重大校刊	19380501
1938-022	383/597	医疗室廿七年二、三月份诊疗统计表	重大校刊	19380501
1938-023	384/598	四川省立重庆大学校车开行时间表	重大校刊	19380516
1938-024	167/272	重庆大学医学院计划书	重大校刊	19380516
1938-025	474/742	飞将军入伍	重大校刊	19380516
1938-026	385/599	定期举行二十六年度下期网球比赛	重大校刊	19380516
1938-027	386/600	定期与沙坪坝区各校比赛球类	重大校刊	19380516
1938-028	357/556	四川省立重庆大学募捐兴建甫澄图书馆	重大校刊	19380516
1938-029	513/801	重庆大学伤兵捐突破万元	申报	19380524
1938-030	514/801	十个月抗战的收获	五月	19380530
1938-031	147/234	四川省立重庆大学廿六年度下期第四次校务会议记录	重大校刊	19380601
1938-032	515/803	抗敌动态	重大校刊	19380601
1938-033	387/601	医疗室廿七年四月份诊疗统计表	重大校刊	19380601
1938-034	253/401	重庆大学举行学业典礼	申报	19380627
1938-035	254/401	重庆大学毕业生昨行毕业礼	甘肃民国日报	19380627
1938-036	255/402	四川省立重庆大学二十六日举行毕业典礼	新闻报	19380627
1938-037	256/403	The University of Chungking held its third graduation exercises on Sunday morning	*The North-China Daily News*	19380628
1938-038	040/062	重庆大学校长胡庶华辞职	新闻报	19380701
1938-039	041/063	The President of Chungking University has Tendered His Resignation	*The North-China Daily News*	19380702
1938-040	042/064	重庆大学师生挽留胡庶华	申报	19380704
1938-041	043/064	重庆大学全体挽留胡庶华	新闻报	19380704
1938-042	257/403	The University of Chungking held its third graduation exercises on June 26	*The North-China Hearld*	19380706
1938-043	044/065	挽胡特刊 编者献词	重大校刊	19380710
1938-044	045/066	校座辞职电	重大校刊	19380710
1938-045	046/067	为校长辞职事发起商讨一切挽胡事宜之启事	重大校刊	19380710
1938-046	047/068	重大教职员学生派代表赴蓉请愿	重大校刊	19380710
1938-047	048/071	教育部赞同曹四勿长重庆大学电	四川省政府公报	19380710

编号	目录号 / 页码	题目	刊物	时间
1938-048	516/804	全国各大学校长电欧美文化界请阻止供给敌军火	申报	19380713
1938-049	049/072	重大挽胡事件真相	重大校刊	19380720
1938-050	050/073	重大学潮即可平息　胡庶华辞意坚决	申报	19380722
1938-051	051/074	Chungking University President Gives Up Post	*The China Press*	19380723
1938-052	052/075	重庆大学校长叶元龙视事	申报	19381108
1938-053	053/076	叶元龙已接收重庆大学	西京日报	19381108
1938-054	258/404	国立各院校统一招生之重庆大学	申报	19381223
1938-055	054/077	重庆大学的校长问题	抗敌评论	1938
1938-056	148/236	重庆大学校景之理学院（图）	新型	1938
1938-057	529/823	重庆种植新运纪念林（图）	新运导报	1938
1939-001	168/277	教育部特设工农商医专修科之重庆大学	申报	19390203
1939-002	475/743	北师大劳作专修科借重大教室	申报	19390215
1939-003	517/805	中国各大学校长电谢美国会全体议员	申报	19390224
1939-004	388/602	渝市公开越野跑　重大学子夺冠	申报	19390308
1939-005	055/078	川省立重庆大学校长胡庶华另任免职	申报	19390402
1939-006	212/344	补助边省及内地各大学教授	申报	19390408
1939-007	056/079	国府任命叶元龙为重庆大学校长	申报	19390507
1939-008	476/744	战后四川高等教育	申报	19390511
1939-009	477/745	中国高等教育设立现状之重庆大学	申报	19390601
1939-010	478/746	战事发生后学生数大减　重庆大学学生增加	申报	19390715
1939-011	479/747	全国高教学生概况之重庆大学	申报	19390716
1939-012	259/405	留英公费生在重大考试	申报	19390723
1939-013	518/807	重大校长与各界联合致电英大使	申报	19390804
1939-014	260/406	二十七年度国立各院校统一招生概况之重庆大学（上）	申报	19390806
1939-015	261/407	二十七年度国立各院校统一招生概况之重庆大学（中）	申报	19390807
1939-016	262/408	本届统一招生今日考试之重庆大学	申报	19390807
1939-017	263/409	本届统一招生增加院系之重庆大学	申报	19390810

续表

编号	目录号/页码	题目	刊物	时间
1939-018	149/237	中英庚款 教育文化事业本届补助费之重庆大学	申报	19390925
1939-019	038/057	文学院及农化学系并入四川大学之近况	申报	19391001
1939-020	264/410	教育部办理本届统一招生情形	申报	19391015
1939-021	169/278	重庆教育发展概况	申报	19391029
1939-022	265/411	专科以上学校招转学生之重庆大学	申报	19391108
1939-023	266/412	本届大学统一招生考试概况之省立大学全部加入统考	申报	19391212
1939-024	170/279	川省政府议决重大增商学院	申报	19391217
1939-025	171/280	四川省务会议决议 重庆大学增加经费并增设商学院	新闻报	19391217
1939-026	267/414	本届统一招生考试概况之重庆大学录取人数	申报	19391221
1939-027	268/415	本届大学统一招生考试概况之重庆大学总录取数	申报	19391222
1939-028	316/496	嘉陵江观音峡及天府煤矿区之地质观察	地质评论	1939
1939-029	317/497	四川涪陵彭水铁矿及附近之煤田地质	地质评论	1939
1939-030	318/498	重庆大学工学院举行学术讲演会	地质论评	1939
1939-031	530/824	释"建国"(五月二十二日在重庆大学讲演词)	新经济半月刊	1939
1939-032	172/281	在重庆大学商学院	战时青年月刊	1939
1940-001	173/284	重庆大学商学院现已正式成立	申报	19400125
1940-002	531/830	南开校友会重庆大学分会成立记	南开校友	19400215
1940-003	174/285	教育部二十九年度特设各种专修科之重庆大学	申报	19400303
1940-004	319/499	地质学会年会在重大召开	申报	19400311
1940-005	320/500	地质学会在渝举行十六届年会	申报	19400315
1940-006	321/501	中国经济学社在重大召开年会	申报	19400427
1940-007	175/286	体育人员讲习班将在重庆大学举行考试	西康国民日报	19400505
1940-008	480/748	敌机昨两批袭渝 毁我文化机关	革命日报	19400530
1940-009	481/750	渝市昨又发生猛烈空战 重大被炸重损	申报	19400530
1940-010	482/751	重庆大学被炸 各报照常出版	总汇报	19400530
1940-011	483/752	《申报》社评 轰炸重庆与中日美苏	申报	19400531
1940-012	519/807	A joint appeal was wired by university presidents in Chungking	*The North-China Daily News*	19400531

编号	目录号/页码	题目	刊物	时间
1940-013	271/418	统一招生之四川省立重庆大学	学生之友	19400615
1940-014	269/416	中正奖学金名额之重庆大学	申报	19400620
1940-015	484/754	敌机昨袭渝 狂炸文化机关 重庆大学及中大遭浩劫	革命日报	19400705
1940-016	485/754	日机昨又袭渝 重庆大学亦遭轰炸	申报	19400705
1940-017	486/755	川省府拨款 救济被炸学校	申报	19400806
1940-018	176/287	教育部指定各大学增工科班级之重庆大学	申报	19400911
1940-019	213/345	教育部加紧训练中级技术人员概况之重庆大学	申报	19401001
1940-020	270/417	申报主办大中学生暑期征文之重大学子获奖	申报	19401010
1940-021	389/603	重庆大学友联剧社公演"凤凰城"	电影日报	19401125
1940-022	214/346	重大商学院院长马寅初赴华北调查经济	申报	19401214
1940-023	177/288	重庆大学地质系消息	地质论评	1940
1940-024	532/831	缅甸访华代表团莅渝 中大、南开、重大校长陪同	良友	1940
1940-025	533/832	新都体育表演大游行 重庆大学学生参加表演	良友	1940
1940-026		重庆市体育表演大游行 重庆大学学生双杠表演	星光（新加坡）	1940
1940-027	487/756	重庆大学被炸记	宇宙风（半月刊）	1940
1940-028	488/761	重庆大学图书馆被炸	中华图书馆协会会报	1940
1941-001	534/833	南开大学重庆大学分会在重大理学院聚会	南开校友	19410315
1941-002	322/501	重庆大学工商管理学会启	工商管理	19410615
1941-003	272/419	举行秋季联合招生之重庆大学考点	申报	19410620
1941-004	178/289	重庆大学招收理工商学院新生	申报	19410626
1941-005	179/290	重庆大学体育科招生	革命日报	19410705
1941-006	057/084	梁颖文为重庆大学校长	革命日报	19410820
1941-007	058/085	重庆大学校长叶元龙呈请辞职	申报	19410820
1941-008	215/347	重庆大学校长叶元龙揖盗记	申报	19410902
1941-009	059/087	重庆大学发生拒长风潮 教育部下令解散	甘肃民国日报	19410906
1941-010	060/088	教育部下令解散重庆大学	革命日报	19410906
1941-011	061/088	重大发生学潮 教育部勒令解散	解放日报	19410906

续表

编号	目录号 / 页码	题目	刊物	时间
1941-012	062/090	教育部下令解散重庆大学	申报	19410906
1941-013	063/091	教育部下令解散重庆大学	新闻报	19410906
1941-014	064/092	教育部解散重庆大学	阵中日报 桂林	19410906
1941-015	065/092	Chunking University Closed	*The North-China Daily News*	19410907
1941-016	066/093	重庆大学殴逐校长风潮 教育部下令解散	南宁民国日报	19410909
1941-017	067/095	川张兼主席纪念周席上论列重庆大学风潮	南宁民国日报	19410910
1941-018	065/092	Chunking University Closed	*The North-China Hearld*	19410910
1941-019	068/096	张群报告处理重庆大学风潮	新闻报	19410910
1941-020	069/097	The Chungking University which was Dissolved by Order of the Ministry of Education	*The North-China Daily News*	19410911
1941-021	273/420	全国学业竞试部令嘉奖院校之重庆大学	申报	19410918
1941-022	070/098	论重庆大学的解散	解放日报	19410927
1941-023	071/101	梁颖文继任重庆大学校长	申报	19411004
1941-024	072/101	重庆大学传将恢复	解放日报	19411019
1941-025	323/503	工程师学会年会开幕 该会在重庆大学设奖学金	甘肃民国日报	19411021
1941-026	324/504	中国工程师学会第十届年会决议 上届年会余款捐助重大	申报	19411021
1941-027	325/505	工程师学会年会昨午继续开会	西北文化日报	19411023
1941-028	326/506	中华自然科学社在渝开十四届年会	解放日报	19411203
1941-029	327/507	重大教授设天文台	申报	19411208
1941-030	073/102	重庆大学解散前后	解放日报	19411228
1941-031	180/291	重庆大学地质系消息	地质论评	1941
1941-032	074/106	重庆大学解散	大众生活	1941
1941-033	075/107	整理重庆大学 将成立整委会办理	广东教育战时通讯	1941
1941-034	076/108	重庆大学因风潮被解散	国民教育指导月刊（桂林）	1941
1941-035	077/109	梁颖文接任重大校长	国讯	1941
1941-036	078/109	重庆大学恢复成立	国讯	1941
1941-037	079/110	教育部解散重庆大学	教育通讯	1941

编号	目录号/页码	题目	刊物	时间
1941-038	080/112	教育部解散重庆大学	田家半月报	1941
1941-039	081/113	重庆大学整理中	新湖北教育	1941
1941-040	082/114	重庆大学的解散	学习	1941
1941-041	083/116	由解散重庆大学想起	学习	1941
1941-042	084/118	重庆大学梁颖文校长辞职	阵中日报 桂林	1941
1941-043	150/238	活跃着的重庆大学	中国青年（重庆）	1941
1942-001	085/119	行政院昨决议恢复重庆大学 任张洪沅为该校校长	革命日报	19420218
1942-002	086/120	行政院昨日例会 四川重庆大学准予复校	西北文化日报	19420218
1942-003	087/122	行政院昨日会议 通过重庆大学复校等案	西京日报	19420218
1942-004	088/123	行政院昨例会 任命张洪沅为重庆大学校长	甘肃民国日报	19420805
1942-005	089/125	行政院会议决案 张洪沅为重庆大学校长	革命日报	19420805
1942-006	090/126	行政院会议决案 重庆大学等三大学改国立	革命日报	19421230
1942-007	091/127	重大等改为国立 四川大学校长易人	解放日报	19421231
1942-008	424/668	为抄发统一捐款献金收支处理办法令仰遵照由	四川省政府公报	1942
1942-009	425/670	为抄发修正学校教职员养老金及恤金条例令仰知照由	四川省政府公报	1942
1942-010	426/671	为办理临时修建购置事项应事先呈准预算暨经临各费均不得稍涉超支令仰遵照由	四川省政府公报	1942
1942-011	427/672	强调尊师重教一案令仰遵知照由	四川省政府公报	1942
1942-012	428/673	教育厅案呈奉教育部令转行政院准司法院函复解释伪造修业或毕业证件令仰知照一案仰知照由	四川省政府公报	1942
1942-013	429/674	检发四川省高、中等教育，教育机关概况调查表仰克速填报径送本府统计处汇办由	四川省政府公报	1942
1942-014	328/507	运输统制局公路工务总局、重庆大学公路研究实验室组织简则	新公路月刊	1942
1942-015	329/509	公路工务总处与重庆大学合作办理公路工程研究及公路工程人员训练办法草案	新公路月刊	1942
1943-001	520/808	重庆大学发起献鼎运动	西北文化日报	19430126
1943-002	092/128	张洪沅被任为重庆大学校长	革命日报	19430127
1943-003	093/129	行政院昨举行例会 决议重庆大学等校改为国立	甘肃民国日报	19430324
1943-004	535/834	感谢重庆大学教授撰稿于我刊	国立四川大学校刊	19431210

续表

编号	目录号/页码	题目	刊物	时间
1943-005		学校军训之重要与改进——三十二年度一月十八日于重庆大学演讲	东方杂志	1943
1943-006	390/604	学校军训之重要与改进——三十二年度一月十八日于重庆大学演讲	建设研究	1943
1943-007		学校军训之重要与改进——三十二年度一月十八日于重庆大学演讲	中央党务公报	1943
1943-008	430/676	令 仁陆字二二一五八号中华民国卅二年十月五日	行政院公报	1943
1944-001	539/844	重庆大学整学风 八十学生被退学	万象周刊	19440930
1945-001	330/511	第廿一届中国地质学会年会在重庆大学举行	西康国民日报	19450314
1945-002	489/761	重庆大学生生活	时代学生（上海）	1945
1945-003	540/844	重庆大学学生请愿 还乡心切要求资送	申报	19451220
1945-004	181/293	重庆大学增设文医两院	申报	19451220
1945-005	331/511	资源委员会矿产测勘处在重庆大学办公	地质论评	1945
1945-006	541/845	重庆大学生不再"沉寂"了 一致要求团结民主	祖国呼声	1945
1945-007	182/294	国立重庆大学体育科素描	中国青年体育季刊	1945
1946-001	542/846	渝中大学生向国府请愿	申报	19460126
1946-002	543/848	陪都学生大游行	申报	19460131
1946-003	544/849	重庆大学教授会发表三项文件 学生昨日大游行	革命日报	19460224
1946-004	183/297	重大增设农医学院 沙磁医院改为附设	申报	19460518
1946-005	490/764	重庆大学代为浙江大学招生	申报	19460801
1946-006	184/298	国立重庆大学秋季增设医学院	申报	19460803
1946-007	185/299	教育部拨款补助体育科系之重庆大学	申报	19461027
1946-008	545/850	渝教授电京要求 与京沪同等待遇	申报	19461224
1946-009	391/608	得天独厚的重庆大学	读书通讯	1946
1946-010	216/349	国立重庆大学地质系全体师生悼故教授葛利普之祭文	地质论评	1946
1946-011	186/300	重庆大学扩充院系	教育通讯月刊	1946
1946-012	187/301	国内各地体育通讯之重庆大学体育科	中国体育	1946
1947-001	455/717	重庆大学校友会上海分会成立	新闻报	19470112
1947-002	188/302	重光体育季刊之重光花絮	重光体育季刊	19470315
1947-003	189/304	国立重庆大学体育专修科概况	重光体育季刊	19470315

编号	目录号/页码	题目	刊物	时间
1947-004	151/241	重大在发展中	学生新闻	19470425
1947-005	546/850	风雨之夜　罗显烈同学失踪	学生新闻	19470425
1947-006	547/851	重庆大学组促进治安护学会	新闻报	19470530
1947-007	392/610	西南学府——国立重庆大学	中央工校大竹同学会会刊	19470606
1947-008	190/312	成都理学院部分学生并入重庆大学	申报	19470630
1947-009	217/350	Dr Feng-i Chien will soon go on a survey trip to the Arctic	*The North-China Daily News*	19470913
1947-010	274/421	浙大重大定期上课	申报	19470917
1947-011	191/313	重庆大学增设二研究所	申报	19470918
1947-012	192/314	重庆大学各院系总计廿单位	申报	19471007
1947-013	275/422	建校十八周年校庆致词	重庆大学校刊	19471015
1947-014	193/315	重大增设外国语文学系	重庆大学校刊	19471015
1947-015	194/316	重大体育科改为体育学系	重庆大学校刊	19471015
1947-016	358/558	新图书馆筹建概况	重庆大学校刊	19471015
1947-017	195/316	文理学院近况	重庆大学校刊	19471015
1947-018	218/351	三十六年度各院系新聘教员一览	重庆大学校刊	19471015
1947-019	276/424	三十六年度各中等学校投考学生录取百分率	重庆大学校刊	19471015
1947-020	456/717	三十六年度十月　近期校友动态	重庆大学校刊	19471015
1947-021	393/612	三十六年度最近体育活动概况	重庆大学校刊	19471015
1947-022	359/559	图书委员会第一次会议记录摘要	重庆大学校刊	19471015
1947-023	219/353	教授会改选职员	重庆大学校刊	19471015
1947-024	196/318	机械系又增飞机	重庆大学校刊	19471015
1947-025	197/319	医学院增加设备	重庆大学校刊	19471015
1947-026	220/354	冯院长北极归来	重庆大学校刊	19471015
1947-027	394/615	来宾福音	重庆大学校刊	19471015
1947-028	332/512	《重庆大学校刊》编辑委员会简则	重庆大学校刊	19471015
1947-029	333/513	《重庆大学校刊》编辑委员名单	重庆大学校刊	19471015
1947-030	334/514	《重庆大学校刊》征稿规约	重庆大学校刊	19471015
1947-031	277/425	陪都学校新闻之重庆大学	甘肃民国日报	19471015

续表

编号	目录号/页码	题目	刊物	时间
1947—032	548/852	教育部督学谈大学开支问题　重大月需七亿余	申报	19471017
1947—033	549/853	重大女生失踪	申报	19471110
1947—034	569/874	博望侯墓记	重庆大学校刊	19471115
1947—035	570/875	南川金佛山雨若纪念堂碑	重庆大学校刊	19471115
1947—036	431/676	教育部训令　调整研究费及薪俸训令二则	重庆大学校刊	19471115
1947—037	432/677	教育部训令　令知奉令转行本年十月份起调整公教人员生补费分区支给标准	重庆大学校刊	19471115
1947—038	433/679	教育部训令　文武职人员生活补助费分区支给标准表	重庆大学校刊	19471115
1947—039	198/320	工学院人事动态	重庆大学校刊	19471115
1947—040	152/242	重庆大学教务处之注册组概况	重庆大学校刊	19471115
1947—041	278/428	历年度毕业生统计	重庆大学校刊	19471115
1947—042	153/244	本校三十五年度岁出款决算总表	重庆大学校刊	19471115
1947—043	279/431	三十六年度上学期学生人数	重庆大学校刊	19471115
1947—044	280/432	体育专修科第十届毕业生就业情况	重庆大学校刊	19471115
1947—045	395/615	介绍男女混合排球	重庆大学校刊	19471115
1947—046	457/719	三十六年度十一月　留美校友动态	重庆大学校刊	19471115
1947—047	396/616	本校医药卫生组诊疗规则	重庆大学校刊	19471115
1947—048	281/434	广播工程教育	重庆大学校刊	19471115
1947—049	221/355	重大教授聚餐会	重庆大学校刊	19471115
1947—050	282/435	重庆大学注册证遗失启事	重庆大学校刊	19471115
1947—051	335/515	《重庆大学校刊》对第七期的更正	重庆大学校刊	19471115
1947—052	397/618	重庆大学空前悲剧　体育科学生殴伤工学院学生	申报	19471127
1947—053	199/321	重大将增设国际贸易系	申报	19471204
1947—054	222/356	三十六年度中央公教人员久任奖金给与办法	重庆大学校刊	19471215
1947—055	154/246	训育委员会成立	重庆大学校刊	19471215
1947—056	434/680	教育部训令　令发专科以上学校训育委员会组织规程由	重庆大学校刊	19471215
1947—057	200/322	商学院概述	重庆大学校刊	19471215
1947—058	398/619	学生自治会一年	重庆大学校刊	19471215
1947—059	223/358	重大助教会的盛况	重庆大学校刊	19471215

编号	目录号/页码	题目	刊物	时间
1947-060	399/622	本校学生自治会卅六年度改选理事名单	重庆大学校刊	19471215
1947-061	400/623	学生自治会理事职务分配表	重庆大学校刊	19471215
1947-062	458/720	三十六年度十二月 校友动态	重庆大学校刊	19471215
1947-063	224/359	张校长提名教员团体国大代表候选人	重庆大学校刊	19471215
1947-064	225/360	工学院院长冯君策先生赴北极考察	重庆大学校刊	19471215
1947-065	401/624	本校作息鸣钟次数之规定	重庆大学校刊	19471215
1947-066	571/876	杨校务长约食狗肉即席赋呈	重庆大学校刊	19471215
1947-067	572/878	喂四小鸡	重庆大学校刊	19471215
1947-068	573/879	沈儿之渝考大学，感而作诗	重庆大学校刊	19471215
1947-069	574/880	送沈	重庆大学校刊	19471215
1947-070	575/881	语妇	重庆大学校刊	19471215
1947-071	336/516	《重庆大学校刊》对第八期的更正	重庆大学校刊	19471215
1947-072	283/436	重大七学子获大学化工奖金	申报	19471217
1947-073	550/854	重大教授会发起募捐救济清寒生	申报	19471229
1947-074	284/437	重庆大学七级校友调查	重庆清华	19471201
1947-075	536/836	编者言：感谢重庆大学教授组稿	公教通讯	194712
1947-076	226/361	悼杜长明先生	化学工业	1947
1947-077	337/516	重庆大学邱护国君来函提出五个问题，兹分别答覆	科学月刊	1947
1947-078	338/519	重庆大学邱之君顷又来函，再答如次	科学月刊	1947
1947-079	339/520	重庆大学邱文君提出之问题另四则答覆如次	科学月刊	1947
1947-080	340/522	重庆大学邱文君问	科学月刊	1947
1947-081	155/247	重庆大学校园（图）	新重庆	1947
1947-082	156/248	重庆写生 重庆大学理学院（图）	新重庆	1947
1948-001	435/682	教育部训令 令饬迅将三十六年度核发教职员因公伤病医药费列册报部以凭汇办由	重庆大学校刊	19480115
1948-002	341/525	兹分配该校实验室设备一套	重庆大学校刊	19480115
1948-003	201/323	法学院近况	重庆大学校刊	19480115
1948-004	551/855	学生自治会班代表大会常务委员会名单	重庆大学校刊	19480115
1948-005	459/722	三十七年度一月 国立重庆大学校友会第七届理事会职务分配表	重庆大学校刊	19480115

续表

编号	目录号/页码	题目	刊物	时间
1948-006	460/723	三十七年度一月　校友会第七届第二次理监联席会记略	重庆大学校刊	19480115
1948-007	461/725	贵阳校友活动情形	重庆大学校刊	19480115
1948-008	462/726	工学院机械系三五级毕业生就业概况	重庆大学校刊	19480115
1948-009	552/855	救济物资分配问题	重庆大学校刊	19480115
1948-010	576/881	说文声订	重庆大学校刊	19480115
1948-011	360/561	图书馆新到图书	重庆大学校刊	19480115
1948-012	361/562	图书馆新书目录	重庆大学校刊	19480115
1948-013	436/683	教育部训令　令知调整公教人员待遇标准由	重庆大学校刊	19480215
1948-014	202/326	医学院概况	重庆大学校刊	19480215
1948-015	285/438	土木系一九四七级毕业生就业情况	重庆大学校刊	19480215
1948-016	402/624	三十六年度学生课外活动团体负责人一览	重庆大学校刊	19480215
1948-017	286/439	国立重庆大学三十六年度第一学期学生年龄统计表	重庆大学校刊	19480215
1948-018	287/441	三十六年度第二学期开学注册日程	重庆大学校刊	19480215
1948-019	362/563	三十六年度第二次图书委员会会议记录摘要	重庆大学校刊	19480215
1948-020	537/837	"殊相世界"的中国人	重庆大学校刊	19480215
1948-021	577/883	溪音羁唱	重庆大学校刊	19480215
1948-022	578/884	齐天乐　重来沙坪坝，访旧寻胜感而有作	重庆大学校刊	19480215
1948-023	288/442	重庆大学开学	新闻报	19480224
1948-024	437/685	教育部训令　令发大学法及专科学校法由	重庆大学校刊	19480315
1948-025	438/688	教育部训令　抄发配发中央公教人员食米办法令仰遵照由	重庆大学校刊	19480315
1948-026	439/689	中央机关公教人员食米办法四项	重庆大学校刊	19480315
1948-027	227/362	工学院院长冯君策教授返校第一次公开讲演忆记录	重庆大学校刊	19480315
1948-028	289/443	卅五年度毕业生成绩优秀一览表	重庆大学校刊	19480315
1948-029	463/728	成都校友动态	重庆大学校刊	19480315
1948-030	290/445	三十六年度第二学期学生注册人数	重庆大学校刊	19480315
1948-031	228/365	教授聚餐欢送张校长出席第一届国民大会	重庆大学校刊	19480315
1948-032	553/856	重庆区国立专科以上学校教授会联合会快邮代电	重庆大学校刊	19480315

编号	目录号/页码	题目	刊物	时间
1948-033	363/564	图书馆零讯	重庆大学校刊	19480315
1948-034	364/566	图书馆新书目录	重庆大学校刊	19480315
1948-035	579/884	洋县汉王城记	重庆大学校刊	19480315
1948-036	554/858	重庆大学发起助学运动	学校动态汇编	19480323
1948-037	555/858	重庆大学发起争取全面公费运动	学校动态汇编	19480330
1948-038	556/859	要求全体都有公费　重庆大学学生罢课	儿童日报	19480401
1948-039	557/860	重庆大学四月廿八日讯	学校动态汇编	19480505
1948-040	203/328	重大呈准分设理数两系	申报	19480502
1948-041	538/838	科学与计划政治——十月廿一日在重庆大学讲	再生周刊	19480607
1948-042	403/626	重庆大学生提倡穿草鞋	儿童日报	19480608
1948-043	440/691	教育部训令　令发修正学校教职员退休及抚恤条例由	重庆大学校刊	19480615
1948-044	441/692	学校教职员退休条例	重庆大学校刊	19480615
1948-045	442/694	学校教职员抚恤条例	重庆大学校刊	19480615
1948-046	443/697	教育部训令　文武职人员生活补助费分区支给标准令	重庆大学校刊	19480615
1948-047	444/698	教育部训令　令知学术研究补助费自三月份起增加三倍由	重庆大学校刊	19480615
1948-048	404/626	国立重庆大学卅七年春季运动会	重庆大学校刊	19480615
1948-049	405/634	国立重庆大学三十七年春季运动会　成绩纪录	重庆大学校刊	19480615
1948-050	406/637	国语英语演讲竞赛办法摘要	重庆大学校刊	19480615
1948-051	464/729	留校校友欢宴张校长	重庆大学校刊	19480615
1948-052	465/730	三十七年上期留校校友	重庆大学校刊	19480615
1948-053	466/731	校友讣闻	重庆大学校刊	19480615
1948-054	558/861	教授会通函　附捐款人台衔及款额列后	重庆大学校刊	19480615
1948-055	291/446	国立重庆大学三十六年度理工商三院暨体育师范专修科毕业考试委员名单	重庆大学校刊	19480615
1948-056	292/448	三十七年度招生委员会委员名单、博物馆筹备委员会委员名单	重庆大学校刊	19480615
1948-057	157/249	国立重庆大学三十六年度第八次教务会议记录	重庆大学校刊	19480615
1948-058	293/449	国立重庆大学三十七年度招考新生简章	重庆大学校刊	19480615

续表

编号	目录号/页码	题目	刊物	时间
1948-059	580/885	饮虎骨酒张默生主任寓	重庆大学校刊	19480615
1948-060	365/567	图书馆新到图书目录	重庆大学校刊	19480615
1948-061	294/451	重大各系招新生	申报	19480629
1948-062	295/452	第十三届毕业典礼上的校长训词	重庆大学校刊	19480630
1948-063	445/698	公函（重庆市教育局第六九六四号训令）	重庆大学校刊	19480630
1948-064	446/700	重庆市公私立各级学校教职员福利金申请发给方法	重庆大学校刊	19480630
1948-065	204/329	沙磁医院报告	重庆大学校刊	19480630
1948-066	559/862	校长募集清寒学生医药救济金	重庆大学校刊	19480630
1948-067	560/864	渝市助学金本校获配二百名	重庆大学校刊	19480630
1948-068	561/864	教授会募集贷金　清寒学生可受实惠	重庆大学校刊	19480630
1948-069	407/641	一部同仁组川剧社	重庆大学校刊	19480630
1948-070	229/366	重大教职员组成足球队	重庆大学校刊	19480630
1948-071	366/568	图书馆零讯	重庆大学校刊	19480630
1948-072	296/454	国立重庆大学三十六年度第二学期应届毕业生统计表	重庆大学校刊	19480630
1948-073	581/886	诗人节与屈原	重庆大学校刊	19480630
1948-074	582/887	培风楼近诗	重庆大学校刊	19480630
1948-075	583/889	谢张默生教授函东方书店为我印书兼呈吴雨僧教授	重庆大学校刊	19480630
1948-076	205/332	重大增设三研究所	申报	19480705
1948-077	447/702	教育部训令　为抄发定国纪念日日表令仰知照由	重庆大学校刊	19481115
1948-078	448/704	教育部代电　电知分配第五季白报纸各手续仰分别申请由	重庆大学校刊	19481115
1948-079	297/455	三十七年度新生入学典礼校长训词	重庆大学校刊	19481115
1948-080	230/367	国立重庆大学卅七年度新聘教员录	重庆大学校刊	19481115
1948-081	298/458	卅七年度取录新生名单	重庆大学校刊	19481115
1948-082	299/464	卅六年度预备班免试升学学生名录	重庆大学校刊	19481115
1948-083	467/732	校友会第八届年会在校庆节举行	重庆大学校刊	19481115
1948-084	468/733	校友会台湾分会生气蓬勃	重庆大学校刊	19481115

编号	目录号/页码	题目	刊物	时间
1948-085	231/370	教授会改选竣事	重庆大学校刊	19481115
1948-086	232/371	本年度休假教授名单	重庆大学校刊	19481115
1948-087	233/372	助教会消息数则	重庆大学校刊	19481115
1948-088	408/641	重庆大学学生集团进膳中毒	申报	19481202
1948-089	562/865	苦难中的重庆大学生	新闻天地	1948
1948-090	158/251	国立重庆大学概况	中国教育年鉴	1948
1949-001	342/526	《重大化工》发刊词：给系友们的一封信	重大化工	19490101
1949-002	343/528	张洪沅校长寄语《重大化工》：希望于本刊者	重大化工	19490101
1949-003	409/642	化工系友动态：谭系友将辞研究生职 老夫子眼镜深度要加增	重大化工	19490101
1949-004	234/373	我们的系主任张洪沅先生	重大化工	19490101
1949-005	410/644	化工系系闻之同学中毒原系夸大宣传	重大化工	19490101
1949-006	411/645	校闻集萃 艰苦中求进步	重大化工	19490101
1949-007	344/529	工业细菌室佳偶同研 理院学生研究桐油忙	重大化工	19490101
1949-008	563/868	重大教授断炊	申报	19490224
1949-009	564/868	渝区国省立各校学生游行请愿	申报	19490318
1949-010	565/870	重庆大学六九班代表五日开会 决议同情四一事件	申报	19490406
1949-011	566/870	重庆大学教授决定明日复教	申报	19490407
1949-012	412/646	重大农庄附近发现汉代古墓	申报	19490410
1949-013	567/871	渝学生开会 追悼四一死难同学	申报	19490411
1949-014	568/871	重庆大学义卖尊师	文藻月刊	1949
1949-015	300/465	国立重庆大学三十八年度重庆考区录取各院系新生通告	（重庆大学招生简章）	1949